Wörterbuch der internationalen Beziehungen und der Politik
Dictionary of International Relations and Politics
Dictionnaire des Relations internationales et de la Politique
Diccionario de Relaciones internacionales y de Política

Günther Haensch

Wörterbuch
der internationalen Beziehungen und der Politik
Systematisch und alphabetisch
Deutsch · Englisch · Französisch · Spanisch

Dictionary
of International Relations and Politics
Systematic and alphabetical
German · English · French · Spanish

Dictionnaire
des Relations internationales et de la Politique
Systématique et alphabétique
Allemand · Anglais · Français · Espagnol

Diccionario
de Relaciones internacionales y de Política
Sistemático y alfabético
Alemán · Inglés · Francés · Español

MAX HUEBER VERLAG

Dr. Günther Haensch

ancien interprète-en-chef de la Haute Autorité de la C.E.C.A.,
ehem. Direktor des Sprachen- und Dolmetscher-Instituts
München, o. Professor an der Universität Augsburg
unter Mitwirkung von
with the cooperation of
avec la collaboration de
con la colaboración de
Guy Canto, Diplômé de l'Ecole des Hautes Etudes Commerciales,
Traducteur, Prien
Elisabeth Dambolena, Translator, Northampton, USA
David L. Gold B. S., M.A., Columbia University, M. A. City Univ. of New York
Conference Interpreter, New York, USA
Alain Lory, Lektor an der Universität Erlangen-Nürnberg
Derek Rutter, Chief Translator, British Embassy, Bonn
und / and / et / y
José Ma. Domínguez, Dr. Dieter Götz, Dr. Francisco López-Casero,
K.A. Müller, Dr. Sergio Pérez-Espejo, Rudolf Sachs, Celestino Sánchez,
Friedrich Schaaf, Annemarie Schick-Wagner, Christine Schwägele,
Ricarda Tünnerhoff, Rixta Werbe

ISBN 3-19-00.6211-0
Zweite, völlig neubearbeitete und erweiterte Auflage 1975
Second Completely Revised and Enlarged Edition 1975
2ᵉ édition complètement refondue et augmentée 1975
2ª edición completamente refundida y ampliada 1975
© 1965 Max Hueber Verlag München
Gesamtherstellung: Franklin Druckerei, Budapest
Printed in Hungary

Vorwort zur zweiten Auflage

Die zweite Auflage des „Wörterbuches der Internationalen Beziehungen und der Politik" wurde völlig neu bearbeitet und auf den neuesten Stand gebracht. Dabei wurden, soweit wie möglich, von verschiedenen Seiten eingegangene Anregungen berücksichtigt.

Das Kapitel „Namen der Staaten, Gebiete usw.", das am Anfang der 1. Auflage stand, wurde gestrichen, da einerseits zu diesem Thema jetzt andere Nachschlagewerke vorliegen, andererseits Platz gewonnen werden mußte, um neue Ausdrücke aufnehmen zu können. Wenn relativ einfache Termini wie *Verfassung, Faschist, Kommunist, Kolloquium* beibehalten wurden, so geschah dies vornehmlich aus zwei Gründen: einerseits sollte der Wortschatz der einzelnen Sachgebiete in sich möglichst vollständig sein, andererseits werfen häufig scheinbar einfache Termini Übersetzungsprobleme auf, oder die Äquivalente in anderen Sprachen weichen trotz aller Ähnlichkeit in einigen Einzelheiten ab, vgl. z. B. dtsch. und frz. *exterritorial*, span. *extraterritorial;* frz. *le diocèse,* span. *la diócesis;* engl. *deviationist,* frz. *déviationniste* usw. In der Lexikographie gibt es keinen Automatismus der Äquivalente, weder in der Wortsubstanz (Aussprache, Rechtschreibung, Endungen usw.) noch in der Bedeutung, auch wenn die betreffenden Wörter vom gleichen (meist lateinischen oder griechischen) Grundwort ausgehen.

Der Verfasser hofft, daß auch die zweite Auflage des Werkes allen, die es benützen, gute Dienste leisten wird. Da ein Wörterbuch weder vollständig noch vollkommen sein kann und da jede Terminologie zwangsläufig nur eine Auswahl aus einer ungeheuren Fülle von Material bieten kann, werden weitere Vorschläge zur Ergänzung und Verbesserung des Werkes dankbar entgegengenommen.

Günther Haensch

Preface to The Second Edition

This second edition of the "Dictionary of International Relations and Politics" is the result of thorough revision and updating. Wherever possible, suggestions from various sources have been incorporated.

The opening section of the first edition, "Names of States, Territories", etc., has not been reincluded, one reason beeing that suitable reference-books are now available, the other that room was required to accommodate new entries. The decision to retain a number of comparatively elementary terms such as *constitution*, *fascist*, *communist*, or *colloquy* was influenced by two main considerations: in the first place, vocabularies on individual subjects should be as comprehensive as possible; secondly, terms which at first sight appear to be quite simple frequently enough raise problems in translation or else despite their similarity, "equivalent" terms may differ in various details from language to language (cf., e.g., Fr. *exterritorial*, Sp. *extraterritorial;* Fr. *le diocèse*, Sp. *la diócesis;* E. *deviationist*, Fr. *déviationniste;* etc.).

In lexicography, whether we are concerned with essential substance of words (pronunciation, orthography, endings etc.) or with their meaning (even when the terms concerned stem from identical root words (usually Latin or Greek), "equivalents" cannot automatically be assumed to be synonymous).

The author hopes that this second edition will again render good service to all users. Since a dictionary can never be complete or perfect and all terminologies inevitably offer no more than a modest selection from an enormous wealth of material, further suggestions for the supplementing and improvement of this dictionary will be gratefully received.

Günther Haensch

Avant-propos à la deuxième édition

La deuxième édition du «Dictionnaire des relations internationales et de la politique» a été entièrement remaniée et remise à jour. L'auteur a tenu compte, chaque fois que cela lui a été possible, des remarques et indications qui lui avaient été adressées de différents côtés.

Le chapitre «Noms des pays, territoires, etc.», qui figurait au début de la première édition, a été supprimé pour deux raisons: d'une part, il existe maintenant d'autres ouvrages de référence traitant ce sujet; d'autre part, il fallait gagner de la place pour des expressions nouvelles. Si certains termes relativement simples comme *constitution, fasciste, communiste, colloque* ont été gardés, cela a été fait dans un double but: d'abord pour que le vocabulaire de chaque domaine soit le plus complet possible, ensuite parce que des termes apparemment simples soulèvent souvent des problèmes de traduction, ou bien parce que les équivalents dans d'autres langues, malgré leur ressemblance, diffèrent en quelques points (par exemple: all. et fr. *exterritorial*, esp. *extraterritorial;* fr. *le diocèse*, esp. la *diócesis;* angl. *deviationist*, fr. *déviationniste*, etc. Il n'y a pas dans la lexicographie d'automatisme des équivalents, ni dans la substance du mot (prononciation, orthographe, terminaisons etc.) ni, dans la signification, même quand ces mots sont dérivés de la même racine (pour la plupart latine ou grecque).

L'auteur espère que la deuxième édition de l'ouvrage rendra à son tour de bons services à tous ceux qui l'utiliseront. Un dictionnaire ne peut jamais être ni complet, ni parfait, et une terminologie ne peut nécessairement offrir qu'un choix restreint de mots sélectionnés parmi une quantité énorme de matériel. C'est pourquoi l'auteur remercie d'avance tous ceux qui voudront bien lui soumettre des remarques ou des suggestions visant à compléter ou à améliorer le présent ouvrage.

Günther Haensch

Prólogo a la segunda edición

La segunda edición del «Diccionario de Relaciones Internacionales» ha sido sometida a una revisión total y puesta a día. Se han tenido en cuenta lo más posible las sugerencias recibidas.
Se ha suprimido el capítulo titulado «Nombres de Estados, territorios etc.», puesto al comienzo de la primera edición; se dispone ahora de otras obras de consulta sobre este tema y, además, era necesario ganar sitio para la inclusión de nuevas expresiones. En los casos en que se han mantenido términos relativamente fáciles, como *constitución, fascista, comunista, coloquio*, ello se ha hecho sobre todo por dos razones: Por un lado, conviene que sea lo más completo posible el vocabulario de las distintas materias y, por otro, ocurre con frecuencia que términos aparentemente fáciles arrojan problemas de traducción o que discrepan las palabras correspondientes en otros idiomas, por muy semejantes que sean en algunos casos; así sucede con el término alemán y francés *exterritorial*, que se dice en español *extraterritorial*, o el francés *le diocèse*, que es *la diócesis* en español, o el inglés *deviationist*, que es *déviationniste* en francés, etc. En la lexicografía no existe un sistema de equivalencias automáticas, ni en cuanto a las formas de los términos (pronunciación, ortografía, terminación) ni en cuanto a su significación, aun cuando las palabras respectivas procedan de la misma raíz (en la mayoría de los casos, latina o griega).
El autor espera también que la segunda edición preste buenos servicios a todas las personas que la utilicen. Dado que ningún diccionario puede ser completo o perfecto y que una terminología sólo puede ofrecer una selección entresacada de una gran abundancia de material, se aceptan de buen grado todas las sugerencias que contribuyan a completar o mejorar la presente obra.

Günther Haensch

Inhaltsverzeichnis		Table of Contents	
I. Der Staat und sein politisches Leben	18	**I. The State and Its Political Life**	18
1. Das Staatsgebiet	18	1. National territory	18
2. Arten von Staaten	28	2. Types of States	28
3. Monarchie, Adel und Kirchen	36	3. Monarchy, Nobility and Churches	36
4. Die Verfassung	50	4. The Constitution	50
5. Grundrechte und Grundfreiheiten	56	5. Fundamental Rights and Freedoms	56
6. Wahlen und Volksbefragungen	68	6. Elections and Plebiscites	68
7. Die Legislative	80	7. The Legislative Power	80
a) Allgemeines	80	a) General Terms	80
b) Namen der Parlamente und Kammern	96	b) Names of Parliaments and Chambers	66
8. Die Exekutive: Regierung und Verwaltung	112	8. The Executive Power: Government and Administration	112
9. Die richterliche Gewalt	160	9. The Judicial Power	160
10. Politische Parteien	168	10. Political Parties	168
11. Aufrechterhaltung von Ordnung und Sicherheit	178	11. Maintenance of Order and Security	178
12. Staatsangehörigkeit; Ausländer und Flüchtlinge	196	12. Nationality; Aliens and Refugees	196
13. Politische Ideologien und allgemeine politische Ausdrücke	202	13. Political Ideologies and General Political Terms	202
II. Völkerrecht	236	**II. International Law**	236
III. Diplomatie, diplomatisches Protokoll und Konsulatswesen	246	**III. Diplomacy, Diplomatic Protocol and Consular Service**	246
IV. Internationale Politik und Zusammenarbeit	276	**IV. International Politics and Cooperation**	276
V. Internationale Verhandlungen und Konferenzen ..	298	**V. International Negotiations and Conferences**	298
1. Verhandlungen	298	1. Negotiations	298
2. Konferenzen	302	2. Conferences	302
3. Kongresse	344	3. Congresses	344
4. Phraseologie	348	4. Phraseology	348
VI. Internationale Verträge ..	358	**VI. International Treaties** ...	358
VII. Internationale Organisation und Verwaltung	378	**VII. International Organization and Administration**	378
1. Allgemeines	378	1. General Terms	378
2. Wichtige internationale Organisationen	400	2. Important International Organizations	400
a) Der Völkerbund	400	a) The League of Nations ...	400

Table des Matières

Indice de Materias

I. L'Etat et sa vie politique ..	19
1. Le territoire national	19
2. Catégories d'Etats	29
3. Monarchie, noblesse et églises	37
4. La Constitution	51
5. Droits fondamentaux et libertés fondamentales	57
6. Elections et plébiscites	69
7. Le pouvoir législatif	81
a) Généralités	81
b) Noms des parlements et chambres	97
8. Le pouvoir exécutif: Gouvernement et administration	113
9. Le pouvoir judiciaire	161
10. Partis politiques	169
11. Maintien de l'ordre et de la sécurité	179
12. Nationalité; étrangers et réfugiés	197
13. Idéologies politiques et termes politiques généraux	203
II. Droit international	237
III. La diplomatie, le protocole diplomatique et les consulats	247
IV. Politique et coopération internationales	277
V. Négociations et conférences internationales	299
1. Négociations	299
2. Conférences	303
3. Congrès	345
4. Phraséologie	349
VI. Traités internationaux...	359
VII. Organisation et administration internationales	379
1. Généralités	379
2. Organisations internationales importantes	401
a) La Société des Nations	401

I. El Estado y su vida política	19
1. El territorio nacional	19
2. Categorías de Estados	29
3. Monarquía, nobleza e iglesias	37
4. La Constitución	51
5. Derechos y libertades fundamentales	57
6. Elecciones y plebiscitos	69
7. El poder legislativo	81
a) Generalidades	81
b) Nombres de los parlamentos y cámaras	97
8. El poder ejecutivo: Gobierno y administración	113
9. El poder judicial	161
10. Partidos políticos	169
11. Mantenimiento del orden y de la seguridad	179
12. Nacionalidad; extranjeros y refugiados	197
13. Ideologías políticas y términos políticos generales	203
II. Derecho internacional ...	237
III. La diplomacia, el protocolo diplomático y los consulados	247
IV. Política y cooperación internacionales	277
V. Negociaciones y conferencias internacionales	299
1. Negociaciones	299
2. Conferencias	303
3. Congresos	345
4. Fraseología	349
VI. Tratados internacionales	359
VII. Organización y administración internacionales	379
1. Generalidades	379
2. Organizaciones internacionales importantes	401
a) La Sociedad de Naciones ..	401

b) Die UNO und ihre Organe.	400
c) Die Sonderorganisationen der UNO	408
d) Die Europäischen Gemeinschaften	416
e) Andere regierungsvertretende Organisationen	420
f) Nichtamtliche Organisationen	436

VIII. Internationale Gerichte und friedliche Beilegung internationaler Streitfälle 446

IX. Krieg, Abrüstung und Neutralität 454

1. Krieg, Allgemeines 454
2. Land- und Luftkrieg 462
3. Seekrieg und Blockade 466
4. Besetzung 476
5. Waffenstillstand und Frieden 478
6. Rüstung und Abrüstung, Atomwaffen und Raketen 482
7. Gesetze und Gebräuche des Krieges 490
8. Neutralität 496

X. Wichtige Begriffe der politischen und diplomatischen Geschichte 498

1. 1500–1914 498
2. Der erste Weltkrieg 508
3. 1919–1939 510
4. Der zweite Weltkrieg 516
5. Nachkriegszeit 520

XI. Alphabetische Register .. 539

Deutsch 539
Englisch 605
Französisch 669
Spanisch 725

b) UNO and its Organs	400
c) Specialized Agencies of UNO	408
d) The European Communities	416
e) Other Intergovernmental Organizations	420
f) Non-Governmental Organizations	436

VIII. International Courts and Peaceful Settlement of International Disputes 446

IX. War, Disarmament and Neutrality 454

1. War, General Terms 454
2. Land and Air Warfare 462
3. Sea Warfare and Blockade ... 466
4. Occupation 476
5. Truces and Peace 478
6. Armament and Disarmament, Atomic Weapons and Missiles . 482
7. Laws and Customs of War 490
8. Neutrality 496

X. Important Terms of Political and Diplomatic History .. 498

1. 1500–1914 498
2. World War I 508
3. 1919–1939 510
4. World War II 516
5. Post-War period 520

XI. Alphabetical Indexes ... 539

German 539
English 605
French 669
Spanish 725

b) L'ONU et ses organes	401
c) Institutions spécialisées de l'ONU	409
d) Les Communautés Européennes	417
e) Autres organisations intergouvernementales	421
f) Organisations non-gouvernementales	437

VIII. Tribunaux internationaux et réglement pacifique de différends internationaux   447

IX. La guerre, le désarmement et la neutralité 455

1. La guerre, généralités 455
2. Guerre terrestre et aérienne .. 463
3. La guerre maritime et le blocus 467
4. Occupation 477
5. L'armistice et la paix 479
6. Les armements et le désarmement, armes atomiques et fusées 483
7. Lois et coutumes de la guerre 491
8. Neutralité 497

X. Termes importants de l'histoire politique et diplomatique 499

1. 1500–1914 499
2. La première guerre mondiale 509
3. 1919–1939 511
4. La deuxième guerre mondiale 517
5. Période d'après-guerre 521

XI. Index alphabétiques 539
    Allemand 539
    Anglais 605
    Français 669
    Espagnol 725

b) La ONU y sus órganos ...	401
c) Organizaciones especializadas de la ONU	409
d) Las Comunidades Europeas	417
e) Otras organizaciones intergubernamentales	421
f) Organizaciones no gubernamentales	437

VIII. Tribunales internacionales y arreglo pacífico de controversias internacionales   447

IX. Guerra, desarme y neutralidad 455

1. La guerra, terminología general 455
2. Guerra terrestre y aérea 463
3. Guerra marítima y bloqueo .. 467
4. Ocupación 477
5. Armisticio y paz 479
6. Armamentos y desarme, armas atómicas y cohetes 483
7. Leyes y costumbres de la guerra 491
8. Neutralidad 497

X. Términos importantes de la historia política y diplomática 499

1. 1500–1914 499
2. La primera guerra mundial .. 509
3. 1919–1939 511
4. La segunda guerra mundial .. 517
5. La posguerra 521

XI. Indices alfabéticos - 539
    Alemán 539
    Inglés 605
    Francés 669
    Español 725

Abkürzungen   Abbreviations

acc	Akkusativ		*acc*	accusative
Am	amerikanisches Spanisch		*Am*	Latin-American usage
alg.	alguien (Spanisch = jd.)		*alg.*	alguien (Spanish = s.b.)
B	Belgien; belgisches Französisch		*B*	Belgium; Belgian usage
bes	besonders		*bes*	besonders (German = specially)
CH	Schweiz; Schweizer Sprachgebrauch		*CH*	Switzerland, Swiss usage
coll	Kollektivbegriff		*coll*	collective term, collective noun
D	Deutschland		*D*	Germany; West German usage
dat	Dativ		*dat*	dative
Esp	Spanien; europäisches Spanisch		*Esp*	Spain; European Spanish usage
etw.	etwas		*etw.*	etwas (German = s.th.)
F	Frankreich		*F*	France; French usage
f	feminin		*f*	feminine
fam	Umgangssprache		*fam*	colloquial speech
fpl	feminin Plural		*fpl*	feminine plural
GB	Großbritannien; britisches Englisch		*GB*	Great Britain; British usage
hist	historischer Begriff		*hist*	historical term
inv	unveränderliches Wort		*inv*	invariable term
jd.	jemand		*jd.*	jemand (German = s.b.)
jdm.	jemandem		*jdm.*	jemandem (German = to s.b.)
jdn.	jemanden		*jdn.*	jemanden (German = s.b., acc)
jur	juristisch		*jur*	legal, legal terminology
lit	literarisch		*lit*	literary expression
m	maskulin		*m*	masculine

Abréviations

acc	accusatif
Am	espagnol américain
alg.	alguien (espagnol = qn.)
B	Belgique; expression usuelle en Belgique
bes	besonders (allemand = en particulier)
CH	Suisse; expression usuelle en Suisse
coll	nom collectif
D	Allemagne; expression usuelle en Allemagne
dat	datif
Esp	Espagne; expression usuelle en Espagne
etw.	etwas (allemand = qch.)
F	France; expression usuelle en France
f	féminin
fam	langage familier
fpl	féminin, pluriel
GB	Grande-Bretagne; expression usuelle en Grande-Bretagne
hist	terme historique
inv	mot invariable
jd.	jemand (allemand = qn., dat)
jdm.	jemandem (allemand = à qn.)
jdn.	jemanden (allemand = qn., acc)
jur	terme juridique
lit	expression littéraire
m	masculin

Abreviaturas

acc	acusativo
Am	expresión usada en América latina
alg.	alguien
B	Bélgica; voz usada en Bélgica
bes	besonders (alemán = especialmente)
CH	Suiza; voz usada en Suiza
coll	término colectivo
D	Alemania; voz usada en Alemania
dat	dativo
Esp	España; voz usada en España
etw.	etwas (alemán = u/c)
F	Francia; voz usada en Francia
f	femenino
fam	lenguaje familiar
fpl	femenino, plural
GB	Inglaterra; voz usada en Inglaterra
hist	término histórico
inv	palabra invariable
jd.	jemand (alemán = alg.)
jdm.	jemandem (alemán = a alg., dat)
jdn.	jemanden (alemán = a alg., acc)
jur	término jurídico
lit	expresión literaria
m	masculino

mpl	maskulin Plural	*mpl*	masculine plural
n	Neutrum	*n*	neuter
npl	Neutrum Plural	*npl*	neuter plural
nt	der fremde Ausdruck wird nicht übersetzt	*nt*	the foreign term is not translated
od	oder	*od*	oder (German = or)
Ö	Österreich; österreichisches Deutsch	Ö	Austria; term used in Austria
pej	pejorativ	*pej*	pejorative
pl	Plural	*pl*	plural
qch.	quelque chose (Französisch = etw.)	*qch.*	quelque chose (French = s.th.)
qn.	quelqu'un (Französisch = jd.)	*qn*	quelqu'un (French = s.b.)
s.b.	somebody (Englisch = jd.)	*s.b.*	somebody
s.th.	something (Englisch = etw.)	*s.th.*	something
tc	allgemein üblicher Ausdruck	*tc*	commonly used expression, not a strictly technical term
tt	eigentlicher Fachausdruck	*tt*	actual technical term or official designation
u/c	una cosa (Spanisch = etw.)	*u/c*	una cosa (Spanish = s.th.)
US	USA; amerikanisches Englisch	US	U.S.A.; American English
v/i	intransitives Verb	*v/i*	intransitive verb
v/t	transitives Verb	*v/t*	transitive verb
in Zssgn	in Zusammensetzungen	*in Zssgn*	in compounds
zB	zum Beispiel	*zB*	zum Beispiel (German = e.g.)
zT	zum Teil	*zT*	zum Teil (German = partly)

mpl	masculin, pluriel	*mpl*	masculino, plural
n	neutre	*n*	neutro
npl	neutre, pluriel	*npl*	neutro, plural
nt	le mot étranger n'est pas traduit	*nt*	no se traduce la palabra extranjera
od	oder (allemand = ou)	*od*	oder (alemán = o)
Ö	Autriche; expression usuelle en Autriche	Ö	Austria; expresión típica de Austria
pej	péjoratif	*pej*	despectivo
pl	pluriel	*pl*	plural
qch.	quelque chose	*qch.*	quelque chose (francés = u/c)
qn.	quelqu'un	*qn.*	quelqu'un (francés = alg.)
s.b.	somebody (anglais = qn.)	*s.b.*	somebody (inglés = alg.)
s.th.	something (anglais = qch.)	*s.th.*	something (inglés = u/c)
tc	expression de la langue courante, et non pas terme technique	*tc*	expresión generalmente usada, sin ser término técnico en sentido estricto
tt	expression proprement spécialisée ou désignation officielle	*tt*	expresión técnica propiamente dicha o denominación oficial
u/c	una cosa (espagnol = qch.)	*u/c*	una cosa, algo
US	Etats-Unis; anglais américain	US	Estados Unidos; voz típicamente norteamericana
v/i	verbe intransitif	*v/i*	verbo intransitivo
v/t	verbe transitif	*v/t*	verbo transitivo
in Zssgn	élément d'un mot composé	*in Zssgn*	primer elemento de un nombre compuesto
zB	zum Beispiel (allemand = par exemple)	*zB*	zum Beispiel (alemán = por ejemplo)
zT	zum Teil (allemand = en partie)	*zT*	zum Teil (alemán = en parte)

I. Der Staat und sein politisches Leben
I. The State and Its Political Life

1. Das Staatsgebiet
1. National territory

1	Hoheitsgebiet *n*	territory
2	Staatsgebiet *n*	national territory
3	territoriale Souveränität *f*, Gebietsherrschaft *f*, Gebietshoheit *f*	territorial sovereignty, supremacy
4	eigener Zuständigkeitsbereich *m* (eines Staates)	domestic jurisdiction
5	Ausübung *f* der Gebietshoheit	exercise of territorial sovereignty
6	Territorialität *f*, Zugehörigkeit *f* zu einem Staatsgebiet	territoriality
7	territoriale Integrität *f*, Unversehrtheit *f* des Staatsgebietes	territorial integrity
8	Bundesgebiet *n*	federal territory
9	Hinterland *n*	hinterland *nt*, back country
10	Nachbarstaat *m*	neighbouring state
11	Anliegerstaat *m*, Anrainer *m*, Anrainerstaat *m*	border state
12	Randstaat *m*	peripheral state
13	Uferstaat *m*, Küstenstaat *m*	riparian state, coastal ~
14	Aneinanderstoßen *n*, Angrenzen *n*, Kontiguität *f*	contiguity
15	internationales Nachbarrecht *n*	rules on good neighbourly relations between nations
16	Zollgebiet *n*	customs territory
17	Freizone *f*	free zone
18	Freihafen *m*	free port
19	Währungsgebiet *n*	currency area
20	Landeswährung *f*	national currency
21	Landgebiet *n*	land domain
22	Festland *n*	mainland
23	Zufahrtsrecht *n*; Zutrittsrecht *n*	right of access
24	Zugang *m* zum Meer	outlet to the sea, sea outlet
25	Land *n* ohne Zugang zum Meer	land-locked country

I. L'Etat et sa vie politique

I. El Estado y su vida política

1. Le territoire national

1. El territorio nacional

1 territoire *m*
2 territoire *m* national
3 souveraineté *f* territoriale, suprématie *f* territoriale
4 compétence *f* nationale (d'un Etat), domaine *m* réservé
5 possession *f*
6 territorialité *f*

7 intégrité *f* territoriale

8 territoire *m* fédéral
9 hinterland *m*, *nt*; arrière-pays *m*
10 Etat *m* voisin, ∼ limitrophe
11 Etat *m* riverain

12 Etat *m* périphérique
13 Etat *m* riverain
14 contiguïté *f*

15 (droit *m* des) relations *fpl* internationales de voisinage
16 territoire *m* douanier
17 zone *f* franche
18 port *m* franc
19 zone *f* monétaire
20 monnaie *f* nationale
21 domaine *m* terrestre
22 continent *m*
23 droit *m* d'accès
24 accès *m* à la mer
25 pays *m* non riverain (sans accès à la mer), pays sans littoral

territorio *m*
territorio *m* nacional
soberanía *f* territorial, supremacía *f* ∼
competencia *f* nacional, jurisdicción *f* interna (de un Estado)
posesión *f*
territorialidad *f*

integridad *f* territorial

territorio *m* federal
hinterland *m*, *nt*
Estado *m* limítrofe, ∼ vecino
Estado *m* contiguo

Estado *m* periférico
Estado *m* ribereño, ∼ con litoral
contigüidad *f*

(Derecho *m* de las) relaciones *fpl* internacionales de vecindad
territorio *m* aduanero
zona *f* franca
puerto *m* franco, ∼ libre
área *f* monetaria, zona *f* ∼
moneda *f* nacional
dominio *m* terrestre
continente *m*
derecho *m* de acceso
acceso *m* al mar, salida *f* al mar
país *m* sin acceso al mar

19

26	Binnenmeer *n*	land-locked sea, inland sea, enclosed sea
27	Binnengewässer *npl*	inland waters
28	historische Gewässer *npl*	historic waters
29	historische Bucht *f*	historic bay *(bay whose possession is based upon immemorial custom)*
30	geschlossene Bucht *f*	landlocked bay *(bay enclosed by the territory of a state)*
31	Seehoheitsgebiet *n*, Seegebiet *n*	maritime domain
32	Hoheitsgewässer *npl*	territorial waters
33	maritime Eigengewässer *npl*	national waters
34	Küstengewässer *npl*	coastal waters
35	Küstenmeer *n*, Territorialmeer *n*	territorial sea
36	angrenzende Zone *f*, Kontiguitätszone *f*	contiguous zone
37	Randmeer *n*	marginal sea, maritime belt, shelf sea, bordering sea, epicontinental sea
38	niedrigster Wasserstand *m* *(zur Bestimmung von Seegrenzen)*	low-water mark
39	Dreimeilenzone *f*	three-mile zone, three-mile belt
40	Kanonenschußweite *f* (Regel *f* der ∼)	gun-shot range, rule of the range of cannon
41	Insellage *f*	insularity
42	eisfreier Hafen *m*	ice-free port; ∼ ∼ harbour
43	Kontinentalsockel *m*, Festlandsockel *m*	continental shelf
44	Meeresgrund *m*	sea bed; sea floor US
45	Kontrolle *f* der Meerengen	control of the straits
46	freier Zugang *m* zu, freier Zutritt *m* zu, freie Zufahrt *f* zu ...	free access to ...
47	Seekanal *m*	inter-oceanic canal
48	Luftgebiet *n*	air domain, ∼ space
49	Luftraum *m*	air space
50	Weltraum *m*	outer space
51	Luftkorridor *m*, Luftschneise *f*, Einflugschneise *f*	air corridor
52	Lufthoheit *f*	sovereignty of the air
53	Freiheit *f* des Luftraumes	freedom of the air
54	Luftsperrgebiet *n*	prohibited aerial space

26	mer *f* intérieure	mar *m* interior

27	eaux *fpl* intérieures	aguas *fpl* interiores
28	eaux *fpl* historiques	aguas *fpl* históricas
29	baie *f* historique	bahía *f* histórica

30	baie *f* fermée, ~ resserrée	bahía *f* cerrada

31	domaine *m* maritime	dominio *m* marítimo
32	eaux *fpl* territoriales, ~ juridictionnelles, territoire *m* maritime	aguas *fpl* territoriales, ~ jurisdiccionales
33	eaux *fpl* (maritimes) intérieures	aguas *fpl* interiores
34	eaux *fpl* côtières	aguas *fpl* costeras
35	mer *f* territoriale	mar *m* territorial, ~ jurisdiccional
36	zone *f* contiguë	zona *f* contigua

37	mer *f* marginale ~ bordière	mar *m* marginal

38	étiage *m*	estiaje *m*

39	zone *f* des trois milles (marins)	zona *f* de las tres millas
40	portée *f* de canon (règle *f* de la ~ ~ ~)	alcance *m* del cañón (regla *f* del ~ ~ ~)
41	situation *f* insulaire, position *f* ~	posición *f* insular
42	port *m* libre de glace	puerto *m* libre de hielo
43	plateau *m* continental, plate-forme *f*~e; banc *m* ~, seuil *m* ~	plataforma *f* continental
44	fond *m* de la mer	fondo *m* del mar
45	contrôle *m* des détroits	control *m* de los estrechos
46	libre accès à ...	libre acceso a ...

47	canal *m* interocéanique	canal *m* interoceánico
48	domaine *m* aérien, espace *m* ~	dominio *m* aéreo
49	espace *m* aérien	espacio *m* aéreo
50	espace *m*; ~ interplanétaire, espace extra-atmosphérique	espacio *m*; ~ interplanetario, ~ extraterrestre
51	couloir *m* aérien	pasillo *m* aéreo

52	souveraineté *f* aérienne	soberanía *f* aérea
53	liberté *f* de l'air	libertad *f* del espacio aéreo
54	espace *m* aérien interdit	zona *f* aérea prohibida

55	Völkergemeinschaftsgebiet *n*	international territory
56	Besitzergreifung *f*	taking possession, seizure
57	Okkupation *f, (als Modus des Gebietserwerbs)*	occupation
58	Okkupant *m, nt*	occupant
59	friedliche Durchdringung *f*	peaceful penetration
60	friedliche Besetzung *f*, „occupatio pacifica" *tt, nt*	peaceful occupation
61	originäre Okkupation *f (eines herrenlosen Gebietes)*	original occupation
62	herrenloses Gebiet *n*, territorium *n* nullius	terra nullius, territorium nullius
63	... kann (können) erworben werden	... can be acquired
64	Anwachsen *n, tc (eines Staatsgebietes)*; Akkreation *f, tt*	accession
65	Abschwemmung *f*; avulsio *f, nt*	avulsion
66	Anschwemmung *f*, Alluvion *f*	alluvion
67	Adjudikation *f (Zuerkennung eines Gebietes durch Schiedsspruch)*	adjudication *(by arbitral award)*
68	Ersitzung *f*	acquisitive prescription, usucapion
69	abtreten	to cede
70	ein Gebiet abtreten	to cede a territory
71	Abtretung *f* eines Gebietes	cession of a territory
72	Zession *f, nt (Übertragung von Gebietsrechten)*	cession
73	Zessionar *m*	cessionary state
74	Zedent *m*, Abtretender *m*	cedent state
75	Gebietsaustausch *m*	exchange of territory
76	Gebietsveränderung *f*	territorial change
77	Gebietserweiterung *f*	expansion of territory, territorial aggrandizement; extension of a territory
78	verpachten	to lease
79	Verpachtung *f* eines Gebietes	lease of a territory
80	Pachtgebiet *n*	leasehold area
81	internationalisieren	to internationalize
82	Internationalisierung *f*	internationalization
83	internationaler Bahnhof *m*	international station

55	domaine *m* public international	dominio *m* público internacional
56	prise *f* de possession	toma *f* de posesión
57	occupation *f*	ocupación *f*

58	occupant *m*	ocupante *m*
59	pénétration *f* pacifique	penetración *f* pacífica
60	occupation *f* pacifique	ocupación *f* pacífica

61 occupation *f* originaire — ocupación *f* originaria

62 territoire *m* sans maître, ~ nullius — territorio *m* nullius

63 est (sont) susceptible(s) d'acquisition — ... pueden ser adquiridos(-as), ... es susceptible de adquisición

64 accession *f* — accesión *f*

65 avulsion *f* — avulsión *f*, pérdida *f* de terreno(s) que arrastra una corriente de agua

66 alluvion *f* — aluvión *m*

67 adjudication *f* *(par sentence arbitrale)* — adjudicación *f* *(por sentencia arbitral)*

68 usucapion *f*, prescription *f* acquisitive — prescripción *f* adquisitiva, usucapión *f*

69 céder — ceder

70 céder un territoire — ceder un territorio

71 cession *f* d'un territoire — cesión *f* de un territorio

72 cession *f* — cesión *f*

73 cessionnaire *m* — cesionario *m*

74 cédant *m* — cedente *m*

75 échange *m* de territoire — intercambio *m* territorial

76 changement *m* territorial — cambio *m* territorial

77 agrandissement *m* (expansion *f*) territorial(e) — expansión *f* del territorio, ~ territorial, extensión *f* del territorio

78 céder à bail, donner à bail — arrendar

79 cession *f* à bail d'un territoire — arrendamiento *m* de un territorio

80 territoire *m* cédé à bail — territorio *m* arrendado

81 internationaliser — internacionalizar

82 internationalisation *f* — internacionalización *f*

83 gare *f* internationale — estación *f* internacional

84	internationaler Flughafen *m*	international airport
85	internationaler Fluß *m*	international river
86	internationale Wasserstraßen *fpl*	international waterways
87	Schiffahrtsfreiheit *f* auf Flüssen	freedom of navigation on rivers
88	internationales Wasserrecht *n*, Rechtsordnung *f* der internationalen Flüsse	law of international rivers, ~ governing international waterways
89	Dereliktion *f*, *nt*	dereliction
90	Erwerb *m* durch Eroberung	acquisition by conquest
91	Annexionismus *m*	annexationism
92	angliedern *(ein Gebiet an)*	to incorporate (a territory)
93	Annexionist *m*	annexationist
94	Annexion *f*	annexation
95	annektieren, einverleiben	to annex
96	die gewaltsame Aneignung (*od*: Einverleibung) eines Gebietes rückgängig machen	to release a territory from annexation; to disannex
97	Rückgängigmachung *f* einer Annexion	disannexation
98	Rückabtretung *f (eines Gebiets)*	retrocession
99	rückabtreten	to retrocede a territory, to cede back a territory, to give back a ~, to disclaim a ~
100	Einverleibung *f (eines Gebiets)*	incorporation (of a territory)
101	Aufteilung *f*, Zerstückelung *f*	dismemberment
102	aufteilen, zerstückeln *(ein Land)*	to dismember (a country)
103	Teilung *f (eines Landes)*	partition, division
104	Volksabstimmung *f (über Gebietszugehörigkeit)*, Plebiszit *n*	plebiscite
105	etwas einer Volksabstimmung unterbreiten	to submit s.th. to a plebiscite
106	etwas durch Volksabstimmung billigen	to approve by plebiscite, to adopt s.th. by ~
107	Abstimmungsgebiet *n*	territory subject to plebiscite
108	Optant *m*	person opting
109	optieren für	to opt for
110	Option *f*	option
111	Optionsrecht *n*	right of option
112	abgefallenes Gebiet, losgelöstes ~	breakaway territory, secessionist territory

84	aéroport *m* international	aeropuerto *m* internacional
85	fleuve *m* international	río *m* internacional
86	voies *fpl* fluviales internationales	vías *fpl* fluviales internacionales
87	liberté *f* de la navigation fluviale	libertad *f* de navegación fluvial
88	droit *m* fluvial international	derecho *m* fluvial internacional
89	déréliction *f*	dereliccíon *f*
90	acquisition *f* par conquête	adquisición *f* por conquista
91	annexion(n)isme *m*	anexionismo *m*
92	rattacher (un territoire à)	incorporar (un territorio a)
93	annexionniste *m*	anexionista *m*
94	annexion *f*	anexión *f*
95	annexer	anexionar
96	désannexer un territoire, annuler l'annexion d'un territoire	separar un territorio anexionado
97	désannexion *f*	desanexión *f*
98	rétrocession *f*	retrocesión *f*
99	rétrocéder (= rendre) un territoire	hacer retrocesión de un territorio, retroceder un territorio
100	incorporation *f* (d'un territoire)	incorporación *f* (de un territorio)
101	démembrement *m*	desmembramiento *m*
102	démembrer	desmembrar
103	partage *m*	división *f*, reparto *m*
104	plébiscite *m*	plebiscito *m*
105	soumettre une question à un plébiscite	someter u/c a plebiscito
106	adopter qch par plébiscite	aprobar u/c por plebiscito
107	territoire *m* de plébiscite, ~ plébiscitaire	territorio *m* de plebiscito
108	optant *m*	optante *m*
109	opter pour	optar por
110	option *f*	opción *f*
111	droit *m* d'option	derecho *m* de opción
112	territoire dissident, ~ sécessionniste	territorio *m* segregado, ~ secesionista

113	Loslösung *f* eines Gebietes	breakaway, secession of a territory; detachment (non-violent)
114	sich loslösen von	to secede from
115	Sezessionismus *m*	secessionism
116	nationale Heimstätte *f*	national home
117	territoriale Ansprüche geltend machen, Gebietsansprüche ~ ~	to put forward territorial claims
118	beanspruchen *(ein Gebiet)*	to claim (a territory)
119	Gebietsanspruch *m*	territorial claim
120	völkerrechtliche Dienstbarkeiten *fpl*, ~ Servituten *fpl*, Staatsdienstbarkeiten *fpl*, Staatsservituten *fpl*	international servitudes, state ~
121	Exterritorialität *f*	exterritoriality, extraterritoriality
122	exterritorial	exterritorial, extraterritorial
123	Exklave *f*	exclave
124	Enklave *f*	enclave
125	Zollanschlußgebiet *n*	customs enclave
126	Staatsgrenzen *fpl*	frontiers of a state, boundaries ~ ~ ~
127	Grenzgebiet *n*	frontier district, boundary ~, border area, frontier ~
128	Grenzlinie *f*	border line
129	Vermarkung *f*	marking out
130	Grenzziehung *f*, Grenzfestsetzung *f*	delimitation
131	Grenzberichtigung *f*, Gebietsbereinigung *f*, Grenzbereinigung *f*	rectification of boundaries, border adjustment
132	natürliche Grenze *f*	natural frontier, ~ boundary
133	künstliche Grenze *f*	artificial frontier, ~ boundary
134	Landgrenze *f*	land frontier
135	Grenzfluß *m*	boundary river
136	Talweg *m* (= *tiefste Schiffahrtsrinne*)	deepest shipping channel
137	Wasserscheide *f*	watershed
138	Seegrenzen *fpl*	sea frontiers
139	Grenz ... *in Zssgn*	frontier ..., border ...
140	Grenzbahnhof *m*	frontier station, border ~
141	Grenzbewohner *m*	borderer
142	Grenzbevölkerung *f*	border population
143	Grenzgänger *m* (= *Arbeiter*)	frontier worker
144	Grenzverkehr *m*	border traffic
145	Grenzüberschreitung *f*	frontier crossing

113	sécession *f* d'un territoire	secesión *f* de un territorio, segregación *f* ~ ~ ~
114	se séparer de	segregarse de, separarse de
115	sécessionnisme *m*	secesionismo *m*
116	foyer *m* national	hogar *m* nacional
117	formuler des revendications territoriales, faire valoir, émettre ~ ~ ~,	hacer valer reivindicaciones *fpl* territoriales
118	revendiquer un territoire	reivindicar un territorio
119	revendication *f* territoriale	reivindicación *f* territorial
120	servitudes *fpl* en droit international public, ~ internationales	servidumbres *fpl* internacionales

121	exterritorialité *f*	extraterritorialidad *f*
122	exterritorial	extraterritorial
123	exclave *f*	exclave *m*
124	enclave *f*	enclave *m*
125	enclave *f* douanière	enclave *m* aduanero
126	frontières *fpl* nationales, ~ d'Etat	fronteras *fpl* nacionales

127	région *f* frontière, territoire *m* frontier, territoire *m* frontalier	zona *f* fronteriza, ~ limítrofe
128	ligne *f* de frontière	línea *f* de frontera
129	abornement *m*	amojonamiento *m*
130	tracé *m* des frontières, délimitation *f*	trazado *m* de fronteras, trazado *m* fronterizo
131	rectification *f* de(s) frontière(s)	rectificación *f* de fronteras

132	frontière *f* naturelle	frontera *f* natural
133	frontière *f* artificielle	frontera *f* artificial
134	frontière *f* terrestre	frontera *f* terrestre
135	fleuve *m* frontière	río *m* fronterizo
136	talweg *m*, *nt*	talweg *m*, *nt*
137	ligne *f* de partage des eaux	divisoria *f* de aguas
138	frontières *fpl* maritimes	fronteras *fpl* marítimas
139	frontalier; . . . - frontière *inv*	fronterizo; . . . frontera *inv*
140	gare *f* frontière	estación *f* de frontera
141	frontalier *m*	fronterizo *m*
142	population *f* frontalière	población *f* fronteriza
143	(travailleur *m*) frontalier *m*	trabajador *m* fronterizo
144	trafic *m* frontalier	tráfico *m* fronterizo
145	passage *m* de la frontière	paso *m* de la frontera

146	die Grenze überschreiten, übergehen	to cross the frontier (*or*: border)
147	Grenzübergangspunkt *m*	border-crossing point, frontier-crossing point
148	Grenzpolizei *f*	frontier police, border police
149	Grenzsperre *f*	frontier closing
150	Schließung *f* der Grenze, Grenzschließung *f*	closing of the frontier, sealing of the border

2. Arten von Staaten / 2. Types of States

151	Staatskontinuität *f*, Fortbestand *m* des Staates	continuity of the state
152	souveräner Staat *m*, unabhängiger ~, selbständiger ~	sovereign state, independent ~
153	souveräne Gleichheit *f*	sovereign equality
154	Unabhängigkeit *f*	independence
155	seine Unabhängigkeit erlangen	to gain independence, to achieve ~
156	Unabhängigkeitserklärung *f*	declaration of independence
157	Selbstregierung *f*	self-government
158	Autonomie *f*, Selbstverwaltung *f*	autonomy, self-administration
159	autonom, mit Selbstverwaltung	autonomous
160	Selbstbestimmung *f*	self-determination
161	Selbstbestimmungsrecht *n* der Völker	right of self-determination of nations
162	Irredentabewegung *f*, siehe Nr. 2557	see No. 2557
163	halbsouveräner Staat *m*	semi-sovereign state
164	abhängiger Staat *m*	dependent state
165	Fremdherrschaft *f*	domination by a foreign power, foreign domination, ~ rule (*stronger*)
166	sich nicht selbst regierende Gebiete *npl*, nicht autonome ~, Gebiete *npl* ohne Selbstregierung	non-self-governing territories
167	Protektorat *n*; Schutzherrschaft *f*	protectorate
168	Schutzmacht *f*; Protektor *m*	protector
169	Schutzstaat *m*	protecting state, protector
170	beschützter Staat *m*	protected state
171	Vasall *m*	vassal
172	Vasallenstaat *m*	vassal state, state under suzerainty
173	Feudalstaat *m*	feudal state

146	passer la frontière, franchir ~ ~	pasar la frontera
147	point *m* de passage de la frontière	paso *m* de la frontera
148	police *f* de (la) frontière	policía *f* de fronteras
149	interdiction *f* de franchir la frontière	cierre *m* de la frontera
150	fermeture *f* de la frontière	cierre *m* de la frontera

2. Catégories d'Etats   2. Categorías de Estados

151	continuité *f* de l'Etat	continuidad *f* del Estado
152	Etat *m* souverain, ~ indépendant	Estado *m* soberano, ~ independiente
153	égalité *f* souveraine	igualdad *f* soberana
154	indépendance *f*	independencia *f*
155	accéder à l'indépendance	conseguir la independencia
156	déclaration *f* d'indépendance	declaración *f* de independencia
157	autonomie *f* politique	gobierno *m* propio, autogobierno *m*
158	autonomie *f*	autonomía *f*
159	autonome	autónomo
160	autodétermination *f*	autodeterminación *f*
161	droit *m* des peuples à disposer d'eux-mêmes, droit d'autodétermination	derecho *m* de autodeterminación de los pueblos
162	cf. no. 2557	véase no. 2557
163	Etat *m* mi-souverain	Estado *m* semisoberano
164	Etat *m* dépendant	Estado *m* dependiente
165	domination *f* étrangère	dominación *f* extranjera
166	territoires *mpl* non autonomes	territorios *mpl* no autónomos
167	protectorat *m*	protectorado *m*
168	protecteur *m*	protector *m*
169	Etat *m* protecteur; protecteur *m*	Estado *m* protector; protector *m*
170	Etat *m* protégé	Estado *m* protegido
171	vassal *m*	vasallo *m*
172	Etat *m* vassal	Estado *m* vasallo
173	Etat *m* féodal	Estado *m* feudal

174	Unterordnungsverhältnis *n*, Vasallenverhältnis *n*	vassalage
175	Suzeränität *f*	suzerainty
176	Suzerän *m*	suzerain
177	Mutterland *n*	motherland, mother country
178	... des Mutterlandes	metropolitan, of the motherland, ~ ~ mother country
179	überseeische Gebiete *npl*, Überseegebiete *npl*	overseas territories
180	überseeische Besitzungen *fpl*	overseas possessions
181	Kolonie *f*	colony
182	Kronkolonie *f*	Crown colony
183	Kolonialgebiet *n*	colonial territory
184	Kolonialmacht *f*	colonial power
185	Kolonialherrschaft *f*	colonial rule
186	Kolonialvolk *n*	colonial people
187	kolonial, Kolonial... *in Zssgn*	colonial
188	Kolonialreich *n*	colonial empire
189	Kolonisierung *f*	colonization
190	kolonisieren	to colonize
191	Kolonialpolitik *f*	colonial policy
192	kolonialistisch	colonialist
193	Kolonialismus *m*	colonialism
194	sich emanzipieren, die Unabhängigkeit erlangen	to become emancipated, to win independence, to gain ~ (from)
195	Emanzipierung *f*, Emanzipation *f*, Befreiung *f*	emancipation
196	Freiheitskämpfer *m*	freedom fighter
197	Freiheitskampf *m*	freedom fight, struggle (*or*: fight) for freedom
198	Loslösung *f* der Kolonien vom Mutterland, Erlangung *f* der Selbständigkeit (*od.* Unabhängigkeit *f*)	separation of colonies from the mother country, emancipation of colonies
199	das koloniale Joch abschütteln	to cast off the colonial yoke, to shake off ~ ~ ~
200	Entkolonisierung *f*, Entkolonialisierung *f*	decolonization
201	entkolonisieren, entkolonialisieren	to decolonize

174	vassalité *f*	vasallaje *m*
175	suzeraineté *f*	soberanía *f* feudal, suceranía *f*
176	suzerain *m*	señor *m* feudal, sucerano *m*
177	métropole *f*, mère-patrie *f*; territoire *m* métropolitain	metrópoli *f*, territorio *m* metropolitano; madre *f* patria *lit*
178	métropolitain	metropolitano, ... de la madre patria
179	territoires *mpl* d'outre-mer	territorios *mpl* de ultramar
180	possessions *fpl* d'outre-mer	posesiones *fpl* de ultramar, ~ ultramarinas
181	colonie *f*	colonia *f*
182	colonie *f* de la Couronne	colonia *f* de la Corona
183	territoire *m* colonial	territorio *m* colonial
184	puissance *f* coloniale	potencia *f* colonial
185	domination *f* coloniale	dominación *f* colonial
186	peuple *m* colonial	pueblo *m* colonial
187	colonial	colonial
188	empire *m* colonial	imperio *m* colonial
189	colonisation *f*	colonización *f*
190	coloniser	colonizar
191	politique *f* coloniale	política *f* colonial
192	colonialiste	colonialista
193	colonialisme *m*	colonialismo *m*
194	s'émanciper, accéder à l'indépendance	emanciparse
195	émancipation *f*	emancipación *f*
196	combattant *m* pour la liberté	combatiente *m* por la libertad
197	combat *m* pour la liberté	lucha *f* por la libertad
198	émancipation *f* des colonies	emancipación *f* de las colonias
199	secouer le joug colonial	sacudir el yugo colonial
200	décolonisation *f*	decolonización *f*
201	décoloniser, décolonialiser	decolonizar

202	neokolonial(istisch)	neocolonial(ist)
203	Neokolonialismus *m*	neocolonialism
204	Unabhängigkeitsbewegung *f*	independence movement
205	Erlangung *f* der Unabhängigkeit *f*	attainment of independence; *Or use verb*: to achieve indepence, to attain~
206	Gewährung der Unabhängigkeit	the granting of independence
207	Mandat *n (des Völkerbundes)*	mandate *(of the League of Nations)*
208	Mandatsgebiet *n*	mandated territory, ~ area
209	Mandatsmacht *f*, Mandatar *m*	mandatory power
210	Mandatssystem *n*	mandate system
211	Treuhandgebiet *n*; *seltener*: Treuhandschaftsgebiet *n, Ö*; unter Treuhandschaft gestelltes Gebiet *n*	trusteeship territory, trust ~
212	Treuhandstaat *m*	trustee state, administering ~
213	Internationales Treuhandsystem *n (UNO)*	International Trusteeship System
214	Treuhandabkommen *n (UNO)*	Trusteeship Agreement *(UNO)*
215	Satellitenstaat *m*	satellite state
216	Pufferstaat *m*	buffer state
217	Pufferzone *f*	buffer zone
218	Personalunion *f*	personal union
219	Realunion *f*	real union
220	staatenbündisches System *n*	confederal system
221	staatenbündisch	confederal
222	Staatenbund *m*	confederation, confederacy, federation of states
223	loser Staatenbund *m*	loose confederation
224	Staatenunion *f* (Staatenstaat *m*)	union of states
225	Föderation *f*, Bund *m*	federation
226	bundesstaatliches System *n*	federal system
227	Bundesstaat *m*, föderativer Staat *m*	federal state
228	Bundesrepublik *f*	federal republic
229	Bundes..., bundesstaatlich, föderativ	federal
230	Bundesgewalt *f*	federal power, ~ authority
231	auf Bundesebene	at the federal level

202	néocolonial(iste)	neocolonial(ista)
203	néocolonialisme *m*	neocolonialismo *m*
204	mouvement *m* d'indépendance	movimiento *m* independentista, ∼ de independencia
205	accession *f* à l'indépendance	obtención *f* de la independencia, accesión a la ∼
206	octroi *m* de l'indépendance	concesión *f* de la independencia
207	mandat *m* *(de la S.D.N.)*	mandato *m* *(de la S.D.N.)*
208	territoire *m* sous mandat	territorio *m* bajo fideicomiso, ∼ bajo mandato
209	puissance *f* mandataire	potencia *f* mandataria
210	régime *m* des mandats	régimen *m* de mandatos
211	territoire *m* sous tutelle	territorio *m* bajo tutela, ∼ ∼ fideicomiso, ∼ ∼ administración fiduciaria, ∼ fideicometido
212	Etat *m* tutélaire, ∼ administrant	Estado *m* mandatario, ∼ administrador
213	Régime *m* international de Tutelle	Régimen *m* Internacional de Administración Fiduciaria, ∼ ∼ de Tutela
214	accord *m* de tutelle *(ONU)*	acuerdo *m* de administración fiduciaria, ∼ de tutela *(ONU)*
215	Etat *m* satellite	Estado *m* satélite, país *m* satélite
216	Etat-tampon *m*	Estado-tapón *m*
217	zone-tampon *f*	zona *f* tapón
218	union *f* personnelle	unión *f* personal
219	union *f* réelle	unión *f* real
220	système *m* confédéral	sistema *m* de confederación
221	confédéral	confederal
222	confédération *f* (d'Etats)	Confederación *f* (de Estados)
223	confédération *f* à liens souples	confederación *f* relajada
224	Union *f* d'Etats	Unión *f* de Estados
225	fédération *f*	federación *f*
226	système *m* fédéral	sistema *m* federal
227	Etat *m* fédéral	Estado *m* federal, ∼ federativo
228	république *f* fédérale	república *f* federal
229	fédéral	federal
230	pouvoir *m* fédéral, ∼ fédératif	poder *m* federal, autoridad *f* ∼
231	à l'échelon *m* fédéral	en el nivel federal

232	Gliedstaaten *mpl (eines Bundesstaates)*	member states, corporate ~, individual ~; constituent republics USSR
233	auf Länderebene *D*	at Laender level *D*
234	Dominion *n*	dominion
235	Einheitsstaat *m*	unitary state, unitarian state
236	Nationalstaat *m*	national state
237	Vielvölkerstaat *m*, Nationalitätenstaat *m*	multi-national state
238	autonome Republik *f*	autonomous republic
239	autonome Region *f*, *UdSSR, I*	autonomous region *USSR, I*
240	freies Territorium *n*, Freistaat *m* (*zB Triest von 1947 bisf 1954*)	free territory (*e.g. Trieste from 1947 to 1954*)
241	freie Stadt *f* (*zB Danzig von 1920 bis 1939*)	free city (*e.g. Danzig from 1920 to 1939*)
242	Stadtstaat *m*	city-state
243	die antike Polis *f*	polis, Greek city-state
244	freie Reichsstadt *f*, *hist*, *D*	free town, imperial city
245	Überstaat *m*	superstate
246	Kondominium *n*, Condominium *n*, Gemeinherrschaft *f*	condominium
247	Koimperium *n*	coimperium
248	Weltmacht *f*	world power
249	Supergroßmacht *f*, Supermacht *f*	super power
250	Mammutstaat *m*	mammoth state
251	Großmächte *fpl*	Great Powers
252	Möchte-Gern-Großmacht *f*	would-be-power
253	Zwergstaat *m*	very small state
254	zweitrangige Macht *f*	second-class power, second rate ~, secondary power, minor power
255	Landmacht *f*	land power
256	Seemacht *f*	sea power
257	Militärmacht *f*	military power
258	Zollunion *f*; *D, hist*: Zollverein *m*	customs union
259	Wirtschaftsunion *f*	economic union
260	totalitärer Staat *m*	totalitarian state
261	Einparteienstaat *m*	one-party state
262	Polizeistaat *m*	police state

232	Etats *mpl* membres, ~ particuliers (*d'un Etat fédéral*)	Estados *mpl* miembros *(que forman un Estado federal)*
233	à l'échelon des Laender *D*	en el nivel de los Laender *D*
234	dominion *m*	dominio *m*
235	Etat *m* unitaire	Estado *m* unitario
236	Etat *m* à ethnie homogène	Estado *m* uninacional
237	Etat *m* multinational, ~ plurinational	Estado *m* multinacional
238	république *f* autonome	república *f* autónoma
239	région *f* autonome *URSS, I*	región *f* autónoma *URSS, I*
240	territoire *m* libre *(par ex. Trieste de 1947 à 1954)*	territorio *m* libre *(por ej. Trieste de 1947 a 1954)*
241	ville *f* libre *(par ex. Danzig de 1920 à 1939)*	ciudad *f* libre *(por ej. Danzig de 1920 a 1939)*
242	ville *f* libre	ciudad-Estado *f*
243	la cité antique, la polis	la polis antigua
244	ville *f* libre d'Empire, ~ impériale	ciudad *f* imperial
245	super-Etat *m*	Superestado *m*
246	condominium *m*	condominio *m*
247	coimperium *m, nt*	coimperium *m, nt*
248	puissance *f* mondiale	potencia *f* mundial
249	super-puissance *f*	superpotencia *f*
250	Etat *m* mammouth	Estado *m* gigante, ~ mamut
251	grandes Puissances *fpl*	grandes Potencias *fpl*
252	pays *m* aspirant à la grande puissance	país *m* con ambiciones de gran potencia
253	Etat *m* minuscule	Estado *m* minúsculo
254	puissance *f* de deuxième ordre	potencia *f* de segundo orden
255	puissance *f* continentale	potencia *f* continental
256	puissance *f* maritime	potencia *f* marítima
257	puissance *f* militaire	potencia *f* militar
258	union *f* douanière	unión *f* aduanera
259	union *f* économique	unión *f* económica
260	Etat *m* totalitaire	Estado *m* totalitario
261	Etat *m* à parti unique	Estado *m* de partido único
262	Etat *m* policier	Estado *m* policíaco

263	Rechtsstaat *m*	constitutional state
264	Sozialstaat *m*	social state
265	Wohlfahrtsstaat *m*	welfare state
266	Ständestaat *m*	corporative state
267	Volksrepublik *f*	people's republic
268	Volksdemokratie *f*	people's democracy
269	neutraler Staat *m*	neutral state
270	Entstehung *f* eines Staates	emergence of a state
271	Untergang *m* von Staaten	extinction of states
272	Staatennachfolge *f*, Staatensukzession *f*	succession of states
273	Nachfolgestaat *m*, Sukzessionsstaat *m*	successor state
274	Rechtsnachfolge *f*	legal succession
275	Rechtsnachfolger *m*	legal succesor

3. Monarchie, Adel und Kirchen

3. Monarchy, Nobility and Churches

276	Monarch *m*	monarch
277	Herrscher *m*	sovereign, ruler
278	Herrscherin *f*	sovereign, ruler
279	herrschen *(Monarchen)*	to rule, to reign
280	der Herrscher von Gottes Gnaden	the monarch by divine right
281	Gottesgnadentum *n*	divine right (of monarchs)
282	Herrschaft *f (eines Monarchen)*	reign
283	Interregnum *n*	interregnum
284	Monarchie *f*	monarchy
285	absolute Monarchie *f*	absolute monarchy
286	konstitutionelle Monarchie *f*	constitutional monarchy
287	konstitutioneller Monarch *m*	constitutional monarch
288	monarchisch *(auf den Herrscher bezüglich)*	monarchical
289	Erbmonarchie *f*, erbliche Monarchie *f*	hereditary monarchy
290	Wahlmonarchie *f*	elective monarchy
291	Dynastie *f*, Herrscherhaus *n*	dynasty, royal house
292	dynastisch	dynastic(al)
293	Dynast *m*	dynast
294	Herrscherfamilie *f*, Herrschergeschlecht *n*	reigning dynasty, ~ family

263	Etat *m* de droit, ~ constitutionnel	Estado *m* de derecho
264	Etat *m* social	Estado *m* social
265	Etat-providence *m*	Estado *m* de beneficencia (popular), Estado *m* benefactor
266	Etat *m* corporatif	Estado *m* corporativo
267	république *f* populaire	república *f* popular
268	démocratie *f* populaire	democracia *f* popular
269	Etat *m* neutre	Estado *m* neutral
270	naissance *f* d'un Etat	nacimiento *m* de un Estado
271	cessation *f* des Etats, fin *f* ~ ~	fin *m* de Estados
272	succession *f* d'Etats	sucesión *f* de Estados
273	Etat *m* successeur	Estado *m* sucesor
274	succession *f* légale	sucesión *f* legal
275	ayant-droit *m*	sucesor *m* legal, causa habiente

3. Monarchie, noblesse et églises

3. Monarquía, nobleza e iglesias

276	monarque *m*	monarca *m*
277	souverain *m*	soberano *m*
278	souveraine *f*	soberana *f*; soberano *m* *(abstracto)*
279	régner	reinar
280	le monarque de droit divin	el monarca de derecho divino
281	droit *m* divin (des rois)	derecho *m* divino (de los reyes)
282	règne *m*	reinado *m*
283	interrègne *m*	interregno *m*
284	monarchie *f*	monarquía *f*
285	monarchie *f* absolue	monarquía *f* absoluta
286	monarchie *f* constitutionnelle	monarquía *f* constitucional
287	monarque *m* constitutionnel	monarca *m* constitucional
288	monarchique	monárquico
289	monarchie *f* héréditaire	monarquía *f* hereditaria
290	monarchie *f* élective	monarquía *f* electiva
291	dynastie *f*, maison *f* dynastique	dinastía *f*, casa *f* (real, *etc.*)
292	dynastique	dinástico
293	dynaste *m*	dinasta *m*
294	famille *f* régnante	familia *f* reinante

295	Krone *f (als Institution)*	the Crown
296	krönen *(zB zum König krönen)*	to crown (King)
297	Krönungsfeierlichkeit *f (meist pl)*, Krönungszeremonie *f*	coronation ceremony
298	Krönung *f*	coronation
299	Weihe *f (eines Herrschers)*	consecration
300	weihen *(einen Herrscher)*	to consecrate
301	Huldigung *f*	homage
302	Treue *f* zur *(od.* zu einer) Dynastie	loyalty to a (to the) dynasty
303	Thron *m*	throne
304	Majestät *f*	Majesty
305	Kroninsignien *pl*; Krönungsinsignien *pl*	regalia
306	Zepter *n od m*	sceptre
307	Reichsapfel *m*	orb, mo(u)nd
308	Kronjuwelen *npl*	Crown jewels
309	Thronbesteigung *f*	accession (to the throne)
310	den Thron besteigen, auf den Thron kommen	to ascend the throne
311	Thronfolge *f*	succession to the throne
312	Thronanwärter *m*, (Thron-) Prätendent *m*	pretender (to the throne)
313	Thronfolger *m*	successor to the throne
314	Erstgeburtsrecht *n*, Primogenitur *f*	(right of) primogeniture, birthright
315	Salisches Gesetz *n*, Lex *f* salica	Salic Law, Salique Law
316	Regentschaft *f*	regency
317	Regentschaftsrat *m*	regency council
318	Prinzregent *m*	prince regent
319	Regent *m*; Reichsverweser *m*	regent
320	Mitregent *m*	co-regent
321	dem Thron entsagen	to renounce one's right to the throne
322	abdanken (zugunsten von)	to abdicate (the throne) (in favour of)
323	Abdankung *f*	abdication
324	Abdankungsurkunde *f*	instrument of abdication, deed ~~
325	entthronen	to dethrone, to depose

295	Couronne *f*	Corona *f*
296	couronner (roi)	coronar (por rey)
297	fêtes *fpl* du sacre *m*; ~ du couronnement *m*	ceremonia *f* de la coronación
298	couronnement *m*	coronación *f*
299	sacre *m*	consagración *f*, unción *f*
300	sacrer	consagrar, ungir (por ...)
301	hommage *m*	homenaje *m*
302	loyauté *f* envers une dynastie, fidélité *f* à ~ ~	dinastismo *m*, lealtad *f* a una dinastía
303	trône *m*	trono *m*
304	Majesté *f*	Majestad *f*
305	insignes *mpl* de la Couronne	insignias *fpl* de la Corona
306	sceptre *m*	cetro *m*
307	orbe *m*	orbe *m*, mundo *m*
308	joyaux *mpl* de la Couronne	joyas *fpl* de la Corona
309	avènement *m* au trône, accession *f* ~ ~	accesión *f* al trono, subida *f* ~ ~, advenimiento ~ ~
310	monter sur le trône	subir al trono
311	succession *f* au trône	orden *m* de sucesión, sucesión al trono
312	prétendant *m* (au trône)	pretendiente *m* (al trono)
313	successeur *m* au le trône	sucesor *m* al trono
314	droit *m* d'aînesse, primogéniture *f*	primogenitura *f*
315	Loi *f* salique	Ley *f* Sálica
316	régence *f*	regencia *f*
317	conseil *m* de régence	consejo *m* de regencia
318	prince *m* régent	príncipe *m* regente
319	régent *m*	regente *m*
320	co-régent *m*	corregente *m*
321	renoncer au trône	renunciar al trono
322	abdiquer (en faveur de)	abdicar (en favor de)
323	abdication *f*	abdicación *f*
324	acte *m* d'abdication	(documento *m* de) abdicación *f*
325	détrôner	destronar

326	Absetzung *f* eines Herrschers, Entthronung *f*	dethronement
327	Kronrat *m*	Privy Council
328	Hofstaat *m*, Hof *m*	Court
329	Adjutantur *f*; militärischer Mitarbeiterstab und Leibwache eines Herrschers	military household
330	Hofstaat *m*; ziviler Mitarbeiterstab *m* eines Herrschers	civil household
331	Haushofmeister *m*	Lord Chamberlain (of the Household)
332	Zivilliste *f*	Civil List
333	Günstling *m*	favourite
334	Höfling *m*	courtier
335	Kaiser *m* (*als Eigenname* „der Kaiser" = Wilhelm II. von Preußen)	emperor
336	Kaiserin *f*	empress
337	Kaiserinwitwe *f*	dowager empress
338	Kaiserhaus *n*	imperial dynasty
339	Kaiserkrone *f*	imperial crown
340	Kaiserkrönung *f*	coronation of the (*or*: of an) emperor
341	kaiserlich	imperial
342	Kaiserwürde *f*	imperial dignity
343	Kaisertum *n*	empire
344	Kaiserreich *n*	empire
345	Zar *m*, *tc*; Herrscher *m* aller Reußen *tt*	Czar, Tsar; Czar of all the Russias *tt*
346	Zarin *f*	Czarina, Tsarina, Czaritza, **Tsaritza**
347	Zarewitsch *m*	Czarevitch, Tsarevitch
348	Zarentum *n*, Zarismus *m*	Czardom, Tsardom, Czarism
349	König *m*	king
350	Königin *f*	queen
351	königlich, Königs .. *in Zssgn*	royal
352	Königreich *n*	kingdom; realm
353	Königtum *n*	royalty
354	Königshaus *n*	royal house
355	König *m* von Gottes Gnaden	king by the grace of God
356	Prinz *m* (*vgl. auch* »Fürst«)	prince

326	détrônement *m*	destronamiento *m*
327	Conseil *m* de la Couronne	Consejo *m* de la Corona; *Esp hoy*: ~ del Reino
328	Cour *f*	Corte *f*
329	maison *f* militaire	casa *f* militar
330	maison *f* civile	casa *f* civil
331	Grand Chambellan *m*	Mayordomo *m*
332	liste *f* civile	lista *f* civil, nómina *f* ~
333	favori *m*	favorito *m*
334	courtisan *m*	cortesano *m*
335	empereur *m* (»l'Empereur« = Napoléon Ier)	emperador *m* (»el Emperador« = Carlos Quinto)
336	impératrice *f*	emperatriz *f*
337	impératrice douairière	emperatriz *f* viuda
338	maison *f* impériale	casa *f* imperial
339	couronne *f* impériale	corona *f* imperial
340	couronnement *m* d'un (*ou*: de l') empereur	coronación *f* del (*o:* de un) emperador
341	impérial	imperial
342	dignité *f* impériale	dignidad *f* imperial
343	empire *m*	imperio *m*
344	empire *m*	imperio *m*
345	czar *m*, tsar *m*, *tc*; Empereur *m* de toutes les Russies; Tsar *m* de toutes les Russies *tt*	zar *m*, *tc*; ~ de todas las Rusias *tt*
346	tsarine *f*, czarine *f*	zarina *f*
347	tsarévitch *m*, césaréwitch, czaréwitch	zarevich *m*, zarevitz *m*
348	tsarisme *m*	zarismo *m*
349	roi *m*	rey *m*
350	reine *f*	reina *f*
351	royal	real; regio
352	royaume *m*	reino *m*
353	royauté *f*	realeza *f*
354	maison *f* royale	casa *f* (*o:* dinastía *f*) real
355	roi *m* par la grâce de Dieu	rey *m* por la gracia de Dios
356	prince *m*	príncipe *m*

357	Prinzessin *f*	princess
358	Prinz *m* von königlichem Blut	prince of the blood
359	Hoheit *f*	Highness
360	Thronerbe *m*	heir presumptive (*if no nearer relative is born*)
361	Kronprinz *m*; *GB*: Prinz *m* von Wales; F, *hist*: Dauphin *m*; *Esp, hist*: Prinz *m* von Asturien	Crown Prince; *GB*: Prince of Wales; F, *hist*: Dauphin; *Esp, hist*: Prince of Asturias
362	Infant *m*	infante
363	Infantin *f*	infanta
364	Königinmutter *f*	queen mother
365	Königinwitwe *f*	queen dowager
366	Prinzgemahl *m*	prince consort
367	Fürst *m*	prince
368	Fürstin *f*	princess
369	fürstlich, Fürsten... *in Zssgn*	princely
370	Fürstenwürde *f*	princedom, dignity of a prince
371	Fürstentum *n*	principality
372	Fürstabt *m*	prince abbot
373	Fürstbischof *m*	prince bishop
374	Kurfürst *m*	elector
375	Kurfürstentum *n*	electorate
376	Herzog *m*	duke
377	Herzogtum *n*	duchy, dukedom
378	herzoglich	ducal
379	Herzogin *f*	duchess
380	Erzherzog *m*; (*in Rußland*: Großfürst *m*)	archduke
381	Erzherzogin *f*; Großfürstin *f*	archduchess
382	Erzherzogtum *n*	archduchy
383	Großherzog *m*	grand duke
384	Großherzogin *f*	grand duchess
385	großherzoglich	grand ducal
386	Großherzogtum *n* (*das G. schlechthin* = Luxemburg)	grand duchy
387	Reichsgraf *m*	Count of the Empire
388	Graf *m*	count (*GB*: earl)
389	Gräfin *f*	countess (*also in GB*)
390	Grafschaft *f*	county, shire; *hist*: earldom, *GB*

357	princesse *f*	princesa *f*
358	prince *m* du sang	príncipe *m* real; príncipe *m* de la sangre F, *hist*
359	Altesse *f*	Alteza *f*
360	héritier *m* présomptif (du trône)	presunto heredero *m*
361	prince *m* héritier; GB: Prince *m* de Galles; F, *hist*: Dauphin *m*; *Esp hist*: Prince des Asturies	príncipe *m* heredero; GB: Príncipe *m* de Gales; F, *hist*: Delfín *m*; *Esp* Príncipe de Asturias;
362	infant *m*	infante *m*
363	infante *f*	infanta *f*
364	reine *f* mère	reina *f* madre
365	reine *f* douairière	reina *f* viuda
366	prince *m* consort	príncipe *m* consorte
367	prince *m*	príncipe *m*
368	princesse *f*	princesa *f*
369	princier	principesco
370	principat *m*	principado *m*, dignidad *f* de príncipe
371	principauté *f*	principado *m*
372	prince-abbé *m*	príncipe *m* abad
373	prince-évêque *m*	príncipe *m* obispo
374	Electeur *m*	Elector *m*
375	électorat *m*	electorado *m*
376	duc *m*	duque *m*
377	duché *m*	ducado *m*
378	ducal; de duc	ducal
379	duchesse *f*	duquesa *f*
380	archiduc *m*	archiduque *m*
381	archiduchesse *f*	archiduquesa *f*
382	archiduché *m*	archiducado *m*
383	grand-duc *m*	gran duque *m*
384	grande-duchesse *f*	gran duquesa *f*
385	grand-ducal	gran ducal
386	grand-duché *m*	gran ducado *m*
387	comte *m* de l'Empire	conde *m* del Imperio
388	comte *m*	conde *m*
389	comtesse *f*	condesa *f*
390	comté *m*[1]	condado *m*

[1] Exception: la Franche-Comté

391.	gräflich	pertaining (*or:* belonging) to a count (*or:* earl)
392	Vizegraf *m*	viscount
393	Vizegräfin *f*	viscountess
394	Vizegrafschaft *f*	viscounty, viscounty
395	Vizegraf(s) . . ., vizegräflich	viscount's
396	Pfalzgraf *m*	count palatine
397	Markgraf *m*	margrave
398	Markgräfin *f*	margravine
399	Markgrafschaft *f*	margraviate, margravate
400	Earl *m, nt*	earl
401	Marquis *m*	marquis, marquess
402	Marquise *f*	marchioness
403	Marquisat *n*	marquisate, marquessate
404	Adel *m*	aristocracy; nobility; the nobles
405	niederer Adel *m*	gentry
406	Hochadel *m*	nobility
407	adlig	noble, of noble birth
408	Adliger *m*	aristocrat
409	adeln, in den Adelsstand erheben	to ennoble; to raise to the peerage, *GB*
410	Adelsbrief *m*	patent of nobility
411	Adelstitel *m*	title of nobility
412	Aristokrat *m*	aristocrat
413	Aristokratie *f* a) = *Adelsherrschaft f* b) = *der Adel*	aristocracy
414	aristokratisch	aristocratic, aristocratical
415	spanischer Grande	grandee
416	Junker *m (meist auf das frühere Preußen bezogen)*	Junker *nt (pej)*; squire, *GB*
417	Landadel *m*	(landed) gentry, squirarchy
418	Baron *m*; Freiherr *m (nicht ganz synonym)*	baron
419	Baronin *f*; Freiherrin *f*, Freifrau *f*	baroness
420	Baronesse *f*; Freiin *f*	baroness *(daughter of a baron)*
421	Freiherrnwürde *f*, Freiherrnstand *m*, Baronie *f*	barony
422	freiherrlich . . ., Barons . . .	baronial

391	comtal; de comte	condal
392	vicomte *m*	vizconde *m*
393	vicomtesse *f*	vizcondesa *f*
394	vicomté *m*	vizcondado *m*
395	vicomtal	vizcondal
396	comte *m* palatin	conde *m* palatino
397	margrave *m*	margrave *m*
398	margrave *f*, margravine *f*	margravina *f*
399	margraviat *m*	margraviato *m*
400	earl *m*, *nt*	earl *m*, *nt*
401	marquis *m*	marqués *m*
402	marquise *f*	marquesa *f*
403	marquisat *m*	marquesado *m*
404	noblesse *f*; aristocratie *f*	nobleza *f*; aristocracia *f*
405	petite noblesse *f*	baja nobleza *f*
406	haute noblesse *f*	alta nobleza *f*
407	noble; aristocrate	noble; aristocrático
408	aristocrate *m*	aristócrata *m*
409	anoblir	ennoblecer, titular
410	lettre *f* d'anoblissement	carta *f* de nobleza, ~ ejecutora
411	titre *m* nobiliaire, ~ de noblesse	título *m* de nobleza, ~ nobiliario
412	aristocrate *m*	aristócrata *m*
413	aristocratie *f*	aristocracia *f*
414	aristocratique	aristocrático
415	Grand d'Espagne	Grande *m* de España
416	»junker« *m*, *nt*, hoberau *m*	«junker» *m*, *nt*
417	noblesse *f* campagnarde	nobleza *f* rural
418	baron *m*	barón *m*
419	baronne *f*	baronesa *f*
420	jeune *f* baronne *(fille d'un baron)*	baronesa *f* *(hija de un barón)*
421	dignité *f* de baron, baronnage *m*	baronía *f*, baronato *m*, baronaje *m*
422	baronne, baronnial	baronial

45

423	Baronet *m, nt (britischer Adelstitel)*	baronet
424	Titel *m (od:* Rang *m od:* Stellung *f)* eines Baronet	baronetage, baronetcy
425	Peer *m, GB*	peer
426	Peerswürde *f*	peerage
427	Lord *m*	lord
428	Ritter *m* (von ...); Edler *m* (von ...)	knight
429	Ritterstand *m;* Rittertum *n* Ritterschaft *f*	knighthood
430	jdn. zum Ritter schlagen	to knight s.b.
431	Ritterorden *m*	order of knights
432	Hosenbandorden *m*	The (Most Noble) Order of the Garter *tt;* the Garter *tc*
433	Würdenträger *m*	dignitary
434	Würde *f*	dignity
435	jdn. in eine Würde einsetzen	to raise s.b. to a dignity
436	Feudalherr *m*	feudal lord
437	Belehnung *f,* Lehnung *f,* Investitur *f*	investiture
438	Lehen *n,* Lehn *n*	fief, fee
439	Lehens ... *in Zssgn;* lehensherrlich; Feudal ... *in Zssgn;* feudal	feudal
440	Leh(e)nswesen *n,* Feudalismus *m,* Feudalsystem *n*	feudalism
441	Negus *m*	negus
442	Dalai Lama *m*	Dalai Lama
443	Pantschen Lama *m (Tibet)*	Panchen Lama
444	Schah *m (Iran)*	shah
445	Pfauenthron *m*	Peacock Throne
446	Pascha *m*	pasha
447	Paschawürde *f,* Paschalyk	pashalic, pachalic, pashalik
448	Satrap *m*	satrap
449	Großmogul *m*	Great Mogul, Grand ~
450	Mandarin *m*	mandarin
451	Kalif *m*	caliph, calif
452	Kalifat *n* a) *Kalifenwürde f* b) *Kalifenreich n*	caliphate, califate
453	Sultan *m*	sultan
454	Sultanin *f*	sultana; sultaness *(arch.)*

423	baronnet *m*, nt *(titre de noblesse, GB)*	baronet *m*, nt
424	dignité *f* de »baronnet«	dignidad *f* de «baronet»

425	pair *m*	par *m*
426	pairie *f*	dignidad *f* de par, paresa *f*
427	lord *m*	lord *m* (*pl*: lores)
428	chevalier *m*	caballero *m*
429	chevalerie *f*	caballería *f*

430	créer qn. chevalier	armar a alg. caballero, calzar la espuela a alg.
431	ordre *m* de chevalerie	orden *f* de caballería
432	Ordre *m* de la Jarretière	Orden *f* de la Jarretera

433	dignitaire *m*	dignatario *m*
434	dignité *f*	dignidad *f*
435	élever qn. à une dignité	investir a alg. de una dignidad
436	seigneur *m* féodal	señor *m* feudal
437	investiture *f*	investidura *f*

438	fief *m*	feudo *m*
439	féodal	feudal

440	féodalisme *m*, régime *m* féodal, féodalité *f*	sistema *m* feudal, régimen *m* ~, feudalismo *m*
441	Négus *m*, Négous *m*	Negus *m*
442	Dalaï-Lama *m*	Dalai Lama *m*
443	Pantchen-Lama *m*	Panchen Lama *m*
444	chah *m*, shah *m*	sha *m*, cha *m*
445	trône *m* d'Iran	trono *m* del Pavo Real
446	pacha *m*	bajá *m*; pachá *m* (*galicismo*)
447	pachalik *m*	bajalato *m*
448	satrape *m*	sátrapa *m*
449	Grand-Mogol *m*	Gran Mogol *m*
450	mandarin *m*	mandarín *m*
451	calife *m*	califa *m*
452	califat *m*	califato *m*

453	sultan *m*	sultán *m*
454	sultane *f*	sultana *f*

455	Sultanat *n*	sultanate
456	Wesir *m*	vizier, vizir
457	Wesir(s)...	vizierial
458	Großwesir *m*	grand vizier, ~ vizir
459	Scherif *m (Marokko)*	Sherif, Sharif, Shareef, Shereef (Morocco)
460	Scherifenreich *(alte Bezeichnung f Marokkos)*	Sherifian Kingdom *(ancient name of Morocco)*
461	Mufti *m*	mufti
462	Khan *m*	khan
463	Khedive *m*	khedive
464	Khediven...	khedivate, (khedivial)
465	Amt *n* des Khediven	khedivate, khediviate
466	Mikado *m*	mikado
467	Maharadscha *m*	maharajah
468	Maharani *f*	maharanee, maharani
469	Radscha *m*	rajah
470	Emir *m*	emir
471	Emirat *n*	emirate
472	Bey *m (früher in Tunis)*	bey *(before in Tunis)*
473	Beylicat *n*	beylic, beylik
474	Dei *m (ehemaliger Statthalter Algeriens)*	dey *(former governor of Algeria)*
475	Scheich *m*	sheik, sheikh
476	Scheichtum *n*	sheikdom
477	Papst *m*	Pope
478	Pontifex *m*	Supreme Pontiff
479	Heiliger Vater *m*	Holy Father
480	Seine Heiligkeit *f*	His Holiness
481	Heiliger Stuhl *m*	Holy See
482	päpstlicher Stuhl *m*	throne of St. Peter, Papal Chair
483	Papsttum *n*	Papacy
484	Pontifikat *n*	pontificate
485	päpstlich	papal, pontifical
486	Unfehlbarkeit *f* des Papstes	infallibility of the Pope, papal infallibility
487	sich zum Konklave versammeln, zum Konklave zusammentreten	to meet in conclave
488	Konklave *n*	conclave
489	Enzyklika *f*	encyclical, encyclical letter
490	Bulle *f* (päpstliche Bulle)	bull

455	sultanat *m*	sultanato *m*, sultanía *f*
456	vizir *m*	visir *m*
457	vizirial, viziral	visiral
458	grand vizir *m*	gran visir *m*
459	chérif *m* (Maroc)	jerife *m* *(Marruecos)*
460	Empire *m* chérifien *(le Maroc)*	imperio jerifiano *(Marruecos)*
461	mufti *m*	mufti *m*
462	khan *m*, kan *m*	kan *m*
463	khédive *m*	jedive *m*, khedive *m*
464	khédival, khédivial	jediviano
465	khédivat *m*, khédiviat *m*	jedivato *m*
466	mikado *m*	micado *m*
467	maharajah *m*	marajá *m*, maharajá *m*
468	maharani *f*	maharani *f*
469	rajah *m*, radjah *m*	rajá *m*
470	émir *m*	emir *m*
471	émirat *m*	emirato *m*
472	bey *m* *(auparavant à Tunis)*	bey *m* (anteriormente en Túnez)
473	beylicat *m*, beylik *m*	beilicato *m*
474	dey *m* *(ancien gouverneur d'Algérie)*	dey *m* (ex-gobernador de Argelia)
475	cheik *m*, scheik *m*	jeque *m*
476	cheikat *m*	jecado *m*
477	Pape *m*	Papa *m*
478	Souverain Pontife *m*	Sumo Pontífice *m*
479	Saint Père *m*	Santo Padre *m*
480	Sa Sainteté *f*	Su Santidad *f*
481	Saint-Siège *m*	Santa Sede *f*
482	le trône de Saint-Pierre, le Saint-Siège	Cátedra *f* pontificia
483	papauté *f* *(souvent majuscule)*	Papado *m*
484	pontificat *m*	pontificado *m*
485	papal, pontifical	pontificio, papal
486	infaillibilité *f* pontificale	infalibilidad *f* pontificia
487	se réunir en conclave	reunirse en cónclave
488	conclave *m*	conclave *m*, cónclave *m*
489	encyclique *f*	encíclica *f*
490	bulle *f*	bula *f* (papal)

491	Konzil *n*	council
492	Synode *f*	synod
493	ökumenisches Konzil *n*	ecumenical council, general council
494	das (Heilige) Kardinalskollegium	(Sacred) College of Cardinals
495	Sommersitz *m*	summer residence
496	Schweizergarde *f* (des Papstes)	Swiss Guard(s)
497	Prälat *m*	prelate
498	Domherr *m*	canon
499	Kardinal *m*	cardinal
500	Kardinalswürde *f*	cardinalate
501	Kirchenfürst *m*	prince of the Church
502	Erzbischof *m*	archbishop
503	Erzbistum *n*, Erzdiözese *f*	archbishopric, archdiocese
504	erzbischöflich	archiepiscopal
505	Episkopat *m* (Gesamtheit der Bischöfe)	episcopate *(body of bishops)*
506	Bischof *m*	bishop
507	bischöflich	episcopal
508	Bistum *n*, Diözese *f*	bishopric, diocese
509	Patriarch *m*	patriarch
510	Patriarchat *n*	patriarchate
511	Exarch *m*	exarch
512	Exarchat *n*	exarchate
513	ökumenischer Patriarch *m*	ecumenical patriarch
514	Ethnarch *m*	ethnarch

4. Die Verfassung / 4. The Constitution

515	Verfassungs... *in Zssgn*; verfassungsmäßig	constitutional
516	Staatsgrundgesetz *n*; grundlegendes Gesetz *n* über Staatsorgane	constitutional law, organic law
517	Bonner Grundgesetz *n* (BGG *od* GG)	basic law (of the Federal Republic)
518	Bundesvertrag *m*, CH	federal pact CH
519	Rechtsvorschriften *fpl*	legal provisions
520	Verfassungsbestimmungen *fpl*	constitutional provisions
521	Verfassungsrecht *n*; Staatsrecht *n*	constitutional law
522	vergleichendes Verfassungsrecht *n*	comparative constitutional law
523	Staatsrechtler *m*, Verfassungsrechtler *m*	constitutionalist

491	Concile *m*	Concilio *m*
492	synode *m*	sínodo *m*
493	Concile *m* œcuménique	Concilio *m* ecuménico
494	Sacré Collège *m*, Collège *m* des Cardinaux	Colegio *m* de Cardenales, (Sacro) Colegio *m* Cardenalicio
495	résidence *f* d'été	residencia *f* veraniega
496	garde *f* suisse	guardia *f* suiza
497	prélat *m*	prelado *m*
498	chanoine *m*	canónigo *m*
499	cardinal *m*	cardenal *m*
500	dignité *f* cardinalice; cardinalat *m*	dignidad *f* cardenalicia, cardenalato *m*
501	Prince *m* de l'Eglise	Príncipe *m* de la Iglesia
502	archevêque *m*	arzobispo *m*
503	archevêché *m*	arzobispado *m*, arquidiócesis *f*
504	archiépiscopal	archiepiscopal; arzobispal
505	épiscopat *m* *(ensemble des évêques)*	episcopado *m* *(conjunto de obispos)*
506	évêque *m*	obispo *m*
507	épiscopal	episcopal; obispal
508	évêché *m*, diocèse *m*	obispado *m*, diócesis *f*
509	patriarche *m*	patriarca *m*
510	patriarcat *m*	patriarcado *m*
511	exarque *m*	exarca *m*
512	exarchat *m*	exarcado *m*
513	patriarche *m* œcuménique	patriarca *m* ecuménico
514	ethnarque *m*	etnarca *m*

4. La Constitution

4. La Constitución

515	constitutionnel	constitucional
516	loi *f* constitutionnelle	ley *f* fundamental
517	loi *f* fondamentale (de la RFA)	ley *f* básica, ∼ fundamental *D*
518	pacte *m* fédéral, *CH*	pacto *m* federal *CH*
519	dispositions *fpl* légales	disposiciones *fpl* legales
520	dispositions *fpl* constitutionnelles	disposiciones *fpl* constitucionales
521	droit *m* constitutionnel	derecho *m* constitucional
522	droit *m* constitutionnel comparé	derecho *m* constitucional comparado
523	constitutionnaliste *m*	constitucionalista *m*

524	Staatslehre *f*	(general) theory of state
525	Verfassungsgeschichte *f*	constitutional history
526	verfassungsmäßig	constitutional
527	Verfassungsmäßigkeit *f*	constitutionality
528	verfassungswidrig	unconstitutional

529 Illegalität *f*, Gesetzwidrigkeit *f* — illegality
530 Verfassungswidrigkeit *f* — unconstitutionality, unconstitutional character
531 Verfassungsbruch *m* — breach of the constitution
532 die Verfassung ändern, ~ ~ revidieren — to amend the constitution
533 Verfassungsreform *f* — constitutional reform
534 Verfassungsänderung *f* Verfassungsrevision *f* — amendment to the constitution; modification of the ~
535 Totalrevision *f*, Gesamtrevision *f* — complete revision
536 Verfassungsentwurf *m* — draft constitution
537 eine Verfassung ausarbeiten — to frame a constitution
537a Väter der Verfassung — Founding Fathers *US*; framers of the constitution
538 Verfassungsgeber *m* — member of the (a) constituent assembly

539 einen Artikel (in die Verfassung) einfügen (*od*: einbauen, einschieben) — to insert an article
540 verfassunggebend — constituent
541 verfassungsmäßige Gewalt *f* — constitutional power
542 verfassungsmäßig (*od*: ordnungsgemäß) eingesetzte Träger (*od*: Organe der Staatsgewalt) — duly constituted organs of the State
543 verfassunggebende Gewalt *f* — constituent power
544 verfassunggebende Versammlung *f* — constituent assembly, constitutional convention

545 Kontrolle *f* der Verfassungsmäßigkeit der Gesetze; Normenkontrolle *f*, D — judicial review of acts, control of constitutionality
546 Verfassungsklage *f*, Verfassungsbeschwerde *f* — challenge of the (*or*: a) law's constitutionality
547 Verfassungsausschuß *m* (F, 4. *Republik*) — Constitutional Committee
548 Verfassungsrat *m* (F, 5. *Republik*) — Constitutional Council

524	théorie *f* de l'Etat, science *f* politique	teoría *f* del Estado; ciencia política
525	histoire *f* constitutionnelle	historia *f* constitucional
526	constitutionnel	constitucional
527	constitutionnalité *f*	constitucionalidad *f*
528	inconstitutionnel; anticonstitutionnel	inconstitucional, contrario a la constitución, anticonstitucional
529	illégalité *f*,	ilegalidad *f*
530	inconstitutionnalité *f*, anticonstitutionnalité *f*	inconstitucionalidad *f*
531	violation *f* de la constitution	violación *f* de la constitución
532	réviser la constitution	revisar la constitución
533	réforme *f* constitutionnelle	reforma *f* constitucional
534	révision *f* constitutionnelle	revisión *f* de la constitución
535	révision *f* intégrale	revisión *f* total
536	projet *m* de constitution	proyecto *m* de constitución
537	élaborer une constitution	elaborar una constitución
537a	les artisans de la constitution, les auteurs ~ ~ ~	autores *mpl* de la constitución
538	constituant *m*	constituyente *m*
539	intercaler un article	incorporar un artículo
540	constituant	constituyente
541	pouvoir *m* constitutionnel	poder *m* constitucional
542	pouvoirs *mpl* constitués	poderes *mpl* públicos (legalmente instituidos)
543	pouvoir *m* constituant	poder *m* constituyente
544	assemblée *f* constituante	asamblea *f* constituyente, cortes *fpl* constituyentes
545	contrôle *m* de la constitutionnalité des lois	control *m* de la constitucionalidad de las leyes
546	recours *m* en inconstitutionnalité	recurso *m* de contrafuero
547	Comité *m* constitutionnel	Comité *m* constitucional
548	Conseil *m* constitutionnel	Consejo *m* constitucional

549	Hüter *m* der Verfassung sein *(zB Präsident, Senat)*	to be the guardian of the constitution
550	auf die Einhaltung der Verfassung achten	to see that the constitution is respected
551	Staatsorgane *npl*, Behörden *fpl*; die öffentliche Hand *(in finanziellen Angelegenheiten)*	authorities; public powers *GB*
552	die oberste Gewalt ausüben	to exercise supreme authority
553	Gewaltenteilung *f*, Gewaltentrennung *f*	separation of powers
554	Zusammenlegung *f* der Gewalten	merger of powers
555	Trennung *f* von Kirche und Staat	separation of Church and State
556	Allgemeinwohl *n*, Gemeinwohl *n*	public weal, common weal
557	verfassungsmäßige Ordnung *f*	constitutional order
558	Sozialordnung *f*, soziale Ordnung *f*	social order, ~ system
559	Wirtschaftsordnung *f*	economic order
560	souverän	sovereign
561	Souveränität *f*	sovereignty
562	Personalhoheit *f*	personal sovereignty, personal jurisdiction (*or*: competence)
563	äußere Souveränität *f*	external sovereignty
564	innere Souveränität *f*, staatsrechtliche ~	internal sovereignty
565	Souveränität *f* des Volkes	sovereignty of the people
566	alle Gewalt geht vom Volke aus	all power emanates from the people
567	Souveränitätsrecht *n*, Hoheitsrecht *n*	sovereign right
568	konkurrierende Hoheitsrechte *npl*	concurrent jurisdiction, ~ powers
569	Rechtsetzungsbefugnis *f*	rule-making competence
570	Wehrhoheit *f*	military sovereignty
571	Zollhoheit *f*	customs sovereignty
572	Religionshoheit *f*	spiritual sovereignty
573	Währungshoheit *f*	monetary sovereignty
574	Finanzhoheit *f*	financial sovereignty
575	Justizhoheit *f*	judicial sovereignty
576	Staatsreligion *f*	official religion, state ~
577	Bundeszwang *D*	Federal Government's executive powers vis-à-vis the laender

549	être le gardien de la Constitution	ser el celador de la Constitución
550	veiller au respect de la Constitution	velar por la observancia de la Constitución
551	pouvoirs *mpl* publics	poderes *mpl* públicos
552	exercer l'autorité *f* suprême	ejercer la autoridad suprema
553	séparation *f* des pouvoirs	separación *f* de poderes
554	confusion *f* des pouvoirs	fusión *f* de poderes
555	séparation *f* de l'Eglise et de l'Etat	separación *f* de la Iglesia y el Estado
556	bien *m* public, ~ commun	bien *m* común
557	ordre *m* constitutionnel	orden *m* constitucional
558	ordre *m* social	orden *m* social
559	ordre *m* économique	orden *m* económico
560	souverain	soberano
561	souveraineté *f*	soberanía *f*
562	souveraineté *f* personnelle	soberanía *f* personal
563	souveraineté *f* extérieure (*ou*: externe)	soberanía *f* exterior (*o*: externa)
564	souveraineté *f* intérieure (*ou*: interne)	soberanía *f* interior (*o*: interna)
565	souveraineté *f* du peuple	soberanía *f* del pueblo
566	toute la souveraineté émane du peuple	toda la soberanía emana del pueblo
567	droit *m* de souveraineté	derecho *m* de soberanía
568	droits *mpl* souverains concurrents	derechos *mpl* soberanos concurrentes
569	compétence *f* normative	potestad *f* normativa
570	souveraineté *f* militaire	soberanía *f* militar
571	souveraineté *f* douanière	soberanía *f* aduanera
572	souveraineté *f* spirituelle	soberanía *f* espiritual
573	souveraineté *f* monétaire	soberanía *f* monetaria
574	souveraineté *f* fiscale	soberanía *f* en materia de Hacienda pública, ~ fiscal
575	souveraineté *f* judiciaire	soberanía *f* judicial
576	religion *f* officielle	religión *f* oficial
577	droit *m* d'exécution fédérale (vis-à-vis des laender)	coacción *f* federal

578	Institutilonaisierung *f*	institutionalization
579	institutionalisieren	to institutionalize
580	institutionell	institutional

5. Grundrechte und Grundfreiheiten

5. Fundamental Rights and Freedoms

581	Grundrechte *npl*	fundamental rights
582	Grundfreiheiten *fpl*	fundamental freedoms
583	Menschenrechte *npl*	human rights, rights of man
584	Achtung *f* der Menschenrechte	respect for human rights
585	allgemeine Erklärung der Menschen- und Bürgerrechte	universal declaration of human and civil rights
586	rechtsstaatliche Ordnung *f*	constitutional order based on the respect of law
587	Tag *m* der Menschenrechte (10. Dezember)	Human Rights Day *(10 th December)*
588	unveräußerliche Individualrechte *npl*	inalienable individual rights
589	ohne Unterschied *m* der Rasse, des Geschlechts, der Sprache, der Religion	without distinction as to race, sex, language, creed
590	Gleichberechtigung *f*	equality of rights
591	Gleichberechtigung *f* von Mann und Frau	equal rights for men and women
592	gleichberechtigt	having equal rights, enjoying ~ ~
593	soziale Gerechtigkeit *f*	social justice
594	Gleichheit *f* vor dem Gesetz	equality before the law
595	Gleichbehandlung *f*	equality of treatment
596	verfassungsmäßige Garantien *fpl*	constitutional guarantees
597	Bürgerrechte *npl*, Staatsbürgerrechte *npl*	civil rights
598	Staatsbürgerpflichten *fpl*, Bürgerpflichten *f pl*	civil duties
599	unverletzlich	inviolable

578	institutionnalisation *f*	institucionalización *f*
579	institutionnaliser	institucionalizar
580	institutionnel	institucional

5. Droits fondamentaux et libertés fondamentales
5. Derechos y libertades fundamentales

581 droits *mpl* fondamentaux — derechos *mpl* fundamentales
582 libertés *fpl* fondamentales — libertades *fpl* fundamentales
583 droits *mpl* de l'homme — derechos *mpl* del hombre
584 respect *m* des droits de l'homme — respeto *m* a los derechos del hombre

585 déclaration *f* universelle des droits de l'homme et du citoyen — declaración *f* universal de los derechos del hombre y del ciudadano

586 régime *m* d'Etat de droit — régimen *m* de Estado de derecho

587 Journée *f* des droits de l'homme *(10 décembre)* — Día *m* de los Derechos Humanos *(10 de diciembre)*
588 droits *mpl* inaliénables de l'individu — derechos *mpl* individuales inalienables

589 sans distinction de race, de sexe, de langue ou de religion — sin distinción de raza, sexo, lengua, religión

590 égalité *f* des droits — igualdad *f* de derechos
591 égalité *f* de sexes, égalité de l'homme et de la femme (devant la loi) — igualdad *f* de derechos del hombre y de la mujer
592 égal en droit, jouissant des mêmes droits, se trouvant sur un pied d'égalité — con los mismos derechos

593 justice *f* sociale — justicia *f* social
594 égalité *f* devant la loi — igualdad *f* ante la Ley
595 égalité *f* de traitement — igualdad *f* de trato
596 garanties *fpl* constitutionnelles — garantías *fpl* constitucionales
597 droits *mpl* du citoyen, ~ civiques — derechos *mpl* cívicos, ~ del ciudadano

598 devoirs *mpl* civiques — deberes *mpl* cívicos

599 inviolable — inviolable

600	Unverletzlichkeit *f*, Unantastbarkeit *f*	inviolability
601	Recht *n* auf Erziehung	right to education
602	Gewissensfreiheit *f*	freedom of conscience
603	Religionsfreiheit *f*, Glaubensfreiheit *f*	religious freedom, freedom of belief, ~ ~ religion
604	freie Religionsausübung *f*	free practice of religion, freedom of worship
605	religiöse Toleranz *f*	religious toleration
606	Meinungsfreiheit *f*, Gedankenfreiheit *f*, Freiheit *f* des Gedankens	freedom of thought, ~ ~ opinion
607	Meinungspluralismus *m* (innerhalb staatl. Organis. in Spanien)	pluralism of opinions, diversity ~ ~
608	der Opposition einen Maulkorb umhängen	to muzzle the opposition
609	Pressefreiheit *f*	freedom of the press
610	Informationsfreiheit *f*	freedom of information
611	Redefreiheit *f*	freedom of speech
612	Vereinigungsfreiheit *f*, Vereinsfreiheit *f*	freedom of association
613	gezwungen werden, einer Vereinigung anzugehören	to be compelled to join an association
614	gleichberechtigter Zugang zum öffentlichen Dienst	equality of access to the public services
615	Versammlungsfreiheit *f*	freedom of assembly
616	Parteiverbot *n*	outlawing of a party, banning ~ ~ ~
617	Unverletzlichkeit *f* des Eigentums	inviolability of property
618	Unverleztlichkeit *f* der Wohnung	inviolability of the home
619	Recht *n* auf Eigentum	the right to own property
620	Recht *n* zu erben	the right to inherit
621	Einziehung *f* der Güter	confiscation of property
622	persönliches Eigentum *n*	personal property
623	Enteignungsrecht *n* des Staates	the right of eminent domain
624	Recht *n* auf Leben, Freiheit und persönliche Sicherheit	the right to life, liberty and security of person
625	Recht auf Staatsangehörigkeit	the right to a nationality
626	Recht auf Arbeit	the right to work

600	inviolabilité *f*, intangibilité *f*	inviolabilidad *f*
601	droit *m* à l'instruction (*ou*: à l'éducation)	derecho *m* a la educación
602	liberté *f* de conscience	libertad *f* de conciencia
603	liberté *f* religieuse, ~ de croyance	libertad *f* de religión, ~ religiosa
604	liberté *f* du culte, libre exercice *m* ~ ~	libertad *f* de cultos
605	tolérance *f* religieuse	tolerancia *f* religiosa
606	liberté *f* d'opinion	libertad *f* de opinión
607	pluralisme *m* d'opinions	contraste *m* de pareceres (*España franquista*); pluralismo *m* de opiniones
608	museler l'opposition *f*	amordazar a la oposición
609	liberté *f* de la presse	libertad *f* de prensa
610	liberté *f* d'information	libertad *f* de información
611	liberté *f* de la parole	libertad *f* de palabra
612	liberté *f* d'association	libertad *f* de asociación
613	être obligé de faire partie d'une association	ser obligado a afiliarse a una asociación
614	accès *m* dans des conditions d'égalité aux fonctions publiques	acceso *m* a funciones públicas en condiciones de igualdad
615	liberté *f* de réunion	libertad *f* de reunión
616	interdiction *f* d'un (du) parti	prohibición *f* del (de un) partido
617	inviolabilité *f* de la propriété	inviolabilidad *f* de la propiedad
618	inviolabilité *f* du domicile	inviolabilidad *f* del domicilio
619	droit *m* à la propriété	derecho *m* a la propiedad
620	droit *m* d'hériter	derecho *m* a heredar
621	confiscation *f* de biens	confiscación *f* de bienes
622	propriété *f* personnelle	propiedad *f* individual, ~ personal
623	le droit d'expropriation de l'Etat	derecho *m* de expropiación del Estado
624	le droit à la vie, à la liberté et à la sécurité de la personne	derecho *m* a la vida, libertad y seguridad personal
625	droit *m* à une nationalité	derecho *m* a una nacionalidad
626	droit *m* au travail	derecho *m* al trabajo

627	Recht auf freie Wahl des Arbeitsplatzes	the right to free choice of employment
628	Freizügigkeit *f*	freedom of movement, ~ to move
629	Handels- und Gewerbefreiheit *f*	freedom of commerce and industry
630	Vertragsfreiheit *f*	freedom of contract
631	gleiche steuerliche Behandlung *f*	equal taxation
632	Recht auf Eheschließung und Gründung einer Familie	the right to marry and to raise a family
633	Recht auf Bildung	the right to education
634	Recht auf Ausbildung	the right of vocational training
635	Freiheit *f* von Sklaverei und Dienstbarkeit	freedom from slavery and servitude
636	Freiheit *f* von willkürlicher Verhaftung und Haft	freedom from arbitrary arrest and detention
637	Recht auf ein gerechtes Verfahren vor einem unabhängigen und unparteiischen Gericht	the right to a fair trial by an independent and impartial tribunal
638	Recht, bis zum Beweis der Schuld als unschuldig zu gelten	the right to be presumed innocent until proved guilty
639	die Verletzung der Ehre und des Rufes	attack on one's honour and reputation
640	die unentgeltliche Beiziehung eines Dolmetschers verlangen	to ask for the gratuitous services of an interpreter
641	Verbot *n* rückwirkender Gesetze	prohibition of ex-post-facto laws
642	Lynchjustiz *f*	lynch law
643	Recht auf soziale Sicherheit	the right to social security
644	Recht auf einen angemessenen Lebensstandard	the right to an adequate standard of living
645	Rechtsunsicherheit *f*	legal uncertainty, ~ incertitude
646	Postgeheimnis *n*	secrecy of correspondence
647	Fernmeldegeheimnis *n*	secrecy of telecommunications, right to privacy in ~
648	Koalitionsfreiheit *f*	freedom of association (*or*: organization)
649	Recht *n*, Gewerkschaften zu bilden (Koalitionsrecht)	the right to form trade unions, ~ ~ ~ labor unions
650	Niederlassungsfreiheit *f*	freedom of establishment

627	droit *m* de libre choix du travail	derecho *m* de libre elección del puesto de trabajo
628	liberté *f* de mouvement	libertad *f* de movimiento
629	liberté *f* du commerce et de l'industrie	libertad *f* del comercio y de la industria
630	liberté *f* des contrats, ~ contractuelle	libertad *f* contractual
631	égalité *f* devant l'impôt	igualdad *f* en materia fiscal
632	droit *m* de se marier et de fonder une famille	derecho *m* a casarse y fundar una familia
633	droit *m* à l'instruction	derecho *m* a la educación
634	droit *m* à la formation professionnelle	derecho *m* a la formación profesional
635	droit *m* de ne pas être tenu en esclavage ni en servitude	derecho *m* a no estar sometido a esclavitud ni servidumbre
636	droit *m* de ne pas être arrêté ou détenu arbitrairement	derecho *m* a no ser arbitrariamente detenido
637	droit *m* à un jugement équitable devant un tribunal indépendant et impartial	derecho *m* a ser oido públicamente y con justicia por un tribunal independiente e imparcial
638	droit *m* d'être présumé innocent jusqu'à ce que la culpabilité ait été établie	derecho *m* a ser presumido inocente mientras no se pruebe la culpabilidad
639	l'atteinte *f* à l'honneur et à la réputation	atentado *m* contra el honor y la reputación
640	demander l'assistance gratuite d'un interprète	solicitar la intervención (actuación) gratuita de un intérprete
641	prohibition *f* de lois rétroactives	prohibición *f* de leyes retroactivas
642	loi *f* du lynchage, lynchage *m*	ley *f* del linchamiento; justicia *f* de soga
643	droit *m* à la sécurité sociale	derecho *m* a la seguridad social
644	droit *m* à un niveau de vie suffisant	derecho *m* a un nivel de vida adecuado
645	incertitude *f* juridique	inseguridad *f* jurídica
646	secret *m* postal	secreto *m* postal
647	secret *m* des télécommunications	secreto de telecomunicaciones
648	liberté *f* d'organisation syndicale, liberte *f* syndicale	libertad *f* de organización profesional
649	droit *m* de fonder des syndicats	derecho *m* de crear sindicatos (de trabajadores)
650	liberté *f* d'établissement	libertad *f* de establecimiento

651	Streikrecht *n*	right to strike
652	freie Berufswahl *f*	free choice of profession
653	Petitionsrecht *n*	right of petition
654	Freiheit *f* der Lehre und Forschung	freedom of teaching and research, freedom of the chair
655	Sklavenhandel *m*	slave trade
656	Reservat *n* (*zB Indianer*)	reservation
657	Abschaffung *f* der Sklaverei	abolition of slavery
658	Bekämpfung *f* des Sklavenhandels	repression of the slave trade
659	Mehrrassengesellschaft *f*	multi-racial society
660	Rassen ... *in Zssgn*	racial
661	Rassenlehre *f*	racialism, racism
662	Rassenproblem *n*	racial problem
663	Rassenvorurteile *npl*	racial prejudice
664	Rassendiskriminierung *f*	race discrimination
665	Sprachpolitik *f*	language policy, linguistic ~
666	Rassenfanatiker *m*	racialist; racist *US*
667	Rassentrennung *f*, Segregation *f*; Apartheid *f*, *nt* (*Südafrika*)	segregation; apartheid *nt* (*South Africa*)
668	Apartheidspolitik *f*	apartheid policy
669	Aufhebung *f* der Rassentrennung	desegregation
670	Rassenfrage *f*	question of race, racial question
671	Rassenstreit *m*	race conflict
672	Rassengleichheit *f*	racial equality
673	Beseitigung *f* der Rassenschranken	elimination of race barriers
674	Anhänger *m* der Rassentrennung	segregationist
675	Gegner *m* der Rassentrennung, Anhänger der Rassengleichberechtigung, ~ der Rassenintegration, Integrationist *m*	integrationist; anti-apartheid supporter (*South Africa*)
676	Schulintegration *f*	school integration
677	Rassenhaß *m*	racial hatred
678	rassenkämpferische Doktrin *f*	racist doctrine
679	Internationales Übereinkommen zur Verhütung jeder Form von Rassendiskriminierung	International Convention on the Elimination of all Forms of Racial Discrimination
680	Kaste *f*	caste
681	Klassenhaß *m*	class-hatred
682	Parias *mpl*, Unreine *mpl*	pariahs; untouchables

651	droit *m* de grève	derecho *m* a la huelga
652	libre choix *m* de la profession	libre elección *f* de la profesión
653	droit *m* de pétition	derecho *m* de petición
654	liberté *f* de l'enseignement et de la recherche	libertad *f* de enseñanza y de investigación científica
655	trafic d'esclaves	trata *f* de esclavos
656	réserve *f*	reserva *f*
657	abolition *f* de l'esclavage	abolición *f* de la esclavitud
658	lutte *f* contre le trafic d'esclaves	lucha *f* contra la trata de esclavos
659	société *f* multiraciale	sociedad *f* multirracial
660	racial; raciste	racial; racista
661	racisme *m*	racismo *m*
662	problème *m* racial, problème de race(s)	problema *m* racial
663	préjugés *mpl* raciaux	prejuicios *mpl* raciales
664	discrimination *f* raciale	discriminación *f* racial
665	politique *f* linguistique	política *f* lingüística
666	raciste *m*	racista *m*
667	ségrégation *f* raciale; apartheid *f*, *nt*	segregación *f* racial; apartheid *f*, *nt*
668	politique *f* d'apartheid	política *f* de apartheid
669	déségrégation *f*	desegregación *f*
670	question *f* raciale	cuestión *f* racial, problema *m* ~
671	conflit *m* racial	conflicto *m* racial
672	égalité *f* des races, ~ raciale	igualdad *f* de razas, ~ racial
673	élimination *f* (*ou* : suppression) des barrières raciales	eliminación *f* de las barreras raciales
674	ségrégationniste *m*	segregacionista *m*
675	intégrationniste *m*, antiségrégationniste *m*	integracionista *m*, antisegregacionista; anti-apartheid
676	intégration *f* scolaire	integración *f* escolar
677	haine *f* raciale	odio *m* racial
678	doctrine *f* raciste	doctrina *f* racista
679	Convention internationale sur l'élimination de toutes les formes de discrimination raciale	Convenio *m* internacional sobre la eliminación de toda clase de discriminación racial
680	caste *f*	casta *f*
681	haine *f* de classes	odio *m* de clases, ~ entre clases
682	parias *mpl*; intouchables *mpl*	parias *mpl*; intocables *mpl*

683	Ghetto *n*	ghetto
684	Rassenverfolgung *f*	racial persecution
685	Völkerhaß *m*	hatred among nations
686	Willkürherrschaft *f*	arbitrary rule, ~ government
687	Unterdrückung *f*	oppression
688	zensieren	to censor
689	Zensur *f*	censorship
690	die Zensur einführen	to introduce censorship
691	Selbstzensur *f*	self-censorship
692	Vorzensur *f*	pre-censorship, prior censorship
693	enteignen	to expropriate
694	Enteignung *f*	expropriation
695	Freiheitsentzug *m* (*allgemeiner Oberbegriff*)	deprivation of liberty
696	politische Häftlinge *mpl*	political prisoners
697	Folter *f*	torture
698	Gehirnwäsche *f*	brainwashing
699	Deportation *f*, Verschleppung *f*	deportation
700	Deportierte *mpl*; *nach 1944*: Verschleppte *mpl*	deported persons; *after 1944*: displaced persons
701	Arbeitslager *n*	forced labor camp, prison farm
702	Konzentrationslager *n*	concentration camp
703	Vernichtungslager *n*	extermination camp
704	Euthanasie *f*	euthanasia
705	Gaskammer *f*	gas chamber
706	vergasen	to gas

Streik und Aussperrung   *Strike and Lock-out*

707	Streik *m*	strike; *US fam.*: walk-out
708	Streikankündigung *f* (an den Arbeitgeber),	strike notice
709	Streikandrohung *f*	strike threat
710	Streikaufruf *m*	strike call
711	Streikbefehl *m*	strike order
712	Streikbewegung *f*	strike movement
713	Streikwelle *f*	series of strikes
714	Urabstimmung *f*	strike vote

683	ghetto *m*	ghetto *m*, barrio *m* judío, judería *f*
684	persécution(s) raciale(s) *f(pl)*	persecución *f* racial
685	haine *f* entre les nations	odio *m* entre las naciones
686	règne *m* de l'arbitraire	régimen *m* arbitrario
687	oppression *f*	opresión *f*
688	censurer	censurar
689	censure *f*	censura *f*
690	introduire la censure	introducir (establecer) la censura
691	autocensure *f*, censure *f* volontaire	autocensura *f*
692	censure *f* préalable	censura *f* previa
693	exproprier	expropiar
694	expropriation *f*	expropiación *f*
695	privation *f* de liberté	privación *f* de libertad
696	détenus *mpl* politiques	presos *mpl* políticos
697	torture *f*	tortura *f*
698	lavage *m* de cerveau	lavado *m* de cerebro
699	déportation *f*	deportación *f*
700	déportés *m pl*; personnes déplacées (*après 1944 en Europe centrale*)	deportados, extrañados; *después de 1944 en Europa central*: personas desplazadas
701	camp *m* de travail	campo *m* de trabajo
702	camp *m* de concentration	campo *m* de concentración
703	camp *m* d'extermination	campo *m* de exterminio
704	euthanasie *f*	eutanasia *f*
705	chambre *f* à gas	cámara *f* de gas
706	gazer	matar con gas, gasear

Grèves et lock-out   *Huelgas y lock-out*

707	grève *f*	huelga *f*
708	préavis *m* de grève	aviso *m* de huelga (al patrono *o*: a los patronos)
709	menace *f* de grève	amenaza *f* de huelga
710	appel à la grève	llamamiento a la huelga
711	ordre *m* de grève	orden *f* de huelga
712	mouvement *m* de grève	movimiento *m* huelguístico
713	vague *f* de grèves	ola *f* de huelgas, ~ huelguística
714	référendum *m* (entre ouvriers)	referéndum *m* (entre los trabajadores)

715	politischer Streik *m*	political strike
716	Arbeitsniederlegung *f* (durch die Arbeiter)	work stoppage, cessation of work
717	die Arbeit niederlegen (Arbeiter)	to stop work, to put down tools, to cease work
718	Wiederaufnahme *f* der Arbeit	resumption of work
719	in den Streik treten	to go (out) on strike
720	streiken	to be on strike
721	Streikender *m*	striker
722	den (*oder*: einen) Streik ausrufen	to call a strike
723	Blitzstreik *m*	lightning strike, sudden ~
724	Bummelstreik *m*; „Dienst nach Vorschrift" (*öffentl. Behörden*)	working to rule
725	Flackerstreik *m*	go-slow (strike) *GB*; slow-down *US*
726	Generalstreik *m*	general strike
727	Kreiselstreik *m*, rollender Streik *m*	staggered strike, roving ~, scattered ~
728	Kurzstreik *m*	short strike
729	Proteststreik *m*	protest strike
730	Sitzstreik *m*	sit-down (strike), sit-in strike
731	Sympathiestreik *m*, Solidaritätsstreik *m*	sympathetic strike, sympathy strike
732	Teilstreik *m*	partial strike
733	unpolitischer Streik *m*	non-political strike
734	Warnstreik *m*	token strike
735	wilder Streik	wildcat strike, spontaneous ~
736	Hungerstreik *m*	hunger strike
737	Streikparole *f*	watchword, slogan
738	Streikgeld *n*	strike pay, ~ benefits
739	Streikkasse *f*, Streikfond *m*	strike fund
740	Streikposten *m*	(strike) picket
741	Streikbrecher *m*	strike-breaker; scab *fam, US*; blackleg *GB*; knobstick *fam, GB*
742	Aussperrung *f*	lockout

715	grève *f* (à caractère) politique	huelga *f* política, huelga de carácter político
716	débrayage *m*, arrêt *m* de travail	cese *m* en el trabajo, abandono *m* del trabajo
717	débrayer, arrêter le travail	cesar en el trabajo, abandonar el trabajo
718	reprise *f* du travail	reanudación *f* del trabajo
719	se mettre en grève	declararse en huelga
720	faire la grève, être en grève	estar en huelga
721	gréviste *m*	huelguista *m*
722	lancer l'ordre de grève, déclarer la grève	declarar la (*o*: una) huelga
723	grève *f* surprise	huelga *f* sorpresa
724	grève *f* du zèle	trabajo *m* lento
725	grève *f* perlée	huelga *f* intermitente *(en el mismo lugar)*
726	grève *f* générale	huelga *f* general
727	grève *f* tournante	huelga *f* intermitente *(en distintos lugares)*
728	grève *f* de courte durée	huelga *f* corta
729	grève *f* de protestation	huelga *f* de protesta
730	grève *f* sur le tas	huelga *f* de brazos caídos, ~ de ocupación, ~ sentada
731	grève *f* de solidarité, ~ ~ sympathie	huelga *f* de solidaridad
732	grève *f* partielle	huelga *f* parcial
733	grève *f* non-politique	huelga *f* no política
734	grève *f* d'avertissement	huelga *f* de advertencia
735	grève *f* spontanée, grève *f* sauvage	huelga *f* no oficial, huelga *f* espontánea
736	grève *f* de la faim	huelga *f* del hambre
737	mot *m* d'ordre (de grève)	consigna *f*
738	allocation *f* de grève	subsidio *m* de huelga
739	fonds *m* (*ou*: caisse *f*) de grève	caja *f* de resistencia, fondo *m* de la huelga
740	piquet *m* de grève	piquete *m*
741	briseur *m* de grève, antigréviste *m*, jaune *m fam*	esquirol *m*, rompehuelgas *m*
742	lock-out *m*, *nt*	lockout *m*, *nt* (cierre *m* de fábricas por los patronos); huelga *f* patronal

6. Wahlen und Volksbefragungen

6. Elections and Plebiscites

743	Wahl *f*	election
744	jdn. wählen	to elect s.b.
745	wählbar	eligible
746	Wählbarkeit *f*, passives Wahlrecht *n*	eligibility, the right to stand for election
747	Unvereinbarkeitsgründe *mpl* (bei einer Wahl)	grounds for ineligibility
748	wiederwählen	to re-elect
749	Wiederwahl *f*	re-election
750	Wiederwählbarkeit *f*	re-elegibility
751	Wahlrecht *n* *(objektives Recht)*	electoral law
752	das Wahlrecht ausdehnen	to extend the franchise
753	Herabsetzung *f* des Wahlalters	lowering of the voting age
754	Verleihung *f* des Wahlrechts	enfranchisement
755	Entziehung *f* des Wahlrechts	disfranchisement, deprivation of the right to vote
756	das Wahlrecht entziehen	to disfranchise, to deprive of the right to vote
757	Ausdehnung *f* des Wahlrechts	extension of voting rights, enlargement of the franchise
758	Wahlgesetz *n*	electoral act, ∼ law
759	Bundeswahlgesetz *n*	Federal Electoral Act
760	allgemeines Wahlrecht *n* *(subjektives R.)*	universal suffrage
761	allgemeines, gleiches, direktes und geheimes Wahlrecht *n*	universal, equal, direct, and secret suffrage
762	beschränktes Wahlrecht *n*	restricted suffrage, limited franchise
763	Dreiklassenwahlrecht *n* *(Preußen vor 1918)*	three-class system of franchise *(in Prussia before 1918)*
764	Zensuswahlrecht *n*, Wahlzensus *m*	property qualification, electoral census
765	Männerwahlrecht *n*	male suffrage
766	Frauenstimmrecht *n*	women's suffrage, female ∼, right for women to vote
767	Frauenstimmrechtlerin *f*, Suffragette *f*	suffragette

6. Elections et consultations populaires
6. Elecciones y plebiscitos

743	élection *f*	elección *f*
744	élire qn.	elegir a alg.
745	éligible	elegible
746	éligibilité *f*	elegibilidad *f*

747 inéligibilités *fpl* — motivos *mpl* de ineligibilidad

748 réélire, confirmer qn. dans sa charge — reelegir
749 réélection *f* — reelección *f*
750 rééligibilité *f* — reelegibilidad *f*
751 droit *m* électoral — derecho *m* electoral
752 étendre le droit de vote (à) — extender el sufragio (a)
753 abaissement *m* de la majorité électorale — reducción *f* de la edad electoral
754 octroi *m* du droit de vote — concesión *f* del derecho de votar
755 retrait *m* du droit de vote — retiro *m* del derecho de votar

756 retirer le droit de vote — retirar el derecho de votar

757 extension *f* du droit de vote — extensión *f* del derecho de votar

758 loi *f* électorale — ley *f* electoral
759 Loi *f* Electorale Fédérale — Ley *f* Electoral Federal
760 suffrage *m* universel — sufragio *m* universal

761 suffrage *m* universel, direct, égal et secret — sufragio *m* universal, directo, igual y secreto
762 suffrage *m* restreint — sufragio *m* restringido
763 vote *m* de trois classes *(en Prusse avant 1918)* — sufragio *m* de tres clases *(en Prusia antes de 1918)*
764 suffrage *m* censitaire — sufragio *m* limitado *(a cierta clase de contribuyentes)*

765 droit *m* de vote restreint aux hommes — derecho *m* de voto reservado a los hombres

766 vote *m* des femmes, droit *m* de suffrage féminin — sufragio *m* femenino, ∼ de la mujer, derecho *m* de sufragio femenino
767 suffragette *f* — sufragista *f*

768	zweistufige Wahl *f*, indirekte ~	indirect election
769	Wahlmann *m*	elector

770	freie Wahlen *fpl*	free elections
771	freie und geheime Wahlen abhalten	to hold free elections by secret ballot
772	Wahlzwang *m*, Stimmzwang *m*	obligation to vote, compulsory voting
773	Einzelwahl *f*	election on the basis of single-member constituencies
774	Listenwahl *f*	party-list system
775	Mehrheitswahl *f*, Mehrheitswahlrecht *n*, Persönlichkeitswahl *f*	single-member constituency voting system; majority voting system
776	Verhältniswahlrecht *n*	proportional representation

777	Landesliste *f (nicht in der Bundesrepublik!)*	national list
778	Gemeindeliste *f*, Kommunalliste *f*	municipal list, local ~
779	Wahlreform *f*	electoral reform
780	Kammerwahlen *fpl*, Parlamentswahlen *fpl*	parliamentary elections; congressional ~ *US*
781	Bundestagswahlen *fpl*	elections to the Bundestag, Bundestag elections
782	Senatswahlen *fpl*	elections to the senate, senatorial elections
783	Präsidentenwahl *f*, Präsidentschaftswahl *f*	presidential election
784	Kantonalwahlen *fpl*	cantonal elections
785	Gemeindewahlen *fpl*, Kommunalwahlen *fpl*	communal elections, municipal ~

786	Nachwahl *f*, Ergänzungswahl *f*	by-election

787	erster, zweiter Wahlgang *m*	first, second ballot

788	Stichwahl *f*	additional ballot, final ~ *(after an inconclusive vote)*; run-off ballot, tie-breaker *US*

768	suffrage *m* à deux degrés, ~ indirect	sufragio *m* indirecto
769	(grand) électeur *m*, électeur *m* du deuxième degré *(dans le suffrage indirect)* ; notable *m*	compromisario *m*
770	élections *fpl* libres	elecciones *fpl* libres
771	organiser des élections libres au scrutin secret	celebrar elecciones libres y secretas
772	vote *m* obligatoire	voto *m* obligatorio, obligación *f* de votar
773	scrutin *m* uninominal	elección *f* uninominal
774	scrutin *m* de liste	elección *f* por listas
775	système *m* majoritaire, scrutin *m* majoritaire	sistema *m* mayoritario
776	représentation *f* proportionnelle; «proportionnelle» *f*, R.P., système électoral proportionnel	representación *f* proporcional
777	liste *f* nationale	lista *f* nacional
778	liste *f* communale	lista *f* municipal
779	réforme *f* électorale	reforma *f* electoral
780	élections *fpl* législatives	elecciones *fpl* legislativas
781	élections *fpl* au Bundestag	elecciones *fpl* para el Bundestag
782	élections *fpl* sénatoriales	elecciones *fpl* senatoriales
783	élection *f* présidentielle	elección *f* presidencial
784	élections *fpl* cantonales	elecciones *fpl* cantonales
785	élections *fpl* municipales; ~ communales *(en particulier en B)*; ~ locales	elecciones *fpl* municipales
786	élection *f* complémentaire, ~ partielle, ~ de remplacement	elección *f* parcial, ~ complementaria
787	premier, deuxième tour de scrutin	primera, segunda vuelta de escrutinio
788	ballottage *m*, scrutin de ballottage	votación *f* de desempate

789	Wahlen *fpl* ausschreiben, zu den Urnen rufen	to go to the country, to issue the writs for an election, to call an election, to appeal to the country
790	Wahlen *fpl* abhalten	to hold elections
791	Neueinteilung *f* der Wahlbezirke	redistribution (of electoral districts)
792	Wahlkreis *m*, Wahlbezirk *m*	electoral district, constituency, ward (in cities)
793	Neueinteilung *f* von Wahlbezirken zugunsten der Regierungspartei	gerrymandering
794	Kandidat *m*	candidate
795	Gegenkandidat *m*	rival candidate, opponent
796	Konkurrent *m*	competitor
797	aktives Wahlrecht *n* (*subjektives Recht*), Stimmrecht *n*	right to vote, franchise
798	Ausübung *f* des Wahlrechts	exercise of the (right to) vote
799	stimmberechtigt, wahlberechtigt	entitled to vote, qualified $\sim$ $\sim$
800	ohne Stimme, nicht stimmberechtigt	not qualified to vote, voteless
801	in die Wahllisten (*od*: Wählerlisten) eingetragen sein	to be registered as an elector; $\sim$ $\sim$ $\sim$ to vote *US*, to be a registered voter *US*
802	Wahlliste *f*, Wählerliste *f*	electoral roll, $\sim$ register; voting list
803	Einheitsliste *f*	single list
804	Landesliste *f* D	(list of) regional-party candidates (for election to the Bundestag)
805	Wählerschaft *f*, Wahlkörper *m*	body of electors; electorate; voters
806	Wahlkampagne *f*	election campaign, electioneering $\sim$
807	Präsidentschaftskampagne *f*	presidential campaign
808	Wahlkampf *m*	contest; election campaign
809	den Wahlkampf führen	to campaign
810	Wahlprogramm *n*, Wahl-Plattform *f*	election programme; platform, *US*, ticket
811	Wahlabsprache *f*	electoral arrangement, polling $\sim$
812	Wahlversprechen *n*	election pledge; platform plank, *US*

789	proclamer des élections, appeler aux urnes, consulter le corps électoral	proclamar elecciones, llamar a las urnas
790	organiser des élections	celebrar elecciones
791	réorganisation *f* des circonscriptions électorales	reorganización *f* de los distritos electorales
792	circonscription *f* électorale	distrito *m* electoral
793	(nouveau) découpage *m* des circonscriptions électorales en faveur des partis gouvernementaux, *fam:* «cuisine» électorale, tripotage, tripatouillage des élections	nueva división *f* de distritos electorales a favor del partido gubernamental
794	candidat *m*	candidato *m*
795	candidat *m* opposant, ∼ opposé	candidato *m* rival
796	concurrent *m*	contrincante *m*
797	droit *m* de vote, droit *m* de suffrage	derecho *m* de voto, ∼ de sufragio
798	exercice *m* du droit de suffrage, ∼ du droit de vote	ejercicio *m* del sufragio
799	ayant le droit de vote, jouissant du ∼ ∼ ∼	con derecho a voto
800	sans droit de vote	sin derecho a voto
801	être inscrit sur les listes *fpl* électorales	estar inscrito en la(s) lista(s) electoral(es)
802	liste *f* électorale	lista *f* electoral
803	liste *f* unique	lista *f* única
804	liste *f* des candidats des partis régionaux, D	lista *f* de los candidatos de los partidos regionales, D
805	corps *m* électoral, électeurs *mpl*	cuerpo *m* electoral
806	campagne *f* électorale	campaña *f* electoral
807	campagne *f* présidentielle	campaña *f* presidencial
808	lutte *f* électorale	lucha *f* electoral
809	mener la campagne électorale	llevar la campaña electoral
810	programme *m* électoral, plateforme *f* (électorale)	programa *m* electoral, plataforma *f*
811	accord *m* électoral	acuerdo *m* electoral, convenio *m* ∼
812	promesses *fpl* faites aux électeurs	promesas *fpl* (hechas) a los electores

813	Wahlpropaganda *f*	election propaganda, electioneering, canvassing
814	Behinderung *f* der Wahlpropaganda der Opposition	muzzling of the oppositions' electoral propaganda, (*stronger*:) hampering the opposition parties' electioneering
815	Wahlversammlung *f*	election meeting, ~ rally
816	Wahlrede *f*	election speech, ~ address
817	Wahlplakat *n*	election poster, campaign ~
818	Vorwahlen *fpl*, Testwahlen, Nominierungswahlen, US	primary elections; *fam* primary
819	Kandidaten aufstellen	to run candidates, to put up ~ slate, US
820	(vorläufige oder vorbereitete) Kandidatenliste *f*	
821	als Kandidat auftreten	to put up for election; to contest a seat (in Parliament), to stand for election
822	kandidieren für (Wahl)	to stand as a candidate for, to canvass (for a seat in Parliament), to run for a seat in (Congress)
823	Wahlvorschlag *m*	candidates for election, candidates put up for election
824	seine Kandidatur zurücknehmen	to withdraw one's candidature, to stand down; to withdraw one's candidacy, US
825	sich zur Wiederwahl stellen	to run for re-election, US; to stand for ~, GB
826	Spitzenkandidaten *mpl*	leading candidates
827	Stimmenfang *m*	vote catching
828	Wahlverfahren *n*	poll procedure
829	Briefwahl *f*	postal vote; absentee voting US; mail vote
830	Wahlvorgang *m*	polling (act)
831	Wähler *mpl*	electors, *GB*; voters
832	Wahlvorsteher *m*, Wahlleiter *m*	returning officer, election official
833	Wählerkarte *f*, Wahlkarte *f*	voter registration card
834	Wahltag *m*	election day, polling day

813	propagande *f* électorale	propaganda *f* electoral
814	les entraves apportées à la propagande électorale de l'opposition	entorpecimiento *m* a la propaganda electoral de la oposición
815	meeting *m* (électoral)	mitín *m* electoral
816	discours *m* électoral	discurso *m* electoral
817	affiche *f* électorale	cartel *m* electoral
818	élections *fpl* primaires	elecciones *fpl* primarias, ~ preliminares internas (dentro del partido)
819	nommer des candidats	nombrar candidatos
820	liste *f* (provisoire) des candidats	lista *f* (provisional) de candidatos
821	présenter sa candidature	presentar su candidatura
822	présenter sa candidature, se présenter (comme candidat)	presentar su candidatura
823	candidats *mpl* (présentés par un parti)	candidatos *mpl* (presentados por un partido)
824	se désister, retirer sa candidature	retirar su candidatura
825	se représenter aux élections, se présenter de nouveau ~ ~	presentarse a reelección, ~ ~ nuevas elecciones
826	candidats *mpl* en tête	candidatos favoritos
827	chasse *f* aux voix	caza *f* de votos
828	mode d'élection a) *en général*: procédure *f* électorale b) *cas particulier*: opérations *fpl* électorales	procedimiento *m* electoral
829	vote *m* par correspondance	voto *m* por correspondencia, ~ por correo
830	vote *m*	acto *m* de votar
831	électeurs *mpl*, votants *mpl*	electores *mpl*, votantes *mpl*
832	président *m* de bureau de vote, directeur du scrutin	presidente *m* del colegio electoral
833	carte *f* d'électeur	tarjeta *f* electoral
834	jour *m* des élections	día *m* de las elecciones

75

835	Wahllokal *n*, Abstimmungslokal *n*	polling station, polling place
836	Wahlzelle *f*	polling booth, voting ~
837	Wahlurne *f*, Urne *f*	ballot-box
838	einen Stimmzettel in die (Wahl-)Urne einwerfen	to deposit a voting-paper in the ballot-box
839	Wahlbeteiligung *f*	percentage of (electorate) voting
840	geringe Wahlbeteiligung *f*	light poll
841	Wahlgeheimnis *n*	secrecy of the vote, ~ ~ ~ ballot, secret ballot
842	seine Stimme abgeben	to cast one's vote (*or*: ballot)
843	zur Wahl gehen	to go to the polls *US*
844	Erststimme *f*	first vote
845	Zweitstimme *f*	second vote
846	Stimmzettel *m*	voting-paper, ballot-paper
847	seine Stimme einer Partei geben	to give one's vote to a party, to vote for ~ ~
848	Panaschieren *n*	interchange of names between lists, splitting of one's vote
849	Listenverbindung *f*	joint nomination lists
850	abgegebene Stimmen *fpl*	votes cast, ballots ~
851	Ja-Stimme *f*	affirmative vote
852	Nein-Stimme *f*	negative vote
853	Stimmenthaltung *f*	abstention, non-voting
854	Nichtwähler *mpl*	non-voters, unpolled electors, abstentionists
855	ungültige Stimme *f*, ungültiger Stimmzettel *m*	invalid ballot, spoilt voting-paper
856	leerer Stimmzettel *m*	voting-paper left blank; blank vote
857	die Wahl für ungültig erklären	to declare the election void
858	Wahlmanipulationen *fpl*, Wahlmanöver *npl*	manipulation of elections, ~ ~ votes
859	Wahlfälschungen *fpl*, Wahlschwindel *m*	electoral fraud; ballot-box stuffing, *US*
860	unverfälschte Wahlen	genuine elections; fair ~, honest ~
861	das Wahlergebnis verfälschen	to falsify the return
862	Wahlanfechtung *f*	contesting of an election

835	bureau *m* de vote; local *m* de vote *CH*	colegio *m* electoral
836	isoloir *m*	cabina *f* electoral, cabina (*o*: caseta) de votar
837	urne *f* (électorale), ∼ de scrutin	urna *f* (electoral); ánfora *f* *(Méjico)*
838	mettre (*ou*: déposer) le bulletin de vote dans l'urne	depositar la papeleta de voto en la urna
839	participation *f* électorale	participación *f* electoral
840	pourcentage *m* élevé d'abstentions, faible participation *f* aux élections	elevado porcentaje *m* de abstenciones
841	secret *m* de vote, ∼ électoral	secreto *m* de voto
842	émettre son suffrage	emitir su voto
843	aller aux urnes	acudir a las urnas
844	première voix	primer voto
845	seconde voix	segundo voto
846	bulletin *m* de vote	papeleta *f* de votación
847	donner sa voix à un parti	dar su voto a un partido
848	panachage *m*	inscribir en una papeleta candidatos de listas diferentes
849	apparentement *m* de listes	unificación *f* de listas
850	votants *mpl*, suffrages *mpl* exprimés, voix *fpl* exprimées	sufragios *mpl* emitidos
851	vote *m* affirmatif, oui *m*	voto *m* afirmativo
852	vote *m* négatif, non *m*	voto *m* negativo, ∼ en contra
853	abstention *f*	abstención *f* (de votar)
854	abstentionnistes *mpl*	abstencionistas *mpl*
855	bulletin *m* nul	voto *m* nulo, papeleta *f* nula, ∼ anulado
856	bulletin *m* blanc	papeleta *f* en blanco
857	invalider l'élection	declarar nula la elección
858	manipulations *fpl* électorales	manipulaciones *fpl* electorales
859	fraudes *fpl* électorales, truquage *fam, m* des élections	fraudes *mpl* electorales
860	élections *fpl* honnêtes	elecciones *fpl* libres de fraude
861	truquer les résultats des élections	falsificar el resultado de las elecciones
862	contestation *f* d'une élection	impugnación *f* de una elección

863	eine Wahl anfechten	to contest an election
864	Stimmzähler *m*	scrutineer, teller
865	Stimmenzählung *f*	poll, counting of the votes
866	Wahlausgang *m*, Wahlergebnis *m*	election results, ∼ returns, outcome of the elections
867	ergebnislose Wahl *f*	inconclusive election
868	die Wahlergebnisse bekanntgeben	to announce the results of the elections
869	rechts (links) wählen	to vote right (left)
870	eine Partei wählen	to vote for a party
871	der Kandidat X erhält xx Stimmen	the candidate X receives (*or:* polls) xx votes
872	vor jdm. einen Vorsprung von 20 Stimmen haben	to have a twenty-votes lead (*or:* margin) over s.b.
873	auf 4 Jahre wählen	to elect for a term of 4 years (*or:* for a four-year term)
874	die zu besetzenden Sitze	the vacancies to be filled, the seats ∼ ∼ ∼
875	15 Sitze erhalten	to obtain 15 seats, to return 15 members to Parliament, to secure 15 seats
876	Wahlsieg *m*	electoral victory, ∼ triumph
877	Wahlerfolg *m*	election success
878	in seinem Amte bestätigt werden	to be maintained in office *GB*; to be re-elected (*or:* re-appointed)
879	Wahlniederlage *f*	defeat (at the elections), electoral defeat
880	Erdrutsch *m* (Wahlen)	landslide (victory)
881	Stimmen einbüßen, ∼ verlieren	to lose votes, to suffer losses
882	Stimmenverlust *m*	numerical losses, loss of votes
883	eine Wahl gewinnen	to carry an election, to win an election
884	die Mehrheit erringen	to gain the majority, to poll a majority, to win a majority

863	contester une élection	impugnar una elección
864	scrutateur *m*, recenseur *m*	escrutador *m*
865	dépouillement *m* du scrutin	recuento *m* de votos
866	résultat *m* du scrutin	resultado *m* del escrutinio, ~ de las elecciones
867	élection *f* blanche	elección *f* sin resultado
868	proclamer les résultats du scrutin	publicar (*o*: proclamar) el resultado de las elecciones
869	donner sa voix à la droite (à la gauche), voter à droite	votar a la derecha (izquierda)
870	donner sa voix à un parti, voter pour un parti	dar su voto a un partido
871	le candidat X recueille (*ou*: réunit, totalise, obtient) xx voix	el candidato X obtiene xx votos
872	avoir une (marge d') avance de 20 voix sur qn.	ganar a alg. por 20 votos
873	élire pour une durée de 4 ans	elegir por un período de 4 años, ~ por un mandato de cuatro años
874	sièges *mpl* à pourvoir	escaños *mpl* que se han de proveer
875	obtenir 15 sièges (*ou*: mandats)	conseguir 15 escaños
876	victoire *f* électorale	victoria *f* electoral
877	succès *m* électoral	éxito *m* electoral
878	être confirmé à son poste	ser confirmado en su cargo, ser reelegido
879	défaite *f* électorale	derrota *f* electoral
880	renversement *m* électoral, avalanche *f* électorale	giro *m* violento
881	perdre des suffrages *mpl* (*ou*: des voix *fpl*)	perder votos *mpl*
882	perte *f* de voix	pérdida *f* de votos
883	gagner une élection	ganar una elección
884	obtenir la majorité	conseguir la mayoría

885	Sperrklausel *f (für politische Parteien)*	"barring clause", clause requiring political parties to have a given number of votes in order to have their representatives in Parliament
886	absolute Mehrheit *f*	absolute majority
887	qualifizierte Mehrheit *f*	qualified majority
888	einfache Mehrheit *f*	simple majority
889	relative Mehrheit *f*	relative majority
890	große Mehrheit *f*	large majority
891	klare Mehrheit *f*	clear majority
892	knappe Mehrheit *f*	narrow majority, slim ~
893	überwältigende Mehrheit *f*	overwhelming majority
894	Abgleiten *n* nach rechts	a swing (over) to the right
895	ein Ruck nach links	a swing to the left
896	„unbeschriebenes Blatt "*n, fig* (= *unbekannter Politiker, der unerwartet gewählt wird*); Außenseiter *m*	dark horse
897	Volksbefragung *f (allgemeiner Ausdruck)*	plebiscite, consultation (of the nation)
898	Referendum *n, nt (früher auch*: Volksabstimmung *f, heute fast nur CH; früher auch*: Plebiszit *n, heute fast nur bei Abstimmung über Gebietszugehörigkeit)*	(popular) referendum
899	Volksabstimmung *f,* CH	popular referendum *CH*
900	Volksbegehren *n*	popular initiative

7. Die Legislative

7. The Legislative Power

a) Allgemeines

a) General terms

901	gesetzgebende Gewalt *f,* Legislative *f*	legislative power, ~ authority
902	die gesetzgebende Gewalt liegt beim Parlament	legislative power is vested in parliament, ~ ~ lies with ~
903	gesetzgebende Körperschaft *f*	legislative body; legislature
904	gesetzgebende Versammlung *f*	legislative assembly
905	gesetzgebungsähnlich *(Institution)*	quasi-legislative
906	die Stände *mpl,* die Reichsstände, *mpl,* die Landstände *mpl*	the Estates (of the Realm, Empire, etc.)

885	clause *f* de barrage (par ex. 10% des voix)	cláusula *f* electoral restrictiva del acceso parlamentario (de partidos políticos)

886 majorité *f* absolue — mayoría *f* absoluta
887 majorité *f* qualifiée — mayoría *f* cualificada
888 majorité *f* simple — mayoría *f* simple
889 majorité *f* relative — mayoría *f* relativa
890 forte majorité *f* — gran mayoría *f*
891 majorité *f* nette — mayoría *f* clara, ~ neta
892 faible majorité *f* — escasa mayoría *f*
893 majorité *f* écrasante — mayoría *f* aplastante, ~ abrumadora
894 glissement *m* à droite, ~ vers la ~ — paso *m* a la derecha, deslizamiento *m* ~ ~ ~
895 un coup de barre à gauche — un paso a la izquierda, un deslizamiento ~ ~ ~
896 «outsider» *m*, «la grande inconnue de...» — candidato *m* desconocido, ~ elegido inesperadamente
897 consultation *f* populaire *(dans ce sens, plébiscite est peu courant en français)* — consulta *f* popular; plebiscito *m*
898 referendum *m*, référendum *m* — referéndum *m*

899 votation *f* populaire *CH* — votación *f* popular *CH*
900 initiative *f* populaire — iniciativa *f* popular

7. Le pouvoir législatif

a) Généralités

901 pouvoir *m* législatif — poder *m* legislativo
902 le pouvoir législatif appartient au parlement — el poder legislativo corresponde al parlamento
903 corps *m* législatif — cuerpo *m* legislativo, ~ deliberativo
904 assemblée *f* législative — asamblea *f* legislativa
905 quasi-législatif — cuasi-legislativo
906 les Etats; *en F*: les Etats-Généraux — los Estamentos, los Estados; *en Esp*: las Cortes; los brazos

7. El poder legislativo

a) Generalidades

907	Parlamentsabgeordneter *m*; Parlamentarier *m*, Parlamentsmitglied *n*	parliamentary deputy, Member of Parliament, M.P.
908	Kongreßmitglied *n*	member of Congress, *fam* congressman
909	parlamentarisch, Parlaments ...	parliamentary
910	Parlamentarismus *m*, parlamentarisches Regierungssystem *n*	parliamentarism, parliamentary system; ∼ regime *(pej)*; ∼ (form of) government
911	Kammer *f*	chamber, house
912	erste Kammer *f*, Volkskammer *f*	popular chamber, lower house
913	Abgeordnetenhaus *n*, Abgeordnetenkammer *f*	house of representatives, chamber of deputies
914	zweite Kammer *f (zB Senat)*	upper house, second chamber
915	Senats ... *in Zssgn*	senatorial
916	Senat *m*	senate
917	eine einzige Kammer	one house, single chamber
918	Einkammer ... *in Zssgn*	unicameral, one-chamber ..., single-chamber ...
919	Einkammersystem *n*	unicameral system
920	Zweikammersystem *n*	bicameral system
921	Zweikammer ... *in Zssgn*	bicameral, two-chamber ...
922	Ständevertretung *f*	corporative representation
923	Rumpfparlament *n*	rump parliament
924	Allmacht *f* des Parlamentes Übergewicht *n*, Diktatur *f* ∼ ∼	excessive power of parliament, omnipotence ∼ ∼
925	Legislaturperiode *f*	lifetime of a parliament; legislative period; Congress *US*
926	Sitzungsperiode *f*	session
927	ordentliche Sitzungsperiode *f*	ordinary session
928	außerordentliche Sitzungsperiode *f*	extraordinary session
929	Parlamentsferien *fpl*	parliamentary recess
930	in Ferien sein	to be in recess
931	zwischen den Sitzungsperioden	in the intervals between sessions
932	Sitz *m (im Parlament)*	seat

907	parlementaire *m*	diputado *m*
908	membre *m* du Congrès	miembro *m* del Congreso
909	parlementaire	parlamentario
910	régime *m* parlementaire, parlementarisme *m*	sistema *m* parlamentario, parlamentarismo *m*
911	chambre *f*, assemblée *f*	cámara *f*, asamblea *f*
912	chambre *f* basse, ~ populaire	cámara *f* baja, ~ popular
913	chambre *f* des députés	cámara *f* de diputados; ~ ~ representantes *Am*
914	chambre *f* haute	cámara *f* alta
915	sénatorial	senatorial
916	sénat *m*	senado *m*
917	une chambre unique	una cámara única
918	unicaméral; unicamériste *(rare)*	unicameral
919	unicamérisme *m*, unicaméralisme *m*, monocaméralisme *m*, système *m* unicaméral (*ou*: unicamériste)	sistema *m* unicameral
920	bicaméralisme *m*, bicamérisme *m*, système *m* bicaméral (*ou*: bicamériste)	sistema *m* bicameral, bicameralismo *m*
921	bicaméral, bicamériste	bicameral
922	représentation *f* corporative	representación *f* corporativa
923	parlement-croupion *m*	*(no hay equivalente en castellano; significa que en el parlamento no están presentes más que unos pocos de sus miembros)*
924	gouvernement *m* d'assemblée	gobierno *m* de asamblea
925	législature *f*	legislatura *f*
926	session *f*	período *m* de sesiones
927	session *f* ordinaire	período *m* de sesiones ordinario
928	session *f* extraordinaire	período *m* de sesiones extraordinario
929	vacances *fpl* parlementaires	vacaciones *fpl* parlamentarias
930	être en vacances	estar de vacaciones
931	pendant l'intersession *f*	entre los períodos de sesiones
932	siège *m* (*au parlement*)	escaño *m*; banca *f*, *Am*

933	ein Sitz wird frei	a vacancy arises, ~ ~ occurs, a seat falls vacant
934	die zu besetzenden Sitze	vacancies (*or*: seats) to be filled
935	allgemeine Neubesetzung *f*, ~ Erneuerung *f*	general refilling of vacancies
936	teilweise Neubesetzung *f*	partial refilling of vacancies
937	Überhangmandat *n*	supernumerary seat
938	wenn ein Sitz frei wird	if a vacancy occurs
939	einen Sitz neu besetzen	to fill a vacancy
940	Abgeordneter *m*	deputy; representative *US*; Member of Parliament *GB*
941	bisheriger Abgeordneter *m* (*kann wiedergewählt werden*)	deputy (*or*: representative, MP) going out of office, retiring deputy, out-going deputy (*or*: representative, MP)
942	ehemaliger Abgeordneter *m*	former deputy, ex-deputy
943	parteiloser Abgeordneter *m*	unattached (*or*: independent) deputy (*or*: representative, MP)
944	Ersatzmann *m* (bei e. Wahl)	substitute
945	Amtszeit *f* (*eines Abgeordneten*)	term of office (*of a deputy*)
946	Senator *m*	senator
947	Senatoren *mpl* auf Lebenszeit	senators for life
948	Hinterbänkler *mpl*	backbenchers
949	auflösen (*zB das Parlament*)	to dissolve
950	Auflösung *f* (*des Parlaments*)	dissolution (*of parliament*)
951	Auflösungsrecht *n*	right of dissolution (*of parliament*)
952	Präsident *m* des Parlaments	Chairman of Parliament; Speaker of the House *US and GB*, President pro tempore
953	die Würde des Parlaments wahren	to uphold the dignity of the House (*or*: of Parliament)
954	Ältestenrat *m* (*Deutscher Bundestag*)	Council of Elders *D*
955	Präsidium *n*	officers *pl*, presidency
956	Fraktion *f*	(parliamentary) group Parliamentary Party
957	Fraktionsvorsitzender *m*, Fraktionsführer *m*	house leader, leader of the parliamentary group, parliamentary leader of a party

933	une vacance se produit, un siège devient vacant	se produce una vacante, ~ ~ ~ vacancia
934	les sièges à pourvoir	los escaños que se han de proveer
935	renouvellement *m* général	renovación *f* general
936	renouvellement *m* partiel	renovación *f* parcial
937	mandat *m* excédentaire	mandato *m* excedentario
938	en cas de vacance d'un siège	en caso de producirse una vacante
939	combler une vacance	cubrir una vacante, proveer ~ ~
940	député *m*; représentant *m*, *US*	diputado *m*; representante *m*, *Am*; procurador *m*, *Esp (desde 1942)*
941	député *m* sortant	diputado *m* saliente
942	ancien député *m*	ex-diputado *m*, antiguo diputado *m*
943	indépendant *m*, sans parti *m*, non-inscrit *m*	diputado *m* independiente
944	suppléant *m*, remplaçant *m*	su(b)stituto *m*
945	durée *f* du mandat *(parlementaire)*	(duración *f* del) mandato *m*
946	sénateur *m*	senador *m*
947	sénateurs «inamovibles» (*ou:* «à vie»)	senadores *mpl* vitalicios, ~ de por vida
948	députés *mpl* peu connus	diputados *mpl* menos importantes
949	dissoudre, mettre en congé, ~ ~ vacances	disolver
950	dissolution *f (du parlement)*, mise *f* en congé, ~ en vacances	disolución *f (del parlamento)*
951	droit *m* de dissolution	derecho *m* de disolución
952	président *m* du parlement; orateur *m* (*Canada*)	presidente *m* del parlamento
953	sauvegarder la dignité du parlement	salvaguardar la dignidad del parlamento
954	«Conseil *m* des Anciens» D, «Comité *m* des Doyens»	«Consejo *m* de Ancianos» D
955	Bureau *m*	Mesa *f*
956	groupe *m* parlementaire; fraction *f*	grupo *m* parlamentario
957	président *m* du groupe parlementaire	presidente *m* del grupo parlamentario

958	Fraktionsgeschäftsführer *m*	secretary of the parliamentary group
959	Fraktionsdisziplin *f*	discipline of vote, party discipline
960	Fraktionszwang *m*	obligation to vote according to the party line, strict party vote
961	Fraktionsstärke *m*	strength of a parliamentary group
962	Parlamentsdebatte *f*	parliamentary debate
963	Plenarberatung *f*	debate in plenary assembly (*or*: session)
964	Plenum *n*	plenary (*or*: full) assembly, plenum
965	Regierungsbank *f*	government bench; Treasury bench *GB*
966	Parlamentsausschuß *m*	parliamentary committee
967	Senatsausschuß *m*	senate committee, senatorial committee
968	Sektion *f (Beneluxländer)*	section *(Benelux)*
969	Agrarausschuß *m*	agricultural committee
970	Untersuchungsausschuß *m*	committee of investigation; ~ ~ inquiry; fact-finding committee; investigating ~, investigation ~ select ~ *GB*
971	Gesamtausschuß *m*	committee of the whole house
972	allgemeiner Ausschuß *m*	general committee
973	Vollmachtprüfungsausschuß *m*	credentials committee, committee for the verification of powers
974	Verteidigungsausschuß *m*	defence committee; defense ~ *US*
975	innenpolitischer Ausschuß *m*	committee for internal (*or*: domestic) affairs
976	außenpolitischer Ausschuß *m*	foreign relations committee *(US Senate)*; foreign affairs committee *(House of Representatives, US)*
977	Wehrbeauftragter *m D*	commissioner for the armed forces, Defence Commissioner
978	Petitionsausschuß *m (zB Bundestag)*	petitions committe
979	Regierungserklärung *f*	governmental declaration
980	regierungstreue Mehrheit *f*	pro-administration majority *US*; pro-government ~
981	Opposition *f*	opposition
982	Bänke *fpl* der Opposition	opposition benches

958	secrétaire *m* du groupe parlementaire	secretario *m* del grupo parlamentario
959	discipline *f* de vote	disciplina *f* de votación
960	discipline *f* de groupe	disciplina *f* de grupo
961	importance *f* du groupe parlementaire	importancia *f* del grupo parlamentario
962	débats *mpl* parlementaires	debate *m* parlamentario
963	délibération *f* en assemblée plénière	deliberación *f* en asamblea plenaria
964	chambre *f* réunie en séance plénière	pleno *m*
965	banc *m* du Gouvernement, banc ministériel, ~ des ministres	banco *m* del gobierno; ~ azul *Esp*
966	commission *f* parlementaire	comisión *f* parlamentaria
967	comission *f* du sénat	comisión *f* del senado
968	section *f* (*Benelux*)	sección *f* (*Benelux*)
969	Commission *f* de l'agriculture	Comisión *f* de agricultura
970	Commission *f* d'enquête	Comisión *f* investigadora
971	Commission *f* de la chambre entière	Cámara *f* constituida en comité
972	commission *f* des affaires générales	comisión *f* permanente, ~ de asuntos generales
973	Commission *f* de vérification des pouvoirs; ~ ~ validation	Comisión *f* de verificación de poderes
974	Commission *f* de la Défense nationale	Comisión *f* de Defensa (nacional)
975	Commission *f* de l'Intérieur	Comisión *f* de política interior
976	Commission *f* des Affaires étrangères	Comisión *f* de Asuntos Exteriores
977	délégué *m* parlementaire à la défense, commissaire *m* des forces armées	delegado *m* parlamentario para las fuerzas armadas
978	commission *f* des pétitions	comisión *f* de peticiones
979	déclaration *f* gouvernementale	declaración *f* gubernamental
980	majorité *f* gouvernementale	mayoría *f* gubernamental
981	opposition *f*	oposición *f*
982	bancs *mpl* de l'opposition	bancos *mpl* de la oposición

983	Oppositionsführer *m*	leader of the opposition, minority leader *US*
984	in die Opposition gehen *(Partei)*	to go into opposition *(party)*
985	Fragestunde *f* (im Parlament)	question time, ~ period
986	Durchführungsverordnung *f*	regulation (for implementation)
987	parlamentarische Anfrage *f (in D etwa: die kleine Anfrage)*	question
988	interpellieren	to interpellate, to put a question to (a minister)
989	Interpellation *f (in D etwa: große Anfrage)*	interpellation
990	Interpellationsrecht *n*	right of interpellation
991	Interpellant *m*	interpellator, interpellant
992	Petition *f*	petition
993	Vertrauensantrag *m*	motion of confidence
994	Vertrauensvotum *n*	vote of confidence
995	Vertrauensfrage *f*	question of confidence,
996	die Vertrauensfrage stellen	to put the question of confidence, to ask for a vote of ~ to table a motion ~ ~
997	Mißtrauensantrag *m*, Tadelsantrag *m*	motion of no-confidence, ~ of censure
998	einen Mißtrauensantrag einbringen (gegen)	to present a motion of no-confidence, ~ ~ ~ ~ censure
999	Mißtrauensvotum *n*	vote of censure, ~ ~ no-confidence
1000	die Mehrheit im Senat haben	to command a majority in the Senate
1001	durch Stimmzwang gebunden sein	to be bound by party discipline; to be under the party whip
1002	Hammelsprung *m*	vote by division, method of voting by passing through different doors
1003	Lobby *f; (auch m)* Interessengruppe *f*	lobby; pressure group
1004	Lobbyismus *m*	lobbyism, lobbying
1005	Lobbyist *m*	lobbyist; parliamentary agent *GB*
1006	Immunität *f (der Parlamentsmitglieder)*	immunity
1007	die Immunität aufheben	to withdraw immunity, to raise ~

983	chef *m* de l'opposition; leader *m* ~ ~	jefe *m* (*o*: líder *m*) de la oposición
984	passer à l'opposition, entrer dans ~	pasar(se) a la oposición
985	heure *f* des questions orales	capítulo *m* de preguntas
986	règlement *m* d'application, décret *m* d'application	reglamento *m* ejecutivo
987	question *f*	pregunta *f*
988	interpeller, adresser une interpellation	interpelar
989	interpellation *f*	interpelación *f*
990	droit *m* d'interpellation	derecho *m* de interpelación
991	interpellateur *m*	interpelante *m*
992	pétition *f*	petición *f*
993	motion *f* de confiance; ordre *m* du jour ~ ~	moción *f* de confianza
994	vote *m* de confiance	voto *m* de confianza
995	question *f* de confiance	cuestión *f* de confianza
996	poser la question de confiance	plantear la cuestión de confianza
997	motion *f* de censure	moción *f* de censura
998	présenter (*ou:* déposer) une motion de censure (contre)	presentar una moción de censura (contra)
999	vote *m* de défiance, ~ ~ censure	voto *m* de censura
1000	disposer de la majorité au Sénat	tener la mayoría en el Senado
1001	être lié par la discipline de vote	estar sujeto a la disciplina de voto
1002	décompte *m* des voix par groupes (passant par des portes différentes)	votación *f* por grupos (que pasan por puertas separadas)
1003	lobby *m*; groupe *m* de pression	lobby *m*; grupo *m* de presión
1004	lobbyisme *m*	sistema *m* de «lobby», ~ ~ cabildeo *m*
1005	lobbyiste *m*	«lobbyista» *m*
1006	immunité *f* (parlementaire)	inmunidad *f*
1007	lever l'immunité	levantar la inmunidad

1008	Aufhebung *f* der Immunität	withdrawal of s.b.'s immunity
1009	auf frischer Tat betroffen werden	to be taken in the act of committal, to be caught red-handed
1010	Verkehrsmittelfreiheit *f*	free use of means of transport; ~ ~ ~ ~ ~ transportation *US*
1011	Portofreiheit *f*	franking privilege, exemption from postage
1012	Aufwandsentschädigung *f*, Diäten *fpl* (*für Abgeordnete*)	emoluments of an M.P.; daily expense allowance (*House of Lords*); sessional expense allowance, day's allowances
1013	Gesetz *n*	act; law
1014	einfaches Gesetz *n*	ordinary law
1015	innerstaatliches Gesetz *n*	national law
1016	Verfassungsgesetz *n*	constitutional law
1017	gesetzmäßig	legitimate
1018	gesetzwidrig	illicit; unlawful; illegal
1019	Gesetzgebung *f*	legislation
1020	Gesetzgebungsarbeit *f* schieben	legislative work, law making *US*; to shelve ~ ~ *GB*
1021	konkurrierende Gesetzgebung *f*	concurrent legislation
1022	Befugnis *f* zur Gesetzgebung	power of legislating, law-making power
1023	Gesetzgeber *m*	legislator, law-maker
1024	gesetzgebend, Gesetzgebungs...	legislative
1025	Gesetzgebungsverfahren *n*	legislative procedure
1026	Gesetze geben, ~ machen	to legislate, to make laws
1027	Ausarbeitung *f* eines Gesetzes	drafting of a bill
1028	Gesetzinitiative *f*, Gesetzesinitiative *f*	initiative (of legislation), right of proposing laws
1029	Gesetzesvorlage *f* (= *Regierungsvorlage*)	government bill; administration ~ *US*
1030	Gesetzesvorlage *f* (= *Fraktionsvorlage*)	private members' bill
1031	eine Gesetzesvorlage (*beim Parlament*) einbringen	to introduce a bill; to bring forward ~ ~, to present ~ ~, to bring in ~ ~
1032	eine Gesetzesvorlage aufs tote Gleis schieben	to pigeonhole (*or*: to table) a bill *US*; to shelve ~ ~ *GB*

1008	levée *f* de l'immunité	suspensión *f* de la inmunidad, levantamiento *m* ~ ~ ~
1009	être pris en flagrant délit	ser sorprendido en flagrante delito
1010	usage *m* gratuit des moyens de transport	libre utilización *f* de los medios de transporte
1011	franchise *f* de port	franquicia *f* postal
1012	indemnité *f* parlementaire	dietas *fpl* (de un diputado)

1013	loi *f*	ley *f*
1014	loi *f* ordinaire	ley *f* ordinaria
1015	loi *f* nationale	ley *f* nacional
1016	loi *f* constitutionnelle	ley *f* constitucional
1017	légitime; légal	legítimo; legal
1018	illicite; illégal; contraire à la loi	ilícito; ilegal
1019	législation *f*	legislación *f*
1020	travail *m* législatif	labor *f* legislativa
1021	législation *f* concurrente	legislación *f* concurrente
1022	compétence *f* législative	poder *m* de legislar, competencia *f* para legislar
1023	législateur *m*	legislador *m*
1024	législatif	legislativo
1025	procédure *f* législative	procedimiento *m* legislativo
1026	légiférer	legislar
1027	confection *f* d'une loi	elaboración *f* de una ley
1028	initiative *f* des lois; ~ législative	derecho *m* de iniciativa; ~ de presentar proyectos de ley
1029	projet *m* de loi (*l'initiative émane du gouvernement*)	proyecto *m* de ley gubernamental
1030	proposition *f* de loi (*l'initiative émane d'un parlementaire ou d'un groupe*)	proyecto *m* de ley presentado por un diputado o grupo parlamentario
1031	déposer (*ou*: présenter) un projet de loi sur le bureau du parlement	presentar un proyecto de ley
1032	bloquer une décision sur un projet de loi	dar largas a un proyecto de ley

1033	eine Gesetzesvorlage (auf halbem Wege) blockieren	to pocket-veto a bill *US*; to block ~ ~
1034	eine Gesetzesvorlage abändern	to amend a bill
1035	die Vorlage geht zwischen den beiden Kammern hin und her	the bill is referred from one chamber to the other
1036	Vermittlungsausschuß *m* (*zwischen beiden Kammern*)	conference committee *US*, mediation committee
1037	Lesung *f*	reading
1038	eine Gesetzesvorlage in zweiter Lesung prüfen	to give a bill its second reading
1039	in dritter Lesung diskutieren	to debate in (the) third reading, to give a bill its ~ ~
1040	ein Gesetz durchpeitschen	to force a bill through Parliament, to ram a bill through, to push ~ ~ ~ ~
1041	Abänderungsrecht *n*	right of amendment
1042	„Filibuster-Taktik" *f*; Obstruktion *f*	filibustering
1043	Obstruktionspolitiker *m*	filibusterer *US*
1044	ein Gesetz verabschieden, ~ ~ beschließen	to approve a bill, to carry ~ ~, to pass ~ ~
1045	Verabschiedung *f* eines Gesetzes	adoption of a bill; passage ~ ~ ~ (into law); approval of a bill; enactment
1046	verkünden *(ein Gesetz)*	to promulgate
1047	verkünden *(etw. feierlich bekanntmachen)*, proklamieren	to proclaim
1048	Verkündung *f (eines Gesetzes)*	promulgation
1049	Verkündung *f (= Proklamation f)*	proclamation
1050	Veröffentlichung *f* im Gesetzblatt	publication in the Official Bulletin (*or*: Gazette)
1051	Gesetzblatt *n*; Amtsblatt *n*; Bundesblatt *n*, *CH*	Official Bulletin, Official Gazette; *in GB*: London Gazette, Edinburgh Gazette, Belfast Gazette
1052	Bundesgesetzblatt *n* (*in D bis 1945*: Reichsgesetzblatt)	Federal Gazette, Congressional Record
1053	für die Ausführung der Gesetze sorgen	to ensure the execution of laws, to see that laws are implemented
1054	Durchführung *f* der Gesetze	execution of laws, implementation ~ ~
1055	Inkraftsetzung *f*	putting into force

1033	bloquer un projet de loi	bloquear un proyecto de ley
1034	amender un projet de loi	enmendar un proyecto de ley
1035	le projet fait la navette entre les deux chambres	el proyecto de ley va y viene entre ambas cámaras
1036	commission *f* de conciliation; ∼ ∼ mixte paritaire	comisión *f* de conciliación
1037	lecture *f*	lectura *f*
1038	examiner un projet de loi en seconde lecture	examinar un proyecto de ley en segunda lectura
1039	discuter en troisième lecture	discutir en tercera lectura
1040	hâter le vote d'un projet de loi, faire passer une loi à tout prix	tramitar un proyecto de ley a toda prisa, forzar la aprobación de una ley ∼ ∼ ∼
1041	droit *m* d'amendement	derecho *m* de enmienda
1042	filibustering *m*, *nt*; obstruction *f*	obstrucción *f* parlamentaria
1043	politicien *m* de l'obstruction	obstruccionista *m*
1044	voter (*ou*: adopter) une loi	votar (*o*: adoptar) una ley; aprobar ∼ ∼
1045	vote *m* (*ou*: adoption *f*) d'une loi	aprobación *f* de una ley
1046	promulguer	promulgar
1047	proclamer	proclamar
1048	promulgation *f*	promulgación *f*
1049	proclamation *f*	proclamación *f*
1050	publication *f* au Journal Officiel (*ou*: au Moniteur)	publicación *f* en el Boletín Oficial
1051	Journal *m* Officiel; Bulletin *m* Officiel; Moniteur *m*, *B*; Mémorial, *m L*; Feuille *f* fédérale, *CH*	Boletín *m* Oficial del Estado; Diario *m* Oficial (Méjico)
1052	Journal Officiel *m* de la République fédérale d'Allemagne *D*	Boletín *m* Oficial de la RFA
1053	assurer l'exécution des lois	cuidar de (*o*: velar por) la ejecución de las leyes
1054	exécution *f* des lois	ejecución *f* de las leyes
1055	mise *f* en vigueur	puesta *f* en vigor

1056	in Kraft setzen, inkraftsetzen	to put into force
1057	in Kraft treten	to take effect, to come into force; to become operative *US*, ~ ~ effective
1058	Inkrafttreten *n*	entry into force, taking effect, coming into force
1059	in Kraft sein	to be in force
1060	in Kraft bleiben	to remain in force, to continue in effect
1061	wieder in Kraft setzen	to revive
1062	Wiederinkraftsetzung *f*	renewal
1063	außer Kraft treten	to lapse, to become inoperative, to expire
1064	ein Gesetz außer Kraft setzen (*oder*: aufheben)	to invalidate an act; to abrogate ~ ~ to repeal ~ ~
1065	Aufhebung *f (eines Gesetzes)*	abrogation, invalidation *(of an act)*
1066	Ungültigkeit *f* eines Gesetzes	invalidity of an act (*or*: law)
1067	Rechtsverordnung *f*, Verordnung mit Gesetzeskraft, VO *f*	statutory order, ordinance having the force of law statutes
1068	Gesetze *npl* und Verordnungen *fpl*	laws and regulations
1069	Einführungsgesetz *n (zB zu einem Gesetzbuch)*	introductory law
1070	Rahmengesetz *n*	skeleton law, outline law
1071	Ausnahmegesetz *n*	emergency law, exceptional ~
1072	Bundesgesetz *n*	Federal Act, Federal Law
1073	rückwirkendes Gesetz *n*	ex-post-facto law, retroactive law, retrospective ~
1074	nicht rückwirkende Gesetze *npl*	non-retroactive laws, laws without retrospective effect
1075	verfassungsänderndes Gesetz *n*	law modifying the constitution, constitutional amendment
1076	Gesetzbuch *n*	code; digest
1077	Bestimmungen *fpl* eines Gesetzes	provisions of a law (*or*: act)
1078	Auslegungskonflikt *m*	controversy over interpretation
1079	Streit *m* über Zuständigkeit	disagreement on jurisdiction
1080	Regelung *f* von Kollisionen	settlement of conflicts of laws
1081	Verwaltungsverordnung *f*	administrative regulation

1056	mettre en vigueur	poner en vigor, ~ ~ vigencia
1057	entrer en vigueur	entrar en vigor, ~ ~ vigencia

1058	entrée *f* en vigueur	entrada *f* en vigor, ~ ~ vigencia
1059	être en vigueur	estar en vigor, tener vigencia
1060	rester en vigueur, demeurer ~ ~	seguir en vigencia, ~ ~ vigor, quedar ~ ~
1061	remettre en vigueur	volver a poner en vigor una ley; restablecer la vigencia de una ley
1062	remise *f* en vigeur	restablecimiento *m* de la vigencia
1063	cesser d'être en vigueur	dejar de surtir efectos

1064	abroger une loi	derogar una ley

1065	abrogation *f* (*d'une loi*)	derogación *f* (*de una ley*)
1066	nullité *f* d'une loi	nulidad *f* de una ley
1067	décret-loi *m*; ordonnance *f* (*Ve République, F*)	decreto-ley *m*

1068	actes *mpl* législatifs et réglementaires, textes ~ ~ ~	leyes *fpl* y reglamentos *mpl*
1069	loi *f* d'introduction	ley *f* de introducción

1070	loi-cadre *f*	ley *f* básica
1071	loi *f* d'exception	ley *f* de excepciones
1072	loi *f* fédérale	ley *f* federal
1073	loi *f* rétroactive, ~ à effet rétroactif	ley *f* retroactiva

1074	lois *fpl* non rétroactives	leyes *fpl* no retroactivas

1075	loi *f* modifiant la constitution	ley *f* que modifica la constitución

1076	code *m*	código *m*
1077	dispositions *fpl* d'une loi	disposiciones *fpl* de una ley; preceptos *mpl* ~ ~ ~

1078	conflit *m* d'interprétation	conflicto *m* interpretativo
1079	conflit *m* de juridiction	conflicto *m* de jurisdicción
1080	règlement *m* de(s) conflits de lois	arreglo *m* de conflictos de leyes
1081	règlement *m* administratif	reglamento *m* administrativo

1082	Staatshaushalt *m*, Haushalt *m*, Etat *m*, Budget *n*	budget
1083	Bundeshaushalt *m*	federal budget
1084	Haushalts ...	budget ..., budgetary
1085	den Haushalt vorlegen	to present the budget; to submit ~ ~
1086	Haushaltsdebatte *f*	budget debate
1087	Haushaltsrede *f*	budget speech; budget message *US*
1088	Haushaltsdefizit *n*, Haushaltslücke *f*, Fehlbetrag *m* im Haushalt	budget (*or*: budgetary) deficit
1089	den Haushalt(splan) verabschieden	to approve (*or*: carry) the budget
1090	Haushaltsausschuß *m*	budget committee, Committee of Ways and Means
1091	Budgeteinsparungen *fpl*	budgetary economies, ~ retrenchments
1092	Staatsschuld *f*	national debt, public debt
1093	Haushaltsüberschuß *m*	budget surplus
1094	Haushaltgesetz *n*, Budgetgesetz *n*	budget act
1095	Haushaltsentwurf *m*, Haushaltsvorlage	proposed budget
1096	ordentlicher Haushalt *m*	ordinary budget
1097	außerordentlicher Haushalt *m*	extraordinary budget
1098	Budgetabstriche *mpl*, Abstriche *mpl* am Budget, Budgetkürzungen *fpl*	curtailments of budget appropriations, cutting ~ ~ ~, retrenchment ~ ~ ~
1099	Sparpolitik *f*, Einsparungspolitik *f*	policy of retrenchment, austerity policy
1100	Reptilienfonds *m*	secret funds (of intelligence services)
1101	bundeseigen	federally owned, *D*

b) Namen der Parlamente und Kammern

b) Names of Parliaments and Chambers

Afghanistan

Afghanistan

1102	Parlament *n*, Shura	Shura, Parliament
1103	Senat *m*, Meshrano Jirgah	Senate
1104	Nationalversammlung *f*, Wolesi Jirgah	Grand Assembly

1082	budget *m*	presupuesto *m*
1083	budget *m* fédéral	presupuesto *m* federal
1084	budgétaire	presupuestario
1085	présenter le budget	presentar el presupuesto
1086	débat *m* budgétaire	discusión *f* del presupuesto
1087	discours *m* budgétaire	discurso *m* presupuestario
1088	impasse *f*, déficit *m* budgétaire	déficit *m* presupuestario
1089	voter (*ou:* adopter) le budget	votar (*o:* adoptar) el presupuesto
1090	commission *f* du budget	comisión *f* de presupuestos; comisión de Medios y Arbitrios, *Am*
1091	économies *fpl* budgétaires	economías *fpl* presupuestarias
1092	dette *f* publique, ~ nationale	deuda *f* pública, ~ nacional
1093	excédents *mpl* budgétaires	superávit *m* presupuestario
1094	loi *f* de finances	ley *f* de presupuestos
1095	projet *m* de budget, état *m* prévisionnel	proyecto *m* de presupuesto
1096	budget *m* ordinaire	presupuesto *m* ordinario
1097	budget *m* extraordinaire	presupuesto *m* extraordinario
1098	amputation *f* des crédits budgétaires	cortes *mpl* presupuestarios, reducciones *fpl* presupuestarias
1099	politique *f* d'austérité	política *f* de austeridad
1100	fonds *mpl* secrets (des services d'information et de contre-espionnage)	fondos *m* secretos (de los servicios de espionaje y contra-espionaje)
1101	propriété *f* du Bund, *D*	propiedad *f* del Bund, *D*

b) Noms des parlements et chambres

b) Nombre des los parlamentos y cámaras

Afghanistan

Afganistán

1102	Parlement *m*, Shura	Parlamento *m*, Shura
1103	Sénat *m*, Chambre *f* Haute	Senado *m*, Cámara *f* de Nobles
1104	Assemblée *f* nationale	Asamblea *f* Nacional

	Albanien	*Albania*
1105	Volksversammlung *f*	People's Assembly
	Algerien	*Algeria*
1106	Algerische Nationalversammlung *f*	Algerian National Assembly
	Andorra	*Andorra*
1107	Generalrat *m*	General Council of the Valleys
	Argentinien (bis 1966)	*Argentina (until 1966)*
1108	Kongreß *m* (=Parlament)	Congress
1109	Senat *m*	Senate
1110	Abgeordnetenhaus *n*	House of Deputies
	Äthiopien	*Ethiopia*
1111	Senat *m*	Senate, Chamber of Nobles
1112	Abgeordnetenhaus *n*	House of Deputies, Lower Chamber
	Australien	*Australia*
1113	Senat *m*	Senate
1114	Repräsentantenhaus *n*	House of Representatives
	Belgien	*Belgium*
1115	Abgeordnetenhaus *n*	Chamber of Representatives
1116	Senat *m*	Senate
	Birma (bis 1962)	*Burma (until 1962)*
1117	Abgeordnetenkammer *f*	Chamber of Deputies
1118	Nationalitätenkammer *f*	Chamber of Nationalities
1119	Revolutionsrat *m (seit 1962)*	Revolutionary Council *(since 1962)*
	Bolivien	*Bolivia*
1120	Abgeordnetenhaus *n*	Chamber of Deputies
1121	Senat *m*	Senate
	Brasilien	*Brazil*
1122	Abgeordnetenhaus *n*	Chamber of Deputies
1123	Senat *m*	Senate
	Bulgarien	*Bulgaria*
1124	Sobranje *n*, Große Nationalversammlung *f*	Sobranje (*or*: Sobranye), Grand National Assembly
	Ceylon	*Ceylon*
1125	Repräsentantenhaus *n*	House of Representatives
1126	Senat *m*	Senate
	Chile	*Chile*
1127	Abgeordnetenhaus *n*	Chamber of Deputies
1128	Senat *m*	Senate

	Albanie	*Albania*
1105	Assemblée *f* du peuple	Asamblea *f* Nacional
	Algérie	*Argelia*
1106	Assemblée *f* nationale algérienne	Asamblea *f* Nacional Argelina
	Andorre	*Andorra*
1107	Conseil *m* général	Consejo *m* General de los Valles
	Argentine (jusqu'en 1966)	*Argentina (hasta 1966)*
1108	Congrès *m*	Congreso *m*
1109	Sénat *m*	Cámara *f* de Senadores
1110	Chambre *f* des députés	Cámara *f* de Diputados
	Ethiopie	*Etiopía*
1111	Sénat *m*	Senado *m*
1112	Chambre *f* des députés	Cámara *f* de Diputados
	Australie	*Australia*
1113	Sénat *m*	Senado *m*
1114	Chambre *f* des représentants	Cámara *f* de Representantes
	Belgique	*Bélgica*
1115	Chambre *f* des représentants	Cámara *f* de Representantes
1116	Sénat *m*	Senado *m*
	Birmanie (jusqu'en 1962)	*Birmania (hasta 1962)*
1117	Chambre *f* des députés	Cámara *f* de Diputados
1118	Chambre *f* des nationalités	Cámara *f* de Nacionalidades
1119	Conseil *m* révolutionnaire *(depuis 1962)*	Consejo *m* Revolucionario *(desde 1962)*
	Bolivie	*Bolivia*
1120	Chambre *f* des députés	Cámara *f* de Diputados
1121	Sénat *m*	Senado *m*
	Brésil	*Brasil*
1122	Chambre *f* des députés	Cámara *f* de Diputados
1123	Sénat *m*	Senado *m* federal
	Bulgarie	*Bulgaria*
1124	Sobranié *m*	Sobranye *m*
	Ceylan	*Ceilán*
1125	Chambre *f* des représentants	Camara *f* de Representantes
1126	Sénat *m*	Senado *m*
	Chili	*Chile*
1127	Chambre *f* des députés	Cámara *f* de Diputados
1128	Sénat *m*	Senado *m*

	China (Volksrepublik)	*China* (People's Republic)
1129	Nationaler Volkskongreß *m*	National People's Congress
	Nationalchina	*Republic of China*
1130	Nationalversammlung *f*	National Assembly
1131	Provinzversammlung *f*	Provincial Assembly
	Costa Rica	*Costa Rica*
1132	Gesetzgebende Versammlung *f*	Constitutional Congress
	Dänemark	*Denmark*
1133	Folketing *n*	Folket(h)ing
	Deutschland	*Germany*
	a) Bundesrepublik	*a)* Federal Republic
1134	Bundestag *m*	Bundestag, Federal Diet
1135	Bundesratspräsident *m*	president of the Federal Council, ~ ~ ~ Bundesrat
1136	Bundestagsfraktion *f (einer Partei)*	parliamentary group (in the Bundestag)
1137	Bundestagspräsident *m*	President of the Bundestag
1138	Bundesrat *m*	Bundesrat
1139	Mitglied *n* des Bundestages *(M.d.B.)*, Bundestagsmitglied *n*	member of the Bundestag
1140	Bundesversammlung *f (für die Wahl des Bundespräsidenten)*	Federal Assembly, ~ Convention
1141	Landtag *m*; Bürgerschaft *f (Bremen, Hamburg)*	Land Diet, Provincial ~
1142	Abgeordnetenhaus *n (Westberlin)*	House of Deputies *(West Berlin)*
1143	*b)* DDR	*b)* GDR
1144	Volkskammer *f*	People's Chamber
	Dominikanische Republik	*Dominican Republic*
1145	Abgeordnetenhaus *n*	Chamber of Deputies
1146	Senat *m*	Senate
	Ekuador	*Ecuador*
1147	Abgeordnetenhaus *n*	Chamber of Deputies
1148	Senat *m*	Senate
	El Salvador	*El Salvador*
1149	Gesetzgebende Versammlung *f*	Legislative Assembly, National ~

	Chine (République populaire)	*China* (República popular)
1129	Assemblée *f* nationale	Congreso *m* Nacional del Pueblo
	Chine nationaliste	*China nacionalista*
1130	Assemblée *f* nationale	Asamblea *f* nacional
1131	Assemblée *f* provinciale	Asamblea *f* provincial
	Costa Rica	*Costa Rica*
1132	Congrès *m* constitutionnel	Congreso *m* Constitucional
	Danemark	*Dinamarca*
1133	Folketing *m*	Folketing *m*
	Allemagne	*Alemania*
	a) République Fédérale	*a)* República Federal
1134	Bundestag *m*; Diète *f* fédérale	Bundestag *m*; Dieta *f* Federal
1135	Président, du Conseil Fédéral *m* ~ ~ Bundesrat	Presidente *m* del Bundesrat, Presidente *m* del Consejo Federal
1136	groupe *m* parlementaire (au Bundestag)	grupo *m* parlamentario (del Bundestag)
1137	Président *m* du Bundestag	Presidente *m* del Bundestag
1138	Bundesrat *m*	Bundesrat *m*, Consejo Federal
1139	membre *m* du Bundestag	miembro *m* del Bundestag (*o*: de la Dieta Federal)
1140	Assemblée *f* fédérale	Asamblea *f* Federal
1141	Landtag *m*, diète *f* (régionale)	dieta *f* regional
1142	Chambre *f* des Députés *(Berlin-Ouest)*	Cámara *f* de Diputados *(Berlín Occidental)*
1143	*b)* RDA	*b)* RDA
1144	Chambre *f* du peuple	Cámara *f* del Pueblo
	République Dominicaine	*República Dominicana*
1145	Chambre *f* des députés	Cámara *f* de Diputados
1146	Sénat *m*	Senado *m*
	Equateur	*Ecuador*
1147	Chambre *f* des députés	Cámara *f* de Diputados
1148	Sénat *m*	Senado *m*
	El Salvador	*El Salvador*
1149	Assemblée *f* nationale législative	Asamblea *f* Nacional Legislativa

	Finnland	*Finland*
1150	Eduskunta *n*, Reichstag *m*	House of Representatives, Diet

	Frankreich	*France*
	3. *Republik:*	*Third Republic:*
1151	Abgeordnetenkammer *f*	Chamber of Deputies
1152	Senat *m*	Senate
	4. *Republik:*	*Fourth Republic:*
1153	Nationalversammlung *f*	National Assembly
1154	Rat *m* der Republik	Council of the Republic
	5. *Republik:*	*Fifth Republic:*
1155	Nationalversammlung *f*	National Assembly
1156	Senat *m*	Senate

	Griechenland	*Greece*
1157	Boulé *f*	Boule

	Großbritannien	*Great Britain*
1158	Unterhaus *n*	House of Commons, Lower House
1159	Oberhaus *n*	House of Lords
1160	Oberhausmitglied *n*, Peer *m*	peer
1161	Lordkanzler *m* (*Sprecher des Oberhauses*)	Lord Chancellor
1162	weltlicher Lord *m*	Lord temporal
1163	geistlicher Lord *m*	Lord spiritual

	Guatemala	*Guatemala*
1164	Nationalkongreß *m*	National Congress

	Haiti	*Haiti*
1165	Abgeordnetenhaus *n*	Chamber of Deputies
1166	Senat *m*	Senate

	Honduras	*Honduras*
1167	Nationalkongreß *m*	Congress of Deputies

	Indien	*India*
1168	Raya Sabha *f*, Nationalitätenkammer *f*	Rajya Sabha, Council of States
1169	Lok Sabha *f*, Volkskammer *f*	Lok Sabha, House of the People

	Iran	*Iran*
1170	Majlis *m*, Medschlis *m*, Abgeordnetenkammer *f*	Majlis, Mejlis, National Assembly
1171	Senat *m*	Senate

	Finlande	*Finlandia*
1150	Eduskunta *f*, Diète *f* (finlandaise), Parlement *m*	Eduskunta *f*, Dieta *f*, Cámara *f* de Representantes
	France	*Francia*
	3ᵉ République:	*Tercera República:*
1151	Chambre *f* des députés	Cámara *f* de Diputados
1152	Sénat *m*	Senado *m*
	4ᵉ République:	*Cuarta República:*
1153	Assemblée *f* nationale	Asamblea *f* Nacional
1154	Conseil *m* de la République	Consejo *m* de la República
	5ᵉ République:	*Quinta República:*
1155	Assemblée *f* nationale	Asamblea *f* Nacional
1156	Sénat *m*	Senado *m*
	Grèce	*Grecia*
1157	Boulé *f*	Asamblea *f* Nacional
	Grande Bretagne	*Gran Bretaña*
1158	Chambre *f* des Communes	Cámara *f* de los Comunes
1159	Chambre *f* des Lords	Cámara *f* de los Lores
1160	pair *m*	par *m*
1161	Lord-chancelier *m*	Lord *m* Canciller, el gran Canciller
1162	lord *m* temporel	Lord *m* temporal
1163	lord *m* spirituel	Lord *m* espiritual
	Guatemala	*Guatemala*
1164	Congrès *m* national	Congreso *m* Nacional
	Haïti	*Haití*
1165	Chambre *f* des députés	Cámara *f* de Diputados
1166	Sénat *m*	Senado *m*
	Honduras	*Honduras*
1167	Congrès *m* national	Congreso *m* Nacional
	Inde	*India*
1168	Raya Sabha *m*, Chambre *f* des nationalités	Raya Sabha *f*, Cámara *f* Alta, Consejo *m* de los Estados
1169	Lok Sabha *m*, Chambre *f* populaire	Lok Sabha *f*, Cámara *f* del Pueblo
	Iran	*Irán*
1170	Majlis *m*	Majlis *m*, Cámara *f* de Diputados
1171	Sénat *m*	Senado *m*

	Irland	*Ireland*
1172	Dail *m*, Abgeordnetenhaus *n*	Dail (Dail Eireann), Chamber of Deputies
1173	Senat *m*	Senate (Seanad Eireann)
	Island	*Iceland*
1174	Alting *n* (= *Parlament*)	Alting
1175	Oberhaus *n* (Efri deild)	House of Lords, Upper House
1176	Unterhaus *n* (Nedri deild)	House of Commons, Lower House
	Israel	*Israel*
1177	Knesset *m*	Knesset
	Italien	*Italy*
1178	Abgeordnetenkammer *f*, Deputiertenkammer *f*	Chamber of Deputies
1179	Senat *m*	Senate
	Japan	*Japan*
1180	Haus *n* der Staatsräte (Sangi-in)	House of Councillors
1181	Abgeordnetenhaus *n* (Schugi-in)	House of Representatives
	Jemen	*Yemen*
1182	Nationalrat *m*	National Council, ~ Assembly
	Jordanien	*Jordan*
1183	Rat *m* der Notabeln	Council of Notables
1184	Abgeordnetenhaus *n*	Council of Representatives
	Jugoslawien	*Yugoslavia*
1185	Produzentenrat *m*	Council of Producers
1186	Bundesrat *m*	Federal Council
	Kambodscha	*Cambodia*
1187	Nationalversammlung *f*	National Assembly
	Kanada	*Canada*
1188	Unterhaus *n*	House of Commons
1189	Senat *m*	Senate
	Kolumbien	*Colombia*
1190	Repräsentantenhaus *n*	House of Representatives
1191	Senat *m*	Senate
1192	Kammer *f* der Bundesstaaten	House (*or*: Chamber) of the Federal States
	Liberia	*Liberia*
1193	Repräsentantenhaus *n*	House of Representatives
1194	Senat *m*	Senate

	Irlande	*Irlanda*
1172	Dâil *m*, Chambre *f* des députés	Dail *m*, Cámara *f* de Diputados
1173	Sénat *m*	Senado *m*
	Islande	*Islandia*
1174	Alting *m*	Alting *m*
1175	Chambre *f* haute	Cámara *f* de los Lores
1176	Chambre *f* basse	Cámara *f* de los Comunes
	Israël	*Israel*
1177	Knesseth *f*	Knesset *m*
	Italie	*Italia*
1178	Chambre *f* des députés	Cámara *f* de Diputados
1179	Sénat *m*	Senado *m*
	Japon	*Japón*
1180	Chambre *f* des conseillers	Cámara *f* de Consejeros
1181	Chambre *f* des députés	Cámara *f* de Representantes
	Yémen	*Yemen*
1182	Conseil *m* National	Consejo *m* Nacional
	Jordanie	*Jordania*
1183	Conseil *m* des notables	Consejo *m* de Notables
1184	Chambre *f* des députés	Cámara *f* de Diputados
	Yougoslavie	*Yugoslavia*
1185	Chambre *f* des producteurs	Consejo *m* de Productores
1186	Conseil *m* fédéral	Consejo *m* Federal
	Cambodge	*Camboya*
1187	Assemblée *f* nationale	Asamblea *f* Nacional
	Canada	*Canadá*
1188	Chambre *f* des Communes	Cámara *f* de los Comunes
1189	Sénat *m*	Senado *m*
	Colombie	*Colombia*
1190	Chambre *f* des représentants	Cámara *f* de Representantes
1191	Sénat *m*	Senado *m*
1192	Chambre *f* des Etats fédéraux	Cámara *f* de los Estados Federales
	Libéria	*Liberia*
1193	Chambre *f* des représentants	Cámara *f* de Diputados
1194	Sénat *m*	Senado *m*

	Libyen	*Libya*
1195	Abgeordnetenhaus *n* (*bis 1969*)	House of Representatives (*until 1969*)
1196	Senat *m* (*bis 1969*)	Senate (*until 1969*)
	Liechtenstein	*Liechtenstein*
1197	Landtag *m*	Diet
	Luxemburg	*Luxemburg*
1198	Abgeordnetenhaus *n*	Chamber of Deputies
	Malaysia	*Malaysia*
1199	Dewan Negara *n*, Oberhaus *n*	Dewan Negara, House of Lords
1200	Dewan Ra'ayat *n*, Unterhaus *n*	Dewan Ra'ayat, House of Representatives
	Marokko	*Morocco*
1201	Repräsentantenhaus *n*, Abgeordnetenhaus *n*	House of Representatives, Chamber ~ ~
	Mexiko	*Mexico*
1202	Abgeordnetenhaus *n*	Chamber of Deputies
1203	Senat *m*	Senate
	Monaco	*Monaco*
1204	Nationalrat *m*	National Council
1205	Gemeinderat *m*	Communal Council
	Mongolei	*Mongolia*
1206	Großer Volks-Chural *m*	Great People's Khural
	Neuseeland	*New Zealand*
1207	Repräsentantenhaus *n*	House of Representatives
	Nicaragua	*Nicaragua*
1208	Abgeordnetenhaus *n*	Chamber of Deputies
1209	Senat *m*	Senate
	Niederlande	*Netherlands*
1210	Generalstände *mpl* (Staten Generaal = Parlament)	States General
1211	Erste Kammer *f*	First Chamber
1212	Zweite Kammer *f*	Second Chamber
	Norwegen	*Norway*
1213	Storting *n* (*Parlament*)	Storting
1214	Lagting *n*	Lagting
1215	Odelsting *n*	Odelsting
	Österreich	*Austria*
1216	Bundesrat *m*	Federal Council

	Libye	*Libia*
1195	Chambre *f* des députés (*jusqu'en 1969*)	Cámara *f* de Diputados (*hasta 1969*)
1196	Sénat *m* (*jusqu'en 1969*)	Senado *m* (*hasta 1969*)
	Liechtenstein	*Liechtenstein*
1197	Diète *f*	Dieta *f*
	Luxembourg	*Luxemburgo*
1198	Chambre *f* des députés	Cámara *f* de Diputados
	Malaysia	*Malasia*
1199	Dewan Negara, Chambre *f* des Lords	Dewan Negara, Senado *m*
1200	Dewan Ra'ayat, Chambre *f* des Communes	Dewan Ra'ayat, Cámara *f* de Representantes
	Maroc	*Marruecos*
1201	Chambre *f* des représentants	Cámara *f* de Representantes
	Mexique	*Méjico*
1202	Chambre *f* des députés	Cámara *f* de Diputados
1203	Sénat *m*	Cámara *f* de Senadores
	Monaco	*Mónaco*
1204	Conseil *m* national	Consejo *m* Nacional
1205	Conseil *m* communal	Consejo *m* Comunal
	Mongolie	*Mongolia*
1206	Grand Khurultai *m*	Gran Hural *m*
	Nouvelle-Zélande	*Nueva Zelandia*
1207	Chambre *f* des représentants	Cámara *f* de Representantes
	Nicaragua	*Nicaragua*
1208	Chambre *f* des députés	Cámara *f* de Diputados
1209	Sénat *m*	Senado *m*
	Pays-Bas	*Países Bajos*
1210	Etats-Généraux *mpl*	Estados *mpl* Generales
1211	Première Chambre *f*	Cámara *f* Primera
1212	Deuxième Chambre *f*	Cámara *f* Segunda
	Norvège	*Noruega*
1213	Storting *m* (*Diète f norvégienne*)	Storting *m* (*Dieta f noruega*)
1214	Lagting *m*	Lagting *m*
1215	Odelsting *m*	Odelsting *m*
	Autriche	*Austria*
1216	«Bundesrat» *m*, Conseil *m* fédéral	Consejo *m* Federal

1217	Nationalrat *m*	National Council
1218	Abgeordneter *m* (zum Nationalrat), Nationalrat *m*	National Councillor
	Panama (bis 1968)	*Panama (until 1968)*
1219	Nationalversammlung *f*	National Assembly
	Paraguay	*Paraguay*
1220	Abgeordnetenhaus *n*	Chamber of Deputies
1221	Senat *m*	Senate
	Peru (bis 1968)	*Peru (until 1968)*
1222	Abgeordnetenhaus *n*	Chamber of Deputies
1223	Senat *m*	Senate
	Philippinen	*Philippines*
1224	Repräsentantenhaus *n*	House of Representatives
1225	Senat *m*	Senate
	Polen	*Poland*
1226	Sejm *m*, Reichstag *m*	Sejm, Seym
	Portugal	*Portugal*
1227	Nationalversammlung *f*	National Assembly
1228	Ständekammer *f*	Corporative Chamber
	Rumänien	*Roumania*
1229	Nationalversammlung *f*	Grand National Assembly
	San Marino	*San Marino*
1230	Großer Rat *m*	Grand Council
	Schweden	*Sweden*
1231	Reichstag *m*	Riksdag, Diet
	Schweiz	*Switzerland*
1232	Tagsatzung *f (bis 1848)*	Federal Diet *(until 1848)*
1233	Bundesversammlung *f*	Federal Assembly
1234	Ständerat *m*	Council of States
1235	Nationalrat *m (Körperschaft)*	National Council
1236	Nationalrat *m (Person)*	National Councillor
1237	Kantonsrat *m*, Großer Rat *m*	Kantonsrat, Großer Rat *nt*
	Sowjetunion	*Soviet Union*
1238	Oberster Sowjet *m*	Supreme Soviet
1239	Präsidium *n* des Obersten Sowjets	Presidium of the Supreme Soviet
1240	Nationalitätensowjet *m*, Nationalitätenrat *m*	Soviet of the Nationalities
1241	Unionssowjet *m*, Unionsrat *m*	Soviet of the Union

1217	«Nationalrat» *m*, Conseil *m* national	Consejo *m* Nacional
1218	conseiller *m* national	consejero *m* nacional

    Panama (jusqu'en 1968) — *Panamá (hasta 1968)*
1219   Assemblée *f* nationale — Asamblea *f* Nacional
    Paraguay — *Paraguay*
1220   Chambre *f* des députés — Cámara *f* de Representantes
1221   Sénat *m* — Senado *m*
    Pérou (jusqu'en 1968) — *Perú (hasta 1968)*
1222   Chambre *f* des députés — Cámara *f* de Diputados
1223   Sénat *m* — Cámara *f* de Senadores
    Philippines — *Filipinas*
1224   Chambre *f* des représentants — Cámara *f* de Representantes
1225   Sénat *m* — Senado *m*, Cámara *f* de Senadores
    Pologne — *Polonia*
1226   Sejm *m*, Diète *f* — Sejm *m*
    Portugal — *Portugal*
1227   Assemblée *f* nationale — Asamblea *f* Nacional
1228   Chambre *f* corporative — Cámara *f* Corporativa
    Roumanie — *Rumania*
1229   Grande Assemblée *f* nationale — Asamblea *f* Nacional
    Saint-Marin — *San Marino*
1230   Grand Conseil *m* — Gran Consejo *m*
    Suède — *Suecia*
1231   «Riksdag» *m*, Diète *f* suédoise — Riksdag *m*, Dieta *f* sueca
    Suisse — *Suiza*
1232   Diète *f* fédérale *(jusqu'en 1848)* — Dieta *f* Federal *(hasta 1848)*
1233   Assemblée *f* fédérale — Asamblea *f* Federal
1234   Conseil *m* des Etats — Consejo *m* de los Estados
1235   Conseil *m* national — Consejo *m* Nacional
1236   conseiller *m* national — consejero *m* nacional
1237   Conseil *m* cantonal, Grand Conseil *m* — Consejo *m* Cantonal
    Union Soviétique — *Unión Soviética*
1238   Soviet *m* suprême — Soviet *m* Supremo
1239   Praesidium *m* du Soviet suprême — Presidium *m* del Soviet Supremo
1240   Soviet *m* des Nationalités — Soviet *m* de (las) Nacionalidades
1241   Soviet *m* de l'Union — Soviet *m* de la Unión

	Spanien	*Spain*
1242	Cortes *fpl*	Cortes *pl*
	Südafrika	*South Africa*
1243	Volksrat *m*, Volksraad *m*, *nt*	House of Assembly
1244	Senat *m*	Senate
	Tschechoslowakei	*Czechoslovakia*
1245	Bundesversammlung *f* (Parlament)	Federal Assembly
1246	Volkskammer *f*	House of People
1247	Länderkammer *f*	House of Nations
	Tunesien	*Tunisia*
1248	Nationalversammlung *f*	National Assembly
	Türkei	*Turkey*
1249	Große Nationalversammlung *f* (= *Parlament*)	Grand National Assembly
1250	Volkskammer *f*	Chamber of Deputies, People's Chamber
1251	Senat *m*	Senate
	Ungarn	*Hungary*
1252	Nationalversammlung *f*	National Assembly
	Uruguay	*Uruguay*
1253	Abgeordnetenhaus *n*	Chamber of the Representatives, House of Deputies
1254	Senat *m*	Senate
	Venezuela	*Venezuela*
1255	Abgeordnetenhaus *n*	Chamber of Deputies
1256	Senat *m*	Senate
	Vereinigte Arabische Republik	*United Arab Republic*
1257	Nationalversammlung *f*	National Assembly
	Vereinigte Staaten von Amerika	*United States of America*
1258	Kongreß *m*	Congress
1259	Kongreß ... *in Zssgn*	Congressional
1260	Kongreßwahlen *fpl*	congressional elections, US
1261	Repräsentantenhaus *n*	House of Representatives
1262	Senat *m*	Senate

	Espagne	*España*
1242	Cortès *fpl*	Cortes *fpl*
	Afrique du Sud	*Africa del Sur*
1243	«Volksraad» *m*	Cámara *f* de Diputados
1244	Sénat *m*	Senado *m*
	Tchécoslovaquie	*Checoslovaquia*
1245	Assemblée *f* fédérale	Asamblea *f* federal
1246	Chambre *f* du Peuple	Cámara *f* del Pueblo
1247	Chambre *f* des Nations	Cámara *f* de las Naciones
	Tunisie	*Túnez*
1248	Assemblée *f* nationale	Asamblea *f* Nacional
	Turquie	*Turquía*
1249	Grande Assemblée *f* nationale	Gran Asamblea *f* Nacional
1250	Chambre *f* du peuple, ~ des députés	Cámara *f* Popular, ~ de Diputados
1251	Sénat *m*	Senado *m*
	Hongrie	*Hungría*
1252	Assemblée *f* nationale	Asamblea *f* Nacional
	Uruguay	*Uruguay*
1253	Chambre *f* des députés	Cámara *f* de Diputados
1254	Sénat *m*	Senado *m*
	Venezuela	*Venezuela*
1255	Chambre *f* des députés	Cámara *f* de Diputados
1256	Sénat *m*	Cámara *f* de Senadores
	République Arabe Unie	*República Arabe Unida*
1257	Assemblée *f* Nationale	Asamblea *f* Nacional
	Etats-Unis d'Amérique	*Estados Unidos de América*
1258	Congrès *m*	Congreso *m*
1259	... du Congrès	... del Congreso
1260	élections *fpl* au Congrès	elecciones *fpl* al Congreso
1261	Chambre *f* des représentants	Cámara *f* de Representantes
1262	Sénat *m*	Senado *m*

8. Die Exekutive: Regierung und Verwaltung

8. The Executive Power: Government and Administration

1263	Exekutive *f*, vollziehende Gewalt *f*	executive power, the executive, the executive branch
1264	Exekutiv ... *in Zssgn*	executive
1265	die vollziehende Gewalt ausüben	to exercise the executive power
1266	die Machtlosigkeit der Exekutive	powerlessness of the executive branch
1267	regieren *(Minister)*	to govern
1268	Regierungsakt *m*, Regierungshandlung *f*	act of government
1269	direkte Regierung *f* *(durch das Volk)*	direct democracy
1271	die Regierung des Volkes durch das Volk	government of the people by the people
1271	repräsentative Demokratie *f*	representative democracy
1272	parlamentarische Regierung(sform) *f*	representative system
1273	parlamentarische Demokratie *f*	parliamentary democracy
1274	Präsidialdemokratie *f* *(zB: US)*	presidential system
1275	politisches Regime *n*	political system, ~ regime
1276	Festigung *f* eines Regimes	strengthening of a regime
1277	Polizeiregime *n*	police regime
1278	Regierende *mpl* und Regierte *mpl*	the government and the governed
1279	die Allmacht der Regierenden	omnipotence of the government
1280	persönlicher Referent *m*	principal private secretary, personal assistant
1281	Diktator *m*	dictator
1282	diktatorisch	dictatorial
1283	Diktatur *f*	dictatorship
1284	Ein-Mann-Regierung *f*	one-man-government
1285	Militärregime *n*	military regime
1286	Militärdiktatur *f*	military dictatorship

8. Le pouvoir exécutif: Gouvernement et administration

8. El poder ejecutivo: Gobierno y administración

1263 pouvoir *m* exécutif
poder *m* ejecutivo, ejecutivo *m*

1264 exécutif
ejecutivo
1265 exercer le pouvoir exécutif
ejercer (*o*: ejercitar) el poder ejecutivo

1266 l'impuissance *f* de l'exécutif
impotencia *f* del ejecutivo
1267 gouverner
gobernar
1268 acte *m* de gouvernement
acto *m* de gobierno

1269 démocratie *f* directe
democracia *f* directa
1270 le gouvernement du peuple par le peuple
el gobierno del pueblo por el pueblo
1271 démocratie *f* représentative
democracia *f* representativa

1272 régime *m* représentatif
régimen *m* representativo
1273 démocratie *f* parlementaire
democracia *f* parlamentaria
1274 régime *m* présidentiel, présidentialisme *m*
régimen *m* presidencial, forma *f* presidencial de gobierno, presidencialismo *m*

1275 régime *m* politique
régimen *m* político
1276 affermissement *m* d'un régime, consolidation *f* ∼ ∼ ∼
afianzamiento *m* de un régimen, consolidación *f* ∼ ∼ ∼
1277 régime *m* policier pouvoir
régimen *m* policíaco; ∼ policial, *Am*
1278 les gouvernants *mpl* et les gouvernés *mpl*
gobernantes *mpl* y gobernados *mpl*
1279 omnipotence *f* des gouvernants; toute-puissance *f* ∼ ∼
omnipotencia *f* de los gobernantes
1280 pouvoir *m* personnel
poder *m* personal

1281 dictateur *m*
dictador *m*
1282 dictatorial
dictatorial
1283 dictature *f*
dictadura *f*
1284 gouvernement *m* d'un seul
gobierno *m* unipersonal
1285 régime *m* militaire
régimen *m* militar
1286 dictature *f* militaire
dictadura *f* militar

1287	Junta *f*	Junta
1288	Militärjunta *f*	military junta
1289	die Übergriffe der Regierenden eindämmen	to check (to curb, to control) the encroachments of the government
1290	Verpersönlichung *f* der Macht	personalization of power
1291	die Macht ergreifen	to seize power
1292	Machtergreifung *f*, Machtübernahme *f*	seizure of power
1293	an die Macht gelangen	to come to power; to rise to power
1294	an der Macht sein; „am Ruder" sein *fam*	to be in power
1295	Praxis *f* der (illegalen oder nachträglich legalisierten) Amtsverlängerung *(latein-amerik. Präsidenten)*	"continuismo" *nt*
1296	Führer *mpl*, leitende Politiker *mpl*; Machthaber *mpl, pej*	rulers; leaders
1297	der „starke Mann" *(einer Regierung)*	the strong man
1298	Sturz *m* eines Regimes,	overthrow of a regime
1299	Interregnum	interregnum
1300	Ausrufung *f* der Republik	proclamation of the republic
1301	Einparteiensystem *n*	one-party system, one-party rule
1302	Exekutivrat *m*	executive council
1303	Duumvir *m*	duumvir (duumvirs, duumviri *pl*)
1304	Duumvirs ... *in Zssgn*	duumviral
1305	Duumvirat *n*	duumvirate
1306	Triumvir *m*	triumvir, triumvirs *pl* triumviris *pl*
1307	Triumvirat *n*; Troika *(Rußland)*	triumvirate, troïka *(Russia)*
1308	Triumvirs ... *in Zssgn*	triumviral
1309	Staatsoberhaupt *n*	head of state
1310	Staatschef *m* (= *Diktator, nicht dasselbe wie Staatsoberhaupt)*	chief (political) executive *(i.e. actual head in an authoritarian state)*; chief of state
1311	Caudillo *m, nt, Esp*	Caudillo *nt, Esp*
1312	Staatspräsident *m*, Präsident *m* der Republik	President (of the Republic)
1313	amtierender Präsident *m*	acting president

1287	junte *f*	junta *f*
1288	junte *f* militaire	junta *f* militar
1289	refréner les excès des gouvernants	frenar (*o*: contener) los excesos de los gobernantes
1290	personnalisation *f* du pouvoir	personalización *f* del poder
1291	prendre le pouvoir, s'emparer du pouvoir	tomar el poder, hacerse con el poder
1292	prise *f* du pouvoir, venue *f* au pouvoir	toma *f* del poder
1293	accéder au pouvoir, arriver ~ ~	llegar al poder
1294	être au pouvoir, tenir les rênes du pouvoir	estar en el poder
1295	«continuisme» *m*	«continuismo» *m*
1296	dirigeants *mpl*	dirigentes *mpl*
1297	«l'homme fort»	«el hombre fuerte»
1298	chute *f* d'un régime	caída *f* de un régimen
1299	l'interrègne *m*	interregno *m*
1300	proclamation *f* de la république	proclamación *f* de la república
1301	système *m* du parti unique, monopartisme *m*	sistema *m* (*o*: régimen *m*) de partido único
1302	conseil *m* exécutif	consejo *m* ejecutivo
1303	duumvir *m*	duumviro *m*
1304	duumviral, -aux	duumviral
1305	duumvirat *m*	duumvirato *m*
1306	triumvir *m*	triumviro *m*
1307	triumvirat *m*; troïka *f (Russie)*	triumvirato *m*; troika *f (Rusia)*
1308	triumviral	triumviral
1309	chef *m* de l'Etat	Jefe *m* de Estado
1310	chef *m* de l'Etat *(dans un régime autoritaire)*	Jefe *m* de Estado *(en un régimen autoritario)*
1311	Caudillo *m, nt, Esp*	Caudillo *m, Esp*
1312	Président *m* (de la République)	Presidente *m* (de la República)
1313	président *m* en exercice	presidente *m* en funciones

1314	das Amt des Staatspräsidenten	the Presidency
1315	Präsident *m*, US	President; Chief Executive
1316	Präsidentschaftskandidat *m*	presidential candidate
1317	gewählter, aber noch nicht sein Amt ausübender Präsident *m*, US	president-elect
1318	Bundespräsident *m*	Federal President; President of the Confederation *CH*; President of the Federal Republic *D*, *Ö*; ~ ~ ~ Republic *Ö*
1319	Regierung *f*	government; administration *US*
1320	Regierungs ... *in Zssgn*	governmental
1321	rechtmäßige Regierung *f*	legal government
1322	verfassungsmäßige Regierung *f*	constitutional government
1323	Zentralregierung *f*	central government
1324	Zentralgewalt *f*	the authority (*or*: power) of the central government
1325	Bundesregierung *f*	federal government
1326	Mehrheitsregierung *f*	majority government
1327	Minderheitsregierung *f*	minority government
1328	Länderregierungen *fpl*, *D*	governments of the Laender
1329	Linksregierung *f*	leftist government, left-wing ~
1330	Rechtsregierung *f*	rightist government, right-wing ~
1331	Mitte-Links-Regierung *f*	center-left-government
1332	Allparteienregierung *f*	all-party government
1333	Labourregierung *f*	Labour government
1334	Koalition *f*	coalition
1335	Koalitionspolitik *f*	coalition policy
1336	kleine Koalition *f*	little coalition
1337	große Koalition *f*	grand coalition
1338	Koalitionsregierung *f*	coalition government
1339	Regierungskoalition *f*	governmental coalition
1340	Schattenregierung *f*, Schattenkabinett *n*	shadow cabinet
1341	Marionettenregierung *f*	puppet government

1314	la fonction présidentielle, la magistrature suprême, la présidence (de la République)	la Presidencia
1315	Président *m* (des Etats-Unis), le chef de l'exécutif	Presidente *m* (de los EE.UU.), el primer mandatario de la nación
1316	candidat *m* à la présidence	candidato *m* a la presidencia
1317	Président *m* élu	presidente *m* electo
1318	Président *m* de la Confédération *CH*; Président *m* fédéral; ~ de la Republique fédérale *D*, *Ö*	Presidente *m* federal; ~ de la Confederación *CH*; ~ de la República Federal *D*, *Ö*
1319	gouvernement *m*; Administration *f*, *US*	gobierno *m*; Administración *f*, *US*
1320	gouvernemental	gubernamental, gubernativo
1321	gouvernement *m* légal	gobierno *m* legal
1322	gouvernement *m* constitutionnel	gobierno *m* constitucional
1323	gouvernement *m* central	gobierno *m* central
1324	pouvoir *m* central	poder *m* central
1325	gouvernement *m* fédéral	gobierno *m* federal
1326	gouvernement *m* majoritaire	gobierno *m* mayoritario
1327	gouvernement *m* minoritaire, ~ de minorité	gobierno *m* minoritario
1328	gouvernements *mpl* des Laender	gobiernos *mpl* de los Laender
1329	gouvernement *m* de gauche	gobierno *m* izquierdista
1330	gouvernement *m* de droite	gobierno *m* derechista
1331	gouvernement *m* centre-gauche	gobierno *m* de centro-izquierda
1332	gouvernement *m* d'union nationale, cabinet *m* ~ ~	gobierno *m* de unión nacional *(en el que participan todos los partidos)*
1333	gouvernement *m* travailliste	gobierno *m* laborista
1334	coalition *f*	coalición *f*
1335	politique de coalition	política *f* de coalición
1336	petite coalition *f*	pequeña coalición
1337	grande coalition *f*	gran coalición *f*
1338	gouvernement *m* de coalition	gobierno *m* de coalición
1339	coalition *f* gouvernementale	coalición *f* gubernamental
1340	gouvernement *m* fantôme, contre-gouvernement *m*	gobierno *m* fantasma, gabinete *m* de oposición, contra-gobierno *m*
1341	gouvernement *m* fantoche	gobierno *m* fantoche; ~ títere

1342	Exilregierung *f*	government-in-exile, exile government
1343	provisorische Regierung *f*, vorläufige ~	provisional government
1344	„de facto"-Regierung *f*	de facto government
1345	Revolutionsregierung *f*	revolutionary government
1346	Volksfrontregierung *f*	popular front government
1347	Sowjetregierung *f*	Soviet government
1348	Regierungsbildung *f*	formation of a government, ~ cabinet
1349	mit der Regierungsbildung beauftragt werden	to be called upon to form a government
1350	die Regierung bilden	to form a (the) government (*or*: cabinet)
1351	Regierungschef *m*	head of the government
1352	Amt *n* des Regierungschefs (*als Behörde*)	office of the head the government
1353	Kopräsident *m* (*bes LA*)	co-president
1354	Amt *n* des Ministerpräsidenten (*od*: Premierministers) (*als Funktion*)	premiership, office of prime minister
1355	Premierminister *m* (*GB, F seit 1958, etc.*)	prime minister; premier, *US*
1356	Ministerpräsident *m* (*Italien, Spanien vor 1936; deutsche Bundesländer; F, 4. Repl.*)	prime minister; minister-president (*German Laender*)
1357	Bundeskanzler *m*, D, Ö	federal chancellor
1358	Kanzlerkandidat *m*	candidate for chancellor
1359	Vizekanzler *m*, D, Ö	vice-chancellor
1360	Bundeskanzleramt *n*	Federal Chancellery
1361	Altbundeskanzler *m*	ex-chancellor
1362	Kanzlerschaft *f*	Chancellorship
1363	Regierender Bürgermeister *m* (*Westberlin*)	Governing Mayor (*of West Berlin*)
1364	Lordpräsident *m*, *GB* (*od*: Präsident *m* des Kronrates)	Lord President of the Privy Council

1342	gouvernement *m* en exil, ~ exilé	gobierno *m* en exilio, ~ en el exilio
1343	gouvernement *m.* provisoire	gobierno *m* provisional
1344	gouvernement *m* de facto, ~ de fait	gobierno *m* de facto, ~ de hecho
1345	gouvernement *m* révolutionnaire	gobierno *m* revolucionario
1346	gouvernement *m* de front populaire	gobierno *m* de frente popular
1347	gouvernement *m* soviétique	gobierno *m* soviético
1348	formation *f* du gouvernement	formación *f* de(l) gobierno
1349	se voir confier la mission de former un gouvernement, être chargé de ~ ~ ~	recibir encargo *m* de formar gobierno
1350	constituer le gouvernement, former ~ ~	formar gobierno
1351	chef *m* du gouvernement	jefe *m* del gobierno
1352	présidence *f* du gouvernement; présidence *f* du Conseil *(IVe République en France; Italie)*	Presidencia *f* del gobierno
1353	co-président *m*	copresidente *m*
1354	fonctions *fpl* de premier ministre	cargo *m* de Primer Ministro; premierato *m*, *A m*
1355	premier ministre *m*	Primer Ministro *m*, «premier» *m*
1356	Président *m* du Conseil des ministres; ministre-président *m D*	Presidente *m* del Consejo
1357	Chancelier *m* fédéral	Canciller *m* federal
1358	candidat *m* à la chancellerie	candidato *m* a canciller, ~ a la cancillería
1359	vice-chancelier *m*	vicecanciller *m*
1360	chancellerie *f* fédérale	cancillería *f* federal
1361	ex-chancelier *m* fédéral	ex-canciller *m* federal
1362	*périphrase*: sous le chancelier X.	cancillería *f*
1363	Bourgmestre chef du gouvernement de Berlin, Bourgmestre régnant	Alcalde-Gobernador de Berlín, Alcalde Gobernante de Berlín, Alcalde Presidente ~ ~
1364	Lord *m* Président du Conseil Privé *GB*	Lord *m* Presidente del Consejo Privado *GB*

1365	Lordsiegelbewahrer *m*, *GB*	Lord Privy Seal
1366	Regierungsprogramm *n*	programme of the government
1367	in Regierungskreisen	in government(al) circles
1368	der Regierung nahestehende Kreise ...	circles closely connected with the government...; ~ close to ~ ~
1369	... aus halbamtlicher Quelle	... from a semi-offical source
1370	regierungsfeindlich	anti-government(al)
1371	Regierungskrise *f*	government(al) crisis; cabinet ~
1372	Umbildung *f* der Regierung, Regierungsumbildung *f*, Kabinettsumbildung *f*	reshuffling of the government, cabinet reshuffle
1373	umbilden *(Regierung)*	to reshuffle
1374	Regierungswechsel *m*	change of government
1375	Verteilung *f* der Ministerposten	distribution of ministries, assignment of Cabinet posts, allocation ~ ~ ~
1376	die Regierung stürzen; ~ ~ zu Fall bringen	to overthrow the government
1377	Sturz *m* einer Regierung	overthrow of a government
1378	Übergabe *f* der Regierungsgeschäfte	handing over of power, turning over ~ ~
1379	die Regierungsgeschäfte übergeben	to hand over power(s) to ..., to turn over ~ ~
1380	das Weiße Haus	the White House
1381	der Kreml	the Kremlin
1382	Vizepräsident *m* *(zB US)*	vice-president
1383	Umgebung *f* (des Präsidenten, etc.)	those close to ... (of the president, etc)
1384	Beraterstab *m*, Braintrust *m*	braintrust
1385	Planungsstab *m*	braintrust, think tank, *US*
1386	Führungskrise *f*	leadership crisis
1387	der Präsident nimmt die Ernennungen für die zivilen und militärischen Ämter vor	the president appoints to military and civil offices
1388	den Oberbefehl über die Streitkräfte haben	to exercise supreme command of the armed forces
1389	Oberbefehlshaber *m*	Commander-in-chief

1365	Lord *m* du Sceau Privé	Lord *m* del Sello Privado
1366	programme *m* du gouvernement (*ou*: d'un...)	programa *m* de gobierno; plataforma *f*, *Am*
1367	dans les milieux gouvernementaux	en (los) círculos gubernamentales
1368	les milieux proches du gouvernement...	los círculos allegados al gobierno...
1369	... de source officieuse	... de fuente semioficial (oficiosa)
1370	antigouvernemental	antigubernamental
1371	crise *f* ministérielle, ~ gouvernementale	crisis *f* gubernamental
1372	remaniement *m* du gouvernement, ~ ministériel	reorganización *f* del gobierno, ~ gubernamental
1373	remanier	reorganizar *(el gobierno)*
1374	changement *m* de gouvernement	cambio *m* de gobierno
1375	répartition *f* des portefeuilles; dosage *m*	reparto *m* de carteras ministeriales
1376	renverser le gouvernement (*ou*: le ministère)	derrocar el gobierno
1377	renversement *m* d'un gouvernement	derrocamiento *m* de un gobierno
1378	transmission *f* des pouvoirs	entrega *f* del poder
1379	transmettre les pouvoirs à..	entregar el poder a...
1380	la Maison Blanche	la Casa Blanca
1381	le Kremlin	el Kremlín
1382	vice-président *m*	vicepresidente *m*
1383	entourage *m* (du président, etc.)	allegados *mpl* a...; íntimos *mpl* de...
1384	brain trust *m*, *nt*	trust *m* de cerebros
1385	«état-major», bureau *m* d'études, braintrust	braintrust *m*, trust *m* de cerebros
1386	crise *f* de direction	crisis *f* de dirección
1387	le président nomme aux emplois civils et militaires	el presidente confiere empleos civiles y militares
1388	être le chef des forces armées, être à la tête des forces armées	desempeñar el mando supremo de las fuerzas armadas
1389	Commandant-en-chef *m*	Comandante *m* en Jefe

1390	siebenjährige Amtszeit *f (bes. des französischen Präsidenten)*	septennate, seven-year term of office
1391	Botschaften *fpl* an das Parlament richten	to send messages to Parliament
1392	Recht *n*, Krieg zu erklären	the right to declare war
1393	Ministerrat *m*	council of ministers
1394	Rat *m* der Volkskommissare *(UdSSR bis 1946)*	Council of People's Commissars *(U.S.S.R. until 1946)*
1395	Kabinett *n*	cabinet
1396	Bundeskabinett *n*	federal cabinet
1397	Kabinettsmitglied *n*	member of the cabinet, cabinet-member *(US)*, cabinet minister
1398	Kabinettssitzung *f*	cabinet meeting
1399	eine Kabinettssitzung abhalten	to hold a cabinet *(GB)*; to hold a cabinet meeting *(US)*
1400	Ressortbesprechung *f*	interdepartmental conference
1401	Kriegskabinett *n*	war cabinet
1402	Kollegialregierung *f*	government by executive commitee
1403	kollektive Führung *f*	collective leadership
1404	Bundesrat *m*, CH	Federal Council *CH*
1405	Bundesrat *m (Person)*, CH	federal councillor *CH*
1406	Minister *m*	minister; secretary of state *GB*; secretary, *US*
1407	Amtskollege *m*, Ressortkollege *m*	counterpart, opposite number
1408	persönlicher Referent *m*	principal private secretary
1409	Ministerial ..., ministeriell	ministerial
1410	Ministeramt *n*, Portefeuille *n*	portfolio
1411	Ministerium *n*	ministry; department, *US*
1412	Departement *n (CH = Ministerium)*	department
1413	interministerieller Ausschuß *m*	interministerial Committee
1414	Staatssekretär *m* (= *Stellvertreter des Ministers in Kontinentaleuropa*)	undersecretary of state, deputy minister
1415	beamteter Staatssekretär *m*	permanent Secretary of State (or: Undersecretary)
1416	parlamentarischer Staatssekretär	Parliamentary Secretary of State, ~ Undersecretary of State
1417	Ministerialdirektor *m*; Sektionschef *m*, Ö	"Ministerial Direktor", *D*; Deputy Under-Secretary of State, *GB*

1390	septennat *m*	mandato *m* (presidencial) de siete años
1391	adresser des messages au Parlement	dirigir mensajes al Parlamento
1392	droit *m* de déclarer la guerre	derecho *m* de declarar la guerra
1393	conseil *m* des ministres	consejo *m* de ministros
1394	Conseil *m* des Commissaires du Peuple *(URSS jusqu'en 1946)*	Consejo *m* de los Comisarios del Pueblo *(URSS hasta 1946)*
1395	cabinet *m*	gabinete *m*
1396	cabinet *m* fédéral	gabinete *m* federal
1397	membre *m* du cabinet	miembro *m* del gabinete
1398	séance *f* du cabinet	reunión *f* del gabinete
1399	tenir une séance du Conseil des Ministres *(F)*	celebrar una reunión del Consejo de Ministros
1400	réunion *f* interministérielle	reunión *f* interministerial
1401	cabinet *m* de guerre	gabinete *m* de guerra
1402	gouvernement *m* collégial	gobierno *m* colegiado
1403	direction *f* collective	dirección *f* colectiva
1404	Conseil *m* fédéral *CH*	Consejo *m* federal *CH*
1405	conseiller *m* fédéral *CH*	consejero *m* federal *CH*
1406	ministre *m*	ministro *m*; secretario, *Méj.*
1407	homologue *m*	homólogo *m*
1408	directeur *m* de cabinet, chef *m* de cabinet	jefe *m* de gabinete (técnico *o* diplomático)
1409	ministériel	ministerial
1410	portefeuille *m*	cartera *f* ministerial
1411	ministère *m*; département *m*	ministerio *m*; departamento *m*; secretaría *f*, *LA*
1412	département *m*	departamento *m*
1413	comité *m* interministériel	comité *m* interministerial
1414	secrétaire *m* d'Etat; sous-secrétaire *m* d'Etat	subsecretario *m*
1415	secrétaire *m* d'Etat, sous-secrétaire *m* d'Etat, (auprès du Ministère)	secretario *m* de Estado permanente, subsecretario *m* ~ ~ ~
1416	secrétaire *m* d'Etat parlementaire	secretario *m* de Estado parlamentario
1417	Directeur *m* général	Director *m* general

1418	der amtierende Minister	the acting minister (*or*: secretary of state)
1419	Verantwortlichkeit *f* der Minister, Ministerverantwortlichkeit *f*	ministerial responsibility
1420	die Minister sind vor dem Parlament verantworlich und müssen vor ihm Rechenschaft ablegen	ministers are responsible and accountable (for their activity) to Parliament
1421	parlamentarische Kontrolle *f*	parliamentary control
1422	zurücktreten	to resign from office *(US)*; to resign office *(GB)*; to quit office
1423	Rücktritt *m*	resignation
1424	seinen Rücktritt einreichen	to tender one's resignation to hand in ∼ ∼ *(US)*
1425	seinen Rücktritt erklären	to announce one's resignation
1426	Rücktrittsgesuch *n*	resignation
1427	zurückgetreten	resigning, having resigned
1428	aus der Regierung (aus dem Kabinett) ausscheiden	to leave the cabinet, to resign from the cabinet
1429	einen Minister unter Anklage stellen	to impeach a minister
1430	Ministeranklage *f*	impeachment
1431	Unabsetzbarkeit *f* (von Richtern)	irremovability
1432	einen Minister entlassen	to dismiss a minister; to remove ∼ ∼ from office
1433	Entlassung *f* eines Ministers	dismissal
1434	Außenministerium *n*; Ministerium *n* für auswärtige Angelegenheiten *(seltener)*	Foreign Ministry, Ministry of (*or*: for) Foreign Affairs; (*or*: of External Affairs) *(except GB and US)*
1435	britisches Außenministerium *n*, Foreign Office *n*, *nt*	Foreign and Commonwealth Office *GB*
1436	State Department *n*, *nt* (US: *Außenministerium*)	State Department *US*, Department of State, *US*
1437	Eidgenössisches Politisches Departement *n* (= *Schweizer Außenministerium*)	Federal Political Department, *CH*

1418	le ministre en fonctions, ~ par interim	el ministro en ejercicio, ~ ~ interino
1419	responsabilité *f* ministérielle	responsabilidad *f* de ministros, ~ ministerial
1420	les ministres sont responsables devant le Parlement auquel ils rendent compte de leur activité, ~ ~ ~ ~ envers le (*ou*: vis-à-vis du) Parlement, etc.	los ministros son responsables ante el Parlamento, al que tienen que rendir cuentas
1421	contrôle *m* parlementaire	fiscalización *f* parlamentaria
1422	démissionner, se démettre de ses fonctions	dimitir, renunciar a su cargo
1423	démission *f*	dimisión *f*
1424	donner sa démission, présenter ~ ~, offrir ~ ~	presentar su dimisión; presentar la renuncia *Am*
1425	se déclarer démissionné	declarar su dimisión
1426	(lettre *f* de) démission *f*	(carta *f* de) dimisión *f*
1427	démissionnaire	dimisionario, dimitente
1428	quitter le gouvernement	cesar en el cargo ministerial, salir del Gobierno
1429	mettre un ministre en accusation	procesar a un ministro
1430	mise *f* en accusation d'un ministre	procesamiento *m* de un ministro
1431	inamovibilité *f*	inamovibilidad *f*
1432	renvoyer un ministre, congédier ~ ~	separar a un ministro, despedir ~ ~ ~
1433	démission *f* d'office; renvoi *m* (d'un ministre)	separación *f* de un ministro, despedida *f* ~ ~ ~
1434	Ministère *m* des Affaires étrangères (*aussi:* F et B)	Ministerio *m* de Asuntos Exteriores *Esp*; ~ ~ Relaciones Exteriores *Am*, Cancillería *f Am*
1435	Foreign Office *m, nt*	Foreign Office *m, nt*; Ministerio *m* de Asuntos Exteriores (*del Reino Unido*)
1436	Département *m* d'Etat, *US*	Departamento *m* de Estado *US*
1437	Département *m* Politique Fédéral *CH* le Département; la Politique (*fam, CH*); D.P.F.	Departamento *m* Político Federal *CH*

1438	Außenminister *m (außer in USA und GB)*	Foreign Minister, Minister for (or: of) Foreign Affairs; *Canada*: Secretary of State for External Affairs; *Australia*: Minister for External Affairs; *New Zealand*: Minister of External Affairs
1439	Außenminister *GB, tc* Außen-und Commonwealth-Minister *tt*	Foreign Secretary *tc, GB*; Secretary of State for Foreign and Commonwealth Affairs *tt, GB*
1440	US-Außenminister *m*; US-Staatssekretär *m (weniger gut)*	Secretary of State *US*
1441	Volkskommissar *m* für Auswärtiges; Außenkommissar *m (bis 1946)*	People's Commissar for Foreign Affairs *(until 1946)*
1442	stellvertretende Außenminister *mpl*; Außenminister-Stellvertreter *mpl*	deputy foreign ministers
1443	Innenminister *m*	Minister of the Interior; *US*: Secretary of the Interior; *GB*: Home Secretary; Secretary of State for the Home Department; *Australia*: Minister for the Interior; *New Zealand*: Minister of Internal Affairs
1444	Innenministerium *m*	Ministry of Internal Affairs; Department of the Interior *US*; Home Office *GB*
1445	Eidgenössisches Departement des Innern *CH*	Federal Department of the Interior *CH*
1446	Justizministerium *n*	Ministry of Justice; Department of Justice *US*
1447	Ministerium des Inneren-und des öffentlichen Dienstes *B*	Ministry of the Interior and the Civil Service *B*
1448	Lordkanzler *m (etwa: britischer Justizminister)*	Lord Chancellor *GB*
1449	Justizminister *m*	Minister of Justice; Attorney-General *US*
1450	Eidgenössisches Justiz- und Polizeidepartement *n CH*	Federal Department of Justice and Police *CH*
1451	Ministerium *n* für den Staatshaushalt *L*, ~ ~ ~ ~ und die Wirtschaftsplanung *I*	Ministry of the Budget *L*, ~ for the Budget and Economic Planning

1438	Ministre *m* des Affaires étrangères	Ministro *m* de Asuntos Exteriores *Esp*; ~ ~ Relaciones Exteriores *Am*; Canciller *m*, *Am*
1439	Secrétaire *m* du Foreign Office, Secrétaire m d'Etat aux Affaires étrangères *GB*	Secretario *m* del Foreign Office *GB*
1440	Secrétaire *m* d'Etat; ~ du Département d'Etat *US*	Secretario *m* de Estado; ~ del Departamento de Estado *US*
1441	Commissaire *m* du Peuple aux Affaires étrangères *(jusqu'en 1946)*	Comisario *m* del Pueblo de Relaciones Exteriores *(hasta 1946)*
1442	suppléants *mpl* des ministres des Affaires étrangères	adjuntos *mpl* de los ministros de Asuntos Exteriores; viceministros *mpl* ~ ~ ~
1443	Ministre *m* de l'Intérieur *(aussi GB)*	Ministro *m* del Interior, *Am*; ~ de la Gobernación, *Esp*; ~ Secretario de Gobernación *(Méjico)*
1444	Ministère *m* de l'Intérieur	Ministerio *m* del Interior, *Am*; ~ de la Gobernación, *Esp*
1445	Département *m* Fédéral de l'Intérieur *CH*	Departamento *m* Federal del Interior *CH*
1446	Ministère *m* de la Justice *(aussi B, I)*	Ministerio *m* de Justicia
1447	Ministère *m* de l'Intérieur et de la Fonction Publique *B*	Ministerio *m* del Interior y de la Función Pública *B*
1448	Lord *m* Chancelier *GB*	Lord Canciller *m*, *GB*, Gran Canciller *GB*
1449	Ministre *m* de la Justice; Garde *m* des Sceaux *F*	Ministro *m* de Justicia
1450	Département *m* Fédéral de Justice et Police *CH*	Departamento *m* Federal de Justicia y Policía *CH*
1451	Ministère *m* du budget *L*, ~ ~ ~ et de la programmation économique	Ministerio *m* del Presupuesto *L*, *I*

1452	Schatzministerium *n I, GB*	Treasury *GB*, Ministry of the ~ *I*,
1453	Finanzministerium *n*	Ministry of Finance; Treasury Department *US*
1454	Finanzdepartement *n, CH*	Department of Finance *CH*
1455	Finanzminister *m*	Minister of Finance; *GB*: Chancellor of the Exchequer *US*: Secretary of the Treasury; *Australia*: Treasurer
1456	Premierminister, *m* Erster Lord des Schatzamtes und Minister für den öffentlichen Dienst, *GB*	Prime Minister, First Lord of the Treasury and Minister for the Civil Service *GB*
1457	Ministerium *n* für Wirtschaft und Energieversorgung, *B*	Ministry for Economic Affairs and Power *B*
1458	Wirtschaftsministerium *n*	Ministry of Economics; *GB*: Department of Trade and Industry; *US*: Department of Commerce
1459	Volkswirtschaftsdepartement *n, CH*	Departement of Public Economy *CH*
1460	Wirtschaftsminister *m*	Minister of Economics, ~ of Economic Affairs
1461	Industrieministerium *n*	Ministry of Industry
1462	Industrieminister *m*	Minister of Industry; ~ for ~, *GB*
1463	Ministerium *n* für die Handelsmarine, *I*	Ministry for the Mercantile Marine *I*
1464	Ministerium *n* für Industrie, Handel und Handwerk, *I*	Ministry for Industry, Trade and Handicraft *I*
1465	Handelsministerium *n*	Ministry of Commerce; Department of Commerce, *US* Board of Trade, *GB*
1466	Handelsminister *m*	Minister of Commerce; Secretary of State for Trade and Industry and President of the Board of Trade, *GB*; Secretary of Commerce, *US*; Minister of Trade and Commerce, *Canada*; Minister for Trade, *Australia*

1452	Ministère *m* du Trésor *I*, *GB*	Ministerio *m* del Tesoro *I*, *GB*
1453	Ministère *m* des Finances; Ministère *m* du Trésor *L*	Ministerio *m* de Hacienda
1454	Département *m* des Finances *CH*	Departamento *m* de Hacienda, *CH*
1455	Ministre *m* des Finances; ∼ ∼ ∼ et des Affaires Economiques, *F*; Chancelier *m* de l'Echiquier *GB*	Ministro *m* de Hacienda; Secretario *m* del Tesoro, *(E.E.U.U.)* Canciller *m* del Exchéquer
1456	Premier Ministre *m* et Premier Lord *m* du Trésor et ministre de la Fonction publique *GB*	Primer Ministro *m*, Primer Lord *m* del Tesoro y Ministro de Administración Pública
1457	Ministère *m* des Affaires économiques et de l'Energie, *B*	Ministerio *m* de Economía y de Energía *B*
1458	Ministère *m* des Affaires Economiques *(aussi*; *GB)*; ∼ de l'Economie nationale; ∼ de l'Economie et des Finances	Ministerio *m* de Economía; ∼ de Comercio, *Esp*
1459	Département *m* de l'Economie publique, *CH(D.E.P.)*	Departamento *m* de Economía Pública, *CH*
1460	Ministre *m* des Affaires économiques, ∼ de l'Economie nationale, ∼ de l'Economie et des Finances	Ministro *m* de Economía
1461	Ministère *m* de l'Industrie	Ministerio *m* de Industria
1462	Ministre *m* de l'Industrie	Ministro *m* de Industria
1463	Ministère *m* de la Marine Marchande, *I*	Ministro *m* de la Marina Mercante, *I*
1464	Ministère *m* de l'Industrie, du Commerce et de l'Artisanat, *I*	Ministerio *m* de Industria, Comercio y Artesanía, *I*
1465	Ministère *m* du Commerce	Ministerio *m* de Comercio
1466	Ministre *m* du Commerce	Ministro *m* de Comercio

1467	Außenhandelsministerium *n*	Ministry of Foreign Trade; Department of Overseas Trade;
1468	Ministerium *n* für Außenhandel und technische Unterstützung *B*	Ministry of Foreign Trade and Technical Assistance *B*
1469	Außenhandelsminister *m*	Minister of Foreign Trade
1470	Ministerium *n* für öffentliche Arbeiten	Ministry of Public Works
1471	Minister *m* für öffentliche Arbeiten	Minister of Public Works
1472	Energieminister *m*, Minister für Energieversorgung	Minister of Power
1473	Atomminister *m*	Minister for Atomic Energy
1474	Ministerium *n* für wissenschaftliche Forschung, Atom- und Weltraumfragen *F*	Ministry for Scientific Research, Nuclear and Space Questions *F*
1475	Minister für Wohnungsbau u. öffentliche Arbeiten *GB*, Wohnungsbauminister *m*	Minister of Housing; ~ ~ ~ and Construction *GB*
1476	Ministerium *n* für Wohnungswesen und Raumordnung *NL*	Ministry of Housing and Regional Development *NL*
1477	Ministerium *n* für Regionalverwaltung und -entwicklung *GB*	Ministry of Local Government and Development *GB*
1478	Minister *m* für Regionalverwaltung und -entwicklung *GB*	Minister of Local Government and Development *GB*
1479	Arbeitsministerium *n*	Ministry of Labour *GB*; Department of Labor *US*
1480	Arbeitsminister *m*	Minister of Labour; Secretary of Labor *US*; Secretary of State for Employment *GB*
1481	Ministerium *n* für Arbeit und Sozialwesen *I*	Ministry of Labour and Social Security *I*
1482	Ministerium *n* für Arbeit, Soziale Sicherheit und Bergbau *L*	Ministry of Labour, Social Security and Mines *L*
1483	Verkehrsministerium *n*	Ministry of Transport
1484	Verkehrsminister *m*	Minister of Transport; *Australia*: Minister for Shipping and Transport

1467	Ministère *m* du Commerce Extérieur	Ministerio *m* de Comercio Exterior
1468	Ministère *m* du Commerce Extérieur et de l'Assistance Technique *B*	Ministerio *m* de Comercio Exterior y de Asistencia Técnica *B*
1469	Ministre *m* du Commerce extérieur	Ministro *m* de Comercio Exterior
1470	Ministère *m* des Travaux publics	Ministerio *m* de Obras Públicas
1471	Ministre *m* des Travaux publics	Ministro *m* de Obras Públicas
1472	Ministre *m* de l'Energie	Ministro *m* de Energía
1473	Ministre *m* de l'Energie Atomique	Ministro *m* de Energía Atómica
1474	Ministère *m* d'Etat chargé de la recherche scientifique et des questions atomiques et spatiales *F*	Ministerio *m* de Investigaciones Científicas y de Cuestiones atómicas y espaciales *F*
1475	Ministre *m* de la Construction; Ministre du logement et des Travaux publics *GB*	Ministro *m* de la Vivienda
1476	Ministère *m* du Logement et de l'Aménagement du Territoire *NL*	Ministerio *m* de la Vivienda y Ordenación del Territorio *NL*
1477	Ministère *m* du Logement et du Gouvernement Local *GB*	Ministerio *m* del Gobierno local y Desarrollo *GB*
1478	Ministre *m* du Gouvernement et Développement local *GB*	Ministro *m* del Gobierno Local y Desarrollo *GB*
1479	Ministère *m* du Travail; ∼ de l'Emploi et du Travail *B*	Ministerio *m* del Trabajo
1480	Ministre *m* du Travail; Ministre de l'Emploi *GB*	Ministro *m* del Trabajo
1481	Ministère *m* du Travail et de la Prévoyance Sociale *I*	Ministerio *m* del Trabajo y de la Previsión Social *I*
1482	Ministère *m* du Travail, de la Sécurité Sociale et des Mines *L*	Ministerio *m* del Trabajo, Seguridad Social y Minería *L*
1483	Ministère *m* des Transports; ∼ des Communications	Ministerio *m* de Transportes
1484	Ministre *m* des Transports	Ministro *m* de Transportes

1485 Ministerium *n* für Verkehr und Wasserwirtschaft *NL* — Ministry of Transport and Waterways *NL*

1486 Departement *n* für Verkehr und Energiewirtschaft *CH* — Department of Transport, Communications and Energy

1487 Ministerium *n* für Verkehr und Zivilluftfahrt *I* — Ministry of Transport and Civil Aviation *I*

1488 Marineministerium *n* — Ministry of the Navy (*or*: of Naval Affairs); the Admiralty *GB*; Department of the Navy *US*

1489 Marineminister *m* — Minister of the Navy (*or*: of Naval Affairs); Secretary of the Navy *US*

1490 Erster Seelord *(= britischer Marineminister)* — First Lord of the Admiralty

1491 Luftfahrtministerium *n* — Air Ministry, Ministry of Aviation

1492 Luftfahrtminister *m* — Minister of Aviation; Air Minister; Secretary of State for Air *GB*; Minister for Air, *Australia*

1493 Postministerium *n* — Ministry of Post and Telecommunications; Post Office (P.O.) *GB*; Post Office Department *US*

1494 Postminister *m* — Minister of Post (and Telecommunications); *US, Canada, New Zealand, Australia*: Postmaster General

1495 Gesundheitsministerium *n* — Ministry of Health; Department of Health, Education and Welfare *US*

1496 Gesundheitsminister *m* — Minister of Health; *Canada*: Minister of National Health and Welfare; *Australia*: Minister for Health; *US*: Secretary of Health, Education and Welfare

1497 Ministerium *n* für Gesundheitswesen und Familienfragen *B* — Ministry of Health and Family Matters *B*

1498 Ministerium *n* für Sozial- und Gesundheitswesen *NL* — Ministry of Social Affairs and Health *NL*

1499 Ministerium *n* für Mittelstandsfragen L, B — Ministry for the Middle Classes *L, B*

1500 Sozialminister *m Ö, GB* — Minister of Social Security *GB*

1485	Ministère *m* des transports et des ponts, des eaux et des chaussées NL	Ministerio *m* de Transportes y de Puentes, Aguas y Caminos NL
1486	Département fédéral des transports et communications et de l'énergie	Departamento federal de Transportes y Comunicaciones y de Energía
1487	Ministère *m* des Transports et de l'Aviation civile *I*	Ministerio *m* de Transportes y Aviación Civil *I*
1488	Ministère *m* de la Marine	Ministerio *m* de Marina
1489	Ministre *m* de la Marine	Ministro *m* de la Marina
1490	Premier Lord *m* de l'Amirauté	Primer Lord *m* del Almirantazgo
1491	Ministère *m* de l'Air	Ministerio *m* del Aire
1492	Ministre *m* de l'Air; Ministre *m* de l'Aviation	Ministro *m* del Aire
1493	Ministère *m* des Postes et Télécommunications, ~ des P. et T. *(aussi F)*	Ministerio *m* de Correos y Telecomunicaciones
1494	Ministre *m* des Postes et Télécommunications *(autrefois:* Ministre des P.T.T.)	Ministro *m* de Correos y Telecomunicaciones
1495	Ministère *m* de la Santé Publique, ~ ~ ~ ~ ~ et de la Population *F*	Ministerio *m* de Salud Pública; ~ de Sanidad
1496	Ministre *m* de la Santé publique; ~ ~ ~ ~ et de la Population *F*	Ministro *m* de Salud Pública; ~ de Sanidad
1497	Ministère *m* de la Santé publique et de la Famille *B*	Ministerio *m* de Salud Pública y de la Familia *B*
1498	Ministère *m* des Affaires sociales et de la Santé publique NL	Ministerio *m* de Asuntos Sociales y de Salud Pública NL
1499	Ministère *m* des classes moyennes	Ministerio *m* de la Clase Media
1500	Ministre de la Sécurité Sociale *GB*	Ministro *m* de Seguridad Social *GB*

1501	Ministerium *n* für Gesundheit und soziale Sicherung *GB*	Ministry of Health and Social Security *GB*
1502	Minister *m* für Sozialfürsorge; Minister *m* für Sozialordnung	Minister of Social Maintenance; Secretary of State for Social Services *GB*
1503	Landwirtschaftsministerium *n*; Ministerium für Landwirtschaft, Fischerei und Ernährung *GB*	Ministry of Agriculture; ~ ~ ~, Fisheries and Food *GB*; Department of Agriculture *US*
1504	Ministerium *n* für Landwirtschaft und Forsten *I*	Ministry of Agriculture and Forestry *I*
1505	Ministerium *n* für Landwirtschaft und Fischerei *NL*	Ministry of Agriculture and Fisheries *NL*
1506	Landwirtschaftsminister *m* (*in Luxemburg*: Ackerbauminister)	Minister of Agriculture; *US*: Secretary of Agriculture
1507	Fischereiminister *m (z. B. in Kanada)*	Minister of Fisheries
1508	Forstminister *m (z. B. in Kanada)*	Minister of Forestry, *Canada*; *Australia*: Minister of Forests
1509	Erziehungsministerium *n*; Kultusministerium *n*, *D*	Ministry of Education; *US*: Department of Health, Education and Welfare
1510	Ministerium *n* für Unterricht und kulturelle Angelegenheiten *B*	Ministry of Education and Cultural Affairs *B*
1511	Ministerium *n* für Unterricht und Wissenschaft *GB, NL*	Department of Education and Science *GB*; Ministry ~ ~ ~ ~ *NL*
1512	Minister *m* für Unterricht und Wissenschaft *GB*	Secretary of State for Education and Science *GB*
1513	Erziehungsminister *m*, Unterrichtsminister *m*; Minister *m* für Untericht und Kultus, Kultusminister *m*, *D*	Minister of Education
1514	Kulturministerium *n*, *F*	Ministry for Cultural Affairs *F*
1515	Ministerium *n* für Jugend und Sport *F*	Ministry for Youth and Sport *F*
1516	Ministerium für kulturelle Angelegenheiten, Freizeit und Wohlfahrtspflege *NL*	Ministry for Cultural Affairs, Recreation and Welfare *NL*

1501	Ministère *m* de la Santé et la Sécurité Sociale *GB*	Ministerio *m* de Salud Pública y Seguridad Social
1502	Ministre *m* de la Prévoyance Sociale; ~ des Affaires Sociales *F*	Ministro *m* de Previsión Social
1503	Ministère *m* de l'Agriculture; *(aussi B)* ~ de l'Agriculture, de la Pêche et de l'Alimentation *GB*	Ministerio *m* de Agricultura y Alimentación
1504	Ministère *m* de l'Agriculture et des Forêts *I*	Ministerio *m* de Agricultura y Bosques *I*
1505	Ministère *m* de l'Agriculture et de la Pêche *NL*	Ministerio *m* de Agricultura y Pesca *NL*
1506	Ministre *m* de l'Agriculture	Ministro *m* de Agricultura
1507	Ministre *m* des Pêcheries	Ministro *m* de la Pesca
1508	Ministre *m* de l'Exploitation forestière	Ministro *m* de Economía Forestal
1509	Ministère *m* de l'Education Nationale; ~ ~ ~ ~ et des Cultes *D*	Ministerio *m* de Educación y Ciencia, *Esp*; ~ ~ Instrucción Pública *Am*
1510	Ministère *m* de l'Education Nationale et de la Culture *B*	Ministerio *m* de Educación Nacional y de Cultura *B*
1511	Ministère *m* de l'Education et des Sciences *GB, NL*	Ministerio *m* de Educación y Ciencias *GB, NL*
1512	Ministre *m* de l'Education nationale et des Sciences *GB*	Ministro *m* de Educación y Ciencias *GB*
1513	Ministre *m* de l'Education Nationale *(autrefois*: de l'Instruction publique)	Ministro *m* de Educación (y Culto) Ministro *m* de Instrucción Pública; ~ ~ Educación y Ciencia *Esp*
1514	Ministère *m* des Affaires Culturelles *F*	Ministerio *m* de Asuntos Culturales *F*
1515	Ministère *m* de la Jeunesse et des Sports *F*	Ministerio *m* de la Juventud y de los Deportes *F*
1516	Ministère *m* des Affaires culturelles, des Loisirs et des Services sociaux *NL*	Ministerio *m* de Asuntos Culturales, Recreo y Servicios Sociales *NL*

135

1517	Ministerium *n* für Fremdenverkehr und kulturelle Veranstaltungen *I*	Ministry of Tourism and Entertainment *I*
1518	Informationsministerium *n*; Zentrales Informationsamt *n GB*	Ministry of Information; *GB:* the Central Office of Information
1519	Informationsminister *m*	Minister of Information
1520	Verteidigungsministerium *n*	*GB:* Ministry of Defence; *US:* Department of Defense; *Canada:* Department of National Defence; *L:* Ministry of Armed Forces
1521	Verteidigungsminister *m*; Minister *m* für Landesverteidigung *Ö*	Minister of Defence; *US:* Secretary of Defense; *GB:* Secretary of State for Defence; *Canada:* Minister of National Defence; *Australia:* Minister for Defence; *New Zealand:* Minister of Defence
1522	Eidgenössisches Militärdepartement *n CH*	Federal Military Department *CH*
1523	Armeeminister *m*	Minister for the Armed Forces; Minister of ~ ~; *Australia:* Minister for the Army
1524	Kriegsministerium *n*	War Office
1525	Kriegsminister *m*	Minister of War; *GB:* Minister of State for Defence; *US:* Secretary of War
1526	Rüstungsminister *m*	*Canada:* Minister of Defence Production
1527	Minister *m* für Kriegsteilnehmer und -opfer, *F*	Minister for Ex-Servicemen and War Victims; Minister for Veteran's Affairs and War Victims *F*
1528	Kolonialminister *m (früher)*	Minister for the Colonies; *GB:* Secretary of State for the Colonies tt; Colonial Secretary *tc (formerly)*
1529	Minister *m* für die überseeischen Departements und Gebiete *F*	Minister of State for Overseas Departments and Territories *F*
1530	Ministerium *n* für Überseentwicklung *GB*	Ministry of Overseas Development *GB*

1517	Ministère *m* du Tourisme et des Spectacles *I*	Ministerio *m* de Turismo y de Espectáculos *I*
1518	Ministère *m* de l'Information; Office *m* central de l'Information *GB*	Ministerio *m* de Información; ~ ~ ~ y Turismo *Esp*
1519	Ministre *m* de l'Information	Ministro *m* de Información; ~ ~ ~ y Turismo *Esp*
1520	Ministère *m* de la Défense Nationale; ~ des Armées *F*; ~ de la Force Armée *L*	Ministerio *m* de Defensa (Nacional)
1521	Ministre *m* de la Défense Nationale; ~ des Armées *F*; ~ de la Défense *GB*	Ministro *m* de Defensa; ~ ~ la Guerra; Secretario de Defensa (E.E.U.U.)
1522	Département *m* militaire fédéral (D.M.P.) *CH*	Departamento *m* Militar Federal *CH*
1523	Ministre *m* des Forces Armées	Ministro *m* de las Fuerzas Armadas
1524	Ministère *m* de la Guerre	Ministerio *m* de la Guerra; ~ del Ejército *Esp*
1525	Ministre *m* de la Guerre	Ministro *m* de (la) Guerra
1526	Ministre *m* de l'Armement	Ministro *m* de Armamentos
1527	Ministre *m* des Anciens Combattants et Victimes de Guerre *F*	Ministro *m* de Excombatientes *F*
1528	Ministre *m* des Colonies *(autrefois)*	Ministro *m* de las Colonias *(antiguamente)*
1529	Ministre *m* des Départements et Territoires d'outre-mer *F*	Ministro *m* encargado de los Departamentos y Territorios de Ultramar *F*
1530	Ministère *m* du Développement d'outre-mer *GB*	Ministerio *m* para el Desarrollo de Ultramar *GB*

1531	Minister *m* für Walisische Angelegenheiten, ~ ~ Wales *GB*	Secretary of State for Wales *GB*
1532	Minister *m* für Schottische Angelegenheiten ~ ~ Schottland	Secretary of State for Scotland *GB*
1533	Ministerium *n* für die Beziehungen zum Parlament *F*	Ministry for the Relations with Parliament *F*
1534	Staatsminister *m* für die Beziehungen zum Parlament *F*	Minister of State for Relations with Parliament *F*
1535	Sonderminister *m* im Amt des Premierministers, für den Wirtschaftsplan und für Raumordnung *F*	Deputy Minister attached to the Prime Minister's office for the Plan and for Regional Development *F*
1536	Staatsminister *m* für den öffentlichen Dienst *F, L*	Minister of State for the Civil Service *L, F*
1537	Regierungsorgane *npl*	government bodies, ~ agencies
1538	Regierungsstelle *f*; staatliche Stelle, staatliches Amt *n*	government agency
1539	Bundeskanzler *m, CH* (= ein hoher Verwaltungsbeamter)	Chancellor of the Confederation *CH*
1540	den Verfassungseid ablegen	to swear allegiance to the Constitution, to take an oath on the Constitution
1541	einen Eid leisten	to take an oath, to be sworn in
1542	Treueeid *m*	oath of allegiance
1543	Treue(pflicht) *f*, Untertanentreue *f*	allegiance
1544	Sprecher *m (einer Regierung)*, Regierungssprecher *m*	spokesman *(of a government)*, government spokesman
1545	Pressechef *m (e-s Präsidenten, e-s Ministeriums, etc.)*	press secretary
1546	Bundespresseamt *n, D*; Presse- und Informationsamt *n, tt*	Press and Information Office of the German Federal Government
1547	graue Eminenz *f*	éminence grise *nt*, grey eminence; the power behind the throne
1548	Politiker *m*	politician *(pej)*
1549	die älteren, erfahrenen Politiker; die „alten Hasen" der Politik *fam*	senior statesmen, elder statesmen

1531	Ministre *m* pour le Pays de Galles *GB*	Ministro *m* para el País de Gales *GB*
1532	Ministre *m* pour l'Ecosse *GB*	Ministro *m* para Escocia *GB*
1533	Ministère *m* des Relations avec le Parlement *F*	Ministerio *m* encargado de las Relaciones con el Parlamento *F*
1534	Ministre *m* d'Etat chargé des Relations avec le Parlement *F*	Ministro *m* encargado de las Relaciones con el Parlamento *F*
1535	Ministre *m* délégué auprès du Premier Ministre, chargé du Plan et de l'Aménagement du Territoire *F*	Ministro *m* encargado del Plan y de la Ordenación del Territorio *F*
1536	Ministre *m* d'Etat chargé de la Fonction Publique *L, F*	Ministro *m* de Administración Pública *L, F*
1537	organes *mpl* gouvernementaux	órganos *mpl* del gobierno, dependencias ~ ~
1538	service *m* gouvernemental; organisme *m* gouvernemental	servicio *m (u:* organismo *m)* gubernamental
1539	Chancelier *m* de la Confédération *CH*	Canciller *m* de la Confederación Helvética *CH*
1540	jurer fidélité à la Constitution	jurar la constitución
1541	prêter serment	prestar juramento
1542	serment *m* de fidélité	jura *f* del cargo
1543	allégeance *f*, loyauté *f*	obligación *f* de fidelidad y de obediencia, lealtad *f*
1544	porte-parole *m (d'un gouvernement)*	portavoz *m (de un gobierno)*; vocero *m Am*
1545	chef *m* du service de presse	jefe *m* de prensa
1546	Office *m* de Presse et d'Information du Gouvernement fédéral	Oficina *f* Federal de Prensa
1547	l'éminence *f* grise	la eminencia gris
1548	homme *m* politique; politicien *m* (*nuance légèrement péjorative*)	político *m*
1549	doyens *mpl* des hommes politiques, les vétérans de la politique, les hommes politiques chevronnés	veteranos *mpl* de la política

1550	politisch	political
1551	Staatsmann *m*	statesman
1552	Staatskunst *f*	statesmanship
1553	Bericht *m* zur Lage der Nation	State of the Union Message *US*; ~ address *(other countries)*
1554	Politik *f*	policy; politics
1555	die Politik leiten	to direct policy
1556	eine Politik verfolgen	to follow a policy, to pursue ~ ~
1557	eine Politik festlegen	to define a policy
1558	die Richtlinien der Politik bestimmen *(oder*: festlegen)	to determine general policy
1559	an einer Politik festhalten	to maintain a policy
1560	Politische Abteilung *f*	Political Department
1561	eine Politik gestalten	to frame a policy, to formulate ~ ~
1562	Parteipolitik *f*	party politics, ~ policy
1563	gemäßigte Politik *f*	moderate policy
1564	Innenpolitik *f*	home policy; domestic ~, internal ~
1565	innenpolitisch	concerning home affairs; domestic, internal
1566	Realpolitik *f*	realpolitik *nt*
1567	undurchsichtige Politik *f*	ambiguous policy, inscoutable ~
1568	Vertrauenskrise *f*	loss of confidence
1569	Verlegenheitspolitik *f*	policy of expediency, ~ of pis aller *nt*
1570	Vogel-Strauß-Politik *f*	ostrich policy, hiding one's head in the sand
1571	Wirtschaftspolitik *f*	economic policy
1572	Entwicklungspolitik *f*	development policy
1573	Sozialpolitik *f*	social policy, ~ security policy
1574	Sanierungsprogramm *n*, Notprogramm *n*	austerity programme *GB*; ~ program *US*
1575	Zweijahresplan *m*	two-year plan
1576	Dreijahresplan *m*	three-year plan
1577	Vierjahresplan *m*	four-year plan
1578	Fünfjahresplan *m*	five-year plan

1550	politique	político
1551	homme *m* d'Etat	estadista *m*; hombre *m* de Estado
1552	art *m* de gouverner	arte *m* político
1553	message *m* sur l'état de la Nation	mensaje *m* sobre el estado de la Nación
1554	politique *f*	política *f*
1555	conduire la politique	dirigir la política
1556	mener une politique; poursuivre (*ou*: pratiquer) ∼ ∼	seguir una política
1557	définir une politique	definir una política
1558	arrêter les lignes directrices de la politique	fijar las directrices de la política
1559	conserver une politique, ne pas changer de ∼	mantener una política
1560	Division *f* des Affaires politiques, Direction *f* générale ∼ ∼ ∼	Dirección *f* general de Asuntos políticos
1561	jeter les bases (*ou*: tracer les lignes) d'une politique	estructurar una política; sentar las bases de una ∼
1562	politique *f* de partis	política *f* de partidos, ∼ partidista
1563	politique *f* modérée	política *f* moderada
1564	politique *f* intérieure	política *f* interior
1565	de politique intérieure; en matière de ∼ ∼	relacionado con la política interior, en materia de ∼ ∼
1566	«realpolitik» *f*, *nt*	«realpolitik» *f*, *nt* (= política *f* realista)
1567	politique *f* ambiguë	política *f* ambigua
1568	crise *f* de confiance	crisis *f* de confianza
1569	politique *f* de (*ou*: du) pis aller	política *f* de tanteo
1570	politique *f* de l'autruche	política *f* del avestruz
1571	politique *f* économique	política *f* económica
1572	politique *f* de développement	política *f* de desarrollo
1573	politique *f* sociale	política *f* social
1574	programme *m* d'austérité	plan *m* (*o*: programa *m*) de saneamiento económico (*o*: de austeridad)
1575	plan *m* biennal	plan *m* bienal
1576	plan *m* triennal	plan *m* trienal
1577	plan *m* quadriennal	plan *m* cuatrienal
1578	plan *m* quinquennal	plan *m* quinquenal

1579	Sechsjahresplan *m*	six-year plan
1580	Finanzpolitik *f*	financial policy
1581	Sparprogramm *n*	austerity program, economy drive
1582	Haushaltspolitik *f*	budget policy
1583	Währungspolitik *f*	monetary policy, currency ~
1584	Agrarpolitik *f*	agricultural policy
1585	Bodenreform *f*, Agrarreform *f*	land reform, agrarian ~
1586	Bevölkerungspolitik *f*	population policy
1587	Wehrpolitik *f*, Militärpolitik *f*	military policy
1588	Nationaler Sicherheitsrat *m US*	National Security Council *US*
1589	Pentagon *n*	Pentagon
1590	Verteidigungspolitik *f*	defence policy; defense ~ *US*
1591	Verwaltungsrecht *n*	administrative law
1592	Hochkommissar *m*	high commissioner
1592	Hochkommissariat *n*	office of the high commissioner
1594	Kommissar *m UdSSR*	commissar
1595	Gouverneur *m*, Statthalter *m*	governor
1596	Gouverneurs...	gubernatorial
1597	Generalgouverneur *m*	governor-general
1598	Militärgouverneur *m*	military governor
1599	Landeshauptmann *m*, *Ö*	governor *Ö*
1600	Generalresident *m*	resident general
1601	Vizekönig *m*	viceroy; vice-king *(rare)*
1602	Vizekönigin *f*	vicereine; vice-queen *(rare)*
1603	Vizekönigtum *n*	viceroyalty, viceroyship
1604	Viguier *m*, *nt (Andorra)*	viguier *nt (Andorra)*
1605	Wojwode *m (Polen)*	vaivode (*or*: voivode), waiwode
1606	Wojwodschaft *f (Polen)*	wojwodztwa *nt (Poland)*, voivodeship
1607	Volksrat *m (Rumänien)*	People's Council *(Rumania)*
1608	Selbstregierung(-skörperschaft) *f* (*örtliche oder regionale*)	local government
1609	Gleichschaltung *f* (mit)	bringing into line with; coordination
1610	Provinz *f*	province

1579	plan *m* sexennal	plan *m* sexenal
1580	politique *f* financière	política *f* financiera
1581	programme *m* d'austérité	programa *m* de austeridad
1582	politique *f* budgétaire	política *f* presupuestaria
1583	politique *f* monétaire	política *f* monetaria
1584	politique *f* agricole	política *f* agraria
1585	réforme *f* agraire, ∼ foncière	reforma *f* agraria
1586	politique *f* démographique	política *f* demográfica
1587	politique *f* militaire	política *f* militar
1588	Conseil *m* National de Sécurité US	Consejo *m* de Seguridad Nacional *(E.E.U.U.)*
1589	Pentagone *m*	Pentágono *m*
1590	politique *f* de défense	política *f* de defensa
1591	droit *m* administratif	derecho *m* administrativo
1592	haut-commissaire *m*	Alto Comisario *m*; ∼ Comisionado *Am*
1593	haut-commissariat *m*	Alta Comisaría *f*
1594	commissaire *m*	comisario *m*
1995	gouverneur *m*	gobernador *m*
1596	... du gouverneur, de ∼, relatif au ∼	... del gobernador
1597	gouverneur *m* général	gobernador *m* general
1598	gouverneur *m* militaire	gobernador *m* militar
1599	gouverneur *m*, chef *m* du gouvernement provincial	gobernador *m* (civil)
1600	résident *m* général	residente *m* general
1601	vice-roi *m*	virrey *m*
1602	vice-reine *f*	virreina *f*
1603	vice-royauté *f*, vice-royaume *m*	virreino *m* (el territorio)
1604	viguier *m* *(Andorre)*	veguer *m* *(Andorra)*
1605	voïvode *m*, voiévode *m* *(Pologne)*, vayvode	vaivoda *m* *(Polonia)*
1606	voïvodie *f*, voivodie *f*, voiévodie *f* *(Pologne)* voivodat, vayvodat	vaivodía *f* *(Polonia)*
1607	Conseil *m* populaire *(Roumanie)*	Consejo *m* del Pueblo *(Rumania)*
1608	gouvernement *m* local	gobierno *m* local
1609	«mise *f* au pas»; synchronisation *f* politique; uniformisation *f*	coordinación *f*; sincronización *f* política
1610	province *f*	provincia *f*

1611	Gebietskörperschaft *f*	area authority, territorial ~, (regional or:) local government unit, ~ ~ ~ administration unit
1612	Provinzialregierung *f*	provincial government
1613	Bundesland *n* Ö	federal province Ö, "Bundesland" *nt*
1614	Region *f* (*z*B in Rumänien)	region
1615	autonome Region *f* (*z*B in I, Rumänien)	autonomous region
1616	Departement *n*, F	department
1617	Präfekt *m*	prefect
1618	Departements ... *in Zssgn*	departmental
1619	Überseedepartement *n*	overseas department
1620	Arrondissement *n*, F	arrondissement, F
1621	Kanton *m*	canton
1622	Kantonsregierung *f*, CH	cantonal government
1623	kantonal	cantonal
1624	Grafschaft *f* (*als Verwaltungsbezirk in GB*)	county
1625	Kreis *m*, Bezirk *m*, US	county
1626	Grafschaftsrat *m*, GB	County Council GB
1627	örtlicher Verwaltungskörper *m* (*bes GB*)	local council
1628	Stadtgemeinde *f*, GB, Borough *n*, *nt*	borough
1629	Stadtgrafschaft *f*, grafschaftsfreie Stadt(gemeinde) *f*, GB	county borough
1630	Landbezirk *m*, GB	rural district
1631	städtischer Bezirk *m*, GB	urban district
1632	Kirchspiel *n*, GB	parish
1633	Gemeinde *f*	commune (*Continental Europe*), municipality
1634	Stadtgemeinde *f*	urban municipality
1635	Landgemeinde *f*	rural parish, ~ commune
1636	Gemeinde ...	communal, municipal
1637	Gemeindeordnung *f*	municipal code; city ~, US
1638	Gemeindeverband *m*	association of communities, ~ ~ municipalities

1611	collectivité *f* territoriale, ~ locale	colectividad *f* local

1612	gouvernement *m* provincial	gobierno *m* provincial
1613	province *f* Ö	provincia *f* Ö

1614	région *f*	región *f*
1615	région *f* autonome	región *f* autónoma

1616	département *m*	departamento *m*
1617	préfet *m*	prefecto *m*
1618	départemental	departamental
1619	département *m* d'outre-mer	departamento *m* de ultramar
1620	arrondissement *m*, F	arrondissement *m*, F
1621	canton *m*	cantón *m*
1622	gouvernement *m* cantonal *CH*	gobierno *m* cantonal *CH*
1623	cantonal	cantonal
1624	comté *m*	condado *m*

1625	comté *m*	condado *m*
1626	conseil *m* de comté *GB*	Consejo *m* de Condado *GB*
1627	conseil *m* local	asamblea *f* local; consejo *m* local

1628	ville *f* (avec municipalité), commune *f* urbaine *GB*	burgo *m* *GB*
1629	commune *f* autonome (ne dépendant pas d'un borough); ville-arrondissement *f*, *GB*	burgo *m* de condado; ciudad *f* condado, *GB*
1630	district *m* rural	distrito *m* rural
1631	district *m* urbain *GB*	distrito *m* urbano *GB*
1632	paroisse *f*, *GB*	parroquia *f*, *GB*
1633	commune *f*	municipio *m*, comuna *f*

1634	commune *f* urbaine	municipio *m* urbano
1635	commune *f* rurale	municipio *m* rural
1636	communal, municipal	municipal
1637	code *m* municipal	Ley *f* de Régimen local, Estatuto *m* municipal, Ley *f* orgánica de municipalidades
1638	syndicat *m* intercommunal, ~ de communes	mancomunidad *f* de municipios, ~ municipal

1639	Gemeinderat *m (allg. Begriff und in kleinen Gemeinden)*	communal council, municipal ~
1640	Stadtrat *m (Gremium)*	city council, town ~, municipal ~, common ~ *US*
1641	Stadtrat *m (Person)*	town councillor, city ~, councilman *US* ~ councilor *US*
1642	Gemeindehaus *n*; Bürgermeisteramt *n*; *in Städten*: Rathaus *n*; Stadthaus *n, reg*	town hall; city ~
1643	Amt *n* (= Funktion *f*) des Bürgermeisters	mayoralty, mayorship; *in some European countries*: burgomastership
1644	Bürgermeister *m (in großen dt. Städten meist*: Oberbürgermeister)	mayor; chief burgomaster (*D, Ö, B,* Denmark); Lord Mayor *(GB: of some large cities)*
1645	Bürgermeisterin *f* (Frau des Bürgermeisters)	mayoress
1646	Bürgermeisterin *f* (im Amt)	mayoress
1647	Eingemeindung *f*	incorporation (of a village) into (a town, community)
1648	eingemeinden	to incorporate
1649	Gemeindegebiet *n*	town area, municipal ~
1650	zweiter Bürgermeister *m*	deputy mayor; ~ burgomaster
1651	das Amt des Bürgermeisters übernehmen	to take over the office of mayor
1652	Stadtverwaltung *f*	city administration
1653	Gemeindebeamter *m*	municipal officer
1654	Beschluß *m, jur*; Entscheidung *f* (*allgemein oder Gerichte*)	decision, resolution
1655	einen Beschluß fassen	to take a decision
1656	Verordnung *f*	regulation; order, statutory ~
1657	Verordnungsgewalt *f*	rule-making power, administrative ~ ~ ~, ordinance-making power
1658	auf dem Verordnungsweg(e)	by decree
1659	Regelung *f*	regulation, rules
1660	Neuregelung *f*	new regulation, new rules

1639	conseil *m* municipal	concejo *m*; consejo *m* municipal; consistorio *m*, *Esp*
1640	conseil *m* municipal	concejo *m*; consejo *m* municipal; consistorio *m*, *Esp*
1641	conseiller *m* municipal; échevin *m*, BL	concejal *m*
1642	mairie *f*; *dans les villes*: hôtel *m* de ville	ayuntamiento *m*; casa *f* consistorial; intendencia *f*, municipio *m* *Am*
1643	fonctions *fpl* de maire	alcaldía *f*, cargo *m* de alcalde
1644	maire *m*; bourgmestre *m*, B, D, Ö	alcalde *m*; burgomaestre *m*, D, Ö, B; intendente *m* municipal *Am*
1645	mairesse *f*	alcaldesa *f*, mujer *f* del alcalde
1646	Madame (*ou*: Mlle) le Maire, le Maire	alcaldesa *f*
1647	fusion *f* de communes, rattachement *m* (d'une commune) à la commune	incorporación *f* al municipio de, fusión de municipios
1648	rattacher à la commune (de . . .)	incorporar al municipio de . . .
1649	territoire de la commune	territorio *m* municipal
1650	adjoint *m* au maire	teniente *m* de alcalde
1651	assumer les fonctions de maire	hacerse cargo de la alcaldía
1652	administration *f* municipale, municipalité *f*	municipalidad *f*, administración *f* municipal, ayuntamiento *m*
1653	fonctionnaire *m* municipal; ∼ communal	funcionario *m* municipal
1654	décision *f*, résolution *f*	decisión *f*
1655	prendre une décision	tomar una decisión; ∼ un acuerdo
1656	décret *m*; règlement *m*; ordonnance *f*	reglamento *m*
1657	pouvoir *m* réglementaire *f*	poder *m* reglamentario
1658	par (la) voie réglementaire	por vía reglamentaria, por decreto
1659	règlement *m* (*général*); réglementation *f* (*par des mesures spécifiques*)	reglamento *m*; reglamentación *f*
1660	refonte *f* des règlements, nouvelle réglementation	nueva *f* reglamentación

1661	eine Maßnahme rückgängig machen	to withdraw a measure
1662	Weisungen *fpl*, Dienstanweisung *f*	instructions
1663	Gegenzeichnung *f*	countersignature
1664	gegenzeichnen	to countersign
1665	Richtlinien *fpl*	guiding rules, ~ principles
1666	Ausnahmegenehmigung *f*	special authorization
1667	Sondergenehmigung *f*	special permit, ~ authorization
1668	Genehmigung *f*, Ermächtigug *f*, Erlaubnis *f*, Bewilligung *f*	authorization, authority, permit, permission
1669	eine Genehmigung erteilen	to empower, to authorize, to license s.b.; to give (*or*: grant) a permit
1670	Widerruf *m* einer Genehmigung	withdrawal of a permit
1671	eine Genehmigung widerrufen	to withdraw a permit
1672	einen Beschluß rückgängig machen, ~ ~ aufheben	to annul a decision
1673	Ungültigkeitserklärung *f*	invalidation
1674	für ungültig erklären	to invalidate
1675	Bescheinigung *f*	attestation, certificate
1676	Eingabe *f*, Gesuch *n* (*einer Einzelperson an eine Behörde*)	petition, application
1677	Fürsprache *f*, Eintreten *n* (für)	intercession
1678	Dienstsiegel *n*, Amtssiegel *n*	seal, official ~
1679	Vorgang *m*	dossier, file
1680	Ausfertigung *f*	copy
1681	hohe Beamte *mpl*	top-level officials, high ~
1682	öffentlicher Bediensteter, *m* Staatsbediensteter *m* (*Oberbegriff für Beamte und Angestellte*)	member of the public service
1683	Beamtenverhältnis *n*	legal status of civil servants
1684	Laufbahnamt *n*	permanent post
1685	Beamter *m* auf Lebenszeit	permanent official, ~ civil servant
1686	Beamter *m* auf Zeit	temporary official, ~ civil servant
1687	Beamter *m* im einstweiligen Ruhestand (*bis ca. 1950*: ~ ~ Wartestand)	temporary retired (suspended) civil servant

1661	rapporter une mesure	anular (o : revocar, invalidar) una medida
1662	instructions *fpl*	instrucciones *fpl*
1663	contreseing *m*	refrendo *m*, visto *m* bueno
1664	contresigner	refrendar, contrafirmar; contrasignar *Am*
1665	directives *fpl*	directivas *fpl*, pautas *fpl*
1666	autorisation *f* exceptionnelle	autorización *f* excepcional
1667	autorisation *f* spéciale	autorización *f* especial
1668	autorisation *f*, permission *f*	autorización *f*; permiso *m*
1669	accorder (*ou* : donner) une autorisation	dar (*o*: conceder) una autorización
1670	retrait *m* d'une autorisation	revocación *f* de una autorización
1671	retirer une autorisation	revocar una autorización
1672	annuler une décision *f*	anular una decisión *f*
1673	invalidation *f*	invalidación *f*
1674	invalider	invalidar, declarar nulo
1675	attestation *f*; certificat *m*	atestación *f*, certificado *m*
1676	pétition *f*, demande *f*, requête *f*	instancia *f*, solicitud *f*
1677	intercession *f*	intercesión *f*
1678	cachet *m*, sceau *m* (officiel)	sello *m* (oficial)
1679	dossier *m*	expediente *m*
1680	expédition *f*	copia *f*
1681	hauts fonctionnaires *mpl*	altos funcionarios *mpl*
1682	agent *m* (public)	agente *m* público
1683	statut *m* de fonctionnaire, rapport *m* juridique entre le fonctionnaire et l'Etat	situación *f* de funcionario, relación *f* jurídica entre el funcionario y el Estado
1684	fonction *f* du cadre permanent	cargo *m* público de plantilla, ~ vitalicio
1685	fonctionnaire *m* titulaire	funcionario *m* vitalicio
1686	fonctionnaire *m* nommé pour une periode déterminée, ~ non titulaire	funcionario *m* nombrado por un período determinado
1687	fonctionnaire *m* en disponibilité	funcionario *m* en situación de **disponibilidad**, ~ ~ ~ ~ excedencia (forzosa)

1688	Beamter *m* auf Probe	official on probation, civil servant ~ ~
1689	Wahlamt *n*	elective post
1690	Wahlbeamter *m*	elective official
1691	Amt *n*, zu dem man ernannt wird bes US *(Gegensatz: gewählt wird, nicht identisch mit Laufbahnamt)*	appointive post
1692	Staatsbeamter *m*	civil servant, government official
1693	Bundesbeamter *m*	federal civil servant, ~ official
1694	Dienstbezüge *mpl*, Bezüge *mpl*	(service) emoluments, salary
1695	dienstunfähig, arbeitsunfähig	unfit for service, disabled
1696	Amt *n* a) *Funktion f* b) *Behörde f, Institution f*	a) function(s), office b) office, administration; department;
1697	Verwaltungsdienst *m*	public service, civil ~
1698	Verwaltungsstelle *f*	administrative authority, agency
1699	Verwaltungsapparat *m*	administrative apparatus, ~ machinery
1700	Aufsichtsbehörde *f*	supervisory body, board of control
1701	zuständige Dienststellen *fpl*	competent authorities
1702	verwaltungstechnisch, verwaltungsmäßig, Verwaltungs ...	administrative *adj*; administratively *adv*
1703	von Amts wegen	ex officio *nt*
1704	Körperschaft *f* des öffentlichen Rechtes, öffentlich-rechtliche Körperschaft *f*	body incorporated under public law, corporate body
1705	öffentlich-rechtliche Anstalt *f*, ~ ~ Körperschaft	public institution
1706	Kontrollorgan *n*	supervisory body
1707	staatliche Kontrolle *f*	state control
1708	Kommunalaufsicht *f*	supervision of local authorities (by the government)
1709	auf amtlichem Wege, auf dem Amtswege	through official channels
1710	den Amtsweg nicht einhalten	no to go through the official channels

1688	fonctionnaire *m* en stage probatoire, ∼ stagiaire	funcionario *m* en servicio de prueba
1689	fonction *f* élective	cargo *m* electivo
1690	fonctionnaire *m* élu	funcionario *m* elegido
1691	emploi *m* obtenu par nomination	cargo *m* por nombramiento

1692	fonctionnaire *m* de l'Etat	funcionario *m* del Estado
1693	fonctionnaire *m* fédéral	funcionario *m* federal
1694	émoluments *mpl*, rémunération *f* des fonctionnaires (d'un fonctionnaire)	remuneración *f* de funcionarios
1695	incapable *m* de travailler	incapaz para el trabajo
1696	a) fonction(s) *f* (*pl*) b) organisme *m* administratif; service *m*; office *m*;	a) funciones *fpl*, cargo *m* b) institución *f*; autoridad *f*; administración *f*; organismo *m*
1697	service *m* administratif, fonction *f* publique	servicio *m* público
1698	organisme *m* administratif, service *m*	organismo *m* administrativo
1699	appareil *m* administratif	aparato *m* administrativo

1700	autorité *f* de tutelle	organismo *m* de inspección, ∼ supervisor
1701	services *mpl* compétents	servicios *mpl* competentes
1702	administratif *adj*; en matière administrative, du point de vue administratif	administrativo *adj*; desde el punto de vista administrativo *adv*
1703	d'office	de oficio, ex oficio
1704	personne *f* morale de droit public	corporación *f* (*o*: persona moral) de derecho público

1705	établissement *m* (de droit) public	institución *f* de derecho público

1706	organe *m* de contrôle	órgano *m* de control, ∼ ∼ supervisión, ∼ de fiscalización
1707	contrôle *m* de l'Etat	control *m* estatal (*o*: del Estado)
1708	tutelle *f* administrative (sur les collectivités locales)	inspección *f* municipal
1709	par la voie officielle	por vía oficial

1710	ne pas passer par la voie officielle	prescindir de la vía oficial

151

1711	auf dem Dienstwege	through the proper channels
1712	auf dem Verwaltungswege	through administrative channels
1713	Ehrenamt *n*	honorary office, ~ post, voluntary office
1714	ehrenamtlich	
	a) *adj.*	a) honorary
	b) *adv.*	b) in an honorary capacity
1715	öffentliches Amt *n*	public office
1716	Rangordnung *f*, Hierarchie *f*	hierarchy
1717	erblich *(Amt)*	hereditary, *(a ~ office)*
1718	Erblichkeit *f (eines Amtes)*	hereditary character *(of an office)*; hereditariness; heritability
1719	käuflich *(Amt)*	venal
1720	mehrere Ämter auf sich vereinigen	to hold a plurality of offices
1721	offiziell, amtlich, Amts...	official
1722	offiziös, halbamtlich	semi-official
1723	vereinbar mit	compatible with
1724	Vereinbarkeit *f* mit	compatibility with
1725	Unvereinbarkeit *f* mit	incompatibility with
1726	unvereinbar mit	incompatible with
1727	zuständig für	competent for
1728	Zuständigkeit *f*	competence, jurisdiction, competency, cognizance
1729	Unzuständigkeit *f*	incompetence, incompetency
1730	unzuständig für	incompetent to $+ v/t$; ~ for $+$ *noun*
1731	Entscheidungsgewalt *f*	power of decision
1732	Ernennungsbefugnis *f*	power of appointment
1733	Weisungsrecht *n*	power to give instructions, power to issue directives
1734	unterstehen, unter die Zuständigkeit von ... fallen	jurisdiction of, to fall under the ~ ~, to fall within ~ ~ ~
1735	jdn. ermächtigen, etwas zu tun	to come within the competence of ... to lie within the jurisdiction of ... to empower (*or*: to authorize) a person to do s.th.
1736	Befugnis *f*	competence, jurisdiction

1711	par la voie hiérarchique	por la vía jerárquica
1712	par la voie administrative	por la vía administrativa
1713	fonction *f* honorifique	cargo *m* honorífico

1714 a) honorifique
     b) à titre honorifique

a) honorífico
b) a título honorífico

1715 fonction *f* publique — cargo *m* público
1716 hiérarchie *f* — jerarquía *f*
1717 héréditaire — hereditario
1718 caractère *m* héréditaire *(d'une fonction)* — carácter *m* hereditario *(de un cargo)*

1719 vénal — venal
1720 cumuler plusieurs fonctions — reunir varios cargos
1721 officiel — oficial
1722 officieux — oficioso; semioficial
1723 compatible avec — compatible con
1724 compatibilité *f* avec — compatibilidad *f* con
1725 incompatibilité *f* avec — incompatibilidad *f* con
1726 incompatible avec — incompatible con
1727 compétent pour — competente para
1728 compétence *f* — competencia *f*

1729 incompétence *f* — incompetencia *f*
1730 incompétent pour — incompetente para

1731 pouvoir *m* de décision — poder *m* de decisión
1732 pouvoir *m* de nomination — facultad *f* para efectuar nombramientos, poder *m* de nombramiento

1733 droit *m* de direction, pouvoir d'instructions — potestad *f* de emanar instrucciones

1734 relever de la compétence de, ~ ~ ~ juridiction de..., être soumis à la ~ ~ — caer bajo la competencia de, pertenecer a la jurisdicción de, caer bajo ~ ~ ~

1735 autoriser qn. à faire qch — autorizar a alg. *(o:* dar poderes a alg). para hacer u/c

1736 compétence(s) *f* (*pl*), pouvoir *m*, attribution(s) *f* (*pl*) — competencia *f*, jurisdicción *f*; poderes *mpl*, atribución *f*

1737	Wahrnehmung *f* von Befugnissen, Ausübung *f* ~ ~	exercise of functions
1738	Amtsbereich *m*	competence, jurisdiction
1739	Kompetenzstreitigkeiten *fpl*	overlapping of jurisdiction
1740	jdm Befugnisse übertragen, ~ ~ verleihen	to delegate powers to s.b., to grant ~ ~ ~, to confer ~ upon s.b.
1741	Übertragung *f* von Befugnissen	delegation of powers
1742	jdm. Sondervollmachten erteilen	to confer special powers upon s.b., to grant s.b. special powers
1743	implizierte Befugnisse *fpl*, ~ Vollmachten *(bes US)*	implied powers
1744	Befugnisse einschränken	to curtail powers
1745	die ihm übertragenen Aufgaben	such functions as are assigned to him
1746	im Rahmen der ihnen zugewiesenen Befugnisse	within the framework (*or:* ambit) of their respective powers
1747	Aufgaben *fpl*, Aufgabenkreis *m*, Zuständigkeitsbereich *m*	competence, powers; functions; scope
1748	Doppelzuständigkeit *f*	double competence
1749	Ermessensbefugnisse *fpl*	discretionary powers
1750	Ermessens... *in Zssgn*	discretionary
1751	Ermessensüberschreitung *f*; Ermessensmißbrauch *m*; Mißbrauch *m* der Amtsgewalt	abuse of powers, abuse of office, misfeasance
1752	Überschreitung *f* der Befugnisse, Ermessensüberschreitung *f*	ultra vires action, misuse (*or:* abuse) of power, action ultra vires
1753	seine Befugnisse *fpl* überschreiten *(Person)*	to act ultra vires
1754	über jds Befugnisse hinausgehen *(Sache)*	to exceed one's powers
1755	über jds Zuständigkeit hinausgehen	to lie beyond the cognizance of, to lie beyond the competence of, to lie beyond the jurisdiction of,
1756	aufschiebende Wirkung *f*	dilatory (*or:* suspensive) effect
1757	sorgsame Erfüllung *f (einer Pflicht)*	due diligence
1758	Bewerber *m*, Kandidat *m*	candidate
1759	kandidieren, sich bewerben	to stand as a candidate for..., to run for nomination

1737	exercice *m* d'attributions	ejercicio *m* de atribuciones
1738	ressort *m*, compétence *f*	competencia *f*, jurisdicción *f*
1739	conflits *mpl* de compétence	conflictos *mpl* de competencia
1740	déléguer des pouvoirs à qn., conférer des attributions à qn.	delegar poderes a alg.
1741	délégation *f* de pouvoirs	delegación *f* de poderes
1742	conférer à qn. des pouvoirs *mpl* extraordinaires	otorgar poderes especiales a alg
1743	pouvoirs *mpl* implicites	poderes *mpl* implícitos
1744	restreindre des pouvoirs	restringir poderes
1745	les fonctions qui lui sont dévolues	las funciones que le han sido confiadas (*o*: atribuidas)
1746	dans le cadre de leurs attributions respectives	dentro del marco de sus respectivas atribuciones
1747	attributions *fpl*	atribuciones *fpl*, esfera *f* de acción, competencia *f*; jurisdicción *f*
1748	double compétence *f*	doble competencia *f*, competencia *f* doble
1749	pouvoirs *mpl* discrétionnaires	poder *m* discrecional
1750	discrétionnaire	discrecional
1751	abus *m* de pouvoir; détournement *m* ~ ~	abuso *m* de autoridad
1752	excès *m* de pouvoir	exceso *m* (*o*: extralimitación *f*) en el ejercicio de facultades
1753	commettre un excès de pouvoir	exceder sus competencias
1754	sortir de sa compétence	sobrepasar la competencia de alguien
1755	ne pas être de la compétence de, sortir de la compétence de	no incumbir a alg, no ser de la competencia de alg
1756	effet *m* suspensif	efecto *m* dilatorio, ~ retardante
1757	diligence *f* due	diligencia *f* debida
1758	candidat *m*	candidato *m*
1759	poser sa candidature à ..., présenter sa candidature à ... (*une fonction*), faire acte de candidature	presentar su candidatura para ...

1760	seine Bewerbung zurückziehen, seine Kandidatur zurückziehen	to withdraw one's candidature
1761	jdn. benennen, ~ vorschlagen	to nominate s.b.
1762	vorgeschlagener Kandidat	nominee, candidate
1763	jdn. als Kandidaten aufstellen	to nominate s.b.
1764	Bewerbungsunterlagen *fpl*	personal data and testimonials
1765	ernennen, bestellen, bestallen	to appoint
1766	Ernennung *f*, Bestellung *f*	appointment
1767	Ernennungsurkunde *f*, Bestellungsurkunde *f*, Anstellungsurkunde *f*	letter of appointment; certificate of appointment
1768	in den Verwaltungsdienst eintreten	to enter the civil service, ~ ~ ~ public ~
1769	einstufen	to classify
1770	ein Amt antreten	to take office; to assume one's duties, to take up, to enter upon, to begin, one's duties
1771	Amtsantritt *m*, Amtseinführung *f*, Dienstantritt *m*	commencement of duties, assumption of office
1772	bei Amtsantritt	when entering into office, on taking office
1773	jdn. in sein Amt einführen (*od:* einweisen)	to introduce s.b. into his office; to break s.b. in *(fam, US)*
1774	vereidigt werden	to take the oath of office, to be sworn in
1775	jdn. vereidigen	to swear in s.b., to administer an oath to s.b.
1776	Amtsgeheimnis *n*	official secret
1777	Staatsgeheimnis *n*	state secret
1778	ein Amt ausüben, (*od:* bekleiden, innehaben); amtieren	to hold an office; to perform a function
1779	in Ausübung seines Amtes	in the fulfilment of his duties, in the exercise, (*or:* discharge) of his duties, in the performance ~ ~ ~
1780	jdn. im Amt vertreten	to deputize for *s.b.*, to substitue *s.b.* for *s.b.* else
1781	jdn. vertreten (*zB den Minister*), in jds. Vertretung erscheinen	to represent s.b., to deputize for s.b.
1782	amtierend	acting
1783	im Amte bleiben	to remain in office; to continue ~ ~

1760	retirer sa candidature	retirar su candidatura
1761	désigner qn., proposer qn.	proponer a alg.
1762	candidat *m* désigné *(mais non encore élu ou nommé)*	candidato *m* propuesto
1763	proposer la candidature de	presentar a alg. como candidato
1764	dossier *m* de candidature	expediente *m* (de un candidato)
1765	nommer	nombrar, designar
1766	nomination *f*	nombramiento *m*
1767	acte *m* de nomination (*souvent*: décret *m ou*: arrêt *m* de nomination)	carta *f* de nombramiento; patente *f*; letras *fpl* patentes
1768	entrer dans l'administration	entrar en la administración
1769	classer, classifier	clasificar
1770	prendre ses fonctions; entrer en fonctions, entrer en exercice	tomar posesión de un cargo
1771	entrée *f* en fonctions; prise *f* de fonctions	toma *f* de posesión (del cargo)
1772	au moment de l'entrée en fonction	al entrar en funciones
1773	initier qn. à ses fonctions; mettre qn. au courant	iniciar a alg. en sus funciones, dar posesión de su cargo a alg.
1774	prêter serment	prestar juramento
1775	assermenter qn	tomar juramento a alg, juramentar ~ ~
1776	secret *m* officiel	secreto *m* oficial
1777	secret *m* d'Etat	secreto *m* de Estado
1778	exercer une fonction (*ou*: des fonctions)	desempeñar una función (*o*: un cargo)
1779	dans l'exercice de ses fonctions	en el ejercicio de sus funciones (*o*: de su cargo); en el desempeño de ~ ~
1780	faire l'intérim de qn.	sustituir a alg. (en el cargo)
1781	remplacer qn.	ostentar la representación de alg.
1782	en fonction, par intérim	accidental, en funciones
1783	rester en fonctions, demeurer en fonctions	continuar en el cargo; permanecer en sus funciones

1784	Amtsdauer *f*, Amtszeit *f (bei Wahlämtern)*	term of office, duration ~ ~
1785	Ablauf *m* der Amtszeit	expiration of the term of office
1786	Beförderung *f*, Aufstieg *m*	advance, advancement, promotion,
1787	Zurückstufung *f*	demotion
1788	zurückstufen (Beamten)	to demote s. b. *(to a position with a lower salary)*
1789	jdn. einer Dienststelle zuteilen	to assign s. b. to an office
1790	jdn. versetzen	to transfer *(to another post)*
1791	Versetzung *f*	transfer *(to another post)*
1792	jdn. von X nach Y versetzen	to transfer s.b. from X to Y
1793	jdn. strafversetzen	to transfer for disciplinary reasons
1794	Strafversetzung *f*	transfer as a measure of disciplinary punishment, disciplinary transfer
1795	Amtstausch *m*, Stellentausch *m (zwischen zwei Beamten)*	exchange of posts
1796	mit jdm. seinen Amtssitz tauschen	to exchange official residences with s. b.
1797	ein Amt (eine Tätigkeit) endet	the term of office expires
1798	Ausscheiden *n* aus dem Dienst *(od:* Amt*)*	retiring from office
1799	suspendieren, seines Amtes entheben *(vorübergehend)*	to suspend (from one's duties, from office)
1800	Suspension *f*, Suspendierung *f*	suspension (from office)
1801	jdn. entlassen	to dismiss s. b., to remove s. b. from office, to discharge
1802	absägen *fam*, kaltstellen *fam*	to fire, to sack, to give the sack to s. b. *fam,* to ax(e), to dump *fam*
1803	Dienstentlassung *f*, Entlassung *f*	dismissal, removal from office
1804	Absägen *n, fam;* Ausbooten *n, fam*	axing, sack, sacking *fam*
1805	kaltstellen, auf ein Abstellgleis schieben *fam*	to put on the shelf, to shelve, to put on ice
1806	absetzbar	removable, revocable
1807	nicht absetzbar, unabsetzbar, *(zB Richter, Senatoren)*	irremovable, holding office for life

1784	durée *f* des fonctions, ~ du mandat	duración *f* del mandato
1785	expiration *f* du mandat	expiración *f* del mandato
1786	avancement *m* (de grade), promotion *f*	ascenso *m*, promoción *f*
1787	abaissement *m* d'échelon	degradación *f*
1788	abaisser d'échelon	degradar
1789	affecter qn. à un service	destinar a alg. a un organismo
1790	muter qn.	trasladar
1791	mutation *f*	traslado *m*
1792	transférer qn. de X à Y	trasladar a alg. de X a Y
1793	muter qn. par mesure disciplinaire	trasladar a alg. por motivos disciplinarios
1794	déplacement *m* tenant lieu de sanction; mutation *f* disciplinaire	postergación *f*, sanción *f* de traslado forzoso
1795	permutation *f*	permuta *f* de cargos *(entre dos funcionarios)*
1796	permuter avec qn.	permutar con alg.
1797	une fonction prend fin	una función acaba, ~ ~ se termina
1798	cessation *f* des fonctions	cese *m* en el cargo
1799	suspendre (de ses fonctions)	suspender
1800	suspension *f* (de fonctions)	suspensión *f*
1801	renvoyer qn., licencier qn., destituer qn., relever qn. de ses fonctions; révoquer (juge)	destituir a alg., separar a alg. del cargo
1802	limoger *fam*, déboulonner *fam*, saquer *fam*	despachar
1803	destitution *f*, révocation *f*	destitución *f* del cargo, separación *f*
1804	limogeage *m, fam*	destitución *f*
1805	mettre en veilleuse, ~ sur la *(ou:* une) voie de garage	apartar del primer plano, relegar a un segundo término; *fam*: retirar de la circulación
1806	amovible	amovible
1807	inamovible	inamovible

1808	Besoldungsordnung *f*	scales of pay
1809	Pensionierung *f*, Versetzung *f* in den Ruhestand	retirement, pensioning off, retirement on pension
1810	pensionieren, in den Ruhestand versetzen	to pension off, to retire (on pension)
1811	in Pension gehen, in den Ruhestand treten	to retire, to be retired on pension
1812	Pensionsanspruch *m*	right to pension
1813	Disziplinargewalt *f*	disciplinary power
1814	Dienststrafrecht *n*	disciplinary law
1815	Dienstvergehen *n*, Disziplinarvergehen *n*	disciplinary offence
1816	Disziplinarstrafe *f*, Dienststrafe *f*	disciplinary punishment,
1817	Disziplinarrat *m*	disciplinary board, ∼ council
1818	Disziplinarmaßnahmen *fpl*	disciplinary measures, ∼ action
1819	Disziplinarverfahren *n*	disciplinary proceeding

9. Die richterliche Gewalt

9. The Judicial Power

1820	richterliche Gewalt *f*	judicial power
1821	Justizbehörden *fpl*, Gerichtsbehörden *fpl*	judicial authorities *pl*
1822	Recht sprechen	to administer justice
1823	Verweigerung *f* des Rechtsschutzes	denial of justice
1824	auf dem Rechtswege	by recourse to law
1825	Gerichtsbarkeit *f*	jurisdiction
1826	Zuständigkeit *f*	competence, jurisdiction
1827	ausschließliche Gerichtsbarkeit	exclusive jurisdiction
1828	Straf-und Disziplinargerichtsbarkeit *f*	criminal and disciplinary jurisdiction
1829	einer Gerichtsbarkeit unterworfen	justiciable, actionable
1830	Berufungsgericht *n*, Appellationsgericht *n*	Court of Appeal, Appellate Tribunal; Court of Appeals, *US*
1831	Oberster Gerichtshof *m*	Supreme Court of Justice
1832	Verfassungsgerichtshof *m*	Constitutional Court
1833	Verfassungsgerichtsbarkeit *f*	constitutional jurisdiction

1808	statut *m* pécuniaire	estatuto *m* de retribuciones
1809	admission *f* à la retraite	jubilación *f*

1810	admettre à la retraite, mettre à la retraite	jubilar a alg.
1811	prendre sa retraite	jubilarse

1812	droit *m* à la retraite	derecho *m* a jubilación
1813	pouvoir *m* disciplinaire	poder *m* disciplinario
1814	droit *m* disciplinaire	Derecho *m* disciplinario
1815	faute *f* disciplinaire	falta *f* disciplinaria, delito *m* administrativo
1816	sanction *f* disciplinaire	pena *f* disciplinaria; castigo *m* disciplinario
1817	conseil *m* de discipline	consejo *m* de disciplina
1818	mesures *fpl* disciplinaires	medidas *fpl* disciplinarias
1819	procédure *f* disciplinaire	procedimiento *m* disciplinario

9. Le pouvoir judiciaire

9. El poder judicial

1820	pouvoir *m* judiciaire	poder *m* judicial
1821	autorités *fpl* judiciaires	autoridades *fpl* judiciales

1822	rendre la justice	administrar (la) justicia
1823	déni *m* de justice	denegación *f* de justicia
1824	par la voie judiciaire	por la vía judicial
1825	juridiction *f*	jurisdicción *f*
1826	compétence *f*, juridiction *f*	competencia *f*, jurisdicción *f*
1827	juridiction *f* exclusive	jurisdicción *f* exclusiva
1828	juridiction *f* pénale et disciplinaire	jurisdicción *f* penal y disciplinaria

1829	justiciable	justiciable
1830	Cour *f* d'appel	tribunal *m* de apelación; corte *f* de apelación *Am*; instancia *f* de ~ (*Esp*: *Audiencias o Tribunal Supremo*)
1831	Cour *f* suprême	Tribunal *m* Supremo *Esp*; Corte *f* Suprema (de Justicia) *Am*
1832	Cour *f* constitutionnelle	Tribunal *m* de garantías constitucionales
1833	juridiction *f* constitutionnelle	jurisdicción *f* constitucional

1834	Bundesverfassungsgericht *n*, D	Federal Constitutional Court
1835	Verwaltungsgericht *n*	administrative tribunal, ~ court
1836	Oberster Rechnungshof *m*	Audit Office
1837	Bundesrechnungshof *m*, D	Federal Audit Office
1838	begnadigen	to pardon, to grant pardon, to reprieve, to show clemency
1839	zum Tode verurteilen	to sentence to death
1840	Begnadigung *f*	pardon, reprieve
1841	Gnadenrecht *n*	right of pardon, pardoning power, right of granting reprieve
1842	das Gnadenrecht ausüben	to exercise the right of pardon
1843	Amnestie *f*	amnesty
1844	eine Amnestie beschließen	to vote (*or*: to pass) an amnesty
1845	amnestieren	to pardon
1846	Unparteilichkeit *f* der Rechtssprechung	impartiality of the judiciary
1847	Schauprozeß *m*	show trial
1848	Rechtshilfeersuchen *n*	letters rogatory
1849	Rechtshilfe *f* in Strafsachen	mutual assistance in criminal matters
1850	sich einander soweit wie möglich Rechtshilfe leisten	to afford each other the widest measure of mutual assistance
1851	ersuchter Staat *m*	requested Party
1852	ersuchender Staat *m*	requesting Party
1853	Behörde *f*, von der das Ersuchen ausgeht	authority making the request
1854	Rechtshilfevereinbarung *f*, Rechtshilfeübereinkommen *n*	convention on legal aid
1855	Verweigerung *f* von Rechtshilfe	refusal of legal assistance
1856	Gegenstand *m* und Grund *m* des Ersuchens	the object and the reason for the request
1857	Ersuchen *n* um der Strafverfolgung vorausgehende Erhebungen	request for investigation preliminary to prosecution

1834	Cour *f* Constitutionnelle Fédérale	Tribunal *m* de Garantías Constitucionales de la República Federal
1835	tribunal *m* administratif	tribunal *m* administrativo
1836	Cour *f* des Comptes	Tribunal *m* de Cuentas
1837	Cour *f* Fédérale des Comptes	Tribunal *m* Federal de Cuentas
1838	gracier	indultar
1839	condamner à mort, ~ ~ la peine de mort (*ou*: à la peine capitale)	condenar a muerte, condenar a la pena de muerte
1840	grâce *f*	indulto *m*, gracia *f*
1841	droit *m* de grâce	derecho *m* de indulto, ~ ~ gracia
1842	exercer le droit de grâce	ejercer el derecho de indulto
1843	amnistie *f*	amnistía *f*
1844	voter une amnistie	votar una amnistía
1845	amnistier	amnistiar
1846	impartialité *f* du pouvoir judiciaire	imparcialidad *f* del poder judicial, ~ de la justicia
1847	procès *m* à grand spectacle, ~ sensationnel	proceso *m* espectacular
1848	commission *f* rogatoire	comisión *f* rogatoria
1849	entraide *f* judiciaire en matière pénale	asistencia *f* judicial en causas penales
1850	s'accorder mutuellement l'aide judiciaire la plus large possible	prestarse mutuamente la más amplia asistencia judicial posible
1851	Partie *f* requise	Estado *m* al que va dirigida la solicitud
1852	Partie *f* requérante	Estado *m* solicitante
1853	autorité *f* dont émane la demande	autoridad *f* de la que emana la comisión rogatoria
1854	convention *f* d'aide judiciaire	convenio *m* sobre asistencia judicial
1855	refus *m* d'entraide judiciaire	denegación *f* de asistencia judicial
1856	l'objet *m* et le motif de la demande	objeto *m* y motivo *m* de la comisión rogatoria
1857	demande *f* d'enquête préliminaire à la poursuite	comisión *f* rogatoria para la ejecución de pesquisas (*o*: inquisiciones, comprobaciones) previas a la prosecución penal

1858	Erledigung *f* des Rechtshilfeersuchens	execution of the letters rogatory
1859	Hoheitsgebiet *n* des ersuchenden Staates	territory of the requesting Party
1860	dem Rechtshilfeersuchen zugrundeliegende strafbare Handlung	offence motivating the letters rogatory
1861	politische strafbare Handlungen *fpl*	political offences *pl, GB*; ~ offenses *US*
1862	die strafbare Handlung muß auslieferungsfähig sein	the offence (*US*: offense) should be an extraditable one
1863	militärische strafbare Handlungen *fpl*	military offences *pl, GB*; ~ offenses *US*
1864	fiskalische strafbare Handlungen *fpl*, Zoll- und Steuervergehen *npl*	fiscal offences *pl, GB*; ~ offenses *US* tax and customs offenses
1865	auslieferungsfähige strafbare Handlungen *fpl*	extraditable offences *pl, GB*; ~ offenses *US*
1866	interlokales Strafrecht *n*	interlocal penal law
1867	Strafregister *n*	judicial records *pl*
1868	anhängiges Strafverfahren *n*	pending proceedings *pl*
1869	Tatbestandsmerkmale *npl*	constituent elements *pl* of the offence
1870	Internationale Kriminalpolizeiliche Organisation *f*, Interpol *f*	International Criminal Police Organization (Interpol), ICPO
1871	Auslieferung *f*	extradition
1872	ausliefern	to surrender, to extradite
1873	Durchlieferung *f*	transit
1874	Übertragung *f* von Hoheitsrechten	transfer of sovereign rights
1875	Hoheitsrechte *npl* übertragen	to transfer sovereign rights
1876	Verzicht *m* auf Souveränität	relinquishment of sovereignty
1877	Weiterlieferung *f* an einen dritten Staat	re-extradition to a third State
1878	der Ausgelieferte	person who has been extradited
1879	Übergabe *f* des Verfolgten	surrender of the person to be extradited
1880	aufgeschobene oder bedingte Übergabe *f*	postponed or conditional surrender

1858 exécution *f* de la commission

1859 territoire *m* de la Partie requérante

1860 infraction *f* motivant la commission rogatoire
1861 infractions *fpl* politiques, ~ à caractère politique
1862 l'infraction *f* doit être susceptible de donner lieu à extradition
1863 infractions *fpl* militaires

1864 infractions *fpl* fiscales

1865 faits *mpl* donnant lieu à extradition

1866 droit *m* pénal interlocal
1867 casier *m* judiciaire
1868 poursuites *fpl* en cours
1869 éléments *mpl* constitutifs de l'infraction
1870 Organisation *f* internationale de police criminelle (Interpol), OIPC
1871 extradition *f*
1872 livrer, extrader
1873 transit *m*
1874 transfert *m* d'attributions, ~ de droits souverains, ~ ~ de souveraineté
1875 transférer des droits souverains
1876 abandon *m* de souveraineté
1877 réextradition *f* à un Etat tiers

1878 l'individu qui aura été livré, personne *f* extradée, individu *m* extradé, extradé *m*
1879 remise *f* de l'individu réclamé

1880 remise *f* ajournée ou conditionnelle

ejecución *f* de la comisión rogatoria

territorio *m* del Estado solicitante

hecho *m* delictivo que da lugar a la comisión rogatoria
hechos *mpl* delictivos de índole política, delitos *mpl* políticos
el hecho delictivo debe justificar la extradición
delitos *mpl* militares

delitos *mpl* de índole fiscal

hechos *mpl* delictivos que pueden dar lugar a (la) extradición

derecho *m* penal interlocal
registro *m* de antecedentes penales
procedimiento *m* penal pendiente
atributos *mpl* típicos del delito

Organización *f* Internacional de Policía Criminal (OIPC, Interpol)
extradición *f*
entregar
tránsito *m* de extradición
transferencia *f* de derechos de soberanía, ~ ~ ~ soberanos

transferir derechos de soberanía
renuncia *f* a la soberanía
reextradición *f* a un tercer Estado

individuo *m* entregado

entrega *f* del individuo requerido

entrega *f* diferida o sujeta a condiciones

1881	die Auslieferung ablehnen	to refuse extradition, ~ ~ to extradite
1882	Verweigerung *f* der Auslieferung	refusal to extradite
1883	Auslieferung *f* eigener Staatsangehöriger	extradition of nationals
1884	Auslieferungsersuchen *n*	request for extradition
1885	vorläufige Auslieferungshaft *f*	provisional arrest prior to extradition
1886	Auslieferungsverpflichtung *f*	obligation to extradite
1887	Europäisches Auslieferungsübereinkommen *n*	European Convention on Extradition
1888	Überstellung *f*	transfer
1889	erneute Verhaftung *f*	re-arrest
1890	Nichtauslieferung *f*	non-extradition
1891	Verfolgter *m*	person sought, wanted person
1892	kurze Darstellung *f* des Sachverhalts	summary of the facts
1893	Begehungsort *m*	place of commission, ~ ~ perpetration (of the crime)
1894	Grundsatz *m* der Spezialität	principle of adaptation to given circumstances
1895	Übermittlung *f* der Vorladung	summons is served
1896	Übermittlung *f* von Beweisstücken, Akten oder Schriftstücken	transmitting articles to be produced in evidence, records or documents
1897	Zustellung *f* von Verfahrensurkunden und Gerichtsentscheidungen	service of writs and records of judicial verdicts
1898	Auszüge *mpl* aus dem Strafregister, Strafregisterauszüge *mpl*	extracts *pl* from judicial records
1899	Austausch *m* von Strafnachrichten	exchange of information from judical records
1900	Erscheinen *n* von Zeugen, Sachverständigen und Beschuldigten	appearance of witnesses, experts and prosecuted persons
1901	unter Eid aussagen	to give evidence on oath, ~ ~ ~ under ~
1902	zur Gegenüberstellung	for purposes of confrontation
1903	den Beistand eines Pflichtverteidigers erhalten	to be given free legal assistance

1881	refuser l'extradition	denegar la extradición

1882	refus *m* d'extradition	denegación *f* de (la) extradición
1883	extradition *f* des nationaux	extradición *f* de nacionales

1884	demande *f* d'extradition	demanda *f* de extradición, petición *f* ~ ~
1885	emprisonnement *m* provisoire consécutif à une demande d'extradition	detención *f* provisional a consecuencia de una solicitud de extradición
1886	obligation *f* d'extrader	obligación *f* de extradición
1887	Convention *f* Européenne d'Extradition	Convención *f* Europea sobre Extradición; *mejor*: Convenio *m* Europeo ~ ~
1888	transfèrement *m*, transfert *m*	transferencia *f*, traslación *f*
1889	nouvelle arrestation *f*	nueva detención *f*
1890	non-extradition *f*	no extradición *f*
1891	individu *m* réclamé	individuo *m* reclamado
1892	exposé *m* sommaire des faits	exposición *f* sumaria de los hechos
1893	lieu *m* de perpétration	lugar *m* de la comisión (*o*: de la perpetración) del delito, lugar *m* de autos

1894	règle *f* de la spécialité	principio *m* de especialidad

1895	transmission *f* de la citation	transmisión *f* (*o*: notificación *f*) de la citación

1896	communication des pièces à conviction, des dossiers ou des documents	transmisión *f* de instrumentos de prueba, expedientes y documentos
1897	remise *f* d'actes de procédure et de décisions judiciaires	transmisión *f* de documentos (*o*: expedientes) y decisiones judiciales
1898	extraits *mpl* du casier judiciaire	extractos *mpl* del registro de antecedentes penales

1899	échange *m* d'avis de condamnation	intercambio *m* de informaciones sobre antecedentes penales

1900	comparution *f* de témoins, experts et personnes poursuivies	comparecencia *f* de testigos, peritos e inculpados
1901	déposer sous serment, ~ ~ la foi du serment	declarar bajo juramento
1902	aux fins de confrontation	para (fines de) careo *m*, ~ ~ ~ confrontación *f*

1903	être assisté gratuitement par un avocat d'office (*ou*: commis ~)	ser defendido por un abogado nombrado de oficio

1904	Unterlagen *fpl*	supporting documents *pl*
1905	Urschrift *f* oder beglaubigte Abschrift *f*	the original or an authenticated copy
1906	beglaubigte Fotokopien *fpl*	certified photostat(ic) copies
1907	die Freiheit beschränkende Maßregel *f*	detention order
1908	Freiheitsstrafe *f*	deprivation of liberty
1909	mit der Todesstrafe bedroht; auf den (die, das) Todesstrafe steht	punishable by death
1910	Todesurteil *n*	death sentence, sentence of death
1911	Todesstrafe *f*	capital punishment, death penalty
1912	Hinrichtung *f*, Exekution *f*	execution
1913	hinrichten	to execute
1914	Freilassung *f*	release
1915	endgültige Freilassung *f*	final discharge

10. Politische Parteien

10. Political Parties

1916	(politische) Partei *f*	(political) party
1917	internationale politische Partei *f*	international political party
1918	Bewegung *f*	movement
1919	gemäßigte Partei *f*	moderate party
1920	extremistische Partei *f*	extremist party
1921	Linke *f*, Linksparteien *fpl*	the Left, left-wing parties
1922	Rechte *f*, Rechtsparteien *fpl*	the Right, right-wing parties
1923	Parteien *fpl* der Mitte	Center, *US*; Centre, *GB*; middle-of-the-road
1924	Staatspartei *f*, Einheitspartei *f*	single party
1925	unparteilich, überparteilich, nicht parteigebunden	non-partisan
1926	Regierungspartei *f*	party in power, governing party
1927	Regierungspartei *f* und Opposition *f*	the ins and outs, the ruling party and the opposition
1928	die Partei *f*, die an der Macht ist	ruling party
1929	Regierungskoalition *f*	coalition (parties) in power

1904	documents *mpl* à l'appui	documentos *mpl* justificativos
1905	l'original *m* (*ou*: la minute) ou l'expédition *f* authentique	original *m* o copia *f* legalizada, escrito *m* original (o copia *f* autorizada)
1906	photocopies *fpl* certifiées conformes	fotocopias *fpl* autorizadas o legalizadas
1907	mesure *f* de sûreté privative de liberté	medida *f* privativa (*o:* restrictiva) de libertad
1908	peine *f* privative de liberté	pena *f* privativa de libertad
1909	puni de la peine capitale	sujeto a la pena capital
1910	arrêt *m* de mort	sentencia *f* de muerte
1911	peine *f* capitale, ~ de mort	pena *f* capital, ~ de muerte; último suplicio *m* lit.
1912	exécution *f*	ejecución *f*
1913	exécuter	ejecutar
1914	mise *f* en liberté	puesta *f* en libertad
1915	élargissement *m* définitif	puesta *f* en libertad definitiva

10. Partis politiques

10. Partidos políticos

1916	parti *m* (politique)	partido *m* (político)
1917	parti *m* politique international	partido *m* político internacional
1918	mouvement *m*	movimiento *m*
1919	parti *m* modéré	partido *m* moderado
1920	parti *m* extrémiste	partido *m* extremista
1921	gauche *f*, partis *mpl* de gauche	partidos *mpl* de izquierda(s), ~ izquierdistas; izquierda *f*
1922	droite *f*, partis *mpl* de droite	derecha *f*, partidos *mpl* de derecha(s), ~ derechistas
1923	parti(s) *m (pl)* du centre	(partidos *mpl* del) centro, *m* ~ centristas
1924	parti *m* unique	partido *m* de Estado, ~ único
1925	non-inscrit, (député) indépendant	independiente
1926	parti *m* gouvernemental	partido *m* gubernamental
1927	le parti gouvernemental et l'opposition	el partido en el poder y la oposición
1928	parti *m* au pouvoir	partido *m* en el poder
1929	coalition *f* gouvernementale	coalición *f* gubernamental

1930	Koalitionsparteien *fpl*	coalition parties
1931	Rechtskoalition *f*	right-wing coalition
1932	Linkskoalition *f*	left-wing coalition
1933	Oppositionsparteien *fpl*	opposition parties
1934	Oppositionsführer *m*	leader of the opposition
1935	Rechtsopposition *f*	opposition from the right, right-wing ~
1936	Linksopposition *f*	opposition from the left, left-wing ~
1937	Mitglied *n* der Opposition, Oppositionspolitiker *m*	member of the opposition, oppositionist
1938	aus einer Partei ausschließen	to expel from a party; to oust ~ ~ ~, *fam*
1939	Zusammenhalt *m (einer Partei)*	cohesion *(of a party)*
1940	rechter (linker) Flügel einer Partei	right (left) wing of a party
1941	Spaltung *f (einer Partei)*	split *(of a party)*
1942	sich spalten *(Partei)*	to split
1943	abgespaltete Gruppe *f*	breakaway group, splinter ~, dissident ~
1944	fusionieren mit, sich vereinigen mit, (sich) verschmelzen mit	to merge with
1945	Fusion *f* mit, Verschmelzung *f* mit, Vereinigung *f* mit	merger with
1946	Partei *f*, Parteigruppe *f*, Clique *f*	clique, faction
1947	Splitterparteien *fpl*	splinter parties
1948	„Rathausparteien" *fpl*	political parties at the local level, local (political) parties
1949	Einparteiensystem *n*	one-party system
1950	Zweiparteiensystem *n*	two-party system; bi-party ~ *US* bipartite ~
1951	Dreiparteiensystem *n*	three-party system; tripartite ~
1952	Mehrparteiensystem *n*	multi-party system; multipartite ~
1953	Mehrheitspartei *f*	majority party
1954	Minderheitspartei *f*	minority party
1955	die Parteilosen *mpl*	independents

1930	partis *mpl* de la coalition	partidos *mpl* de la coalición, ~ coaligados
1931	coalition *f* de droite	coalición *f* de derecha(s)
1932	coalition *f* de gauche	coalición *f* de izquierda(s)
1933	partis *mpl* de l'opposition	partidos *mpl* de (la) oposición
1934	chef *m* (*ou*: leader *m*) de l'opposition	jefe *m* (*o*: líder *m*) de la oposición
1935	opposition *f* de (la) droite	oposición *f* de derecha(s)
1936	opposition *f* de (la) gauche	oposición *f* de izquierda(s)
1937	membre *m* de l'opposition	miembro *m* de la oposición
1938	exclure (*ou*: expulser) d'un parti	expulsar de un partido
1939	cohésion *f* (*d'un parti*)	cohesión *f* (*de un partido*)
1940	aile *f* droite (gauche) d'un parti	ala *f* derecha (izquierda) (de un partido)
1941	scission *f* (*d'un parti*)	escisión *f* (*de un partido*)
1942	se scinder	escindirse
1943	groupe *m* dissident	grupo *m* disidente
1944	fusionner avec	fusionar con
1945	fusion *f* avec	fusión *f* con
1946	faction *f*	facción *f*, bandería *f*
1947	partis *mpl* minuscules (*terme collectif*: poussière *f* de partis)	partidos *mpl* minúsculos
1948	partis *mpl* politiques à l'échelon de la commune	partidos *mpl* políticos de acción local
1949	système *m* du parti unique	sistema *m* unipartidario, ~ del partido único
1950	bipartisme *m*, système *m* de deux partis	sistema *m* de dos partidos, ~ bipartidario
1951	tripartisme *m*, système *m* de trois partis	sistema *m* de tres partidos
1952	système *m* de plusieurs partis	pluripartidismo *m*, sistema *m* pluripartidista
1953	parti *m* majoritaire	partido *m* mayoritario
1954	parti *m* minoritaire	partido *m* minoritario
1955	les «sans parti», les indépendants *mpl*	independientes *mpl*, los «sin partido»

1956	eine Partei verbieten	to ban a party
1957	Parteivorsitzender *m*	chairman of the party
1958	Parteiführer *mpl*	party leaders; ∼ chiefs; ∼ bosses *(rather negative, US)*
1959	Bonzentum *n* (politisches)	boss rule, bossism; bossdom, US
1960	Parteibonze *m*	party boss, big shot of the party
1961	Parteiführung *f*, Parteileitung *f*	party leadership; party leaders
1962	Parteivorstand *m*	executive committee of the (*or*: of a) party
1963	Parteitag *m*, Parteikonvent *m*; Parteikongreß *m*, *bes US*	party congress; ∼ convention, US
1964	Teilnehmer an einem Parteikonvent (*od*: Parteikongreß)	conventionals, US
1965	Parteikonvent *m*	Party Convention
1966	Parteiversammlung *f*	party meeting, ∼ rally
1967	Parteistatuten *npl*, Parteisatzung *f*	statutes of the party
1968	Parteidisziplin *f*	party discipline
1969	Parteiapparat *m*	party apparatus, ∼ machinery
1970	Parteilinie *f*	party line
1971	Linientreue *f*	fidelity to the party line
1972	Chefideologe *(zB Suslov in der UdSSR)*	chief ideologist, (chief) party theoretician
1973	Vergöttlichung *f* der Partei	deification of the party
1974	„Parteibuchwirtschaft *f*"	party-book policy
1975	Parteifunktionäre *mpl*	party officials
1976	Einpeitscher *m (einer Partei)*	whip
1977	Kader *mpl (Parteiführer)*	cadres *pl*, *nt*
1978	Parteigremium *n (zur Festlegung der Fraktionspolitik, bes US)*	caucus, US
1979	Parteizelle *f*	party cell
1980	Aktivist *m*	activist, militant
1981	Parteikasse *f*	party-funds
1982	Gelder sammeln (für eine Partei)	to raise funds, ∼ ∼ money
1983	Parteiabzeichen *n*	party badge
1986	Sozialdemokrat *m*	Social Democrat
1985	Sozialdemokratie *f*	Social Democracy
1986	kommunistische Partei *f*	Communist party

1956	interdire un parti	prohibir un partido
1957	président *m* du parti (*ou*: d'un parti)	presidente *m* del partido
1958	les dirigeants *mpl* du parti (d'un parti, des partis), les leaders *mpl*	los jefes *mpl* (*o*: los líderes *mpl*) de un partido
1959	mandarinisme *m* mandarinat *m*	gamonalismo *m*, *Am*; caciquismo *m*
1960	bonze du parti, mandarin	capitoste *m*, cacique *m*
1961	direction *f* du parti; chefs *mpl* du parti	dirección *f* del partido; jefes *mpl* ~ ~, jefatura *f* ~ ~
1962	le comité directeur (du parti, d'un parti)	junta *f* central de un partido (*o*: del p.), comité *m* (de dirección)
1963	congrès *m* du parti; convention *f* ~ ~, US	congreso *m* del partido; convención ~ ~, US
1964	participants *mpl* au Congrès du Parti	asistentes *mpl* a un congreso del partido
1965	Convention *f* (du Parti)	Convención *f* del partido
1966	meeting *m* du (*ou*: d'un) parti	mitín *m* del partido (*o*: de un ~)
1967	statuts *mpl* du parti	estatutos *mpl* del partido
1968	discipline *f* de (du) parti	disciplina *f* del partido
1969	appareil *m* du parti	aparato *m* del partido
1970	ligne *f* du parti	línea *f* del partido
1971	fidélité *f* à la ligne du parti	fidelidad *f* a la línea del partido
1972	principal théoricien *m* du parti	jefe *m* ideológico
1973	déification *f* du parti	deificación *f* del partido
1974	«politique des camarades»	nepotismo *m* de partido
1975	fonctionnaires *mpl* du parti (*ou*: d'un ~)	funcionarios *mpl* del partido (*o*: de un ~)
1976	whip *m*, *nt*	«azuzador» *m* (de un partido)
1977	cadres *mpl*	cuadros *mpl* (de mando)
1978	réunion *f* qui détermine la ligne de conduite du groupe parlementaire	reunión *f* política *(que fija la política del grupo parlamentario)*
1979	cellule *f* du parti	célula *f* del partido
1980	militant *m*	militante *m*, activista *m*
1981	caisse *f* du parti	caja *f* del partido, fondos *mpl* ~ ~
1982	collecter des fonds	recaudar fondos
1983	insigne *m* du parti (*ou*: d'un parti)	emblema *m* del partido (*o*: de un p.)
1984	social-démocrate *m*	social-demócrata *m*
1985	social-démocratie *f*	social-democracia *f*
1986	parti *m* communiste	partido *m* comunista

1987	christlich-soziale Partei *f (B:* PSC*)*	Christian Social Party
1988	liberale Partei *f (B:* PL*)*	Liberal Party
1989	sozialistische Partei *f* Belgiens (PSB)	Socialist Party
1990	Bayernpartei *f* (BP, *D)*	Bavarian Party
1991	Block *m* der Heimatvertriebenen und Entrechteten (BHE), *D (1961 mit der DP verschmolzen)*	Refugee Party
1992	freier Demokrat *m, D*	liberal democrat
1993	christliche Demokratie *f*	Christian Democracy
1994	christlicher Demokrat *m,* Christdemokrat *m*	Christian Democrat
1995	Deutsche Partei *f,* (DP)	German Party
1996	Deutsche Friedensunion *f* (DFU)	German Peace Union
1997	Freie Demokratische Partei *f* (FDP)	Free Democratic Party
1998	Gesamtdeutsche Partei *f, D*	All-German Party
1999	Kommunistische Partei Deutschlands *f* (KPD) *(wurde verboten; heute:* DKP)	German Communist Party
2000	Sozialdemokratische Partei Deutschlands *f* (SPD)	Social Democratic Party
2001	Christlich-demokratische Union *f* (CDU)	Christian Democratic Union
2002	Christlich-soziale Union *f* (CSU) *(in Bayern)*	Christian Social Union
2003	National-Demokratische Partei, NPD (BRD)	National Democratic Party
2004	Sozialistische Einheitspartei *f* Deutschlands (SED)	Socialist Unity Party
2005	Liberal-demokratische Partei *f* (LDP)	Liberal Democratic Party
2006	Konservative *mpl,* konservative Partei *f, GB*	Conservatives, Conservative Party; the Tories, Conservative and Unionist Party
2007	Labourpartei *f,* Arbeiterpartei *f, GB*	Labour Party;
2008	Labourbewegung *f, GB*	Labour movement *GB*

1987	Parti *m* social chrétien (PSC), *B*	Partido *m* Cristiano Social, *B*
1988	Parti *m* libéral	Partido *m* liberal
1989	Parti *m* socialiste belge (PSB)	Partido *m* Socialista Belga
1990	Parti *m* bavarois	Partido *m* Bávaro
1991	Parti *m* des réfugiés *(a fusionné avec le DP en 1961)*	Asociación *f* de Refugiados; *más frecuentemente:* Partido *m* de los Refugiados
1992	démocrate *m* libéral	demócrata *m* liberal
1993	démocratie *f* chrétienne	democracia *f* cristiana
1994	démocrate *m* chrétien, chretien-démocrate *m*	cristiano-demócrata *m*, demócrata *m* cristiano
1995	Parti *m* allemand *(a fusionné avec le BHE en 1961)*	Partido *m* Alemán
1996	Union *f* allemande de la paix	Unión *f* Alemana de la Paz
1997	Parti *m* libéral démocrate, «les libéraux»	Partido *m* Demócrata Liberal; ~ ~ Libre *(menos frecuente)*
1998	Parti *m* Pan-allemand	Partido *m* de toda Alemania
1999	Parti *m* communiste allemand (ancien)	Partido *m* Comunista Alemán
2000	Parti *m* social-démocrate allemand; *fam* «les socialistes»	Partido *m* Social-demócrata; *menos preciso:* Partido *m* Socialista Alemán
2001	Parti *m* démocrate chrétien; *plus exactement*: Union *f* démocratique chrétienne	Partido *m* Cristiano-Demócrata; *más exactamente*: Unión *f* Democrática Cristiana, ~ Cristiano-Demócrata
2002	Parti *m* chrétien social, chretiens-sociaux *mpl*	Unión *f* Social-Cristiana, ~ Cristiano-Social
2003	Parti *m* national-démocrate	Partido *m* nacional demócrata
2004	Parti *m* socialiste unifié	Partido *m* de Unidad Socialista, Partido *m* Socialista Unificado
2005	Parti *m* libéral-démocrate	Partido *m* Liberal-Demócrata
2006	Conservateurs *mpl*, Parti *m* conservateur; «Tories» *mpl*, *GB*	Conservadores *mpl*, Partido *m* conservador, *GB*
2007	Parti *m* travailliste, *GB*	Partido *m* Laborista, *GB*
2008	travaillisme *m*	laborismo *m*, movimiento *m* laborista

2009	Mitglied *n* der Labour-Partei	member of the Labour Party
2010	Bauernpartei *f, GB*	Farmers' Party
2011	Liberale *mpl, GB*	Liberals
2012	Liberale Partei *f, GB*	Liberal Party
2013	Sozialistische Partei *f, F*	Socialist Party, F
2014	Radikalsozialisten *mpl, F*	Radical-Socialists, Radicals
2015	Unabhängige Republikaner *mpl, F*	Independent Republicans F
2016	Union *f* für die neue Republik, *F*	Union des Démocrates pour la Ve République *nt*
2017	Volksrepublikaner *mpl, F (vor allem unter der 4. Republik)*	Mouvement Républicain Populaire *nt, F*
2018	Centre démocrate *n, nt (Lecanuet)*	Centre démocrate *nt*
2019	Mitglied *m (od:* Anhänger *m)* des Centre	centrist *F*
2020	Kommunistische Partei Frankreichs (KPF)	French Communist Party
2021	Kongreßpartei *f (Indien)*	Congress Party *(India)*
2022	christliche Demokraten *mpl (Italien)*	Christian Democrats *I*
2023	Liberale *mpl (I: PLI)*	Liberals
2024	Linkssozialist *m*	left-wing socialist
2025	Neofaschisten *mpl*, Neofaschistische Partei *f, I*	Neofascist Party *I*
2026	Republikaner *mpl (I: PRI)*	Republicans
2027	Sozialdemokraten *mpl I*	Social Democrats
2028	Kommunistische Partei *f* Österreichs, (KPÖ)	Austrian Communist Party
2029	Sozialistische Partei *f* Österreichs (SPÖ)	Socialist Party of Austria
2030	Österreichische Volkspartei *f* (ÖVP)	Austrian People's Party
2031	Chinesische Kommunistische Partei *f*	Chinese Communist Party
2032	erster Parteisekretär *m*	First Secretary of the Party
2033	Genosse *m* X	comrade X
2034	Politbüro *n*	Politburo, Politbureau
2035	Zentralkomitee *n* (ZK), *(KP, SED)*	Central Committee of the Party

2009	travailliste *m*	laborista *m*
2010	Paysans *mpl*, Parti *m* paysan, *GB*	Partido *m* Campesino, *GB*
2011	Libéraux *mpl*, *GB*	Liberales *mpl*, *GB*
2012	Parti *m* libéral, *GB*	Partido *m* Liberal, *GB*
2013	Parti *m* socialiste; Section *f* française de l'Internationale Ouvrière *tt*, SFIO	Partido *m* Socialista (francés)
2014	Radicaux *mpl* socialistes,	Radicalsocialistas *mpl*, F
2015	Républicains *mpl* Indépendants, F	Republicanos *mpl* Independientes, F
2016	Union *f* des Démocrates pour la Ve République; UNR *(sous la Ve République)*	Unión *f* Democrática para la V^a República F
2017	Mouvement *m* Républicain Populaire; MRP	Movimiento *m* Republicano Popular
2018	Centre *m* démocrate	Centro *m* demócrata
2019	centriste *m* F	centrista *m* F
2020	Parti *m* communiste français (PCF)	Partido *m* comunista francés (PCF)
2021	Parti *m* du Congrès *(Inde)*	Partido *m* del Congreso *(India)*
2022	Démocrates *mpl* chrétiens; DC *I*	Demócratas *mpl* cristianos *I*
2023	Libéraux *mpl*	Liberales *mpl*
2024	socialiste *m* de gauche	socialista *m* de izquierda
2025	Mouvement *m* Social Italien, Parti *m* néo-fasciste	Movimiento *m* Social Italiano, Partido *m* neofascista (italiano)
2026	Républicains *mpl*	Republicanos *mpl*
2027	Démocrates Socialistes *mpl* (PSDI)	Social-demócratas *mpl*
2028	Parti *m* communiste autrichien	Partido *m* Comunista Austríaco
2029	Parti *m* socialiste autrichien	Partido *m* Socialista Austríaco
2030	Parti *m* populaire autrichien	Partido *m* Popular Austríaco
2031	Parti *m* communiste chinois	Partido *m* Communista Chino
2032	Premier Secrétaire *m* du Parti	Primer Secretario *m* del Partido
2033	le camarade X	el camarada X
2034	Politbureau *m*	Politburó *m*
2035	Comité *m* Central	Comité *m* Central

2036	Arbeitervolkspartei *f*, *CH*; *in Genf und Lausanne*: Partei *f* der Arbeit	(Swiss) Communist Party
2037	Bauernpartei *f*, *CH*; Bauern-, Gewerbe-und Bürgerpartei *f*, *CH*	Farmers' Party, *CH*
2038	Freisinnig demokratische Partei *f*	Radical Democratic Party *CH*
2039	Konservative Volkspartei *f*, *CH* christlichsoziale ~	Conservative Christian-Social Party *CH*
2040	Liberale demokratische Partei *f*, *CH*	Liberal Democratie Party *CH*
2041	die „Nationale Bewegung"	the "National Movement"
2042	die Falange, *Esp*	the Falange, *Esp*
2043	Falangist *m*	Falangist
2044	falangistisch, *Esp*	Falangist
2045	Demokraten *mpl*, *US*	Democrats, *US*
2046	Demokratische Partei *f*, *US*	democratic party
2047	Republikaner *mpl*, *US*	Republicans, *US*; *fam*: Grand Old Party (G. O. P.)
2048	Nationale Befreiungsfront *f*	National Liberation Front (NLF)

11. Aufrechterhaltung von Ordnung und Sicherheit

11. Maintenance of Order and Security

2049	Sicherheit *f* des Staates, Staatssicherheit *f*	security of the state, national security
2050	innere und äußere Sicherheit *f*	internal and external security
2051	Sicherheitsbehörde *f*	security agency
2052	Sicherheitsmaßnahmen *fpl*	security measures, ~ arrangements
2053	Sicherheitsoffizier *m*	security officer
2054	Geheimpolizei *f*	secret police
2055	die Ordnung aufrechterhalten	to maintain order
2056	Aufrechterhaltung *f* der Ordnung	maintenance of order
2057	die öffentliche Ruhe und Ordnung, die öffentliche Sicherheit, die innere Sicherheit	public safety, law and order
2058	Frieden und Ordnung wiederherstellen	to restore peace and order

2036	Parti *m* Ouvrier Populaire, POP: *fam*: «popistes» *mpl*: (*à Genève et à Lausanne:* Parti *m* du Travail) P.D.T.	Partido *m* Popular Obrero
2037	Paysans *mpl*; Parti *m* Paysan, *CH*	Partido *m* Campesino, *CH*

2038	Parti *m* radical démocrate, *CH*	Partido Radical-Demócrata, *CH*
2039	Parti *m* chrétien-social-conservateur, *CH*	Partido *m* Conservador cristiano-social,
2040	Parti *m* libéral-democrate, *CH*	Partido *m* Liberal-Demócrata, *CH*
2041	le Mouvement national	el Movimiento Nacional

2042	la Phalange, *Esp*	la Falange tc; Falange Española Tradicionalista (F.E.T) tt,
2043	Phalangiste *m*	falangista *m*
2044	phalangiste	falangista
2045	Démocrates *mpl*, *US*	Demócratas *mpl*, *US*
2046	parti *m* démocrate	Partido *m* demócrata
2047	Républicains *mpl*, *US*	Republicanos *mpl*, *US*

2048	Front *m* de Libération National	Frente *m* de Liberación Nacional

11. Maintien de l'ordre et de la sécurité

11. Mantenimiento del orden y de la seguridad

2049	sûreté *f* de l'Etat; sécurité *f* ~ ~, ~ nationale	seguridad *f* del Estado, ~ nacional
2050	sûreté *f* intérieure et extérieure	seguridad *f* interior y exterior
2051	organisme *m* de sécurité	organismo *m* de seguridad
2052	mesures *fpl* de sécurité	medidas *fpl* de seguridad
2053	officier des services de sécurité	oficial *m* de seguridad
2054	police *f* secrète	policía *f* secreta
2055	maintenir l'ordre *m*	mantener el orden
2056	maintien *m* de l'ordre	mantenimiento *m* del orden
2057	sûreté *f* publique	orden *m* público

2058	rétablir la paix et l'ordre	restablecer (*o*: restaurar) la paz y el orden

2059	unmittelbar drohende Gefahr *f*	imminent threat
2060	nationaler Notstand *m*, Staatsnotstand *m*	national emergency, state of emergency
2061	den Notstand verkünden	to declare a state of emergency
2062	Notstandsgesetze *npl*	emergency laws
2063	Polizeiapparat *m*	police apparatus
2064	Notstandsmaßnahmen *fpl*	emergency action, ∼ measures
2065	Notstandsplan *m*	emergency plan
2066	die verfassungsmäßigen Garantien aufheben, ∼ ∼ ∼ aussetzen	to suspend constitutional guarantees
2067	die verfassungsmäßigen Garantien wiederherstellen	to restore constitutional guarantees, to re-establish the ∼ ∼
2068	Gesetzgebungsnotstand *m*	state of emergency requiring special legislation
2069	Ausnahmezustand *m*	state of emergency
2070	den Ausnahmezustand verhängen	to proclaim a state of emergency, to declare ∼ ∼ ∼ ∼
2071	Verhängung *f* des Ausnahmezustandes	proclamation of a state of emergency
2072	Belagerungszustand *m*	state of siege
2073	Sperrstunde *f* (*od*: Ausgangssperre) verhängen	to impose the curfew
2074	Standrecht *n*	martial law
2075	Standgericht *n*	(drumhead) court-martial
2076	Gewalt anwenden	to resort to force, to use force
2077	Gewaltanwendung *f*, Anwendung *f* von Gewalt	use of force, resort to ∼
2078	von der Waffe Gebrauch machen (*mehr konkret*)	to use one's weapons, to make use of arms
2079	durch Waffengewalt *f*	by resort to armed force
2080	Waffengewalt anwenden (*mehr abstrakt*)	to use armed force
2081	Anarchie *f*	anarchy
2082	anarchisch	anarchic(al)
2083	Gärung *f*	fermentation, unrest; ferment, US
2084	Massenversammlung *f*	mass meeting, rally

2059	menace *f* imminente	peligro *m* (*o*: amenaza *f*) inminente
2060	situation *f* d'exception	estado *m* de emergencia nacional
2061	proclamer l'état d'urgence	declarar el estado de emergencia
2062	lois *fpl* sur l'état d'urgence	leyes *fpl* sobre el estado de emergencia
2063	appareil *m* policier	aparato *m* policíaco
2064	mesures *fpl* d'urgence	medidas *fpl* de urgencia
2065	plan *m* d'urgence	plan *m* de urgencia, ~ ~ emergencia
2066	suspendre les garanties constitutionnelles	suspender las garantías constitucionales
2067	rétablir les garanties constitutionnelles	restablecer las garantías constitucionales
2068	état *m* de nécessité législative	estado *m* de emergencia legislativa
2069	état *m* d'exception, état *m* d'urgence	estado *m* de emergencia
2070	proclamer (*ou*: déclarer) l'état d'exception	proclamar el estado de emergencia, declarar ~ ~ ~ ~, poner bajo la ley militar
2071	déclaration *f* de l'état d'exception, proclamation *f* ~ ~ ~ ~	proclamación *f* del estado de emergencia, declaración *f* ~ ~ ~ ~
2072	état *m* de siège	estado *m* de sitio
2073	imposer (*ou*: instaurer) le couvre-feu	imponer (*o*: establecer) el toque de queda
2074	loi *f* martiale	ley *f* marcial
2075	cour *f* martiale, conseil *m* de guerre	consejo *m* de guerra, juicio *m* sumarísimo
2076	recourir à la force	hacer uso de la fuerza
2077	recours *m* à la force	uso *m* de la fuerza
2078	faire usage de ses armes	hacer uso de las armas
2079	par la force armée	por el uso de la fuerza armada
2080	faire usage de la force des armes	hacer uso de la fuerza armada
2081	anarchie *f*	anarquía *f*
2082	anarchique	anárquico; ácrata
2083	ébullition *f*	efervescencia *f*, agitación *f* popular
2084	meeting *m*	concentración *f* de masas, manifestación *f* ~ ~

2085	polizeiliche Absperrung *f*	(police) cordon
2086	die polizeiliche Absperrung durchbrechen	to break through the police cordon
2087	absperren (polizeilich)	to form a cordon, to cordon off
2088	demonstrieren; an einer Kundgebung teilnehmen; eine Demonstration veranstalten	to demonstrate; to organize a demonstration; to take part in a ~
2089	Kundgebung *f*, Demonstration *f*	demonstration
2090	Gegenkundgebung *f*	counter-demonstration
2091	Demonstrant *m*, Teilnehmer *m* an einer (*od*: der) Kundgebung	demonstrator
2092	Friedensmarsch *m*	peace-march
2093	die Demonstranten zerstreuen	to disperse demonstrators
2094	Go-in *n*, *nt*	go-in
2095	Teach-in *n*, *nt*	teach-in
2096	auszischen *vt*	to hiss, to boo
2097	Protestkundgebung *f*	protest demonstration
2098	Protester *m* (*nicht*: Protestant!)	protester
2099	Protestmarsch *m*	protest march
2100	Protestversammlung *f*	protest rally
2101	Antikriegskundgebung *f*, Antikriegsdemonstration *f*	anti-war demonstration
2102	die aufgebrachte Menge beschwichtigen	to calm the excited crowd
2103	Spruchband *n*, Banderole *f*	banderol(e)
2104	Plakate *npl* (herum)tragen	to carry signs, to picket around with signs, ~ ~ banners
2105	mit Steinen bewerfen (+ *acc.*)	to stone s.b.
2106	Sit-in *n*, *nt*	sit-in
2107	Unruhen *fpl*	riots, unrest
2108	Unruhe *f* stiften	to stir up disorder
2109	Unruhestifter *m*	troublemaker
2110	Aufrührer *m*, Randalierer *m*, Krawallmacher *m*, Rowdy *m*	rioter; hooligan *fam*
2111	Studentenunruhen *fpl*	student riots

2085	cordon *m* de police	acordonamiento *m*, cordón *m* de seguridad
2086	crever le cordon de police	romper el cordón de seguridad
2087	établir un cordon de police	acordonar, acotar
2088	manifester; organiser une manifestation	manifestar; organizar una manifestación
2089	manifestation *f*	concentración *f*, manifestación *f*
2090	contre-manifestation *f*	contra-manifestación *f*
2091	manifestant *m*	manifestante *m*
2092	marche *f* pacifiste	marcha *f* de la paz
2093	disperser les manifestants *mpl*	dispersar a los manifestantes
2094	occupation *f* des locaux	ocupación *f* de locales; go-in *m*, *nt*
2095	teach in *m*, *nt*, (*débat entre professeurs et étudiants sur un pied d'égalité*)	teach-in *m*, *nt*
2096	siffler, huer	abuchear
2097	manifestation *f* de protestation	manifestación *f* de protesta
2098	contestataire *m*	contestatario *m*
2099	marche *f* de protestation	marcha *f* de protesta
2100	réunion *f* de protestation	reunión *f* de protesta, asamblea *f* ~ ~
2101	manifestation *f* contre la guerre	manifestación *f* contra la guerra, ~ antibelicista
2102	apaiser la foule excitée	apaciguar a la muchedumbre excitada
2103	banderole *f*, calicot *m*	pancarta *f*, letrero *m*
2104	porter des pancartes	llevar pancartas
2105	lapider	apedrear, tirar piedras a ...
2106	sit-in *m*, *nt*	sentada *f*
2107	désordres *mpl*, troubles *mpl*	disturbios *mpl*
2108	provoquer des troubles *mpl*	provocar desórdenes *mpl*; ~ disturbios *mpl*
2109	fauteur *m* de troubles	fautor *m* de disturbios; ~ de desórdenes, alborotador *m*
2110	trublion *m*, fauteur *m* de trouble; emeutier *m*	gamberro *m*, alborotador *m*
2111	agitations *fpl* étudiantes, ~ estudiantines	desórdenes *mpl* estudiantiles

2112	Studentenkundgebung *f*	student demonstration
2113	staatsfeindliche Umtriebe *mpl*; Wühlarbeit *f*; Hetz- und Wühlarbeit *f*	subversive activities
2114	umstürzlerisch; subversiv; staatsfeindlich	subversive, subversionary; revolutionary
2115	Umsturz *m*	subversion
2116	Umsturzbewegung *f*, subversive Bewegung *f*	subversive movement
2117	Umsturzversuch *m*	attempted subversion
2118	passiver Widerstand *m*	passive resistance
2119	Drahtzieher *m*	instigator
2120	Rädelsführer *m*	ringleader
2121	Agitation *f*; Hetze *f*	agitation
2122	politischer Agitator *m*; Aufwiegler *m*; Hetzagent *m*; Hetzer *m*; Volksaufwiegler *m*	political agitator, demagogue; rabblerouser
2123	aufputschen (gegen), aufhetzen (gegen), aufwiegeln (gegen)	to stir up (against)
2124	aufpeitschen, anheizen, *fam*	to whip up, to incite, to stir up
2125	Provokation *f nt*	provocation
2126	Rassenunruhen *fpl* Rassenkrawalle *mpl*	race riots
2127	Flugblätter *npl*, Handzettel *mpl* verteilen	to distribute (subversive) leaflets
2128	Boykotthetze *f*	stirring up to boycott, incitement ~ ~
2129	Boykott *m*	boycott
2130	boykottieren	to boycott
2131	Ausschreitungen *fpl*	riots
2132	Störaktion *f*	disruption
2133	Attentäter *m*	assassin; perpetrator of an attempt on s. b.'s life
2134	ein Attentat auf jdn begehen; ~ ~ verüben	to make an attempt on s. b.'s life, to attempt s. b.'s life
2135	Angriff *m* auf das Leben eines Staatsoberhauptes	attempt on the life of a head of state, attempted assassination ~ ~ ~ ~ ~

2112	manifestation *f* étudiante	manifestación *f* de estudiantes, ~ estudiantil
2113	activités *fpl* subversives	actividades *fpl* subversivas
2114	subversif	subversivo; revolucionario
2115	subversion *f*	subversión *f*
2116	mouvement *m* subversif	movimiento *m* subversivo
2117	tentative *f* de subversion	intentona *f* de subversión
2118	résistance *f* passive	resistencia *f* pasiva
2119	instigateur *m* secret	instigador *m* (oculto)
2120	meneur *m*, chef de bande, ~ ~ complot	cabecilla *m*
2121	agitation *f*	agitación *f*
2122	agitateur *m* politique; meneur *m*	agitador *m* (político)
2123	fanatiser (contre), inciter à la révolte (contre)	instigar (*o:* incitar) a la rebelión (contra), fanatizar (contra)
2124	exciter, galvaniser (les foules)	azuzar
2125	provocation *f*	provocación *f*
2126	émeutes *fpl* raciales, troubles *mpl* raciaux	disturbios *mpl* raciales
2127	distribuer des tracts *mpl*	repartir octavillas *fpl* (de propaganda)
2128	instigation *f* au boycottage, incitation *f* ~ ~	instigación *f* al boicot(eo)
2129	boycottage *m*	boicot *m*
2130	boycotter	boicotear
2131	excès *mpl*	excesos *mpl*, desmanes *mpl*
2132	action perturbatrice *f*	maniobra *f* de perturbación
2133	auteur *m* d'un attentat	autor *m* de un atentado
2134	commettre (*ou:* perpétrer) un attentat contre qn.	cometer un atentado contra alg.
2135	attentat *m* contre un Chef d'Etat	atentado *m* contra la vida de un Jefe de Estado

2136	Leibgarde *f (meist bei Königen)*; *sonst*: Leibwache *f*	bodygard
2137	Leibwächter *m*; „Gorilla" *m, fam*	body guard
2138	Komplott *n*; Verschwörung *f*	plot; conspiracy
2139	Verschwörer *m*	plotter
2140	ein Komplott anzetteln; eine Verschwörung ∼	to hatch (*or*: to devise) a plot, to form a conspiracy, to weave, to brew, to frame a plot
2141	Staatsstreich *m*	coup d'état *nt*
2142	mißglückter Staatsstreich *m*	abortive coup, aborted ∼
2143	Handstreich *m*	coup de main *nt*
2144	Gewaltstreich *m*	coup *nt*
2145	unter Hausarrest stehen	to be under house arrest
2146	jdn. unter Hausarrest stellen	to put s. b. under house arrest
2147	Putsch *m*; Militärputsch *m*; Pronunciamiento *m, nt*	putsch *nt*; military coup
2148	Putschist *m*	putschist
2149	Regierungstruppen *fpl*	government(al) forces, ∼ troops
2150	Machtkampf *m*	struggle for power, power struggle
2151	Palastrevolution *f*	palace revolution; palace revolt
2152	Usurpation *f*; Usurpierung *f*	usurpation
2153	usurpieren	to usurp
2154	Usurpator *m*	usurper
2155	Revolution *f*	revolution
2156	Revolutionskomitee *n*	revolutionary committee
2157	Revolutionsrat *m*	revolutionary council
2158	Revolutionär *m*	revolutionary, revolutionist
2159	Revolutions... *in Zssgn*; revolutionär	revolutionary
2160	Gegenrevolution *f*, Konterrevolution *f*	counterrevolution
2161	Gegenrevolutionär *m*	counterrevolutionary; counterrevolutionist
2162	gegenrevolutionär; konterrevolutionär	counterrevolutionary
2163	Aufstand *m*	insurrection; rebellion, uprising, insurgence

2136	garde *f* du corps (rois, etc); garde *f* personnelle; les gorilles *mpl*, *fam*	guardia *f* personal; *fam.* los gorilas
2137	garde *m* du corps; gorille *m*, *fam*	guardaespaldas *m*; gorila *m*, *fam*.
2138	complot *m*; conspiration *f*	complot *m*; conspiración *f*, conjura *f*
2139	conspirateur, conjuré, comploteur	conspirador *m*, conjurado *m*
2140	tramer un complot, brasser, ourdir, machiner un ~ *fam*	urdir una conspiración; tramar ~ ~

2141	coup *m* d'Etat	golpe *m* de Estado
2142	coup *m* d'Etat avorté, ~ ~ ~ manqué	golpe *m* de Estado fracasado, intentona *f* militar
2143	coup *m* de main	golpe *m* de mano
2144	coup *m* de force	golpe *m* de fuerza
2145	être aux arrêts *(militaires)*; être en résidence surveillée	encontrarse bajo detención domiciliaria
2146	mettre qn en résidence surveillée	someter a arresto domiciliario
2147	putsch *m*, *nt*; pronunciamiento *m*, *nt*	putsch *m*, *nt*; pronunciamiento *m*

2148	putschiste *m*	putschista *m*
2149	troupes *fpl* gouvernementales	tropas *fpl* gubernamentales; ~ leales
2150	lutte *f* pour le pouvoir	lucha *f* por el poder
2151	révolution *f* de palais	revuelta *f* palaciega
2152	usurpation *f*	usurpación *f*
2153	usurper	usurpar
2154	usurpateur *m*	usurpador *m*
2155	révolution *f*	revolución *f*
2156	comité *m* révolutionnaire	comité *m* revolucionario
2157	conseil *m* de la Révolution, ~ révolutionnaire	consejo *m* revolucionario
2158	révolutionnaire *m*	revolucionario *m*
2159	révolutionnaire	revolucionario

2160	contre-révolution *f*	contrarrevolución *f*

2161	contre-révolutionnaire *m*	contrarrevolucionario *m*

2162	contre-révolutionnaire	contrarrevolucionario

2163	insurrection *f*, soulèvement *m*	insurrección *f*

2164	einen Aufstand niederschlagen	to put down an insurrection, to quell ~ ~, to put down, to crush, a rebellion
2165	die Niederschlagung eines Aufstandes	repression of an insurrection, quelling ~ ~ ~
2166	Verhaftungen *fpl* vornehmen	to make arrests
2167	Massenverhaftungen *fpl*	mass arrests
2168	Mob *m*, Pöbel *m*	rabble, populace
2169	zerstreuen (die Menge)	to disperse (the crowd)
2170	Exekutionskommando *n*, Erschießungskommando *n*	firing squad
2171	Razzia *f*	police raid; ~ round-up US
2172	durchkämmen (zB ein Stadtviertel)	to search, to rake out, to raid (an area)
2173	repressive Maßnahmen *fpl*, Unterdrückungsmaßnahmen *fpl*	repressive measures
2174	Tränengas *m*	tear-gas
2175	Tränengasbombe *f*	tear-gas grenade
2176	Wasserwerfer *m*	water cannon
2177	Warnschüsse *mpl* abgeben	to fire warning shots
2178	Aufständischer *m*; Insurgent *m*	insurgent, rebel, insurrectionist
2179	sich erheben gegen; sich empören gegen	to revolt against; to rise up ~; to rebel ~; to rise in rebellion ~
2180	Erhebung *f*; Volkserhebung *f*; Empörung *f*	uprising; revolt
2181	Massenerhebung *f*	levée en masse *nt*
2182	Revolte *f*	revolt
2183	Massenbewegung *f*	mass movement
2184	unblutig, ohne Blutvergießen	bloodless
2185	aufrührerisch; rebellisch	rebellious; seditious; riotous
2186	Aufrührer *m*; Rebell *m*; Empörer *m*	rebel
2187	Rebellenführer *m*	rebel leader
2188	Aufrührer *m*	rioter
2189	Meuterei *f*	mutiny
2190	meutern	to mutiny
2191	Meuterer *m*	mutineer
2192	Pogrom *m*, *nt*	pogrom
2193	lynchen	to lynch

2164	réprimer une insurrection, maîtriser une rébellion, étouffer ~ ~	sofocar una insurrección; debelar ~ ~ *Am*
2165	la répression d'une insurrection	la represión de una insurrección
2166	procéder à des arrestations	practicar detenciones
2167	arrestations *fpl* massives	detenciones *fpl* en masa, ~ masivas
2168	populace *f*	chusma *f*
2169	disperser (la foule)	dispersar
2170	peloton *m* d'exécution	pelotón *m* de ejecución
2171	rafle *f*, descente de police	redada *f*
2172	effectuer un ratissage, ~ ~ quadrillage	repasar, recorrer a fondo, peinar
2173	mesures *fpl* de répression, ~ répressives	medidas *fpl* de represión, ~ represivas
2174	gaz *m* lacrymogène	gas *m* lacrimógeno
2175	bombe *f* à gaz lacrymogène	bomba *f* de gas lacrimógeno
2176	lances *fpl* à eau	cañón *m* de agua
2177	tirer des coups de sommation, tirer en l'air	dar disparos de aviso
2178	insurgé *m*	insurrecto *m*; insurgente *m*
2179	se rebeller contre; se soulever contre; se révolter contre; se lever contre	rebelarse contra; alzarse contra; levantarse contra; sublevarse contra
2180	soulèvement *m*; révolte *f*	levantamiento *m*; alzamiento *m*; sublevación *f*
2181	levée *f* en masse	levantamiento *m* en masa
2182	révolte *f*	revuelta *f*
1183	mouvement de masse(s)	movimiento *m* de masas
2184	sans effusion de sang	sin efusión de sangre; incruento
2185	rebelle; séditieux	rebelde; sedicioso
2186	rebelle *m*	rebelde *m*
2187	chef *m* rebelle, chef *m* des rebelles	jefe *m* rebelde, ~ de los rebeldes
2188	émeutier *m*	agitador *m*
2189	mutinerie *f*	motín *m*
2190	se mutiner	amotinarse
2191	mutin *m*	amotinado *m*
2192	pogrom *m*, *nt*; pogrome	pogrom *m*, *nt*
2193	lyncher	linchar

2194	Straßenkämpfe *mpl*	street fighting
2195	bewaffnete Zusammenstöße *mpl*	armed clashes
2196	Barrikaden *fpl* errichten	to raise barricades
2197	verbarrikadieren *vt* (*zB* eine Straße)	to barricade (a street etc.)
2198	Bürgerkrieg *m*	civil war
2199	Widerstandsbewegung *f*	resistance movement
2200	Widerstandsgruppe *f*	resistance group
2201	Untergrundbewegung *f*	underground movement
2202	Geheimsender *m*	secret transmitter
2203	in den Untergrund gehen	to go underground
2204	Widerstandskämpfer *m*, Untergrundkämpfer *m*	underground fighter
2205	Willkürakt *m*	arbitrary action
2206	Geheimbund *m*	secret society
2207	Geheimorganisation *f*	secret organization
2208	Tarnorganisation *f*	camouflage organization
2209	fünfte Kolonne *f*	fifth column
2210	unerlaubter Waffenbesitz *m*	illegal possession of arms, ~ ~ ~ weapons
2211	Waffenversteck *n*	arm cache
2212	Mitglied *n* der fünften Kolonne	fifth columnist
2213	Partisan *m*; Freischärler *m*	partisan
2214	Partisanenbewegung *f*	partisan movement
2215	Luftpiraterei *f*, Flugzeugentführung *f*	skyjacking, hijacking (of airplanes)
2216	Luftpirat *m*, Flugzeugentführer *m*	skyjacker, hijacker, air pirate
2217	entführen (ein Flugzeug)	to hijack (an airliner)
2218	Kleinkrieg *m*; Guerrillakrieg *m*; Partisanenkrieg *m*	guerrilla warfare
2219	Antiguerillatraining *n*	anti-guerilla training
2220	Stadtguerillas *fpl*	urban guerillas
2221	bewaffnete Banden *fpl*	armed bands

2194	batailles *fpl* de rues, combats *mpl* ~ ~	combates *mpl* callejeros, luchas *fpl* callejeras
2195	heurts *mpl* armés, accrochages *mpl*, combats *mpl* ~ ~	choques *mpl* armados
2196	élever des barricades *fpl*	levantar barricadas *fpl*
2197	barricader	levantar barricadas en ...
2198	guerre *f* civile	guerra *f* civil
2199	mouvement *m* de résistance	movimiento *m* de resistencia
2200	groupe *m* de résistants; *fam*: maquis *m*	grupo *m* de resistencia
2201	mouvement *m* clandestin	movimiento *m* clandestino
2202	émetteur *m* clandestin	emisora *f* clandestina
2203	passer à la clandestinité, prendre le maquis	transformarse en movimiento clandestino; pasar a la clandestinidad
2204	«maquisard» *m*, résistant *m*	combatiente *m* de un movimiento clandestino
2205	acte *m* arbitraire	acto *m* arbitrario
2206	société *f* secrète, alliance ~	sociedad *f* secreta
2207	organisation *f* secrète	organización *f* secreta
2208	organisation *f* de camouflage ~ ~ couverture	organización *f* de camuflaje
2209	cinquième colonne *f*	quinta columna *f*
2210	détention *f* illégale d'armes	tenencia *f* ilícita de armas
2211	dépôt *m* d'armes camouflé, cache d'armes	escondrijo *m* de armas
2212	membre *m* de la cinquième colonne	quintacolumnista *m*
2213	partisan *m*	guerrillero *m*
2214	mouvement *m* de partisans	movimiento *m* de guerrilleros
2215	détournement d'avion(s)	secuestro *m* de aviones
2216	pirate *m* de l'air	secuestrador *m* del avión (de un avión)
2217	détourner (un avion)	secuestrar (un avión)
2218	guerre *f* de partisans; ~ de guérillas	guerra *f* de guerrillas
2219	entraînement *m* contre-guérilla	entrenamiento *m* antiguerrilla
2220	guérrillas *f* urbaines	guerrillas *f* urbanas; tupamaros *mpl*
2221	bandes *fpl* armées	partidas *fpl* armadas; bandas *fpl* ~

2222	Schießerei *f*	shooting
2223	Terror *m*	terror
2224	Gegenterror *m*	counter-terrorism
2225	Terrorismus *m*	terrorism
2226	terroristisch	terrorist(ic)
2227	Terrorist *m*	terrorist
2228	terrorisieren	terrorize
2229	Terrorakte *mpl*	acts of terrorism; terrorist action *coll*
2230	Racheakt *m*	act of vengeance
2231	Sabotage *f*	sabotage
2232	unterminieren	to undermine
2233	Sabotageakt *m*	act of sabotage
2234	Saboteur *m, nt*	saboteur *nt*
2235	sabotieren	to sabotage
2236	Sabotageabwehr *f*	counter-sabotage
2237	Molotow-Cocktail *m*	Molotov cocktail
2238	Plastik(bomben)attentat *n*	plastique attack, ~ bombing
2239	Plastikbombe *f*	plastique bomb
2240	Plastik-Sprengstoff *m*	plastique
2241	Plastikattentäter *m*	plastique-bomb thrower
2242	Zeitbombe *f*	time bomb
2243	säubern *(politisch)*	to purge
2244	Säuberung *f (politische)*	purge
2245	Geisel *f*	hostage
2246	als Geisel festhalten	to hold s. b. hostage
2247	Geiselerschießung *f*; Erschießung *f* von Geiseln	execution of hostages
2248	Massenerschießungen *fpl*	mass executions
2249	Greuel *mpl*, Greueltaten *fpl*	atrocities
2250	Blutvergießen vermeiden	to prevent bloodshed
2251	Unterwanderung *f*	infiltration
2252	eine Organisation unterwandern	to infiltrate an organization
2253	Geheimdienst *m*	secret service
2254	Spionage treiben („spionieren" bedeutet heute im D mehr „herumschnüffeln" als wirklich „Spionage treiben")	to engage in espionage, to spy
2255	eingeschleuster Agent *m*	infiltrator
2256	Spion *m*	spy; (foreign) agent

2222	fusillade *f*	tiroteo *m*
2223	terreur *f*	terror *m*
2224	contre-terrorisme *m*	contra-terrorismo *m*
2225	terrorisme *m*	terrorismo *m*
2226	terroriste	terrorista
2227	terroriste *m*	terrorista *m*
2228	terroriser	terrorizar
2229	actes *mpl* de terrorisme	actos *mpl* de terrorismo
2230	acte *m* de revanche	acto *m* de venganza
2231	sabotage *m*	sabotaje *m*
2232	miner *fig.*	minar *fig.*
2233	acte *m* de sabotage	acto *m* de sabotaje
2234	saboteur *m*	saboteador *m*
2235	saboter	sabotear
2236	contre-sabotage *m*	defensa *f* contra el sabotaje, contra-sabotaje *m*
2237	cocktail *m* Molotow	cóctel *m* Molotow
2238	plasticage *m*	atentado *m* con bombas de plástico
2239	bombe *f* au plastic	bomba *f* de plástico
2240	plastic *m*	plástico *m* (explosivo)
2241	plastiqueur *m*	autor *m* de un atentado con bomba de plástico
2242	bombe *f* à retardement	bomba *f* de relojería
2243	épurer	depurar
2244	épuration *f*	depuración *f*; purga *f*
2245	otage *m*	rehén *m*
2246	retenir comme otage	retener a alg como rehén
2247	exécution *f* d'otages	ejecución *f* de rehenes
2248	exécutions *fpl* en masse	ejecuciones *fpl* (*o:* fusilamientos *mpl*) en masa
2249	atrocités *fpl*	atrocidades *fpl*
2250	éviter l'effusion de sang	evitar derramamientos de sangre
2251	noyautage *m*	infiltración *f*
2252	noyauter une organisation	infiltrarse en una organización
2253	service *m* secret	servicio *m* secreto
2254	faire de l'espionnage; se livrer à l'espionnage	hacer espionaje
2255	agent *m* infiltré	agente *m* infiltrado
2256	espion *m*	espía *m*

2257	Spionage *f*	espionage
2258	Spionagering *m*	spy network, spy ring, espionage ~
2259	einen Spionagering zerschlagen	to smash a spy ring, to break up an espionage ring
2260	Spionageabwehr *f*; Gegenspionage *f*; Abwehr *f, D*	counterintelligence (service); counterespionage
2261	Spielmaterial *n*	disintelligence material
2262	Agent der Spionageabwehr	counterspy
2263	Abwehr(organisation) *f*, Spionageabwehr (dienst) *m*, Gegenspionagedienst *m*, Sicherheitsdienst *m* (für Spionageabwehr); Militärischer Abschirmdienst, *D neben*: Bundesamt für Verfassungsschutz	counterintelligence service, Counter Intelligence Corps (C.I.C.) *US*; (M.I.S.) *GB*
2264	Abwehrdienst *m* der Marine, Marineabwehrdienst *m*	Naval Security *GB*
2265	Marinenachrichtendienst *m*	Naval Intelligence *GB*, Office of Naval Intelligence *US*
2266	Nachrichtendienst der Luftwaffe	Intelligence Division of the Air Staff *US*
2267	Nachrichtendienst *m (für aktive Spionage)*; Bundesnachrichtendienst *m, D (früher*: Organisation Gehlen); Sicherheitsausschuß *m, UdSSR*	intelligence service; Central Intelligence Agency (C.I.A.) *US*; Secret Service (M.J.C.) *US*
2268	Militärischer Nachrichtendienst *m*	military intelligence service, *GB*
2269	abhören (Telefon, Funk)	to monitor calls, to intercept ~; to tap the telephone, to pick up calls
2270	Abhören *n* von Telefongesprächen	wire tapping, telephone ~, *GB*
2271	einen Brief abfangen	to intercept a letter
2272	einen Code entziffern; ~ ~ knacken, *fam*	to break a code; to crack a code, *fam*.
2273	Resident *m (Nachrichtendienst)*	resident, man on the spot

2257	espionnage *m*	espionaje *m*
2258	réseau *m* d'espionnage	red *f* de espionaje
2259	démanteler, faire sauter un réseau d'espionnage	desarticular una red de espionaje
2260	(service *m* de) contre-espionnage *m*	(servicio *m* de) contraespionaje *m*
2261	documents *mpl* «factices» (à l'usage des agents ennemis), «faux matériel»	material *m* fingido (destinado al espionaje enemigo)
2262	agent *m* (membre) du contre-espionnage	contraespía *m*
2263	Service *m* de documentation extérieure contre-espionnage (S.D.E.C.S.) *F*; service *m* de contre-espionnage *(en général)*	servicio *m* de contraespionaje
2264	service *m* de contre-espionnage des forces navales	servicio *m* de seguridad y contraespionaje de la Armada
2265	Service *m* de renseignements des forces navales	servicio *m* de información de la Armada
2266	service *m* de renseignements des forces aériennes	servicio *m* de información de las fuerzas aéreas
2267	Service *m* de Documentation Extérieure et de Contre-Espionnage (S.D.E.C.E.); service *m* de renseignements	servicio *m* de información
2268	service *m* de renseignements militaires, Sécurité *f* militaire	servicio *m* de información militar
2269	intercepter (un message, les communications téléphoniques); brancher les lignes téléphoniques sur une table d'écoute	interceptar; escuchar
2270	l'écoute *f* téléphonique, les écoutes téléphoniques	escucha *f* de conversaciones telefónicas, intervención *f* de teléfonos
2271	intercepter une lettre	interceptar una carta
2272	déchiffrer un code	descifrar un código, ~ una clave
2273	résident *m*, permanent *m*, l'homme sur la place	residente *m*; agente *m* (*o*: contacto) local

2274	Spitzel *m, pej*	informer
2275	Spitzelwesen *n*, Bespitzelung *f*	snooping, police-spying, informer system
2276	Vertrauensmann *m*, V-Mann, Agent *m*	agent
2277	Verbindungsmann *m*	contact man
2278	Geheimagent *m*	secret (service) agent
2279	Doppelagent *m*	double agent
2280	„der Verfassungsschutz", D	"Office for the Protection of the Constitution" *(West Germany)*
2281	Lockspitzel *m*; Agent *m* provocateur *nt*	agent provocateur *nt*
2282	Eindringen *n* (von feindl. Agenten)	infiltration
2283	Entführer *m*	kidnapper
2284	entführen	to kidnap
2285	Entführung *f* von Diplomaten	kidnaping of diplomats; *jur* abduction ~ ~

12. Staatsangehörigkeit; Ausländer und Flüchtlinge

12. Nationality; Aliens and Refugees

2286	Ausländer *m*	foreigner; alien *jur, pol*
2287	Inländer *m*	citizen, national; subject
2288	inländisch; Landes . . . *in Zssgn*; einheimisch	home . . ., domestic, internal
2289	Bürger *m*	citizen
2290	Mitbürger *m*	fellow citizen
2291	Gleichstellung *f (von Ausländern)* mit eigenen Staatsbürgern	assimilation to nationals
2292	Niederlassungsrecht *n*	right of establishment, ~ ~ domicile
2293	Ausländerbehandlung *f*	treatment of foreigners, ~ ~ aliens
2294	Fremdenrecht *n*; Ausländerrecht *n*	legislation relating to aliens
2295	Ausländerstatut *n*	legal status of aliens
2296	Fremdenpolizei *f*	alien department (of the police)
2297	Devisenausländer *m*	non-resident
2298	Deviseninländer *m*	resident
2299	feindlicher Ausländer *m*	enemy alien

2274	informateur; mouchard, indicateur *m*, *pej*; indic. *fam*	informante *m*
2275	mouchardage *m*	actividades *fpl* de espías y confidentes
2276	agent *m*	agente *m*
2277	agent *m* de liaison, contact *m*	enlace *m*
2278	agent *m* secret; *fam* barbouze *m*	agente *m* secreto
2279	agent *m* double	agente *m* doble
2280	Défense de la constitution; F: «Renseignements Généraux»	Organismo *m* de Defensa de la Constitución *(RFA)*
2281	agent *m* provocateur	agente *m* provocador
2282	infiltration *f*	infiltración *f*
2283	ravisseur *m*	secuestrador *m*
2284	enlever	secuestrar
2285	enlèvement *m* de diplomates	secuestro *m* de diplomáticos

12. Nationalité; étrangers et réfugiés

12. Nacionalidad; extranjeros y refugiados

2286	étranger *m*	extranjero *m*
2287	citoyen *m*; national *m*	ciudadano *m*; nacional *m*
2288	national; interne	nacional; interno
2289	citoyen *m*	ciudadano *m*
2290	concitoyen *m*	conciudadano *m*
2291	assimilation *f* aux nationaux	asimilación *f* a los nacionales
2292	droit *m* d'établissement	derecho *m* de establecimiento
2293	traitement *m* des étrangers	trato *m* dado a los extranjeros
2294	droit *m* des étrangers	derecho *m* de extranjeros
2295	statut *m* des étrangers; situation *f* juridique ~ ~	situación *f* jurídica de los extranjeros
2296	police *f* des étrangers	policía *f* de extranjeros, extranjería *f*
2297	non-résident *m*	no residente *m*
2298	résident *m*	residente *m*
2299	ressortissant *m* d'un pays ennemi	súbdito *m* de un país enemigo

2300	lästiger Ausländer *m*, unerwünschter ~	undesirable alien, unwanted ~
2301	ausweisen	to expel
2302	Ausweisung *f*	expulsion
2303	Ausweisungsbefehl *m*	expulsion order
2304	Abweisung *f (von Ausländern)*	turning back *(of aliens)* at the border
2305	abweisen *(Ausländer)*	to turn back (at the border)
2306	Einwanderer *m*	immigrant
2307	Einwanderung *f*	immigration
2308	Einwanderungsverbot *n*, Einwanderungssperre *f*	ban on immigration, immigration ban
2309	(politischer) Flüchtling *m*	(political) refugee
2310	Flüchtlingsfrage *f*; Flüchtlingsproblem *n*	refugee problem
2311	Flüchtlingslager *n*	refugee camp
2312	Flüchtlingsstrom *m*	stream of refugees, flow ~ ~
2313	Durchgangslager *n*	transit camp
2314	Flüchtlingshilfe *f*	assistance to refugees, refugee assistance
2315	Heimatvertriebene *mpl*; Vertriebene *mpl (fast nur auf die 1944/45 aus den ehemaligen deutschen Ostgebieten Vertriebenen angewandt)*	expellees
2316	Verschleppte *mpl (fast nur auf die während des 2. Weltkrieges vom Deutschen Reich Verschleppten angewandt)*	displaced persons
2317	Entwurzelung *f*	uprooting
2318	Asylrecht *n*	right of asylum
2319	um Asyl bitten, ~ ~ ersuchen	to ask for asylum
2320	jdm. Asyl gewähren	to afford asylum to s.b., to grant ~ ~ ~
2321	inneres Asyl *n*	internal asylum; territorial ~
2322	diplomatisches Asyl *n*	diplomatic asylum
2323	unter Asylschutz stehend	refugee (granted asluym)
2324	Asylgewährung *f* durch ein neutrales Land	neutral asylum
2325	Asylland *n*	country of asylum
2326	Heimatstaat *m*	native country; home state

2300	étranger *m* indésirable	extranjero *m* indeseable
2301	expulser	expulsar
2302	expulsion *f*	expulsión *f*
2303	arrêté *m* d'expulsion	orden *f* de expulsión
2304	refoulement *m* (*d'étrangers*) (à la frontière)	no admisión *f* de extranjeros
2305	refouler (des étrangers à la frontière)	no admitir (extranjeros en la frontera)
2306	immigrant *m*	inmigrante *m*
2307	immigration *f*	inmigración *f*
2308	bloquage *m* de l'immigration	prohibición *f* de inmigración
2309	réfugié *m* (politique)	refugiado *m* (político)
2310	problème *m* des réfugiés	problema *m* de los refugiados
2311	camp *m* de réfugiés	campo *m* de refugiados
2312	afflux *m* de réfugiés; exode *m*	afluencia *f* de refugiados, oleada *f* ~ ~
2313	camp de transit	campo *m* de tránsito
2314	aide *f* aux réfugiés; secours *m* ~ ~	socorro *m* a los refugiados; ayuda *f* ~ ~ ~
2315	expulsés *mpl*	expulsados *mpl*
2316	personnes *fpl* déplacées	personas *fpl* desplazadas
2317	déracinement *f*	desarraigo *m*
2318	droit *m* d'asile	derecho *m* de asilo
2319	demander asile	pedir asilo
2320	donner asile *m* à qn.	conceder asilo a alg.
2321	asile *m* interne; ~ territorial	asilo *m* interno; ~ territorial
2322	asile *m* diplomatique	asilo *m* diplomático
2323	asilé, réfugié	asilado
2324	asile *m* neutre	asilo *m* neutral
2325	pays *m* d'asile	país *m* de asilo
2326	Etat *m* d'origine	Estado *m* de origen

2327	Exil *n*	exile
2328	ins Exil gehen	to go into exile
2329	Zufluchtsland *n*	country of asylum
2330	Emigrant *m (nur auf politische u. ä. Auswanderer angewandt)*	emigrant; (political) refugee
2331	Emigration *f*	emigration *(for political reasons)*
2332	freiwillige Ausbürgerung *f*	expatriation (voluntary)
2333	Staatsbürger *m*; Staatsangehöriger *m*	subject; citizen, national
2334	die Staatsbürger *mpl, coll*	citizenry, US
2335	Staatsbürger *m (gegenüber der Verfassung)*	citizen
2336	Staatsangehörigkeit *f*; Staatsbürgerschaft *f (Personen)*	nationality; citizenship
2337	Staatsangehöriger *m*	national; citizen
2338	Untertan *m (hist bzw. bei gewissen Monarchien)*	subject
2339	ursprüngliche Staatsangehörigkeit *f*	original nationality
2340	erworbene Staatsangehörigkeit *f*	acquired nationality
2341	Doppelstaatsangehörigkeit *f*	dual nationality
2342	Doppelstaatler *m*	person with dual nationality
2343	Staatszugehörigkeit *f (Sachen, zB Schiffe)*	nationality
2344	Verleihung *f* der Staatsangehörigkeit	grant of (the) nationality; ~ ~ citizenship, US
2345	Abstammungsprinzip *n*; ius sanguinis *nt*	jus sanguinis *nt*
2346	Territorialitätsprinzip *n*; ius soli *nt*	jus soli *nt*
2347	Optionsrecht *n*	right to opt
2348	für eine Staatsangehörigkeit optieren	to opt for a nationality
2349	eine Staatsangehörigkeit erwerben	to acquire a nationality
2350	Erwerb *m* der Staatsangehörigkeit	acquisition of (the) nationality
2351	Heimatrecht *n*	right of domicile, ~ ~ settlement
2352	Wahlheimat *f*	adopted homeland
2353	Naturalisierung *f*; Einbürgerung *f*	naturalization
2354	naturalisieren	to naturalize
2355	Einbürgerungsurkunde *f*; Naturalisierungsurkunde *f*	letters of naturalization, citizenship papers, certificate of naturalization

2327	exil *m*	exilio *m*
2328	s'exiler	exilarse; exiliarse
2329	pays *m* de refuge; ~ qui donne asile	país *m* que concede el asilo
2330	émigré *m*	emigrado *m* (*por razones políticas*)
2331	émigration *f* (*pour des raisons politiques*)	emigración *f* (*por razones políticas*)
2332	expatriation *f* volontaire	expatriación *f* voluntaria
2333	ressortissant *m*; citoyen *m*	súbdito *m*; ciudadano *m*, *Am*
2334	(tous) les citoyens	(todos) los ciudadanos, ciudadanía *f*, *Am*
2335	citoyen *m*	ciudadano *m*
2336	nationalité *f*; citoyenneté *f*	nacionalidad *f*; ciudadanía *f*
2337	national *m*; citoyen *m*; ressortissant *m*	nacional *m*; ciudadano *m*; súbdito *m*
2338	sujet *m*	súbdito *m*
2339	nationalité *f* d'origine	nacionalidad *f* de origen
2340	nationalité *f* acquise	nacionalidad *f* adquirida
2341	double nationalité *f*	doble nacionalidad *f*
2342	sujet mixte *m*, personne possédant une double nationalité	sujeto *m* mixto
2343	nationalité *f*	nacionalidad *f*
2344	octroi *m* de la nationalité	concesión *f* de la nacionalidad
2345	droit *m* du sang; jus sanguinis *nt*	ius sanguinis *nt*; derecho *m* de sangre
2346	droit *m* du sol; jus soli *nt*	ius soli *nt*; derecho *m* del suelo
2347	droit *m* d'option	derecho *m* de opción
2348	opter pour une nationalité	optar por una nacionalidad
2349	acquérir une nationalité	adquirir una nacionalidad
2350	acquisition *f* de la nationalité	adquisición *f* de la nacionalidad
2351	indigénat *m*	carta *f* de naturaleza
2352	patrie *f* d'adoption	segunda patria *f*, patria de adopción
2353	naturalisation *f*	naturalización *f*
2354	naturaliser	naturalizar
2355	acte *m* de naturalisation	carta *f* de naturaleza, cédula *f* de naturalización

2356	Verlust *m* der Staatsangehörigkeit	loss of nationality
2357	Entlassung *f* aus dem Staatsangehörigkeitsverhältnis	release from nationality
2358	Entzug *m* der Staatsangehörigkeit; Aberkennung *f* ~ ~, Ausbürgerung *f*	denaturalization, deprivation of citizenship
2359	jdm. die Staatsangehörigkeit aberkennen (*od:* entziehen), ausbürgern	to deprive s. b. of citizenship
2360	Wiedereinbürgerung *f*	repatriation
2361	Staatenlosigkeit *f*	statelessness
2362	Staatenlose *mpl*	stateless persons
2363	staatenlos	stateless
2364	Ehrenbürger *m*	honorary citizen; freeman
2365	Ehrenbürgerschaft *f* Ehrenbürgerrecht	honorary citizenship
2366	jdm. das Ehrenbürgerrecht verleihen	to make s. b. an honorary citizen, to confer honorary citizenship upon s.b.

13. Politische Ideologien und allgemeine politische Ausdrücke

13. Political Ideologies and General Political Terms

2367	Abolitionismus *m*	abolitionism
2368	Abolitionist *m*	abolitionist
2369	abolitionistisch	abolitionist
2370	absolut (*zB Herrscher, Monarchie*); absolutistisch (*zB Ideen*)	absolute; absolutist(ic)
2371	Absolutismus *m*	absolutism
2372	Abtrünniger *m* (Anhänger der Abtretung oder Unabhängigkeit eines Gebietes)	secessionist
2373	abtrünnig, abgefallen (Gebiet)	break-away, dissident (territory)
2374	Abweichler *m*, Diversant *m*	deviationist
2375	Abweichlertum *n*, Deviationismus *m*, Abweichung *f* von der Generallinie	deviationism

2356	perte *f* de nationalité	pérdida *f* de la nacionalidad
2357	congé *m* de nationalité	autorización *f* para abandonar la nacionalidad
2358	déchéance *f* de la nationalité	privación *f* de la nacionalidad
2359	déchoir qn. de la nationalité	privar a alg. de la nacionalidad
2360	réintégration *f* (dans la qualité de Français, Belge, etc.); rapatriement	reintegración *f*
2361	qualité *f* d'apatride; apatridie *f*	apolitismo *m*; condición *f* de apátrida
2362	apatrides *mpl*	apátridas *mpl*
2363	apatride	apátrida
2364	citoyen *m* d'honneur; bourgeois *m* d'honneur *CH*	ciudadano *m* de honor; hijo *m* adoptivo de una ciudad, *Esp*
2365	citoyenneté *f* d'honneur	ciudadanía *f* honoraria
2366	conférer la citoyenneté d'honneur à qn.; ~ la qualité de bourgeois d'honneur à qn., *CH*	conceder la ciudadanía de honor

13. Idéologies politiques et termes politiques généraux

13. Ideologías políticas y términos políticos generales

2367	abolitionnisme *m*	abolicionismo *m*
2368	abolitionniste *m*	abolicionista *m*
2369	abolitionniste	abolicionista
2370	absolu, absolutiste	absoluto; absolutista
2371	absolutisme *m*	absolutismo *m*
2372	sécessionniste *m*	secesionista *m*
2373	sécessionniste	secesionista
2374	déviationniste *m*	desviacionista *m*
2375	déviationnisme *m*	desviacionismo *m*

2376	Akkulturation *f*	acculturation
2377	Aktivist *m*	activist
2378	Amtsschimmel *m, fam*	officialdom, red tape, officialism
2379	Anarchismus *m*	anarchism
2380	zur Anarchie (od. zum Anarchismus) neigend, ~ ~ tendierend	tending toward anarchy (or: anarchism)
2381	Anarchist *m*	anarchist
2382	anarchistisch	anarchic, anarchistic
2383	Anhänger *m (einer Ideologie)*, Befürworter *m*	supporter, advocate
2384	Anhänger *mpl*, Getreue *mpl*, Gefolgsleute *mpl*	followers
2385	Anhänger *m* der neuen Linken, „Gauchist" *m, nt*	New Leftist, advocate of the New Left,
2386	Antifaschismus *m*	antifascism
2387	Antifaschist *m*	antifascist
2388	antifaschistisch	antifascist
2389	antiklerikal	anticlerical
2390	Antiklerikaler *m*	anticlericalist
2391	Antiklerikalismus *m*	anticlericalism
2392	Antikolonialismus *m*	anticolonialism
2393	antikolonialistisch	anticolonialist
2394	Antikommunismus *m*	anticommunism
2395	Antikommunist *m*	anticommunist
2396	antikommunistisch	anticommunist(ic)
2397	Antimilitarismus *m*	antimilitarism
2398	Antimilitarist *m*	antimilitarist
2399	antimilitaristisch	antimilitaristic
2400	Antisemit *m*	anti-Semite
2401	antisemitisch	anti-Semitic
2402	Antisemitismus *m*	anti-Semitism
2403	Apparatchik *m nt*	apparatchik *nt*
2404	Arbeiterbewegung *f*	labour movement, *GB*; labor ~, *US*
2405	Arbeiterklasse *f*	working class
2406	Arbeiter- und Bauernstaat *m*	State of workers and farmers
2407	gewerkschaftlich nicht organisierte Arbeiter *mpl*	free labour
2408	arbeiterfeindlich	anti-labour, anti-labor *US*

2376	acculturation *f*	aculturación *f*
2377	activiste *m*	activista *m*
2378	paperasserie *f* administrative, bureaucratie *f*	papeleo (burocrático), burocracia *f*
2379	anarchisme *m*	anarquismo *m*
2380	anarchisant	anarquizante
2381	anarchiste *m*; anarcho *fam*	anarquista *m*
2382	anarchiste; anarchique	anarquista; anárquico
2383	partisan *m*	partidario *m*, seguidor *m*
2384	les séides *mpl*, supporteurs *mpl*; adhérents *mpl*	seguidores *mpl*
2385	gauchiste *m*	partidario *m* de la nueva izquierda
2386	antifascisme *m*	antifascismo *m*
2387	antifasciste *m*	antifascista *m*
2388	antifasciste	antifascista
2389	anticlérical	anticlerical
2390	anticlérical *m*	anticlerical *m*
2391	anticléricalisme *m*	anticlericalismo *m*
2392	anticolonialisme *m*	anticolonialismo *m*
2393	anticolonialiste	anticolonialista
2394	anticommunisme *m*	anticomunismo *m*
2395	anticommuniste *m*	anticomunista *m*
2396	anticommuniste	anticomunista
2397	antimilitarisme *m*	antimilitarismo *m*
2398	antimilitariste *m*	antimilitarista *m*
2399	antimilitariste	antimilitarista
2400	antisémite *m*	antisemita *m*
2401	antisémitique	antisemítico
2402	antisémitisme *m*	antisemitismo *m*
2403	apparatchik *nt*	apparatchik *nt*
2404	mouvement *m* ouvrier	movimiento *m* obrero, obrerismo *m*
2405	classe *f* ouvrière	clase *f* obrera
2406	Etat *m* des ouvriers et paysans	Estado *m* de trabajadores y campesinos
2407	travailleurs *m* non syndiqués	trabajadores no afiliados a un sindicato obrero
2408	antiouvrier, hostile aux ouvriers	enemigo de los trabajadores

2409	Atomwaffengegner *m*	opponent (*or*: opposer) of nuclear (*or*: atomic) armament, ~ ~ ~ arms
2410	„Held der Arbeit" UdSSR	„Work Hero"
2411	Attentismus *m*, Politik *f* des Abwartens	„attentisme" *nt*, *F 1940*; wait-and-see policy, watchful waiting
2412	„die Ausbeutung des Menschen durch den Menschen"	"exploitation of man by man"
2413	ausmanövrieren	to outmaneuver s.b. *GB*; to outmanoeuvre *US*
2414	Außenseiter	outsider
2415	autark	autarkic, autarkical
2416	Autarkie *f*	autarky
2417	Autokrat *m*	autocrat
2418	Autokratie *f*	autocracy
2419	autokratisch	autocratic, autocratical
2420	Autoritarismus *m*	autoritarism
2421	autoritär	authoritarian
2422	Autorität *f (im D nur abstrakt, nicht im Sinne von „Behörde"!)*	authority
2423	Amerikanismus *m*	Americanism *(in Europe and Asia rather in a pejorative sense)*
2424	Bolschewismus *m*	Bolshevism
2425	Bolschewist *m*	Bolshevist, Bolshevik
2426	Bolschewisierung *f*	bolchevization
2427	bolschewisieren	to bolshevize
2428	bolschewistisch	Bolshevist, Bolshevistic
2429	bürgerlich	bourgeois *nt*
2430	Bürgertum *n*	bourgeoisie *nt*
2431	Burgfrieden *m* der politischen Parteien	party truce
2432	Bürokrat *m*	bureaucrat, red-tapist
2433	Bürokratie *f*	bureaucracy; red tape
2434	bürokratisch	bureaucratic, red-tape...
2435	Byzantinismus *m*	byzantinism
2436	Cäsaropapismus *m*	Caesaro-papism
2437	Castrismus *m*	Castroism
2438	Chancengleichheit *f*	equal opportunity, ~ chances
2439	Chauvinismus *m*	chauvinism

2409	adversaire *m* de l'armement atomique (*ou*: nucléaire)	pacifista *m* antinuclear
2410	«Héros *mpl* du travail»	«Héroe *m* del Trabajo»
2411	attentisme *m*	atentismo *m*
2412	«l'exploitation de l'homme par l'homme»	«la explotación del hombre por el hombre»
2413	éliminer par des manipulations	quitar de en medio por hábiles manipulaciones
2414	outsider *m, nt*	outsider *m, nt*
2415	autarcique	autárquico
2416	autarcie *f*	autarquía *f*
2417	autocrate *m*	autócrata *m*
2418	autocratie *f*	autocracia *f*
2419	autocratique	autocrático
2420	autoritarisme *m*	autoritarismo *m*
2421	autoritaire	autoritario
2422	autorité *f*	autoridad *f*
2423	américanisme *m*	americanismo *m*
2424	bolchévisme *m*	bolchevismo *m*, bolcheviquismo *m*
2425	bolchéviste *m*	bolchevique *m*
2426	bolchevisation *f*	bolchevización *f*
2427	bolcheviser	bolchevizar
2428	bolcheviste	bolchevique, bolchevista
2429	bourgeois	burgués
2430	bourgeoisie *f*	burguesía *f*
2431	trêve *f* des partis politiques	tregua *f* entre los partidos políticos
2432	bureaucrate *m*	burócrata *m*
2433	bureaucratie *f*	burocracia *f*
2434	bureaucratique	burocrático
2435	byzantinisme *m*	bizantinismo *m*
2436	césaropapisme *m*	cesaropapismo *m*
2437	castrisme *m*	castrismo *m*
2438	égalité *f* de chances	igualdad *f* de oportunidades
2439	chauvinisme *m*	chauvinismo *m* (*algunos diccionarios rechazan esta voz como galicismo, pero la palabra* «patriotería», *que proponen expresa otro matiz*)

2440	Chauvinist *m*	chauvinist
2441	chauvinistisch	chauvinist(ic)
2442	Clique *f*	clique, coterie
2443	Defaitismus *m*	defeatism
2444	Defaitist *m*; Miesmacher *m fam*	defeatist
2445	defaitistisch	defeatist
2446	Demagoge *m*	demagogue
2447	Demagogie *f*	demagogy *(chiefly GB)*; demagoguery *(chiefly US)*; demagogism
2448	demagogisch	demagogic, demagogical
2449	Demokrat *m*	democrat
2450	Demokratie *f*	democracy
2451	demokratisch	democratic
2452	demokratisieren	to democratize
2453	Demokratisierung *f*	democratization
2454	Despot *m*	despot
2455	despotisch	despotic
2456	Despotismus *m*	despotism
2457	dezentralisieren	to decentralize
2458	Dezentralisierung *f*	decentralization
2459	Dialektik *f*	dialectic(s)
2460	dialektisch	dialectic, dialectical
2461	Diktatur *f* des Proletariats	dictatorship of the proletariat
2462	Dissident *m* (*Abtrünniger einer Partei*)	dissident, break-away
2463	Dogmatiker *m*	dogmatist
2464	dogmatisch	dogmatic
2465	Dogmatismus *m*	dogmatism
2466	Doktrin *f* (*als politischer Ausdruck nt*)	doctrine
2467	Dualismus *m* (*im allgemeinen*)	dualism
2468	Dualismus *m*, *GB*	dyarchy, *GB*
2469	Dunkelmann *m*	back-stage intriguer, obscurantist
2470	dyarchisch	dyarchical
2471	Ehrenkodex *m*	code of honour
2472	Eingreifen *n* des Staates	state intervention
2473	unerschütterliche Einheit *f* straffe Organisation *f*, absoluter Zusammenhalt *m*; „Monolithismus" *m* (*seltener*)	monolithism

2440	chauvin *m*	chauvinista *m*
2441	chauvin	chauvinista
2442	coterie *f*	camarilla *f*
2443	défaitisme *m*	derrotismo *m*
2444	défaitiste *m*	derrotista *m*
2445	défaitiste	derrotista
2446	démagogue *m*	demagogo *m*
2447	démagogie *f*	demagogia *f*
2448	démagogique	demagógico
2449	démocrate *m*	demócrata *m*
2450	démocratie *f*	democracia *f*
2451	a) démocratique *(choses)* b) démocrate *(personnes)*	a) democrático b) demócrata
2452	démocratiser	democratizar
2453	démocratisation *f*	democratización *f*
2454	despote *m*	déspota *m*
2455	despotique	despótico
2456	despotisme *m*	despotismo *m*
2457	décentraliser	descentralizar
2458	décentralisation *f*	descentralización *f*
2459	dialectique *f*	dialéctica *f*
2460	dialectique	dialéctico
2461	dictature *f* du prolétariat	dictadura *f* del proletariado
2462	dissident *m*	disidente
2463	dogmatique *m*	dogmático *m*
2464	dogmatique	dogmático
2465	dogmatisme *m*	dogmatismo *m*
2466	doctrine *f*	doctrina *f*
2467	dualisme *m*	dualismo *m*
2468	dyarchie *f*, GB	diarquía *f*, GB
2469	obscurantiste *m*	oscurantista *m*
2470	dyarchique	diárquico
2471	code *m* de l'honneur	código *m* de honor
2472	intervention *f* de l'Etat	intervención *f* del Estado
2473	monolithisme *m*	monolitismo *m*

2474	Elite *f, nt*	élite *f, GB, nt*; elite, *US*
2475	Emporkömmling *m*	parvenu, upstart
2476	engstirnig *(politisch, sozial)*	narrow-minded
2477	Entstalinisierung *f*	destalinization
2478	Establishment *n*	Establishment
2479	„Etatismus" *m (übermäßge Einschaltung des Staates in alle Dinge)*	etatism, étatisme *nt*
2480	Expansion *f*	expansion
2481	Expansionsdrang *m*	expansionism, expansionist aims
2482	expansionistisch	expansionist
2483	Extremismus *m*	extremism
2484	Extremist *m*	extremist
2485	extremistisch	extremist
2486	Falschmeldung *f*, „Ente" *f, fam*	false report, canard
2487	Fanatiker *m*	fanatic
2488	fanatisch	fanatic(al)
2489	fanatisieren	to fanaticize
2490	Fanatismus *m*	fanaticism
2491	Faschismus *m*	fascism
2492	Faschist *m*	fascist
2493	faschistisch	fascist
2494	Fernziel *n*	long-range objective, ~ ~ goal
2495	Flucht *f* nach vorne	"offence is the best defence"
2496	Föderalismus *m*	federalism
2497	Föderalisierung *f*	federalization; decentralization
2498	föderalisieren	to federalize, to decentralize
2490	Föderalist *m*	federalist
2500	föderalistisch	federalist(ic)
2501	fortschrittlich, progressiv	progressive, progressivist
2502	Fortschrittanhänger *m*, Progressist *m*	progressivist
2503	akute Frage *f*, aktuelles Problem *n*	issue, burning question
2504	Fraktionalismus *m*	fractionalism
2505	frankotreu, frankistisch	Francoist
2506	Frauenrechtbewegung *f*	feminism
2507	Frauenrechtlerin *f*	feminist
2508	Freiheitsliebe *f*	love of liberty
2509	Freimaurer *m*	freemason
2510	Freimaurer... *in Zssgn*	freemasons'..., masonic

2474	élite *f*	élite *f*, *nt*
2475	arriviste *m*	arrivista *m*
2476	borné, d'idées étroites	estrecho de miras
2477	déstalinisation *f*	desestalinización *f*
2478	«establishment» *m*, *nt*	«establishment» *m*, *nt*
2479	étatisme *m*	etatismo *m*
2480	expansion *f*	expansión *f*
2481	expansionnisme *m*	expansionismo *m*
2482	expansionniste	expansionista
2483	extrémisme *m*	extremismo *m*
2484	extrémiste *m*	extremista *m*
2485	extrémiste	extremista
2486	fausse nouvelle; canular *fam m*	falsa noticia *f*
2487	fanatique *m*; fana *fam m*	fanático *m*
2488	fanatique	fanático
2489	fanatiser	fanatizar
2490	fanatisme *m*	fanatismo *m*
2491	fascisme *m*	fascismo *m*
2492	fasciste *m*; *fam*, *pej*: facho	fascista *m*
2493	fasciste	fascista
2494	objectif *m* lointain, but ∼, objectif *m* à long terme	objetivo *m* lejano, meta *f* a largo plazo
2495	fuite *f* en avant	«fuga *f* hacia delante»
2496	fédéralisme *m*	federalismo *m*
2497	fédéralisation *f*	federalización *f*
2498	fédéraliser	federalizar
2499	fédéraliste *m*	federalista *m*
2500	fédéraliste	federalista
2501	progressiste	progresista
2502	progressiste *m*	progresista *m*
2503	problème *m* à l'ordre du jour, problème brûlant, ∼ d'actualité	problema *m* de actualidad
2504	fractionnalisme *m*	fraccionalismo *m*
2505	franquiste	franquista
2506	féminisme *m*	feminismo *m*
2507	féministe *f*	feminista *f*
2508	amour *m* de la liberté	amor *m* a la libertad
2509	franc-maçon *m*	masón *m*
2510	maçonnique	masónico

2511	Freimaurerei *f*	freemasonry
2512	freimaurerisch, Freimaurer...	masonic
2513	freimaurerfeindlich	anti-masonic
2514	Fremdenhaß *m*, Xenophobie *f*	xenophobia
2515	fremdenfeinlich, xenophob, ausländerfeindlich	hating aliens, xenophobic
2516	unter jds. Fuchtel stehen, von jm. beherrscht werden, von jm. völlig abhängen, von jm. gegängelt werden	to be under s.b's thumb, to be under s.b's strict control
2517	Führerprinzip *n*	leadership principle
2518	Gaullismus *m*	gaullism
2519	gaullistisch	gaullist
2520	Gegner *m*	opponent
2521	Gegnerschaft *f*, Gegensatz *m*, Antagonismus *m*	antagonism
2522	gemäßigt	moderate
2523	Geopolitik *f*	geopolitics
2524	geopolitisch	geopolitic(al)
2525	klassenlose Gesellschaft *f*	classless society
2526	Rousseaus „Gesellschafstvertrag"	Rousseau's "Social Contract"
2527	„Vom Geist der Gesetze" (Montesquieu)	"L'Esprit des Lois" *nt*, "The Spirit of Laws" (Montesquieu)
2528	„Gewalt geht vor Recht"	"might is above right"
2529	Gewaltlosigkeit *f*	non-violence
2530	gewerkschaftsfeindlich	anti-unionist
2531	Gezeter *n*, Geschrei *n*, *fam* (*zB der Opposition*)	howls (of protest)
2532	gleichgesinnt (*Person*)	like-minded
2533	der Gottesstaat (Augustin)	the City of God
2534	Greuelpropaganda *f*	horror propaganda
2535	Großmeister *m* (*Freimaurer*)	grand master
2536	Hakenkreuz *n*	swastika
2537	unnachgiebige Haltung *f*	hard-line attitude, intransigent ~
2538	Hammer *m* und Sichel *f*	hammer and sickle
2539	Hierokratie *f*	hierocracy
2540	Hurrapatriot *m*	flag-waving patriot, jingoist
2541	Hurrapatriotismus *m*	flag-waving patriotism, jingoism

2511	franc-maçonnerie *f*	masonería *f*
2512	franc-maçon	masón
2513	antimaçonnique	antimasón
2514	xénophobie *f*	xenofobia *f*
2515	xénophobe	xenófobo
2516	être sous la coupe de qn., être sous la férule ~ ~	estar dominado por alg.
2517	principe du chef	caudillaje *m*
2518	gaullisme *m*	gaullismo *m*
2519	gaulliste	gaullista
2520	adversaire *m*; antagoniste *m*	adversario *m*; antagonista *m*
2521	antagonisme *m*	antagonismo *m*
2522	modéré	moderado
2523	géopolitique *f*	geopolítica *f*
2524	géopolitique	geopolítico
2525	société *f* sans classes	sociedad *f* sin clases
2526	le «Contrat Social» de Rousseau	el «Contrato Social» de Rousseau
2527	«L'Esprit des Lois» (Montesquieu)	«El Espíritu de las Leyes» (Montesquieu)
2528	«la force prime le droit»	«el poder priva sobre el Derecho»
2529	non-violence *f*	no violencia *f*
2530	antisyndicaliste	antisindicalista
2531	tollé *m*	griterío *m*
2532	partageant les mêmes idées, ayant les mêmes idées	congenial
2533	la Cité de Dieu	la Ciudad de Dios
2534	propagande *f* d'atrocités	propaganda *f* de atrocidades (imputadas al enemigo)
2535	grand maître *m* (de la Maçonnerie)	gran maestre *m* (de la masonería)
2536	croix *f* gammée	cruz *f* gamada, svástica *f*
2537	attidue *f* intransigeante, ~ rigoriste	actitud *f* intransigente
2538	la faucille et le marteau	la hoz y el martillo
2539	hiérocratie *f*	hierocracia *f*
2540	patriotard *m*	jingoísta *m*, patriotero *m*
2541	patriotardisme *m*	jingoísmo *m* patriotería *f*

2542	Ideologe *m*	ideologist
2543	Ideologie *f*	ideology
2544	ideologisch	ideological; ideologic
2545	Imperialismus *m*	imperialism
2546	verkappter Imperialismus *m*	veiled imperialism
2547	Imperialist *m*	imperialist
2548	imperialistisch	imperialistic
2549	Individualismus *m*	individualism
2550	Informationsreise *f*	fact-finding trip, briefing tour
2551	die Intelligenz (eines Landes)	intelligentsia
2552	Interessengruppen *fpl*; pressure groups *fpl, nt*	pressure groups
2553	Internationalismus *m*	internationalism
2554	proletarischer Internationalismus *m*	proletarian internationalism
2555	Internationalist *m*	internationalist
2556	Interventionismus *m*	interventionism
2557	Irredentismus *m*, Irredentabewegung *f*	irredentism
2558	Irredentist *m*	irredentist
2559	irredentistisch	irredentist
2560	Jakobinismus *m*	Jacobinism *m*
2561	Justizialismus *m* (*unter Perón in Argentinien*)	justicialismo *nt*; Peron movement, ~ ideology
2562	Kadavergehorsam *m*	mechanical discipline, blind obedience
2563	Kapitalismus *m*	capitalism
2564	Kapitalist *m*	capitalist
2565	kapitalistisch	capitalist(ic)
2566	kapitalistische Einkreisung *f*	capitalist encirclement
2567	Karrieremacher *m*	carreerist *pej*
2568	die besitzenden Klassen *fpl*	propertied classes
2569	herrschende Klasse *f*	ruling class
2570	Standesbewußtsein *n*; Klassenbewußtsein *n*	class consciousness
2571	klassenbewußt	class-conscious
2572	Klassengesellschaft *f*	class society
2573	Klassenkampf *m*	class war(fare), class conflict
2574	Kleinbürgertum *n*	petty bourgeoisie; lower middle class

2542	idéologue *m*	ideólogo *m*
2543	idéologie *f*	ideología *f*
2544	idéologique	ideológico
2545	impérialisme *m*	imperialismo *m*
2546	impérialisme *m* camouflé, ∼ larvé	imperialismo *m* oculto, ∼ camuflado
2547	impérialiste *m*	imperialista *m*
2548	impérialiste	imperialista
2549	individualisme *m*	individualismo *m*
2550	voyage *m* d'information	viaje *m* de información
2551	intelligentsia *f nt*; élite *f* intellectuelle	inteligentsia *f nt*; intelectualidad *f*
2552	groupes *mpl* de pression	grupos *mpl* de presión
2553	internationalisme *m*	internacionalismo *m*
2554	internationalisme *m* prolétaire	internacionalismo *m* proletario
2555	internationaliste *m*	internacionalista *m*
2556	interventionnisme *m*	intervencionismo *m*
2557	irrédentisme *m*	irredentismo *m*
2558	irrédentiste *m*	irredentista *m*
2599	irrédentiste	irredentista
2560	jacobinisme *m*	jacobinismo *m*
2561	justicialisme *m*	justicialismo *m*
2562	obéissance *f* absolue, ∼ «perinde cadaver»	obediencia *f* de cádaver
2563	capitalisme *m*	capitalismo *m*
2564	capitaliste *m*	capitalista *m*
2565	capitaliste	capitalista
2566	encerclement *m* capitaliste	cerco *m* capitalista
2567	carriériste *m, pej*	que quiere hacer carrera, político ambicioso, trepador *m*
2568	les classes *fpl* possédantes	las clases pudientes
2569	classe *f* au pouvoir	clase *f* dominante
2570	conscience *f* de classe	conciencia *f* de clase
2571	(prolétaire) conscient	con conciencia de clase
2572	société *f* de classes	sociedad *f* clasista
2573	lutte *f* des classes	lucha *f* de clases
2574	petite bourgeoisie *f*	pequeña burguesía *f*

2575	kleinbürgerlich *(meist pej)*	petty bourgeois *nt*
2576	Klerikalismus *m*	clericalism
2577	Klerikofaschist *m*	clerico-fascist
2578	Klerikofaschismus *m*	clerico-fascism
2579	klerikofaschistisch	clerico-fascist
2580	Kollektivist *m*	collectivist
2581	kollektivieren, kollektivisieren	to collectivize
2582	Kollektivierung *f*, Kollektivisierung *f*	collectivization
2583	Kollektivismus *m*	collectivism
2584	kollektivistisch	collectivist(ic)
2585	Kommunismus *m*	communism
2586	Kommunist *m*	communist
2587	kommunistisch	communist
2588	kommunistenfreundlich, pro-kommunistisch	pro-communist; fellow travel(l)er *(originally and chiefly of communist sympathizers)*
2589	Konformist *m*	conformist
2590	konservativ	conservative
2591	a) stur, eingefleischt b) stockkonservativ, erz-reaktionär	a) die-hard, staunch b) dyed in the woll
2592	Stockkonservativer *m*, „Fortschrittbremser"	hard-line conservative, true-blue ∼
2593	Konservativer *m fam*	conservative
2594	Konservatismus *m*	conservatism
2595	Konsumgesellschaft *f*	consumers'society
2596	Kosmopolit *m*, Weltbürger *m*	cosmopolite
2597	kosmopolitisch	cosmopolitan
2598	Kosmopolitismus *m*, Weltbürgertum *n*	cosmopolitism
2599	Kriegsgegner *m*	pacifist
2600	Kriegdiensverweigerer *m* aus Gewissensgründen	conscientious objector
2601	Kriegsdienstverweigerung *f* aus Gewissensgründen	conscientious objection
2602	Laizismus	laicism
2603	lavieren *(zwischen 2 Alternativen, Parteien usw.)*	to steer a middle course
2604	Legitimist *m*	legitimist
2605	Legitimität *f*, Rechtmäßigkeit *f*	legitimacy

2575	petit-bourgeois	pequeño-burgués
2576	cléricalisme *m*	clericalismo *m*
2577	clérico-fasciste *m*	clericofascista *m*
2578	clérico-fascisme *m*	clericofascismo *m*
2579	clérico-fasciste	clericofascista
2580	collectiviste *m*	colectivista *m*
2581	collectiviser	colectivizar
2582	collectivisation *f*	colectivización *f*
2583	collectivisme *m*	colectivismo *m*
2584	collectiviste	colectivista
2585	communisme *m*	comunismo *m*
2586	communiste *m*	comunista *m*
2587	communiste	comunista
2588	procommuniste, communisant, compagnon de route *m*	procomunista, filocomunista, compañero *m* de viaje
2589	conformiste *m*	conformista *m*
2590	conservateur	conservador
2591	a) entêté, incorrigible b) ultra-conservateur	a) empedernido, terco b) archirreaccionario
2592	«ultra»	archiconservador *m*; carca *m, fam*
2593	conservateur *m*	conservador *m*
2594	conservatisme *m*	conservadurismo *m*
2595	société *f* de consommation	sociedad *f* de consumo
2596	cosmopolite *m*	cosmopolita *m*
2597	cosmopolite	cosmopolita
2598	cosmopolitisme *m*	cosmopolitismo *m*
2599	pacifiste *m*, adversaire *m* de la guerre	pacifista *m*, enemigo *m* de la guerra, antibelicista *m*
2600	objecteur *m* de conscience	objetor *m* de conciencia, objetante *m* ~ ~
2601	objection *f* de conscience	objeción *f* de conciencia (al servicio militar)
2602	laïcisme *m*	laicismo *m*
2603	louvoyer (entre 2 groupes); *fam*, nager entre deux eaux	navegar a dos aguas
2604	légitimiste *m*	legitimista *m*
2605	légitimité *f*	legitimidad *f*

2606	Leninismus *m*	Leninism
2607	Leninist *m*	Leninist, Leninite
2608	leninistisch	Leninist, Leninite
2609	liberal	liberal
2610	Liberaler *m*	Liberal *(pertaining to a political party)*; liberal *(favourable to progress)*
2611	liberalisieren	to liberalize
2612	Liberalismus *m*	liberalism
2613	Liktorenbündel *n*	(the) fasces *pl*
2614	Linksabweichler *m*	left deviationist, left-wing ~
2615	Linksabweichlertum *n*	left deviationism
2616	Linksintellektuelle *mpl*	leftist intellectuals
2617	Linkskatholik *m*	leftist catholic
2618	Linksradikalismus *m*, Linksextremismus *m*	left extremism, ~ radicalism
2619	die "neue Linke"	the New Left
2620	Lokalpatriotismus *m*	local patriotism, parochialism
2621	Loyalität *f*	loyalty
2622	Machiavellist *m*	machiavellian, machiavellianist
2623	machiavellisch	Machiavellian
2624	Machiavellismus *m*	Machiavellianism
2625	Manifest *n*	manifesto
2626	Mao-Anhänger *mpl*, Maoisten *mpl*	Maoists
2627	maoistisch	maoist
2628	Marxismus *m*	Marxism
2629	Marxist *m*	Marxist
2630	marxistisch	Marxist
2631	Marxismus-Leninismus *m*	Marxism-Leninism
2632	Massenmedien *mpl*	mass media
2633	Materialismus *m*	materialism
2634	Materialist *m*	materialist
2635	materialistisch	materialist(ic)
2636	dialektischer Materialismus *m*	dialectical materialism
2637	historischer Materialismus *m*	historical materialism
2638	öffentliche Meinung *f*	public opinion
2639	Meinungsumfrage *f*	opinion poll
2640	Meinungsumschwung *m*	sudden about-face, ~ change of opinion

2606	léninisme *m*	leninismo *m*
2607	léniniste *m*	leninista *m*
2608	léniniste	leninista
2609	libéral	liberal
2610	libéral *m*	liberal *m*
2611	libéraliser	liberalizar
2612	libéralisme *m*	liberalismo *m*
2613	faisceau *m* du licteur	haces *mpl* (de lictores)
2614	déviationniste *m* de gauche	desviacionista *m* izquierdista
2615	déviationnisme *m* de gauche	desviacionismo *m* de izquierda
2616	intellectuels *mpl* de gauche	intelectuales *mpl* de izquierda(s)
2617	catholique *m* de gauche	católico *m* de izquierda
2618	extrémisme *m* de gauche, radicalisme *m* ~ ~	extremismo *m* de izquierda, radicalismo *m* ~ ~
2619	le gauchisme	la nueva izquierda
2620	esprit *m* de clocher	patriotismo *m* local
2621	loyauté *f*	lealtad *f*
2622	machiavéliste *m*	maquiavelista *m*
2623	machiavélique	maquiavélico
2624	machiavélisme *m*	maquiavelismo *m*
2625	manifeste *m*	manifiesto *m*
2626	partisans *mpl* de Mao-Tsé-Tung, maoïstes *mpl*	maoístas *mpl*
2627	maoïste	maoísta
2628	marxisme *m*	marxismo *m*
2629	marxiste *m*	marxista *m*
2630	marxiste	marxista
2631	marxisme-léninisme *m*	marxismo-leninismo *m*
2632	mass media *mpl*, *nt*	medios *mpl* de comunicación social, ~ ~ ~ de masas
2633	matérialisme *m*	materialismo *m*
2634	matérialiste *m*	materialista *m*
2635	matérialiste	materialista
2636	matérialisme *m* dialectique	materialismo *m* dialéctico
2637	matérialisme *m* historique	materialismo *m* histórico
2638	opinion *f* publique	opinión *f* pública
2639	sondage *m* d'opinion, enquête *f* démoscopique	encuesta *f* demoscópica, sondeo *m* de opinión
2640	revirement d'opinion	cambio *m* de opinión

2641	Mesokratie *f*	mesocracy
2642	militant, aktiv	militant
2643	Militarismus *m*	militarism
2644	Militarist *m*	militarist
2645	militaristisch	militaristic
2646	Mittelstand *m*	middle class(es)
2647	Modernismus *m*	modernism
2648	Monarchismus *m*, monarchistische Bewegung *f*	monarchism
2649	Monarchist *m*	monarchist
2650	monarchistisch; zT, *auch*: „königstreu"	monarchist, monarchistic
2651	Monokratie *f*	monocracy
2652	Monismus *m*	monism
2653	Nachrichtenagentur *f*	news agency
2654	Nahziel *n*	short-term goal, immediate objective, $\sim$ goal
2655	Nation *f*	nation
2656	Nachrichtenagentur *f*, Presseagentur *f*	news agency; wire service *US*
2657	national, National ... *in Zssgn*	national
2658	Nationale Befreiungsfront *f*	National Liberation Front
2659	Nationalbewußtsein *n*	national consciousness
2660	Nationalismus *m*	nationalism
2661	engstirniger Nationalismus *m*	narrow-minded nationalism
2662	bürgerlicher Nationalismus *m*	bourgeois nationalism
2663	Nationalist *m*	nationalist
2664	nationalistisch	nationalist; nationalistic
2665	Nationalsozialismus *m*	National Socialism
2666	Nationalsozialist *m*	National Socialist
2667	nationalsozialistisch	National Socialist
2668	Nationalsyndikalismus *m*, *Esp*	National Syndicalism, *Esp*
2669	nationalsyndikalistisch *Esp*	National Syndicalist(ic), *Esp*
2670	Nazi ... *in Zssgn*, nazistisch	Nazi
2671	Nazismus *m*	Nazism, Naziism
2672	Neofaschismus *m*	neo-Fascism
2673	Neofaschisten *mpl (I*, MSI)	Italian Social Movement
2674	Neofaschist *m*	neo-Fascist
2675	neofaschistisch	neo-Fascist

2641	mésocratie *f*	mesocracia *f*
2642	militant	militante
2643	militarisme *m*; caporalisme	militarismo *m*
2644	militariste *m*	militarista *m*
2645	militariste	militarista
2646	classe *f* moyenne	clase *f* media
2647	modernisme *m*	modernismo *m*
2648	monarchisme *m*	monarquismo *m*
2649	monarchiste *m*	monárquico *m*
2650	monarchiste	monárquico
2651	monocratie *f*	monocracia *f*
2652	monisme *m*	monismo *m*
2653	agence *f* d'information	agencia *f* de noticias
2654	objectif *m* proche, but proche, but rapproché, objectif immédiat, ~ à court terme	objetivo *m* inmediato, meta *f* a corto plazo
2655	nation *f*	nación *f*
2656	agence *f* de presse	agencia *f* de noticias
2657	national	nacional
2658	Front *m* National de Libération	Frente *m* Nacional de Liberación
2659	conscience *f* nationale	conciencia *f* nacional
2660	nationalisme *m*	nacionalismo *m*
2661	nationalisme *m* borné, ~ étroit	nacionalismo *m* estrecho
2662	nationalisme *m* bourgeois	nacionalismo *m* burgués
2663	nationaliste *m*	nacionalista *m*
2664	nationaliste	nacionalista
2665	national-socialisme *m*	nacionalsocialismo
2666	national-socialiste *m*	nacionalsocialista *m*
2667	national-socialiste	nacionalsocialista
2668	national-syndicalisme *m*, *Esp*	nacionalsindicalismo *m*, *Esp*
2669	national-syndicaliste, *Esp*	nacionalsindicalista, *Esp*
2670	nazi	nazi
2671	nazisme *m*	nazismo *m*
2672	néo-fascisme	neofascismo *m*
2673	Mouvement *m* Social Italien	Movimiento *m* Social Italiano
2674	néo-fasciste	neofascista *m*
2675	néo-fasciste	neofascista

2676	Neonazi *n.*	neo-Nazi
2677	Neonazismus *m*	neo-Nazism
2678	Niedergang *m* der Demokratie	decline of democracy
2679	Nihilismus *m*	nihilism
2680	Nihilist *m*	nihilist
2681	nihilistisch	nihilistic
2682	Nomokratie *f*	nomocracy
2683	Obskurantismus, *m*, systematische Verdummung *f*	obscurantism
2684	Ochlokratie *f*, Pöbelherrschaft *f*	ochlocracy, mobocracy, mob rule
2685	ochlokratisch	mobocratic(al), ochlocratic(al)
2686	Ohnmacht *f* (politische)	powerlessness
2687	Oligarch *m*	oligarch
2688	Oligarchie *f*	oligarchy
2689	oligarch(isch)	oligarchic, oligarchical
2690	Opportunismus *m*	opportunism
2691	Opportunist *m*	opportunist
2692	opportunistisch	opportunist, opportunistic
2693	Panafrikanismus *m*	Pan-Africanism
2694	panafrikanisch	Pan-African
2695	panamerikanisch	Pan-American
2696	Panamerikanismus *m*	Pan-Americanism
2697	Panamerikanist *m*	advocate (*or:* supporter) of Pan-Americanism
2698	Panarabismus *m*	Pan-Arabism
2699	panarabisch	Pan-Arabic
2700	panarabische Bewegung *f*	Pan-Arabic Movement
2701	panasiatisch	Pan-Asiatic
2702	Panasiatismus *m*	Pan-Asiatism
2703	Paneuropäismus *m*	Pan-Europeanism
2704	paneuropäisch	Pan-European
2705	Pangermanismus *m*	Pan-Germanism, Pan-Teutonism
2706	Pangermanist *m*	Pan-German
2707	pangermanistisch, alldeutsch	Pan-German
2708	Paniberismus *m*	Pan-Iberianism
2709	panislamisch	Pan-Islamic
2710	Panislamismus *m*	Pan-Islamism
2711	Panslawismus *m*	Pan-Slavism

2676	néo-nazi	neonazi *m*
2677	néo-nazisme	neonazismo *m*
2678	déclin *m* de la démocratie	decadencia *f* de la democracia, ocaso *m* ~ ~ ~
2679	nihilisme *m*	nihilismo *m*
2680	nihiliste *m*	nihilista *m*
2681	nihiliste	nihilista
2682	nomocratie *f*	nomocracia *f*
2683	obscurantisme *m*	oscurantismo *m*
2684	ochlocratie *f*, voyoucratie *f*	oclocracia *f*
2685	ochlocratique	oclocrático
2686	impuissance *f* (politique)	impotencia *f* (política)
2687	oligarque *m*	oligarca *m*
2688	oligarchie *f*	oligarquía *f*
2689	oligarchique	oligárquico
2690	opportunisme *m*	oportunismo *m*
2691	opportuniste *m*	oportunista *m*
2692	opportuniste	oportunista
2693	panafricanisme *m*	panafricanismo *m*
2694	panafricain	panafricano
2695	panaméricain	panamericano
2696	panaméricanisme *m*	panamericanismo *m*
2697	panaméricaniste *m*	panamericanista *m*
2698	panarabisme *m*	panarabismo *m*
2699	panarabe	panárabe
2700	mouvement *m* panarabe	movimiento *m* panárabe
2701	panasiatique	panasiático
2702	panasiatisme *m*	panasiatismo *m*
2703	paneuropéisme *m*	paneuropeísmo *m*
2704	paneuropéen	paneuropeo, paneuropeísta
2705	pangermanisme *m*	pangermanismo *m*
2706	pangermaniste *m*	pangermanista *m*
2707	pangermanique	pangermanista, pangermánico, pangermano
2708	panibérisme *m*	paniberismo *m*
2709	panislamique	panislamita
2710	panislamisme *m*	panislamismo *m*
2711	panslavisme *m*	paneslavismo *m*

2712	Panslawist *m*	Pan-Slav
2713	panslawistisch	Pan-Slav, Pan-Slavic, Pan-Slaronic
2714	Partikularismus *m* (bes D vor 1871)	particularism
2715	partikularistisch	particularistic
2716	Paternalismus *m*	paternalism
2717	paternalistisch	paternalist
2718	Patriot *m*	patriot
2719	patriotisch; vaterländisch	patriotic
2720	Patriotismus *m*	patriotism
2721	Pazifismus *m*	pacifism; pacificism *(rare)*
2722	Pazifist *m*	pacifist; pacificist *(rare)*
2723	pazifistisch	pacifist; pacifistic
2724	Peronist *m*	Peronist
2725	peronistisch	Peronist
2726	Personenkult *m*	cult of personality, personality cult
2727	Philosemitismus *m*; „Judenfreundlichkeit" *(eher pej)*	philosemitism
2728	sein Plansoll erfüllen, sein Soll erfüllen	to fulfil(l) one's quota(s)
2729	Pluralismus *m*	pluralism
2730	Plutokrat *m*	plutocrat
2731	Plutokratie *f*	plutocracy
2732	plutokratisch	plutocratic
2733	Politisiererei *f*	peanut politics, *US*; talking politics
2734	politisieren a) einen politischen Charakter verleihen *v/t* b) über Politik reden *v/i*	a) to politicize b) to talk politics, to politicize
2735	Politisierung *f*	politization
2736	Politologe *m*	political scientist
2737	Polyarchie *f*	polyarchy
2738	Polyzentrismus *m*	polycentrism
2739	Pragmatiker *m*	pragmatist
2740	pragmatisch	pragmatic
2741	Pragmatismus *m*	pragmatism
2742	Pressekampagne *f*, Pressefeldzug *m*	press campaign, publicity

2712	panslaviste *m*	paneslavista *m*
2713	panslaviste	paneslavista
2714	particularisme *m*	particularismo *m*
2715	particulariste	particularista
2716	paternalisme *m*	paternalismo *m*
2717	paternaliste	paternalista
2718	patriote *m*	patriota *m*
2719	patriote *(personnes)*; patriotique *(idées, sentiments)*	patriótico
2720	patriotisme *m*	patriotismo *m*
2721	pacifisme *m*	pacifismo *m*
2722	pacifiste *m*	pacifista *m*
2723	pacifiste	pacifista
2724	péroniste *m*	peronista *m*
2725	péroniste	peronista
2726	culte *m* de la personnalité	culto *m* de la personalidad; personalismo *Am*
2727	philosémitisme *m*	filosemitismo *m*
2728	remplir sa norme de production	cumplir con su cupo de producción
2729	pluralisme *m*	pluralismo *m*
2730	ploutocrate *m*	plutócrata *m*
2731	ploutocratie *f*	plutocracia *f*
2732	ploutocratique	plutocrático
2733	politiquage *m*, politicaillerie *f*, bavardage *m* politique	politiqueo *m*
2734	a) politiser	a) politizar
	b) parler politique, *fam*	b) hablar de política
2735	politisation *f*	politización *f*
2736	politologue *m*	politólogo *m*, especialista *m* de ciencias políticas
2737	polyarchie *f*	poliarquía *f*
2738	polycentrisme *m*	policentrismo *m*
2739	pragmatiste *m*	pragmatista *m*
2740	pragmatique	pragmático
2741	pragmatisme *m*	pragmatismo *m*
2742	campagne *f* de presse	campaña *f* de prensa

2743	Progressivismus *m*, fortschrittliche Einstellung *f*, Fortschrittsdenken *n*	progressivism, progressiveness
2744	Proletariat *n*	proletariat
2745	proletarisch	proletarian
2746	Proletarisierung *f*	proletarianization
2747	Propagandamaschine *f*	propaganda machinery, ~ machine
2748	Propagandist *m*	propagandist
2749	propagandistisch	propagandist
2750	Berieselung *f* mit Propaganda	propagandizing, propaganda barrage
2751	prowestlich	pro-Western
2752	puritanisch	puritan, puritanic, puritanical
2753	Puritanismus *m*	puritanism
2754	radikal	radical
2755	Radikalismus *m*	radicalism
2756	Radikalisierung *f*	radicalization
2757	Reaktion *f*	reaction
2758	Reaktionär *m*	reactionary
2759	reaktionär	reactionary
2760	Rechtsabweichler *m*	right deviationist, right-wing ~
2761	Rechtsabweichlertum *n*	right deviationism
2762	Rechtsextremist *m*, Rechtsradikaler *m*	right-wing extremist
2763	Rechtsextremismus *m*	right extremism
2764	Reformismus *m*	reformism; reform movement
2765	Anhänger *m* von Reformen	reformist
2766	Regierungstreuer *m*	loyalist; administrative ~, *US*
2767	regierungstreu	loyalist
2768	Regionalismus *m*	regionalism
2769	regionalisieren	to regionalize
2770	Regionalist *m*	regionalist
2771	Regionalisierung *f*	regionalization
2772	regionalistisch	regionalist
2773	regierungsfreundlich	pro-Administration *US*; pro-government
2774	Renegat *m*; Abtrünniger *m*	renegade
2775	Republik *f*; Volksstaat *m*; Freistaat *m*	republic
2776	Republikaner *m*	republican
2777	republikanisch	republican

2743	progressisme *m*	progresismo *m*
2744	prolétariat *m*	proletariado *m*
2745	prolétarien	proletario
2746	prolétarisation *f*	proletarización *f*
2747	appareil *m* de propagande	máquina *f* de propaganda
2748	propagandiste *m*	propagandista *m*
2749	propagandiste	propagandístico
2750	arrosage *m* par la propagande, massage *m* par les mass media	lavado *m* de cerebro propagandístico
2751	pro-occidental	pro-occidental
2752	puritain	puritano
2753	puritanisme *m*	puritanismo *m*
2754	radical	radical
2755	radicalisme *m*	radicalismo *m*
2756	radicalisation *f*	radicalización *f*
2757	réaction *f*	reacción *f*
2758	réactionnaire *m*	reaccionario *m*
2759	réactionnaire	reaccionario
2760	déviationniste *m* de droite	desviacionista *m* derechista
2761	déviationnisme *m* de droite	desviacionismo *m* de derecha
2762	extrémiste *m* de droite, radical *m* ~ ~	extremista *m* de derechas
2763	extrémisme *m* de droite	extremismo *m* de derechas
2764	réformisme *m*	reformismo *m*
2765	réformiste *m*	reformista *m*
2766	loyaliste *m*	leal *m*
2767	loyal (au Gouvernement)	leal (al Gobierno)
2768	régionalisme *m*	regionalismo *m*
2769	régionaliser	regionalizar
2770	régionaliste *m*	regionalista *m*
2771	régionalisation *f*	regionalización *f*
2772	régionaliste	regionalista
2773	favorable au gouvernement, ami du pouvoir	favorable al Gobierno
2774	renégat *m*	renegado *m*
2775	république *f*	república *f*
2776	républicain *m*	republicano *m*
2777	républicain	republicano

2778	Republikanismus *m*	republicanism
2779	republikfeindlich, antirepublikanisch	anti-republican
2780	Revanchist *m*, Anhänger der Revanchepolitik	revanchist, revenge seeker
2781	revanchistisch	revanchist
2782	Revisionismus *m*	revisionism
2783	Revisionist *m*	revisionist
2784	revisionistisch	revisionist
2785	Revisionsbewegung *f*	revisionism, revisionist movement
2786	Royalist *m*, Königstreuer *m*	royalist
2787	royalistisch, königstreu	royalist
2788	rückständig (Ideen)	backward; old-fashioned
2789	Scharfmacher *mpl*, Vertreter *mpl* eines harten Kurses; Falken *mpl*	hard-liners, "hawks", *US*
2790	die Armen, die ärmeren Schichten *fpl*	poor classes
2791	Schlagwort *n*	slogan, catchword
2792	Schönfärberei *f*	eyewash
2793	Schulung *f*	indoctrination; political education
2794	(politisch) schulen	to indoctrinate
2795	„Schwarzhemden" *npl* (= *italienische Faschisten*)	"black shirts"
2796	Schwarzmalerei *m* betreiben	to paint a pessimistic picture (of the situation)
2797	Sektierertum *n*	sectarianism
2798	Selbstkritik *f*	self-criticism
2799	Separatismus *m*	separatism
2800	Separatist *m*	separatist; secessionist
2801	separatistisch	separatist; secessionist, secessional
2802	Sowjet *m*; Rat *m*	Soviet; Council
2803	sowjetisieren	to sovietize
2804	Sowjetisierung *f*	sovietization
2805	sozialisieren	to socialize
2806	Sozialisierung *f*	socialization

2778	républicanisme *m*	republicanismo *m*
2779	antirépublicain	antirrepublicano
2780	revanchiste *m*; revanchard *m*, *fam*, *pej*	revanchista *m*
2781	revanchiste; revanchard *fam*, *pej*	revanchista
2782	révisionnisme *m*	revisionismo *m*
2783	révisionniste *m*	revisionista *m*
2784	révisionniste	revisionista
2785	mouvement *m* révisionniste	movimiento *m* revisionista
2786	royaliste *m*	monárquico *m*, partidario *m* de la corona (*o*: ~ del rey)
2787	royaliste	monárquico; realista (*poco usado hoy día*)
2788	rétrograde, arriéré, attardé	retrógrado, atrasado
2789	«durs» *mpl*, «faucons» *mpl*	duros *mpl*, halcones *mpl*, gavilanes *mpl*
2790	classes *fpl* pauvres, classes déshéritées, ~ économiquement faibles	las clases pobres, ~ ~ humildes
2791	slogan *m*	slogan *m* (propaganda), lema *m*
2792	optimisme *m* de commande, triomphalisme *m*	optimismo *m* (oficial), **triunfalismo** *m*
2793	formation *f* politique, instruction *f* ~; endoctrination *f*, *pej*	formación *f* política; adoctrinamiento *m*
2794	endoctriner	adoctrinar
2795	«chemises *fpl* noires»	«camisas *fpl* negras»
2796	peindre les choses en noir, brosser un tableau (trop) pessimiste de la situation	pintar un cuadro pesimista de la situación, poner las **cosas muy** negras
2797	sectarisme *m*	formación *f* (*o*: existencia *f*) de grupos disidentes
2798	autocritique *f*	autocrítica *f*
2799	séparatisme *m*	separatismo *m*
2800	séparatiste *m*	separatista *m*
2801	séparatiste	separatista
2802	soviet *m*; conseil *m*	soviet *m*; consejo *m*
2803	soviétiser	sovietizar
2804	soviétisation *f*	sovietización *f*
2805	socialiser	socializar
2806	socialisation *f*	socialización *f*

2807	Aufbau *m* des Sozialismus	building of socialism, construction ~ ~
2808	Errungenschaften *fpl* des Sozialismus	achievements of socialism
2809	das sozialistische Lager	the socialist camp
2810	solidarisch	solidary
2811	Solidarität *f*; Gemeinschaftsgeist *m* (*gelegentlich synonym*: „Eintreten *n* für die anderen...", Zusammenhalt *m*)	solidarity
2812	Sowjetarmee *f* (*früher*: Rote Armee *f*)	Soviet Army (*formerly*: Red Army)
2813	sowjetfreundlich, prosowjetisch	pro-soviet
2814	Sozialchauvinismus *m*	social chauvinism
2815	Sozialismus *m*	socialism
2816	Sozialist *m*	socialist
2817	sozialistisch	socialist(ic)
2818	sozialistenfreundlich, prosozialistisch	pro-socialist, socialist sympathizer
2819	ideologische Spaltung *f*	ideological split
2820	Stachanowsystem *n*	Stakhanovism
2821	Synarchie *f*	synarchy
2822	Staat *m*	state
2823	Platons „Staat"	Plato's "Republic"
2824	Staatlichkeit *f*	public character
2825	Staats..., staatlich	state..., of the state
2826	staatsbürgerlich, Staatsbürger...	civic
2827	staatsbürgerliche Erziehung *f*	civic education
2828	Staatsbürgerkunde *f*, Gemeinschaftskunde *f*	civics
2829	Staatskapitalismus *m*	state capitalism
2830	Staatsraison *f*, Staatsräson *f*	reason of state, raison d'état *nt*
2831	Staatssozialismus *m*	state socialism
2832	Stachanowarbeiter *m*; *in der DDR*: Henneckearbeiter *m*	Stakhanovite
2833	Stalinismus *m*	Stalinism
2834	Stalinist *m*	Stalinist
2835	stalinistisch	Stalinist
2836	Stammtischpolitiker *m*	armchair politician
2837	Strohmann *m*	dummy
2838	Sympathisant *m*, Mitläufer *m*; „Fellow-traveller" *nt*, (*meist auf Linksbewegungen angewandt*)	fellow-traveller, sympathizer, follower

2807	édification *f* du socialisme, construction ~ ~	construcción *f* del socialismo
2808	les conquêtes *fpl* du socialisme	las conquistas del socialismo
2809	le camp socialiste	el campo socialista
2810	solidaire	solidario
2811	solidarité *f*	solidaridad *f*

2812	Armée *f* soviétique *(autrefois:* l'Armée Rouge)	Ejército *m* soviético *(antes:* el Ejército Rojo)
2813	prosoviétique	prosoviético
2814	chauvinisme *m* social	chauvinismo *m* social
2815	socialisme *m*	socialismo *m*
2816	socialiste *m*	socialista *m*
2817	socialiste	socialista
2818	socialisant, prosocialiste	pro-socialista
2819	scission *f* idéologique	escisión *f* ideológica
2820	stakhanovisme *m*	stajanovismo *m*
2821	synarchie *f*	sinarquía *f*
2822	Etat *m*	Estado *m*
2823	«La République» de Platon	«La República» de Platón
2824	caractère *m* public, ~ étatique	carácter *m* público, ~ estatal
2825	étatique; public; de l'Etat; d'Etat	público; estatal; del Estado; nacional
2826	civique	cívico
2827	éducation *f* civique	educación *f* cívica
2828	instruction *f* civique	instrucción *f* cívica

2829	capitalisme *m* d'Etat	capitalismo *m* de Estado
2830	raison *f* d'Etat	razón *f* de Estado
2831	socialisme *m* d'Etat, ~ de la chaire	socialismo *m* de Estado
2832	stakhanoviste *m*	stajanovista *m*

2833	stalinisme *m*	stalinismo *m*
2834	staliniste *m*	stalinista *m*
2835	stalinien	stalinista
2836	politicien *f* de café	polític(astr)o *m* de café
2837	homme *m* de paille, prête-nom *m*	testaferro *m*
2838	compagnon *m* de route, sympathisant *m*	simpatizante *m*; compañero *m* de viaje

2839	Syndikalismus *m*	syndicalism, trade-unionism,
2840	syndikalistisch	syndicalist(ic), trade-unionist, unionist
2841	„Tauben" *fpl, US*	"doves"
2842	Technokrat *m*	technocrat
2843	Technokratie *f*	technocracy
2844	technokratisch	technocratic
2845	Theokratie *f*	theocracy
2846	theokratisch	theocratiesocratical
2847	Titoismus *m*	Titoism c, th
2848	Titoist *m*	Titoist
2849	totalitär	totalitarian
2850	Totalitarismus *m*	totalitarianism
2851	Traditionalismus *m*	traditionalism
2852	Traditionalist *m*	traditionalist
2853	traditionalistisch	traditionalist, traditionalistic
2854	Tribun , *(a. fig.)*, mitreißender Volksr*m*ner	tribune
2855	Trotzkedmus *m*	Trotskyism
2856	Trotzkiist *m*	Trotskyist, Trotskyite
2857	trotzkistisch	Trotskyist, Trotskyite
2858	Tyrann *m*	tyrant
2859	Tyrannis *f, lit*; Tyrannei *f*	tyranny
2860	tyrannisch	tyrannical
2861	Ultras *mpl (bes in F)*	"ultras" *(esp. in F)*
2862	ultramontan	ultramontane
2863	Ultramontanismus *m*	ultramontanism
2864	ultraroyalistisch	ultraroyalist
2865	umerziehen, umschulen	to re-educate
2866	Umerziehung *f*, Umschulung *f*	re-education
2867	Umgruppierung *f*	regrouping, realignment, reshuffling of . . ., rearrangement of . . .
2868	undemokratisch	undemocratic
2869	unitarisch	unitarist
2870	Unitarismus *m*	unitarism
2871	unpolitische Haltung *f*	non-political attitude
2872	unsozial	antisocial
2873	utilitaristisch	utilitarian
2874	Utilitarismus *m*	utilitarianism
2875	Vaterland *n*	country, fatherland
2876	verbürgerlichen *pej*	to become (a) bourgeois

2839	syndicalisme *m*	sindicalismo *m*
2840	syndicaliste	sindicalista
2841	«colombes»	«palomas»
2842	technocrate *m*	tecnócrata *m*
2843	technocratie *f*	tecnocracia *f*
2844	technocratique	tecnocrático
2845	théocratie *f*	teocracia *f*
2846	théocratique	teocrático
2847	titisme *m*	titismo *m*
2848	titiste *m*	titista *m*
2849	totalitaire	totalitario
2850	totalitarisme *m*	totalitarismo *m*
2851	traditionalisme *m*	tradicionalismo *m*
2852	traditionaliste *m*	tradicionalista *m*
2853	traditionaliste	tradicionalista
2854	tribun *m*	tribuno *mpl*
2855	trotskisme *m*	trotskismo *m*
2856	trotskiste *m*, trotskyste *m*	trotskista *m*
2857	trotskiste	trotskista
2858	tyran *m*	tirano *m*
2859	tyrannie *f*	tiranía *f*
2860	tyrannique	tiránico
2861	ultras *mpl*	ultras *mpl*
2862	ultramontain	ultramontano
2863	ultramontanisme *m*	ultramontanismo *m*
2864	ultraroyaliste	ultrarrealista
2865	rééduquer	reeducar
2866	rééducation *f* (politique)	reeducación *f* (política)
2867	regroupement *m*	reagrupación *f*
2868	non démocratique; antidémocratique	antidemocrático; no democrático
2869	unitaire	unitarista; unitario
2870	unitarisme *m*	unitarismo *m*
2871	apolitisme *m*	apolitismo *m*
2872	antisocial	antisocial
2873	utilitaire	utilitarista
2874	utilitarisme *m*	utilitarismo *m*
2875	patrie *f*	patria *f*
2876	s'embourgeoiser	aburguesar

2877	die Vergangenheit bewältigen *(bes in D u. Ö)*	to come to terms with the past *(or:* Nazi era) *(esp in D and Ö)*
2878	die unbewältigte Vergangenheit	the weight of the Nazi past; failure to come to terms with the past
2879	Versöhnlertum *n* (um jeden Preis)	conciliationism
2880	verstaatlichen	to nationalize
2881	Verstaatlichung *f*	nationalization
2882	Vetternwirtschaft *f*, Nepotismus *m*	nepotism
2883	Volks..., des Volkes; völkisch *(letzteres Wort ist infolge seines Mißbrauchs durch das nationalsozialistische Regime besser zu vermeiden)*	national; popular
2884	Volkswille *m*	people's will
2885	revolutionäre Wachsamkeit *f*	revolutionary viligance
2886	Wandzeitung *f*	wallposter
2887	Weltregierung *f*	world government
2888	Weltstaat *m*	world state
2889	Weltrevolution *f*	world revolution
2890	Zarismus *m*	czarism, tsarism
2891	zaristisch	czaristic, tsaristic
2892	Zäsarismus *m*, Cäsarismus *m*	Caesarism
2893	Zentralismus *m*	centralism
2894	demokratischer Zentralismus *m*	democratic centralism
2895	zentralistisch	centralist
2896	Zionismus *m*	zionism
2897	Zionist *m*	Zionist, Zionite
2898	zionistisch	Zionist(ic)
2899	Zusammenbruch *m* (eines Regims)	fall, collapse
2900	zusammenbrechen (Regimes)	to collapse
2901	Zwangskollektivierung *f*	compulsory collectivization
2902	(offizieller) Zweckoptimismus *m*	official optimism

2877	se délivrer du poids du passé, effacer le passé du nazisme, assumer le passé pour l'effacer	superar el pasado (nazi)
2878	le poids du passé (nazi)	el peso *m* del pasado (nazi)
2879	conciliationnisme *m*	conciliacionismo *m*
2880	nationaliser	nacionalizar
2881	nationalisation *f*, étatisation *f*	nacionalización *f*
2882	népotisme *m*	nepotismo *m*
2883	national; du peuple; populaire	nacional; del pueblo; popular
2884	volonté *f* du peuple	voluntad *f* del pueblo
2885	vigilance *f* révolutionnaire	vigilancia *f* revolucionaria
2886	journal *m* mural, «poster» *m*, *nt*	pasquín *m*
2887	gouvernement *m* mondial	gobierno *m* mundial
2888	Etat universel, ~ mondial	Estado *m* universal, ~ mundial
2889	révolution *f* mondiale	revolución *f* mundial
2890	tsarisme *m*	zarismo *m*
2891	tsariste	zarista
2892	césarisme *m*	cesarismo *m*
2893	centralisme *m*	centralismo *m*
2894	centralisme *m* démocratique	centralismo *m* democrático
2895	centraliste	centralista
2896	sionisme *m*	sionismo *m*
2897	Sioniste *m*	sionista *m*
2898	sioniste	sionista
2899	effondrement *m*, chute *f*	caída *f*, desmoronamiento *m*
2900	s'effondrer	derrumbarse
2901	collectivisation *f* forcée	colectivización *f* forzosa
2902	optimisme *m* de commande, triomphalisme *m*	triunfalismo *m*

II. Völkerrecht   II. International Law

2903 Völkerrecht *n* (*weniger genau*: internationales Recht) — international public law; international law; law of nations

2904 positives Völkerrecht *n* — positive international law
2905 intertemporales Recht *n* — intertemporal law
2906 Kodifizierung *f* des Völkerrechtes — codification of international law

2907 kodifizieren — to codify
2908 Völkerrechtswissenschaft *f* — science of international law
2909 Völkerrechtler *m*; Völkerrechtswissenschaftler *m* — specialist in international law
2910 Völkerrechtssubjekt *n*; Träger *m* des Völkerrechts — subject of international law
2911 Völkerrechtsobjekt *n* — object of international law
2912 Rechtspersönlichkeit haben — to be a subject of law

2913 Völkerrechtspersönlichkeit haben — to have international personality; to be a subject of international law

2914 Rechtsnormen *fpl* — rules of law

2915 Rechtsgrundlage *f* — legal basis
2916 Völkerrechtsnorm *f* — rule of international law

2917 Unzulänglichkeit *f* einer Völkerrechtsnorm — shortcoming of a rule of international law
2918 Rechtsordnung *f* — legal order, ~ system

2919 Völkerrechtssystem *n* — system of international law

2920 Weltordnung *f* — world order
2921 Völkergemeinschaft *f* — international community, family of nations

2922 Völkerfamilie *f* — family of nations

II. Droit international II. Derecho internacional

2903 droit *m* international public; ∼ des gens; ∼ international
Derecho *m* internacional público; ∼ de gentes; Derecho *m* internacional

2904 droit *m* international positif
Derecho *m* internacional positivo

2905 droit *m* intertemporel
derecho *m* intertemporal

2906 codification *f* du droit international
codificación *f* del Derecho internacional

2907 codifier
codificar

2908 science *f* du droit international
ciencia *f* del Derecho international

2909 spécialiste *m* du droit international public; internationaliste *m*
especialista *m* de Derecho internacional

2910 personne *f* internationale; sujet *m* du droit international
persona *f* internacional; sujeto *m* del Derecho internacional

2911 objet *m* du droit international
objeto *m* del Derecho internacional

2912 jouir de la capacité juridique; avoir ∼ ∼ ∼
tener personalidad jurídica

2913 avoir la personnalité morale du droit des gens; être sujet du droit international
tener personalidad jurídica del Derecho internacional; ser sujeto del ∼ ∼

2914 règles *fpl* juridiques
normas *fpl* de derecho; reglas *fpl* ∼ ∼, ∼ jurídicas, normas *fpl* ∼

2915 base *f* juridique
base *f* jurídica

2916 règle *f* du droit international
regla *f* de Derecho internacional; norma *f* ∼ ∼ ∼

2917 insuffisance *f* d'une règle de droit international public
insuficiencia *f* de una norma (*o*: regla) del Derecho internacional

2918 ordre *m* juridique
orden *m* jurídico; ∼ legal; ordenamiento *m* jurídico

2919 système *m* du droit international
sistema *m* del Derecho internacional

2920 ordre *m* mondial, ∼ universel
orden *m* mundial

2921 société *f* internationale
sociedad *f* internacional

2922 famille *f* des nations
familia *f* de naciones; comunidad *f* ∼ ∼

2923	Einzelnation *f*	individual nation
2924	Recht *n* des Friedens; Friedensvölkerrecht *n*	law of peace
2925	Recht *n* des Krieges; Kriegsvölkerrecht *n*	law of war
2926	internationales Arbeitsrecht *n*	international labour law; *US*: ~ labor ~
2927	internationales Verwaltungsrecht *n*	international administrative law
2928	Gewohnheitsrecht *n*	common law
2929	Völkergewohnheitsrecht *n*	international customary law
2930	Rechtsvergleichung *f*, vergleichendes Recht *n*	comparative law
2931	Völkerrechtsgeschichte *f*; Geschichte *f* des Völkerrechts	history of international law
2932	Naturrecht *n*	natural law, law of nature
2933	Luftrecht *n*	air law
2934	Weltraumrecht *n*; Raumrecht *n*	space law; cosmic space law; law of outer space
2935	internationales Privatrecht *n*	international private law
2936	Rechtskollision *f*	conflict of laws
2937	(inner)staatliches Recht *n*; internes ~; Landesrecht *n*	national law; internal ~; municipal ~; state ~
2938	Erschöpfung *f* der innerstaatlichen Rechtsmittel	exhaustion of local remedies
2939	(inner)staatliche Rechtsvorschriften *fpl*; ~ Gesetzgebung *f*	national legislation
2940	innerstaatlich, intern, Landes ...	national, internal, domestic
2941	öffentliches Recht *n*	public law
2942	Vorrang *m* des Völkerrechtes	supremacy of international law
2943	die Lehre vom Vorrang des innerstaatlichen Rechtes	doctrine of supremacy of national law
2944	Völkerrechtsquellen *fpl*; Quellen *fpl* des Völkerrechts	sources of international law
2945	internationales Gewohnheitsrecht *n*, das sich durch allgemeine Praxis als Recht durchgesetzt hat	international customs, as evidence of a general practice accepted as law
2946	Gewohnheit *f*; Übung *f*	custom; practice
2947	bestehende Übung *f*	established practice

2923	nation *f* individuelle	nación *f* individual
2924	droit *m* de la paix	Derecho *m* de la paz
2925	droit *m* de la guerre	Derecho *m* de la guerra
2926	droit *m* international du travail	Derecho *m* laboral internacional
2927	droit *m* administratif international	Derecho *m* administrativo internacional
2928	droit *m* coutumier	Derecho *m* consuetudinario
2929	droit *m* coutumier international	Derecho *m* consuetudinario internacional
2930	droit *m* comparé	Derecho *m* comparado
2931	histoire *f* du droit international	historia *f* del Derecho internacional
2932	droit *m* naturel	Derecho *m* natural
2933	droit *m* aérien	Derecho *m* aéreo
2934	droit *m* spatial	Derecho *m* espacial; ∼ del espacio
2935	droit *m* international privé	Derecho *m* internacional privado
2936	conflit *m* de lois	conflicto *m* de leyes
2937	droit *m* interne, ∼ national	Derecho *m* interno, ∼ nacional
2938	épuisement *m* des recours internes	agotamiento *m* de los recursos internos
2939	législation *f* interne, ∼ nationale, dispositions *fpl* du droit interne	legislación *f* interna, ∼ nacional
2940	national; interne	nacional; interno
2941	droit *m* public	Derecho *m* público
2942	primauté *f* du droit international	primacía *f* del Derecho internacional
2943	thèse *f* du primat du droit interne	doctrina *f* del primado del Derecho interno
2944	sources *fpl* du droit international	fuentes *fpl* del Derecho internacional
2945	la coutume internationale comme preuve d'une pratique acceptée comme étant de droit	la costumbre internacional como prueba de una práctica generalmente aceptada como derecho
2946	coutume *f*	costumbre *f*
2947	usages *mpl* établis	usos *mpl* establecidos; práctica *f* establecida

2948	gerichtliche Entscheidungen *fpl*, Gerichtsentscheidungen *fpl*	judicial decisions; decisions of judicial tribunals, court decisions
2949	allgemeine von zivilisierten Staaten anerkannte Rechtsgrundsätze *mpl*	general principles of law recognized by civilized nations
2950	verjähren *v/i*	to become statute barred, to be barred by the statute of limitations, to be barred by limitation
2951	Verjährung *f*	statute of limitations
2952	Billigkeit *f*	equity
2953	Treu *f* und Glauben *m*	good faith
2954	Rechtskraft *f* des Urteils	legal force of judg(e)ment
2955	Lehre *f* der anerkanntesten Autoren	teaching of the most highly qualified writers on law
2956	völkerrechtliche Lehrmeinungen *fpl*	doctrines of international law
2957	Hilfsquelle *f*	subsidiary source
2958	allgemeine Völkerrechtsgrundsätze *mpl*	generally accepted principles of international law
2959	internationale Courtoisie *f*; ~ Höflichkeit *f (weniger gut)*	international courtesy, comity of nations
2960	internationale Moral *f*	international morality, ~ ethics
2961	völkerrechtlicher Anspruch *m*	international claim
2962	Staatsgefährdung *f*	threat to the security (of the State)
2963	völkerrechtliche Haftung *f*	international responsibility
2964	Handlung *f*	act
2965	einseitige (Rechts-)Handlung *f*; einseitiger Akt *m*	unilateral act
2966	Handlungsfreiheit *f*	liberty of action
2967	Recht *n* der Gegenseitigkeit	law of reciprocity
2968	Selbsterhaltung *f*	self-preservation
2969	Selbsterhaltungsrecht *n*	right of self-preservation
2970	Recht *n* auf internationale Vertretung	right of international representation
2971	Selbstverteidigungsrecht *n*	right of self-defence; (defense, *US*)

2948	décisions *fpl* judiciaires	decisiones *fpl* judiciales
2949	principes *mpl* généraux de droit reconnus par les nations civilisées	principios *mpl* generales del Derecho reconocidos por las naciones civilizadas
2950	se prescrire	prescribir
2951	prescription *f*	prescripción *f*
2952	équité *f*	equidad *f*
2953	bonne foi *f*	buena fe *f*
2954	autorité de la chose jugée	autoridad *f* de la cosa juzgada
2955	doctrine *f* des auteurs les plus qualifiés	doctrinas *fpl* de los más autorizados publicistas
2956	doctrines *fpl* du droit international; ~ ~ ~ des gens	doctrinas *fpl* de Derecho internacional
2957	source *f* subsidiaire	fuente *f* subsidiaria
2958	droit *m* international commun; principes *mpl* généralement reconnus du droit international	principios *mpl* generalmente reconocidos del Derecho internacional
2959	courtoisie *f* internationale	cortesía *f* internacional
2960	morale *f* internationale	moralidad *f* internacional
2961	prétention *f* basée sur le droit international; revendication *f* ~ ~ ~ ~ ~	pretensión *f* basada en el Derecho internacional
2962	menace *f* contre la sûreté de l'Etat	amenaza *f* al Estado
2963	responsabilité *f* internationale	responsabilidad *f* internacional
2964	acte *m*	acto *m*
2965	acte *m* unilatéral	acto *m* unilateral
2966	liberté d'action, liberté d'agir	libertad *f* de acción, libertad *f* de actuar
2967	droit *m* de réciprocité	derecho *m* de reciprocidad
2968	auto-conservation *f*	autoconservación *f*
2969	droit *m* d'auto-conservation	derecho *m* de autoconservación, ~ ~ propia conservación
2970	droit de représentation internationale	derecho *m* de representación internacional
2971	droit *m* de légitime défense	derecho *m* de legítima defensa

2972	Inanspruchnahme *f* des Notstandsrechtes	defence (defense *US*) of necessity
2973	(wohl)erworbene Rechte *npl*	vested interests
2974	Vorzugsrecht *n*	preferential right
2975	res communis *f, nt*	res communis *nt*
2976	res nullius *f, nt*	res nullius *nt*
2977	Gesamtrechtsnachfolge *f*	universal succession; general ~
2978	Teilrechtsnachfolge *f*	partial succession
2979	Heimfallrecht *n*	legal devolution
2980	völkerrechtswidrig	contrary to international law
2981	Völkerrechtsmißbrauch *m*	abuse of international law
2982	Völkerrechtsverletzung *f*	breach of international law; violation ~ ~ ~
2983	Vergehen *n* gegen das Völkerrecht; Völkerrechtsdelikt *n*	international wrong; ~ offence (offense, *US*)
2984	völkerrechtliches Verbrechen *n*; Verbrechen *n* gegen das internationale Recht; ~ ~ ~ Völkerrecht	crime of international law; international crime
2985	Verbrechen *n* gegen den Frieden	crime against peace
2986	Verbrechen *n* gegen die Menschlichkeit	crime against humanity
2987	Diskriminierung *f*	discrimination
2988	diskriminieren	to discriminate against
2989	Verstoß *m* gegen ...	offence against ..., *GB*; offense ~..., *US*
2990	Völkerstrafrecht *n*	international criminal law
2991	Völkermord *m*, Genozid *n*	genocide
2992	Vernichtung *f*	extermination
2993	Faustrecht *n*; Recht *n* des Stärkeren	law of the jungle, first law
2994	nackte Gewalt	unconcealed force, brute ~
2995	Anerkennung *f* eines neueingetretenen Zustandes	recognition of a new situation
2996	Anerkennung *f* einer Regierung	recognition of a goverment
2997	Anerkennung *f* eines Staates	recognition of a state
2998	Nichtanerkennung *f*	non-recognition
2999	nicht anerkannter Staat *m*	unrecognized State
3000	formell anerkennen	to recognize formally, to grant formal recognition to

2972	excuse *f* de nécessité	excusa *f* del estado de necesidad
2973	droits *mpl* acquis, ~ dévolus	derechos *mpl* adquiridos, intereses *mpl* creados
2974	droit *m* de préférence	derecho *m* de preferencia
2975	res communis *f, nt*	res communis *f, nt*
2976	res nullius *f, nt*	res nullius *f, nt*
2977	succession *f* générale	sucesión *f* general
2978	succession *f* partielle	sucesión *f* parcial
2979	droit *m* d'aubaine	derecho *m* de aubano (*o*: albano), ~ albanicio
2980	contraire au droit international; ~ ~ ~ des gens	contrario al Derecho internacional (público)
2981	abus *m* du droit international	abuso *m* del Derecho internacional
2982	violation *f* du droit international; ~ du droit des gens	violación *f* del Derecho internacional
2983	délit *m* international	delito *m* internacional
2984	crime *m* international; ~ de droit international; ~ du droit des gens	delito *m* internacional; ~ de Derecho internacional
2985	crime *m* contre la paix	delito *m* contra la paz
2986	crime *m* contre l'humanité	delito *m* contra la humanidad
2987	discrimination *f*	discriminación *f*
2988	traiter de façon discriminatoire	discriminar
2989	violation *f* de ...	violación *f* de ...
2990	droit *m* pénal international	Derecho *m* penal internacional
2991	génocide *m*	genocidio *m*
2992	extermination *f*	exterminio *m*
2993	droit *m* du plus fort	derecho *m* del más fuerte
2994	la pure force	fuerza *f* brutal
2995	reconnaissance *f* d'une situation nouvelle	reconocimiento *m* de una situación nueva
2996	reconnaissance *f* d'un gouvernement	reconocimiento *m* de un gobierno
2997	reconnaissance *f* d'un Etat	reconocimiento *m* de un Estado
2998	non-reconnaissance *f*	no reconocimiento *m*
2999	Etat *m* non reconnu	Estado *m* no reconocido
3000	reconnaître formellement	reconocer formalmente

3001	de jure-Anerkennung *f*	de-jure recognition
3002	de facto-Anerkennung *f*	de-facto recognition
3003	Seerecht *n*	law of the sea, maritime law
3004	internationales Seerecht *n*, Seevölkerrecht *n*	international maritime law
3005	Freiheit *f* der Meere; „Mare liberum" *n, nt*	freedom of the open sea; ~ of the seas; mare liberum *nt*
3006	geschlossenes Meer *n*; „Mare clausum" *nt*	closed sea; mare clausum *nt*
3007	hohe See *f*, offenes Meer *n*	high seas
3008	auf hoher See	on the high seas
3009	Hilfeleistung *f* auf hoher See	assistance to vessels in distress
3010	billige Flaggen *fpl*	flags of convenience
3011	Handels- und Schiffahrtsfreiheit *f*	freedom of commerce and navigation
3012	Registerhafen *m*	port of registry
3013	Heimathafen *m*	home port
3014	Hafenpolizei *f*	police of ports, harbo(u)r police
3015	Schließung *f* eines Hafens	closing of a port
3016	friedliche Durchfahrt *f*; unschädliche ~	innocent passage
3017	„Seestander" *m* (*Sammlung gewohnheitsrechtlicher Texte zum Seerecht*)	guidon de la mer *nt*
3018	Consolat *n* del mar (*katalanischer Ausdruck nt*)	Consolato del mare *nt*

3001	reconnaissance *f* de jure, ~ de droit	reconocimiento *m* de jure
3002	**rec**onnaissance *f* de facto, ~ de fait	reconocimiento *m* de facto
3003	**dro**it *m* des mer	Derecho *m* del mar
3004	droit *m* international public des mer	Derecho *m* internacional público marítimo
3005	liberté *f* des mers; «mare liberum» *nt*	libertad *f* de los mares; «mare liberum» *nt*
3006	mer *f* fermée; «mare clausum» *nt*	mar *m* cerrado; «mare clausum» *nt*
3007	mer *f* libre; haute mer *f*	mar *m* libre; alta mar *f*
3008	en haute mer	en alta mar
3009	assistance *f* maritime	asistencia *f* marítima
3010	pavillons *mpl* de complaisance	pabellones *mpl* de conveniencia
3011	liberté *f* du commerce et de la navigation	libertad *f* de comercio y de navegación
3012	port *m* d'armement	puerto *m* de matrícula
3013	port *m* d'attache	puerto *m* de matrícula
3014	police *f* des ports	policía *f* de puertos
3015	fermeture *f* d'un port	cierre *m* de un puerto
3016	passage *m* inoffensif	paso *m* inofensivo
3017	guidon *m* de la mer	guía *f* del mar
3018	Consulat *m* de la mer	Consulado *m* del mar

III. Diplomatie, diplomatisches Protokoll und Konsulatswesen

III. Diplomacy, Diplomatic Protocol and the Consular Service

3019	diplomatische Geschichte *f*	diplomatic history
3020	diplomatisches Recht *n*, Diplomatenrecht *n*	diplomatic law
3021	ständige Diplomatie *f*	permanent diplomacy
3022	Geheimdiplomatie *f*	secret diplomacy
3023	offene Diplomatie *f*	open diplomacy
3024	Konferenzdiplomatie *f*	conference diplomacy
3025	Gipfeldiplomatie *f*	summitry, summit diplomacy
3026	Dollardiplomatie *f*	dollar diplomacy
3027	Kanonenbootdiplomatie *f*	gunboat diplomacy
3028	Diplomat *m*	diplomat; diplomatist, *GB*
3029	Berufsdiplomat *m*	professional diplomat, career ∼
3030	diplomatische Laufbahn *f*	diplomatic career
3031	auswärtiger Dienst *m*	foreign service
3032	die diplomatische Laufbahn einschlagen	to take up a diplomatic career, to embark upon ∼ ∼ ∼
3033	in den diplomatischen Dienst eintreten	to enter the diplomatic service
3034	in diplomatischen Kreisen	in diplomatic circles, ∼ ∼ quarters
3035	auf diplomatischer Ebene *f*	at the diplomatic level
3036	Botschafterkonferenz *f*	conference of ambassadors, ambassadorial ∼
3037	diplomatischer Verkehr *m*	diplomatic relations, ∼ exchange
3038	diplomatische Beziehungen *fpl*	diplomatic relations
3039	auf dem üblichen diplomatischen Wege	through (the) ordinary diplomatic channels
3040	diplomatische Beziehungen aufnehmen mit...	to enter into diplomatic relations with...
3041	die diplomatischen Beziehungen unterbrechen	to suspend diplomatic relations
3042	Unterbrechung *f* der diplomatischen Beziehungen	suspension of diplomatic relations

III. La Diplomatie, le protocole diplomatique et les consulats

III. La diplomacia, el protocolo diplomático y los consulados

3019	histoire *f* diplomatique	historia *f* diplomática
3020	droit *m* diplomatique	Derecho *m* diplomático
3021	diplomatie *f* permanente	diplomacia *f* permanente
3022	diplomatie *f* secrète	diplomacia *f* secreta
3023	diplomatie *f* ouverte	diplomacia *f* abierta, ∼ pública
3024	diplomatie *f* des rencontres	diplomacia *f* por medio de conferencias
3025	diplomatie *f* du sommet	diplomacia *f* en la cumbre
3026	diplomatie *f* du dollar	diplomacia *f* del dólar
3027	diplomatie *f* de la canonnière	diplomacia *f* del cañonero
3028	diplomate *m*	diplomático *m*
3029	diplomate *m* de carrière	diplomático *m* de carrera
3030	carrière *f* diplomatique (la «Carrière»)	carrera *f* diplomática
3031	affaires *fpl* étrangères; *en F, fam*: «Quai d'Orsay»	asuntos *mpl* exteriores
3032	se destiner à la carrière diplomatique, embrasser la ∼ ∼	ingresar en la carrera diplomática
3033	entrer dans le service diplomatique	ingresar en el servicio diplomático
3034	dans les milieux diplomatiques	en círculos diplomáticos
3035	à l'échelon *m* diplomatique	en el nivel diplomático
3036	conférence *f* d'ambassadeurs	conferencia *f* de embajadores
3037	relations *fpl* diplomatiques	relaciones *fpl* diplomáticas
3038	relations *fpl* diplomatiques	relaciones *fpl* diplomáticas
3039	par la voie diplomatique normale	por (la) vía diplomática normal
3040	établir des relations diplomatiques avec...	entrar en relaciones diplomáticas con...
3041	suspendre les relations diplomatiques	suspender las relaciones diplomáticas
3042	suspension *f* des relations diplomatiques	suspensión *f* de las relaciones diplomáticas

3043	die diplomatischen Beziehungen abbrechen	to sever diplomatic relations, to break off ~ ~
3044	Abbruch *m* der diplomatischen Beziehungen	severance (*or*: rupture) of diplomatic relations
3045	die diplomatischen Beziehungen wiederaufnehmen	to resume diplomatic relations, to restore ~ ~
3046	die diplomatischen Beziehungen wiederherstellen	to re-establish diplomatic relations
3047	Gesandtschaftsrecht *n*, Legationsrecht *n*	right of legation; the rights accorded to a legation
3048	die Belange eines Landes vertreten	to represent the interests of a country
3049	Schutz *m* der Staatsangehörigen im Ausland	protection of nationals abroad
3050	diplomatischer Schutz *m*	diplomatic protection
3051	Entsendung *f*	sending
3052	Abgesandter *m*, Sendbote *m* (*oft geheim*)	emissary
3053	diplomatischer Vertreter *m* diplomatischer Agent *m*	diplomatic representative; Diplomat *m*, ~ agent *tt*
3054	diplomatische Vertretung *f*	diplomatic representation
3055	diplomatische Mission *f*	diplomatic mission
3056	Missionschef *m*	head of the (*or*: a) mission, ~ of post
3057	auswärtige Angelegenheiten *fpl*	foreign affairs
3058	Auslandsvertretung *f*	(diplomatic or consular) representation abroad
3059	ordnungsgemäß bevollmächtigter Vertreter *m*	duly authorized representative
3060	Sondermission *f*	extraordinary mission, special ~
3061	Sonderbeauftragter *m*	special representative
3062	Good-will Mission *f*, *nt*	good-will mission
3063	Good-will-Reise *f*	good-will tour
3064	Fehlschlag *m* einer Mission, Mißerfolg *m* ~ ~	failure of a mission
3065	ständige Mission *f*	permanent mission
3066	ständige Delegation *f*	permanent delegation
3067	Militärmission *f*	military mission
3068	Handelsmission *f*	commercial mission; trade ~
3069	Botschaft *f*	embassy
3070	Gesandtschaft *f*	legation

3043	rompre les relations diplomatiques	romper las relaciones diplomáticas
3044	rupture *f* des relations diplomatiques	ruptura *f* de las relaciones diplomáticas
3045	reprendre les relations diplomatiques, renouer ~ ~ ~	reanudar las relaciones diplomáticas
3046	rétablir les relations diplomatiques	restablecer las relaciones diplomáticas
3047	droit *m* d'ambassade, ~ de légation	derecho *m* de embajada, ~ de legación
3048	représenter les intérêts d'un pays	representar los intereses de un país
3049	protection *f* des nationaux à l'étranger	protección *f* de los nacionales en el extranjero
3050	protection *f* diplomatique	protección *f* diplomática
3051	envoi *m*	envío *m*
3052	émissaire *m*	emisario *m*
3053	représentant *m* diplomatique *tc* auprès de . . .; agent *m* ~ *tt*	representante *m* diplomático cerca de . . *tc*; agente *m* ~ *tt*
3054	représentation *f* diplomatique	representación *f* diplomática
3055	mission *f* diplomatique	misión *f* diplomática
3056	chef *m* de (la) mission	jefe *m* de (la, una) misión
3057	Affaires *fpl* étrangères	Asuntos *mpl* exteriores
3058	représentation *f* à l'étranger	representación *f* en el extranjero
3059	représentant *m* dûment autorisé	representante *m* debidamente autorizado
3060	mission *f* spéciale, ~ extraordinaire	misión *f* especial
3061	représentant *m* spécial	representante *m* especial
3062	mission *f* de bonne volonté	misión *f* de buena voluntad
3063	voyage *m* de bonne volonté	viaje *m* de buena voluntad
3064	échec *m* d'une mission	fracaso *m* de una misión
3065	mission *f* permanente	misión *f* permanente
3066	délégation *f* permanente	delegación *f* permanente
3067	mission *f* militaire	misión *f* militar
3068	mission *f* commerciale	misión *f* comercial
3069	ambassade *f*	embajada *f*
3070	légation *f*	legación *f*

3071	eine Gesandtschaft zur Botschaft erheben	to raise a legation to the rank (*or*: status) of an embassy, ~ ~ ~ to embassy status
3072	einen diplomatischen Vertreter ernennen (*od*: bestellen)	to appoint a diplomatic agent
3073	akkreditiert sein bei ...	to be accredited to ...
3074	Akkreditierung *f*	accrediting
3075	Empfangsstaat *m*	receiving state
3076	Entsendestaat *m*, Sendestaat *m*	sending state
3077	Aufnahmestaat *m*	receiving State, host ~
3078	persona grata *f*, *nt*	persona grata *nt*
3079	einen Diplomaten zur persona non grata erklären	to declare a diplomate persona non grata
3080	das Agrément erteilen (*für den Gesandten etc.*)	to give one's agrément
3081	das Agrément erhalten	to be granted agrément
3082	Eintreffen *n* des Diplomaten (*weniger gut*: Ankunft *f*)	arrival of the diplomat
3083	Diplomatenliste	diplomatic roster, ~ list
3084	Beglaubigungsschreiben *n*	letter(s) of credence; credentials *US*
3085	jdm. sein Beglaubigungsschreiben überreichen	to deliver (*or*: to hand over; *or*: to present) one's letter(s) of credence to s.b.
3086	Überreichung *f* des Beglaubigungsschreibens	handing over of one's letter(s) of credence (*US*: credentials)
3087	Amtsantritt *m* (*Diplomat*)	entering upon the actual exercise of (one's) functions
3088	Abberufung *f*	recall
3089	Abberufungsschreiben *n*	letters of recall
3090	einen diplomatischen Vertreter entlassen	to dismiss a diplomatic agent
3091	einen diplomatischen Vertreter abberufen	to recall a diplomatic agent
3092	„Lettres de Récréance" *fpl*, *nt*	letters of commendation, lettres de récréance *nt*
3093	in amtlicher Eigenschaft *f*	in an official capacity

3071	élever une légation au rang d'ambassade, ériger ~ ~ ~ ~ ~	elevar una legación a la categoría de embajada
3072	nommer un agent diplomatique	nombrar un agente diplomático
3073	être accrédité auprès de ...	estar acreditado cerca de ...
3074	accréditation *f*	acreditamiento *m*
3075	pays *m* d'accueil, ~ de résidence, Etat *m* local, Etat accréditaire	Estado *m* cerca de cuyo gobierno está acreditado el diplomático
3076	Etat *m* qui a envoyé le diplomate, ~ représenté par le diplomate, Etat *m* d'origine, Etat accréditant	Estado *m* al que representa un diplomático
3077	Etat *m* de séjour	Estado *m* receptor
3078	persona *f* grata *nt*	persona *f* grata *nt*
3079	déclarer un diplomate persona non grata	declarar a un diplomático persona non grata
3080	donner son agrément (à la nomination de)	dar (*o*: conceder) el placet (al nombramiento de)
3081	obtenir l'agrément *m*, recevoir ~	obtener el placet
3082	arrivée *f* du diplomate	llegada *f* del diplomático
3083	liste *f* diplomatique	lista *f* diplomática
3084	lettres *fpl* de créances	cartas *fpl* credenciales, credenciales *fpl*
3085	remettre ses lettres de créance à qn., présenter ~ ~ ~ ~	presentar las cartas credenciales a alg., entregar ~ ~ ~ ~ ~
3086	présentation *f* des lettres de créance, remise *f* ~ ~ ~ ~	presentación *f* de las cartas credenciales, entrega *f* ~ ~ ~ ~
3087	prise *f* de fonctions	toma *f* de posesión
3088	rappel *m*	llamada *f*
3089	lettre *f* de rappel	carta *f* de llamada
3090	renvoyer un agent diplomatique, relever un agent diplomatique de ses fonctions	separar a un agente diplomático
3091	rappeler un agent diplomatique, révoquer ~ ~ ~	llamar a un agente diplomático
3092	lettres *fpl* de récréance	«lettres *fpl* de récréance» *nt*
3093	en qualité *f* officielle, à titre *m* officiel	con carácter *m* oficial

3094	im Auftrage einer Regierung	by order of a government
3095	im Namen meiner Regierung	on behalf of my Government
3096	in meinem Namen und im Namen der Regierung von ...	in my own name and on behalf of the Government of ...
3097	Vollmachten *fpl*	full powers
3098	mit Vollmachten versehen	vested with full powers
3099	stillschweigend zuerkannte Befugnisse *fpl*	implied powers
3100	jdn. vertreten *(zB bei einer Feier)*	to represent s.b.
3101	diplomatisches Korps *n*	diplomatic corps, corps diplomatique *nt*
3102	Doyen *m* des diplomatischen Korps	doyen of the diplomatic corps, dean ~ ~ ~ ~
3103	Amt *n* des Doyen	deanship
3104	diplomatische Rangordnung *f*	hierarchy of diplomatic agents
3105	rangältester Diplomat *m*	highest ranking diplomat
3106	dienstältester Diplomat *m*	the senior diplomate
3107	hoher Diplomat *m*	high-ranking diplomat
3108	Botschafter *m*	ambassador (extraordinary and plenipotentiary)
3109	Amt *n* des Botschafters	ambassadorship
3110	Frau *f* des Botschafter	ambassadress *(either an ambassador's a wife or a woman ambassador)*
3111	Botschafter ...	ambassadorial
3112	Botschafterposten *m*	ambassadorial post
3113	fliegender Botschafter *m*	roving ambassador, ambassador-at-large
3114	außerordentlicher Gesandter *m* und bevollmächtiger Minister *m*	envoy extraordinary and minister plenipotentiary
3115	(französischer usw.) Gesandter *m*	Minister of ... (France, etc.)
3116	Ministerresident *m*	minister resident
3117	Geschäftsträger *m*	chargé d'affaires
3118	ständiger Geschäftsträger *m*	chargé d'affaires en pied, ~ ~ en titre *nt*
3119	Geschäftsträger *m* ad interim	chargé d'affaires ad interim *nt*
3120	die laufenden Geschäfte erledigen	to deal with current business, to dispatch ~ ~, to handle ~ ~
3121	Attaché *m, nt*	attaché *nt*

3094	sur l'ordre d'un gouvernement	por orden de un Gobierno
3095	au nom de mon gouvernement	en nombre de mi Gobierno
3096	en mon nom personnel et au nom du gouvernement de...	en mi propio nombre y en el del Gobierno de...
3097	pleins pouvoirs *mpl*	poderes *mpl*; plenos ~
3098	investi des pleins pouvoirs *mpl*	investido de plenos poderes
3099	pouvoirs *mpl* implicites	facultades *fpl* implícitas
3100	représenter qn.	ostentar la representación de alg.
3101	corps *m* diplomatique	cuerpo *m* diplomático
3102	doyen *m* du corps diplomatique	decano *m* del cuerpo diplomático
3103	décanat *m*	decanato *m*
3104	hiérarchie *f* des agents diplomatiques	jerarquía *f* de los agentes diplomáticos
3105	diplomate *m* ayant le rang le plus élevé	diplomático *m* llegado a la cabeza del escalafón
3106	diplomate *m* ayant la plus grande ancienneté	diplomático *m* de más antigüedad en el servicio
3107	diplomate *m* de rang élevé	alto funcionario *m* diplomático
3108	ambassadeur *m*	embajador *m*
3109	ambassade *f*, charge d'ambassade	embajada *f*, cargo *m* de embajador
3110	ambassadrice *f*	embajadora *f*
3111	ambassadorial, de l'ambassadeur	embajatoria
3112	poste *m* d'ambassadeur	puesto *m* (de un embajador)
3113	ambassadeur *m* itinérant	embajador *m* volante
3114	envoyé *m* extraordinaire et ministre plénipotentiaire	ministro *m* plenipotenciario
3115	Ministre *m* de ... (France, etc.	Ministro *m* de ... (Francia, etc.)
3116	ministre *m* résident	ministro *m* residente
3117	chargé *m* d'affaires	encargado *m* de negocios
3118	chargé *m* d'affaires en pied, ~ ~ en titre	encargado *m* de negocios titular
3119	chargé *m* d'affaires par interim	encargado *m* de negocios interino
3120	expédier les affaires courantes	despachar los asuntos de trámite
3121	attaché *m*	agregado *m*

3122	Militärattaché *m*	military attaché
3123	Marineattaché *m*	naval attaché
3124	Luftattaché *m*	air attaché
3125	Handelsattaché *m*	commercial attaché
3126	Wirtschaftsattaché *m*	economic attaché
3127	Landwirtschaftsattaché *m*	agricultural attaché
3128	Arbeitsattaché *m*, Sozialattaché *m*	labour attaché; labor ~, *US*; labour and social security attaché
3129	Kulturattaché *m*	cultural attaché
3130	Presseattaché *m*	press attaché
3131	Finanzattaché *m*	financial attaché
3132	Wissenschaftsattaché *m*	scientific attaché
3133	Kardinalstaatssekretär *m*	Cardinal Secretary of State
3134	Nuntius *m*	nuncio
3135	Internuntius *m*	internuncio
3136	Nuntiatur *f*	nunciature
3137	Pronuntius *m*	pronuncio
3138	Legatus *m* a latere *(Kardinal, der den Papst bei besonderen Anlässen vertritt)*	legate a latere
3139	päpstlicher Delegant *m*, apostolischer ~	apostolic delegate
3140	apostolischer Legat *m* (Legatus natus)	apostolic legate
3141	Legat *m*	legate
3142	Auditor *m* *(rangniedriger Diplomat einer Nuntiatur)*	Secretary *(of mission of the Holy See)*
3143	apostolischer Visitator *m*	Apostolic visitor
3144	Ablegat *m*	ablegate
3145	Vorrechte *npl* (Privilegien *npl*) und Immunitäten *fpl* eines **Diplomaten**	(diplomatic) privileges and (immunities) of a diplomat
3146	die Immunität gewähren	to grant immunity
3147	diplomatische Immunität genießen	to enjoy diplomatic immunities
3148	exterritorial	exterritorial, extraterritorial
3149	Exterritorialität *f*	exterritoriality, extraterritoriality
3150	nicht der örtliche Gerichtsbarkeit unterstellt sein	not to be subject to local jurisdiction
3151	Unverletzbarkeit *f*	inviolability
3152	unverletzbar	inviolable

3122	attaché *m* militaire	agregado *m* militar
3123	attaché *m* naval	agregado *m* naval
3124	attaché *m* de l'air	agregado *m* aéreo
3125	attaché *m* commercial	agregado *m* comercial
3126	attaché *m* économique	agregado *m* económico
3127	attaché *m* agricole	agregado *m* de agricultura
3128	attaché *m* du travail, ~ social	agregado *m* laboral
3129	attaché *m* culturel	agregado *m* cultural
3130	attaché *m* de presse	agregado *m* de prensa
3131	attaché *m* financier	agregado *m* financiero
3132	attaché *m* scientifique	agregado *m* científico
3133	Cardinal *m* Secrétaire d'Etat	Cardenal *m* Secretario de Estado
3134	nonce *m*	nuncio *m*
3135	internonce *m*	internuncio *m*
3136	nonciature *f*	nunciatura *f*
3137	pro-nonce *m*	pronuncio *m*
3138	légat *m* a latere *nt*	legado *m* a latere *nt*
3139	délégué *m* apostolique	delegado *m* apostólico
3140	légat *m* apostolique	legado *m* apostólico
3141	légat *m*	legado *m*
3142	auditeur *m* de nonciature	auditor *m* (de nunciatura)
3143	visiteur *m* apostolique	visitador *m* apostólico
3144	ablégat *m*	ablegado *m*
3145	privilèges *mpl* et immunités *fpl* diplomatiques	privilegios *mpl* e inmunidades *fpl* de un diplomático, ~ ~ ~ diplomáticos
3146	accorder l'immunité	conceder la inmunidad, otorgar ~ ~
3147	jouir de l'immunité diplomatique	gozar de inmunidad diplomática
3148	exterritorial	extraterritorial
3149	exterritorialité *f*	extraterritorialidad *f*
3150	être soustrait à la juridiction locale	estar exento de la jurisdicción local
3151	inviolabilité *f*	inviolabilidad *f*
3152	inviolable	inviolable

3153	persönliche Unverletzbarkeit *f*	personal inviolability
3154	Personalimmunität *f*	personal immunity
3155	Unverletzbarkeit *f* des Missionsgebäudes, Immunität *f* ~ ~	immunity of the premises of the mission
3156	strafrechtliche Immunität *f*	immunity from criminal jurisdiction
3157	zivilrechtliche Immunität *f*	immunity from civil jurisdiction
3158	Steuerfreiheit *f*, steuerliche Immunität *f*	fiscal immunity
3159	Kapellenrecht *n*	right of chapel
3160	Gefolge *n*	suite
3161	offizielles Gefolge *n*	official suite
3162	privates Gefolge *n*, privates Dienstpersonal *n*	private suite
3163	Personal *n* einer diplomatischen Vertetung	staff of a diplomatic mission
3164	erster Botschaftssekretär *m*	first secretary
3165	Botschaftssekretär *m*	secretary of an embassy
3166	Botschaftsrat *m*	counsellor (of embassy) *GB*; counselor (~ ~) *US*
3167	Legationsrat *m*	counsellor (of legation) *GB*; counselor (~ ~) *GB*
3168	Botschaftsattaché *m*	(embassy) attaché
3169	Kanzler *m (hier: Verwaltungschef einer diplomatischen oder konsularischen Vertretung)*, Kanzleichef *m*	head of chancery
3170	Kanzlei *f*	chancery
3171	Kanzleigebühren *fpl*	chancery fees
3172	diplomatischer Kurier *m*	diplomatic courier; Queen's Messenger *GB*, King's ~ *GB*
3173	Kurierabteilung *f*	Foreign Messengers' Service, King's ~ ~ *GB*, Queen's ~ ~
3174	Kuriergepäck *n*	diplomatic pouch, embassy dispatch-box, diplomatic bag
3175	Depesche *f*	despatch
3176	Archiv *n*	archives
3177	Archivar *m*, Archivbeamter *m*	archivist
3178	Code *m*, Chiffrierschlüssel *m*	code
3179	chiffriert, verschlüsselt	ciphered
3180	unchiffriert, unverschlüsselt	not ciphered, en clair *nt*
3181	chiffrieren, verschlüsseln	to cipher

3153	inviolabilité f personnelle	inviolabilidad f personal
3154	immunité f personnelle	inmunidad f personal
3155	inviolabilité f de l'hôtel, franchise f d'hôtel	inviolabilidad f del edificio de la misión
3156	immunité f (en matière) pénale	inmunidad f de la justicia criminal
3157	immunité f (en matière) civile	inmunidad f de la justicia civil
3158	immunité f fiscale, exemption f d'impôts	inmunidad f fiscal
3159	droit m de culte privé, droit m de chapelle	derecho m de culto privado, ~ ~ capilla
3160	suite f	séquito m
3161	suite f officielle	séquito m oficial
3162	suite f privée	séquito m privado
3163	personnel m d'une mission diplomatique	personal m de una misión diplomatica
3164	Premier Secrétaire m	Primer Secretario m
3165	secrétaire m d'ambassade	secretario m de embajada
3166	conseiller m d'ambassade	consejero m de embajada
3167	secrétaire m d'ambassade	consejero m de legación
3168	attaché m d'ambassade	agregado m de embajada
3169	chancelier m, chef m de chancellerie	canciller m
3170	chancellerie f	cancillería f
3171	droits mpl de chancellerie	derechos mpl de cancillería
3172	courrier m diplomatique, ~ de cabinet	correo m diplomático
3173	service m du courrier de cabinet	Servicio m del Correo
3174	valise f diplomatique	valija f diplomática
3175	dépêche f (diplomatique)	despacho m
3176	archives fpl	archivos mpl
3177	conservateur m des archives	archivero m
3178	code m	clave f, código m
3179	chiffré, codé	cifrado
3180	en clair, non chiffré	no cifrado
3181	chiffrer	cifrar, poner en clave

3182	Chiffrierung *f*, Verschlüsselung *f*	ciphering, coding
3183	Chiffreur *m*, *nt*; Chiffrierbeamter *m*	code clerk
3184	Chiffrierabteilung *f*	ciphering service
3185	Ziffertelegramm *n*, chiffriertes Telegramm *n*, verschlüsseltes Telegramm *n*	code telegram
3186	entziffern, dechiffrieren, entschlüsseln	to decipher, to decode
3187	Entschlüsselung *f*, Dechiffrierung *f*, Entzifferung *f*	deciphering, decoding
3188	Chef *m* des Protokolls *tt*; Protokollchef *m*, *tt*	Chief of Protocol Head of the Protocol Department
3189	Protokollabteilung *f*; „Protokoll" *n*, *tc*	Protocol Service, ~ Department
3190	protokollarisch	ceremonial, protocol ...
3191	Zeremoniell *n*	ceremonial
3192	Zeremonienmeister *m*	marshal of the diplomatic corps
3193	Etikette *f*	etiquette
3194	Vorrang *m*	precedence
3195	den Vortritt haben vor ..., den Vorrang haben vor ...	to have precedence over ..., to take ~ ~
3196	Fragen *fpl* der protokollarischen Rangordnung	questions of ceremonial precedence
3197	Ancienniät *f*, *nt* (im Dienst)	seniority
3198	Rangordnung *f* *(nach dem Protokoll)*	order of precedence
3199	Alternat *n*, *nt*	alternat, rotation in precedence
3200	inkognito reisen	to travel incognito
3201	königliche Ehren *fpl*	royal honours *GB*; ~ honors *US*
3202	jdm. militärische Ehren erweisen	to grant s.b. military hono(u)rs
3203	jdn. ehren, jdm. eine Ehrung zuteil werden lassen	to honour s.b.
3204	die Ehrenkompanie abschreiten	to review (*or*: inspect) the guard of hono(u)r
3205	Truppenparade *f*, Parade *f* *(nur militärisch)*	review, parade
3206	Aufmarsch *m*, Vorbeimarsch *m* *(zB politische Organisationen)*	parade
3207	Fackelzug *m*	torchlight procession

3182	chiffrage *m*	puesta *f* en clave, cifrado *m*
3183	chiffreur *m*	cifrador *m*
3184	section *f* du chiffre, service *m* ~ ~	servico *m* de cifrado, departamento *m* de ~
3185	télégramme *m* chiffré, ~ codé	telegrama *m* cifrado

3186	décrypter, déchiffrer, traduire en clair	descifrar
3187	déchiffrage *m*, déchiffrement *m*	descifrado *m*

3188	Chef *m* du Protocole	Jefe *m* de Protocolo
3189	Service *m* du Protocole	Servicio *m* de Protocolo
3190	protocolaire	protocolario
3191	cérémonial *m*	ceremonial *m*
3192	introducteur *m* des ambassadeurs	introductor *m* de embajadores
3193	étiquette *f*	etiqueta *f*
3194	préséance *f* (*souvent au pl*: les préséances)	precedencia *f*
3195	avoir la préséance sur . . ., avoir le pas sur . . .	tener la precedencia sobre . . .
3196	problèmes *mpl* de préséance (protocolaire)	problemas *mpl* referentes a la precedencia protocolaria
3197	ancienneté *f*	antigüedad *f* en el servicio
3198	ordre *m* de préséance(s)	orden *m* de precedencia
3199	alternat *m*	alternancia *f*
3200	voyager incognito	viajar de incógnito
3201	honneurs *mpl* royaux	honores *mpl* reales
3202	rendre les honneurs militaires à qn.	rendir honores militares a alg.
3203	rendre un hommage à qn. . .	tributar un homenaje a alg., homenajear a alg.
3204	passer en revue la garde, le détachement d'honneur	pasar revista a la compañía de honor
3205	défilé *m* militaire	desfile *m* (militar)
3206	défilé *m* (*non militaire*)	desfile *m*
3207	retraite *f m* aux flambeaux	marcha *f* de antorchas, desfile *m* ~ ~

3208	Ehrentribüne *f*	tribune of honour
3209	Grundsteinlegung *f*	laying of the foundation stone
3210	den Grundstein legen zu ~ ~ ~	to lay the foundation stone
3211	Ehrenwache *f*	guard of honour; honor guard *US*
3212	Grab(mal) *n* des Unbekannten Soldaten	the Tomb of the Unknown Warrior (*or:* Soldier)
3213	Grüßen *n* auf hoher See *(Schiffe)*	salute at sea
3214	Salut *m*, Salutschießen *n*	salute
3215	„Recht *n* des Tabouret" *(Botschafterfrauen dürfen in Gegenwart der Königin auf einem Sesselchen ohne Lehne sitzen)*	privilege of the tabo(u)ret
3216	Ehrenplatz *m*	place of honour *GB*; ~ ~ honor *US*
3217	jdm. seine Aufwartung machen	to pay one's respects to s.b.
3218	Antrittsbesuch *m*	first visit
3219	seine Visitenkarte abgeben	to leave one's visiting-card (*US:* card)
3220	antichambrieren	to dance attendance (on s.b.)
3221	offizieller Besuch *m*; Staatsbesuch *m (Staatsoberhaupt, Regierungschefs, etc.)*	official visit, state ~
3222	nichtoffizieller Besuch *m*	informal visit, unofficial ~
3223	Sonderzug *m*	special train
3224	Sonderflugzeug *n*, Sondermaschine *f*	special plane
3225	Höflichkeitsbesuch *m*	courtesy visit, ~ call
3226	Freundschaftsbesuch *m*	friendship visit, goodwill visit
3227	einen Besuch absagen	to cancel a visit, to call off ~ ~
3228	eine Einladung zurückziehen (*od:* rückgängig machen)	to withdraw an invitation
3229	Blitzbesuch *m*	flying visit
3230	Blitzreise *f*	sudden trip
3231	Besucher *m*	visitor
3232	in Begleitung von …	accompanied by …
3233	Begleiter *mpl*	companions, entourage
3234	jdm. einen Besuch abstatten	to pay s.b. a visit
3235	Erwiderung *f* eines Besuches, **Gegen**besuch *m*	return visit

3208	tribune *f* d'honneur	tribuna *f* de honor
3209	pose *f* de la première pierre	colocación *f* de la primera piedra
3210	poser la première pierre *f* de...	colocar la primera piedra de...
3211	garde *f* d'honneur	guardia *f* de honor
3212	la Tombe du Soldat Inconnu	la Tumba del Soldado Desconocido
3213	salut *m* en mer	saludo *m* en el mar
3214	salut *m*, salve *f*	salva *f* de honor
3215	droit *m* du tabouret	derecho *m* de taburete

3216	place *f* d'honneur	sitio *m* de honor
3217	présenter ses hommages à qn.	presentar sus respetos a alg.
3218	visite *f* d'arrivée	primera visita *f*
3219	laisser (*ou*: déposer) sa carte de visite	pasar tarjeta
3220	faire antichambre	hacer antesala
3221	visite *f* officielle	visita *f* oficial

3222	visite *f* inofficielle	visita *f* particular, ~ no oficial
3223	train *m* spécial	tren *m* especial
3224	avion *m* spécial	avión *m* especial
3225	visite *f* de courtoisie, ~ ~ politesse	visita *f* de cortesía; ~ ~ cumplido
3226	visite *f* d'amitié	visita *f* de amistad
3227	s'excuser, annuler une visite	anular una visita
3228	retirer une invitation	retirar una invitación

3229	visite-éclair *f*	visita *f* relámpago
3230	voyage-éclair *m*	viaje *m* relámpago
3231	visiteur *m*	visitante *m*
3232	accompagné de...	acompañado de...
3233	accompagnants *mpl*, suite *f*; escorte *f* (*militaire*)	acompañantes *mpl*
3234	rendre visite à qn., faire ~ ~ ~	hacer una visita a alg.
3235	visite *f* de retour, *ou périphrase*: rendre sa visite à qn.	devolución *f* de una visita

3236	einen Besuch erwidern, einen Gegenbesuch machen	to return a visit, to pay a return visit
3237	Ehrengast *m*	guest of hono(u)r
3238	sich ins goldene Buch eintragen	to sign the visitors' book
3239	hoher Gast *m*	distinguished guest, eminent ~
3240	einen herzlichen Empfang bereiten	to give a hearty welcome, ~ ~ ~ cordial ~
3241	einen begeisterten Empfang bereiten	to give an enthusiastic welcome (*or:* reception) to s.b.
3242	Abschiedsessen *n*	farewell dinner
3243	Abschiedsbesuch *m*	farewell visit
3244	sich verabschieden von ...	to take leave of ...
3245	Abschied *m*	leave-taking, leave, farewell
3246	Abschiedsansprache *f*, Abschiedsrede *f*	farewell speech
3247	die Rückreise antreten	to start on the return journey
3248	Dankschreiben *n*	letter of thanks
3249	Feierlichkeit *f (oft pl)* a) *feierlicher Charakter* b) *Festakt, Staatsakt*	a) solemnity b) (solemn) ceremony, official ~
3250	feierlich	solemn; official
3251	feierlicher Staatsakt *m*	state ceremony, official ~
3252	Gedenkfeier *f*	commemoration, anniversary
3253	Unabhängigkeitstag *m*	Independence Day
3254	Schlußfeier *f*, Abschlußfeier *f*	closing ceremony
3255	eine Ansprache halten; eine Rede ~	to deliver a speech, to give an address
3256	Fernsehansprache *f*	television address
3257	Thronrede *f*	crown speech
3258	Rundfunkansprache *f*	radio address
3259	Neujahrsansprache *f*	New Year's address, ~ ~ message
3260	Neujahrsbotschaft *f*	New Year message
3261	Neujahrsempfang *m*	New Year's reception

3236	rendre une visite	devolver una visita
3237	hôte *m* d'honneur, invité *m* ~ ~	huésped *m* de honor, invitado *m* ~ ~
3238	signer le livre d'or	firmar el Libro de Oro
3239	invité *m* de marque, hôte *m* ~ ~	huésped *m* distinguido
3240	réserver un accueil cordial (chaleureux), faire un bon accueil	dispensar una acogida cordial
3241	réserver un accueil enthousiaste	dispensar un recibimiento entusiasta
3242	déjeuner (dîner) *m* d'adieux	banquete *m* de despedida
3243	visite *f* de congé, ~ d'adieu	visita *f* de despedida
3244	prendre congé de ...	despedirse de ...
3245	congé *m*	despedida *f*
3246	discours *m* d'adieu	discurso *m* de despedida
3247	entreprendre le voyage de retour	emprender el viaje de regreso
3248	lettre *f* de remerciements	carta *f* de agradecimiento
3249	a) solennité *f*, caractère *m* solennel b) solennité *f*, cérémonie *f* solennelle	a) solemnidad *f*, carácter *m* solemne b) acto *m* solemne
3250	solennel	solemne
3251	cérémonie *f* officielle	acto *m* oficial, ceremonia *f* ~
3252	commémoration *f*, cérémonie *f* commémorative	acto *m* conmemorativo
3253	jour *m* de l'Indépendance	Día *m* de la Independencia
3254	cérémonie *f* de clôture	acto *m* de clausura
3255	prononcer (*ou*: faire) un discours, adresser une allocution	pronunciar un discurso, ~ una alocución
3256	discours *m* télévisé	discurso *m* televisado, ~ en la televisión
3257	discours *m* du trône	discurso *m* del trono
3258	discours *m* radiodiffusé, ~ à la radio	discurso *m* por radio
3259	discours *m* de Nouvel An	discurso *m* pronunciado con motivo del Año Nuevo, ~ de Año Nuevo
3260	message *m* de Nouvel An, ~ du Jour de l'An	mensaje *m* de(l) Año Nuevo
3261	réception *f* du Jour de l'An	recepción *f* ofrecida con motivo del Año Nuevo

3262	einen Kranz niederlegen	to lay a wreath
3263	Vorstellung *f* bei Hof(e)	presentation at Court
3264	polizeiliche Begleitmannschaft *f*, ~ Bedeckung *f*	police escort, ~ guard
3265	jdm. eine Huldigung darbringen *(bes Monarchen)*	to render homage to s.b., to pay homage ~ ~
3266	Audienz *f*	audience
3267	um eine Audienz bei jdm. bitten, ~ ~ ~ ~ ~ nachsuchen	to request an audience with s.b.
3268	in Sonderaudienz empfangen	to grant s.b. a special audience
3269	eine Audienz gewährt bekommen	to obtain an audience with s.b.
3270	in feierlicher Audienz empfangen	to receive in solemn audience
3271	Privataudienz *f*	private audience
3272	in Privataudienz empfangen	to receive in private audience
3273	öffentliche Audienz *f*	public audience
3274	Abschiedsaudienz *f*	leave-taking audience
3275	Verbeugung *f*	bow
3276	Hofknicks *m*	genuflection *US*; curtsy *(ladies)*
3277	Gratulation *f*	congratulation
3278	jdm. (seine) Glückwünsche aussprechen	to offer s.b. one's congratulations, to congratulate s.b.
3279	Glückwunschbotschaft *f*	congratulary greetings
3280	Gratulationscour *f*	birthday reception
3281	Glückwunschtelegramm *n*	telegram of congratulation
3282	Glückwunschschreiben *n*	congratulatory letter
3283	Glückwunschansprache *f*	congratulatory speech
3284	Glückwünsche *mpl* überbringen von ...	to deliver congratulations on behalf of ...
3285	ein Geschenk überreichen	to present a gift, to give a present
3286	jdn. mit etw. beschenken *(feierlich oder förmlich)*	to present s.b. with s.th.
3287	eine Auszeichnung verleihen	to award a decoration
3288	Verleihung *f* einer Auszeichung	conferring an honour upon s.b.
3289	Gästebuch *n*	visitors' book
3290	Empfang *m*	reception

3262	déposer une couronne	depositar una corona
3263	introduction *f* à la Cour, présentation *f* ~ ~ ~	presentación *f* en la Corte
3264	escorte *f* de police	escolta *f* de policía
3265	rendre hommage à qn.	rendir homenaje a alg.
3266	audience *f*	audiencia *f*
3267	demander audience à qn.	pedir audiencia a alg.
3268	recevoir en audience spéciale	recibir en audiencia especial
3269	obtenir une audience	obtener una audiencia
3270	recevoir en audience solennelle	recibir en audiencia solemne
3271	audience *f* privée	audiencia *f* privada
3272	recevoir en audience privée	recibir en audiencia privada
3273	audience *f* publique	audiencia *f* pública
3274	audience *f* de congé	audiencia *f* de despedida
3275	révérence *f*	reverencia *f*
3276	génuflexion *f*	genuflexión *f*
3277	félicitations *fpl*	congratulación *f*, enhorabuena *f*
3278	exprimer ses félicitations à qn.	dar la enhorabuena a alg., cumplimentar a alg.
3279	message *m* de félicitations	mensaje *m* de felicitación
3280	réception *f* d'anniversaire	recepción *f* con motivo del aniversario (de un jefe de Estado *etc.*)
3281	télégramme *m* de félicitations	telegrama *m* de felicitación
3282	lettre *f* de félicitations	carta *f* de felicitatión
3283	discours *m* de félicitations	discurso *m* de parabién, ~ ~ felicitación
3284	transmettre les félicitations de …	dar el parabién de …
3285	remettre un présent	ofrecer un regalo, hacer un obsequio
3286	offrir qch à qn	obsequiar a alg con u/c
3287	conférer une décoration	conceder una condecoración, imponer ~ ~
3288	remise d'une décoration, *ou périphrase verbale*: conférer une distinction à …	imposición *f* de une condecoración
3289	livre *m* des hôtes, ~ ~ visiteurs	libro *m* de visitantes
3290	réception *f*	recepción *f*

3291	offizieller Empfang *m*	official reception, formal ~
3292	einen Empfang geben	to give a reception
3293	Cocktailempfang *m*	cocktail party
3294	einen Cocktail geben	to give a cocktail party
3295	ein Essen geben	to give a lunch (*or:* dinner)
3296	jdn. zum (Mittag-) Essen (*in der Diplomatie auch*: „Frühstück") einladen	to ask s.b. to lunch, to invite ~ ~ luncheon
3297	Festsaal *m*	banqueting hall, banquet ~, US
3298	Festessen *n*, Festbankett *n*	banquet
3299	Trinkspruch *m*, Toast *m*	toast
3300	auf jdn. einen Toast (*od* Trinkspruch) ausbringen	to propose a toast to s.b.'s health, ~ ~ a toast to s.b., to drink s.b.'s health, to toast s.b.
3301	ich trinke auf das Wohl von . . ., ich erhebe mein Glas auf das Wohl von . . .	I raise my glass to . . ., (I drink) to the health of . . .
3302	Tischrede *f*	after-dinner speech
3303	Tischordnung *f*	seating arrangement (*at table*), placement *nt*
3304	Gastgeber *m*, Hausherr *m*	host
3305	Dame *f* des Hauses, Gastgeberin *f*	hostess
3306	Sitzordnung *f*	seating arrangement
3307	Tischherr *m*	partner at table (*gentleman*)
3308	Tischdame *f*	partner at table (*lady*)
3309	Tischkarte *f*	place card
3310	Abendanzug *m*	evening dress, dark suit
3311	Straßenkleidung *f*	informal dress, lounge suit
3312	sich bei jdm. entschuldigen	to apologize to s.b.
3313	sein Bedauern über einen Zwischenfall ausdrücken	to express one's regrets about an an incident
3314	Beileidsbesuch *m*	visit of condolence, condolence call
3315	jdm. sein Beileid *n* aussprechen	to condole (with) s.b., to offer s.b. one's sympathy (*or:* one's condolences)
3316	jdm. ein Beileidstelegramm schicken	to send a telegram of condolence to s.b.
3317	Beileidsschreiben *n*, Beileidsbrief *m*	letter of condolence
3318	Beileidstelegramm *n*	telegram of condolence

3291	réception *f* officielle	recepción *f* oficial
3292	donner une réception, offrir ~ ~	dar una recepción
3293	cocktail *m*, *nt*	cóctel *m*
3294	donner un cocktail	ofrecer un cóctel
3295	donner un déjeuner, offrir ~ ~	ofrecer un almuerzo
3296	convier qn. à déjeuner; retenir ~ ~ ~, inviter ~ ~ ~	obsequiar a alg. con un almuerzo, ofrecer a alg. un almuerzo
3297	salle *f* des fêtes	salón *m* de actos
3298	banquet *m*, dîner *m* d'apparat	banquete *m*
3299	toast *m*	brindis *m*
3300	porter un toast à qn., prononcer un toast	brindar por alg.
3301	(je lève mon verre) à la santé de …	levanto mi copa a la salud de …, brindo por la salud de …
3302	discours *m* de table	discurso *m* de sobremesa
3303	disposition *f* des places à table, plan *m* de table	disposición *f* de asientos *(a la mesa)*
3304	hôte *m*	anfitrión *m*
3305	hôtesse *f*	señora *f* de la casa, anfitriona *f*
3306	disposition *f* des places	disposición *f* de asientos
3307	voisin *m* de table	vecino *m* de mesa
3308	voisine *f* de table	vecina *f* de mesa
3309	carton *m* de table	tarjeta *f* de mesa
3310	tenue *f* de soirée	traje *m* de etiqueta
3311	tenue *f* de ville	traje *m* de calle
3312	s'excuser auprès de qn.	presentar sus excusas a alg.
3313	exprimer ses regrets à propos d'un incident	expresar su pesar por un incidente
3314	visite *f* de condoléance(s)	visita *f* de condolencia
3315	exprimer ses condoléances *f* à qn.	dar el pésame a alg., expresar la condolencia a alg.
3316	envoyer un télégramme de condoléance(s) à qn.	cursar un telegrama de condolencia (*o*: ~ de pésame) a alg.
3317	lettre *f* de condoléance(s)	carta *f* de condolencia
3318	télégramme *m* de condoléance(s)	telegrama *m* de pésame

3319	sich in die **Trauerlisten** *fpl* eintragen, sich in die Kondolenzlisten *fpl* ~	to sign the register of condolences
3320	Staatstrauer *f*, Nationaltrauer *f*	national mourning
3321	Hoftrauer *f*	court mourning
3322	Trauerfeier *f*, Trauerzeremonie *f*	funeral ceremony
3323	Trauergottesdienst *m*	funeral service
3324	eine Totenmesse lesen, ein Requiem ~	to say a funeral mass, ~ ~ ~ requiem ~
3325	Trauerzug *m*	funeral procession, ~ cortege
3326	Leichenwagen *m*	hearse
3327	Lafette *f (zur Beförderung eines Sarges)*	caisson, gun-carriage
3328	Bahre *f*, Totenbahre *f*	bier
3329	Aufbahrung *f*	lying-in-state
3330	aufgebahrt liegen	to lie in state
3331	Katafalk *m*	catafalque
3332	Sarg *m*	coffin
3333	sterbliche Hülle *f*, die sterblichen Überreste *mpl*	mortal remains
3334	letzte Ruhestätte *f*	final resting place
3335	Begräbnis *n*, Beisetzung *f*	burial, funeral
3336	Staatsbegräbnis *n*	state funeral, national ~
3337	Grabrede *f*	funeral oration
3338	jdm. die letzte Ehre erweisen	to pay one's last respects to s.b.
3339	Nationalfeiertag *m*	national holiday
3340	Nationalhymne *f*	national anthem
3341	die Nationalhymne spielen	to play the national anthem
3342	Nationalfarben *fpl*	national colours; ~ colors, US
3343	Wappen *n (eines Botschafters, etc.)*	arms, coat of arms
3344	Hoheitszeichen *n*	national device, ~ emblem
3345	Flagge *f*	flag

3319	signer le registre de condoléance(s), ~ le livre de condoléance(s)	firmar el libro de condolencias
3320	deuil *m* officiel, ~ national	luto *m* nacional, ~ oficial, duelo nacional
3321	deuil *m* de cour	luto *m* de la Corte
3322	cérémonie *f* funèbre	acto *m* en honor de un (*o*: del) difunto
3323	service *m* funèbre	servicio *m* fúnebre, funeral *m*
3324	célébrer une messe de requiem	decir (*o*: celebrar) una misa de réquiem
3325	cortège *m* funèbre	cortejo *m* fúnebre
3326	char *m* funèbre, corbillard *m*	coche *m* fúnebre, carroza *f* ~
3327	prolonge *f* d'artillerie	armón *m* de artillería
3328	bière *f*	féretro *m*
3329	mise *f* en bière	instalación *f* de la capilla ardiente
3330	reposer sur un lit de parade, être exposé sur un lit de parade	estar de cuerpo presente, estar expuesto en capilla ardiente
3331	catafalque *m*	catafalco *m*
3332	cercueil *m*	ataúd *m*
3333	la dépouille mortelle	los restos mortales
3334	dernière demeure *f*	última morada *f*
3335	funérailles *fpl*, obsèques *fpl*	funeral *m*, exequias *fpl*
3336	funérailles *fpl* nationales, obsèques *fpl* ~	sepelio *m* nacional, funeral *m* estatal
3337	oraison *f* funèbre	oración *f* fúnebre
3338	rendre un ultime (ou: dernier) hommage à qn., rendre les derniers honneurs a qn.	rendir los últimos honores a alg.
3339	fête *f* nationale	fiesta *f* nacional
3340	hymne *m* national	himno *m* nacional
3341	jouer l'hymne national	tocar el himno nacional
3342	couleurs *fpl* nationales	colores *mpl* nacionales
3343	armes *fpl*, armoiries *fpl*	armas *fpl*
3344	emblème *m* national; ~ de souveraineté	emblema *m* nacional
3345	drapeau *m* *(en général)*; pavillon *m* *(marine)*	bandera *f* *(en general)*; pabellón *m* *(marina)*

3346	Nationalflagge *f*	national flag
3347	die Flagge hissen, ~ ~ setzen	to hoist the flag
3348	die Flagge niederholen	to lower the flag
3349	die Flagge streichen *(Schiffe)*	to strike the flag
3350	die Flagge zeigen *(Schiffe)*	to show one's flag, to display one's ~
3351	eine Flagge führen	to fly a flag
3352	Stander *m*	pennant
3353	Dienstwagen *m*	official car
3354	die Flagge auf Halbmast setzen	to fly the flag at half-mast, ~ ~ ~ ~ ~ half-staff
3355	auf Halbmast wehen	to be flying at half-mast, ~ ~ ~ at half-staff
3356	Sternenbanner *n*	Stars and Stripes; Old Glory, *fam*
3357	Bundesflagge *f*	Federal flag
3358	Sonnenbanner *n (Japan)*	Rising Sun *(Japan)*
3359	Halbmond *m (Türkei)*	Crescent *(Turkey)*
3360	konsularische Beziehungen *fpl*	consular relations
3361	Konsularabkommen *n*	consular convention
3362	Konsulatsdienst *m*, konsularischer Dienst *m*	consular service
3363	konsularisch, Konsular ... *in Zssgn*	consular
3364	konsularisches Korps *n*	consular corps
3365	konsularischer Schutz *m*	consular protection
3366	konsularische Vertretung *f*	consular representation
3367	konsularischer Vertreter *m*	consular representative
3368	Konsul *m (pl*: Konsuln)	consul
3369	Frau *f* des Konsuls, Konsulin *f*	Mrs X, wife of the (French etc.) consul
3370	Konsulararabteilung *f (einer diplomatischen Mission)*	consular section
3371	Konsulat *n*	consulate
3372	Konsularbezirk *m*, Amtsbezirk *m* eines Konsuls	consular district

3346	drapeau *m* national *(en général)*; pavillon *m* national *(marine)*	bandera *f* nacional *(en general)*; pabellón *m* nacional *(marina)*
3347	hisser le drapeau *(en général)*; hisser *(ou*: arborer*)* le pavillon *(marine)*	izar la bandera *(en general)*; izar el pabellón *(marina)*
3348	rentrer les couleurs, amener les ∼ *(marine)*	arriar la bandera
3349	abaisser *(ou*: amener*)* le pavillon	arriar bandera *(en señal de rendición)*
3350	arborer le pavillon, déployer ∼ ∼, monter son pavillon	enarbolar el pabellón
3351	battre pavillon	llevar un pabellón
3352	fanion *m (sur la voiture)*	banderín *m (en el coche)*
3353	voiture *f* de service	coche *m* oficial
3354	mettre le drapeau en berne, ∼ ∼ ∼ à mi-mât	enarbolar la bandera a media asta, izar (*o*: poner) ∼ ∼ ∼ ∼ ∼
3355	flotter en berne	ondear a media asta, estar ∼ ∼ ∼
3356	bannière *f* étoilée	bandera *f* estrellada, estrellas y listas, barras y estrellas, franjas y estrellas
3357	drapeau *m* fédéral	bandera *f* federal
3358	bannière *f* du soleil levant *(Japon)*	bandera *f* del Sol naciente *(Japón)*
3359	Croissant *m (Turquie)*	Media Luna *f (Turquía)*
3360	relations *fpl* consulaires	relaciones *fpl* consulares
3361	convention *f* consulaire	convenio *m* consular
3362	service *m* consulaire	servicio *m* consular,
3363	consulaire	consular
3364	corps *m* consulaire	cuerpo *m* consular
3365	protection *f* consulaire	protección *f* consular
3366	représentation *f* consulaire	representación *f* consular
3367	représentant *m* consulaire	representante *m* consular
3368	consul *m*	cónsul *m*
3369	Madame X, épouse du consul. . .,	cónsula *f*; consulesa *f*, *fam*
3370	division *f* des affaires consulaires	sección *f* consular *(de una misión diplomática)*
3371	consulat *m*	consulado *m*
3372	circonscription *f* consulaire	circunscripción *f* consular, distrito *m* consular

3373	Generalkonsulat *n*	consulate general
3374	Generalkonsul *m*	consul general
3375	Honorarkonsulat *n*	honorary consulate
3376	Vizekonsul *m*	vice-consul
3377	Vizekonsulat *n*	vice-consulate
3378	Konsulatsbeamter, Konsularbeamter *m*	consular officer
3379	Konsularagent *m*	consular agent
3380	Konsularagentur *f*	consular agency
3381	Berufskonsul *m*	professional consul, consul missus *nt*, career consul
3382	Honorarkonsul *m*, Wahlkonsul *m*	honorary consul, consul electus *nt*, elected ∼
3383	Ernennungsschreiben *n (eines Konsuls)*	commission *(of a consul)*, ∼ of appointment, consular patent
3384	Bestallung *(eines Konsuls)*	appointment (of a consul)
3385	die französische Kolonie (= *Gesamtheit der in einer Stadt lebenden Franzosen)*	the French colony
3386	Konsulargerichtsbarkeit *f*	consular jurisdiction
3387	Konsulargericht *n*	consular court
3388	konsularische Immunitäten *fpl*	consular immunities, ∼ immunity
3389	Schließung *f* eines Konsulats	closure of a consulate
3390	Exequatur *n, nt*	exequatur *nt*
3391	das Exequatur erteilen	to give (*or*: to grant) the exequatur
3392	das Exequatur zurückziehen	to withdraw the exequatur
3393	Zurückziehung *f* des Exequatur	withdrawal of (the) exequatur
3394	Paß *m*	passport
3395	einen Paß ausstellen	to issue a passport, to make out ∼ ∼
3396	Pässe und Reiseausweise (*od:* Ersatzpässe) ausstellen	to issue passports and travel documents
3397	Ausstellung *f* eines Passes	issuance of a passport, making out of ∼ ∼
3398	Paßinhaber *m*	holder of a passport
3399	Dienstpaß *m*	official passport
3400	Diplomatenpaß *m*	diplomatic passport
3401	die Pässe verlangen	to request the passports
3402	Aushändigung *f* der Pässe, Zustellung *f* ∼ ∼	delivery of passports

3373	consulat *m* général	consulado *m* general
3374	consul *m* général	cónsul *m* general
3375	consulat *m* honoraire	consulado *m* honorario
3376	vice-consul *m*	vicecónsul *m*
3377	vice-consulat *m*	viceconsulado *m*
3378	fonctionnaire *m* consulaire	funcionario *m* consular
3379	agent *m* consulaire	agente *m* consular
3380	agence *f* consulaire	agencia *f* consular
3381	consul *m* de carrière	cónsul *m* de carrera
3382	consul *m* honoraire, ∼ marchand	cónsul *m* honorario
3383	commission *f* consulaire, patente *f*	patente *f* consular
3384	nomination *f* (d'un consul)	nombramiento *m* (de un cónsul)
3385	la colonie française	la colonia francesa
3386	juridiction *f* consulaire	jurisdicción *f* consular
3387	Tribunal *m* consulaire	Tribunal *m* consular
3388	immunités *fpl* consulaires	inmunidades *fpl* consulares
3389	clôture *f* d'un consulat	cierre *m* de un consulado
3390	exequatur *m*, *nt*	exequátur *m*, *nt*, beneplácito *m*
3391	accorder l'exéquatur	conceder el exequátur
3392	retirer l'exequatur	retirar el exequátur
3393	retrait *m* de l'exequatur	retirada *f* del exequátur
3394	passeport *m*	pasaporte *m*
3395	délivrer un passeport	extender un pasaporte
3396	émettre des passeports et titres de voyage	extender pasaportes y documentos de identidad en sustitución de pasaportes
3397	délivrance *f* d'un passeport	expedición *f* de un pasaporte
3398	titulaire *m* d'un passeport	titular *m* de un pasaporte
3399	passeport *m* de service	pasaporte *m* de servicio, ∼ oficial
3400	passeport *m* diplomatique	pasaporte *m* diplomático
3401	demander les passeports	pedir los pasaportes
3402	remise *f* des passeports	entrega *f* de los pasaportes

3403	jdm. die Pässe aushändigen, ~ ~ ~ zustellen	to hand over (*or*: to deliver) passports to a person
3404	Visum *n*; Sichtvermerk *m*, *bes* Ö	visa
3405	Einreisevisum *n*, Einreisesichtvermerk *m*	entry visa
3406	Durchreisevisum *n*, Durchreisesichtvermerk *m*	transit visa
3407	Ausreisevisum *n*, Ausreisesichtvermerk *m*	exit visa
3408	Sammelvisum *n*	collective visa
3409	Dauervisum *n*	permanent visa
3410	es herrscht Visumzwang *m*	a visa is required
3411	Diplomatenvisum *n*	diplomatic visa
3412	Geburten, Eheschließungen und Todesfälle registrieren	to register births, marriages and deaths
3413	Ursprungszeugnisse *npl* ausstellen	to issue certificates of origin
3414	Konsulatsfaktura *f*	consular invoice
3415	Affidavit *n*, *nt*; eidesstattliche Erklärung	affidavit

3403	remettre les passeport à qn., délivrer ~ ~ ~ ~	entregar los pasaportes a alg.
3404	visa *m*	visado *m*, *Esp*; visto *m*, visa *f*, *Am*
3405	visa *m* d'entrée	visado *m* de entrada; visto *m* (*o*: visa *f*) ~ ~, *Am*
3406	visa *m* de transit	visado *m* de tránsito; visa *f* de ~, visto *m* ~ ~, *Am*
3407	visa *m* de sortie	visado *m* de salida; visto *m* (*o*: visa *f*) ~ ~, *Am*
3408	visa *m* collectif	visado *m* colectivo; visto *m* (*o*: visa *f*) colectivo(-a), *Am*
3409	visa *m* permanent	visado *m* permanente; visto *m* (*o*: visa *f*) ~, *Am*
3410	les passeports doivent être munis d'un visa	hay obligación de tener visados (*o*: vistos *o*: visas, *Am*)
3411	visa *m* diplomatique	visado *m* diplomático; visto *m* (*o*: visa *f*) ~, *Am*
3412	enregistrer les naissances, mariages et décès	registrar los nacimientos, los matrimonios y las muertes
3413	délivrer des certificats *mpl* d'origine, établir ~ ~ ~ ~	extender certificados *mpl* de origen, otorgar ~ ~ ~
3414	facture *f* consulaire	factura *f* consular
3415	affidavit *m*, *nt*	afidávit *m*, *nt*

IV. Internationale Politik und Zusammenarbeit — IV. International Politics and Cooperation

3416	Weltpolitik *f*	international politics
3417	Führung *f*, führende Rolle *f*; „Leadership" *f*, *nt*	leadership
3418	Vorherrschaft *f*, Hegemonie *f*	hegemony
3419	Schlüsselstellung *f*	key position
3420	Außenpolitik *f*	foreign policy
3421	außenpolitisch a) *adj*. b) *adv*.	a) foreign policy... b) in the field of foreign policy
3422	außenpolitischer Berater *m*	foreign policy adviser
3423	Europapolitik *f*	European policy
3424	zwischenstaatliche Beziehungen *fpl*, internationale ~	international relations
3425	Beziehungen unterhalten	to maintain relations
3426	die Beziehungen verschlechtern sich	relations are deteriorating
3427	Verschlechterung *f* der Beziehungen	deterioration of relations
3428	die Beziehungen zu einem Lande verbessern	to improve relations with a country
3429	Verbesserung *f* der Beziehungen mit...	improvement of relations with...
3430	Normalisierung *f* der Beziehungen	normalization of relations
3431	friedlicher Verkehr *m*, friedliche Beziehungen *fpl*	peaceful communication, ~ relations
3432	gegenseitige Abhängigkeit *f*	interdependence
3433	Grundsatz *m* der Gegenseitigkeit	reciprocity; principle of ~
3434	Gegenseitigkeitserklärung *f*	declaration of reciprocity
3435	Gegenseitigkeit *f* in der Gesetzgebung zweier Länder	legislative reciprocity
3436	den internationalen Frieden und die internationale Sicherheit aufrechterhalten	to maintain international peace and security

IV. Politique et coopération internationales

IV. Política y cooperación internacionales

3416 politique *f* internationale
3417 leadership *m, nt*

3418 hégémonie *f*
3419 position-clé *f*
3420 politique *f* étrangère, ~ extérieure
3421 a) de politique extérieure (*ou*: étrangère)
b) en matière de politique extérieure (*ou*: étrangère)
3422 conseiller *m* de politique étrangère
3423 politique *f* européenne
3424 relations *fpl* internationales; ~ interétatiques
3425 entretenir des relations
3426 les rapports (*ou*: relations) se détériorent
3427 détérioration *f* des relations, dégradation *f* des rapports
3428 améliorer les relations avec un pays
3429 amélioration *f* des relations avec . . .

3430 normalisation *f* des relations
3431 relations *fpl* pacifiques

3432 interdépendance *f*
3433 règle *f* de la réciprocité
3434 déclaration *f* de réciprocité
3435 réciprocité *f* législative

3436 maintenir la paix et la sécurité internationales

política *f* internacional
liderazgo *m*

hegemonía *f*
posición *f* clave
política *f* exterior
a) de política exterior
b) en materia de política exterior

consejero *m* de política exterior
política *f* europea
relaciones *fpl* internacionales

mantener relaciones
las relaciones van empeorando

enrarecimiento *m* de las relaciones

mejorar las relaciones con u país, estrechar las relaciones ~ ~ n~
mejora *f* de las relaciones con . . .

normalización *f* de las relaciones
relaciones *fpl* pacíficas

interdependencia *f*
principio *m* de reciprocidad
declaración *f* de reciprocidad
reciprocidad *f* legislativa

mantener la paz y la seguridad internacionales

3437	die internationale Zusammenarbeit fördern	to promote (or: to further) international co-operation
3438	den internationalen Frieden und die Sicherheit gefährden	to endanger (the maintenance of) international peace and security
3439	Erhaltung f des Friedens	maintenance (or: preservation) of peace
3440	Nobel-Friedenspreis m	Nobel Peace Prize
3441	den Frieden festigen	to consolidate peace, to strengthen ~
3442	Festigung f des Friedens	strengthening of peace, consolidation ~ ~
3443	Friedensforschung f	peace research
3444	Friedenswille m	will for peace, desire ~ ~
3445	Friedensbemühungen fpl	efforts to maintain peace, peace efforts
3446	Friedensmission f	peace mission
447	um Frieden bitten	to sue for peace
3448	Friedensvorschläge mpl	peace proposals
3449	Friedensoffensive f	peace offensive
3450	eine Friedensoffensive eröffnen	to launch a peace offensive
3451	friedliebende Völker npl	peace-loving peoples
3452	den Frieden wiederherstellen	to restore peace
3453	ein dauerhafter Friede	a lasting peace
3454	Verhandlungsfriede m	negotiated peace
3455	friedliche Koexistenz f	peaceful coexistence
3456	Friedensbedrohung f, Bedrohung f des Friedens	threat to peace
3457	eine Bedrohung der Sicherheit darstellen	to constitute a threat to security
3458	Blockbildung f	formation of blocs
3459	Anlehnung f an einen Block	alignment with a bloc
3460	Blockpolitik f	policy of forming blocs
3461	Friedensbruch m	breach of the peace
3462	den Krieg ächten	to outlaw war
3463	Kriegsächtung f	outlawry of war, outlawing ~ ~
3464	Verhütung f des Krieges, Kriegsverhütung f	prevention of war

3437	encourager (*ou*: promouvoir, favoriser) la coopération internationale	fomentar la cooperación internacional
3438	menacer (le maintien de) la paix et (de) la sécurité internationales	poner en peligro (el mantenimiento de) la paz y (de) la seguridad internacionales
3439	maintien *m* de la paix	mantenimiento *m* de la paz

3440	Prix *m* Nobel de la Paix	Premio *m* Nobel de la Paz
3441	consolider la paix	consolidar la paz
3442	affermissement *m* de la paix, consolidation *f* ∼ ∼ ∼	afianzamiento *m* de la paz, consolidación *f* ∼ ∼ ∼
3443	recherche *f* polémologique, ∼ consacrée à la paix	investigación *f* polemológica
3444	volonté *f* de paix	deseo *m* de mantener la paz
3445	efforts *mpl* en vue de sauvegarder (*ou*: maintenir, garantir) la paix	esfuerzos *mpl* para salvar (*o*: salvaguardar, mantener) la paz
3446	mission *f* de paix	misión *f* de paz
3447	demander la paix	pedir la paz
3448	propositions *fpl* de paix	propuestas *fpl* de paz
3449	offensive *f* de paix	ofensiva *f* de paz
3450	lancer une offensive de paix	lanzar una ofensiva de paz
3451	peuples *mpl* pacifiques	pueblos *mpl* amantes de la paz
3452	rétablir la paix	restablecer la paz
3453	une paix durable, une paix stable	una paz duradera
3454	paix négociée	paz *f* negociada
3455	coexistence *f* pacifique	coexistencia *f* pacífica, convivencia *f* ∼
3456	menace *f* contre la paix	amenaza *f* contra la paz
3457	constituer une menace à la sécurité	constituir una amenaza para la seguridad
3458	formation *f* de blocs	formación *f* de bloques
3459	alignement *m* sur un bloc	inclinación *f* hacia un bloque
3460	politique *f* des blocs	política *f* de bloques
3461	rupture *f* (*ou*: violation *f*) de la paix	quebrantamiento *m* de la paz
3462	mettre la guerre hors la loi	declarar la guerra fuera de la ley
3463	mise *f* hors la loi de la guerre	proscripción *f* de la guerra
3464	prévention *f* de la guerre	prevención *f* de la guerra

3465	Kriegsverhütungsrecht *n*	right of war prevention
3466	internationale Sicherheit *f*	international security
3467	Sicherheitsgarantie *f*	security guarantee
3468	Kollektivgarantie *f*	collective guarantee
3469	kollektive Sicherheit *f*	collective security
3470	System *n* kollektiver Sicherheit	system of collective security
3471	Kollektivmaßnahmen *fpl* ergreifen	to take collective measures
3472	Prestige *n*, Geltung *f*, Ansehen *n*	prestige
3473	Prestigefrage *f*	matter of prestige
3474	Ersuchen *n*	request
3475	Forderung *f* a) *allgemein* b) *Gebietsanspruch, Arbeiter usw.*	 a) claim, demand b) claim
3476	Anspruch *m* erheben auf etw., etw. beanspruchen	to claim s.th., to demand s.th.
3477	Verzicht *m* auf ...	renunciation of ...
3478	Modus vivendi *m, nt*	modus vivendi *nt*, working agreement
3479	Kompromißbereitschaft *f*	readiness to reach a compromise
3480	kompromißbereit	willing to compromise
3481	Kuhhandel *m*	bargaining, horse traiding
3482	Täuschungsmanöver *n*	diversion, intrigue
3483	Tauziehen *n*	tug of war
3484	gezielte Indiskretion *f*	deliberate leakage, ~ indiscretion
3485	Indiskretionen *fpl*, durchgesickerte Nachrichten *fpl*	leak, leakage
3486	Status quo *m, nt*	status quo, *nt*
3487	Präzedenzfall *m*	precedent
3488	einen Präzedenzfall schaffen	to set (*or*: to create) a precedent
3489	lebenswichtige Interessen *npl* (*od*: Lebensinteressen *npl*) bedrohen	to threaten vital interests
3490	unsere Interessen sind hinreichend gewahrt	our interests are adequately safeguarded
3491	Interessenkollision *f*, Interessenwiderstreit *m*	conflict of interests, clash of ~
3492	Einflußbereich *m*	sphere of influence
3493	Interessen(s)sphäre *f*	sphere of interests
3494	die Lage (ver)bessert sich	the situation is improving
3495	die Lage verschlechtert sich	the situation is deteriorating

3465	droit *m* préventif de la guerre	Derecho *m* de prevención de la guerra
3466	sécurité *f* internationale	seguridad *f* internacional
3467	garantie *f* de sécurité	garantía *f* de seguridad
3468	garantie *f* collective	garantía *f* colectiva
3469	sécurité *f* collective	seguridad *f* colectiva
3470	système *m* de sécurité collective	sistema *m* de seguridad colectiva
3471	prendre des mesures collectives	tomar medidas colectivas
3472	prestige *m*	prestigio *m*
3473	question *f* de prestige	cuestión *f* de prestigio
3474	demande *f*	demanda *f*
3475	a) demande *f* b) revendication *f*	a) exigencia *f*, demanda *f* b) reivindicación *f*
3476	revendiquer qch.	reivindicar u/c
3477	renonciation *f* à ...	renuncia *f* a ...
3478	modus vivendi *m*, *nt*	modus vivendi *m*, *nt*
3479	*périphrase*: être disposé à trouver un compromis	deseo *m* de llegar a un arreglo
3480	disposé à chercher un compromis	dispuesto a buscar un compromiso
3481	marchandage *m* (politique)	regateo *m* político
3482	feinte *f*	maniobra *f*
3483	course *f* au poteau	el tira y afloja
3484	indiscrétion *f* dirigée, ~ calculée	indiscreción *f* calculada
3485	fuites *fpl*	indiscreciones *fpl*
3486	statu *m* quo *nt*	statu *m* quo *nt*
3487	précédent *m*	precedente *m*
3488	créer un précédent	sentar un precedente
3489	menacer des intérêts *mpl* vitaux	amenazar intereses *mpl* vitales
3490	nos intérêts sont suffisamment sauvegardés	nuestros intereses están suficientemente salvaguardados
3491	conflit *m* d'intérêts	conflicto *m* de intereses
3492	sphère *f* d'influence	esfera *f* de influencia
3493	sphère *f* d'intérêts	esfera *f* de intereses
3494	la situation s'améliore	la situación está (*o*: va) mejorando
3495	la situation se gâte, se dégrade	la situación va empeorando

3496	der Ernst der Lage	gravity of the situation
3497	Verschärfung *f* der Lage	aggravation of the situation
3498	die Lage verschärft sich	the situation is deteriorating, ~ ~ ~ becoming more acute, ~ ~ ~ worsening
3499	die Verschlechterung der Lage	the worsening of the situation, the deterioration ~ ~ ~
3500	gespannte Lage *f*	tense situation
3501	Wendepunkt *m*	turning-point
3502	Umschwung *m* (der Lage)	reversal (of the situation)
3503	Kurswechsel *m* (*Politik, Ideologie*)	turnabout, reorientation of policy, change of policy
3504	Haltung *f*	attitude
3505	eine Haltung einnehmen	to assume an attitude
3506	abwartende Haltung *f*	wait-and-see policy
3507	sich abwartend verhalten	to wait and see, to await developments
3508	feste Haltung *f*	firm attitude
3509	Versteifung *f* der Haltung	stiffening of (the) attitude
3510	unnachgiebige Haltung	intransigent attitude
3511	drohende Haltung *f*	threatening attitude
3512	kalkuliertes Risiko *n*	calculated risk
3513	nachgeben (= *eine Haltung der Stärke aufgeben*)	to yield, to give in
3514	nachgiebigere Haltung *f*	softening of one's attitude
3515	Demarche *f, nt*; Schritt *m* (*meist pl*)	démarche *nt*
3516	gemeinsamer Schritt *m*, Kollektivschritt *m*	common step(s), collective ~, joint action
3517	Schritte bei einer Regierung unternehmen	to approach a government
3518	Vorstellungen *fpl* erheben	to make representations
3519	Einspruch *m*, Protest *m*	protest
3520	bei einer Regierung Verwahrung gegen etw. einlegen (*od*: . . . Einspruch erheben, Protest erheben); ~ ~ ~ protestieren	to protest to a government against s.th., to protest s.th. to a government, to lodge a protest
3521	Warnung *f*	warning

3496	la gravité *f* de la situation, la caractère grave de la ~	la gravedad de la situación
3497	aggravation *f* de la situation	agravamiento *m* de la situación
3498	la situation s'aggrave	la situación se agudiza
3499	la dégradation de la situation	el empeoramiento de la situación
3500	situation *f* tendue	situación *f* tirante, tirantez *f*
3501	tournant *m* (historique)	cambio *m* radical
3502	retournement *m*, revirement *m* (de la situation)	cambio *m* radical (de la situación)
3503	revirement *m*; changement de cap, ~ de ligne	cambio *m* de rumbo, ~ ~ política
3504	attitude *f*	actitud *f*
3505	prendre (*ou*: adopter) une attitude	tomar (*o*: adoptar) una actitud
3506	attitude *f* expectative, expectative *f*	actitud *f* expectante
3507	demeurer dans l'expectative; *fam*: attendre les évènements	quedarse a la expectativa
3508	attitude *f* ferme, fermeté *f*	actitud *f* firme, firmeza *f*
3509	raidissement *m* de l'attitude, durcissement *m*	endurecimiento *m* de la actitud
3510	attitude *f* intransigeante	actitud *f* intransigente
3511	attitude *f* menaçante	actitud *f* conminativa
3512	risque *m* calculé	«riesgo *m* calculado»
3513	céder; battre en retraite	ceder
3514	assouplissement *m* de l'attitude de qn.	actitud *f* más conciliadora
3515	démarche *f*	gestiones *fpl*
3516	démarche *f* commune, ~ collective	gestiones *fpl* comunes, ~ colectivas
3517	faire (*ou*: entreprendre) des démarches auprès d'un gouvernement	hacer gestiones cerca de un gobierno
3518	faire des représentations *fpl*	presentar reclamaciones *fpl*
3519	protestation *f*	protesta *f*
3520	protester auprès d'un gouvernement contre qch.	protestar cerca de un gobierno contra u/c
3521	avertissement *m*	advertencia *f*

3522	eine Warnung an jdn. richten, jdn. warnen	to address a warning to s.b., to give s.b. a warning, to give a ~ to s.b.
3523	eine Botschaft überbringen	to carry a message, to deliver ~ ~
3524	eine Botschaft richten an ...	to address a message to ...
3525	einen Appell richten an, appellieren an, einen Anruf richten an ...	to appeal to ..., to make an appeal to
3526	(diplomatische) Note *f*	(diplomatic) note; "note diplomatique", *nt*
3527	eine Note folgenden Wortlauts: ...	a note of the following content, a note worded as follows ...
3528	Mantelnote *f*	covering note
3529	eine Note überreichen	to deliver a note
3530	die Annahme einer Note verweigern	to refuse to accept a note
3531	eine Note *(ihrem Inhalt nach)* zurückweisen	to reject a note
3532	Notenwechsel *m*, Notenaustausch *m*	exchange of notes
3533	gleichlautende Noten *fpl*	identical notes, identic notes
3534	Verbalnote *f*	verbal note, "note verbale"
3535	vertrauliche Note *f*	confidential note
3536	Protestnote *f*	note of protest
3537	Kollektivnote *f*	collective note; "note collective" *nt*
3538	Antwortnote *f*	note in reply
3539	Kommuniqué *n*, Verlautbarung *f*	communiqué *nt*
3540	ein Kommuniqué *(od: eine Verlautbarung)* veröffentlichen, ~ ~ herausgeben	to issue a communiqué
3541	gemeinsames Kommuniqué *n*, gemeinsame Verlautbarung *f*	joint communiqué
3542	„Sperrfrist" *f*	"Hold for release until ...", "to be released not prior to ..."
3543	Schlußkommuniqué *n*	final communiqué
3544	Memorandum *n*, Denkschrift *f*	memorandum
3545	Aide-Mémoire *n*, *nt*	aide-mémoire *nt*
3546	Schreiben *n* („Brief" *ist nur privat*)	letter
3547	Begleitschreiben *n*	covering letter
3548	Briefwechsel *m* *(in einem bestimmten Fall)*	exchange of letters
3549	Schriftwechsel *m*, Korrespondenz *f* *(im allgemeinen)*	correspondence

3522	adresser un avertissement à qn. lancer ~ ~ ~	advertir a alg. de no...
3523	remettre un message, être porteur d'un message	ser portador de un mensaje, entregar ~ ~
3524	adresser un message à...	dirigir un mensaje a...
3525	adresser un appel à, faire appel à, en appeler à...	dirigir un llamamiento a, hacer ~ ~ ~, apelar a...
3526	note *f* (diplomatique)	nota *f* (diplomática)
3527	une note ainsi rédigée:... note conçue en ces termes	una nota así concebida:...
3528	note *f* de couverture	nota *f* de cobertura
3529	remettre une note	entregar una nota
3530	refuser d'accepter une note	negarse a recibir una nota
3531	rejeter une note	rechazar una nota
3532	échange *m* de notes	canje *m* de notas, cambio *m* ~ ~
3533	notes *fpl* identiques, ~ de la même teneur	notas *fpl* idénticas
3534	note *f* verbale	nota *f* verbal
3535	note *f* confidentielle	nota *f* confidencial
3536	note *f* de protestation	nota *f* de protesta
3537	note *f* collective	nota *f* colectiva
3538	note *f* de réponse	nota *f* de respuesta
3539	communiqué *m*	comunicado *m*
3540	publier un communiqué	facilitar (*o*: publicar) un comunicado
3541	communiqué *m* commun	comunicado *m* conjunto
3542	«Ne pas diffuser avant...»	«No divulgar antes de...», para publicar el...
3543	communiqué *m* final	comunicado *m* final
3544	mémorandum *m*	memorándum *m*
3545	aide-mémoire *m*	recordatorio *m*
3546	lettre *f*	carta *f*; escrito *m*
3547	lettre d'accompagnement	(escrito *m*) anexo *m*
3548	échange *m* de lettres	cambio *m* de cartas, canje *m* ~ ~
3549	correspondance *f*	correspondencia *f*

3550	ich beehre mich, Ihnen mitzuteilen...	I have the honour to inform you..., ~ ~ ~ honor, US ~ ~ ~ ...
3551	Briefkopf *m*	letter heading, letterhead
3552	unbeantwortet lassen	to leave unanswered
3553	Richtigstellung *f*	rectification
3554	dementieren	to deny
3555	Dementi *n*	denial, démenti *nt*
3556	ein Dementi herausgeben	to issue a denial
3557	einen offenen Brief richten an...	to send an open letter to...
3558	unkontrollierbare Gerüchte *npl*	uncontrollable rumors
3559	verharmlosen, bagatellisieren *v/t*	to minimize, to play down
3560	einseitige Erklärung *f*	unilateral declaration
3561	widerrufen (eine Erklärung)	to revoke
3562	Ultimatum *n*	ultimatum
3563	ein Ultimatum zurückweisen	to reject an ultimatum
3564	einer Regierung ein Ultimatum überreichen	to present a government with an ultimatum
3565	ultimativ (Forderungen)	ultimatum-like
3566	Bündnis *n*	alliance
3567	Bündnistreue *f*	loyalty (to an alliance), allegiance
3568	ein Bündnis schließen	to form an alliance
3569	Verteidigungsbündnis *n*, Defensivbündnis *n*, Schutzbündnis *n*	defensive alliance
3570	Bündnispolitik *f*, Allianzpolitik *f*	policy of alliances
3571	Umkehr *f* der Bündnisse	change in alliances
3572	Bande *npl*, die... vereinigen	close links which unite..., ties which bind...
3573	Fragen, die beide Länder betreffen	questions affecting both countries, matters ~ ~ ~
3574	die schwebenden Fragen lösen	to solve pending problems
3575	Verzichtpolitik *f*	policy of abandonment, ~ ~ renunciation; „sell-out"
3576	Verzichtpolitiker *m*	politician in favour of a policy of abandonment
3577	das gute Einvernehmen zwischen den Völkern	good understanding between (*or*: among) nations, comity of nations
3578	in Geiste gegenseitigen Verstehens	in a spirit of mutual understanding

3550 j'ai l'honneur de vous faire savoir... tengo el honor de informarle...

3551	en-tête *m*	encabezamiento *m*, membrete *m*
3552	laisser sans réponse	no contestar, dejar sin respuesta
3553	mise *f* au point	rectificación *f*; mentís *m*
3554	démentir	desmentir
3555	démenti *m*	mentís *m*; desmentido *m*, desmentida *f*, *Am*
3556	donner un démenti	dar un mentís (*o*: desmentir)
3557	adresser une lettre ouverte à ...	dirigir una carta abierta a ...
3558	bruits *mpl* incontrôlables	rumores *mpl* incontrolables
3559	bagatelliser, minimiser	minimizar
3560	déclaration *f* unilatérale	declaración *f* unilateral
3561	révoquer	revocar
3562	ultimatum *m*	ultimátum *m*
3563	rejeter un ultimatum	rechazar un ultimátum
3564	remettre un ultimatum à un gouvernement	entregar un ultimátum a un gobierno
3565	à caractère d'ultimatum	de carácter ultimativo
3566	alliance *f*	alianza *f*
3567	fidélité *f* à l'alliance (aux alliances)	fidelidad *f* a la alianza (a las alianzas)
3568	former (*ou*: contracter) une alliance	contraer (*o*: pactar) una alianza
3569	alliance *f* défensive	alianza *f* defensiva
3570	politique *f* d'alliance(s)	política *f* de alianzas
3571	renversement *m* des alliances	inversión *f* de alianzas
3572	liens *mpl* étroits qui unissent...	vínculos *mpl* estrechos que unen a ...
3573	des questions qui intéressent les deux pays, ~ ~ affectant les intérêts des ~ ~ ~	cuestiones que afectan (*o*: interesan, conciernen) a los dos países
3574	résoudre les questions en suspens	resolver los problemas pendientes
3575	politique *f* d'abandon	abandonismo *m*, política *f* de abandono
3576	politicien *m* de l'abandon	abandonista *m*
3577	la bonne entente entre les nations	las buenas relaciones entre las naciones
3578	dans un esprit de compréhension mutuelle	en un espíritu de mutua comprensión

3579	Verständnis zeigen für	to show understanding for
3580	Verständigung *f* mit	(arriving at an) understanding with
3581	Verständigungspolitik *f*	policy of mutual understanding
3582	Verständigungsbereitschaft *f*	willingness to reach agreement (over)
3583	gute Nachbarschaft *f*	good neighbourliness, neighborliness, US
3584	gutnachbarliche Beziehungen *fpl*	good neighbourly (neighborly, US) relations
3585	im Alleingang handeln, einen ~ machen	to act alone, to do it alone
3586	Annäherung *f*	rapprochement *nt*
3587	Annäherungspolitik *f*	policy of rapprochement
3588	Nachtrabpolitik *f*	rear-guard policy, ~ ~ politics
3589	Beschränkungen *fpl* aufheben	to withdraw restrictions
3590	Wiederherstellung *f* freundschaftlicher Beziehungen	re-establishing of friendly relations, re-establishment of ~ ~
3591	Gleichgewicht *n* der Mächte	balance of power
3592	Gleichgewicht *n* der Kräfte	balance of forces
3593	Gleichgewichtspolitik *f*	balance of power policy
3594	Neutralismus *m*	neutralism
3595	Neutralist *m*	neutralist
3596	neutralistisch	neutralist(ic)
3597	Isolationismus *m*	isolationism
3598	Isolationist *m*	isolationist
3599	isolationistisch	isolationist
3600	Isolierung *f (politische)*	*(political)* isolation
3601	beschwichtigen	to appease
3602	Beschwichtigung *f*	appeasement
3603	Beschwichtigungspolitik *f*	appeasement policy, policy of appeasement
3604	einen Konflikt entschärfen	to smooth a conflict, to lessen, to ease the tension of a conflict, to de-aggravate ~ ~
3605	„Containment" *n, nt*; Eindämmung *f*	containment
3606	Eindämmungspolitik *f*	containment policy, policy of c.
3607	Sperrgürtel *m*, Cordon *m* Sanitaire *nt*	sanitary curtain, cordon sanitaire *nt*
3608	Politik *f* der vollendeten Tatsache	policy of the accomplished fact, ~ ~ ~ fait accompli *nt*
3609	jdn. vor die vollendete Tatsache stellen	to confront s. b. with a fait accompli

3579	faire preuve de compréhension pour	mostrar comprensión por
3580	entente *f* avec	entendimiento *m* con, inteligencia *f* ~
3581	politique *f* d'entente	política *f* de entendimiento
3582	disposition *f* à l'entente	dispuesto a hacer un compromiso
3583	bon voisinage *m*	buena vecindad *f*
3584	relations *fpl* de bon voisinage	relaciones *fpl* de buena vecindad
3585	faire cavalier seul	obrar a solas; hacer rancho aparte *fam*
3586	rapprochement *m*	acercamiento *m*
3587	politique *f* de rapprochement	política *f* de acercamiento
3588	politique *f* d'arrière-garde	política *f* de remolque, ~ a la zaga
3589	supprimer les restrictions	suprimir (las) restricciones
3590	rétablissement *m* de relations amicales	restablecimiento *m* de relaciones amistosas
3591	équilibre *m* des puissances	balanza *f* de (los) poderes, equilibrio *m* político
3592	équilibre *m* des forces	equilibrio *m* de fuerzas
3593	politique de l'équilibre des forces	política *f* de equilibrio
3594	neutralisme *m*	neutralismo *m*
3595	neutraliste *m*	neutralista *m*
3596	neutraliste	neutralista
3597	isolationnisme *m*	aislacionismo *m*
3598	isolationniste *m*	aislacionista *m*
3599	isolationniste	aislacionista
3600	isolement *m* (*politique*)	aislamiento *m* (*político*)
3601	apaiser	apaciguar
3602	apaisement *m*	apaciguamiento *m*
3603	politique *f* d'apaisement, ~ d'atermoiement	política *f* de apaciguamiento
3604	désamorcer un conflit	amortiguar un conflicto
3605	endiguement *m*; containment *m*, *nt*	contención *f*
3606	politique *f* du «containment»	política *f* de contención
3607	cordon *m* sanitaire	cordón *m* sanitario
3608	politique *f* du fait accompli	política *f* del hecho consumado
3609	mettre qn. devant le fait accompli	colocar a alg. ante el hecho consumado

3610	Einmischung *f* in	intervention in, interference with
3611	sich in die inneren Angelegenheiten eines Landes einmischen	to intervene in the internal (*or*: domestic) affairs of a country
3612	Nichteinmischung *f* in die inneren Angelegenheiten eines Staates	non-intervention in the internal (*or*: domestic) affairs of a state
3613	Nichteinmischungspolitik *f*	hands-off policy
3614	Einschreiten *n*, Intervention *f*, Eingreifen *n*	intervention
3615	Engagement *n*, Beteiligung *f* (bei einem Konflikt)	engagement, involvement
3616	Unruheherd *m*	trouble spot
3617	Krisenherd *m*, Gefahrenherd *m*	trouble spot, storm-centre
3618	internationale Spannung *f*	international tension
3619	Malaise *f*, Unbehagen *n*	malaise *nt*, uneasiness
3620	eine Krise durchmachen	to pass through a crisis
3621	die internationale Spannung erhöhen, ~ ~ ~ verschärfen	to increase international tension
3622	Entspannung *f*	relaxation (*or*: easening, lessening) of tension, détente *nt*
3623	paktieren, sich einlassen mit ... (*meist pej*)	to make a compact, to enter into a compact (*with the enemy etc.*)
3624	Rückschlag *m*	setback, reverse
3625	(*politisches*) Tauwetter *n*	(political) thaw
3626	Grenzzwischenfall *m*	border (*or*: frontier) incident
3627	Grenzverletzung *f*	frontier violation, border ~
3628	Grenzstreit *m*	boundary dispute
3629	Überfliegen *n* des Gebietes X	flying over the territory of
3630	den Luftraum verletzen	to violate the air space
3631	Luftzwischenfall *m*	aerial incident; air ~, US
3632	Abwurf *m* von Hetzflugblättern durch Flugzeuge	dropping of subversive literature from aircraft, airdropping of subversive handbills
3633	Lokalisierung *f* eines Konfliktes	localization of a conflict
3634	Machtpolitik *f*	power politics

3610	ingérence *f* dans, immixtion *f* dans	ingerencia *f* en, intromisión *f* en ...
3611	s'immiscer (*ou*: s'ingérer, intervenir) dans les affaires intérieures d'un pays	intervenir en los asuntos internos de un país, inmiscuirse ∼ ∼ ∼ ∼ ∼ ∼
3612	non-intervention *f* dans les affaires intérieures d'un Etat, non-ingérence *f* ∼ ∼ ∼ ∼ ∼ ∼	no intervención *f* en los asuntos internos de un Estado
3613	politique *f* de non-ingérence, ∼ ∼ non-intervention	política *f* de no intervención
3614	intervention *f* dans	intervención *f* en
3615	engagement *m*	participación *f*, compromiso *m*
3616	foyer *m* de troubles, ∼ ∼ crise	foco *m* de disturbios, ∼ ∼ crisis
3617	foyer *m* de crise, point *m* chaud	foco *m* de crisis
3618	tension *f* internationale	tirantez *f* internacional
3619	malaise *m*	malestar *m*
3620	traverser une crise	pasar por una crisis, atravesar ∼ ∼
3621	accroître la tension dans les relations internationales	aumentar la tirantez internacional
3622	détente *f*	disminución *f* de la tensión, relajamiento *m* ∼ ∼ ∼; distensión *f* (*neologismo*)
3623	pactiser avec ...	pactar con ...
3624	recul *m*, échec *m*	revés *m*
3625	dégel *m* (*politique*)	deshielo *m* (*político*)
3626	incident *m* de frontière	incidente *m* fronterizo
3627	violation *f* de frontière	violación *f* de la frontera, ∼ fronteriza
3628	litige *m* de frontière, conflit *m* ∼ ∼	litigio *m* de frontera, ∼ fronterizo
3629	survol *m* (*ou*: les survols) du territoire X	vuelo(s) *m(pl)* sobre el territorio **X**
3630	violer l'espace *m* aérien	violar el espacio aéreo
3631	incident *m* aérien	incidente *m* aéreo
3632	lancement *m* de tracts subversifs par avion	lanzamiento *m* de literatura subversiva desde aviones
3633	localisation *f* d'un conflit	localización *f* de un conflicto
3634	politique *f* de force, politique *f* de la force armée	política *f* de la fuerza

3635	Pyrrhussieg *m*	pyrrhic victory
3636	Rivalität *f* zwischen A und B	rivalry between A and B
3637	Ressentiment *n*, *nt*	resentment
3638	wieder aktuell (*od*: akut) werden, wieder von sich reden machen	to be back in the news, to be making headlines again, to be in the news again
3639	Wiederaufleben (einer Sache)	revival of a topic, resurgence ~ ~ ~
3640	Expansionspolitik *f*, expansionistische Politik *f*	policy of expansion, expansionist policy
3641	(einen) Druck ausüben auf	to exert pressure upon
3642	Druckmittel *npl*	means of bringing pressure to bear (up)on
3643	Abwehrpolitik *f* gegen...	policy of defence (*US*: defense) against...
3644	Kampfansage *f* an, Herausforderung *f*	challenge (to s.b.)
3645	Machenschaften *fpl*, Manöver *npl*	machinations
3646	Machenschaften *fpl* vereiteln	to upset manipulations (*or*: machinations *or*: manœuvres)
3647	Salamitaktik *f*	salami tactics
3648	Verzögerungstaktik *f*, Verschleppungstaktik *f*	dilatory policy, delaying tactics
3649	Ablenkungsmanöver *n*	diversion, diversionary move
3650	Verzögerungsmanöver *n*	delaying manœuvre
3651	Reibungen *fpl*	friction, differences
3652	Kraftprobe *f*, *fig*	trial of strength, endurance test
3653	Vergeltungsmaßnahmen *fpl*,	reprisals, retaliatory measures
3654	Gegenblockade *f*	counter-blockade
3655	Blockade *f* in Friedenszeiten, Friedensblockade *f*	pacific blockade, peacetime ~
3656	Retorsion *f*, Vergeltung *f*	retortion, retorsion, reprisal
3657	vergelten *v/t*	to retaliate
3658	schwarze Liste *f*	black list
3659	auf einer schwarzen Liste stehen	to be black-listed
3660	Wirtschaftsblockade *f*	economic blockade
3661	Einkreisung *f*	encirclement
3662	Einkreisungspolitik *f*	policy of encirclement, political encirclement
3663	Weltrevolution *f*	world revolution
3664	Weltherrschaft *f*	world domination, ~ dominion

3635	victoire *f* à la Pyrrhus	victoria *f* pírrics
3636	rivalité *f* entre A et B	rivalidad *f* entre A y B
3637	ressentiments *mpl*	resentimiento *m*
3638	rebondir	volver sobre el tapete
3639	rebondissement *m* (d'une affaire)	reactualización *f* (de un asunto)
3640	politique *f* d'expansion	política *f* de expansión, ∼ expansionista
3641	exercer une pression sur	presionar sobre, hacer presión sobre
3642	moyens *mpl* de coercition, ∼ de pression	medios *mpl* de presión
3643	politique *f* de défense contre...	política *f* de defensa contra...
3644	défi *m* (lancé à...)	desafío *m*
3645	manœuvres *fpl*, machinations *fpl*	manipulaciones *fpl*, maniobras *fpl*
3646	déjouer les manœuvres *fpl*	hacer fracasar maniobras *fpl*
3647	tactique *f* de grignotage	táctica *f* del salchichón, ∼ ∼ salame
3648	politique *f* dilatoire	política *f* dilatoria, táctica *f* ∼
3649	manœuvre *f* de diversion	maniobra *f* de diversión
3650	manœuvre *f* dilatoire	maniobra *f* dilatoria
3651	frictions *fpl*	fricciones *fpl*, roces *mpl*
3652	épreuve *f* de force	prueba de fuerza
3653	représailles *fpl*	represalias *fpl*
3654	contre-blocus *m*	contrabloqueo *m*
3655	blocus *m* pacifique	bloqueo *m* pacífico
3656	rétorsion *f*	retorsión *f*
3657	exercer des représailles	represaliar
3658	liste *f* noire	lista *f* negra
3659	figurer sur une liste noire	figurar sobre una lista negra
3660	blocus *m* économique	bloqueo *m* económico
3661	encerclement *m*	cerco *m*
3662	politique *f* d'encerclement	política *f* de cerco, ∼ de acorralamiento
3663	révolution *f* mondiale	revolución *f* mundial
3664	domination *f* universelle	dominación *f* del mundo, ∼ universal

3665	Schwarzbuch n (zB Algerien)	black book
3666	Gelbbuch n, F	yellow book, F
3667	Graubuch n	grey book; gray ~ US
3668	Orangebuch n	orange book
3669	Weißbuch n, D	white book, D
3670	Blaubuch n, GB	blue book, GB
3671	Grünbuch n, I	green book, I
3672	Rotbuch n, Esp	red book, Esp
3673	Farbbücher npl	rainbow-books, government papers
3674	wirtschaftliche Zusammenarbeit f	economic cooperation
3675	Kräfteverhältnis n	comparative strength of forces
3676	Verlegung f von Unterseekabeln	laying of submarine cables
3677	Entwicklungsländer npl	developing countries
3678	Empfängerstaat m, Empfängerland n (Entwicklungshilfe)	recipient country, ~ state
3679	Geberstaat m (Entwicklungshilfe)	donor country, donor state
3680	Entwicklungshilfepolitik f	development-aid policy
3681	entwicklungsfähig; unterentwickelt (heute weniger gebräuchlich)	developing, underdeveloped
3682	technische Hilfe f	technical assistance
3683	Finanzhilfe f	financial aid
3684	Wirtschaftshilfe f	economic aid, ~ assistance
3685	Kulturaustauch m	cultural exchange
3686	Minderheitenfrage f	minority problem
3687	Minderheit f, Minorität f	minority
3688	Volksgruppe f	ethnic group
3689	Sprachgrenze f	linguistic border
3690	Minderheitenschutz m	protection of minorities
3691	Bevölkerungsaustausch m (von Minderheiten in fremdem Staatsgebiet)	exchange of populations
3692	Umsiedlung f	resettlement, resettling
3693	Bevölkerungsüberführung f (von einem Staat in einen anderen); Aussiedlung f (aus den ehemals deutschen Ostgebieten)	transfer of population(s)

3665	Livre *m* noir	Libro *m* negro
3666	Livre *m* jaune, F	Libro *m* amarillo, F
3667	livre *m* gris	libro *m* gris
3668	livre *m* orange	libro *m* naranja
3669	Livre *m* blanc, D	Libro *m* blanco, D
3670	Livre *m* bleu, GB	Libro *m* azul, GB
3671	Livre *m* vert, I	Libro *m* verde, I
3672	Livre *m* rouge, *Esp*	Libro *m* encarnado, *Esp*, libro rojo
3673	«livres gouvernementaux»	«libros de color»
3674	coopération *f* économique *(ici on ne dirait guère* «collaboration»)	cooperación *f* económica
3675	rapport *m* des forces	relación *f* de fuerzas
3676	pose *f* de câbles sous-marins	colocación *f* de cables submarinos
3677	pays *mpl* en voie de développement	países *mpl* en (vías de) desarrollo
3678	pays *m* bénéficiaire	país *m* beneficiario
3679	pays *m* donateur	país *m* donante
3680	politique *f* d'aide au développement	política *f* de ayuda al desarrollo
3681	sous-développé, en voie de développement	subdesarrollado, en (vías de) desarrollo
3682	assistance *f* technique	asistencia *f* técnica
3683	aide *f* financière	ayuda *f* financiera
3684	aide *f* économique	ayuda *f* económica
3685	échanges *mpl* culturels	intercambios *mpl* culturales
3686	problème *m* des minorités	problema *m* de (las) minorías
3687	minorité *f*	minoría *f*
3688	groupe *m* ethnique, communauté *f* ethnique	grupo *m* étnico
3689	frontière *f* linguistique	frontera *f* lingüística
3690	protection *f* des minorités	protección *f* de minorías
3691	échange *m* de(s) population(s)	canje *m* de poblaciones
3692	réinstallation *f*	reasentamiento *m*
3693	transfert *m* de population *(d'un pays dans un autre)*, expulsion *f*	traslado *m* de habitantes, transferencia *f* ~ ~; expulsión *f*

3694	Aussiedler *mpl*	evacuee, expellee; transferred population(s)
3695	Aussiedlung *f*	expulsion, evacuation, transfer of population
3696	Städtepatenschaft *f*, Patenschaft *f*	sister-city movement
3697	Partnerstadt *f*, Partnerschaftgemeinde *f*	twin-city, partner community
3698	aus gut unterrichteter Quelle verlautet...	it is reported by a well-informed source (*or*: reliable source), according to reliable sources...

3694 populations (personnes) transférées

3695 expulsion *f*; transfert de population par la force

3696 jumelage *m* de villes

3697 ville *f* (commune) jumelée

3698 on apprend de source bien informée..., ~ ~ de bonne source

poblaciones *fpl* desplazadas

desplazamiento *m* de población

creación *f* de ciudades gemelas, gemelación *f* de ciudades *(entre dos países)*, hermanamiento *m* ~ ~

ciudad *f* gemelada, municipio *m* gemelado

se ha sabido de fuentes bien informadas..., ~ ~ ~ de fuente digna de crédito..., ~ ~ ~ de fuente fidedigna)

V. Internationale Verhandlungen und Konferenzen

V. International Negotiations and Conferences

I. Verhandlungen

I. Negotiations

3699	Verhandlungen *fpl* führen	to conduct negotiations
3700	in Verhandlungen eintreten	to enter into negotiations, to start negotiations, to begin ~
3701	sich an den Verhandlungstisch setzen	to sit down at the negotiating table
3702	einen Rückzieher machen	to backtrack, to back down
3703	Gespräche *npl* auf Botschafterebene	ambassador-level talks
3704	auf Ministerebene	at the ministerial level
3705	Wirtschaftverhandlungen *fpl*	trade negotiations
3706	Zollverhandlungen *fpl*	tariff negotiations
3707	Handelsabordnung *f*, Handelsdelegation *f*	trade delegation
3708	Handelsvertragsverhandlungen *fpl*	negotiations for a commercial treaty
3709	Regierungsverhandlungen *fpl*	intergovernmental negotiations
3710	Unterhändler *m* a) *(im Krieg)* b) *(bei dipl. Verhandlungen)*	 a) parlementaire, bearer of a truce flag, truce bearer b) negotiator
3711	Bevollmächtigter *m*	plenipotentiary
3712	jdm. Blankovollmacht *f* geben	to give carte blanche to s.b., ~ ~ blanket powers ~ ~
3713	Richtlinien *fpl*	directives
3714	Delegierung *f* von Befugnissen, Übertragung *f* ~ ~	delegation of powers
3715	Verhandlungsbereitschaft *f*	readiness to negotiate
3716	Verhandlungsgrundlage *f*	basis of negotiations, negotiation basis

V. Négociations et conférences internationales

V. Negociaciones y conferencias internacionales

I. Négociations

I. Negociaciones

3699 mener des négociations *fpl*, négocier

negociar, llevar negociaciones *fpl*, llevar a(l) cabo ∼

3700 engager des négociations *fpl*

entablar negociaciones *fpl*

3701 s'asseoir à la table de négociation

sentarse a la mesa de negociación

3702 marquer un retrait, faire machine arrière

dar marcha atrás

3703 des entretiens au niveau des ambassadeurs

conversaciones *fpl* en el nivel de embajadores

3704 au niveau ministériel, au niveau des ministres

en el nivel de ministros

3705 négociations *fpl* commerciales

negociaciones *fpl* económicas

3706 négociations *fpl* tarifaires

negociaciones *fpl* arancelarias

3707 délégation *f* commerciale

delegación *f* comercial

3708 négociations *fpl* en vue de la conclusion d'un traité de commerce

negociaciones *fpl* con miras a la conclusión de un tratado de comercio

3709 négociations *fpl* intergouvernementales

negociaciones *fpl* intergubernamentales

3710
 a) parlementaire *m*
 b) négociateur *m*

 a) parlamentario *m*
 b) negociador *m*

3711 plénipotentiaire *m*

plenipotenciario *m*

3712 donner carte blanche à qn.

dar carta blanca a alg.

3713 directives *fpl*

directivas *fpl*

3714 délégation *f* de pouvoirs, transfert de compétences

delegación *f* de poderes

3715 volonté *f* de négocier

voluntad *f* de negociar

3716 base *f* de négociation

base *f* de negociaciones

3717	Verhandlungsposition *f*	negotiating position
3718	auf dem Verhandlungswege	by negotiation
3719	Sondierungsgespräche *npl*	exploring talks
3720	vorfühlen bei, Fühler *mpl* ausstrecken bei ...	to put out feelers to
3721	Vorverhandlungen *fpl*	preliminary negotiations, pre-negotiations
3722	Vorbesprechungen *fpl*	preliminary talks
3723	hinter den Kulissen	behind the scenes
3724	Einverständnis *n*	agreement
3725	Zugeständnisse *npl* machen, Konzessionen *fpl* ∼	to make concessions
3726	ein Zugeständnis zurücknehmen	to withdraw a concession
3727	Gegenvorschlag *m*	counter-proposal, alternative proposal
3728	sich einigen über	to reach agreement on; to reach an agreement on
3729	grundsätzliche Einigung *f*	fundamental agreement, basic ∼
3730	Kompromißlösung *f*	compromise settlement
3731	Ersatzlösung *f*	substitute solution, alternative ∼
3732	langwierige Verhandlungen *fpl*	prolonged (*or*: protracted) negotiations
3733	die Verhandlungen abbrechen	to break off (the) negotiations
3734	Abbruch *m* der Verhandlungen	break(ing) off of negotiations
3735	zur weiteren Klärung *f*	for further clarification
3736	die Verhandlungen scheitern	negotiations are breaking down
3737	die Verhandlungen wiederaufnehmen	to resume negotions, to reopen ∼
3738	Wiederaufnahme *f* der Verhandlungen	resumption of negotiations
3739	die Verhandlungen beschleunigen	to speed up negotiations
3740	die Verhandlungen machen Fortschritte	negotiations are progressing
3741	Junktim *n*	linking (of conditions etc.), package deal

3717	position *f* de négociation	posición *f* negociadora
3718	par la voie de négociations	mediante negociaciones, por medio de ~
3719	conversations exploratoires *fpl*	conversaciones *fpl* de sondeo, ~ exploratorias
3720	entreprendre (*ou*: effectuer) des sondages auprès de...	hacer sondeos acerca de...
3721	négociations *fpl* préliminaires	negociaciones *fpl* preliminares
3722	conversations *f* préliminaires	conversaciones *fpl* preliminares
3723	dans les coulisses	entre bastidores
3724	accord *m*, consentement *m*	acuerdo *m*, consentimiento *m*
3725	faire des concessions *fpl*	hacer concesiones *fpl*
3726	retirer une concession	retirar una concesión
3727	contre-proposition *f*	contrapropuesta *f*
3728	se mettre d'accord sur, tomber d'accord sur, aboutir à un accord	ponerse de acuerdo sobre, llegar a un acuerdo sobre
3729	accord de principe sur...	acuerdo *m* en lo fundamental
3730	solution *f* de compromis	solución *f* de compromiso
3731	solution *f* de rechange	solución *f* de recambio
3732	des négociations *fpl* laborieuses	negociaciones *fpl* laboriosas
3733	rompre les négociations	romper las negociaciones
3734	rupture *f* des négociations	ruptura *f* de las negociaciones
3735	pour supplément (*ou*: complément) d'information	para un mejor esclarecimiento
3736	les négociations échouent	las negociaciones están fracasando
3737	reprendre les négociations	reanudar las negociaciones
3738	reprise *f* des négociations	reanudación *f* de negociaciones
3739	activer (*ou*: accélérer, avancer, presser) les négociations	acelerar las negociaciones
3740	les négociations *fpl* marquent un progrès, ~ ~ font des progrès	las negociaciones están progresando
3741	jumelage (de deux ou plusieurs conditions etc.)	junctim *m*

3742	Fühlung aufnehmen mit, in Fühlung treten mit, Kontakt aufnehmen mit	to enter into contact with
3743	Fühlungnahme *f*	entering into contact, contact
3744	Besprechung *f*, Unterredung *f*	talks
3745	vertrauliche Gespräche *npl*	confidential talks
3746	Gespräch *n* unter vier Augen	face-to-face talk, private talk
3747	Dreiergespräche *npl*	tripartite talks
3748	Geheimgespräche *npl*	secret conversations
3749	Viermächtegespräche *npl*	four-power talks
3750	der Verlauf der Gespräche	course of negotiations
3751	zwanglose Gespräche *npl*	informal talks
3752	die Gespräche verliefen herzlich, ~ ~ ~ in einer herzlichen Atmosphäre	the talks took place in a friendly (*or*: cordial) atmosphere
3753	Gesprächsrunde *f*	round of talks
3754	sich besprechen mit, eine Besprechung abhalten mit, konferieren mit	to confer with s.b., to consult s.b.
3755	Gespräche *npl* hinter den Kulissen, Korridorgespräche *npl*	talks behind the scenes, behind-the-scene talks
3756	Tour *f* d'horizon *nt*; allgemeiner Überblick *m*, Bestandsaufnahme *f*	general survey
3757	Gesprächspartner *m*	interlocutor, partner (in a negotiation), party (to ~ ~)

2. Konferenzen

2. Conferences

3758	Ministerkonferenz *f*	ministerial conference
3759	Dreimächtekonferenz *f*	three-power conference, tripartite ~
3760	Dreimächteerklärung *f*	Three-Power Declaration
3761	Viermächtekonferenz *f*	four-power conference, quadripratite ~
3762	Viermächteerklärung *f*	Four-Power Declaration
3763	Außenministerkonferenz *f*	conference of ministers of foreign affairs, ~ of foreign ministers

3742	prendre contact avec, entrer en contact avec	entrar en contacto con

3743	prise *f* de contact; contacts *mpl*	toma *f* de contacto; contacto *m*
3744	entrevue *f*; pourparlers *mpl*, entretiens *mpl*	entrevista *f*
3745	conversations *fpl* confidentielles	conversaciones *fpl* confidenciales
3746	tête-à-tête *m*, entretien *m* en ~	conversación *f* a solas
3747	conversations tripartites	conversaciones *fpl* tripartitas
3748	entretiens *mpl* secrets, conversations secrètes	conversaciones *fpl* secretas
3749	conversations quadripartites	conversaciones *fpl* cuadripartitas
3750	le déroulement des conversations	el desarrollo de las conversaciones
3751	conversations *fpl* non officielles	conversaciones *fpl* no oficiales
3752	les conversations se sont déroulées dans une atmosphère cordiale	las conversaciones se desarrollaron en una atmósfera (*o*: un ambiente) cordial, ~ ~ se celebraron en un clima de cordialidad

3753	série *f* de conversations	serie *f* de conversaciones
3754	avoir des entretiens avec	conferenciar con, entrevistarse con, celebrar una entrevista con

3755	conversations *fpl* de couloir	«conversaciones *fpl* de pasillo»
3756	tour *m* d'horizon	examen *m* de conjunto; *o perífrasis verbal*: pasar revista a los problemas
3757	interlocuteur *m*	interlocutor *m*; parte dialogante

2. Conférences

2. Conferencias

3758	conférence ministérielle	conferencia *f* de ministros
3759	conférence *f* tripartite	conferencia *f* tripartita
3760	déclaration *f* tripartite	declaración *f* tripartita
3761	conférence *f* quadripartite	conferencia *f* cuadripartita

3762	déclaration *f* quadripartite	declaración *f* cuadripartita
3763	conférence *f* des Ministres des Affaires étrangrères	conferencia *f* de Ministros de Asuntos Exteriores

3764	auf Außenministerebene *f*	at foreign ministers' level
3765	Konferenz *f* auf höchster Ebene	top-level conference; high-level ~
3766	Gipfelkonferenz *f*	summit conference
3767	Regierungskonferenz *f*	intergovernmental conference
3768	Weltkonferenz *f*	world conference
3769	Regionalkonferenz *f*	regional conference
3770	Agrarkonferenz *f*, Landwirtschaftskonferenz *f*	conference on agriculture, agricultural conference
3771	Währungskonferenz *f*	monetary conference
3772	Verwaltungskonferenz *f*	administrative conference
3773	Atomkonferenz *f*	atomic conference
3774	Vorkonferenz *f*	preliminary conference
3775	Konferenz *f* am runden Tisch, Round-Table-Konferenz *f*	round-table conference
3776	am runden Tisch diskutieren	to have a round-table discussion, to discuss at a round table
3777	Tagung *f*	meeting, conference, congress
3778	eine Tagung abhalten	to hold a conference
3779	Tagungsteilnehmer *m*	conference participant, congress ~
3780	Versammlung *f*	assembly
3781	Vollversammlung *f*	plenary assembly
3782	die Versammlung besteht aus...	the assembly is composed of..., the assembly comprises...
3783	Jahresversammlung *f*	annual assembly, ~ meeting
3784	Treffen *n*, Zusammenkunft *f*	meeting
3785	Sitzungsperiode *f*	session
3786	Sitzungsvorstand *m*	the Officers (at a meeting)
3787	ordentliche Sitzungsperiode *f*	ordinary session
3788	außerordentliche Sitzungsperiode *f*	extraordinary session
3789	in regelmäßigen Zeitabständen zusammentreten	to meet at regular intervals, ~ ~ periodically
3790	automatisch zusammentreten	to meet automatically
3791	zwischen den Sitzungsperioden	between sessions
3792	Sitzung *f* (= *einzelne Sitzung*)	sitting, meeting; session, *US*
3793	Arbeitssitzung *f*	working session, ~ meeting

3764	à l'échelon de Ministres des Affaires étrangères	en el nivel de los Ministros de Asuntos Exteriores
3765	conférence *f* à l'échelon le plus élevé	conferencia *f* de alto nivel
3766	conférence *f* au sommet	conferencia *f* en la cumbre, ~ de ~ ~
3767	conférence *f* intergouvernementale	conferencia *f* intergubernamental
3768	conférence *f* mondiale	conferencia *f* mundial
3769	conférence *f* régionale	conferencia *f* regional
3770	conférence *f* agricole	conferencia *f* agrícola, ~ agraria
3771	conférence *f* monétaire	conferencia *f* monetaria
3722	conférence *f* administrative	conferencia *f* administrativa
3773	conférence *f* atomique	conferencia *f* atómica
3774	conférence *f* préliminaire	conferencia *f* preliminar
3775	table *f* ronde	(conferencia *f* de) mesa *f* redonda
3776	discuter autour d'une table ronde	discutir en mesa redonda
3777	réunion *f*; session *f*	reunión *f*, jornada *f*
3778	tenir une réunion	celebrar una conferencia (*o*: jornada)
3779	participant *m* à la conférence, congressiste *m*	jornadista *m*
3780	assemblée *f*	asamblea *f*
3781	assemblée *f* plénière	asamblea *f* plenaria
3782	l'assemblée est formée de..., ~ ~ composée de..., ~ comprend ...	la asamblea se compone de..., la asamblea comprende..., ~ ~ está integrada por
3783	assemblée *f* annuelle	asamblea *f* anual
3784	rencontre *f*	encuentro *m*
3785	session *f*	período *m* de sesiones
3786	bureau *m* de séance	Mesa *f* (de una reunión)
3787	session *f* ordinaire	sesión *f* ordinaria
3788	session *f* extraordinaire	sesión *f* extraordinaria
3789	se réunir à intervalles réguliers, se réunir périodiquement	reunirse periódicamente
3790	se réunir de plein droit	reunirse de pleno derecho
3791	pendant l'intersession, entre les sessions	durante el intervalo que media entre dos sesiones
3792	séance *f*, réunion *f*	sesión *f*, reunión *f*
3793	séance *f* de travail	sesión *f* de trabajo

3794	Vollsitzung *f*, Plenarsitzung *f*, Plenum *n*	plenary sitting, ~ meeting
3795	Ausschußsitzungen *fpl*	committee meetings
3796	die Vollsitzungen wiederaufnehmen	to resume plenary sittings
3797	Geheimsitzung *f*	secret session, private meeting, close door meeting, meeting in camera (lawcourts); executive session *US*
3798	Dringlichkeitssitzung *f*	emergency session *US*; emergency meeting *GB*
3799	Nachtsitzung *f*	night meeting
3800	formlose Sitzung *f*, zwanglose ~, informelle ~	informal meeting
3801	formelle Sitzung *f*	formal meeting
3802	unter Ausschluß der Öffentlichkeit	in secret session, in closed ~; in executive ~ *US*, ~ in camera
3803	die Konferenz, die diese Probleme behandeln soll	the conference called to deal with these problems
3804	die Konferenz findet statt (*od*: wird abgehalten, tritt zusammen, tagt)	the conference takes place (*or*: meets, is held)
3805	an einer Konferenz teilnehmen	to attend a conference
3806	ein Mitspracherecht haben	to have a say in . . ., to be entitled to express one's opinions
3807	Konferenzteilnehmer *mpl*	participants, conference members; conferees
3808	unter den Auspizien von . . .; ~ der Schirmherrschaft von ~ unter dem Ehrenschutz von Ö (*Kongresse, Wohltätigkeitsveranstaltungen*)	under the auspices of . . . ~ ~ patronage of . . .
3809	Gastland *n*	host country
3810	Delegation *f*, Abordnung *f*	delegation
3811	an der Spitze der Delegation	at the head of the delegation
3812	Delegationschef *m*, Chefdelegierter *m*	head of (the) delegation
3813	ständiger Delegierter *m*	permanent delegate
3814	Delegierter *m*	delegate

3794	séance *f* plénière, réunion *f* ~; assemblée *f* ~	reunión *f* plenaria, pleno *m*
3795	séances *fpl* des commissions	sesiones *fpl* de las comisiones
3796	reprendre les séances plénières	reanudar las sesiones plenarias
3797	séance *f* secrète, séance *f* à huis clos, réunion *f* secrète	reunión *f* secreta, sesión *f* ~, ~ a puerta cerrada
3798	réunion *f* d'urgence	reunión *f* de urgencia
3799	séance *f* de nuit	reunión *f* de noche, sesión *f* ~ ~
3800	réunion *f* non officielle	reunión *f* no oficial
3801	séance *f* officielle	reunión *f* oficial
3802	à huis clos	a puerta cerrada
3803	la conférence appelée à traiter ces problèmes	la conferencia llamada a tratar estos problemas
3804	la conférence a lieu (*ou*: se tient, siège, se réunit); ~ ~ tient ses assises	la conferencia tiene lugar (*o*: se celebra, se reúne)
3805	participer à une conférence, prendre part ~ ~ ~	participar en una conferencia
3806	avoir voix au chapitre	tener voz en (una reunión), tener derecho a ser oído (*o*: consultado)
3807	participants *mpl* à la conférence	participantes *mpl* en la conferencia
3808	sous les auspices de . . ., sous l'égide de . . .	bajo los auspicios de . . . ~, el patrocinio de . . .
3809	pays *m* d'accueil ~ donnant l'hospitalité	país *m* que acoge (la conferencia-etc), ~ donde tiene lugar (la conferencia), país sede *m* país-huésped, país-anfitrión
3810	délégation *f*	delegación *f*
3811	à la tête de la délégation	al frente de la delegación
3812	chef *m* de (la) délégation	jefe *m* de (la) delegación, delegado *m* jefe
3813	délégué *m* permanent	delegado *m* permanente
3814	délégué *m*	delegado *m*

3815	Wirtschaftsdelegation *f*	economic delegation
3816	sich durch einen Kollegen vertreten lassen	to arrange for a substitute
3817	Ernennung *f* von Stellvertretern	appointment of deputies
3818	Vertreter *m (eines Delegierten)*	substitute *(of a delegate)*
3819	Regierungsvertreter *m*	governmental delegate,
3820	Gewerkschaftsvertreter *m*	labor-union representative (trade) union delegate, (~) ~ representative
3821	Berichterstatter *m*	rapporteur *nt*; secretary; reporter
3822	Sachverständiger *m*, Experte *m*	expert
3823	Fachberater *m*; technischer Berater *m*	technical adviser
3824	persönlicher Berater *m*	personal adviser
3825	Gutachter *m*	expert
3826	ausscheidende Mitglieder *npl*	retiring members, outgoing ~
3827	die Vorbereitungsarbeiten durchführen	to carry out the preparatory work
3828	Räume *mpl (einer Konferenz)*	premises, conference rooms
3829	Sitzungssaal *m*	conference hall
3830	Plenarsaal *m*	assembly hall, plenary ~
3831	Ausschußzimmer *n*, Ausschußraum *m*	committee room
3832	Konferenztisch *m*	conference table
3833	Anordnung *f* im Halbkreis	arrangement in the form of a semicircle
3834	Anordnung *f* in Hufeisenform	U-arrangement, disposition in the form of a horseshoe, horseshoe seating arrangement
3835	Wandelhalle *f*	lobby
3836	Sitzgelegenheit *f* für 500 Personen	seating accommodation for 500 persons
3837	Podium *n*	platform, dais
3838	Vorführsaal *m (für Dias, Filme)*	projection room
3839	Tribüne *f*	galleries
3840	Publikumstribüne *f*	public gallery
3841	Pressegalerie *f*, Pressetribüne *f*	press gallery

3815	délégation *f* économique	delegación *f* económica
3816	se faire suppléer (*ou*: remplacer) par un collègue	ser sustituido por un colega
3817	désignation *f* de suppléants	designación *f* de sustitutos (*o*: suplentes)
3818	suppléant *m*, substitut *m* (*d'un délégué*)	sustituto *m* (*de un delegado*)
3819	délégué *m* gouvernemental	delegado *m* gubernamental
3820	délégué *m* syndical	delegado *m* sindical
3821	rapporteur *m*	ponente *m*; relator *m*, *Am*
3822	expert *m*	perito *m*, experto *m*
3823	conseiller *m* technique	consejero *m* técnico, asesor *m* ~
3824	conseiller *m* personnel	consejero *m* personal
3825	expert *m*, auteur *m* d'un rapport (d'expert)	perito *m*, experto *m*
3826	membres *mpl* sortants	miembros *mpl* salientes
3827	effectuer les travaux préparatoires	llevar a cabo los trabajos preparatorios
3828	locaux *mpl* (*d'une conférence*)	locales *mpl* (*de una conferencia*)
3829	salle *f* des séances	sala *f* de sesiones, ~ ~ reuniones
3830	salle *f* des séances plénières,	salón *m* de plenos
3831	salle *f* de commissions	sala *f* de comisiones
3832	table *f* de conférence(s)	mesa *f* de conferencias
3833	disposition *f* en hémicycle	disposición *f* en hemiciclo
3834	disposition *f* en fer à cheval	disposición *f* en forma de herradura
3835	salle *f* des pas perdus	galería *f*; vestíbulo *m*
3836	places *fpl* assises pour 500 personnes	asientos *mpl* para 500 personas
3837	estrade *f*	estrado *m*
3838	salle *f* de projection	sala *f* de proyecciones
3839	tribune(s) *f* (*pl*)	tribuna *f*
3840	tribune *f* du public	tribuna *f* pública
3841	tribune *f* de la presse	tribuna *f* de prensa

3842	eine Tagung einberufen	to call (*or*: to convoke, to summon, to convene) a conference
3843	Einberufung *f* (einer Tagung)	convocation, summoning, convening, calling (of a conference) (*better to use verb*)
3844	Einberufungsschreiben *n*	letter of convocation
3845	auf Einladung von ...	at the invitation of ...
3846	Einladungen ergehen lassen an, ~ verschicken an	to issue invitations to s.b., to extend ~ ~ ~
3847	eine Einladung aussprechen	to extend an invitation to ..., to issue ~ ~ ~
3848	eine Sitzung anberaumen (für den...), eine Sitzung festsetzen auf den...	to schedule a meeting for the ...
3849	Tagesordnung *f*; Traktandenliste *f*, CH	agenda
3850	Tagesordnungsentwurf *m*	draft agenda
3851	vorläufige Tagesordnung *f*; ~ Traktandenliste *f*, CH	provisional agenda
3852	die Tagesordnung aufstellen	to fix (*or*: to draw up) the agenda
3853	Aufstellung *f* der Tagesordnung	drawing up of the agenda
3854	endgültige Tagesordnung *f*; ~ Traktandenliste *f*, CH	approved agenda
3855	Annahme *f* der Tagesordnung	adoption of the agenda
3856	die Tagesordnung annehmen, ~ ~ genehmigen	to adopt the agenda
3857	eine Frage auf die Tagesordnung setzen	to place an item on the agenda, to include ~ ~ in ~ ~
3858	Aufnahme *f* in die Tagesordnung	inclusion in the agenda
3859	eine Frage von der Tagesordnung steichen (*od*: absetzen)	to withdraw (*or*: to remove) an item from the agenda
3860	die Tagesordnung überladen	to overload the agenda
3861	überladene Tagesordnung *f*	heavy agenda
3862	zur Tagesordnung schreiten	to proceed to the agenda
3863	die Tagesordnung erschöpfen	to exhaust the agenda, to cover all matters on ~ ~
3864	auf der Tagesordnung steht ...	the agenda calls for (*e. g.* discussion of ...)

3842	convoquer une conférence, réunir ~ ~	convocar una conferencia
3843	convocation *f* (d'une conférence)	convocación *f* (de una conferencia)
3844	convocation *f*, lettre *f* de convocation	convocatoria *f*
3845	sur invitation de . . .	a invitatción de . . .
3846	adresser des invitations à, envoyer ~ ~ ~	cursar invitaciones a
3847	formuler une invitation	formular una invitación
3848	fixer une séance au . . ., convoquer ~ ~ pour le	fijar una reunión para el día . . ., convocar ~ ~ ~ ~ ~
3849	ordre *m* du jour	orden *m* del día, temario *m*
3850	projet *m* d'ordre du jour	proyecto *m* de orden del día
3851	ordre *m* du jour provisioire	orden *m* del día provisional
3852	établir (*ou*: fixer, élaborer) l'ordre du jour	fijar el orden del día
3853	établissement *m* de l'ordre du jour	fijación *f* del orden del día
3854	ordre *m* du jour définitif	orden *m* del día definitivo
3855	adoption *f* de l'ordre du jour	adopción *f* del orden del día
3856	adopter l'ordre du jour	adoptar el orden del día
3857	inscrire (*ou*: mettre) une question à l'ordre du jour	poner (*o*: inscribir, insertar) una cuestión en el orden del día
3858	inscription *f* à l'ordre du jour	inserción *f* (*o*: inclusión) en el orden del día
3859	rayer (*ou*: retirer) une question de l'ordre du jour	retirar una cuestión del orden del día
3860	surcharger l'ordre du jour	sobrecargar el orden del día
3861	ordre *m* du jour chargé	orden *m* del día muy cargado
3862	passer à l'ordre du jour	pasar al orden del día
3863	épuiser l'ordre du jour	agotar el orden del día
3864	à l'ordre du jour figure . . ., l'ordre du jour appelle . . .	figura (*o*: está) en el orden del día . . .

3865	ein Punkt auf der Tagesordnung	an item on the agenda...
3866	Punkt 1 der Tagesordnung	the first item on the agenda
3867	auf der Tagesordnung stehen	to appear on the agenda
3868	wir kommen zu Punkt 7 der Tagesordnung	the agenda calls for the discussion of item seven, we have now come to item seven on the agenda
3869	„Verschiedenes" *(Tagesordnung)*	"any other business" (A.O.B.)
3870	Unerledigtes *n*	unfinished business
3871	Konferenzprogramm *n*	conference program, US; ∼ programme, GB
3872	Zeitplan *m*	timetable, schedule
3873	Vorsitz *m*	presidency, chairmanship
3874	Vorsitzender *m*	chairman
3875	Moderator *m*	moderator
3876	unter dem Vorsitz von Herrn X	with Mr X in the chair, under the chairmanship of Mr X
3877	den Vorsitz übernehmen	to take the chair
3878	Präsidium *n (einer Versammlung)* *(man vermeide den neuerdings üblichen Ausdruck „Büro" im Deutschen)*	officers *(of an assembly)*; Bureau *(UNO and other international organizations)*
3879	erweitertes Präsidium	increase in the number of officers; increased membership of the committee, enlarged bureau
3880	den Vorsitz über eine Versammlung führen	to act as chairman, to preside over an assembly, to be in the chair, to take the chair, to chair US, *fam*
3881	die Vizepräsidenten werden aus der Zahl der Delegierten gewählt	the vice-presidents are chosen from among the delegates
3882	der Präsident wird durch einen der Vizepräsidenten vertreten	one of the vice-presidents deputizes for the president
3883	stellvertretender Vorsitzender *m*	deputy chairman
3884	turnusmäßig wechselnder Vorsitz *m*	rotating chairmanship
3885	Alterspräsident *m*	the oldest representative (present) who discharges the duties of president, chairman by seniority
3886	Prüfung *f* der Vollmachten	verification of credentials

3865	un point figurant à l'ordre du jour	una cuestión que figura en el orden del día
3866	le premier point qui figure à l'ordre du jour	la primera cuestión que figura en le orden del día
3867	figurer à l'ordre du jour	figurar en el orden del día
3868	l'ordre du jour appelle la discussion du point 7, passons à ~ ~ ~ ~ ~	llegamos al punto 7 del orden del día
3869	«questions diverses»	«cuestiones diversas», «varios»
3870	questions *fpl* en suspens, ~ non réglées	asuntos *mpl* pendientes, ~ no despachados
3871	programme *m* de la conférence	programa *m* de la conferencia
3872	horaire *m*, calendrier *m*	horario *m*
3873	présidence *f*	presidencia *f*
3874	président *m*	presidente *m*
3875	modérateur *m*	moderador *m*
3876	sous la présidence de Monsieur X	bajo la presidencia del Sr. X
3877	prendre la présidence, assumer la ~	tomar posesión de la presidencia
3878	Bureau *m* (*d'une assemblée*)	Mesa *f* (*de una asamblea*)
3879	bureau *m* élargi	mesa *f* ampliada
3880	assurer la présidence d'une assemblée, présider une ~	ser presidente de una asamblea, ocupar la presidencia de ~ ~
3881	les vice-présidents sont choisis parmi les délégués	los vicepresidentes son elegidos entre los delegados
3882	le président est remplacé par un des vice-présidents	uno de los vicepresidentes sustituye al presidente
3883	vice-président *m*	vicepresidente *m*
3884	présidence *f* par roulement	presidencia *f* por turno
3885	doyen *m* d'âge	representante *m* de más edad (*que ocupa la presidencia*), presidente *m* por edad
3886	vérification *f* des pouvoirs	verificación *f* de poderes

3887	die Vollmachten *fpl* eines Delegierten prüfen	to examine (*or*: to verify) the credentials of a delegate
3888	die Gültigkeit der Ernennung anfechten	to contest (*or*: to dispute) the validity of the appointment
3889	ein ordnungsgemäß ernannter Delegierter *m*	a duly (regularly) appointed delegate
3890	Ordnungsmäßigkeit *f* der Ernennungen	regularity of nominations
3891	ich eröffne (hiermit) die Sitzung	the meeting is opened, ~ ~ is called to order
3892	eine Sitzung eröffnen	to open a meeting
3893	Eröffnung *f* einer Sitzung	opening of a meeting
3894	Begrüßungsansprache *f*	welcome address, address of welcome
3895	Begrüßung *f*	welcome, words of welcome, greeting
3896	Eröffnungsansprache *f*, Eröffnungsrede *f*	opening speech, inaugural address
3897	Eröffnungsfeier(lichkeit) *f*	opening ceremony
3898	Eröffnungssitzung *f*	opening sitting
3899	jdn. willkommen heißen, jdn. begrüßen	to extend a welcome to s.b., to welcome s.b.
3900	Einführungsworte *npl*	opening remarks, introductory ~
3901	Ankündigungen *fpl* des Sekretariats	announcements of the Secretariat
3902	eine Sitzung unterbrechen	to interrupt a meeting
3903	Sitzungsunterbrechung *f*	interruption of a meeting
3904	eine Konferenz verschieben (*od*: vertagen)	to postpone (*or*: to adjourn) a conference
3905	Vertagung *f (einer Konferenz)*	adjournment, postponement
3906	Antrag auf Vertagung der Aussprache stellen	to present a motion for adjournment of the debate
3907	Zeit und Ort der nächsten Sitzung festlegen	to fix the date and place of the next meeting
3908	(zeitliche) Überschneidung *f* mit anderen Tagungen	overlapping with other meetings
3909	Schlußansprache *f*	closing address, ~ speech
3910	Schlußsitzung *f*	final sitting, ~ meeting
3911	unter Ausschluß der Öffentlichkeit tagen	to sit (*or*: to meet) in camera

3887	vérifier les pouvoirs d'un délégué	comprobar los poderes de un delegado
3888	contester la validité de la nomination	impugnar (*o*: contestar) la validez del nombramiento
3889	un délégué régulièrement désigné	un delegado nombrado en debida forma
3890	régularité *f* des nominations	normalidad *f* de los nombramientos
3891	je déclare la séance ouverte, la séance est ouverte	declaro abierta la sesión, se abre la sesión
3892	ouvrir une séance	abrir una sesión
3893	ouverture *f* d'une séance	apertura *f* de una sesión
3894	discours *m* de bienvenue	discurso *m* de bienvenida
3895	paroles *fpl* de bienvenue	palabras *fpl* de bienvenida
3896	discours *m* inaugural, ∼ d'ouverture	discurso *m* de apertura, ∼ inaugural
3897	cérémonie *f* inaugurale, ∼ d'inauguration, inauguration *f* solennelle	ceremonia *f* de apertura, ∼ ∼ inauguración, ∼ inaugural, acto *m* de apertura, ∼ inaugural
3898	séance *f* d'ouverture, ∼ inaugurale	sesión *f* inaugural
3899	souhaiter la bienvenue à qn.	dar la bienvenida a alg.
3900	paroles *fpl* d'introduction	palabras *fpl* de introducción
3901	communications *fpl* du Secrétariat	comunicaciones *fpl* de la Secretaría
3902	suspendre une séance	suspender una sesión
3903	suspension *f* de séance	suspensión *f* de una sesión
3904	renvoyer une conférence (à une date ultérieure); ajourner ∼ ∼	aplazar una conferencia
3905	ajournement *m*, renvoi *m*	aplazamiento *m*
3906	demander l'ajournement du débat	pedir el aplazamiento del debate
3907	fixer (*ou*: arrêter) la date et le lieu de la prochaine réunion	fijar la fecha y el lugar de la próxima reunión
3908	le(s) chevauchement(s) avec d'autres réunions	simultaneidad *f* con otras reuniones, coincidencia *f* ∼ ∼ ∼
3909	discours *m* de clôture	discurso *m* de clausura
3910	séance *f* de clôture	sesión *f* de clausura
3911	délibérer, (*ou*: se réunir) à huis clos	reunirse a puerta cerrada

3912	Schlußrede *f*	closing speech
3913	Schließung *f* einer Sitzung	closing of a sitting
3914	die Sitzung ist geschlossen	the meeting is closed
3915	die Sitzung ist auf... verschoben	the meeting is adjourned until..., the meeting stands adjourned until...
3916	eine Sitzung schließen	to close a sitting (*or*: meeting)
3917	Marathonsitzung *f*	marathon session
3918	Ausgang *m* einer Konferenz	outcome of a conference
3919	Pressekonferenz *f*	press conference, news ~
3920	eine Pressekonferenz abhalten	to hold a press conference
3921	Interview *n*	interview
3922	Fernsehinterview *n*	television interview
3923	ein Interview geben	to give an interview
3924	Ausschuß *m*; Kommission *f*; Komitee *n*	committee, commission
3925	federführender Ausschuß *m*	committee responsible for centralized control
3926	Mitglieder *npl* des Ausschusses	members of the committee
3927	Unterausschuß *m*	subcommittee
3928	Nebenausschuß *m*	subsidiary committee
3929	Arbeitsgruppe *f*	working party; study group
3930	einen Ausschuß bilden, ~ ~ einsetzen	to appoint (*or*: to constitute, to set up, to establish) a committee
3931	die Versammlung teilt sich in Ausschüsse auf	the assembly goes into committee(s)
3932	jeder Ausschuß wählt einen Vorsitzenden und bestimmt einen Berichterstatter	each committee shall elect a chairman and appoint a reporter
3933	Ausschußvorsitzender *m*, Vorsitzender *m* eines Ausschusses	chairman of a committee
3934	Zusammensetzung *f* eines Ausschusses	composition of a committee
3935	Ausschußarbeit *f*	committee work
3936	federführend ist...	responsible for coordination (*or*: centralization of work) is...

3912	discours *m* de clôture	discurso *m* de clausura
3913	clôture *f* d'une séance	clausura *f* de una sesión
3914	la séance est levée	se declara cerrada la sesión, se clausura la ∼
3915	la séance est remise à ...	la reunión queda aplazada al ...
3916	clore (*ou*: lever) une séance	cerrar (*o*: clausurar) una sesión
3917	«scéance-marathon» *f*	sesión *f* maratoniana, reunión *f* interminable
3918	issue *f* d'une conférence	resultado *m* de una conferencia
3919	conférence *f* de presse	conferencia *f* de prensa, rueda de ∼
3920	donner une conférence de presse, tenir ∼ ∼ ∼ ∼	celebrar una conferencia de prensa
3921	interview *f*	entrevista *f*
3922	interview *f* télévisée	entrevista *f* televisada
3923	donner une interview	dar una entrevista
3924	commission *f*; comité *m*	comisión *f*; comité *m*
3925	commission *f* compétente au fond	comité encargado del asunto
3926	membres *mpl* de la commission	miembros *mpl* de la comisión, componentes *mpl* de la ∼
3927	sous-commission *f*	subcomisión *f*
3928	comité *m* subsidiaire	comité *m* subsidiario
3929	groupe *m* de travail	equipo *m* de trabajo, grupo *m* ∼ ∼
3930	constituer (*ou*: instituer) une commission	constituir una comisión
3931	l'assemblée *f* se subdivise (*ou*: se constitue) en commissions	la asamblea se divide en comisiones
3932	chaque commission élit un président et désigne un rapporteur	cada comisión elige un presidente y nombra un ponente
3933	président *m* d'une commission (*ou*: de la ∼)	presidente *m* de (una) comisión
3934	composition *f* d'une commission	composición *f* de una comisión
3935	travail *m* en commission	trabajo *m* en comisión, ∼ de ∼
3936	la coordination est assurée par ...	la coordinación incumbe a ...

3937	Ausschußberatung *f*	committee discussion, deliberations of a committee
3938	eine Frage an einen Ausschuß verweisen	to refer a question to a committee, to remit ~ ~ ~ ~ ~
3939	Verweisung *f* an den Ausschuß	reference to the committee, referral ~ ~ ~, US
3940	Verweisung einer Frage an einen Ausschuß beantragen	to request that a question be referred to a committee
3941	vorbereitender Ausschuß *m*, Vorbereitungsausschuß *m*	preparatory committee
3942	Allgemeiner Ausschuß *m*	general committee
3943	Lenkungsausschuß *m*	steering committee
3944	Gesamtausschuß *m*	whole committee
3945	Hauptausschuß *m*	main committee
3946	ständiger Ausschuß *m*	standing committee; permanent ~
3947	Ad-hoc-Ausschuß *m*	ad hoc committee
3948	Interimsausschuß *m*	interim committee
3949	beratender Ausschuß *m*; *oft*: Beirat *m*	consultative (*or*: advisory) committee
3950	paritätischer Ausschuß *m*, paritätische Kommission *f*	joint committee; committee with proportional membership
3951	gemischter Ausschuß *m*	joint committee; mixed commission (*commercial treaties*)
3952	engerer Ausschuß *m*	restricted committee
3953	erweiterter Ausschuß *m*	enlarged committee
3954	intersessionaler Ausschuß *m*	intersessional committee
3955	Dreierausschuß *m*	committee of three
3956	Viererausschuß *m*	committee of four
3957	Sonderausschuß *m*	special committee
3958	Fachausschuß *m*	technical committee
3959	Ernennungsausschuß *m*, Nominierungsausschuß *m*	nomination(s) committee
3960	Ausschuß *m* der Delegationschefs	committee of heads of delegations
3961	Koordinierungsausschuß *m*	coordination committee; coordinating ~
3962	Verbindungsausschuß *m*	liaison committee
3963	Überwachungsausschuß *m*	supervisory committee
3964	Organisationsausschuß *m*, Veranstaltungsausschuß *m*	organizing committee

3937	délibérations *fpl* en commission	discusión *f* en comisión
3938	renvoyer une question à une commission	remitir un problema a una comisión
3939	renvoi *m* en commission	remisión *f* a la comisión
3940	demander le renvoi d'une question à une commission	pedir la remisión de una cuestión a una comisión
3941	commission *f* préparatoire	comisión *f* preparatoria
3942	commission *f* des Affaires générales	comisión *f* de Asuntos generales
3943	comité *m* de direction, ~ directeur	comisión *f* de dirección, comité *m* ~ ~
3944	assemblée *f* siégeant en comité	asamblea *f* constituida en comité
3945	comité *m* principal	comité *m* principal
3946	comité *m* permanent	comité *m* permanente
3947	comité *m* ad hoc	comisión *f* ad hoc
3948	commission *f* intérimaire	comisión *f* interina
3949	commission *f* consultative	comisión *f* consultiva
3950	commission *f* paritaire	comisión *f* paritaria
3951	commission *f* mixte	comisión *f* mixta
3952	comité *m* restreint	comisión *f* restringida
3953	commission *f* élargie	comisión *f* aumentada
3954	comité *m* intersessionnel	comité *m* intersesional
3955	comité *m* des trois	comité *m* de los tres
3956	comité *m* des quatre	comité *m* de los cuatro
3957	comité *m* spécial; commission *f* spéciale	comité *m* especial; comisión *f* ~
3958	commission *f* spéciale, ~ technique	comisión *f* técnica
3959	comité *m* des désignations	comité *m* de nombramientos, comisión *f* ~ ~
3960	comité *m* des chefs de délégations	comité *m* de jefes de delegación
3961	comité *m* de coordination	comité *m* de coordinación, comisión *f* coordinadora
3962	comité *m* de liaison	comité *m* de enlace
3963	comité *m* de surveillance	comité *m* de supervisión
3964	comité *m* d'organisation	comité *m* organizador, ~ de organización

3965	Kontrollausschuß *m*	committee of control, control commission, supervisory ~
3966	Untersuchungsausschuß *m*	fact-finding committee, committee of inquiry
3967	Verwaltungsausschuß *m*	administrative committee
3968	Vollmachtenprüfungsausschuß *m*	credentials committee
3969	Verfahrensausschuß *m*	procedural committee
3970	Exekutivausschuß *m*	executive committee
3971	Geschäftsordnungsausschuß *m*	standing-orders committee; rules committee *US*
3972	Tagesordnungsausschuß *m*	agenda committee
3973	Redaktionsausschuß *m*	drafting committee
3974	Rechnungsprüfungsausschuß *m*	auditing committee, board of auditors
3975	Sozialausschuß *m*	committee on social questions
3976	Haushaltsausschuß *m*	ways and means committee, budget(ary) committee
3977	Finanzausschuß *m*	financial committee; finance ~, *US*
3978	Rechtsausschuß *m*	legal committee
3979	Agrarausschuß *m*, Ausschuß *m* für Agrarfragen	committee on agricultural problems
3980	Ausschuß *m* für Vorrechte und Befreiungen	committee on privileges and immunities
3981	Anwesenheitsliste *f*	attendance list, list of presence
3982	eine Anwesenheitsliste herumgehen lassen, ~ ~ zirkulieren lassen	to circulate an attendance list
3983	(an der Teilnahme) verhindert sein	to be unable to attend a meeting
3984	Diskussion *f*, Aussprache *f*	discussion
3985	Gegenstand *m* einer Aussprache sein	to be the subject of a discussion
3986	Debatte *f*	debate
3987	Grundsatzdebatte *f*	debate on principle, ~ ~ the substance of a question, debate of basic issues; policy discussion
3988	allgemeine Aussprache *f*	general debate

3965	comité *m* de contrôle, commission *f* ~ ~	comité *m* de control, comisión *f* ~ ~
3966	commission *f* d'enquête	comisión *f* de investigación, ~ investigadora, ~ de encuesta
3967	comité *m* administratif, commission *f* administrative	comité *m* administrativo, comisión *f* administrativa
3968	commission *f* de vérification des pouvoirs	comisión *f* de verificación de poderes, ~ ~ credenciales
3969	comité *m* de procédure	comité *m* de procedimiento
3970	comité *m* exécutif	comité *m* ejecutivo
3971	commission *f* du Règlement	comisión *f* del Reglamento
3972	commission *f* de l'ordre du jour, comité *m* ~ ~ ~ ~	comité *m* del orden del día
3973	comité *m* de rédaction	comisión *f* de redacción
3974	commission *f* de vérification des comptes	comisión *f* de intervención de cuentas, junta *f* de censores de cuentas; junta de auditores, *Am*
3975	commission *f* des questions sociales	comisión *f* de problemas sociales
3976	comité *m* budgétaire, ~ du budget	comité *m* del presupuesto; ~ de medios y arbitrios, *Am*
3977	commission *f* des finances	comisión *f* de finanzas; comité *m* financiero (*o*: de finanzas)
3978	commission *f* juridique; comité *m* ~	comité *m* jurídico, comisión *f* jurídica
3979	comité *m* des problèmes agricoles	comité *m* de problemas agrícolas
3980	commission *f* des privilèges et immunités	comisión *f* de privilegios e inmunidades
3981	registre *m* de présence, liste de ~	lista *f* de presencia
3982	(faire) circuler une liste de présence	hacer circular la lista de los presentes
3983	avoir un empêchement	no poder participar en ...
3984	discussion *f*	discusión *f*
3985	faire l'objet *m* d'une discussion	constituir el objeto de una discusión
3986	débats *mpl*	debate *m*
3987	débat *m* sur le fond	debate *m* sobre el fondo
3988	débat *m* général	debate *m* general

3989	langwierige Debatte *f*	protracted debate
3990	Polemik *f*	polemics
3991	polemisch	polemic(al)
3992	Beratungen *fpl*, Verhandlungen *fpl*	deliberations, negotiations
3993	beraten *v/i*	to deliberate *v/i*
3994	die Aussprache (*od*: Diskussion) über etw. eröffnen	to open the discussion on
3995	die Dringlichkeit ist beschlossen	emergency procedure has been agreed
3996	die Aussprache leiten	to conduct the debate
3997	an der Aussprache teilnehmen	to take part in the debate
3998	die Aussprache (*od*: Diskussion) schließen	to conclude (*or*: to close) the discussion
3999	Schluß *m* der Debatte, ~ ~ Aussprache, ~ ~ Diskussion	closure of debate
4000	Öffentlichkeit *f* der Diskussionen	public character of debate
4001	die Debatte verkürzen	to curtail the debate, to limit ~ ~
4002	die Diskussion wieder in Gang bringen	to reanimate the discussion, resuscitate ~ ~
4003	die Diskussion befaßt sich mit ..., die Diskussion geht über ...	the discussion deals with ... (*or*: concerns ...; *or*: is about ...)
4004	zur Diskussion steht jetzt	discussion is now open, we will now discuss; ... is now up for discussion
4005	Diskussionsgrundlage *f*	basis of discussion
4006	die Redezeit begrenzen	to limit the time allotted to each speaker
4007	Recht *n* auf Ergreifung des Wortes	right to speak, right to address the meeting
4008	Rednerliste *f*	list of speakers, speaker's list
4009	jdn. in die Rednerliste eintragen	to put s.b.'s name on the list of speakers
4010	Rednertribüne *f*	rostrum, to proceed to ~ ~
4011	sich auf die Rednertribüne begeben	to mount (*or*: to come to) the rostrum, to procede ~ ~ ~
4012	der Delegierte spricht von seinem Platz aus	the delegate speaks from his place
4013	Vorredner *m*	the last (*or*: the preceding) speaker

3989	débats *mpl* laborieux, discussions *fpl* byzantines	debate *m* largo y difícil, discusiones *fpl* bizantinas
3990	polémique *f*	polémica *f*
3991	polémique	polémico
3992	délibérations *fpl*, tractations	deliberaciones *fpl*
3993	délibérer *v/i*	deliberar *v/i*
3994	ouvrir la discussion sur qch.	abrir la discusión sobre u/c
3995	l'urgence est décidée	se ha decidido la urgencia
3996	diriger les débats	dirigir la discusión
3997	intervenir dans la discussion	intervenir en la discusión
3998	déclarer la discussion close	clausurar la discusión
3999	clôture *f* des débats	clausura *f* de la discusión, ~ del debate
4000	publicité *f* des discussions	publicidad *f* de las discusiones
4001	écourter les débats	acortar el debate
4002	relancer la discussion	reanimar la discusión
4003	la discussion porte sur ...	la discusión versa sobre ...
4004	j'ouvre la discussion sur ...	está en discusión ...
4005	base *f* de discussion	base *f* de discusión
4006	limiter le temps de parole, limiter le temps accordé à chaque orateur	limitar la duración de las intervenciones
4007	droit *m* à la parole	derecho *m* a tomar la palabra
4008	liste *f* des orateurs	lista *f* de oradores
4009	inscrire qn. sur la liste des orateurs	inscribir a alg. en la lista de oradores
4010	tribune *f*	tribuna *f*; estrado *m*
4011	monter à la tribune	subir a la tribuna
4012	le délégué parle de sa place	el delegado habla desde su sitio
4013	orateur *m* précédent, le préopinant	orador *m* precedente

4014	(erfolgte) Wortmeldung *f*, Ausführungen *fpl (eines Redners)*	statement
4015	das Wort *(od:* die Redeerlaubnis) wird in der Reihenfolge der (Wort-)Meldungen erteilt	speakers shall be called upon in the order in which they have signified *(or:* notified) their desire to speak
4016	sich zu(m) Wort melden, um das Wort bitten	to ask to speak, to ask to address the meeting, to signify a desire to speak; to ask for the floor
4017	es liegt keine Wortmeldung mehr vor	there are no more names on the list of speakers, the list of speakers is exhausted
4018	jdm. das Wort erteilen	to give the floor to s.b., to grant ~ ~ ~ ~; to recognize s.b., *US*
4019	das Wort haben	to have the floor, to address the House *(GB, parliament)*
4020	das Wort ergreifen	to take the floor, to catch the Speaker's eye *(GB, parliament)*
4021	um das Wort bitten	to demand the floor
4022	einen Redner einführen	to introduce a speaker
4023	ich erteile Herrn ... das Wort, das Wort hat Herr ...	I call on Mr ... to speak; I recognize Mr ..., *US*
4024	„Sie haben das Wort"	"you have the floor"
4025	das Wort erhalten	to be permitted to speak, to be given the floor
4026	das Wort ergreifen	to address the meeting *(or:* conference, committee), to take the floor
4027	das Wort an jdn. abtreten *(od:* weitergeben)	to give up one's turn in favour of s.b., to give the floor to s.b.
4028	jdm. das Wort entziehen	to withdraw the right to address the meeting, to rule s.b. out of order
4029	Entzug *m* des Wortes	withdrawal of the right to address the meeting, ~ ~ ~ right to speak
4030	auf das Wort verzichten	to waive one's right to speak
4031	weitschweifig *(Redner)*	prolix
4032	vom Thema abschweifen *(od:* abweichen)	to digress from the subject, to depart from the question
4033	zur Einhaltung des Themas ermahnen	to request the speaker to keep to the point (under discussion)
4034	den Redner unterbrechen	to interrupt the speaker

4014	intervention *f*	intervención *f*
4015	la parole est accordée dans l'ordre des orateurs inscrits	se concede el uso de la palabra según el orden de solicitudes
4016	demander la parole	pedir la palabra
4017	il n'y a pas d'autres orateurs (inscrits)	no hay más oradores inscritos
4018	donner la parole à qn.	conceder la palabra a alg., conceder el uso de la palabra a alg., dar la palabra a alg.
4019	avoir la parole	tener la palabra
4020	prendre la parole	tomar la palabra
4021	réclamer la parole	pedir la palabra
4022	introduire un orateur	introducir a un orador
4023	je donne la parole à M . . .; la parole est à M . . .	concedo la palabra al Sr . . .; tiene la palabra el Sr.. . .
4024	«Vous avez la parole»	«Vd. tiene la palabra»
4025	obtenir la parole	obtener la palabra
4026	prendre la parole	hacer uso de la palabra, tomar la ~
4027	céder la parole à qn.	ceder la palabra a alg.
4028	retirer la parole à qn.	retirar el uso de la palabra a alg.
4029	retrait *m* de la parole	privación *f* de la palabra
4030	renoncer à prendre la parole	renunciar al uso de la palabra
4031	prolixe	prolijo
4032	s'écarter du sujet, sortir du ~	salirse del tema
4033	rappeler à la question	exhortar al orador a que se ciña al tema
4034	interrompre l'orateur	interrumpir al orador

4035	Meinungsäußerung *f*	expression of opinion
4036	Meinungsaustausch *m*	exchange of views
4037	Zwischenfrage *f (Parlament)*	interpolated question
4038	etwas verlesen	to read s.th., to quote (from)
4039	eine Stellungnahme abgeben	to express an opinion, to give ∼ ∼
4040	eine Stellungnahme einholen	to ask (for) an opinion
4041	Konsultation *f*; Anhörung *f*	consultation; hearing
4042	nach Anhörung von ...	after hearing ...
4043	konsultieren, anhören	to consult
4044	eine Untersuchung anordnen	to order an inquiry
4045	eine Untersuchung vornehmen	to make an inquiry
4046	eine Erklärung abgeben	to make a statement, ∼ ∼ a declaration
4047	feierliche Erklärung *f*	solemn declaration
4048	eine persönliche Erklärung abgeben	to make a personal statement
4049	einen Wunsch aussprechen	to express a wish
4050	die Aussprache zusammenfassen	to summarize the discussion, to make a summary of the ∼
4051	einen Beschluß fassen	to take a decision
4052	durch einstimmigen Beschluß von...	by unanimous decision of ...
4053	einstimmig beschließen	to decide unanimously
4054	eine Empfehlung aussprechen	to make a recommendation
4055	Entschließung *f*, Resolution *f*	resolution
4056	Entschließungsentwurf *m*	draft resolution
4057	eine Entschließung annehmen	to adopt a resolution, to pass ∼ ∼
4058	Antrag *m* (1) *(in einer Versammlung, Sitzung, Kommission, im Parlament)*	motion
4059	Antrag *m* (2) *(einer Person an eine Behörde, einer Regierung an eine andere, einer Regierung an eine Konferenz = Gesuch n)*	request; petition; application
4060	Gegenantrag *m*	counter-motion

4035	expression *f* d'opinion	expresión *f* de opinión
4036	échange *m* de vues	intercambio *m* de puntos de vista
4037	question *f* intermédiaire, intervention *f*	pregunta *f* (*que se hace en una discusión para aclarar un detalle*)
4038	donner lecture de qch.	dar lectura a u/c
4039	donner un avis, émettre ~ ~	emitir un dictamen, manifestar una opinión
4040	recueillir un avis	solicitar la opinión (de)
4041	consultation *f*	consulta *f*
4042	après consultation de, le(s)... entendu(s)	despues de oído(-os, -a, -as)
4043	consulter, entendre	consultar
4044	prescrire une enquête	disponer una encuesta
4045	procéder à une enquête	proceder a una encuesta
4046	faire une déclaration	hacer una declaración
4047	déclaration *f* solennelle	declaración *f* solemne
4048	faire une communication à titre personnel	hacer una declaración de tipo personal
4049	formuler un vœu	manifestar un deseo
4050	faire un résumé de la discussion, résumer la ~	resumir la discusión
4051	prendre une décision	tomar una decisión, ~ un acuerdo, acordar u/c; adoptar un acuerdo
4052	par décision de... statuant à l'unanimité	por decisión unánime de...
4053	décider à l'unanimité	decidir por unanimidad
4054	faire une recommandation	formular una recomendación
4055	résolution *f*	resolución *f*
4056	projet *m* de résolution, proposition *f* ~ ~	proyecto *m* de resolución
4057	adopter (*ou*: approuver) une résolution	adoptar una resolución
4058	motion *f*	moción *f*
4059	demande *f*; requête *f*	instancia *f*; solicitud *f*
4060	contre-proposition *f*	contrapropuesta *f*

4061	Vorschlag *m (weniger formell als* Antrag)	proposal
4062	Alternativvorschlag *m*	alternative proposal
4063	ein Gesuch stellen, einen Antrag ~	to present a request, to file an application
4064	ein Gesuch ablehnen, ~ ~ abschlägig bescheiden *(zu Antrag 2)*	to reject a request (or: an application), to turn down ~ ~
4065	ein Gesuch bewilligen; einem Ersuchen nachkommen *(zu Antrag 2),* ~ Gesuch stattgeben	to grant a request
4066	ein Gesuch an ... richten *;Antrag 2)*	to address a request to ...; to file an application with ...
4067	jedem, der es beantragt ...	to all who request it ...
4068	einen Antrag stellen, ~ einbringen *(zu Antrag 1)*	to bring forward (*or*: to propose, to present, to introduce) a motion, to move that
4069	auf Antrag von ...	at the request of ...
4070	auf ausdrücklichen Antrag von ..., auf ausdrückliches Ersuchen von ...	at the express request of ...
4071	Antragsteller *m*	mover
4072	vorrangig zu behandelnder Antrag *m*	motion having priority
4073	die Vorfrage stellen	to put (*or*: to move) the previous question
4074	Antrag *m* auf Aufnahme einer Frage in die Tagesordnung	request for the inclusion of a question in the agenda
4075	Antrag *m* zur Geschäftsordnung	point of order
4076	einen Antrag zur Geschäftsordnung stellen	to raise a point of order
4077	Zulässigkeit *f (eines Antrages)*	receivability, admissibility
4078	Unzulässigkeit *f*	irreceivability, inadmissibility
4079	zulässig *(Antrag)*	receivable, in order
4080	ein Vetorecht besitzen	to have the right of veto
4081	Vetorecht *n*, Einspruchsrecht *n*	right of veto; veto power, *US*
4082	aufschiebendes Veto *n*	suspensive veto
4083	aufschiebendes Veto *n*	suspensory veto; pocket veto, *US*

4061	proposition *f*	propuesta *f* (*y no*: proposición)
4062	proposition *f* alternative	*perífrasis*: proponer una alternativa
4063	formuler (*ou*: présenter, déposer) une requête (*ou*: demande)	presentar una instancia (*o*: solicitud)
4064	ne pas donner suite à une requête	denegar una instancia (*o*: solicitud)
4065	donner suite à une demande, faire droit à ~ ~	dar curso a una instancia (*o*: solicitud)
4066	adresser une demande (*ou*: requête) à ...	dirigir una instancia a ...
4067	à toute personne qui en fait la demande ...	a todos aquellos que lo soliciten ...
4068	présenter (*ou*: déposer) une motion	presentar una moción
4069	à la demande de ...; sur proposition de ...	a solicitud de ..., a petición de ...
4070	à la demande expresse de ...	a petición expresa de ...
4071	auteur *m* d'une motion	autor *m* de una moción, proponente ~ ~ ~
4072	motion *f* prioritaire	moción *f* que tiene prioridad
4073	poser la question préalable	plantear la cuestión de previo pronunciamiento, ~ ~ ~ previa (*o*: prejudicial)
4074	demande *f* d'inscription à l'ordre du jour	petición *f* de inscripción en el orden del día
4075	motion *f* d'ordre, rappel *m* au règlement	moción *f* de orden
4076	présenter une motion d'ordre	presentar una moción procedimiento
4077	recevabilité *f*	admisibilidad *f*
4078	irrecevabilité *f*	inadmisibilidad *f*
4079	recevable	admisible
4080	disposer du droit de veto, avoir le veto	disponer del derecho de veto
4081	droit *m* de veto	derecho *m* de veto
4082	veto *m* suspensif	veto *m* suspensivo
4083	veto *m* suspensif	veto *m* indirecto (*o*: implícito)

4084	sein Veto einlegen gegen	to veto s.th.
4085	sich über ein Veto hinwegsetzen	to override a veto
4086	einen Antrag unterstützen *(zu Antrag 1)*	to second a motion, to back ~ ~ to support ~ ~
4087	einen Antrag (1) annehmen	to adopt a motion
4088	einen Antrag (1) zur Annahme bringen	to carry a motion
4089	der Antrag (1) ging durch	the motion was passed, ~ ~ was carried
4090	unverändert *(annehmen)*	*(to adopt)* as it stands, without alteration, ~ amendment
4091	einen Antrag (1) zurückziehen	to withdraw a motion, amendment
4092	einen Antrag (1) ablehnen, ~ ~ verwerfen	to reject a motion
4093	einen Antrag zu Fall bringen	to defeat a motion
4094	Antrag *m* zur Abänderung eines Antrags	motion to amend a motion
4095	einen Abänderungsantrag stellen	to introduce (*or*: to present) an amendment, to move ~ ~
4096	über den Abänderungsantrag abstimmen	to vote on the amendment
4097	einen Abänderungsantrag annehmen	to pass (*or*: to adopt) an amendment
4098	Änderungsantrag *m* (*bisher*: Abänderungsantrag)	amendment
4099	Berichtigungsantrag *m*	request that an error be rectified; *more formal*: motion for rectification
4100	Antrag *m* (1) auf Vertagung eines Punktes, Vertagungsantrag *m*	motion to postpone consideration of a question, ~ for adjournment
4101	Antrag auf Schluß der Debatte stellen	to demand the closure of the debate; to introduce a motion to close the debate; to move cloture, *US*
4102	Verfahren *n*	procedure
4103	Verfahrensfragen *fpl*	procedural matters
4104	das Dringlichkeitsverfahren anwenden	to apply the emergency procedure
4105	Verfahrensantrag *m*	procedural motion

4084	opposer un veto à, mettre le (*or*: son) veto à	oponer un veto a; vetar u/c, *Am*
4085	passer outre à un veto	no hacer caso de un veto
4086	appuyer une motion	apoyar una moción
4087	adopter une motion	adoptar una moción
4088	faire adopter une motion	lograr la adopción de una moción
4089	la motion a été adoptée	la moción ha sido aprobada
4090	(*adopter*) sans modification, tel(le) quel(le)	(*adoptar*) tal como está, sin modificación
4091	retirer une motion	retirar una moción
4092	rejeter une motion	rechazar una moción
4093	faire avorter une motion	hacer abortar una moción
4094	amendement *m* à la motion présentée, motion *f* tendant à amender la motion	moción *f* de enmienda
4095	présenter un amendement, déposer ~ ~, proposer ~ ~	presentar una enmienda
4096	voter (*ou*: se prononcer) sur la proposition d'amendement	votar la enmienda
4097	adopter un amendement	adoptar una enmienda
4098	amendement *m*	enmienda *f*
4099	demande *f* de rectification	solicitud *f* de rectificación
4100	motion *f* tendant à ajourner l'examen d'une question, demande *f* d'ajournement	moción *f* para aplazar el examen de una cuestión, moción *f* de aplazamiento
4101	proposer (*ou*: demander) la clôture des débats	proponer (*o*: pedir) la clausura de la discusión
4102	procédure *f*	procedimiento *m*
4103	questions *fpl* de procédure	cuestiones *fpl* de procedimiento
4104	appliquer la procédure d'urgence	aplicar el procedimiento de urgencia
4105	motion *f* de procédure	moción *f* de procedimiento

4106	Geschäftsordnung *f*	rules of procedure, ~ ~ order, procedural rules, *US*; standing orders (*e.g. parliaments*)
4107	Doppelarbeit *f*, Doppelgleisigkeit *f*	duplication of activities
4108	sich eine Geschäftsordnung geben	to fix the rules of procedure
4109	die Geschäftsordnung einhalten	to observe the rules of procedure
4110	Einhaltung *f* der Geschäftsordnung	observance of the rules of procedure
4111	zur Geschäftsordnung!	on a point of order
4112	das Wort zur Geschäftsordnung verlangen	to raise a point of order
4113	Verstoß *m* gegen die Geschäftsordnung	breach of order
4114	der Präsident sorgt für Ordnung	the chairman maintains order
4115	der Aufforderung des Vorsitzenden nicht Folge leisten	not to comply with the request of the chair(man)
4116	Ordnungsruf *m*	call to order
4117	zur Ordnung rufen	to call s.b. to order
4118	Ordnungsruf *m* mit Vermerk im Protokoll	call to order with a note to this effect in the minutes
4119	im Wiederholungsfall *m*	if the offence (*US*: offense) is repeated
4120	die Sitzung stören	to disturb the meeting
4121	wer Beifall oder Mißbilligung äußert, wird sofort von den Saaldienern entfernt	any person expressing approval or disapproval shall be ejected (*or*: removed) at once by the ushers
4122	Saaldienst *m*	ushers
4123	Amtsgehilfe *m*, Saaldiener *m*	usher
4124	Botenmeister *m*	chief usher
4125	Bote *m*	messenger
4126	jdn. für den Rest der Sitzung aus dem Saal entfernen	to exclude s.b. for the remainder of the meeting
4127	Verweisung *f* aus dem Saal	exclusion from the chamber
4128	den Sitzungssaal räumen lassen	to have (*or*: get) the hall cleared
4129	eine Zulassungskarte ausstellen	to issue a ticket of admission
4130	Zutritt *m* zum Sitzungssaal	admittance to the conference hall
4131	Beobachter *m*	observer
4132	Beobachter zulassen	to admit observers

4106	règlement *m* (intérieur)	Reglamento *m* (de régimen interno)
4107	doubles emplois *mpl*	doble trabajo *m*
4108	arrêter (*ou*: établir) son règlement intérieur	establecer (*o*: dictar) su Reglamento (de régimen interno)
4109	observer le règlement, respecter ~ ~	observar el Reglamento
4110	observation *f* du règlement (intérieur)	observancia *f* del Reglamento
4111	une question d'ordre	una cuestión de orden
4112	soulever une question d'ordre, ~ ~ motion de procédure	presentar una moción de orden, plantear una cuestión de orden
4113	infraction *f* au règlement (intérieur)	infracción *f* del Reglamento
4114	le président assure l'ordre	el presidente mantiene el orden
4115	ne pas déférer aux injonctions du président	no hacer caso de las exhortaciones del presidente
4116	rappel *m* à l'ordre	llamada *f* al orden
4117	rappeler à l'ordre	llamar al orden
4118	rappel *m* à l'ordre avec inscription au procès-verbal	llamada *f* al orden con inscripción en el acta
4119	en cas de récidive	en caso de reincidencia
4120	troubler la séance	perturbar la sesión
4121	toute personne donnant des marques d'approbation ou de désapprobation sera expulsée sur-le-champ par les huissiers	todo aquél que dé señales de aprobación o desaprobación será expulsado en el acto por los ujieres
4122	huissiers *mpl*	ujieres *mpl*
4123	huissier *m*	ujier *m*, ordenanza *m*
4124	chef huissier *m*	ordenanza *m* mayor
4125	planton *m*	ordenanza *m*
4126	exclure qn. de la salle pour le reste de la séance	expulsar a una persona de la sala por el resto de la reunión
4127	expulsion *f* de la salle	expulsión *f* de la sala
4128	faire évacuer la salle	hacer desalojar la sala
4129	délivrer une carte d'admission	extender una tarjeta de admisión
4130	accès *m* à la salle des séances	acceso *m* a la sala de sesiones
4131	observateur *m*	observador *m*
4132	admettre des observateurs	admitir observadores

4133	als Beobachter an der Konferenz teilnehmen	to attend the conference as an observer, to attend a conference in an observing capacity
4134	Obstruktion *f*, Verschleppungstaktik *f*	obstruction
4135	torpedieren *(Konferenz)*	to torpedo
4136	die Konferenz ist an einem toten Punkt angelangt, in eine Sackgasse geraten	the conference has come to a deadlock (*or*: standstill); ~ ~ ~ **reached** a deadlock, has hit a snag, ~ ~ has reached a stalemate
4137	den toten Punkt überwinden,	to overcome a deadlock, to find a way out of the ~, to reach a breakthrough, to break the deadlock, to achieve a breakthrough, to break the stalemate, to surmount the impass
4138	Abstimmung *f*	vote, poll
4139	die Abstimmung über eine bestimmte Frage	the vote on ...
4140	Schlußabstimmung *f*	final vote
4141	abstimmen über ...	to vote on ..., to take a vote on ...
4142	Abstimmende *mpl*	voters
4143	Stimmrecht *n*, Stimmberechtigung *f*	right to vote, vote
4143	Abstimmungsverfahren *n*	voting procedure
4145	Abstimmungsmodus *m*, Abstimmungsart *f*	method of voting
4146	(eine Frage) zur Abstimmung stellen	to put (a question) to the vote
4147	zur Abstimmung schreiten	to proceed to a vote
4148	Eröffnung *f* der Abstimmung	opening of the vote
4149	die Abstimmung eröffnen	to open the vote
4150	die Abstimmung eröffnen	to declare that voting has begun, to open the vote
4151	Abstimmung *f* durch Handzeichen, ~ durch Erheben der Hände	vote by a show of hands; show-of-hands vote, *US*, hand vote
4152	die Gegenprobe machen	to proceed to a counter-verification (of votes)

4133	assister à la conférence en qualité d'observateur	asistir a la conferencia como observador
4134	obstruction *f*	(táctica *f* de) obstrucción *f*
4135	torpiller, saboter	torpedear, sabotear
4136	la conférence est arrivée à un point mort, ~ ~ ~ ~ une impasse	la conferencia ha llegado a un punto muerto
4137	sortir de l'impasse	superar el punto muerto
4138	vote *m*, scrutin *m*	votación *f*, escrutinio *m*
4139	mise *f* aux voix	votación *f* sobre . . .
4140	vote *m* final	votación *f* final
4141	procéder à un vote sur . . ., voter sur . . .	proceder a una votación sobre . . .
4142	votants *mpl*	votantes *mpl*
4143	droit *m* de vote	derecho *m* de voto, ~ a votar
4144	procédure *f* de vote, forme *f* du vote	procedimiento *m* de votación
4145	mode *m* de scrutin	modo *m* de votación, forma *f* ~ ~
4146	mettre (une question) aux voix	poner a votación (un problema), someter ~ ~
4147	procéder au vote, passer aux voix, passer au vote	proceder a votar, ~ ~ la votación
4148	ouverture *f* du vote	apertura *f* de la votación
4149	ouvrir le vote (*ou*: le scrutin), déclarer le scrutin ouvert	abrir la votación
4150	ouvrir le vote	declarar abierta la votación
4151	vote *m* à mains levées	votación *f* a mano alzada
4152	procéder à la contre-épreuve	proceder a la prueba en contrario

4153	Abstimmung *f* durch Aufstehen und Sitzenbleiben	vote by sitting and standing
4154	Abstimmung *f* durch Namensaufruf, namentliche Abstimmung *f*	roll-call vote, record vote
4155	Aufrufen *n* der Namen	roll call
4156	die Namen der Delegierten in alphabetischer Reihenfolge verlesen	to read the names of the delegates in alphabetical order
4157	Abstimmung *f* durch Zuruf; ~ durch Akklamation *(seltener)*	vote by acclamation
4158	kein Widerspruch?	Is there any opposition? Is nobody opposed? Are there ony objections?
4159	in offener Abstimmung	by public vote
4160	„Enthaltung"	"abstention"
4161	geheime Abstimmung *f*	vote by secret ballot
4162	schriftliche Stimmabgabe *f*	vote by correspondence; absentee vote, *US*
4163	Abstimmung *f* in Vertretung	vote by proxy
4164	die Abstimmung schließen	to declare the vote closed
4165	Einwerfen der Stimmzettel in die Wahlurne	depositing of ballots in the ballot-box
4166	Stimmzählung *f*	counting of votes
4167	die Stimmen zählen, die Auszählung der Stimmen vornehmen	to count the votes
4168	Stimmzähler *m*	scrutineer, teller
4169	Stimm(en)zähler bestellen	to appoint tellers
4170	Auslosung *f*	drawing of lots
4171	auslosen *(Stimmzähler)*	to choose by lot
4172	das Abstimmungsergebnis verkünden	to announce the result of the vote
4173	Abstimmungsanzeiger *m*, ~ tafel *f*	vote indicator
4174	die Stimmen für ...	assenting votes, the votes cast in favour of ... (favor, *US*)
4175	Benennung *f* (*od*: der Vorschlag) eines Kandidaten	nomination (*or*: suggestion) of a candidate
4176	die Stimmen gegen ...	the votes cast against ...
4177	abgegebene Stimmen *fpl*	votes cast

4153	vote *m* par assis et levé	*no hay término propio; perífrasis posible*: ... votar puestos en pie (*Cortes españolas*)
4154	vote *m* par appel nominal	votación *f* nominal
4155	appel *m* nominal	llamamiento *m* nominal
4156	lire les noms des délégués par ordre alphabétique	leer los nombres de los delegados por orden alfabético
4157	vote *m* par acclamation	voto *m* por aclamación
4158	il n'y a pas d'opposition? pas d'objections?	¿alguna objeción?
4159	au scrutin public	en votación pública
4160	»je m'abstiens«	«abstención»
4161	vote *m* au scrutin secret	votación *f* secreta
4162	vote *m* par correspondance	votación *f* por correspondencia
4163	vote *m* par procuration	votación *f* por poderes
4164	déclarer le scrutin clos	clausurar la votación
4165	dépôt *m* de bulletins de vote dans l'urne	depósito *m* de las papeletas electorales en las urnas
4166	dépouillement *m* du scrutin, décompte *m* des votes	recuento *m* de votos
4167	compter les voix, dépouiller le scrutin, recenser les voix, faire le recensement des voix, procéder au dépouillement du scrutin	contar los votos
4168	scrutateur *m*, recenseur *m*	escrutador *m*
4169	désigner des scrutateurs	designar a los escrutadores
4170	tirage *m* au sort	sorteo *m*
4171	tirer au sort, désigner par le sort	designar por sorteo
4172	proclamer le résultat du vote (*ou*: du scrutin)	proclamar el resultado de la votación
4173	tableau *m* des scrutins	marcador *m* de votos
4174	les voix pour ...	los votos emitidos a favor de ...
4175	désignation *f* d'un candidat	propuesta *f* de un candidato
4176	les voix contre ...	los votos emitidos en contra de ...
4177	suffrages *mpl* exprimés, voix *fpl* exprimées	votos *mpl* emitidos

4178	mit 2 Gegenstimmen *fpl*	with 2 votes against
4179	mit 12 gegen 5 Stimmen *fpl*	by 12 votes to 5
4180	in der Minderheit sein	to be in the minority
4181	in der Mehrheit sein	to command a majority
4182	sich der Stimme enthalten, Stimmenthaltung üben	to abstain (from voting)
4183	Stimmenthaltung *f*	abstention, non-voting
4184	bei Stimmengleichheit *f*	in the event of equality of votes, ~ ~ ~ of equal votes being cast for and against; ~ ~ ~ of a tie *US*, in the case of a tie
4185	Wahlverfahren *n*	electoral procedure
4186	zur Wahl von jdm. schreiten	to proceed to elect s.b.
4187	Wahlgang *m*	ballot
4188	zu einem zweiten Wahlgang schreiten	to hold a second ballot
4189	Wahl *f* durch Zuruf	election by acclamation
4190	die Wahl ist gültig	the election is valid
4191	mit Zweidrittelmehrheit	by a two-thirds majority
4192	jdn. überstimmen	to outvote s.b.
4193	Urne *f*	ballot box
4194	Mehrheitsentscheidung *f*	majority decision
4195	für gewählt erklären	to declare s.b. elected
4196	die Mehrheit der abgegebenen Stimmen erhalten	to poll (*or:* to receive, to secure) a majority of the votes cast
4197	der Delegierte X erhält 5 Stimmen	the delegate X gets (*or:* receives, polls) 5 votes
4198	Quorum *n, nt*	quorum *nt*
4199	das Quorum erfüllen	to have (*or:* to form) the quorum
4200	die Beschlußfähigkeit feststellen	to establish that the quorum is present, ~ ~ a quorum
4201	Beschlußfähigkeit erreichen	to obtain a quorum
4202	jdn. aus der Mitte einer Versammlung wählen	to elect s.b. from within an assembly
4203	hinzuwählen, kooptieren	to designate by co-option, to co-opt, to co-optate
4204	Hinzuwahl *f*, Kooptierung *f*	co-option, co-optation

4178	avec 2 voix *fpl* contre	con 2 votos *mpl* en contra
4179	par 12 voix *fpl* contre 5	por 12 votos *mpl* contra 5
4180	être en minorité	estar en minoría
4181	être en majorité	estar en mayoría
4182	s'abstenir	abstenerse

4183	abstention *f*	abstención *f*
4184	en cas de partage (égal des voix)	en caso de empate

4185	procédure *f* électorale	procedimiento *m* electoral
4186	procéder à l'élection de qn.	proceder a la elección de alg.
4187	tour *m* de scrutin	escrutinio *m*, vuelta *f* de ~
4188	procéder à un deuxième tour de scrutin	proceder a un segundo escrutinio
4189	élection *f* par acclamation	elección *f* por aclamación
4190	l'élection est acquise	la elección es válida
4191	à la majorité des deux tiers	con una mayoría de las dos terceras partes
4192	mettre qn. en minorité	derrotar a una persona *(en una votación)*
4193	urne *f*	urna *f*
4194	décision *f* majoritaire, décision à la majorité des voix	decisión *f* mayoritaria
4195	proclamer élu	proclamar elegido, ~ electo
4196	recueillir la majorité des suffrages exprimés	obtener (*o*: lograr) la mayoría de los votos emitidos
4197	le délégué X a recueilli 5 voix	el delegado X ha reunido 5 votos

4198	quorum *m*, *nt*	quórum *m*, *nt*
4199	être en nombre, constituer le quorum	alcanzar el quórum
4200	constater que le quorum est atteint	comprobar el quórum

4201	atteindre le quorum	alcanzar el quórum
4202	élire qn. au sein d'une assemblée	elegir a alg. en el (*o*: del) seno de una asamblea
4203	désigner par cooptation, coopter qn.	designar por cooptación
4204	cooptation *f*	cooptación *f*

4205	fast einstimmig	almost unanimously
4206	Einstimmigkeitsregel *f*	unanimity rule
4207	zur Einstimmigkeit gelangen	to reach unanimity
4208	falls keine Einstimmigkeit erzielt wird	in the absence of a unanimous decision
4209	die Stimme des Präsidenten gibt den Ausschlag	the President has the casting vote (*or*: ~ ~ holds the deciding vote)
4210	ausschlaggebende Stimme haben	to have the casting (*US*: deciding) vote
4211	beratende Stimme haben	to have an advisory vote
4212	Simultanübersetzung *f*, -übertragung *f*	simultaneous interpretation
4213	für eine Konsekutivübersetzung sorgen	to provide for consecutive interpretation
4214	für Übersetzung in eine der Arbeitssprachen sorgen	to provide for interpretation into a working language
4215	Konsekutivübersetzung *f*	consecutive interpretation
4216	Amtssprache *f*	official language
4217	Arbeitssprache *f*	working language
4218	Protokoll *n*, Niederschrift *f*, Sitzungsbericht *m*	minutes
4219	im Protokoll stehen	to appear in the minutes
4220	Kurzbericht *m*, Kurzprotokoll *n*	summary record
4221	ausführliches Protokoll *n*, ausführlicher Bericht *m*, stenographische Niederschrift *f*, wörtliche ~	verbatim record, ~ report, ~ proceedings
4222	im vollen Wortlaut (*od*: ausführlich) zitieren	to quote verbatim
4223	Protokoll führen, (eine Sitzung) protokollieren	to take the minutes, to keep the record, to minute the proceedings (of a meeting)
4224	Protokollführer *m*	précis-writer, secretary
4225	Abfassung *f* des Sitzungsberichtes, ~ des Protokolls	drafting of the minutes
4226	im Protokoll vermerken	to record in the minutes, to register ~ ~ ~

4205	à la quasi-unanimité	por la casi-unanimidad
4206	règle *f* de l'unanimité	regla *f* de unanimidad
4207	parvenir à un accord unanime	lograr la unanimidad
4208	à défaut d'accord unanime	caso de no lograr un acuerdo unánime
4209	la voix du président est prépondérante	el voto del Presidente es preeminente
4210	avoir voix prépondérante	tener voto preeminente
4211	avoir voix consultative	tener voz consultiva; tener voz, pero sin voto
4212	interprétation *f* simultanée	interpretación *f* simultánea
4213	assurer l'interprétation consécutive (de son intervention)	cuidar de la interpretación consecutiva (de su intervención)
4214	assurer l'interprétation dans une des langues de travail	cuidar de que se traduzca (el discurso) a una lengua de trabajo
4215	interprétation *f* consécutive	interpretación *f* consecutiva
4216	langue *f* officielle	lengua *f* oficial
4217	langue *f* de travail	lengua *f* de trabajo
4218	procès-verbal *m*, compte-rendu *m* (de la séance)	(el) acta *f*
4219	figurer dans le procès-verbal	constar en el acta
4220	compte-rendu *m* analytique	(el) acta *f* sumaria, resumen *m* analítico
4221	compte-rendu *m* in extenso, ~ ~ sténographique	(el) acta *f* taquigráfica
4222	citer in extenso	citar textualmente
4223	dresser le procès-verbal, ~ le compte-rendu (d'une séance)	redactar el acta
4224	greffier *m* (de la conférence), procès-verbaliste *m*	secretario *m* de actas (de una conferencia)
4225	rédaction *f* du procès-verbal	redacción *f* del acta
4226	consigner (*ou*: inscrire) au procès-verbal	hacer constar en el acta

4227	es erfolgt ein Vermerk im Protokoll (*od*: Sitzungsbericht)	mention will be made thereof in the minutes, an entry will be made in ~ ~
4228	Berichtigung *f* des Protokolls	correction (*or*: rectification) of the minutes
4229	berichtigen	to rectify; to correct
4230	das Protokoll der vorhergehenden Sitzung genehmigen	to adopt the minutes of the preceding meeting
4231	Streichung *f*	deletion
4232	vom Protokoll streichen	to strike (to expunge, to delete) from the record, (*or*: from the minutes)
4233	Einfügung *f*	insertion
4234	Zusatz *m*	addition
4235	Stenographendienst *m*	shorthand service; stenographic ~ US, verbatim reporters
4236	Arbeitsunterlage *f*	working paper
4237	Fragebogen *m*	questionnaire
4238	Entwurf *m*	draft
4239	Vorentwurf *m*	preliminary draft
4240	einen Entwurf ausarbeiten	to work out a draft
4241	Gegenentwurf *m*	alternative draft
4242	die Unterlagen für eine Sitzung zusammenstellen	to compile (*or*: to collect, to gather) the documentation for a meeting
4243	die Unterlagen müssen bis spätestens ... beim Sekretariat vorliegen (*od*: dem Sekretariat zugeschickt werden)	documents must reach the Secretariat at the latest on the ..., ~ ~ ~ ~ ~ by ... at the latest (*or*: no later than ...)
4244	der äußerste Termin ist ..., ~ letzte ~ ~	the deadline is ..., time-limit; the closing date is *(GB)*
4245	Bericht *m*	report
4246	einen Bericht ausarbeiten	to frame a report
4247	einen Bericht abfassen	to draw up a report
4248	einen Bericht vorlegen (*od*: einreichen)	to present a report, to submit ~ ~
4249	beim Sekretariat einreichen	to hand in to the secretariat, to submit to the ~
4250	in einem Bericht niederlegen (*od*: festlegen)	to state (*or*: to mention) in a report
4251	einen Bericht auf den neuesten Stand bringen	to bring a report up to date

4227	mention en est faite au procès-verbal	se hace constar en el acta
4228	rectification *f* du procès-verbal	rectificación *f* del acta
4229	rectifier	rectificar
4230	adopter le procès-verbal de la séance précédente	aprobar el acta de la sesión precedente
4231	suppression *f*	supresión *f*
4232	rayer du procès-verbal	tachar en el acta
4233	insertion *f*	inserción *f*
4234	addition *f*	adición *f*
4235	service *m* (du compte-rendu) sténographique	servicio *m* taquigráfico
4236	document *m* de travail	documento *m* de trabajo
4237	questionnaire *m*	cuestionario *m*
4238	projet *m*	proyecto *m*; borrador *m*
4239	avant-projet *m*	anteproyecto *m*
4240	élaborer un projet	elaborar un proyecto
4241	contre-projet *m*	contraproyecto *m*
4242	réunir (*ou*: rassembler) la documentation pour une séance	reunir la documentación para una sesión
4243	les documents devront parvenir au secrétariat au plus tard le...	los documentos tendrán que llegar a la Secretaría lo más tarde el... (*o*: a más tardar el...)
4244	la date limite est...	la fecha límite (~ tope) será...
4245	rapport *m*	informe *m*
4246	élaborer un rapport	elaborar un informe
4247	rédiger un rapport	redactar un informe
4248	déposer (*ou*: présenter, soumettre) un rapport	presentar (*o*: someter) un informe
4249	remettre au secrétariat, déposer ~ ~	pasar a secretaría
4250	consigner (*ou*: faire figurer) dans un rapport	consignar (*o*: hacer constar) en un informe
4251	mettre à jour un rapport	poner al día un informe

4252	einen Bericht der Vollsitzung zur Genehmigung unterbreiten (od: vorlegen)	to submit a report to the plenary sitting for approval
4253	Entlastung erteilen	to give formal approval to the activities of s. b.
4254	jdm. Bericht erstatten	to report to s. b.
4255	einen Bericht in Umlauf geben	to circulate a report
4256	Vorbericht *m*	preliminary report
4257	Zwischenbericht *m*	interim report
4258	Schlußbericht *m*	final report
4259	Gesamtbericht *m*	general report; overall ∼
4260	Zusatzbericht *m*	supplementary report
4261	Geschäfts(führungs)bericht *m*	executive report, activity report
4262	amtlicher Bericht *m*, offizieller ∼	official report
4263	Monatsbericht *m*	monthly report
4264	Jahresbericht *m*	annual report
4265	Mehrheitsbericht *m*	majority report
4266	Minderheitsbericht *m*	minority report, minority opinion
4267	Finanzbericht *m*	financial report
4268	Verwaltungsbericht *m*	administrative report
4269	Sachverständigenbericht *m*, Expertenbericht *m*, Sachverständigengutachten *n*	experts' report
4270	Anhang *m*	appendix
4271	Anlage *f*	annex
4272	Jahrbuch *m*	yearbook
4273	statistisches Jahrbuch *n*	statistical yearbook

3. Kongresse

3. Congresses

4274	Empfangskomitee *n*	reception committee
4275	Ehrenkomitee *n*	committee of honour; ∼ ∼ honor, *US*
4276	Kongreßteilnehmer *m* (man vermeide im Deutschen „Kongressist"!)	congress member
4277	Begleiter *mpl*	persons who accompany the (*or*: a) congress member
4278	Damenkomitee *n*	ladies' committee

4252	soumettre un rapport à l'approbation de la séance plénière	someter un informe a la aprobación de la sesión plenaria
4253	donner décharge, accorder le quitus	aprobar la gestión (de alg.)
4254	faire rapport à qn., rendre compte à qn.	informar a alg.
4255	faire circuler un rapport	cursar un informe
4256	rapport *m* préliminaire	informe *m* preliminar
4257	rapport *m* intérimaire	informe *m* interino, ~ provisional
4258	rapport *m* final	informe *m* final
4259	rapport *m* général	informe *m* general, memoria *f* ~
4260	rapport *m* supplémentaire	informe *m* complementario
4261	rapport *m* de gestion	memoria *f* (de gestión)
4262	rapport *m* officiel	informe *m* oficial
4263	rapport *m* mensuel	informe *m* mensual
4264	rapport *m* annuel	memoria *f* (anual)
4265	rapport *m* de la majorité	informe *m* de la mayoría
4266	rapport *m* de la minorité	informe *m* de la minoría
4267	rapport *m* financier	informe *m* financiero
4268	rapport *m* administratif	informe *m* administrativo
4269	rapport *m* d'expert(s), ~ des experts	informe *m* pericial
4270	appendice *m*	apéndice *m*
4271	annexe *m*	anexo *m*
4272	annuaire *m*	anuario *m*
4273	annuaire *m* statistique	anuario *m* estadístico

3. Congrès

3. Congresos

4274	comité *m* d'accueil, ~ de réception	comité *m* de recepción
4275	comité *m* d'honneur	comité *m* de honor
4276	congressiste *m*	congresista *m*; congresal *m*, *Am*
4277	personnes *fpl* qui accompagnent le congressiste	acompañantes *mpl*
4278	comité *m* des dames	comité *m* de señoras

4279	Kongreßbericht(e) *m (pl)*	congress proceedings
4280	tägliches Bulletin *n*	daily bulletin
4281	Anmeldung *f (zu einem Kongreß)*	registration
4282	Anmeldegebühr *f*, Einschreibegebühr *f*	registration fee
4283	Anmeldeschein *m*	registration form
4284	Anmeldeschluß *m* ist am ...	delegates must register by ..., registrations must be made by ...
4285	Abmeldung *f*, Rückritt *m*	cancellation
4286	Ausweiskarte *f*, Teilnehmerkarte *f*; Legitimationskarte *f (seltener)*	legitimation card, (official) congress card
4287	Abzeichen *n*, Teilnehmerabzeichen *n*	badge
4288	Kongreßsekretariat *n*	congress secretariat
4289	Kongreßzentrum *n*	congress centre, *GB*; ~ center, *US*
4290	Auskunftsstelle *f*, Informationsbüro *n*	information desk, ~ office
4291	Reisebüro *n*, Verkehrsbüro *n*	travel agency
4292	Wechselstelle *f*, Wechselstube *f*, Wechselbüro *n*	exchange facilities, ~ office
4293	Sonderpostamt *n*	special post office
4294	Fundbüro *n*	lost-property department *(or:* office), lost-and-found (office), *US*
4295	Anschlagbrett *n*, schwarzes Brett *n*	notice board, bulletin board, *US*
4296	Garderobe *f*, Kleiderablage *f*	cloakroom; checkroom, *US*
4297	Parkplatz *m*	car park, parking lot
4298	Damenprogramm *n*	ladies' programme; ~ program, *US*
4299	Vortragender *m*	lecturer
4300	einen Vortrag halten	to give a lecture, to read a paper
4301	Publikum *n*, Zuhörer *mpl*, Zuhörerschaft *f*	audience
4302	Vortrag *m*, Hauptvortrag *m*, Referat *n*	report; lecture, paper
4303	Kurzvortrag *m*, Kurzreferat *n*	short lecture
4304	Plauderei *f*, zwangloser Vortrag *m*	talk

4279	actes *mpl* (et mémoires *fpl*) du congrès (*ou*: d'un congrès); compte-rendu des séances, procès-verbaux des séances	actas *fpl* (y memorias *fpl*) del congreso
4280	bulletin *m* quotidien	boletín *m* diario
4281	inscription *f*	inscripción *f*
4282	droits *mpl* d'inscription	derechos *mpl* de inscripción
4283	bulletin *m* d'adhésion, ~ d'inscription	boletín *m* de inscripción
4284	les inscriptions seront closes le ..., clôture *f* des inscriptions: ...	el plazo de inscripción termina el ...
4285	annulation *f* de l'inscription	anulación *f* de la inscripción
4286	carte *f* de légitimation, ~ de congressiste	tarjeta *f* de legitimación, ~ ~ congresista
4287	insigne *m* (de congressiste)	insignia *f* (de congresista), emblema *m*
4288	secrétariat *m* du congrès	secretaría *f* del congreso; secretariado
4289	centre *m* des congrès	centro *m* de congresos
4290	bureau *m* de renseignements	oficina *f* de información
4291	agence *f* de voyages	agencia *f* de viajes
4292	bureau *m* de change	oficina *f* de cambio
4293	bureau *m* de poste spécial	oficina *f* de correos especial (*para un congreso*)
4294	bureau *m* des objets trouvés	oficina *f* de objetos perdidos (*o*: hallados)
4295	tableau *m*	tablón *m* de anuncios
4296	vestiaire *m*	guardarropa *m*
4297	parking *m*, parc *m* à voitures	aparcadero *m*, estacionamiento *m*
4298	programme *m* des dames	programa *m* para las señoras
4299	conférencier *m*	conferenciante *m*, ponente *m*; conferencista *m*, *Am*
4300	donner (*ou*: faire) une conférence	dictar (*o*: dar, hacer) una conferencia
4301	auditoire *m*	auditorio *m*
4302	rapport *m*, exposé *m*	ponencia *f*
4303	communication *f*	comunicación *f*
4304	causerie *f*	charla *f*

4305	Seminar *n*, Studienseminar *n*	seminar; workshop, *US*
4306	Ausbildungsstätte *f*	training centre, *GB*; training center, *US*
4307	Ausbilder *m*, Lehrgangsleiter *m*, Kursleiter *m*	instructor
4308	Studiengruppe *f*	study group
4309	„Panel meeting" *n*, *nt* (*Art Kolloquium von Fachleuten*)	panel meeting, panel discussion
4310	Symposium *n*	symposium
4311	Kolloquium *n*	colloquy; colloquium, *US*
4312	Jugendtreffen *n*	youth meeting
4313	Arbeitsessen *n*	working luncheon

4. Phraseologie

4. Phraseology

4314	ich habe das Vergnügen, ... zu begrüßen	I have pleasure in welcoming, I am pleased to greet, I take pleasure in greeting
4315	es ist mir eine besondere Freude, zu ...	it gives me particular pleasure to ...
4316	es freut mich, zu; es ist mir eine Freude, zu ...	it gives me great pleasure to ..., I take pleasure in greeting, I have the pleasure of welcoming
4317	ich freue mich, ... zu begrüßen	I am happy to greet (*or*: to welcome), it is my pleasure to greet
4318	ich freue mich, ... zu können	I am happy to be able (*or*: to be in a position) to ...
4319	ich freue mich sehr; es ist mir eine große Freude, zu ...	it gives me very great pleasure to ...
4320	es freut mich, ... zu können	I am glad to be able (*or*: to be in a position) to ...
4321	ich habe die Ehre und das Vergnügen, zu ...	it is a pleasure and an honour for me to ...
4322	ich möchte die (*od*: diese) Gelegenheit benützen, um zu ...	I take this opportunity to (+*inf.*)

4305	séminaire *m*, journées *fpl* d'études, stage *m* d'études, cycle *m* d'études	seminario *m*, cursillo *m*
4306	centre *m* de formation	centro *m* de formación, ~ de capacitación
4307	moniteur *m*	instructor *m*
4308	groupe *m* d'études	grupo *m* de estudios
4309	discussion *f* de groupe; «panel» *m*, *nt*	discusión *f* de grupo; «panel» *m*, *nt*
4310	symposium *m*	simposium *m*, simposio *m*
4311	colloque *m*	coloquio *m*
4312	rassemblement *m* de jeunes, rencontre *f* de jeunes	concentración *f* juvenil; jornada *f* ~
4313	déjeuner *m* de travail; ~ d'affaires	reunión *f* almuerzo; almuerzo *m* de trabajo

4. Phraséologie

4. Fraseología

4314 j'ai le plaisir de saluer...

tengo el placer (*o*: el gusto) de saludar...

4315 il m'est un plaisir tout particulier de...

es para mí una especial satisfacción...

4316 il m'est une joie de...

me complazco en...; me cabe el placer de...

4317 je suis heureux de saluer...

me alegro de saludar...

4318 je me réjouis de pouvoir...

tengo el gusto de (poder)...

4319 j'ai la grande joie de...

me alegro mucho; es para mí motivo de singular alegría...

4320 je suis content de pouvoir...

es para mí una dicha poder...

4321 j'ai le plaisir et l'honneur de...

me cabe el honor y el placer de...

4322 je profite de cette occasion pour...

aprovecho gustoso esta ocasión para...

4323	ich möchte (es) nicht versäumen (*od*: verfehlen); ich möchte auch gerne ...	I do not want (*or*: should not like) to miss (*or*: neglect, let pass) this opportunity of ... ing ...
4324	ich möchte ...; mir schwebt vor ...; ich werde ...	I intend to (deal with, etc) ..., I shall ...
4325	ich möchte keinesfalls ...; ich habe nicht die Absicht, zu ...	it is far from (*or*: by no means) my intention no ...
4326	es liegt mir ferne, zu ...	it is far from my intention to ..., far be it from me to ..., *US*
4327	es geht darum, zu ...; es handelt sich darum, zu ...	the task (*or*: problem) before us is to ... (*or*: one of ... ing ...)
4328	ich möchte hervorheben (*od.*: betonen, unterstreichen, darauf hinweisen), daß; ~ ~ Sie darauf aufmerksam machen, daß; ich lege Wert auf die Festellung, daß ...	I should like to emphasize (*or*: point out, underline; underscore, *US*) that; I should like to call (*or*: draw) your attention to the fact that ...
4329	ich wiederhole nochmals ...	let me repeat once again that ...
4330	wie ich bereits ausführte (*od*: sagte) ...	as I have already mentioned ...
4331	ich werde einen Überblick (*od.*: eine Übersicht) über ... geben	I will briefly summarize, ~ ~ give a brief summary of ...
4332	ich werde (*od*: will) mich nicht in Einzelheiten verlieren ...	I will not waste your time (*or*: my listeners' time, the time of those present) by going into (all) the details
4333	ich sehe mich gezwungen, zu; ich muß ...	I find myself compelled to ..., I have no alternative but to ..., I cannot but ...
4334	abschließend; zum Schluß	in closing; by way of conclusion
4335	ich möchte in gedrängter Form aufzeigen (*od*: angeben) ...	let me give (*or*: tell) you briefly ...
4336	ich habe nur wenig (*od*: nur einige Worte) zu sagen	I have only a few words to say
4337	ich werde (*od*: will) mich kurz fassen	I will (try to) be brief

4323	je ne voudrais pas manquer de...	no quiero dejar de...; desearía igualmente...
4324	j'ai l'intention de (traiter, etc.)...	desearía...; tengo la intención, ∼ la idea de...; pienso...; me propongo...
4325	je ne me propose nullement de...	en modo alguno desearía...; no tengo la menor intención de...
4326	loin de moi l'idée de..., ∼ ∼ ∼ la pensée de...	lejos de mí...; es totalmente ajeno a mi manera de pensar (*o*: intención)...; lejos de mi propósito está...
4327	il s'agit de...	se trata de...
4328	j'aimerais (*ou*: je voudrais) souligner le fait que (insister sur le fait que, mettre en relief le fait que, vous signaler que); ∼ attirer votre attention sur le fait que...	querría poner de relieve (*o*: recalcar, subrayar, hacer notar, insistir en, hacer resaltar, llamar su atención sobre el hecho de) que; creo (*o*: juzgo) de gran importancia afirmar que...
4329	je le répète encore une fois (*pléonasme très usité*)	vuelvo a repetir; repito una vez más...
4330	ainsi que je l'ai déjà dit...	como ya he dicho anteriormente; como ya anteriormente dijimos; como quedó dicho más arriba...
4331	je vais donner un aperçu de...	voy a dar una visión de conjunto (*o*: una idea general) sobre (acerca de)...
4332	je ne me perdrai pas dans les détails	no voy a descender a (*o*: entrar en)
4333	je me vois dans l'obligation de...; je me vois obligé de...; force m'est de...	me veo obligado a..., me veo en la necesidad de..., ∼ ∼ precisado a...
4334	pour terminer...	finalmente; para terminar...
4335	je voudrais vous indiquer succinctement...	voy a indicar sucintamente, ∼ ∼ ∼ sumariamente...
4336	je n'ai que quelques mots (*ou*: peu de mots) à dire	sólo tengo unas palabras que decir
4337	je serai bref, je tâcherai d'être bref	voy a ser breve; voy a expresarme en pocas palabras

4338	unsere Aussprache (*od*: Diskussion) geht über ...	our discussion concerns ...; the subject with which we are concerned is ...
4339	ich möchte hier (*od*: hiermit) ausdrücklich erklären, daß ...	I should like to state expressly (*or*: say here and now) that ...
4340	ein neuer Gesichtspunkt kommt hinzu	a further aspect of the matter arises; an additional aspect of this matter has to be considered; there is yet a further point of view to be considered
4341	ich lege Wert darauf, zu ...	I am most anxious to ...; it seems to me highly important that I should ...
4342	es ist mir (*od*: für mich) eine besondere Genugtuung, zu ...	it is a source of great satisfaction for me to ...
4343	wir können nicht umhin, zu ...	we cannot help ... ing
4344	es liegt mir am Herzen, zu ...	I am particularly anxious to ...
4345	wenn ich recht habe; wenn ich mich nicht irre ...	unless I am (*or*: if I am not) mistaken, ~ ~ ~ misinformed
4346	ich möchte offen sprechen ...	I should like to speak quite frankly, ~ ~ ~ ~ be quite frank
4347	anders ausgedrückt; mit anderen Worten ...	in other words; or, to put it differently
4348	ich darf Sie auffordern, zu ...	let me (*or*: may I) invite you to ...
4349	das soll nicht heißen, daß; das bedeutet nun nicht etwa, daß	that does not mean that ...; it by no means follows that ...
4350	es wäre falsch (*od*: ein Irrtum), zu glauben, daß ...	it would be a mistake to believe that ...
4351	es steht einwandfrei fest, daß ...	it is a clearly established (*or*: an undisputed) fact that ...; it is beyond dispute that ...
4352	das liegt daran, daß ...	this is because, ~ ~ due to the fact that ...
4353	soviel ich weiß ...	as far as I know; to the best of my knowledge
4354	nicht, daß ich wüßte ...	not to my knowledge; not as far as I know, not that I knew
4355	am Rande bemerkt; nebenbei gesagt ...	let it be said in passing that ...

4338	notre discussion porte sur...	nuestra discusión versa sobre...
4339	je voudrais déclarer expressément...	desearía manifestar aquí expresamente...
4340	il s'ajoute un aspect nouveau	a esto se añade un nuevo punto de vista
4341	je tiens beaucoup à..., j'attache beaucoup d'importance à ce que...	me interesa; creo que es de capital importancia...
4342	c'est une vive satisfaction pour moi de...	es para mí una especial satisfacción...
4343	nous ne pouvons ne pas (+ *inf.*) ...	no podemos menos de...
4344	j'ai à cœur de...	me preocupa sobremanera; me llega al alma...
4345	si je ne m'abuse; si je ne trompe...	si es que yo tengo razón; si no me equivoco..., si no estoy equivocado
4346	je voudrais parler franchement (*ou*: à cœur ouvert)	quisiera hablar con franqueza...
4347	autrement dit...	dicho de otra manera; con otras palabras...
4348	je vous invite à...	les invito a...
4349	cela ne veut pas dire que...; cela ne signifie pas que...	esto no quiere decir que..., esto no significa que...
4350	ce serait une erreur de croire que...	sería falso (*o*: erróneo) creer que...
4351	il est clairement établi que...	no cabe duda que..., es cierto, sin que haya lugar a la menor sospecha (*o*: duda), que...
4352	cela tient à ce que..., cela est dû au fait que...	ello es debido a que; la razón de ello es que...
4353	autant que je sache...	que yo sepa...; hasta donde yo sepa (*Am*)...
4354	pas que je sache...	que yo sepa, no...
4355	soit dit en passant; mentionnons en passant, entre parenthèses	dicho sea de paso; dicho sea entre paréntesis

4356	sozusagen, gewissermaßen ...	so to speak; as it were
4357	wenn ich so sagen darf; wenn ich mich so ausdrücken darf ...	if I may (be permitted to) express myself in these terms ...
4358	wenn ich mir diesen Ausdruck erlauben darf ...	if I may be forgiven the expression ...
4359	ich möchte meine Meinung (*od*: meine Ansicht, meinen Standpunkt) über (*od*: zu) äußern	I should like to express my opinion of ~ ~ ~ ~ views on (*or*: feelings on)
4360	ich halte es für angebracht, zu ...	I think it desirable (*or*: advisable) to ...
4361	ich halte es für besser, zu ...	I feel it would be preferable to ...
4362	es erweist sich als notwendig	one must (*or*: has to) ...; I find it necessary to ...
4363	es ist nicht ausgeschlossen, daß ...	it is not (*or*: by no means) out of the question (*or*: inconceivable *or*: beyond the bounds of possibility) that ...
4364	man darf wohl (glauben usw.) ...	there is every reason to believe ...
4365	man geht wohl nicht fehl in der Annahme, daß ...; man darf wohl annehmen, daß ...	it is quite conceivable that ...
4366	es würde über den Rahmen unserer Aussprache gehen, zu ...	it would be irrelevant to the subject under discussion if I were to ...
4367	ich möchte hier (*od*: hierzu) Vorbehalte anmelden (*od*: machen)	I should like to make certain reservations
4368	ich möchte hier einige Einwände vorbringen (*od*: geltend machen)	there are certain objections which I feel I must raise (*or*: make)
4369	keine Einwände erheben gegen etw.	not to raise objections to s.th.
4370	einwenden	to object (to)
4371	sich über einen Einwand hinwegsetzen	to disregard an objection
4372	es bestehen keine Bedenken	there are no objections
4373	ich bestehe auf meiner Forderung	I insist on my demand
4374	dringend ersuchen, ~ nahelegen	to urge, to request urgently
4375	sich einverstanden erklären mit ...	to agree with ...; to declare oneself in (full) agreement with ...

4356	pour ainsi dire...	por así decirlo; en cierto modo...
4357	si j'ose m'exprimer ainsi...	si puedo hablar así; si puedo expresarme de este modo...
4358	passez-moi l'expression...	permítaseme la expresión..., válgame la palabra...
4359	je voudrais exprimer mon sentiment (*ou*: mon avis, mon opinion, mon point de vue) sur...	desearía expresar mi opinión (*o*: mi parecer, mi punto de vista) acerca de (*o*: sobre)
4360	je juge opportun (*ou*: utile) de...	juzgo oportuno...
4361	je juge préférable de...	me parece mejor...
4362	il s'avère nécessaire...	es necesario..., ~ preciso...
4363	il n'est pas exclu que *(+subj.)*	no es imposible que...; no queda excluida la posibilidad de que... (+ *subj.*)
4364	il y a tout lieu de... (croire, etc.)	hay motivo para (creer que)...; esto da lugar a (creer que...)
4365	il est permis de supposer que...	no andaría errado quien creyese (*o*: supusiese)...
4366	cela dépasserait le cadre de nos débats de... (vouloir faire...)	estaría fuera del marco de nuestra discusión..., ~ ~ de lugar...
4367	je voudrais faire (*ou*: formuler, présenter, exprimer) des réserves...	quisiera exponer mis reparos a este propósito...
4368	je voudrais faire (*ou*: présenter, élever, formuler) quelques objections	quisiera formular ciertas reservas
4369	n'avoir pas d'objections à (*ou*: contre) qch.	no tener objeciones contra u/c
4370	objecter	objetar
4371	passer outre à une objection	no hacer caso de una objeción
4372	il n'y a pas d'objections	no hay inconveniente
4373	j'insiste sur ma demande	insisto en mi petición
4374	demander instamment	rogar encarecidamente; pedir con insistencia
4375	se déclarer d'accord avec..., abonder dans le sens de...	declararse de acuerdo con...

4376	ich teile die Ansicht von **Herrn X**	I share the view(s) of Mr X
4377	eine Meinung äußern	to express an opinion
4378	abweichende Meinung	dissenting opinion
4379	eine Auffassung vertreten, eine These ∼	to maintain (*or*: to advocate) a point of view
4380	ein Argument widerlegen	to refute an argument
4381	ich hoffe zuversichtlich, daß ...	I (do) trust that ..., ∼ ∼ hope that
4382	ich würde es begrüßen, wenn ... (+ *Kond*.)	I should welcome it if ...
4383	aus dem Stegreif sprechen, improvisiert ∼, unvorbereitet ∼	to speak extemporaneously; ∼ ∼ off the cuff, *US*
4384	eine Bemerkung machen	to make a remark
4385	ich ziehe meine Bemerkung zurück	I withdraw what I said
4386	hat jd. Bemerkungen hierzu zu machen?; ist nichts zu bemerken dazu?	any comments?; no remarks?; any observations?
4387	es ergeben sich Schwierigkeiten	difficulties arise
4388	auf Schwierigkeiten stoßen	to encounter difficulties; to run into difficulties, *fam*
4389	über eine Frage debattieren, eine Frage erörtern (*od*: diskutieren)	to discuss a question
4390	eine Frage ventilieren, ∼ ∼ zur Sprache bringen, ∼ ∼ aufs Tapet bringen	to raise a problem (*or*: question)
4391	zur Klärung einer Frage	to clarify a question, to clear a matter up; I would like to have a point clarified

4376	je partage les vues de Monsieur X, je rejoins M. X	soy le da opinión del Sr. X, soy del mismo parecer que el Sr. X
4377	exprimer une opinion, ~ un avis	manifestar (*o:* expresar) una opinión
4378	opinion *f* divergente	opinión *f* divergente
4379	soutenir une thèse	sostener una tesis
4380	réfuter un argument	refutar un argumento
4381	j'ai le ferme espoir que ...	confío en que ...
4382	je serais heureux que ... (+*subj.*)	celebraría que (+*subj. imp.*)
4383	parler d'abondance	improvisar una intervención
4384	présenter une observation	formular una observación
4385	je retire ce que j'ai dit	retiro mis palabras
4386	pas d'observations?	¿alguna observación?
4387	des difficultés surgissent	surgen dificultades
4388	se heurter à des difficultés	tropezar con dificultades
4389	discuter une question	discutir una cuestión
4390	mettre une question sur le tapis	poner un problema sobre el tapete
4391	pour un éclaircissement	para una aclaración

VI. Internationale Verträge   VI. International Treaties

4392	Vertrag *m (im internationalen Recht)*, Staatsvertrag *m*	treaty *(in International Law)*
4393	Vertrag *m (im Privatrecht)*	contract *(in Private Law)*
4394	rechtssetzender Vertrag *m*, normativer Vertrag *m*	lawmaking treaty
4395	rechtsgeschäftlicher Vertrag *m*	ordinary treaty, non-lawmaking treaty
4396	Abkommen *n (bilateral)*	convention; agreement
4397	Übereinkommen *n*, Konvention *f (multilateral)*	convention; agreement
4398	Charta *f*	charter
4399	Vereinbarung *f*, Absprache *f*	arrangement, understanding
4400	mündiche Vereinbarung *f*	oral agreement
4401	Konkordat *n*	concordat
4402	Pakt *m*	pact; covenant *(e.g. League of Nations)*
4403	Gentlemen's Agreement *n, nt*	gentlemen's agreement
4404	Vertragsabschlußvereinbarung *f*	pactum de contrahendo *nt*
4405	Absichtserklärung *f*	declaration of intent
4406	multilateral *(seltener:* mehrseitig)	multilateral
4407	Multilateralismus *m*	multilateralism
4408	bilateral *(seltener:* zweiseitig)	bilateral
4409	Kollektivvertrag *m*	collective treaty
4410	Rahmenvertrag *m*	outline-treaty, skeleton-treaty
4411	einen Vertrag schließen *(nicht:* abschließen!)	to enter into a treaty, to conclude a ~
4412	Abschluß *m* eines Vertrages	conclusion of a treaty
4413	vertragsschließende Gewalt *f*	treaty-making power
4414	Vertragsschlußrecht *n*	right to conclude treaties
4415	Vertragsrecht *n*	law of treaties, treaty law
4416	Vertragssammlung *f*	treaty collection

VI. Traités internationaux   VI. Tratados internacionales

4392	traité *m* *(en droit international)*	tratado *m* *(en Derecho internacional)*
4393	contrat *m* *(en droit privé)*	contrato *m* *(en Derecho privado)*
4394	traité-loi *m*, traité *m* normatif	tratado-ley *m*, tratado *m* normativo
4395	traité-contrat *m*, contrat *m*	tratado-contrato *m*
4396	accord *m*; convention *f*	acuerdo *m*, convenio *m*
4397	accord *m*; convention *f*	acuerdo *m*; convenio *m*; convención *f* *(menos corriente)*
4398	Charte *f*	Carta *f*
4399	arrangement *m*	arreglo *m*
4400	accord *m* verbal	acuerdo *m* verbal
4401	concordat *m*	concordato *m*
4402	pacte *m*	pacto *m*
4403	gentlemen's agreement *m*, *nt*	gentlemen's agreement *m*, *nt*, «convenio *m* entre caballeros»
4404	pacte *m* de contrahendo *nt*	pacto *m* de contrahendo *nt*
4405	déclaration *f* d'intention	declaración *f* de intención
4406	multilatéral, plurilatéral	multilateral, multilátero
4407	multilatéralisme *m*	multilateralismo *m*
4408	bilatéral	bilateral
4409	traité *m* collectif	tratado *m* colectivo
4410	traité-cadre	«tratado-marco» *m*, tratado *m* base
4411	conclure un traité	concluir un tratado
4412	conclusion *f* d'un traité	conclusión *f* de un tratado
4413	pouvoir *m* contractant, pouvoir compétent pour conclure des traités	poder *m* contratante
4414	droit *m* de conclure des traités	el derecho de concluir tratados (internacionales)
4415	droit des traités, ~ conventionnel	Derecho *m* de los tratados
4416	recueil *m* de traités	colección *f* de tratados

4417	Abkommen *n* in vereinfachter Form *(nicht rechtsschöpfender Vertrag)*	simplified agreement *(not requiring action by treaty-making power)*
4418	Verträge *mpl* zugunsten Dritter	treaties pro tertio, ∼ in favour (*US:* favor) of a third party (*or:* of third states)
4419	Teilabkommen *n*	partial agreement
4420	allgemeiner Vertrag *m*	general treaty
4421	Vorvertrag *m*	preliminary treaty
4422	Vorvereinbarung *f*	preliminary agreement
4423	Separatvertrag *m*	separate treaty
4424	ungleicher Vertrag *m*, foedus iniquum	unequal treaty
4425	Regierungsabkommen *n (bilateral)*	intergovernmental agreement
4426	Regierungsübereinkommen *n (multilateral)*	intergovernmental convention
4427	Verwaltungsvereinbarung *f*, Ressortabkommen *n*	interdepartmental agreement, administrative ∼
4428	Durchführungsabkommen *n*	implementing agreement
4429	Zusatzabkommen *n*	supplementary agreement, supplemental ∼
4430	Ergänzungsabkommen *n*	complementary agreement
4431	Zwischenabkommen *n*	interim agreement
4432	Sonderabkommen *n*	special agreement
4433	Sondervereinbarung *f*	separate arrangement
4434	Regionalabkommen *n*, regionales Abkommen *n*	regional arrangement, ∼ agreement
4435	Dreierabkommen *n*, Dreimächteabkommen *n*	tripartite agreement, three-power ∼
4436	Viermächteabkommen *n*, Viererabkommen *n*	quadripartite agreement, four-power ∼
4437	Viermächte ...	four-power ...
4438	Fünfmächteabkommen *n*	five-power agreement
4439	Friedensvertrag *m*	peace treaty
4440	Diktat *n* (Diktatfriede *m*)	"diktat" *nt*, dictated peace
4441	Abtretungsvertrag *m*, Zessionsvertrag *m*	treaty of cession
4442	Pachtabkommen *n*	lease agreement
4443	Protektoratsvertrag *m*	treaty of protectorate
4444	Unabhängigkeitsvertrag *m*	treaty of independence

4417	accord *m* en forme simplifiée	acuerdo *m* en forma simplificada
4418	traités *mpl* en faveur d'un tiers	tratados *mpl* en favor de un tercero
4419	accord *m* partiel	acuerdo *m* parcial
4420	traité *m* général	tratado *m* general
4421	traité *m* préliminaire	tratado *m* preliminar
4422	accord *m* préliminaire	acuerdo *m* preliminar
4423	traité *m* séparé	tratado *m* por separado
4424	traité *m* injuste, ~ inique	tratado *m* desigual
4425	accord *m* intergouvernemental	acuerdo *m* intergubernamental
4426	convention *f* intergouvernementale	convenio *m* intergubernamental
4427	arrangement *m* administratif, accord *m* ~	acuerdo *m* administrativo
4428	accord *m* d'application, ~ d'exécution	acuerdo *m* de ejecución, ~ ~ aplicación
4429	accord *m* supplémentaire	acuerdo *m* suplementario, ~ adicional
4430	accord *m* complémentaire	acuerdo *m* complementario
4431	accord *m* intérimaire	acuerdo *m* interino
4432	accord *m* spécial	acuerdo *m* especial
4433	accord *m* particulier	acuerdo *m* especial, ~ por separado
4434	accord *m* régional, entente *f* régionale	acuerdo *m* regional
4435	accord *m* triparti(te)	acuerdo *m* tripartito
4436	accord *m* quadriparti(te)	acuerdo *m* cuadripartito, ~ tetrapartito
4437	quadriparti(te)	cuadripartito
4438	accord *m* des cinq puissances	acuerdo *m* de las cinco potencias, ~ pentapartito
4439	traité *m* de paix	tratado *m* de paz
4440	diktat *m*, *nt*; paix *f* imposée	paz *f* impuesta
4441	traité *m* de cession	tratado *m* de cesión
4442	accord *m* de bail	acuerdo *m* de arriendo
4443	traité *m* de protectorat	tratado *m* de protectorado
4444	traité *m* d'indépendance	tratado *m* de independencia

4445	Sicherheitspakt *m*	security pact
4446	Bündnisvertrag *m*	treaty of alliance
4447	Militärpakt *m*	military treaty, ~ pact
4448	Beistandspakt *m*	treaty of assistance, assistance pact
4449	Nichtangriffspakt *m*	non-aggression treaty, ~ pact
4450	Neutralitätsvertrag *m*	treaty of neutrality
4451	Optionsvertrag *m*	treaty of option
4452	Schiedsvertrag *m*	treaty of arbitration
4453	Schiedsübereinkommen *n*	convention of arbitration
4454	Schiedsabkommen *n*	arbitration agreement
4455	Grenzvertrag *m*	frontier treaty, boundary ~
4456	Gegenseitigkeitsvertrag *m*	reciprocity treaty
4457	gegenseitiger Garantievertrag *m*	treaty of mutual guarantee
4458	gegenseitiges Garantieversprechen *n*	mutual guarantee
4459	Gegenseitigkeit vorausgesetzt	subject to reciprocity
4460	Minderheitenvertrag *m*	minority treaty
4461	Geheimvertrag *m*	secret treaty
4462	Flottenvertrag *m*	naval treaty
4463	Flottenabkommen *n*	naval agreement
4464	Konsularvertrag *m*	consular treaty
4465	Konsularabkommen *n*	consular convention
4466	Kulturabkommen *n*	cultural agreement
4467	Handelsvertrag *m*	commercial treaty
4468	Handelsabkommen *n*	trade (*or*: commercial) agreement
4469	Niederlassungsvertrag *m*	convention on establishment
4470	Währungsabkommen *n*	monetary agreement
4471	Zollabkommen *n*	tariff agreement
4472	Assoziierungsabkommen *n*	association agreement, agreement of association
4473	Freundschaftsvertrag *m*	treaty of friendship
4474	Zahlungsabkommen *n*	payments agreement
4475	Stillhalteabkommen *n*	standstill agreement
4476	Clearingabkommen *n*	clearing agreement
4477	Schiffahrtsvertrag *m*	treaty of navigation
4478	Schiffahrtsabkommen *n*	navigation agreement
4479	Weltpost-Konvention *f*	Universal Postal Convention
4480	Fischereiabkommen *n*	fishing agreement
4481	Doppelbesteuerungsabkommen *n*	double-taxation agreement
4482	Auslieferungsvertrag *m*	treaty of extradition

4445	pacte *m* de sécurité		pacto *m* de seguridad
4446	traité *m* d'alliance		tratado *m* de alianza
4447	pacte *m* militaire		pacto *m* militar, tratado *m* ~
4448	pacte *m* d'assistance		pacto *m* de asistencia
4449	pacte *m* de non-agression		pacto *m* de no agresión, tratado *m* ~ ~ ~
4450	traité *m* de neutralité		tratado *m* de neutralidad
4451	traité *m* d'option		tratado *m* de opción
4452	traité *m* d'arbitrage		tratado *m* de arbitraje
4453	convention *f* d'arbitrage		convenio *m* de arbitraje
4454	accord *m* d'arbitrage		acuerdo *m* de arbitraje
4455	traité *m* frontalier, ~ de frontière		tratado *m* de frontera, ~ fronterizo
4456	traité *m* de réciprocité		tratado *m* de reciprocidad
4457	traité *m* de garantie mutuelle		tratado *m* de garantía mutua
4458	garantie *f* mutuelle		garantía *f* mutua
4459	sous réserve de réciprocité		bajo reserva de reciprocidad
4460	traité *m* de minorités		tratado *m* de minorías
4461	traité *m* secret		tratado *m* secreto
4462	traité *m* naval		tratado *m* naval
4463	accord *m* naval		acuerdo *m* naval
4464	traité *m* consulaire		tratado *m* consular
4465	convention *f* consulaire		convenio *m* consular
4466	accord *m* culturel		acuerdo *m* cultural
4467	traité *m* de commerce		tratado *m* comercial
4468	accord *m* commercial		acuerdo *m* comercial
4469	traité *m* d'établissement		tratado *m* de establecimiento
4470	accord *m* monétaire		acuerdo *m* monetario
4471	accord *m* douanier		acuerdo *m* aduanero
4472	accord *m* d'association, convention *f* ~ ~		acuerdo *m* de asociación
4473	traité *m* d'amitié		tratado *m* de amistad
4474	accord *m* de paiements		acuerdo *m* de pagos
4475	moratoire *m*, accord *m* de «standstill»		moratoria *f*
4476	accord *m* de clearing		acuerdo *m* de compensación
4477	traité *m* de navigation		tratado *m* de navegación
4478	accord *m* de navigation		acuerdo *m* de navegación
4479	Convention *f* postale universelle		convenio *m* postal universal
4480	accord *m* de pêche		acuerdo *m* de pesca
4481	accord *m* sur la double imposition		acuerdo *m* sobre doble imposición
4482	traité *m* d'extradition		tratado *m* de extradición

4483	Abkommen *npl* zwischen Sonderorganisationen *(der UNO)*	inter-agency agreements *(UNO)*
4484	Abkommen *n* über technische Zusammenarbeit	agreement on technical cooperation
4485	Interzonenabkommen *n*, D	interzonal agreement
4486	Kapitulationen *fpl*	Capitulations *(on consular jurisdiction in Eastern countries)*
4487	Protokoll *n*	protocol
4488	Allgemeines Protokoll *n*	general protocol
4489	Verlängerungsprotokoll *n*	protocol of extension
4490	Auslegungsprotokoll *n*	protocol of interpretation
4491	Unterzeichnungsprotokoll *n*	protocol of signature, signature protocol
4492	Zusatzprotokoll *n*	supplementary protocol
4493	Geheimprotokoll *n*	secret protocol
4494	Berichtigungsprotokoll *n*	protocol of rectification
4495	Änderungsprotokoll *n*	protocol of amendment, ~ of modification
4496	Sonderprotokoll *n*	special protocol
4497	Protokoll *n* über den Austausch (*od*: die Hinterlegung) der Ratifizierungsurkunden	protocol of ratifications, ~ ~ the exchange of the instruments of ratification
4498	Generalakte *f*	general act
4499	Schlußakte *f*	final act
4500	Klausel *f*	clause
4501	Standardklausel *f*	standard clause
4502	eine Klausel aufnehmen	to insert a clause, to include ~ ~
4503	Beitrittsklausel *f*	clause of accession, ~ of adhesion
4504	Abweichungsklausel *f*	derogatory clause
4505	Gegenseitigkeitsklausel *f*	reciprocity clause
4506	Schiedsklausel *f*	arbitration clause
4507	Kündigungsklausel *f*	clause of denunciation
4508	Ratifikationsklausel *f*	ratification clause
4509	Geheimklausel *f*	secret clause
4510	Zusatzklausel *f*	rider, supplementary clause
4511	Fakultativklausel *f*	optional clause, facultative ~
4512	Allbeteiligungsklausel *f*, si omnes-Klausel *f*, *nt*	si omnes clause *nt*, all-participation ~
4513	Klausel *f* rebus sic stantibus *nt*	clause rebus sic stantibus *nt*
4514	Ausweichklausel *f*	escape clause

4483	accords *mpl* entre institutions spécialisées *(de l'ONU)*	acuerdos *mpl* entre organismos especializados *(de la ONU)*
4484	accord *m* de coopération technique	acuerdo *m* sobre cooperación técnica
4485	accord *m* interzones, ~ interzonal	acuerdo *m* interzonal
4486	Capitulations *fpl*	Capitulaciones *fpl*
4487	protocole *m*	protocolo *m*
4488	protocole *m* général	protocolo *m* general
4489	protocole *m* de prorogation	protocolo *m* de prórroga
4490	protocole *m* interprétatif, ~ d'interprétation	protocolo *m* de interpretación
4491	protocole *m* de signature	protocolo *m* de firma, acta *f* ~ ~
4492	protocole *m* additionnel	protocolo *m* adicional
4493	protocole *m* secret	protocolo *m* secreto
4494	protocole *m* de rectification	protocolo *m* de rectificación
4495	protocole *m* d'amendement	protocolo *m* de modificación
4496	protocole *m* spécial	protocolo *m* excepcional
4497	procès-verbal *m* d'échange (*ou*: de dépôt) des ratifications	acta *f* de canje (*o*: de depósito) de ratificaciones
4498	acte *m* général	(el) acta *f* general
4499	acte *m* final	acta *f* final
4500	clause *f*	cláusula *f*
4501	clause *f* de style	cláusula *f* usual
4502	insérer une clause	insertar una cláusula
4503	clause *f* d'accession, ~ d'adhésion	cláusula *f* de adhesión
4504	clause *f* dérogatoire	cláusula *f* derogatoria
4505	clause *f* de réciprocité	cláusula *f* de reciprocidad
4506	clause *f* compromissoire	cláusula *f* de compromiso
4507	clause *f* de dénonciation	cláusula *f* de denuncia
4508	clause *f* de ratification *f*	cláusula *f* de ratificación
4509	clause *f* secrète	cláusula *f* secreta
4510	clause *f* additionnelle	cláusula *f* adicional
4511	clause *f* facultative	cláusula *f* facultativa
4512	clause *f* de participation générale, ~ si omnes *nt*	cláusula *f* si omnes *nt*, ~ de participación general
4513	clause *f* rebus sic stantibus *nt*	cláusula *f* rebus sic stantibus *nt*
4514	clause *f* échappatoire	cláusula *f* escapatoria

4515	Meistbegünstigungsklausel *f*	most-favoured nation clause; most-favored ~ ~, US
4516	Meistbegünstigung *f*	most-favoured nation principle; most-favored ~ ~, US
4517	Schutzklausel *f*, Vorbehaltsklausel *f*	protective clause, saving ~
4518	Paritätsklausel *f*	parity clause
4519	Formvorschriften *fpl*	formalities
4520	Bestimmungen *fpl* eines Vertrages	provisions of a treaty
4521	allgemeine Bestimmungen *fpl*	general provisions
4522	Übergangsbestimmungen *fpl*	transitory provisions
4523	Schlußbestimmungen *fpl*	final provisions
4524	einschränkende Bestimmungen *fpl*	restrictive provisions, limiting ~
4525	die Bestimmungen finden Anwendung auf..., ~ ~ gelten für...	the provisions apply to, ~ ~ are applicable to...
4526	analoge Anwendung *f*	analogous application
4527	Heiligkeit *f* der Verträge	sanctity of treaties
4528	einen Vertrag einhalten, sich an einen Vertrag halten	to observe the clauses of a treaty, to comply with a treaty, to respect a ~
4529	Einhaltung *f* eines Vertrages, Vertragstreue *f*	observance of a treaty
4530	etw. als einen (bloßen) Fetzen Papier betrachten	to look at s.th. as simply a scrap of paper
4531	nach bestem Wissen und Gewissen	in good faith
4532	sich auf einen Artikel berufen	to invoke an article, to avail oneself of an article
4533	Vertragsverpflichtungen *fpl*	treaty commitments, ~ obligations
4534	verbindlich	obligatory, binding
4535	einem Vertrag zuwiderhandeln, einen ~ verletzen	to violate a treaty, to infringe the provisions of a treaty
4536	Verletzung *f (eines Vertrages)*	violation of, non-compliance with...
4537	einen Vertrag brechen	to break a treaty
4538	Vertragsbruch *m*	breach of a treaty; ~ of contract
4539	vertragsbrüchiger Staat *m*	treaty-breaking state, defaulting ~

4515	clause *f* de la nation la plus favorisée	cláusula *f* de nación más favorecida
4516	régime *m* de la nation la plus favorisée	régimen *m* de nación más favorecida
4517	clause *f* de sauvegarde, ~ ~ protection	cláusula *f* de protección, ~ ~ salvaguardia
4518	clause *f* de parité	cláusula *f* de paridad
4519	formalités *fpl*	formalidades *fpl*
4520	dispositions *fpl* d'un traité	disposiciones *fpl* de un tratado
4521	dispositions *fpl* générales	disposiciones *fpl* generales
4522	dispositions *fpl* transitoires	disposiciones *fpl* transitorias
4523	dispositions *fpl* finales	disposiciones *fpl* finales
4524	dispositions *fpl* restrictives	disposiciones *fpl* restrictivas
4525	il est fait application des dispositions . . ., ces dispositions s'appliquent à . . .	las disposiciones se aplican a . . .
4526	application *f* par analogie	aplicación *f* por analogía
4527	caractère *m* sacré des traités	santidad *f* de los tratados
4528	respecter un traité, observer ~ ~	cumplir un tratado
4529	observation *f* des clauses d'un traité	cumplimiento *m* de un tratado, observancia *f* ~ ~ ~
4530	considérer qch. comme un chiffon de papier	considerar como papel mojado
4531	de bonne foi	de buena fe
4532	invoquer un article, se prévaloir d'un ~	invocar un artículo
4533	obligations *fpl* contractuelles	compromisos *mpl* (*u*: obligaciones *fpl*) que se derivan de los tratados
4534	obligatoire	obligatorio
4535	consommer la violation d'un traité, violer un ~, enfreindre les dispositions d'un ~	violar un tratado
4536	violation *f* (de)	violación *f*, incumplimiento *m*
4537	rompre un traité	romper un tratado
4538	rupture *f* d'un traité, violation *f* de contrat	ruptura *f* de un tratado
4539	Etat *m* en rupture de traité	Estado *m* que ha (*o*: haya) infringido (*o*: quebrantado, roto) el tratado

4540	den Bestimmungen zuwiderlaufen	to be contrary to the stipulations, to be at variance with ~ ~
4541	sich über alle Verträge hinwegsetzen	to set aside all treaties, to disregard ~ ~
4542	einen Vertrag auslegen	to interpret a treaty
4543	Auslegung *f*	interpretation
4544	weite Auslegung *f*	loose interpretation, broad ~
4545	einschränkende Auslegung *f*, enge ~	strict interpretation
4546	Vertragsentwurf *m*	draft treaty
4547	abgeänderter Entwurf *m*	amended draft
4548	Neufassung *f*	redrafting; new draft
4549	die Fassung von Artikel...	the wording of article...
4550	ausdrücklich festlegen	to stipulate expressly
4551	etwas abhängig machen von...	(*use formula with* "subject to" *or*: "with the proviso that...")
4552	Annahme *f*	acceptance
4553	Annahmeurkunde *f*	instrument of acceptance
4554	vorbehaltslos	without reservations
4555	unter Vorbehalten	with reservations
4556	...für beide Teile annehmbar	...acceptable to both parties
4557	unterzeichnen	to sign
4558	Unterzeichner *mpl*	signatories
4559	die Unterzeichneten *mpl*	the undersigned
4560	die Unterzeichnerstaaten *mpl*; die Signatarstaaten *mpl (weniger gut)*	the signatory states
4561	die Unterzeichnerregierungen *fpl*	the signatory governments
4562	Mitunterzeichner(staat) *m*	co-signatory
4563	die Nichtunterzeichnerstaaten *mpl*	the non-signatory states
4564	die Nichtunterzeichnerregierungen *fpl*	the non-signatory governments
4565	die Nichtunterzeichnerparteien *fpl*	the non-signatory parties
4566	die Vertragsstaaten *mpl*	the contracting states
4567	die Vertragsregierungen *fpl*	the contracting governments
4568	die Vertragsparteien *fpl (oft auch*: Vertragsteile *mpl*, Vertragspartner *mpl)*	the contracting parties, the parties to a treaty
4569	Vertragspartner *m*	co-contracting party
4570	die Nichtvertragsstaaten *mpl*	the non-contracting states
4571	dritte Staaten *mpl*	third states, outside countries

4540	être contraire aux dispositions	ser contrario a las disposiciones
4541	se moquer de tous les traités, passer outre à ~ ~ ~	burlarse de todos los tratados
4542	interpréter un traité	interpretar un tratado
4543	interprétation *f*	interpretación *f*
4544	interprétation *f* extensive	interpretación *f* extensiva
4545	interprétation *f* restrictive, ~ stricte	interpretación *f* restrictiva
4546	projet *m* de traité	proyecto *m* de tratado
4547	projet *m* amendé	proyecto *m* enmendado
4548	nouvelle rédaction *f*	nueva redacción *f*
4549	la rédaction de l'article..., l'énoncé ~ ~, la teneur ~ ~, le libellé de l'article de...	la redacción del artículo...
4550	stipuler expressément	estipular expresamente
4551	subordonner qch. à la condition que... (+*subj.*)	subordinar (*o:* supeditar) u/c a la condición de que... (+*subj.*)
4552	acceptation *f*	aceptación *f*
4553	instrument *m* d'acceptation	instrumento *m* de aceptación
4554	sans réserves	sin reservas
4555	avec réserves	con reservas
4556	... acceptable pour les deux parties	... aceptable para ambas partes
4557	signer	firmar
4558	signataires *mpl*	signatarios *mpl*, firmantes *mpl*
4559	les soussignés *mpl*	los suscritos
4560	les Etats *mpl* signataires	los Estados signatarios
4561	les gouvernements *mpl* signataires	los Gobiernos signatarios
4562	cosignataire *m*	cofirmante *m*
4563	les Etats *mpl* non signataires	los Estados no signatarios
4564	les gouvernements *mpl* non signataires	los Gobiernos no signatarios
4565	les parties *fpl* non signataires	las Partes no signatarias
4566	les Etats *mpl* contractants	los Estados contratantes
4567	les gouvernements *mpl* contractants	los Gobiernos contratantes
4568	les parties *fpl* contractantes; ~ ~ à un traité	las Partes contratantes
4569	co-contractant *m*	cocontratante *m*
4570	les Etats *mpl* non contractants	los Estados no contratantes
4571	Etats *mpl* tiers	Estados *mpl* terceros

4572	Teilnehmerstaaten *mpl*	participating states
4573	Teilnehmerregierungen *fpl*	participating governments
4574	Nichtteilnehmerstaaten *mpl*	non-participating states
4575	Nichtteilnehmerregierungen *fpl*	non-participating governments
4576	Unterzeichnungsurkunde *f*	instrument of signature
4577	seine Unterschrift setzen unter ... *(acc)*	to append one's signature to ...
4578	ein Dokument mit der Unterschrift von ... versehen	to append one's signature to a document
4579	mit seinem Siegel *n* versehen	to affix one's seal (to)
4580	Unterzeichnung *f* „ad referendum"	signature ad referendum *nt*
4581	nachträgliche Unterzeichnung *f*	deferred signature
4582	Paraphierung *f*	initialling, *GB*; initialing, *US*
4583	paraphieren *(einen Vertrag)*	to initial
4584	dieser Vertrag bedarf der Ratifikation	the present Treaty shall be ratified, ~ ~ ~ is subject to ratification
4585	ratifizieren	to ratify
4586	Ratifizierung *f* durch das Parlament	parliamentary ratification; Senate ratification, *US*
4587	Ratifikation *f*, Ratifizierung *f*	ratification
4588	das Ratifizierungsgesetz	ratifying law, law of ratification
4589	vorbehaltlich der Ratifizierung	subject to ratification
4590	gemäß ihren verfassungsrechtlichen Vorschriften	in accordance with their respective constitutional rules
4591	unvollständige Ratifizierung *f*	imperfect ratification, incomplete ~
4592	Ratifikationsurkunde *f*	instrument of ratification
4593	Austausch *m* der Ratifizierungsurkunden	exchange of instruments of ratification
4594	Hinterlegung *f* der Ratifizierungsurkunden	deposit of the instruments of ratification
4595	die Ratifizierungsurkunde bei einer Regierung hinterlegen	to deposit the instrument of ratification with a government
4596	hinterlegen	to deposit
4597	Notifikation *f*, Notifizierung *f*	notification
4598	Notifikationsurkunde *f*	instrument of notification
4599	Verwahrstelle *f*	depositary, depository
4600	Verwahrstaat *m*	depositary (*or*: depository) state
4601	registrieren *(einen Vertrag)*	to register *(a treaty)*
4602	Registrierung *f* von Verträgen	registration of treaties
4603	Anwendungsbereich *m*	scope, ambit, purview

4572	Etats *mpl* participants	Estados *mpl* participantes
4573	gouvernements *mpl* participants	Gobiernos *mpl* participantes
4574	Etats *mpl* non participants	Estados *mpl* no participantes
4575	gouvernements *mpl* non participants	Gobiernos *mpl* no participantes
4576	instrument *m* de signature	instrumento *m* de firma
4577	apposer sa signature au bas de ...	estampar su firma en ...
4578	revêtir un document de la signature de ...	estampar su firma en un documento
4579	apposer son sceau (sur)	sellar con su sello
4580	signature *f* ad referendum	firma *f* ad referendum
4581	signature *f* différée	firma *f* aplazada
4582	paraphage *m*	rubricación *f*
4583	parapher	rubricar
4584	le présent Traité sera ratifié, ~ ~ ~ doit être ratifié	el presente Tratado será ratificado, ~ ~ ~ está sujeto a ratificación
4585	ratifier	ratificar
4586	ratification *f* par le Parlement	ratificación *f* por el Parlamento
4587	ratification *f*	ratificación *f*
4588	loi *f* de ratification	ley *f* de ratificación
4589	sous réserve de ratification	bajo reserva de ratificación
4590	en conformité avec leurs règles constitutionnelles	de acuerdo con sus respectivas normas constitucionales
4591	ratification *f* imparfaite	ratificación *f* imperfecta
4592	instrument *m* de ratification	instrumento *m* de ratificación
4593	échange *m* des instruments de ratification	canje *m* de los instrumentos de ratificación
4594	dépôt *m* des instruments de ratification	depósito *m* de los instrumentos de ratificación
4595	déposer l'instrument de ratification auprès d'un gouvernement	depositar el instrumento de ratificación cerca de un gobierno
4596	déposer	depositar
4597	notification *f*	notificación *f*
4598	instrument *m* de notification	instrumento *m* de notificación
4599	dépositaire *m*	depositario *m*
4600	Etat *m* dépositaire	Estado *m* depositario
4601	enregistrer *(un traité)*	registrar *(un tratado)*
4602	enregistrement *m* de traités	registro *m* de tratados
4603	champ *m* d'application, domaine *m* ~ ~	campo *m* de aplicación

4604	räumlicher Geltungsbereich *m*	territorial application
4605	Geltungsbereich *m*	sphere of application
4606	außer Kraft setzen *(ein Abkommen)*	to terminate *(an agreement)*, to abrogate
4607	außer Kraft treten	to cease to have effect
4608	null und nichtig	null and void
4609	rückwirkende Kraft *f*	retroactivity, retrospective effect
4610	Nichtrückwirkung *f*	non-retroactivity
4611	Kündigung *f*	denunciation
4612	einen Vertrag kündigen	to denounce a treaty, to abrogate ~ ~
4613	Kündigungsurkunde *f*	instrument of denunciation, ~ ~ abrogation
4614	das Abkommen ist unkündbar	the agreement is not subject to denunciation
4615	höhere Gewalt *f*	force majeure *nt*, act of God
4616	Verlängerung *f* eines Vertrages	renewal of a treaty
4617	ausdrückliche Verlängerung *f*	explicit renewal
4618	stillschweigende Verlängerung *f*	tacit renewal
4619	stillschweigend erneuern	to renew tacitly
4620	stillschweigende Zustimmung *f*	tacit consent
4621	auf unbegrenzte Zeit	for an unlimited period
4622	langfristig	long-term
4623	erlöschen, ablaufen	to expire, to lapse
4624	Erlöschen *n*, Ablauf *m*	expiration, expiry of
4625	offener Vertrag *m*	open treaty, treaty open for accession
4626	zur Unterzeichnung offen stehen	to be open for signature
4627	geschlossener Vertrag *m* *(schließt Beitritt weiterer Staaten aus)*	treaty not open for accession
4628	einem Vertrag beitreten	to accede to a treaty
4629	Beitritt *m* zu einem Vertrag	accession to a treaty
4630	die beitretenden Regierungen *fpl*	the acceding governments
4631	die beitretenden Staaten *mpl*	the acceding states
4632	Beitrittsurkunde *f*	instrument of accession
4633	Revision *f* eines Vertrages	revision of a treaty

4604	champ *m* d'application territoriale	campo *m* de aplicación territorial
4605	secteur *m* d'application	campo *m* de aplicación
4606	mettre fin à *(un accord)*	poner fin a *(un acuerdo)*
4607	cesser de produire ses effets	dejar de surtir efectos, quedar sin ~
4608	nul et non avenu	nulo y sin valor
4609	rétroactivité *f*, effet *m* rétroactif	retroactividad *f*, efecto *m* retroactivo
4610	non-rétroactivité *f*	no retroactividad *f*
4611	dénonciation *f*	denuncia *f*
4612	dénoncer un traité	denunciar un tratado
4613	instrument *m* de dénonciation	instrumento *m* de denuncia
4614	l'accord *m* ne peut être dénoncé	el acuerdo no puede ser denunciado
4615	force *f* majeure	fuerza *f* mayor
4616	reconduction *f* d'un traité	renovación *f* de un tratado
4617	reconduction *f* expresse	renovación *f* expresa
4618	reconduction *f* tacite, tacite reconduction *f*	renovación *f* tácita
4619	renouveler tacitement	renovar tácitamente
4620	consentement *m* tacite	consentimiento *m* tácito
4621	pour une durée illimitée	por un tiempo ilimitado
4622	à longue échéance, à long terme	a largo plazo
4623	expirer, venir à échéance, ~ ~ ~ expiration	expirar
4624	expiration *f*	expiración *f*
4625	traité *m* ouvert	tratado *m* abierto
4626	être ouvert à la signature	estar abierto a la firma
4627	traité *m* fermé	tratado *m* limitado
4628	adhérer à un traité, accéder ~ ~ ~	adherirse a un tratado
4629	adhésion *f* à un traité, accession *f* ~ ~ ~	adhesión *f* a un tratado
4630	les gouvernements adhérents	los Gobiernos adherentes
4631	les Etats adhérents	los Estados adherentes
4632	instrument *m* d'adhésion	instrumento *m* de adhesión
4633	révision *f* d'un traité	revisión *f* de un tratado

4634	Wortlaut und Sinn des Vertrages, Geist und Buchstabe des Vertrages	letter and spirit of the treaty
4635	Inhalt *m (eines Vertrages usw.)*	tenor, content
4636	Präambel *f*	preamble
4637	in dem festen Willen . . .; gewillt . . .; entschlossen . . .	determined to . . .
4638	in der Erkenntnis . . .	recognizing . . .
4639	in der Erwägung, daß . . .	considering that . . .
4640	in dem Bemühen . . ., in dem Bestreben . . ., bemüht . . ., bestrebt . . .	anxious to . . .
4641	die Hohen Vertragsparteien (*oft auch*: die Hohen Vertragsschließenden Teile)	the High Contracting Parties
4642	. . . haben folgende Bestimmungen vereinbart	. . . have agreed to the following provisions
4643	dieser Vertrag . . . (*nicht*: der vorliegende ~!)	this Treaty . . .
4644	integrierender Bestandteil *m* dieses Vertrages	integral part of this Treaty
4645	soweit nichts anderes bestimmt (ist)	except as (*or*: where) otherwise provided
4646	wohlverstanden, daß . . .	it being understood that . . ., with the proviso that . . .
4647	gilt sinngemäß	shall apply mutatis mutandis *nt*
4648	. . . die den Bestimmungen entgegenstehen, ~ ~ ~ zuwiderlaufen	being in opposition to . . .
4649	unbeschadet der Bestimmungen von . . .	without prejudice to the provisions
4650	vorbehaltlich des Artikels 12	except as provided for in article 12
4651	in Artikel 33 genannt, ~ ~ ~ bezeichnet	referred to in article 33
4652	in Artikel 3 vorgesehen	provided for in article 3
4653	abweichend von *(Art. 1)*	in derogation of *(art. 1)*, notwithstanding *(art. 1)*, by exception to
4654	es ist Sache der Regierung, zu . . ., es obliegt der Regierung, zu . . .	it is incumbent upon the Government to . . .
4655	der Text (*od*: die Fassung) von Art. 10 ist genügend elastisch	the wording of article 10 is sufficiently flexible

4634	la lettre et l'esprit du traité	el espíritu y la letra del tratado
4635	teneur *f*	tenor *m*
4636	préambule *m*	preámbulo *m*
4637	déterminés à ...	decididos a ..., resueltos a
4638	reconnaissant ...	reconociendo ...
4639	considérant que ...	considerando que ...
4640	soucieux de ..., animés du désir de ...	animados del deseo de ...
4641	les Hautes Parties Contractantes	las Altas Partes Contratantes
4642	sont convenu(e)s des dispositions suivantes	... han convenido en las siguientes disposiciones
4643	le présent Traité ...	el presente Tratado ...
4644	partie *f* intégrante du présent Traité	parte *f* integrante del presente Tratado
4645	sauf dispositions contraires, sauf dérogations prévues au présent traité	salvo disposición en contrario
4646	étant (bien) entendu que ...	quedando bien entendido que ...
4647	s'appliquera mutatis mutandis *nt*	se aplica(rá) mutatis mutandis *nt*
4648	... allant à l'encontre de ces dispositions	... siendo contrario a las estipulaciones
4649	sans préjudice des stipulations de ...	sin perjuicio de las estipulaciones de ...
4650	sous réserve de l'article 12	salvo lo dispuesto en el artículo 12
4651	visé à l'article 33	previsto (*o:* mencionado) en el artículo 33
4652	prévu à l'article 3	previsto en el artículo 3
4653	par dérogation à *(art. 1)*, en ~ ~ ~	por derogación *(del art. 1)*, en derogación a
4654	il incombe (*ou:* il appartient) au Gouvernement de ...	incumbe (*o:* corresponde) al Gobierno *(+ inf.)*
4655	la rédaction de l'article 10 est suffisamment souple, l'énoncé ~ ~ ~ ~ ~ ~	la redacción del artículo 10 es suficientemente elástica (*o:* flexible)

4656	geschehen zu..., ausgefertigt in...	done at...
4657	zu Urkund dessen...	in witness whereof..., in faith whereof, in testimony whereof
4658	beide Texte sind maßgebend	both texts are authentic
4659	Urkunde *f*	instrument
4660	Genehmigungsurkunde *f*	instrument of approval
4661	Urschrift *f*, Original *n*	original, original text
4662	vollständiger Text *m*, vollständiger Wortlaut *m*	full wording, unabridged text
4663	in einer Urschrift	in a single copy
4664	in zwei Urschriften	in duplicate
4665	beglaubigte Abschrift *f*	certified copy
4666	beigefügt sein *(+ dat) (zu einem Vertrag)*	to be annexed to...

4656	fait à...	hecho en..., dado en...
4657	en foi de quoi...	en testimonio de lo cual..., ~ fe ~ ~ ~, ... y para que conste...
4658	les deux textes font foi	ambos textos hacen fe
4659	acte *m*, instrument *m*	instrumento *m*
4660	instrument *m* d'approbation	instrumento *m* de aprobación
4661	original *m*, texte *m* original, exemplaire *m* ~	original *m*, texto *m* original
4662	texte *m* intégral	texto *m* integral
4663	en un seul exemplaire	en un solo ejemplar
4664	en double exemplaire	en doble original
4665	copie *f* certifiée conforme	copia *f* certificada, ~ auténtica, ~ legalizada
4666	être joint en annexe à...	estar unido como anexo a...

VII. Internationale Organisation und Verwaltung

VII. International Organization and Administration

1. Allgemeines

1. General Terms

4667	eine Organisation ins Leben rufen	to call an organization into existence, ~ ~ ~ ~ ~ being, ~ ~ ~ ~ ~ life
4668	eine Organisation gründen, ~ ~ schaffen	to set up an organization, to create ~ ~, to form ~ ~
4669	Anlaufzeit *f*	intial period
4670	... ein Vorläufer *m* dieser Einrichtung	... a forerunner of this institution
4671	im Rahmen dieser Organisation	within the framework of this organization
4672	Gründungsurkunde *f*, Gründungsakte *f*, Verfassung *f*	constituent act, constitution
4673	Satzung *f*; Statuten *fpl*, Ö	statute(s)
4674	Rechtspersönlichkeit *f* haben	to have legal personality
4675	Vereinszweck *m*	aim(s) of the association
4676	Sitz *m* *(einer Organisation)*	seat; headquarters
4677	Regelung *f* der Sprachenfrage	rules concerning the languages
4678	Mitgliedschaft *f*	membership
4679	Ehrenmitglied *n*	honorary member
4680	förderndes Mitglied *n*	sponsoring member
4681	Einzelmitglied *n*	individual member
4682	Einzelmitgliedschaft *f*	individual membership
4683	korrespondierendes Mitglied *n*	corresponding member
4684	ständiges Mitglied *n*	permament member
4685	ursprüngliches Mitglied *n*	original member
4686	Vollmitglied *n*	full member
4687	Vollmitgliedschaft *f*, volle Mitgliedschaft *f*	full membership

VII. Organisation et administration internationales

VII. Organización y administración internacionales

1. Généralités

1. Generalidades

4667 donner le jour à une organisation
fundar (*o*: establecer) una organización

4668 fonder une organisation, créer ∼ ∼, mettre sur pied ∼ ∼
crear una organización, fundar ∼ ∼

4669 période *f* de démarrage
período *m* de puesta en marcha, ∼ inicial

4670 ... un précurseur de cette institution
... un precursor de esta institución

4671 dans le cadre de cette organisation
dentro del marco de esta organización

4672 acte *m* constitutif
(el) acta *f* de constitución, escritura *f* ∼ ∼

4673 statut(s) *m(pl)*
estatuto(s) *m(pl)*

4674 avoir la personnalité juridique
tener personalidad *f* jurídica

4675 but(s) *m(pl)* de l'association
fines *mpl* de la asociación

4676 siège *m*
sede *f*

4677 régime *m* linguistique
régimen *m* lingüístico, reglas *fpl* sobre lenguas

4678 qualité *f* de membre
condición *f* de miembro, calidad *f* ∼ ∼

4679 membre *m* d'honneur
miembro *m* honorario, ∼ de honor

4680 membre *m* bienfaiteur
miembro *m* benefactor

4681 membre *m* individuel
miembro *m* individual; socio *m* ∼

4682 qualité *f* de membre individuel
calidad *f* de miembro individual

4683 membre *m* correspondant
miembro *m* correspondiente, socio *m* ∼

4684 membre *m* permanent
miembro *m* permanente

4685 membre *m* originaire
miembro *m* originario

4686 membre *m* de plein droit, ∼ à part entière
miembro *m* de pleno derecho

4687 qualité de membre de plein droit, ∼ ∼ ∼ à part entière
calidad *f* de miembro de pleno derecho

4688	assoziiertes Mitglied *n*	associate member
4689	Assoziierungsantrag *m (bes EG)*	request for association
4690	aktive Mitgliedschaft *f*	active membership
4691	Mitgliedsstaat *m*	member state
4692	Nichtmitgliedsstaat *m*	non-member state
4693	Mitgliedsregierung *f*	member government
4694	Nichtmitglied *n*	non-member
4695	Nichtmitgliedsregierung *f*	non-member government
4696	ununterbrochene Mitgliedschaft *f*	uninterrupted membership
4697	die aus der Mitgliedschaft sich ergebenden (*od*: fließenden) Rechte *npl* und Vorteile *mpl*	the rights and benefits (*or*: advantages) resulting from membership
4698	Austrittsrecht *n*	right of withdrawal
4699	Mitgliedsbeiträge *mpl*	members' dues, subscriptions
4700	Jahresbeitrag *m*	annual dues, ~ contribution
4701	freiwillige Beiträge *mpl*	voluntary contributions
4702	Spende *f*	gift
4703	Zuschuß *m*	grant, subsidy
4704	Körperschaft *f*	corporate body, body corporate
4705	gemeinnützige Institution *f*	non-profit institution, non-profit organization *(GB)*
4706	supranationale Organisation *f*	supranational organization
4707	angeschlossene Organisationen *fpl*	affiliated organizations
4708	internationale Institution *f* (*noch allgemeiner als* „Organisation")	international institution
4709	nichtamtliche Organisation *f*, nichtregierungsvertretende ~	non-governmental organization (NGO)
4710	regierungsvertretende Organisation *f*, amtliche ~	governmental organization (GO)
4711	halbamtliche Organisation *f*	semi-official organization
4712	gleichberechtigt, als gleichberechtigter Partner	on an equal footing, enjoying equal rights
4713	Partnerschaft *f*	partnership
4714	die Aufnahme in eine Organisation beantragen	to apply to become a member of an organization, to apply for membership ~ ~ ~ in (of)
4715	Zulassungsantrag *m*, Aufnahmeantrag *m*	application for admission

4688	membre *m* associé	miembro *m* asociado
4689	demande *f* d'association	solicitud *f* de asociación
4690	qualité *f* de membre actif	condición *f* de miembro activo
4691	Etat *m* membre	Estado *m* miembro
4692	Etat *m* non-membre	Estado *m* no miembro
4693	gouvernement *m* membre	Gobierno *m* miembro
4694	non-membre *m*	no miembro *m*
4695	gouvernement *m* non-membre	Gobierno *m* no miembro
4696	appartenance *f* continue	condición *f* ininterrumpida de miembro
4697	les droits *mpl* et avantages *mpl* résultant de la qualité de membre	los derechos *mpl* y beneficios *mpl* inherentes a la condición de miembro
4698	droit *m* de retrait	derecho *m* de retirada
4699	cotisations *fpl* des membres	cuotas *fpl* de (los) miembros
4700	cotisation *f* annuelle	cuota *f* anual
4701	contributions *fpl* volontaires	contribuciones *fpl* voluntarias
4702	don *m*	donación *f*
4703	subside *m*, subvention *f*	subsidio *m*
4704	personne *f* morale	persona *f* moral
4705	institution *f* sans but lucratif	institución *f* sin fines de lucro (*o*: lucrativos)
4706	organisation *f* supranationale	organización *f* supranacional, organismo *m* ~
4707	organisations *fpl* affiliées	organizaciones *fpl* afiliadas
4708	institution *f* internationale	institución *f* internacional, organismo *m* ~
4709	organisation *f* non gouvernementale (ONG)	organización *f* no gubernamental
4710	organisation *f* gouvernementale (OG)	organización *f* gubernamental
4711	organisation *f* semi-officielle	organización *f* semioficial
4712	à égalité de droits, sur un pied d'égalité	con igualdad de derechos, sobre un pie de igualdad
4713	partnership *m*, *nt*	partnership *m*, *nt*
4714	solliciter l'admission dans une organisation, demander à devenir membre d'une ~	solicitar el ingreso en una organización
4715	demande *f* d'adhésion, ~ d'admission	solicitud *f* de admisión, ~ ~ ingreso, petición *f* de ~

4716	anhängige Anträge *mpl*	pending applications
4717	einer Organisation beitreten	to join an organization
4718	Beitritt *m* zu ...	accession to ..., joining of ...
4719	Aufnahme *f* neuer Miglieder, Zulassung *f* ~ ~	admission of new members
4720	Zugehörigkeit *f* (*zu einer Organisation*)	affiliation (in), membership (of)
4721	ausschließen aus	to expel from
4722	Ausschluß *m* von Mitgliedern	expulsion of members
4723	Austritt *m* aus ...	withdrawal from ...
4724	aus einer Organisation austreten	to withdraw from an organization
4725	Austrittsanzeige *f*	notice of withdrawal
4726	private Organisation *f*	private organization
4727	Weltorganisation *f*	world-wide organization
4728	regionale Organisation *f*	regional organization
4729	Weltverband *m*; *seltener*: Weltunion *f*	world federation, ~ union
4730	Weltbund *m*	world alliance, ~ federation
4731	Weltbewegung *f*	world movement
4732	Weltversammlung *f* (für ...)	world assembly (for ...)
4733	Weltrat *m*	world council
4734	Weltkongreß *m*	world congress
4735	weltumspannend, weltumfassend, weltweit	world-wide, international
4736	Gemeinschaft *f*	community
4737	Internationale *f*	International(e)
4738	Bewegung *f*	movement
4739	Freiheitsbewegung *f*	freedom movement
4740	Aktionskomitee *n*, Aktionsausschuß *m*	action committee
4741	Frauenvereinigung *f*	women's association
4742	Stiftung *f*	foundation, endowment
4743	Fonds *m, nt*	fund
4744	Entwicklungsfonds *m*	development fund
4745	Hilfsfonds *m*	relief fund
4746	Hilfsorganisation *f*, Hilfswerk *n*	relief agency
4747	Hilfskomitee *n*	relief committee
4748	Zusammenschluß *m* (*im allgem. Sinne*)	union, group
4749	Agentur *f*; *zT auch*: Behörde *f*	agency

4716	demandes *fpl* d'admission en instance	solicitudes *fpl* pendientes
4717	adhérer à une organisation	ingresar en una organización
4718	adhésion *f* à..., accession *f* à...	ingreso *m* en..., admisión *f* en...
4719	admission *f* de nouveaux membres	admisión *f* de nuevos miembros
4720	appartenance *f (à une organisation)*, affiliation *f*	pertenencia *f* (a)
4721	exclure de, expulser	excluir de, expulsar de
4722	exclusion *f* de membres, expulsion ~ ~	expulsión *f* de miembros
4723	retrait *m* de...	retirada *f* de...
4724	se retirer d'une organisation	retirarse de una organización
4725	préavis *m* de retrait	aviso *m* de retirada, ~ de salida
4726	organisation *f* privée	organización *f* privada
4727	organisation *f* mondiale	organización *f* mundial
4728	organisation *f* régionale	organización *f* regional
4729	fédération *f* mondiale, union *f* ~, ~ universelle	federación *f* mundial, unión *f* ~, ~ universal
4730	alliance *f* mondiale, fédération *f* ~	alianza *f* mundial, federación *f* ~
4731	mouvement *m* mondial	movimiento *m* mundial
4732	assemblée *f* mondiale (pour, de...)	asamblea *f* mundial (para...)
4733	conseil *m* mondial	consejo *m* mundial
4734	congrès *m* mondial	congreso *m* mundial
4735	universel, à l'échelon mondial	universal
4736	communauté *f*	comunidad *f (de uso corriente hoy día,* «mancomunidad» *sería mejor)*
4737	Internationale *f*	Internacional *f*
4738	mouvement *m*	movimiento *m*
4739	mouvement *m* de libération	movimiento *m* de liberación
4740	comité *m* d'action	comité *m* de acción
4741	association *f* de femmes	asociación *f* femenina
4742	fondation *f*	fundación *f*
4743	fonds *m*	fondo *m*
4744	fonds *m* de développement	fondo *m* de desarrollo
4745	fonds *m* de secours	fondo *m* de socorro
4746	organisme *m* de secours	organismo *m* de socorro
4747	comité *m* de secours, ~ d'aide (à)	comité *m* de socorro, ~ de ayuda (a)
4748	groupement *m*	agrupación *f*
4749	agence *f*	agencia *f*

4750	Arbeitsgemeinschaft *f*	association
4751	Bund *m*; *seltener*: Allianz *f*	alliance
4752	Liga *f*, Bund *m*	league
4753	Union *f*, Verein *m*	union
4754	Verband *m*; *seltener*: Föderation *f*	federation, association, union
4755	Verein *m*	association
4756	Vereinigung *f*	union, association
4757	Dachorganisation *f* für ... *(die Organisationen)* Spitzenorganisation	holding organization, parent body central association
4758	Zentralverband *m*, Spitzenverband *m*. Bund *m*, Dachverband *m*	confederation, federation, central organization
4759	internationale Gesellschaft *f (des privaten Rechts)*	international society
4760	Klub *m*	club
4761	Zentralausschuß *m*, Zentralkommission *f*, Zentralkomitee *n*	central committee, ~ commission
4762	internationales Amt *n* (für ...), ~ Büro *n* (für)	international bureau (for ...)
4763	ständiges Büro *n*	permanent office
4767	Gruppe *f*	group
4765	Fachorganisation *f (im D besser nicht „technisch" = „auf die materielle Technik oder Technologie bezüglich"),* fachliche Organisation *f*	technical organization, professional ~
4766	Berufsverband *m*, Berufsorganisation *f*	professional organization, ~ society
4767	Kammer *f*	chamber
4768	Arbeitgeberverband *m*	employers' association, ~ federation
4769	Arbeitnehmerorganisation *f*	workers' organization
4770	Gewerkschaft *f*	trade union; labor ~, US
4771	Gewerkschaftsbewegung *f*	trade-unionism, trade-union movement
4772	Gewerkschaftler *m*	trade-unionist
4773	Gewerkschaftsbund *m*	Trade Unions Federation
4774	freie Gewerkschaften *fpl*	free trade unions

4750	association *f*, groupement *m*	asociación *f*, agrupación *f*
4751	alliance *f*	alianza *f*
4752	ligue *f*	liga *f*
4753	union *f*	unión *f*
4754	fédération *f*, association *f*, union *f*	federación *f*, asociación, *f* unión *f*
4755	association *f*	asociación *f*
4756	union *f*, association *f*	unión *f*, asociación *f*
4757	organisation *f* qui coiffe (les organisations)	organización *f* central (de la que dependen otras subordinadas); organización *f* superior
4758	confédération *f*, fédération *f*	confederación *f*, federación *f*
4759	société *f* internationale	sociedad *f* internacional
4760	club *m*	club *m*
4761	commission *f* centrale; comité *m* central	comisión *f* central; comité *m* ~
4762	bureau *m* international (pour, de . . .)	oficina *f* internacional (para . . .)
4763	bureau *m* permanent	oficina *f* permanente
4764	groupe *m*	grupo *m*
4765	organisation *f* technique	organización *f* técnica
4766	organisation *f* professionnelle, syndicat *m*	organización *f* profesional
4767	chambre *f*	Cámara *f* *(comercio, industria, navegación)*; Colegio *m* *(abogados, médicos, arquitectos)*
4768	syndicat *m* patronal *(à l'échelon national)*; fédération *f* d'employeurs	federación *f* patronal, sindicato *m* ~
4769	organisation *f* de travailleurs	organización *f* de trabajadores
4770	syndicat *m* (ouvrier)	sindicato *m* obrero
4771	mouvement *m* syndical, syndicalisme *m*	sindicalismo *m*
4772	syndicaliste *m*	sindicalista *m*
4773	confédération *f* de syndicats, ~ syndicale	confederación *f* de sindicatos obreros
4774	syndicats *mpl* libres	sindicatos *mpl* libres

4775	christliche Gewerkschaften *fpl*	Christian trade unions
4776	Genossenschaft *f*	cooperative (society)
4777	Konsortium *n*	consortium (*pl*: consortia)
4778	Finanzinstitut *n*	financial institution
4779	internationales Kartell *n*	international cartel
4780	Freimaurerloge *f*, Loge *f*	masonic lodge, freemasons ~
4781	Kongregation *f* (*religiöse Organ.*)	sodality
4782	internationale Akademie *f*	international academy
783	internationales Institut *n*	international institute
4784	Forschungszentrum *n*	research centre, *GB*; ~ center, *US*
4785	Studienzentrum *n*	study centre, *GB*; ~ center, *US*
4786	Dokumentationszentrum *n*, Dokumentationszentrale *f*	documentation centre, *GB*; ~ center, *US*
4787	Ausbildungsstätte *f*, Ausbildungszentrum *n*	training centre, *GB*; ~ center, *US*
4788	Zentrale *f*, Zentrum *n*, Zentralstelle *f*	centre, *GB*; center, *US*
4789	Informationsstelle *f*	information centre, *GB*; ~ center, *US*
4790	Organ *n* (*einer Organisation*)	body, organ
4791	einsetzen (ein Organ einer Institution	to set up, to institute
4792	Einsetzung *f* (*eines Organs*)	positioning (*of a body*), establishment, setting-up
4793	ständiges Organ *n*, ständiges Gremium *n*	standing body
4794	wichtiges Organ *n*, Schlüsselorgan *n*	key body
4795	leitendes Organ *n*	governing body
4796	Hilfsorgan *n*	auxiliary body
4797	nachgeordnetes Organ *n*	subsidiary body, ~ organ
4798	Exekutivorgan *n*	executive body
4799	Verwaltungsorgan *n* Verwaltungsstelle *f*	administrative body
4800	Schiedskommission *f*, Schiedsstelle *f*	board of arbitration, arbitration committee
4801	beratendes Organ *n*	advisory body
4802	Kontrollorgan *n*	control organ
4803	Generalversammlung *f* (*allgemein*); Vollversammlung *f* (*UNO*); Hauptversammlung *f* (*Handelsgesellschaften, Vereine*)	general assembly, (*UNO*)

4775	syndicats *mpl* chrétiens	sindicatos *mpl* cristianos
4776	coopérative *f*	(sociedad *f*) cooperativa *f*
4777	consortium *m*	consorcio *m*
4778	institution *f* financière	institución *f* financiera
4779	cartel *m* international	cártel *m* internacional
4780	loge *f* maçonnique	logia *f* (masónica)
4781	congrégation *f*	congregación *f*
4782	académie *f* internationale	academia *f* internacional
4783	institut *m* international	instituto *m* internacional
4784	centre *m* de recherches	centro *m* de investigaciones
4785	centre *m* d'études	centro *m* de estudios
4786	centre *m* de documentation	centro *m* de documentación
4787	centre *m* de formation, ~ ~ perfectionnement	centro *m* de formación, ~ ~ perfeccionamiento
4788	centre *m*	centro *m*
4789	centre *m* d'information	centro *m* de información
4790	organe *m*, institution *f*	órgano *m*
4791	mettre en place	establecer, instaurar, instalar
4792	mise *f* en place *(d'un organe)*	establecimiento *m* *(de un organismo)*, instauración *f*
4793	organe *m* permanent	organismo *m* permanente
4794	organe *m* principal, institution-clé *f*, organe *m* essentiel	órgano *m* esencial
4795	organe *m* directeur, organisme *m* de direction	órgano *m* director, organismo *m* de dirección
4796	organe *m* auxiliaire	organismo *m* auxiliar
4797	organe *m* subsidiaire	órgano *m* subsidiario
4798	organe *m* exécutif	órgano *m* ejecutivo
4799	organe *m* administratif	órgano *m* administrativo
4800	commission *f* d'arbitrage	comisión *f* de arbitraje
4801	organe *m* consultatif	órgano *m* consultivo
4802	organe *m* de contrôle	órgano *m* de control
4803	assemblée *f* générale, *(ONU)*	junta *f* general; asamblea *f* general *(ONU)*

4804	Rat *m*	council, board
4805	Exekutivrat *m*	executive council
4806	ständiger Rat *m*	permanent council
4807	Vorstand *m*	management committee, board of directors, executive council
4808	Rat *m*, Verwaltungsrat *m* (*Organ mit großer Mitgliederzahl*)	council, board of governors (*a body of rather broad representation*)
4809	Gouverneursrat *m*, Rat *m* der Gouverneure	board of governors
4810	Kuratorium *n*	board of trustees
4811	Aufsichtsamt, Überwachungsamt *n*, Überwachungsstelle *f*	supervising board, supervisory ~
4812	Ehrenkomitee *n*	sponsoring committee
4813	Planungsamt *n*, Planungsstelle *f*	planning board, ~ commission
4814	Verbindungsstelle *f*, Verbindungsbüro *n*	liaison office, ~ bureau
4815	Generalsekretariat *n*	general secretariat
4816	ständiges Sekretariat *n*	permanent secretariat
4817	Verwaltungssekretariat *n*	administrative secretariat
4818	Büro *n*	office, bureau
4819	Amt *n*; Stelle *f*	agency; office; board; body
4820	Beirat *m*	advisory committee
4821	(Haupt-)Abteilung *f*	division, department, section
4822	Verwaltungsabteilung *f*	administrative department, ~ section
4823	Presseabteilung *f*	press department, ~ office
4824	Rechtsabteilung *f*	legal division, ~ department
4825	Personalabteilung *f*	personnel office, staff department personnel ~, personnel division
4826	Personalvertretung *f*	personnel committee
4827	statistische Abteilung *f*	statistical section, ~ division

4804	conseil *m*	consejo *m* («concejo» *es sólo el organismo municipal*)
4805	conseil *m* exécutif	consejo *m* ejecutivo
4806	conseil *m* permanent	consejo *m* permanente
4807	comité *m* de direction, ∼ directeur, conseil *m* exécutif	junta *f* de directores, ∼ directiva, comité *m* de dirección, consejo *m* ejecutivo, ∼ directivo, mesa *f* directiva
4808	conseil *m*, conseil d'administration (*organe de composition assez large*)	consejo *m*, consejo *m* de administración (*órgano representativo que tiene bastantes miembros*)
4809	conseil *m* des gouverneurs	consejo *m* de gobernadores
4810	comité *m* de patronage	consejo *m* de patronato
4811	conseil *m* de surveillance, autorité *f* ∼ ∼	consejo *m* de vigilancia, órgano *m* de fiscalización
4812	comité *m* de patronage	patronato *m*
4813	bureau *m* d'étude, ∼ de planification; le Commissariat au Plan, F	oficina *f* de estudios
4814	bureau *m* de liaison	oficina *f* de enlace, organismo *m* ∼ ∼
4815	secrétariat *m* général	secretaría *f* general
4816	secrétariat *m* permanent	secretaría *f* permanente
4817	secrétariat *m* administratif	secretaría *f* administrativa
4818	bureau *m*	oficina *f*
4819	service *m*; agence *f*; bureau *m*; organisme *m*; office *m*; organe *m*; centre *m*	organismo *m*; entidad *f*; junta *f*, oficina *f*; servicio *m*; órgano *m*, instituto *m*; centro *m*
4820	comité *m* consultatif	comité *m* consultivo, junta *f* consultiva
4821	division *f*	división *f*
4822	division *f* des affaires administratives	división *f* administrativa, ∼ de asuntos administrativos
4823	service *m* de presse	servicio *m* de prensa
4824	service *m* juridique, division *f* des affaires juridiques	oficina *f* jurídica, sección *f* ∼
4825	division *f* du personnel, service *m* ∼ ∼, direction *f* ∼ ∼	servicio *m* del personal, sección de ∼
4826	comité du personnel	comité *m* del personal
4827	section *f* statistique	sección *f* de estadística

4828	Sprachendienst *m*	linguistic service, translation ~
4829	Schreibkanzlei *f*, Zentralkanzlei *f*, (*f*) Pool *m*	typewriting service, typing pool
4830	Fernschreiber(in) *m (f)*	telex operator, teletype ~
4831	Sitzungsstenograph *m*, Debattenstenograph *m*	conference stenographer
4832	Buchhaltung *f*	bookkeeping (department), accounting department
4833	Ehrenpräsident *m*	honorary president
4834	Präsident *m*, (erster) Vorsitzender *m*	president
4835	Vizepräsident *m*, zweiter Vorsitzender *m*	vice-president
4836	Generaldirektor *m*	director general, general manager
4837	stellvertretender Generaldirektor *m*	deputy director general, ~ general manager
4838	zweiter Direktor *m*, stellvertretender ~	deputy director
4839	ständiger Vertreter *m*	permanent representative
4840	Generalsekretär *m*	secretary general
4841	stellvertretender Generalsekretär *m*	assistant secretary general
4842	Geschäftsführer *m*, Executivsekretär *m*	executive secretary, manager
4843	Schatzmeister *m*, Quästor *m*	treasurer; questor *(as of French Assembly)*
4844	Rechtsberater *m*	legal adviser
4845	Finanzberater *m*	financial adviser
4846	Registrator *m*, Registraturbeamter *m*	registrar, archivist
4847	Leiter *m* des Sprachendienstes	head of the language department
4848	Chefdolmetscher *m*	chief interpreter, head ~
4849	Konferenzdolmetscher *m*	conference interpreter
4850	Konferenzübersetzer *m*	conference translator
4851	Personal *n*; Mitarbeiter *mpl, coll*	staff, personnel
4852	Personalstatut *n*	staff regulations
4853	Personalausgaben *fpl*	staff costs
4854	Personalausschuß *m*	staff committee
4855	Schaffung *f* einer Stelle	establishment of a post, creation ~ ~ ~
4856	Streichung *f* einer Stelle	abolition of a post

4828	service *m* linguistique	servicio *m* lingüístico
4829	pool *m* dactylographique	servicio *m* de taquimecanografía, sala, *f* central, grupo *m* mecanográfico
4830	télexiste *m, f*	telexista *m, f*
4831	sténographe *m* de conférence	taquígrafo *m* de conferencias, ~ parlamentario
4832	comptabilité *f*, service *m* de ~	contabilidad *f*
4833	président *m* d'honneur	presidente *m* honorario
4834	président *m*	presidente *m*
4835	vice-président *m*	vicepresidente *m*
4836	directeur *m* général	director *m* general
4837	directeur *m* général adjoint	director *m* general adjunto
4838	directeur *m* adjoint	director *m* adjunto, vice-director *m*
4839	représentant *m* permanent	representante *m* permanente
4840	secrétaire *m* général	secretario *m* general
4841	secrétaire *m* général adjoint	secretario *m* general adjunto
4842	secrétaire *m* exécutif	secretario *m* ejecutivo
4843	trésorier *m*; questeur *m*	tesorero *m*; cuestor *m*
4844	conseiller *m* juridique	consejero *m* jurídico, asesor *m* ~
4845	conseiller *m* financier	asesor *m* financiero, consejero *m* ~
4846	secrétaire *m* des archives, archiviste *m*	secretario *m* de archivos
4847	chef *m* du service linguistique	jefe *m* del servicio lingüístico
4848	chef-interprète *m*, interprète-en-chef *m*	intérprete *m* jefe, jefe-intérprete *m*
4849	interprète *m* de conférence	intérprete *m* de conferencia(s)
4850	traducteur *m* de conférence	traductor *m* de conferencia(s)
4851	personnel *m*	personal *m*
4852	statut *m* du personnel	estatuto *m* del personal
4853	dépenses *fpl* de personnel	gastos *mpl* de personal
4854	comité *m* du personnel	comité *m* del personal
4855	création *f* d'un poste	creación *f* de un puesto, ~ ~ ~ cargo
4856	suppression *f* de (*ou*: d'un) poste	supresión *f* de un cargo, ~ ~ ~ puesto

4857	Verringerung *f* des Personalbestandes, Abbau *m* von Personal	reduction of staff, staff reduction
4858	Stellenplan *m*	staff plan(ning), post allocation scheme, authorized establishment
4859	Planstelle *f*	established post
4860	Planstelle *f*	permanent post
4861	Gruppe *f*	level
4862	Amtsbezeichnung *f*, Dienstbezeichnung *f*	functional title
4863	Gehaltstabelle *f*	pay scale
4864	Gehaltsstufe *f*	step
4865	Grundgehalt *n*	basic salary, ~ pay
4866	Bruttogehalt *n*	gross salary; pay before stoppages, GB
4867	Abzüge *mpl*, Gehaltsabzüge *mpl*	deductions; stoppages, GB
4868	Nettogehalt *n*	net salary, pay after stoppages
4869	Gehaltserhöhung *f*	rise in salary, increase ~ ~
4870	Aufwandsentschädigung *f*	representation allowance, expenses allowance
4871	Umzugskosten *pl*	removal expenses, moving ~
4872	Teuerungszulage *f*	cost-of-living allowance
4873	Studienbeihilfe *f*	education grant
4874	Wohnungsbeihilfe *f*; Aufenthaltszulage *f* (*zB EGKS*)	rental allowance, lodging ~
4875	Sprachenzulage *f*	(foreign) language allowance
4876	Trennungszulage *f*, Trennungsentschädigung *f*	(family) separation allowance
4877	Funktionszulage *f*	special-post allowance; hardship ~, US
4878	Kleiderzulage *f*	clothing allowance
4879	Zulage *f* für unterhaltsberechtigte Kinder, Kinderzulage *f*; Kindergeld *n*, D	children's allowance

4857	réduction *f* du personnel	reducción *f* del personal
4858	tableau *m* des effectifs *(p. ex. ONU)*; ~ des emplois *(p.ex. CE)*	plantilla *f*
4859	poste *m* permanent	puesto *m* de plantilla
4860	fonction *f* du cadre permanent, poste *m* budgétaire	función *f* (*o*: cargo) de plantilla
4861	classe *f*, grade *m*	categoría *f*
4862	appellation *f* *(d'une fonction)*	denominación *f* del cargo, título *m* de la función
4863	échelle *f* de rémunération; barème *m* des traitements	escala *f* de sueldos
4864	échelon *m*	escalón *m*
4865	traitement *m* de base	sueldo *m* básico, ~ base
4866	traitement *m* brut	sueldo *m* bruto
4867	retenues *fpl*	deducciones *fpl* (del sueldo)
4868	traitement *m* net	sueldo *m* neto
4869	augmentation *f* du traitement	aumento *m* del sueldo
4870	indemnité *f* de représentation	subsidio *m* por gastos *mpl* de representación
4871	frais *mpl* de déménagement	gastos *mpl* de traslado, ~ ~ mudanza
4872	indemnité *f* de cherté de vie, ~ ~ vie chère, prime *f* de cherté de vie	subsidio *m* por aumento del costo de la vida, *Am*; plus *m* de vida cara, ~ ~ carestía de vida
4873	indemnité *f* pour frais d'études; bourse *f* d'études supérieures *(CE)*	subsidio *m* de educación, beca *f* de estudios; bolsa *f* ~ ~
4874	indemnité *f* de logement; ~ de résidence *(p. ex. CECA)*	subsidio *m* de alquiler
4875	prime *f* de connaissances linguistiques	subsidio *m* por idiomas
4876	indemnité *f* de séparation, ~ ~ départ	indemnización *f* por separación
4877	indemnité *f* de fonctions	subsidio *m* por puesto especial
4878	indemnité *f* d'habillement	subsidio *m* de vestuario
4879	indemnité *f* pour enfants à charge, ~ pour charges de famille	subsidio *m* por hijos a cargo; puntos *mpl* por hijos, *Esp*

4880	Bediensteter *m* (*Dachbegriff für Beamte und Angestellte*)	staff member
4881	Beamter *m* (*internationaler*)	official
4882	höhere Beamte *mpl*	senior officials
4883	Vorgesetzter *m*, Dienstvorgesetzter *m*	superior, senior
4884	Vorgänger *m* (*im Amt*), Amtsvorgänger *m*	predecessor
4885	Nachfolger *m* (*im Amt*)	successor
4886	Stellvertreter *m* (*ständige Funktion*)	deputy (director, etc.)
4887	Vertreter *m* im Amt (*vorübergehend tätig*)	substitute, representative
4888	jdn. vertreten	to deputize for s.b., to substitute for s.b.
4889	freie Stelle *f*, frei werdende Stelle	vacancy
4890	eine Stelle wird frei	a vacancy occurs
4891	Stellenausschreibung *f*, Ausschreibung *f*	advertisement (of a vacancy)
4892	eine Stelle (neu) besetzen	to fill a vacancy
4893	Bewerber *m* (*hier kaum*: Kandidat *m*)	candidate, applicant
4894	Einstellungsbedingungen *fpl*	terms and conditions of appointment
4895	Ernennungsschreiben *n*	letter of appointment
4896	gerechte geographische Verteilung *f*	equitable geographical distribution
4897	ständiges Personal *n*	permanent staff
4898	ehrenamtliche Mitarbeiter *mpl*	voluntary staff
4899	Aushilfspersonal *n*	temporary staff
4900	kurzfristig eingestelltes Personal *n*	short-term staff
4901	Personal einstellen	to recruit staff
4902	Personal an Ort und Stelle einstellen	to engage staff on the spot
4903	ortsansässiges Personal einstellen	to engage local staff
4904	Einstellung *f* auf unbestimmte Zeit	indefinite appointment
4905	Einstellung *f* in Dauerstellung	permanent appointment, long-term ~

4880	fonctionnaire *m*, agent *m*	funcionario *m*
4881	fonctionnaire *m* titulaire	funcionario *m* de plantilla
4882	hauts fonctionnaires *mpl*	altos funcionarios *mpl*
4883	supérieur *m* hiérarchique, chef *m* de service, ~ responsable	superior *m* jerárquico, jefe *m* responsable
4884	prédécesseur *m*	predecesor *m* (en el cargo)
4885	successeur *m*	sucesor *m* (en el cargo)
4886	adjoint *m*	adjunto *m*
4887	suppléant *m*, remplaçant *m*	sustituto *m*
4888	remplacer qn. (pendant son absence) faire l'interim de qn., suppléer qn.	sustituir a alg.
4889	poste *m* vacant, vacance *f*	vacante *f*
4890	une vacance se produit, un poste devient vacant	se produce una vacante
4891	avis *m* de concours, appel *m* de candidatures	concurso *m*, convocatoria *f* de oposiciones
4892	combler une vacance, pourvoir à ~ ~	cubrir una vacante
4893	candidat *m*	candidato *m*
4894	conditions *fpl* d'engagement	términos *mpl* y condiciones *fpl* de contratación
4895	lettre *f* de nomination, ~ d'engagement	carta *f* de nombramiento
4896	répartition *f* géographique équitable	reparto *m* geográfico equitativo
4897	personnel *m* permanent	personal *m* de plantilla
4898	collaborateurs *mpl* bénévoles	colaboradores *mpl* a título honorífico
4899	personnel *m* temporaire; ~ de renforcement	personal *m* temporero
4900	personnel *m* recruté pour une période de courte durée	personal *m* contratado por períodos breves
4901	recruter du personnel	contratar personal, reclutar ~
4902	engager du personnel sur place	contratar personal en la localidad
4903	engager du personnel local	contratar personal local
4904	nomination *f* pour une durée indéfinie	nombramiento *m* temporal, ~ por tiempo indefinido
4905	nomination *f* à titre permanent	nombramiento *m* permanente

4906	Einstellung *f* auf Zeit, Ernennung *f* ~ ~	fixed-term appointment
4907	tatsächliches Einstellungsdatum *n*	effective date of appointment
4908	jdm. ein Amt übertragen	to entrust s.b. with an office, ~ ~ ~ with a function
4909	jds. Amtszeit läuft ab am …	s.b.'s term of office expires on …
4910	für den Rest der Amtszeit	for the remainder of one's term of office
4911	Probezeit *f*	probationary period
4912	Einstellung *f* auf Probe	probationary appointment
4913	Wiedereinstellung *f*	re-appointment
4914	(Dienst-)Vertrag *m*	service contract, contract of employment
4915	Beschreibung *f* der Funktionen, Tätigkeitsbeschreibung *f*	job description, description of duties
4916	Einstufung *f*	grading
4917	Verwendung *f* *(eines Bediensteten)*	assignment
4918	Dienstort *m*	duty station, location
4919	Überstunden *fpl*	overtime
4920	Jahresurlaub *m*	annual leave
4921	Ausgleichsurlaub *m* für Überstunden	compensatory time off, time off in lien
4922	Heimaturlaub *m*	home leave
4923	unbezahlter Urlaub *m*	leave without pay
4924	Krankheitsurlaub *m*	sick leave
4925	Sonderurlaub *m*	special leave
4926	Fortbildungsurlaub *m*	study leave, compassionate ~
4927	Unterbrechung *f* der Dienstzeit	break in time of service, interruption in period ~ ~
4928	Wartestand *m*	inactive status
4929	Dienstalter *n*	length of service, seniority
4930	Personalakte *f*, Personalakt *m*	(permanent) cumulative record, personal file
4931	dienstliche Führung *f*	conduct
4932	strengste Geheimhaltung *f*	utmost secrecy
4933	Geheimnisträger *m*	person with access to classified material, secret-bearer

4906	nomination *f* (*ou*: engagement *m*) pour une durée déterminée	nombramiento *m* con contrato de duración fija
4907	date *f* effective d'engagement	fecha *f* efectiva de nombramiento
4908	confier une fonction à qn.	confiar un cargo a alg., atribuir un ~ ~ ~
4909	le mandat expire le ...	el mandato expira el ...
4910	pour la durée du mandat restant à courir	por el tiempo restante del mandato
4911	période *f* d'essai	período *m* de prueba
4912	engagement *m* pour une période d'essai	nombramiento *m* (a título) de prueba, contratación *f* ~ ~
4913	rengagement *m*	renovación *f* del nombramiento
4914	contrat *m* (de service)	contrato *m* (de servicio)
4915	description *f* des fonctions	definición *f* del cargo
4916	classement *m* du personnel	clasificación *f* del personal
4917	affectation *f*	destino *m*
4918	lieu *m* d'affectation	lugar *m* de destino
4919	heures *fpl* supplémentaires	horas *fpl* extraordinarias
4920	congé *m* annuel	vacaciones *fpl* anuales
4921	congé *m* de compensation des (*ou*: pour les) heures supplémentaires	compensación *f* de las horas extraordinarias trabajadas
4922	congé *m* dans les foyers	permiso *m* para visitar el país de origen
4923	congé *m* sans traitement, ~ non payé	permiso *m* sin sueldo
4924	congé *m* de maladie	permiso *m* por enfermedad
4925	congé *m* spécial, ~ pour convenances personnelles	permiso *m* especial
4926	congé *m* d'études	permiso *m* por estudios
4927	rupture *f* de continuité de service	interrupción *f* de la continuidad del servicio
4928	disponibilité *f*	situación *f* de disponibilidad
4929	ancienneté *f*	antigüedad *f* en el servicio
4930	dossier *m* personnel, ~ individuel	expediente *m* personal; hoja *f* de servicios
4931	conduite *f* (dans le service), comportement *m*	conducta *f* (en el servicio)
4932	secret *m* le plus strict	secreto *m* más estricto
4933	dépositaire *m* d'un secret (*ou*: de secrets)	portador *m* de un secreto (*o*: de secretos)

4934	Sicherheitsvorschriften *fpl*	security regulations
4935	freigeben *(Geheimmaterial)*	to declassify
4936	Rücktritt *m (nur bei höheren Bediensteten)*; freiwilliges Ausscheiden *n*	resignation
4937	ausscheiden; *höhere Beamte*: vom Amt zurücktreten	to resign
4938	Kündigungsschreiben *n*; Rücktrittsschreiben *n (wenn der Bedienstete kündigt)*	letter of resignation
4939	sein Rücktrittsschreiben an ... *(acc)* richten	to address one's resignation to ...
4940	geschlossen zurücktreten	to resign in a body, to tender a collective resignation
4941	Kündigung *f*; Kündigungsschreiben *n, (wenn die Organisation kündigt)*	notice of termination of service
4942	jdn. seines Amtes entheben, jdn. entlassen, jdm. kündigen	to remove s.b. from office, to dismiss s.b. ~ ~, to discharge s.b. ~ ~
4943	Amtsenthebung *f*, Entlassung *f*, Kündigung *f*	removal from office, dismissal, discharge
4944	fristlos kündigen, ~ entlassen	to dismiss summarily
4945	Ausscheiden *n* aus dem Dienst	resignation, retirement
4946	schwere Verfehlung *f*	gross misconduct
4947	(paritätischer) Disziplinarausschuß *m*	(joint) disciplinary committe, ~ board
4948	Dienstreise *f*	official journey, travel on official business
4949	Erstattung *f* der Reisekosten	refund of travel expenses
4950	in Landeswährung *f*	in local currency
4951	Rechnungseinheit *f*	unit of account

4934	dispositions *fpl* en **matière** de sécurité	normas *fpl* de seguridad
4935	autoriser la diffusion de ..., «déclassifier»	autorizar la difusión de (material secreto)
4936	démission *f*	dimisión *f*
4937	démissionner, donner sa démission; se démettre (de ...)	dimitir, presentar su dimisión
4938	lettre *f* de démission	carta *f* de dimisión
4939	adresser sa lettre de démission à ...	dirigir su carta de dimisión a ...
4940	démissionner collectivement	presentar la dimisión colectiva, dimitir colectivamente
4941	préavis *m* de licenciement	aviso *m* de cese en el servicio
4942	relever qn. de ses fonctions, destituer qn., renvoyer qn., déclarer qn. démissionnaire d'office; licencier qn.	destituir a alg., separar a alg., relevar a alg. de sus funciones
4943	démission *f* d'office, renvoi *m*; licenciement *m*	destitución *f*, separación *f*; despido *m*
4944	renvoyer sans préavis	despedir sumariamente, ~ sin previo aviso
4945	cessation *f* de service	cese *m* en el servicio
4946	faute *f* grave	falta *f* grave
4947	comité *m* (paritaire) de discipline	comité *m* (mixto) (*o*: paritario) de disciplina
4948	déplacement *m* de service, voyage *m* en mission	viaje *m* de servicio, ~ en comisión de servicio
4949	remboursement *m* des frais de voyage	rembolso *m* de los gastos de viaje
4950	en monnaie locale	en moneda *f* local
4951	unité *f* de compte	unidad *f* de cuenta

2. Wichtige internationale Organisationen

a) Der Völkerbund

4952 Völkerbund *m*
4953 Völkerbundspakt *m*
4954 Völkerbundsrat *m*
4955 Völkerbundsversammlung *f*; *weniger gut*: Bundesversammlung *f*
4956 Hilfsorgane *npl* (des Völkerbundes)
4957 der Ständige Internationale Gerichtshof *(Völkerbund)*
4958 Ständiges Sekretariat *(Völkerbund)*

b) Die UNO und ihre Organe

4959 die Vereinten Nationen
4960 Organisation *f* der Vereinten Nationen[1] *(im Deutschen meist kurz:* UNO *f)*
4961 UNO..., der UNO, zur UNO gehörig *(zB UNO-Dienststellen)*
4962 die Charta der UNO
4963 ursprüngliche Mitglieder *npl* der Vereinten Nationen sind die Staaten, die...
4964 Hauptorgane *npl* der UNO
4965 Vollversammlung *f*
4966 Allgemeiner Ausschuß *m*
4967 Ausschuß *m* für Politik und Sicherheit, einschließlich Regulierung der Rüstungen (I. Ausschuß)
4968 Politischer Sonderausschuß *m (in Arbeitsteilung mit dem I. Ausschuß)*

2. Important International Organizations

a) The League of Nations

League of Nations (L.N.)
Covenant of the League of Nations
Council (of the League of Nations)
Assembly (of the League of Nations)
auxiliary organizations (of the League of Nations)
Permanent Court of International Justice *(League of Nations)*
Permanent Secretariat

b) UNO and its Organs

United Nations (UN)
United Nations Organization (UNO)

UNO..., of the UNO

the Charter of the UNO
the original members of the United Nations shall be the States which...

principal organs of the UNO
General Assembly
General Committee
Political and Security Committee, including the regulation of armaments (First Committee)

Special Political Committee *(to share the work of the First Committee)*

---

[1] „Vereinte Nationen" hat sich gegenüber „Vereinigte" Nationen durchgesetzt.

2. Organisations internationales importantes
2. Organizaciones internacionales importantes

a) La Société des Nations

4952 Société *f* des Nations (S. D. N.)
4953 Pacte *m* de la Société des Nations
4954 Conseil *m* (de la S. D. N.)
4955 Assemblée *f* de la Société des Nations
4956 organismes *mpl* auxiliaires (de la S. D. N.)
4957 la Cour Permanente de Justice Internationale (S. D. N.)
4958 Secrétariat *m* Permanent

b) L'ONU et ses organes

4959 les Nations *fpl* Unies
4960 Organisation *f* des Nations Unies (ONU)
4961 de l'ONU; *fam*: onusien *(p. ex. les services onusiens, les formules onusiennes)*
4962 la Charte de l'ONU
4963 sont membres *mpl* originaires des Nations Unies les Etats qui...
4964 organes *mpl* principaux de l'ONU
4965 Assemblée *f* générale
4966 Bureau *m*
4967 Commission *f* des questions politiques et de sécurité, y compris la réglementation des armements (Ière Commission)
4968 Commission *f* politique spéciale *(partage les tâches de la Ière Commission)*

a) La Sociedad de Naciones

Sociedad *f* de Naciones (S. D. N.)
Pacto *m* de la Sociedad de Naciones
Consejo *m* (de la S. D. N.)
Asamblea *f* de la S. D. N.

organismos *mpl* auxiliares (de la S. D. N.)
el Tribunal Permanente de Justicia Internacional (S. D. N.); Corte *f* ~ ~ ~ ~, *Am*
Secretaría *f* Permanente

b) La ONU y sus órganos

las Naciones Unidas
Organización *f* de las Naciones Unidas (ONU)
de la ONU, de las Naciones Unidas, onusiano
la Carta de la ONU
son miembros *mpl* originarios de las Naciones Unidas los Estados que...
órganos *mpl* principalesde la ONU
Asamblea *f* General
Mesa *f*, Comité *m* General
Comisión *f* Política y de Seguridad (I^a Comisión)

Comisión *f* Política especial *(que comparte el trabajo de la primera Comisión)*

4969	Ausschuß *m* für Wirtschaft und Finanzen, Wirtschafts- und Finanzausschuß *m* (2. Ausschuß)	Economic and Financial Committee (Second Committee)
4970	Ausschuß *m* für Sozialwesen, humanitäre und Kulturfragen (3. Ausschuß)	Social, Humanitarian and Cultural Committee (Third Committee)
4971	Ausschuß *m* für Treuhandschaft, einschließlich der nichtselbständigen Gebiete (4. Ausschuß)	Trusteeship Committee, including Non-Self-Governing Territories (Fourth Committee)
4972	Ausschuß *m* für Verwaltung und Budget (5. Ausschuß)	Administrative and Budgetary Committee (Fifth Committee)
4973	Ausschuß *m* für Rechtswesen, Rechtsausschuß *m* (6. Ausschuß)	Legal Committee (Sixth Committee)
4974	Beratender Ausschuß *m* für Fragen der Verwaltung und des Budgets (*od*: für Verwaltungs- und Haushaltsfragen)	Advisory Committee on Administrative and Budgetary Questions
4975	Ausschuß *m* für Mitgliedsbeiträge, Beitragsausschuß *m*	Committee on Contributions
4976	Finanzprüfungsausschuß *m*	Board of Auditors
4977	Investitionsausschuß *m*	Investments Committee
4978	Ausschuß *m* für Pensionen der UN-Verwaltungsangehörigen	United Nations Staff Pension Committee
4979	Ausschuß *m* für internationales Recht	International Law Commission
4980	UN-Konferenz *f* für Welthandel (*oder*: Handel) und Entwicklung (UNCTAD)	UN Conference on Trade and Development (UNCTAD)
4981	Zulassungsausschuß *m* für neue Mitglieder	Committee on the Admission of New Members
4982	UN-Einsatzstreitkräfte *fpl*, UN-Streitmacht *f*	United Nations Emergency Force (UNEF)
4983	Sicherheitsrat *m* (der UNO); *im Deutschen oft*: Weltsicherheitsrat *m*	Security Council (SC)
4984	Atomenergie-Kommission *f (des Sicherheitsrates)*	Atomic Energy Commission
4985	Generalstabsausschuß *m*	Military Staff Committee
4986	Abrüstungsausschuß *m*	Disarmament Commission
4987	Wirtschafts- und Sozialrat *m* (UNO)	Economic and Social Council

4969	Commission *f* économique et financière (2ème Commission)	Comisión *f* de Asuntos Económicos y Financieros (2ª Comisión)
4970	Commission *f* des questions sociales, humanitaires et culturelles (3ème Commission)	Comisión *f* de Asuntos Sociales, Humanitarios y Culturales (3ª Comisión)
4971	Commission *f* de tutelle, y compris les territoires non autonomes (4ème Commission)	Comisión *f* de Administración Fiduciaria (4ª Comisión)
4972	Commission *f* des questions administratives et budgétaires (5ème Commission)	Comisión *f* de Asuntos Administrativos y de Presupuesto (5ª Comisión)
4973	Commission *f* juridique (6ème Commission)	Comisión *f* de Asuntos Jurídicos (6ª Comisión)
4974	Comité *m* consultatif pour les questions administratives et budgétaires	Comisión *f* Consultiva de Asuntos Administrativos y de Presupuesto
4975	Comité *m* des contributions	Comité *m* de Cuotas
4976	Comité *m* des commissaires aux comptes	Junta *f* de Auditores
4977	Comité *m* des placements	Comisión *f* de Inversiones
4978	Comité *m* de la Caisse des pensions du personnel de l'ONU	Comisión *f* de Pensiones del Personal de las Naciones Unidas
4979	Commission *f* de Droit international	Comisión *f* de Derecho Internacional
4980	Conférence *f* des Nations Unies sur le commerce et le développement	Conferencia *f* de las Naciones Unidas sobre Comercio y Desarrollo
4981	Comité *m* d'admission de nouveaux membres	Comisión *f* de Admisión de Nuevos Miembros
4982	Force *f* d'urgence des Nations Unies (UNEF)	Fuerza *f* de Emergencia de las Naciones Unidas
4983	Conseil *m* de Sécurité (CdS)	Consejo *m* de Seguridad
4984	Commission *f* de l'Energie atomique	Comisión *f* de Energía Atómica
4985	Comité *m* d'Etat-Major	Comité *m* de Estado Mayor
4986	Commission *f* de Désarmement	Comisión *f* del Desarme
4987	Conseil *m* Economique et Social	Consejo *m* Económico y Social

4988	Wirtschaftsausschuß *m*	Economic Committee
4989	Sozialausschuß *m*	Social Committee
4990	Koordinierungsausschuß *m*	Coordination Committee
4991	Ausschuß *m* für Statistik	Statistical Commission
4992	Ausschuß *m* für Bevölkerung	Population Commission
4993	Ausschuß *m* für Sozialwesen	Social Commission
4994	Ausschuß *m* für Menschenrechte	Commission on Human Rights
4995	Unterausschuß *m* zur Verhinderung der Diskriminierung und zum Schutz der Minderheiten	Sub-Commission on Prevention of Discrimination and Protection of Minorities
4996	Ausschuß *m* für Frauenrechte	Commission on the Status of Women
4997	Ausschuß *m* für Rauschgifte	Commission on Narcotic Drugs
4998	Ausschuß *m* für Internationalen Warenhandel	Commission on International Commodity Trade
4999	Regionalausschüsse *mpl*	Regional Commissions
5000	Wirtschaftskommission *f (der UNO)* für Europa *(in Fachkreisen meist „die ECE" genannt)*, auch: UN- ~ ~ ~	Economic Commission for Europe (ECE)
5001	Wirtschaftskommission *f* für Asien und den Fernen Osten (ECAFE)	Economic Commission for Asia and the Far East (ECAFE)
5002	Wirtschaftskommission *f* für Lateinamerika (ECLA), auch: UN ~ ~ ~	Economic Commission for Latin America (ECLA)
5003	Wirschaftskommission *f* für Afrika (ECA), auch: UN- ~ ~ ~	Economic Commission for Africa (ECA)
5004	Ausschuß *m* für technische Hilfeleistung	Committee on Technical Assistance
5005	Komitee *n* für Verhandlungen mit regierungsvertretenden Organisationen	Committee on Negotiations with Inter-Governmental Agencies
5006	Komitee *n* für nicht-regierungsvertretende Organisationen	Council Committee on Non-Governmental Organizations
5007	Ausschuß *m* für industrielle Entwicklung	Committee for Industrial Development
5008	Überwachungsausschuß *m* für Opium	Permanent Central Opium Board (PCOB)
5009	Internationale Rauschgiftkontrolle *f*	Drug Supervisory Body (DSB)

4988	Comité *m* économique	Comité *m* Económico
4989	Comité *m* social	Comité *m* de Asuntos Sociales
4990	Comité *m* de coordination	Comité *m* de Coordinación
4991	Commission *f* de statistique	Comisión *f* de Estadística
4992	Commission *f* de la population	Comisión *f* de Población
4993	Commission *f* des Questions sociales	Comisión *f* de Asuntos Sociales
4994	Commission *f* des Droits de l'Homme	Comisión *f* de los Derechos del Hombre
4995	Sous-Commission *f* de la lutte contre les mesures discriminatoires et de la protection des minorités	Subcomisión *f* de Prevención de Discriminaciones y Protección a las Minorías
4996	Commission *f* de la condition de la femme	Comisión *f* sobre la Condición Social (y Jurídica) de la Mujer
4997	Commission *f* des stupéfiants	Comisión *f* de Estupefacientes
4998	Commission *f* du commerce international des produits de base	Comisión *f* sobre Comercio de Artículos Básicos
4999	Commissions *fpl* régionales	Comisiones *fpl* regionales
5000	Commission *f* économique pour l'Europe (CEE)	Comisión *f* Económica para Europa
5001	Commission *f* économique pour l'Asie et l'Extrême-Orient (CEAEO)	Comisión *f* Económica para Asia y Extremo Oriente (CEAEO)
5002	Commission *f* économique pour l'Amérique latine (CEPAL)	Comisión *f* Económica para América Latina (CEPAL)
5003	Commission *f* économique pour l'Afrique (CEA)	Comisión *f* Económica para Africa (CEA)
5004	Comité *m* de l'assistance technique	Comité *m* de Asistencia Técnica
5005	Comité *m* chargé des négociations avec les institutions intergouvernementales	Comité *m* de Negociaciones con los Organismos Intergubernamentales
5006	Comité *m* du Conseil chargé des organisations non gouvernementales	Comité *m* Encargado de las Organizaciones no gubernamentales
5007	Comité *m* (permanent) du développement industriel	Comité *m* de Desarrollo Industrial
5008	Comité *m* central permanent de l'opium	Comité *m* Central Permanente del Opio
5009	Organe *m* de contrôle des stupéfiants	Organo *m* de Control de Estupefacientes

5010	Sonderausschuß *m* der Vereinten Nationen für den Balkan	United Nations Special Committee on the Balcans (UNSCOB)
5011	Amt *n* der Vereinten Nationen für den Wiederaufbau in Korea	United Nations Korean Reconstruction Agency (UNKRA)
5012	UN-Ausschuß *m* für die Wiedervereinigung und den Wiederaufbau Koreas	United Nations Commissions on the Unification and Rehabilitation of Korea (UNCURK)
5013	Internationaler Kinderhilfsfonds *m* der UN, Kinderhilfswerk *n* der Vereinten Nationen (UNICEF), Weltkinderhilfswerk *n*	International Children's Emergency Fund (UNICEF), United Nations Children's Fund (UNICEF)
5014	Verwaltungsausschuß *m* für Koordinierung	Administrative Committee on Coordination
5015	vorläufiger Koordinierungsausschuß *m* für internationale Warenübereinkommen	Interim Coordinating Committee for International Commodity Arrangements
5016	Amt *n* für technische Hilfe	Technical Assistance Board (TAB)
5017	Verwaltung *f* für technische Hilfe	Technical Assistance Administration
5018	Sonderfonds *m* der UNO	United Nations Special Fund
5019	UNRRA *f, nt (1946 aufgelöst)*	UNRRA (= United Nations Relief and Rehabilitation Administration) *(wound up in 1946)*
5020	Internationale Flüchtlingsorganisation *f* (IRO) *(1950 aufgelöst)*	International Refugee Organization (IRO) *(wound up in 1950)*
5021	Amt *n* des Hohen Kommissars der Vereinten Nationen für Flüchtlinge	Office of the High Commissioner for Refugees (UNHCR)
5022	Hoher Flüchtlingskommissar *m* der Vereinten Nationen; Hoher Kommissar *m* der Vereinten Nationen für Flüchtlinge *(weniger gut)*	High Commissioner for Refugees
5023	Treuhandschaftsrat *m*, Treuhänderrat *m*	Trusteeship Council

5010	Commission *f* Spéciale des Nations Unies pour les Balkans (UNSCOB)	Comisión *f* especial de las Naciones Unidas para los Balcanes (CENUB)
5011	Agence *f* des Nations Unies pour le relèvement de la Corée (UNKRA)	Organismo *m* de las Naciones Unidas para la reconstrucción de Corea (ONURC)
5012	Commission *f* des Nations Unies pour l'Unification et le Relèvement de la Corée (UNCURK)	Comisión *f* de las Naciones Unidas para la unificación y rehabilitación de Corea
5013	Fonds *m* International pour le Secours à l'Enfance (FISE), Fonds *m* des Nations Unies pour l'Enfance (UNICEF)	Fondo *m* Internacional de Socorro a la Infancia (de las Naciones Unidas), Fondo *m* de las Naciones Unidas para la Infancia (UNICEF)
5014	Comité *m* administratif de coordination	Comité *m* Administrativo de Coordinación
5015	Comité *m* provisoire de coordination des ententes internationales relatives aux produits de base	Comisión *f* provisional de coordinación de los convenios internacionales sobre productos básicos
5016	Bureau *m* d'assistance technique (BAT)	Junta *f* de Asistencia Técnica
5017	Administration *f* de l'Assistance technique	Administración *f* de Asistencia Técnica
5018	Fonds *m* spécial des Nations Unies	Fondo *m* Especial de las Naciones Unidas
5019	UNRRA *f nt* (Administration des Nations Unies pour l'Organisation des Secours et de la Reconstruction) *(dissoute en 1946)*	UNRRA *f, nt (disuelta en 1946)*
5020	Organisation *f* Internationale pour les Réfugiés (OIR) *(dissoute en 1950)*	Organización *f* Internacional de Refugiados (OIR) *(disuelta en 1950)*
5021	Haut Commissariat *m* pour les Réfugiés	Oficina *f* del Alto Comisionado (*o:* Alto Comisario *m*) de las Naciones Unidas para los Refugiados
5022	Haut Commissaire *m* des Nations Unies pour les Réfugiés	Alto Comisionado *m* (*o:* Alto Comisario *m*) de las Naciones Unidas para los Refugiados
5023	Conseil *m* de Tutelle	Consejo *m* de Tutela, Consejo *m* de Administración Fiduciaria

5024	Internationaler Gerichtshof *m* (UNO)	International Court of Justice (UNO)
5025	UN-Verwaltungsgericht *n*	United Nations Administrative Tribunal
5026	Sekretariat *n* der Vereinten Nationen	Secretariat of the United Nations
5027	Generalsekretär *m* der UNO	Secretary General
5028	regionale Einrichtungen *fpl* (UNO)	regional agencies

c) Die Sonderorganisationen der UNO

c) Specialized agencies of UNO

5029	Sonderorganisationen *fpl*; (*seltener*: „Spezialorganisationen")	specialized agencies Organization
5030	Internationale Arbeitsorganisation *f*	International Labour (*US*: Labor) (ILO)
5031	Internationales Arbeitsamt *n* (IAA)	International Labour (*US*: Labor) Office
5032	Verbindungsstelle *f* (der Internationalen Arbeitsorganisation) zur UNO	ILO Liaison Office
5033	Vollkonferenz *f* (der ILO *od* OIT), Internationale Arbeitskonferenz *f*	General Conference, International Labour Conference
5034	Verwaltungsrat *m* (der ILO)	Governing Body
5035	Sachverständigenausschuß *m* für die Durchführung von Übereinkommen und Empfehlungen	Committee of Experts on the Application of Conventions and Recommendations
5036	Asiatischer Beratungsausschuß *m*	Asia Advisory Committee
5037	Afrikanischer Beratungsausschuß *m*	Africa Advisory Committee
5038	Ausschuß *m* für die Arbeit auf Plantagen	Committee for Work on Plantations
5039	Beratender Ausschuß *m* für Angestellte und geistige Arbeiter	Committee for Salaried Employees and Professional Workers
5040	Paritätischer Ausschuß *m* für Seeschiffahrt	Joint Maritime Commission
5041	Ernährungs- und Landwirtschaftsorganisation *f* der Vereinten Nationen, Organisation *f* der Vereinten Nationen für Ernährung und Landwirtschaft (*in Fachkreisen kurz* FAO *f genannt*)	Food and Agriculture Organization of the United Nations (FAO)
5042	Konferenz *f* (der FAO)	Conference (of the FAO)

5024	Cour *f* Internationale de Justice (ONU)	Tribunal *m* Internacional de Justicia (ONU); Corte *f* Internacional de Justicia *Am*
5025	Tribunal *m* Administratif des Nations Unies	Tribunal *m* Administrativo de las Naciones Unidas
5026	Secrétariat *m* des Nations Unies	Secretaría *f* de las Naciones Unidas
5027	Secrétaire *m* général	Secretario *m* General
5028	organismes *mpl* régionaux	organismos *mpl* regionales

c) Institutions spécialisées de l'ONU

c) Organizaciones especializadas de la ONU

5029	institutions *fpl* spécialisées	organismos *mpl* especializados, instituciones *fpl* especializadas
5030	Organisation *f* Internationale du Travail (OIT)	Organización *f* Internacional del Trabajo (OIT)
5031	Bureau *m* International du Travail (BIT)	Oficina *f* Internacional del Trabajo
5032	Bureau *m* de liaison (de l'OIT) avec les Nations Unies	Oficina *f* de enlace (de la OIT) con las Naciones Unidas
5033	Conférence *f* générale (de l'OIT), Conférence *f* internationale du Travail	Conferencia *f* Internacional del Trabajo
5034	Conseil *m* d'administration (de l'OIT)	Consejo *m* de Administración
5035	Commission *f* d'experts pour l'application des conventions et recommandations	Comisión *f* de expertos para la aplicación de convenios y recomendaciones
5036	Commission *f* consultative asienne	Comisión *f* consultiva asiática
5037	Commission *f* consultative africaine	Comisión *f* consultiva africana
5038	Commission *f* du travail dans les plantations	Comisión *f* del trabajo en plantaciones
5039	Commission *f* des employés et des travailleurs intellectuels	Comisión *f* de empleados y trabajadores intelectuales
5040	Commission *f* paritaire maritime	Comisión *f* paritaria marítima
5041	Organisation *f* des Nations Unies pour l'Alimentation et l'Agriculture *(couramment* «la FAO»)	Organización *f* de las Naciones Unidas para la Agricultura y la Alimentación (FAO)
5042	Conférence *f* (de la FAO)	Conferencia *f* (de la FAO)

5043	Rat *m* (der FAO), Welternährungsrat *m*	Council (of the FAO)
5044	Programmierungsausschuß *m*	Program Committee, *US*; Programme ~, *GB*
5045	Finanzausschuß *m*	Finance Committee
5046	Ausschuß *m* für Verfassungs- und Rechtsfragen	Committee on Constitutional and Legal Matters
5047	Sekretariat *n* (der FAO)	Secretariat (of the FAO)
5048	Generaldirektor *m* des Sekretariats (der FAO)	Director General of the Secretariat (of the FAO)
5049	Europäische Landwirtschaftskommission *f*	European Commission on Agriculture
5050	Europäische Forstkommission *f*	European Forestry Commission (EFC)
5051	Internationaler Reis-Ausschuß *m*	International Rice Commission
5052	Europäischer Ausschuß *m* zur Bekämpfung der Maul- und Klauenseuche	European Commission for the Control of Foot and Mouth Disease
5053	Gemischter Ernährungsausschuß *m* FAO/WHO	Joint FAO/WHO Expert Committee on Nutrition
5054	Organisation *f* der Vereinten Nationen für Erziehung, Wissenschaft und Kultur *(meist kurz* UNESCO *genannt)*	United Nations Educational, Scientific and Cultural Organization (UNESCO)
5055	Weltkonferenz *f* (der UNESCO)	General Conference (of UNESCO)
5056	geschäftsführender Ausschuß *m* (der UNESCO), Exekutivausschuß *m*	Executive Board
5057	Sekretariat *n* (der UNESCO)	Secretariat
5058	Büro *n* des Generaldirektors	Office of the Director General
5059	Weltgesundheitsorganisation *f*	World Health Organization (WHO)
5060	Weltgesundheitsversammlung *f*	World Health Assembly
5061	Geschäftsführungsausschuß *m* (der OMS)	Executive Board
5062	Sekretariat *n* (der OMS)	Secretariat
5063	Internationale Bank *f* für Wiederaufbau und Wirtschaftsförderung *(auch* „Weltbank" *oder* „Wiederaufbaubank")*	International Bank for Reconstruction and Development (IBRAD)

5043	Conseil *f* (de la FAO)	Consejo *m* (de la FAO)
5044	Comité *m* du programme	Comité *m* del programa
5045	Comité *m* financier	Comité *m* financiero
5046	Comité *m* des questions constitutionnelles et juridiques	Comité *m* de cuestiones constitucionales y jurídicas
5047	Secrétariat *m* (de la FAO)	Secretariado *m* (de la FAO)
5048	Directeur *m* Général du Secrétariat (de la FAO)	Director *m* General del Secretariado (de la FAO)
5049	Commission *f* Européenne de l'Agriculture	Comisión *f* Europea de Agricultura
5050	Commission *f* européenne des forêts	Comisión *f* Europea de Silvicultura, Comisión *f* Forestal Europea
5051	Commission *f* internationale du riz	Comisión *f* Internacional del Arroz
5052	Commission *f* européenne de lutte contre la fièvre aphteuse	Comisión *f* Europea de Lucha contra la Fiebre Aftosa
5053	Groupe *m* Mixte FAO/OMS	Comité *m* Mixto FAO/OMS
5054	Organisation *f* des Nations Unies pour l'Education, la Science et la Culture (*couramment* «l'UNESCO»)	Organización *f* de las Naciones Unidas para la Educación, la Ciencia y la Cultura (UNESCO)
5055	Conférence *f* générale (de l'UNESCO)	Conferencia *f* General (de la UNESCO)
5056	Conseil *m* exécutif	Junta *f* Ejecutiva, Consejo *m* Ejecutivo
5057	Secrétariat *m*	Secretariado *m*
5058	Cabinet *m* du Directeur général	Oficina *f* del Director general
5059	Organisation *f* Mondiale de la Santé (OMS)	Organización *f* Mundial de la Salud (OMS)
5060	Assemblée *f* mondiale de la Santé	Asamblea *f* Mundial de la Salud
5061	Conseil *m* exécutif (de l'OMS)	Consejo *m* Ejecutivo (de la OMS)
5062	Secrétariat *m*	Secretaría *f*
5063	Banque *f* Internationale pour la Reconstruction et le Développement (BIRD)	Banco *m* Internacional de Reconstrucción y Fomento (BIRD), Banco *m* Mundial

5064	Aufsichtsrat *m* (der BIRD), Rat *m* der Gouverneure	Board of Governors
5065	Direktoren *mpl* (der BIRD), Direktorium *n*	Executive Directors
5066	Internationale Vereinigung *f* für Entwicklung	International Development Association (IDA)
5067	Internationale Finanzgesellschaft *f*	International Finance Corporation (IFC)
5068	Rat *m* der Gouverneure	Board of Governors
5069	Direktorium *n*	Executive Directors
5070	Internationaler Währungsfonds *m* (IWF)	International Monetary Fund (IMF)
5071	Rat *m* der Gouverneure	Board of Governors
5072	Direktorium *n*	Board of Executive Directors
5073	Internationale Zivilluftfahrt-Organisation *f*, Internationale Organisation *f* für Zivilluftfahrt	International Civil Aviation Organization (ICAO)
5074	Konferenz *f* (der ICAO)	General Assembly
5075	Rat *m* (der ICAO)	Council
5076	technische Luftfahrtkomission *f*	Air Navigation Comission
5077	Luftverkehrsausschuß *m*	Air Transport Committee
5078	Weltpostverein *m*	Universal Postal Union (UPU)
5079	Weltpostkongreß *m*	Universal Postal Union Congress, UPU Congress
5080	Internationales Büro *n* (der UPU)	International Bureau (of the UPU)
5081	Weltpostvertrag *m*	Universal Postal Convention
5082	Vollzugsrat *m*	Executive Council
5083	Beratende Kommission *f* für Poststudien (CCEP)	Consultative Committee for Postal Studies (CCPS)
5084	Internationale Fernmelde-Union *f*; Internationaler Fernmeldeverein *m* (*früher*)	International Telecommunication Union (ITU)
5085	Konferenz *f* der Regierungsbevollmächtigen (der ITU)	Plenipotentiary Conference
5086	Verwaltungskonferenzen *fpl* (der ITU)	Administrative Conferences
5087	Verwaltungsrat *m* (der ITU)	Administrative Council of the ITU
5088	Generalsekretariat *n* (der ITU)	General Secretariat of the ITU

5064	Conseil *m* des Gouverneurs	Junta *f* de Gobernadores
5065	Administrateurs *mpl*	(Junta *f* de) Directores *mpl* Ejecutivos
5066	Association *f* Internationale pour le Développement (AID)	Asociación *f* Internacional de Fomento (AIF)
5067	Société *f* Financière Internationale (SFI)	Corporación *f* Financiera Internacional
5068	Conseil *m* des Gouverneurs	Junta *f* de Gobernadores
5069	Conseil *m* d'Administration	Junta *f* de Directores
5070	Fonds *m* Monétaire International (FMI)	Fondo *m* Monetario Internacional (FMI)
5071	Conseil *m* des Gouverneurs	Junta *f* de Gobernadores
5072	Conseil *m* d'Administration	Junta *f* de Directores
5073	Organisation *f* de l'Aviation Civile Internationale (OACI)	Organización *f* de Aviación Civil Internacional (OACI)
5074	Assemblée *f*	Asamblea *f*
5075	Conseil *m*	Consejo *m*
5076	Commission *f* de Navigation aérienne	Comité *m* de Navegación Aérea
5077	Comité *m* du Transport aérien	Comité *m* de Transporte Aéreo
5078	Union *f* Postale Universelle (UPU)	Unión *f* Postal Universal (UPU)
5079	Congrès *m* de l'UPU	Congreso *m* Postal Universal, Congreso *m* de la UPU
5080	Bureau *m* international (de l'UPU)	Oficina *f* Internacional (de la UPU)
5081	Convention *f* postale universelle	Convenio *m* Postal Universal
5082	Conseil *m* exécutif	Consejo *m* Ejecutivo
5083	Commission *f* consultative des études postales (CCEPP)	Comisión *f* Consultiva de Estudios Postales (CEEP)
5084	Union *f* Internationale des Télécommunications (UIT)	Unión *f* Internacional de Telecomunicaciones (UIT)
5085	Conférence *f* des plénipotentiaires	Conferencia *f* Plenipotenciaria
5086	Conférences *fpl* administratives	Conferencias *fpl* administrativas
5087	Conseil *m* d'administration de l'UIT	Consejo *m* de Administración de la UIT
5088	Secrétariat *m* général de l'UIT	Secretaría *f* General de la UIT

5089	Internationaler Ausschuß *m* zur Frequenzregistrierung	International Frequency Registration Board (IFRB)
5090	Internationaler beratender Ausschuß *m* für den Telegraphen- und Fernsprechdienst	International Telegraph and Telephone Consultative Committee
5091	Internationaler beratender Ausschuß *m* für den Funkdienst	International Radio Consultative Committee
5092	Meteorologische Weltorganisation *f* (*auch*: „Weltorganisation *f* für Wetterkunde" *sowie* „Weltwetterdienst" *m*)	World Meteorological Organization (WMO)
5093	Weltmeteorologenkongreß *m*	World Meteorological Congress
5094	Exekutivausschuß *m* der WMO	Executive Committe (of WMO)
5095	Regionale Meteorologische Vereinigung *f*	Regional Meteorological Association
5096	Zwischenstaatliche Beratende Schiffahrtsorganisation, *f*, Internationale ~ ~	Inter-Governmental Maritime Consultative Organization (IMCO)
5097	Versammlung *f*	Assembly
5098	Rat *m*	Council
5099	Auschuß *m* für Sicherheit zur See	Maritime Safety Committee
5100	Allgemeines Zoll- und Handelsabkommen *n* (*meist kurz* GATT *n*)	General Agreement on Tariffs and Trade (GATT)
5101	Generalsekretär *m*	Executive Secretary
5102	Organisation *f* für Außenhandelszusammenarbeit	Organization for Trade Cooperation (OTC)
5103	Internationale Handelsorganisation *f* (*geplant, aber nicht verwirklicht*)	International Trade Organization
5104	Internationale Atomenergie-Organisation *f* (IAEO) (*weniger gut*: Internationale Atombehörde *f*), Internationale Atomenergie-Agentur *f*	International Atomic Energy Agency (IAEA)
5105	Generalkonferenz *f*	General Conference
5106	Rat *m* der Gouverneure	Board of Governors
5107	UN-Organisation für industrielle Entwicklung *f*	UN Industrial Development Organization

5089	Comité *m* international d'enregistrement des fréquences de l'UIT	Junta *f* Internacional de Registro de Frecuencias (IFRB)
5090	Comité *m* consultatif international télégraphique et téléphonique (CCITT)	Comité *m* Consultivo Internacional Telegráfico y Telefónico
5091	Comité *m* consultatif international des Radiocommunications (CCIR)	Comité *m* Consultivo Internacional de Radiocomunicaciones (CCIR)
5092	Organisation *f* Météorologique Mondiale (OMM)	Organización *f* Meteorológica Mundial (OMM)
5093	Congrès *m* Météorologique Mondial	Congreso *m* Meteorológico Mundial
5094	Comité *m* exécutif de l'OMM	Comité *m* Ejecutivo de la OMM
5095	Association *f* Météorologique Régionale	Organización *f* Meteorológica Regional
5096	Organisation *f* intergouvernementale consultative de la Navigation maritime (OMCI)	Organización *f* Consultiva Marítima Intergubernamental (*o*: Internacional)
5097	Assemblée *f*	Asamblea *f*
5098	Conseil *m*	Consejo *m*
5099	Comité *m* de sécurité maritime	Comité *m* de Seguridad Marítima
5100	Accord *m* Général sur les Tarifs Douaniers et le Commerce (GATT)	Acuerdo *m* General sobre las Tarifas Arancelarias y el Comercio (GATT)
5101	Secrétaire *m* exécutif	Secretario *m* ejecutivo
5102	Organisation *f* de Coopération Commerciale	Organización *f* para la Cooperación Comercial
5103	Organisation *f* Internationale du Commerce	Organización *f* Internacional del Comercio
5104	Agence *f* internationale de l'Energie atomique (A.I.E.A.)	Organismo *m* Internacional de Energía Atómica (OIEA)
5105	Conférence *f* Générale	Conferencia *f* General
5106	Conseil *m* des Gouverneurs	Junta *f* de Gobernadores
5107	Organisation *f* des Nations Unies pour le développement industriel	Organización *f* de las Naciones Unidas para el Desarrollo Industrial

d) Die Europäischen Gemeinschaften[1]

5108 gemeinsame Einrichtungen *fpl* — common institutions

5109 Europa-Parlament *n*, Europäisches Parlament *n* (*nicht mehr verwenden*: Gemeinsame Versammlung *f* der Europäischen Gemeinschaften, Europäische Parlamentarische Versammlung *f*) — European Parliament (*formerly*: European Parliamentary Assembly, Common Assembly)

5110 Gerichtshof *m* (*der Europäischen Gemeinschaften*) — Court of Justice (*of the European Communities*)

5111 Richter *mpl* — judges

5112 Kanzler *m* — clerk, registrar

5113 Generalanwalt *m* — advocate-general

5114 Amtsblatt *n* der Europäischen Gemeinschaften — Official Journal of the European Communities, ~ Bulletin ~ ~ ~ ~

5115 Gemeinschaftsrecht *n* — community Law (EEC)

5116 Europäische Gemeinschaft *f* für Kohle und Stahl (EGKS) *tt*; Montanunion *f*, *tc* (MU) — European Coal and Steel Community *tt* (ECSC)

5117 Organe *npl* der Gemeinschaft — institutions of the Community

5118 innergemeinschaftlich, innerhalb der Gemeinschaft — intra-Community

5119 Hohe Behörde *f* — High Authority

5120 Besonderer Ministerrat *m*, *tt* (der EGKS); Ministerrat *m*, *tc*; Rat *m*, *tc* — Special Council of Ministers *tt*; Council *tc*

5121 Beratender Ausschuß *m* (*Montanunion*) — Consultative Committee

5122 Assoziationsrat *m* (*Montanunion-GB*) — Council of Association

5123 Ausschuß *m* der Präsidenten (*der einzelnen Organe der Montanunion*) — Committee of Presidents

5124 Gemeinsames Büro *n* der Schrottverbraucher (*Brüssel*) — Joint Office of Scrap Users

5125 Rechnungsprüfer *m* — Auditor

5126 Garantiefonds *m* — Guarantee Fund

5127 Europäische Wirtschaftsgemeinschaft *f* (EWG)[1] — European Economic Community (EEC)[1]

[1] siehe Nr. 6543

[1] See number 6543

d) Les Communautés Européennes[1]

5108	institutions *fpl* communes	instituciones *fpl* comunes
5109	Parlement *m* Européen (*avant*: Assemblée *f* Parlementaire Européenne)	Parlamento *m* Europeo (*antes*: Asamblea *f* Parlamentaria Europea)
5110	Cour *f* de Justice *(des Communautés Européennes)*	Tribunal *m* de Justicia *(de las Comunidades Europeas)*
5111	juges *mpl*	jueces *mpl*
5112	greffier *m*	Secretario *m* del Tribunal
5113	avocat-général *m*	abogado *m* general
5114	Journal *m* Officiel des Communautés Européennes	Boletín *m* Oficial de las Comunidades Europeas
5115	droit *m* communautaire	derecho *m* comunitario
5116	Communauté *f* Européenne du Charbon et de l'Acier (CECA); Communauté *f* charbon-acier *tc*; Pool *m* charbon-acier *tc*	Comunidad *f* Europea del Carbón y del Acero (CECA) *tt*; pool *m* carbón-acero *tc*
5117	institutions *fpl* de la Communauté	instituciones *fpl* de la Comunidad
5118	intracommunautaire	intracomunitario
5119	Haute Autorité *f*	Alta Autoridad *f*
5120	Conseil *m* Spécial de Ministres *tt*; Conseil *m*, *tc*; ~ des Ministres *tc*	Consejo *m* (Especial) de Ministros *tt*; Consejo *m*, *tc*
5121	Comité *m* Consultatif (CECA)	Comité *m* Consultivo
5122	Conseil *m* d'Association	Consejo *m* de Asociación
5123	Commission *f* des Présidents	Comisión *f* de los Presidentes
5124	Office *m* Commun des Consommateurs de Ferraille (OCCF)	Oficina *f* Común de Consumidores de Chatarra (OCCF)
5125	Commissaire *m* aux Comptes, commissaire-vérificateur	Censor *m* de Cuentas
5126	Fonds *m* de garantie	Fondo *m* de Garantía
5127	Communauté *f* Economique Européenne (CEE)[1]	Comunidad *f* Económica Europea (CEE)[1]

[1] voir no. 6543

[1] véase núm. 6543

5128	Gemeinsamer Markt *m*	Common Market
5129	Übergangszeit *f (EWG)*	transitional period *(CEE)*
5130	Ministerrat *m* (der EWG)	Council of Ministers
5131	Kommission *f* (der EWG), Europäische Kommission	(European) Commission
5132	Wirtschafts- und Sozialausschuß *m*	Economic and Social Committee
5133	Europäische Investitionsbank *f* (EIB)	European Investments Bank
5134	Rat *m* der Gouverneure	Board of Governors
5135	Verwaltungsrat *m*	Board of Directors; Administrative Council
5136	Direktorium *n*	Management Committee
5137	Entwicklungsfonds *m* für die überseeischen Gebiete	Development Fund for the Overseas Countries
5138	Assoziierung *f* der überseeischen Gebiete	association of overseas territories
5139	Europäischer landwirtschaftlicher Ausrichtungs- und Garantiefonds *m* (EAGF; EWG)	European Agricultural Orientation and Guarantee Fund *(EEC)*
5140	(beratender) Währungsausschuß *m*	(advisory) Monetary Committee
5141	Europäische Atomgemeinschaft *f* (EURATOM)	European Atomic Energy Community (EURATOM)
5142	Rat *m*, Ministerrat *m* (des EURATOM)	Council of Ministers (of EURATOM)
5143	Kommission *f* (EURATOM)	Commission (of EURATOM)
5144	Beirat *m* für Wissenschaft und Technik, Ausschuß *m* für Wissenschaft und Technik	Scientific and Technical Committee
5145	Wirtschaft- und Sozialausschuß *(mit EWG gemeinsam)*	Economic and Social Committee *(common to EURATOM and EEC)*
5146	Agentur *f (des EURATOM)*	agency
5147	die Aufnahme in die EWG beantragen	to apply for admission to the EEC
5148	Beitritt zum Gemeinsamen Markt	entry into the Common Market, accession to the EEC
5149	Drittländer *(EWG)*	third countries, non-member countries

5128	Marché *m* Commun	Mercado *m* Común
5129	période *f* transitoire *(CEE)*	período *m* de transición *(CEE)*
5130	Conseil *m* des Ministres (de la CEE)	Consejo *m* de Ministros (de la CEE)
5131	Commission *f* Européenne; ~ de la CEE	Comisión *f* Europea; ~ de la CEE
5132	Comité *m* économique et social	Comité *m* Económico y Social
5133	Banque *f* européenne d'investissements (BEI)	Banco *m* Europeo de Inversiones
5134	Conseil *m* des Gouverneurs (de la BEI)	Consejo *m* de Gobernadores
5135	Conseil *m* d'Administration (de la BEI)	Consejo *m* de Administración
5136	Comité *m* de direction (de la BEI)	Comité *m* Directivo
5137	Fonds *m* de développement pour les pays d'outre-mer	Fondo *m* de Desarrollo para los territorios de ultramar
5138	association *f* des territoires d'outre-mer	asociación *f* de los territorios de ultramar
5139	Fonds *m* européen d'orientation et de garantie agricole *(CEE)*	Fondo *m* Europeo de Orientación y de Garantía Agrícola *(CEE)*
5140	Comité *m* monétaire (de caractère consultatif)	Comité *m* Monetario (de carácter consultivo)
5141	Communauté *f* Européenne de l'Energie Atomique (EURATOM)	Comunidad *f* Europea de Energía Atómica (EURATOM)
5142	Conseil *m* des Ministres (de l'EURATOM)	Consejo *m* de Ministros (del EURATOM)
5143	Commission *f* de l'EURATOM	Comisión *f*
5144	Comité *m* scientifique et technique	Comité *m* Científico y Técnico
5145	Comité *m* Economique et Social *(CEE et EURATOM)*	Comité *m* Económico y Social *(CEE y EURATOM)*
5146	Agence *f*	Agencia *f*
5147	demander l'admission dans la CEE	solicitar el ingreso en la CEE
5148	adhésion *f* au Marché Commun	ingreso *m* en el Mercado Común
5149	pays tiers *(CEE)*	terceros países *(CEE)*

	e) Andere regierungsvertretende Organisationen	*e) Other intergovernmental organizations*
5150	Afrikanische Entwicklungsbank *f* (ADB)	African Development Bank (ADB)
5151	Afrikanische Post- und Fernmeldeunion *f* (APTV)	African Postal and Telecommunications Union (APTU)
5152	Afrikanischer Postverein *m*	Africal Postal Union (AfPU)
5153	Afro-asiatische Organisation für wirtschaftliche Zusammenarbeit	Afro-Asian Organization for Economic Cooperation (AFRASEC)
5154	Allgemeiner Fischereirat *m* für das Mittelmeer (GFCM)	General Fisheries Council for the Mediterranean (GFCM)
5155	Allianz *f* für den Fortschritt	Alliance for Progress
5156	ANZUS-Pakt *m*, Pazifik-Pakt *m*	ANZUS Council, ANZUS (Pact)
5157	Arabische Entwicklungsbank *f*	Arab Development Bank
5158	Arabische Liga *f*	League of Arab States, Arab League
5159	Arabischer Postverein *m* (APU)	Arab Postal Union (APU)
5160	Asiatische Entwicklungsbank *f*	Asian Development Bank (ADB)
5161	Asiatisch-Ozeanischer Postverein *m*	Asian-Oceanic Postal Union (AOPU)
5162	Asiatisch-Pazifischer Rat, Rat für Asien und den Pazifik	Asian and Pacific Council (ASPAG)
5163	Balkanpakt *m*	Balkan Alliance, ~ Pact
5164	Bank *f* für Internationalen Zahlungsausgeleich (BIZ)	Bank for International Settlements (BIS)
5165	Benelux-Wirtschaftsunion *f*	Union Economique Benelux *nt*, Benelux Customs Union
5166	Beratender Wirtschafts- und Sozialausschuß *m* der Benelux-Länder	Benelux Economic and Social Consultative Council
5167	Casablanca-Staaten *mpl* (1961)	The African States of the Casablanca Group (1961)
5168	Colombo-Plan *m*, Rat *m* für technische Zusammenarbeit in Süd- und Süd-Ost-Asien	Colombo Plan, Council for Technical Cooperation in South and South-East Asia

	e) *Autres organisations intergouvernementales*	*e)* *Otras organizaciones intergubernamentales*
5150	Banque *f* Africaine de Développement (BAD)	Banco *m* de Desarrollo Africano
5151	Union *f* africaine des Postes et Télécommunications	Unión *f* Africana de Correos y Telecomunicaciones
5152	Union *f* postale africaine (UPAF)	Unión *f* Postal Africana (UPAF)
5153	Organisation *f* afro-asiatique de coopération économique	Organización *f* Afro-Asiática de Cooperación Económica
5154	Conseil *m* général des pêches pour la Méditerranée (CGPM)	Consejo *m* general de Pesquería para el Mediterráneo (CGPM)
5155	Alliance *f* pour le Progrès	Alianza *f* para el Progreso (ALPRO)
5156	ANZUS *m*, ANZUS-Council *nt*	ANZUS *m*
5157	Banque *f* Arabe de Développement	Banco *m* Arabe de Desarrollo
5158	Ligue *f* des Etats Arabes, Ligue arabe	Liga *f* Arabe, ~ de Estados Arabes
5159	Union *f* postale arabe (UPA)	Unión *f* postal árabe (UPA)
5160	Banque *f* asiatique de développement	Banco *m* Asiático de Desarrollo
5161	Union *f* Postale de l'Asie et de l'Océanie (UPAO)	Unión *f* Postal de Asia y Oceanía
5162	Conseil *m* de l'Asie et du Pacifique	Consejo *m* de Asia y del Pacífico
5163	Alliance *f* Balkanique (AB), Pacte ~	Alianza *f* Balcánica, Pacto *m* Balcánico
5164	Banque *f* des Règlements Internationaux (BRI)	Banco *m* Internacional de Pagos
5165	Union *f* Economique Benelux	Unión *f* Económica Benelux
5166	Conseil *m* consultatif économique et social (du) Benelux	Consejo *m* consultivo económico y social del Benelux
5167	les Etats *mpl* Africains de la Charte de Casablanca, Groupe *m* de Casablanca (1961)	Estados *mpl* Africanos de la Carta de Casablanca, Grupo *m* de Casablanca (1961)
5168	Conseil *m* de Coopération technique en Asie du Sud et du Sud-Est, *m* de Colombo	Plan *m* de Colombo, Consejo *m* de Cooperación técnica para Asia del Sur y del Sud-Este

5169	COMECON, Rat *m* der Ostblockstaaten für gemeinsame Wirtschaftshilfe	Council for Mutual Economic Aid (COMECON)
5170	Commonwealth-Wirtschaftskomitee *n*	Commonwealth Economic Committee (CEC)
5171	Diplomatische Konferenz für Internationales Seerecht	Diplomatic Conference on International Maritime Law
5172	Donau-Kommission *f*	Danube Commission
5173	Europa-Rat *m* (ER)	Council of Europe
5174	Beratende Versammlung *f* (ER)	Consultative Assembly
5175	Ministerkomitee *n* (ER)	Committee of Ministers
5176	Wiedereingliederungsfonds des Europarates	Council of Europe-Resettlement Fund
5177	Europäische Freihandelsvereinigung *f* (EFTA); Europäische Freihandels-Assoziation *f*, CH	European Free Trade Association (EFTA)
5178	Europäische Gesellschaft *f* für die Finanzierung von Eisenbahnmaterial (EUROFIMA)	European Company for the Financing of Railway Rolling Stock (EUROFIMA)
5179	Europäische Kernenergie-Agentur *f* (ENEA)	European Nuclear Energy Agency (ENEA)
5180	Europäische Konferenz *f* der Verwaltungen für Post- und Fernmeldewesen	European Conference of Postal and Telecommunication Administrations (CEPT)
5181	Europäische Organisation *f* für kernphysikalische Forschung	European Organization for Nuclear Research
5182	Europäische Organisation *f* für die Entwicklung und den Bau von Raumfahrzeugen (ELDO)	European Space Vehicle Launcher Development Organization (ELDO)
5183	Europäische Verkehrsminister-Konferenz *f*, Ständige Europäische Konferenz *f* der Verkehrsminister	European Conference of Ministers of Transport (ECMT)
5184	Europäische Organisation zur Erforschung des Weltraums (ESRO)	European Space Research Organization (ESRO)
5185	Europäische Zahlungsunion *f* (EZU) (*abgelöst durch:* EWA)	European Payment Union (EPU) (*successor body*: EMA)
5186	Europäischer Gerichtshof *m* für Menschenrechte	European Court of Human Rights

5169	Conseil *m* d'Assistance économique mutuelle (COMECON)	Consejo *m* de Asistencia Económica Mutua (COMECON)
5170	Comité *m* économique du Commonwealth	Comité *m* Económico del Commonwealth
5171	Conférence *f* diplomatique de droit maritime international	Conferencia *f* diplomática de Derecho marítimo internacional
5172	Comission *f* du Danube (CD)	Comisión *f* del Danubio
5173	Conseil *m* de l'Europe	Consejo *m* de Europa
5174	Assemblée *f* Consultative	Asamblea *f* Consultiva
5175	Comité *m* des Ministres	Comité *m* de Ministros
5176	Fonds *m* de réétablissement du Conseil de l'Europe	Fondo *m* de Reasentamiento del Consejo de Europa
5177	Association *f* Européenne de Libre Echange (AELE)	Asociación *f* Europea de Libre (AELI) Intercambio
5178	Société *f* Européenne pour le financement de matériel ferroviaire (EUROFIMA)	Sociedad *f* Europea para la Financiación de Material Ferroviario (EUROFIMA)
5179	Agence *f* Européenne pour l'Energie Nucléaire	Agencia *f* Europea de Energía Nuclear
5180	Conférence *f* Européenne des Administrations des Postes et des Télécommunications (CEPT)	Conferencia *f* Europea de Administraciones de Correos y Telecomunicaciones
5181	Organisation *f* Européenne pour la Recherche nucléaire (CERN)	Organización *f* Europea de Investigaciones nucleares
5182	Organisation *f* européenne pour la mise au point et le lancement d'engins spatiaux	Organización *f* Europea para el Desarrollo y el Lanzamiento de Vehículos Espaciales
5183	Conférence *f* Européenne des Ministres des Transports (CEMT)	Conferencia *f* Europea de Ministros de Transportes
5184	Organisation *f* européenne de recherches spatiales	Organización *f* Europea de Investigaciones Espaciales
5185	Union *f* Européenne des Paiements (UEP) *(remplacée par l'AME)*	Unión *f* Europea de Pagos *(sustituida por el AME)* (UEP)
5186	Cour *f* Européenne des Droits de l'Homme	Tribunal *m* Europeo de Derechos del Hombre

5187	Europäischer Wirtschaftsrat *m (in Fachkreisen wurde meist die Abkürzung* OEEC *verwendet; durch* OECD *abgelöst)*, Organisation *f* für europäische wirtschaftliche Zusammenarbeit	Organization for European Economic Cooperation (OEEC) *(successor body*: OECD)
5188	Europäisches Atom-Forum *n* (FORATOM)	European Atomic Forum
5189	Organisation *f* für wirtschaftliche Zusammenarbeit und Entwicklung *(meist kurz*: *OECD f)*	Organization for Economic Cooperation and Development (OECD)
5190	Rat *m* der OECD	Council of OECD
5191	Exekutivausschuß *m* (OECD)	Executive Committee
5192	Europäisches Währungsabkommen *n* (EWA)	European Monetary Agreement
5193	Gemeinsame Afrikanisch-Madagassische Organisation	Common Afro-Malagasy Organization
5194	Haager Konferenz *f* für Internationales Privatrecht	Hague Conference on Private International Law
5195	Iberoamerikanisches Erziehungsbüro *n*	Ibero-American Bureau of Education (IABE)
5196	Indo-pazifischer Fischerei-Rat *m*	Indo-Pacific Fisheries Council (IPFC)
5197	Interamerikanische Entwicklungsbank *f*	Inter-American Development Bank (IDB)
5198	Interamerikanische Frauen-Kommission *f*	Inter-American Comission of Women (ICW)
5199	Interamerikanische Kernenergie-Kommission *f*	Inter-American Nuclear Energy Comission (IANEC)
5200	Interamerikanische Konferenz *f* für soziale Sicherheit	Inter-American Conference on Social Security
5201	Interamerikanischer Friedensrat *m*	Inter-American Peace Committee
5202	Interamerikanischer Verteidigungsrat *m*	Inter-American Defense Board (IADB)
5203	Interamerikanisches Indianisches Institut *n*	Inter-American Indian Institute (I. I. I.)
5204	Interamerikanisches Institut *n* für Agrarwissenschaften	Inter-American Institute of Agricultural Sciences

5187	Organisation *f* Européenne de Coopération Economique (OECE) *(remplacée par* l'OCDE*)*	Organización *f* Europea de Cooperación Económica (OECE) *(sustituida por la* OCDE*)*
5188	Forum *m* atomique européen (FORATOM)	Fórum *m* atómico europeo (FORATOM)
5189	Organisation *f* de Coopération et de Développement Economique (OCDE)	Organización *f* de Cooperación y Desarrollo Económico (OCDE)
5190	Conseil *m* de l'OCDE	Consejo *m* de la OCDE
5191	Comité *m* exécutif	Comité *m* ejecutivo
5192	Accord *m* Monétaire Européen (AME)	Acuerdo *m* Monetario Europeo (AME)
5193	Organisation *f* Commune Africaine et Malgache (OCAM)	Organización *f* Común Africana y Malgache (OCAM)
5194	Conférence *f* de la Haye du Droit International Privé	Conferencia *f* de La Haya de Derecho Internacional Privado
5195	Bureau *m* d'Education ibéroaméricain (BEIA)	Oficina *f* de Educación Iberoamericana
5196	Conseil *m* indo-pacifique des pêches (CIPP)	Consejo *m* del Indo-Pacífico para Pesquerías (CIPP)
5197	Banque *f* interaméricaine de développement	Banco *m* Interamericano de Desarrollo (BID)
5198	Commission *f* interaméricaine des Femmes (CIF)	Comisión *f* Interamericana de Mujeres (CIM)
5199	Comission *f* interaméricaine d'énergie nucléaire (CIEN)	Comisión *f* Interamericana de Energía Nuclear (CIEN)
5200	Conférence *f* interaméricaine de Sécurité sociale (CISS)	Comité *m* Interamericano de Seguridad Social (CISS)
5201	Commission *f* interaméricaine de la paix	Comisión *f* Interamericana de Paz
5202	Conseil *m* de Défense interaméricain	Junta *f* Interamericana de Defensa (J. I. de D.), Consejo *m* Interamericano de Defensa (CID)
5203	Institut *m* interaméricain d'affaires indigènes, ~ indianiste interaméricain	Instituto *m* Indigenista Interamericano
5204	Institut *m* interaméricain des sciences agricoles	Instituto *m* Interamericano de Ciencias Agrícolas

5205	Interamerikanisches Kinderinstitut *n*	Inter-American Children's Institute
5206	Internationale Kaffee-Organisation *f*	International Coffee Organization
5207	Interamerikanisches Komitee der Allianz für den Fortschritt (CIAP)	Inter-American Committee of the Alliance for Progress (ICAP)
5208	Internationale Kommission *f* für das Personenstandwesen	International Commission on Civil Status
5209	Internationale Kommission *f* für Landwirtschaftliche Industrien (*od*: der Ernährungsindustrien)	International Commission for Agricultural Industries (ICAI)
5210	Internationale Kommission *f* zur wissenschaftlichen Erforschung des Mittelmeeres	International Commission for the Scientific Exploration of the Mediterranean Sea
5211	Internationale Mosel-Gesellschaft *f* (IMG)	International Moselle Company
5212	Internationale Nordwest-Atlantik-Fischerei-Kommission *f*	International Commission for the Northwest Atlantic Fisheries (ICNAF)
5213	Internationale Pappelkommision *f*	International Poplar Commission (IPC)
5214	Internationaler Rat *m* für Meeresforschung	International Council for the Exploration of the Sea (ICES)
5215	Internationale Seidenbau-Kommission *f* (ISK)	International Sericultural Commission (ISC)
5216	Internationale Studiengruppe *f* für für Wolle	International Wool Study Group (IWSG)
5217	Internationale Union *f* für die Veröffentlichung der Zolltarife	International Union for the Publication of Customs Tariffs
5218	Internationale Vereinigung *f* für gewerblichen Rechtsschutz	International Union for the Protection of Industrial Property
5219	Internationale Vereinigung *f* zum Schutze künstlerischen und literarischen Eigentums (*od*: von Werken der Literatur und der Kunst)	International Union for the Protection of Literary and Artistic Works
5220	Internationale Walfangkommission	International Whaling Commission
5221	Internationaler Baumwollberatungsausschuß *m*	International Cotton Advisory Committee (ICAC)
5222	Internationaler Reis-Ausschuß *m*	International Rice Commission (IRC)

5205	Institut *m* interaméricain de l'enfant	Instituto *m* Interamericano del Niño
5206	Organisation *f* internationale du Café	Organización *f* Internacional del Café
5207	Comité *m* interaméricain de l'Alliance pour le Progrès	Comité *m* Interamericano de la Alianza para el Progreso (CIAP)
5208	Commission *f* internationale de l'état civil (CIEC)	Comisión *f* Internacional del Estado Civil
5209	Commission *f* internationale des Industries agricoles (CIIA)	Comisión *f* Internacional de las Industrias Agrícolas (CIIA)
5210	Commission *f* internationale pour l'exploration scientifique de la Mer Méditerranée	Comisión *f* Internacional para la exploración científica del Mediterráneo
5211	Société *f* internationale de la Moselle	Sociedad *f* Internacional del Mosela
5212	Commission *f* internationale des pêches pour l'Atlantique du Nord-Ouest	Comisión *f* International de Pesquerías del Atlántico Noreste
5213	Commission *f* internationale du Peuplier (CIP)	Comisión *f* Internacional del Alamo (*o*: Chopo)
5214	Conseil *m* international pour l'exploration de la mer	Consejo *m* Internacional para la exploración del mar
5215	Commission *f* séricicole internationale (CSI)	Comisión *f* Sericícola Internacional (CSI)
5216	Groupe *m* international d'étude sur la laine	Grupo *m* Internacional de Estudios sobre la Lana
5217	Union *f* internationale pour la publication des tarifs douaniers	Unión *f* Internacional para la Publicación de los Aranceles
5218	Union *f* Internationale pour la protection de la Propriété industrielle	Unión *f* Internacional para la Protección de la Propiedad Industrial
5219	Union *f* Internationale pour la Protection des œuvres littéraires et artistiques	Unión *f* Internacional para la Protección de las Obras literarias y artísticas
5220	Commission *f* internationale baleinière	Comisión *f* internacional ballenera
5221	Comité *m* consultatif international du coton (CCIC)	Comité *m* Consultivo Internacional del Algodón (CCIA)
5222	Commission *f* internationale du riz	Comisión *f* Internacional del Arroz

5223	Internationaler Tee-Ausschuß *m*	International Tea Committee
5224	Internationaler Weizenrat *m*	International Wheat Council
5225	Internationaler Zinnrat *m*	International Tin Council
5226	Internationaler Zuckerrat *m*	International Sugar Council
5227	Internationales Ausstellungsbüro *n*	International Exhibition Bureau
5228	Internationales Büro *n* für Maße und Gewichte	International Bureau of Weights and Measures
5229	Internationales Erziehungsbüro *n*	International Bureau of Education (IBE)
5230	Internationales Hydrographisches Büro *n* (IHB)	International Hydrographic Bureau (IHB)
5231	Internationales Institut *n* für die Vereinheitlichung des Privatrechts	International Institute for the Unification of Private Law (UNIDROIT)
5232	Internationales Kälteinstitut *n*	International Institute of Refrigeration (IIR)
5233	Internationales Patentinstitut *n*	International Patent Institute
5234	Internationales Tierseuchen-Amt *n*	International Office of Epizootics
5235	Internationales Urheberrechts-Komitee *n*	Intergovernmental Copyright Committee (IGC)
5236	Internationales Weinamt *n*	International Vine and Wine Office
5237	Kommission *f* für technische Zusammenarbeit in Afrika südlich der Sahara (heute: Organisation für Einheit Afrikas)	Commission for Technical Cooperation in Africa South of the Sahara (now: Organization of African Unity)
5238	Konferenz *f* unabhängiger afrikanischer Staaten (heute: OAU)	Conference of African Independent States (now: OAU)
5239	Konferenz *f* der Staatsoberhäupter Äquatorialafrikas	Conference of Heads of State of Equatorial Africa
5240	Lateinamerikanische Freihandelsvereinigung *f*, weniger gut: ~ ~-zone *f*	Latin-American Free Trade Association
5241	Monrovia-Staaten *mpl* (*heute:* OAU)	Organization of Inter-African and Malagasy States, Monrovia Group (*now:* OAU)

5223	Comité *m* international du thé	Comité *m* Internacional del Té
5224	Conseil *m* international du blé	Consejo *m* Internacional del Trigo
5225	Conseil *m* international de l'étain	Consejo *m* Internacional del Estaño
5226	Conseil *m* international du sucre	Consejo *m* Internacional del Azúcar
5227	Bureau *m* international des expositions (BIE)	Oficina *f* Internacional de Exposiciones
5228	Bureau *m* international des Poids et Mesures (BIPM)	Oficina *f* Internacional de Pesos y Medidas
5229	Bureau *m* international d'éducation (BIE)	Oficina *f* Internacional de Educación
5230	Bureau *m* hydrographique international (BHI)	Oficina *f* Internacional Hidrográfica
5231	Institut *m* international pour l'unification du Droit privé (UNIDROIT)	Instituto *m* Internacional para la Unificación del Derecho Privado
5232	Institut *m* international du Froid (IIF)	Instituto *m* Internacional del Frío
5233	Institut *m* international des brevets (IIB)	Instituto *m* Internacional de Patentes
5234	Office *m* international des épizooties (OIE)	Oficina *f* Internacional de Epizootias
5235	Comité *m* intergouvernemental du droit d'auteur	Comité *m* Intergubernamental de Derecho de Autor
5236	Office *m* international de la vigne et du vin (OIV)	Oficina *f* Internacional de la Viña y del Vino
5237	Commission *f* de coopération technique en Afrique, au Sud du Sahara (CCTA) (maintenant: Organisation de l'Unité Africaine)	Comisión *f* de Cooperación Técnica en Africa en el Sur del Sahara (*ahora:* OUA)
5238	Conférence *f* des Etats africains indépendants (maintenant: OUA)	Conferencia *f* de Estados Africanos Independientes (*ahora*: OUA)
5239	Conférence *f* des chefs d'Etat de l'Afrique Equatoriale (CCEAE)	Conferencia *f* de Jefes de Estado del Africa Ecuatorial
5240	Association *f* Latino-américaine de Libre Echange	Asociación *f* Latinoamericana de Libre Comercio (ALALC)
5241	Groupe *m* de Monrovia (*maintenant*: OUA)	Grupo *m* de Monrovia (*ahora*: OUA)

5242	Nordatlantikpakt-Organisation *f* (NATO *f*)	North Atlantic Treaty Organization (NATO)
5243	Oberkommando *n* der Alliierten Streitkräfte im Atlantik	Supreme Allied Commander Atlantic (SACLANT)
5244	Oberkommando *n* der Alliierten Streitkräfte in Europa, Oberstes Hauptquartier der Alliierten Streitkräfte in Europa	Supreme Headquarters of the Allied Powers in Europe (SHAPE), Supreme Allied Commander Europe (SACEUR)
5245	Militär-Komitee *n* (der NATO)	Military Committee (of NATO)
5246	Nordatlantikrat *m*, NATO-Rat *m*	North Atlantic Council
5247	NATO-Verteidigungs-Akademie *f*	Defence (*US*: Defense) College (of NATO)
5248	Schild- und Schwert-Strategie *f*	shield and sword strategy
5249	Ständige Führungsgruppe *f* (NATO)	Standing Group
5250	Ärmelkanal-Kommando *n* (NATO)	Channel Command
5251	Militärisches Standardisierungsbüro *n* (NATO)	Military Agency for Standardization
5252	Beratungsgruppe *f* für Luftfahrtforschung und -Entwicklung (NATO)	Advisory Group on Aeronautical Research and Development (AGARD)
5253	NATO-Truppenstatus (NTS) *m*, Abkommen *n* zwischen den Parteien des Nordatlantikvertrages über die Rechtstellung ihrer Truppen	NATO Status of Forces Agreement; Agreement between the Parties to the North Atlantic Treaty regarding the Status of their Forces
5254	Vertrag über Rechte und Pflichten ausländischer Streitkräfte und ihrer Mitglieder in der Bundesrepublik	Convention on the Rights and Obligations of Foreign Forces and their Members in the Federal Republic of Germany
5255	Bundesleistungsgesetz *n*	Federal Requisitioning Law
5256	Gesetz über die Beschränkung von Grundeigentum für die militärische Verteidigung = „Schutzbereichgesetz"	Law concerning restrictions on Real Property for purposes of Military Defence, "Restricted Area Law"

5242	Organisation *f* du Traité de l'Atlantique Nord (OTAN)	Organización *f* del Pacto (*o*: Tratado) de(l) Atlántico Norte (OTAN)
5243	Commandement *m* suprême allié de l'Atlantique (SACLANT)	Mando *m* Supremo Aliado del Atlántico
5244	Commandement *m* Suprême des Forces Alliées en Europe (SHAPE)	Supremo Cuartel *m* General Europeo de las Potencias Aliadas
5245	Comité *m* militaire (de l'OTAN)	Comité *m* Militar (de la OTAN)
5246	Conseil *m* de l'Atlantique Nord, ~ ~ l'OTAN	Consejo *m* del Atlántico Norte
5247	Collège *m* de Défense OTAN	Colegio *m* de Defensa de la OTAN
5248	stratégie *f* de l'Epée et du Bouclier	estrategia *f* de la espada y del escudo
5249	Groupe *m* permanent (de l'OTAN)	Grupo *m* permanente (de la OTAN)
5250	Commandement *m* conjoint de la Manche	Mando *m* conjunto de la Mancha
5251	Bureau *m* de Standardisation militaire	Oficina *f* de Estandardización militar
5252	Groupe *m* consultatif pour la recherche et le développement aéronautiques	Grupo *m* consultivo sobre Investigaciones y Desarrollo aeronáuticos
5253	Convention OTAN sur le Statut des Forces; Convention entre les Etats Parties au Traité de l'Atlantique Nord sur le Statut de leurs Forces	Convenio *m* sobre el Estatuto de las Fuerzas de la OTAN
5254	Convention relative aux Droits et Obligations des Forces étrangères et de leurs membres sur le Territoire de la République Fédérale d'Allemagne	Convenio *m* sobre los Derechos y Obligaciones de las Fuerzas extranjeras y sus miembros en el Territorio de la R. F. A.
5255	Loi Fédérale sur les réquisitions	Ley *f* Federal sobre las requisas
5256	Loi relative à la restriction apportée à la propriété immobilière dans l'intérêt de la défense = «Loi relative aux zones des servitudes»	Ley *f* sobre las restricciones impuestas a la propiedad inmobiliaria en interés de la Defensa Nacional

5257	Landbeschaffungsgesetz *n*, Gesetz über die Landbeschaffung für Aufgaben der Verteidigung	Land Procurement Law, Law concerning the Procurement of Land for Purposes of Defence (*US*: defense)
5258	Luftverkehrsgesetz *n*	Air Traffic Law
5259	politische Untergliederung *f*	political sub-division
5260	ziviles Gefolge *m*	civilian component
5261	Nordischer Rat *m*	Nordic Council
5262	Organisation *f* der amerikanischen Staaten (OAS)	Organization of American States (OAS)
5263	Interamerikanische Konferenz *f*	Inter-American Conference
5264	Rat *m* der OAS	Council of the OAS
5265	Interamerikanischer Wirtschafts- und Sozialrat *m*	Inter-American Economic and Social Council
5266	Interamerikanischer Juristenrat *m*	Inter-American Council of Jurists
5267	Panamerikanische Union *f*	Union of the American Republics (Pan-American Union)
5268	Interamerikanischer Kulturrat *m*	Inter-American Cultural Council
5269	Organisation *f* für Afrikanische Einheit, ~ ~ die Einheit Afrikas	Organization of African Unity (OAU)
5270	Organisation *f* der Zentralamerikanischen Staaten	Organization of Central American States (OCAS)
5271	Organisation *f* für die Zusammenarbeit der Eisenbahnen	Organization for the Collaboration of Railways
5272	Ostafrikanische Gemeinschaft *f*	East African Community
5273	Ostafrikanischer Gemeinsamer Markt, *m* Ostafrikanische Wirtschaftsgemeinschaft *f*	East African Common Market, East African Economic Community
5274	Panamerikanische Gesundheitsorganisation *f*	Pan-American Health Organization (*or*: Sanitary Organization) (PAHO)
5275	Panamerikanisches Institut *n* für Geographie und Geschichte	Pan-American Institute of Geography and History (PAIGH)
5276	Pflanzenschutz-Organisation *f* für Europa und den Mittelmeerraum, Europäische und mittelländische Pflanzenschutzorganisation *f*	European and Mediterranean Plant Protection Organization (EPPO)

5257	Loi concernant l'acquisition de terrains pour les besoins de la défense; Loi concernant l'acquisition de terrains	Ley *f* sobre la adquisición de terrenos para las necesidades de la Defensa nacional
5258	Loi relative à la circulation aérienne	Ley *f* sobre el tráfico aéreo
5259	subdivision politique	subdivisión *f* política
5260	élément *m* civil	elemento *m* civil
5261	Conseil *m* Nordique	Consejo *m* Nórdico
5262	Organisation *f* des Etats Américains (OEA)	Organización *f* de los Estados Americanos (OEA)
5263	Conférence *f* interaméricaine	Conferencia *f* Interamericana
5264	Conseil *m* de l'OEA	Consejo *m* de la OEA
5265	Conseil *m* économique et social interaméricain	Consejo *m* Económico y Social Interamericano (CIES)
5266	Conseil *m* interaméricain de Jurisconsultes	Consejo *m* Interamericano de Jurisconsultos
5267	Union *f* Panaméricaine	Unión *f* Panamericana
5268	Conseil *m* culturel interaméricain	Consejo *m* Cultural Interamericano
5269	Organisation *f* de l'Unité Africaine (OUA)	Organización *f* de Unidad Africana (OUA)
5270	Organisation *f* des Etats de l'Amérique Centrale	Organización *f* de Estados Centro-Americanos (ODECA)
5271	Organisation *f* pour la collaboration des chemins de fer	Organización *f* para la Colaboración de Ferrocarriles
5272	Communauté *f* de l'Afrique orientale	Comunidad *f* del Africa oriental
5273	Marché *m* Commun de l'Afrique orientale	Mercado *m* Común del Africa oriental
5274	Organisation *f* sanitaire panaméricaine (OSPA)	Organización *f* Panamericana de la Salud (OPS)
5275	Institut *m* panaméricain de Géographie et d'Histoire	Instituto *m* Panamericano de Geografía e Historia
5276	Organisation *f* européenne et méditerranéenne pour la protection des plantes	Organización *f* europea y mediterránea de protección de plantas

5277	Postunion *f* der amerikanischen Staaten mit Spanien, Amerikanisch-Spanischer Postverein *m*	Postal Union of the Americas and Spain (PUAS)
5278	Rat *m* für Zusammenarbeit auf dem Gebiet des Zollwesens	Customs Cooperation Council (CCC)
5279	Regionale Kooperation *f* für wirtschaftliche Entwicklung	Regional Co-operation for Development (RCO)
5280	Südostasien-Gemeinschaft *f* (ASA)	Association of Southeast Asia (ASA)
5281	Südostasien-Pakt *m*, Südostasien-Kollektiv-Verteidigungspakt-Organisation *f*, Südostasiatisches Verteidigungsbündnis *n* (*meist kurz*: SEATO *f*)	South East Asia (Collective Defense) Treaty Organization (SEATO)
5282	Verband *m* Südostasiatischer Nationen (ASEAN)	Association of South East Asian Nations (ASEAN)
5283	Süd-Pazifik-Kommission *f*	South Pacific Commission (SPC)
5284	Ständiger Schiedsgerichtshof *m*, ~ Schiedshof *m*	Permanent Court of Arbitration
5285	Union *f* Afrikanischer Staaten *(1960)* (*heute:* OAU)	Union of African States *(1960)* (*nov:* OAU)
5286	Vereinigte Internationale Büros zum Schutze des gewerblichen, literarischen und künstlerischen Eigentums	International Bureaus for the Protection of Industrial Property and of Literary and Artistic Works
5287	Warschauer Pakt *m*, Organisation *f* des ~ ~s	Warsaw Treaty Organization, ~ Pact
5288	Welthilfsverband *m*	International Relief Union (IRU)
5289	Westafrikanische Währungsunion *f*	West-African Monetary Union
5290	Westeuropäische Union *f* (WEU)	Western European Union (WEU)
5291	Rat *m* der WEU	WEU Council
5292	Versammlung *f* der WEU	WEU Assembly
5293	Ständiger Rüstungsausschuß *m*	Standing Armaments Committee
5294	Amt *n* für Rüstungskontrolle	Armaments Control Agency
5295	Zentralafrikanische Zoll- und Wirtschaftsunion	Central African Customs and Economic Union

5277	Union *f* postale des Amériques et de l'Espagne (UPAE)	Unión *f* Postal de las Américas y España (UPAE)
5278	Conseil *m* de coopération douanière (CCD)	Consejo *m* de Cooperación Aduanera (CCA)
5279	Coopération *f* régionale de développement (CRD)	Cooperación *f* regional de desarrollo, ~ ~ ~ fomento
5280	Association *f* de l'Asie du sud-est	Asociación *f* del Sudeste de Asia
5281	Organisation *f* du Traité pour la défense collective de l'Asie du Sud-Est; OTASE; SEATO *f*	Organización *f* del Tratado (para la Defensa Colectiva) de Asia de Sudeste; OTASE, SEATO
5282	Association *f* des nations de l'Asie du sud-est	Asociación *f* de Naciones del Sudeste Asiático
5283	Commission *f* du Pacifique Sud	Comisión *f* del Pacífico Sur
5284	Cour *f* Permanente d'Arbitrage	Tribunal *m* Permanente de Arbitraje, Corte *f* ~ ~ ~
5285	Union *f* des Etats Africains *(1960)* *(maintenant:* OUA)	Unión *f* de Estados Africanos *(1960)* *(ahora:* OUA)
5286	Bureaux *mpl* internationaux réunis pour la protection de la propriété industrielle, littéraire et artistique	Oficinas *fpl* Internacionales reunidas para la protección de la propiedad industrial, literaria y artística
5287	Organisation *f* du Pacte de Varsovie	Organización *f* del Pacto de Varsovia
5288	Union *f* internationale de secours (UIS)	Unión *f* Internacional de Socorro
5289	Union *f* Monétaire de l'Ouest Africain (UMOA)	Unión *f* Monetaria del Africa Occidental
5290	Union *f* de l'Europe Occidentale (UEO.)	Unión *f* de Europa Occidental (UEO)
5291	Conseil *m* de l'UEO	Consejo *m* de la UEO
5292	Assemblée *f* de l'UEO	Asamblea *f* de la UEO
5293	Comité *m* permanent des Armements	Comité *m* Permanente de Armamentos
5294	Agence *f* de Contrôle des Armements	Agencia *f* de Control de Armamentos
5295	Union *f* douanière et économique de l'Afrique centrale (UDEAC)	Unión *f* Aduanera y Económica de Africa Central

5296	Zentralamt *n* für den Internationalen Eisenbahnverkehr	Central Office for International Railway Transport
5297	Zentralamerikanische Bank für wirtschaftliche Integration (BCIE)	Central American Bank of Economic Integration
5298	Allgemeiner Vertrag über Zentralamerikanische Wirtschaftsintegration	General Treaty on Central American Economic Integration
5299	Zentralamerikanischer Gemeinsamer Markt *m*, Zentralamerikanische Freihandelszone *f*	Central American Common Market, ~ ~ Free Trade Area (CAFTA)
5300	Zentralkommission *f* für die Rheinschiffahrt	Central Commission for the Navigation of the Rhine
5301	Zentrale Pakt-Organisation *f*, Nahost-Pakt *m*, CENTO-Pakt *m* (*bis zum Austritt des Irak 1959 auch „Bagdadpakt" genannt*)	Central Treaty Organization (CENTO) *(called "Baghdad-Pact" until 1959)*
5302	Zwischenstaatliches Komitee *n* für Europäische Wanderungsbewegungen	Intergovernmental Committee for European Migration (ICEM)
5303	Zwischenstaatliche Ozeanographische Kommission	Intergovernmental Oceanographic Commission (IOC)

f) Nichtamtliche Organisationen

f) Non-governmental organizations

5304	Afro-asiatische Solidaritätsorganisation *f*	Afro-Asian Peoples Solidarity Organization (AAPSO)
5305	Caritas *f* Internationalis *nt*	Caritas Internationalis *nt*
5306	Carnegie-Stiftung *f* für Weltfrieden	Carnegie Endowment for International Peace
5307	Diplomatische Akademie *f*	International Diplomatic Academy
5308	Europäische Bewegung *f*	European Movement (EM)
5309	Europäische Föderalistische Bewegung *f*	European Federalist Movement (EFM)
5310	Europäischer Landwirtschaftsverband *m*, Verband *m* der Europäischen Landwirtschaft (CEA)	European Confederation of Agriculture
5311	Heilsarmee *f*	Salvation Army
5312	Institut *n* für Internationales Recht	Institute of International Law
5313	Internationale Christliche Arbeiterjugend	International Young Christian Workers

5296	Office *m* Central des Transports Internationaux par Chemins de Fer	Oficina *f* Central de Transportes Internacionales por Ferrocarril
5297	Banque *f* centro-américaine d'intégration économique	Banco *m* Centroamericano de Integración Económica (BCIE)
5298	Traité *m* général d'intégration économique de l'Amérique Centrale	Tratado *m* General de Integración Económica Centroamericana
5299	Marché *m* Commun centro-américain	Mercado *m* Común Centroamericano, Asociación *f* Centroamericana de Libre Comercio
5300	Commission *f* Centrale pour la Navigation du Rhin (CCR)	Comisión *f* Central para la Navegación del Rin
5301	Organisation *f* du Traité Central (CENTO) (*appelé*: «Pacte de Bagdad» *jusqu'en 1959*)	CENTO, Organización *f* del Tratado Central (*llamado* «Tratado de Bagdad» *hasta 1959*)
5302	Comité *m* Intergouvernemental pour les Migrations Européennes (CIME)	Comité *m* Intergubernamental para las Migraciones Europeas
5303	Commission *f* océanographique intergouvernementale	Comisión *f* oceanográfica intergubernamental

f) Organisations non gouvernementales

f) Organizaciones no gubernamentales

5304	Conseil *m* de solidarité des Pays afroasiatiques (CSPAA)	Consejo *m* de Solidaridad de los Países Afro-asiáticos
5305	Caritas *f* Internationalis *nt*	Caritas *f* Internationalis *nt*
5306	Dotation *f* Carnegie pour la Paix Internationale	Dotación *f* Carnegie para la Paz Internacional
5307	Académie *f* Diplomatique	Academia *f* Diplomática
5308	Mouvement *m* Européen (ME)	Movimiento *m* Europeo (ME)
5309	Mouvement *m* Fédéraliste Européen (*avant*: Union européenne des fédéralistes) (MFE)	Movimiento *m* Federal Europeo (MFE)
5310	Confédération *f* Européenne de l'Agriculture (CEA)	Confederación *f* Europea de Agricultura (CEA)
5311	Armée *f* du Salut	Ejército *m* de Salvación
5312	Institut *m* de droit international	Instituto *m* de Derecho Internacional
5313	Jeunesse *f* ouvrière chrétienne internationale (JOC)	Juventud *f* Obrera Católica internacional (JOC)

5314	Internationale *f* der Kriegsgegner und Kriegsdienstverweigerer	War Resisters' International (WRI)
5315	Internationale Eisenbahnunion *f*	International Union of Railways (IUR)
5316	Internationale Föderation *f* der Widerstandskämpfer	International Federation of Resistance Movements
5317	Internationale Gewerbe-Union *f* (IGU)	International Association of Crafts and Small and Medium-Sized Enterprises (IACME)
5318	Internationale Handelskammer *f*	International Chamber of Commerce (ICC)
5319	Internationale Journalistenföderation *f*	International Federation of Journalists (IFJ)
5320	Internationale Juristenkommission *f*	International Commission of Jurists (ICJ)
5321	Internationale Kommission *f* der Ernährungsindustrien	International Commission for Agricultural Industries (ICAI)
5322	Internationale Liga *f* für Menschenrechte	International League for the Rights of Man
5323	Internationale Organisation *f* der Journalisten (IOJ)	International Organization of Journalists (IOJ)
5324	Internationale Straßentransport-Union *f*	International Road Transport Union (IRU)
5325	Internationale Union *f* der Sozialistischen Jugend	International Union of Socialist Youth (IUSY)
5326	Internationale Union *f* für Kinderschutz	International Union for Child Welfare (IUCW)
5327	Internationale Vereinigung *f* für gewerblichen Rechtsschutz (IVfgR)	International Association for the Protection of Industrial Property (IAPIP)
5328	Internationale Vereinigung *f* der leitenden Angestellten	International Confederation of Executive Staffs
5329	Internationaler Arbeitgeberverband *m*	International Organization of Employers (IOE)
5330	Internationaler Bund *m* christlicher Gewerkschaften (IBCG)	International Federation of Christian Trade Unions (IFCTU)
5331	Internationaler Bund *m* der Übersetzer (FIT)	International Federation of Translators
5332	Internationaler Bund *m* ehemaliger Kriegsgefangener	International Confederation of Former Prisoners of War (ICFPW)

5314	Internationale *f* des Résistants à la Guerre	Internacional *f* de Refractarios a la Guerra
5315	Union *f* Internationale des Chemins de Fer (UIC)	Unión *f* Internacional de Ferrocarriles
5316	Fédération *f* Internationale des Résistants (FIR)	Federación *f* Internacional de Resistentes
5317	Union *f* internationale de l'artisanat et des petites et moyennes entreprises (UIAPME)	Unión *f* Internacional de la Artesanía y de las Pequeñas y Medianas Empresas
5318	Chambre *f* de Commerce Internationale (CCI)	Cámara *f* de Comercio Internacional (CCI)
5319	Fédération *f* Internationale des Journalistes	Federación *f* Internacional de Periodistas
5320	Commission *f* Internationale de Juristes (CIJ)	Comisión *f* Internacional de Juristas
5321	Commission *f* Internationale des Industries Agricoles (CIIA)	Comisión *f* Internacional de Industrias Agrícolas (CIIA)
5322	Ligue *f* Internationale des Droits de l'Homme	Liga *f* Internacional de los Derechos del Hombre
5323	Organisation *f* Internationale des Journalistes (OIJ)	Organización *f* Internacional de Periodistas (OIJ)
5324	Union *f* Internationale des Transports routiers	Unión *f* Internacional de Transportes por Carretera
5325	Union *f* Internationale de la Jeunesse socialiste (UIJS)	Unión *f* Internacional de Juventudes Socialistas
5326	Union *f* Internationale de Protection de l'Enfance (UIPE)	Unión *f* Internacional de Protección a la Infancia (UIPI)
5327	Association *f* Internationale pour la Protection de la Propriété Industrielle (AIPPI)	Asociación *f* Internacional para la Protección de la Propiedad Industrial
5328	Confédération *f* Internationale des Cadres (CIC)	Confederación *f* Internacional de Técnicos
5329	Organisation *f* Internationale des Employeurs (OIE)	Organización *f* Internacional de Empleadores
5330	Confédération *f* Internationale des Syndicats Chrétiens (CISC)	Confederación *f* Internacional de Sindicatos Cristianos (CISC)
5331	Fédération *f* Internationale des Traducteurs (FIT)	Federación *f* Internacional de Traductores (FIT)
5332	Confédération *f* Internationale des Anciens Prisonniers de Guerre (CIAPG)	Confederación *f* Internacional de Ex-Prisioneros de Guerra

5333	Internationaler Bund *m* freier Gewerkschaften (IBFG)	International Confederation of Free Trade Unions (ICFTU)
5334	Internationaler Frauenrat *m* (IFR)	International Council of Women (ICW)
5335	Internationaler Frauen-Verband *m* (Gleiches Recht – Gleiche Verantwortung)	International Alliance of Women (Equal Rights – Equal Responsibilities) (IAW)
5336	Internationaler Genossenschaftsbund *m* (IGB)	International Cooperative Alliance (ICA)
5337	Internationaler Jagdrat *m*	International Hunting Council
5338	Internationaler Luftverkehrsverband *m*, Verband *m* des internationalen Luftverkehrs	International Air Transport Association (IATA)
5339	Internationaler Messeverband *m;* auch: Union *f* internationaler Messen (IMR)	Union of International Fairs
5340	Internationaler Rat *m* wissenschaftlicher Vereinigungen	International Council of Scientific Unions (ICSU)
5341	Internationaler Rat zur Bekämpfung des Alkoholismus (ICCA)	International Council on Alcohol and Alcoholism (ICCA)
5342	Internationaler Studentenbund *m* (ISB)	International Union of Students (IUS)
5343	Internationaler Touring-Verband *m*	International Touring Alliance
5344	Internationaler Universitäts-Verband *m*, ~ Hochschulverband *m*	International Association of Universities (IAU)
5345	Internationaler Verband *m* der Konferenzdolmetscher (AIIC)	International Association of Conference Interpreters (AIIC)
5346	Internationaler Verband *m* der Konferenzübersetzer	International Association of Conference Translators
5347	Internationaler Verband *m* der Landwirtschaft	International Confederation of Agriculture
5348	Internationaler Verein *m* für öffentliches Verkehrswesen (UITP)	International Union of Public Transport
5349	Internationales Institut *n* für Philosophie	International Institute of Philosophy (IIP)
5350	Internationaler Verband *m* für Rechtswissenschaft (IALS)	International Association of Legal Science (IALS)
5351	Internationales Institut *n* für Statistik	International Statistical Institute (ISI)

5333	Confédération *f* Internationale des Syndicats libres (CISL)	Confederación *f* Internacional de Organizaciones Sindicales Libres (CIOSL)
5334	Conseil *m* international des Femmes (CIF)	Consejo *m* Internacional de Mujeres (CIM)
5335	Alliance *f* internationale des femmes (AIF) (Droits égaux – Responsabilités égales)	Alianza *f* Internacional de Mujeres (para la Igualdad de Derechos y de Responsabilidades)
5336	Alliance *f* Coopérative Internationale (ACI)	Alianza *f* Cooperativa Internacional (ACI)
5337	Conseil *m* International de la Chasse	Consejo *m* Internacional de Caza
5338	Association *f* du Transport aérien international	Asociación *f* de Transporte Aéreo Internacional
5339	Union *f* des Foires internationales (UFI)	Unión *f* de Ferias Internacionales (UFI)
5340	Conseil *m* international des Unions scientifiques (CIUS)	Consejo *m* Internacional de Uniones Científicas
5341	Conseil *m* International sur les problèmes de l'alcoolisme	Consejo *m* Internacional sobre el Alcoholismo
5342	Union *f* internationale des Etudiants (UIE)	Unión *f* Internacional de Estudiantes (UIE)
5343	Alliance *f* internationale de Tourisme (AIT)	Alianza *f* Internacional de Turismo (AIT)
5344	Association *f* internationale des Universités (AIU)	Asociación *f* Internacional de Universidades
5345	Association *f* internationale des Interprètes de Conférence (AIIC)	Asociación *f* Internacional de Intérpretes de Conferencia (AIIC)
5346	Association internationale des traducteurs de conférence (AITC)	Asociación *f* internacional de Traductores de conferencia (AITC)
5347	Confédération *f* Internationale d'Agriculture	Comisión *f* Internacional de Agricultura
5348	Union *f* Internationale des Transports Publics (UITP)	Unión *f* Internacional de Transportes Públicos (UITP)
5349	Institut *m* International de Philosophie (IIP)	Instituto *m* Internacional de Filosofía
5350	Association *f* internationale des sciences juridiques (AISJ)	Asociación *f* internacional de ciencias jurídicas
5351	Institut *m* International de Statistique (IIS)	Instituto *m* Internacional de Estadística

5352	Internationales Komitee *n* vom Roten Kreuzes	International Committee of the Red Cross (ICRC)
5353	Internationales Konsortium *n* für Nachrichtensatelliten	International Telecommunications Satellite Consortium (INTELSAT)
5354	Internationales Olympisches Komitee *n* (IOK)	International Olympic Committee (IOK)
5355	Internationales Presseinstitut *n* (IPI)	International Press Institute (IPI)
5356	Internationales Rotes Kreuz *n*	International Red Cross
5357	Internationales Wollsekretariat *n*	International Wool Secretariat (IWS)
5358	Internationales Weizenabkommen *n*	International Wheat Agreement
5359	Internationales Zuckerabkommen *n*	International Sugar Agreement
5360	Interparlamentarische Union *f* (IPU)	Inter-Parliamentary Union (IPU)
5361	Jewish Agency for Israel *nt*	Jewish Agency for Israel
5362	Jüdischer Weltkongreß *m*	World Jewish Congress (WJC)
5363	Katholische Aktion *f*	Catholic Action
5364	Kommunistisches Informationsbüro *n*; *kurz*: „Kominform" *n*	Information Bureau of Communist Parties and Workers (Cominform)
5365	Konferenz *f* der Internationalen Katholischen Organisationen	Conference of International Catholic Organizations
5366	Konferenz *f* der Parlamentarier der NATO	NATO Parliamentarians' Conference (NPC)
5367	Konferenz *f* der Völker Afrikas	All African Peoples' Conference (AAPC)
5368	Liberale Internationale *f*, Liberale Weltunion *f*	Liberal International, World Liberal Union (LI)
5369	Liga *f* der Rotkreuzgesellschaften	League of Red Cross Societies
5370	Lutherischer Weltbund *m*	Lutheran World Federation (LWF)
5371	Pan-Europa-Union *f*	Pan-Europa Union *nt*
5372	Pax-Christi-Bewegung *f*	Pax Christi International
5373	Pax Romana *f*, *nt*	Pax Romana, *nt*
5374	Internationale Bewegung *f*, der Katholischen Akademiker	International Catholic Movement for Intellectual and Cultural Affairs (ICMICA)

5352	Comité *m* International de la Croix-Rouge (CICR)	Comité *m* Internacional de la Cruz Roja (CICR)
5353	Consortium *m* international de télécommunications par satellites	Consorcio *m* internacional de comunicación por satélites
5354	Comité *m* Olympique International (IOC)	Comité *m* Internacional Olímpico
5355	Institut *m* International de la Presse (IIP)	Instituto *m* Internacional de la Prensa (IIP)
5356	Croix-Rouge *f* Internationale	Cruz *f* Roja Internacional
5357	Secrétariat *m* international de la laine	Secretaría *f* Internacional de la Lana
5358	Accord *m* international sur le blé	Acuerdo *m* Internacional del Trigo
5359	Accord *m* international du sucre	Acuerdo *m* Internacional del Azúcar
5360	Union *f* interparlementaire (UIP)	Unión *f* Interparlamentaria
5361	Agence *f* Juive pour Israël	Agencia *f* Judía para Israel
5362	Congrès *m* Juif Mondial (CJM)	Congreso *m* Judío Mundial
5363	Action *f* catholique	Acción *f* Católica
5364	Bureau *m* d'Information des Partis Communistes et Ouvriers; *couramment*: «Kominform» *m*	Kominform *m nt*
5365	Conférence *f* des Organisations Internationales catholiques	Conferencia *f* de Organizaciones Internacionales Católicas
5366	Conférence *f* de Parlementaires de l'OTAN	Conferencia *f* de Parlamentarios de la OTAN
5367	Conférence *f* des Peuples africains	Conferencia *f* de los Pueblos Africanos
5368	Internationale *f* libérale, Union *f* Libérale Mondiale	Internacional *f* Liberal, Unión *f* Liberal Mundial
5369	Ligue *f* des Sociétés de la Croix-Rouge	Liga *f* de Sociedades de la Cruz Roja
5370	Fédération *f* Luthérienne Mondiale (FLM)	Federación *f* Luterana Mundial (FLM)
5371	Union *f* Paneuropéenne	Unión *f* Paneuropea
5372	Mouvement *m* catholique international pour la Paix	Pax Christi *nt*
5373	pax romana *nt*	Pax Romana *nt*
5374	Mouvement *m* International des Intellectuels Catholiques (MIIC)	Movimiento *m* Internacional de Intelectuales Católicos

5375	Pax Romana, Internationale Katholische Studentenbewegung	Pax Romana, International Movement of Catholic Students (IMCS)
5376	Rat *m* der Europäischen Industrie Verbände (REI)	Council of European Industrial Federations (CEIF)
5377	Rat *m* der Gemeinden Europas (RGE)	Council of European Municipalities (CEM)
5378	Sozialistische Internationale *f*	Socialist International
5379	Union *f* der Internationalen Verbände	Union of International Associations (UIA)
5380	Union *f* Europäischer Föderalisten	European Union of Federalists (EUF), European Federalists' Union
5381	Verein *m* für ein Weltparlament	World Parliament Association (WPA)
5382	Vereinigung *f* für Internationales Recht	International Law Association (ILA)
5383	Welt-Ärzte-Vereinigung *f*	World Medical Association (WMA)
5384	Weltbund *f* der christlichen Vereine junger Männer (CVJM)	World Alliance of Young Men's Christian Associations (YMCA)
5385	Weltbund *m* der Weltföderalisten	World Association of World Federalists (WAWF)
5386	Weltfriedensrat *m*	World Council of Peace (WPC)
5387	Weltfrontkämpferverband *m*	World Veterans Federation (WVF)
5388	Weltgewerkschaftsbund *m* (WGB)	World Federation of Trade Unions (WFTU)
5389	Weltkirchenrat *m*	World Council of Churches (WCC)
5390	Weltkraftkonferenz *f*, Weltenergiekonferenz *f*	World Power Conference (WPC)
5391	Weltlautschriftverein *m*	International Phonetic Association (IPA)
5392	Welt-Religions-Kongreß *m*	World Congress of Faiths (WCF)
5393	Welttierschutzverein *m*	World Federation for the Protection of Animals (WFPA)
5394	Welturheberrechtsabkommen *n*	Universal Copyright Convention
5395	Weltverband *m* zur Bekämpfung des Hungers	World Association for the Struggle against Hunger

5375	Pax Romana, mouvement *m* international des étudiants catholiques MIEC)	Pax Romana, Movimiento *m* Internacional de Estudiantes Católicos
5376	Conseil *m* des Fédérations Industrielles d'Europe (CFIE)	Consejo *m* de Federaciones Industriales de Europa
5377	Conseil *m* des Communes d'Europe (CCE)	Consejo *m* de Municipios de Europa
5378	Internationale *f* socialiste	Internacional *f* Socialista
5379	Union *f* des Associations internationales (UAI)	Unión *f* de Asociaciones Internacionales (UAI)
5380	Union *f* Européenne des Fédéralistes (UEF)	Unión *f* de Federalistas Europeos
5381	Association *f* pour un Parlement Mondial (A. P. M.)	Asociación *f* para un Parlamento Mundial
5382	Association *f* de Droit international	Asociación *f* de Derecho Internacional
5383	Association *f* médicale mondiale (AMM)	Asociación *f* Médica Mundial (AMM)
5384	Alliance *f* Universelle des Unions Chrétiennes de Jeunes Gens (UCJG)	Alianza *f* Mundial de las Asociaciones Cristianas de Jóvenes (ACJ)
5385	Mouvement *m* Universel pour une Fédération Mondiale (MUFM)	Unión *f* de Federalistas Mundiales
5386	Conseil *m* Mondial de la Paix (CMP)	Consejo *m* Mundial de la Paz
5387	Fédération *f* mondiale des anciens combattants (FMAC)	Federación *f* Mundial de Veteranos de Guerra
5388	Fédération *f* Syndicale mondiale (FSM)	Federación *f* Sindical Mundial (FSM)
5389	Conseil *m* Œcuménique des Eglises (COE)	Concilio *m* Mundial de las Iglesias
5390	Conférence *f* Mondiale de l'énergie (CME)	Conferencia *f* Mundial de (la) Energía
5391	Association *f* Phonétique Internationale	Asociación *f* Fonética Internacional
5392	Congrès *m* mondial des Religions	Congreso *m* Mundial de Religiones
5393	Fédération *f* mondiale pour la Protection des animaux (FMPA)	Federación *f* Mundial Protectora de Animales
5394	Convention *f* universelle sur le Droit d'auteur	Convención *f* Universal sobre Derechos de Autor
5395	Association *f* mondiale de lutte contre la faim (ASCOFAM)	Asociación *f* Mundial de Lucha contra el Hambre

VIII. Internationale Gerichte und friedliche Beilegung internationaler Streitfälle

VIII. International Courts and Peaceful Settlement of International Disputes

5396	vorbeugende Maßnahmen *fpl*	preventive measures
5397	Anrufung *f* regionaler Organe	resort to regional agencies
5398	Bestimmung *f* des Angreifers	determination of the aggressor, identification ~ ~ ~
5399	politischer Streitfall *m*	political dispute
5400	Rechtsfrage *f*	point of law
5401	rechtlich; de jure	in law; de jure
5402	Tatfrage *f*	point of fact
5403	tatsächlich; de facto	in fact; de facto
5404	Geschäftsstelle *f (eines Gerichtshofes)*, Kanzlei *f*	registry *(of a Court of Justice)*, court office
5405	Kanzler *m (eines internationalen Gerichtshofes)*	registrar *(of an International Court of Justice)*
5406	Vermittlung *f*	mediation
5407	Vermittlungsangebot *n*	offer of mediation
5408	Vermittler *m*	mediator
5409	vermitteln *(in einem Konflikt)* zwischen ...	to mediate
5410	Vermittlungsausschuß *m*; Schlichtungsausschuß *m*	mediation commission
5411	Beilegung *f* eines Streites auf dem Vergleichswege, Vergleich *m*	settlement by compromise
5412	Vergleichsverfahren *n*	procedure of conciliation
5413	Vergleich *m*	arrangement, compromise settlement
5414	Kompromiß *m*	compromise
5415	Untersuchung *f*	inquiry
5416	Untersuchungsausschußverfahren *n*	procedure of commissions of inquiry
5417	Gutachterverfahren *n*	advisory procedure
5418	gute Dienste *mpl (eines dritten Staates zur Beilegung eines Streitfalles)*	good offices
5419	Verfahren *n* der guten Dienste	procedure of good offices
5420	geschädigter Staat *m*	injured state
5421	Fall *m*	case

VIII. Tribunaux internationaux et règlement pacifique de différends internationaux

VIII. Tribunales internacionales y arreglo pacífico de controversias internacionales

5396	mesures *fpl* préventives	medidas *fpl* preventivas
5397	recours *m* aux organismes régionaux	recurso *m* a organismos regionales
5398	détermination *f* de l'agresseur	determinación *f* del agresor
5399	différend *m* d'ordre politique	desacuerdo *m* de carácter político
5400	question *f* de droit	cuestión *f* de derecho
5401	de droit; de jure	de derecho; de jure
5402	question *f* de fait	cuestión *f* de hecho
5403	de fait; de facto	de hecho; de facto
5404	greffe *m* *(d'un tribunal)*	secretaría *f* *(de un tribunal)*
5405	greffier *m* *(d'une cour de justice internationale)*	secretario *m* *(de un tribunal internacional)*
5406	médiation *f*	mediación *f*
5407	offre *f* de médiation	ofrecimiento *m* de mediación
5408	médiateur *m*	mediador *m*
5409	servir de médiateur entre...	mediar entre...; actuar de mediador entre...
5410	commission *f* de conciliation, ~ médiatrice	comisión *f* de conciliación
5411	transaction *f*	transacción *f*
5412	procédure *f* de conciliation	procedimiento *m* de conciliación
5413	arrangement *m*	arreglo *m*
5414	compromis *m*	compromiso *m*
5415	enquête *f*, instruction *f*	investigación *f*
5416	procédure *f* des commissions d'enquête	procedimiento *m* de comisiones de investigación
5417	procédure *f* consultative	procedimiento *m* consultivo
5418	bons offices *mpl*	buenos oficios *mpl*
5419	procédure *f* des bons offices	procedimiento *m* de buenos oficios
5420	Etat *m* lésé	Estado *m* perjudicado
5421	affaire *f*	cuestión *f*, asunto *m*

5422	unfreundlicher Akt *m*	unfriendly act
5423	Streitfall *m*; Konflikt *m*; Zwist *m*; Streit *m*	conflict; dispute; friction
5424	einen Streitfall vor ein Gericht bringen	to submit a dispute to a tribunal; to bring a dispute before ∼ ∼, to refer a dispute to ∼ ∼
5425	Parteien *fpl* eines Streites	parties to a dispute
5426	einen Streit(fall) schlichten, ∼ ∼ beilegen	to settle a dispute
5427	einen Streit begraben *fam*	to bury, to sink a dispute
5428	gerichtliche Beilegung *f (durch ein ordentliches internationales Gericht)*	judicial settlement *(brought about by a properly constituted international court)*
5429	schiedsgerichtliche Beilegung *f (durch internationale Schiedsrichter)*	arbitral settlement *(settlement brought about by international arbitrators)*
5430	obligatorische Gerichtsbarkeit *f*	compulsory jurisdiction
5431	Schiedsweg *m*	arbitral procedure
5432	Schiedsverfahren *n*; Schiedsgerichtsverfahren *n*	arbitral procedure
5433	Schiedsrichter *m*	arbitrator, arbiter
5434	Schiedsrichter *m (bei gütlichen Schiedsverfahren)*	amiable compositeur *nt*
5435	schiedsgerichtlich	arbitral
5436	schiedsgerichtlich beilegbar	arbitrable
5437	Schiedsgerichtsbarkeit *f*; Schiedsgerichtswesen *n*	arbitration
5438	Schiedsgericht *n*; Schiedshof *m*	court of arbitration, arbitral court
5439	gemischtes Schiedsgericht *n*	mixed arbitral tribunal (*or*: court)
5440	Schiedsstelle *f*	arbitration board
5441	Schiedsklausel *f*	arbitration clause
5442	obligatorische Schiedsgerichtsklausel *f*	jurisdiction clause
5443	verbindliche Schiedsgerichtsbarkeit *f*; obligatorische ∼	compulsory arbitration
5444	Schiedsspruch *m*; schiedsgerichtliches Urteil *n*	(arbitral) award
5445	ein internationaler Gerichtshof *m*	an international tribunal; an international court of justice
5446	Verwaltungsgericht *n*	administrative tribunal
5447	gemischter Gerichtshof *m*	mixed tribunal

5422	acte *m* peu amical, ~ inamical, ~ hostile	acto *m* poco amistoso
5423	litige *m*; conflit *m*; querelle *f*; différend *m*; controverse *f*; désaccord *m*	desavenencia *f*; conflicto *m*; contienda *f*; litigio *m*; controversia *f*; diferencia *f*
5424	porter un différend devant un tribunal; soumettre un différend à ~ ~; saisir un tribunal d'un différend	someter una diferencia a un tribunal; llevar una diferencia ante ~ ~
5425	parties *fpl* à un différend; ~ en litige	partes *fpl* en una controversia
5426	régler un différend	arreglar una controversia, zanjar ~ ~
5427	enterrer un différend, *fam*	zanjar una disputa
5428	règlement *m* judiciaire *(par un tribunal international)*	arreglo *m* judicial *(por un tribunal internacional)*
5429	règlement *m* arbitral *(réalisé par des arbitres internationaux)*	arreglo *m* arbitral *(realizado por árbitros internacionales)*
5430	juridiction *f* obligatoire	jurisdicción *f* obligatoria
5431	voie *f* arbitrale	vía *f* arbitral
5432	procédure *f* arbitrale; ~ d'arbitrage	procedimiento *m* arbitral
5433	arbitre *m*	árbitro *m*
5434	amiable compositeur *m*	amigable componedor *m*
5435	arbitral	arbitral
5436	arbitrable	arbitrable
5437	arbitrage *m*	arbitraje *m*
5438	tribunal *m* d'arbitrage; ~ arbitral	tribunal *m* de arbitraje
5439	tribunal *m* arbitral mixte	tribunal *m* arbitral mixto
5440	instance *f* d'arbitrage	organismo *m* de arbitraje
5441	clause *f* d'arbitrage	cláusula *f* de arbitraje
5442	clause *f* de juridiction	cláusula *f* de jurisdicción
5443	arbitrage *m* obligatoire	arbitraje *m* obligatorio
5444	sentence *f* arbitrale	sentencia *f* arbitral
5445	un tribunal international; une cour internationale de justice;	un tribunal internacional de justicia *Esp*; una corte ~ ~ ~, *Am*;
5446	tribunal *m* administratif	tribunal *m* administrativo
5447	tribunal *m* mixte	tribunal *m* mixto

5448	Ständiger Schiedshof *m*, ~ Schiedsgerichtshof *m*, Haager ~	Permanent Court of Arbitration
5449	Ständiger Internationaler Gerichtshof *m* (*Völkerbund*)	Permanent Court of International Justice *(League of Nations)*
5450	Internationaler Gerichtshof *m* (*UNO*)	International Court of Justice *(UNO)*
5451	Gerichtshof *m* der Europäischen Gemeinschaften	Court of Justice of the European Communities
5452	Europäischer Gerichtshof *m* für Menschenrechte	European Court of Human Rights
5453	Mittelamerikanischer Gerichtshof *m*	Central American Court of Justice
5454	Richter, der die Staatsangehörigkeit einer der Parteien besitzt	national judge
5455	Zulässigkeit *f* (*einer Klage*)	admissibility
5456	Kläger *m*	complainant
5457	Beklagter *m*	defendant
5458	Streitgegenstand *m*	subject matter of a dispute
5459	gerichtliches Verfahren *n*	judicial procedure, ~ proceedings
5460	ausschließliche Zuständigkeit *f*; ausschließlicher Zuständigkeitsbereich *m*	exclusive jurisdiction, sole ~
5461	Ermittlung *f*	inquiry; investigation
5462	Ermittlungsverfahren *n*	preliminary inquiry, ~ investigation
5463	Streithängigkeit *f*; Rechtshängigkeit *f*	pendency
5464	Klagerücknahme *f*	renunciation
5465	Schriftsätze *mpl*	memorials, written pleadings, ~ statement
5466	Klagebeantwortungen *fpl* (*UNO*), Gegenschriften *fpl*	counter-memorials *(UNO)*
5467	Repliken *fpl*	replies, replication
5468	Ablehnung *f* eines Richters (durch eine Prozeßpartei)	challenge of a judge
5469	Einwendung *f*	objection
5470	mündliche Verhandlung *f*	hearing
5471	Ausbleiben *n* (*im Termin*)	default
5472	summarisches Verfahren *n*; Schnellverfahren *n*	summary procedure

5448	Cour *f* permanente d'arbitrage	Tribunal *m* (*o*: Corte *f*) permanente de arbitraje
5449	Cour *f* permanente de Justice internationale *(S.D.N.)*	Tribunal *m* Esp (*o*: Corte *f*, *Am*) permanente de Justicia internacional *(Sociedad de Naciones)*
5450	Cour *f* internationale de Justice *(ONU)*	Tribunal *m* Internacional de Justicia *(ONU)*; Corte *f* ~ ~ ~, *Am*
5451	Cour *f* de Justice des Communautés européennes	Tribunal *m* (*o*: Corte *f*, *Am*) de Justicia de las Comunidades Europeas
5452	Cour *f* européenne des Droits de l'homme	Tribunal *m* Europeo (Corte *f* Europea, *Am*) de los Derechos del Hombre
5453	Cour *f* de justice centre-américaine	Tribunal *m* (*o*: Corte *f*, *Am*) de Justicia Centroamericano (-a)
5454	Juge *m* national	Juez *m* nacional
5455	recevabilité *f*	admisibilidad *f*
5456	demandeur *m*	demandante *m*
5457	défendeur *m*	demandado *m*
5458	objet *m* du litige	objeto *m* del litigio
5459	procédure *f* judiciaire	procedimiento *m* judicial
5460	compétence *f* exclusive	competencie *f* exclusiva
5461	enquête *f*	encuesta *f*
5462	instruction *f*	instrucción *f*
5463	litispendance *f*	litispendencia *f*
5464	désistement *m*	desistimiento *m*
5465	mémoires *mpl*	memorias *fpl*
5466	contre-mémoires *mpl (ONU)*	contra-memorias *fpl (UNO)*
5467	répliques *fpl*	réplicas *fpl*
5468	récusation *f* d'un juge	recusación *f* de un juez
5469	exception *f*	excepción *f*
5470	audience *f*	vista *f* de la causa, juicio *m* oral
5471	défaut *m*	rebeldía *f*
5472	procédure *f* sommaire	procedimiento *m* sumario

5473	ein (unverbindliches) Gutachten *n* abgeben	to give an advisory opinion
5474	Schlußantrag *m*	conclusion
5475	eine Klage abweisen	to dismiss a claim
5476	das Urteil in öffentlicher Sitzung verlesen	to read the judg(e)ment in open court
5477	Begründung *f (eines Urteils)*, Urteilsbegründung *f*	reasons, grounds for a judgment
5478	Billigkeit *f* („aequitas")	equity
5479	billig *(jur)*	equitable
5480	Beweislast *f*	burden of proof, onus ~ ~
5481	(einen Fall) ex aequo et bono entscheiden	to decide (a case) ex aequo et bono
5482	Analogie *f (entsprechende oder sinngemäße Anwendung eines Falls auf einen anderen Fall)*	analogy
5483	Anerkennung *f* eines Rechtsgrundsatzes	recognition of a rule of law
5484	Gerichtskosten *pl*	costs
5485	Gerichtsferien *pl*	judicial vacation; recess, *US*
5486	anfechten	to contest; to challenge, *US*
5487	Anfechtung *f*	contestation; challenge, *US*
5488	anfechtbar	contestable
5489	Berufung *f*	appeal
5490	Entschädigung *f*	indemnity, compensation
5491	Vollstreckung *f* eines Urteils	execution of a judg(e)ment
5492	Vollstreckungsaufschub *m*	suspension of execution
5493	militärische Sanktionen *fpl*	military sanctions
5494	freiwillige Sanktionen	voluntary sanctions
5495	obligatorische Sanktionen	obligatory sanctions
5496	Zwangsmaßnahmen, *fpl*	enforcement measures
5497	Zwangsaktion *f*	enforcement action
5498	Wirtschaftsaktionen *fpl*, wirtschaftliche Sanktionen *fpl*	economic sanctions
5499	Anwendung *f* von Waffengewalt	use of armed force
5500	internationale Polizeimacht *f*	international police force

5473	donner un avis consultatif	emitir un dictamen consultivo
5474	conclusions *fpl*	conclusiones *fpl*
5475	débouter qn. d'une demande	desestimar una demanda
5476	lire l'arrêt en séance publique	publicar la sentencia
5477	exposé *m* des motifs, motivation *f* du jugement	considerandos *mpl* y resultandos *mpl*; motivación *f* de la sentencia
5478	équité *f*	equidad *f*
5479	équitable	equitativo
5480	charge *f* de la preuve	carga *f* de la prueba
5481	statuer ex aequo et bono	decidir (un litigio) ex aequo et bono
5482	analogie *f*	analogía *f*
5483	reconnaissance *f* d'une règle de droit	reconocimiento *m* de una norma de derecho
5484	dépens *mpl*	costas *fpl*
5485	vacances *fpl* judiciaires	vacaciones *fpl* judiciales
5486	contester	impugnar
5487	contestation *f*	impugnación *f*
5488	contestable	impugnable
5489	appel *m*	apelación *f*
5490	indemnité *f*	indemnización *f*
5491	exécution *f* d'un jugement	ejecución *f* de una sentencia
5492	sursis *m* à l'exécution	prórroga *f* para la ejecución
5493	sanctions *fpl* militaires	sanciones *fpl* militares
5494	sanctions *fpl* volontaires	sanciones *fpl* voluntarias
5495	sanctions *fpl* obligatoires	sanciones *fpl* obligatorias
5496	mesures *fpl* de coercition (*ou*: coercitives)	medidas *fpl* coercitivas
5497	action *f* coercitive	acción *f* coercitiva
5498	sanctions *fpl* économiques	sanciones *fpl* económicas
5499	recours *m* à la force armée	uso *m* de la fuerza armada
5500	force *f* de police internationale	fuerza *f* de policía internacional

IX. Krieg, Abrüstung und Neutralität — IX. War, Disarmament and Neutrality

1. Krieg, Allgemeines — 1. War, General Terms

5501	Kriegsrecht *n*, jus *n* in bello, Kriegsvölkerrecht *n*	law of war, jus in bello *nt*
5502	Gewaltakt, *m*, Gewalthandlung *f*; Gewalttat *f*	act of violence
5503	Befriedung *f*	pacification
5504	befrieden	to pacify
5505	Polizeiaktion *f*	police operation
5506	Kriegstreiber *mpl*, Kriegshetzer *mpl*	warmongers, inciters of war, agitators for war, jingoes
5507	kriegshetzerisch	jingoistic, bellicose
5508	Kriegshetze *f*	warmongering; jingoism
5509	Kriegsgefahr *f*	danger of war
5510	Kriegsdrohung *f*	threat of war
5511	Angriffshandlung *f*	act of aggression
5512	Angreifer *m*	aggressor
5513	nichtprovizierter Angriff *m*	unprovoked aggression, ∼ attack
5514	bewaffneter Angriff *m*	armed attack
5515	Aggression *f*	aggression
5516	Errichtung *f* von Militärstützpunkten	setting up of military bases
5517	Einfall *m* (*sporadische Handlung, Vorstoß*)	raid
5518	einfallen a) *(in ein Land)* b) *(sporadischer Vorstoß)*	 a) to invade a country b) to (make a) raid
5519	Einfall *m* in ein Land	invasion of a country
5520	bewaffnetes Eingreifen *n*	armed intervention
5521	Ausweitung *f* eines Konfliktes	extension of a conflict, widening ∼ ∼
5522	am Rande des Krieges stehen	to be on the brink of war, to be on the verge ∼ ∼

IX. La guerre, le désarmement et la neutralité
IX. Guerra, desarme y neutralidad

1. La guerre, généralités
1. La guerra, terminología general

5501	droit *m* de la guerre, jus *m* in bello *nt*	derecho *m* de guerra, jus *m* in bello *nt*
5502	acte *m* de violence	acto *m* de violencia
5503	pacification *f*	pacificación *f*
5504	pacifier	pacificar
5505	opération *f* de police	operación *f* de policía
5506	fauteurs *mpl* de guerre, bellicistes *mpl*, incitateurs *mpl* à la guerre	belicistas *mpl*
5507	belliciste	belicista, jingoísta
5508	bellicisme *m*, incitation *f* à la guerre, propagande *f* de guerre	instigación *f* a la guerra, jingoísmo *m*
5509	danger *m* de guerre	peligro *m* de guerra
5510	menace *f* de guerre	amenaza *f* de guerra
5511	acte *m* d'agression	acto *m* de agresión
5512	agresseur *m*	agresor *m*
5513	agression *f* non provoquée	agresión *f* no provocada
5514	agression *f* armée	ataque *m* armado
5515	agression *f*	agresión *f*
5516	installation *f* de bases militaires	estableciemiento *m* de bases militares
5517	incursion *f*	incursión *f*
5518	a) envahir (un pays) b) faire une incursion	a) invadir un país b) hacer una incursión
5519	invasion *f* d'un pays	invasión *f* de un país
5520	intervention *f* armée	intervención *f* armada
5521	extension *f* d'un conflit	extensión *f* de un conflicto
5522	être au bord de la guerre	estar a dos pasos (*o*: al borde) de la guerra

5523	Kriegsvorbereitungen *fpl*	preparations for war
5524	Waffenlager *n*	ordinance depot
5525	mobilmachen, mobilisieren	to mobilize
5526	Militärausgaben *fpl*, Verteidigungsausgaben *fpl*	defense spending, military expenditure
5527	Mobilmachung *f*; Mobilisierung *f* (*seltener*)	mobilization
5528	Generalmobilmachung *f*, allgemeine Mobilmachung *f*	general mobilization
5529	die allgemeine Mobilmachung anordnen	to order general mobilization
5530	Teilmobilmachung *f*	partial mobilization
5531	Kriegspsychose *f*	war-fever
5532	Nachrichtensperre *f*	news blackout, ∼ ban, blackout
5533	in Krieg ausarten	to degenerate into war, to develop ∼ ∼
5534	zum Kriege schreiten	to resort to war, to have recourse to war
5535	Kriegshandlung *f*	act of war
5536	Eröffnung *f* der Feindseligkeiten	opening of hostilities, outbreak ∼ ∼
5537	der Krieg bricht aus	(the) war breaks out
5538	Kriegsausbruch *m*	outbreak of war
5539	bei Kriegsausbruch	when the war broke out (breaks out)
5540	Eskalation *f*	escalation
5541	Kriegsfall *m*, casus *m* belli *nt*	casus belli *nt*
5542	Kriegszustand *m*	state of war
5543	allgemeiner Krieg *m* (mit Eingreifen der Großmächte), Weltkrieg *m*	general war, world war
5544	begrenzter Krieg *m* (im Einsatz der Mittel)	limited war
5545	unbegrenzter Krieg *m* (Einsatz aller Mittel)	full-scale war fully escalated war, total war, all-out war
5546	örtlicher Krieg *m*, lokaler Krieg *m*	local war

5523	préparatifs *mpl* de guerre	preparativos *mpl* de guerra
5524	dépôt *m* d'armes	depósito *m* de armas
5525	mobiliser	movilizar
5526	dépenses militaires	gastos *mpl* militares
5527	mobilisation *f*	movilización *f*
5528	mobilisation *f* générale	movilización *f* general
5529	ordonner (*ou*: décréter) la mobilisation générale	ordenar la movilización general
5530	mobilisation *f* partielle	movilización *f* parcial
5531	psychose *f* de guerre	(p)sicosis *f* de guerra
5532	black-out *m*, *nt*; interdiction *f* de diffuser des renseignements	prohibición *f* de transmitir o publicar informaciones
5533	dégénérer en guerre	degenerar en guerra
5534	recourir à la guerre	recurrir a la guerra
5535	acte *m* de guerre, acte *m* d'hostilité	acto *m* de guerra
5536	ouverture *f* des hostilités	apertura *f* de hostilidades
5537	la guerre éclate	estalla la guerra
5538	ouverture *f* des hostilités, commencement *m* de la guerre	comienzo *m* de la guerra, apertura *f* de hostilidades
5539	au moment où éclata (éclatera) la guerre	cuando estalló (estalla) la guerra
5540	escalade *f*	escalada *f*, escalación *f*, «la guerra cuesta arriba»
5541	casus *m* belli *nt*	casus *m* belli *nt*
5542	état *m* de guerre	estado *m* de guerra
5543	guerre *f* générale	guerra *f* general
5544	guerre *f* limitée	guerra *f* limitada
5545	guerre *f* totale	guerra *f* total, ∼ ilimitada
5546	guerre *f* locale	guerra *f* local

5547	Bündnisfall *m*, casus *m* foederis *nt*	casus foederis *nt*
5548	Beistand leisten	to give assistance
5549	Militärhilfe *f*	military aid, ~ assistance
5550	wir halten fest zu unseren Verbündeten ...	we stand firmly by our allies ...
5551	einem Land den Krieg erklären	to declare war on a country
5552	Kriegserklärung *f*	declaration of war
5553	Krieg führen	to wage war (upon), to make war on, against
5554	den Krieg eskalieren	to escalate the war
5555	De-eskalation *f*	de-escalation
5556	de-eskalieren	to de-escalate
5557	Kriegseintritt *m*	entry into the war
5558	den Krieg gewinnen	to win a (the) war
5559	den Krieg verlieren	to lose a (the) war
5560	Mitkriegführender *m*	cobelligerent
5561	Kriegsbeteiligung *f*	cobelligerency
5562	Kriegführender *m*, kriegführende Macht *f*	belligerent (state)
5563	kriegführend	belligerent
5564	Status *m* einer kriegführenden Macht	belligerency
5565	Anerkennung *f* als kriegführende Partei	recognition of belligerency
5566	Kriegführung *f*	warfare
5567	bewaffnete Auseinandersetzung *f*, bewaffneter Konflikt *m*	armed conflict
5568	der Krieg als Werkzeug nationaler Politik	war as an instrument of national policy
5569	Kriegsziele *npl*	war aims
5570	Kriegspropaganda *f*	propaganda for war, war propaganda
5571	gerechter Krieg *m*	just war
5572	Kanonenfutter *n*	cannon fodder
5573	Eroberungskrieg *m*	war of conquest
5574	Unabhängigkeitskrieg *m*	war of independence
5575	Angriffskrieg *m*	war of aggression, offensive war
5576	Verteidigungskrieg *m*	defensive war

5547	casus *m* foederis *nt*	casus *m* foederis *nt*
5548	prêter assistance	prestar ayuda
5549	aide *f* militaire	ayuda *f* militar
5550	nous resterons fidèles à nos alliés	quedaremos fieles a nuestros aliados, seguiremos ~ ~ ~ ~
5551	déclarer la guerre à un pays	declarar la guerra a un país
5552	déclaration *f* de guerre	declaración *f* de guerra
5553	faire la guerre à (contre)	hacer la guerra
5554	engager une escalade	escalar la guerra
5555	désescalade *f*	desescalada *f*
5556	amorcer la désescalade, réaliser ~ ~	«desescalar»
5557	l'entrée *f* en guerre	entrada *f* en guerra
5558	gagner la guerre	ganar la guerra
5559	perdre la guerre	perder la guerra
5560	cobelligérant *m*	co-beligerante *m*
5561	participation *f* à la guerre; cobelligérance *f*	participación *f* en la guerra; co-beligerancia *f*
5562	belligérant *m*	beligerante *m*
5563	belligérant	beligerante
5564	belligérance *f*	beligerancia *f*
5565	reconnaissance *f* de belligérance	reconocimiento *m* de beligerancia
5566	conduite *f* de la guerre	guerra *f*; el hacer la guerra; manera *f* de hacer la guerra
5567	conflit *m* armé	conflicto *m* armado
5568	la guerre en tant qu'instrument de politique nationale	la guerra como instrumento de política nacional
5569	buts *mpl* de guerre	objetivos *mpl* de (la) guerra
5570	propagande *f* de guerre	propaganda *f* bélica, ~ de guerra
5571	guerre *f* juste	guerra *f* justa
5572	chair *f* à canon	carne *f* de cañón
5573	guerre *f* de conquête	guerra *f* de conquista
5574	guerre *f* d'indépendance	guerra *f* de independencia
5575	guerre *f* d'agression, ~ offensive	guerra *f* ofensiva, ~ de agresión
5576	guerre *f* défensive	guerra *f* defensiva

5577	Wirtschaftskrieg *m*	economic war; ~ warfare
5578	Nervenkrieg *m*	war of nerves, nerve war
5579	Präventivkrieg *m*	preventive war, preventative ~
5580	präemptiver Schlag *m*	preemptive strike
5581	psychologischer Krieg *m*	psychological war(fare)
5582	heißer Krieg *m*	shooting war, hot ~
5583	heiliger Krieg *m* (*zB Islam*)	holy war
5584	Blitzkrieg *m*	blitzkrieg *nt*, lightning war; *fam* blitz
5585	Zermürbungskrieg *m*	war of attrition
5586	Dschungelkrieg *m*	jungle war(fare)
5587	Grenzkrieg *m*	border war
5588	Religionskrieg *m*	war of religion, religious war
5589	totaler Krieg *m*	total war(fare)
5590	Vernichtungskrieg *m*	war of extermination
5591	Druckknopfkrieg *m* (*d. h. durch ferngelenkte Waffen*)	push-button war(fare)
5592	Zweifrontenkrieg *f*	war on two fronts
5593	Politik *f* der verbrannten Erde	scorched-earth policy
5594	Landesverteidigung *f*	national defence, *GB*; ~ defense, *US*
5595	Territorialverteidigung *f*	territorial defence; ~ defense, *US*
5596	Wehrdienst *m*, Militärdienst *m*	military service
5597	Militärbehörden *fpl*	military authorities
5598	Militärgericht *n*	military court
5599	allgemeine Wehrpflicht *f*	general conscription, universal military service, compulsory ~ ~ ~
5600	reguläre Armee *f*	regular army
5601	Söldner *m*	mercenary
5602	Zivilverteidigung *f*	civil defence, *GB*; ~ defense, *US*
5603	Miliz *f*	militia
5604	Milizsoldat *m*	militiaman
5605	Freiwilligenkorps *n*	volunteer corps
5606	Söldnerheer *n*	mercenary army
5607	Befreiungsarmee *f*	army of liberation
5608	Fremdenlegion *f*	Foreign Legion
5609	Invasionsstreitmacht *f*	invasion force(s), ~ troops, invading ~
5610	Land-, Luft- und Seestreitkräfte *fpl*	ground forces, air ~, and naval ~; Army, Air Force and Navy; land, air and sea forces

5577	guerre *f* économique	guerra *f* económica
5578	guerre *f* des nerfs	guerra *f* de nervios
5579	guerre *f* préventive	guerra *f* preventiva
5580	attaque *f* préventive	ataque *m* preventivo
5581	guerre *f* psychologique	guerra *f* sicológica
5582	guerre *f* chaude	guerra *f* caliente
5583	guerre *f* sainte	guerra *f* santa
5584	guerre-éclair *f*, blitzkrieg *m, nt*	guerra *f* relámpago
5585	guerre *f* d'usure	guerra *f* de desgaste
5586	guerre *f* de la jungle	guerra *f* de la jungla
5587	guerre *f* de frontière	guerra *f* de fronteras
5588	guerre *f* de religion	guerra *f* de religión
5589	guerre *f* totale	guerra *f* total
5590	guerre *f* d'extermination	guerra *f* de exterminio
5591	guerre *f* presse-bouton	guerra *f* teledirigida
5592	guerre *f* sur deux fronts	guerra *f* en dos frentes
5593	politique *f* de la terre brûlée	política *f* de la tierra quemada
5594	défense *f* nationale	defensa *f* nacional
5595	défense *f* territoriale	defensa *f* territorial
5596	service *m* militaire	servicio *m* militar
5597	autorités *fpl* militaires	autoridades *fpl* militares
5598	tribunal *m* militaire	tribunal *m* militar
5599	service *m* militaire obligatoire	servicio *m* militar obligatorio
5600	armée *f* régulière	ejército *m* regular
5601	mercenaire *m*	mercenario *m*
5602	protection *f* civile, défense *f* ~	protección *f* civil, defensa *f* ~
5603	milice *f*	milicia *f*
5604	milicien *m*	miliciano *m*
5605	corps *m* volontaire, ~ de volontaires	cuerpo *m* de voluntarios
5606	armée de mercenaires *mpl*	ejército *m* de mercenarios
5607	armée *f* de libération	ejército *m* de liberación
5608	Légion *f* étrangère	Legión *f* Extranjera
5609	forces *fpl* d'invasion	fuerzas *fpl* de invasión
5610	forces *fpl* armées de terre, de mer et de l'air; ~ terrestres, navales et aériennes	fuerzas *fpl* terrestres, navales y aéreas

5611	Landetruppen *fpl*	landing force, *(smaller:)* ~ party
5612	Überläufer *m*	deserter (to the enemy), turn-coat; renegade
5613	Fahnenflüchtiger *m*, Deserteur *m*	deserter
5614	Kriegspotential *n*	military resources, war potential
5615	Kriegsmaterial *n*	war material
5616	Verluste *mpl (durch Krieg)*	casualties, losses
5617	Vermißte *mpl*	missing persons
5618	Beutegut *n*, Kriegsbeute *f*	booty
5619	Erbfeind *m*	hereditary foe, ~ enemy, traditional ~
5620	Feindvermögen *n*	alien property
5621	Feindstaat *m*	enemy state
5622	Kampf *m* auf Leben und Tod	life-and-death struggle
5623	Zusammenbruch *m (militärisch)*	collapse, breakdown *(military)*
5624	Entscheidungsschlacht *f*	decisive battle
5625	totaler Sieg *m*	total victory
5626	Endsieg *m*	final victory
5627	Siegermacht *f*	victorious power

2. Land- und Luftkrieg

2. Land and Air Warfare

5628	Streitkräfte *fpl*	armed forces
5629	Bundeswehr *f*	Bundeswehr *nt*, German Federal Armed Forces
5630	paramilitärische Einheiten *fpl*	para-military units
5631	Volksarmee *f*	people's army
5632	Oberkommando *n*	supreme command, high command
5633	Kriegsschauplatz *m*	theatre of war (*US*: theater)
5634	Nebenschauplatz *m*	secondary theatre of war; ~ theater, US ~ ~
5635	Operationsgebiet *n*	zone of operations
5636	Kampfgebiet *n*, Kampfzone *f*	combat area, ~ zone
5637	Säuberungsaktion *f* (militärische)	mopping-up operation
5638	Landkrieg *m*, Landkriegführung *f*	land warfare, warfare on land
5639	Landstreitkräfte *fpl*	ground forces, land ~

5611	forces *fpl* de débarquement	tropas *fpl* de desembarco
5612	transfuge *m*	tránsfuga *m*, tránsfugo *m*
5613	déserteur *m*	desertor *m*
5614	potentiel *m* de guerre	potencial *m* militar
5615	matériel *m* de guerre	material *m* de guerra, ~ bélico
5616	pertes *fpl*	bajas *fpl*
5617	personnes *fpl* disparues, disparus *mpl*	personas *fpl* desaparecidas
5618	butin *m* (de guerre)	botín *m* de guerra
5619	ennemi *m* héréditaire	enemigo *m* tradicional
5620	biens *mpl* ennemis	bienes *mpl* enemigos
5621	Etat *m* ennemi	Estado *m* enemigo
5622	lutte *f* à outrance	lucha *f* a vida o muerte
5623	débâcle *f (militaire)*	desastre *m (militar)*
5624	bataille *f* décisive	batalla *f* decisiva
5625	victoire *f* totale	victoria *f* total
5626	victoire *f* finale	victoria *f* final
5627	puissance *f* victorieuse	potencia *f* victoriosa

2. Guerre terrestre et aérienne — 2. Guerra terrestre y aérea

5628	forces *fpl* armées	fuerzas *fpl* armadas
5629	forces *fpl* armées de la RFA, Bundeswehr *nt*	las fuerzas armadas de la RFA, Bundeswehr *nt*
5630	unités *fpl* paramilitaires	unidades *fpl* paramilitares
5631	armée *f* populaire	ejército *m* popular
5632	haut commandement *m*	Alto Mando *m*, Mando *m* Supremo
5633	théâtre *m* de (la) guerre, ~ des opérations	teatro *m* de la guerra
5634	théâtre *m* d'opérations secondaire, ~ de guerre secondaire	teatro *m* de operaciones secundario
5635	zone *f* d'opérations	zona *f* de operaciones
5636	zone *f* de combat	zona *f* de combate
5637	opération *f* de nettoyage	operación *f* de limpieza
5638	guerre *f* sur terre, ~ terrestre	guerra *f* terrestre
5639	(forces) armées *fpl* de terre, forces *fpl* terrestres	fuerzas *fpl* terrestres

5640	Bewegungskrieg *m*	mobile warfare, open (*or*: field) ~, war of movement
5641	Stellungskrieg *m*	stationary warfare, position ~, stabilized ~, trench ~, static ~
5642	Expeditionskorps *n*	expeditionary corps
5643	Landungsstreitkräfte *fpl*	landing forces
5644	landen *v/t (Truppen)*	to disembark, to land
5645	Landung *f*	landing
5646	Luftlandetruppen *fpl*	airborne troops
5647	Niemandsland *n*	no-man's land
5648	Kommandounternehmen *n*, Kampfeinsatz *m* von Sonderverbänden	commando raid
5649	Luftkrieg *m*	aerial warfare, air ~
5650	Marineinfanteristen *mpl*	marines; *fam*: leathernecks, US
5651	Luftfahrzeug *n (Gattungsbegriff)*	aircraft
5652	Luftstreitkräfte *fpl*; Luftwaffe *f, D*	air force(s)
5653	Luftschutz *m*	passive air defence, Air-Raid Precautions *pl* (ARP), Civil Defence Service, air-raid protection; Civil Defense (CD), US
5654	Luftherrschaft *f*	air supremacy, mastery of the air
5655	Luftstützpunkt *m*	air base
5656	taktische Luftstreitkräfte *fpl*	tactical air force
5657	strategische Luftstreitkräfte *fpl*	strategic air force
5659	Abfangjäger *m*	interceptor (aircraft)
5660	Terrorangriff *m*	terror raid
5661	Vergeltungsangriff *m*	retaliatory raid, ~ strike
5662	Einstellung der Bombardierung(en)	bombing halt, ~ stop
5663	Luftterror *m*	terror raids, air raids to break morale
5664	Rakete *f*	rocket, missile
5665	Abwehrrakete *f*, Antirakete *f*, Anti-Raketen-Rakete *f*	anti-ballistic missile (ABM)
5666	Boden-Boden-Rakete *f*	surface-to-surface missile, land-to-land missile
5667	Boden-Luft-Rakete *f*	ground-to-air missile
5668	Flugabwehrraketen *fpl*	anti-aircraft missiles
5669	Flugabwehrraketensystem *n*	anti-aircraft missile system

5640	guerre *f* de mouvement, ∼ de campagne	guerra *f* de movimientos
5641	guerre *f* de position, ∼ de tranchées	guerra *f* estabilizada, ∼ de trincheras, ∼ de posiciones
5642	corps *m* expéditionnaire	cuerpo *m* expedicionario
5643	forces *fpl* de débarquement	fuerzas *fpl* de desembarco
5644	débarquer	desembarcar
5645	débarquement *m*	desembarco *m*
5646	troupes *fpl* aéroportées	tropas *fpl* aeroportadas
5647	no-man's-land *m*, *nt*	tierra *f* de nadie
5648	raid *m* de commando	operación *f* de «comando»
5649	guerre *f* aérienne	guerra *f* aérea
5650	fusiliers *mpl* marins	infantes *mpl* de marina
5651	aéronef *m*	aeronave *f*
5652	forces aériennes *fpl*	fuerzas *fpl* aéreas
5653	défense *f* passive	defensa *f* pasiva
5654	suprématie *f* aérienne	supremacía *f* aérea
5655	base aérienne	base *f* aérea
5656	forces *fpl* aériennes tactiques	fuerzas *fpl* aéreas tácticas
5657	forces *fpl* aériennes stratégiques	fuerzas *fpl* aéreas estratégicas
5659	chasseur *m* d'interception, intercepteur *m*	avión *m* interceptor
5660	attaque *f* aérienne de terreur	ataque *m* aéreo de terror
5661	raid *m* de représailles	golpe *m* de represalia
5662	arrêt *m* des bombardements	suspensión *f* de los bombardeos
5663	attaques *fpl* aériennes terroristes, raids *mpl* de terreur	ataques *mpl* aéreos de terror
5664	fusée *f*, missile *m*	cohete *m*, misil *m*
5665	fusée *f* anti-fusée, ∼ anti-missile, missile *m* antimissile	cohete *m* antibalístico dirigido, misil *m* ∼ ∼, misil *m* antimisil
5666	missile *m* sol-sol, fusée *f* ∼ ∼	cohete *m* tierra-tierra, cohete *m* superficie-superficie
5667	missile *m* sol-air	cohete *m* tierra-aire, misil *m* ∼ ∼
5668	missiles *mpl* antiaériens	cohete *m* antiaéreo
5669	réseau *m* de missiles antiaériens	sistema *m* de cohetes antiaéreos

465

5670	Langstreckenrakete *f*	long-range missile
5671	Luft-Boden-Rakete *f*	surface-to-air missile
5672	Mittelstreckenraketen *fpl*	medium-range missiles (MRM), intermediate-range missiles
5673	Interkontinentalrakete *f* mit Mehrfachsprengköpfen ...	multiple independently targeted re-entry vehicle (MIRV)
5674	Rakete *f* mit Mehrfachsprengköpfen meist: MRV	multiple re-entry vehicle (MRV)
5675	Raketen-U-Boot *n*, raketenbestücktes U-Boot *n*	missile-bearing submarine, ∼-carrying ∼
5676	Raketenabschußbasis *f*	rocket-launching site
5677	Raketenabwehrsystem *n*, Antiraketensystem *n*	anti-ballistic missile system
5678	Raketenlücke *f*	missile gap
5679	Verstärkung *f* des Raketenpotentials	missile build-up

3. Seekrieg und Blockade   3. Sea Warfare and Blockade

5680	Seekrieg *m*, Seekriegführung *f*	maritime warfare, naval ∼, warfare at sea
5681	Seestreitkräfte *fpl*	naval forces
5682	Marinestützpunkt *m*, Flottenstützpunkt *m*	naval base
5683	U-Boot-Stützpunkt *m*	submarine base
5684	Seeherrschaft *f*	naval supremacy, control of the sea
5685	Küstenverteidigung *f*	coastal defence
5686	Kriegsschiff *n*	warship, man-of-war
5687	Überwasserschiffe *npl*	surface vessels
5688	Flugzeugträger *m*	aircraft carrier
5689	Hilfskreuzer *m*	auxiliary cruiser
5690	Umwandlung *f* von Handelsschiffen in Kriegsschiffe	conversion of merchantmen into warships, transformation of merchant ships ∼ ∼

5670 fusée *f* à longue portée, missile *m* ~ ~ ~ — cohete *m* de largo alcance, misil *m* ~ ~ ~

5671 missile *m* air-sol, fusée *f* ~ — cohete *m* aire-tierra

5672 fusée *f* à moyenne portée — proyectiles *mpl* de alcance medio, cohetes *mpl* ~ ~ ~, misiles ~ ~ ~

5673 missile *m* à charge multiple indépendante (MIRV) fusée *f* à têtes multiples indépendamment téléguidées — misil *m* de cabeza múltiple y reentrada independiente

5674 missile à charge multiple (MRV) fusée *f* à tête multiple — misil *m* de cabeza múltiple (MRV)

5675 sous-marin *m* porte-missiles, ~ porteur de missiles — submarino *m* portador de cohetes

5676 base *f* de lancement de fusées (*or*: missiles) — base *f* de lanzamiento de cohetes

5677 réseau *m* de missiles antimissiles — sistema *m* de misiles antibalísticos, red *f* ~ ~ ~, red *f* antibalística

5678 retard *m* balistique — déficit *m* de cohetes (*o*: misiles)

5679 renforcement *m* du potentiel de missiles — escalada *f* en materia de cohetes

3. La guerre maritime et le blocus

3. Guerra marítima y bloqueo

5680 guerre *f* sur mer, ~ maritime — guerra *f* marítima, ~ naval

5681 forces *fpl* navales — fuerzas *fpl* navales, Armada *f*

5682 base *f* navale — base *f* naval

5683 base *f* sous-marine — base *f* submarina

5684 maîtrise *f* des mers — supremacía *f* naval

5685 défense *f* des côtes — defensa *f* costera

5686 navire *m* de guerre, bâtiment *m* ~ ~, vaisseau *m* ~ ~ — buque *m* de guerra

5687 bâtiment *mpl* de surface — buques *mpl* de superficie

5688 porte-avions *m* — portaviones *m*

5689 croiseur *m* auxiliaire — crucero *m* auxiliar

5690 conversion *f* de navires marchands einnavires de guerre — transformación *f* de buques mercantes en buques de guerra

5691	Unterseeboot *n*, U-Boot *n*	submarine
5692	Atom-U-Boot *n*	nuclear submarine, nuclear-powered submarine
5693	Unterseebootskrieg *m*, U-Bootkrieg *m*	submarine warfare
5694	a) Geleit *n* Flottengeleit *n*; b) Geleitzug *m*, Konvoi *m*, *nt*	convoy
5695	Minenlegen *n*	mine laying, ∼ planting
5696	unverankerte, selbsttätige Kontaktminen legen	to lay unanchored automatic contact mines
5697	Treibmine *f*	floating mine
5698	Lazarettschiff *n*	(military) hospital ship
5699	Kartellschiff *n* (= *Parlamentärschiff*)	cartel ship (for the exchange of prisoners of war)
5700	Kriegszone *f* (*auf hoher See*)	war zone
5701	für Kriegsschiffe gesperrte Meerengen *fpl*	straits closed to warships
5702	Blockade *f*	blockade
5703	Seesperre *f*	long-distance blockade, maritime blockade
5704	Seeblockade *f*	naval blockade
5705	Wirtschaftsblockade *f*	economic blockade
5706	effektive Blockade *f*, wirksame ∼	effective blockade
5707	Wirksamkeit *f* der Blockade	effectiveness of the blockade
5708	Hungerblockade *f*	hunger blockade
5709	Blockadezustand *m*	state of blockade
5710	Blockadegebiet *n*	area of blockade, blockade area
5711	Blockadestreitmacht *f*	blockading force
5712	Papier-Blockade *f*	paper blockade, ineffective ∼
5713	die Blockade über ein Land verhängen	to blockade a country
5314	Blockadeerklärung *f*	declaration of blockade
5715	die Blockade bekanntgeben, ∼ ∼ notifizieren	to notify the blockade
5716	Blockadebrecher *m*	blockade runner
5717	die Blockade brechen a) *(im rechtlichen Sinne = verletzen)* b) *(tatsächlich durch die Blockade gelangen)*	a) to break the blockade, to violate ∼ ∼ b) to run the blockade

5691	sous-marin *m*	submarino *m*, sumergible *m*
5692	sous-marin *m* nucléaire	submarino *m* atómico
5693	guerre *f* sous-marine	guerra *f* submarina
5694	convoi *m*	a) escolta *f* b) convoy *m* (de escolta)
5695	pose *f* de mines	colocación *f* de minas
5696	poser des mines de contact automatiques non amarrées	colocar minas automáticas de contacto no amarradas
5697	mine *f* flottante	mina *f* flotante
5698	navire-hôpital *m*	buque *m* hospital
5699	navire *m* de cartel, ∼ parlementaire	buque *m* de cartel
5700	zone *f* de guerre	zona *f* de guerra
5701	détroits *mpl* fermés aux navires de guerre	estrechos *mpl* cerrados para buques *mpl* de guerra
5702	blocus *m*	bloqueo *m*
5703	blocus *m* à longue distance, quasiblocus *m*, barrage maritime	bloqueo *m* a distancia, cuasibloqueo *m*
5704	blocus *m* naval	bloqueo *m* naval
5705	blocus *m* économique	bloqueo *m* económico
5706	blocus *m* effectif	bloqueo *m* efectivo
5707	effectivité *f* du blocus	efectividad *f* del bloqueo
5708	blocus *m* de la faim	bloqueo *m* del hambre
5709	état *m* de blocus	estado *m* de bloqueo
5710	zone *f* de blocus	zona *f* de bloqueo
5711	force *f* bloquante	fuerzas *fpl* de bloqueo
5712	blocus *m* fictif, ∼ sur le papier, ∼ de cabinet	bloqueo *m* no efectivo, ∼ ficticio, ∼ de gabinete
5713	décréter le blocus d'un pays	decretar el bloqueo de un país
5714	déclaration *f* de blocus	declaración *f* de bloqueo
5715	notifier le blocus	notificar el bloqueo
5716	forceur *m* de blocus	buque *m* que burla el bloqueo, forzador de bloqueo
5717	a) violer le blocus b) forcer le blocus	a) violar el bloqueo b) burlar el bloqueo, forzar ∼ ∼

5718	Blockadebruch *m*	blockade running, raising of a blockade
5719	scharfe Blockade *f*	close blockade
5720	die Blockade aufheben	to raise (*or*: to lift) the blockade
5721	Handelsschiff *n*; Kauffahrteischiff *n* (*veraltet*)	merchant vessel, merchant ship, merchantman
5722	Pirat *m*, Seeräuber *m*	pirate
5723	Piraterie *f*, Seeräuberei *f*	piracy
5724	Kaperbrief *m*	letter(s) of marque (and reprisal)
5725	Freibeuter *m*	privateer (*person*)
5726	Kaperschiff *n*	privateer (*ship*)
5727	Kaperer *m*	captor
5728	kapern	to capture
5729	Kaperkrieg *m*, Kaperei *f*	privateering
5730	Pariser Seerechtserklärung *f*, ∼ Seerechtsdeklaration *f (1856)*	Declaration of Paris on maritime warfare *(1856)*
5731	Embargo *n (auf Waffen)*	*(arms)* embargo
5732	ein Embargo über etw. verhängen	to embargo s. th., to lay an embargo on s. th.
5733	das Embargo auf ... aufheben	to take off an embargo on ..., to raise ∼ ∼ ∼
5734	Bannware *f*, Kriegskonterbande *f*, Konterbande *f*	contraband of war
5735	relative Konterbande *f*, bedingte ∼	conditional contraband
5736	absolute Konterbande *f*, unbedingte ∼	absolute contraband
5737	„frei Schiff, frei Gut"	"the flag covers the cargo"
5738	Flaggenwechsel *m*	transfer of flag
5739	Handelsverkehr *m* neutraler Staaten *(mit einer kriegführenden Macht)*	new commerce
5740	Recht *n* auf Flaggenerkundung	right of approach
5741	anrufen *(ein Schiff)*, preien, anpreien	to hail
5742	Anhalten *n (eines Handelsschiffes durch ein Kriegsschiff zur Feststellung der Nationalität, Ladung usw.)*	stopping, stoppage

5718	forcement *m* de blocus, débloquement *m*	forzamiento *m* del bloqueo, ruptura *f* ~ ~
5719	blocus *m* rigoureux	bloqueo *m* riguroso
5720	lever le blocus	levantar el bloqueo
5721	navire *m* marchand	buque *m* mercante
5722	pirate *m*	pirata *m*
5723	piraterie *f*	piratería *f*
5724	lettres *fpl* de marque	patente *f* de corso, carta *f* de represalias
5725	corsaire *m* (*personne*)	corsario *m* (*persona*)
5726	corsaire *m* (*navire*)	corsario *m* (*buque*)
5727	capteur *m*	apresor *m*
5728	capturer	capturar
5729	guerre *f* de course, course *f*, guerre au commerce	guerra *f* de corso, ~ ~ captura
5730	Déclaration *f* de Paris (*1856*) sur la guerre maritime	Declaración *f* de París sobre la guerra marítima (*1856*)
5731	embargo *m* (*sur les armes*)	embargo *m* (*de armas*)
5732	mettre l'embargo *m* sur qch.	decretar el embargo sobre u/c
5733	lever l'embargo sur	levantar el embargo sobre...
5734	contrebande *f* de guerre	contrabando *m* (de guerra)
5735	contrebande *f* relative, ~ conditionnelle	contrabando *m* relativo, ~ condicional
5736	contrebande *f* absolue	contrabando *m* absoluto
5737	«le pavillon couvre la marchandise»	«el pabellón cubre la mercancía»
5738	transfert *m* de pavillon	tranferencia *f* de pabellón, cambio *m* ~ ~
5739	commerce *m* nouveau	comercio *m* nuevo
5740	droit *m* de vérification du pavillon	derecho *m* a la constatación del pabellón
5741	arraisonner, héler	llamar (*un barco*)
5742	arrêt *m*, arraisonnement *m*	detención *f*

5743	Anhalterecht *n* (*Seekrieg*)	right of stoppage
5744	Aufforderung *f* an ein Schiff zum Stoppen (*od*: Anhalten)	summoning to stop
5745	(ein Schiff) zum Stoppen (*od*: Anhalten) auffordern	to summon to stop
5746	Flaggenkontrolle *f* (*Festellung der staatlichen Zugehörigkeit eines Schiffes durch Prüfung der Schiffspapiere*)	visit (*stricto sensu*)
5747	Aufforderung *f* (*eines Kriegsschiffes an ein Handelsschiff, die Flagge zu zeigen*)	summoning to display one's colours
5748	Warnungsschuß *m*, Schuß vor den Bug	warning-shot, shot across the bows
5748a	beidrehen	to bring to
5749	Kursanweisung *f*	diversion (order)
5750	Visitationsrecht *n*, Durchsuchungsrecht *n*	right of visit and search, ~ ~ visitation and search
5751	durchsuchen (*ein Schiff*)	to visit and search
5752	Durchsuchung *f* (*eines Handelsschiffes durch ein Kriegsschiff*)	visit and search, stop and search
5753	die Ladung überprüfen	to examine the cargo
5754	die Schiffspapiere prüfen	to examine the ship's papers
5755	Handelsschiffe *npl* torpedieren	to torpedo merchant ships
5756	ohne Warnung *f* angreifen	to attack without warning
5757	Aufbringung *f* (*auf hoher See*)	seizure, capture (*of a ship*)
5758	ein Schiff versenken	to sink a ship
5759	ein Schiff freigeben	to set a ship free, to release ~ ~
5760	Prisenkommando *n*	prize crew
5761	ein Schiff in einen Hafen verbringen, ~ ~ ~ ~ geleiten, eine Prise einbringen	to bring a ship into a port
5762	Einbringung *f* einer Prise	bringing-in of a prize
5763	falsche Flagge *f*	false colours; false colors, *US*
5764	Flaggenmißbrauch *m*	misuse of (a) flag

5743	droit *m* d'arrêt	derecho *m* de detención
5744	sommation *f* de s'arrêter, arraisonnement *m*	intimación *f* a un buque a detenerse
5745	arraisonner, sommer de s'arrêter	intimar a un buque a detenerse
5746	enquête *f* de pavillon	determinación *f* del pabellón
5747	semonce *f*	intimación *f* a izar el pabellón
5748	coup *m* de semonce, ∼ d'avertissement	cañonazo *m* de aviso
5748a	mettre en panne	ponerse al pairo
5749	déroutement *m* (*pour visite*)	orden *f* de cambiar de ruta (*para ser sometido a visita*), ∼ ∼ ∼ ∼ rumbo
5750	droit *m* de visite	derecho *m* de visita, ∼ ∼ registro
5751	visiter, perquisitionner	visitar, registrar
5752	visite *f* (*au sens large, avec perquisition*)	visita *f* (*con control del cargamento*)
5753	vérifier la cargaison	comprobar el cargamento
5754	examiner les papiers de bord, procéder à l'examen des ∼ ∼ ∼	inspeccionar los papeles de a bordo
5755	torpiller des navires *mpl* de commerce	torpedear buques *mpl* mercantes
5756	attaquer sans avertissement	atacar sin aviso
5757	capture *f*, saisie *f* (*d'un navire*)	captura *f* (*de un buque*)
5758	couler un navire	echar a pique un buque, hundir ∼ ∼
5759	relâcher (*ou*: libérer) un navire	poner en libertad un buque, autorizar un buque a continuar viaje
5760	équipage *m* de prise	tripulación *f* de presa
5761	conduire un navire dans un port	conducir un buque a un puerto
5762	conduite *f* d'une prise (*dans un port*)	conducción *f* de una presa (*a un puerto*)
5763	faux pavillon *m*	pabellón *m* falso
5764	abus *m* de pavillon	abuso *m* de pabellón

5765	Flaggendiskriminierung *f*	discrimination of flags
5766	Verweigerung *f* der Durchsuchung *(bei Handelsschiffen)*	resistance to search
5767	Recht *n* der Verfolgung, ~ ~ Nacheile	right of pursuit
5768	sofortige Verfolgung *f*	hot pursuit, immediate ~
5769	Bestimmungshafen *m*	port of destination
5770	Doktrin *f* der ununterbrochenen Reise (*od*: einheitlichen *od*: fortgesetzten Reise), ~ ~ endgültigen Bestimmung	doctrine of continuous voyage
5771	einbringendes Schiff *n*, Prisemachender *m*	captor
5772	Nehmestaat *m*	captor state
5773	Befreiung *f* (*eines vom Feind aufgebrachten Handelsschiffes durch eigenes Kriegsschiff*), Wiederaufbringung *f*	recapture
5774	Wiederkaperer *m*	recaptor
5775	Wiederkaperung *f*	recapture
5776	Prise *f*	prize
5777	Prisenmannschaft *f*	prize crew
5778	die Prise in den Hafen bringen	to bring the prize into the port
5779	ein Schiff aufbringen	to prize a ship, to make prize of a ship
5780	Aufbringen eines Schiffes	capture of a ship
5781	der Beschlagnahme verfallen *(Prise)*	to be liable (*or*: subject) to capture
5782	gute Prise sein	to be good prize
5783	Prisengericht *n*	prize court
5784	internationales Prisengericht *n*	International Prize Court
5785	Prisenrecht *n*, Seebeuterecht *n*	prize law
5786	Entscheid *m* (*eines Prisengerichtes*) über die Rechtmäßigkeit einer Prise	condemnation as prize
5787	Beschlagnahme *f* eines Schiffes, Einziehung *f* ~ ~ *(nach Einbringung)*	seizure (*or*: arrest) of a vessel
5788	beschlagnahmen	to seize

5765	discrimination *f* des pavillons	discriminación *f* de pabellones
5766	résistance *f* à la visite	resistencia *f* a la visita, ~ al registro
5767	droit *m* de suite, ~ ~ poursuite	derecho *m* de persecución
5768	poursuite *f* immédiate	persecución *f* inmediata
5769	port *m* de destination	puerto *m* de destino
5770	doctrine *f* du voyage continu, règle *f* ~ ~ ~	teoría *f* del viaje continuo, doctrina *f* ~ ~ ~
5771	navire *m* capteur	buque *m* apresor
5772	Etat *m* capteur	Estado *m* apresor
5773	rescousse *f*, reprise *f* d'un navire	recaptura *f*
5774	recapteur *m*	recaptor *m*
5775	recapture *f*, rescousse *f*, reprise *f*	recaptura *f*
5776	prise *f*	presa *f*
5777	équipage *m* mis à bord d'un vaisseau capturé	tripulación *f* encargada de llevar a puerto el buque apresado
5778	amener la prise dans le port	llevar al puerto un buque apresado
5779	capturer un navire	apresar un buque
5780	capture *f*	apresamiento *m*
5781	être susceptible de saisie, ~ saisissable	ser confiscable
5782	être de bonne prise	ser buena presa
5783	tribunal *m* de prises, cour *f* ~ ~; Conseil *m* ~ ~, F	tribunal *m* de presas; corte *f* ~ ~, *Am*
5784	Cour *f* internationale des prises	Tribunal *m* internacional de presas, *Esp*; Corte *f* ~ ~ ~, *Am*, Tribunal *m* de presas marítimas
5785	droit *m* des prises maritimes	derecho *m* de presas
5786	condamnation *f* d'une prise	condena *f* de una presa
5787	confiscation *f* d'un vaisseau	confiscación *f* de un buque, secuestro *m* ~ ~ ~
5788	saisir, séquestrer	confiscar, secuestrar

5789	Ankaufsrecht *n (einer Prise)*	right of pre-emption
5790	en Schiff zurückgeben	to restore a vessel (*or*: ship)
5791	Navicert *n, nt (engl. Abkürzung für Navigation Certificate)*, Unbedenklichkeitszeugnis *n*	navicert
5792	Angarie *f (= Beschlagnahme fremder Schiffe in Hoheitsgewässern und ihre Heranziehung zu Dienstleistungen)*	angary
5793	Angarienrecht *n (Recht einer kriegführenden Macht, das Eigentum Neutraler, bes. Schiffe, zu beschlagnahmen, zu benutzen oder zu zerstören)*	right of angary, jus angariae
5794	... in neutralen Gewässern	... in neutral waters
5795	Seeasyl *n*	stay of belligerent warships in neutral ports
5796	Vierundzwanzig-Stunden-Regel *f*	rule of twenty-four hours' interval, twenty-four hours'-rule

4. Besetzung   4. Occupation

5797	kriegerische Besetzung *f*, militärische ~, occupatio *f* bellica *tt, nt*	belligerent occupation, occupation in time of war
5798	Okkupant *m, nt, jur*	occupant
5799	besetzen *(ein Land)*	to occupy *(a country)*
5800	Besetzung *f (Handlung der Besetzung)*; Besatzung *f (Anwesenheit fremder Truppen)*	occupation
5801	besetztes Gebiet *n*	occupied territory
5802	Besatzungsmacht *f*	occupation power
5803	Zusammenarbeit *f* (mit einer Besatzungsmacht), Kollaboration *f, nt*	collaboration
5804	Kollaborationist *m*, Kollaborateur *m*; Quisling *m (bes 1940 – 1944)*	collaborationist; Quisling *(especially 1940 – 1944)*
5805	Besatzungsbehörden *fpl*	occupation authorities
5806	Passierschein *m*	safe-conduct, pass, permit
5807	Besatzungsstreitkräfte *fpl*	occupation forces
5808	fraternisieren	to fraternize
5809	Fraternisierung *f*	fraternization

5789	droit *m* de préemption	derecho *m* de preferencia
5790	restituer un navire	restituir un buque
5791	navicert *m*, *nt*	navicert *m*, *nt*, pasavante *m*

5792	angarie *f*	angaria *f*

5793	droit *m* d'angarie	derecho *m* de angaria

5794	... dans les eaux neutres	... en aguas neutrales
5795	séjour *m* de navires de guerre belligérants dans un port neutre	estancia *f* de buques de guerra beligerantes en puertos neutrales
5796	règle *f* des 24 heures	regla *f* de las 24 horas

4. Occupation — 4. Ocupación

5797	occupatio bellica *f*, *nt*; occupation *f* militaire	ocupación *f* bélica, ~ militar
5798	occupant *m*	ocupante *m*
5799	occuper *(un pays)*	ocupar *(un país)*
5800	occupation *f*	ocupación *f*

5801	territoire *m* occupé	territorio *m* ocupado
5802	puissance *f* occupante, ~ d'occupation	potencia *f* de ocupación, ~ ocupante
5803	collaboration *f*	colaboración *f*

5804	collaborateur *m*, *(surtout 1940 — 1944)* collaborationniste *m*, F; collabo *m*, *fam*; incivique *m*, B	colaboracionista *m* *(1940 — 1944)*
5805	autorités *fpl* d'occupation	autoridades *fpl* de ocupación
5806	sauf-conduit *m*, laissez-passer *m*	salvoconducto *m*
5807	forces *fpl* d'occupation	fuerzas *fpl* de ocupación
5808	fraterniser	fraternizar
5809	fraternisation *f*	fraternización *f*

5810	Fraternisierungsverbot *n*, Verbrüderungsverbot *n*	non-fraternization
5811	Besatzungszone *f*	zone of occupation, occupation zone
5812	Besatzungskosten *pl*	occupation costs
5813	Besatzungsrecht *n*	law of occupation
5814	Bannmeile *f*	area around government buildings in which meetings, etc. are prohibited, neutral zone
5815	Militärregierung *f (in besetzten Ländern)*	military government
5816	Militärgouverneur *m*	military governor
5817	Stationierungskosten *pl*	stationing costs, support ∼
5818	Truppenstationierung *f*, Stationierung *f* von Truppen	stationing of troops
5819	stationieren (Truppen)	to station (troops)
5820	Abzug *m* der Besatzungstruppen	withdrawal of occupation forces
5821	requirieren	to requisition
5822	Requirierung *f*	requisition
5823	Kriegskontribution *f (von der Besatzungsmacht auferlegte Zahlungen)*	war contribution

5. Waffenstillstand und Frieden — 5. Truces and Peace

5824	weiße Flagge *f*	white flag, truce ∼
5825	Parlamentär *m*	bearer of a flag of truce, parlementaire
5826	sich ergeben	to surrender
5827	bedingungslose Übergabe *f*	unconditional surrender
5828	Kapitulation *f*	capitulation
5829	kapitulieren	to capitulate
5830	bedingungslose Kapitulation *f*	unconditional capitulation
5831	freien Abzug gewähren	to grant free exit
5832	das Feuer einstellen	to cease fire
5833	Einstellung *f* der Feindseligkeiten	cessation of hostilities

5810 interdiction *f* de fraterniser — prohibición *f* de fraternziar

5811 zone *f* d'occupation — zona *f* de ocupación

5812 frais *mpl* d'occupation — gastos *mpl* de ocupación
5813 droit *m* d'occupation — Derecho *m* de ocupación
5814 zone *f* interdite (autour des bâtiments fédéraux à Bonn) — zona *f* alrededor de los edificios federales en la que reuniones, etc. están prohibidas

5815 gouvernement *m* militaire — gobierno *m* militar

5816 gouverneur *m* militaire — gobernador *m* militar
5817 frais *mpl* de stationnement — gastos *mpl* de estacionamiento
5818 stationnement *m* de troupes — estacionamiento *m* de tropas

5819 stationner (des troupes) — estacionar (tropas)
5820 retrait *m* des forces d'occupation — retirada *f* de las tropas de ocupación
5821 réquisitionner — requisar
5822 réquisition *f* — requisa *f*
5823 contribution *f* de guerre — contribución *f* de guerra

5. L'armistice et la paix — 5. Armisticio y paz

5824 drapeau *m* blanc; pavillon *m* parlementaire (marine) — bandera *f* blanca, bandera *f* de paz
5825 parlementaire *m* — parlamentario *m*

5826 se rendre — rendirse
5827 reddition *f* sans conditions — rendición *f* incondicional
5828 capitulation *f* — capitulación *f*
5829 capituler — capitular
5830 capitulation *f* sans conditions — capitulación *f* incondicional, ~ sin condiciones

5831 accorder les honneurs de la guerre — permitir la libre retirada (a una tropa vencida) con honores militares

5832 cesser le feu — cesar el fuego
5833 cessation *f* des hostilités, suspension *f* d'armes — cese *m* de hostilidades (*«cesación» es galicismo*)

5834	Wiederaufnahme *f* der Feindseligkeiten	resumption of hostilities, renewed warfare
5835	Zurücknahme *f* der Truppen hinter bestimmte Linien	withdrawal of troops behind certain lines
5836	Demarkationslinie *f*	demarcation line
5837	die Waffen niederlegen	to lay down one's arms
5838	Entwaffnung *f*	disarmament
5839	entwaffnen	to disarm
5840	*(vorübergehende)* Waffenruhe *f*, Feuereinstellung *f*	suspension of arms, temporary cease-fire
5841	Feuereinstellung (im engeren Sinne oft für Waffenruhe oder Waffenstillstand gebraucht)	cease-fire
5842	Waffenstillstand *m*	truce, armistice; cease-fire
5843	Waffenstillstandsangebot *n*	truce offer
5844	Waffenstillstandskommission *f*	armistice commission, truce ~
5845	Waffenstillstandsdelegation *f*	truce delegation
5846	Waffenstillstandsverhandlungen *fpl*	truce negotiations
5847	Waffenstillstandsabkommen *n*	armistice agreement, truce ~
5848	kriegsmüde	war-weary
5849	Kriegsmüdigkeit *f*	war-weariness
5850	Friedensfühler *mpl* ausstrecken	to put out peace-feelers, to make a tentative peace offer
5851	Friedensbedingungen *fpl*	peace conditions, conditions for peace
5852	Friedensangebot *n*	peace offer, ~ overture
5853	Friedensappell *m*	call for peace, appeal ~ ~
5854	Friedensinitiative *f*	peace initiative
5855	Friedenspolitik *f*	peace policy
5856	Vorfrieden *m*, Vorfriedensvertrag *m*, Präliminarfrieden *m*	peace preliminaries
5857	Friedensgespräche *npl*	peace talks
5858	Friedensverhandlungen *fpl*	peace negotiations
5859	Friedenskonferenz *f*	peace conference
5860	Frieden schließen (mit)	to make peace (with)
5861	Friedensschluß *m*	conclusion of peace
5862	Friedensregelung *f*	peace settlement
5863	Verhandlungsfriede *m*	negotiated peace (settlement)
5864	Vertragsfriede *f*	contractual peace

5834	reprise *f* des hostilités	reanudacion *f* de hostilidades
5835	retrait *m* des troupes en deçà de certaines lignes	retiro *m* de las tropas detrás de ciertas líneas
5836	ligne *f* de démarcation	línea *f* de demarcación
5837	déposer les armes	deponer las armas
5838	désarmement *m*	desarme *m*
5839	désarmer	desarmar
5840	suspension *f* d'armes	suspensión *f* del fuego, alto *m* el ~
5841	cessez-le-feu *m*	alto el fuego *m*
5842	armistice *m*; trêve *f*; cessez-le-feu *m* (*moins précis*)	armisticio *m*; tregua *f*; alto *m* el fuego (*menos correcto*)
5843	offre *f* d'armistice	ofrecimiento *m* de (un) armisticio
5844	commission *f* d'armistice	comisión *f* de armisticio
5845	délégation *f* d'armistice	delegación *f* de armisticio
5846	négociations *fpl* d'armistice	negociaciones *fpl* de armisticio
5847	convention *f* d'armistice	convenio *m* de armisticio
5848	las de la guerre	cansado de la guerra
5849	lassitude *f* de la guerre	cansancio *m* de la guerra
5850	procéder à des sondages *mpl* sur les possibilités de paix	hacer sondeos *mpl* sobre las posibilidades de paz
5851	conditions *fpl* de la paix	condiciones *fpl* de la paz
5852	offre *f* de paix	ofrecimiento *m* de paz
5853	appel *m* en faveur de la paix	llamamiento *m* a la paz
5854	initiative *f* pour la paix	iniciativa *f* en pro de la paz
5855	politique *f* de paix	política *f* de paz
5856	préliminaires *mpl* de paix	preliminares *mpl* de paz
5857	pourparlers *mpl* de paix	conversaciones *fpl* de paz
5858	négociations *fpl* de paix	negociaciones *fpl* de paz
5859	conférence *f* de (la) paix	conferencia *f* de paz
5860	faire la paix, conclure ~ ~ (avec)	concluir la paz (con)
5861	conclusion *f* de la paix	conclusión *f* de la paz
5862	règlement *m* de paix	arreglo *m* de paz
5863	paix *f* négociée	paz *f* negociada
5864	paix *f* contractuelle, paix *f* fondée sur un traité	paz *f* contractual

5865	Friedensstärke *f (militärisch)*	peace-time force, peace-time contingents, ~ troop level
5866	Beendigung *f* des Kriegszustandes	termination of the state of war
5867	Friedenszustand *m*	state of peace
5868	Sonderfrieden *m*	separate peace
5869	Kompromißfrieden *m*	compromise peace
5870	bewaffneter Frieden *m*	armed peace
5871	Friedensbruch *m*	breach of the peace
5872	Kriegsschäden *mpl*	war damages
5873	Kriegsentschädigung *f (mehr hist., heute meist „Reparationen" fpl)*	war indemnification
5874	Reparationen *fpl*, Wiedergutmachungsleistungen *fpl*	reparations
5875	durch das Recht des Eroberers	by right of conquest
5876	Subjugation *f*, kriegerische Unterwerfung *f*	subjugation
5877	Debellation *f (völliger Zusammenbruch des gesamten Staatsapparates des besiegten Staates)*	debellatio(n) *(collapse of the whole state machinery of the defeated state)*
5878	räumen, evakuieren *(od: Evakuierung)*	to evacuate
5879	Räumung *f* eines Gebietes	evacuation of a territory
5880	Truppenabzug *m*	troop withdrawal, removal of troops
5881	Demobilisierung *f*, Entmobilisierung *f*	demobilization
5882	demobilisieren, entmobilisieren	to demobilize
5883	entmilitarisieren	to demilitarize
5884	entmilitarisierte Zone *f*	demilitarized zone (DMZ)
5885	Entmilitarisierung *f*	demilitarization
5886	Nichtbefestigung *f*	non-fortification
5887	Festungen *fpl* schleifen	to dismantle fortifications
5888	Kontrollkommission *f*	control commission, supervisory ~

6. Rüstung und Abrüstung, Atomwaffen und Raketen

6. Armament and Disarmament Atomic Weapons and Missiles

5889	a) Wiederbewaffnung *f (zB Armee)* b) Aufrüstung *f (allgemein)*	rearmament

5865	effectif *m* de paix	efectivos *mpl* militares de paz,
		~ ~ en tiempo de paz
5866	cessation *f* de l'état de guerre	cese *m* del estado de guerra
5867	état *m* de paix	estado *m* de paz
5868	paix *f* séparée	paz *f* separada
5869	paix *f* de compromis	paz *f* de compromiso
5870	paix *f* armée	paz *f* armada
5871	rupture *f* de la paix	ruptura *f* de la paz
5872	dommages *mpl* de guerre	daños *mpl* de guerra
5873	indemnité *f* de guerre	indemnización *f* de guerra
5874	réparations *fpl*	reparaciones *fpl*
5875	par droit de conquête	por derecho de conquista
5876	subjugation *f*	subyugación *f*
5877	débellation *f*	debelación *f*
5878	évacuer	evacuar
5879	évacuation *f* d'un territoire	evacuación *f* de un territorio
5880	retrait des troupes	retiro *m* de tropas
5881	démobilisation *f*	desmovilización *f*
5882	démobiliser	desmovilizar
5883	démilitariser	desmilitarizar
5884	zone *f* démilitarisée	zona *f* desmilitarizada
5885	démilitarisation *f*	desmilitarización *f*
5886	non-fortification *f*	no fortificación *f*
5887	démanteler les fortifications *fpl*	desmantelar fortificaciones *fpl*
5888	commission *f* de contrôle	comisión *f* de control

6. Les armements et le désarmement, armes atomiques et fusées

6. Armamentos y desarme, armas atómicas y cohetes

5889	réarmement *m*	rearme *m*

5890	a) wiederbewaffnen *v/t*	to rearm
	b) aufrüsten *v/i*	
5891	Rüstungspolitik *f*	armaments policy
5892	Verstärkung *f* der Rüstung, Rüstungseskalation *f*	arms build-up, military build-up
5893	allgemeine Abrüstung	universal disarmement
5894	Rüstungsindustrie *f*	armaments industry, arms ~
5895	Offensivwaffe *f*	offensive weapon, ~ arm
5896	Defensivwaffe *f*	defensive weapon, ~ arm
5897	Wettrüsten *n*, Rüstungswettlauf *m*	armament(s) race, arms race, weapons race
5898	atomares Wettrüsten *n*, Atomwettrüsten *n*	atomic armament(s) race
5899	Umrüstung *f*	reconversion of armaments
5900	Remilitarisierung *f*	remilitarization
5901	konventionelle Waffen *fpl*; *seltener:* herkömmliche Waffen *fpl*	conventional arms, ~ weapons
5902	Atomwaffen *fpl*	atomic weapons
5903	Atomabrüstung *f*	nuclear disarmament
5904	Atomwaffenverzicht *m*	renunciation of atomic weapons
5905	Kernwaffen *fpl*	nuclear weapons
5906	thermonukleare Waffen *fpl*	thermonuclear weapons
5907	Massenvernichtungswaffen *fpl*	weapons of mass destruction, mass destruction weapons
5908	Atombewaffnung *f*, atomare Bewaffnung *f*	atomic armament, nuclear ~
5909	Atombombe *f*	atomic bomb, A-bomb, atom bomb
5910	Wasserstoffbombe *f*, H-Bombe *f*	hydrogen bomb, H-bomb
5911	saubere H-Bombe *f*	"clean" H-bomb
5912	taktische Atomwaffen *fpl*	tactical atomic weapons, ~ nuclear weapons
5913	Atomrüstung *f*	nuclear armament(s)
5914	Atommacht *f*	nuclear power, atomic ~
5915	nichtnukleare Staaten *mpl*, Nichtkernwaffenstaaten *mpl*	non-nuclear states; *fam*: "have-nots"'
5916	Atomstreitmacht *f*	nuclear striking force
5917	Atomangriff *m*	nuclear aggression

5890	réarmer	rearmar
5891	politique *f* (en matière) d'armements	política *f* de armamentos
5892	renforcement *m* du potentiel militaire, ~ des armements	escalada *f* de armamentos, ~ armamentista, escalada *f* del potencial militar, ~ de los efectivos militares
5893	désarmement *m* général	desarme universal, desarme general
5894	industrie *f* d'armement	industria *f* de armamentos
5895	arme *f* offensive	arma *f* ofensiva
5896	arme *f* défensive	arma *f* defensiva
5897	course *f* aux armements	carrera *f* de armamentos, ~ armamentista
5898	course *f* aux armements atomiques	carrera *f* de armamentos atómicos
5899	conversion *f* des armements	conversión *f* de armamentos
5900	rémilitarisation *f*	remilitarización *f*
5901	armes *fpl* classiques, ~ conventionnelles	armas *fpl* convencionales
5902	armes *fpl* atomiques	armas *fpl* atómicas
5903	désarmement *m* nucléaire, ~ atomique	desarme *m* atómico, ~ nuclear
5904	renonciation *f* aux armes atomiques	renuncia *f* a las armas atómicas
5905	armes *fpl* nucléaires	armas *fpl* nucleares
5906	armes *fpl* thermonucléaires	armas *fpl* termonucleares
5907	armes *fpl* de destruction massive	armas *fpl* de destrucción en masa, ~ ~ ~ masiva
5908	armement *m* atomique	armamento *m* atómico
5909	bombe *f* atomique,	bomba *f* atómica, ~ A
5910	bombe *f* «H», bombe *f* à hydrogène	bomba *f* de hidrógeno, ~ H
5911	bombe *f* H propre	bomba *f* de hidrógeno limpia
5912	armes *fpl* nucléaires (*ou*: atomiques) tactiques	armas *fpl* atómicas tácticas
5913	armement(s) *m*(*pl*) nucléaire(s)	armamento(s) *m*(*pl*) nuclear(es)
5914	Puissance *f* atomique	Potencia *f* atómica
5915	Etats *mpl* non-nucléaires	Estados *mpl* no nucleares
5916	force *f* de frappe nucléaire	fuerza *f* de choque nuclear
5917	agression *f* atomique	agresión *f* con armas atómicas, ~ nuclear

5918	nukleare Abschreckung *f*	nuclear deterrent
5919	abgestufte Abschreckung *f*	graduated deterrent
5920	Gleichgewicht des Schreckens	balance of terror
5921	Atomkrieg *m*	atomic war(fare), nuclear ~
5922	Atomspionage *f*	atomic espionage
5923	Atomsprengkopf *m*	nuclear warhead
5924	spaltbares Material *n*	fissionable material(s)
5925	Entdeckung *f* unterirdischer Atomexplosionen	detection of underground nuclear explosions
5926	Lagerung *f* von Atomwaffen	stockpiling of atomic weapons
5927	Vernichtung *f* der Atom- und Wasserstoffbombenvorräte	destruction of stockpiles of atomic and hydrogen bombs
5928	Atomwaffenverbot *n*, Verbot *n* von Atomwaffen	prohibition of atomic weapons
5929	Ächtung *f* der Atombombe	outlawry of the atomic bomb; outlawing ~ ~ ~ ~
5930	verdünnte Zone *f*	diluted military zone, filled-in zone
5931	Verbot *n* von Kernversuchen	nuclear-test ban
5932	Einstellung *f* der Kernversuche, Atomversuchsstop *m*	cessation of nuclear tests, suspension of atomic tests
5933	begrenztes Verbot *n* der Atomversuche in der Atmosphäre, im Weltraum, und unter Wasser	limited test ban of atmosphere, outer space, and underwater A-tests
5934	Atomsperrvertrag, Atomteststopp Abkommen, Vertrag über Nichtweiterverbreitung von Atomwaffen, NV-Vertrag	nuclear-test-ban; nuclear non-proliferation pact (*or*: treaty)
5935	Nichtweiterverbreitung *f* von Atomwaffen, Nonproliferation von ~	nonproliferation of nuclear weapons
5936	Vertrag über friedliche Nutzung des Weltraumes	Treaty on the Peaceful Uses of Outer Space
5937	Rüstungswettrennen *n*, Wettrüsten *n*	arms race
5938	atomwaffenfreie Zone *f*	atom-free zone, zone free of atomic weapons, denuclearized zone

5918	dissuasion *f* nucléaire, force *f* de ~ ~	disuasión *f* nuclear, fuerza de ~ ~
5919	dissuasion *f* graduelle	disuasión *f* escalonada
5920	équilibre *m* de la terreur	equilibrio *m* del terror
5921	guerre *f* atomique	guerra *f* atómica
5922	espionnage *m* atomique	espionaje *m* atómico
5923	ogive *f* nucléaire	cabeza *f* atómica
5924	matière *f* fissile,	material *m* fisible *Esp*; ~ fisionable *Am*
5925	détection *f* d'explosions nucléaires souterraines	detección *f* de explosiones nucleares subterráneas
5926	stockage *m* d'armes atomiques	almacenamiento *m* de armas atómicas, estacionamiento *m* ~ ~ ~
5927	destruction *f* des stocks de bombes atomiques et à hydrogène	destrucción *f* de las existencias de armas atómicas y de hidrógeno
5928	interdiction *f* des armes atomiques	prohibición *f* de armas atómicas
5929	mise *f* hors la loi de la bombe atomique	proscripción *f* de la bomba atómica; *mejor perífrasis verbal*: declarar fuera de la ley la bomba atómica
5930	zone *f* à faible densité (militaire)	zona *f* de poca densidad militar
5931	interdiction *f* des essais nucléaires	prohibición *f* de pruebas nucleares
5932	suspension *f* des expériences nucléaires, arrêt *m* des essais nucléaires	suspensión *f* de las pruebas nucleares
5933	l'interdiction *f* partielle des essais atomiques dans l'atmosphère, dans l'espace extérieur et sous l'eau	prohibición *f* parcial de las pruebas atómicas en la atmósfera, en el espacio y en los mares
5934	traité *m* sur la non-prolifération des armes nucléaires	tratado *m* sobre no-proliferación de armas atómicas
5935	non-dissémination *f* des armes nucléaires	no-diseminación *f* de armas atómicas
5936	traité *m* sur l'utilisation pacifique de l'espace extra-atmosphérique	tratado *m* sobre la utilización pacífica del espacio extra-terrestre
5937	course *f* aux armements	carrera *f* de armamentos
5938	zone *f* désatomisée, ~ dénucléarisée	zona *f* desatomizada

5939	Atomversuch *m*, Kernversuch *m*	nuclear test
5940	Einstellung *f* der Atomversuche, Atomversuchsstop	suspension of atomic tests, atomic test ban, cessation of atomic tests
5941	Atlantische Atomstreitmacht *f*	Atlantic Nuclear Force
5942	Atomschwelle *f*	atomic threshold
5943	Atomwaffenträger *m*	carrier of atomic arms
5944	Verbot *n* der Atomversuche	nuclear test ban, atomic test ban
5945	Weiterverbreitung von Kernwaffen, ~ von Atomwaffen	(further) proliferation (*or*: dissemination) of nuclear weapons, spread of nuclear weapons
5946	Entnuklearisierung *f*	denuclearisation
5947	friedliche Verwendung *f* der Atomenergie, Nutzung *f* der Atomenergie für friedliche Zwecke	use of atomic energy for peaceful purposes, peaceful use(s) of atomic energy
5948	Rüstungsbeschränkung *f*	limitation of armament, arms limitation(s)
5949	Herabsetzung *f* der Streitkräfte, Verminderung *f* ~ ~	reduction of military forces
5950	abrüsten	to disarm
5951	Abrüstung *f*	disarmament
5952	kontrollierte Abrüstung *f*	controlled disarmament
5953	Abrüstungskontrolle *f*	disarmament control
5954	Abrüstungskonferenz *f*	disarmament conference
5955	Abrüstungskommission *f*	disarmament commission
5956	allgemeine Abrüstung *f*	universal disarmament
5957	Teilabrüstung *f*	reduction of armaments
5958	Beseitigung *f* fremder Militärstützpunkte auf dem Gebiet anderer Staaten	elimination of foreign military bases on the territories of other states
5959	unbehinderten Zugang haben zu ...	to have unimpeded access to ...
5960	Luftinspektion *f*, Luftüberwachung *f*	aerial inspection, ~ supervision
5961	Bodeninspektion *f*	ground inspection
5962	Finanzinspektion *f*	financial inspection
5963	Überraschungsangriff *m*	surprise attack
5964	einen Überraschungsangriff verhindern	to prevent a surprise attack

5939	essai *m* atomique, ~ nucléaire	prueba *f* atómica, ~ nuclear
5940	suspension *f* des essais atomiques, suspension *f* des expériences nucléaires	suspensión *f* de las pruebas atómicas, cese *m* de las pruebas nucleares
5941	Force *f* nucléaire atlantique	Fuerza *f* nuclear atlántica
5942	seuil *m* atomique	«umbral *m* atómico»
5943	porteur *m* d'armes atomiques, vecteur *m* ~ ~ ~	portador *m* de armas atómicas vector *m* ~ ~ ~
5944	interdiction *f* des essais nucléaires	prohibición *f* de las pruebas nucleares
5945	prolifération *f* d'armes nucléaires	proliferación *f* de armas nucleares
5946	désatomisation *f*, dénucléarisation	desnuclearización *f*
5947	utilisation *f* de l'énergie atomique à des fins pacifiques	utilización *f* de la energía atómica para fines pacíficos
5948	limitation *f* des armements	limitación *f* de armamentos
5949	réduction *f* des forces armées	reducción *f* de las fuerzas armadas
5950	désarmer	desarmar
5951	désarmement *m*	desarme *m*
5952	désarmement *m* contrôlé	desarme *m* controlado
5953	contrôle *m* du désarmement	control *m* del desarme
5954	conférence *f* du désarmement	conferencia *f* del desarme
5955	commission *f* du désarmement	comisión *f* de desarme
5956	désarmement *m* général	desarme *m* universal, ~ general
5957	réduction *f* des armements	reducción *f* de armamentos
5958	suppression *f* des bases militaires étrangères sur le territoire d'autres Etats	eliminación *f* de las bases militares extranjeras en territorios de otros Estados
5959	avoir accès sans entraves à ...	tener acceso ilimitado a ...
5960	inspection *f* aérienne	inspección *f* aérea, control *m* aéreo
5961	inspection *f* au sol	inspección *f* terrestre
5962	inspection *f* financière	inspección *f* financiera
5963	attaque *f* par surprise, attaque-surprise	ataque *m* por sorpresa
5964	prévenir toute attaque par surprise	prevenir ataques por sorpresa

5965	Abschreckungsstreitmacht *f*	deterrent
5966	Verhinderung *f* von Überraschungsangriffen	prevention of surprise attacks
5967	Radarstützpunkt *m*	radar base
5968	Fernwaffen *fpl*, ferngelenkte Waffen *fpl*	guided missiles
5969	Abschußbasis *f (für Raketen)*	rocket launching site, ~ ~ base, missile site
5970	interkontinentale Raketen *fpl*	intercontinental rockets, ~ ballistic missiles
5971	Raketen *fpl* mit Atomsprengköpfen	rockets carrying nuclear warheads
5972	Erdsatellit *m*	earth satellite
5973	Raumstation *f*	space platform
5974	friedliche Erschließung *f* des Weltraumes	peaceful uses of outer space

7. Gesetze und Gebräuche des Krieges
7. Laws and Customs of War

5975	Landkriegsrecht *n*	law of land warfare
5976	Seekriegsrecht *n*	law of naval warfare, ~ ~ maritime warfare
5977	Luftkriegsrecht *n*	law of air warfare
5978	Gesetze *npl* und Gebräuche *mpl* des Krieges	laws and customs (*or*: usages) of war
5979	Haager Landkriegsordnung *f, tc*; Haager Abkommen *n* über die Gesetze und Gebräuche des Landkrieges *tt* (1907)	Hague Regulations respecting the Laws and Customs of war on lands, Hague Code on land warfare (1907), the Hague Conventions
5980	Genfer Konventionen *fpl* (1949)	Geneva Conventions (1949)
5981	rechtmäßige Kriegshandlungen *fpl*	lawful acts of war
5982	Notwehr *f*	self-defence *GB*; self-defense *US*
5983	Kriegslist *f*	ruse of war, war stratagem
5984	Hinterlist *f*; Perfidie *f (seltener)*	perfidy, treacherous ruse
5985	Krieg *m* ohne Pardon	war without mercy, ~ ~ quarter
5986	jdm. den Pardon verweigern	to declare that no quarter will be given

5965	force *f* de dissuasion	fuerza *f* de disuasión
5966	prévention *f* des attaques par surprise	prevención *f* de ataques por sorpresa
5967	base *f* de radar	base *f* de radar
5968	armes *fpl* téléguidées, engins *mpl* téléguidés	armas *fpl* teleguiadas, proyectiles *mpl* teleguiados, ~ teledirigidos
5969	base *f* de lancement	base *f* de lanzamiento
5970	fusées *fpl* intercontinentales	cohetes *mpl* intercontinentales, proyectiles balísticos intercontinentales,
5971	fusées *fpl* à ogive nucléaire	cohetes *mpl* nucleares
5972	satellite *m* artificiel	satélite *m* terrestre
5973	station *f* spatiale	plataforma *f* espacial
5974	utilisation *f* de l'espace extra-atmosphérique à des fins pacifiques	utilización *f* pacífica del espacio ultraterrestre

7. Lois et coutumes de la guerre

7. Leyes y costumbres de la guerra

5975	droit *m* de la guerre terrestre, lois *fpl* et coutumes *fpl* ~ ~ ~ ~	Derecho *m* de la guerra terrestre (*o*: continental)
5976	droit *m* (*ou*: lois *fpl*) de la guerre maritime	Derecho *m* de la guerra marítima
5977	droit *m* de la guerre aérienne, lois *fpl* et coutumes *fpl* de ~ ~ ~	Derecho *m* de la guerra aérea
5978	lois *fpl* et coutumes *fpl* (*ou*: usages *mpl*) de la guerre	leyes *fpl* y costumbres *fpl* de la guerra
5979	Règlement *m* de La Haye concernant les lois et coutumes de la guerre terrestre (1907), les Conventions de la Haye	Reglamento *m* de La Haya sobre las leyes y costumbres de la guerra terrestre (1907)
5980	Conventions *fpl* de Genève (de 1949)	Convenios *mpl* de Ginebra (1949)
5981	actes *mpl* licites de guerre	actos *m* lícitos de guerra
5982	autodéfense *f*	defensa *f* propia
5983	ruse *f* de guerre	estratagema *f* (de guerra)
5984	ruse *f* perfide, perfidie *f*	perfidia *f*, estratagema *f* pérfida
5985	guerre *f* sans merci	guerra *f* sin cuartel
5986	déclarer qu'il ne sera pas fait de quartier	declarar que no se dará cuartel

5987	Kombattant *m*; Kämpfender *m* (*weniger genau*)	combatant
5988	Nichtkombattant *m*; Nichtkämpfer *m*	non-combatant
5989	irreguläre Truppen *fpl*	irregular troops
5990	Volksaufgebot *n*; „levée en masse" *f*, *nt*	levée en masse *nt*, levy in mass, ~ en masse
5991	Anerkennung *f* als Aufständische	recognition as insurgents
5992	ein Abzeichen tragen	to wear a distinctive emblem
5993	eine Armbinde tragen	to wear an armlet, ~ ~ ~ armband
5994	die Waffen offen führen	to carry arms openly
5995	vergiftete Waffen gebrauchen	to use poison(ed) weapons
5996	ABC-Waffen *fpl*	ABC weapons
5997	Giftgas *n*	poisonous gas, poison ~
5998	biologischer Krieg *m*	biological warfare
5999	Bakterienkrieg *m*	bacterial warfare, bacteriological ~, germ (war)fare
6000	Gaskrieg *m*	gas warfare
6001	chemischer Krieg *m*	chemical warfare
6002	Entlaubung *f*	defoliation
6003	Napalm *n*	napalm *m*
6004	Dum-Dum-Geschoß *n*	dumdum bullet, expanding bullet
6005	Schutz *m* der Zivilbevölkerung	protection of the civilian population
6006	offene Stadt *f*	open town, open city
6007	Kirchen und Krankenhäuser verschonen	to spare churches and hospitals
6008	Festnahme *f* von Geiseln	taking of hostages
6009	Plünderung *f*	pillage, looting, plundering
6010	Plünderer *m*	plunderer
6011	plündern	to plunder, to pillage
6012	zur Plünderung freigeben	to give up to pillage
6013	Kriegsgreuel *mpl*	war atrocities
6014	ein Dorf niederbrennen	to burn down a village
6015	Niederbrennen *n* von Dörfern	burning down of villages
6016	Kriegsverbrecher *m*	war criminal
6017	Kriegsverbrechen *n*	war crime
6018	Rotes Kreuz *n*	Red Cross

5987	combattant *m*	combatiente *m*
5988	non-combattant *m*	nocombatiente *m*
5989	troupes *fpl* irrégulières	tropas *fpl* irregulares
5990	levée *f* en masse	levantamiento *m* en masa
5991	reconnaissance *f* comme insurgés	reconocimiento *m* de insurrectos
5992	porter un emblème distinctif	llevar (un) distintivo
5993	porter un brassard	llevar (un) brazalete
5994	porter les armes ouvertement	llevar las armas abiertamente
5995	employer des armes empoisonnées	emplear armas envenenadas
5996	armes *fpl* ABC	armas *fpl* ABC
5997	gaz *m* toxique	gas *m* tóxico
5998	guerre *f* biologique	guerra *f* biológica
5999	guerre *f* bactérienne, ∼ bactériologique	guerra *f* bacteriológica
6000	guerre *f* des gaz	guerra *f* de gas, ∼ ∼ los gases
6001	guerre *f* chimique	guerra *f* química
6002	défoliation *f*	defoliación *f*
6003	napalm *m*	napalm *m*
6004	(balle *f*) dum-dum	(bala *f*) dum-dum
6005	protection *f* de la population civile	protección *f* de la población civil
6006	ville *f* ouverte	ciudad *f* abierta
6007	épargner les églises et les hôpitaux	respetar las iglesias y los hospitales
6008	prise *f* d'otages	captura *f* de rehenes
6009	pillage *m*; mise *f* à sac	saqueo *m*
6010	pillard *m*	saqueador *m*
6011	piller	saquear
6012	autoriser le pillage dans …	abandonar al pillaje (de los soldados), entregar al saqueo (de los soldados)
6013	atrocités *fpl* de (la) guerre	atrocidades *fpl* de (la) guerra
6014	brûler un village	quemar un pueblo
6015	incendie *m* de villages (par les militaires)	quema *f* de poblaciones
6016	criminel *m* de guerre	criminal *m* de guerra
6017	crime *m* de guerre	crimen *m* de guerra
6018	Croix-Rouge *f*	Cruz *f* Roja

6019	Rotkreuzflagge *f*	Red Cross flag
6020	Roter Halbmond *m*	Red Crescent
6021	Rote Sonne *f (Iran)*	Red Sun
6022	gefangennehmen	to capture, to take (s.b.) prisoner
6023	Gefangennahme *f*	capture
6024	Vernehmungsoffizier *m*	interrogating officer
6025	Heeresgefolge *n*; *im 2. Weltkrieg*: Wehrmachtsgefolge *n, D*	army followers; camp ~ US
6026	Gefangenschaft *f*, Kriegsgefangenschaft *f*	captivity
6027	Kriegsgefangenenlager *n*, Gefangenenlager *n*	prisoner-of-war camp, POW camp
6028	Kriegsgefangener *m* (Kgf)	prisoner of war (POW)
6029	Vertrauensmann *m (der Gefangenen)*	prisoner' representative
6030	Fluchtversuch *m*	attempt to escape
6031	Straflager *n*	disciplinary camp
6032	Behandlung *f* der Kriegsgefangenen	treatment of prisoners of war
6033	Mißhandlung *f* von Kriegsgefangenen	ill-treatment of prisoners of war, mistreatment ~ ~ ~ ~
6034	mit Menschlichkeit *f* behandeln	to treat humanely
6035	Gewahrsamsmacht *f*	detaining power
6036	Schutzmacht *f*	protecting power
6037	Auskunftsstelle *f* für Kriegsgefangene	Bureau of Information concerning prisoners of war
6038	Austausch *m* kranker und verwundeter Kriegsgefangener	exchange of sick and wounded prisoners of war
6039	Abkommen *n* über den Austausch von Kriegsgefangenen	cartel
6040	freilassen (Gefangene)	to release (prisoners)
6041	auf Ehrenwort entlassen	to release on parole, to parole
6042	repatriieren, rückführen, heimschaffen	to repatriate
6043	Rückführung *f* der Kriegsgefangenen, Repatriierung *f* ~ ~, Heimschaffung *f* ~ ~	repatriation of prisoners of war

6019	drapeau *m* de la Croix-Rouge	bandera *f* de la Cruz Roja
6020	Croissant *m* Rouge	Media Luna *f* Roja
6021	Soleil *m* Rouge *(Iran)*	Sol *m* Rojo *(Irán)*
6022	capturer, faire prisonnier	capturar, hacer prisionero
6023	capture *f*	captura *f*
6024	officier *m* interrogateur	oficial *m* interrogador
6025	personnes *fpl* qui suivent les forces armées	personas *fpl* que acompañan a las fuerzas armadas
6026	captivité *f*	cautiverio *m*, cautividad *f*
6027	camp *m* de prisonniers (de guerre)	campo *m* de prisioneros
6028	prisonnier *m* de guerre (PG)	prisionero *m* de guerra
6029	homme *m* de confiance	hombre *m* de confianza
6030	tentative *f* de fuite, ~ d'évasion	intento *m* de fuga
6031	camp *m* disciplinaire, ~ pénitentiaire	campo *m* disciplinario
6032	traitement *m* des prisonniers (de guerre)	tratamiento *m* de los prisioneros de de guerra
6033	mauvais traitements *mpl* infligés aux prisonniers de guerre, sévices, *mpl* coups *mpl* et blessures *fpl*	malos tratos *mpl* a los prisioneros de guerra
6034	traiter avec humanité *f*	tratar con humanidad *f*
6035	Puissance *f* détentrice	Potencia *f* detentadora
6036	Puissance *f* protectrice	Potencia *f* protectora
6037	Bureau *m* de Renseignements concernant les prisonniers de guerre	Oficina *f* de Informes relativos a los prisioneros de guerra
6038	échange *m* de(s) prisonniers de guerre malades et blessés	canje *m* de prisioneros de guerra enfermos y heridos
6039	convention *f* sur l'échange de prisonniers de guerre	convenio *m* sobre el canje de prisioneros de guerra
6040	mettre en liberté, libérer	poner en libertad
6041	libérer sur parole (d'honneur)	poner en libertad bajo palabra de honor
6042	rapatrier	repatriar
6043	rapatriement *m* des prisonniers de guerre	repatriación *f* de los prisioneros de guerra

6044	Internierung *f*	internment
6045	internieren	to intern
6046	Internierter *m*	intern(ee)
6047	Internierungslager *n*	internment camp; relocation center (US in World War II!)
6048	Militärinternierter *m* (*in neutralen Ländern*)	military intern(ee)
6049	Militärinternierung *f*	military internment
6050	Zivilinternierung *f*	civil internment
6051	Zivilinternierter *m*	civil intern(ee)

8. Neutralität

8. Neutrality

6052	sich aus dem Krieg(e) heraushalten	to keep out of war
6053	die neutralen Mächte *fpl*	neutral Powers
6054	Nichtkriegführung *f*	non-belligerency
6055	neutral	neutral
6056	Neutralität *f*	neutrality
6057	Neutralitätsrecht *n*	right of neutrality
6058	Neutralitätserklärung *f*	declaration of neutrality
6059	Neutralitätsbruch *m*, Neutralitätsverletzung *f*	violation of neutrality
6060	ständige Neutralität *f*, ewige ∼	permanent neutrality, perpetual ∼
6061	freiwillige Neutralität *f*	voluntary neutrality
6062	wohlwollende Neutralität *f*	friendly neutrality, benevolent ∼
6063	Neutralitätspolitik *f*	policy of neutrality
6064	bewaffnete Neutralität *f*	armed neutrality
6065	unbedingte Neutralität *f*	unconditional neutrality
6066	neutrale Gastfreundschaft *f*	neutral hospitality
6067	neutralisieren	neutralize
6068	Neutralisierung *f*	neutralization
6069	neutrale Zone *f*	neutral zone
6070	neutralisierte Zone *f*	neutralized zone
6071	Entneutralisierung *f*	deneutralization
6072	entneutralisieren	to deneutralize
6073	neutralitätswidrig	contrary to neutrality, unneutral
6074	neutralitätswidrige Dienste *mpl*, feindliche Unterstützung *f* („Quasi-Konterbande" *f*)	unneutral service(s), hostile aid
6075	Durchmarschrecht *n*	right of passage

6044	internement *m*	internamiento *m*
6045	interner	internar
6046	interné *m*	internado *m*
6047	camp *m* d'internement	campo *m* de internamiento
6048	interné *m* militaire	internado *m* militar
6049	internement *m* militaire	internamiento *m* militar
6050	internement *m* civil	internamiento *m* civil
6051	interné *m* civil	internado *m* civil

8. Neutralité / 8. Neutralidad

6052	se tenir à l'écart de la guerre	permanecer al margen de la guerra
6053	les Puissances *fpl* neutres	las Potencias neutrales
6054	non-belligérance *f*	no beligerancia *f*
6055	neutre	neutral
6056	neutralité *f*	neutralidad *f*
6057	droit *m* de neutralité	derecho *m* de neutralidad
6058	déclaration *f* de neutralité	declaración *f* de neutralidad
6059	violation *f* de la neutralité	violación *f* de la neutralidad
6060	neutralité *f* perpétuelle	neutralidad *f* perpetua
6061	neutralité *f* volontaire	neutralidad *f* voluntaria
6062	neutralité *f* bienveillante	neutralidad *f* benévola
6063	politique *f* de neutralité	política *f* de neutralidad
6064	neutralité *f* armée	neutralidad *f* armada
6065	neutralité *f* inconditionnelle	neutralidad *f* incondicional
6066	hospitalité *f* neutre	hospitalidad *f* neutral
6067	neutraliser	neutralizar
6068	neutralisation *f*	neutralización *f*
6069	zone *f* neutre	zona *f* neutral
6070	zone *f* neutralisée	zona *f* neutralizada
6071	déneutralisation *f*	desneutralización *f*
6072	déneutraliser	desneutralizar
6073	contraire à la neutralité	contrario a la neutralidad
6074	assistance *f* hostile («contrebande par analogie»)	asistencia *f* hostil
6075	droit *m* de passage	derecho *m* de paso

X. Wichtige Begriffe der politischen und diplomatischen Geschichte

X. Important Terms of Political and Diplomatic History

1. 1500–1914

1. 1500–1914

6076 Heiliges Römisches Reich *n* deutscher Nation
Holy Roman (Germanic) Empire

6077 Suleiman der Prächtige (1494–1566)
Suleiman the Magnificent (1494–1566), Soliman I

6078 Konquistadoren *mpl, nt* (= spanische Eroberer Amerikas)
Conquistador(e)s *(Spanish conquerors of America)*

6079 Reformation *f*
Reformation

6080 Luthertum *n*
Lutheranism

6081 Karl V. (von Deutschland) (= Karl I. von Spanien) (1519–56)
Charles V (1519–56)

6082 die Augsburger Konfession
the Confession of Augsburg, the Augsburg Confession

6083 Augsburger Religionsfriede *m* (1555)
The Peace of Augsburg (1555)

6084 Gesellschaft *f* Jesu, Jesuitenorden *m* (1534)
Society of Jesus (1534)

6085 Konzil *n* von Trient (1545–63)
Council of Trent (1545–63)

6086 Gegenreformation *f*
Counter-Reformation

6087 Hugenotten *mpl*
Huguenots

6088 Bartholomäusnacht *f*, Pariser Bluthochzeit *f* (1572)
Saint Bartholomew's Night (1572)

6089 Abfall *m* der Niederlande (1581)
Revolt of the Netherlands (1581)

6090 Niederlage *f* der unbesiegbaren Armada, Vernichtung *f* ~ ~ ~ (1588)
defeat of the Invincible Armada, ~ the Spanish Armada

6091 Iwan der Schreckliche (1530–84)
Ivan the Terrible (1530–84)

6092 Edikt *n* von Nantes (1598)
Edict of Nantes (1598)

6093 Pulververschwörung *f* (1605)
Gunpowder Plot (1605)

6094 Union *f* und Liga *f* (1608/09)
The Catholic League and the Protestant Union (1608/09)

6095 Prager Fenstersturz *m* (1618)
Defenestration of Prague (1618)

X. Termes importants de l'histoire politique et diplomatique

X. Términos importantes de la historia política y diplomática

1. 1500–1914

1. 1500–1914

6076	Saint Empire *m* Romain Germanique	Sacro Imperio *m* Romano Germánico
6077	Soliman le Grand, ~ le Magnifique (1494–1566)	Solimán el Magnífico (1494–1566)
6078	Conquistadors *mpl, nt*	Conquistadores *mpl*
6079	Réforme *f*, Réformation *f*	Reforma *f*
6080	luthéranisme *m*	luteranismo *m*
6081	Charles-Quint (1519–56)	Carlos Quinto (1519–56), Carlos Primero de España
6082	La Confession d'Augsbourg	La Confesión de Augsburgo
6083	Paix *f* d'Augsbourg (1555)	Paz (religiosa) *f* de Augsburgo (1555)
6084	Compagnie *f* de Jésus, Ordre *m* des Jésuites (1534)	Compañía *f* de Jesús, Orden *m* de los Jesuitas (1534)
6085	Concile *m* de Trente (1545–63)	Concilio *m* de Trento (1545–63)
6086	Contre-Réforme *f*, Contre-Réformation	Contrarreforma *f*
6087	huguenots *mpl*	hugonotes *mpl*
6088	La Saint-Barthélemy (1572)	Noche *f* de San Bartolomé (1572)
6089	émancipation *f* des Pays-Bas (1581)	emancipación *f* de los Países Bajos
6090	défaite *f* de l'Invincible Armada (1588)	derrota *f* de la Armada Invencible (1588)
6091	Ivan le Terrible (1530–84)	Iván el Terrible (1530–84)
6092	Edit *m* de Nantes (1598)	Edicto *m* de Nantes (1598)
6093	Conspiration *f* des poudres (1605)	Conspiración *f* de la pólvora (1605)
6094	L'Union protestante et la Ligue catholique (1608/09), La Sainte-Ligue	La Unión protestante y la Liga católica (1608/09)
6095	défénestration *f* de Prague (1618)	defenestración *f* de Praga (1618)

6096	Dreißigjähriger Krieg *m* (1618–48)	Thirty Years' War (1618–48)
6097	Westfälischer Friede *m* (1648)	Peace of Westphalia (1648)
6098	der Große Kurfürst (1640–88)	the Great Elector (1640–88)
6099	Sonnenkönig *m* (1643–1715)	Sun King (*also*: "Roi Soleil"; Louis XIV of France) (1643–1715)
6100	Pyrenäenfriede *m* (1659)	Treaty of the Pyrenees (1659), Peace ~ ~ ~
6101	Widerrufung *f* des Edikts von Nantes, Aufhebung *f* des ~ ~ ~ (1685)	revocation of the Edict of Nantes (1685)
6102	die Glorreiche Revolution (1688)	the Glorious Revolution (1688)
6103	„Bill of Rights" *f, nt* (1689, *GB*)	Bill of Rights (1689, *GB*)
6104	Aufklärung *f*, Zeitalter *n* der Aufklärung	Age of Enlightenment, Age of Reason
6105	Absolutismus *m*	absolutism
6106	despotischer Absolutismus *m*	despotic absolutism
6107	aufgeklärter Absolutismus *m*	enlightened despotism
6108	Merkantilismus *m*	Mercantilism
6109	Physiokratismus *m*	Physiocratism
6110	Pragmatische Sanktion *f* (1713)	Pragmatic Sanction (1713)
6111	spanischer Erbfolgekrieg *m* (1701–14)	War of the Spanish Succession (1701–14)
6112	Großer Nordischer Krieg (1700–1721)	Great Northern War (1700–1721)
6113	österreichischer Erbfolgekrieg *m* (1741–48)	War of the Austrian Succession (1741–48)
6114	Soldatenkönig *m* (= Friedrich Wilhelm I. von Preußen, 1713–40)	Soldier King (1713–40)
6115	Friedrich der Große (Friedrich II. von Preußen, 1740–86); *fam*: der „Alte Fritz"	Frederick the Great (1740–86)
6116	die Schlesischen Kriege (1740–63)	the Silesian Wars (1740–63)
6117	Siebenjähriger Krieg *m* (1756–63)	Seven Years' War (1756–63)
6118	die fünf Teilungen Polens (1772, 1793, 1795, 1799, 1945)	the five partitions of Poland, ~ ~ divisions ~ ~

6096	Guerre *f* de Trente Ans (1618–48)	Guerra *f* de los Treinta Años (1618–48)
6097	Paix *f* de Westphalie (1648), Les Traités de ~	Paz *f* de Westfalia (1648)
6098	Grand Electeur *m* (1640–88)	Gran Elector *m* (1640–88)
6099	Roi-Soleil *m* (1643–1715) (*en* F *aussi*: Louis le Grand)	Rey *m* Sol (1643–1715)
6100	Traité *m* des Pyrénées (1659)	Paz *f* de los Pirineos (1659), Tratado *m* ~ ~ ~
6101	révocation *f* de l'Edit de Nantes (1685)	revocación *f* del Edicto de Nantes (1685)
6102	Révolution *f* glorieuse (1688)	Revolución *f* gloriosa (1688)
6103	Déclaration *f* des Droits (1689, GB)	Declaración *f* de Derechos (1689, GB)
6104	siècle *m* des lumières, ~ ~ philosophes (*souvent* «l'Aufklärung»)	siglo *m* de la Ilustración, ~ de las luces
6105	absolutisme *m*	absolutismo *m*
6106	absolutisme *m* despotique	absolutismo *m* despótico
6107	absolutisme *m* éclairé, despotisme *m* ~	absolutismo *m* ilustrado, despotismo *m* ~
6108	mercantilisme *m*, colbertisme *m*	mercantilismo *m*
6109	physiocratie *f*	fisiocracia *f*
6110	Pragmatique Sanction *f* (1713)	Pragmática Sanción *f* (1713), Sanción Pragmática
6111	guerre *f* de succession d'Espagne (1701–14)	Guerra *f* de Sucesión de España (1701–14)
6112	Grande Guerre nordique (1700–1721)	Gran Guerra nórdica (1700–1721)
6113	guerre *f* de succession d'Autriche (1741–48)	Guerra *f* de Sucesión austríaca (1741–48)
6114	Roi-sergent *m* (1713–40)	Rey *m* Sargento (1713–40)
6115	Frédéric le Grand (1740–86)	Federico el Grande (1740–86)
6116	les guerres de Silésie (1740–63)	las guerras de Silesia (1740–63)
6117	Guerre *f* de Sept Ans (1756–63)	Guerra *f* de los Siete Años (1756–63)
6118	les cinq partages *mpl* de la Pologne	los cinco repartos de Polonia

6119	Nordamerikanischer Freiheitskrieg *m* (1775–83)	American War of Independence (1775–83), Revolutionary War *US*; American Revolution *GB*
6120	Unabhängigkeitserklärung *f* (der US) (1776)	Declaration of Independence (1776)
6121	die Französische Revolution (1789)	the French Revolution (1789)
6122	Generalstände *mpl*	States-General, Estates-General
6123	der dritte Stand	the Third Estate
6124	Nationalversammlung *f* (1789–91)	National Assembly (1789–91), Constituent Assembly
6125	Bostoner Teesturm	Boston Tea Party
6126	Erstürmung *f* der Bastille *(14. Juli 1789)*	Storming of the Bastille, Fall ~ ~ ~ *(14th July, 1789)*
6127	Erklärung *f* der Menschen- und Bürgerrechte (1789)	Declaration of the Rights of Man (1789)
6128	Gesetzgebende Versammlung *f* (1791–92)	Legislative Assembly (1791–92)
6129	Jakobiner *mpl*, F	Jacobins
6130	jakobinisch	jacobin, Jacobin
6131	Jakobinismus *m*, Jakobinertum *n*	Jacobinism
6132	Girondisten *mpl*, F	Girondists, Girondins
6133	Nationalkonvent *m* (1792–95, F)	National Convention (1792–95)
6134	Mitglied *m* des Nationalkonvents	member of the French National Convention
6135	Wohlfahrtsausschuß *m*	Committee of Public Safety
6136	Direktorium *n*, Direktorialregierung *f* (1795–99, F)	Directory (1795–99)
6137	Konsulat *n*, Konsularregierung *f* (1799–1804, F)	Consulate (1799–1804)
6138	das Erste Kaiserreich (1804–14, F)	Napoleonic Empire (1804–14)
6139	Senatus-consultus *m*	senatus-consult(us)
6140	Napoleonische Kriege *mpl*	Napoleonic Wars
6141	Reichsdeputationshauptschluß *m* zu Regensburg	Principal Recess of the Imperial Deputation of Ratisbon
6142	Rheinbund *m* (1806)	Confederation of the Rhine (1806)
6143	ein Gebiet mediatisieren, einem Gebiet die Reichsunmittelbarkeit entziehen	to mediatize

6119	guerre *f* d'Amérique, guerre *f* américaine de l'indépendance (1775–83)	Guerra *f* de Independencia americana (1775–83)
6120	Déclaration *f* d'Indépendance des Etats-Unis (1776)	Declaración *f* de Independencia (1776) (de los Estados Unidos)
6121	la Révolution française; la Révolution (1789)	la Revolución Francesa (1789)
6122	Etats-Généraux *mpl*	Estados *mpl* Generales
6123	le Tiers-Etat, le tiers état	el estado llano
6124	Assemblée *f* nationale constituante, Constituante *f* (1789–91)	Asamblea *f* constituyente (1789–91)
6125	l'insurrection *f* ("tea party") de Boston	la revuelta del té de Boston, el motín de Boston
6126	prise *f* de la Bastille *(14 juillet 1789)*	toma *f* de la Bastilla *(14 de julio de 1789)*
6127	Déclaration *f* des Droits de l'Homme et du Citoyen (1789)	Declaración *f* de los Derechos del Hombre y del ciudadano (1789)
6128	Assemblée *f* législative (1791–92), Législative *f*	Asamblea *f* legislativa (1791–92)
6129	Jacobins *mpl*	jacobinos *mpl*
6130	jacobin	jacobino
6131	jacobinisme *m*	jacobinismo *m*
6132	Girondins *mpl*	girondinos *mpl*
6133	Convention *f* (1792–95) nationale	Convención *f* (1792–95)
6134	conventionnel *m*	miembro *m* de la Convención
6135	Comité *m* de Salut Public	Comité *m* de Salud Pública
6136	Directoire *m* (1795–99)	Directorio *m* (1795–99)
6137	Consulat *m* (1799–1804)	Consulado *m* (1799–1804)
6138	Premier Empire *m* (1804–14)	Primer Imperio *m* (de Napoleón) (1804–14)
6139	sénatus-consulte *m*	senadoconsulto *m*
6140	guerres *fpl* napoléoniennes	guerras *fpl* napoleónicas
6141	le recès germanique de Ratisbonne	Acuerdo *m* principal de la Diputación del Imperio de Ratisbona
6142	Confédération *f* du Rhin (1806)	Confederación *f* del Rin (1806)
6143	médiatiser	mediatizar

6144	Mediatisierung *f*	mediatization
6145	Kontinentalsperre *f* (1806)	Continental System (1806)
6146	die Große Armee (1812)	Napoleon's Grand Army (1812)
6147	(Deutsche) Befreiungskriege *mpl* (1813–14)	German Wars of Liberation (1813–14)
6148	Völkerschlacht *f (bei Leipzig, 1813)*	Battle of the Nations (1813)
6149	Wiener Kongreß *m* (1814–15)	Congress of Vienna (1814–15)
6150	Herrschaft *f* der hundert Tage (1815)	the Hundred Days (1815)
6151	Schlacht *f* von Waterloo (*in D früher auch*: ~ ~ Belle-Alliance) (1815)	Battle of Waterloo (1815)
6152	die Heilige Allianz (1815)	the Holy Alliance (1815)
6153	Konzert *n* der europäischen Mächte	Concert of Europe, European Concert of Powers
6154	Aachener Protokoll *n* (1818)	Protocole of Aix-la-Chapelle (1818)
6155	Säkularisierung *f*	secularization
6156	Risorgimento *n, nt* („Wiedererhebung Italiens") (1815–70)	Risorgimento *nt* (1815–70)
6157	Abfall *m* der spanischen Kolonien in Amerika (1810–25)	emancipation of the Spanish colonies in America (1810–25)
6158	Monroedoktrin *f* (1823)	Monroe Doctrine (1823)
6159	Restauration *f* (1815–30, F)	Restoration (1815–30, F)
6160	Bonapartist *m*	Bonapartist
6161	Bonapartismus *m*	Bonapartism
6162	Zollverein *m* (1833)	Zollverein *nt*, German Customs Union (1833)
6163	Deutscher Bund *m*	German Confederation
6164	Bürgerkönigtum *n* (*Ludwig Philipp I. von Orléans*, 1830–48)	July Monarchy (1830–48)
6165	Julitage *mpl* (F, 1830)	the July Days (1830)
6166	Bürgerkönig *m*	Citizen King
6167	Kommunistisches Manifest *n* (1848)	Communist Manifesto (1848)
6168	Karlist *m*, *Esp*	Carlist *Esp*, (Carlista *US*)
6169	Karlismus *m*, *Esp*	Carlism *Esp*
6170	karlistisch, *Esp*	Carlist *Esp*
6171	Zweites Kaiserreich *n* (1852–70, F)	Second Empire (1852–70, F)

6144	médiatisation *f*	mediatización *f*
6145	blocus *m* continental (1806)	bloqueo *m* continental (1806)
6146	la Grande Armée (1812)	«Gran Ejército» (de Napoleón) (1812)
6147	campagne *f* d'Allemagne (1813–14)	Guerras *fpl* de Liberación de Alemania (1813–1814)
6148	Bataille *f* des Nations (1813)	Batalla *f* de las Naciones (1813)
6149	Congrès *m* de Vienne (1814–15)	Congreso *m* de Viena (1814–15)
6150	les Cent-Jours *mpl* (1815)	los Cien Días *mpl* (1815)
6151	Bataille *f* de Waterloo (1815)	batalla *f* de Waterloo (1815)
6152	la Sainte Alliance (1815)	la Santa Alianza (1815)
6153	concert *m* européen	concierto *m* de los Estados europeos
6154	Protocole *m* d'Aix-la-Chapelle (1818)	Protocolo *m* de Aquisgrán (1818)
6155	sécularisation *f*	secularización *f*; *España*: desamortización *f*
6156	Risorgimento *m*, *nt* (1815–70)	Risorgimento *m*, *nt* (1815–70)
6157	émancipation *f* des colonies espagnoles en Amérique (1810–25)	emancipación *f* de las colonias americanas (de España) (1810–25)
6158	doctrine *f* de Monroe (1823)	Doctrina *f* de Monroe (1823)
6159	Restauration *f* (1815–30, F)	Restauración *f* (1815–30, F)
6160	bonapartiste *m*	bonapartista *m*
6161	bonapartisme *m*	bonapartismo *m*
6162	«Zollverein» *m*, *nt*; Union *f* douanière allemande (1833)	«Zollverein» *m*, *nt*; Unión *f* aduanera alemana (1833)
6163	Confédération *f* germanique	Confederación *f* germánica
6164	Monarchie *f* de Juillet (1830–48)	Monarquía *f* de Julio (1830–48)
6165	les Journées de Juillet (de 1830), les «trois Glorieuses»	los Días de Julio (1830)
6166	roi-citoyen *m*	rey-ciudadano *m*
6167	Manifeste *m* communiste (1848)	Manifiesto *m* comunista (1848)
6168	Carliste *m*, *Esp*	carlista *m*, *Esp*
6169	carlisme *m*, *Esp*	carlismo *m*, *Esp*
6170	carliste *Esp*	carlista *Esp*
6171	Second Empire *m* (1852–70, F)	Segundo Imperio *m* (1852–70, F)

505

6172	Krimkrieg *m* (1853–56)	Crimean War (1853–56)
6173	eiserner Kanzler *m* *(Bismarck)*	Iron Chancellor *(Bismarck)*
6174	Dualismus *m* *(Österreich-Preußen,* 1866)	dualism (Austro-prussian) (1866)
6175	Deutscher Krieg *m* (*Preußen-Österreich*, 1866)	Austro-Prussian War (1866) Seven Weeks' War
6176	Schlacht *f* von Königgrätz (1866)	battle of Sadowa (1866)
6177	Norddeutscher Bund *m* (1867–70)	North German Confederation (1867–70)
6178	italienischer Einigungskrieg *m* (1859–1860)	war for the unification of Italy (1859–1860)
6179	amerikanischer Bürgerkrieg *m*, ~ Sezessionskrieg (1861–65)	the American Civil War, the War of Secession (1861–65)
6180	Südstaatler *mpl*, Konföderierte *mpl*	Confederates, secessionists, Southeners
6181	Nordstaatler *m*	Unionists *(supporters of the North)*; Northeners *(inhabitants of the North)*
6182	Kirchenstaat *m* (*bis* 1870)	Papal States, States of the Church (*until* 1870)
6183	die Emser Depesche (1870)	Ems dispatch, ~ telegram (1870)
6184	Deutsch-französischer Krieg *m* (1870–71)	Franco-Prussian War (1870–71)
6185	Dreibund *m* *(D, Ö, Italien)* (1882)	Triple Alliance (1882), "Dreibund" *nt*
6186	Kaiserreich *n*, D (1871–1918)	German Empire (1871–1918)
6187	Reichskanzler *m*	Chancellor of the Reich
6188	Reichskanzlei *f*	Chancellory of the Reich
6189	Gründerzeit *f*, Gründerjahre *npl* (*nach* 1871)	industrial revolution of Germany (*after* 1871)
6190	Kulturkampf *m* (1872–87)	Kulturkampf *nt* (1872–87)
6191	Orientfrage *f*	Eastern Question
6192	die Hohe Pforte	The Sublime Porte, the Ottoman Porte
6193	der kranke Mann am Bosporus (= *die Türkei*)	the sick man of Europe
6194	Berliner Kongreß *m* (1878)	Congress of Berlin (1878)
6195	Politik *f* der offenen Tür	open-door policy
6196	Rückversicherungsvertrag *m* (1887, D – *Rußland*)	Reinsurance Treaty *(1887, D and Russia)*

6172	guerre *f* de Crimée (1853-56)	guerra *f* de Crimea (1853-56)
6173	chancelier *m* de fer *(Bismarck)*	Canciller *m* de Hierro *(Bismarck)*
6174	dualisme *m* (austro-prussien) (1866)	dualismo *m* (austroprusiano) (1866)
6175	guerre *f* austro-prussienne (1866)	guerra *f* austroprusiana (1866)
6176	Bataille *f* de Sadowa (1866)	batalla *f* de Sadowa (1866)
6177	Confédération *f* de l'Allemagne du Nord (1867-70)	Confederación *f* de Alemania del Norte (1867-70)
6178	guerre *f* d'Italie, guerre *f* pour l'unité italienne (1859-1860)	guerra *f* por la unidad italiana (1859-1860)
6179	la guerre *f* de sécession, la guerre civile américaine (1861-65)	la guerra de secesión (1861-65), la guerra entre Norte y Sur
6180	Confédérés *mpl*, Sudistes *mpl*	sudistas, confederados *m*, secesionistas *m*
6181	Nordistes *mpl*	nordistas *mpl*
6182	Etats *mpl* de l'Eglise *(iusqu'en* 1870)	Estados *mpl* del Papa, ~ pontificios *(hasta* 1870)
6183	la Dépêche d'Ems (1870)	el Despacho *m* de Ems (1870)
6184	guerre *f* franco-prussienne (1870-71), guerre franco-allemande de 1870	guerra *f* francoprusiana (1870-71)
6185	Triple-Alliance *f*, Triplice *f* (1882)	Triple Alianza *f* (1882), la Tríplice
6186	Empire *m*, D (1871-1918)	Imperio *m* alemán (1871-1918)
6187	Chancelier *m* impérial (1871-1918), Chancelier *m* du Reich (1919-1945)	Canciller *m* del Reich
6188	Chancellerie *f* du Reich	Cancillería *f* del Reich
6189	«révolution industrielle allemande» *(après* 1871)	«Revolución *f* industrial alemana» *(después de* 1871)
6190	«Kulturkampf» *m*, *nt* (1872-87)	«Kulturkampf» *m*, *nt* (1872-87)
6191	question *f* d'Orient	cuestión *f* de Oriente
6192	la Porte, la Sublime-Porte, la Porte Ottomane	la Sublime Puerta, Puerta *f* Otomana
6193	l'homme malade de l'Europe	el hombre enfermo de Europa
6194	Congrès *m* de Berlin (1878)	Congreso *m* de Berlín (1878)
6195	politique *f* de la porte ouverte	política *f* de puerta abierta
6196	Traité de Réassurance (1887 D et Russie)	Tratado *m* de Reaseguro (1887 D y Rusia)

6197	das wilhelminische Deutschland *n*	Germany of Wilhelm II, ~ ~ William II.
6198	Dreyfus-Affäre *f* (1894–1906), der Fall Dreyfus	Dreyfus Affair, ~ case (1894–1906)
6199	Spanisch-amerikanischer Krieg *m* (1898)	Spanish-American War (1898)
6200	Faschoda-Krise *f* (*GB, F*: 1898)	Fashoda Affair, ~ Crisis, ~ Incident (1898)
6201	Burenkrieg *m* (1899–1902)	Boer War (1899–1902)
6202	Haager Friedenskonferenzen *fpl* (*1899 und 1907*)	the Hague Peace Conferences (*1899 and 1907*)
6203	Boxeraufstand *m* (1900)	Boxer Rebellion (1900), Boxers' Rebellion
6204	Entente *f* Cordiale *nt* (*GB, F*: 1904)	Entente Cordiale *nt* (1904)
6205	Russisch-japanischer Krieg *m* (1904–05)	Russo-Japanese War (1904–05)
6206	Algeciras-Generalakte *f* (1906)	Act of Algeciras (1906)
6207	Dreierentente *f; seltener*: Dreierverband *m* (*GB, F, Rußland*; 1906)	Triple Entente (1906)
6208	Jungtürken *mpl* (1908)	Young Turks (1908)
6209	bosnische Krise *f* (1908–09)	Bosnian Crisis (1908–09)
6210	Einkreisung *f* Deutschlands	encirclement of Germany
6211	Balkankriege *mpl* (1912–1913, 1913)	Balkan Wars (1912–1913, 1913)

2. Der erste Weltkrieg

2. World War I

6212	Mittelmächte *fpl*	Central Powers
6213	alliierte und assoziierte Mächte *fpl*	allied and associated powers
6214	Seeschlacht *f* im Skagerrak, Skagerrak-Schlacht *f* (1916)	battle of Jutland (1916)
6215	uneingeschränkter U-Boot-Krieg *m*	unrestricted submarine warfare
6216	Kriegseintritt *m* der Vereinigten Staaten (1917)	America's entry into the war (1917)
6217	die russische Dampfwalze	the russian steamroller
6218	Februarrevolution *f* (*Rußland, 1917*)	February revolution (1917)

6197	l'Allemagne *f* de Guillaume II, l'Allemagne wilhelminienne	la Alemania de Guillermo II
6198	affaire *f* Dreyfus, «l'Affaire» (1894–1906)	el caso Dreyfus (1894–1906)
6199	guerre *f* hispano-américaine (1898)	guerra *f* de Cuba (1898); guerra *f* hispano-americana, *Am*
6200	crise *f* de Fachoda, affaire *f* ~ ~	crisis *f* de Fashoda (1898)

6201	guerre *f* des Boers, ~ du Transvaal (1899–1902)	guerra *f* de los Boers, ~ anglo-boer (1899–1902)
6202	Conférences *fpl* de la Haye *(1899 et 1907)*	Conferencias *fpl* de La Haya *(1899 y 1907)*
6203	révolte *f* des Boxers (1900)	rebelión *f* de los Bóxer (1900)

6204	Entente *f* cordiale (1904)	Entente *f* cordiale *nt* 1904)
6205	guerre *f* russo-japonaise (1904–05)	guerra *f* rusojaponesa (1904–05)

6206	Acte *m* d'Algésiras (1906)	acta *f* general de Algeciras (1906)
6207	Triple Entente *f* (1906)	Triple Entente *f*, *nt* (1906)

6208	Jeunes Turcs *mpl* (1908)	Jóvenes Turcos *mpl* (1908)
6209	la crise de Bosnie (1908–09)	la crisis de Bosnia (1908–09)
6210	encerclement *m* de l'Allemagne	acorralamiento *m* de Alemania
6211	guerres *fpl* balkaniques (1912–1913, 1913)	guerras *fpl* de los Balcanes, ~ balcánicas (1912–1913, 1913)

2. La première guerre mondiale

2. La primera guerra mundial

6212	Puissances *fpl* centrales	Potencias *fpl* centrales
6213	Puissances *fpl* alliées et associées	Potencias *fpl* aliadas y asociadas
6214	Bataille *f* du Jutland (1916)	batalla *f* (naval) de Jutlandia (1916)

6215	guerre *f* sous-marine à outrance	guerra *f* submarina sin restricciones

6216	entrée *f* en guerre des Etats-Unis (1917)	entrada *f* de los Estados Unidos en la guerra (1917)
6217	le rouleau compresseur russe	«la avalancha rusa»
6218	révolution *f* de février (1917)	Revolución *f* de Febrero (1917)

6219	Duma *f*	Duma, Douma
6220	Oktober-Revolution *f (Rußland, 7. November 1917)*	October revolution *(November 7th 1917, old style: October 25th in Petersburg; November 12th, old style: October 30th in Moscow)*
6221	Mens(c)heviki *mpl* (1917)	Mensheviks (1917)
6222	Bolschewiken *mpl*	Bolsheviks
6223	Weißrussen *mpl*	White Russians *(opposed the Russian revolution, not to be confused with* Byelorussians)
6224	Tscheka *f* (1917–22)	Cheka, Tcheka (1917–22)
6225	Balfour-Deklaration *f* (1917)	Balfour Declaration (1917)
6226	... eine nationale Heimstätte für das jüdische Volk	.... a national home for the Jewish People
6227	Vierzehn Punkte *mpl (Wilson)* (1918)	Fourteen Points *(Wilson)* (1918)
6228	Arbeiter- und Soldatenrat *m* (1918)	Soldiers' and Workmen's Council (1918)

3. 1919–1939

3. 1919–1939

6229	Versailler Vertrag *m* (1919)	Treaty of Versailles, Versailles Treaty (1919)
6230	Zwischenkriegszeit (1919–1939)	between the wars (1919–1939), inter-war years, inter-war period
6231	Diktat *n* von Versailles	dictated peace of Versailles, Diktat *nt* ~ ~
6232	Kriegsschuld *f*	war guilt
6233	Kriegsschuldklausel *f*	war-guilt clause *(of the Versailles Treaty)*
6234	polnischer Korridor *m*	Polish Corridor
6235	Nachfolgestaaten *mpl* Österreich-Ungarns (1919)	succession states of the Austro-Hungarian Empire (1919)
6236	Curzon-Linie *f* (1919)	Curzon Line (1919)
6237	Reparationen *fpl* (1919–1932)	reparations (1919–1932)
6238	Kleine Entente *f (nach dem Weltkrieg: Tschechoslowakei, Rumänien, Jugoslawien,* 1921)	Little Entente (1921)

6219	douma *f*, duma *f*	duma *f*
6220	révolution *f* d'octobre (Russie: 7 novembre 1917)	Revolución *f* de Octubre

6221	mencheviks *mpl*, menchéviques *mpl* (1917)	mencheviques *mpl* (1917)
6222	bolcheviques, bolcheviks *mpl*	bolcheviques *mpl*
6223	Russes *mpl* blancs	Rusos *mpl* blancos

6224	Tcheka *f* (1917–22)	Checa *f* (1917–22)
6225	Déclaration *f* (de) Balfour (1917)	Declaración *f* de Balfour (1917)
6226	... un foyer *m* national pour le peuple juif	... un hogar nacional para el pueblo judío
6227	Quatorze Points *mpl* (*Wilson*) (1918)	Catorce Puntos *mpl* (*Wilson*) (1918)
6228	conseil *m* d'ouvriers et de soldats (1918)	consejo *m* dc obreros y soldados (1918)

3. 1919 – 1939

3. 1919 – 1939

6229	Traité *m* de Versailles (1919)	Tratado *m* de Versalles (1919)
6230	entre-guerre *m* (1919–1939), l'entre-deux-guerres *m/f*; interguerre *m*	entreguerras *m*, (1919–1939)
6231	diktat *m*, *nt* de Versailles	diktat *m*, *nt* de Versalles, paz *f* impuesta por el Tratado de Versalles
6232	responsabilité *f* de la guerre	responsabilidad *f* de la guerra
6233	clause *f* de responsabilité de la guerre	cláusula *f* sobre la responsabilidad de la guerra
6234	corridor *m* polonais, couloir *m* de Dantzig	corredor *m* polaco
6235	Etats *mpl* successeurs de l'Autriche-Hongrie (1919)	Estados *mpl* sucesores de Austria-Hungría (1919)
6236	ligne *f* Curzon (1919)	línea *f* Curzon (1919)
6237	réparations *fpl* (1919–1932)	reparaciones *fpl* (1919–1932)
6238	Petite-Entente *f* (1921)	Pequeña Entente *f* (1921)

6239	Weimarer Republik *f*	(the) Weimar Republic
6240	das Deutsche Reich (1919–1949)	the Reich *nt* D (1919–1949)
6241	Deutschnationale Partei *(Weimarer Republik)*	German National Party, *(Weimar Republic)*
6242	Zentrum *n* *(politische Partei der Weimarer Republik)*	Center, Catholic Center Party
6243	„Stahlhelm" *m* *(rechtsgerichtete Kriegsteilnehmerorganisation der Weimarer Republik)*	the Steel Helmets
6244	Reichswehr *f*, D	Reichswehr *nt*, D
6245	Freikorps *n*, D	volunteer corps
6246	spartakistisch	Spartacist
6247	Spartakist *m* (1919)	Spartacist (1919)
6248	Spartakistenaufstand *m* (1919)	Spartacist insurrection (1919)
6249	Erfüllungspolitik *f*, D	fulfilment of the Versailles Treaty
6250	Dolchstoßlegende *f* (D, 1919)	legend of the "stab in the back" (D, 1919)
6251	die Republik unterhöhlen *(Weimarer Republik)*	to undermine the republic
6252	Völkerbundpakt *m*	Covenant of the League of Nations
6253	der Geist von Genf	the Geneva Spirit
6254	Kapp-Putsch *m* (1920)	Kapp putsch (1920), *nt*
6255	Marsch *m* auf Rom (1922)	March on Rome (1922)
6256	Rapallo-Vertrag *m*, Vertrag *m* von Rapallo (*D – Rußland*, 1922)	Treaty of Rapallo (1922)
6257	Hitlerputsch *m* (1923)	Hitler putsch (1923), beer hall putsch,
6258	Ruhrbesetzung *f* (1923)	French occupation of the Ruhr (Basin) (1923)
6259	passiver Widerstand *m*	passive resistance
6260	Dawesplan *m* *(für die deutschen Reparationsleistungen, 1924)*	Dawes Plan *(for German reparations, 1924)*
6261	Locarno-Pakt *m*, Pakt *m* von Locarno (1925)	Locarno Treaty, ~ Pact, ~ Peace Pact (1925)
6262	Eiserne Garde *f* *(Rumänien)*	Iron Guard
6263	Kriegsächtungspakt *m* von Paris, Kellogg-Pakt *m*, Briand-Kellogg-Pakt *m* (1928)	Kellogg Pact, General Pact for the Renunciation of War, Peace Pact of Paris (1928), Briand-Kellogg Pact

6239	République *f* de Weimar	República *f* de Weimar
6240	le Reich *nt* D (*pas*: »Empire«) (1919–1949)	el Reich *nt* D (*no*: imperio) (1919–1949)
6241	Parti national-allemand (*Weimar*)	Partido Nacional Alemán (*República de Weimar*)
6242	le Zentrum, le Centre catholique	el «Zentrum»
6243	«Casque *m* d'Acier»	«Casco de Acero»
6244	Reichswehr *f*, *nt*, D	Reichswehr *m*, *nt* (*ejército de la República de Weimar*)
6245	corps *m* franc	cuerpo *m* de voluntarios
6246	spartakiste	espartaquista
6247	spartakiste *m* (1919)	espartaquista *m* (1919)
6248	insurrection *f* spartakiste (1919)	insurrección *f* espartaquista (1919)
6249	politique *f* d'application du Traité de Versailles	política *f* de aplicación del Tratado de Versalles
6250	légende *f* du coup de poignard dans le dos (D, 1919)	leyenda *f* (*o*: mito *m*) de la puñalada por la espalda (*o sea, de la traición del ejército por parte de los políticos*, D, 1919)
6251	miner la république	minar la república
6252	Pacte *m* de la Société des Nations	Pacto *m* de la Sociedad de Naciones
6253	l'esprit *m* de Genève	el espíritu de Ginebra
6254	le putsch de Kapp (1920)	golpe *m* de Estado de Kapp (1920)
6255	marche *f* sur Rome (1922)	marcha *f* sobre Roma (1922)
6256	Traité *m* de Rapallo (1922)	Tratado *m* de Rapallo (1922)
6257	putsch *m* de Hitler (1923)	golpe *m* de Estado de Hitler (1923)
6258	occupation *f* de la Ruhr (1923)	ocupación *f* del Ruhr (1923)
6259	résistance *f* passive	resistencia *f* pasiva
6260	plan *m* Dawes (1924)	plan *m* Dawes (1924)
6261	Accords *mpl* de Locarno, Traité *m* de Locarno (1925)	Tratado *m* de Locarno (1925)
6262	la Garde de Fer (Roumanie)	Guardia *f* de Hierro
6263	pacte *m* Briand-Kellog, pacte *m* de Paris (1928)	Pacto *m* Kellog-Briand, ~ de renuncia a la guerra (1928)

6264	Youngplan *m* (1929)	Young Plan (1929)
6265	die Weltwirtschaftskrise (1929)	the world (trade) depression, the Depression (1929)
6266	Lateranverträge *mpl* (1929)	Lateran Treaties (1929)
6267	vorzeitige Räumung *f* des Rheinlandes *(Juni 1930)*	evacuation of the Rhineland before the date fixed (1930)
6268	Westminster-Statut *n*	Statute of Westminster
6269	das Dritte Reich *n* (1933–45)	the Third Reich (1933–45)
6270	die Nazifizierung Deutschlands	the nazification of Germany
6271	Braunhemden *fpl*	Brownshirts
6272	Lebensraum *m*	living space, Lebensraum *nt*
6273	Herrenrasse *f*	master race
6274	der Drang nach Osten	German expansionist aims in Eastern Europe, "Drang nach Osten", Germany's push toward the East
6275	Neuheidentum *n* der Nazis	Nazi neopaganism
6276	Machtübernahme *f*, Machtergreifung *f* (1933)	seizure of power, accession to power of the Nazi Party
6277	Reichstagsbrand *m* (1933)	burning of the Reichstag (building), Reichstag fire (1933)
6278	Ermächtigungsgesetz *n* (*für Hitler*, 1933)	Enabling Act *(it allowed Hitler to assume full dictatorial powers)* (1933)
6279	Reichsstatthalter *m* (D, 1933)	Governor of the Reich, D
6280	Wiedereinführung *f* der allgemeinen Wehrpflicht (D, 1935)	restoration of compulsory military service (1935, D)
6281	Abessinienkrieg *m*, italienisch-abessinischer Krieg *m* (1935)	Abyssinian War
6282	Deutsch-Englisches Flottenabkommen *n* (1935)	Anglo-German Naval Agreement (1935)
6283	Saarfrage *f* (1919–1935)	Saar question (1919–1935)
6284	Saarabstimmung *f* (1935)	Saar plebiscite (1935)
6285	Rexisten *mpl* (Léon Degrelle)	Rexists, B
6286	Meerengenabkommen *n*, Montreux-Abkomen *n*, Konvention *f* von Montreux (1936)	Montreux Agreement (1936)
6287	Einmarsch *m* ins Rheinland (1936)	reoccupation of the Rhineland (1936)
6288	Volksfront *f* (F, 1936)	Popular Front (1936, F)
6289	spanischer Bürgerkrieg *m* (1936–39)	Spanish Civil War (1936–39)
6290	Internationale Brigaden *fpl* (1936)	International Brigades (1936)

6264	plan *m* Young (1929)	plan *m* Young (1929)
6265	dépression *f* (économique) mondiale (1929), la Crise ~	depresión *f* económica mundial, crisis *f* ~ ~ (1929)
6266	Accords *mpl* du Latran (1929)	Tratado *m* de Letrán (1929)
6267	évacuation *f* anticipée de la Rhénanie (*par les Alliés*, 1930)	evacuación *f* anticipada de Renania (*por los Aliados*, 1930)
6268	Statut *m* de Westminster	Estatuto *m* de Westminster
6269	le Troisième Reich (1933-45)	el Tercer Reich (1933-45)
6270	la nazification de l'Allemagne	la nazificación de Alemania
6271	Chemises *fpl* brunes	Camisas *fpl* pardas
6272	espace *m* vital	espacio *m* vital
6273	race *f* des seigneurs	«raza *f* superior»
6274	la poussée vers l'Est	(política *f* de) expansion *f* hacia el Este
6275	néo-paganisme *m* des nazis	neopaganismo *m* de los nazis
6276	accession *f* au pouvoir (du nationalsocialisme) (1933)	acceso *m* al poder (1933)
6277	incendie *m* du Reichstag (1933)	incendio *m* del Reichstag (1933)
6278	loi *f* des pleins pouvoirs (1933, D)	ley *f* de plenos poderes (1933, D)
6279	Gouverneur *m* du Reich D	Gobernador *m* del Reich D
6280	rétablissement *m* du service militaire obligatoire (1935, D)	restablecimiento *m* del servicio militar obligatorio (1935, D)
6281	guerre *f* d'Ethiopie, guerre *f* italo-éthiopienne (1935)	guerra *f* de Abisinia (1935)
6282	Accord *m* naval anglo-allemand (1935)	Acuerdo *m* naval anglo-alemán (1935)
6283	question sarroise, problème sarrois (1919-1935)	cuestión *f* del Sarre (1919-1935)
6284	plébiscite *m* de la Sarre (1935)	plebiscito *m* del Sarre (1935)
6285	Rexistes *mpl*, B	Rexistas *mpl*, B
6286	Convention *f* sur le régime des Détroits, Convention *f* de Montreux (1936)	Tratado *m* de los Estrechos, ~ de Montreux (1936)
6287	réoccupation *f* de la Rhénanie (1936)	reocupación *f* de Renania (1936)
6288	Front *m* populaire (1936, F)	Frente *m* popular (1936, F)
6289	guerre *f* civile espagnole (1936-39)	guerra *f* civil española (1936-39)
6290	Brigades *fpl* internationales (1936)	Brigadas *fpl* internacionales (1936)

6291	Frankismus *m*	Francoism
6292	frankistisch, frankofreundlich,	Francoist
6293	Antikominternpakt *m* (*D, Japan, I*, 1936/37)	Anti-Comintern Pact (1936/37)
6294	Anschluß *m* (1938) *(Österreichs)*	Anschluss *nt* (1938) *(Ö)*
6295	Sudetenkrise *f* (1938)	1st Czech crisis (1938)
6296	Sudetendeutsche *mpl*	Sudeten-Germans
6297	Sudetenland *n*, Sudetengebiet *n*	Sudeten area, Sudetenland
6298	Einverleibung *f* der Rest-Tschechei; „Liquidierung *f* ~ ~ ~" *(Hitler)* (1939)	occupation of the rest of Czechoslovakia, absorption of the remnant of Czechoslovakia; "liquidation of the Rump Czech State" *(Hitler)* (1939)
6299	Volksdeutsche *mpl*	ethnic Germans, Germans of foreign nationality
6300	Münchner Abkommen *n* (1938)	Munich Agreement (1938), Munich Pact
6301	Achse *f* Rom-Berlin (1939)	Rome-Berlin Axis (1939)
6302	Reichsprotektorat *n* Böhmen und Mähren (1939)	Protectorate of Bohemia and Moravia (1939)
6303	Reichsprotektor *m*	Protector of Bohemia and Moravia
6304	Stahlpakt *m* (Mai 1939)	The Pact of Steel (May 1939)
6305	Vorkriegszeit *f*	pre-war period
6306	Vorkriegs...	pre-war...

4. Der zweite Weltkrieg

4. World War II

6307	Achsenmächte *fpl*	Axis Powers
6308	Alliierte *mpl* (1939–1945)	Allies (1939–1945)
6309	Westmächte *fpl*	Western Powers
6310	Blitzkrieg *m*	blitzkrieg *nt*
6311	Sitzkrieg *m* (*von Sept.* 1939 – *Mai* 1940)	phon(e)y war, bore war, peacekrieg (from Sept. 1939–May 1940)
6312	Polenfeldzug *m* (*Sept.* 1939)	invasion of Poland, Polish campaign (1939)

6291	franquisme *m*	franquismo *m*
6292	franquiste	franquista
6293	Pacte *m* antikomintern (1936/37)	pacto *m* antikomintern (1936/37)

6294	Anschluss *m* Ö *nt* (1938)	Anschluss *m* (*la unión de Austria con Alemania*) *nt*
6295	crise *f* des Sudètes (1ère crise tchécoslovaque) (1938)	crisis *f* de los Sudetes (1938)
6296	Allemands *mpl* des Sudètes	Alemanes *mpl* de los Sudetes
6297	pays *m* des Sudètes	país *m* de los Sudetes, territorio *m* ~ ~ ~
6298	annexion *f* du reste de la Tchécoslovaquie (1939)	anexión *f* del resto de Checoslovaquia por Alemania (1939)

6299	personnes *fpl* d'ethnie allemande	personas *fpl* étnicamente alemanas
6300	Accords *mpl* de Munich (1938)	Acuerdos *mpl* de Munich (1938)
6301	Axe *m* Rome-Berlin (1939)	Eje *m* Roma-Berlín (1939)
6302	Protectorat *m* de Bohême-Moravie (1939)	protectorado *m* alemán de Bohemia y Moravia (1939)
6303	Protecteur *m* du Reich	Protector *m* del Reich
6304	Pacte *m* d'acier (mai 1939)	Pacto *m* de Acero
6305	période d'avant-guerre	período *m* prebélico, anteguerra *f*
6306	d'avant-guerre	prebélico

4. La deuxième guerre mondiale

4. La segunda guerra mundial

6307	Puissances *fpl* de l'Axe	Potencias *fpl* del Eje
6308	Alliés *mpl* (1939–1945)	Aliados *mpl* (1939–1945)
6309	Puissances *fpl* occidentales	Potencias *fpl* occidentales
6310	guerre-éclair *f*	guerra *f* relámpago, blitz *m*, *nt*
6311	la drôle de guerre (à partir de sept 1939 – jusqu'en mai 1940)	drôle de guerre *f*, *nt*, «guerra *f* falsa»
6312	campagne *f* de Pologne (1939)	campaña *f* de Polonia (1939)

6313	Generalgouvernement *n* Polen (1939)	General Government of Poland (1939) Government General ~ ~
6314	Westwall *m*	Siegfried Line, (West Wall)
6315	Maginot-Linie *f*	Maginot Line
6316	Norwegenfeldzug *m* (1940)	Norway campaign, Norwegian campaign (1940)
6317	Frankreichfeldzug *m* (1940)	French campaign (1940)
6318	die unbesetzte Zone Frankreichs (1940–43)	unoccupied zone of France (1940–43)
6319	Vichy-Regime (1940–44)	Regime of Vichy, Vichy regime (1940–44)
6320	das freie Frankreich	Free France
6321	Französische Widerstandsbewegung (1940–44), Résistance *f, nt*	French Resistance Mouvement (1940–44)
6322	Schlacht *f* um England (1940–41)	Battle of Britain (1940–41)
6323	die „Neue Ordnung" in Europa	New Order in Europe
6324	Attentismus *m (bes* 1940–43 *in F)*	"attentism" (esp. 1940–43 in *F)*
6325	Stahlpakt *m (D, I, Japan)*	Steel Pact (1940)
6326	Schlacht *f* von Dünkirchen (1940)	evacuation of Dunkirk (1940)
6327	Balkanfeldzug *m* (1941)	Balkan campaign(s) (1941)
6328	Afrikafeldzug *m*	North African campaign(s)
6329	Atla|ntik-Schlacht *f*	Battle of the Atlantic
6330	Erkärung *f* der Vereinten Nationen (1941)	Declaration of the United Nations (1941)
6331	Atlantik-Charta *f*	Atlantic Charter
6332	„Vier Freiheiten" *fpl* (1941)	"four freedoms" (1941)
6333	Leih- und Pachtabkommen *n*	Lend-Lease Agreement
6334	Ostfeldzug *m*, Rußlandfeldzug *m* (1941–1943)	German invasion of Russia, Russian campaign (1941–1943)
6335	die Blaue Division	Blue Division *(of Spanish volunteers)*
6336	„General Winter" *m*	"General Winter"
6337	Überfall *m* auf Pearl Harbor (7. 12. 1941)	(surprise) attack on Pearl Harbor *(7th December, 1941)*
6338	Kamikaze *m*	kamikaze
6339	die Konferenz von Teheran (1943)	Teheran Conference (1943)
6340	Italienische Sozialrepublik *f* (1943–45)	Italian Social Republic
6341	Nationalkomitee Freies Deutschland *(1943 in Moskau gegründet)*	"Free Germany" National Committee (founded in 1943 in Moscow)

6313	Gouvernement *m* général de Pologne (1939)	Gobierno *m* general de Polonia (1939)
6314	ligne *f* Siegfried	línea *f* Sigfrido
6315	ligne *f* Maginot	línea *f* Maginot
6316	campagne *f* de Norvège, invasion *f* de la ∼ (1940)	campaña *f* de Noruega (1940), invasión *f* ∼ ∼
6317	campagne *f* de France (1940)	campaña *f* de Francia (1940)
6318	la zone non-occupée (*pop*: la zone «nono» (1940–43)	zona *f* no ocupada de Francia (1940–43)
6319	Régime de Vichy (1940–44)	régimen *m* de Vichy (1940–44)
6320	la France libre	la Francia libre
6321	«Résistance» (1940–44)	movimiento *m* de resistencia francés (1940–44)
6322	Bataille *f* de Grande-Bretagne (1940–41)	Batalla *f* de Inglaterra (1940–41)
6323	«l'Ordre Nouveau» en Europe	«Nuevo Orden» *m* de Europa
6324	attentisme *m* (1940–43)	atentismo *m* (1940–1943)
6325	Pacte *m* tripartite du 27 sept. 1940, «Pacte *m* d'acier»	Pacto *m* de acero, ∼ tripartito (1940) (*Alemania, Italia, Japón*)
6326	bataille *f* de Dunkerque (1940)	batalla *f* de Dunquerque (1940)
6327	campagne *f* des Balkans (1941)	campaña *f* de los Balcanes (1941)
6328	campagne *f* d'Afrique, ∼ de Libye	campaña *f* de Africa
6329	Bataille *f* de l'Atlantique	Batalla *f* del Atlántico
6330	Déclaration *f* des Nations Unies (1941)	Declaración *f* de las Naciones Unidas (1941)
6331	Charte *f* de l'Atlantique	Carta *f* del Atlántico
6332	«les quatre libertés» (1941)	«las cuatro libertades» (1941)
6333	accord *m* prêt-bail	acuerdo *m* de préstamo-arriendo
6334	campagne *f* de Russie (1941–1943)	campaña *f* de Rusia (1941–1943)
6335	la Division Bleue	la División Azul
6336	«le Général hiver»	«el General invierno»
6337	attaque *f* japonaise sur Pearl Harbor (*7 déc. 1941*)	ataque *m* por sorpresa a la base de Pearl Harbor (*GB*: Harbour) (*7 de dic. de 1941*)
6338	kamikaze *m*	avión suicida
6339	conférence *f* de Téhéran (1943)	conferencia *f* de Teherán (1943)
6340	République *f* Soziale Italienne	República *f* Social Italiana
6341	Comité National «L'Allemagne Libre» (fondé en 1943 à Moscou)	Comité Nacional «Alemania Libre»

6342	alliierte Invasion *f* (1944, *hier nicht*: „Einfall"!)	allied invasion, ~ landing in France (1944)
6343	Atlantikwall *m*	Atlantic Wall
6344	Beginn *m* der alliierten Invasion *(6. Juni 1944)*	D-day *(6th June, 1944)*
6345	Zusammenbruch *m* des Dritten Reiches	collapse of the Third Reich, fall of ~ ~ ~
6346	Abwurf *m* der ersten Atombombe (1945)	dropping of the first atomic bomb (1945)
6347	Atomzeitalter *n*	atomic age, nuclear age
6348	Hitlertum *n*	Hitlerism
6349	Hitler... *in Zssgn*	Hitlerite
6350	Hitlerregime *n*	Hitler(ite) regime
6351	Nazizeit *f*, Hitlerzeit *f*	Hitler era, Nazi ~
6352	Krimkonferenz *f*, Konferenz *f* von Jalta (1945)	Crimea Conference, Yalta ~ (1945)
6353	Morgenthau-Plan *m*	Morgenthau Plan
6354	Kollektivschuld *f*	collective culpability, ~ guilt

5. Nachkriegszeit

5. Post-War Period

6355	Konferenz *f* von Potsdam, Potsdamer Konferenz *f* (1945)	Potsdam Conference (1945)
6356	Potsdamer Abkommen *n*	Potsdam agreements
6357	Außenministerrat *m*, Rat *m* der Aussenminister *(Potsdamer Abkommen)* (1945)	Council of Ministers of Foreign Affairs, ~ ~ Foreign Ministers (1945)
6358	Deutschlandfrage *f*, deutsche Frage *f*	German problem
6359	gesamtdeutsche Angelegenheiten *fpl*	All-German affairs
6360	gesamtdeutsch	all-German
6361	Viermächte-Erklärung *f*, Berliner Erklärung *f (5. Juni 1945)*	Berlin Declaration of June 1945
6362	Viermächtestatus *m*	quadripartite status
6363	Viermächtekontrolle *f* (*Deutschlands durch die Alliierten* 1945)	Four-Power Control (*in D*, 1945), quadripartite control
6364	Viermächteverwaltung *f* von Berlin	quadripartite administration of Berlin, four-power ~ ~ ~

6342	débarquement *m* allié; *en* F: la Libération (1944)	invasión *f* de los Aliados, desembarco *m* ~ ~ ~ en Francia (1944)
6343	mur *m* de l'Atlantique	Muralla *f* del Atlántico
6344	jour *m* D *(6 juin 1944)*	día *m* D *(6 de junio de 1944)*
6345	écroulement *m* du Troisième Reich, débâcle *f* ~ ~ ~	derrumbamiento *m* (*o*: caída *f*, ocaso *m*) del Tercer Reich
6346	largage *m* (*ou*: lancement *m*) de la première bombe atomique (1945)	lanzamiento *m* de la primera bomba atómica (1945)
6347	ère *f* atomique	era *f* atómica
6348	hitlérisme *m*	hitlerismo *m*
6349	hitlérien	de Hitler ...
6350	le régime hitlérien	régimen *m* de Hitler
6351	ère *f* nazie, ~ du nazisme	época *f* de Hitler
6352	conférence *f* de Yalta, ~ ~ Crimée (1945)	conferencia *f* de Yalta, ~ ~ Crimea
6353	plan *m* Morgenthau	plan *m* Morgenthau
6354	culpabilité collective	culpabilidad *f* colectiva

5. Période d'après-guerre

5. La posguerra

6355	conférence *f* de Potsdam (1945)	conferencia *f* de Potsdam (1945)
6356	les Accords de Potsdam	los acuerdos de Potsdam
6357	Conseil *m* des ministres des Affaires étrangères (1945)	Consejo *m* de Ministros de Asuntos Exteriores (1945)
6358	question *f* allemande, problème *m* allemand	problema *m* alemán
6359	affaires *fpl* pan-allemandes, ~ concernant toute l'Allemagne	cuestiones *fpl* panalemanas
6360	pan-allemand	panalemán, relativo a toda Alemania
6361	Déclaration *f* quadripartite, ~ de Berlin *(5 Juin 1945)*	Declaración *f* cuadripartita de Berlín *(de 1945)*
6362	statut *m* quadripartite	estatuto *m* cuadripartito
6363	contrôle *m* quadripartite (1945)	control *m* cuadripartito (1945)
6364	administration *f* quadripartite de Berlin	administración *f* cuadripartita de Berlín

6365	Alliierte Kommandatur *f* für Berlin	Allied Commandatura for Berlin
6366	Alliierte Hohe Kommission *f*	Allied High Commission
6367	Alliierter Kontrollrat *m* (*D*, 1945)	Allied Control Council (*D*, 1945)
6368	Kontrollratsgesetze *npl (ab 1945)*	Control Council Laws, Laws of the Allied Control Council (from 1945)
6369	Oder-Neiße-Linie *f* (1945)	Oder-Neisse Line (1945)
6370	ehemalige deutsche Ostgebiete *mpl*	former east German territories
6371	Anerkennung *f* der Oder-Neisselinie (*als Westgrenze Polens*)	recognition of the Oder-Neisse line
6372	... vorläufig unter polnische Verwaltung gestellt (1945)	... placed provisionally unter the administration of Poland (1945)
6373	Umsiedlung *f* der Deutschen aus Polen, Aussiedlung *f* ~ ~ ~ ~	transfer of Germans from Poland to Germany
6374	„Umerziehung *f* der Deutschen" (*nach* 1945)	re-education of the Germans (*after* 1945)
6375	Entnazifizierung *f*	denazification
6376	Spruchkammer *f*	denazification court
6377	Internationales Militärgericht (*von Nürnberg*)	International Military Tribunal (*of Nuremberg*)
6378	Nürnberger Prozeß *m*	Nuremberg Trials, ~ War Crime Trials
6379	Bestrafung *f* der Hauptkriegsverbrecher	punishment of the major war criminals
6380	vereinigtes Wirtschaftsgebiet *n*, Bizone *f* (1947, *D*)	Bizone (*D*, 1947); Bizonia
6381	bizonal	bizonal
6382	Zonengrenze *f*	zonal boundary, ~ border
6383	Französische Union *f* (1946–1958)	French Union (1946–1958)
6384	Sammlungsbewegung *f* von de Gaulle, F (IV. Republik)	Rally of the French people
6385	Eiserner Vorhang *m*	Iron Curtain
6386	Bambusvorhang *m*	Bamboo Curtain
6387	Ostblock *m*	Eastern Bloc
6388	Ostblockstaaten *mpl*	States of the Eastern Bloc
6389	Satellitenstaaten *mpl* Rußlands	Russian satellites

6365	Commandature f Interalliée	Comandancia f Aliada de Berlín
6366	Haute Commission f Alliée	Alta Comisión f Aliada
6367	Conseil m de Contrôle allié D, 1945)	Consejo m de control aliado
6368	lois fpl du Conseil de Contrôle Interallié (à partir de 1945)	Leyes fpl del Consejo de Control Interaliado
6369	ligne f Oder-Neisse (1945)	línea f Oder-Neisse (1945)
6370	anciens territoires mpl allemands de l'Est	antiguos territorios mpl alemanes del Este
6371	reconnaissance f de la ligne Oder-Neisse *(comme frontière occidentale de la Pologne)*	reconocimiento m de la línea Oder-Neisse *(como frontera occidental de Polonia)*
6372	... provisoirement placés sous l'administration polonaise (1945)	... puestos provisionalmente bajo administración polaca (1945)
6373	transferts mpl des Allemands de Pologne	traslado m de los alemanes de Polonia, transferencia f ~ ~ ~ ~ ~
6374	«rééducation f des Allemands» *(après 1945)*	«reeducación f de los alemanes» *(después de 1945)*
6375	dénazification f	desnazificación f
6376	tribunal m de dénazification	tribunal m de desnazificación
6377	Tribunal m Militaire International (T.M.I.) *(de Nuremberg)*	Tribunal m Militar Internacional *(de Nuremberg)*
6378	procès m de Nuremberg	Proceso m de Nuremberg
6379	châtiment m des grands criminels de guerre	castigo m de los grandes criminales de guerra
6380	«bizone» f (D, 1947)	«bizona» f (D, 1947)
6381	bizonal	bizonal
6382	frontière f zonale, ~ de zone	frontera f interzonal
6383	Union f française (1946–1958)	Unión f francesa (1946–1958)
6384	Rassemblement m du Peuple Français (RPF) *(IVᵉ République)*	Movimiento m de concentración *(de de Gaulle, 4ª República)*
6385	rideau m de fer	telón m de acero, *Esp;* cortina f de hierro, *Am*
6386	rideau m de bambou	telón m de bambú, *Esp;* cortina f ~ ~, *Am*
6387	bloc m oriental, ~ soviétique	bloque m oriental
6388	Etats mpl du bloc oriental	Estados mpl del bloque oriental
6389	Etats mpl satellites de la Russie	Estados mpl satélites de Rusia

6390	Kalter Krieg *m*	Cold War
6391	„Kalter Krieger" *m*, *fam*	"cold warrior"; exponent of cold war tactics, *fam*
6392	Südtirolfrage *f*	the South Tirol (*or*: Tyrol) question, the question of Alto Adige
6393	Organisation *f* des Brüsseler Vertrages	Brussels Treaty Organization
6394	Marshallplan *m* (1947)	Marshall Plan (1947)
6395	Freies Territorium *n* von Triest (1947–1954)	Free Territory of Trieste (1947–1954)
6396	Vertrag *m* von Dünkirchen, französisch-englischer Beistandspakt *m* von Dünkirchen *(4. März 1947)*	Dunkirk Treaty (1947)
6397	Truman-Doktrin *f* (1947)	Truman Doctrine (1947)
6398	Vertrag *m* von Rio (1947)	Rio Treaty, Inter-American Treaty of Reciprocal Assistance (1947)
6399	Kaschmiraffäre *f*, Kaschmirkonflikt *m*	Kashmir dispute
6400	Bogotá-Charta *f* (1948)	Bogota Charter (1948)
6401	Europäisches Wiederaufbauprogramm *n* (*Marshall-Plan*) (ERP) (1948)	European Recovery Programme, *GB* (1948); ∼ ∼ Program, *US*
6402	Verwaltung *f* für wirtschaftliche Zusammenarbeit (*in Fachkreisen*: „ECA")	Economic Cooperation Administration (ECA)
6403	Auslandshilfe *f*	foreign aid, ∼ assistance
6404	Hexenjagd *(Mac Carthy)*	witch hunt, witch hunting, Mac Carthyism
6405	Internationale Ruhrbehörde *f* (1948)	International Authority for the Ruhr (IAR) (1948)
6406	Währungsreform *f* (*D*, 1948)	currency reform, monetary ∼ (*D*, 1948)
6407	Spaltung *f* Deutschlands, Teilung *f* ∼	division of Germany
6408	Berliner Blockade *f* (1948)	Berlin blockade (1948)
6409	Berliner Luftbrücke *f* (1948)	Berlin airlift (1948)
6410	der Regierende Bürgermeister von Berlin	the Mayor of Berlin
6411	Sektorengrenze *f*	sector boundary
6412	Parlamentarischer Rat *m*	Parliamentary Council
6413	Besatzungsstatut *n* (*D*, 1949)	Occupation Statute (*D*, 1949)

6390	guerre *f* froide	guerra *f* fría
6391	partisan *m* de la guerre froide	partidario *m* de la guerra fría
6392	problème *m* du Tyrol méridional, ~ ~ Haut Adige	problema *m* del Tirol meridional
6393	Organisation *f* du Traité de Bruxelles	Organización *f* del Tratado de Bruselas
6394	Plan *m* Marshall (1947)	plan *m* Marshall (1947)
6395	Territoire *m* libre de Trieste (1947-1954)	Territorio *m* Libre de Trieste (1947-1954)
6396	Traité *m* de Dunkerque *tc*; Traité *m* d'Alliance franco-britannique *tt* (*du 4 mars 1947*)	Tratado *m* de Dunquerque (1947)
6397	doctrine *f* Truman (1947)	doctrina *f* Truman (1947)
6398	Traité *m* interaméricain d'assistance réciproque (1947), ~ de Rio	Tratado *m* Interamericano de Asistencia Recíproca, Tratado *m* de Río (1947)
6399	affaire *f* du Cachemire	conflicto *m* de Cachemira
6400	Charte *f* de Bogotá (1948)	Carta *f* de Bogotá (1948)
6401	Programme *m* de Reconstruction Européenne (1948)	Programa *m* de Reconstrucción Europea (1948)
6402	Administration *f* de Coopération Economique (ACE)	Administración *f* de Cooperación Económica
6403	aide *f* à l'étranger	ayuda *f* al extranjero
6404	chasse *f* aux sorcières	caza *f* de brujas
6405	Autorité *f* Internationale de la Ruhr (AIR) (1948)	Autoridad *f* Internacional del Ruhr (1948)
6406	réforme *f* monétaire (*D*, 1948)	reforma *f* monetaria (*D*, 1948)
6407	division *f* de l'Allemagne	división *f* de Alemania
6408	blocus *m* de Berlin (1948)	bloqueo *m* de Berlín (1948)
6409	pont *m* aérien de Berlin (1948)	puente *m* aéreo de Berlín (1948)
6410	le maire-gouverneur de Berlin	el Alcalde-Gobernador de Berlín
6411	frontière *f* intersecteur, ~ entre secteurs	frontera *f* entre sectores
6412	Conseil *m* parlementaire (1949)	Consejo *m* parlamentario (*D*, 1949)
6413	Statut *m* d'Occupation (*D*, 1949)	Estatuto *m* de Ocupación (*D*, 1949)

6414	Wiedervereinigung *f* Deutschlands, deutsche Wiedervereinigung *f*	reunification of Germany
6415	das „deutsche Wirtschaftswunder"	"the German economic miracle"
6416	Atlantikpakt *m*, Nord- ~ (1949)	Atlantic Treaty (1949)
6417	„Atlantiker" *mpl, fam*	Atlanticists
6418	Rüstungshilfeaufträge *mpl*, „off shore"-Aufträge *mpl, nt* (NATO)	off-shore procurement
6419	Amt *n* für Gemeinsame Sicherheit („MSA")	Mutual Security Agency (MSA)
6420	das „Gleichgewicht des Schreckens" (*nach* 1945)	"balance of terror" (*after* 1945)
6421	Koreakrieg *m* (1950)	Korean War (1950)
6422	Schuman-Plan *m* (1950)	Schuman Plan (1950)
6423	Vertrag *m* über die Gründung der Europäischen Gemeinschaft für Kohle und Stahl *tt*; Schumanplan-Vertrag *m, tc*; Montanvertrag *m, tc*	Treaty Establishing the European Coal and Steel Community
6424	Vertrag *m* über die Beziehungen zwischen der Bundesrepublik Deutschland und den drei Mächten *tt*; Deutschlandvertrag *m*, Generalvertrag *m, tc* (1952)	Convention on Relations Between the Three Powers and the Federal Republic of Germany *tt* (1952), Bonn convention
6425	Europäische Verteidigungsgemeinschaft *f* (EVG) (1952, *gescheitert*)	European Defence Community (EDC) (1952); ~ Defense ~, US
6426	Vertrag *m* über die Gründung der europäischen Verteidigungsgemeinschaft *tt*; EVG-Vertrag *tc*	Treaty Establishing the European Defence Community
6427	militärische Integration *f* Westeuropas	military integration of Western Europe
6428	Europa-Armee *f*	European Army
6429	Pleven-Plan *m*	Pleven Plan
6430	deutsche Wiederbewaffnung *f*	rearmament of Germany
6431	deutscher Wehrbeitrag *m*	German contribution to Western defence
6432	engere Gemeinschaft *f*	restricted community
6433	eine „dritte Kraft" bilden	to form a "third force"
6434	die „Vereinigten Staaten von Europa"	"United States of Europe"

6414	réunification *f* allemande	reunificación *f* de Alemania
6415	«le miracle allemand»	«el milagro (económico) alemán»
6416	Pacte *m* Atlantique, Traité *m* de l'Atlantique Nord (1949)	Pacto *m* Atlántico (1949)
6417	partisans *mpl* d'une «politique atlantique»	partidarios *mpl* de una política «atlántica»
6418	commandes *fpl* «off shore» *nt*	pedidos *mpl* «off shore» *nt*
6419	Agence *f* de Sécurité Mutuelle	Agencia *f* de Seguridad Mutua
6420	«l'équilibre *m* de la terreur» (*après* 1945)	«el equilibrio del terror» (*después de* 1945)
6421	guerre *f* de Corée (1950)	guerra *f* de Corea (1950)
6422	plan *m* Schuman (1950)	plan *m* Schuman (1950)
6423	Traité *m* instituant la Communauté Européenne du Charbon et de l'Acier *tt*; traité *m* Schuman *tc*	Tratado *m* sobre la creación de la Comunidad Europea del Carbón y del Acero
6424	Convention *f* sur les relations entre les Trois Puissances et la République fédérale d'Allemagne *tt* (1952), Accords *mpl* de Bonn *tc*, Traité sur l'Allemagne	Convenio *m* sobre las relaciones entre las Tres Potencias y la República Federal de Alemania *tt* (1952)
6425	Communauté *f* Européenne de Défense (CED) (1952)	Comunidad *f* Defensiva Europea, Comunidad Europea de Defensa (1952)
6426	Traité *m* instituant la Communauté Européenne de Défense *tt*; Traité de la CED, *tc*	Tratado *m* sobre la creación de la Comunidad Europea de Defensa
6427	intégration *f* militaire de l'Europe occidentale	integración *f* militar de Europa occidental
6428	Armée *f* européenne	Ejército *m* europeo
6429	plan *m* Pleven	plan *m* Pleven
6430	réarmement *m* de l'Allemagne	rearme *m* alemán
6431	contribution *f* allemande à la défense occidentale	contribución *f* alemana a la defensa occidental
6432	communauté *f* restreinte	comunidad *f* restringida
6433	constituer une troisième force	constituir una tercera fuerza
6434	«les Etats Unis d'Europe»	«los Estados Unidos de Europa»

6435	das „Europa der Vaterländer" *(de Gaulle)*	"l'Europe des patries" *nt*, Europe of Fatherlands
6436	„Klein-Europa" *n*, „Europa *n* der Sechs"	"little Europe", "Europe of the Six"
6437	wirtschaftliche Integration *f*	economic integration
6438	Europäische Politische Gemeinschaft *f* (EPG) *(geplant, nicht verwirklicht)*	European Political Community *(planned, but not implemented)*
6439	die europäische Integration	European integration
6440	Europagedanke *m*	European idea, the idea of united Europe
6441	Internationaler Karlspreis	International Charlemagne Award
6442	Landwirtschaftsunion *f* („Grüne Union")	Green Pool, Agricultural Union
6443	Wiedergutmachungsabkommen *n* mit Israel 1952	Agreement between the State of Israel and the Federal Republic of Germany, Israeli-West German Treaty on Reparations and Restitutions (1952)
6444	Eden-Plan *m* (1953)	Eden Plan (1953)
6445	Juni-Aufstand *m* (1953)	The Berlin Uprising, The June Rising (1953)
6446	Konferenz *f* von Bandung, Bandung-Konferenz *f* (1955), Afro-Asiatische Solidaritätskonferenz	Afro-Asian Conference, Bandung Conference (1955)
6447	afro-asiatischer Block *m*	Afro-Asian block
6448	Zypernfrage *f* (1955, 1964)	Cyprus question (1955, 1964)
6449	Österreichischer Staatsvertrag *m*, Staatsvertrag *m* mit Österreich (1955)	Austrian State Treaty (1955)
6450	Hallstein-Doktrin *f (9. Dez. 1945)*	Hallstein Doctrine (1955)
6451	Bagdadpakt *m* (1955)	Bag(h)dad Pact (1955)
6452	Saarabkommen *n* (1956)	Saar Agreement (1956)
6453	Kanalisierung *f* der Mosel	canalization of the Moselle
6454	Wiederbelebung des Europagedankens	revival of the idea of a united Europe, ~ ~ ~ European idea
6455	der ungarische Volksaufstand (1956)	anti-Russian revolution in Hungary (1956), Hungarian Revolution

6435	«l'Europe *f* des Patries»	«la Europa de las patrias»
6436	«la Petite Europe», «l'Europe des Six»	«la Pequeña Europa»
6437	intégration *f* économique	integración *f* económica
6438	Communauté *f* politique européenne (CPE)	Comunidad *f* Política Europea (CPE)
6439	l'intégration *f* européenne	integración *f* europea
6440	idée *f* européenne	idea *f* europeísta, europeísmo *m*
6441	Prix *m* International Charlemagne	Premio *m* Internacional Carlomagno
6442	pool *m* agricole, «pool vert»	pool *m* verde, comunidad *f* agrícola
6443	Le Traité d'indemnisation avec Israël (1952)	Tratado *m* de indemnización de Israel
6444	plan *m* Eden (1953)	plan *m* Eden (1953)
6445	insurrection *f* populaire de Berlin (1953)	sublevación *f* de Berlín *(junio* 1953*)*
6446	conférence *f* de Bandoeng (*ou*: Bandung), conférence *f* de solidarité afro-asiatique (1955)	conferencia *f* de Bandung, conferencia *f* de Solidaridad afroasiática
6447	bloc afro-asiatique	bloque *m* afroasiático
6448	question *f* de Chypre (1955, 1964)	cuestión *f* de Chipre, ~ chipriota (1955, 1964)
6449	Traité *m* d'Etat autrichien (1955)	Tratado *m* de Estado austríaco (1955)
6450	doctrine *f* Hallstein (1955)	doctrina *f* Hallstein (1955)
6451	Pacte *m* de Bagdad (1955)	Pacto *m* de Bagdad (1955)
6452	accord *m* sur la Sarre (1956)	acuerdo *m* del Sarre (1956)
6453	canalisation *f* de la Moselle	canalización *f* del Mosela
6454	relance *f* européenne	reanimación *f* de la idea europeísta
6455	l'insurrection *f* hongroise (1956)	la revolución de Hungría (1956)

6456	Assuan-Staudamm *m* (1956)	Aswan Dam, ~ High ~ (1956)
6457	Moslembrüderschaft *f*	Moslem Brotherhood
6458	Verstaatlichung *f* der Suez-Kanal-Gesellschaft (1956)	nationalization of the Suez Canal Company (1956)
6459	Suez-Krise *f* (1956)	Suez Crisis (1956)
6460	Vereinigung *f* der Suezkanal-Benutzer (1956)	Suez Canal Users Association (1956)
6461	Gaza-Streifen *m* (1956)	Gaza Strip (1956)
6462	Algerienkonflikt *m* (1954–1962)	Algerian conflict (1954–1962)
6463	Nationale Befreiungsfront *f* *(Algerien)* (FLN)	National Liberation Front (NLF)
6464	Algerische Nationalbewegung	Algerian National Movement
6465	OAS *f*, *nt*	OAS *nt*
6466	Eisenhower-Doktrin *f* (1957)	Eisenhower Doctrine (1957)
6467	Internationales Geophysikalisches Jahr *n* (1957)	International Geophysical Year (1957) (I.G.Y.)
6468	Verträge *mpl* von Rom (25. 3. 1957), Römische Verträge *mpl*	Rome Treaties (March 25, 1957)
6469	Freihandelszone *f*	free-trade area
6470	Rapacki-Plan *m* (1958)	Rapacki Plan (1958)
6471	der „Atomklub"	the "atomic club"
6472	Französische Gemeinschaft *f* (1958)	French Community (1958)
6473	Antarktis-Abkommen *n* (1959)	Antarctic Agreement (1959)
6474	Weltflüchtlingsjahr *n* (1959)	World Refugee Year (1959)
6475	der Plan des „offenen Himmels"	open-sky plan
6476	der Geist von Camp David	the spirit of Camp David
6477	das Scheitern der Gipfelkonferenz *(von Paris; 1960)*	the Summit Conference collapse, Summit failure, ~ fiasco (Paris, 1960)
6478	Kongokrise *f* (1960–61)	Congo crisis (1960–61)
6479	die Berliner Mauer (1961); die „Schandmauer" *(westliche Bezeichnung)*	Berlin Wall (1961); the "Wall of Shame"
6480	Passierscheinstelle *f*	Pass-Issuing Agency
6481	Passierscheinabkommen *n* (*Berlin*)	agreement on the Issuance of Passes, Wall-pass agreement *(Berlin)*

6456	haut-barrage *m* d'Assouan (1956)	(gran) presa *f* de Asuán (1956)
6457	les Frères musulmans	Hermanos *mpl* Musulmanes
6458	nationalisation *f* de la Compagnie du Canal de Suez (1956)	nacionalización *f* de la Compañía del Canal de Suez (1956)
6459	crise *f* de Suez (1956)	crisis *f* de Suez (1956)
6460	Association *f* des Usagers du Canal de Suez (1956)	Asociación *f* de Usuarios del Canal de Suez (1956)
6461	zone *f* de Gaza, bande *f* ~ ~ (1956)	franja *f* de Gaza, faja *f* ~ ~ (1956)
6462	conflit *m* algérien, guerre *f* d'Algérie (1954–1962)	conflicto *m* argelino (1954–1962)
6463	Front *m* de Libération Nationale (FLN)	Frente *m* de Liberación Nacional (FLN)
6464	Mouvement *m* National Algérien	Movimiento *m* Nacional Argelino
6465	Organisation *f* de l'Armée secrète, OAS *f*	Organización *f* del Ejército Secreto, OAS *f*
6466	doctrine *f* Eisenhower (1957)	doctrina *f* Eisenhower (1957)
6467	Année *f* géophysique internationale	Año *m* Geofísico Internacional (1957)
6468	Traités *mpl* de Rome (25-3-1957)	Tratado(s) *m*(*pl*) de Roma (25-3-1957)
6469	zone *f* de libre échange	zona *f* de libre comercio
6470	plan *m* Rapacki (1958)	plan *m* Rapacki (1958)
6471	le «club atomique»	el «club atómico»
6472	Communauté *f* française (1958)	Comunidad *f* francesa (1958)
6473	Accord *m* sur l'Antarctique (1959)	Acuerdo *m* sobre la Antártida (1959)
6474	Année *f* mondiale du réfugié (1959)	Año *m* Mundial de los Refugiados (1959)
6475	le plan des «cieux ouverts»	el plan de «cielo abierto»
6476	l'esprit *m* de Camp David	el espíritu de Camp David
6477	l'échec *m* de la Conférence au sommet, le fiasco au sommet (de (Paris 1960)	el fracaso de la Conferencia en la Cumbre
6478	crise *f* congolaise, ~ du Congo (1960–61)	crisis *f* del Congo (1960–61)
6479	le mur de Berlin (1961); le «mur de la honte»	la muralla de Berlín (1961); el «muro de la vergüenza»
6480	bureau *m* de délivrance des laissez-passer	oficina *f* expedidora de pases
6481	accord *m* sur les laissez-passer (Berlin)	acuerdo *m* sobre los pases (Berlín)

6482	Republikflucht *f*	illegal emigration (from East Germany)
6483	Abkommen *n* von Evian (1962)	Evian agreement (1962)
6484	Kennedy-Runde *f* (1963)	Kennedy Round (1963)
6485	multilaterale Atomstreitmacht *f* (MLF)	multilateral nuclear force (MLF)
6486	Friedenskorps *n*	Peace Corps
6487	„Disengagement" *n, nt*; Auseinanderrücken *n* der (feindlichen) Machtblöcke	disengagement
6488	die dritte Welt *f*	the Third World
6489	bündnisfreie Länder *npl*, blockfreie ~	non-committed countries, non-aligned ~
6490	Blauhelme *mpl* (= UNO-*Soldaten*)	blue helmets (=UNO-*Soldiers*)
6491	Öffnung *f* nach links (I, 1963)	apertura a sinistra *nt*, opening to the left (I, 1963)
6492	außerparlamentarische Opposition *f* (APO)	extraparliamentary opposition; opposition from outside Congress, US
6493	der Sturz Chruschtschows	the fall of Krushtchev
6494	UN-Konferenz über Handels- und Entwicklungsfragen (UNCTAD)	United Nations Conference on Trade and Development (UNCTAD)
6495	Verlängerung der Verjährungsfrist für Naziverbrecher (1965)	extension of the time limit for the persecution of Nazi crimes, ~ of statute limitations ~ ~ ~ ~ ~ (1965)
6496	Zweistaatentheorie *f* D	two-state theory *(D)*
6497	Rhodesienfrage *f*	Rhodesia(n) issue, ~ question
6498	Bürgerrechtsgesetz *n (bes US)*	Civil Rights Act
6499	Bürgerrechtler *m*	supporter of civil rights
6500	Schwarze Panther *mpl*, „Black Panthers" *nt*	Black Panthers
6501	die schweigende Mehrheit	the silent majority
6502	castrofeindlich	anti-Castro
6503	castrofreundlich	pro-Castro
6504	Zuckerrohrvorhang *m*	sugar-cane curtain

6482	sortie *f* illégale de la République (RDA)	salida *f* ilegal de la RDA
6483	les accords *mpl* d'Evian (1962)	los acuerdos de Evian (1962)
6484	Kennedy Round *m*, *nt*; négociations *fpl* Kennedy (1963), la négociation Kennedy	Kennedy Round *m*, *nt*; las negociaciones Kennedy (1963)
6485	force *f* nucléaire multilatérale	fuerza *f* nuclear multilateral
6486	Corps *m* de la Paix	Cuerpo *m* de (la) Paz
6487	désengagement *m*, non-engagement, dégagement	«desenganche» *m*
6488	le tiers monde	el Tercer Mundo
6489	pays *mpl* non engagés, ∼ non alignés; le tiers-monde	países *mpl* no comprometidos, ∼ no alineados; el tercer mundo, países noabanderados
6490	casques *mpl* bleus (= *soldats de l'ONU*)	cascos *mpl* azules
6491	ouverture *f* à gauche (I, 1963)	apertura *f* a la izquierda
6492	opposition *f* extraparlementaire	oposición *f* extraparlamentaria
6493	la chute de Khrouchtchev	la caída de Jruschef
6494	Conférence des Nations Unies sur le Commerce et le Développement (1964)	Conferencia *f* de las Naciones Unidas sobre el Comercio y el Desarrollo
6495	prolongation *f* du délai de prescription des crimes nazis (1965)	prolongación *f* de los plazos de prescripción de los crímenes nazis
6496	théorie *f* de l'existence de deux Etats allemands	teoría *f* (de la existencia) de dos Estados alemanes
6497	question *f* rhodésienne	problema *m* de Rodesia
6498	loi *f* sur les droits civiques	Ley *f* sobre los derechos cívicos
6499	partisan *m* des droits civiques	partidario *m* de los derechos cívicos
6500	Panthères *fpl* noires, "Black Panthers" *nt*	Panteras *fpl* negras
6501	la majorité silencieuse	la mayoría silenciosa
6502	anticastriste	anticastrista, antifidelista
6503	procastriste	castrista, fidelista
6504	rideau *m* de canne à sucre	telón *m* de la caña de azúcar; cortina *f* ∼ ∼ ∼ ∼, *Am*

6505	Kuba-Krise, Kubanische Raketenkrise *f*	Cuba crisis, Cuban missile crisis
6506	Schweinebuchtinvasion *f*	Bay of Pigs fiasco
6507	Vietnam-Krieg *m*	Viet-Nam War
6508	der Vietcong	the Vietcong
6509	Ho-Chi-Minh-Pfad *m*	Ho-Chi-Minh Trail
6510	die geheimen Waffenlager *npl* des Vietcong	the Vietcong sanctuaries, secret caches of weapons
6511	Wiederaufnahme *f* der Luftangriffe *mpl* auf Nordvietnam	resumption of air raids on North Vietnam
6512	Vietnamisierung *f* des Krieges	vietnamization of the war
6513	Papiertiger *m*	paper tiger, ~ dragon
6514	Kulturrevolution *f (China)*, Große proletarische ~	Cultural Revolution, Great Proletarian ~ ~
6515	die Roten Garden	the Red Guards
6516	sowjetisch-chinesischer Ideologiestreit *m*, russisch- ~ ~	Soviet-China ideological dispute, ~ ~ ~ conflict, Sino-Soviet ~
6517	Prager *m* Frühling *(1968)*	Prague Spring *(1968)*
6518	Sozialismus *m* mit menschlichem Gesicht	human-faced socialism, socialism of general appeal
6519	Breschnew-Doktrin *f*	Brezhnev doctrine
6520	Ost-West-Beziehungen *fpl*	East-West relations
6521	Gewaltverzichtsabkommen *n*	renunciation-of-force agreement, ~ ~ ~ treaty
6522	Öffnung *f* nach Osten	overture to the East, opening ~ ~ ~
6523	Ost-West-Verhandlungen *fpl*	East-West negotiations
6524	Konferenz *f* über die Einschränkung der strategischen Rüstung (SALT)	Strategic Arms Limitation Talks (SALT 1969), SALT Talks
6525	der rote Fernschreiber	the red teletype
6526	das rote Telefon, der „heiße Draht"	hot line, ~ wire

6505	crise *f* de Cuba, crise cubaine	crisis *f* de Cuba, ~ cubana
6506	invasion *f* de la Baie des Cochons	invasión *f* de la Bahía de los Cochinos
6507	guerre *f* du Vietnam, ~ vietnamienne	guerra *f* del Vietnam
6508	le Viet-cong	el Viet-cong
6509	piste *f* Ho-Chi-Minh	ruta *f* Ho-Chi-Minh, pista *f* ~ ~ ~
6510	les sanctuaires du Viet-cong	los santuarios del Viet-cong
6511	reprise *f* des bombardements du Nord-Vietnam	reanudación *f* de los bombardeos de Vietnam del Norte
6512	vietnamisation *f* de la guerre	vietnamización *f* de la guerra
6513	tigre *m* de papier	tigre *m* de papel
6514	Révolution *f* culturelle	Revolución *f* cultural
6515	les Gardes Rouges	los Guardias Rojas
6516	conflit *m* idéologique entre l'URSS et la Chine	conflicto *m* ideológico sino-soviético
6517	Printemps *m* de Prague *(1968)*	primavera *f* de Praga *(1968)*
6518	socialisme *m* à *(ou:* au) visage humain	socialismo *m* con cara humana, ~ ~ rostro humano, ~ ~ semblante ~
6519	doctrine *f* de Brejnev	doctrina *f* de Brejnev *(o:* Brezhnev)
6520	relations *fpl* Est-Ouest	relaciones *fpl* Este-Oeste
6521	traité *m* de non-recours à la force, ~ ~ renonciation ~ ~ ~	tratado *m* de renuncia a la fuerza
6522	ouverture *f* à l'Est	apertura *f* hacia el Este
6523	négociations *fpl* Est-Ouest	negociaciones *fpl* entre el Este y el Oeste
6524	Conférence *f* sur la limitation des armements stratégiques (SALT)	Conferencia *f* sobre la limitación de las armas estratégicas (SALT)
6525	le télétype rouge	el teletipo rojo
6526	le téléphone rouge	el teléfono rojo

6527	der Krieg der sechs Tage, Sechstagekrieg *m* (1967)	Six-Days War (1967)
6528	die Jarring-Gespräche wiederaufnehmen	to resume UN peace talks under ambassador Jarring
6529	Palästinensische Befreiungsfront *f*	Popular Front for the Liberation of Palestine (P.F.L.P.)
6530	die Feddayin	fedayeen *pl*
6531	Berlinfrage *f*	Berlin issue, ~ problem
6532	freier Zugang nach Westberlin	free access to West Berlin
6533	Zufahrtswege *mpl* nach Berlin	access routes to West Berlin
6534	Behinderungen *fpl* im Berlinverkehr	restrictions on travel to and from Berlin
6535	Berlin-Gespräche *npl*, Viermächte-Gespräche *npl* über Berlin	four-power talks on Berlin
6536	Bundespräsenz *f* in Berlin	federal presence in Berlin
6537	völkerrechtliche Anerkennung dër DDR	recognition of the German Democratic Republic under international law
6538	Alleinvertretungsanspruch *m* (der BRD)	claim to be the only legitimate representative of the whole German people
6539	Ostpolitik *f*	policy toward Eastern Europe, ~ ~ the Soviet Block, "Ostpolitik" *nt*
6540	sozialliberale Koalitionsregierung *f*, die Regierung Brandt-Scheel (BRD)	socialist-liberal coalition government
6541	deutsch-polnischer Vertrag *m* (1970)	German-Polish Treaty (1970)
6542	Freilassung *f* der amerikanischen Kriegsgefangenen *(Indochina)*	release of American prisoners of war *(Indochina)*
6543	die Europäische Gemeinschaft (EG) (tritt an die Stelle der EWG)	the European community (EC) (successor organization of EEC)

6527 la guerre des Six Jours (1967) — la guerra de los Seis Días

6528 reprendre la négociation Jarring, ~ ~ mission — reanudar las conversaciones Jarring
6529 Front *m* de Libération Palestinien — Frente *m* de Liberación de Palestina, ~ Popular para la Liberación de Palestina

6530 les feddayine *mpl* (sans *s!*) — fedayín *mpl*
6531 question *f* de Berlin — problema *m* de Berlín
6532 libre accès *m* à Berlin-Ouest — libre acceso *m* a Berlín-Oeste
6533 les routes d'accès à Berlin-Ouest — vías *f* de acceso al Berlín occidental, carreteras *fpl* ~ ~ ~ ~

6534 entraves *fpl* au trafic de Berlin — restricciones *fpl* del tráfico hacia y desde Berlín

6535 entretiens *mpl* quadripartites sur Berlin — conversaciones *fpl* cuadripartitas sobre Berlín

6536 présence *f* de la RFA à Berlin — presencia *f* de la República federal en Berlín

6537 reconnaissance *f* de la République Démocratique Allemande comme sujet du droit international — reconocimiento *m* de la República Democrática Alemana como sujeto del Derecho internacional

6538 prétention *f* (de la RFA) à représenter tout le peuple allemand — pretensión *f* de representación exclusiva (*o:* privativa) de toda Alemania
6539 politique *f* à l'est, Ostpolitik, *f, nt* — «Ostpolitik» *f, nt*

6540 la coalition socialiste libérale, gouvernement *m* de coalition socialiste-libéral — Gobierno *m* de coalición socialista-liberal
6541 traité *m* germano-polonais (1970) — Tratado *m* germano-polaco (1970)
6542 libération *f* des prisonniers de guerre américains *(Indochine)* — Liberación *f* de los prisioneros de guerra americanos *(Indochina)*
6543 la Communauté Européenne (C. E.) (remplace la C. E. E.) — la Commidad Europea (C. E.) (sustituye a la C.E.E.)

537

Alphabetisches Register
DEUTSCH

A

Aachener Protokoll 6154
abändern: eine Gesetzes-
 vorlage ~ 1034
Abänderung 4094
Abänderungsantrag 4097,
 4098
Abänderungsrecht 1041
Abbau von Personal 4857
abberufen: einen diploma-
 tischen Vertreter ~ 3091
Abberufung 3088
Abberufungsschreiben
 3089
abbrechen: die diploma-
 tischen Beziehungen ~
 3043
~: die Verhandlungen ~
 3734
Abbruch der diplomati-
 schen Beziehungen 3044
~ ~ Verhandlungen 3734
ABC-Waffen 5996
abdanken 322
Abdankung 323
Abdankungsurkunde 324
Abendanzug 3310
aberkennen: jdm die Staats-
 angehörigkeit ~ 2359
Aberkennung der Staats-
 angehörigkeit 2358
Abessinienkrieg 6281
Abfall der spanischen Ko-
 lonien in Amerika 6157
~ ~ Niederlande 6089
abfangen: einen Brief 2271
Abfangjäger 5659
abfassen: einen Bericht ~
 4247
Abfassung des Sitzungs-
 berichtes, ~ des Proto-
 kolls 4225
abgeben: eine Erklärung ~
 4046
~: eine persönliche Er-
 klärung ~ 4048
~: ein unverbindliches
 Gutachten ~ 5473
~: eine Stellungnahme ~
 4039
~: seine Stimme ~ 842
~: seine Visitenkarte ~
 3219
~: Warnschüsse ~ 2177
abgefallen 2373

Abgeordnetenhaus 913,
 1110, 1112, 1115, 1120,
 1122, 1127, 1142, 1145,
 1147, 1165, 1172, 1181,
 1184, 1195, 1198, 1201,
 1202, 1208, 1220, 1222,
 1253, 1255
Abgeordnetenkammer 913,
 1117, 1151, 1170, 1178
Abgeordneter 940, 1218
~, bisheriger 941
~, ehemaliger 942
~, parteiloser 943
abhalten 3804
~: eine Kabinettssitzung ~
 1399
~: eine Besprechung ~
 3754
~: eine Kabinettssitzung
 1399
~: eine Pressekonferenz
 ~ 3920
~: eine Tagung ~ 3778
~: Wahlen ~ 790
~: freie und geheime
 Wahlen ~ 771
abhängen: von jdn. völlig
 ~ 2516
abhängig machen 4551
Abhängigkeit, gegensei-
 tige 3432
Abgesandter 3052
Abgleiten nach rechts 894
abhören 2269
Abhören von Telefonge-
 sprächen 2270
Abkommen 4396, 4616,
 5934
~ über den Austausch von
 Kriegsgefangenen 6039
~ von Evian 6483
~ in vereinfachter Form
 4417
~ zwischen Sonderorga-
 nisationen 4483
~ über technische Zusam-
 menarbeit 4484
~, Haager 5979
~, Münchner 6300
~, Potsdamer 6356
~, regionales 4434
Ablauf 4624
~ der Amtszeit 1785
ablaufen 4623
~: die Amtszeit ist abge-
 laufen 4909

Ablegat 3144
ablegen 1420
~: den Verfassungseid ~
 1540
ablehnen: einen Antrag ~
 4092
~: die Auslieferung ~
 1881
~: ein Gesuch ~ 4064
Ablehnung eines Richters
 5468
Ablenkungsmanöver 3649
Abmeldung 4285
Abolitionismus 2367
Abolitionist 2368
abolitionistisch 2369
Abordnung 3810
abrüsten 5950
Abrüstung 5951
~, allgemeine 5893, 5956
~, kontrollierte 5952
Abrüstungsausschuß 4986
Abrüstungskomission 5955
Abrüstungskonferenz 5954
Abrüstungskontrolle 5953
absagen: einen Besuch ~
 3227
absägen 1802
Absägen 1804
Abschaffung der Sklaverei
 657
Abschied 3245
Abschiedsansprache 3246
Abschiedsaudienz 3274
Abschiedsbesuch 3243
Abschiedsessen 3242
Abschiedsrede 3246
Abschirmdienst, militä-
 rischer 2263
abschlägig 4064
abschließend 4334
Abschluß eines Vertrages
 4412
Abschlußfeier 3254
Abschreckung, abgestufte
 5919
~, nukleare 5918
Abschreckungsstreitmacht
 5965
abschreiten: die Ehren-
 kompanie ~ 3204
Abschrift, beglaubigte
 1905, 4665
Abschußbasis 5969
abschütteln: das koloniale
 Joch ~ 199

539

abschweifen: vom Thema ~ 4032
Abschwemmung 65
absetzbar 1806
~: nicht ~ 1807
absetzen 3859
Absetzung eines Herrschers 326
Absicht: die ~ haben 4325
Absichtserklärung 4405
absolut 2370
Absolutismus 2371, 6105
~, aufgeklärter 6107
~, despotischer 6106
absolutistisch 2370
absperren 2087
Absperrung, polizeiliche 2085
Absprache 4399
Abstammungsprinzip 2345
abstatten: jdm einen Besuch ~ 3234
Abstellgleis 1805
abstimmen über 4141
~ über den Abänderungsantrag 4096
Abstimmende 4142
Abstimmung 4138, 4148, 4149
~ durch Aufstehen und Sitzenbleiben 4153
~ über eine bestimmte Frage 4139
~ durch Handzeichen 4151
~ durch Erheben der Hände 4151
~ durch Namensaufruf 4154
~ in Vertretung 4163
~ durch Zuruf 4157
~, geheime 4161
in offener ~ 4159
Abstimmungsanzeiger 4173
Abstimmungsart 4145
Abstimmungsgebiet 107
Abstimmungslokal 835
Abstimmungsmodus 4145
Abstimmungstafel 4173
Abstimmungsverfahren 4143
Abstriche 1098
Abteilung 4821
~, Politische 1560
~, statistische 4827

abtreten 69
~: ein Gebiet ~ 70
~: das Wort an jdn ~ 4027
Abtretender 74
Abtretung eines Gebietes 71
Abtretungsvertrag 4441
abtrünnig 2373
Abtrünniger 2372, 2774
Abwarten 2411
Abwehr 2260
Abwehrdienst der Marine 2264
Abwehr 2263
Abwehrpolitik 3643
Abwehrrakete 5665
abweichen 4032
abweichend von 4653
Abweichler 2374
Abweichlertum 2375
Abweichung von der Generallinie 2375
Abweichungsklausel 4504
abweisen 2305
~: eine Klage ~ 5475
Abweisung 2304
Abwurf der ersten Atombombe 6346
~ von Hetzflugblättern durch Flugzeuge 3632
Abzeichen 4287
Abzug der Besatzungstruppen 5820
Abzüge 4867
Achse Rom—Berlin 6301
Achsenmächte 6307
achten: auf die Einhaltung der Verfassung ~ 550
ächten: den Krieg ~ 3462
Achtung der Menschenrechte 584
Ächtung der Atombombe 5929
Ackerbauminister 1506
ADB 5150
Adel 404
Adel, niederer 405
Adelsbrief 410
adeln 409
Adelsstand 409
Adelstitel 411
Ad-hoc Ausschuß 3947
ad interim 3119
Adjudantur 329
Adjudikation 67
adlig 407

Adliger 408
Affidavit 3415
Afrika 5003, 5237, 5367
Afrikafeldzug 6328
Agency: Jewish ~ for Israel 5361
Agent 2276
Agent der Spionageabwehr 2262
Agent, diplomatischer 3053
Agent provocateur 2281
Agentur 4749
~ des EURATOM 5146
Aggression 5515
Agitation 2121
Agitator, politischer 2122
Agrarausschuß 969, 3979
Agrarfragen 3979
Agrarkonferenz 3770
Agrarpolitik 1584
Agrarreform 1585
Agrarwissenschaften 5204
Agreement 4403
Agrément 3080, 3081
Aide-Mémoire 3545
Akademie, Diplomatische 5307
~, internationale 4782
Akademiker, Katholischer 5374
Akklamation 4157
Akkreation 64
akkreditiert sein bei... 3073
Akkreditierung 3074
Akkulturation 2376
Akt, einseitiger 2965
~, unfreundlicher 5422
Akten 1896
Aktion, Katholische 5463
Aktionsausschuß 4740
Aktionskomitee 4740
aktiv 2642
Aktivist 1980, 2377
aktuell: wieder ~ werden 3638
akut werden 3638
Algeciras-Generalakte 6206
Algerienkonflikt 6462
Alkoholismus 5341
Allbeteiligungsklausel 4512
alldeutsch 2707
Alleingang: im ~ 3585
Alleinvertretungsanspruch 6538
Allgemeinwohl 556

Alliance: Belle-Alliance 6151
Allianz 4751, 5207
~ für den Fortschritt 5155
~: die Heilige ~ 6152
Allianzpolitik 3570
Alliierte 6308
Allmacht des Parlamentes 924
~ der Regierenden 1279
Allparteienregierung 1332
Alluvion 66
alphabetisch 4156
Altbundeskanzler 1361
Alternat 3199
Alternativvorschlag 4062
Alterspräsident 3885
Ältestenrat 954
Alting 1174
Amerika 6157
Amerikanismus 2423
Amnestie 1843, 1844
amnestieren 1845
Amt 1317, 1691, 1696, 1779 1797, 4819, 4887, 4908
~ des Botschafters 3109
~ des Bürgermeisters 1643, 1651
~ des Doyen 3103
~ für technische Hilfe 5016
~ des Khediven 465
~ des Hohen Kommissars der Vereinten Nationen für Flüchtlinge 5021
~ des Ministerpräsidenten 1354
~ des Premierministers 1535
~ des Regierungschefs 1352
~ für Rüstungskontrolle 5294
~ für gemeinsame Sicherheit 6419
~ des Staatspräsidenten 1314
~ der Vereinten Nationen für den Wiederaufbau in Korea 5011
~, internationales 4762
~, öffentliches 1715
~, staatliches 1538
Ämter 1720
~, militärische 1387
Ämter, zivile 1387

amtieren 1778
amtierend 1782
amtlich 1721
Amt: von Amts wegen 1703
Amts... 1721
Amtsantritt 1771, 3087: bei ~ 1772
Amtsbereich 1738
Amtsbezeichnung 4862
Amtsbezirk 3372
Amtsblatt 1051
~ der Europäischen Gemeinschaften 5114
Amtsdauer 1784
Amtseinführung 1771
Amtsenthebung 4943
Amtsgeheimnis 1776
Amtsgehilfe 4123
Amtsgewalt 1751
Amtskollege 1407
Amtsschimmel 2378
Amtssiegel 1678
Amtssitz 1796
Amtssprache 4216
Amtstausch 1795
Amtsverlängerung 1295
Amtsvorgänger 4884
Amtswege: auf dem ~ 1709
Amtszeit 945, 1784, 1785, 4909
Amtszeit, siebenjährige 1390
Analogie 5482
Anarchie 2081, 2380: zur ~ neigend 2380
anarchisch 2082
Anarchismus 2379, 2380
Anarchist 2381
anarchistisch 2382
anberaumen: eine Sitzung ~ 3848
Anciennität 3197
ändern: die Verfassung ~ 532
Änderungsantrag 4098
Änderungsprotokoll 4495
Aneignung, gewaltsame 96
Aneinanderstoßen 14
anerkennen, formell 3000
Anerkennung 3001, 3002
~ als Aufständische 5991
~ der Oder-Neißelinie 6371
~ als kriegführende Partei 5565

Anerkennung
~ eines Rechtsgrundsatzes 5483
~ einer Regierung 2996
~ eines Staates 2997
~ eines neueingetretenen Zustandes 2995
~: völkerrechtliche ~ der DDR
anfechtbar 5488
anfechten 5486
~: die Gültigkeit der Ernennung ~ 3888
~: eine Wahl ~ 863
Anfechtung 5487
Anfrage, parlamentarische 987
Angarie 5792
Angarienrecht 5793
angeben 4335
angebracht: für ~ halten 4360
angehören 613
angelangt: die Konferenz ist an einem toten Punkt ~ 4136
Angelegenheiten, auswärtige 1434, 3057
~, gesamtdeutsche 6359
~, die inneren 3612
~, kulturelle 1510, 1516
~, schottische 1532
~, walisische 1531
Angestellte 5039
~, leitende 5328
angliedern 92
angreifen: ohne Warnung ~ 5756
Angreifer 5398, 5512
Angrenzen 14
Angriff 2135
~, bewaffneter 5514
~, nicht provozierter 5513
Angriffshandlung 5511
Angriffskrieg 5575
Anhalten 5742, 5745
Anhalterecht 5763
Anhang 4270
Anhänger 675, 2019, 2383, 2384, 2780
~ der neuen Linken 2385
~ der Rassentrennung 674
~ von Reformen 2765
anheizen 2124
anhören 4042

541

Anhörung 4041: nach ~ von 4042
Ankaufsrecht 5789
Anklage: einen Minister unter ~ stellen 1429
Ankündigungen des Sekretariats 3901
Anlage 4271
Anlaufzeit 4664
Anlehnung an einen Block 3459
Anliegerstaat 11
Anmeldegebühr 4282
anmelden 4368
Anmeldeschein 4283
Anmeldeschluß 4284
Anmeldung 4281
Annäherung 3586
Annäherungspolitik 3587
Annahme 3530, 4552
~: in der ~ 4365
~: zur ~ bringen 4088
~ der Tagesordnung 3855
Annahmeurkunde 4553
annehmbar: für beide Teile ~ 4556
annehmen 4090, 4365
~: einen Abänderungsantrag ~ 4097
~: einen Antrag ~ 4087
~: eine Entschließung ~ 4057
~: die Tagesordnung ~
annektieren 95
Annektion 97
Annexion 94
Annexionismus 91
Annexionist 93
anordnen: die allgemeine Mobilmachung ~ 5529
~: die Untersuchung ~ 4044
Anordnung im Halbkreis 3833
~ in Hufeisenform 3834
anpreisen 5741
Anrainer 11
Anrainerstaat 11
Anruf: einen ~ richten an 3525
anrufen 5741
Anrufung 5397
Anschlagbrett 4295
Anschluß 6294
Anschwemmung 66
Ansehen 3472

Ansicht 4359
~: die ~ teilen 4376
Ansprache 3255
Anspruch 3476
~, völkerrechtlicher 2961
Ansprüche, territoriale 117
Anstalt, öffentlich-rechtliche 1705
Anstellungsurkunde 1767
Antagonismus 2521
Antarktis-Abkommen 6473
antichambrieren 3220
Antifaschismus 2386
Antifaschist 2387
antifaschistisch 2388
Antiguerillatraining 2219
antiklerikal 2389
Antiklerikaler 2390
Antiklerikalismus 2391
Antikolonialismus 2392
antikolonialistisch 2393
Antikominternpakt 6293
Antikommunismus 2394
Antikommunist 2395
antikommunistisch 2396
Antikriegsdemonstration 2101
Antikriegskundgebung 2101
Antimilitarismus 2397
Antimilitarist 2398
antimilitaristisch 2399
Antirakete 5665
Anti-Raketen-Rakete 5665
Antiraketensystem 5677
antirepublikanisch 2779
Antisemit 2400
antisemitisch 2401
Antisemitismus 2402
Antrag 3906, 4058, 4059, 4063, 4072, 4076, 4086:
~: auf ~ von 4069; auf ausdrücklichen ~ von 4070
Antrag zur Abänderung eines Antrags 4094
~ auf Aufnahme einer Frage in die Tagesordnung 4074
~ zur Geschäftsordnung 4075
~ auf Vertagung eines Punktes 4100
Anträge, abhängige 4716
Antragsteller 4071
antreten: ein Amt ~ 1770
~: die Rückreise ~ 3247

Antrittsbesuch 3218
Antwortnote 3538
Anwachsen 64
anwenden: das Dringlichkeitsverfahren ~ 4104
~: Gewalt ~ 2076
~: Waffengewalt ~ 2080
Anwendung von Gewalt 2077
~ von Waffengewalt 5499
Anwendung: die Bestimmungen finden ~ auf... 4525
~, analoge 4526
Anwendungsbereich 4603
Anwesenheitsliste 3981, 3982
anzetteln: ein Komplott ~ 2140
ANZUS-Pakt 5156
Apartheid 667
Apartheidspolitik 668
APO 6492
Apparatschik 2403
Appell 3525
Appellationsgericht 1830
appellieren an 3525
APTV 5151
APU 5159
Äquatorialafrika 5239
Arbeit 626, 718, 1481, 1482, 2036, 2410
Arbeit auf Plantagen 5038
Arbeiten, öffentliche 1471, 1475
Arbeiter, geistige 5039
~: gewerkschaftlich nicht organisierte ~ 2407
Arbeiterbewegung 2404
arbeiterfeindlich 2408
Arbeiterjugend, internationale, christliche 5313
Arbeiterklasse 2405
Arbeiterpartei 2007
Arbeiterrat 6228
Arbeiterstaat 2406
Arbeitervolkspartei 2036
Arbeitgeberverband 4768
~, internationaler 5329
Arbeitnehmerorganisation 4769
Arbeitsamt, internationales 5031
Arbeitsattaché 3128
Arbeitsessen 431 3

542

Arbeitsgemeinschaft 4750
Arbeitsgruppe 3929
Arbeitskonferenz, internationale 5033
Arbeitslager 701
Arbeitsminister 1480
Arbeitsministerium 1479
Arbeitsniederlegung 716
Arbeitsorganisation, internationale 5030, 5032
Arbeitsplatz 627
Arbeitsrecht, internationales 2926
Arbeitssitzung 3793
Arbeitssprache 4217, 4214
arbeitsunfähig 1695
Arbeitsunterlage 4236
Archiv 3176
Archivar 3177
Archivbeamter 3177
Argument 4380
Aristokrat 412
Aristokratie 413
aristokratisch 414
Armada 6090
Armbinde 5993
Armee: die Große ~ 6146
~: Rote ~ 2812
~, reguläre 5600
Armeeminister 1523
Ärmelkanal-Kommando 5250
Arrondissement 1620
Artikel 539, 4532, 4650, 4652
ASA 5280
ASEAN 5282
Asien 5001, 5162
Assoziationsrat 5122
Assoziierung der überseeischen Gebiete 5138
Assoziierungsabkommen 4472
Assoziierungsantrag 4689
Assuan-Staudamm 6456
Asturien 361
Asyl 2319
~, diplomatisches 2322
~, inneres 2321
Asylgewährung durch ein neutrales Land 2324
Asylland 2325
Asylrecht 2318
Asylschutz: unter ~ stehend 2323
Atlantik 5243

Atlantik-Charta 6331
Atlantiker 6417
Atlantikpakt 6416
Atlantik-Schlacht 6329
Atlantikwall 6343
Atmosphäre 5933: in einer herzlichen ~ 3752
Atomabrüstung 5903
Atomangriff 5917
Atombehörde, internationale 5104
Atombewaffnung 5908
Atombombe 5909, 5929, 6346
Atombombenvorräte 5927
Atomenergie 5947
Atomenergie-Agentur internationale 5104,
Atomenergie-Komission 4984
Atomenergie-Organisation, internationale 5104
Atomexplosionen 5925
Atom-Forum, europäisches 5188
Atomfragen 1474
Atomgemeinschaft, europäische 5141
Atomklub, der 6471
Atomkonferenz 3773
Atomkrieg 5921
Atommacht 5914
Atomminister 1472
Atomrüstung 5913
Atomschwelle 5942
Atomsperrvertrag 5934
Atomspionage 5922
Atomsprengkopf 5923, 5971
Atomstreitmacht 5916
~, atlantische 5941
~, multilaterale 6485
Atomteststopp 5934
Atom-U-Boot 5692
Atomversuch 5939, 5933, 5940
Atomversuchsstopp 5932, 5940
Atomwaffen 5902, 5926, 5935, 5945
~, taktische 5912
Atomwaffengegner 2409
Atomwaffenträger 5943
Atomwaffenverbot 5928
Atomwaffenverzicht 5904
Atomwettrüsten 5898

Atomzeitalter 6347
Attaché 3121
Attentat 2134
Attentäter 2133
Attentismus 2411, 6324
Audienz 3266, 3267, 3269, 3270
~, öffentliche 3273
Auditor 3142
Aufbahrung 3329
Aufbau des Sozialismus 2807
aufbringen: ein Schiff ~ 5779
Aufbringen eines Schiffes 5780
Aufbringung 5757
Aufenthaltszulage 4874
Auffassung 4379
auffordern: ich darf Sie ~, zu. . . . 4348
~: zum Stoppen ~ 5745
Aufforderung 4115, 5747
~ an ein Schiff zum Stoppen 5744
Aufgaben, 1747
~: die ihm übertragenen ~ 1745
~ der Verteidigung 5257
Aufgabenkreis 1747
aufgebahrt 3330
aufheben 1064, 5720, 5733
aufheben: eine Beschränkung ~ 3589
~: die verfassungsmäßigen Garantien ~ 2066
~: die Immunität ~ 1007
Aufhebung 6101, 1065
~ der Immunität 1008
~ der Rassentrennung 669
aufhetzen 2123
Aufklärung 6104
auflösen 949
Auflösung 950
Auflösungsrecht 951
Aufmarsch 3206
aufmerksam: darauf ~ machen 4328
Aufnahme 4074, 4714
~ beantragen 5147
~ neuer Mitglieder 4719
~ in die Tagesordnung 3858
Aufnahmeantrag 4715
Aufnahmestaat 3077
aufnehmen: diplomatische

543

Beziehungen ~ 3040
~: Fühlung ~ 3742
~: eine Klausel ~
~: Kontakt ~
aufpeitschen 2124
aufputschen 2123
aufrechterhalten: den internationalen Frieden und die internationale Sicherheit ~ 3436
~: die Ordnung ~
Aufrechterhaltung der Ordnung 2056
Aufrufen der Namen 4155
Aufrührer 2110, 2186, 2188
aufrührerisch 2185
aufrüsten 5890
Aufrüstung 5889
Aufsichtsamt 4811
Aufsichtsbehörde 1700
Aufsichtsrat 5064
Aufstand 2163, 2164, 2165
Aufständische 5991
Aufständischer 2178
Aufstehen 4153
aufstellen: Kandidaten ~ 819
~: jdn. als Kandidaten ~ 1763
~: die Tagesordnung ~ 3852
Aufstellung der Tagesordnung 3853
Aufstieg 1786
aufteilen 102
~: die Versammlung in Ausschüsse ~ 3931
Aufteilung 101
Auftrag: im Auftrage einer Regierung 3094
Aufträge 6418
auftreten: als Kandidat ~ 821
Aufwandsentschädigung 1012, 4870
Aufwartung 3217
aufwiegeln 2123
Aufwiegler 2122
aufzeigen: ich möchte in gedrängter Form ~ 4335
Augen: unter vier ~ 3746
Augsburger Konfession 6082
Augsburger Religionsfriede 6083
Augustin 2533

ausarbeiten: einen Bericht ~ 4246
~: einen Entwurf ~ 4240
~: eine Verfassung ~ 537
Ausarbeitung eines Gesetzes 1027
ausarten: in Krieg ~ 5533
Ausbeutung des Menschen durch den Menschen 2412
Ausbilder 4307
Ausbildung 634
Ausbildungsstätte 4306, 4306, 4787
Ausbildungszentrum 4787
Ausbleiben 5471
ausbooten 1804
ausbrechen: der Krieg bricht aus 5537
ausbringen: auf jdn einen Toast ~ 3300
ausbürgern, jdn 2359
Ausbürgerung 2358
~, freiwillige 2332
ausdehnen: das Wahlrecht ~ 752
Ausdehnung des Wahlrechts 757
ausdrücken: anders ausgedrückt 4347
~: sein Bedauern über einen Zwischenfall ~ 3313
ausdrücklich 4070
Auseinanderrücken 6487
Auseinandersetzung, bewaffnete 5567
ausfertigen 4656
Ausfertigung 1680
ausführen: wie ich bereits ausführte 4330
ausführlich 4222
Ausführung 1053, 4014
Ausgang einer Konferenz 3918
Ausgangssperre 1073
ausgehen: Behörde, von der das Ersuchen ausgeht 1853
~: alle Gewalt geht vom Volke aus 566
Ausgelieferter 1878
Ausgleichsurlaub für Überstunden 4921
aushändigen: jdm die Pässe ~ 3403

Aushändigung der Pässe 3402
Aushilfspersonal 4899
Auskunftsstelle 4290
~ für Kriegsgefangene 6037
Ausland 3049
Ausländer 2286
~, feindlicher 2299
~, lästiger 2300
~, unerwünschter 2300
Ausländerbehandlung 2293
ausländerfeindlich 2515
Ausländerrecht 2294
Ausländerstatut 2295
Auslandshilfe 6403
Auslandsvertretung 3058
auslegen: einen Vertrag ~ 4542
Auslegung 4543
~, eingeschränkte 4545
~, enge 4545
~, weite 4544
Auslegungskonflikt 1078
Auslegungsprotokoll 4490
ausliefern 1872
Auslieferung 1871, 1881, 1882
~ eigener Staatsangehöriger 1883
Auslieferungsersuchen 1884
auslieferungsfähig 1862
Auslieferungshaft, vorläufige 1885
Auslieferungsübereinkommen, europäisches 1887
Auslieferungsverpflichtung 1886
Auslieferungsvertrag 4482
auslosen 4171
Auslosung 4170
ausmanövrieren 2413
Ausnahmegenehmigung 1666
Ausnahmegesetz 1071
Ausnahmezustand 2069
Auspizien 3808
Ausreisevisum 3407
Ausreisesichtvermerk 3407
Ausrichtungsfonds, europäischer landwirtschaftlicher ~ 5139
ausrufen: einen Streik ~ 722
Ausrufung der Republik 1300

544

aussagen: unter Eid ~ 1901
ausscheiden 4937
~: aus der Regierung ~ 1428
Ausscheiden aus dem Dienst 1798, 4945
~, freiwilliges 4936
Ausschlag: die Stimme des Präsidenten gibt den ~ 4209
ausschließen aus 4721
~: es ist nicht ausgeschlossen, daß. . . . 4363
~: aus einer Partei ausschließen 1938
Ausschluß von Mitgliedern 4722
~: unter ~ der Öffentlichkeit 3802, 3911
ausschreiben: Wahlen ~ 789
Ausschreibung 4891
Ausschreitungen 2131
Ausschuß 3924, 3933, 3934, 3938, 3939, 3940, 3980
~, I. 4967
~, II. 4969
~, III. 4970
~, IV. 4971
~, V. 4972
~, VI. 4973
~ für Agrarfragen 3979
~ ~ die Arbeit auf Plantagen 5038
~ ~ die Bevölkerung 4992
~ ~ die Delegationschefs 3960
~ ~ industrielle Entwicklung 5007
~ ~ Frauenrechte 4996
~ ~ technische Hilfeleistung 5004
~ ~ Menschenrechte 4994
~ ~ Mitgliedsbeiträge 4975
~ ~ Pensionen der UN-Verwaltungsangehörigen 4978
~ ~ Politik und Sicherheit 4967
~ der Präsidenten 5123
~ für Rauschgifte 4997
~ ~ internationales Recht 4979
~ ~ Rechtswesen 4973

Ausschuß für
~ ~ Sicherheit zur See 5099
~ ~ Sozialwesen 4993, 4970
~ ~ Statistik 4991
~ ~ Treuhandschaft 4971
~ ~ Verfassungs- und Rechtsfragen 5046
~ ~ Verwaltung und Budget 4972
~ ~ Internationalen Warenhandel 4998
~ ~ Wirtschaft und Finanzen 4969
~ ~ Wissenschaft und Technik 5144
~, allgemeiner 972, 3942, 4966
~, außenpolitischer 976
~, beratender 3949, 5121
~: beratender ~ für Angestellte und geistige Arbeiter 5039
~: beratender ~ für Fragen der Verwaltung und des Budgets 4974
~, engerer 3952
~, erweiterter 3953
~: Europäischer ~ zur Bekämpfung der Maul- und Klauenseuche 5052
~, federführender 3925
~, gemischter 3951
~, geschäftsführender 5056
~, innenpolitischer 975
~, interministerieller 1413
~: internationaler ~ zur Frequenzregistrierung 5089
~: Internationaler beratender ~ für den Telegraphen- und Fernsprechdienst 5090
~: internationaler beratender ~ für den Funkdienst 5091
~, intersessionaler 3954
~, paritätischer 3950
~: Paritätischer ~ für Seeschiffahrt 5040
~, ständiger 3946
~, vorbereitender 3941
Ausschußarbeit 3935
Ausschußberatung 3937

Ausschüsse 3931
Ausschußraum 3831
Ausschußsitzungen 3795
Ausschußvorsitzender 3933
Ausschußzimmer 3831
Außenhandel 1468
Außenhandelsminister 1469
Außenhandelsministerium 1467
Außenhandelszusammenarbeit 5102
Außenkommissar 1441
Außenminister 1438, 1439
Außenministerebene: auf ~ 3764
Außenministerkonferenz 3763
Außenminister-Stellvertreter 1442
Außenminister, stellvertretende 1442
Außenministerium 1434
~, britisches 1435
Außenministerrat 6357
Außenpolitik 3420
außenpolitisch 3421
Außenseiter 896, 2414
äußern: wer Beifall oder Mißbilligung äußert, wird sofort vom Saaldiener entfernt 4121
~: Meinung ~ 4359, 4377
aussetzen 2066
Aussiedler 3694
Aussiedlung 3693, 3595, 6373
Aussperrung 742
Aussprache 3906, 3984, 3994, 3997, 3998, 4050, 4338, 4366
~, allgemeine 3988
aussprechen: jdm sein Beileid ~ 3315
~: eine Einladung ~ 3847
~: Empfehlung ~ 4054
~: jdm Glückwünsche ~ 3278
~: einen Wunsch ~ 4049
ausstellen: einen Paß ~ 3395
~: Pässe und Reiseausweise ~ 3396
~: Ursprungszeugnisse ~ 3413
~: Zulassungskarte ~ 4129

545

Ausstellung eines Passes 3397
Ausstellungsbüro, internationales 5227
ausstrecken: Friedensfühler ~ 5851
~: Fühler ~ bei
Austausch 4497, 6039
~ kranker und verwundeter Kriegsgefangener 6038
~ der Ratifizierungsurkunden 4593
~ von Strafnachrichten 1899
austreten: aus einer Organisation ~ 4724
Austritt aus ... 4723
Austrittsanzeige 4725
Austrittsrecht 4698
ausüben: Amt ~ 1317, 1778
~: Druck ~ 3641
~: die oberste Gewalt ~ 552
~: vollziehende Gewalt ~ 1265
~: Gnadenrecht ~ 1842
Ausübung 1737
~: in ~ seines Amtes 1779
~ der Gebietshoheit 5
~ des Wahlrechts 798
Auswärtiges 1441
Ausweichklausel 4514
ausweisen 2301
Ausweiskarte 4286
Ausweisung 2302
Ausweisungsbefehl 2303
Ausweitung eines Konfliktes 5521
Auszählung 4167
Auszeichnung 3287, 3288
auszischen 2096
Auszüge aus dem Strafregister 1898
autark 2415
Autarkie 2416
Autokrat 2417
Autokratie 2418
autokratisch 2419
autonom 159
Autonomie 158
Autoren, anerkannteste 2955
autoritär 2421

Autoritarismus 2420
Autorität 2422
avulsio 65

B

bagatellisieren 3559
Bagdadpakt 5301, 6451
Bahnhof, internationaler 83
Bahre 3328
Bakterienkrieg 5999
Balfour-Deklaration 6225
Balkan 5010
Balkanfeldzug 6327
Balkankriege 6211
Balkanpakt 5163
Bambusvorhang 6386
Bande 3572
Banden, bewaffnete 2221
Banderole 2103
Bandung 6446
Bandung-Konferenz 6446
Bank: Internationale ~ für Wiederaufbau und Wirtschaftsförderung 5063
~: Zentralamerikanische ~ für wirtschaftliche Integration 5297
~ für Internationalen Zahlungsausgleich 5164
Bänke der Opposition 982
Bannmeile 5814
Bannware 5734
Baron 418
Baronesse 420
Baronet 423, 424
Baronie 421
Baronin 419
Barons ... 422
Barrikaden 2196
Bartholomäusnacht 6088
Bastille 6126
Bau 5182
Bauern 2037
Bauernpartei 2010, 2037
Bauernstaat 2406
Baumwollberatungsausschuß, Internationaler 5221
Bayernpartei 1990
BCIE 5297
Beamte, hohe 1681
~, höhere 4882
Beamtenverhältnis 1683

Beamter 4881
~ auf Lebenszeit 1685
~ auf Probe 1688
~ im einstweiligen Ruhestand 1687
~ auf Zeit 1686
beanspruchen 118, 3476
beantragen: jedem, der es beantragt 4067
~: die Aufnahme in die EWG ~
~: Aufnahme in eine Organisation 4714 ~
~: Verweisung einer Frage an einen Ausschuß 3940 ~
beauftragen: mit der Regierungsbildung beauftragt werden 1349
Bedauern 3313
Bedeckung, polizeiliche 3264
Bedenken 4372
bedeuten 4349
Bediensteter 4880
~, öffentlicher 1682
bedrohen: lebenswichtige Interessen ~ 3489
~: mit der Todesstrafe bedroht 1909
Bedrohung 3456, 3457
bedürfen: dieser Vertrag bedarf der Ratifikation 4584
beehren: ich beehre mich, Ihnen mitzuteilen 3550
Beendigung des Kriegszustandes 5866
befassen: die Diskussion befaßt sich mit ... 4003
Beförderung 1786
Befreiung 195, 5773, 3980
Befreiungsarmee 5607
Befreiungsfront, Nationale 2048, 2658, 6463
~, Palästinensische 6529
Befreiungskriege 6147
befrieden 5504
Befriedung 5503
Befugnis 1736, 1737, 1741, 1746, 1752, 3714
Befugnisse, implizierte 1743
~: stillschweigend zuerkannte ~ 3099
Befürworter 2383

546

begeben: sich auf die Rednertribüne ~ 4011
begehen: ein Attentat auf jdn ~ 2134
Begehungsort 1893
Beginn der alliierten Invasion 6344
Beglaubigungsschreiben 3084, 3085, 3086
Begleiter 3233, 4277
Begleitmannschaft, polizeiliche 3264
Begleitschreiben 3547
Begleitung: in ~ von 3232
begnadigen 1838
Begnadigung 1840
begraben: einen Streit ~ 5427
Begräbnis 3335
begrenzen: Redezeit ~ 4006
Begründung 5477
begrüßen, jdn 3899, 4317
~: ich würde es ~, wenn 4382
Begrüßung 3895
Begrüßungsansprache 3894
behandeln 3803, 4072
~: mit Menschlichkeit ~ 6034
Behandlung der Kriegsgefangenen 6032
~: gleiche steuerliche ~ 631
beherrschen: von jdm beherrscht werden
Behinderung der Wahlpropaganda der Opposition 814
Behinderungen im Berlinverkehr 6534
Behörde 1853, 4749
~, Hohe 5119
Behörden 551
beidrehen 5748a
Beifall 4121
beifügen: beigefügt sein 4666
beilegbar, schiedsgerichtlich 5436
beilegen: Streitfall ~ 5426
Beilegung eines Streites auf dem Vergleichswege 5411
~, gerichtliche 5428

Beilegung
~, schiedsgerichtliche 5429
Beileid 3315
Beileidsbesuch 3314
Beileidsbrief 3317
Beileidsschreiben 3317
Beileidstelegramm 3316, 3318
Beirat 3949, 4820
~ für Wissenschaft und Technik 5144
Beisetzung 3335
Beistand eines Pflichtverteidigers erhalten 1903
~ leisten 5548
Beistandspakt 4448
~, französisch-englischer 6396
Beiträge, freiwillige 4701
Beitragsausschuß 4975
beitreten: einer Organisation ~ 4717
~: einem Vertrag ~ 4628
Beitritt zu 4718
~ zum gemeinsamen Markt 5148
~ zu einem Vertrag 4629
Beitrittsklausel 4503
Beitrittsurkunde 4632
Beiziehung, unentgeltliche 640
Bekämpfung 5052, 5341, 5395
~ des Sklavenhandels 658
bekanntgeben 5715
~: die Wahlergebnisse ~ 868
Beklagter 5457
bekleiden: ein Amt ~ 1778
bekommen 3269
Belagerungszustand 2072
Belange 3048
Belehnung 437
bemerken 4386
~: am Rande bemerkt 4355
Bemerkung 4385
~: eine ~ machen 4384
~: hat jd Bemerkungen hierzu zu machen? 4386
bemühen 4640
Bemühen: in dem ~ 4640
Benelux-Länder 5166
Benelux-Wirtschaftsunion 5165
benennen: jdn ~ 1761

Benennung 4175
benützen: die Gelegenheit ~
Beobachter 4131, 4132, 4133
beraten 3993
Berater, außenpolitischer 3422
~, persönlicher 3824
~, technischer 3823
Beraterstab 1384
Beratungen 3992
Beratungsausschuß, Afrikanischer 5037
~, Asiatischer 5036
Beratungsguppe für Luftfahrtforschung und -Entwicklung 5252
bereiten: einen herzlichen Empfang ~ 3240
Bergbau ~ 1482
Bericht 4245, 4250, 4252, 4255
~ zur Lage der Nation 1553
~, amtlicher 4262
~, ausführlicher 4221
~, offizieller 4262
berichtigen 4229
Berichterstatter 3821, 3932
Berichtigung des Protokolls 4228
Berichtigungsantrag 4099
Berichtigungsprotokoll 4494
Berieselung mit Propaganda 2750
Berlin 6301, 6364, 6410, 6535
Berliner Blockade 6408
Berliner Erklärung 6361
Berliner Kongreß 6194
Berliner Luftbrücke 6409
Berliner Mauer 6479
Berlinfrage 6301
Berlin-Gespräche 6535
Berlinverkehr 6534
berufen: sich auf einen Artikel ~ 4532
Berufsdiplomat 3029
Berufskonsul 3281
Berufsorganisation 4766
Berufsverband 4766
Berufswahl, freie 652
Berufung 5489
Berufungsgericht 1830
Besatzung 5800

547

Besatzungsbehörde 5805
Besatzungskosten 5812
Besatzungsmacht 5802
Besatzungsrecht 5813
Besatzungsstatut 6413
Besatzungsstreitkräfte 5807
Besatzungstruppen 5820
Besatzungszone 5811
bescheiden, abschlägig 4064
Bescheinigung 1675
beschenken: jdn. mit etwas ~ 3286
Beschlagnahme eines Schiffes 5787
beschlagnahmen 5788
beschleunigen: die Verhandlungen ~ 3739
beschließen 3995
~, einstimmig 4053
~: eine Amnestie ~ 1844
~: ein Gesetz ~ 1044
Beschluß 1654, 4051
~: einen ~ fassen 1655, 4051
~: durch einstimmigen ~ von 4052
Beschlußfähigkeit 4201
beschränken 1907
Beschränkung 5256, 3589
Beschreibung der Funktionen 4915
Beschuldigte 1900
beschwichtigen 3601
~: die aufgebrachte Menge ~ 2102
Beschwichtigung 3602
Beschwichtigungspolitik 3603
Beseitigung fremder Militärstützpunkte auf dem Gebiet anderer Staaten 5958
~ der Rassenschranken 673
besetzen 5799
~: einen Sitz neu ~ 939
~: die zu besetzenden Sitze ~ 874
~: eine Stelle ~ 4892
Besetzung 5800
~, friedliche 60
~, kriegerische 5797
~, militärische 5797
besitzen 5454
~: ein Vetorecht ~ 4080

Besitzergreifung 56
Besitzungen, überseeische 180
Besoldungsordnung 1808
Bespitzelung 2275
besprechen: sich ~ mit 3754
Besprechung 3744, 3754
bessern: die Lage bessert sich 3494
bestallen 1765
Bestallung 3384
Bestandsaufnahme 3756
Bestandteil: integrierender ~ dieses Vertrages 4644
bestätigen: in seinem Amte bestätigt werden 878
Bedenken: es bestehen keine ~ 4372
bestehen: ich bestehe auf meiner Forderung 4373
~: die Versammlung besteht aus 3782
besteigen: den Thron ~ 310
bestellen 1765, 3072
bestellen: Stimmzähler ~ 4169
Bestellung 1766
Bestellungsurkunde 1767
bestimmen 3932
~: soweit nichts anderes bestimmt ist 4645
Bestimmung des Angreifers 5398
~, endgültige 5770
Bestimmungen 4525, 4540, 4642, 4649
Bestimmungen eines Gesetzes 1077
~ eines Vertrages 4520
~, allgemeine 4521
~, einschränkende 4524
Bestimmungshafen 5769
Bestrafung der Hauptkriegsverbrecher 6379
bestreben 4640
Bestreben: in dem ~ 4640
Besuch 3227, 3234, 3235, 3236
~, nichtoffizieller 3222
~, offizieller 3221
Besucher 3231
Beteiligung 3615
betonen 4328
betrachten: etw. als einen Fetzen Papier ~ 4530

betreffen 3573
betreffen: auf frischer Tat betroffen werden 1009
betreiben: Schwarzmalerei ~ 2796
Beutegut 5618
Bevölkerung 4992
Bevölkerungsaustausch 3692
Bevölkerungspolitik 1586
Bevölkerungsüberführung 3693
Bevollmächtigter 3711
Bewaffnung, atomare 5908
bewältigen: die Vergangenheit ~ 2877
Bewegung 1918, 4738, 5374
~, panarabische 2700
~, Europäische 5308
~, Europäische Föderalistische 5309
~, monarchistische 2648
~, subversive 2116
Bewegungskrieg 5640
Beweis 638
Beweislast 5480
Beweisstücke 1896
bewerben: sich ~ 1759
Bewerber 1758, 4893
Bewerbung 1760
Bewerbungsunterlagen 1764
bewerfen: mit Steinen ~ 2105
bewilligen: ein Gesuch ~ 4065
Bewilligung 1668
Bey 472
Beylicat 473
bezeichnen 4651
Beziehungen 3425, 3426, 3427, 3428, 3429, 3430, 6424
~ zum Parlament 1534
~, diplomatische 3038, 3041, 3042, 3044, 3046
Beziehungen, freundschaftliche 3590
~, friedliche 3431
~, gutnachbarliche 3584
~, internationale 3424
~, konsularische 3360
~, zwischenstaatliche 3424
Bezirk 1625
~, städtischer 1631

Bezüge 1694
BGG 517
BHE 1991
bilateral 4408
bilden 649
~: einen Ausschuß ~ 3930
~: eine dritte Kraft ~ 6433
~: eine Regierung ~ 1350
Bildung 633
Bill of Rights 6103
billig 5479
billigen: etwas durch Volksabstimmung ~ 106
Billigkeit 2952, 5478
binden: durch Stimmzwang gebunden sein 1001
Binnengewässer 27
Binnenmeer 26
BIRD 5065
Bischof 506
bischöflich 507
Bistum 508
bitten: um Asyl ~ 2319
~: um Audienz ~ 3267
~: um Frieden ~ 3447
~: um das Wort ~ 4016, 4021
BIZ 5164
bizonal 6318
Bizone 6380
Blankovollmacht 3712
Blatt, unbeschriebenes 896
Blaubuch 3670
Blauhelme 6490
bleiben: im Amte ~ 1783
~: in Kraft ~ 1060
Blitzbesuch 3229
Blitzkrieg 5584, 6310
Blitzreise 3230
Blitzstreik 723
Block 3459
~ der Heimatvertriebenen und Entrechteten 1991
~, afro-asiatischer 6447
Blockade 5702, 5707
~ in Friedenszeiten 3655
~, Berliner 6408
~, effektive 5706
~, scharfe 5719
~' wirksame 5706
~ aufheben 5720
~ bekanntgeben 5715
~ brechen 5717
~ über ein Land verhängen 5713

Blockadebrecher 5716
Blockadebruch 5718
Blockadeerklärung 5314
Blockadegebiet 5710
Blockadestreitmacht 5711
Blockadezustand 5709
Blockbildung 3458
blockieren: eine Gesetzesvorlage ~ 1033
Blockpolitik 3460
Blut: von königlichem ~ 358
Bluthochzeit, Pariser 6088
Blutvergießen 2250
~: ohne ~ 2184
Boden-Boden-Rakete 5666
Bodeninspektion 5961
Boden-Luft-Rakete 5667
Bodenreform 1585
Bogotá-Charta 6400
Böhmen 6302
Bolschewiken 6222
bolschewisieren 2427
Bolschewisierung 2426
Bolschewismus 2424
Bolschewist 2425
bolschewistisch 2428
Bombardierung 5662
Bonapartismus 6161
Bonapartist 6160
Bonner Grundgesetz 517
Bonzentum 1959
Borough 1628
Bosporus 6193
Bostoner Teesturm 6125
Bote 4125
Botenmeister 4124
Botschaft 3069, 3071, 3523, 3524
Botschaften 1391
~ an das Parlament richten 1391
Botschafter 3108, 3109, 3110
~, fliegender 3113
Botschafter... 3111
Botschafterebene 3703
Botschafterkonferenz 3036
Botschafterposten 3112
Botschaftsattaché 3168
Botschaftsrat 3166
Botschaftssekretär 3165
~, erster 3164
Boulé 1157
Boxeraufstand 6203
Boykott 2129

Boykotthetze 2128
boykottieren 2130
BP 1990
Braintrust 1384
Brandt 6540
Braunhemden 6271
brechen 5717
brechen: einen Vertrag ~ 4537
Breschnew-Doktrin 6519
Brett, schwarzes 4295
Briand-Kellog-Pakt 6263
Brief 2271
~, offener 3557
Briefkopf 3551
Briefwahl 829
Briefwechsel 3548
Brigaden, Internationale 6290
bringen 1376
~: Antrag zur Annahme ~ 4088
~: Antrag zu Fall ~ 4093
~: Bericht auf den neuesten Stand ~ 4251
~: in Gang ~ 4002
~: Prise in den Hafen ~ 5778
~: zur Sprache ~ 4390
~: Streitfall vor Gericht ~ 5424
Brüsseler Vertrag 6393
Bruttogehalt 4866
Buch, goldenes 3238
Buchhaltung 4832
Buchstabe 4634
Bucht, geschlossene 30
~, historische 29
Budget 1082, 1098, 4972, 4974
Budgetabstriche 1098
Budgeteinsparungen 1092
Budgetgesetz 1094
Budgetkürzungen 1098
Bug 5748
Bulle 490
Bulletin, tägliches 4280
Bummelstreik 724
Bund 225, 4751, 4752, 4758
~, Deutscher 6163
~: Internationaler ~ christlicher Gewerkschaften 5330
~: Internationaler ~ freier Gewerkschaften 5333

549

Bund: Internationaler ~ ehemaliger Kriegsgefangener 5332
~: Internationaler ~ der Übersetzer 5331
~, Norddeutscher 6177
Bundes... 229
Bundesamt für Verfassungsschutz 2263
Bundesbeamter 1693
Bundesblatt 1051
Bundesebene: auf ~ 231
bundeseigen 1101
Bundesflagge 3357
Bundesgebiet 8
Bundesgesetz 1072
Bundesgesetzblatt 1052
Bundesgewalt 230
Bundeshaushalt 1083
Bundeskabinett 1396
Bundeskanzler 1357, 1539
Bundeskanzleramt 1360
Bundesland 1613
Bundesleistungsgesetz 5255
Bundesnachrichtendienst 2267
Bundespräsenz in Berlin 6536
Bundespräsident 1318
Bundespresseamt 1546
Bundesrat 1138, 1186, 1216, 1404, 1405
Bundesratspräsident 1135
Bundesrechnungshof 1837
Bundesregierung 1325
Bundesrepublik 228, 5254
~ Deutschland 6424
Bundesstaat 227
Bundesvertrag 1192
bundesstaatlich 229
Bundestag 1134, 1139
Bundestagsfraktion 1136
Bundestagsmitglied 1139
Bundestagspräsident 1137
Bundestagswahlen 781
Bundesverfassungsgericht 1834
Bundesversammlung 1140, 1233, 1245, 4955
Bundesvertrag 518
Bundeswahlgesetz 759
Bundeswehr 5629
Bundeszwang 577

Bündnis 3566, 3568
Bündnisfall 5547
Bündnispolitik 3570
Bündnisse 3571
Bündnistreue 3567
Bündnisvertrag 4446
Burenkrieg 6201
Bürger 2289
Bürgerkönig 6166
Bürgerkönigtum 6164
Bürgerkrieg 2198
~, amerikanischer 6179
~, spanischer 6289
bürgerlich 2429
Bürgermeister 1643, 1644, 1651
~, Regierender 1363
~: Regierender ~ von Berlin 6410
~, zweiter 1650
Bürgermeisteramt 1642
Bürgermeisterin 1645, 1646
Bürgerpartei 1037
Bürgerpflichten 598
Bürgerrechte 585, 597, 6127
Bürgerrechtler 6499
Bürgerrechtsgesetz 6498
Bürgerschaft 1141
Bürgertum 2430
Burgfrieden der politischen Parteien 2431
Büro 4818
Büro des Generaldirektors 5058
~: Gemeinsames ~ der Schrottverbraucher 5124
~, internationales 4762
~, International 5080
~: Internationales ~ für Maße und Gewichte 5228
~, Internationales Hydrographisches 5230
~, ständiges 4763
Bürokrat 2432
Bürokratie 2433
bürokratisch 2434
Büros: Vereinigte Internationale ~ zum Schutze des gewerblichen, literarischen und künstlerischen Eigentums 5286
Byzantinismus 2435

C

Camp David 6476
Caritas Internationalis 5305
Carnegie-Stiftung für Weltfrieden 5306
Casablanca-Staaten 5167
Cäsarismus 2892
Cäsaropapismus 2436
Castrismus 2437
castrofeindlich 6502
castrofreundlich 6503
casus belli 5541
casus foederis 5547
Caudillo 1311
CCEP 5083
CDU 2001
CEA 5310
CENTO-Pakt 5301
Centre 2019
Centre démocrate 2018
Chancengleichheit 2438
Charta 4398
~ der UNO 4962
Chauvinismus 2439
Chauvinist 2440
chauvinistisch 2441
Chef des Protokolls 3188
Chefdelegierter 3812
Chefdolmetscher 4848
Chefideologe 1972
Chiffreur 3183
Chiffrierabteilung 3184
Chiffrierbeamter 3183
chiffrieren 3181
Chiffrierschlüssel 3178
chiffriert 3179
Chiffrierung 3182
Christdemokrat 1994
Chruschtschow 6493
CIAP 5207
Clearingabkommen 4476
Clique 1946, 2442
Cocktail 3294
Cocktailempfang 3293
Code 2272, 3178
Colombo-Plan 5168
COMECON 5169
Commonwealth: Außen- und Commonwealth-Minister 1439
Commonwealth-Wirtschaftskomitee 5170
Condominium 246
Consolat del mar 3018
Containment 3605

Cordon Sanitaire 3607
Cortes 1242
Courtoisie, internationale 2959
CSU 2002
Curzon-Linie 6236
CVJM 5384

D

Dachorganisation 4757
Dachverband 4758
Dail 1172
Dalai Lama 442
Dame des Hauses 3305
Damenkomitee 4278
Damenprogramm 4298
Dampfwalze, die russische 6217
Dankschreiben 3248
daranliegen: das liegt daran, daß ... 4352
darbringen: jdm eine Huldigung ~ 3265
darstellen: eine Bedrohung der Sicherheit ~ 3457
Darstellung: kurze ~ des Sachverhalts 1892
Dauerstellung: in ~ 4905
Dauervisum 3409
Dauphin 361
Dawesplan 6260
DDR 1143, 6537
Debatte 3986, 4001, 4101
~, langwierige
Debattenstenograph 4831
debattieren: über eine Frage ~ 4389
Debellation 5877
dechiffrieren 3186
Dechiffrierung 3187
de-eskalieren 5556
De-eskalation 5555
de facto 5403
de facto-Anerkennung 3002
de facto-Regierung 1344
Defaitismus 2443
Defätist 2444
defätistisch 2445
Defensivbündnis 3569
Defensivwaffe 5896
de Gaulle 6384
Dei 474
de jure 5401

de jure-Anerkennung 3001
Delegant, apostolischer 3139
~, päpstlicher 3139
Delegation 3810
~, ständige 3066
Delegationschef 3812, 3960
Delegierte 3881, 4156
Delegierter 3814, 4012, 3887, 4197
~: ein ordnungsgemäß ernannter ~ 3889
~, ständiger 3813
Delegierung von Befugnissen 3714
Demagoge 2446
Demagogie 2447
demagogisch 2448
Demarche 3515
Demarkationslinie 5836
Dementi 3555, 3556
dementieren 3554
demobilisieren 5882
Demobilisierung 5881
Demokrat 2449
~, christlicher 1994
~, freier 1992
Demokraten 2045
~, christliche 2022
Demokratie 2450, 2678
~, christliche 1993
~, parlamentarische 1273
~, repräsentative 1271
demokratisch 2451
demokratisieren 2452
Demokratisierung 2453
Demonstrant 2091
Demonstration 2088, 2089
demonstrieren 2088
Denkschrift 3544
Departement 1412, 1616
~ für Verkehr und Energiewirtschaft 1486
~: Eidgenössisches ~ des Innern 1445
~: Eidgenössisches Politisches ~ 1437
Departements 1618
~, überseeische 1529
Depesche 3175
~, Emser 6183
Deportation 699
Deportierte 700
Deputiertenkammer 1178
Dereliktion 89
Deserteur 5613

Despot 2454
Despotismus 2456
despotisch 2455
Deutsche 6373
Deutschland 1999, 2000, 2004, 6210, 6270, 6407, 6414, 6424
~, Freies 6341
~, wilhelminisches 6197
Deutschlandfrage 6358
Deutschlandvertrag 6424
Deviationismus 2375
Devisenausländer 2297
Deviseninländer 2298
Dewan Negara 1199
Dewan Ra'ayat 1200
dezentralisieren 2457
Dezentralisierung 2458
DFU 1996
Dialektik 2459
dialektisch 2460
Diäten 1012
Dienst 1798, 4945
~ nach Vorschrift 724
~, auswärtiger 3031
~, diplomatischer 3033
~, konsularischer 3362
~, öffentlicher 614, 1447, 1456, 1536
Dienstalter 4929
Dienstantritt 1771
Dienstanweisungen 1662
Dienstbarkeit 635
Dienstbarkeiten, völkerrechtliche 120
Dienstbezeichnung 4862
Dienstbezüge 1694
Dienste, gute 5418, 5419
~, neutralitätswdrige 6074
Dienstentlassung 1803
Dienstort 4918
Dienstpaß 3399
Dienstpersonal, privates 3162
Dienstreise 4948
Dienstsiegel 1678
Dienststelle 1789
~, zuständige 1701
Dienststrafe 1816
Dienststrafrecht 1814
dienstunfähig 1695
Dienstvergehen 1815
Dienstvertrag 4914
Dienstvorgesetzter 4883
Dienstwagen 3353
Dienstweg: auf dem ~ 1711

551

Dienstzeit 4927
Diktat 4440
~ von Versailles 6231
Diktator 1281
diktatorisch 1282
Diktatur 924, 1283
~ des Proletariats 2461
Diözese 508
Diplomat 3028, 3079, 3082, 3145, 2285
~, dienstältester 3106
~, hoher 3107
~, rangältester 3105
Diplomatenliste 3083
Diplomatenpaß 3400
Diplomatenrecht 3020
Diplomatenvisum 3411
Diplomatie, offene 3023
~, ständige 3021
Direktor, stellvertretender 4838
~, zweiter 4838
Direktoren 5065
Direktorialregierung 6136
Direktorium 5065, 5069, 5072, 5136, 6136
Disengagement 6487
diskriminieren 2988
Diskriminierung 2987, 4995
Diskussion 3984, 3994, 3998, 4000, 4003, 4004, 4338
~: die ~ wieder in Gang bringen 4002
Diskussionsgrundlage 4005
diskutieren: eine Frage ~ 4389
~: in dritter Lesung ~ 1039
~: am runden Tisch ~ 3776
Dissident 2462
Disziplinarausschuß 4947
Disziplinargerichtsbarkeit 1828
Disziplinargewalt 1813
Disziplinarmaßnahmen 1818
Disziplinarrat 1817
Disziplinarstrafe 1816
Disziplinarverfahren 1819
Disziplinarvergehen 1815
Diversant 2374
Division, Blaue 6335
Dogmatismus 2465

dogmatisch 2464
Doktrin 2466
~ der ununterbrochenen Reise 5770
~, rassenkämpferische 678
Dokument 4578
Dokumentationszentrale 4786
Dokumentationszentrum 4786
Dolchstoßlegende 6250
Dollardiplomatie 3026
Dolmetscher 640
Domherr 498
Dominion 234
Donau-Kommission 5172
Doppelagent 2279
Doppelarbeit 4107
Doppelbesteuerungsabkommen 4481
Doppelgleisigkeit 4107
Doppelstaatler 2342
Doppelstaatsangehörigkeit 2341
Doppelzuständigkeit 1748
Dörfer 6015
Doyen 3103
~ des diplomatischen Korps 3102
DP 1995
Draht: der heiße ~ 6526
Drahtzieher 2119
Drang: der ~ nach Osten 6274
Dreibund 6185
Dreierabkommen 4435
Dreierausschuß 3955
Dreierentente 6207
Dreiergespräche 3747
Dreierverband 6207
Dreijahresplan 1576
Dreiklassenwahlrecht 763
Dreimächteabkommen 4435
Dreimächteerklärung 3760
Dreimächtekonferenz 3759
Dreimeilenzone 39
Dreiparteiensystem 1951
Dreyfus-Affäre 6198
Dringlichkeit: die ~ ist beschlossen 3995
Dringlichkeitssitzung 3798
Dringlichkeitsverfahren 4104

Dritter 4418
Drittländer 5149
Druck 3641
Druckknopfkrieg 5591
Druckmittel 3642
Dschungelkrieg 5586
Dualismus 2467, 2468, 6174
Duma 6219
Dum-Dum-Geschoß 6004
Dunkelmann 2469
Dünkirchen 6326, 6396
durchbrechen: die polizeiliche Absperrung ~ 2086
Durchdringung, friedliche 59
Durchfahrt, friedliche 3016
~, unschädliche 3016
durchführen: Vorbereitungsarbeiten ~ 3827
Durchführung 5035
~ der Gesetze 1054
Durchführungsabkommen 4428
Durchführungsverordnung 986
Durchgangslager 2313
durchgehen: der Antrag ging durch 4089
durchkämmen 2172
Durchlieferung 1873
durchmachen: eine Krise ~ 3620
Durchmarschrecht 6075
durchpeitschen: ein Gesetz ~ 1040
Durchreisesichtvermerk 3406
Durchreisevisum 3406
durchsetzen 2945
durchsuchen 5751
Durchsuchung 5752, 5766
Durchsuchungsrecht 5750
dürfen: wenn ich mir diesen Ausdruck erlauben darf 4358
~: man darf wohl glauben 4364
Duumvir 1303
Duumvirat 1305
Duumvirs... 1304
dyarchisch 2470
Dynast 293
Dynastie 291, 302

E

EAGF 5139
Earl 400
Ebene: auf diplomatischer ~ 3035
~: auf höchster ~ 3765
ECA 5003, 6402
ECAFE 5001
ECE 5000
ECLA 5002
Eden-Plan 6444
Edikt von Nantes 6092, 6101
Edler 428
Eduskunta 1150
Efri deilt 1175
EFTA 5177
EGKS 5116, 5120
Eheschließung 632, 3412
Ehre 639
~: ich habe die ~ und das Vergnügen 4321
~, letzte 3338
Ehren, königliche 3201
~, militärische 3202
ehren: jdn ~ 3203
Ehrenamt 1713
ehrenamtlich 1714
Ehrenbürger 2364
Ehrenbürgerrecht 2365
Ehrenbürgerschaft 2365
Ehrengast 3237
Ehrenkodex 2471
Ehrenkomitee 4812, 4275
Ehrenkompanie 3204
Ehrenmitglied 4679
Ehrenplatz 3216
Ehrenpräsident 4833
Ehrenschutz: unter dem ~ von 3808
Ehrentribüne 3208
Ehrenwache 3211
Ehrenwort: auf ~ 6041
Ehrung 3203
EIB 5133
Eid: unter ~ 1901
eidesstattlich 3415
Eigenschaft: in amtlicher ~ 3093
Eigentum 617, 619
~, gewerbliches 5286
~, künstlerisches und literarisches 5219, 5286
~, persönliches 622

Eigengewässer, maritime 33
einbauen 539
einberufen: eine Tagung ~ 3842
Einberufung 3843
Einberufungsschreiben 3644
einbringen 4068, 5761
~: eine Gesetzesvorlage ~ 7031
~: einen Mißtrauensantrag ~ 998
Einbringung einer Prise 5762
Einbürgerung 2353
Einbürgerungsurkunde 2355
einbüßen: Stimmen ~ 881
eindämmen: die Übergriffe der Regierenden ~ 1289
Eindämmung 3605
Eindämmungspolitik 3606
Eindringen 2282
Einfall 5517
~ in ein Land 5519
einfallen 5518
Einflugschneise 51
Einflußbereich 3492
einfügen: einen Artikel in die Verfassung ~ 539
Einfügung 4233
einführen: jdn in sein Amt ~ 1773
~: einen Redner ~ 4022
~: die Zensur ~ 690
Einführungsgesetz 1069
Einführungsworte 3900
Eingabe 1676
eingefleischt 2591
eingemeinden 1648
Eingemeindung 1647
Eingreifen 3614
~ des Staates 2472
~, bewaffnetes 5520
einhalten: den Amtsweg nicht ~ 1710
~: die Geschäftsordnung ~ 4109
~: einen Vertrag ~ 4528
Einhaltung 550, 4033
~ der Geschäftsordnung 4110
~ eines Vertrages 4529
einheimisch 2288

Einheit, afrikanische 5269, 5237
~, unerschütterliche 2473
Einheiten, paramilitärische 5630
Einheitsliste 803
Einheitspartei 1924
~: Sozialistische ~ Deutschlands 2004
Einheitsstaat 235
einholen: eine Stellungnahme ~ 4040
einigen: sich ~ über 3728
Einigung, grundsätzliche 3729
Einigungskrieg, italienischer 6178
Einkammer... 918
Einkammersystem 919
Einkreisung 3661
~ Deutschlands 6210
~, kapitalistische 2566
Einkreisungspolitik 3662
einladen: jdn zum Essen ~ 3296
Einladung 3228, 3847
~: auf ~ von ... 3845
Einladungen 3846
einlassen: sich ~ mit 3623
einlegen: bei einer Regierung Verwahrung gegen etwas ~ 3520
~: sein Veto ~ gegen 4084
Ein-Mann-Regierung 1284
Einmarsch ins Rheinland 6287
Einmischung in 3610
einmischen: sich in die inneren Angelegenheiten eines Landes ~ 3611
einnehmen: eine Haltung ~ 3505
Einparteienstaat 261
Einparteiensystem 1301, 1949
Einpeitscher 1976
einreichen 4248
einreichen: seinen Rücktritt ~ 1424
~: beim Sekretariat ~ 4249
Einreisesichtvermerk 3405
Einreisevisum 3405
Einrichtung 4670
Einrichtungen, gemeinsame 5108

Einrichtungen, regionale 5028
einschieben 539
einschlagen: die diplomatische Laufbahn ~ 3032
einschränken: Befugnisse ~ 1744
Einschränkung der strategischen Rüstung 6524
Einschreibegebühr 4282
Einschreiten 3614
einsetzen: einen Ausschuß ~ 3930
~: ein Organ einer Institution ~ 4791
~: jdn in eine Würde ~ 435
Einsetzung 4792
Einsparungspolitik 1099
Einspruch 3519
Einspruchsrecht 4081
einstellen: das Feuer ~ 5832
~: Personal ~ 4901
~: Personal an Ort und Stelle ~ 4902
~: ortsansässiges Personal ~ 4903
Einstellung der Atomversuche 5940
Einstellung in Dauerstellung 4905
~ der Feindseligkeiten 5833
~ der Kernversuche 5932
~ auf Probe 4912
~ auf Zeit 4906
~ auf unbestimmte Zeit 4904
~ der Bombardierung 5662
~, fortschrittliche 2743
Einstellungsbedingungen 4894
Einstellungsdatum, tatsächliches 4907
einstimmig 4053
~: fast ~ 4205
Einstimmigkeitsregel 4206
einstufen 1769
Einstufung 4916
eintragen: sich ins goldene Buch ~ 3238
~: jdn in die Rednerliste ~ 4009

eintragen
~: sich in die Trauerlisten ~ 3319
~: in die Wahllisten eingetragen sein 801
Eintreffen des Diplomaten 3082
eintreten: in den diplomatischen Dienst ~ 3033
~: in Verhandlungen ~ 3700
~: in den Verwaltungsdienst ~ 1768
Eintreten für 1677
einverleiben 95
Einverleibung 96, 100
~ der Rest-Tschechei 6298
Einvernehmen: das gute ~ zwischen den Völkern 3577
einverstanden: sich ~ erklären mit 4375
Einverständnis 3724
Einwand 4371
Einwände 4368
~: keine ~ erheben gegen etw. 4369
Einwanderer 2306
Einwanderung 2307
Einwanderungssperre 2308
Einwanderungsverbot 2308
einwandfrei 4351
einwenden 4370
Einwendung 5469
einwerfen: einen Stimmzettel in die Urne ~ 838
Einwerfen des Stimmzettels in die Wahlurne 4165
Einzelheiten 4332
Einzelmitglied 4681
Einzelmitgliedschaft 4682
Einzelnation 2923
Einzelwahl 773
Einziehung der Güter 621
~ eines Schiffes 5787
Eisenbahnen 5271
Eisenbahnmaterial 5178
Eisenbahnunion, Internationale 5315
Eisenbahnverkehr, internationaler 5296
Eisenhower-Doktrin 6466
elastisch: die Fassung von Art. 10 ist genügend ~ 4655
ELDO 5182

Elite 2474
emanzipieren: sich ~ 194
Emanzipation 195
Emanzipierung 195
Embargo 5731
~: das auf... aufheben 5733
~: ein ~ über etw verhängen
Emigrant 2330
Emigration 2331
Eminenz, graue 1547
Emir 470
Emirat 471
Empfang 3290, 3292
~: ein begeisterter ~ 3241
~, herzlicher 3240
~, offizieller 3291
empfangen: in feierlicher Audienz ~ 3270
~: in Privataudienz ~ 3272
~: in Sonderaudienz ~ 3268
Empfängerland 3678
Empfängerstaat 3678
Empfangskomitee 4274
Empfangsstaat 3075
Empfehlung 4054
Empfehlungen 5035
empören: sich ~ gegen 2179
Empörer 2186
Emporkömmling 2475
Empörung 2180
Emser Depesche 6183
enden: ein Amt endet 1797
Endsieg 5626
ENEA 5179
Energieminister 1472
Energieversorgung 1457, 1472
Energiewirtschaft 1486
Engagement 3615
England 6322
engstirnig 2476
Enklave 124
Entdeckung unterirdischer Atomexplosionen 5295
Ente 2486
enteignen 693
Enteignung 694
Enteignungsrecht des Staates 623
Entente Cordiale 6204
~, Kleine 6238

entfernen 4121
~: jdn für den Rest der Sitzung aus dem Saal ~ 4126
entführen 2217, 2284
Entführer 2283
Entführung von Diplomaten 2285
entgegenstehen: ... die den Bestimmungen ~ 4648
enthalten: sich der Stimme ~ 4182
Enthaltung 4160
entheben: seines Amtes ~ 1799
~: jdn seines Amtes ~ 4942
entkolonialisieren 201
Entkolonialisierung 200
entkolonisieren 201
Entkolonisierung 200
entlassen: jdn ~ 1801, 4942
~: auf Ehrenwort ~ 6041
~, fristlos 4944
~: einen Minister ~ 1432
~: einen diplomatischen Vertreter ~ 3090
Entlassung 1803, 4943
~ aus dem Staatsangehörigkeitsverhältnis 2357
~ eines Ministers 1433
Entlaubung 6002
entmilitarisieren 5883
Entmilitarisierung 5885
entmobilisieren 5882
Entmobilisierung 5881
Entnazifizierung 6375
entneutralisieren 6072
Entneutralisierung 6071
Entnuklearisierung 5946
Entrechtete 1991
entsagen: dem Thron ~ 321
Entschädigung 5490
entschärfen: einen Konflikt ~ 3604
Entscheid über die Rechtmäßigkeit einer Prise 5786
entscheiden: ex aequo et bono ~ 5481
Entscheidung 1654
Entscheidungen, gerichtliche 2948
Entscheidungsgewalt 1731
Entscheidungsschlacht 5624
entschlossen 4637

Entschließung 4055, 4057
Entschließungsentwurf 4056
entschlüsseln 3186
Entschlüsselung 3187
entschuldigen: sich bei jdm ~ 3312
Entsendestaat 3076
Entsendung 3051
Entspannung 3622
Entstalinisierung 3477
Entstehung eines Staates 270
entthronen 325
Entthronung 326
entwaffnen 5839
Entwaffnung 5838
Entwicklung 4980, 5066, 5182, 5189
~, industrielle 5007, 5107
~, wirtschaftliche 5279
Entwicklungsbank, Afrikanische 5150
~, Arabische 5157
~, Asiatische 5160
~, Interamerikanische 5197
entwicklungsfähig 3681
Entwicklungsfonds 4744
~ für die überseeischen Gebiete 5137
Entwicklungsfragen 6494
Entwicklungshilfepolitik 3680
Entwicklungsländer 3677
Entwicklungspolitik 1572
Entwurf 4238
~, abgeänderter 4547
Entwurzelung 2317
entziehen 6143
~: die Staatsangehörigkeit ~ 2359
~: das Wahlrecht ~ 756
~: jdm das Wort ~ 4028
Entziehung des Wahlrechts 755
entziffern 3186
~: einen Code ~ 2272
Entzifferung 3187
Entzug der Staatsangehörigkeit 2358
~ des Wortes 4029
Enzyklika 489
EPG 6438
Episkopat 505
ER 5173

erben: das Recht zu ~ 620
Erbfeind 5619
Erbfolgekrieg, österreichischer 6113
~, spanischer 6111
erblich 1717
Erblichkeit 1718
Erbmonarchie 289
Erde, verbrannte 5593
Erdrutsch 880
Erdsatellit 5972
erfolgen: es erfolgt ein Vermerk im Protokoll 4227
Erforschung des Weltraums 5184
~ des Mittelmeeres, wissenschaftliche 5210
erfüllen: sein Plansoll ~ 2728
~: das Quorum ~ 4199
Erfüllung, sorgsame 1757
Erfüllungspolitik 6249
Ergänzungsabkommen 4430
Ergänzungswahl 786
ergeben: sich ~ 5826
~: es ~ sich Schwierigkeiten 4387
~: die aus der Mitgliedschaft sich ergebenden Rechte und Vorteile
ergehen lassen: Einladungen ~ an 3846
ergreifen: Kollektivmaßnahmen ~ 3471
~: die Macht ~ 1291
~: das Wort ~ 4020, 4026
Ergreifung des Wortes 4007
erhalten 1903, 4196, 4197
~: das Agrément ~ 3081
~: der Kandidat x erhält xx Stimmen 871
~: 15 Sitze ~ 875
~: das Wort ~ 4025
Erhaltung des Friedens 3439
erheben 3301, 4369
~: sich ~ gegen 2179
~: in den Adelsstand ~ 409
~: Anspruch ~ auf etw. 3476
~: eine Gesandtschaft zur Botschaft ~ 3071
~: Vorstellungen ~ 3518

555

Erheben 4151
Erhebung 2180
Erhebungen, vorausgehende 1857
erhöhen: internationale Spannungen ~ 3621
Erkenntnis: in der ~ 4638
erklären 1392, 4375
~: ich möchte hier ausdrücklich ~, daß 4339
~: Diplomaten zur persona non grata ~ 3079
~: für gewählt ~ 4195
~: einem Land den Krieg ~ 5551
~: seinen Rücktritt ~ 1425
~: für ungültig ~ 1674
~: die Wahl für ungültig ~ 857
Erklärung 4046, 6361
~ der Menschen- und Bürgerrechte 6127
~: allgemeine ~ der Menschen- und Bürgerrechte 585
~ der Vereinten Nationen 6330
~, eidesstattliche 3415
~, einseitige 3560
~, feierliche 4047
~, persönliche 4048
erlangen: seine Unabhängigkeit ~ 155, 194
Erlangung der Selbständigkeit 198
~ der Unabhängigkeit 205
Erlaubnis 1668
erledigen: die laufenden Geschäfte ~ 3120
Erledigung des Rechtshilfeersuchens 1858
erlöschen 4623
Erlöschen 4624
ermächtigen: jdn ~ etw. zu tun 1735
Ermächtigung 1668
Ermächtigungsgesetz 6278
ermahnen: zur Einhaltung des Themas ~ 4033
Ermessens... 1750
Ermessensbefugnisse 1749
Ermessensmißbrauch 1751
Ermessensüberschreitung 1751, 1752

Ermittlung 5461
Ermittlungsverfahren 5462
Ernährung 1503, 5041
Ernährungsausschuß, Gemischter 5053
Ernährungsindustrien 5209, 5321
Ernährungs- und Landwirtschaftsorganisation der Vereinten Nationen 5041
ernennen 1765
~: einen diplomatischen Vertreter ~ 3072
Ernennung 1766, 3888, 4906
~ von Stellvertretern 3817
Ernennungen 1387, 3890
Ernennungsausschuß 3959
Ernennungsbefugnis 1732
Ernennungsschreiben 3383, 4895
Ernennungsurkunde 1767
erneuern, stillschweigend 4619
Erneuerung, allgemeine 935
Ernst der Lage 3496
Eroberer 5875
Eroberung 90
Eroberungskrieg 5573
eröffnen: die Abstimmung 4149, 4150
~: die Aussprache über etw. ~ 3994
~: die Friedensoffensive ~ 3450
~: die Sitzung ~ 3891, 3892
Eröffnung der Abstimmung 4148
~ der Feindseligkeiten 5536
~ einer Sitzung 3893
Eröffnungsansprache 3896
Eröffnungsfeier 3897
Eröffnungsrede 3896
Eröffnungssitzung 3898
erörtern: eine Frage ~ 4389
ERP 6401
erreichen: Beschlußfähigkeit ~ 4201
errichten: Barrikaden ~ 2196
Errichtung von Militärstützpunkten 5516

erringen: die Mehrheit ~ 884
Errungenschaften des Sozialismus 2808
Ersatzlösung 3731
Ersatzmann 944
Ersatzpässe 3396
Erscheinen von Zeugen 1900
Erschießung von Geiseln 2247
Erschießungskommando 2170
Erschließung: friedliche ~ des Weltraums 5974
erschöpfen: die Tagesordnung ~ 3863
Erschöpfung der innerstaatlichen Rechtsmittel 2938
Ersetzung 68
erstatten: Bericht ~ 4254
Erstattung der Reisekosten 4949
Erstgeburtsrecht 314
Erststimme 844
Erstürmung der Bastille 6126
ersuchen, dringend 4374
~: um Asyl ~ 2319
Ersuchen 1853, 1856, 3474, 4065
~ um der Strafverfolgung vorausgehende Erhebungen 1857
~: auf ausdrückliches ~ von 4070
erteilen: das Agrément ~ 3080
~: Entlastung ~ 4253
~: das Exequatur ~ 3391
~: eine Genehmigung ~ 1669
~: jdm Sondervollmachten ~ 1742
~: das Wort wird in der Reihenfolge der Meldungen erteilt 4015
~: jdm das Wort ~ 4018
~: ich erteile Herrn... das Wort 4023
Erwägung: in ~, daß... 4639
erweisen: jdm die letzte Ehre ~ 3338

erweisen: jdm militärische Ehren ~ 3202
~: es erweist sich als notwendig 4362
Erwerb durch Eroberung 90
~ der Staatsangehörigkeit 2350
erwerben: ...kann erworben werden 63
~: eine Staatsangehörigkeit ~ 2349
erwidern: einen Besuch ~ 3236
Erwiderung eines Besuches 3235
Erzbischof 502
erzbischöflich 504
Erzbistum 503
Erzdiözese 503
Erzherzog 380
Erzherzogin 381
Erzherzogtum 382
Erziehung 601, 5054
~, staatsbürgerliche 2827
Erziehungsbüro, Iberoamerikanisches 5195
~, internationales 5229
Erziehungsminister 1513
Erziehungsministerium 1509
erzielen: falls keine Einstimmigkeit erzielt wird 4208
erzreaktionär 2591
Eskalation 5540
eskalieren: den Krieg ~ 5554
ESRO 5184
Essen 3295, 3396
Establishment 2478
Etat 1082
Etatismus 2479
Ethnarch 514
Etikette 3193
EURATOM 5141, 5143
EUROFIMA 5178
Europa 5000, 5244, 5276, 5377, 6323, 6434
~ der Sechs 6436
~ der Vaterländer 6435
Europa-Armee 6428
Europagedanke 6440
Europa-Gedanke 6454
Europa-Parlament 5109
Europapolitik 3423

Europa-Rat 5173
Europarat 5176
Euthanasie 704
Evakuierung 5878
EVG 6425
EVG-Vertrag 6426
Evian 6483
EWA 5185, 5192
EWG 5127, 5147
ex aequo et bono 5481
Exarch 511
Exarchat 512
Exekution 1912
Exekutionskommando 2170
Exekutiv... 1264
Exekutivausschuß 3970, 5056, 5191, 5094
Exekutive 1263, 1266
Exekutivorgan 4798
Exekutivrat 1302, 4805
Exekutivsekretär 4842
Exequatur 3390, 3391, 3392, 3393
Exil 2327, 2328
Exilregierung 1342
Exklave 123
Expansion 2480
expansionistisch 2482
Expansionsdrang 2481
Expansionspolitik 3640
Expeditionskorps 5642
Experte 3822
Expertenbericht 4269
exterritorial 122, 3148
Exterritorialität 121, 3194
Extremismus 2483
Extremist 2484
extremistisch 2485
EZU 5185

F

Fachausschuß 3958
Fachberater 3823
Fachorganisation 4765
Fackelzug 3207
Fahnenflüchtiger 5613
Fakultativklausel 4511
Falange 2042
Falangist 2043
falangistisch 2044
Falken 2789
Fall 5421

Fall
~: zu ~ bringen 1376, 4093
~ Dreyfus 6198
fallen: unter die Zuständigkeit von ~ 1734
falsch: es wäre ~, wenn 4350
Falschmeldung 2486
Familie 632
Familienfragen 1497
Fanatiker 1487
fanatisch 2488
fanatisieren 2489
Fanatismus 2490
FAO 5041, 5053
Farbbücher 3673
Faschismus 2491
Faschist 2492
faschistisch 2493
Faschoda-Krise 6200
fassen: sich kurz ~ 4337
Fassung 4655
Fassung von Artikel... 4549
Faustrecht 2993
FDP 1997
Februarrevolution 6218
Feddayin 6530
federführend ist... 3936
Fehlbetrag im Haushalt 1088
fehlgehen: man geht wohl nicht fehl in der Annahme, daß... 4365
Fehlschlag einer Mission 3064
feierlich 3250
Feierlichkeit 3249
Feindseligkeiten 5536, 5833
Feindstaat 5621
Feindvermögen 5620
Fellow-traveller 2838
Fenstersturz: Prager ~ 6095
fernliegen: es liegt mir fern... 4326
Fernmeldegeheimnis 647
Fernmeldeunion 5151
~, Internationale 5084
Fernmeldeverein 5084
Fernmeldewesen 5180
Fernschreiber 4830
~: der rote ~ 6525
Fernsehansprache 3256
Fernsehinterview 3922
Fernsprechdienst 5090

557

Fernwaffen 5968
Fernziel 2494
Festbankett 3298
Festessen 3298
festhalten: als Geisel ~ 2246
~: an einer Politik ~ 1559
~: wir halten fest zu unseren Verbündeten 5550
festigen: den Frieden ~ 3441
Festigung: ~ des Friedens 3442
~ eines Regimes 1276
Festland 22
Festlandsockel 43
festlegen 4250
~, ausdrücklich 4550
~: eine Politik ~ 1557
~: Zeit und Ort der nächsten Sitzung ~ 3907
Festnahme von Geiseln 6008
Festsaal 3297
festsetzen: eine Sitzung ~ auf den... 3848
feststehen: es steht einwandfrei fest, daß... 4351
feststellen: Beschlußfähigkeit ~ 4200
Feststellung 4328
Fetzen Papier 4530
feudal 439
Feudal... 439
Feudalherr 436
Feudalismus 440
Feudalstaat 173
Feudalsystem 440
Feuereinstellung 5841
Filibuster-Taktik 1042
Finanzattaché 3131
Finanzausschuß 3977, 4969, 5045
Finanzberater 4845
Finanzbericht 4267
Finanzdepartement 1454
Finanzen 4969
Finanzgesellschaft, Internationale 5067
Finanzhilfe 3683
Finanzhoheit 574
Finanzierung von Eisenbahnmaterial 5178
Finanzinspektion 5962
Finanzinstitut 4778

Finanzminister 1455
Finanzministerium 1453
Finanzpolitik 1580
Finanzprüfungsausschuß 4976
finden 4525
Fischerei 1503, 1505
Fischereiabkommen 4480
Fischerei-Kommission 5212
Fischereiminister 1507
Fischereirat: allgemeiner ~ für das Mittelmeer 5154
~, Indo-pazifischer 5196
FIT 5331
Flackerstreit 725
Flagge 3345, 3347, 3348, 3349, 3350, 3351, 3354
~, falsche 5763
~, weiße 5824
Flaggendiskriminierung 5765
Flaggenerkundung 5740
Flaggenkontrolle 5746
Flaggenmißbrauch 5764
Flaggenwechsel 5738
FLN 6463
Flottenabkommen 4463
~, Deutsch-Englisches 6282
Flottengeleit 5694
Flottenstützpunkt 5682
Flottenvertrag 4462
Flucht nach vorne 2495
Flüchtling 2309, 5022
Flüchtlingsfrage 2310
Flüchtlingshilfe 2314
Flüchtlingskommissar: Hoher ~ der Vereinten Nationen 5022
Flüchtlingslager 2311
Flüchtlingsorganisation, Internationale 5020
Flüchtlingsproblem 2310
Flüchtlingsstrom 2312
Fluchtversuch 6030
Flugabwehrraketen 5668
Flugabwehrraketensystem 5669
Flugblätter 2127
Flügel, linker 1940
~: rechter ~ einer Partei 1940
Flughafen, internationaler 84

Flugzeuge 3632
Flugzeugentführer 2216
Flugzeugentführung 2215
Flugzeugträger 5688
Fluß, internationaler 85
Flüsse 87
~, internationale 88
föderalisieren 2498
Föderalisierung 2497
Föderalismus 2496
Föderalist 2490
Föderalisten, Europäische 5380
föderalistisch 2500
Föderation 225, 4745
~: Internationale ~ der Widerstandskämpfer 5316
föderativ 229
foedus iniquum 4424
Folge leisten: der Aufforderung des Vorsitzenden nicht ~ 4115
Folketing 1133
Folter 697
Fonds 4743
FORATOM 5188
fördern: die internationale Zusammenarbeit ~ 3437
Forderung 3475, 4373
Foreign Office 1435
Form 679
~: in gedrängter ~ 4335
~: in vereinfachter ~ 4417
Formvorschriften 4519
Forschung 654
~, kernphysikalische 5181
Forschung, wissenschaftliche 1474
Forschungszentrum 4784
Forsten 1504
Forstkommission, Europäische 5050
Forstminister 1508
Forstbestand 151
Fortbildungsurlaub 4926
Fortschritt 5155, 5207
Fortschritte machen 3740
fortschrittlich 2501
Fortschrittsanhänger 2502
Fortschrittsbremser 2592
Fortschrittsdenken 2743
Fotokopien, beglaubigte 1906
Frage 3859, 3938, 3940, 4074, 4391

Frage, akute 2503
~: eine bestimmte ~ 4139
~, Deutsche 6358
Fragebogen 4237
Fragen 4974
~, die beide Länder betreffen 3573
~ der protokollarischen Rangordnung 3196
~, humanitäre 4970
~, schwebende 3574
Fragestunde 985
Fraktion 956
Fraktionalismus 2504
Fraktionsdisziplin 959
Fraktionsführer 957
Fraktionsgeschäftsführer 958
Fraktionsstärke 961
Fraktionsvorlage 1030
Fraktionsvorsitzender 957
Fraktionszwang 960
Frankismus 6291
frankistisch 6292
frankotreu 2505
Frankreich 2020, 6318
~: das freie ~ 6320
Frankreichfeldzug 6317
fraternisieren 5808
Fraternisierung 5809
Fraternisierungsverbot 5810
Frau 591
~ des Botschafters 3110
~ des Konsuls 3369
Frauen-Kommission, Interamerikanische 5198
Frauenrat, Internationaler 5334
Frauenrechte 4996
Frauenrechtsbewegung 2506
Frauenrechtlerin 2507
Frauenstimmrecht 766
Frauenstimmrechtlerin 767
Frauen-Verband, Internationaler 5335
Frauenvereinigung 4741
Freibeuter 5725
Freifrau 419
freigeben 4935
~: zur Plünderung ~ 6012
~: ein Schiff ~ 5759
Freihafen 18
Freihandels-Assoziation 5177

Freihandelsvereinigung, Europäische 5177
~, Lateinamerikanische 5240
Freihandelszone 6469
~, Lateinamerikanische 5240
~, Zentralamerikanische 5299
Freiheit 624
~ des Gedankens 606
~ der Lehre und Forschung 654
~ des Luftraumes 53
~ beschränkende Maßregel 1907
~ der Meere 3005
~ von Sklaverei und Dienstbarkeit 635
~ von willkürlicher Verhaftung und Haft 636
Freiheiten, Vier 6332
Freiheitsbewegung 4739
Freiheitsentzug 695
Freiheitskampf 197
Freiheitskämpfer 196
Freiheitskrieg, Nordamerikanischer 6119
Freiheitsliebe 2508
Freiheitsstrafe 1908
Freiherr 418
Freiherrin 419
freiherrlich 422
Freiherrnstand 421
Freiherrnwürde 421
Freiin 420
Freikorps 6245
freilassen 6040
Freilassung 1914
~ der amerikanischen Kriegsgefangenen 6542
~, endgültige 1915
Freimaurer 2509, 2510, 2512
Freimaurerei 2511
freimaurerfeindlich 2513
freimaurerisch 2512
Freimaurerloge 4780
Freischärler 2213
Freistaat 240, 2775
freiwerden: ein Sitz wird frei 933
~: wenn ein Sitz frei wird 938
~: eine Stelle wird frei 4890

Freiwilligenkorps 5605
Freizeit 1516
Freizone 17
Freizügigkeit 628
fremdenfeindlich 2515
Fremdenhaß 2514
Fremdenlegion 5608
Fremdenpolizei 2296
Fremdenrecht 2294
Fremdenverkehr 1517
Fremdherrschaft 165
Frequenzregistrierung 5089
Freude: es ist mir eine besondere ~ 4315
~: eine ~ sein 4319
freuen: es freut mich 4316
~: ich freue mich... zu begrüßen 4317
~: ich freue mich... zu können 4318
~: ich freue mich sehr
~: es freut mich... zu können 4320
freundschaftlich 3590
Freundschaftsbesuch 3226
Freundschaftsvertrag 4473
Frieden 2924, 2985, 3439, 3441, 3442, 3447, 3452, 3456
~, bewaffneter 5870
~, dauerhafter 3453
~, internationaler 3436, 3438
~, Westfälischer 6097
Frieden und Ordnung 2058
Friedensangebot 5852
Friedensappell 5853
Friedensbedingungen 5858a
Friedensbedrohung 3456
Friedensbemühungen 3445
Friedensblockade 3655
Friedensbruch 3461, 5871
Friedensforschung 3443
Friedensfühler ausstrecken 5850
Friedensgespräche 5857
Friedensinitiative 5854
Friedenskonferenz 5859
Friedenskonferenzen, Haager 6202
Friedenskorps 6486
Friedensmarsch 2092
Friedensmission 3446
Friedensoffensive 3449, 3450

559

Friedenspolitik 5855
Friedensrat, Interamerikanischer 5201
Friedensregelung 5862
Friedensschluß 5861
Friedensstärke 5865
Friedensunion, Deutsche 1996
Friedensverhandlungen 5858
Friedensvertrag 4439
Friedensvölkerrecht 2924
Friedensvorschläge 3448
Friedenswille 3444
Friedenszeiten: in ~ 3655
Friedenszustand 5867
Friedrich II. von Preußen 6115
Friedrich der Große 6115
Friedrich Wilhelm I. von Preußen 6114
Fritz, der Alte 6115
Frühling, Prager 6517
Frühstück 3296
Fuchtel 2516
Fühler 3720
Fühlung 3742
Fühlungnahme 3743
führen 4223
~: eine Flagge ~ 3351
~: Krieg ~ 5553
~: Verhandlungen ~ 3699
~: den Vorsitz über eine Versammlung ~ 3880
~: die Waffen offen ~ 5994
Führer 1296
Führerprinzip 2517
Führung 3417
~, dienstliche 4931
~, kollektive 1403
Führungsgruppe, Ständige 5249
Führungskrise 1386
Fundbüro 4294
Fünfjahresplan 1578
Fünfmächteabkommen 4438
Funkdienst 5091
Funktion 1643, 4915
Funktionszulage 4877
Fürsprache 1677
Fürst 367
Fürstabt 372
Fürstbischof 373
Fürsten... 369

Fürstentum 371
Fürstenwürde 370
Fürstin 368
fürstlich 369
Fusion mit 1945
fusionieren mit 1944

G

Gang: in ~ bringen 4002
gängeln: von jdm gegängelt werden 2516
Garantiefonds 5126
~, europäischer landwirtschaftlicher 5139
Garantien, verfassungsmäßige 596, 2067
Garantieversprechen, gegenseitiges 4458
Garantievertrag, gegenseitiger 4457
Garde, Eiserne 6262
Garden: die Roten ~ 6515
Garderobe 4296
Gärung 2083
Gaskammer 705
Gaskrieg 6000
Gast, hoher 3239
Gästebuch 3289
Gastfreundschaft, neutrale 6066
Gastgeber 3034
Gastgeberin 3305
Gastland 3809
GATT 5100
Gauchist 2385
Gaullismus 2518
gaullistisch 2519
Gaza-Streifen 6461
geben 4331
~: einen Bericht in Umlauf ~ 4255
~: jdm Blankovollmacht ~ 3712
~: einen Cocktail ~ 3294
~: einen Empfang ~ 3292
~: ein Essen ~ 3295
~: sich eine Geschäftsordnung ~ 4108
~: ein Interview ~ 3923
~: seine Stimme einer Partei ~ 847
~: in Umlauf ~ 4255
Geberstaat 3679

Gebiet 96, 113, 118, 211, 3629, 5958, 6143
~ des Zollwesens 5278
~, abgefallenes 112
~, besetztes 5801
~, herrenloses 62
~, losgelöstes 112
Gebiete, nicht autonome 166
~, nichtselbständige 4971
~, überseeische 179, 1529, 5138
Gebietsanspruch 119
Gebietsansprüche 117
Gebietsaustausch 75
Gebietsbereinigung 131
Gebietserweiterung 77
Gebietsherrschaft 3
Gebietshoheit 3, 5
Gebietskörperschaft 1611
Gebietsveränderung 76
Gebrauch machen: von der Waffe ~ 2078
Gebräuche 5979
gebrauchen: vergiftete Waffen ~ 5995
Geburten 3412
Gedanken 606
Gedankenfreiheit 606
Gedenkfeier 3252
Gefahr, unmittelbar drohende 2059
gefährden: den internationalen Frieden und die Sicherheit ~ 3438
Gefahrenherd 3617
Gefangenenlager 6027
Gefangennahme 6023
gefangennehmen 6022
Gefangenschaft 6026
Gefolge 3160
~, offizielles 3161
~, privates 3162
~, ziviles 5260
Gefolgsleute 2384
Gegenantrag 4060
Gegenbesuch 3235, 3236
Gegenblockade 3654
Gegenentwurf 4241
Gegenkandidat 795
Gegenkundgebung 2090
Gegenprobe 4152
Gegenreformation 6086
Gegenrevolution 2160
gegenrevolutionär 2162
Gegenrevolutionär 2161

Gegensatz 2521
Gegenschriften 5466
gegenseitig 3578
Gegenseitigkeit 2967, 3433
~ in der Gesetzgebung zweier Länder 3435
~ vorausgesetzt 4459
Gegenseitigkeitserklärung 3434
Gegenseitigkeitsklausel 4505
Gegenseitigkeitsvertrag 4456
Gegenspionage 2260
Gegenspionagedienst 2263
Gegenstand 3985
~ und Grund des Ersuchens 1856
Gegenstimmen: mit zwei ~ 4178
Gegenterror 2224
Gegenüberstellung: zur ~ 1902
Gegenvorschlag 3727
gegenzeichnen 1664
Gegenzeichnung 1663
Gegner 2520
~ der Rassentrennung 675
Gegnerschaft 2521
Gehaltsabzüge 4867
Gehaltserhöhung 4869
Gehaltsstufe 4864
Gehaltstabelle 4863
Geheimagent 2278
Geheimbund 2206
Geheimdienst 2253
Geheimdiplomatie 3022
Geheimgespräche 3748
Geheimhaltung, strengste 4932
Geheimklausel 4509
Geheimnisträger 4933
Geheimorganisation 2207
Geheimpolizei 2054
Geheimprotokoll 4493
Geheimsender 2202
Geheimsitzung 3797
Geheimvertrag 4461
gehen 2528
~: es geht darum 4327
~ über 4003
~: unsere Aussprache geht über 4338
~: ins Exil ~ 2328
~: in die Opposition ~ 984
~: in Pension ~ 1811

gehen
~: es würde über den Rahmen unserer Aussprache gehen 4366
~: in den Untergrund ~ 2203
~: zur Wahl ~ 843
Gehirnwäsche 698
Gehlen 2267
Geisel 2245
Geiselerschießung 2247
Geiseln 2247, 6008
Geist und Buchstabe 4634
~ von Camp David
~ von Genf 6253
~ der Gesetze 2527
~: im Geiste gegenseitigen Verstehens 3578
gelangen: zur Einstimmigkeit ~ 4207
~: an die Macht ~ 1293
Gelbbuch 3666
Gelegenheit 4322
Geleise 1038
Geleit 5694
geleiten 5761
Geleitzug 5694
gelten 638
~: gilt sinngemäß 4647
~: die Bestimmungen ~ für 4525
geltend machen 4368
~: territoriale Ansprüche ~ 117
Geltung 3472
Geltungsbereich 4605
~, räumlicher 4604
gemäß ihren verfassungsrechtlichen Vorschriften 4590
gemäßigt 2522
Gemeinde 1633
Gemeinde... 1636
Gemeindebeamter 1653
Gemeindegebiet 1649
Gemeindehaus 1642
Gemeindeliste 778
Gemeinden 5377
Gemeindeordnung 1637
Gemeinderat 1205, 1639
Gemeindeverband 1638
Gemeindewahlen 785
Gemeinherrschaft 246
Gemeinschaft 4736, 5118
~, engere 6432
~, Europäische 6423

Gemeinschaft
~: Europäische ~ für Kohle und Stahl 5116
~, Europäische Politische 6438
~, Französische 6472
~, Ostafrikanische 5272
Gemeinschaften, Europäische 5114, 5451
Gemeinschaftsgeist 2811
Gemeinschaftskunde 2828
Gemeinschaftsrecht 5115
Gemeinwohl 556
genehmigen: das Protokoll der vorhergehenden Sitzung ~ 4230
~: die Tagesordnung ~ 3856
Genehmigung 1668, 1670, 4252
Genehmigungsurkunde 4660
General Winter 6336
Generalakte 4498
Generalanwalt 5113
Generaldirektor 4836, 5058
~ des Sekretariats 5048
~ stellvertretender 4837
Generalgouverneur 1597
Generalgouvernement 6313
Generalkonferenz 5105
Generalkonsul 3374
Generalkonsulat 3373
Generallinie 2375
Generalmobilmachung 5528
Generalrat 1107
Generalresident 1600
Generalsekretär 4840, 5101
~ der UNO 5027
~, stellvertretender 4841
Generalsekretariat 4815, 5088
Generalstabsausschuß 4985
Generalstände 1210, 6122
Generalstreik 726
Generalversammlung 4803
Generalvertrag 6424
Genf 6253
Genfer Konventionen 5980
genießen: diplomatische Immunität ~ 3147
Genosse 2033
Genossenschaft 4776
Genossenschaftsbund, Internationaler 5336

561

Genozid 2991
Gentleman's Agreement 4403
Genugtuung: es ist mir eine besondere ~, zu... 4342
Geographie 5275
Geopolitik 2523
geopolitisch 2524
geraten 4136
Gerechtigkeit 593
Gericht: vor ein ~ 5424
~, unabhängiges 637
~, unparteiisches 637
Gerichtsbarkeit 1825, 1829
~, ausschließliche 1827
~, obligatorische 5430
~, örtliche 3150
Gerichtsbehörden 1821
Gerichtsentscheidungen 1897, 2948
Gerichtsferien 5485
Gerichtshof 5110
~ der Europäischen Gemeinschaften 5451
~: Europäischer ~ für Menschenrechte 5186, 5452
~, gemischter 5447
~, Internationaler 5024, 5450
~: ein internationaler ~ 5445
~, Mittelamerikanischer 5453
~, Oberster 1831
~: der Ständige Internationale ~ 4957, 5449
Gerichtskosten 5484
Gerüchte, unkontrollierbare 3558
Gesamtausschuß 971, 3944
Gesamtbericht 4259
gesamtdeutsch 6360
Gesamtrechtsnachfolge 2977
Gesamtrevision 535
Gesandter 3115
~: außerordentlicher ~ und bevollmächtigter Minister 3114
Gesandtschaft 3070, 3071
Gesandtschaftsrecht 3047
Geschäfte, laufende 3120
Geschäftsbericht 4261
Geschäftsführer 4842

Geschäftsführungsausschuß 5061
Geschäftsordnung 4075, 4076, 4106, 4108, 4109, 4110, 4112, 4113
~: zur ~ 4111
Geschäftsordnungsausschuß 3971
Geschäftsstelle 5404
Geschäftsträger 3117
~ ad interim 3119
~, ständiger 3118
geschehen zu 4656
Geschenk 3285
Geschichte 2931, 5275
~, diplomatische 3019
Geschlecht 589
Geschrei 2531
Gesellschaft Jesu 6084
~: Europäische ~ für die Finanzierung von Eisenbahnmaterial 5178
~, internationale 4759
~, klassenlose 2525
Gesellschaftsvertrag 2526
Gesetz 594, 1013, 1027, 1064
~ über die Beschränkung von Grundeigentum für die militärische Verteidigung 5256
~ über die Landbeschaffung 5257
~, einfaches 1014
~: grundlegendes ~ über Staatsorgane 516
~, innerstaatliches 1015
~, rückwirkendes 1073
~: Salisches ~ 315
~, verfassungsänderndes 1075
Gesetzblatt 1051
Gesetzbuch 1076
Gesetze 545, 1053, 2527
~ und Gebräuche des Krieges 5978
~ und Gebräuche des Landkrieges 5979
~ und Verordnungen 1068
~ geben 1026
~, nicht rückwirkende 1074
~, rückwirkende 641
Gesetzesinitiative 1028
Gesetzeskraft: mit ~ 1067
Gesetzesvorlage 1029, 1030, 1038

gesetzgebend 1024
Gesetzgeber 1023
Gesetzgebung 1019, 1022, 3435
~, staatliche 2939
~, konkurrierende 1021
Gesetzgebungs... 1024
gesetzgebungsähnlich 905
Gesetzgebungsarbeit 1020
Gesetzgebungsnotstand 2068
Gesetzgebungsverfahren 1025
Gesetzinitiative 1028
gesetzmäßig 1017
gesetzwidrig 1018
Gesetzwidrigkeit 529
Gesicht 6518
Gesichtspunkt: ein neuer ~ 4340
Gespräch unter vier Augen 3746
Gespräche 3750, 3752
~ auf Botschafterebene 3703
~ hinter den Kulissen 3755
~, vertrauliche 3745
~, zwanglose 3751
Gesprächspartner 3757
Gesprächsrunde 3753
gestalten: eine Politik ~ 1561
Gesuch 1676, 4063, 4066
Gesundheit 1501
Gesundheitsminister 1496
Gesundheitsministerium 1495
Gesundheitsorganisation 5274
Gesundheitswesen 1497, 1498
Getreue 2384
gewähren 3269
~: freien Abzug ~ 5831
~: jdm Asyl ~ 2320
~: die Immunität ~ 3146
~: eine Audienz gewährt bekommen 3269
Gewahrsamsmacht 6035
Gewährung der Unabhängigkeit 206
Gewalt 566, 2077
~ anwenden 2076
~ geht vor Recht 2528
~, gesetzgebende 901

Gewalt: die gesetzgebende ~ liegt beim Parlament 902
~, höhere 4615
~, nackte 2994
~, oberste 552
~, richterliche 1820
~, verfassungsgebende 543
~, verfassungsmäßige 541
~, vertragsschließende 4413
~, vollziehende 1263
Gewaltakt 5502
Gewaltanwendung 2077
Gewalten 554
Gewaltenteilung 553
Gewaltentrennung 553
Gewalthandlung 5502
Gewaltlosigkeit 2529
Gewaltstreich 2144
Gewalttat 5502
Gewaltverzichtsabkommen 6521
Gewässer, historische 28
~: in neutralen ~n 5794
Gewerbefreiheit 629
Gewerbe- und Bürgerpartei 2037
Gewerbe-Union, Internationale 5317
Gewerkschaft 4770
Gewerkschaften 649
~, christliche 4775, 5330
~, freie 4774, 5333
Gewerkschaftler 4772
gewerkschaftlich 2407
Gewerkschaftsbewegung 4771
Gewerkschaftsbund 4773
gewerkschaftsfeindlich 2530
Gewerkschaftsvertreter 3820
Gewichte 5228
gewillt 4637
gewinnen: den Krieg ~ 5558
~: eine Wahl ~ 883
Gewissen 4531
Gewissensfreiheit 602
Gewissensgründe 2600, 2601
gewissermaßen 4356
Gewohnheit 2946
Gewohnheitsrecht 2928

~, internationales 2945
Gezeter 2531
gezwungen: ich sehe mich ~, zu 4333
GFCM 5154
GG 517
Ghetto 683
Giftgas 5997
Gipfeldiplomatie 3025
Gipfelkonferenz 3766
Girondisten 6132
Glas 3301
glauben 4350
Glauben 2953
Glaubensfreiheit 603
Gleichbehandlung 595
gleichberechtigt 592, 4712
Gleichberechtigung 590
~ von Mann und Frau 591
gleichgesinnt 2532
Gleichgewicht 3591, 3592
~ des Schreckens 5920, 6420
Gleichgewichtspolitik 3593
Gleichheit vor dem Gesetz 594
~, souveräne 153
Gleichschaltung 1609
Gleichstellung 2291
Gleis: aufs tote ~ 1038
Gliedstaaten 232
Glückwunschansprache 3283
Glückwunschbotschaft 3279
Glückwünsche 3278, 3284
Glückwunschschreiben 3282
Glückwunschtelegramm 3281
Gnaden 355
~: von Gottes ~ 280
Gnadenrecht 1841
Go-in 2094
Good-will-Mission 3062
Good-will-Reise 3063
Gorilla 2137
Gott: von Gottes Gnaden 355
Gottesgnadentum 281
Gottesstaat 2533
Gouverneur 1595
Gouverneure 4809, 5071, 5106, 5134
Gouverneurs... 1596
Gouverneursrat 4809

Grab des unbekannten Soldaten 3212
Grabrede 3337
Graf 388
Gräfin 389
gräflich 391
Grafschaft 390, 1624
Grafschaftsrat 1626
Grande, spanischer 415
Gratulation 3277
Gratulationscour 3280
Graubuch 3667
Gremium, ständiges 4793
Grenz... 139
Grenzbahnhof 140
Grenzbereinigung 131
Grenzberichtigung 131
Grenzbevölkerung 142
Grenzbewohner 141
Grenze 150
~, künstliche 133
~, natürliche 132
Grenzfestsetzung 130
Grenzfluß 135
Grenzgänger 143
Grenzgebiet 127
Grenzkrieg 5587
Grenzlinie 128
Grenzpolizei 148
Grenzschließung 150
Grenzsperre 149
Grenzstreit 3628
Grenzübergangspunkt 147
Grenzüberschreitung 145
Grenzverkehr 144
Grenzverletzung 3627
Grenzvertrag 4455
Grenzziehung 130
Grenzzwischenfall 3626
Greuel 2249
Greuelpropaganda 2534
Greueltaten 2249
groß: Friedrich der Große 6115
Großfürstin 381
Großherzog 383
Großherzogin 384
großherzoglich 385
Großherzogtum 386
Großmächte 251
Großmeister 2535
Großmogul 449
Großwesir 458
Grünbuch 3671
Grund des Ersuchens 1856
Grundeigentum 5256

563

gründen: eine Organisation ~ 4668
Gründerjahre 6189
Gründerzeit 6189
Grundfreiheiten 582
Grundgehalt 4865
Grundgesetz 517
Grundrechte 581
Grundsatz der Spezialität 1894
Grundsatzdebatte 3987
Grundstein 3210
Grundsteinlegung 3209
Gründung 6426
~ einer Familie 632
~ der Europäischen Gemeinschaft für Kohle und Stahl 6423
Gründungsakte 4672
Gründungsurkunde 4672
Grundsatz der Gegenseitigkeit 3433
Gruppe 4767, 4861
~, abgespaltete 1943
Grüßen auf hoher See 3213
gültig: die Wahl ist ~ 4190
Gültigkeit 3888
Günstling 333
Guerrillakrieg 2218
Gut, frei 5737
Gutachten 5473
Gutachter 3825
Gutachterverfahren 5417
Güter 621

H

Haager Friedenskonferenzen 6202
Haager Friedenskonferenz für Internationales Privatrecht 5194
Haager Landkriegsordnung 5979
Haager Schiedshof 5448
haben 1000, 1388
~: ein Mitspracherecht ~ 3806
~: Rechtspersönlichkeit ~ 4674
~: ausschlaggebende Stimme ~ 4210
~: beratende Stimme ~ 4211
~: das Wort ~ 4019, 4023

haben
~: Sie haben das Wort 4024
Hafen 3015, 5761, 5778
~, eisfreier 42
Hafenpolizei 3014
Haft 636
Häftlinge, politische 696
Haftung, völkerrechtliche 2963
Hakenkreuz 2536
halbamtlich 1722
Halbkreis: im ~ 3833
Halbmast: auf ~ 3354, 3355
Halbmond 3359
~: Roter ~ 6020
Hallstein-Doktrin 6450
halten: es für angebracht halten 4360
~: ich halte es für besser, zu 4361
~: eine Ansprache ~ 3255
~: sich an einen Vertrag ~ 4528
~: einen Vortrag ~ 4300
Haltung 3504, 3505, 3509
~, abwartende 3506
~, drohende 3511
~, feste 3508
~, nachgiebigere 3514
~, unnachgiebige 2537, 3510
~, unpolitische 2871
Hammelsprung 1002
Hammer und Sichel 2538
Hand, öffentliche 551
Hände 4151
Handel 1464
handeln: sich ~ um 4327
~: im Alleingang ~ 3585
Handelsabkommen 4468, 5100
Handelsabordnung 3707
Handelsattaché 3125
Handels- und Entwicklungsfragen 6494
Handels- und Gewerbefreiheit 629
Handels- und Schiffahrtsfreiheit 3011
Handelsdelegation 3707
Handelskammer, Internationale 5318
Handelsmarine 1463
Handelsminister 1466
Handelsministerium 1465

Handelsmission 3068
Handelsorganisation, Internationale 5103
Handelsschiff 5721
Handelsschiffe 5690, 5755
Handelsverkehr neutraler Staaten 5739
Handelsvertrag 4467
Handelsvertragsverhandlungen 3708
Handlung, einseitige 2965
~, strafbare 1860, 1862
Handlungen, auslieferungsfähige strafbare 1865
~, fiskalische strafbare 1864
~, militärische strafbare 1863
~, politische strafbare 1861
Handlungsfreiheit 2966
Handstreich 2143
Handwerk 1464
Handzeichen 4151
Handzettel 2127
Hase: alter ~ 1549
Hauptabteilung 4821
Hauptausschuß 3945
Hauptkriegsverbrecher 6379
Hauptorgane der UNO 4964
Hauptquartier, Oberstes 5244
Hauptversammlung 4803
Hauptvortrag 4302
Haus 3305
~: das Weiße ~ 1380
~ der Staatsräte 1180
Hausarrest 2145, 2146
Haushalt 1082, 1088
~, außerordentlicher 1097
~, ordentlicher 1096
Haushalts... 1084
Haushaltsausschuß 1090, 3976
Haushaltsdebatte 1086
Haushaltsdefizit 1088
Haushaltsentwurf 1095
Haushaltsgesetz 1094
Haushaltslücke 1088
Haushaltspolitik 1582
Haushaltsrede 1087
Haushaltsüberschuß 1092
Haushaltsvorlage 1095
Hausherr 3304

Haushofmeister 331
H-Bombe 5910
~, saubere 5911
Heeresgefolge 6025
Hegemonie 3418
Heiligkeit: Seine ~ 480
~ der Verträge 4527
Heilsarmee 5311
Heimathafen 3013
Heimatrecht 2351
Heimatstaat 2326
Heimaturlaub 4922
Heimatvertriebene 1991, 2315
Heimfallrecht 2979
heimschaffen 6042
Heimschaffung 6043
Heimstätte, nationale 116
~: eine nationale ~ für das jüdische Volk 6226
heißen: das soll nicht ~, daß 4349
Held der Arbeit 2410
Henneckearbeiter 2832
Herabsetzung der Streitkräfte 5949
~ des Wahlalters 753
Herausforderung 3644
herausgeben: ein Dementi ~ 3556
~: ein Kommuniqué ~ 3540
heraushalten: sich aus dem Krieg ~ 6052
Herr 4023
Herrenrasse 6273
Herrschaft 282
~ der hundert Tage 6150
herrschen 279
~: es herrscht Visumzwang 3410
Herrscher 277, 326, 330
~ von Gottes Gnaden 280
~ aller Reußen 345
Herrscherfamilie 294
Herrschergeschlecht 294
Herrscherhaus 291
Herrscherin 278
herumgehen lassen: eine Anwesenheitsliste ~ 3982
herumtragen: Plakate ~ 2104
hervorheben: ich möchte ~ 4328
Herzen: am ~ liegen 4344

herzlich 3752
Herzog 376
Herzogin 379
herzoglich 378
Herzogtum 377
Hetzagent 2122
Hetz- und Wühlarbeit 2113
Hetze 2121
Hetzer 2122
Hetzflugblätter 3632
Hexenjagd 6404
Hierarchie 1716
Hierokratie 2539
Hilfe, technische 3682, 5016, 5017
Hilfeleistung, technische 5004
~ auf hoher See 3009
Hilfsfond 4745
Hilfskomitee 4747
Hilfskreuzer 5689
Hilfsorgan 4796
Hilfsorgane 4956
Hilfsorganisation 4746
Hilfsquelle 2957
Hilfswerk 4746
Himmel, offener 6475
hinausgehen: über jds Befugnisse ~ 1754
~: über jds Zuständigkeit ~ 1755
hin und her gehen: die Vorlage geht zwischen den beiden Kammern hin und her 1035
hinreichend 3490
hinrichten 1913
Hinrichtung 1912
Hinterbänkler 948
Hinterland 9
hinterlegen 4596
~: die Ratifizierungsurkunde bei einer Regierung ~ 4595
Hinterlegung 4497
~ der Ratifizierungsurkunden 4594
Hinterlist 5984
hinwegsetzen: sich über einen Einwand ~ 4371
~: sich über alle Verträge ~ 4541
~: sich über ein Veto ~ 4085
hinweisen: darauf ~ 4328

hinzukommen: ein neuer Gesichtspunkt kommt hinzu 4340
Hinzuwahl 4204
hinzuwählen 4203
hissen: die Flagge ~ 3347
Hitler 6349
Hitlerputsch 6257
Hitlerregime 6350
Hitlertum 6348
Hitlerzeit 6351
Hochadel 406
Ho-Chi-Minh-Pfad 6509
Hochkommissar 1592
Hochkommissariat 1592
Hochschulverband, Internationaler 5344
Hof 328
~: bei Hofe 3263
hoffen: ich hoffe zuversichtlich 4381
Hofknicks 3276
Höflichkeit, internationale 2959
Höflichkeitsbesuch 3225
Höfling 334
Hofstaat 328, 330
Hoftrauer 3321
Hoheit 359
Hoheitsgebiet 1
~ des ersuchenden Staates 1859
Hoheitsgewässer 32
Hoheitsrecht 567, 1875
Hoheitsrechte, 1874
~, konkurrierende 568
Hoheitszeichen 3344
Honorarkonsul 3382
Honorarkonsulat 3375
Hosenbandorden 432
Hufeisenform 3834
Hugenotten 6087
Huldigung 301, 3265
Hülle, sterbliche 3333
Hunger 5395
Hungerblockade 5708
Hungerstreik 736
Hurrapatriot 2540
Hurrapatriotismus 2541
Hüter der Verfassung 549

I

IAA 5031
IAEO 5104
IALS 5350

565

IBCG 5330
IBFG 5333
ICAO 5075
ICCA 5341
Ideologe 2542
Ideologie 2543
Ideologiestreit, russisch-chinesischer 6516
~, sowjetisch-chinesischer 6516
ideologisch 2544
IFR 5334
IGB 5336
IGU 5317
IHB 5230
Illegalität 529
ILO 5033
IMG 5211
Immunität 1006, 1008, 3146, 3155
~, diplomatische 3147
~, strafrechtliche 3156
~, zivilrechtliche 3157
Immunitäten 3145
~, konsularische 3388
Imperialismus 2545
~, verkappter 2546
Imperialist 2547
imperialistisch 2548
improvisiert sprechen 4383
IMR 5339
Inanspruchnahme des Notstandsrechtes 2972
Indiskretion, gezielte 3484
Indiskretionen 3485
Individualismus 2549
Individualrechte, unveräußerliche 588
Industrie 1464
Industrieminister 1462
Industrieministerium 1461
Industrien, landwirtschaftliche 5209
Industrie-Verbände, Europäische 5376
Infant 362
Infantin 363
Informationsamt 1546
~, Zentrales 1518
Informationsbüro 4290
~, Kommunistisches 5364
Informationsfreiheit 610
Informationsminister 1591
Informationsministerium 1518
Informationsreise 2550

Informationsstelle 4789
Inhalt 4635
inkognito 3200
inkraftsetzen 1056
Inkraftsetzung 1055
Inkrafttreten 1058
Inländer 2287
inländisch 2288
innehaben: ein Amt ~ 1778
Innenminister 1443
Innenministerium 1444
Innenpolitik 1564
innenpolitisch 1565
Innere: das Ministerium des Inneren 1447
innergemeinschaftlich 5118
innerhalb der Gemeinschaft 5118
innerstaatlich 2940, 2943
Insellage 41
Institut für Internationales Recht 5312
~: Interamerikanisches ~ für Agrarwissenschaften 5204
~, Interamerikanisches Indianisches 5203
~, internationales 4783
~: Internationales ~ für Philosophie 5349
~: Internationales ~ für Statistik 5351
~: Internationales ~ für die Vereinheitlichung des Privatrechts 5231
~: Panamerikanisches ~ für Geographie und Geschichte 5275
Institution, gemeinnützige 4705
~, internationale 4708
institutionalisieren 579
Institutionalisierung 578
institutionell 580
Insurgent 2178
Integration: die europäische ~ 6439
~, wirtschaftliche 5297, 6437
~: militärische ~ Westeuropas 6427
Integrationist 675
Integrität, territoriale 7
Intelligenz 2551

Interessen 3489, 3490
Interessengruppe 1003, 2552
Interessenkollision 3491
Interessensphäre 3493
Interessenwiderstand 3491
Interimsausschuß 3948
Interkontinentalrakete 5673
intern 2940
Internationale 4737
Internationale der Kriegsgegner und Kriegsdienstverweigerer 5314
~, Liberale 5368
~, Sozialistische 5378
internationalisieren 81
Internationalisierung 82
Internationalismus 2553
~, proletarischer 2554
Internationalist 2555
internieren 6045
Internierter 6046
Internierung 6044
Internierungslager 6047
Internuntius 3135
Interpellant 991
Interpellation 989
Interpellationsrecht 990
interpellieren 988
Interpol 1870
Interregnum 283, 1299
Intervention 3614
Interventionismus 2556
Interview 3921
Interzonenabkommen 4485
Invasion, alliierte 6342, 6344
Invasionsstreitmacht 5609
Investitionsausschuß 4977
Investitionsbank 5133
Investitur 437
IOJ 5323
IOK 5354
IPI 5355
IPU 5360
IRO 5020
Irredentabewegung 2557
Irredentismus 2557
Irredentist 2558
irredentistisch 2559
irren 4345
Irrtum 4350
ISB 5342

ISK 5215
Isolationismus 3597
Isolationist 3598
isolationistisch 3599
Isolierung 3600
Israel 5361, 6443
ITU 5086
ius in bello 5501
ius sanguinis 2345
ius soli 2346
IVfgR 5327
Iwan der Schreckliche 6091
IWF 5070

J

Jagdrat, Internationaler 5337
Jahr, Internationales Geophysikalisches 6467
Jahrbuch 4272
~, statistisches 4273
Jahre: auf vier ~ 873
Jahresbeitrag 4700
Jahresbericht 4264
Jahresurlaub 4920
Jahresversammlung 3783
Jakobiner 6129
Jakobinertum 6131
jakobinisch 6130
Jakobinismus 2560, 6131
Jalta 6352
Jarring-Gespräche 6528
Ja-Stimme 851
Jesu: Gesellschaft ~ 6084
Jesuitenorden 6084
Joch, koloniales 199
Journalisten 5323
Journalistenföderation, Internationale 5319
Judenfreundlichkeit 2727
Jugend 1515
~, Sozialistische 5325
Jugendtreffen 4312
Julitage 6165
Jungtürken 6208
Juni-Aufstand 6445
Junker 416
Junktim 3741
Junta 1287
Juristenkommission, Internationale 5320
Juristenrat, Interamerikanischer 5266
Justizbehörden 1821

Justiz- und Polizeidepartement, Eidgenössisches 1450
Justizhoheit 575
Justizialismus 2561
Justizminister 1449
Justizministerium 1446

K

Kabinett 1395, 1428
Kabinettsmitglied 1397
Kabinettssitzung 1398
Kabinettsumbildung 1372
Kadavergehorsam 2562
Kader 1977
Kaffee-Organisation, Internationale 5206
Kaiser 335
Kaiserhaus 338
Kaiserin 336
Kaiserinwitwe 337
Kaiserkrone 339
Kaiserkrönung 340
kaiserlich 341
Kaiserreich 344, 6186
~: das Erste ~ 6138
~, Zweites 6171
Kaisertum 343
Kaiserwürde 342
Kalif 451
Kalifat 452
Kälteinstitut 5232
kaltstellen 1802, 1805
Kamikaze 6338
Kammer 911, 4767
~ der Bundesstaaten 1192
~: eine einzige ~ 917
~, erste 912, 1211
~, zweite 914, 1212
Kammern 1035
Kammerwahlen 780
Kampf auf Leben und Tod 5622
Kampfansage 3644
Kampfeinsatz 5648
Kämpfender 5987
Kampfgebiet 5636
Kampfzone 5636
Kanalisierung der Mosel 6453
Kandidat 794, 821, 871, 1758, 4175
~, vorgeschlagener 1762
Kandidaten 819

Kandidatenliste, vorbereitete 820
~, vorläufige 820
Kandidatur 824, 1760
kandidieren 822, 1759
Kanonenbootdiplomatie 3027
Kanonenfutter 5572
Kanonenschußweite 40
Kanton 1621
kantonal 1623
Kantonalwahlen 784
Kantonsrat 1237
Kantonsregierung 1622
Kanzlei 3170, 5404
Kanzleichef 3169
Kanzleigebühren 3171
Kanzler 3169, 5112, 5405
~, eiserner 6173
Kanzlerkandidat 1358
Kanzlerschaft 1362
Kapellenrecht 3159
Kaperbrief 5724
Kaperei 5729
Kaperer 5727
Kaperkrieg 5729
kapern 5728
Kaperschiff 5726
Kapitalismus 2563
Kapitalist 2564
kapitalistisch 2565
Kapitulation 5828
~, bedingungslose 5830
Kapitulationen 4486
kapitulieren 5829
Kapp-Putsch 6254
Kardinal 499
Kardinalskollegium 494
Kardinalstaatssekretär 3133
Kardinalswürde 500
Karl V. 6081
Karlismus 6169
Karlist 6168
karlistisch 6170
Karlspreis, Internationaler 6441
Karrieremacher 2567
Kartell, internationales 4779
Kartellschiff 5699
Kaschmiraffäre 6399
Kaschmirkonflikt 6399
Kaste 680
Katafalk 3331
Kauffahrteischiff 5721
käuflich 1719

567

Kellog-Pakt 6263
Kennedy-Runde 6484
Kernenergie-Agentur 5179
Kernenergie-Kommission, Interamerikanische 5199
Kernversuch 5939
Kernversuche 5931, 5932
Kernwaffen 5905, 5945
Khan 462
Khedive 463
Khediven... 464
Khediven 465
Kinder, unterhaltsberechtigte 4879
Kindergeld 4879
Kinderhilfsfonds: Internationaler ~ der UN 5013
Kinderhilfswerk 5013
Kinderinstitut, Interamerikanisches 5205
Kinderschutz 5326
Kinderzulage 4879
Kirche 555
Kirchen 6007
Kirchenfürst 501
Kirchenstaat 6182
Kirchspiel 1632
Klage 5475
Klagebeantwortungen 5466
Kläger 5456
Klagerücknahme 5464
Klänge: unter den Klängen der Nationalhymne 2031
Klärung: zur ~ einer Frage 4391
~: zur weiteren ~ 3735
Klasse, herrschende 2569
Klassen: die besitzenden ~ 2568
klassenbewußt 2571
Klassenbewußtsein 2570
Klassengesellschaft 2572
Klassenhaß 681
Klassenkampf 2573
Klausel 4500
~ rebus sic stantibus 4513
Kleiderablage 4296
Kleiderzulage 4878
kleinbürgerlich 2575
Kleinbürgertum 2574
Klein-Europa 6436
Kleinkrieg 2218
Klerikalismus 2576

Klerikofaschismus 2578
Klerikofaschist 2577
klerikofaschistisch 2579
Klub 4760
knacken: einen Code ~ 2272
Knesset 1177
Koalition 1334
~, große 1337
~, kleine 1336
Koalitionsfreiheit 648
Koalitionsparteien 1930
Koalitionspolitik 1335
Koalitionsrecht 649
Koalitionsregierung 1338
~, sozialliberale 6540
kodifizieren 2907
Kodifizierung des Völkerrechtes 2906
Koexistenz, friedliche 3455
Kohle 5116, 6423
Koimperium 247
Kollaborateur 5804
Kollaboration 5803
Kollaborationist 5804
Kollege 3816
Kollegialregierung 1402
Kollektivgarantie 3468
kollektivieren 2581
Kollektivierung 2582
kollektivisieren 2581
Kollektivisierung 2582
Kollektivismus 2583
Kollektivist 2580
kollektivistisch 2584
Kollektivmaßnahmen 3471
Kollektivnote 3537
Kollektivschritt 3516
Kollektivschuld 6354
Kollektivvertrag 4409
Kollisionen 1080
Kolloquium 4311
kolonial 187
Kolonialgebiet 183
Kolonialherrschaft 185
Kolonialismus 193
kolonialistisch 192
Kolonialmacht 184
Kolonialminister 1528
Kolonialreich 188
Kolonialpolitik 191
Kolonialvolk 186
Kolonie 181
~, französische 3385
Kolonien 198
~, spanische 6157

Kolonisierung 189
kolonisieren 190
Kolonne, fünfte 2209, 2212
Kombattant 5987
Kominform 5364
Komitee 3924
~ für nicht-regierungsvertretende Organisationen 5006
~ für Verhandlungen mit regierungsvertretenden Organisationen 5005
~: Interamerikanisches ~ der Allianz für den Fortschritt 5207
~: Internationales Olympisches ~ 5354
~: Internationales ~ des Roten Kreuzes 5352
~: zwischenstaatliches ~ für Europäische Wanderungsbewegungen 5302
Kommandatur: Alliierte ~ für Berlin 6365
Kommandounternehmen 5648
kommen: wir ~ zu Punkt 7 der Tagesordnung 3868
~: auf den Thron ~ 310
Kommissar 1594
~, Hoher 5022
~: Hoher ~ der Vereinten Nationen 5021
Kommission 3924, 5131, 5143
~ für technische Zusammenarbeit in Afrika südlich der Sahara 5237
~, Alliierte Hohe 6366
~: Beratende ~ für Poststudien 5083
~, Europäische 5131
~: Internationale ~ zur wissenschaftlichen Erforschung des Mittelmeeres 5210
~: Internationale ~ der Ernährungsindustrien 5321
~: Internationale ~ für Landwirtschaftliche Industrien 5209
~: Internationale ~ für das Personenstandswesen 5208

Kommision, Zwischenstaatliche Ozeanographische 5303
Kommunalaufsicht 1708
Kommunalliste 778
Kommunalwahlen 785
Kommuniqué 3539
~, gemeinsames 3541
Kommunismus 2585
Kommunist 2586
kommunistenfreundlich 2588
kommunistisch 2587
Kompetenzstreitigkeiten 1739
Komplott 2138, 2140
Kompromiß 5414
kompromißbereit 3480
Kompromißbereitschaft 3479
Kompromißfrieden 5869
Kompromißlösung 3730
Kondolenzlisten 3319
Kondominium 246
Konferenz 3804, 3805, 3904, 3918, 4133, 4136, 5042, 5074
~, die diese Probleme behandeln soll 3803
~ von Bandung 6446
~ auf höchster Ebene
~ über die Einschränkung der strategischen Rüstung 6524
~ von Jalta 6352
~ der Internationalen Katholischen Organisationen 5365
~ der Parlamentarier der NATO 5366
~ von Potsdam 6355
~ der Regierungsbevollmächtigten 5085
~ unabhängiger afrikanischer Staaten 5238
~ der Staatsoberhäupter Äquatorialafrikas 5239
~ von Teheran 6339
~ am runden Tisch 3775
~ der Völker Afrikas 5367
~: Diplomatische ~ für Internationales Seerecht 5171
~: Europäische ~ der Verwaltungen für Post und Fernmeldewesen 5180

Konferenz
~, Haager 5194
~, Interamerikanische 5263
~: Interamerikanische ~ für soziale Sicherheit 5200
~, ständige Europäische 5183
Konferenzdiplomatie 3024
Konferenzdolmetscher 4849, 5345
Konferenzprogramm 3871
Konferenzübersetzer 4850, 5346
Konferenzteilnehmer 3807
Konferenztisch 3832
konferieren mit 3754
Konfession, Augsburger 6082
Konflikt 3604, 3633, 5423, 5521
~, bewaffneter 5567
Konföderierte 6180
Konformist 2589
Kongokrise 6478
Kongregation 4781
Kongreß 1108, 1258
~, Berliner 6194
Kongreß ... 1259
Kongreßberichte 4279
Kongreßmitglied 908
Kongreßpartei 2021
Kongreßsekretariat 4288
Kongreßteilnehmer 4276
Kongreßwahlen 1260
Kongreßzentrum 4289
König 349
~ von Gottes Gnaden 355
Königin 350
Königinmutter 364
Königinwitwe 365
königlich 351
Königreich 352
Königs ... 351
Königsgrätz 6176
Königshaus 354
königstreu 2650, 2787
Königstreuer 2786
Königtum 353
Konklave 487, 488
Konkordat 4401
Konkurrent 796
Konquistadoren 6078
Konsekutivübersetzung 4215

konservativ 2590
Konservative 2006, 2593
Konservatismus 2594
Konsortium 4777
~: Internationales ~ für Nachrichtensatelliten 5353
Konsul 3368, 3369, 3372
konsularisch 3363
Konsularabkommen 3361, 4465
Konsularabteilung 3370
Konsularagent 3379
Konsularagentur 3380
Konsularbeamter 3378
Konsularbezirk 3372
Konsulargericht 3387
Konsulargerichtsbarkeit 3386
konsularisch 3363
Konsularregierung 6137
Konsularvertrag 4464
Konsulat 3371, 3389, 6137
Konsulatsbeamter 3378
Konsulatsdienst 3362
Konsulatsfaktura 3414
Konsulin 3369
Konsultation 4041
konsultieren 4043
Konsumgesellschaft 2595
Kontakt 3742
Kontaktminen, selbsttätige 5696
~: unverankerte, selbsttätige ~ legen 5696
Konterbande 5734
~, absolute 5736
~, bedingte 5735
~, relative 5735
~, unbedingte 5736
Konterrevolution 2160
konterrevolutionär 2162
Kontiguität 14
Kontiguitätszone 36
Kontinentalsockel 43
Kontinentalsperre 6145
Kontrollausschuß 3965
Kontrolle der Meerengen 45
~ der Verfassungsmäßigkeit der Gesetze 545
~, parlamentarische 1421
~, staatliche 1707
Kontrollkommission 5888
Kontrollorgan 1706, 4802
Kontrollrat, Alliierter 6367

569

Kontrollratsgesetze 6368
Konvention 4397
~ von Montreux 6286
Konventionen, Genfer 5980
Konvoi 5694
Konzentrationslager 702
Konzert der europäischen Mächte 6153
Konzessionen 3725
Konzil 491
~ von Trient 6085
~, ökumenisches 493
Kooperation: Regionale ~ für wirtschaftliche Entwicklung 5279
kooptieren 4203
Kooptierung 4204
Koordinierung 5014
Koordinierungsausschuß 3961, 4990
~: vorläufiger ~ für internationale Warenübereinkommen 5015
Kopräsident 1353, 1826
Korea 5011, 5012
Koreakrieg 6421
Körperschaft 4704
~ des öffentlichen Rechtes 1704
~, gesetzgebende 903
~, öffentlich-rechtliche 1705
Korps, diplomatisches 3101, 3102
~, konsularisches 3364
Korrespondenz 3549
Korridor, polnischer 6234
Korridorgespräche 3755
Kosmopolit 2596
kosmopolitisch 2597
Kosmopolitismus 2598
KP 2035
KPD 1999
KPÖ 2028
Kraft: ein Gesetz außer ~ setzen 1064
~: in ~ setzen 1056
~, dritte 6433
~, rückwirkende 4609
~: Gleichgewicht der Kräfte 3592
Kräfteverhältnis 3675
Kraftprobe 3652
Krankenhäuser 6007
Krankheitsurlaub 4924

Kranz 3262
Krawallmacher 2110
Kreis 1625
Kreise: der Regierung nahestehende ~ 1368
~: in diplomatischen Kreisen 3034
Kreiselstreik 727
Kreml 1381
Kreuz, Rotes 5352, 6018
Krieg 2925, 3462, 3464, 5522, 5533, 5534, 5537, 5551, 5553, 5554, 5559, 5978
~ erklären 1392
~ ohne Pardon 5985
~: der Sechs – Tage – ~ 6527
~ als Werkzeug nationaler Politik 5568
~, allgemeiner 5543
~, begrenzter 5544
~, biologischer 5998
~, chemischer 6001
~, Deutscher 6175
~, Deutsch-französischer 6184
~, Dreißigjähriger 6096
~, gerechter 5571
~, Großer Nordischer 6112
~, heiliger 5583
~, heißer 5582
~, italienisch-abessinischer 6281
~, kalter 6390
~, lokaler 5546
~, örtlicher 5546
~, psychologischer 5581
~, Russisch-japanischer 6205
~, Siebenjähriger 6117
~, Spanisch-amerikanischer 6199
~, totaler 5589
~, unbegrenzter 5545
Kriege, Napoleonische 6140
~: die Schlesischen ~ 6116
kriegführend 5563
Kriegführender 5562
Kriegführung 5566
Kriegsächtung 3463
Kriegsächtungspakt 6263
Kriegsausbruch 5538, 5539

Kriegsbeteiligung 5561
Kriegsbeute 5618
Kriegsdienstverweigerer 5314
~ aus Gewissensgründen 2600
Kriegsdienstverweigerung aus Gewissensgründen 2601
Kriegsdrohung 5510
Kriegseintritt 5557
~ der Vereinigten Staaten 6216
Kriegsentschädigung 5873
Kriegserklärung 5552
Kriegsfall 5541
Kriegsgefahr 5509
Kriegsgefangene 6032, 6033, 6039, 6043
~, amerikanische 6541
~, ehemalige 5332
~, kranke und verwundete 6038
Kriegsgefangenenlager 6027
Kriegsgefangener 6028
Kriegsgefangenschaft 6026
Kriegsgegner 2566, 5314
Kriegsgreuel 6013
Kriegshandlung 5535
Kriegshandlungen, rechtmäßige 5981
Kriegshetze 5508
Kriegshetzer 5506
kriegshetzerisch 5507
Kriegskabinett 1401
Kriegskonterbande 5734
Kriegskontribution 5823
Kriegslist 5983
Kriegsmaterial 5615
Kriegsminister 1525
Kriegsministerium 1524
kriegsmüde 5848
Kriegsmüdigkeit 5849
Kriegsopfer 1527
Kriegspotential 5614
Kriegspropaganda 5570
Kriegspsychose 5531
Kriegsrecht 5501
Kriegsschäden 5872
Kriegsschauplatz 5633
Kriegsschiff 5686
Kriegsschiffe 5690
~: für ~ gesperrte Meerengen 5701
Kriegsschuld 6232

Kriegsschuldklausel 6233
Kriegsteilnehmer 1527
Kriegstreiber 5506
Kriegsverbrechen 6017
Kriegsverbrecher 6016
Kriegsverhütung 3464
Kriegsverhütungsrecht 3465
Kriegsvölkerrecht 2925, 5501
Kriegsvorbereitungen 5523
Kriegsziele 5569
Kriegszone 5700
Kriegszustand 5542, 5866
Kriminalpolizei: Internationale Kriminalpolizeiliche Organisation 1870
Krimkonferenz 6352
Krimkrieg 6172
Krise 3620
~, bosnische 6209
Krisenherd 3617
Krone 295
krönen 296
Kroninsignien 305
Kronkolonie 182
Kronjuwelen 308
Kronprinz 361
Kronrat 327, 1364
Krönung 298
Krönungsfeierlichkeit 297
Krönungsinsignien 305
Krönungszeremonie 297
Kuba-Krise 6505
Kuhhandel 3481
Kulissen: hinter den ~ 3723, 3755
Kultur 5054
Kulturabkommen 4466
Kulturattaché 3129
Kulturaustausch 3685
Kulturfragen 4970
Kulturkampf 6190
Kulturminister 1514
Kulturrat 5268
Kulturrevolution 6514
Kultus 1513
Kultusminister 1513
Kultusministerium 1509
Kundgebung 2088, 2089
kündigen: jdm ~ 4942
~, fristlos 4944
~: einen Vertrag ~ 4612
Kündigung 4611, 4941, 4943
Kündigungsklausel 4507

Kündigungsschreiben 4938, 4941
Kündigungsurkunde 4613
Kuratorium 4810
Kurfürst 374
~: der Große ~ 6098
Kurfürstentum 375
Kurier, diplomatischer 3172
Kurierabteilung 3173
Kuriergepäck 3174
Kurs, harter 2789
Kursanweisung 5749
Kursleiter 4307
Kurswechsel 3503
Kurzbericht 4220
Kurzprotokoll 4220
Kurzreferat 4303
Kurzstreik 728
Kurzvortrag 4303
Küstengewässer 34
Küstenmeer 35
Küstenstaat 13
Küstenverteidigung 5685

L

Labourbewegung 2008
Labourpartei 2007, 2009
Labourregierung 1333
Ladung 5753
Lafette 3327
Lage 3494, 3495, 3496, 3497, 3498, 3499
~ der Nation 1553
~, gespannte 3500
Lager, sozialistisches 2809
Lagerung von Atomwaffen 5926
Lagting 1214
Laizismus 2602
Lama 442, 443
Land 3048, 3428, 3611, 5519, 5551, 5713
~ ohne Zugang zum Meer 25
~, neutrales 2324
Landadel 417
Landbeschaffung 5257
Landbeschaffungsgesetz 5257
Landbezirk 1630
landen 5644
Länder 3435
~, beide 3573

Länder
~, blockfreie 6489
~, bündnisfreie 6489
~, entwicklungsfähige 3677
Länderebene: auf ~ 233
Länderkammer 1247
Länderregierungen 1328
Landes... 2288, 2940
Landeshauptmann 1599
Landesliste 777, 804
Landesrecht 2937
Landesverteidigung 1521, 5594
Landeswährung 20
~: in ~ 4950
Landetruppen 5611
Landgebiet 21
Landgemeinde 1635
Landgrenze 134
Landkrieg 5638, 5979
Landkriegführung 5638
Landkriegsordnung, Haager 5979
Landkriegsrecht 5975
Landmacht 255
Landstände 906
Landstreitkräfte 5639
Land-, Luft- und Seestreitkräfte 6510
Landtag 1141, 1197
Landung 5645
Landungsstreitkräfte 5643
Landwirtschaft 1503, 1504, 1505, 5347
~, Europäische 5310
Landwirtschaftsattaché 3127
Landwirtschaftskommission, Europäische 5049
Landwirtschaftskonferenz 3770
Landwirtschaftsminister 1506
Landwirtschaftsministerium 1503
Landwirtschaftsorganisation 5041
Landwirtschaftsunion 6442
Landwirtschaftsverband, Europäischer 5310
langfristig 4622
Langstreckenrakete 5670
lassen: unbeantwortet ~ 3552
Lateinamerika 5002

Lateranverträge 6266
Laufbahn, diplomatische 3030, 3032
Laufbahnamt 1684, 1691
lavieren 2603
Lazarettschiff 5698
LDP 2005
Leadership 3417
Leben 624, 2135
~: ins ~ rufen 4667
~: auf ~ und Tod 5622
Lebensinteressen 3489
Lebensraum 6272
Lebensstandard, angemessener 644
lebenswichtig 3489
Lebenszeit: auf ~ 947, 1685
Legat 3141
~, apostolischer 3140
Legationsrat 3167
Legationsrecht 3047
Legatus a latere 3138
legen: den Grundstein ~ zu 3210
Legislative 901
Legislaturperiode 925
Legitimationskarte 4286
Legitimist 2604
Legitimität 2605
Lehen 438
Lehens... 439
lehensherrlich 439
Lehnswesen 440
Lehn 438
Lehnung 437
Lehre 654
~ der anerkanntesten Autoren 2955
~ vom Vorrang des innerstaatlichen Rechtes 2943
Lehrgangsleiter 4307
Lehrmeinungen, völkerrechtliche 2956
Leibgarde 2136
Leibwache 329, 2136
Leibwächter 2137
Leichenwagen 3326
Leih- und Pachtabkommen 6333
leisten: Beistand ~ 5548
~: einen Eid ~ 1541
~: Folge ~ 4115
~: Rechtshilfe ~ 1850
leiten: die Aussprache ~ 3996
~: die Politik ~ 1555

Leiter des Sprachendienstes 4847
Leninismus 2606
Leninist 2607
leninistisch 2608
Lenkungsausschuß 3943
Lesung 1037
~: in dritter ~ 1039
~: in zweiter ~ 1038
lesen: eine Totenmesse ~ 3324
Lettres de Récréance 3092
levée en masse 5990
Lex salica 315
liberal 2609
Liberale 2011, 2023
Liberaler 2610
liberalisieren 2611
Liberalismus 2612
liegen 902
~: aufgebahrt ~ 3330
~: es liegt mir am Herzen 4344
~: zugrunde ~ 1860
Liga 4752, 6094
~ der Rotkreuzgesellschaften 5369
~, Arabische 5158
~: Internationale ~ für Menschenrechte 5322
Liktorenbündel 2613
Linien, bestimmte 5835
Linientreue 1971
Linke 1921
~, neue 2385, 2619
links 869, 6491
~: nach ~ 895
Linksabweichler 2614
Linksabweichlertum 2615
Linksextremismus 2618
Linksintellektuelle 2616
Linkskatholik 2617
Linkskoalition 1932
Linksopposition 1936
Linksparteien 1921
Linksradikalismus 2618
Linksregierung 1329
Linkssozialist 2024
Liquidierung der Rest-Tschechei 6298
Liste, schwarze 3658
Listenverbindung 849
Listenwahl 774
Lobby 1003
Lobbyismus 1004
Lobbyist 1005

Locarno-Pakt 6261
Lockspitzel 2281
Loge 4780
Lokalisierung eines Konfliktes 3633
Lokalpatriotismus 2620
Lok Sabha 1169
Lord 427
~, Erster 1456
~, geistlicher 1163
~, weltlicher 1162
Lordkanzler 1161, 1448
Lordpräsident 1364
Lordsiegelbewahrer 1365
lösen: die schwebenden Fragen ~ 3574
loslösen: sich ~ von 114
Loslösung eines Gebietes 113
Loslösung der Kolonien vom Mutterland 198
Loyalität 2621
Luftangriffe 6511
Luftattaché 3124
Luft-Boden-Rakete 5671
Luftbrücke 6409
Luftfahrtentwicklung 5252
Luftfahrtforschung 5252
Luftfahrtkommission, technische 5076
Luftfahrtminister 1492
Luftfahrtministerium 1491
Luftfahrzeug 5651
Luftgebiet 48
Luftherrschaft 5654
Lufthoheit 52
Luftinspektion 5960
Luftkorridor 51
Luftkrieg 5649
Luftkriegsrecht 5977
Luftlandetruppen 5646
Luftpirat 2216
Luftpiraterie 2215
Luftraum 49, 3630
Luftrecht 2933
Luftschneise 51
Luftschutz 5653
Luftsperrgebiet 54
Luftstreitkräfte 5610, 5652
~, strategische 5657
~, taktische 5656, 5658
Luftstützpunkt 5655
Luftterror 5663
Luftüberwachung 5960
Luftverkehrsausschuß 5077
Luftverkehrsgesetz 5258

Luftverkehrsverband, internationaler 5338
Luftwaffe 2266, 5652
Luftzwischenfall 3631
Lutherischer Weltbund 5370
Luthertum 6080
lynchen 2193
Lynchjustiz 642

M

machen: einen Alleingang ∼ 3585
∼: seine Aufwartung ∼ 3217
∼: Gegenbesuch ∼ 3236
∼: Gegenprobe ∼ 4152
∼: Gesetze ∼ 1026
∼: Zugeständnisse ∼ 3725
Machenschaften 3645, 3646
machiavellisch 2623
Machiavellismus 2624
Machiavellist 2622
Macht 1290
∼: an der ∼ sein 1294
∼: die Partei, die an der ∼ ist 1928
∼, kriegführende 5562, 5564
∼, zweitrangige 254
Machtblöcke, feindliche 6487
Mächte, alliierte und assoziierte 6213
∼, drei 6424
∼, europäische 6153
∼, neutrale 6053
∼: Gleichgewicht der ∼ 3591
Machtergreifung 1292, 6276
Machthaber 1296
Machtkampf 2150
Machtlosigkeit der Exekutive 1266
Machtpolitik 3634
Machtübernahme 1292, 6276
Maginot-Linie 6315
Maharadscha 467
Maharani 468
Mähren 6302
Majestät 304
Majlis 1170

Malaise 3619
Mammutstaat 250
Mandarin 450
Mandat 207
Mandatar 209
Mandatsgebiet 208
Mandatsmacht 209
Mandatssystem 210
Manifest 2625
∼, Kommunistisches 6167
Mann 591
∼: der kranke ∼ am Bosporus 6193
∼: der starke Mann 1297
Männer, junge 5384
Männerwahlrecht 765
Manöver 3645
Mantelnote 3528
Mao-Anhänger 2626
Maoisten 2626
maoistisch 2627
Marathonsitzung 3917
Mare clausum 3006
∼ liberum 3005
Marine 2264
Marineabwehrdienst 2264
Marineattaché 3123
Marineinfanteristen 5650
Marineminister 1489
Marineministerium 1488
Marinenachrichtendienst 2265
Marinestützpunkt 5682
Marionettenregierung 1341
Markgraf 397
Markgräfin 398
Markgrafschaft 399
Markt, Gemeinsamer 5128, 5148
∼, Ostafrikanischer Gemeinsamer 5273
∼, Zentralamerikanischer Gemeinsamer 5299
Marquis 401
Marquisat 403
Marquise 402
Marsch auf Rom 6255
Marshallplan 6394, 6401
Marxismus 2628
Marxismus-Leninismus 2631
Marxist 2629
marxistisch 2630
Maße und Gewichte 5228
Massenbewegung 2183
Massenerhebung 2181

Massenerschießungen 2248
Massenmedien 2632
Massenverhaftungen 2167
Massenvernichtungswaffen 5907
Massenversammlung 2084
maßgebend: beide Texte sind ∼ 4658
Maßnahme 1661
Maßnahmen, repressive 2173
∼, vorbeugende 5396
Maßregel 1907
Material, spaltbares 5924
Materialismus 2633
∼, dialektischer 2636
∼, historischer 2637
Materialist 2634
materialistisch 2635
Mauer, Berliner 6479
Maulkorb 608
Maul- und Klauenseuche 5052
M. d. B. 1139
mediatisieren: ein Gebiet ∼ 6143
Mediatisierung 6144
Medschlis 1170
Meer 25
∼, geschlossenes 3006
∼, offenes 3007
Meere 3005
Meerengen 45
∼, gesperrte 5701
Meerengenabkommen 6286
Meeresforschung 5214
Meeresgrund 44
Mehrfachsprengköpfe 5673, 5674
Mehrheit 884
∼, absolute 886
∼, einfache 888
∼, große 890
∼, klare 891
∼, knappe 892
∼, qualifizierte 887
∼, regierungstreue 980
∼, relative 889
∼, schweigende 6501
∼, überwältigende 893
∼ der abgegebenen Stimmen erhalten 4196
∼ im Senat haben 1000
Mehrheitsbericht 4265
Mehrheitsentscheidung 4194

573

Mehrheitspartei 1953
Mehrheitsregierung 1326
Mehrheitswahl 775
Mehrheitswahlrecht 775
Mehrparteiensystem 1952
Mehrrassengesellschaft 659
Meinung 4377
~, abweichende 4378
~, öffentliche 2638
~ äußern 4359
Meinungsäußerung 4035
Meinungsaustausch 4036
Meinungsfreiheit 606
Meinungspluralismus 607
Meinungsumfrage 2639
Meinungsumschwung 2640
Meistbegünstigung 4516
Meistbegünstigungsklausel 4515
melden: zu Wort ~ 4016
Meldungen 4015
Memorandum 3544
Menge, aufgebrachte 2102
Menschen 2412
Menschenrechte 583, 585, 587, 4994, 5186, 5322, 5452, 6127
Mescheviki 6221
Menschlichkeit 2986, 6034
Merkantilismus 6108
Meshrano Jirgah 1103
Mesokratie 2641
Messeverband, Internationaler 5339
Meuterei 2189
Meuterer 2191
meutern 2190
Miesmacher 2444
Mikado 466
militant 2642
Militärattaché 3122
Militärausgaben 5526
Militärbehörden 5597
Militärdepartement 1522
Militärdienst 5596
Militärdiktatur 1286
Militärgericht 5598
~, Internationales 6377
Militärgouverneur 1598, 5816
Militärhilfe 5549
Militärinternierter 6048
Militärinternierung 6049
Militarismus 2643
Militarist 2644
militaristisch 2645

Militärjunta 1288
Militär-Komitee 5245
Militärmacht 257
Militärmission 3067
Militärpakt 4447
Militärpolitik 1587
Militärputsch 2147
Militärregierung 5815
Militärregime 1285
Militärstützpunkte 5516
~, fremde 5958
Miliz 5603
Milizsoldat 5604
Minderheit 3687
Minderheiten 4995
Minderheitenfrage 3686
Minderheitenschutz 3690
Minderheitenvertrag 4460
Minderheitsbericht 4266
Minderheitspartei 1954
Minderheitsregierung 1327
Minenlegen 5695
Minister 1406, 1418, 1420, 1432, 1433
~ für Schottische Angelegenheiten 1532
~ für Walisische Angelegenheiten 1531
~ für öffentliche Arbeiten 1471
~ für die überseeischen Departements und Gebiete 1529
~ für den öffentlichen Dienst 1456
~ für Energieversorgung 1472
~ für Kriegsteilnehmer und -opfer 1527
~ für Landesverteidigung 1521
~ für Regionalverwaltung und -entwicklung 1478
~ für Sozialfürsorge 1502
~ für Sozialordnung 1502
~ für Unterricht und Kultus 1513
~ für Unterricht und Wissenschaft 1512
~ für Wohnungsbau und öffentliche Arbeiten 1475
~, amtierender 1418
~, bevollmächtigter 3114
Ministeranklage 1430
Ministerebene: auf ~ 3704

Ministerial... 1409
Ministerialdirektor 1417
Ministeriant 1410
ministeriell 1409
Ministerium 1411
~ für auswärtige Angelegenheiten 1434
~ für kulturelle Angelegenheiten 1516
~ für Arbeit 1482
~ für Arbeit und Sozialwesen 1481
~ für öffentliche Arbeiten 1470
~ für Außenhandel und technische Unterstützung 1468
~ für die Beziehungen zum Parlament 1533
~ für wissenschaftliche Forschung 1474
~ für Fremdenverkehr und kulturelle Veranstaltungen 1517
~ für Gesundheit und soziale Sicherung 1501
~ für Gesundheitswesen und Familienfragen 1497
~ für die Handelsmarine 1463
~ für Industrie 1464
~ des Inneren- und des öffentlichen Dienstes 1447
~ für Jugend und Sport 1515
~ für Landwirtschaft und Fischerei 1505
~ für Landwirtschaft, Fischerei und Ernährung 1503
~ für Landwirtschaft und Forsten 1504
~ für Mittelstandsfragen 1499
~ für Regionalverwaltung und -entwicklung 1477
~ für Sozial- und Gesundheitswesen 1498
~ für den Staatshaushalt 1451
~ für Unterricht und kulturelle Angelegenheiten 1510

Ministerium für Unterricht und Wissenschaften 1511
~ für Überseentwicklung 1530
~ für Verkehr und Wasserwirtschaft 1485
~ für Verkehr und Zivilluftfahrt 1487
~ für Wirtschaft und Energieversorgung 1457
~ für Wohnungswesen und Raumordnung 1476
Ministerkomitee 5175
Ministerkonferenz 3758
Ministerposten 1375
Ministerpräsident 1356
Ministerrat 1393, 5120, 5130, 5142
~, besonderer 5120
Ministerresident 3116
Ministerverantwortlichkeit 1419
Minorität 3687
Mißbilligung 4121
Mißbrauch der Amtsgewalt 1751
Mißerfolg 3064
Mißhandlung von Kriegsgefangenen 6033
Mission 3064
~, diplomatische 3055
~, ständige 3065
Missionschef 3056
Missionsgebäude 3155
Mißtrauensantrag 997
Mißtrauensvotum 999
Mitarbeiter 4851
~, ehrenamtliche 4898
Mitarbeiterstab, militärischer 329
~, ziviler 330
Mitbürger 2290
Mitglied des Bundestages 1139
~ der fünften Kolonne 2212
~ der Labour-Partei 2009
~ des Nationalkonvents 6134
~ der Opposition 1937
~, assoziiertes 4688
~, förderndes 4680
~, korrespondierendes 4683
~, ständiges 4684
~, ursprüngliches 4685

Mitglieder 4722, 5254
~ des Ausschusses 3926
~ des Centre 2019
~, ausscheidende 3826
~, neue 4719, 4981
~: ursprüngliche ~ der Vereinten Nationen sind die Staaten, die... 4963
Mitgliedsbeiträge 4699, 4975
Mitgliedschaft 4678, 4697
~, aktive 4690
~, ununterbrochene 4696
~, volle 4687
Mitgliedsregierung 4693
Mitgliedstaat 4691
Mitkriegführender 5560
Mitläufer 2838
Mitregent 320
Mitspracherecht 3806
Mitte 1923
~: aus der ~ 4202
mitteilen 3550
Mitte-Links-Regierung 1331
Mittelmächte 6212
Mittelmeer 5154, 5210
Mittelmeerraum 5276
Mittelstand 2646
Mittelstandsfragen 1499
Mittelstreckenrakete 5672
Mitunterzeichner 4562
Mob 2168
mobilisieren 5525
Mobilisierung 5527
mobilmachen 5525
Mobilmachung 5527
~, allgemeine 5528, 5529
Möchte-Gern-Großmacht 252
Moderator 3875
Modernismus 2647
Modus vivendi 3478
mögen 4324
~: ich möchte keinesfalls 4325
Molotow-Cocktail 2237
Monarch 276
~, konstitutioneller 287
Monarchie 284
~, absolute 285
~, erbliche 289
~, konstitutionelle 286
monarchisch 288
Monarchismus 2648

Monarchist 2649
monarchistisch 2650
Monatsbericht 4263
Monismus 2652
Monokratie 2651
Monolithismus 2473
Monroedoktrin 6158
Monrovia-Staaten 5241
Montanunion 5116
Montanvertrag 6423
Montesquieu 2527
Montreux-Abkommen 6286
Moral, internationale 2960
Morgenthau-Plan 6353
Mosel 6453
~: Internationale Mosel-Gesellschaft 5211
Moslembrüderschaft 6457
MRV 5674
MSA 6419
MSI 2673
MU 5116
Mufti 461
multilateral 4406
Multilateralismus 4407
Münchner Abkommen 6300
müssen, 4333
Mutterland 177, 198
Mutterlandes: ...des Mutterlandes 178

N

Nachbarrecht, internationales 15
Nachbarschaft, gute 3583
Nachbarstaat 10
Nachfolger 4885
Nachfolgestaat 273
Nachfolgestaaten Österreich-Ungarns 6235
nachgeben 3513
nachkommen 4065
Nachrichten, durchgesickerte 3485
Nachrichtenagentur 2653, 2656
Nachrichtendienst 2267, 2273
~, militärischer 2268
~ der Luftwaffe 2266
Nachrichtensatelliten 5353
Nachrichtensperre 5532

575

nachsuchen 3267
Nachteile 5767
Nachtrabpolitik 3588
Nachtsitzung 3799
Nachwahl 786
nahelegen: dringend ~ 4374
Nahost-Pakt 5301
Nahziel 2654
Namen 4155, 4156
~: im ~ der Regierung von... 3096
~: in meinem ~ und im ~ der Regierung von... 3096
~: im ~ meiner Regierung 3095
Namensaufruf 4154
namentlich 4154
Nantes, Edikt von 6092
Napalm 6003
Nation 1553, 2655
~, deutsche 6076
national 2657
Nationalbewegung, algerische 6464
Nationalbewußtsein 2659
Nationale Befreiungsfront 2658
Nationalfarben 3342
Nationalfeiertag 3339
Nationalflagge 3346
Nationalhymne 2031, 3340, 3341
Nationalismus 2660
~, bürgerlicher 2662
~, engstirniger 2661
Nationalist 2663
nationalistisch 2664
Nationalitätenkammer 1118, 1168
Nationalitätenrat 1240
Nationalitätensowjet 1240
Nationalitätenstaat 237
Nationalkomitee Freies Deutschland 6341
Nationalkongreß 1164, 1167
Nationalkonvent 6133
Nationalrat 1182, 1204, 1217, 1218, 1235, 1236
Nationalsozialismus 2665
Nationalsozialist 2666
nationalsozialistisch 2667
Nationalstaat 236

Nationalsyndikalismus 2668
nationalsyndikalistisch 2669
Staatstrauer 3320
Nationalversammlung 1104, 1130, 1153, 1155, 1187, 1219, 1227, 1229, 1248, 1252, 1257, 6124
~, algerische 1106
~, große 1124, 1249
Nationen, südostasiatische 5282
~, Vereinte 4959, 4960, 5026, 6330
NATO 5242, 5366
NATO-Rat 5246
NATO-Truppenstatus 5253
NATO-Verteidigungs- Akademie 5247
naturalisieren 2354
Naturalisierung 2353
Naturalisierungsurkunde 2355
Naturrecht 2932
Navicert 5791
Nazi... 2670
Nazifizierung Deutschlands 6270
Nazis 6275
Nazismus 2671
nazistisch 2670
Naziverbrecher 6495
Nazizeit 6351
Nebenausschuß 3928
nebenbei gesagt 4355
Nebenschauplatz 5634
Nedri deild 1176
Negus 441
Nehmerstaat 5772
Nein-Stimme 852
nennen: in Artikel 33 genannt 4651
Neofaschismus 2672
Neofaschist 2674
Neofaschisten 2025, 2673
neofaschistisch 2675
Neokolonialismus 203
neokolonialistisch 202
Neonazi 2676
Neonazismus 2677
Nepotismus 2882
Nervenkrieg 5578
Nettogehalt 4868

Neubesetzung, allgemeine 935
~, teilweise 936
Neueinteilung der Wahlbezirke 791
~ von Wahlbezirken zugunsten der Regierungspartei 793
Neufassung 4548
Neuheidentum der Nazis 6275
Neujahrsansprache 3259
Neujahrsbotschaft 3260
Neujahrsempfang 3261
Neuregelung 1660
neutral 6055
neutralisieren 6067
Neutralisierung 6068
Neutralismus 3594
Neutralist 3595
neutralistisch 3596
Neutralität 6056
~, bewaffnete 6064
~, ewige 6060
~, freiwillige 6061
~, ständige 6060
~, unbedingte 6065
~, wohlwollende 6062
Neutralitätsbruch 6059
Neutralitätserklärung 6058
Neutralitätspolitik 6063
Neutralitätsrecht 6057
Neutralitätsverletzung 6059
Neutralitätsvertrag 4450
neutralitätswidrig 6073
Nichtanerkennung 2998
Nichtangriffspakt 4449
Nichtauslieferung 1890
Nichtbefestigung 5886
Nichteinmischung in die inneren Angelegenheiten eines Staates 3612
Nichteinmischungspolitik 3613
nichtig: null und ~ 4608
Nichtkämpfer 5988
Nichtkernwaffenstaaten 5915
Nichtkombattant 5988
Nichtkriegführung 6054
Nichtmitglied 4694
Nichtmitgliedsregierung 4695
Nichtmitgliedsstaat 4692
Nichtrückwirkung 4610

Nichtteilnehmerregierungen 4575
Nichtteilnehmerstaaten 4574
Nichtunterzeichnerparteien 4565
Nichtunterzeichnerregierungen 4564
Nichtunterzeichnerstaaten 4563
Nichtvertragsstaaten 4570
Nichtwähler 854
Nichtweiterverbreitung 5934
~ von Atomwaffen 5935
niederbrennen: ein Dorf ~ 6014
Niederbrennen von Dörfern 6015
Niedergang der Demokratie 2678
niederholen: die Flagge ~ 3348
Niederlage der unbesiegbaren Armada 6090
Niederlande 6089
Niederlassungsfreiheit 650
Niederlassungsrecht 2292
Niederlassungsvertrag 4470
niederlegen: die Arbeit ~ 717
~: in einem Bericht ~ 4250
~: einen Kranz ~ 3262
~: die Waffen ~ 5837
niederschlagen: einen Aufstand ~ 2164
Niederschlagung eines Aufstands 2165
Niederschrift 4218
~, stenographische 4221
~, wörtliche 4221
Niemandsland 5647
Nihilismus 2679
Nihilist 2680
nihilistisch 2681
Nobel-Friedenspreis 3440
Nominierungsausschuß 3959
Nominierungswahlen 818
Nomokratie 2682
Nonproliferation 5935
Nordatlantikpakt 6416
Nordatlantikpakt-Organisation 5242

Nordatlantikrat 5246
Nordstaatler 6181
Nordvietnam 6511
Norwegenfeldzug 6316
Nordwest-Atlantik-Fischerei-Kommission, Internationale 5212
Normalisierung der Beziehungen 3430
Normenkontrolle 545
Notabeln 1183
Note 3529, 3530, 3531
~ folgenden Wortlauts:.. 3527
~, diplomatische 3526
~, vertrauliche 3535
Noten, gleichlautende 3533
Notenaustausch 3532
Notenwechsel 3532
Notifikation 4597
Notifikationsurkunde 4598
notifizieren 5715
Notifizierung 4597
Notprogramm 1574
Notstand: den ~ verkünden
~, nationaler 2060
Notstandsgesetze 2062
Notstandsmaßnahmen 2064
Notstandsplan 2065
Notstandsrecht 2972
Notwehr 5982
notwendig: sich als ~ erweisen 4362
NPD 2003
NTS 5253
null und nichtig 4608
Nuntius 3134
Nuntiatur 3136
Nürnberger Prozeß 6378
Nutzung 5947
~, friedliche 5936
NV-Vertrag 5934

O

OAS 5262, 5264, 6465
OAU 5238, 5241, 5285
Oberbefehl: den ~ über die Streitkräfte haben 1388
Oberbefehlshaber 1389
Oberbürgermeister 1644
Oberhaus 1159, 1175, 1199
Oberhausmitglied 1160

Oberkommando 5632
~ der Alliierten Streitkräfte im Atlantik 5243
~ der Alliierten Streitkräfte in Europa 5244
obliegen: jdm ~ 4654
Obstruktion 1042, 4134
Obstruktionspolitiker 1043
Obskurantismus 2683
occupatio bellica 5797
~ pacifica 60
Ochlokratie 2684
ochlokratisch 2685
Odelsting 1215
Oder-Neiße-Linie 6369
Oder-Neisselinie 6371
OECD 5189, 5190
OEEC 5187
offen 4346
Offensivwaffe 5895
offenstehen: zur Unterzeichnung ~ 4626
Öffentlichkeit 3802, 3911
~ der Diskussionen 4000
offiziell 1721
offiziös 1722
Öffnung nach links 6491
~ nach Osten 6522
off shore — Aufträge 6418
Ohnmacht 2686
OIT 5033
Okkupant 58, 5798
Okkupation 57
~, originäre 61
Oktober-Revolution 6220
Oligarch 2687
Oligarchie 2688
oligarchisch 2689
OMS 5061
Operationsgebiet 5635
Opium 5008
Opportunismus 2690
Opportunist 2691
opportunistisch 2692
Opposition 608, 814, 981, 982, 1927, 1937
~, außerparlamentarische 6492
Oppositionsführer 983, 1934
Oppositionsparteien 1933
Oppositionspolitiker 1937
Optant 108
optieren für 109
~: für eine Staatsangehörigkeit ~ 2348

577

Option 110
Optionsrecht 111, 2347
Optionsvertrag 4451
Orangebuch 3668
Ordnung 2056, 2058, 4114', 4117
~: die Neue ~ in Europa 6323
~, rechtsstaatliche 586
~, soziale 558
~, verfassungsmäßige 557
~ aufrechterhalten 2055
Ordnungsmäßigkeit der Ernennungen 3890
Ordnungsruf 4116
~ mit Vermerk im Protokoll 4118
Organ 4790
~, beratendes 4801
~, leitendes 4795
~, nachgeordnetes 4797
~, ständiges 4793
~, wichtiges 4794
Organe der Gemeinschaft 5117
~ der Staatsgewalt 542
~, regionale 5397
Organisation 2252, 4667, 4671, 4714, 4724
~ für Außenhandelszusammenarbeit 5102
~ für die Einheit Afrikas 5237
~ für afrikanische Einheit 5269
~ Gehlen 2267
~ des Warschauer Pakts 5287
~ der amerikanischen Staaten 5262
~ der zentralamerikanischen Staaten 5270
~ der Vereinten Nationen 4960
~ ~ ~ ~ für Erziehung, Wissenschaft und Kultur 5054
~ des Brüsseler Vertrages 6393
~ für europäische wirtschaftliche Zusammenarbeit 5187
~ für die Zusammenarbeit der Eisenbahnen 5271

Organisation
~ für wirtschaftliche Zusammenarbeit und Entwicklung 5189
~: afro-asiatische ~ für wirtschaftliche Zusammenarbeit 5153
~, amtliche ~ 4710
~: europäische ~ für die Entwicklung und den Bau von Raumfahrzeugen 5182
~: europäische ~ zur Erforschung des Weltraums 5184
~: ~ ~ für kernphysikalische Forschung 5181
~, fachliche 4765
~: gemeinsame afrikanisch-madagassische ~ 5193
~, halbamtliche 4711
~, internationale 5073
~: internationale ~ der Journalisten 5323
~, nichtamtliche 4709
~, nicht-regierungsvertretende 4709
~, private 4726
~, regierungsvertretende 4710
~, regionale 4728
~, straffe 2473
~, supranationale 4706
Organisationen, angeschlossene 4707
~, internationale katholische 5365
~, nicht-regierungsvertretende 5006
~, regierungsvertretende 5005
Organisationsausschuß 3964
Orientfrage 6191
Original 4661
Ort 3907
~: an ~ und Stelle 4902
Ostblock 6387
Ostblockstaaten 5169, 6388
Osten 6522
~, ferner 5001
Österreich 2029, 6449
Österreich-Ungarn 6235
Ostfeldzug 6334
Ostgebiete, ehemalige deutsche 6370

Ostpolitik 6539
Ost-West-Beziehungen 6520
Ost-West-Verhandlungen 6523
ÖVP 2030

P

Pachtabkommen 4442, 6333
Pachtgebiet 80
Pakt 4402
~ von Locarno 6261
~: Warschauer ~ 5287
~: Zentrale Pakt-Organisation 5301
paktieren 3623
Palastrevolution 2151
panafrikanisch 2694
Panafrikanismus 2693
panamerikanisch 2695
Panamerikanische Gesundheitsorganisation 5274
Panamerikanismus 2696
Panamerikanist 2697
panarabisch 2699
Panarabismus 2698
Panaschieren 848
panasiatisch 2701
Panasiatismus 2702
Panel meeting 4309
paneuropäisch 2704
Paneuropäismus 2703
Pan-Europa-Union 5372
Pangermanismus 2705
Pangermanist 2706
pangermanistisch 2707
Paniberismus 2708
panislamisch 2709
Panislamismus 2710
Panslawismus 2711
Panslawist 2712
panslawistisch 2712
Panther, Schwarze 6500
Panthers, Black 6500
Pantschen Lama 443
Papier 4530
Papier-Blockade 5712
Papiertiger 6513
Pappelkommission, Internationale 5213
Papst 477, 486
päpstlich 485
Papsttum 483

Parade 3205
paraphieren 4583
Paraphierung 4582
Pardon 5985
Parias 682
Paris 6263
Pariser Bluthochzeit 6088
~ Seerechtserklärung 5730
Paritätsklausel 4518
Parkplatz 4297
Parlament 902, 924, 952, 953, 1391, 1420, 1534, 4586, 1102
~, Europäisches 5109
Parlamentär 5825
Parlamentarier 907, 5366
parlamentarisch 909
Parlamentarismus 910
Parlaments... 909
Parlamentsabgeordneter 907
Parlamentsausschuß 966
Parlamentsdebatte 962
Parlamentsferien 929
Parlamentsmitglied 907
Parlamentswahlen 780
Partei 847, 870, 1928, 1940, 1946, 1973
~ der Arbeit 2036
~, christlich-soziale 1987
~: Demokratische ~ USA 2046
~, Deutsche 1995
~, Deutsche Kommunistische 1999a
~, Deutschnationale 6241
~, extremistische 1920
~, Freie Demokratische 1997
~, Freisinnig demokratische 2038
~, gemäßigte 1919
~, Gesamtdeutsche 1998
~, internationale politische 1917
~, kommunistische 1986
~: Kommunistische ~ Deutschlands 1999
~: Kommunistische ~ Frankreichs 2020
~: Kommunistische ~ Österreichs 2028
~, konservative 2006
~, kriegführende 5565
~, Liberal-demokratische 2005

Partei
~, liberale 1988
~, Liberale 2012
~, Liberale demokratische 2040
~, National-Demokratische 2003
~, Neofaschistische 2025
~, politische 1916
~: Sozialdemokratische ~ Deutschlands 2000
~: Sozialistische ~ Belgiens 1989
~, Sozialistische 2013
~: Sozialistische ~ Österreichs 2029
Parteiapparat 1969
Parteibonze 1960
Parteibuchwirtschaft 1974
Parteidisziplin 1968
Parteien 2431, 5454
~ der Mitte 1923
~ eines Streites 5425
Parteiführer 1958
Parteiführung 1961
Parteifunktionäre 1975
parteigebunden: nicht ~ 1925
Parteigremium 1978
Parteigruppe 1946
Parteikasse 1981
Parteikongreß 1963
Parteikonvent 1963, 1964, 1965
Parteileitung 1961
Parteilinie 1970
Parteilose 1955
Parteipolitik 1562
Parteisatzung 1967
Parteisekretär, erster 2032
Parteistatuten 1967
Parteitag 1963
Parteiverbot 616
Parteiversammlung 1966
Parteivorsitzender 1957
Parteivorstand 1962
Parteizelle 1979
Partikularismus 2714
partikularistisch 2715
Partisan 2213
Partisanenbewegung 2214
Partisanenkrieg 2218
Partnerschaft 4713
Partnerschaftsgemeinde 3697
Partnerstadt 3697

Pascha 446
Paschalyk 447
Paschawürde 447
Paß 3394, 3395, 3397
Pässe 3396, 3401, 3402, 3403
Passierschein 5806
Passierscheinabkommen 6481
Passierscheinstelle 6480
Paßinhaber 3398
Patenschaft 3696
Patentinstitut, Internationales 5233
Paternalismus 2716
paternalistisch 2717
Patriarch 509
~, ökumenischer 513
Patriarchat 510
Patriot 2718
patriotisch 2719
Patriotismus 2720
Pax Christi-Bewegung 5373
Pax Romana 5374, 5375
Pazifik 5162
Pazifik-Pakt 5156
Pazifismus 2721
Pazifist 2722
pazifistisch 2723
Pearl Harbor 6337
Peer 425, 1160
Peerswürde 426
Pension 1811
Pensionen 4978
pensionieren 1810
Pensionierung 1809
Pensionsanspruch 1812
Pentagon 1589
Perfidie 5984
Peronist 2724
peronistisch 2725
persona grata 3078
persona non grata 3079
Personal 4851, 4857, 4901
~ einer diplomatischen Vertretung 3163
~, kurzfristig eingestelltes 4900
~, ortsansässiges 4903
~, ständiges 4897
Personalabteilung 4825
Personalakte 4930
Personalausgaben 4853
Personalausschuß 4854
Personalbestand 4857
Personalhoheit 562

579

Personalimmunität 3154
Personalstatut 4852
Personalunion 218
Personalvertretung 4826
Personen: für 500 ~ 3836
Personenkult 2726
Personenstandswesen 5208
Persönlichkeitswahl 775
Petition 992
Petitionsausschuß 978
Petitionsrecht 653
Pfalzgraf 396
Pfauenthron 445
Pflanzenschutz-Organisation für Europa und den Mittelmeerraum 5276
Pflichten 5254
Pflichtverteidiger 1903
Pforte: die Hohe ~ 6192
Philosemitismus 2727
Philosophie 5349
Physiokratismus 6109
Pirat 5722
Piraterie 5723
Plakate 2104
Plan des offenen Himmels 6475
Plansoll 2728
Planstelle 4859, 4860
Plantagen 5038
Planungsamt 4813
Planungsstab 1385
Planungsstelle 4813
Plastikattentäter 2241
Plastikbombe 2239
Plastikbombenattentat 2238
Plastik-Sprengstoff 2240
Platon 2823
Platz 4012
Plauderei 4304
Plebiszit 104, 898
Plenarberatung 963
Plenarsaal 3830
Plenarsitzung 3794
Plenum 964, 3794
Pleven-Plan 6429
PLI 2023
Plünderer 6010
plündern 6011
Plünderung 6009
Pluralismus 2729
Plutokrat 2730
Plutokratie 2731
plutokratisch 2732
Pöbel 2168

Pöbelherrschaft 2684
Podium 3837
Pogrom 2192
Polemik 3990
polemisch 3991
Polen 6118, 6313, 6373
Polenfeldzug 6312
Polis, antike 243
Politbüro 2034
Politik 1554, 1558, 4967
~ des Abwartens 2411
~ der verbrannten Erde 5593
~ der vollendeten Tatsache 3608
~ der offenen Tür 6195
~, expansionistische 3640
~, gemäßigte 1563
~, nationale 5568
~, undurchsichtige 1567
Politiker 1548
~, ältere, erfahrene 1549
~, leitende 1296
politisch 1550
politisieren 2734
Politisiererei 2733
Politisierung 2735
Politologe 2736
Polizeiaktion 5505
Polizeiapparat 2063
Polizeidepartement 1450
Polizeimacht, internationale 5500
Polizeiregime 1277
Polizeistaat 262
Polyarchie 2737
Polyzentrismus 2738
Pontifex 478
Pontifikat 484
Pool 4829
Portefeuille 1410
Portofreiheit 1011
Postgeheimnis 464
Postminister 1494
Postministerium 1493
Poststudien 5083
Postunion der amerikanischen Staaten mit Spanien 5277
Post- und Fernmeldeunion, Afrikanische 5151
Postverein, Afrikanischer 5152
~, Amerikanisch-spanischer 5277
~, Arabischer 5159

Postverein
~, Asiatisch-Ozeanischer 5161
Post- und Fernmeldewesen
Potsdam 6355
Potsdamer Abkommen 6356
~ Konferenz 6355
Präambel 4636
Prächtige: Suleiman der ~ 6077
Präfekt 1617
Prager Fenstersturz 6095
Prager Frühling 6517
Pragmatiker 2739
pragmatisch 2740
Pragmatismus 2741
Prälat 497
Präliminarfrieden 5856
Präsident 1315, 1387, 3882, 4114, 4209, 4834
~ des Kronrates 1364
~ des Parlaments 952
~ der Republik 1312
~, amtierender 1313
~: gewählter, aber noch nicht sein Amt ausübender ~ 1317
Präsidenten 5123
Präsidentenwahl 783
Präsidentschaftskampagne 807
Präsidentschaftskandidat
Präsidentschaftswahl 783
Präsidialdemokratie 1274
Präsidium 955, 3878
~ des Obersten Sowjets 1239
~, erweitertes 3879
Prätendent 312
Präventivkrieg 5579
Praxis der Amtsverlängerung 1295
~, allgemeine 1945
Präzedenzfall 3487, 3488
preisen 5741
Premierminister 1355, 1456, 1535
Presseabteilung 4823
Presse- und Informationsamt 1546
Presseagentur 2656
Presseattaché 3130
Pressechef 1545
Pressefeldzug 2742
Pressefreiheit 609

Pressegalerie 3841
Presseinstitut, Internationales 5355
Pressekampagne 2742
Pressekonferenz 3919
Pressetribüne 3841
pressure groups 2552
Prestige 3472
Prestigefrage 3473
PRI 2026
Primogenitur 314
Prinz 356
~ von Asturien 361
~ von königlichem Blut 358
~ von Wales 361
Prinzessin 357
Prinzgemahl 366
Prinzregent 318
Prise 5762, 5776, 5786
~: eine ~ einbringen 5761
~: gute ~ sein 5782
Prisemachender 5771
Prisengericht 5783
~, internationales 5784
Prisenkommando 5760
Prisenmannschaft 5777
Prisenrecht 5785
Privataudienz 3271, 3272
Privatrecht 5231
~, internationales 2935, 5194
Privilegien 3145
Probe: auf ~ 1688, 4912
Probezeit 4911
Problem, aktuelles 2503
Probleme 3803
Produzentenrat 1185
Programmierungsausschuß 5044
Progressist 2502
progressiv 2501
Progressivismus 2743
Proklamation 1049
proklamieren 1047
prokommunistisch 2588
Proletariat 2461, 2744
proletarisch 2745
Proletarisierung 2746
Pronunciamiento 2147
Pronuntius 3137
Propaganda 2750
Propagandamaschine 2747
Propagandist 2748
propagandistisch 2749
prosowjetisch 2813

prosozialistisch 2818
Protektor 168
Protektorat 167
Protektoratsvertrag 4443
Protest 3519
Protester 2098
protestieren 3520
Protestkundgebung 2097
Protestmarsch 2099
Protestnote 3536
Proteststreik 729
Protestversammlung 2100
Protokoll 3189, 4118, 4218, 4225, 4228, 4232, 4487
~, Aachener 6154
~, Allgemeines 4488
~, ausführliches 4221
~ über den Austausch der Ratifizierungsurkunden 4497
~ führen 4223
Protokollabteilung 3189
protokollarisch 3190
Protokollchef 3188
Protokollführer 4224
protokollieren 4223
Provinz 1610
Provinzialregierung 1612
Provinzversammlung 1131
Provokation 2125
prowestlich 2751
Prozeß, Nürnberger 6378
Prozeßpartei 5468
prüfen: eine Gesetzesvorlage in zweiter Lesung ~ 1038
~: die Schiffspapiere ~ 5754
~: die Vollmachten eines Delegierten ~ 3887
Prüfung der Vollmachten 3886
PSB 1989
PSC 1987
Publikum 4301
Publikumstribüne 3840
Pufferstaat 216
Pufferzone 217
Pulververschwörung 6093
Punkt 3868, 4100
~ 1 der Tagesordnung 3866
~: ein ~ auf der Tagesordnung 3865
~, toter 4136, 4137
Punkte, Vierzehn 6227

puritanisch 2752
Puritanismus 2753
Putsch 2147
Putschist 2148
Pyrenäenfriede 6100
Pyrrhussieg 3635

Q

Quasi-Konterbande 6074
Quästor 4843
Quelle: aus gut unterrichteter ~ 3698
~: aus halbamtlicher ~ 1369
Quellen 2944
Quisling 5804
Quorum 4198

R

Racheakt 2230
Radarstützpunkt 5967
Rädelsführer 2120
radikal 2754
Radikalisierung 2756
Radikalismus 2755
Radikalsozialisten 2014
Radscha 469
Rahmen der Aussprache 4366
~: im ~ der ihnen zugewiesenen Befugnisse 1746
~: im ~ dieser Organisation 4671
Rahmengesetz 1070
Rahmenvertrag 4410
Rakete 5664
~ mit Mehrfachsprengköpfen 5673, 5674
Raketen mit Atomsprengköpfen 5971
~, interkontinentale 5970
Raketenabschußbasis 5676
Raketenabwehrsystem 5677
Raketenkrise, kubanische 6505
Raketenlücke 5678
Raketenpotential 5679
Raketen-U-Boot 5675
Rand: am Rande 5522
~: ~ ~ bemerkt 4355
Randalierer 2110

581

Randmeer 37
Randstaat 12
Rang 424
Rangordnung 1716, 3198
~, diplomatische 3104
~, protokollarische 3196
Rapacki-Plan 6470
Rapallo-Vertrag 6256
Rasse 589
Rassen... 660
Rassendiskriminierung 664, 679
Rassenfanatiker 666
Rassenfrage 670
Rassengleichberechtigung 675
Rassengleichheit 672
Rassenhaß 677
Rassenintegration 675
Rassenkrawalle 2126
Rassenlehre 661
Rassenprobleme 662
Rassenschranken 673
Rassenstreit 671
Rassentrennung 667, 669, 675
Rassenunruhen 2126
Rassenverfolgung 684
Rassenvorurteile 663
Rat 2802, 4804, 4808, 5043, 5075, 5098, 5120, 5142, 5162
Rat, Asiatisch-Pazifischer 5162
~ der Außenminister 6357
~ der Gemeinden Europas 5377
~ der Gouverneure 4809, 5064, 5068, 5071, 5106, 5134
~ der Europäischen Industrieverbände 5376
~ der Notabeln 1183
~ der OAS 5264
~ der OECD 5190
~ der Ostblockstaaten 5169
~ der Republik 1154
~ der Volkskommissare 1394
~ der WEU 5291
~ für Zusammenarbeit auf dem Gebiet des Zollwesens 5278
~ für technische Zusammenarbeit 5168

Rat
~, großer 1230, 1237
~: internationaler ~ zur Bekämpfung des Alkoholismus 5341
~: ~ ~ für Meeresforschung 5214
~: ~ ~ wissenschaftlicher Vereinigungen 5340
~, nordischer 5261
~, parlamentarischer 6412
~, ständiger 4806
Rathaus 1642
Rathausparteien 1948
Ratifikation 4587
Ratifikationsklausel 4508
Ratifikationsurkunde 4592
ratifizieren 4585
Ratifizierung 4587, 4589
~ durch das Parlament 4586
~, unvollständige 4591
Ratifizierungsgesetz 4588
Ratifizierungsurkunde 4595
Ratifizierungsurkunden 4497, 4594
Räume 3828
räumen 5878
~: den Sitzungssaal räumen lassen 4128
Raumfahrzeuge 5182
Raumordnung 1476, 1535
Raumrecht 2934
Raumstation 5973
Räumung eines Gebietes 5879
~: vorzeitige ~ des Rheinlandes 6267
Rauschgifte 4997
Rauschgiftkontrolle, internationale 5009
Raya Sabha 1168
Razzia 2171
Reaktion 2757
Reaktionär 2758
reaktionär 2759
Realpolitik 1566
Realunion 219
Rebell 2186
Rebellenführer 2187
rebellisch 2185
rebus hic stantibus 4513
Rechenschaft ablegen 1420
Rechnungseinheit 4951

Rechnungshof, oberster 1836
Rechnungsprüfer 5125
Rechnungsprüfungsausschuß 3974
Recht 620, 2528, 2945
~ auf Arbeit 626
~ ~ Ausbildung 634
~ ~ Bildung 633
~ ~ Eheschließung und Gründung einer Familie 632
~ ~ Eigentum 619
~ ~ ein gerechtes Verfahren vor einem unabhängigen und unparteiischen Gericht 637
~ ~ einen angemessenen Lebensstandard 644
~ ~ Ergreifung des Wortes 4007
~ ~ Erziehung 601
~ ~ Flaggenerkundung 5740
~ ~ freie Wahl des Arbeitsplatzes 627
~ ~ internationale Vertretung 2970
~ ~ Leben, Freiheit und persönliche Sicherheit 624
~ ~ soziale Sicherheit 643
~ ~ Staatsangehörigkeit 625
~: das ~, bis zum Beweis der Schuld als unschuldig zu gelten 638
~ der Gegenseitigkeit 2967
~ ~ Verfolgung 5767
~ des Friedens 2924
~ ~ Krieges 2925
~ ~ Stärkeren 2993
~ ~ Tabouret 3215
~, diplomatisches 3020
~: durch das ~ des Eroberers 5875
~ Gewerkschaften zu bilden 649
~, innerstaatliches 2943
~, internationales 2984, 4979, 5312, 5382
~, internes 2937
~, intertemporales 2905

582

Seesperre, Krieg zu erklären 1392
~, öffentliches 1704, 2941
~, staatliches 2937
~, vergleichendes 2930
rechthaben: wenn ich recht habe 4345
Rechte 1922, 4697, 5254
~, erworbene 2973
rechtlich 5401
Rechtmäßigkeit 2605, 5786
rechts 869
~: nach ~ 894
Rechtsabhängigkeit 5463
Rechtsabteilung 4824
Rechtsabweichler 2760
Rechtsabweichlertum 2761
Rechtsausschuß 3978, 4973
Rechtsberater 4844
Rechtsetzungsbefugnis 569
Rechtsextremismus 2563
Rechtsextremist 2762
Rechtsfrage 5400
Rechtsfragen 5046
Rechtsgrundlage 2915
Rechtsgrundsatz 5483
Rechtsgrundsätze: allgemeine von zivilisierten Staaten anerkannte ~ 2949
Rechtshandlung, einseitige 2965
Rechtshilfe 1855
~ in Strafsachen 1849
~: sich einander soweit wie möglich ~ leisten 1850
Rechtshilfeersuchen 1848, 1858, 1860
Rechtshilfeübereinkommen 1854
Rechtshilfevereinbarung 1854
Rechtskoalition 1931
Rechtskollision 2936
Rechtskraft des Urteils 2954
Rechtsmittel, innerstaatliches 2938
Rechtsnachfolge 274
Rechtsnachfolger 275
Rechtsnormen 2914
Rechtsopposition 1935
Rechtsordnung 88, 2918
Rechtsparteien 1922
Rechtspersönlichkeit haben 2912

Rechtsprechung 1846
Rechtsradikaler 2762
Rechtsregierung 1330
Rechtsschutz 1823
~, gewerblicher 5218, 5327
Rechtsstaat 263
Rechtsunsicherheit 645
Rechtsvergleichung 2930
Rechtsverordnung 1067
Rechtsvorschriften 519
~, staatliche 2939
Rechtswege: auf dem ~ 1824
Rechtswesen 4973
Rechtswissenschaft 5350
Récréance: Lettres de ~ 3092
Redaktionsausschuß 3973
Rede 3255
Redeerlaubnis 4015
Redefreiheit 611
reden: wieder von sich ~ machen 3638
Redner 4022, 4034
Rednerliste 4008, 4009
Rednertribüne 4010, 4011
Redezeit 4006
Referat 4302
Referendum 898
referendum, ad 4580
Referent, persönlicher 1280, 1408
Reformation 6079
Reformen 2765
Reformismus 2764
Regel der Kanonenschußweite 40
Regelung 1659
~ von Kollisionen 1080
~ der Sprachenfrage 4677
Regensburg 6141
Regent 319
Regentschaft 316
Regentschaftsrat 317
regieren 1267
~: sich nicht selbst regierende Gebiete 166
Regierende 1279, 1289
~ und Regierte 1278
Regierte 1278
Regierung 1319, 1368, 1376, 1428, 2996, 3094, 3095, 3096, 3517, 3520, 3564
~ Brandt-Scheel 6540

Regierung
~ des Volkes durch das Volk 1271
~, direkte 1269
~, parlamentarische 1272
~, provisorische 1343
~, rechtmäßige 1321
~, verfassungsmäßige 1322
~, vorläufige 1343
Regierungen, beitretende 4630
Regierungs... 1320
Regierungsabkommen 4425
Regierungsakt 1268
Regierungsbank 965
Regierungsbevollmächtigte 5085
Regierungsbildung 1348, 1349
Regierungschef 1351
Regierungserklärung 979
regierungsfeindlich 1370
regierungsfreundlich 2773
Regierungsgeschäfte 1378
Regierungshandlung 1268
Regierungskoalition 1339, 1929
Regierungskonferenz 3767
Regierungskreise: in Regierungskreisen 1367
Regierungskrise 1371
Regierungsorgane 1537
Regierungspartei 793, 1926
~ und Opposition 1927
Regierungsprogramm 1366
Regierungssprecher 1544
Regierungsstelle 1538
Regierungssystem, parlamentarisches 910
regierungstreu 2767
Regierungstreuer 2766
Regierungstruppen 2149
Regierungsübereinkommen 4426
Regierungsumbildung 1372
Regierungsverhandlungen 3709
Regierungsvertreter 3819
Regierungsvorlage 1029
Regierungswechsel 1374
Regime 1276, 1298
~, politisches 1275
Region 1614
~, autonome 239, 1615
Regionalabkommen 4434

583

Regionalausschüsse 4999
Regionalentwicklung 1477, 1478
regionalisieren 2769
Regionalisierung 2771
Regionalismus 2768
Regionalist 2770
regionalistisch 2772
Regionalkonferenz 3769
Regionalverwaltung 1477, 1478
Registerhafen 3012
Registrator 4846
Registraturbeamter 4846
registrieren 4601
~: Geburten, Eheschließungen und Todesfälle ~ 3412
Registrierung von Verträgen 4602
Regulierung 4967
REI 5376
Reibungen 3651
Reich: das Deutsche ~ 6240
~: das Dritte ~ 6269
~, Drittes 6345
~: Heiliges Römisches ~ deutscher Nation 6076
Reichsapfel 307
Reichsdeputationshauptschluß zu Regensburg 6141
Reichsgesetzblatt 1052
Reichsgraf 387
Reichskanzlei 6188
Reichskanzler 6187
Reichsprotektor 6303
Reichsprotektorat Böhmen und Mähren 6302
Reichsstadt, freie 244
Reichsstände 906
Reichsstatthalter 6279
Reichstag 1150, 1226, 1231
Reichstagsbrand 6277
Reichsunmittelbarkeit 6143
Reichsverweser 319
Reichswehr 6244
Reihenfolge 4015, 4156
Reis-Ausschuß, internationaler 5051, 5222
Reise, einheitliche 5770
~, fortgesetzte 5770
~, ununterbrochene 5770
Reiseauswese 3396
Reisebüro 4291
Reisekosten 4949

reisen, inkognito 3200
Religion 589
Religionsausübung 604
Religionsfreiheit 603
Religionsfriede, Augsburger 6083
Religionshoheit 572
Religionskrieg 5588
Remilitarisierung 5900
Renegat 2774
Reparationen 5873, 5874, 6237
repatriieren 6042
Repatriierung 6043
Repliken 5467
Repräsentantenhaus 1114, 1125, 1190, 1193, 1201, 1207, 1224, 1261
Reptilienfonds 1100
Republik 1154, 1300, 1312, 2775
~, autonome 238
~, neue 2016
~, Weimarer 6239
Republikaner 2026, 2047, 2776
~, unabhängige 2015
republikfeindlich 2779
Republikflucht 6482
republikanisch 2777
Republikanismus 2778
Requiem 3324
requirieren 5821
Requirierung 5822
res communis 2975
~ nullius 2976
Reservat 656
Resident 2273
Résistance 6321
Resolution 4055
Ressentiment 3637
Ressortabkommen
Ressortbesprechung 1400
Ressortkollege 1407
Rest 4126
~: für den ~ der Amtszeit 4910
Restauration 6159
Retorsion 3656
Reußen 345
Revanchepolitik 2780
Revanchist 2780
revanchistisch 2781
revidieren: die Verfassung ~ 532
Revirement 1372

Revision eines Vertrages 4633
Revisionismus 2782
Revisionist 2783
revisionistisch 2784
Revisionsbewegung 2785
Revolte 2182
Revolution 2155
~: die Französische ~ 6121
~: die Glorreiche ~ 6102
revolutionär 2159
Revolutionär 2158
Revolutions... 2159
Revolutionskomitee 2156
Revolutionsrat 1119, 2157
Revolutionsregierung 1345
Rexisten 6285
RGE 5377
Rheinbund 6142
Rheinland 6267, 6287
Rheinschiffahrt 5300
Rhodesienfrage 6497
richten: ein Gesuch an... 4066
~: eine Botschaft~an...~ 3524
~: eine Warnung an jdn ~ 3522
~: einen Appell ~ an... 3525
~: einen offenen Brief ~ an... 3557
~: sein Rücktrittsschreiben an... ~ 4939
Richter 5111, 5454, 5468
Richtigstellung 3553
Richtlinien 1665, 3713
~ der Politik 1558
~ ~ ~ bestimmen 1558
Rio 6398
Risiko, kalkuliertes 3512
Risorgimento 6156
Ritter 428, 430
Ritterorden 431
Ritterschaft 429
Ritterstand 429
Rittertum 429
Rivalität 3636
Rolle, führende 3417
Rom 6255, 6468
Rom-Berlin 6301
Rotbuch 3672
Rotes Kreuz, internationales 5356
Rotkreuzflagge 6019

Rotkreuzgesellschaften 5369
Round-Table-Konferenz 3775
Rousseaus Gesellschaftsvertrag 2526
Rowdy 2110
Royalist 2786
royalistisch 2787
Ruck nach links 895
rückabtreten 99
Rückabtretung 98
rückführen 6042
Rückführung der Kriegsgefangenen 6043
rückgängig machen 3228
~ ~: die gewaltsame Aneignung eines Gebietes ~ ~ 96
~ ~: einen Beschluß ~ ~ 1672
~ ~ :eine Maßnahme ~ ~ 1661
Rückgängigmachung einer Annektion 97
Rückreise 3247
Rückschlag 3624
rückständig 2788
Rücktritt 1423, 4285, 4936
Rücktrittsgesuch 1426
Rücktrittsschreiben 4938, 4939
Rückversicherungsvertrag 6196
Rückzieher 3702
Ruder: am ~ sein 1294
Ruf 639
rufen 789, 4667
~: zur Ordnung ~ 4117
Ruhe: öffentliche ~ und Ordnung 2057
Ruhestand 1809
~, einstweiliger 1687
Ruhestätte, letzte 3334
Ruhrbehörde, internationale
Ruhrbesetzung 6258
Rumpfparlament 923
Rundfunkansprache 3258
Rußland 6389
Rußlandfeldzug 6334
Rüstung 5892
~, strategische 6524
Rüstungen 4967
Rüstungsausschuß, ständiger 5293

Rüstungsbeschränkung 5948
Rüstungseskalation 5892
Rüstungshilfeaufträge 6418
Rüstungsindustrie 5894
Rüstungskontrolle 5294
Rüstungsminister 1526
Rüstungspolitik 5891
Rüstungswettlauf 5897
Rüstungswettrennen 5937

S

Saal 4126, 4127
Saaldiener 4123
Saaldienst 4122
Saarabkommen 6452
Saarabstimmung 6284
Saarfrage 6283
Sabotage 2231
Sabotageabwehr 2236
Sabotageakt 2233
Saboteur 2234
sabotieren 2235
Sache: es ist ~ der Regierung, zu 4654
Sachverhalt 1892
Sachverständige 1900
Sachverständigenausschuß für die Durchführung von Übereinkommen und Empfehlungen 5035
Sachverständigenbericht 4269
Sachverständigengutachten 4269
Sachverständiger 3822
Sackgasse 4136
sagen 4355
~: wenn ich so ~ darf 4357
~: ich habe nur wenig zu ~ 4336
Sahara 5237
Säkularisierung 6155
Salamitaktik 3647
Salisches Gesetz 315
SALT 6524
Salut 3214
Salutschießen 3214
sammeln, Gelder ~ 1982
Sammelvisum 3408
Sammlungsbewegung von de Gaulle 6384
Sangi-in 1180
Sanierungsprogramm 1574

Sanktion, Pragmatische 6110
Sanktionen, freiwillige 5494
~, militärische 5493
~, obligatorische 5495
~, wirtschaftliche 5498
Sarg 3332
Satellitenstaat 215
Satellitenstaaten Rußlands 6389
Satrap 448
Satzungen 4673
säubern 2243
Säuberung 2244
Säuberungsaktion 5637
schaffen: eine Organisation ~ 4668
~: einen Präzedenzfall ~ 3488
Schaffung einer Stelle 4855
Schah 444
Schandmauer 6479
Scharfmacher 2789
Schattenkabinett 1340
Schattenregierung 1340
Schatzamt 1456
Schatzmeister 4843
Schatzministerium 1452
Schauprozeß 1847
Scheich 475
Scheichtum 476
scheitern: die Verhandlungen ~ 3736
Scheitern der Gipfelkonferenz 6477
Scherif 459
Scherifenreich 460
Schichten: die ärmeren ~ 2790
schicken: ein Beileidstelegramm ~ 3316
schieben: auf ein Abstellgleis ~ 1805
~: eine Gesetzesvorlage aufs tote Gleis ~ 1038
Schiedsabkommen 4454
Schiedsgericht 5438
~, gemischtes 5439
schiedsgerichtlich 5435, 5436
Schiedsgerichtsbarkeit 5437
~, obligatorische 5443
~, verbindliche 5443

585

Schiedsgerichtshof, Ständiger 5284, 5448
Schiedsgerichtsklausel, obligatorische 5442
Schiedsgerichtsverfahren 5432
Schiedsgerichtswesen 5437
Schiedshof 5438
~, Ständiger 5284, 5448
Schiedsklausel 4506, 5441
Schiedskommission 4800
Schiedsrichter 5433, 5434
Schiedsspruch 5444
Schiedsstelle 4800, 5440
Schiedsübereinkommen 4453
Schiedsverfahren 5432
Schiedsvertrag 4452
Schiedsweg 5431
Schießerei 2222
Schiff 5744, 5761, 5780, 5787
~ freigeben 5797
~, einbringendes 5771
~: frei ~, frei Gut 5737
Schiffahrtsabkommen 4478
Schiffahrtsfreiheit 3011
~ auf Flüssen 87
Schiffahrtsorganisation, Internationale Beratende 5096
~, Zwischenstaatliche Beratende 5096
Schiffahrtsvertrag 4477
Schiffspapiere 5754
Schild- und Schwert- Strategie 5248
Schirmherrschaft: unter der ~ von 3808
Schlacht von Dünkirchen 6326
~ um England 6322
~ von Königgrätz 6176
~ von Waterloo 6151
Schlag, präemptiver 5580
schlagen, jdn zum Ritter 430
Schlagwort 2791
schleifen: Festungen ~ 5887
schlichten: einen Streitfall ~ 5426
Schlichtungsausschuß 5410
schließen: die Abstimmung ~ 4164
~: die Aussprache ~ 3998
~: ein Bündnis ~ 3568

schließen:
~: Frieden ~ 5860
~: eine Sitzung ~ 3916
~: die Sitzung ist geschlossen 3914
~: einen Vertrag ~ 4411
Schließung der Grenze 150
~ eines Hafens 3015
~ eines Konsulats 3389
~ einer Sitzung 3913
Schluß: zum ~ 4334
~ der Debatte 3999, 4101
Schlußabstimmung 4140
Schlußakte 4499
Schlußansprache 3909
Schlußantrag 5474
Schlußbericht 4258
Schlußbestimmungen 4523
Schlüsselorgan 4794
Schlüsselstellung 3419
Schlußfeier 3254
Schlußkommuniqué 3543
Schlußrede 3912
Schlußsitzung 3910
Schnellverfahren 5472
Schönfärberei 2792
Schottland 1532
Schrecken 5920, 6420
schrecklich: Iwan der Schreckliche
Schreiben 3546
Schreibkanzlei 4829
schreiten: zur Abstimmung ~ 4147
~: zum Kriege ~ 5534
~: zur Tagesordnung ~ 3862
~: zur Wahl von jdm ~ 4186
~: zu einem zweiten Wahlgang ~ 4188
Schriftsätze 5465
Schriftstücke 1896
Schriftwechsel 3549
Schritt, gemeinsamer 3516
Schritte 3517
~ bei einer Regierung unternehmen 3517
Schrottverbraucher 5124
Schugi-in 1181
Schuld 638
schulen 2794
Schulintegration 676
Schulung 2793
Schuman-Plan 6422
Schumanplan-Vertrag 6423

Schuß vor den Bug 5748
Schutz 4995, 5219, 5286
~ der Staatsangehörigen im Ausland 3049
~ der Zivilbevölkerung 6005
~, diplomatischer 3050
~, konsularischer 3365
Schutzbereichgesetz 5256
Schutzbündnis 3569
Schutzherrschaft 167
Schutzklausel 4517
Schutzmacht 168, 6036
Schutzstaat 169
Schwarzbuch 3665
Schwarzhemden 2795
Schwarzmalerei 2796
schwebend 3574
Schweinebuchtinvasion 6506
Schweizergarde 496
Schwert-Strategie 5248
Schwierigkeiten 4387
~: auf ~ stoßen 4388
SEATO 5281
Sechs 6436
Sechsjahresplan 1579
Sechstagekrieg 6527
SED 2004, 2035
See 5099
~, hohe 3007
~: auf hoher ~ 3008, 3213
Seeasyl 5795
Seebeuterecht 5785
Seeblockade 5704
Seegebiet 31
Seegrenzen 138
Seeherrschaft 5684
Seehoheitsgebiet 31
Seekanal 47
Seekrieg 5680
Seekriegführung 5680
Seekriegsrecht 5976
Seelord, Erster 1490
Seemacht 256
Seeräuber 5722
Seeräuberei 5723
Seerecht 3003
~, internationales 3004, 5171
Seerechtsdeklaration, Pariser 5730
Seeschiffahrt 5040
Seeschlacht im Skagerrak 6214
Seesperre 5703

Seestander 3017
Seestreitkräfte 5610, 5681
Segregation 667
sehen 4333
Seidenbau-Kommission, Internationale 5215
sein: in Ferien ~ 930
~: Gegenstand einer Aussprache ~ 3985
~: Hüter der Verfassung ~ 549
~: in Kraft ~ 1059
~: an der Macht ~ 1294
~: in der Mehrheit ~ 4181
~: in der Minderheit ~ 4180
Sejm 1226
Sekretariat 3901, 4249, 5048
~ der Vereinten Nationen 5026
~, ständiges 4816
~, Ständiges 4958
~ der FAO 5047
~ der UNESCO 5057
~ der OMS 5062
Sektierertum 2797
Sektion 968
Sektionschef 1417
Sektorengrenze 6411
Selbständigkeit 198
Selbstbestimmung 160
Selbstbestimmungsrecht 161
Selbsterhaltung 2968
Selbsterhaltungsrecht 2969
Selbstkritik 2798
Selbstregierung 157
~: Gebiete ohne ~ 166
Selbstregierungskörperschaft 1608
Selbstverteidigungsrecht 2971
Selbstverwaltung 158
~: mit ~ 159
Selbstzensur 691
Seminar 4305
Senat 916, 1000, 1103, 1109, 1111, 1113, 1116, 1121, 1123, 1126, 1128, 1146, 1148, 1152, 1156, 1166, 1171, 1173, 1179, 1189, 1191, 1194, 1196, 1203, 1209, 1221, 1223, 1225, 1244, 1251, 1254, 1256, 1262

Senator 946
Senatoren auf Lebenszeit 947
Senats ... 915
Senatsausschuß 967
Senatswahlen 782
Senatus-consultus 6139
Sendbote 3052
Sendestaat 3076
Separatismus 2799
Separatist 2800
separatistisch 2801
Separatvertrag 4423
Servituten, völkerrechtliche 120
setzen 1056, 1064, 3347
~: die Flagge auf Halbmast ~ 3354
~: eine Frage auf die Tagesordnung ~ 3857
~: außer Kraft ~ 4606
~: seine Unterschrift ~ unter 4577
~: sich an den Verhandlungstisch ~ 3701
Sezessionismus 115
Sezessionskrieg 6179
Shura 1102
Sichel 2538
Sicherheit 3438, 3457, 4967
~ zur See 5099
~ des Staates 2049
~, gemeinsame 6419
~, innere 2057
~, innere und äußere 2050
~, internationale 3436, 3466
~, kollektive 3469
~, öffentliche 2057
~, persönliche 624
~, soziale 643 1482, 5200
Sicherheitsausschuß 2267
Sicherheitsbehörde 2051
Sicherheitsdienst für Spionageabwehr 2263
Sicherheitsgarantie 3467
Sicherheitsmaßnahmen 2052
Sicherheitsoffizier 2053
Sicherheitspakt 4445
Sicherheitsrat 4983
~, Nationaler 1588
Sicherheitsvorschriften 4934
Sicherung, soziale 1501
Sichtvermerk 3404

Sieg, totaler 5625
Siegel 4579
Siegermacht 5627
Signatarstaaten 4560
Simultanübersetzung 4212
Simultanübertragung 4212
Sinn des Vertrages 4634
sinngemäß 4647
Si-omnes-Klausel 4512
Sit-in 2106
Sitz 932, 938, 939, 4676
Sitze 875
~: die zu besetzenden ~ 934
Sitzenbleiben 4153
Sitzgelegenheit für 500 Personen 3836
Sitzkrieg 6311
Sitzordnung 3306
Sitzstreik 730
Sitzung 3848, 3792, 3892, 3893, 3902, 3907, 3915, 4120, 4126, 4242
~, formelle 3801
~, formlose 3800
~, informelle 3800
~: in öffentlicher ~ 5476
~, vorhergehende 4230
~, zwanglose 3800
Sitzungsbericht 4218, 4225, 4227
Sitzungsperiode 926, 3785
~, außerordentliche 928, 3788
~, ordentliche 927, 3787
Sitzungsperioden: zwischen den ~ 931, 3791
Sitzungssaal 3829, 4128, 4130
Sitzungsstenograph 4831
Sitzungsvorstand 3786
Sitzungsunterbrechung 3903
Skagerrak 6214
Skagerrak-Schlacht 6214
Sklavenhandel 655, 658
Sklaverei 635, 657
Sobranje 1124
Soldat 3212
Soldatenkönig 6114
Soldatenrat 6228
Söldner 5601
Söldnerheer 5606
solidarisch 2810
Solidarität 2811

587

Solidaritätskonferenz, Afro-Asiatische 6446
Solidaritätsorganisation 5304
Solidaritätsstreik 731
Soll 2728
Sommersitz 495
Sonderabkommen 4432
Sonderaudienz 3268
Sonderausschuß 3957
~ der Vereinten Nationen für den Balkan 5010
~, Politischer 4968
Sonderbeauftragter 3061
Sonderflugzeug 3224
Sonderfonds der UNO 5018
Sonderfrieden 5868
Sondergenehmigung 1667
Sondermaschine 3224
Sonderminister im Amt des Premierministers 1535
Sondermission 3060
Sonderorganisationen 4483, 5029
Sonderpostamt 4293
Sonderprotokoll 4496
Sonderurlaub 4925
Sonderverbände 5648
Sondervereinbarung 4433
Sondervollmachten 1742
Sonderzug 3223
Sondierungsgespräche 3719
Sonne, Rote 6021
Sonnenbanner 3358
sorgen: für die Ausführung der Gesetze ~ 1053
~: für eine Konsekutivübersetzung ~ 4213
~: der Präsident sorgt für Ordnung 4114
~: für Übersetzung in eine der Arbeitssprachen ~ 4214
souverän 560
Souveränität 561, 1876
~ des Volkes 565
~, äußere 563
~, innere 564
~, staatsrechtliche 564
~, territoriale 3
Souveränitätsrecht 567
Sowjet 2802
~, Oberster 1238
Sowjetarmee 2812
sowjetfreundlich 2813

sowjetisieren 2803
Sowjetisierung 2804
Sowjetregierung 1347
Sozialattaché 3128
Sozialausschuß 3975, 4989, 5132, 5145, 5166
Sozialchauvinismus 2814
Sozialdemokrat 1986
Sozialdemokraten 2027
Sozialdemokratie 1985
Sozialfürsorge 1502
sozialisieren 2805
Sozialisierung 2806
Sozialismus 2807, 2815
~ mit menschlichem Gesicht 6518
Sozialist 2816
sozialistenfreundlich 2818
sozialistisch 2817
Sozialminister 1500
Sozialordnung 558, 1502
Sozialpolitik 1573
Sozialrat 4987, 5265
Sozialrepublik 6340
Sozialstaat 264
Sozialwesen 1481, 1498, 4970, 4993
sozusagen 4356
spalten: sich ~ 1942
Spaltung 1941
~ Deutschlands 6407
~, ideologische 2819
Spanien 5277
Spannung, internationale 3618, 3621
Sparpolitik 1099
Sparprogramm 1581
Spartakist 6247
Spartakistenaufstand 6248
spartakistisch 6246
SPD 2000
Spende 4702
sperren 5701
Sperrfrist 3542
Sperrgürtel 3607
Sperrklausel 885
Sperrstunde 2073
Spezialität 1894
spielen: die Nationalhymne ~ 3341
Spielmaterial 2261
Spion 2256
Spionage 2257
~ treiben 2254
Spionageabwehr 2260, 2262

Spionageabwehrdienst 2258
Spionagering 2259
Spitze: an der ~ der Delegation 3811
Spitzel 2274
Spitzelwesen 2275
Spitzenkandidaten 826
Spitzenverband 4758
Splitterparteien 1947
SPÖ 2029
Sport 1515
Sprache 589
~: zur ~ bringen 4390
Sprachendienst 4828, 4847
Sprachenfrage 4677
Sprachenzulage 4875
Sprachgrenze 3689
Sprachpolitik 665
sprechen: der Delegierte spricht von seinem Platz aus 4012
~: ich möchte offen ~ 4346
~: Recht ~ 1822
~: aus dem Stegreif ~ 4383
Sprecher 1544
Spruchband 2103
Spruchkammer 6376
Staat 151, 555, 623, 2049, 2997, 3612, 2822
~: Platons ~ 2823
~, abhängiger 164
~, beschützender 170
~, beschützter 170
~, dritter 1877
~, ersuchender 1852, 1859
~, ersuchter 1851
~, föderativer 227
~, geschädigter 5420
~, halbsouveräner 163
~, neutraler 269
~, nicht anerkannter 2999
~, selbständiger 152
~, souveräner 152
~, totalitärer 260
~, unabhängiger 152
~, vertragsbrüchiger 4539
Staaten 271, 4963
~, afrikanische 5285
~, amerikanische 5262, 5277
~, beitretende 4631
~, dritte 4571
~, neutrale 5739

Staaten, nichtnukleare 5915
~, unabhängige afrikanische 5238
~, Vereinigte 6216
~: Vereinigte ~ von Europa 6434
~, Zentralamerikanische 5270
Staatenbund 222
~, loser 223
staatenbündisch 221
staatenlos 2363
Staatenlose 2362
Staatenlosigkeit 2361
Staatennachfolge 272
Staatenstaat 224
Staatensukzession 272
Staatenunion 224
staatlich 2825
Staatlichkeit 2824
Staats ... 2825
Staatsakt, feierlicher 3251
Staatsangehörige 3049
~, eigene 1883
Staatsangehöriger 2333, 2337
Staatsangehörigkeit 625, 2336, 2344, 2348, 2349, 2350, 2356, 2358, 5454
~, erworbene 2340
~, ursprüngliche 2339
Staatsangehörigkeitsverhältnis 2357
Staatsbeamter 1692
Staatsbegräbnis 3336
Staatsbesuch 3221
Staatsbürger 2333, 2335, 2334, 2826
~, eigene 2291
staatsbürgerlich 2826
Staatsbürgerkunde 2828
Staatsbürgerpflichten 598
Staatsbürgerrechte 597
Staatsbürgerschaft 2336
Staatschef 1310
Staatsdienstbarkeiten 120
staatsfeindlich 2114
Staatsgebiet 2, 7
Staatsgefährdung 2962
Staatsgeheimnis 1777
Staatsgewalt 542
Staatsgrenzen 126
Staatsgrundgesetz 516
Staatshaushalt 1082, 1451
Staatskapitalismus 2829
Staatskontinuität 151

Staatskunst 1552
Staatslehre 524
Staatsmann 1551
Staatsminister für die Beziehungen zum Parlament 1534
~ für den öffentlichen Dienst 1536
Staatsnotstand 2060
Staatsoberhaupt 1309, 2135
Staatsoberhäupter 5239
Staatsorgane 516, 551
Staatspartei 1924
Staatspräsident 1312, 1314
Staatsraison 2830
Staatsräson 2830
Staatsräte 1180
Staatsrecht 521
Staatsrechtler 523
Staatsreligion 576
Staatsschuld 1092
Staatssekretär 1414
~, beamteter 1415
~, parlamentarischer 1416
Staatsservituten 120
Staatssicherheit 2049
Staatsstreich 2141
~, mißglückter 2142
Staatssozialismus 2831
Staatstrauer 3320
Staatsvertrag 4392
~, Österreichischer 6449
Staatszugehörigkeit 2343
Stachanowarbeiter 2832
Stachanowsystem 2820
Stadt, freie 241
~, offene 6006
Städtepatenschaft 3296
Stadtgemeinde 1628, 1629, 1634
Stadtgrafschaft 1629
Stadthaus 1642
Stadtguerillas 2220
Stadtrat 1640, 1641
Stadtstaat 242
Stadtverwaltung 1652
Stahl 5116, 6423
Stahlhelm 6243
Stahlpakt 6304, 6325
Stalinismus 2833
Stalinist 2834
stalinistisch 2835
Stammtischpolitiker 2836
Stand: der dritte ~ 6123
Standardisierungsbüro, militärisches 5251

Standardklausel 4501
Stände, die 906
Ständekammer 1228
Stander 3352
Ständerat 1234
Standesbewußtsein 2570
Ständestaat 266
Ständevertretung 922
Standgericht 2075
Standpunkt 4359
Standrecht 2074
Stärkere, der 2993
State Department 1436
Staten Generaal 1210
stationieren 5819
Stationierung von Truppen 5818
Stationierungskosten 5817
Statistik 4991, 5351
stattfinden: die Konferenz findet statt 3804
stattgeben 4065
Statthalter 1595
Status einer kriegführenden Macht 5564
Status quo 3486
Statuten 4673
Stegreif: aus dem ~ 4383
stehen: unter Asylschutz ~ 2323
~: zur Diskussion steht jetzt 4004
~: unter jds Fuchtel ~ 2516
~: unter Hausarrest ~ 2145
~: auf einer schwarzen Liste ~ 3659
~: im Protokoll ~ 4219
~: am Rande des Krieges ~ 5522
~: auf der Tagesordnung steht 3864
~: auf der Tagesordnung ~ 3867
~: Todesstrafe steht auf 1909
Steine 2105
Stelle 4819, 4855, 4856, 4890
~, freie 4889
~, frei werdende 4889
~, staatliche 1538
stellen 1429, 6372
~: einen Abänderungsantrag ~ 4095

589

stellen: einen Antrag ~ 4068
~: einen Antrag zur Geschäftsordnung ~ 4076
~: Antrag auf Schluß der Debatte ~ 4101
~: Antrag auf Vertagung der Aussprache ~ 3906
~: zur Abstimmung ~ 4146
~: ein Gesuch ~ 4063
~: jdn. unter Hausarrest ~ 2146
~: vor die vollendete Tatsache ~ 3609
~: die Vertrauensfrage ~ 996
~: die Vorfrage ~ 4073
~: sich zur Wiederwahl ~ 825
Stellenausschreibung 4891
Stellenplan 4858
Stellentausch 1795
Stellung 424
Stellungnahme 4039, 4040
Stellungskrieg 5641
Stellvertreter 3817, 4886
Stenographendienst 4235
Sternenbanner 3356
Steuerfreiheit 3158
Steuervergehen 1864
Stichwahl 788
stiften: Unruhe ~ 2108
Stiftung 4742
Stillhalteabkommen 4475
Stimmabgabe, schriftliche 4162
stimmberechtigt 799
~: nicht ~ 800
Stimmberechtigung 4143
Stimme 842, 847, 4209
~: ohne ~ 800
~, ungültige 855
Stimmen 872, 881
~: der Delegierte X erhält 5 Stimmen 4197
~: mit 12 gegen 5 ~ 4179
~, abgegebene 850, 4177, 4196
~: die ~ für ... 4174
~: die ~ gegen ... 4176
Stimmenfang 827
Stimmengleichheit, bei 882
Stimmenthaltung 853, 4182, 4183
Stimmenverlust 882

Stimmenzählung 865
Stimmrecht 797, 4143
Stimmzähler 864, 4168
Stimmzählung 4166
Stimmzettel 838, 846, 4165
~, leerer 856
~, ungültiger 855
Stimmzwang 772, 1001
stockkonservativ 2591
Stockkonservativer 2592
Stoppen 5744, 5745
Störaktion 2132
stören: die Sitzung ~ 4120
Storting 1213
stoßen: auf Schwierigkeiten ~ 4388
Straf- und Disziplinargerichtsbarkeit 1828
Straflager 6031
Strafnachrichten 1899
Strafrecht, interlokales 1866
Strafregister 1867, 1898
Strafregisterauszüge 1898
Strafsachen 1849
Strafverfahren, anhängiges 1868
Strafverfolgung 1857
strafversetzen: jdn ~ 1793
Strafversetzung 1794
Straßenkämpfe 2194
Straßenkleidung 3311
Straßentransport-Union, Internationale 5324
streichen: die Flagge ~ 3349
~: eine Frage von der Tagesordnung ~ 3859
~: vom Protokoll ~ 4232
Streichung 4231
~ einer Stelle 4856
Streik 707, 719
~, politischer 715
~, rollender 727
~, wilder 735
~, unpolitischer 733
Streikandrohung 709
Streikankündigung 708
Streikaufruf 710
Streikbefehl 711
Streikbewegung 712
Streikbrecher 741
Streikfonds 739
Streikgeld 738
Streikkasse 739
Streikparole 737

Streikposten 740
Streikrecht 651
Streikwelle 713
streiken 720
Streikender 721
Streit 5411, 5423, 5425, 5427
~ über Zuständigkeit 1079
Streitfall 5423, 5424, 5426
~, politischer 5399
Streitgegenstand 5458
Streitigkeit 5463
Streitkräfte 1388, 2628, 5949
~, alliierte 5243, 5244
~, ausländische 5254
Strohmann 2837
Studentenbewegung, internationale katholische 5375
Studentenbund, internationaler 5342
Studentenkundgebung 2112
Studentenunruhen 2111
Studienbeihilfe 4873
Studiengruppe 4308
~: internationale ~ für Wolle 5216
Studienseminar 4305
Studienzentrum 4785
Stuhl, Heiliger 481
~, päpstlicher 482
stur 2591
Sturz: der ~ Chruschtschows 6493
~ einer Regierung 1377
~ eines Regimes 1298
stürzen: die Regierung ~ 1376
Subjugation 5876
subversiv 2114
Südasien 5168
Sudetendeutsche 6296
Sudetengebiet 6297
Sudetenkrise 6295
Sudetenland 6297
Südostasien 5168
Südostasien-Gemeinschaft 5280
Südostasien-Kollektiv-Verteidigungspakt-Organisation 5281
Südostasien-Pakt 5281
Süd-Pazifik-Kommission 5283

Südstaatler 6180
Südtirolfrage 6392
Suezkanal-Benutzer 6460
Suez-Kanal-Gesellschaft 6458
Suez-Krise 6459
Suffragette 767
Sukzessionsstaat 273
Suleiman der Prächtige 6077
Sultan 453
Sultanat 455
Sultanin 454
Supergroßmacht 249
Supermacht 249
suspendieren 1799
Suspendierung 1800
Suspension 1800
Suzerän 176
Suzeränität 175
Sympathiestreik 731
Sympathisant 2838
Symposium 4310
Synarchie 2821
Syndikalismus 2839
syndikalistisch 2840
Synode 492
System 3470
~, bundesstaatliches 226
~, staatenbündisches 220

T

Tabouret 3215
Tadelsantrag 997
Tag der Menschenrechte 587
Tage, hundert 6150
~, sechs 6527
tagen 3804
~: unter Ausschluß der Öffentlichkeit ~ 3911
Tagesordnung 3849, 3858, 3864, 3865, 3868, 4074
~, endgültige 3854
~, überladene 3861
~, vorläufige 3851
Tagesordnungsausschuß 3972
Tagesordnungsentwurf 3850
Tagsatzung 1232
Tagung 3777, 3778, 3842
Tagungen 3908
Tagungsteilnehmer 3779
Talweg 136

Tapet: aufs ~ bringen 4290
Tarnorganisation 2208
Tat: auf frischer ~ 1009
Tatbestandsmerkmale 1869
Tatfrage 5402
Tätigkeit 1797
Tätigkeitsbeschreibung 4915
Tatsache, vollendete 3608
~: vor die vollendete ~ 3609
tatsächlich 5403
Tauben 2841
tauschen: mit jdm. seinen Amtssitz ~ 1796
Täuschungsmanöver 3482
Tauwetter 3625
Tauziehen 3483
Teach-in 2095
Technik 5144
Technokrat 2842
Technokratie 2843
technokratisch 2844
Tee-Ausschuß, Internationaler 5223
Teesturm, Bostoner 6125
Teheran 6339
Teilabkommen 4419
Teilabrüstung 5957
Teile: beide ~ 4556
~: die Hohen Vertragsschließenden ~ 4641
teilen: ich teile die Ansicht von 4376
Teilmobilmachung 5530
Teilnahme 3983
teilnehmen: an der Aussprache ~ 3997
~: als Beobachter an der Konferenz ~ 4133
~: an einer Konferenz ~ 3805
~: an einer Kundgebung ~ 2088
Teilnehmer an einer Kundgebung 2091
~ an einem Parteikonvent 1964
Teilnehmerabzeichen 4287
Teilnehmerkarte 4286
Teilnehmerregierungen 4573
Teilnehmerstaaten 4572
Teilrechtsnachfolge 2978
Teilstreik 732
Teilung 103

Teilung
~ Deutschlands 6407
Teilungen: die fünf ~ Polens 6118
Telefon, rotes 6526
Telefongespräche 2270
Telegramm, chiffriertes 3185
~, verschlüsseltes 3185
Telegraphen- und Fernsprechdienst 5090
tendieren: zur Anarchie ~ 2380
Termin, äußerster 4244
~, letzter 4244
Territorialität 6
Territorialitätsprinzip 2346
Territorialmeer 35
Territorialverteidigung 5595
territorium nullius 62
Territorium, freies 240
~: Freies ~ von Triest 6395
Terror 2223
Terrorakte 2229
Terrorangriff 5560
terrorisieren 2228
Terrorismus 2225
Terrorist 2227
terroristisch 2226
Testwahlen 818
Teuerungszulage 4872
Text 4655
~, vollständiger 4662
Texte 4658
Thema 4032, 4033
Theokratie 2845
theokratisch 2846
These 4379
Thron 303
Thronanwärter 312
Thronbesteigung 309
Thronerbe 360
Thronfolge 311
Thronfolger 313
Thronprätendent 312
Thronrede 3257
Tierseuchen-Amt, Internationales 5234
Tisch: am runden ~ 3776
Tischdame 3308
Tischherr 3307
Tischkarte 3309
Tischordnung 3303
Tischrede 3302
Titel 424

Titoismus 2847
Titoist 2848
Toast 3299, 3300
Tod 1839, 5622
Todesfälle 3412
Todesstrafe 1909, 1911
Todesurteil 1910
Toleranz, religiöse 605
torpedieren 4135
~: Handelsschiffe ~ 5755
totalitär 2849
Totalitarismus 2850
Totalrevision 535
Totenmesse 3324
Tour d'horizon 3756
Touring-Verband, Internationaler 5343
Traditionalismus 2851
Traditionalist 2852
traditionalistisch 2853
tragen 2104
~: ein Abzeichen ~ 5992
~: eine Armbinde ~ 5993
Träger des Völkerrechts 2910
~: verfassungsmäßig eingesetzte ~ 542
Traktandenliste 3849, 3851
~, endgültige 3854
Tränengas 2174
Tränengasbombe 2175
Trauerfeier 3322
Trauergottesdienst 3323
Trauerlisten 3319
Trauerzeremonie 3322
Trauerzug 3325
Treffen 3784
Treibmine 5697
Trennung von Kirche und Staat 555
Trennungsentschädigung 4876
Trennungszulage 4876
treten: in Fühlung ~ mit 3742
~: außer Kraft ~ 1063, 4607
~: in Kraft ~ 1057
~: in den Ruhestand ~ 1811
~: in den Streik ~ 719
Treu und Glauben 2953
Treue zur Dynastie 302
Treueeid 1542
Treuepflicht 1543
Treuhandabkommen 214

Treuhänderrat 5023
Treuhandgebiet 211
Treuhandschaft 4971
~: unter ~ gestelltes Gebiet 211
Treuhandschaftsgebiet 211
Treuhandschaftsrat 5023
Treuhandstaat 212
Treuhandsystem, Internationales 213
Tribun 2854
Tribüne 3839
Trient 6085
Triest 6395
trinken 3301
Trinkspruch 3299
Triumvir 1306
Triumvirat 1307
Triumvirs... 1308
Troika 1307
Trotzkismus 2855
Trotzkist 2856
trotzkistisch 2857
Truman-Doktrin 6397
Truppen 5818, 5835
~, irreguläre 5989
Truppenabzug 5880
Truppenparade 3205
Truppenstationierung 5818
Tschechei 6298
Tscheka 6224
Tür, offene 6195
Tyrann 2858
Tyrannei 2859
Tyrannis 2859
tyrannisch 2860

U

üben: Stimmenthaltung ~ 4182
Überblick, allgemeiner 3756
~ geben 4331
überbringen: eine Botschaft ~ 3523
~: Glückwünsche ~ 3284
Übereinkommen 4397, 5035
~, Internationales 679
Überfall auf Pearl Harbor 6337
Überfliegen des Gebietes X 3629

Übergabe der Regierungsgeschäfte 1378
~ des Verfolgten 1879
~, aufgeschobene 1880
~, bedingte 1880
~, bedingungslose 5827
Übergangsbestimmungen 4522
Übergangszeit 5129
übergeben: die Regierungsgeschäfte ~ 1379
übergehen: die Grenze ~ 146
Übergewicht 924
Übergriffe 1289
Überhangmandat 937
überladen 3860
Überläufer 5612
Übermittlung von Beweisstücken 1896
~ der Vorladung 1895
übernehmen: das Amt des Bürgermeisters ~ 1651
~: den Vorsitz ~ 3877
überparteilich 1925
überprüfen 5753
Überraschungsangriff 5963
Überraschungsangriffe 5966
überreichen: jdm sein Beglaubigungsschreiben ~ 3085
~: ein Geschenk ~ 3285
~: eine Note ~ 3529
~: einer Regierung ein Ultimatum ~ 3564
Überreichung des Beglaubigungsschreibens 3086
Überreste, sterbliche 3333
Überschneidung, zeitliche 3908
überschreiten: seine Befugnisse ~ 1753
~: die Grenze ~ 146
Überschreitung der Befugnisse 1752
Überseedepartement 1619
Überseegebiete 179
Überseeentwicklung 1530
Übersetzer 5331
Übersetzung 4214
Übersicht: eine ~ geben 4331
Überstaat 245
Überstellung 1888
überstimmen 4192

Überstunden 4919, 4921
übertragen: jdm ein Amt ~ 4908
übertragen: jdm Befugnisse ~ 1740
~: Hoheitsrechte ~ 1875
Übertragung 3714
~ von Hoheitsrechten 1874
Überwachungsamt 4811
Überwachungsausschuß 3963
~ für Opium 5008
Überwachungsstelle 4811
Überwasserschiffe 5687
überwinden: den toten Punkt ~ 4137
U-Boot 5691
U-Bootkrieg 5693
~, uneingeschränkter 6215
U-Bootstützpunkt 5683
Übung 2946
~, bestehende 2947
Uferstaat 13
UITP 5348
ultimativ 3565
Ultimatum 3562, 3563, 3564
ultramontan 2862
Ultramontanismus 2863
ultraroyalistisch 2864
Ultras 2861
umbilden 1373
Umbildung der Regierung 1372
umerziehen 2865
Umerziehung 2866
Umerziehung der Deutschen 6374
Umgebung 1383
Umgruppierung 2867
umhängen: der Opposition einen Maulkorb ~ 608
umhinkönnen 4343
Umkehr der Bündnisse 3571
Umrüstung 5899
umschulen 2865
Umschulung 2866
Umschwung 3502
Umsiedlung 3692
~ der Deutschen aus Polen 6373
Umsturz 2115
Umsturzbewegung 2116
umstürzlerisch 2114

Umsturzversuch 2117
Umtriebe, staatsfeindliche 2113
Umwandlung von Handelsschiffen in Kriegsschiffe 5690
Umzugskosten 4871
Unabhängigkeit 154, 155, 194, 205, 206
Unabhängigkeitsbewegung 204
Unabhängigkeitserklärung 156
~ der USA 6120
Unabhängigkeitskrieg 5574
Unabhängigkeitstag 3253
Unabhängigkeitsvertrag 4444
unabsetzbar 1807
Unabsetzbarkeit 1431
Unantastbarkeit 600
UN-Ausschuß für die Wiedervereinigung Koreas 5012
unbeantwortet lassen 3552
Unbedenklichkeitszeugnis 5791
Unbehagen 3619
unbehindert 5959
Unbekannter Soldat 3212
unbeschadet der Bestimmungen von ... 4649
unblutig 2184
unchiffriert 3180
UNCTAD 4980, 6494
undemokratisch 2868
UN-Einsatzstreitkräfte 4982
Unerledigtes 3870
UNESCO 5054
Unfehlbarkeit des Papstes 486
Ungarn 6235
ungültig 857
Ungültigkeit eines Gesetzes 1066
Ungültigkeitserklärung 1673
UNICEF 5013
Union 4753
~ Europäischer Föderalisten 5380
~ und Liga 6094
~ internationaler Messen 5339

Union
~ für die neue Republik 2016
~ Afrikanischer Staaten 5285
~ der Internationalen Verbände 5379
~, Christlich-demokratische 2001
~, Christlich-soziale 2002
~, Französische 6383
~, Grüne 6442
~: Internationale ~ der Sozialistischen Jugend 5325
~: Internationale ~ für Kinderschutz 5326
~: Internationale ~ für die Veröffentlichung der Zolltarife 5217
~, Interparlamentarische 5360
~, Panamerikanische 5267
~, Westeuropäische 5290
Unionsrat 1241
Unionssowjet 1241
unitarisch 2869
Unitarismus 2870
Universitäts-Verband, Internationaler 5344
UN-Konferenz über Handels- und Entwicklungsfragen 6494
~ für Welthandel und Entwicklung 4980
UNKRA 5019
unkündbar: das Abkommen ist ~ 4614
UNO 4960, 4961, 4962
UN-Organisation für industrielle Entwicklung 5107
unparteilich 1925
Unparteilichkeit der Rechtsprechung 1846
Unreine 682
Unruhe stiften 2108
Unruheherd 3616
Unruhen 2107
Unruhestifter 2109
unschuldig 638
unsozial 2872
UN-Streitmacht 4982
unter polnische Verwaltung gestellt 6372
Unterausschuß 3927

593

Unterausschuß zur Verhinderung der Diskriminierung 4995
unterbrechen: die diplomatischen Beziehungen ~ ~ 3041
~: den Redner ~ 4034
~: eine Sitzung ~ 3902
Unterbrechung der diplomatischen Beziehungen 3042
~ der Dienstzeit 4927
unterbreiten: einen Bericht zur Genehmigung ~ 4252
~: etwas einer Volksabstimmung ~ 105
Unterdrückung 687
Unterdrückungsmaßnahmen 2173
unterentwickelt 3681
Untergang von Staaten 271
Untergliederung, politische 5259
Untergrund 2203
Untergrundbewegung 2201
Untergrundkämpfer 2204
unterhalten: Beziehungen ~ 3425
Unterhändler 3710
Unterhaus 1158, 1176, 1188, 1200
unterhöhlen: die Republik ~ 6251
Unterlagen 1904, 4242, 4243
unterminieren 2232
Unterordnungsverhältnis 174
Unterredung 3744
Unterricht 1510, 1512, 1513
Unterrichtsminister 1513
Unterschied 589
Unterschrift 4578
Unterseeboot 5691
Unterseebootskrieg 5693
Unterseekabel 3676
unterstehen 1734
unterstellen: nicht der örtlichen Gerichtsbarkeit unterstellt sein 3150
unterstreichen 4328
unterstützen 4086
Unterstützung, feindliche 6074
~, technische 1468

Untersuchung 4044, 4045, 5415
Untersuchungsausschuß 970, 3966
Untersuchungsausschußverfahren 5416
Untertan 2338
Untertanentreue 1543
unterwandern: eine Organisation ~ 2252
Unterwanderung 2251
unterwerfen: einer Gerichtsbarkeit unterworfen 1829
Unterwerfung, kriegerische 5876
unterzeichen 4557
Unterzeichner 4558
Unterzeichnerregierungen 4561
Unterzeichnerstaaten 4560
Unterzeichnete 4559
Unterzeichnung 4626, 4580
~, nachträgliche 4581
Unterzeichnungsprotokoll 4491
Unterzeichnungsurkunde 4576
unverändert 4090
unvereinbar mit 1726
Unvereinbarkeit mit 1725
Unvereinbarkeitsgründe 747
unverletzbar 3152
Unverletzbarkeit 3151
~ des Missionsgebäudes 3155
~, persönliche 3153
unverletzlich 599
Unverletzlichkeit 600
~ des Eigentums 617
~ der Wohnung 618
unverschlüsselt 3180
Unversehrtheit des Staatsgebietes 7
UN-Verwaltungsangehörige 4978
UN-Verwaltungsgericht 5025
unvorbereitet sprechen 4383
Unzulänglichkeit einer Völkerrechtsnorm 2917
Unzulässigkeit 4078
unzuständig für 1730
Unzuständigkeit 1729

UPU 5080
Urabstimmung 714
Urheberrechts-Komitee, Internationales 5235
Urkund: zu ~ dessen 4657
Urkunde 4659
Urlaub, unbezahlter 4923
Urne 838, 4193
Urnen: zu den ~ rufen 789
Urschrift 4661, 1905
~: in einer ~ 4663
Urschriften: in zwei ~ 4664
Ursprungszeugnisse 3413
Urteil 2954, 5476, 5477, 5491
~, schiedsgerichtliches 5444
Urteilsbegründung 5477
US-Außenminister 1440
US-Staatssekretär 1440
Usurpation 2152
Usurpator 2154
usurpieren 2153
Usurpierung 2152
Utilitarismus 2874
utilitaristisch 2873

V

Vasall 171
Vasallenstaat 172
Vasallenverhältnis 174
Vater, Heiliger 479
Väter der Verfassung 537a
Vaterland 2875
Vaterländer 6435
vaterländisch 2719
ventilieren: eine Frage ~ 4390
verabschieden: sich ~ 3244
~: ein Gesetz ~ 1044
~: den Haushaltsplan ~ 1089
Verabschiedung eines Gesetzes 1045
veranstalten: eine Demonstration ~ 2088
Veranstaltungen, kulturelle 1517
Veranstaltungsausschuß 3964
verantwortlich sein 1420
Verantwortlichkeit der Minister 1418

Verbalnote 3534
Verband 4754
∼ der Europäischen Landwirtschaft 5310
∼ des internationalen Luftverkehrs 5338
∼ Südostasiatischer Nationen 5282
∼: Internationaler ∼ der Konferenzdolmetscher 5345
∼: Internationaler ∼ der Konferenzübersetzer 5346
∼: Internationaler ∼ der Landwirtschaft 5347
∼: Internationaler ∼ für Rechtswissenschaft 5350
Verbände, Internationale 5379
verbarrikadieren 2197
verbessern: sich ∼ 3494
∼: die Beziehungen zu einem Lande ∼ 3428
Verbesserung der Beziehungen 3429
Verbeugung 3275
verbieten: eine Partei ∼ 1956
verbindlich 4534
Verbindungsausschuß 3962
Verbindungsbüro 4814
Verbindungsmann 2277
Verbindungsstelle 4814, 5032
Verbot der Atomversuche 5944
∼ von Atomwaffen 5928
∼ rückwirkender Gesetze 641
∼ von Kernversuchen 5931
∼: begrenztes ∼ der Atomversuche 5933
Verbrechen gegen den Frieden 2985
∼ gegen die Menschlichkeit 2986
∼, völkerrechtliches 2984
verbringen: ein Schiff in einen Hafen ∼ 5761
Verbrüderungsverbot 5810
Verbündete 5550
verbürgerlichen 2876

Verdummung, systematische 2683
vereidigen 1775
vereidigt werden 1774
Verein 4753, 4755
∼ für ein Weltparlament 5381
∼: Internationaler ∼ für öffentliches Verkehrswesen 5348
vereinbar mit 1723
vereinbaren 4642
Vereinbarkeit mit 1724
Vereinbarung 4399
∼, mündliche 4400
Vereine, christliche 5384
Vereinheitlichung 5231
vereinigen: sich ∼ 1944, 3572
vereinigen: mehrere Ämter auf sich ∼ 1720
Vereinigung 613, 1945, 4756
∼ für Internationales Recht 5382
∼ der Suezkanal-Benutzer 6460
∼: Internationale ∼ der leitenden Angestellten 5328
∼: Internationale ∼ für Entwicklung 5066
∼: Internationale ∼ für gewerblichen Rechtsschutz 5218, 5327
∼: Internationale ∼ zum Schutze künstlerischen Eigentums 5219
∼, Regionale Meteorologische 5095
Vereinigungen, wissenschaftliche 5340
Vereinigungsfreiheit 612
Vereinsfreiheit 612
Vereinszweck 4675
Vereinte Nationen 4959, 5054, 5010
vereiteln: Machenschaften ∼ 3646
Verfahren 4102
∼ der guten Dienste 5419
∼, gerechtes 637
∼, gerichtliches 5459
∼, summarisches 5472
Verfahrensantrag 4105
Verfahrensausschuß 3969

Verfahrensfragen 4103
Verfahrensurkunden 1897
verfallen: der Beschlagnahme ∼ 5781
verfälschen: das Wahlergebnis ∼ 861
Verfassung 537a, 549, 550, 4672
verfassunggebend 540
Verfassungs... 515
∼ änderung 534
∼ ausschuß 547
∼ beschwerde 546
∼ bestimmungen 520
∼ bruch 531
∼ entwurf 536
∼ fragen 5046
∼ geber 538
∼ gerichtsbarkeit 1833
∼ gerichtshof 1832
∼ geschichte 525
∼ gesetz 1016
∼ klage 546
∼ mäßigkeit 527, 545
∼ rat 548
∼ recht 521
∼ recht, vergleichendes 522
∼ rechtler 523
∼ reform 533
∼ revision 534
∼ schutz 2263, 2280
∼ widrig 528
∼ widrigkeit 530
verfassungsmäßig 514, 526, 542
verfehlen 4323
Verfehlung, schwere 4946
verfolgen 1556
Verfolgter 1879, 1891
Verfolgung 5767
∼, sofortige 5768
Vergangenheit 2877
∼, unbewältigte 2878
vergasen 706
Vergehen gegen das Völkerrecht 2983
vergelten 3657
Vergeltung 3656
Vergeltungsangriff 5661
Vergeltungsmaßnahmen 3653
Vergleich 5411, 5413
Vergleichsverfahren 5412
Vergleichsweg 5411

595

Vergnügen: das ~ haben 4314, 4321
Vergöttlichung der Partei 1973
Verhaftung, erneute 1889
~, willkürliche 636
Verhaftungen 2166
verhalten: sich abwartend ~ 3507
Verhältniswahlrecht 776
Verhandlung, mündliche 5470
Verhandlungen 3699, 3700 3733, 3734, 3738, 3992, 5005
~: die ~ machen Fortschritte 3740
~, langwierige 3732
Verhandlungsbereitschaft 3715
Verhandlungsfriede 3454, 5863
Verhandlungsgrundlage 3716
Verhandlungsposition 3717
Verhandlungstisch 3701
Verhandlungsweg: auf dem ~ 3718
verhängen 2073, 5713, 5732
~: den Ausnahmezustand ~ 2070
Verhängung des Ausnahmezustandes 2071
verharmlosen 3559
verhindern: an der Teilnahme verhindert sein 3983
~: einen Überraschungsangriff ~ 5964
Verhinderung 4995
~ von Überraschungsangriffen 5966
Verhütung 679
~ des Krieges 3464
verjähren 2950
Verjährung 2951
Verjährungsfrist 6495
Verkehr 1485, 1486
~, diplomatischer 3037
~, friedlicher 3431
Verkehrsbüro 4291
Verkehrsminister 1484, 5183
Verkehrsministerium 1483
Verkehrsministerkonferenz, Europäische 5183

Verkehrsmittelfreiheit 1010
Verkehrswesen 5348
verkünden 1046, 1047
~: das Abstimmungsergebnis ~ 4172
~: den Notstand ~ 2061
Verkündigung 1048, 1049
verkürzen: die Debatte ~ 4001
verlangen: die unentgeltliche Beiziehung eines Dolmetschers ~ 640
~: die Pässe ~ 3401
~: das Wort zur Geschäftsordnung ~ 4112
Verlängerung der Verjährungsfrist 6495
~ eines Vertrages 4616
~, ausdrückliche 4617
~, stillschweigende 4618
Verlängerungsprotokoll 4489
Verlauf: der ~ der Gespräche 3750
verlaufen: die Gespräche verliefen herzlich 3752
Verlautbarung 3539
~, gemeinsame 3541
verlauten: aus gut unterrichteter Quelle verlautet 3698
Verlegenheitspolitik 1569
Verlegung von Unterseekabeln 3676
verleihen: eine Auszeichnung ~ 3287
~: Befugnisse ~ 1740
~: das Ehrenbürgerrecht ~ 2366
Verleihung einer Auszeichnung 3288
~ der Staatsangehörigkeit 2344
~ des Wahlrechts 754
verlesen 4038
~: die Namen der Delegierten in alphabetischer Reihenfolge ~ 4156
~: das Urteil in öffentlicher Sitzung ~ 5476
verletzen: den Luftraum ~ 3630
~: einen Vertrag ~ 4535
Verletzung 4536
~ der Ehre und des Rufes 639

verlieren: sich nicht in Einzelheiten ~ 4332
~: den Krieg ~ 5559
~: Stimmen ~ 881
Verlust der Staatsangehörigkeit 2356
Verluste 5616
Vermarkung 129
vermeiden: Blutvergießen ~ 2250
Vermerk 4118, 4227
vermerken: im Protokoll ~ 4226
Verminderung der Streitkräfte 5949
Vermißte 5617
vermitteln zwischen 5409
Vermittler 5408
Vermittlung 5406
Vermittlungsangebot 5407
Vermittlungsausschuß 1036, 5410
Vernehmungsoffizier 6024
Vernichtung 2992, 6090
~ der Atom- und Wasserstoffbombenvorräte 5927
Vernichtungskrieg 5590
Vernichtungslager 703
veröffentlichen: ein Kommuniqué ~ 3540
Veröffentlichung 5217
~ im Gesetzblatt 1050
Verordnung 1067, 1656
Verordnungen 1068
Verordnungsgewalt 1657
Verordnungsweg: auf dem ~ 1658
verpachten 78
Verpachtung eines Gebietes 79
Verpersönlichung der Macht 1290
Verringerung des Personalbestandes 4857
Versailles 6231
Versailler Vertrag 6229
versammeln: sich zum Konklave ~ 487
Versammlung 3780, 3782, 3880, 3931, 4202, 5097
~ der WEU 5292
~, Beratende 5174
Versammlung
~, gesetzgebende 904, 1132, 1149, 6128

596

Algerian, verfassunggebende 544
Versammlungsfreiheit 615
versäumen 4323
verschärfen 3498, 3621
Verschärfung der Lage 3497
verschicken: Einladungen ~ 3846
verschieben: eine Konferenz ~ 3904
~: eine Sitzung ~ 3915
Verschiedenes 3869
verschlechtern: sich ~
~: die Beziehungen verschlechtern sich 3426
~ die Lage verschlechtert sich 3495
Verschlechterung der Beziehungen 3427
~ der Lage 3499
Verschleppte 700, 2316
Verschleppung 699
Verschleppungstaktik 3648, 4134
verschlüsseln 3181
verschlüsselt 3179
Verschlüsselung 3182
verschmelzen mit 1944
Verschmelzung mit 1945
verschonen: Kirchen und Krankenhäuser ~ 6007
Verschwörer 2139
Verschwörung 2138, 2140
versehen: mit seinem Siegel ~ 4579
~: ein Dokument mit der Unterschrift von ... ~ 4578
versenken: ein Schiff ~ 5758
versetzen 1790, 1792
~: in den Ruhestand ~ 1810
Versetzung 1791
~ in den Ruhestand 1809
Versöhnlertum 2879
verstaatlichen 2880
Verstaatlichung 2881
~ der Suez-Kanal-Gesellschaft 6458
Verständigung mit 3580
Verständigungsbereitschaft 3582
Verständigungspolitik 3581
Verständnis 3579

Verstärkung des Raketenpotentials 5679
~ der Rüstung 5892
Verstehen 3578
Versteifung der Haltung 3509
Verstoß gegen 2989
~ gegen die Geschäftsordnung 4113
vertagen: eine Konferenz ~ 3904
Vertagung 3905, 3906, 4100
Vertagungsantrag 4100
Verteidigung 5257
~, militärische 5256
Verteidigungsakademie 5247
Verteidigungsausgaben 5526
Verteidigungsausschuß 974
Verteidigungsbündnis 3569
~, Südostasiatisches 5281
Verteidigungsgemeinschaft, Europäische 6425, 6426
Verteidigungskrieg 5576
Verteidigungsminister 1521
Verteidigungsministerium 1520
Verteidigungspolitik 1590
Verteidigungsrat, Interamerikanischer 5202
verteilen: Flugblätter ~ 2127
Verteilung, gerechte geographische 4896
~ der Ministerposten 1375
Vertrag 4392, 4393, 4412, 4584, 4616, 4633, 4634, 4643, 4644, 4914, 5934, 6393
~, allgemeiner 4420
~: Allgemeiner ~ über Zentralamerikanische Wirtschaftsintegration 5298
~ über die Beziehungen ... 6424
~, deutsch-polnischer 6541
~ von Dünkirchen 6396
~ über die friedliche Nutzung des Weltraumes 5936

Vertrag
~, geschlossener 4627
~ über die Gründung der Europäischen Gemeinschaft 6423
~ über die Gründung der europäischen Verteidigungsgemeinschaft 6426
~, normativer 4394
~, offener 4625
~ von Rapallo 6256
~ über Rechte und Pflichten 5254
~, rechtsgeschäftlicher 4395
~, rechtsetzender 4394
~ von Rio 6398
~, ungleicher 4424
~, Versailler 6229
Verträge 4527, 4541
~ zugunsten Dritter 4418
~ von Rom 6468
Vertragsabschlußvereinbarung 4404
Vertragsbruch 4538
Vertragsentwurf 4546
Vertragsfreiheit 630
Vertragsfriede 5864
Vertragsparteien 4568
~: die Hohen ~ 4641
Vertragspartner 4568, 4569
Vertragsrecht 4415
Vertragsregierungen 4567
Vertragssammlung 4416
Vertragsschlußrecht 4414
Vertragsstaaten 4566
Vertragsteile 4568
Vertragstreue 4529
Vertragsverpflichtungen 4533
Vertrauensantrag 993
Vertrauensfrage 995
Vertrauenskrise 1568
Vertrauensmann 2276, 6029
Vertrauensvotum 994
vertreten 3100, 1781, 4888
~: jdn. im Amt ~ 1780
~: eine Auffassung ~ 4379
~: die Belange eines Landes ~ 3048
~: sich durch einen Kollegen ~ lassen 3816
~: der Präsident wird durch den Vizepräsidenten ~ 3882

Vertreter 3818
~ im Amt 4887
~ eines harten Kurses 2789
Vertreter
~, diplomatischer 3053, 3072, 3090, 3091
~, konsularischer 3367
~, ordnungsgemäß bevollmächtigter 3059
~, ständiger 4839
Vertretung
~: in ~ 4163
~, diplomatische 3054, 3163
~, internationale 2970
~, konsularische 3366
Vertriebene 2315
verüben: ein Attentat ~ 2134
verurteilen: zum Tode ~ 1839
Verwahrstaat 4600
Verwahrstelle 4599
Verwahrung 3520
Verwaltung 4972, 4974
~ für technische Hilfe 5017
~ für wirtschaftliche Zusammenarbeit 6402
Verwaltungen 5180
Verwaltungs... 1702
~ abteilung 4822
~ apparat 1699
~ ausschuß 3967
~ ausschuß für Koordinierung 5014
~ bericht 4268
~ dienst 1697, 1768
~ gericht 1835, 5025, 5446
~ konferenz 3772
~ konferenzen 5086
~ körper, örtlicher 1627
~ organ 4799
~ rat 4808, 5034, 5087, 5135
~ recht 1591
~ recht, internationales 2927
~ sekretariat 4817
~ stelle 1698, 4799
~ vereinbarung 4427
~ verordnung 1081
~ weg: auf dem ~ ~ 1712
verwaltungsmäßig 1702
verwaltungstechnisch 1702

verweigern: die Annahme einer Note ~ 3530
~: jdm den Pardon ~ 5986
Verweigerung der Auslieferung 1882
~ der Durchsuchung 5766
~ von Rechtshilfe 1855
~ des Rechtsschutzes 1823
verweisen: eine Frage an einen Ausschuß ~ 3938
Verweisung 3940
~ an den Ausschuß 3939
~ aus dem Saal 4127
Verwendung 4917
~: friedliche ~ der Atomenergie 5947
verwerfen 4092
Verzicht auf 3477
~ ~ Souveränität 1876
verzichten: auf das Wort ~ 4030
Verzichtpolitik 3575
Verzichtpolitiker 3576
Verzögerungsmanöver 3650
Verzögerungstaktik 3648
Veto 4084, 4085
~, aufschiebendes 4082, 4083
Vetorecht 4080, 4081
Vetternwirtschaft 2882
Vichy-Regime 6319
Vielvölkerstaat 237
Viererabkommen 4436
Viererausschuß 3956
Vierjahresplan 1577
Viermächte... 4437
~ abkommen 4436
~ erklärung 3762, 6361
~ gespräche 3749, 6535
~ konferenz 3761
~ kontrolle 6363
~ status 6362
~ verwaltung von Berlin 6364
Vierundzwanzig-Stunden-Regel 5796
Vietcong 6508, 6510
Vietnamisierung des Krieges 6512
Vietnam-Krieg 6507
Viguier 1604
Visitationsrecht 5750
Visitator, apostolischer 3143
Visitenkarte 3219

Visum 3404
Visumzwang 3410
Vizegraf 392
Vizegräfin 393
Vizegraf(s)... 395
vizegräflich 395
Vizegrafschaft 394
Vizekanzler 1359
Vizekönig 1601
Vizekönigin 1602
Vizekönigtum 1603
Vizekonsul 3376
Vizekonsulat 3377
Vizepräsident 1382, 3882, 4835
Vizepräsidenten 3881
V-Mann 2276
VO 1067
Vogel-Strauß-Politik 1570
Volk 566, 1271
~, jüdisches 6226
Völker 161, 3577
~ Afrikas 5367
~, friedliebende 3451
Völker...
~ bund 4952, 4956
~ bundspakt 4953, 6252
~ bundsrat 4954
~ bundsversammlung 4955
~ familie 2922
~ gemeinschaft 2921
~ gemeinschaftsgebiet 55
~ gewohnheitsrecht 2929
~ haß 685
~ mord 2991
~ recht 2903, 2906, 2910, 2931, 2942, 2944, 2983, 2984
~ recht, positives 2904
~ rechtler 2909
~ rechtsdelikt 2983
~ rechtsgeschichte 2931
~ rechtsgrundsätze, allgemeine 2958
~ rechtsmißbrauch 2981
~ rechtsnorm 2916, 2917
~ rechtsobjekt 2911
~ rechtspersönlichkeit haben 2913
~ rechtsquellen 2944
~ rechtssubjekt 2910
~ rechtssystem 2919
~ rechtsverletzung 2982
~ rechtswissenschaft 2908

Völker...
~ rechtswissenschaftler 2909
~ schlacht 6148
völkerrechtswidrig 2980
Volkes 2883
völkisch 2883
Volks... 2883
~ abstimmung 104, 105, 106, 898, 899
~ armee 5631
~ aufgebot 5990
~ aufstand: der ungarische ~ ~ 6455
~ aufwiegler 2122
~ befragung 897
~ begehren 900
~ - Chural, Großer 1206
~ demokratie 268
~ deutsche 6299
~ erhebung 2180
~ frontregierung 1346
~ front 6288
~ gruppe 3688
~ kammer 912, 1144, 1169, 1246, 1250
~ kommissar für Auswärtiges 1441
~ kommissare 1394
~ kongreß, Nationaler 1129
~ partei, christlich- soziale 2039
~ partei, Konservative 2039
~ partei, Österreichische 2030
~ raad 1243
~ rat 1243, 1607
~ redner, mitreißender 2854
~ republik 267
~ republikaner 2017
~ staat 2775
~ versammlung 1105
~ wille 2884
~ wirtschaftsdepartement 1459
Vollkonferenz 5033
Vollmachten 3097, 3098, 3886, 3887
~: mit ~ versehen 3098
~, implizierte 1743
Vollmachtenprüfungsausschuß 973, 3968
Vollmitglied 4686

Vollmitgliedschaft 4687
Vollsitzung 3794, 4252
Vollsitzungen 3796
Vollstreckung eines Urteils 5491
Vollstreckungsaufschub 5492
Vollversammlung 3781, 4803, 4965
Vollzugsrat 5082
Vorbehalte anmelden 4368
~: unter Vorbehalten 4555
vorbehaltlich 4650
~ der Ratifizierung 4589
vorbehaltlos 4554
Vorbehaltsklausel 4517
Vorbeimarsch 3206
Vorbereitungsausschuß 3941
Vorbericht 4256
Vorbesprechungen 3722
vorbringen: Einwände ~ 4368
Vorentwurf 4239
Vorfrage 4073
Vorfrieden 5856
Vorfriedensvertrag 5856
vorfühlen bei 3720
Vorführsaal 3838
Vorgang 1679
Vorgänger 4884
Vorgesetzter 4883
Vorhang, Eiserner 6385
Vorherrschaft 3418
Vorkonferenz 3774
Vorkriegs... 6306
~ zeit 6305
Vorladung 1895
Vorlage 1035
Vorläufer 4670
vorlegen 4252
~: einen Bericht ~ 4248
~: den Haushalt ~ 1085
vorliegen (Unterlagen) 4243
~ (Wortmeldung) 4017
vorne 2495
vornehmen: eine Auszählung ~ 4167
~: Ernennungen ~ 1387
~: eine Untersuchung ~ 4045
~: Verhaftungen ~ 2166
Vorrang 2943, 3194
~ haben vor 3195

~ des Völkerrechtes 2942
vorrangig zu behandelnder Antrag 4072
Vorrechte 3145
~: Ausschuß für Vorrechte und Befreiungen 3980
Vorredner 4013
Vorschlag 4061, 4175
vorschlagen 1761
Vorschrift 724
Vorschriften, verfassungsrechtliche 4590
vorschweben 4325
vorsehen 4652
Vorsitz 3873, 3877, 3880
~: unter dem ~ von Herrn X 3876
~, turnusmäßig wechselnder 3884
Vorsitzender 3874, 3932, 3933, 4115
~, erster 4834
~, stellvertretender 3883
~, zweiter 4835
Vorsprung haben 872
Vorstand 4807
Vorstellung bei Hof 3263
Vorstellungen 3518
Vorteile 4697
Vortrag 4302
~ halten 4300
~, zwangloser 4304
Vortragender 4299
Vortritt haben vor 3195
Vorvereinbarung 4422
Vorverhandlungen 3721
Vorvertrag 4421
Vorzensur 692
Vorzugsrecht 2974
Vorwahlen 818

W

Wachsamkeit, revolutionäre 2885
Waffe 2078
Waffen 5994
~, ferngelenkte 5968
~, herkömmliche 5901
~, konventionelle 5901
~, thermonukleare 5906
Waffenbesitz, unerlaubte 2210
Waffengewalt: durch ~ 2079, 5499

Waffenlager 5524
~: geheime ~ des Vietcong 6510
Waffenruhe 5840
Waffenstillstand 5842
Waffenstillstandsabkommen 5847
Waffenstillstandsangebot 5843
Waffenstillstandsdelegation 5845
Waffenstillstandskommission 5844
Waffenstillstandsverhandlungen 5846
Waffenversteck 2211
Wahl 743, 843, 857, 863, 883, 4190
~ durch Zuruf 4189
~, ergebnislose 867
~, freie 627
~, indirekte 768
~, zweistufige 768
~ absprache 811
~ alter 753
~ amt 1689
~ anfechtung 862
wählbar 745
Wählbarkeit 746
Wahl...
~ beamter 1690
~ berechtigt 799
~ beteiligung 839
~ beteiligung, geringe 840
~ bezirk 792, 793
~ en 790
~ en, freie 770, 771
~ en, geheime 771
~ en, unverfälschte 860
wählen 744, 3881, 3932
~: auf 4 Jahre ~ 873
~: aus der Mitte einer Versammlung ~ 4202
~: eine Partei ~ 870
~: rechts (links) ~ 869
Wähler 831
Wahl...
~ erfolg 877
~ ergebnis 861, 866
~ ergebnisse 868
Wählerkarte 833
Wählerliste 802
Wählerschaft 805
Wahl...
~ fälschungen 859
~ gang 4187

Wahl...
~ gang, erster, zweiter 787
~ geheimnis 841
~ gesetz 758
~ heimat 2352
~ kampagne 806
~ kampf 808
~ kampf führen 809
~ karte 833
~ konsul 3382
~ körper 805
~ kreis 792
~ leiter 832
~ liste 802
~ lokal 835
~ manipulationen 858
~ mann 769
~ manöver 858
~ monarchie 290
~ niederlage 879
~ plakat 817
~ plattform 810
~ programm 810
~ propaganda 813, 814
~ recht 751, 755, 757, 798
~ recht, aktives 797
~ recht, allgemeines 760, 761
~ recht, beschränktes 762
~ recht, direktes 761
~ recht, geheimes 761
~ recht, gleiches 761
~ recht, passives 746
~ rede 816
~ reform 779
~ schwindel 859
~ sieg 876
~ tag 834
~ urne 837, 838, 4165
~ verfahren 828, 4185
~ versammlung 815
~ versprechen 812
~ vorgang 830
~ vorschlag 823
~ vorsteher 832
~ zelle 836
~ zensus 764
~ zwang 772
wahren: Interessen ~ 3490
~: die Würde des Parlaments ~ 953
Wahrnehmung von Befugnissen 1737
Währungsabkommen 4470
~, Europäisches 5192
Währungsausschuß 5140

Währungsgebiet 19
Währungsfonds, Internationaler 5070
Währungshoheit 573
Währungskonferenz 3771
Währungspolitik 1583
Währungsreform 6406
Währungsunion, Westafrikanische 5289
Wales 361, 1531
Walfangkommission, Internationale 5220
Wandelhalle 3835
Wanderungsbewegungen 5302
Wandzeitung 2886
Wappen 3343
Warenhandel, Internationaler 4998
Warenübereinkommen, internationale 5015
warnen 3522
Warnschüsse 2177
Warnstreik 734
Warnung 3521, 3522, 5756
Warnungsschuß 5748
Wartestand 1687, 4928
Wasser: unter ~ 5933
Wasserrecht, internationales 88
Wasserscheide 137
Wasserstand, niedrigster 38
Wasserstoffbombe 5910
Wasserstoffbombenvorräte 5927
Wasserstraßen, internationale 86
Wasserwerfer 2176
Wasserwirtschaft 1485
Waterloo 6151
Wechselbüro 4292
Wechselstelle 4292
Wechselstube 4292
Wege: auf amtlichem ~ 1709
~: auf halbem ~ 1033
~: auf dem üblichen diplomatischen ~ 3039
wehen: auf Halbmast ~ 3355
Wehrbeauftragter 977
Wehrbeitrag, deutscher 6431
Wehrdienst 5596
Wehrhoheit 570
Wehrmachtsgefolge 6025

600

Wehrpflicht, allgemeine 5599, 6280
Wehrpolitik 1587
Weihe 299
weihen 300
Weimarer Republik 6239
Weinamt, Internationales 5236
Weisungen 1662
Weißbuch 3669
Weißrussen 6223
Weisungsrecht 1733
weitergeben 4027
Weiterlieferung an einen dritten Staat 1877
Weiterverbreitung von Kernwaffen 5945
weitschweifig 4031
Weizenabkommen, Internationales 5358
Weizenrat, Internationaler 5224
Welt, dritte 6488
Welt-Ärzte-Vereinigung 5383
Weltbank 5063
Weltbewegung 4731
Weltbund 4730
~ der christlichen Vereine junger Männer 5384
~ der Weltföderalisten 5385
~, Lutherischer 5370
Weltbürger 2596
Weltbürgertum 2598
Weltenergiekonferenz 5390
Welternährungsrat 5043
Weltflüchtlingsjahr 6474
Weltföderalisten 5385
Weltfrieden 5306
Weltfriedensrat 5386
Weltfrontkämpferverband 5387
Weltgesundheitsorganisation 5059
Weltgesundheitsversammlung 5060
Weltgewerkschaftsbund 5388
Welthandel 4980
Weltherrschaft 3664
Welthilfsverband 5288
Weltkinderhilfswerk 5013
Weltkirchenrat 5389
Weltkonferenz 3768, 5055
Weltkongreß 4734

Weltkongreß
~, Jüdischer 5362
Weltkraftkonferenz 5390
Weltkrieg 5543
Weltlautschriftverein 5391
Weltmacht 248
Weltmeteorologenkongreß 5093
Weltordnung 2920
Weltorganisation 4727
~, Meteorologische 5092
Weltparlament 5381
Weltpolitik 3416
Weltpostkongreß 5079
Weltpostkonvention 4479
Weltpostverein 5078
Weltpostvertrag 5081
Weltrat 4733
Weltraum 50, 5184, 5933, 5936, 5974
Weltraumfragen 1474
Weltraumrecht 2934
Weltregierung 2887
Welt-Religions-Kongreß 5392
Weltrevolution 2889, 3663
Weltsicherheitsrat 4983
Weltstaat 2888
Welttierschutzverein 5393
weltumfassend 4735
weltumspannend 4735
Weltunion 4729
~, Liberale 5368
Welturheberrechtsabkommen 5394
Weltverband 4729
~ zur Bekämpfung des Hungers 5395
Weltversammlung 4732
weltweit 4735
Weltwetterdienst 5092
Weltwirtschaftskrise 6265
Wendepunkt 3501
werden 4324
Werkzeug 5568
Wert legen auf 4328, 4341
Wesir 456
Wesir(s) ... 457
Westberlin 6532
Westeuropa 6427
Westmächte 6309
Westminster-Statut 6268
Westwall 6314
Wetterkunde 5092
Wettrüsten 5897, 5937
~, atomares 5898

WEU 5290, 5292
WGB 5388
WHO 5053
widerlegen: ein Argument ~ 4380
Widerruf einer Genehmigung 1670
widerrufen 3561
~, eine Genehmigung ~ 1671
Widerrufung des Edikts von Nantes 6101
Widerspruch 4158
Widerstand, passiver 2118, 6259
Widerstandsbewegung 2199
~, Französische 6321
Widerstandsgruppe 2200
Widerstandskämpfer 2204, 5316
wieder 3638, 4002
Wiederaufbau 5012, 5063
~ in Korea 5011
Wiederaufbaubank 5063
Wiederaufbauprogramm, Europäisches 6401
Wiederaufbringung 5773
Wiederaufleben 3639
Wiederaufnahme der Arbeit 718
~ der Feindseligkeiten 5834
~ der Luftangriffe auf Nordvietnam 6511
~ der Verhandlungen 3738
wiederaufnehmen: die diplomatischen Beziehungen ~ 3045
~: die Jarring-Gespräche ~ 6528
~: die Verhandlungen ~ 3737
~: die Vollsitzungen ~ 3796
Wiederbelebung des Europagedankens 6454
wiederbewaffnen 5890
Wiederbewaffnung 5889
~, deutsche 6430
Wiedereinbürgerung 2360
Wiedereinführung der allgemeinen Wehrpflicht 6280
Wiedereingliederungsfonds des Europarates 5176

601

Wiedereinstellung 4913
Wiedergutmachungsabkommen mit Israel 6443
Wiedergutmachungsleistungen 5874
wiederherstellen: die diplomatischen Beziehungen ~ 3046
~: den Frieden 3452
~: Frieden und Ordnung ~ 2058
~: die verfassungsmäßigen Garantien ~ 2067
Wiederherstellung freundschaftlicher Beziehungen 3590
wiederholen 4329
Wiederholungsfall 4119
wiederinkraftsetzen 1061
Wiederinkraftsetzung 1062
Wiederkaperung 5775
Wiederkaperer 5774
Wiedervereinigung 5012
~ Deutschlands 6414
Wiederwahl 749, 825
Wiederwählbarkeit 750
wiederwählen 748
Wiener Kongreß 6149
Willen: in dem festen ~ 4637
willkommen heißen 3899
Willkürakt 2205
Willkürherrschaft 686
Winter 6336
Wirksamkeit der Blockade 5707
Wirkung, aufschiebende 1756
Wirtschaft 1457, 4969
Wirtschaftsattaché 3126
Wirtschaftsausschuß 4969, 4988
Wirtschafts- und Sozialausschuß 5132, 5145
~ ~ ~, Beratender 5166
Wirtschaftsblockade 3660, 5705
Wirtschaftsdelegation 3815
Wirtschaftsförderung 5063
Wirtschaftsgebiet, vereinigtes 5380
Wirtschaftsgemeinschaft, Europäische 5127
~, Ostafrikanische 5273
Wirtschaftshilfe 3684
~, gemeinsame 5169

Wirtschaftsintegration, Zentralamerikanische 5298
Wirtschaftskomitee 5170
Wirtschaftskommission für Afrika 5003
~ ~ Asien 5001
~ ~ Europa 5000
~ ~ Lateinamerika 5002
Wirtschaftskrieg 5577
Wirtschaftsminister 1460
Wirtschaftsministerium 1458
Wirtschaftsordnung 559
Wirtschaftsplan 1535
Wirtschaftsplanung 1451
Wirtschaftspolitik 1571
Wirtschafts- und Sozialrat 4987
Wirtschaftsrat, Europäischer 5187
Wirtschafts- und Sozialrat, Interamerikanischer 5265
Wirtschaftssanktionen 5498
Wirtschaftsunion 259, 5165, 5295
Wirtschaftsverhandlungen 3705
Wirtschaftswunder, deutsches 6415
wissen 4353, 4354
Wissen: nach bestem ~ und Gewissen 4531
Wissenschaft 1512, 5054, 5144
Wissenschaftsattaché 3132
Wohl: auf das ~ von 3301
Wohlfahrtsausschuß 6135
Wohlfahrtspflege 1516
Wohlfahrtsstaat 265
wohlverstanden 4646
Wohnung 618
Wohnungsbau 1475
Wohnungsbauminister 1475
Wohnungsbeihilfe 4874
Wohnungswesen 1476
Woiwode 1605
Woiwodschaft 1606
Wolesi Jirgan 1104
Wolle 5216
Wollsekretariat, Internationales 5357
Wort 4007, 4015, 4016, 4021, 4023, 4025, 4028, 4029, 4030, 4112

Worte: mit anderen Worten 4347
Wortlaut und Sinn des Vertrages 4634
~, folgender 3527
~, im vollen 4222
~, vollständiger 4662
Wortmeldung 4014, 4017
Wortmeldungen 4015
Wühlarbeit 2113
Wunsch 4049
Würde 434, 435, 953
Würdenträger 433

X

xenophob 2515
Xenophobie 2514

Y

Youngplan 6264

Z

Zahl 3881
zählen: die Stimmen ~ 4167
Zahlungsabkommen 4474
Zahlungsausgleich, Internationaler 5164
Zahlungsunion, Europäische 5185
Zar 345
Zarentum 348
Zarewitsch 347
Zarin 346
Zarismus 348, 2890
zaristisch 2891
Zäsarismus 2892
Zedent 74
zeigen
~: die Flagge ~ 3350
~: Verständnis ~ 3579
Zeit 3907
~: auf ~ 1686, 4906
~: auf unbegrenzte ~ 4621
~: auf unbestimmte ~ 4904
Zeitabstände 3789
Zeitalter der Aufklärung 6104
Zeitbombe 2242
Zeitplan 3872

zensieren 688
Zensur 689, 690
Zensuswahlrecht 764
Zentralamt für den Internationalen Eisenbahnverkehr 5296
Zentrale 4788
Zentralausschuß 4761
Zentralgewalt 1324
Zentralismus 2893
~, demokratischer 2894
zentralistisch 2895
Zentralkanzlei 4829
Zentralkomitee 2035, 4761
Zentralkommission 4761
~ für die Rheinschiffahrt 5300
Zentralregierung 1323
Zentralstelle 4788
Zentralverband 4758
Zentrum 4788, 6242
Zepter 306
Zeremoniell 3191
Zeremonienmeister 3192
Zermürbungskrieg 5585
zerschlagen: einen Spionagering ~ 2259
zerstreuen
~: die Demonstranten 2093
~: die Menge ~ 2169
zerstückeln 102
Zerstückelung 101
Zession 72
Zessionar 73
Zessionsvertrag 4441
Zeugen 1900
Ziffertelegramm 3185
Zinnrat, Internationaler 5225
Zionismus 2896
Zionist 2897
zionistisch 2898
zirkulieren lassen 3982
zitieren: im vollen Wortlaut ·~ 4222
Zivilbevölkerung 6005
Zivilinternierter 6051
Zivilinternierung 6050
Zivilliste 332
Zivilluftfahrt 5073, 1487
~ organisation, Internationale 5073
Zivilverteidigung 5602
ZK 2035
Zollabkommen 4471

Zoll- und Handelsabkommen, Allgemeines 5100
Zollanschlußgebiet 125
Zollgebiet 16
Zollhoheit 571
Zolltarife 5217
Zoll- und Wirtschaftsunion, Zentralafrikanische 5295
Zollunion 259
Zollverein 6162
Zoll- und Steuervergehen 1864
Zollverhandlungen 3706
Zollwesen 5278
Zone, angrenzende 36
~, atomwaffenfreie 5938
~, entmilitarisierte 5884
~, neutrale 6069
~, neutralisierte 6070
~: unbesetzte ~ Frankreichs 6318
~, verdünnte 5930
Zonengrenze 6382
Zuckerabkommen, Internationales 5359
Zuckerrat, Internationaler 5226
Zuckerrohrvorhang 6504
Zufahrt, freie 46
Zufahrtsrecht 23
Zufahrtswege 6533
Zufluchtsland 2329
Zugang zum Meer 24
Zugang, freier 46
~ ~ nach Westberlin 6532
~: gleichberechtigter ~ zum öffentlichen Dienst 614
~: ohne ~ zum Meer 25
~: unbehinderten ~ haben zu 5959
Zugehörigkeit 4720
~ zu einem Staatsgebiet 6
Zugeständnisse 3725
zugrunde liegende strafbare Handlung 1860
zugunsten Dritter 4418
Zuhörer 4301
Zuhörerschaft 4301
Zulage für unterhaltsberechtigte Kinder 4879
zulassen: Beobachter ~ 4132
zulässig 4079
Zulässigkeit 4077, 5455

Zulassung 4719
Zulassungsantrag 4715
Zulassungsausschuß für neue Mitglieder 4981
Zulassungskarte 4129
zurückgeben: ein Schiff ~ 5790
Zurücknahme der Truppen 5835
zurücknehmen: seine Kandidatur ~ 824
zurücknehmen, ein Zugeständnis 3726
zurückstufen 1788
Zurückstufung 1787
zurücktreten 1422, 1427
~: vom Amt ~ 4937
~, geschlossen 4940
zurückweisen: eine Note ~ 3531
~: ein Ultimatum ~ 3563
zurückziehen: einen Antrag ~ 4091
~: seine Bewerbung ~ 1760
~: eine Bemerkung ~ 4385
~: das Exequatur ~ 3392
~: eine Einladung ~ 3228
Zurückziehen des Exequatur 3393
Zuruf 4157, 4189
Zusammenarbeit 5187, 5271, 5278, 5803
~, internationale 3437
~, technische 4484, 5168 5237
~, wirtschaftliche 3674, 5153, 5189, 6402
Zusammenbrechen 2900
Zusammenbruch 2899, 5623
~ des Dritten Reiches 6345
zusammenfassen: die Aussprache ~ 4050
Zusammenhalt 1939
~, absoluter 2473
Zusammenkunft 3784
Zusammenlegung der Gewalten 554
Zusammenschluß 4748
Zusammensetzung eines Ausschusses 3934
zusammenstellen: die Unterlagen für eine Sitzung ~ 4242

603

Zusammenstöße, bewaffnete 2195
zusammentreten 487, 3804
~, automatisch ~ 3790
~: in regelmäßigen Zeitabständen ~ 3789
Zusatz 4234
Zusatzabkommen 4429
Zusatzbericht 4260
Zusatzklausel 4510
Zusatzprotokoll 4492
zuschicken 4243
Zuschuß 4703
Zustand, neueingetretener 2995
zuständig für 1727
Zuständigkeit 1079, 1728, 1734, 1755
~, ausschließliche 5460
Zuständigkeitsbereich 1747
~, ausschließlicher 5460
~, eigener 4

zustellen 3403
Zustellung 3402
~ von Verfahrensurkunden 1897
Zustimmung, stillschweigende 4620
zuteil werden lassen: eine Ehre ~ 3203
zuteilen: eine Dienststelle ~ 1789
Zutritt zum Sitzungssaal 4130
~, freier 46
Zutrittsrecht 23
zuversichtlich 4381
zuwiderhandeln: einem Vertrag ~ 4535
zuwiderlaufen 4648
~: den Bestimmungen ~ 4540
Zwangsaktion 5497

Zwangskollektivierung 2901
Zwangsmaßnahmen 5496
Zwecke, friedliche 5947
Zweckoptimismus 2902
Zweidrittelmehrheit 4191
Zweifrontenkrieg 5592
Zweijahresplan 1575
Zweikammer... 921
Zweikammersystem 920
Zweiparteiensystem 1950
Zweistaatentheorie 6496
Zweitstimme 845
Zwergstaat 253
zwingen 613
Zwischenabkommen 4431
Zwischenbericht 4257
Zwischenfall 3313
Zwischenfrage 4037
Zwischenkriegszeit 6230
Zwist 5423
Zypernfrage 6448

Alphabetical Index
ENGLISH

A

AAPC 5367
AAPSO 5304
ABC weapons 5996
abdicate (to) 322
abdication 323
abduction of diplomats 2285
ablegate 3144
ABM 5665
abolition of a post 4856
~ ~ slavery 657
abolitionism 2367
abolitionist 2368, 2369
A-bomb 5909
aborted coup 2142
abortive coup 2142
about: the discussion is ~ 4003
about-face: sudden ~-~ 2640
abroad: (diplomatic or consular) representation ~ 3058
abrogate (to) 4606
~: to ~ a treaty 4612
~: to ~ an act 1064
abrogation 1065
absentee voting 829
absolute 2370
~ contraband 5736
~ majority 886
~ monarchy 285
absolutism 2371, 6105
absolutist(ic) 2370
absorption of the remnant of Czechoslovakia 6298
abstain: to ~ from voting 4182
abstainer 854
abstention 853, 4160, 4183
abstentionists 854
abuse of international law 2981
~ ~ office 1751
~ ~ power(s) 1751, 1752
Abyssinian War 6281
accede: to ~ to a treaty 4628
acceding governments 4630
~ states 4631
acceptable to both parties 4556
acceptance 4552

access: to have unimpeded ~ to 5959
~ routes to West Berlin 6533
accession 64
~ to 4718
~ ~ a treaty 4629
~ ~ power of the Nazi Party 6276
~ ~ the throne 309
accompanied by 3232
accompany: persons who ~ the congress member 4277
according to reliable sources 3698
accountable: ministers are responsible and ~ to Parliament 1420
accounting department 4832
accredit: to be ~ed to 3073
acculturation 2376
achieve: to ~ a breakthrough
~ independence 155, 205
achievements of socialism 2808
acquire: to ~ a nationality 2349
acquired: can be ~ 63
~ nationality 2340
acquisition by conquest 90
~ of nationality 2350
acquisitive prescription 68
act 1013
~ of aggression 5511
Act of Algeciras 6206
act of committal: to be taken in the ~ ~ ~ 1009
~ ~ God 4615
~ ~ government 1268
~ ~ sabotage 2233
~ ~ vengeance 2230
~ ~ violence 5502
~ ~ war 5535
~s ~ terrorism 2229
act: to ~ alone 3585
~: to ~ as a chairman 3880
~: to ~ ultra vires 1753
acting 1782
~ minister 1418
~ president 1313
~ secretary of state 1418

action committee 4740
~ ultra vires 1752
actionable 1829
active membership 4690
activist 1980, 2377
activity report 4261
ADB 5150, 5160
addition 4234
additional: an ~ aspect of this matter has to be considered 4340
~ ballot 788
address: to give an ~ 3255
~ of welcome 3894
address: to ~ a message 3524
~: to ~ a request to 4066
~: to ~ a warning to s.b. 3522
~: to ~ one's resignation to 4939
~: to ~ the House 4019
~: to ~ the meeting (conference or committee) 4026
ad hoc committee 3947
adjourn: to ~ a conference 3904
adjournment 3905
adjudication 67
administer: to ~ an oath to s.b. 1775
~: to ~ justice 1822
administering state 212
administration 1319, 1696
~ bill 1029
administrative(ly) 1702
administrative agency 1698
~ agreement 4427
Administrative and Budgetary Committee 4972
administrative apparatus 1699
~ authority 1698
~ body 4799
~ channels: through ~ ~ 1712
~ committee 3967
Administrative Committee on Coordination 5014
administrative conference 3772
Administrative Conferences 5086
~ Council 5135
~ ~ of the ITU 5087

605

administrative court 1835
~ department 4822
~ law 1591
~ loyalist 2766
~ machinery 1699
~-making power 1657
~ regulation 1081
~ report 4268
~ secretariat 4817
~ section 4822
~ tribunal 1835, 5446
Admiralty 1488
admissibility 4077, 5455
admission of new members 4719
admit: to ~ observers 4132
admittance to the conference hall 4130
adopt: to ~ a motion 4087
~: to ~ a resolution 4057
~: to ~ an amendment 4097
~: to ~ s.th. by plebiscite 106
~: to ~ the agenda 3856
~: to ~ the minutes of the preceding meeting 4230
adopted homeland 2352
adoption of a bill 1045
~ ~ the agenda 3855
advance 1786
advancement 1786
advertisement (of a vacancy) 4891
advisable: I think it ~ to 4360
advisory body 4801
~ committee 3949, 4820
Advisory Committee on Administrative and Budgetary Questions 4974
~ Group on Aeronautical Research and Development 5252
advisory opinion: to give an ~ ~ 5473
~ procedure 5417
~ vote: to have an ~ ~ 4211
advocate 2383
~-general 5113
~ of Pan-Americanism 2697
~ of the New Left 2385

advocate: to ~ a point of view 4379
aerial incident 3631
~ inspection 5960
~ supervision 5960
~ warfare 5649
affidavit 3415
affiliated organizations 4707
affiliation to 4720
affirmative vote 851
affix: to ~ one's seal 4579
afford: to ~ asylum to s.b. 2320
~: to ~ each other the widest measure of mutual assistance 1850
AfPU 5152
AFRASEC 5153
African Advisory Committee 5037
~ Development Bank 5150
~ Postal and Telecommunications Union 5151
~ Postal Union 5152
~ States of the Casablanca Group 5167
Afro-Asian block 6447
~-Asian Conference 6446
~-~ Organization for Economic Cooperation 5153
~-~ Peoples Solidarity Organization 5304
after-dinner speech 3302
after hearing 4042
AGARD 5252
Age of Enlightenment 6104
~ ~ Reason 6104
agency 4749, 4819, 5146
agenda 3849
~ committee 3972
agent, (foreign) 2256, 2276
~ provocateur 2281
aggravation of the situation 3497
aggression 5515
aggressor 5512
agitation 2121
agitators for war 5506
agrarian reform 1585
agree: to ~ with 4375
~: have ~d to the following provisions 4642

agreement 3724, 4396, 4397
~: in (full) ~ with 4375
Agreement between the Parties to the North Atlantic Treaty regarding the Status of their Forces 5223
~ between the State of Israel and the Federal Republic of Germany 6443
agreement of association 4472
~ on technical cooperation 4484
~ on the Issuance of Passes 6481
agrément: to be granted ~ 3081
~: to give one's ~ 3080
agricultural attaché 3127
~ committee 969
~ conference 3770
~ policy 1584
Agricultural Union 6442
aide-mémoire 3545
aim(s) of the association 4675
air attaché 3124
~ base 5655
~ corridor 51
airborne troops 5646
aircraft 5651
~ carrier 5688
air domain 48
airdropping of subversive handbills 3632
~ force(s) 5610, 5652
air incident 3631
~ law 2933
Air Minister 1492
~ Ministry 1491
~ Navigation Commission 5076
air pirate 2216
Air-Raid Precautions 5653
air-raid protection 5653
~ ~s to break morale 5663
~ space 48, 49
~ supremacy 5654
Air Traffic Law 5258
~ Transport Committee 5077
air warfare 5649
Algerian conflict 6462

Algerian National Assembly 1106
∼ ∼ Movement 6464
alien 2286
∼ department 2296
∼ property 5620
alignment with a bloc 3459
All African Peoples' Conference 5367
all-German 6360
All-German affairs 6359
∼-∼ Party 1998
all-out war 5545
∼ participation clause 4512
∼-party government 1332
allegiance 1543
alliance 3566, 4751
Alliance for Progress 5155
allied and associated powers 6213
Allied Commandatura for Berlin 6335
∼ Control Council 6367
∼ High Commission 6366
allied invasion 6342
∼ landing in France 6342
Allies 6308
allocation of Cabinet posts 1375
alluvion 66
alteration: without ∼ 4090
alternat 3199
alternative: I have no ∼ but to 4333
∼ draft 4241
∼ proposal 3727, 4062
∼ solution 3731
Alting 1174
ambassador 3108
∼-at large 3113
∼ conference 3036
∼-level talks 3703
∼ post 3112
ambassadorial 3111
ambassadorship 3109
ambassadress 3110
ambiguous policy 1567
ambit 4603
∼: within the ∼ of their respective powers 1746
amend: to ∼ a bill 1034
∼: to ∼ the constitution 532
amended draft 4547
amendment 4098
∼ to the constitution 534

amedment
∼: without ∼ 4090
American Civil War 6179
∼ Revolution 6119
∼ War of Independence 6119
Americanism 2423
America's entry into the war 6216
amiable compositeur 5434
amnesty 1843
analogous application 4526
analogy 5482
anarchic 2382
anarchic(al) 2082
anarchism 2379
anarchist 2381
anarchistic 2382
anarchy 2081
angary 5792
Anglo-German Naval Agreement 6282
annex 4271
annex (to) 95
∼: to be ∼ed to 4666
annexation 94
annexationism 91
annexationist 93
anniversary 3252
announce: to ∼ one's resignation 1425
∼: to ∼ the result of the vote 4172
∼: to ∼ the results of the elections 868
announcements by the secretariat 3901
annual assembly 3783
∼ contribution 4700
∼ dues 4700
∼ leave 4920
∼ meeting 3783
∼ report 4264
annul: to ∼ a decision 1672
Anschluß 6294
antagonism 2521
Antarctic Agreement 6473
anti-aircraft missile system 5669
anti-aircraft missiles 5668
anti-apartheid supporter 675
anti-ballistic missile 5665
anti-ballistic missile system 5677
anti-Castro 6502
anticlerical 2389

anticlericalism 2391
anticlericalist 2390
anticolonialism 2392
anticolonialist 2393
Anti-Comintern Pact 6293
anticommunism 2394
anticommunist 2395
anticommunist(ic) 2396
antifascism 2386
antifascist 2387, 2388
anti-government(al) 1370
anti-guerila training 2219
anti-labour 2408
anti-masonic 2513
antimilitarism 2397
antimilitarist 2398
antimilitaristic 2399
anti-republican 2779
anti-Russian revolution in Hungary 6455
anti-Semite 2400
anti-Semitic 2401
anti-Semitism 2402
anti-social 2872
anti-unionist 2530
anti-war demonstration 2101
anxious to 4640
∼: I am most ∼ ∼ 4341
∼: I am particularly ∼ ∼ 4344
ANZUS 5156
A.O.B. 3869
AOPU 5161
apartheid 667
∼ policy 667
apertura a sinistra 6491
apologize: to ∼ to s.b. 3312
apostolic delegate 3139
∼ legate 3140
Apostolic visitor 3144
apparatchik 2403
appeal 5489
∼: to make an ∼ to 3525
appeal (to) 3525
∼: to ∼ for peace 5853
∼: to ∼ to the country 789
appear: to ∼ on the agenda 3867
appearance of witnesses, experts and prosecuted persons 1900
appease (to) 3601
appeasement 3602
∼ policy 3603

607

Appellate Tribunal 1830
append: to ~ one's signature 4577, 4578
appendix 4270
applicable: the provisions are ~ to 4525
applicant 4893
application 1676, 4059
~ for admission 4715
apply: the provisions ~ to 4525
~: to ~ for admission to the EEC
~: to ~ for membership of an organization 4714
~: to ~ the emergency procedure 4104
~: to ~ to become a member of an organization 4714
appoint (to) 1765
~: each committe shall elect a chairman and ~ a reporter 3932
~: the president ~s to military and civil offices 1387
~: to ~ a committee 3930
~: to ~ a diplomatic agent 3072
~: to ~ tellers 4169
appointive post 1691
appointment 1766, 3384
~ of deputies 3817
approach: to ~ a government 3517
appropriations 1098
approval: any person expressing ~ or disapproval shall be ejected at once by the ushers 4121
~ of a bill 1045
~: to give formal ~ to the activities of s.b. 4253
approve: to ~ a bill 1044
~: to ~ by plebiscite 106
~: to ~ the budget 1089
approved agenda 3854
APTU 5151
APU 5159
Arab Development Bank 5157
~ League 5158
~ Postal Union 5159
arbiter 5433
arbitrable 5436

arbitral 5435
~ award 5444
~ court 5438
~ procedure 5431, 5432
~ settlement 5429
arbitrary action 2205
~ government 686
~ rule 686
arbitration 5437
~ agreement 4454
~ board 5440
~ clause 4506, 5441
~ committee 4800
arbitrator 5433
archbishop 502
archbishopric 503
archdiocese 503
archduchess 381
archduchy 382
archduke 380
archiepiscopal 504
archives 3176
archivist 3177, 4846
area: ~ around government buildings in which meetings, etc. are prohibited 5814
~ authority 1611
~ of blockade 5710
arise: a further aspect of the matter ~s 4340
~: a vacancy ~s 933
~: difficulties ~ 4387
aristocracy 404, 413
aristocrat 408, 412
aristocratic(al) 414
Armaments Control Agency 5294
armaments industry 5894
~ policy 5891
~ race 5897,
armband: to wear an ~ 5993
arm cache 2211
armchair politician 2836
armed attack 5514
~ bands 2221
~ clashes 2195
~ conflict 5567
~ forces 5628
~ intervention 5520
~ neutrality 6064
~ peace 5870
armistice 5842
~ agreement 5847
~ comission 5844

armlet: to wear an ~ 5993
arms 3343
~ build-up 5892
~ industry 5894
~ limitation 5948
~ race 5897, 5937
Army, Air Force and Navy 5610
army followers 6025
~ of liberation 5607
ARP 5653
arrangement 4399, 5413
~ in the form of a horseshoe 3834
~ ~ ~ ~ ~ ~ semicircle 3833
arrest of a vessel 5787
~s: to make ~ 2166
arrival of the diplomat 3082
arrondissement 1620
artificial boundary 133
~ frontier 133
ASA 5280
ASEAN 5282
Asia Advisory Committee 5036
Asian and Pacific Council 5162
~ Development Bank 5160
~-Oceanic Postal Union 5161
ask: to ~ s.b. to lunch 3296
~: to ~ to address the meeting 4016
~: to ~ to speak 4016
~ for: to ~ ~ a vote of confidence 996
~ ~: to ~ ~ an opinion 4040
~ ~: to ~ ~ asylum 2319
~ ~: to ~ ~ the floor 4016
~ ~: to ~ ~ the gratuitous services of an interpreter 640
ASPAG 5162
assassin 2133
assembly 3780
~: the ~ comprises 3782
~: the ~ goes into committee 3931
~: the ~ is composed of 3782
Assembly 5097
~ (for the League of Nations) 4955

assembly hall 3830
assenting votes 4174
assign: such functions as are ~ed to him 1745
assignment 4917
~ of cabinet posts 1375
assimilation to nationals 2291
assistance: mutual ~ in criminal matters 1849
~ : to give ~ 5548
~ pact 4448
~ to refugees 2314
~ to vessels in distress 3009
assistant secretary general 4841
associate member 4688
association 4750, 4754, 4755, 4756
~ agreement 4472
~ of communities 1638
~ ~ municipalities 1638
~ ~ overseas territories 5138
Association of Southeast Asia 5280
~ ~ ~ ~n Nations 5282
assume: to ~ an attitude 3505
~ : to ~ one's duties 1770
assumption of office 1771
Aswan High Dam 6456
Atlantic Charter 6331
~ Nuclear Force 5941
~ Treaty 6416
~ Wall 6343
Atlanticists 6417
atom bomb 5909
~-free zone 5938
atomic age 6347
~ armament 5908
~ ~(s) race 5898
~ bomb 5909
~ club 6471
~ conference 3773
Atomic Energy Commission 4984
atomic espionage 5922
~ power 5914
~ test ban 5940, 5944
~ threshold 5942
~ war(fare) 5921
~ weapons 5902
atrocities 2249
attaché 3121, 3168

attack is the best defence 2495
~ : ~ on one's honour and reputation 639
~ : (surprise) ~ on Pearl Harbor 6337
~ : to ~ without warning 5756
attain: to ~ independence 205
attainment of independence 205
attempt: to make an ~ on s.b.'s life 2134
~ on the life of a head of state 2135
~ to escape 6030
attempted assassination on the life of a head of state 2135
~ subversion 2117
attend: to ~ a conference 3805
~ : to ~ ~ ~ as an observer 4133
~ : to ~ ~ ~ in an observing capacity 4133
attendance list 3981
attentism 6324
attentisme 2411
attestation 1675
attitude 3504
Attorney-General 1449
audience 3266, 4301
Audit Office 1836
auditing committee 3974
Auditor 5125
Augsburg Confession 6082
auspices: under the ~ of 3808
austerity policy 1099
~ program 1574, 1581
Austrian Communist Party 2028
~ People's Party 2030
~ State Treaty 6449
Austro-Prussian War 6175
autarkic(al) 2415
autarky 2416
authentic: both texts are ~ 4658
authenticated copy 1905
authoritarian 2421
~ authorities 551
authority 1668, 2422
~ making the request 1853

~ of the central government 1324
authorization 1668
authorize (to) 1669
~ : to ~ a person to do s.th. 1735
authorized establishment 4858
autocracy 2418
autocrat 2417
autocratic(al) 2419
autonomous 159
~ region 239, 1615
~ republic 238
autonomy 158
autoritarism 2420
auxiliary body 4796
~ cruiser 5689
~ organizations (of the League of Nations) 4956
avail: to ~ oneself of an article 4532
avulsion 65
await: to ~ developments 3507
award 5444
award: to ~ a decoration 3287
ax(e) (to) 1802
axing 1804
Axis Powers 6307

B

back: to ~ a motion 4086
~ : to ~ down 3702
~ : to be ~ in the news 3638
backbenchers 948
back country 9
back-stage intriguer 2469
backtrack (to) 3702
backward 2788
bacterial warfare 5999
bacteriological warfare 5999
badge 4287
Bagdad Pact 6451
balance of power 3591
~ ~ ~ policy 3593
~ of forces 3592
~ ~ terror 5920, 6420
Balfour Declaration 6225
Balkan Alliance 5163
~ campaign 6327

609

~ Pact 5163
~ Wars 6211
ballot 4187
~-box 837, 4193
~-~ stuffing 859
ballot card 833
~-paper 846
~s cast 850
Bamboo Curtain 6386
ban: to ~ a party 1956
ban on immigration 2308
banderol(e) 2103
Bandung Conference 6446
Bank for International Settlements 5164
banning of a party 616
banquet 3298
banqueting hall 3297
bar: to be ~red by limitation 2950
bargaining 3481
baron 418
baroness 419, 420
baronet 423
baronetage 424
baronetcy 424
baronial 422
barony 421
barricade (to) 2197
barring clause 885
basic law 517
~ pay 4865
~ salary 4865
basis of discussion 4005
~ of negotiations 3716
Battle of Britain 6322
battle of Jutland 6214
~ ~ Sadowa 6176
Battle of the Atlantic 6329
~ ~ ~ Nations 6184
~ ~ Waterloo 6151
Bavarian Party 1990
Bay of Pigs fiasco 6506
bearer of a flag of truce 5825
~ ~ ~ truce flag 3710
because: this is ~ 4352
beer hall putsch 6257
begin: to ~ negotiations 3700
~: to ~ one's duties 1770
behalf: on ~ of my Government 3095
behind: ~ the scenes 3723
~-~-~ talk 3755
Belfast Gazette 1051

bellicose 5507
belligerency 5564
belligerent 5563
~ occupation 5797
~ state 5562
~ warships: stay of ~ in neutral ports 5795
Benelux Customs Union 5165
~ Economic and Social Consultative Council 5166
benevolent neutrality 6062
Berlin airlift 6409
~ Blockade 6408
~ Declaration of June 1945 6361
~ issue 6531
~ problem 6531
~ Rising 6445
~ Wall 6479
best: to the ~ of my knowledge 4353
between sessions 3791
~ the wars 6230
bey 472
beylic 473
beylik 473
bicameral 921
~ system 920
bier 3328
big shot of the party 1960
bilateral 4408
bill: to give a ~ its second reading 1038
~: ~ ~ ~ ~ ~ third reading 1039
Bill of Rights 6103
binding 4534
biological warfare 5998
bi-party system 1950
birthday reception 3280
birthright 314
BIS 5164
bishop 506
bishopric 508
bizonal 6381
Bizone 6380
black book 3665
blackleg 741
black-list 3658
~-listed: to be ~ ~ 3659
blackout 5532
Black Panthers 6500
black shirts 2795
blank vote 856

blanket powers: to give ~ ~ to s.b. 3712
blind obedience 2563
blitz 5584
blitzkrieg 5584, 6310
block: to ~ a bill 1033
blockade 5702
~ area 5710
~ runner 5716
~ running 5718
blockade: to ~ a country 5713
blockading force 5711
bloodless 2184
bloodshed: to prevent ~ 2250
blue book 3670
Blue Division 6335
blue helmets 6490
board 4804, 4819
~ of arbitration 4800
~ ~ auditors 3974
Board of Auditors 4976
board of control 1700
~ ~ directors 4807
Board of Directors 5135
~ ~ Executive Directors 5072
board of governors 4808, 4809
Board of Governors 5064, 5068, 5071, 5106, 5134
~ ~ Trade 1466
board of trustees 4810
body 4790, 4819
~ corporate 1704, 4704
bodyguard 2136
body guard 2137
~ incorporated: ~ ~ under public law 1704
~ of electors 805
Boer War 6201
Bogota Charter 6400
Bolshevik 2425
Bolsheviks 6222
Bolshevism 2424
Bolshevist 2425, 2428
Bolshevistic 2428
bolshevization 2426
bolshevize (to) 2427
bombing halt 5662
~ stop 5662
Bonapartism 6161
Bonapartist 6160
Bonn Convention 6424
boo (to) 2096

bookkeeping (department) 4832
booty 5618
border 139
~ adjustement 131
~ area 139
~-crossing point 147
~ incident 3626
~ line 128
~ police 148
~ population 142
~ sea 37
~ state 11
~ station 140
~ traffic 144
~ violation 3627
~ war 5587
borderer 141
bore war 6311
borough 1628
Bosnian Crises 6209
bossdom 1959
bossism 1959
boss rule 1959
Boston Tea Party 6125
Boule 1157
boundaries of a state 126
boundary dispute 3628
~ district 127
~ river 135
~ treaty 4455
bounds of possibility: it is by no means beyond the ~ ~ ~ that 4363
bourgeois 2429
~: to become ~ 2876
~ nationalism 2662
bourgeoisie 2430
bow 3275
Boxer Rebellion 6203
boycott 2129
~ (to) 2130
braintrust 1384, 1385
brainwashing 698
breach of a contract 4538
~ ~ ~ treaty 4538
~ ~ international law 2982
~ ~ order 4113
~ ~ the constitution 531
~ ~ ~ peace 3461, 5871
break in time of service 4927
break: to ~ a treaty 4537
~: to ~ somebody in 1773
~: to ~ the blockade 5717

~: to ~ the deadlock 4137
~: to ~ ~ stalemate 4137
~: to ~ through the police cordon 2086
~ off: to ~ ~ diplomatic relations 3043
~ ~: to ~ ~ (the) negotiations 3733
~ up: to ~ ~ a code 2272
~ ~: to ~ ~ an espionage ring 2259
breakaway 2373, 2462
~ group 1943
~ of a territory 113
~ territory 112
breakdown 5623
breaking off of negotiations 3734
brew: to ~ a plot 2140
Brezhnev Doctrine 6519
Briand–Kellog Pact 6263
brief: I (will try) to be ~ 4337
briefing tour 2550
briefly: let me give (tell) you ~ 4335
bring before: to ~ a dispute ~ a tribunal 5424
~ forward: to ~ ~ a bill 1031
~ ~: to ~ ~ a motion 4068
~ in: to ~ ~ a bill 1031
~ into: to ~ a ship (the prize) ~ a port 5761, 5778
~ to: to ~ ~ 5748a
bringing-in of a prize 5762
bringing into line with 1609
brink: to be on the ~ of war 5522
broad interpretation 4544
Brown shirts 6271
Brussels Treaty Organization 6393
brute force 2994
budget 1082, 1084
~ act 1094
~ committee 1090, 3976
~ debate 1086
~ deficit 1088
~ message 1087
~ policy 1582
~ speech 1087
~ surplus 1093

budgetary 1084
~ deficit 1088
~ economies 1091
~ retrenchments 1091
buffer state 216
~ zone 217
building of socialism 2807
bull 490
bulletin board 4295
Bundesland 1613
Bundesrat 1138
Bundestag 1134
~ elections 781
Bundeswehr 5629
burden of proof 5480
bureau 4818
Bureau 3878
~ of Information concerning prisoners of war 6037
bureaucracy 2433
bureaucrat 2432
bureaucratic 2434
burgomastership 1643
burial 3335
burn down: to ~ ~ a village 6014
burning down of villages 6015
burning of the Reichstag 6277
~ question 2503
bury: to ~ a dispute 5427
business: any other ~ 3869
by-election 786
byzantinism 2435

C

cabinet 1395
~ crisis 1371
~ meeting 1398
~-member 1397
~ minister 1397
~ reshuffle 1372
cadres 1977
Caesarism 2892
Caesaro-papism 2436
CAFTA 5299
caisson 3327
calculated risk 3512
calif 451
califate 452

611

call to order 4116
~ ~ ~ with a note to this effect in the minutes 4118
call: to ~ a conference 3842
~: to ~ a strike 722
~: to ~ an election 789
~: to ~ s.b. to order 4117
~: the conference ~ ed to deal with these problems 3803
~ for: the agenda ~s ~ 3864, 3868
~ ~: to ~ ~ peace 5853
~ into: to ~ an organization ~ being 4667
~ ~: to ~ an organization ~ existence 4667
~ ~: to ~ an organization ~ life 4667
~ off: to ~ ~ a visit 3227
~ on: I ~ ~ Mr....to speak 4023
~ upon: speakers shall be ~ ed ~ in the order in which they have signified their desire to speak 4015
~ ~: to be ~ed ~ to form a government 1349
calling (of a conference) 3843
calm: to ~ the excited crowd 2102
camera: in ~ 3802
camouflage organization 2208
camp followers 6025
campaign (to) 809
campaign poster 817
canalization of the Moselle 6453
canard 2486
cancel: to ~ a visit 3227
cancellation 4285
candidate 794, 1758, 1762, 4893
~: to stand as a ~ for 1759
~ for chancellor 1358
~ for election 823
~ X receives (polls) xx votes 871
cannon fodder 5572
canon 498

canton 1621
Canton Councillor 1237
cantonal 1623
~ elections 784
~ government 1622
canvass: to ~ for a seat 822
canvassing 813
capital punishment 1911
capitalism 2562
capitalist 2564
capitalist(ic) 2565
~ encirclement 2566
capitulate (to) 5829
capitulation 5828
Capitulations 4486
captivity 6026
captor 2283, 5727, 5771
~ state 5772
capture 5757, 5780, 6023
capture (to) 5728, 6022
car park 4297
cardinal 499
Cardinal Secretary of State 3133
cardinalate 500
career consul 3381
~ diplomat 3029
careerist 2567
Caritas Internationalis 5305
Carlism 6169
Carlist 6168, 6170
Carnegie Endowment for International Peace 5306
carrier of atomic arms 5943
carry: the motion was carried 4089
~: to ~ a bill 1044
~: to ~ a message 3523
~: to ~ a motion 4088
~: to ~ an election 883
~: to ~ arms openly 5994
~: to ~ banners 2104
~: to ~ signs 2104
~: to ~ the budget 1089
~ out: to ~ ~ the preparatory work 3827
carte blanche: to give ~ ~ to s.b. 3712
cartel 6039
~ ship 5699
case 5421
cast: to ~ one's vote 842
caste 680
casting vote: the President has the ~ ~ 4209
~ ~: to have the ~ ~ 4210

Castroism 2437
casualties 5616
casus belli 5541
~ foederis 5547
catafalque 3331
catch: to ~ the Speaker's eye 4020
catchword 2791
Catholic Action 5363
~ Center Party 6242
~ League and the Protestant Union 6094
caucus 1978
Caudillo 1311
CCC 5278
CCPS 5083
cease: to ~ to have effect 4607
~: to ~ work 717
cease-fire 5841, 5842
cease fire (to) 5832
CEC 5170
cede (to) 69
~: to ~ a territory 70
~ back: to ~ ~ a territory 99
cedent state 74
CEIF 5376
CEM 5377
censor (to) 688
censorship 689
center 4788
Center 1923, 6242
center-left-government 1331
CENTO 5301
Central African Customs and Economic Union 5295
~ American Bank of Economic Integration 5297
~ ~ Common Market 3299
~ ~ Court of Justice 5453
~ ~ Free Trade Area 5299
central association 4757
~ commission 4761
Central Commission for the Navigation of the Rhine 5300
central committee 4761
Central Committee of the Party 2035
central government 1323
Central Intelligence Agence 2267

~ Office for International Railway Transport 5296
~ ~ of Information 1518
central organization 4758
Central Powers 6212
~ Treaty Organization 5301
centralism 2893
centralist 2895
centre 4788
Centre 1923
centre démocrate 2018
centrist 2019
CEPT 5180
ceremonial 3190, 3191
ceremony, (solemn) 3249
certificate 1675
~ of appointment 1767
~ ~ naturalization 2355
certified copy 4665
~ photostatic copies 1906
cessation of hostilities 5833
~ ~ nuclear tests 5932, 5940
~ ~ work 716
cession 72
~ of a territory 71
cessionary state 73
chair: to be in the ~ 3880
~: to take the ~ 3877, 3880
~: with Mr. X in the ~ 3876
chair (to) 3880
chairman 3874
~ by seniority 3885
~ of a committee 3933
Chairman of Parliament 952
chairman of the party 1957
chairmanship 3873
~: under the ~ of 3876
challenge 5487
~ of a judge 5468
~ ~ the law's constitutionality 3670
challenge (to) s.b. 3644, 5486
chamber 911, 4767
~ of deputies 913
Chamber of Deputies 1117, 1120, 1122, 1127, 1145, 1147, 1151, 1165, 1172, 1178, 1198, 1201, 1202, 1208, 1220, 1222, 1250, 1255
~ ~ Nationalities 1118

~ ~ Nobles 1111
~ ~ (the) Representatives 1115, 1253
~ ~ the Federal States 1192
Chancellor of the Confederation 1539
~ ~ ~ Exchequer 1455
~ ~ ~ Reich 6187
Chancellorship 1362
Chancellory of the Reich 6188
chancery 3170
~ fees 3171
change in alliances 3571
~ of government 1374
~ of policy 3503
~: sudden ~ of opinion 2640
Channel Command 5250
Chargé d'affaires 3117
~ ~ ad interim 3119
~ ~ en pied 3118
~ ~ en titre 3118
Charles V 6081
charter 4398
Charter of the UNO 4962
chauvinism 2439
chauvinist 2440
chauvinist(ic) 2441
checkroom 4296
Cheka 6224
chemical warfare 6001
chief burgomaster 1644
Chief Executive 1310, 1315
chief ideologist 1972
~ interpreter 4848
~ of state 1310
Chief of Protocol 3188
chief party theoretician 1972
~ usher 4124
children's allowance 4879
choose: to ~ by lot 4171
Christian Democracy 1993
~ Democrat 1994
~ Democratic Union 2001
~ Democrats 2022
~ Social Party 1987
~ ~ Union 2002
~ trade unions 4775
CIA 2267
CIC 2263
cipher (to) 3181
ciphered 3179
~: not ~ 3180

ciphering 3182
~ service 3184
circulate: to ~ an attendance list 3982
~: to ~ a report 4255
citizen 2287, 2289, 2333, 2335, 2337
Citizen King 6166
citizenry 2334
citizenship 2336, 2827
~ papers 2355
city administration 1652
~ code 1637
~ council 1640
~ councillor 1641
~ hall 1642
City of God 2533
city state 242
civic 2826
~ education 2827
civics 2828
civil defence 5602
Civil Defence Service 5653
civil duties 598
~ household 33 0
~ intern(ee) 6051
~ internment 6050
Civil List 332
civil rights 597
Civil Rights Act 6498
~ servant 1692
~ ~ on probation 1688
~ service 1697
~ war 2198
civilian component 5260
claim 3475
claim: to ~ (a territory) 118
~: to ~ s.th. 3476
clarification: for further ~ 3735
clarify: to ~ a question 4391
clash of interests 3491
class conflict 2573
~-conscious 2571
~ consciousness 2570
~ hatred 681
~ society 2572
~ war(fare) 2573
classify 1769
classless society 2525
clause 4500
~ of accession 4503
~ of adhesion 4503
~ ~ denunciation 4507

613

~ rebus sic stantibus **4513**
~ requiring political parties to obtain a given number of votes in order to have their representatives in parliament **885**
clean H-bomb **5911**
clear majority **891**
clear: to ~ a matter up **4391**
~: to have the hall ~ed **4128**
clearing agreement **4476**
clemency: to show ~ **1838**
clericalism **2576**
clerico-fascism **2578**
clerico-fascist **2577, 2579**
clerk **5112**
clique **1946, 2442**
cloakroom **4296**
close blockade **5719**
~ door meeting **3797**
~ links which unite **3572**
~: circles ~ to the government **1368**
close: to ~ a meeting **3916**
~: to ~ a sitting **3916**
~: to ~ the discussion **3998**
closed frontier **149**
~ sea **3006**
~ session: in ~ ~ **3802**
closely connected: circles ~ ~ with the government **1368**
closing: in ~ **4334**
~ address **3909**
~ ceremony **3254**
~ date is **4244**
~ of a meeting **3913**
~ ~ a port **3015**
~ ~ ~ sitting **3913**
~ ~ the frontier **150**
~ speech **3909, 3912**
clo sure of a consulate **3389**
~ ~ the debate **3999**
clothing allowance **4878**
club **4760**
coalition **1334**
~ government **1338**
~ parties **1930**
~ (parties) in power **1929**
~ policy **1335**
coastal defence **5685**
~ state **13**
~ waters **34**

coat of arms **3343**
cobelligerency **5561**
cobelligerent **5560**
cocktail party **3293**
~ ~: to give a ~ ~ **3294**
co-contracting party **4569**
code **1076, 3178**
~ clerk **3183**
~ of honour **2471**
~ telegram **3185**
codification of international law **2906**
codify (to) **2907**
coffin **3332**
cognizance **1728**
cohesion **1939**
coimperium **247**
Cold War **6390**
cold warrior **6391**
collaboration **5803**
collaborationist **5804**
collapse **2899, 5623**
~ of the Third Reich **6345**
collapse (to) **2900**
collect: to ~ the documentation for a meeting **4242**
collective culpability **6354**
~ guarantee **3468**
~ guilt **6354**
~ leadership **1403**
~ measures: to take ~ ~ **3471**
~ note **3537**
~ security **3469**
~ step(s) **3516**
~ treaty **4409**
~ visa **3408**
collectivism **2583**
collectivist **2580**
collectivist(ic) **2584**
collectivization **2582**
collectivize (to) **2581**
College of Cardinals **494**
colloquium **4311**
colloquy **4311**
Colombo Plan **5168**
colonial **187**
~ empire **188**
~ people **186**
~ policy **191**
~ power **184**
~ rule **185**
Colonial Secretary **1528**

colonial territory **183**
~ yoke: to cast off the ~ ~ **199**
~ ~: to shake off ~ ~ ~ **199**
colonialism **193**
colonialist **192**
colonization **189**
colonize (to) **190**
colony **181**
combat area **5636**
~ zone **5636**
combatant **5987**
come: to ~ to power **1293**
~: to ~ to the rostrum **4011**
~ into: to ~ ~ force **1057**
COMECON **5169**
Cominform **5364**
comity of nations **2959**
~ ~ understanding **3577**
command: to ~ a majority **4181**
~: to ~ a majority in the Senate **1000**
Commander-in-Chief **1389**
commando raid **5648**
commemoration **3252**
commencement of duties **1772**
comments: any ~ ? **4386**
commercial agreement **4468**
~ attaché **3125**
~ mission **3068**
~ treaty **4467**
commissar **1594**
commission **3383, 3924**
Commission (European) **5131**
~ for Technical Cooperation in Africa South of the Sahara **5237**
commission of appointment **3383**
Commission (of EURATOM) **5143**
~ on Human Rights **4994**
~ ~ International Commodity Trade **4998**
~ ~ Narcotic Drugs **4997**
~ ~ the Status of Women **4996**
commissioner for the armed forces **977**
committee **3924**

~ discussion 3937
~ for internal (home) affairs 975
Committee for Industrial Development 5007
~ ~ Salaried Employees and Professional Workers 5039
committee for the verification of powers 973
Committee for Work on Plantations 5038
committee meeting 3795
~ of conference 1036
~ ~ control 3965
Committee of Experts on the Application of Conventions and Recommendations 5035
committee of four 359
~ ~ heads of delegations 3960
~ ~ honour 4275
~ ~ inquiry 970, 3966
~ ~ investigation 970
Committee of Ministers 5175
~ ~ Presidents 5123
~ ~ Public Safety 6135
committee of the whole house 971
~ ~ three 3955
Committee of Ways and Means 1090
committee on agricultural problems 3979
Committee on Constitutional and Legal Matters 5064
~ ~ Contributions 4975
~ ~ Negotiations with Inter-Governmental Agencies 5005
committee on privileges and immunities 3980
~ ~ social questions 3975
Committee on Technical Assistance 5004
~ ~ the Admission of New Members 4981
committee responsible for centralized control 3925
~ room 3831
~ with proportional membership 3950
~ work 3935

Common Afro-Malagasy Organization 5193
~ Assembly 5109
common council 1640
~ institutions 5108
~ law 2928
Common Market 5128
common step(s) 3516
~ weal 556
Commonwealth Economic Committee 5170
communal 1636
~ council 1639
Communal Council 1205
communal elections 785
commune 1633
communiqué 3539
communism 2585
Communist Manifesto 6167
~ Party 1986
community 4736
~ law 5115
companions 3233
comparative constitutional law 522
~ law 2930
~ strength of forces 3675
compassionate leave 4925
compatibility with 1724
compatible with 1723
compel: I find myself ~ led to 4333
compensation 5490
compensatory time off 4921
competence 1728, 1736, 1738, 1747
~ : to come within the ~ of 1734
competency 1728
competent authorities 1701
~ for 1727
competitor 796
compile: to ~ the documentation for a meeting 4242
complainant 5456
complementary agreement 4430
comply: not to ~ with the request of the chairman 4115
~ : to ~ with a treaty 4528
composition of a committee 3934
compromise 5414
~ peace 5869

~ settlement 3730, 5413
compulsory arbitration 5443
~ collectivization 2901
~ conscription universal military 5599
~ jurisdiction 5430
~ voting 772
comrade X 2033
conceivable: it is quite ~ that 4635
concentration camp 702
concern: our discussion ~ s 4338
~ : the discussions ~ 4003
~ : the subject with which we are ~ ed is 4338
Concert of Europe 6153
concessions: to make ~ 3725
conciliationism 2879
conclave 488
~ : to meet in ~ 487
conclude: to ~ a treaty 4411
~ : to ~ the discussion 3998
conclusion 5474
~ : by way of ~ 4334
~ of a treaty 4412
~ ~ peace 5861
concordat 4401
concurrent jurisdiction 568
~ legislation 1021
~ powers 568
condemnation as prize 5786
conditional contraband 5735
~ surrender 1880
conditions for peace 5858a
condole: to ~ (with) s.b. 3315
condolence call 3314
condominium 246
conduct 4931
conduct: to ~ negotiations 3699
~ : to ~ the debate 3996
confederacy 222
confederal 221
~ system 220
confederate system 220
Confederates 6180
confederation 222, 4758
Confederation of the Rhine 6142

615

confer: to ~ powers upon s.b. 1740
~ : to ~ special powers upon s.b. 1742
~ : to ~ with s.b. 3754
conferees 3807
conference 3777
~ dipolomacy 3024
~ hall 3829
~ interpreter 4849
~ is held 3804
~ meets 3804
~ members 3807
Conference of African Independent States 5238
conference of ambassadors 3036
~ ~ foreign ministers 3763
Conference of Heads of State of Equatorial Africa 5239
~ ~ International Catholic Organizations 5365
conference of ministers of foreign affairs 3763
Conference (of the FAO) 5042
conference on agriculture 3770
~ participant 377
~ program 38719
~ rooms 3828
~ stenographer 4831
~ table 3832
~ takes place 3804
~ translator 4850
conferring an honour on s.b. 3288
Confession of Augsburg 6082
confidential note 3535
~ talks 3745
confiscation of property 621
conflict 5423
~ of interest 3491
~ ~ laws 2936
conformist 2589
confrontation: for purposes of ~ 1902
Congo crisis 6478
congratulate: to ~ s.b. 3278
congratulations 3277

congratulatory greeting 3279
~ letter 3282
~ speech 3283
Congress 1108, 1258
congress 3777
~ card 4286
~ center 4289
~ member 4276
Congress of Berlin 6194
~ ~ Deputies 1167
~ ~ Vienna 6149
congress participant 3779
Congress Party 2021
congress proceedings 4279
~ secretariat 4288
Congressional 1259
congressional 1260
~ elections 780
Congressional Record 1052
congressman 908
Conquistador(es) 6078
conscientious objection 2601
~ objector 2600
consecrate (to) 300
consecration 299
consecutive interpretation 4215
conservatism 2594
conservative 2590, 2593
Conservative and Unionist Party 2006
~ Christian Social Party 2039
~ Party 2006
Conservatives 2006
considering that 4639
Consolato del mare 3018
consolidate: to ~ peace 3441
consolidation of peace 3442
consortium 4777
conspiracy 2138
constituency 792
constituent 540
~ act 4672
~ assembly 544
Constituent Assembly 6124
constituent elements of offence 1869
~ power 543
~ republics 232
constitute: to ~ a committee 3930
constitution 4672

constitutional 515, 526
~ amendment 1075
Constitutional Committee 547
~ Congress 1132
constitutional convention 544
Constitutional Council 548
~ Court 1832
constitutional government 1322
~ guarantees 596
~ history 525
~ jurisdiction 1833
~ law 516, 521, 1016
~ monarch 287
~ monarchy 286
~ order 557
~ power 541
~ provisions 520
~ reform 533
~ rules: in accordance with their respective ~ ~ 5490
~ state 263
constitutionalist 523
constitutionality 527
construction of socialism 2807
consul 3368
~ electus 3382
~ general 3374
~ missus 3381
consular 3363
~ agency 3380
~ agent 3379
~ convention 3361, 4465
~ corps 3364
~ court 3387
~ district 3372
~ immunities 3388
~ invoice 3414
~ jurisdiction 3386
~ officer 3378
~ patent 3383
~ protection 3365
~ relations 3360
~ representation 3366
~ ~ abroad 3058
~ representative 3367
~ section 3370
~ service 3362
~ treaty 4464
consulate 3371
Consulate 6137
consulate general 3373

consult (to) 4043
~ : to ~ s.b. 3754
consultation 4041
~ (of the nation) 897
Consultative Assembly 5174
consultative committee 3949
Consultative Committee 5121
~ ~ for Postal Studies 5083
consumer's society 2595
contact 3743
~ man 2277
~ mines: to lay unanchored automatic ~ ~ 5696
containment 3605
~ policy 3606
content 4635
contest 808
contest (to) 5486
~ : to ~ a seat 821
~ : to ~ an election 863
~ : to ~ the validity of the appointment 3888
contestable 5488
contestation 5487
contesting of an election 862
contiguity 14
contiguous zone 36
continental shelf 43
Continental System 6145
continue: to ~ in office 1783
continuity of the state 151
contraband of war 5734
contract 4393
~ of employment 4914
contracting governments 4567
~ parties 4568
~ states 4566
contractual peace 5864
contrary: to be ~ to the stipulations 4540
~ to international law 2980
~ ~ neutrality 6073
contribution: German ~ to Western defence 6431
control commission 3965, 5888
Control Council Laws 6368
control of constitutionality 545

~ ~ the sea 5684
~ ~ ~ straits 45
~ organ 4802
~ : to be under s.b. 's strict ~ 2516
controlled disarmament 5952
controversy over interpretation 1078
contuismo 1295
convene: to ~ a conference 3842
convening 3843
convention 4396, 4397
~ of arbitration 4453
~ on establishment 4469
~ ~ legal aid 1854
Convention on Relations between the Three Powers and the Federal Republic of Germany 6424
~ ~ the Rights and Obligations of Foreign Forces and their Members in the Federal Republic of Germany 5224
conventional arms 5901
~ s 1964
~ weapons 5901
conversion of merchantmen into warships 5690
convocation 3843
convoke: to ~ a conference 3842
convoy 5694
cooperative 4776
co-opt (to) 4203
co-option 4204
coordination 1609
~ committee 3961
Coordination Committee 4990
co-president 1353, 1826
copy 1680
cordon 2085
~ : to form a ~ 2087
~ sanitaire 3607
cordon off (to) 2087
co-regent 320
coronation 298
~ ceremony 297
~ of the emperor 340
corporate body 4704
~ states 232
Corporative Chamber 1228

corporative representation 922
~ state 266
corps diplomatique 3101
correct (to) 4229
correction of the minutes 4228
correspondence 3549
corresponding member 4683
Cortes 1242
co-signatory 4562
cosmic space law 2934
cosmopolitan 2597
cosmopolite 2596
cosmopolitism 2598
cost-of-living allowance 4872
costs 5484
coterie 2442
council 491, 4804, 4808
Council 2802, 5075, 5098, 5120
~ Committee on Non-Governmental Organizations 5006
~ for Mutual Economic Aid 5169
~ ~ Technical Cooperation in South and South-East Asia 5168
~ of Association 5122
~ ~ Elders 954
~ ~ Europe 5173
~ ~ ~ Resettlement Fund 5176
~ ~ European Industrial Federations 5376
~ ~ ~ Municipalities 5377
~ ~ Foreign Ministers 6357
council of ministers 1393
Council of Ministers 5130
~ ~ ~ (of EURATOM) 5142
~ of Ministers of Foreign Affairs 6357
~ ~ Notables 1183
~ ~ OECD 5190
~ ~ People's Commissars 1394
~ ~ Producers 1185
~ ~ Representatives 1184
~ ~ States 1168, 1234
~ (of the FAO) 5043

617

~ (of the League of Nations) 4954
~ of the OAS 5264
~ ~ Republic 1154
~ ~ Trent 6085
councilman 1641
counsel(l)or (of embassy) 3166
~ (of legation) 3167
count 388
~ palatine 396
Count of the Empire 387
count: to ~ the votes 4167
counter-blockade 3654
counter-demonstration 2090
counterespionage 2260
counterintelligence 2260, 2263
Counter Intelligence Corps 2263
counter-memorials 5466
counter-motion 4060
counterpart 1407
counter-proposal 3727
Counter-Reformation 6086
counterrevolution 2160
counterrevolutionary 2121, 2162
counterrevolutionist 2161
counter-sabotage 2236
countersign (to) 1664
countersignature 1663
counter-spy 2262
counter-terrorism 2224
counter-verification: to proceed to a ~-~ 4152
countess 389
counting of votes 865, 4166
country 2875
~: to go to the ~ 789
~ of asylum 2325, 2329
county 390, 1624, 1625
~ borough 1629
County Council 1626
coup 2144
~ d'état 2141
~ de main 2143
course of negotiations 3750
Court 328
court decisions 2948
Court of Appeal(s) 1830
court of arbitration 5438
Court of Justice 5110
~ ~ ~ of the European Communities 5451

court office 5404
courtesy visit 3225
courtier 334
court mourning 3321
covenant 4402
Covenant of the League of Nations 4953, 6252
cover: the flag ~s the cargo 5737
~: to ~ all matters on the agenda 3863
covering letter 3547
~ note 3528
crack to ~ a code 2272
create: to ~ an organization 4668
creation of a post 4855
credentials 3084
~ committee 973, 3968
Crescent 3359
crime against humanity 2986
~ ~ peace 2985
~ of international law 2984
Crimea Conference 6352
Crimean War 6172
criminal and disciplinary jurisdiction 1828
cross: to ~ the frontier 146
crown (to) 296
Crown 295
~ colony 182
~ jewels 308
~ Prince 361
~ speech 3257
crush: to ~ a rebellion 2164
Cuba crisis 6505
Cuban missile crisis 6506
cult of personality 2726
cultural agreement 4466
~ attaché 3129
~ exchange 3685
Cultural Revolution 6514
cumulative record 4930
currency area 19
~ policy 1583
~ reform 6406
curtail: to ~ powers 1744
~: to ~ the debate 4001
curtailment of budget appropriations 1098
curtsy 3276
Curzon Line 6236
custom 2946

Customs Cooperation Council 5278
customs enclave 125
~ sovereignty 571
~ territory 16
~ union 259
cutting of budget appropriations 1098
Cyprus question 6448
Czar 345
~ of all the Russias 345
Czardom 348
Czarevitch 347
Czarina 346
czarism 348, 2890
czaristic 2891
Czaritza 346
Czech crisis: First ~ ~ 6295

D

Dail (Eireann) 1172
daily bulletin 4280
~ expense allowance 1012
dais 3837
Dalai Lama 442
dance: to ~ attendance 3220
danger of war 5509
Danube Commission 5172
dark horse 896
~ suit 3310
Dauphin 361
Dawes Plan 6260
day's allowances 1012
D-day 6344
deadline is 4244
deadlock: the conference has come to a ~ 4136
deal with: to ~ ~ current business 3120
~ ~: the discussion ~s ~ 4003
dean of the diplomatic corps 3102
deanship 3103
death penalty 1911
~ sentence 1910
debate 3986
~ in plenary assembly (session) 963
~ ~ (the) third reading 1039
~ of basic issues 3987

618

~ on principle 3987
~ ~ the substance of a question 3987
debellatio(n) 5877
decentralization 2458, 2497
decentralize (to) 2457, 2498
decide: to ~ (a case) ex aequo et bono 5481
~ : to ~ unanimously 4053
deciding vote: to have the ~ ~ 4210
decipher (to) 3186
deciphering 3187
decision 1654
~ : by unanimous ~ 4052
~ : in the absence of a unanimous ~ 4208
~ : to take a ~ 1655, 4051
~ s of judicial tribunals 2948
decisive battle 5624
declaration: to make a ~ 4046
~ of blockade 5714
~ ~ independence 156
Declaration of Independence 6120
declaration of intent 4405
~ ~ neutrality 6058
Declaration of Paris on maritime warfare 5730
declaration of reciprocity 3434
Declaration of the Rights of Man 6127
~ ~ ~ United Nations 6330
declaration of war 5552
declare: to ~ a diplomat persona non grata 3079
~ : to ~ a state of emergency 2061, 2070
~ : to ~ oneself in (full) agreement with 4375
~ : to ~ s.b. elected 4195
~ : to ~ that no quarter will be given 5986
~ : to ~ that the voting has begun 4150
~ : to ~ the election void 857
~ : to ~ the vote closed 4164
~ : to ~ war on a country 5751
declassify (to) 4935

decline of democracy 2678
decode (to) 3186
decoding 3187
decolonization 200
decolonize (to) 201
decree: by ~ 1658
deductions 4867
deed of abdication 324
deepest shipping channel 136
de-escalation 5555
de-escalate (to) 5556
default 5471
defaulting state 4539
defeat (at the elections) 879
~ of the Invincible Armada 6090
~ ~ ~ Spanish Armada 6090
defeat: to ~ a motion 4093
defeatism 2443
defeatist 2444, 2445
Defence College (of NATO) 5247
~ Commissioner 977
defence committee 974
~ of necessity 2972
~ policy 1590
defendant 5457
Defense College (of NATO) 5247
defense committee 974
~ of necessity 2972
~ policy 1590
~ spending 5526
Defenestration of Prague 6095
defensive alliance 3569
~ arm 5896
~ war 5576
~ weapon 5896
deferred signature 4581
define: to ~ a policy 1557
defoliation 6002
degenerate: to ~ into war 5533
deification of the party 1973
de jure 5401
~ - ~ recognition 3001
delaying manoeuvre 3650
~ tactics 3648
delegate 3814
~ X gets (receives, polls) 5 votes 4197
~s must register by 4284

delegate: to ~ powers to s.b. 1740
delegation 3810
~ of powers 1741, 3714
delete: to ~ from the record 4232
deletion 4231
deliberate indiscretion 3484
~ leakage 3484
deliberate (to) 3993
deliberations 3992
~ of a committee 3937
delimitation 130
deliver: to ~ a message 3523
~ : to ~ a note 3529
~ : to ~ a speech 3255
~ : to ~ congratulations on behalf of 3284
~ : to ~ one's letter(s) of credence to s.b. 3085
~ : to ~ passports to a person 3403
delivery of passports 3402
demagogic(al) 2448
demagogism 2447
demagogue 2122, 2446
demagoguery 2447
demagogy 2447
demand: to ~ the closure of the debate 4101
~ : to ~ the floor 4021
demarcation line 5836
démarche 3515
démenti 3555
demilitarization 5885
demobilize (to) 5882
democracy 2450
democrat 2449
democratic 2451
~ centralism 2894
~ party 2046
Democrats 2045
democratization 2453
democratize (to) 2452
demonstrate (to) 2088
demonstration 2089
demonstrator 2091
demote: to ~ s.b. 1788
demotion 1787
denaturalization 2358
denazification 6375
~ court 6376
deneutralization 6071
deneutralize (to) 6072
denial 3555

619

~ of justice 1823
denounce: to ~ a treaty 4612
denuclearization 5946
denuclearized zone 5938
denunciation 4611
deny (to) 3554
depart: to ~ from the question 4232
department 1411, 1412, 1616, 1696, 4821
Department of Agriculture 1503
~ ~ Commerce 1458, 1465
~ ~ Defense 1520
~ ~ Economic Affairs 1458
~ ~ Education and Science 1511
~ ~ Finance 1454
~ ~ Health, Education and Welfare 1495, 1509
~ ~ Justice 1446
~ ~ Labor 1479
~ ~ National Defence 1520
~ ~ Overseas Trade 1467
~ ~ Public Economy 1459
~ ~ State 1436
~ ~ the Interior 1444
~ ~ the Navy 1488
~ ~ Trade and Industry 1458
~ ~ Transport and Power 1486
~ ~ ~ Communications and Energy
departmental 1618
dependent state 164
deportation 699
deported persons 700
depose (to) 325
deposit of the instruments of ratification 4594
deposit (to) 4596
~: to ~ a voting- paper in the ballot-box 838
~: to ~ the instrument of ratification with a government 4595
depositary 4599
~ state 4600
depositing of ballots in the ballot-box 4165

depository 4599
~ state 4600
Depression 6265
deprivation of citizenship 2358
~ ~ liberty 695, 1908
~ ~ the right to vote 755
deprive: to ~ s.b. of citizenship 2359
~: to ~ ~ ~ the right to vote 756
deputize: to ~ for s.b. 1780, 1781, 4888
~: one of the vice-presidents ~ s for the president 3882
deputy 940, 4886
~ burgomaster 1650
~ chairman 3883
~ director 4838
~ ~ general 4837
~ foreign ministers 1442
~ general manager 4837
~ mayor 1650
~ minister 1414
Deputy Minister attached to the Prime Minister's Office for the Economic Plan and for Regional Development 1535
~ Under-Secretary of State 1417
dereliction 89
derogation: in ~ of 4653
derogatory clause 4504
description of duties 4915
desegregation 669
deserter (to the enemy) 5612, 5613
designate: to ~ by co-option 4203
desirable: I think it ~ to 4360
desire for peace 3444
despatch 3175
despot 2454
despotic 2455
~ absolutism 6106
despotism 2456
destalinization 2477
destruction of stockpiles of atomic and hydrogen bombs 5927
detaining power 6035
detection of underground nuclear explosions 5925

détente 3622
detention order 1907
deteriorate: relations are deteriorating 3426
~: the situation is deteriorating 3495, 3498
deterioration of relations 3427
~ ~ the situation 3499
determination of the aggressor 5398
determine: to ~ general policy 1558
determined to 4637
deterrent 5965
dethrone (to) 325
dethronement 326
develop: to ~ into war 5533
developing countries 3677
development-aid policy 3680
~ fund 4744
Development Fund for the Overseas Countries 5137
development policy 1572
deviationism 2375
deviationist 2374
devise: to ~ a plot 2140
Dewan Negara 1199
~ Ra'ayat 1200
dey 474
dialectic(al) 2460
~ materialism 2636
dialectic(s) 2459
dictated peace 4440
~ ~ of Versailles 6231
dictator 1281
dictatorial 1282
dictatorship 1283
~ of the proletariat 2461
die-hard 2591
Diet 1150, 1197, 1231
differences 3651
digest 1076
dignitary 433
dignity 434
~ of a prince 370
digress: to ~ from the subject 4032
diktat 4440
Diktat of Versailles 6231
dilatory effect 1756
~ policy 3648
diluted military zone 5930
dinner: to give a ~ 3295

diocese 508
diplomat 3028
diplomatic agent 3053
~ asylum 2322
~ bag 3174
~ career 3030
~ channels: through (the) ordinary ~ ~ 3039
~ circles: in ~ ~ 3034
Diplomatic Conference on International Maritime Law 5171
diplomatic corps 3101
~ courier 3172
~ exchange 3037
~ history 3019
~ law 3020
~ level: at ~ ~ 3035
~ list 3083
~ mission 3055
~ note 3526
~ passport 3400
~ pouch 3174
~ privileges: ~ ~ and immunities of a diplomat 3145
~ protection 3050
~ quarters: in ~ ~ 3034
~ relations 3037, 3038
~ representation 3054, 3058
~ representative to 3053
~ roster 3083
~ visa 3411
diplomatist 3028
direct democracy 1269
direct: to ~ policy 1555
directives 3713
director general 4836
Director General of the Secretariat (of the FAO) 5048
Directory 6136
disabled 1695
disagreement on jurisdiction 1079
disannex (to) 96
disannexation 97
disarm (to) 5839, 5950
disarmament 5838, 5951
~ commission 5955
Disarmament Committee 4986
disarmament conference 5954
~ control 5953

discharge 4943
~ : in the ~ of his duties 1779
discharge: to ~ s.b. from office 1801, 4942
disciplinary action 1818
~ board 1817, 4947
~ camp 6031
~ committee 4947
~ council 1817
~ law 1814
~ measures 1818
~ offence 1815
~ power 1813
~ proceeding 1819
~ punishment 1916
~ transfer 1794
discipline of vote 959
disclaim: to ~ a territory 99
discretionary 1750
~ powers 1749
discriminate: to ~ against 2988
discrimination 2987
~ of flags 5765
discuss: to ~ a question 4389
~ : to ~ at a round table 3776
~ : we will now ~ 4004
discussion 3984
~ group 4309
~ is now open 4004
disembark (to) 5644
disengagement 6487
disfranchise (to) 756
disfranchisement 755
disintelligence material 2261
dismantle: to ~ fortifications 5887
dismember: to ~ a country 102
dismemberment 101
dismiss: to ~ a claim 5475
~ : to ~ a diplomatic agent 3090
~ : to ~ a minister 1432
~ : to ~ s.b. 1801
~ : to ~ s.b. from office 4942
~ : to ~ summarily 4944
dismissal 1433, 1803, 4943
dispatch: to ~ current business 3120

disperse: to ~ demonstrators 2093
~ : to ~ the crowd 2169
displaced persons 700, 2316
display: to ~ one's flag 3350
dispute 5423
~ : it is beyond ~ that 4351
dispute: to ~ the validity of the appointment 3888
disregard: to ~ all treaties 4541
~ : to ~ an objection 4371
disruption 2132
dissenting opinion 4378
dissident 2373, 2462
~ group 1943
dissolution 950
dissolve (to) 949
distinction: without ~ as to race, sex, language, creed 589
distinctive emblem: to wear a ~ ~ 5992
distinguished guest 3239
distribute: to ~ (subversive) leaflets 2127
distribution of ministries 1375
disturb: to ~ the meeting 4120
diversion 3649
~ intrigue 3482
~ (order) 5749
diversionary move 3649
diversity of opinions 607
divine right 281
division 103, 1002, 4821
~ lobby: to go into the ~ ~ 1002
~ of Germany 6407
~ s: the five ~ of Poland 6118
DMZ 5884
doctrine 2466
~ of continuous voyage 5770
~ ~ supremacy of national law 2943
~ s of international law 2956
documentation center 4786
dogmatic 2464
dogmatism 2465
dogmatist 2463

621

dollar diplomacy 3026
domestic 1565, 2288, 2940
~ jurisdiction 4
~ policy 1564
domination by a foreign power 165
dominion 234
done at 4656
donor country 3679
~ state 3679
dossier 1679
double-agent 2279
double competence 1748
double-taxation agreement 4481
Douma 6219
doves 2841
dowager empress 337
doyen of the diplomatic corps 3102
draft 4238
~ : new ~ 4548
~ agenda 3850
~ constitution 536
~ resolution 4056
~ treaty 4546
drafting committee 3973
~ of a bill 1027
~ ~ the minutes 4225
Drang nach Osten 6274
draw: I should like to ~ your attention to the fact that 4328
~ up: to ~ ~ a report 4247
~ ~ : to ~ ~ the agenda 3852
drawing of lots 4170
~ up of the agenda 3853
Dreibund 6185
Dreyfus Affair 6198
drink: to ~ s.b.'s health 3300
~ : I ~ the health of 3301
dropping of subversive literature from aircraft 3632
~ ~ the first atomic bomb 6346
Drug Supervisory Body 5009
drumhead court-martial 2075
DSB 5009
dual nationality 2341
dualism 2467, 6174

ducal 378
duchess 379
duchy 377
due: this is ~ to the fact that 4352
~ diligence 1757
duke 376
dukedom 377
duly appointed: a delegate ~ ~ 3889
~ authorized representative 3059
~ constituted organs of the state 542
Duma 6219
dumdum bullet 6004
dummy 2837
dump (to) 1802
Dunkirk Treaty 6396
duplicate: in ~ 4664
duplication of activities 4107
duration of office 1784
duty station 4918
duumvir 1303
duumviral 1304
duumvirate 1305
dyarchical 2470
dyarchy 2468
dyed-in-the-wool 2591
dynast 293
dynastic(al) 292
dynasty 291

E

earl 388, 400
earldom 390
earth satellite 5972
ease: to ~ the tension of a conflict 3604
easening of tension 3622
East African Common Market 5273
~ ~ Community 5272
~ ~ Economic Community 5273
Eastern Bloc 6387
~ Question 6191
East-West negotiations 6523
~ - ~ relations 6520
ECA 5003, 6402
ECAFE 5001
ECE 5000

ECLA 5002
ECMT 5183
economic aid 3684
Economic and Financial Committee 4969
~ ~ Social Committee 5132, 5145
~ ~ ~ Council 4987
economic assistance 3684
~ attaché 3126
~ blockade 3660, 5705
Economic Commission for Africa 5003
~ ~ ~ Asia and the Far East 5001
~ ~ ~ Europe 5000
~ ~ ~ Latin America 5002
~ Committee 4988
economic cooperation 3674
Economic Cooperation Administration 6402
economic delegation 3815
~ integration 6437
~ order 559
~ policy 1571
~ sanctions 5498
~ union 259
~ war(fare) 5577
economy drive 1581
ECSC 5116
ecumenical council 493
~ patriarch 513
Eden Plan 6444
Edict of Nantes 6092
Edinburgh Gazette 1051
education grant 4873
EEC 5127
EFC 5050
effect: to continue in ~ 1060
~ : to take ~ 1057
effective: to become ~ 1057
~ blockade 5706
~ date of appointment 4907
effectiveness of the blockade 5707
efforts to maintain peace 3445
EFM 5309
EFTA 5177
Eisenhower Doctrine 6466
elder statesmen 1549
ELDO 5182

elect: to ~ for a term of 4 years 873
~ : to ~ s.b. 744
~ : to ~ s.b. from within an assembly 4202
elected consul 3382
election 743
~ address 816
~ by acclamation 4189
~ campaign 806, 808
~ day 834
~ meeting 815
~ official 832
~ on the basis of single-member constituencies 773
~ pledge 812
~ poster 817
~ programme 810
~ propaganda 813
~ rally 815
~ results 866
~ returns 866
~ speech 816
~ success 877
~ s to the Bundestag 781
~ s to the senate 782
electioneering 813
~ campaign 806
elective monarchy 290
~ official 1690
~ post 1689
elector(s) 374, 769, 831
electoral act 758
~ arrangement 811
~ census 764
~ defeat 879
~ district 792
~ fraud 859
~ law 751, 758
~ procedure 4185
~ reform 779
~ register 802
~ roll 802
~ triumph 876
~ victory 876
electorate 375, 805
eligibility 746
eligible 745
elimination of foreign military bases on the territories of other states 5958
~ ~ race barriers 673
elite 2474
EM 5308

EMA 5185
emanate: all power ~ s from the people 566
emancipate: to become ~ d 194
emancipation 195
~ of colonies 198
~ ~ the Spanish colonies in America 6157
embargo 5731
~ : to lay an ~ on s.th. 5732
embargo: to ~ s.th. 5732
embark upon: to ~ ~ a diplomatic career 3032
embassy 3069
~ dispatch box 3174
emergence of a state 270
emergency action 2064
~ law(s) 1071, 2062
~ measures 2064
~ meeting 3798
~ plan 2065
~ procedure: ~ ~ has been agreed 3995
~ session 3798
emigrant 2330
emigration 2331
éminence grise 1547
eminent guest 3239
emir 470
emirate 471
emissary 3052
emoluments of an M.P. 1012
emperor 335
emphasize: I should like to ~ that 4328
empire 343, 344
employer's federation 4768
~ association 4768
empower (to) 1669
~ : to ~ a person to do s.th. 1735
empress 336
Ems dispatch 6183
~ telegram 6183
Enabling Act 6278
enactment 1045
encirclement 3661
~ of Germany 6210
en clair 3180
enclave 124
enclosed sea 26
encounter: to ~ difficulties 4388

encroachment: to control the ~ s of the government 1289
encyclical 489
~ letter 489
endanger: to ~ international peace and security 3438
endowment 4742
endurance test 3652
enduring peace 3453
ENEA 5179
enemy alien 2299
~ state 5621
enforcement action 5497
~ measures 5496
enfranchisement 754
engage: to ~ in espionage 2254
~ : to ~ local staff 4903
~ : to ~ staff on the spot 4902
engagement 3615
enjoy: to ~ diplomatic immunities 3147
enjoying equal rights 592, 4712
enlarged bureau 3879
~ committee 3953
enlargement of the franchise 757
enlightened despotism 6107
ennoble (to) 409
ensure: to ~ the execution of laws 1053
Entente Cordiale 6204
enter: to ~ the civil service 1768
~ : to ~ ~ diplomatic service 3033
~ : to ~ ~ public service 1768
~ into: to ~ ~ a treaty 4411
~ ~ : to ~ ~ contact with 3623, 3742
~ ~ : to ~ ~ diplomatic relations with 3040
~ ~ : to ~ ~ negotiations 3700
~ upon: to ~ ~ one's duties 1770
entering into contact 3743
~ upon office 1772

623

~ ~ the actual exercise of one's functions 3087
entitled to express one's opinions 3806
~ ~ vote 799
entourage 3233
entrust: to ~ s.b. with a function 4908
~ : to ~ s.b. with an office 4908
entry: an ~ will be made in the minutes 4227
~ into force 1058
~ ~ the Common Market 5148
~ ~ ~ war 5557
~ visa 3405
envoy extraordinary and minister plenipotentiary 3114
epicontinental sea 37
episcopal 507
episcopate 505
EPPO 5276
EPU 5185
equal chances 2438
~ footing: on an ~ ~ 4712
~ opportunities 2438
~ rights: having ~ ~ 592
~ rights for men and women 591
~ taxation 631
equality before the law 594
~ of access to the public services 614
~ ~ rights 590
~ ~ treatment 595
~ ~ votes: in the event of ~ ~ ~ 4184
equitable 5479
~ geographical distribution 4896
equity 2952, 5478
escalate: to ~ the war 5554
escalation 5540
escape clause 4514
espionage 2257
~ ring 2258
L'Esprit des Lois 2527
ESRO 5184
establish: to ~ a committee 3930
established fact: it is a clearly ~ ~ that 4351
~ post 4859
~ practice 2947

establishment 2478, 4792
~ of a post 4855
Estates 906
~-General 6122
etatism 2479
étatisme 2479
ethnarch 514
ethnic German 6299
~ group 3688
etiquette 3193
EUF 5380
EURATOM 5141
EUROFIMA 5178
Europe: l' ~ des patries 6435
~ of the Fatherlands 6435
~ ~ ~ Six 6436
European Agricultural Orientation and Guarantee Fund 5139
~ and Mediterranean Plant Protection Organization 5276
~ Army 6428
~ Atomic Energy Community 5141
~ ~ Forum 5188
~ Coal and Steel Community 5116
~ Commission 5131
~ ~ for the Control of Foot and Mouth Disease 5052
~ ~ on Agriculture 5049
~ Company for the Financing of Railway Rolling Stock 5178
~ Concert of Powers 6153
~ Confederation of Agriculture 5310
~ Conference of Ministers of Transport 5183
~ ~ ~ Postal and Telecommunication Administration 5180
~ Convention on Extradition 1887
~ Court of Human Rights 5186, 5452
~ Defense Community 6425
~ Economic Community 5127
~ Federalist Movement 5309

~ Federalists' Union 5380
~ Forestry Commission 5050
~ Free Trade Association 5177
~ idea 6440
~ integration 6439
~ Investments Bank 5133
~ Monetary Agreement 5192
~ Movement 5308
~ Nuclear Energy Agency 5179
~ Organization for Nuclear Research 5181
~ Parliament 5109
~ Parliamentary Assembly 5109
~ Payments Union 5185
~ policy 3423
~ Political Community 6438
~ Recovery Program 6401
~ Space Research Organization 5184
~ ~ Vehicle Launcher Development Organization 5182
~ Union of Federalists 5380
euthanasia 704
evacuate (to) 5878
evacuation 3695
~ of a territory 5879
~ ~ Dunkirk 6326
~ ~ the Rhineland before the date fixed 6267
evacuee 3694
evening dress 3310
event: in the ~ of equal votes 4184
Evian agreement 6483
evidence: to give ~ on oath 1901
examine: to ~ the cargo 5753
~ : to ~ the credentials of a delegate 3887
~ : to ~ the ship's papers 5754
exarch 511
exarchate 512
exceed: to ~ one's powers 1754
except: ~ as otherwise provided 4645

~: ~ as provided in article 12 4650
exception: by ~ to 4653
exceptional law 1071
excessive power of parliament 924
ex-chancellor 1361
exchange facilities 4292
~ of information from judicial records 1899
~ ~ instruments of ratifications 4593
~ ~ letters 3548
~ ~ notes 3532
~ ~ populations 3691
~ ~ posts 1795
~ ~ sick and wounded prisoners of war 6038
~ ~ territory 75
~ ~ views 4036
~ office 4292
exchange: to ~ official residences with s.b. 1796
exclave 123
exclude: to ~ s.b. for the remainder of the meeting 4126
exclusion from the chamber 4127
exclusive jurisdiction 1827, 5460
ex-deputy 942
execute (to) 1913
execution 1912
~ of a judgement 5491
~ ~ hostages 2247
~ ~ laws 1054
~ ~ the letters rogatory 1858
executive 1263, 1264
Executive Board 5056, 5061
executive body 4798
~ branch 1263
Executive Committee 5191
~ ~ (of WMO) 5094
~ Council 5082
executive council 1302, 4805, 4807
Executive Directors 5065, 5096
executive power 1263
~ secretary 4842
Executive Secretary 5101
exemption from postage 1011

exequatur 3390
exercise: in the ~ of his duties 1779
~ of functions 1737
~ ~ territorial sovereignty 5
~ ~ the right to vote 798
exercise: to ~ the executive power 1265
~: to ~ supreme authority 552
~: to ~ ~ command of the armed forces 1388
~: to ~ the right of pardon 1842
exert: to ~ pressure upon 3641
exhaust: to ~ the agenda 3863
exhaustion of local remedies 2938
exile 2327
~: to go into ~ 2328
~ government 1342
exit visa 3407
ex officio 1703
expanding bullet 6004
expansion 2480
~ of territory 77
expansionism 2481
expansionist 2482
~ aims 2481
~ policy 3640
expatriation 2332
expeditionary corps 5642
expel (to) 2301
~: to ~ from 4721
~: to ~ ~ a party 1938
expellees 2315
expense allowance 4870
expert 3822, 3825
experts' report 4269
expiration 4624
expire (to) 1063, 4623
~: the term of office ~s on 1797, 4909
explicit renewal 4617
exploitation of man by man 2412
exploring talks 3719
exponent of cold war tactics 6391
ex-post-facto law 1073

express: if I may (be permitted to) ~ myself in these terms 4357
~: I should like to ~ my opinion about 4359
~: to ~ a wish 4049
~: to ~ an opinion 4039, 4377
expression of opinion 4035
expropriate (to) 693
expropriation 694
expulsion 2302, 3695
~ of members 4722
~ order 2303
expunge: to ~ from the record 4232
extemporaneously: to speak ~ 4383
extend: to ~ a welcome to s.b. 3899
~: to ~ invitations to s.b. 3846, 3847
~: to ~ the franchise 752
extension of a conflict 5521
~ ~ ~ territory 77
~ ~ the time limit for the persecution of Nazi crimes 6495
~ ~ voting rights 757
extermination 2992
~ camp 703
external: internal and ~ security 2050
~ sovereignty 563
exterritorial 122, 3148
exterritoriality 121, 3149
extinction of states 271
extracts from judicial records 1898
extraditable: the offence should be an ~ one 1862
~ offences 1865
extradite (to) 1872
~: person who has been ~d 1878
extradition 1871
~ of nationals 1883
extraordinary budget 1097
~ mission 3060
~ session 928, 3788
extraparliamentary opposition 6492
extraterritorial 122, 3148
extraterritoriality 121, 3149

625

extremism 2483
extremist 2484, 2485
~ party 1920
eyewash 2792

F

face-to-face talk 3746
fact: in ~ 5403
fact-finding committee 970, 3966
~-~ trip 2550
faction 1946
facultative clause 4511
failure of a mission 3064
fair elections 860
fait accompli: to confront s.b. with a ~ ~ 3609
faith: in ~ whereof 4657
Falange 2042
Falangist 2043, 2044
fall 2899
~ of Krushtchev 6493
Fall of the Bastille 6126
fall of the Third Reich 6345
fall: to ~ under the jurisdiction of 1733
~ : to ~ vacant: a seat ~ s ~ 933
~ : to ~ within the jurisdiction of 1733
false colours 5763
~ report 2486
falsify: to ~ the return 861
family of nations 2921, 2922
fanatic 2487
fanatic(al) 2488
fanaticism 2490
fanaticize (to) 2489
FAO 5041
far: it is ~ from my intention 4325, 4326
~ : as ~ as I know 4353
~ : not as ~ as I know 4354
farewell 3245
~ dinner 3242
~ speech 3246
~ visit 3243
Farmers' Party 2010, 2037
fasces 2613
fascism 2491
fascist 2492, 2493
Fashoda Affair 6200

~ Crisis 6200
~ Incident 6200
fatherland 2875
favourite 333
February Revolution 6218
fedayeen 6530
federal 229
Federal Act 1072
~ Assembly 1140, 1233, 1245
~ Audit Office 1837
federal authority 230
Federal budget 1083
federal cabinet 1396
Federal Chancellery 1360
federal chancellor 1357
~ civil servant 1693
Federal Constitutional Court 1834
~ Convention 1140
~ Council 1186, 1216, 1404
federal councillor 1405
Federal Department of Justice and Police 1450
~ ~ ~ the Interior 1445
~ Diet 1134, 1232
~ Electoral Act 759
~ flag 3357
~ Gazette 1052
federal government 1325
Federal Government's executive powers vis-à-vis the länder 577
~ Law 1072
federal level: at the ~ ~ 231
Federal Military Department 1522
federal official 1693
~ pact 518
Federal Political Department 1437
federal power 230
~ presence in Berlin 6536
Federal President 1318
federal province 1613
Federal Requisitioning Law 5255
federal republic 228
~ state 227
~ system 226
~ territory 8
federalism 2496
federalist 2499
federalist(ic) 2500

federalization 2497
federalize (to) 2498
federally owned 1101
federation of states 222
fee 438
feelings: I should like to express my ~ on 4359
fellow citizen 2290
~ traveller 2588, 2838
female suffrage 766
feminism 2506
feminist 2507
ferment 2083
fermentation 2083
feudal 439
~ lord 436
~ state 173
feudalism 440
fidelity to the party-line 1971
fief 438
field warfare 5640
fifth column 2209
~ columnist 2212
Fifth Committee 4972
fight for freedom 197
file 1679
file: to ~ an application 4063, 4066
filibusterer 1043
filibustering 1042
fill: to ~ a vacancy 939, 4892
filled-in zone 5930
final act 4499
~ ballot 788
~ communiqué 3543
~ discharge 1915
~ meeting 3910
~ provisions 4523
~ report 4258
~ resting place 3334
~ sitting 3910
~ victory 5626
~ vote 4140
finance committee 3977
Finance Committee 5045
financial adviser 4845
~ aid 3683
~ attaché 3131
~ committee 3977
~ inspection 5962
~ institution 4778
~ policy 1580
~ report 4267
~ sovereignty 574

find: to ~ a way out of the deadlock 4137
fire (to) 1802
~ : to ~ warning shots 2177
firing squad 2170
firm attitude 3508
firmly: we stand ~ by our allies 5550
first ballot 787
First Chamber 1211
~ Committee 4967
~ Lord of the Admiralty 1490
~ ~ ~ ~ Treasury and Minister for the Civil Service 1456
first secretary 3164
First Secretary of the Party 2032
first visit 3218
fiscal immunity 3158
~ offences 1864
fishing agreement 4480
fissionable material(s) 5324
five-power agreement 4438
five-year plan 1578
fix: to ~ the agenda 3852
~ : to ~ the date and place of the next meeting 3907
~ : to ~ the rules of procedure 4108
fixed-term appointment 4906
flag 3345
flag-waving patriot 2540
~-~ patriotism 2541
FLN 2048, 6463
floating mine 5697
floor: to be given the ~ 4025
~ : to give the ~ to s.b. 4018, 4027
~ : to grant the ~ 4018
~ : to have the ~ 4019
~ : to take the ~ 4020
~ : you have the ~ 4024
flow of refugees 2312
fly: to ~ a flag 3351
~ : to ~ the flag at half mast 3354
flying: to be ~ at half-mast 3355
~ over the territory X 3629

~ visit 3229
Folketing 1133
follow: to ~ policy 1556
follower(s) 2384, 2838
Food and Agriculture Organization of the United Nations 5041
force: to be in ~ 1059
~ : to remain in ~ 1060
force: to ~ a bill through Parliament 1040
~ majeure 4615
forced labour camp 701
foreign affairs 3057
~ ~ committee 976
~ aid 6403;
Foreign and Commonwealth Office 1435
foreign assistance 6403
~ domination 165
Foreign Legion 5608
~ Messengers' Service 3173
~ Minister 1438
foreign ministers' level: at ~ ~ ~ 3764
Foreign Ministry 1434
foreign policy 3420, 3421
~ ~ in the field of ~ ~ 3421
~ ~ adviser 3422
~ relations committee 976
~ rule 165
Foreign Secretary 1439
foreigner 2286
forerunner: a ~ of this institution 4670
forgive: if I may be ~n the expression 4358
form: to ~ a conspiracy 2140
~ : to ~ a government 1350
~ : to ~ a "third force" 6433
~ : to ~ an alliance 3568
~ : to ~ an organization 4668
~ : to ~ the quorum 4199
formal meeting 3801
~ reception 3291
formalities 4519
formation of a cabinet 1348
~ ~ a government 1348
~ ~ blocs 3458
former deputy 942

~ east German territories 6370
formulate: to ~ a policy 1561
foundation 4742
Founding Fathers 537a
four-power 4437
~-~ administration of Berlin 6364
~-~ agreement 4436
~-~ conference 3761
Four-Power Control 6363
~-~-Declaration 3762
four-power-talks 3749
~-~-~ on West Berlin 6535
Fourteen Points 6227
Fourth Committee 4971
fractionalism 2504
frame: to ~ a constitution 537
~ : to ~ a plot 2140
~ : to ~ a policy 1561
~ : to ~ a report 4246
framers of the constitution 537a
framework: within the ~ of their respective powers 1746
~ : within the ~ of this organization 4671
Francoism 6291
Francoist 2505, 6292
Franco-Prussian War 6184
frank: I should like to be quite ~ 4346
franking privilege 1011
frankly: I should like to speak quite ~ 4346
fraternization 5809
fraternize (to) 5808
Frederick the Great 6115
free access to 46
~ ~ ~ West Berlin 6532
~ choice of profession 652
~ city 241
Free Democratic Party 1997
free elections 770
~ ~ : to hold ~ ~ by secret ballot 771
Free France 6320
~ Germany National Committee 6341
free labour 2407

627

~ legal assistance: to be given ~ ~ ~ 1903
~ port 18
~ practice of religion 604
~ territory 240
Free Territory of Trieste 6395
free town 244
~-trade area 6469
~ trade unions 4774
~ use of means of transport(ation) 1010
~ zone 17
freedom fight 197
~ fighter 196
~ from arbitrary arrest and detention 636
~ ~ slavery 635
~ movement 628, 4739
~ of assembly 615
~ ~ association 612
~ ~ belief 603
~ ~ commerce and industry 629
~ ~ ~ ~ navigation 3011
~ ~ conscience 602
~ ~ contract 630
~ ~ establishment 650
~ ~ information 610
~ ~ navigation on rivers 87
~ ~ opinion 606
~ ~ professional association 648
~ ~ religion 603
~ ~ speech 611
~ ~ teaching and research 654
~ ~ the air 53
~ ~ ~ chair 654
~ ~ ~ open sea 3005
~ ~ ~ press 609
~ ~ ~ seas 3005
~ ~ thought 606
~ ~ worship 604
~ to move 628
freeman 2364
freemason 2509
freemasonry 2511
freemasons' 2510
~ lodge 4780
French campaign 6317
~ colony 3385
~ Communist Party 2020

~ Community 6472
~ occupation of the Ruhr (Basin) 6258
~ Resistance Movement 6321
~ Revolution 6121
~ Union 6383
friction 3651, 5423
friendly atmosphere: the talks took place in a ~ ~ 3752
~ neutrality 6062
friendship visit 3226
frontier 139
~ area 127
~ crossing 145
~-~ point 147
~ district 127
~ incident 3626
~ police 148
~ station 140
~ treaty 4455
~ violation 3627
~ worker 143
~s of a state 126
fulfill: to ~ one's quota(s) 2728
fulfilment: in the ~ of his duties 1779
~ of the Versailles Treaty 6249
full assembly 964
~ member 4686
~ membership 4687
~ powers 3097
~-scale war 5545
~ text 4662
~ wording 4662
fully escalated war 5545
function(s) 1696, 1747
functional title 4862
fund 4743
fundamental agreement 3729
~ freedoms 582
~ rights 581
funeral 3335
~ ceremony 3322
~ cortege 3325
~ mass: to say a ~ ~ 3324
~ oration 3337
~ procession 3325
~ requiem: to say a ~ ~ 3324
~ service 3323

further proliferation (dissemination) of nuclear weapons 5945
further: to ~ international co-operation 3437

G

gain: to ~ independence 155, 194
~ : to ~ the majority 884
galleries 3839
Garter 432
gas chamber 705
~ warfare 6000
gas (to) 706
gather: to ~ the documentation for a meeting 4242
GATT 5100
gaullism 2518
gaullist 2519
Gaza Strip 6461
general act 4498
General Agreement on Tariffs and Trade 5100
general assembly 4803
General Assembly 4965, 5074
general committee 972, 3942
General Committee 4966
~ Conference 5033, 5105
~ ~ (of UNESCO) 5055
general conscription 5599
~ council 493
General Council of the Valleys 1107
general debate 3988
General Fisheries Council for the Mediterranean 5154
~ Government of Poland 6313
general manager 4836
~ mobilization 5528
General Pact for the Renunciation of War 6263
general principles of law recognized by civilized nations 2949
~ protocol 4488
~ provisions 4521
~ refilling of vacancies 935
~ report 4259
~ secretariat 4815

General Secretariat of the ITU 5088
general strike 726
~ succession 2977
~ survey 3756
~ treaty 4420
General Treaty on Central American Economic Integration 5298
general war 5543
General Winter 6336
generally accepted principles of international law 2958
Geneva Conventions 5980
~ Spirit 6253
genocide 2991
gentleman's agreement 4403
gentry 405, 417
genuflection 3274
genuine elections 860
geopolitic(al) 2524
geopolitics 2523
germ war(fare) 5999
German Communist Party 1999, 1999a
~ Confederation 6163
~ Customs Union 6162
~ economic miracle 6415
~ Empire 6186
~ expansionist aims in Eastern Europe 6274
~ Federal Armed Forces 5629
~ invasion of Russia 6334
~ National Party 6241
~ Party 1995
~ Peace Union 1996
~-Polish Treaty 6541
~ problem 6358
~s of foreign nationality 6299
~ Wars of Liberation 6147
Germany of Wilhelm II 6197
~'s push toward the East 6274
gerrymandering 793
GFCM 5154
ghetto 683
gift 4702
Girondists 6132
give: to ~ back a territory 99
~: to ~ in 3513

~ up: to ~ ~ one's turn in favour of s.b. 4027
~ ~: to ~ ~ to pillage 6012
glad: I am ~ to be able to 4320
Glorious Revolution 6102
GO 4710
go: to ~ it alone 3585
~: to ~ to the polls 843
~ into: to ~ ~ opposition 984
~ out: deputy ~ing ~ of office 941
~ ~: to ~ ~ on strike 719
~ through: not to ~ ~ official channels 1710
go-in 2094
go-slow (strike) 725
good faith 941
~ ~: in ~ ~ 4531
~ neighbourliness 3583, 3584
~ offices 5418
good-will mission 3062
~-~ tour 3062
~-~ visit 3226
GOP 2047
govern (to) 1267
governing body 4795
Governing Body 5034
~ Mayor 1363
governing party 1926
government 1319
~ agencies 1537
~ agency 1538
~ and governed 1278
~ bench 965
~ bill 1029
~ bodies 1537
~ by executive committee 1402
~ forces 2149
~-in-exile 1342
~ official 1692
~ of the people by the people 1271
~ papers 3673
~ spokesman 1544
~ troops 2149
~s of the Länder 1328
governmental 1320
~ circles: in ~ ~ 1367
~ coalition 1339
~ crisis 1371

~ declaration 979
~ delegate 3819
~ forces 2149
~ organization 4710
~ troops 2149
governor 1595, 1599
~-general 1597
Governor of the Reich 6279
grading 4916
graduated deterrent 5919
Grand Assembly 1104
grand coalition 1337
Grand Council 1230
grand ducal 385
~ duchess 384
~ duchy 386
~ duke 383
~ master 2535
Grand Mogul 449
~ National Assembly 1124, 1229, 1249
~ Old Party 2047
grand vizier 858
~ vizir 858
grandee 415
grant 4703
~ of citizenship 2344
~ ~ nationality 2344
grant: to ~ a permit 1669
~: to ~ asylum to s.b. 2320
~: to ~ a request 4065
~: to ~ free exit 5831
~: to ~ formal recognition to 3000
~: to ~ immunity to 3146
~: to ~ pardon 1838
~: to ~ powers to s.b. 1740
~: to ~ s.b. a special audience 3268
~: to ~ s.b. military honours 3202
~: to ~ s.b. special powers 1741
~: to ~ the exequatur 3391
gravity of the situation 3496
Great Elector 6098
~ Mogul 449
~ Northern War 6112
~ People's Khural 1206

629

~ Powers 251
~ Proletarian Revolution 6414
Greek city-state 243
green book 3671
Green Pool 6442
greeting 3895
grey book 3667
~ eminence 1547
gross misconduct 4946
~ salary 4866
ground, air and naval forces 5610
~ forces 5610, 5639
~ inspection 5961
~s for ineligibility 747
~-to-air missile 5667
group 4748, 4767
Guarantee Fund 5126
guard of honour 3211
guardian: to be the ~ of the constitution 549
gubernatorial 1596
guerilla warfare 2218
guest of honour 3237
guided missiles 5968
guiding principles 1665
~ rules 1665
guidon de la mer 3017
gunboat diplomacy 3027
gun-carriage 3327
Gunpowder Plot 6093
gun-shot range 40

H

Hague Code on land warfare 5979
~ Conference on Private International Law 5194
~ Conventions 5979
~ Peace Conferences 6202
~ Regulations respecting the Laws and Customs of war on lands 5979
hail (to) 5741
Hallstein Doctrine 6450
hammer and sickle 2538
hampering the opposition parties' electioneering 814
hand vote 4151
hand in: to ~ ~ one's resignation 1424

hand over: to ~ ~ one's letter(s) of credence to s.b. 3085
~ ~: to ~ ~ passports to a person 3403
~ ~: to ~ ~ power(s) to 1379
handing over of one's letter(s) of credence 3086
~ ~ ~ power 1378
handle: to ~ current business 3120
hands-off-policy 3513
happy: I am ~ to be able to 4318
~: I am ~ to greet (welcome) 4317
harbour police 3014
hard-life attitude 2537
~-~ conservative 2592
hard-liner 2789
hardship allowance 4877
hatch: to ~ a plot 2140
hating aliens 2515
hatred among nations 685
have-nots 5915
hawks 2789
H-bomb 5910
head: at the ~ of the delegation 3811
~ interpreter 4848
~ of chancery 3169
~ ~ post 3056
~ ~ (the) delegation 3812
~ ~ the government 1351
~ ~ ~ language department 4847
~ ~ ~ mission 3056
Head of the Protocol Department 3188
head of the state 1309
headlines: making ~ again 3638
headquarters 4676
health: I drink the ~ of 3301
hearing 4041, 5470
hearse 3326
heavy agenda 3861
hegemony 3418
heir presumptive 360
help: we cannot ~ 4343
hereditariness 1718
hereditary 1717
~ character 1718
~ enemy 5619

hereditary
~ foe 5619
~ monarchy 289
heritability 1718
hiding one's head in the sand 1570
hierarchy 1716
~ of diplomatic agents 3104
hierocracy 2539
High Authority 5119
high command 5632
~ commissioner 1592
High Commissioner for Refugees 5022
~ Contracting Parties 4641
high-level conference 3765
~-~ officials 1681
high-ranking diplomat 3107
high seas 3007
~ ~: on the ~ ~ 3008
highest-ranking diplomat 3105
highly: it seems to me ~ important that I should 4341
Highness 359
hijack: to ~ an airliner 2217
hijacker 2216
hijacking 2215
hinterland 9
His Holiness 480
hiss (to) 2096
historic bay 29
~ waters 28
historical materialism 2637
history of international law 2931
Hitler era 6351
~ putsch 6257
~ regime 6350
Hitlerism 6348
Hitlerite 6349
Ho-Chi-Minh-Trail 6509
hoist: to ~ the flag 3347
Hold for release until 3542
hold: to ~ a cabinet 1399
~: to ~ ~ ~ meeting 1399
~: to ~ a conference 3778
~: to ~ a plurality of offices 1720
~: to ~ a press conference 3920

630

hold: to ~ a second ballot 4188
~: to ~ an office 1778
~: to ~ elections 790
holder of a passport 3398
holding office for life 1807
~ organization 4757
Holy Alliance 6152
~ Father 479
~ Germanic Empire 6076
~ See 481
holy war 5583
homage 301
home 2288
~ affairs: concerning ~ ~ 1565
~ leave 4922
Home Office 1444
home policy 1564
~ port 3013
Home Secretary 1443
home state 2326
honest elections 860
honor guard 3211
honorary 1714
~ capacity: in an ~ ~ 1714
~ citizen 2364
~ ~: to make s.b. an ~ ~ 2366
~ citizenship 2365
~ ~: to confer ~ ~ to s.b. 2366
~ consul 3382
~ consulate 3375
~ member 4679
~ office 1713
~ post 1713
~ president 4833
honour: I have the ~ to inform you 3550
honour: to ~ s.b. 3203
hooligan 2110
horror propaganda 2534
horse trading 3481
horseshoe seating arrangement 3834
hospital ship 5698
host 3304
~ country 3809
~ state 3077
hostage 2245
~: to hold s.b. ~ 2246
hostess 3305
hostile aid 6074
hot line 6526

hot
~ pursuit 5768
~ war 5582
~ wire 6526
house 911
~ arrest: to be under ~ ~ 2145
~ ~: to put s.b. under ~ ~ 2146
~ leader 957
House of Assembly 1243
~ ~ Commons 1158, 1176, 1188
~ ~ Councillors 1180
~ ~ Deputies 1110, 1112, 1142, 1253
~ ~ Lords 1159, 1175, 1199
~ ~ Nations 1247
~ ~ People 1246
house of representatives 913
House of Representative, 1114, 1125, 1150, 1118, 1190, 1193, 1195, 1200 1201, 1207, 1224, 1261
~ ~ the Federal States 1192
~ ~ ~ People 1169
howls (of protest) 2531
Huguenots 6087
human-faced socialism 6518
human rights 583
Human Rights Day 587
Hundred Days 6150
Hungarian Revolution 6455
hunger blockade 5708
~ strike 736
hydrogen bomb 5910

I

IABE 5195
IACME 5317
IADB 5202
IAEA 5104
IALS 5350
IANEC 5199
IAPIP 5327
IAR 6405
IATA 5338
IAU 5344
IAW 5335
IBE 5229

Ibero-American Bureau of Education 5195
IBRAD 5063
ICA 5336
ICAC 5221
ICAI 5209, 5321
ICAO 5073
ICAP 5207
ICC 5318
ICCA 5341
ice-free harbour 42
~-~ port 42
ICEM 5302
ICES 5214
ICFPW 5332
ICFTU 5333
ICJ 5320
ICMICA 5374
ICNAF 5212
ICPO 1870
ICRC 5352
ICSU 5240
ICW 5198, 5334
IDA 5066
IDB 5197
identic(al) notes 3533
identification of the aggressor 5398
ideologic(al) 2544
~ split 2819
ideologist 2542
ideology 2543
IFC 5067
IFCTU 5330
IFJ 5319
IFRB 5089
IGCC 5235
IGY 6467
IHB 5230
III 5203
IIP 5349
IIR 5232
ILA 5382
illegal 1018
~ emigration 6482
~ possession of arms 2210
~ ~ ~ weapons 2210
illegality 529
illicit 1018
ill-treatment of prisoners of war 6033
ILO 5030
~ Liaison Office 5032
IMCO 5096
IMCS 5375
IMF 5070

631

immediate goal 2654
~ objective 2654
~ pursuit 5768
immigrant 2306
immigration 2307
~ ban 2308
imminent threat 2059
immunity 1006
~ from civil jurisdiction 3157
~ ~ criminal jurisdiction 3156
~ of the premises of the mission 3155
impartiality of the judiciary 1846
impeach: to ~ a minister 1429
impeachment 1430
imperfect ratification 4591
imperial 341
~ city 244
~ crown 339
~ dignity 342
~ dynasty 338
imperialism 2545
imperialist 2547
imperialistic 2548
implement: to see that laws are ~ed 1053
implementation 1054
~ agreement 4428
implied powers 1743, 3099
impose: to ~ the curfew 2073
improve: the situation is improving 3494
~: to ~ relations with a country 3428
improvement of relations 3429
inactive status 4928
inadmissibility 4078
inalienable individual rights 588
inaugural address 3896
~ meeting 3898
incite (to) 2124
incitement to boycott 2128
inciters of war 5506
include: to ~ a clause on the agenda 4502
~: to ~ an item on the agenda 3857
inclusion in the agenda 3858

incognito: to travel ~ 3200
incompatibility 1725
incompatible 1726
incompetence 1729
incompetency 1729
incompetent 1730
incomplete ratification 4591
inconceivable: it is by no means ~ that 4363
~: it is not ~ that 4363
inconclusive election 867
incorporate (to) 1648
~ a territory 92
incorporation (of a territory) 100
~ (of a village) 1647
increase in salary 4869
~ ~ the number of officers 3879
increase: to ~ international tension 3621
increased membership of the committee 3879
incumbent: it is ~ upon the Government to 4654
indefinite appointment 4904
indemnity 5490
independence 154
Independence Day 3253
independence movement 204
independent deputy 943
~ M.P. 943
~ representative 943
Independent Republicans 2015
independent state 152
~s 1955
indirect election 768
individual member 4681
~ membership 4682
~ nation 2923
~ states 232
individualism 2549
indoctrinate (to) 2794
indoctrination 2793
Indo-Pacific Fisheries Council 5196
industrial revolution of Germany 6189
ineffective blockade 5712
infallibility of the Pope 486
infanta 363
infante 362

infiltrate: to ~ an organization 2252
infiltration 2251, 2282
infiltrator 2255
informal dress 3311
~ meeting 3800
~ talks 3751
~ visit 3222
Information Bureau of Communist Parties and Workers 5364
information centre 4789
~ desk 4290
~ office 4290
informer 2274
~ system 2275
infringe: to ~ the provisions of a treaty 4535
initial (to) 4583
~ period 4664
initial(l)ing 4582
initiative (of legislation) 1028
injured state 5420
inland sea 26
~ waters 27
innocent passage 3016
inoperative: to become ~ 1063
inquiry 5461
~: to make an ~ 4045
insert: to ~ a clause 4502
~: to ~ an article 539
ins: the ~ and outs 1927
inscrutable policy 1567
insertion 4233
insist: I ~ on my demand 4373
inspect: to ~ the guard of honour 3204
instigator 2119
institute (to) 4791
Institute of International Law 5312
institutional 580
institutionalization 578
institutionalize (to) 579
institutions of the Community 5117
instructions 1662
instructor 4307
instrument 4659
~ of abdication 324
~ ~ abrogation 4613
~ ~ acceptance 4553
~ ~ accession 4632

632

instrument of approval 4660
~ ~ denunciation 4613
~ ~ notification 4598
~ ~ ratification 4592
~ ~ signature 4576
insularity 41
insurgence 2163
insurgent 2178
insurrection 2178
insurrectionist 2178
integral part of this Treaty 4644
integrationist 675
Intelligence Division of the Air Staff 2266
intelligence service 2267
intelligentsia 2551
INTELSAT 5353
Inter-American Children Institute 5205
~-~ Commission of Women 5198
~-~ Committee of the Alliance for Progress 5207
~-~ Conference 5263
~-~ ~ on Social Security 5200
~-~ Council of Jurists 5266
~-~ Cultural Council 5268
~-~ Defense Board 5202
~-~ Development Bank 5197
~-~ Economic and Social Council 5265
~-~ Indian Institute 5203
~-~ Institute of Agricultural Sciences 5204
~-~ Nuclear Energy Commission 5199
~-~ Peace Committee 5201
~-~ Treaty of Reciprocal Assistance 6398
intercept: to ~ a letter 2271
~: to ~ calls 2296
interceptor 5659
intercession 1677
interchange of names between lists 848

intercontinental ballistic missiles 5970
~ rockets 5970
interdepartmental agreement 4427
~ conference 1400
interdependence 3432
interference with 3610
intergovernmental agreement 4425
Intergovernmental Committee for European Migration 5302
intergovernmental conference 3767
Intergovernmental Copyright Committee 5235
intergovernmental convention 4426
Inter-Governmental Maritime Consultative Organization 5096
intergovernmental negotiations 3709
Intergovernmental Oceanographic Commission 5303
interim agreement 4431
~ committee 3948
Interim Coordinating Committee for International Commodity Arrangements 5015
interim report 4257
interlocal penal right 1866
interlocutor 3757
intermediate-range missiles 5672
interministerial Committee 1413
internal 1565, 2288, 2940
~ and external security 2050
~ asylum 2321
~ law 2937
~ policy 1564
~ sovereignty 564
International 4737
international 4735
~ academy 4782
~ administrative law 2927
~ airport 84
International Air Transport Association 5338
~ Alliance of Women 5335

International
~ Association for the Protection of Industrial Property 5327
~ ~ of Conference Interpreters 5345
~ ~ ~ ~ Translators 5346
~ ~ ~ Crafts and Small and Medium-Sized Enterprises 5317
~ ~ ~ Legal Science 5350
~ ~ ~ Universities 5344
~ Atomic Energy Agency 5104
~ Authority for the Ruhr 6405
~ Bank for Reconstruction and Development 5063
~ Brigades 6290
international bureau 4762
International Bureaus for the Protection of Industrial Property and of Literary and Artistic Works 5286
~ ~ of Education 5229
~ ~ (of the UPU) 5080
~ ~ of Weights and Measures 5228
international cartel 4779
International Catholic Movement for Intellectual and Cultural Affairs 5374
~ Chamber of Commerce 5318
~ Charlemagne Award 6441
~ Children's Emergency Fund 5013
International Civil Aviation Organization 5073
international claim 2961
International Coffee Organization 5206
~ Commission for Agricultural Industries 5209, 5321
~ ~ ~ the Northwest Atlantic Fisheries 5212
~ ~ ~ Scientific Exploration of the Mediterranean Sea 5210

633

International Comission of Jurists 5320
~ ~ on Civil Status 5208
~ Committee of the Red Cross 5352
international community 2921
International Confederation of Agriculture 5347
~ ~ ~ Executive Staffs 5328
~ ~ ~ Former Prisoners of War 5332
~ ~ ~ Free Trade Unions 5333
~ Cooperative Alliance 5336
~ Cotton Advisory Committee 5221
~ Convention on the Elimination of all Forms of Racial Discrimination 679
~ Council for the Exploration of the Sea 5341
~ ~ of Scientific Unions 5340
~ ~ ~ Women 5334
~ ~ on Alcohol and Alcoholism 5341
international court of justice 5445
International Court of Justice 5024, 5450
international courtesy 2959
~ crime 2984
~ criminal law 2990
International Criminal Police Organization 1870
international customary law 2929
~ customs, as evidence of a general practice accepted as law 2945
International Development Association 5066
~ Diplomatic Academy 5307
international ethics 2960
International Exhibition Bureau 5227
~ Federation of Christian Trade Unions 5330
~ ~ ~ Journalists 5319
~ ~ ~ Resistance Movements 5316

International Federaktion Journalists
~ ~ ~ Translators 5331
~ Finance Corporation 5067
~ Frequency Registration Board 5089
~ Geophysical Year 6467
~ Hunting Council 5337
~ Hydrographic Bureau 5230
international institute 4783
International Instutite for the Unification of Private Law 5231
~ ~ of Philosophy 5349
~ ~ ~ Refrigeration 5232
international institution 4708
International Labour Conference 5033
international labour law 2926
International Labour Office 5031
~ ~ Organization 5030
international law 2903
International Law Association 5382
~ ~ Commission 4979
International League for the Rights of Man 5322
international maritime law 3004
International Military Tribunal 6377
~ Monetary Fund 5070
international morality 2960
International Moselle Company 5211
~ Movement of Catholic Students 5375
international offence 2983
International Office of Epizootics 5234
~ Olympic Committee 5354
~ Organization of Employers 5329
~ ~ ~ Journalists 5323
~ Patent Institute 5233
international personality: to have ~ ~ 2913
International Phonetic Association 5391

international police force 5500
~ political party 1917
~ politics 3416
International Poplar Commission 5213
~ Press Institute 5355
international private law 2935
International Prize Court 5784
international public law 2903
International Radio Consultative Committee 5091
~ Red Cross 5356
~ Refugee Organization 5020
international relations 3424
International Relief Union 5288
international responsibility 2963
International Rice Commission 5051, 5222
international river 85
International Road Transport Union 5324
international security 3466
International Sericultural Commission 5215
international servitudes 120
~ society 4759
~ station 83
International Statistical Institute 5351
~ Sugar Agreement 5359
~ ~ Council 5226
~ Tea Committee 5223
~ Telecommunication Union 5084
~ ~s Satellite Consortium 5353
~ Telegraph and Telephone Consultative Committee 5090
international tension 3618
~ territory 55
International Tin Council 5225
~ Touring Alliance 5343
~ Trade Organization 5103
international tribunal 5445
International Trusteeship System 213

International Union for Child Welfare 5326
~ ~ ~ the Protection of Industrial Property 5218
~ ~ ~ ~ ~ ~ Literary and Artistic Works 5219
~ ~ ~ ~ Publication of Customs Tariffs 5217
~ ~ of Public Transport 5348
~ ~ ~ Railways 5315
~ ~ ~ Socialist Youth 5325
~ ~ ~ Students 5342
~ Vine and Wine Office 5236
international waterways 86
International Whaling Commission 5220
~ Wheat Agreement 5358
~ ~ Council 5224
~ Wool Secretariat 5357
~ ~ Study Group 5216
international wrong 2983
International Young Christian Workers 5313
internationalism 2553
internationalist 2555
internationalization 82
internationalize (to) 81
intern(ee) 6046
intern (to) 6045
internment 6044
~ camp 6047
internuncio 3135
inter-oceanic canal 47
Inter-Parliamentary Union 5360
interpellant 991
interpellate (to) 988
interpellation 989
interpellator 991
Interpol 1870
interpolated question 4037
interpret: to ~ a treaty 4542
interpretation 4543
interregnum 283, 1299
interrogating officer 6024

interrupt: to ~ a meeting 3902
~: to ~ the speaker 4034
interruption in period of service 4927
~ of a meeting 3903
intersessional committee 3954
intertemporal law 2905
intervals: in the ~ between sessions 931
intervene: to ~ in the internal affairs of a country 3611
intervention 3614
~ in 3610
interventionism 2556
interview 3921
~: to give an ~ 3923
inter-war period 6230
~-~ years 6230
interzonal agreement 4485
intra-Community 5118
intransigent attitude 2537, 3510
introduce: to ~ a bill 1031
~: to ~ a motion 4068
~: to ~ a motion to close the debate 4101
~: to ~ a speaker 4022
~: to ~ an amendment 4095
~: to ~ censorship 690
~: to ~ s.b. into his office 1773
introductory law 1069
~ remarks 3900
invade: to ~ a country 5518
invading troops 5609
invalid ballot 855
invalidate (to) 1674
~: to ~ an act 1064
invalidation 1065, 1673
invalidity of a law 1066
~ ~ an act 1066
invasion force 5609
~ of a country 5519
~ ~ Poland 6312
~ troops 5609
investigating committee 970
investigation 5461
~ committee 970
investiture 437

Investments Committee 4977
inviolability 600, 3151
~ of property 617
~ ~ the home 618
inviolable 599, 3152
invite: may I ~ you to 4348
~: let me ~ you to 4348
~: to ~ s.b. to lunch(eon) 3296
invitation: at the ~ of 3845
invoke: to ~ an article 4532
involvement 3615
IOC 5303
IOE 5329
IOJ 5323
IOK 5354
IPA 5391
IPC 5213
IPFC 5196
IPI 5355
IPU 5360
IRC 5222
IRO 5020
Iron Chancellor 6173
~ Curtain 6385
~ Guard 6262
irreceivability 4078
irredentism 2557
irredentist 2558, 2559
irregular troops 5989
irrelevant: it would be ~ to the subject under discussion if I were to 4366
irremovability 1431
irremovable 1807
IRU 5288, 5324
ISC 5215
ISI 5351
isolation 3600
isolationism 3597
isolationist 3598, 3599
Israeli-West German Treaty on Reparations and Restitutions 6443
issuance of a passport 3397
issue 2503
issue: to ~ a communiqué 3540
~: to ~ a denial 3556
~: to ~ a passport 3395
~: to ~ a ticket of admission 4129
~: to ~ an invitation 3847

~: to ~ certificates of origin 3413
~: to ~ invitation(s) to s.b. 3846
~: to ~ passports and travel documents 3396
~: to ~ the writs for an election 789
Italian Social Movement 2673
~ ~ Republic 6340
item: an ~ on the agenda 3865
~: the first ~ on the agenda 3866
~: we have now come to ~ seven on the agenda 3868
ITU 5084
IUCW 5326
IUR 5315
IUS 5342
IUSY 5325
Ivan the Terrible 6091
IWS 5357
IWSG 5216

J

jacobin 6130
Jacobinism 2560, 6131
Jacobins 6129
Jewish Agency for Israel 5361
jingoes 5506
jingoism 2541, 5508
jingoist 2540
jingoistic 5507
job description 4915
join: to be compelled to ~ an association 613
~: to ~ an organization 4717
joining of 4718
joint action 3516
~ committee 3950, 3951
~ communiqué 3541
Joint FAO/WHO Expert Committee on Nutrition 5053
~ Maritime Commission 5040
joint nomination list 849
Joint Office of Scrap Users 5124

judges 5111
judicial authorities 1821
~ decisions 2948
~ power 1820
~ procedure 5459
~ proceedings 5459
~ records 1867
~ reviews of acts 545
~ settlement 5428
~ sovereignty 575
~ vacations 5485
July Days 6165
~ Monarchy 6164
June Rising 6445
jungle war(fare) 5586
Junker 416
Junta 1287
jurisdiction 1728, 1736, 1738, 1825
~: to lie within the ~ of 1734
~ clause 5442
jus angariae 5793
~ in bello 5501
~ sanguinis 2345
~ soli 2346
just war 5571
justiciable 1829
justicialismo 2561

K

Kamikaze 6338
Kapp putsch 6254
Kashmir dispute 6399
keep: to ~ the record 4223
~ out: to ~ ~ of war 6052
Kellogg Pact 6263
Kennedy Round 6484
key body 4794
~ position 3419
khan 463
khedivate (to) 464, 465
khedive 464
khedivial 464
khediviate 465
kidnap (to) 2284
kidnapper 2283
kidnapping of diplomats 2285
king 349
~ by the grace of God 355
kingdom 352
Knesset 1177

knight 428
knight: to ~ s.b. 430
knighthood 429
knobstick 741
knowledge: not to my ~ 4354
Korean War 6421
Kremlin 1381
Kulturkampf 6190

L

labor movement 2404
~ union 4770
~ ~ representative 3820
labour and social security attaché 3010
~ attaché 3128
Labour government 1333
~ movement 2008
labour movement 2404
Labour Party 2007
ladies' committee 4278
~ programme 4298
Lagting 1214
laicism 2602
land, air and sea forces 5610
Land Diet 1141
land domain 21
~ forces 5639
~ frontier 134
~ power 255
Land Procurement Law 5257
land reform 1585
~ warfare 5638
land (to) 5644
Länder level: at ~ ~ 233
landing 5645
~ force 5611
~ ~s 5643
~ party 5611
landlocked bay 30
~ country 25
~ sea 26
landslide (victory) 880
land-to-land missile 5666
language allowance 4875
~ department 4828
~ policy 665
lapse (to) 1063, 4623
large majority 890
last speaker 4013
lasting peace 3453

later: documents must reach the Secretariat no ~ than 4243
Lateran Treaties 6266
latest: documents must reach the Secretariat by ... at the ~ 4243
~: documents must reach the Secretariat at the ~ on the 4243
Latin-American Free Trade Association 5240
launch: to ~ a peace offensive 3450
law 1013
~ and order 2057
~: in ~ 5401
~: to make ~s 1026
Law concerning restrictions on Real Property for purposes of Military Defence 5256
~ ~ the Procurement of Land for purposes of defence 5257
law governing international waterways 88
~ modifying the constitution 1075
~ of air warfare 5977
~ ~ international rivers 88
~ ~ land warfare 5975
~ ~ maritime warfare 5976
~ ~ nations 2903
~ ~ nature 2932
~ ~ naval warfare 5976
~ ~ occupation 5813
~ ~ outer space 2934
~ ~ peace 2924
~ ~ ratification 4588
~ ~ reciprocity 2967
~ ~ the jungle 2993
~ ~ ~ sea 3003
~ ~ treaties 4415
~ ~ war 2925, 5501
lawful acts of war 5981
law-maker 1023
law-making power 1022
~-~ treaty 4394
~-~ work 1020
laws and customs of war 5978
~ and regulations 1068

Laws of the Allied Control Council 6368
lay down: to ~ ~ arms 5837
lay: to ~ the foundation stone 3210
laying of submarine cables 3676
~ ~ the foundation stone 3209
lead: to have a twenty votes ~ (margin) over s.b. 872
leader of the opposition 983, 1934
~ ~ ~ parliamentary group 957
~s 1296
leadership 3417
~ crisis 1386
~ principle 2517
leading candidates 826
league 4752
League of Arab States 5158
~ ~ Nations 4952
~ ~ Red Cross Societies 5369
leak(age) 3485
lease agreement 4442
~ of a territory 79
lease (to) 78
~: to ~ a territory 79
leasehold area 80
leathernecks 5650
leave 3245
~ without pay 4923
leave: to ~ one's visiting-card 3219
~: to ~ the cabinet 1428
leave-taking 3245
~-~ audience 3274
Lebensraum 6272
lecture 4302
~: to give a ~ 4300
lecturer 4299
Left 1921
left deviationism 2615
~ deviationist 2614
~ extremism 2218
~ radicalism 2218
leftist catholic 2617
~ government 1329
~ intellectuals 2616
left-wing coalition 1932
~-~ deviationist 2614
~-~ government 1329
~-~ opposition 1936

left-wing
~-~ parties 1921
~-~ socialist 2024
legal adviser 4844
~ basis 2915
~ committee 3978
Legal Committee 4973
legal department 4824
~ devolution 2979
~ division 4824
~ force of judgement 2954
~ government 1321
~ incertitude 645
~ order 2918
~ personality: to have ~ ~ 4674
~ provisions 519
~ status of aliens 2295
~ ~ ~ civil servants 1683
~ succession 274
~ successor 275
~ system 2918
~ uncertainty 645
legate 3141
~ a latere 3138
legend of the "stab in the back" 6250
legislate (to) 1026
legislation 1019
~ relating to aliens 2294
legislative 1024
~ assembly 904
Legislative Assembly 1149, 6128
legislative authority 901
~ body 903
~ period 925
~ power 901
~ procedure 1025
~ reciprocity 3435
~ work 1020
legislator 1023
legislature 903
legitimacy 2605
legitimate 1016
legitimation card 4286
legitimist 2604
Lend-Lease Agreement 6333
length of service 4929
Leninism 2606
Leninist 2607, 2608
Leninite 2607, 2608
lessen: to ~ a conflict 3604
lessening of tension 3622

637

let pass: I should not like to
  ~ ~ this opportunity
  4323
letter 3546
~ and spirit of the treaty
  4634
~ of appointment 1767,
  4895
~ ~ condolence 3317
~ ~ convocation 3844
~ ~ resignation 4938
~ ~ thanks 3248
~s ~ commendation 3092
~s ~ credence 3084
~s ~ marque (and reprisal) 5724
~s ~ naturalization 2355
~s ~ recall 3089
~s rogatory 1848
letterhead 3551
letter heading 3551
lettres de récréation 3092
levée en masse 2181, 5990
level 4861
levy en masse 5990
LI 5368
liable: to be ~ to capture
  5781
liaison committee 3962
~ office 4814
liberal 2609, 2610
Liberal 2610
liberal democrat 1992
Liberal Democratic Party
  2005, 2040
~ International 5368
~ Party 1988, 2012
liberalism 2612
liberalize (to) 2611
Liberals 2011, 2023
liberty of action 2966
license: to ~ s.b. 1669
lie beyond: to ~ ~ the
  competence of 1755
~ ~: to ~ ~ the cognizance of 1755
~ ~: to ~ ~ the jurisdiction of 1755
lie in: to ~ ~ state 3330
life-and-death struggle
  5622
lifetime of a parliament 925
lift: to ~ the blockade 5720
light poll 840
lightning strike 723
~ war 5584

like-minded 2532
limit: to ~ the time allotted to each speaker 4006
~: to ~ the debate 4001
limitation of armament
  5948
limited franchise 762
~ testband of atmosphere,
  outer space, and underwater A-tests 5933
~ war 5544
limiting provisions 4524
linguistic border 3689
~ policy 665
linking of conditions 3741
liquidation of the Rump
  Czech State 6298
list of presence 3981
~ ~ regional-party candidates (for election to
  the Bundestag) 804
~ ~ speakers 4008
~ ~ ~ is exhausted 4017
~ ~ ~: there are no more
  names on the ~
  ~ ~ 4017
~ ~ ~: to put s.b.'s
  name on the ~ ~
  ~ 4009
listeners' time: I will not
  waste my ~ ~ by going
  into the details 4332
little coalition 1336
Little Entente 6238
little Europe 6436
living space 6272
LN 4952
lobby 1003, 3835
lobbying 1004
lobbyism 1004
lobbyist 1005
local administration unit
  1611
~ council 1627
~ currency: in ~ ~ 4950
~ government 1608
~ ~ unit 1611
~ list 778
~ patriotism 2620
~ (political) parties 1948
~ war 5546
localization of a conflict
  3633
Locarno Pact 6261
~ Peace Pact 6261
location 4918

lockout 742
lodging allowance 4874
Lok Sabha 1169
London Gazette 1051
long-distance blockade
  5703
long-range goal 2494
~-~ missile 5670
~-~ objective 2494
long-term 4622
~-~ appointment 4905
loose confederation 223
~ interpretation 4544
looting 6009
lord 427
Lord Chamberlain 331
~ Chancellor 1161, 1448
~ Mayor 1644
~ President of the Privy
  Council 1364
~ Privy Seal 1365
~ spiritual 1163
~ temporal 1162
lose: to ~ a war 5559
~: to ~ votes 881
loss of confidence 1568
~ ~ nationality 2356
~ ~ votes 882
losses 5616
lost-and-found office
  4295
lost-property department
  4294
~-~ office 4294
lounge suit 3311
love of liberty 2508
Lower Chamber 1112
lower house 912
Lower House 1158,
  1176
lowering of the voting age
  753
lower middle class 2574
lower: to ~ the flag 3348
low-water mark 38
loyalist 2766, 2767
loyalty 2621, 3567
~ to a dynasty 302
lunch: to give a ~ 3295
Lutheran World Federation
  5370
Lutheranism 6080
LWF 5370
lying-in-state 3329
lynch (to) 2193
lynch law 642

638

M

machiavellian 2622
Machiavellian 2623
Machiavellianism 2624
machiavellianist 2622
machinations 3645
Maginot Line 6315
maharajah 467
maharanee 468
maharani 468
mail vote 829
main committee 3945
mainland 22
maintain: to ~ a point of view 4379
~: to ~ a policy 1559
~: to ~ international peace and security 3436
~: to ~ order 2055
~: to ~ relations 3425
~: the chairman ~s order 4114
~: to be ~ed in office 878
maintenance of order 2056
~ ~ peace 3439
Majesty 304
Majlis 1170
majority decision 4194
~ government 1326
~ of votes cast: to poll (receive, secure) a ~ ~ ~ ~ 4196
~ party 1953
~ report 4265
~ voting system 775
make out: to ~ ~ a passport 3395
making out of a passport 3397
malaise 3619
male suffrage 765
mammoth state 250
man on the spot 2273
management committee 4807
Management Committee 5136
manager 4842
mandarin 450
mandate 207
~ system 210
mandated area 208
~ territory 208
mandatory power 209
manhood suffrage 765

manifesto 2625
manipulation of elections 858
~ ~ votes 858
man-of-war 5686
maoist 2627
Maoists 2626
marathon session 3917
March on Rome 6255
marchioness 402
mare clausum 3006
~ liberum 3005
marginal sea 37
margravate 399
margrave 397
margraviate 399
margravine 398
marines 5650
maritime belt 37
~ blockade 5703
~ domain 31
Maritime Safety Committee 5099
maritime warfare 5680
marking out 129
marquess 401
marquessate 403
marquis 401
marquisate 403
marshal of the diplomatic corps 3192
Marshall Plan 6394
martial law 2074
Marxism 2628
Marxism-Leninism 2631
Marxist 2629, 2630
masonic 2510, 2512
~ lodge 4780
mass arrests 2167
~ destruction weapons 5907
~ executions 2248
~ media 2632
~ meeting 2084
~ movement 2183
master race 6273
mastery of the air 5654
materialism 2633
materialist 2634
materialist(ic) 2635
matter of prestige 3473
~s affecting both countries 3573
mayor 1644
Mayor of Berlin 6410
mayorality 1643

mayoress 1645, 1646
mayorship 1643
McCarthyism 6404
mean: that does not ~ that 4349
means: it by no ~ follows that 4349
~: it is by no ~ out of the question that 4363
~ of bringing pressure to bear (up)on 3642
mechanical discipline 2563
mediate (to) 5409
mediation 5406
~ commission 5410
~ committee 1036
mediatization 6144
mediatize (to) 6143
mediator 5408
medium-range missiles 5672
meet: to ~ at regular intervals 3789
~: to ~ automatically 3790
~: to ~ in camera 3911
~: to ~ periodically 3789
meeting 3777, 3784, 3792
~ in camera (lawcourts) 3797
~ is adjourned until 3915
~ is called to order 3891
~ is closed 3914
~ is opened 3891
Mejlis 1170
member government 4693
Member of Parliament 907, 940
member of the Bundestag 1139
~ ~ ~ cabinet 1397
~ ~ ~ committee 3926
~ ~ ~ constituent assembly 538
~ ~ ~ French National Convention 6134
~ ~ ~ Labour Party 2009
~ ~ ~ opposition 1937
~ ~ ~ public service 1682
~ state 4691
~ states 232
members' dues 4699
membership 4678, 4720
memorandum 3544
memorials 5465

639

Mensheviks 6221
mention: ~ will be made thereof in the minutes 4227
~: as I have already ~ed 4330
~: to ~ in a report 4250
Mercantilism 6108
mercenary 5601
~ army 5606
merchantman 5721
merchant ship 5721
~ vessel 5721
merge: to ~ with 1944
merger of powers 554
~ with 1945
mesocracy 2641
messenger 4125
method of voting 4145
~ ~ ~ by passing through different doors 1002
metropolitan 178
middle class(es) 2646
middle course: to steer a ~ ~ 2603
middle-of-the-road 1923
might is above right 2528
mikado 466
militant 1980, 2642
militarism 2643
militarist 2644
militaristic 2645
Military Agency for Standardization 5251
military aid 5549
~ assistance 5549
~ attaché 3122
~ authorities 5597
~ build-up 5892
Military Committee 5245
military coup 2147
~ court 5598
~ dictatorship 1286
~ expenditure 5526
~ government 5815
~ governor 1598, 5816
~ household 329
~ integration of Western Europe 6427
~ intelligence service 2268
~ intern(ee) 6048
~ internment 6049
~ junta 1288
~ mission 3067

military
~ offences 1863
~ pact 4447
~ policy 1587
~ power 257
~ regime 1285
~ resources 5614
~ sanctions 5493
~ service 5596
~ sovereignty 570
Military Staff Committee 4985
military treaty 4447
militia 5603
~-man 5604
mine laying 5695
minimize (to) 3559
minister 1406
Minister for Air 1492
~ ~ Atomic Energy 1473
~ ~ Defence 1521
~ ~ Ex-Servicemen and War Victims 1527
~ ~ External Affairs 1438
~ ~ Foreign Affairs 1438
~ ~ Industry 1462
~ ~ Health 1496
~ ~ Shipping and Transport 1484
~ ~ the Armed Forces 1523
~ ~ ~ Army 1523
~ ~ ~ Colonies 1528
~ ~ ~ Interior 1443
~ ~ Trade 1466
~ ~ Veteran's Affairs and War Victims 1527
~ of 3115
~ ~ Agriculture 1506
~ ~ Aviation 1492
~ ~ Commerce 1466
~ ~ Defence 1521
~ ~ ~ Production 1526
~ ~ Economic Affairs 1460
~ ~ Economics 1460
~ ~ Education 1513
~ ~ External Affairs 1438
~ ~ Finance 1455
~ ~ Fisheries 1507
~ ~ Foreign Affairs 1438
~ ~ ~ Trade 1469
~ ~ Forestry 1508
~ ~ Forests 1508
~ ~ Health 1496
~ ~ Housing 1475

Minister for Housing
~ ~ ~ and Construction 1475
~ ~ Industry 1462
~ ~ Information 1519
~ ~ Internal Affairs 1443
~ ~ Justice 1449
~ ~ Labour 1480
~ ~ Local Government and Development 1478
~ ~ National Defence 1521
~ ~ ~ Health and Welfare 1496
~ ~ Naval Affairs 1489
~ ~ Post 1494
~ ~ Power 1472
~ ~ Public Works 1471
~ ~ Social Maintenance 1502
~ ~ Security 1500
~ ~ State for Defence 1526
~ ~ ~ Overseas Departments and Territories 1529
~ ~ ~ ~ Relations with Parliament 1534
~ ~ ~ ~ the Civil Service 1536
~ ~ the Armed Forces 1523
~ ~ ~ Interior 1443
~ ~ ~ Navy 1489
~ ~ Trade and Commerce 1466
~ ~ Transport 1484
ministerial 1409
~ conference 3758
Ministerial Director 1417
ministerial level: at ~ ~ 3704
~ responsibility 1418
minister-president 1356
minister-resident 3116
ministry 1411
Ministry for Cultural Affairs 1514
~ ~ ~ ~, Recreation and Welfare 1516
~ ~ Economic Affairs and Power 1457
~ ~ Foreign Affairs 1434

Ministry for Industry, Trade and Handicraft 1464
~ ~ Relations with Parliament 1533
~ ~ Scientific Research, Nuclear and Space Questions 1474
~ ~ the Budget and Economic planning 1451
~ ~ ~ Mercantile Marine 1463
~ ~ ~ Middle Classes 1499
~ ~ Youth Affairs and Sport 1515
~ of Agriculture and Fisheries 1505
~ ~ ~ ~ Forestry 1504
~ ~ ~, Fisheries and Food 1503
~ ~ Armed Forces 1520
~ ~ Aviation 1491
~ ~ Commerce 1465
~ ~ Defence 1520
~ ~ Education 1509
~ ~ ~ and Cultural Affairs 1510
~ ~ ~ ~ Science 1511
~ ~ External Affairs 1434
~ ~ Finance 1453
~ ~ Foreign Affairs 1434
~ ~ ~ Trade 1467
~ ~ Health 1495
~ ~ ~ and Family Matters 1497
~ ~ ~ ~ Social Security 1501
~ ~ Housing and Regional Development 1476
~ ~ Industry 1461
~ ~ Information 1518
~ ~ Internal Affairs 1444
~ ~ Justice 1446
~ ~ Labour 1479
~ ~ ~ and Social Security 1481
~ ~ ~, Social Security and Mines 1482
~ ~ Local Government and Development 1477
~ ~ Naval Affairs 1488
~ ~ Overseas Development 1530

Ministry for
~ ~ Post and Telecommunications 1493
~ ~ Public Works 1470
~ ~ Social Affairs and Health 1498
~ ~ the Budget 1451
~ ~ ~ Interior and the Civil Service 1447
~ ~ ~ Navy 1488
~ ~ ~ Treasury 1452
~ ~ Tourism and Entertainment 1517
~ ~ Transport 1483
~ ~ ~ and Civil Aviation 1487
~ ~ ~ ~ Waterways 1485
minor power 254
minority 3687
~: to be in the ~ 4180
~ government 1327
~ leader 983
~ opinion 4266
~ party 1954
~ problem 3686
~ report 4266
~ treaty 4460
minute: to ~ the proceedings 4223
minutes 4218
~: to appear in the ~ 4219
MIRV 5673
MIS 2263
Misfeasance 1751
misinform: if I am not ~ed 4345
miss: I should not like to ~ this opportunity 4323
missile 5664
~-bearing submarine 5675
~ build-up 5679
~ gap 5678
~ site 5969
missing persons 5617
mistake: if I am not ~n 4345
~: it would be a ~ to believe that 4350
misuse of a flag 5764
~ ~ power 1752
mixed commission 3951
~ arbitral tribunal 5439
~ tribunal 5447
MJC 2267
MLF 6485

mob rule 2684
mobbing-up operation 5637
mobile warfare 5640
mobilization 5527
mobilize (to) 5525
mobocracy 2684
mobocratic(al) 2685
moderate 2522
~ party 1919
~ policy 1563
moderator 3875
modernism 2647
modification of the constitution 534
modus vivendi 3478
Molotov cocktail 2237
monarch 276
~ by divine right 280
monarchical 288
monarchism 2648
monarchist 2649, 2650
monarchistic 2650
monarchy 284
mond 307
monetary agreement 4470
Monetary Committee 5140
monetary conference 3771
~ reform 6406
~ policy 1583
~ sovereignty 573
monism 2652
monitor: to ~ calls 2269
monocracy 2651
monolithism 2473
Monroe Doctrine 6158
Monrovia Group 5241
monthly report 4263
Montreux Agreement 6286
Morgenthau Plan 6353
mortal remains 3333
Moslem Brotherhood 6457
most-favoured nation clause 4515
~-~ ~ principle 4516
mother country 177
~ ~: of the ~ ~ 178
motherland 177
~: of the ~ 178
motion 4058
~ for adjournment 4100
~ ~ rectification 4099
~ having priority 4072
~ of censure 997
~ ~ confidence 993
~ ~ no-confidence 997

641

motion: to amend a ~ 4094
~ : to move a ~ 4068
~ to postpone consideration of a question 4100
mount: to ~ the rostrum 4011
Mouvement Républicain Populaire 2017
move: to ~ an amendment 4095
~ : to ~ closure 4101
~ : to ~ the previous question 4073
movement 1918, 4738
mover 4071
moving expenses 4871
MRM 5672
Mrs. X, wife of the (French etc.) consul 3369
MRV 5674
MSA 6419
mufti 461
multilateral 4406
~ nuclear force 6485
multilateralism 4407
multi-national state 237
multi-party system 1952
multi-racial society 659
multiple independently targeted re-entry vehicle 5673
~ re-entry vehicle 5674
Munich agreement 6300
municipal 1636
~ area 1649
~ code 1637
~ council 1639, 1640
~ elections 785
~ law 2937
~ list 778
~ officer 1653
municipality 1633
mutatis mutandis: shall apply ~ ~ 4647
mutineer 2191
mutiny 2189
mutiny (to) 2190
mutual guarantee 4458
Mutual Security Agency 6419
muzzle: to ~ the opposition 608
muzzling of the opposition's electoral propaganda 814

N

name: in my own ~ and on behalf of the Government of 3096
napalm 6003
Napoleonic Empire 6138
~ Wars 6140
Napoleon's Grand Army 6146
narrow majority 892
narrow-minded 2476
~-~ nationalism 2661
nation 2655
national 2287, 2333, 2337, 2657, 2883, 2940
~ anthem 3340
National Assembly 1130, 1149, 1153, 1155, 1170, 1182, 1187, 1219, 1227, 1248, 1252, 1257, 6124
national colours 3342
National Congress 1164
national consciousness 2659
National Convention 6133
~ Council 1182, 1204, 1217, 1235
~ Councillor 1218, 1236
national currency 20
~ debt 1092
~ defence 5594
National Democratic Party 2003
national device 3344
~ emblem 3344
~ emergency 2060
~ flag 3346
~ funeral 3336
~ holiday 3339
~ home 116
~ ~ : a ~ ~ for the Jewish People 6226
National judge 5454
national law 1015, 2937
~ legislation 2939
National Liberation Front 2048, 2658, 6463
national list 777
~ mourning 3320
National People's Congress 1129
~ Security Council 1588
national security 2049
National Socialism 2665
~ Socialist 2666, 2667

national state 236
National Syndicalism 2668
~ Syndicalist(ic) 2669
national territory 2
~ waters 33
nationalism 2660
nationalist 2663, 2664
nationalistic 2664
nationality 2336, 2343
nationalization 2353, 2881
~ of the Suez Canal Company 6458
nationalize (to) 2354, 2880
native country 2326
NATO 5242
~ Parliamentarians' Conference 5366
~-Status of Forces Agreement 5253
natural boundary 132
~ frontier 132
~ law 2932
naval agreement 4463
~ attaché 3123
~ base 5682
~ blockade 5704
~ forces 5681
Naval Intelligence 2265
~ Security 2264
naval supremacy 5684
~ treaty 4462
~ warfare 5680
navicert 5791
navigation agreement 4478
Nazi 2670
~ era 6351
~ neopaganism 6275
nazification of Germany 6270
Nazism 2671
necessary: I find it ~ to 4362
negative vote 852
neglect: I should not like to ~ this opportunity 4323
negotiated peace 3454, 5863
negotiating position 3717
negotiation: by ~ 3718
~ basis 3716
~s 3992
~s are breaking down 3736
~s ~ progressing 3740
~s for a commercial treaty 3708

negotiator 3710
negus 441
neighbouring state 10
neocolonial 202
neocolonialism 203
neo-Fascism 2672
neo-Fascist 2674, 2675
Neofascist Party 2025
neo-Nazi 2676
neo-Nazism 2677
nepotism 2882
nerve war 5578
net salary 4868
neutral 6055
~ asylum 2324
~ hospitality 6066
~ Powers 6053
~ state 269
~ waters: in ~ ~ 5794
~ zone 5814, 6069
neutralism 3594
neutralist 3595, 3596
neutrality 6056
neutralization 6068
neutralize (to) 6067
neutralized zone 6070
new commerce 5739
New Left 2619
~ Leftist 2385
~ Order in Europe 6323
new regulation 1660
~ rules 1660
New Year's address 3259
~ ~ message 3259, 3260
~ ~ reception 3261
news: to be in the ~ again 3638
~ agency 2653, 2656
~ ban 5532
~ blackout 5532
~ conference 3919
NGO 4709
night meeting 3799
nihilism 2679
nihilist 2680
nihilistic 2681
Nobel Peace Prize 3440
nobility 404, 406
noble 407
~ birth 407
~ s 404
no-man's-land 5647
nominate: to ~ s.b. 1761, 1763
nomination committee 3959
~ of a candidate 4175

nominee 1762
nomocracy 2682
non-aggression pact 4449
~-~ treaty 4449
non-aligned countries 6489
non-belligerency 6054
non-combatant 5988
non-committed countries 6489
non-compliance with 4536
non-contracting states 4570
non-extradition 1890
non-for**ti**fication 5886
non-fraternization 5810
non-governmental organization 4709
non-intervention in the internal affairs of state 3612
non-lawmaking treaty 4395
non-member 4694
~-~ countries 5149
~-~ government 4695
~-~ state 4692
non-nuclear states 5915
non-participating governments 4575
~-~ states 4574
non-partisan 1925
non-political attitude 2871
~-~ strike 733
nonprofit institution 4705
~ organization 4705
nonproliferation of nuclear weapons 5935
non-recognition 2998
non-resident 2297
non-retroactive laws 1074
non-retroactivity 4610
non-self-governing territories 166
non-signatory governments 4564
~-~ parties 4565
~-~ states 4563
non-violence 2529
non-violent detachment of a territory 113
non-voters 854
non-voting 853, 4183
Nordic Council 5261
normalization of relations 3430
North African campaign 6328
North Atlantic Council 5246

North Atlantic
~ ~ Treaty Organization 5242
~ German Confederation 6177
Northerners 6181
Norway campaign 6316
Norwegian campaign 6316
note (diplomatic) 3526
~ : a ~ of the following content 3527
~ collective 3537
~ in reply 3538
~ of protest 3536
~ verbal 3534
notice of termination of service 4941
~ ~ withdrawal 4725
notice board 4295
notification 4597
notify: to ~ the blockade 5715
notwithstanding 4653
NPC 5366
nuclear age 6347
~ aggression 5917
~ armaments 5908, 5913
~ deterrent 5918
~ disarmament 5903
~ non-proliferation-pact 5934
~ power 5914
~ striking force 5916
~ submarine 5692
~ test 5939
~-test ban 5931, 5934, 5944
~ war(fare) 5921
~ warhead 5923
~ weapons 5905
null and void 4608
numerical losses 882
nunciature 3136
nucio 3134
Nuremberg Trials 6378

O

OAS 5262, 6465
oath of allegiance 1542
OAU 5237, 5241, 5269, 5285
object: the ~ and the reason for the request 5618
~ of international law 2911

643

object (to) 4370
objection 5469
~s: are there any ~ 4158
~s: there are certain ~ which I feel I must raise 4368
~: there are no ~ 4372
obligation to extradite 1886
~ ~ vote 772
~ ~ ~ according to the party line 960
obligatory 4534
~ sanction 5495
observance of the rules of procedure 4110
~ ~ treaty 4529
observations: any ~? 4386
observe: to ~ the clauses of a treaty 4528
~: to ~ the rules of procedure 4109
observer 4131
obstruction 4134
obtain: to ~ a quorum 4201
~: to ~ an audience with s.b. 3269
~: to ~ 15 seats 875
OCAS 5270
occupant 58, 5798
occupation 57, 5800
~ authorities 5805
~ costs 5812
~ forces 5807
~ in time of war 5797
~ of the rest of Czechoslovakia 6298
~ power 5802
Occupation Statute 6413
occupation zone 5811
occupied territory 5801
occupy (to) 5799
occur: if a vacancy ~s 933, 938, 4890
ochlocracy 2684
ochlocratic 2685
October revolution 6220
Odelsting 1215
Oder-Neisse Line 6369
OECD 5187, 5189
OEEC 5187
offence against 2989
~ motivating the letters rogatory 1860
offense against 2989

offensive arm (weapon) 5895
~ war 5575
offer of mediation 5407
offer: to ~ s.b. one's congratulations 3278
~: to ~ one's sympathy 3315
~: to ~ s.b. one's condolences 3315
office 1696, 4818, 4819
Office for the Protection of the Constitution 2280
~ of Naval Intelligence 2265
~ ~ Prime Minister 1354
~ ~ the Director General 5058
office of the head of the government 1352
~ ~ ~ high commissioner 1592
Office of the High Commissioner for Refugees 5021
officers 955, 3878
Officers (at a meeting) 3786
official 1721, 3250, 4881
Official Bulletin 1051
~ ~ of the European Communities 5114
official capacity: in an ~ 3093
~ car 3353
~ ceremony 3249, 3251
~ channels: through ~ ~ 1709
Official Gazette 1051
~ Journal of the European Communities 5114
official journey 4948
~ language 4215
~ on probation 1688
~ optimism 2902
~ passport 3399
~ reception 3291
~ religion 576
~ report 4262
~ seal 1678
~ secret 1776
~ suite 3161
~ visit 3221
officialdom 2378
officialism 2378
off-shore procurement 6418
old-fashioned 2788
Old Glory 3356

oldest representative who discharges the duties of president 3885
oligarch 2687
oligarchic(al) 2689
oligarchy 2688
omnipotence of parliament 924
~ the government 1279
one-chamber 918
one-house 917
one-man-government 1284
one-party rule 1301
~-~ state 261
~-~ system 1301, 1949
onus of proof 5480
open: to ~ a meeting 3892
~: to be ~ for signature 4626
~: to ~ the discussion on 3994
~: to ~ the vote 4149, 4150
~ city 6006
~ diplomacy 3023
~ town 6006
~ treaty 4625
~ warfare 5640
open-door policy 6195
open-sky plan 6475
opening ceremony 3897
~ of a meeting 3893
~ ~ hostilities 5536
~ ~ the vote 4148
~ remarks 3900
~ sitting 3898
~ speech 3896
~ to the East 6522
~ ~ ~ left 6491
operative: to become ~ 1057
opinion: to give an ~ 4039
~ poll 2639
opponent 2520
~ of nuclear (atomic) armament 2409
~ ~ ~ arms 2409
opportunism 2690
opportunist 2691, 2692
opportunistic 2692
opposer of nuclear armament 2409
~ ~ ~ arms 2409
opposed: is nobody ~? 4158
opposite number 1407

opposition 981
~: being in ~ to 4648
~: is there any ~ ? 4158
~ benches 982
~ from outside Congress 6492
~ ~ the left 1936
~ ~ ~ right 1935
~ parties 1933
oppositionist 1937
oppression 687
opt: to ~ for 109
~: to ~ for a nationality 2348
option 110
optional clause 4511
oral agreement 4400
orange book 3668
orb 307
order 1656
~: by ~ of a government 3094
~: in ~ 4079
~ of knights 431
~ ~ precedence 3198
Order of the Garter 432
order: to ~ an inquiry 4044
~: to ~ general mobilisation 5529
ordinance having the force of law statutes 1067
ordinance-making power 1657
ordinary budget 1096
~ law 1014
~ session 927, 3787
~ treaty 4395
ordnance depot 5524
organ 4790
organic law 516
Organization for Economic Cooperation and Development 5189
~ ~ European Economic Cooperation 5187
~ ~ the Collaboration of Railways 5271
~ ~ Trade Cooperation 5102
~ of African Unity 5237, 5269
~ ~ American States 5262
~ ~ Central American States 5270
~ ~ Inter-African and Malagasy States 5241

organize: to ~ demonstration 2088
organizing committee 3964
original 4661
~: the ~ or an authenticated copy 1905
~ member 4685
~ ~ s: the ~ ~ of the United Nations shall be the states which 4963
~ nationality 8339
~ occupation 61
~ text 4661
Ostpolitik 6539
ostrich policy 1570
OTC 5102
Ottoman Porte 6192
oust: to ~ from a party 1938
outbreak of hostilities 5536
~ ~ war 5538
outcome of a conference 3918
~ ~ the elections 866
outer space 50
outgoing deputy 941
~ members 3826
outlaw: to ~ war 3462
outlawing of a party 616
~ ~ the atomic bomb 5929
outlawry of the atomic bomb 5929
~ ~ war 3463
outlet to the sea 24
outline: to ~ law 1070
outline-treaty 4410
outmaneuver (to) 2413
outside countries 4571
outsider 2414
outvote: to ~ s.b. 4192
overall report 4259
overcome: to ~ a deadlock 4137
overlapping of jurisdiction 1739
~ with other meetings 3908
overload: to ~ the agenda 3860
override: to ~ a veto 4085
overseas department 1619
~ possessions 180
~ territories 179

overthrow of a government 1377
overthrow: to ~ the government 1376
overtime 4919
overture to the East 6522
overwhelming majority 893

P

pachalic 447
pacific blockade 3655
pacification 5503
pacificism 2721
pacificist(ic) 2722, 2723
pacifism 2721
pacifist 2599, 2722
pacify (to) 5504
package deal 3741
pact 4402
Pact of Steel 6304
pactum de contrahendo 4404
PAHO 5274
PAIGH 5275
paint: to ~ a pessimistic picture of the situation 2796
palace revolt 2151
~ revolution 2151
Pan-African 2694
Pan-Africanism 2693
Pan-American 2695
~-~ Health Organization 5274
~-~ Institute of Geography and History 5275
~-~ Sanitary Organization 5274
~-~ Union 5267
Pan-Americanism 2696
Pan-Arabic 2699
~-~ Movement 2700
Pan-Arabism 2698
Pan-Asiatic 2701
Pan-Asiatism 2702
Panchen Lama 443
panel 4309
~ meeting 4309
Pan-Europa Union 5372
Pan-European 2704
Pan-Europeanism 2703
Pan-German 2706, 2707
Pan-Germanism 2705
Pan-Iberianism 2708

645

Pan-Islamic 2709
Pan-Islamism 2710
Pan-Slav 2712, 2713
Pan-Slavism 2711
Pan-Slavonic 2713
Pan-Teutonism 2705
Papacy 483
papal 485
Papal Chair 482
papal infallibility 486
Papal States 6182
paper 4302
~ blockade 5712
~ dragon 6513
~ tiger 6513
parade 3205, 3206
para-military units 5630
pardon 1840
pardon (to) 1838, 1845
pardoning power 1841
parent body 4757
pariahs 682
parish 1532
parity clause 4518
parking lot 4297
parlementaire 3710, 5825
Parliament 1102
parliamentarism 910
parliamentary 909
~ agent 1005
~ committee 966
~ control 1421
Parliamentary Council 6412
parliamentary debate 962
~ democracy 1273
~ deputy 907
~ elections 780
~ government 910
~ group 956, 1136
~ leader of a party 957
~ party 956
~ ratification 4586
~ recess 929
~ regime 910
Parliamentary Secretary of State 1416
parliamentary system 910
Parliamentary Undersecretary of State 1416
parochialism 2620
parole (to) 6041
partial agreement 4419
~ mobilization 5530
~ refilling of vacancies 936
~ strike 732
~ succession 2978

participants 3807
participating governments 4573
~ states 4572
particularism 2714
particularistic 2715
parties to a dispute 5425
~ ~ ~ treaty 4568
partisan 2213
~ movement 2214
partition 103
~s: the five ~ of Poland 6118
partner at table 3307, 3308
~ community 3697
~ (in a negotiation) 3757
partnership 4713
party 1916
~ apparatus 1969
~ badge 1983
~-book policy 1974
~ boss 1960
~ bosses 1958
~ cell 1979
~ chiefs 1958
~ congress 1963
~ convention 1963
Party Convention 1965
party discipline 959, 1968
~ ~: to be bound by ~ ~ 1001
~-funds 1981
~ in power 1926
~ leaders 1958, 1961
~ leadership 1961
~ line 1970
~-list system 774
~ machinery 1969
~ meeting 1966
~ officials 1975
~ policy 1562
~ politics 1562
~ rally 1966
~ truce 2431
~ whip: to be under the ~ ~ 1001
parvenu 2475
pasha 446
pashalic 447
pass 5806
pass: the motion was ~ed 4089
~: to ~ a bill 1044
~: to ~ a resolution 4057
~: to ~ an amendment 4097

pass
~: to ~ an amnesty 1844
~: to ~ through a crisis 3620
Pass-Issuing Agency 6480
passage of a bill 1045
passing: let it be said in ~ that 4355
passive air defence 5653
~ resistance 2118, 6259
passport 3394
patent of nobility 410
paternalism 2716
paternalist 2717
patriarch 509
partriarchate 510
patriot 2718
patriotic 2719
patriotism 2720
patronage: under the ~ of 3808
Pax Christi International 5373
~ Romana 5374, 5375
pay after stoppages 4868
~ before stoppages 4866
~ scale 4863
pay: to ~ (final) homage to s.b. 3265
~: to ~ s.b. a return visit 3234, 3236
~: to ~ one's last respects to s.b. 3338
~: to ~ one's respects to s.b. 3217
payments agreement 4474
PCOB 5008
peace: to make ~ with 5860
~ conditions 5858a
~ conference 5859
Peace Corps 6486
peace efforts 3445
~-feelers: to put out ~-~ 5850, 5851
~ initiative 5854
~-krieg 6311
~-loving peoples 3451
~ march 2092
~ mission 3446
~ negotiations 5858
Peace of Augsburg 6083
~ ~ the Pyrenees 6100
~ ~ Westphalia 6097
peace offensive 3449
~ offer 5852

peace offer to make a ten-
~ ~ tative 5850
~ overture 5852
Peace Pact of Paris 6263
peace policy 5855
~ preliminaries 5856
~ proposals 3448
~ research 3443
~ settlement 5862
~ talks 5857
~ -time blockade 3655
~ - ~ contingents 5865
~ - ~ force 5865
~ treaty 4439
~ troop level 5865
peaceful coexistence 3455
~ communication 3431
~ occupation 60
~ penetration 59
~ relations 3431
~ uses of atomic energy 5947
~ ~ ~ outer space 5974
Peacock Throne 445
peanut politics 2733
peer 425, 1160
peerage 425
pendency 5463
pending applications 4716
~ proceedings 1868
pennant 3352
pension: to ~ off 1810
pensioning off 1809
Pentagon 1589
people's army 5631
People's Assembly 1105
~ Chamber 1144, 1250
~ Commissar for Foreign Affairs 1441
~ Council 1607
people's democracy 268
~ republic 267
~ will 2884
percentage of voting 839
perfidy 5984
perform: to ~ a function 1778
performance: in the ~ of his duties 1779
peripheral state 12
permanent appointment 4905
Permament Central Opium Board 5008

permanent civil servant 1685
~ committee 3946
~ council 4806
Permanent Court of Arbitration 5284, 5448
~ ~ ~ International Justice 4957, 5449
permanent delegate 3813
~ delegation 3066
~ diplomacy 3021
~ member 4684
~ mission 3065
~ neutrality 6060
~ office 4763
~ official 1685
~ post 1684, 4860
~ representative 4839
~ secretariat 4816
Permanent Secretariat 4958
permanent Secretary of State 1415
~ staff 4897
~ Undersecretary of State 1415
~ visa 3409
permission 1668
permit 1668, 5806
~: to give a ~ 1669
permit: to be ~ted to speak 4025
Peron ideology 2561
~ movement 2561
Peronist 2724, 2725
perpetrator of an attempt on s.b. life 2133
perpetual neutrality 6060
person opting 108
~ sought 1891
~ with dual nationality 2342
personal adviser 3824
~ assistant 1280, 1408
~ competence 562
~ data and testimonials 1764
~ file 4930
~ immunity 3154
~ inviolability 3153
~ jurisdiction 562
~ property 622
~ sovereignty 562
~ statement: to make a ~ ~ 4048
~ union 208
personality cult 2726

personalization of power 1290
personnel 4851
~ committee 4826
~ division 4825
~ office 4825
pertaining to a count 391
petition 992, 1676, 4059
~s committee 978
petty bourgeois 2575
~ bourgeoisie 2574
PFLP 6529
philosemitism 2727
phony war 6311
Physiocratism 6109
pick up: to ~ ~ calls 2269
pigeonhole: to ~ a bill 1032
pillage 6009
pillage (to) 6011
piracy 5723
pirate 5722
place card 3309
~ of commission 1893
~ ~ honour 3216
~ ~ perpetration (of the crime) 1893
place: to ~ an item on the agenda 3857
placed provisionally under the administration of Poland 6372
placement 3303, 3306
planning board 4813
~ commission 4813
plastique 2240
~ attack 2238
~ bomb 2239
~ ~-thrower 2241
~ bombing 2238
platform 810, 3837
~ plank 812
play: to ~ the national anthem 3341
~ down (to) 3559
pleasure: I have ~ in welcoming 4314
~: it is a ~ and an honour for me to 4321
~: it gives me particular ~ to 4315
~: it gives me great ~ to 4316, 4319
plebiscite 104, 897
plenary assembly 964, 3781
~ hall 3830

647

plenary meeting 3794
~ sitting 3794
plenipotentiary 3711
Plenipotentiary Conference 5085
plenum 964
Pleven Plan 6429
plot 2138
plotter 2139
plunder (to) 6011
plunderer 6010
plundering 6009
pluralism 2729
~ of opinions 607
plutocracy 2731
plutocrat 2730
plutocratic 2732
PO 1493
pocket-veto (to) 4083
~-~: to ~-~ a bill 1033
pogrom 2192
point of fact 5402
~ ~ law 5400
~ ~ order 4075, 4111
~ ~ view: there is yet a further ~ ~ ~ to be considered 4340
point out: I should like to ~ ~ that 4328
poison gas 5997
poisonous gas 5997
polemic(al) 3991
polemics 3990
police apparatus 2063
~ cordon 2085
~ escort 3264
~ guard 3264
~ of ports 3014
~ operation 5505
~ raid 2171
~ régime 1277
~ round-up 2171
~ -spying 2275
~ state 262
policy 1554
~ discussion 3987
~ of abandonment 3570
~ ~ alliances 3570
~ ~ appeasement 3603
~ ~ containment 3606
~ ~ defence against 3643
~ ~ encirclement 3662
~ ~ expansion 3640
~ ~ expediency 1569
~ ~ forming blocks 3460

policy of
~ ~ mutual understanding 3581
~ ~ neutrality 6063
~ ~ pis aller 1569
~ ~ rapprochement 3587
~ ~ renunciation 3575
~ ~ retrenchment 1099
~ ~ the accomplished fact 3608
~ ~ ~ fait accompli 3608
~ toward Eastern Europe 6539
~ ~ the Soviet Block 6539
polis 243
Polish campaign 6312
~ Corridor 6234
~ Politbureau 2034
political 1550
~ agitator 2122
Political and Security Committee, including the regulation of armaments 4967
~ Department 1560
political dispute 5399
~ education 2793
~ encirclement 3662
~ offences 1861
~ parties at the local level 1948
~ party 1916
~ prisoners 696
~ refugee 2309, 2330
~ régime 1275
~ scientist 2736
~ strike 715
~ subdivision 5259
~ system 1275
politician 1548
~: a ~ in favour of a policy of abandonment 3576
politicize (to) 2734
politics 1554
politization 2735
poll 865, 3138
~ procedure 828
poll: to ~ a majority 884
polling (act) 830
~ arrangement 811
~ booth 836
~ day 834
~ place 835
~ station 235

polyarchy 8737
polycentrism 2738
pontifical 485
pontificate 484
poor classes 2790
Pope 477
populace 2168
popular 2883
~ chamber 912
Popular Front 6288
~ ~ for the Liberation of Palestine 6529
popular front government 1346
~ initiative 900
~ referendum 898, 899
Population Commission 4992
population policy 1586
port of destination 5769
~ ~ registry 3012
portfolio 1410
position warfare 5641
positive international law 2904
post allocation scheme 4858
Post Office 1493
~ ~ Department 1493
Postal Union of the Americas and Spain 5277
postal vote 829
Postmaster-General 1494
postpone: to ~ a conference 3904
postponed surrender 1880
postponement 3905
Potsdam Conference 6355
~ agreements 6356
POW 6028
~ camp 6027
power: the ~ behind the throne 1547
~: to be in ~ 1294
~ of appointment 1732
~ ~ decision 1731
~ ~ legislating 1022
~ ~ the central government 1324
~ politics 3634
~ struggle 2150
~ to give instructions 1733
~ ~ issue directives 1733
powerlessness 2686
~ of the executive branch 1266

648

powers 1747
practice 2946
Prague Spring 6517
pragmatic 2740
Pragmatic Sanction 6110
pragmatism 2741
pragmatist 2739
preamble 4636
precedence 3194
~ : to have (take) ~ over 3195
precedent 3487
~ : to create (set) a ~ 3488
preceding speaker 4013
pre-censorship 692
précis writer 4224
predecessor 4884
preemptive strike 5580
prefect 1617
preferable: I feel it would be ~ to 4361
preferential right 2974
prejudice: without ~ to the provisions 4649
prelate 947
preliminary agreement 4422
~ conference 3774
~ draft 4239
~ enquiry 5462
~ investigation 5462
~ negotiations 3721
~ report 4256
~ talks 3722
~ treaty 4421
premier 1355
premiership 1354
premises 3828
prenegotiations 3721
preparations for war 5523
preparatory committee 3941
present: to give ~ 3285
present: to ~ a bill 1031
~ : to ~ a gift 3285
~ : to ~ a government with an ultimatum 3564
~ : to ~ a motion 4068
~ : to ~ a motion for adjournment of the debate 3906
~ : to ~ a motion of censure 998
~ : to ~ a motion of non-confidence 998
~ : to ~ a report 4248

present
~ : to ~ a request 4063
~ : to ~ an amendment 4095
~ : to ~ one's letters of credence to s.b. 3085
~ : to ~ s.b. with s.th. 3286
~ : to ~ the budget 1085
presentation at Court 3263
preservation of peace 3439
preside over: to ~ ~ an assembly 3880
presidency 955, 3873
Presidency 1314
President 1315
~ of the Bundesrat 1135
~ ~ ~ Federal Council 1135
~ (of the Republic) 1312, 1318
~ pro tempore 952
presidential campaign 807
~ candidate 1316
~ election 783
~ system 1274
Presidium of the Supreme Soviet 1239
Press and Information Office of the German Federal Government 1546
press attaché 3130
~ campaign 2742
~ conference 3919
~ department 4823
~ gallery 3841
~ office 4823
~ secretary 1545
pressure group(s) 1003, 2552
prestige 3472
pretender to the throne 312
prevent: to ~ a surprise attack 5964
prevention of surprise attacks 5966
~ ~ war 3464
preventive measures 5396
~ war 5579
previous question: to put the ~ ~ 4073
pre-war 6306
~-~ period 6305
primary elections 818
prime minister 1355, 1356

Prime Minister 1456
prince 356, 367
~ abbot 372
~ bishop 373
~ consort 366
Prince of Asturias 361
prince of the blood 358
~ ~ ~ Church 501
Prince of Wales 361
prince regent 318
princedom 370
princely 369
princess 357, 368
principal organs of the UNO 4964
~ private secretary 1280, 1408
Principal Recess of the Imperial Deputation of Ratisbon 6141
principality 371
principle of adaptation to given circumstances 1894
~ ~ reciprocity 3433
prison farm 701
prisoner: to take ~ 6022
~ of war 6028
~-~-~ camp 6027
prisoners' representative 6029
private audience 3271
~ ~ : to be received in ~ ~ 3272
~ meeting 3797
~ members' bill 1030
~ organization 4726
~ suite 3162
~ talk 3746
privateer 5725, 5726
privateering 5729
privilege of the tabouret 3215
Privy Council 327
prize 5776
~ : to be good ~ 5782
~ court 5783
~ crew 5760, 5777
~ law 5785
prize: to ~ a ship 5779
pro-Administration 2773
pro-administration majority 980
probationary appointment 4912
~ period 4911

649

problem: the ~ before us is to 4327
pro-Castro 6503
procedural committee 3969
~ matters 4103
~ motion 4105
~ rules 4106
procedure 4102
~ of commission of inquiry 5416
~ ~ conciliation 5412
~ ~ good offices 5419
proceed: to ~ a vote 4147
~: to ~ to elect s.b. 4186
~: to ~ to the agenda 3862
proclaim (to) 1047
~: to ~ a state of emergency 2070
proclamation 1049
~ of a state of emergency 2071
~ ~ the republic 1300
pro-communist 2588
professional consul 3381
~ diplomat 3029
~ organization 4765, 4766
~ society 4766
pro-government 2773
~-~ majority 980
Program Committee 5044
program of the government 1366
progressive 2501
progressiveness 2743
progressivism 2743
progressivist 2501, 2502
prohibited aerial space 54
prohibition of atomic weapons 5928
~ ~ ex-post-facto laws 641
projection room 3838
proletarian 2745
~ internationalism 2554
proletarianization 2746
proletariat 2744
prolix 4031
prolonged negotiations 3732
promote: to ~ international co-operation 3437
promotion 1786
promulgate (to) 1046
promulgation 1048
pronuncio 3137

propaganda barrage 2750
~ for war 5570
~ machine(ry) 2747
propagandist 2748, 2749
propagandizing 2750
proper channels: through the ~ ~ 1711
propertied classes 2568
property qualification 764
proportional representation 776
proposal 4061
propose: to ~ a motion 4068
~: to ~ a toast to s.b. 3300
~: to ~ s.b.'s health 3300
proposed budget 1095
pro-socialist 2818
pro-soviet 2813
protecting power 6036
~ state 169
protection of minorities 3690
~ ~ nationals abroad 3049
~ ~ the civilian population 6005
protective clause 4517
protector 168, 169
Protector of Bohemia and Moravia 5303
protector state 169
protest 3519
~ demonstration 2097
~ march 2099
~ rally 2100
~ strike 729
protest: to ~ to a government against s.th. 3520
protester 2098
protocol 3190, 4487
~ department 3189
~ of amendment 4495
~ ~ extension 4489
~ ~ interpretation 4490
~ ~ modification 4495
~ ~ ratifications 4497
~ ~ rectification 4494
~ ~ signature 4491
~ ~ the exchange of instruments of ratification 4492
~ service 3189
Protocole of Aix-la-Chapelle 6154
protracted debate 3989
~ negotiations 3732

provide: to ~ for consecutive interpretation 4213
~: to ~ for interpretation into a working language 4214
provided for in article 3 4652
province 1610
Provincial Assembly 1131
~ Diet 1141
provincial government 1612
provisional agenda 3851
~ arrest prior to extradition 1885
~ government 1343
provisions of a law 1077
~ ~ treaty 4520
proviso: with the ~ that 4551, 4646
provocation 2125
pro-Western 2751
psychological war(fare) 5581
PUAS 5277
public audience 3273
~ character of debates 4000
~ debt 1092
~ gallery 3840
~ institution 1705
~ law 2941
~ office 1715
~ opinion 2638
~ powers 551
~ safety 2057
~ service 1697
~ vote: by ~ ~ 4159
~ weal 556
publication in the Official Bulletin 1050
publicity campaign 2742
punishable by death 1909
punishment of the major war criminals 6379
puppet government 1341
purge 2244
purge (to) 2243
puritan 2752
puritanic(al) 2752
puritanism 2753
pursue: to ~ a policy 1556
purview 4603
push: to ~ a bill through 1040
push-button war 5591

put: to ~ a question to (a minister) 988
~: to ~ the question of confidence 996
~: to ~ to the vote 4146
~ down: to ~ ~ a rebellion 2164
~ ~: to ~ ~ an insurrection 2164
~ ~: to ~ ~ tools 717
~ forward: to ~ ~ territorial claims 117
~ into: to ~ ~ force 1056
~ on: to ~ ~ ice 1805
~ ~i to ~ ~ the shelf 1805
~ out: to ~ ~ feelers 3720
~ up: to ~ ~ candidates 819
~ ~: to ~ ~ for election 821
putsch 2147
putschist 2148
putting into force 1055
pyrrhic victory 3635

Q

quadripartite administration of Berlin 6364
~ agreement 4436
~ conference 3761
~ control 6363
~ status 6362
qualified: not ~ to vote 800
~ majority 887
~ to vote 799
quasi-legislative 905
queen 350
~ dowager 365
~ mother 364
Queen's messenger 3172
quell: to ~ an insurrenction 2164
quelling of an insurrection 2165
question 987
~ of Alto Adige 6392
~ of confidence 995
~ period 985
~ time 985
questionnaire 4236
questions affecting both countries 3573

questions
~ of ceremonial precedence 3196
questor 4843
Quisling 5804
quit: to ~ office 1422
quorum 4198
~: to establish that the ~ is present 4200
~: to have the ~ 4199
quote: to ~ verbatim 4222

R

rabble 2168
~-rouser 2122
race conflict 671
~ discrimination 664
~ question 670
~ riots 2126
racial 660
~ equality 672
~ hatred 677
~ persecution 684
~ prejudice 663
~ problem 662
~ question 670
racialism 661
racialist 666
racism 661
racist 666
~ doctrine 678
radar base 5967
Radical(s) 2014
~ Democratic Party 2038
~-Socialists 2014
radicalism 2755
radicalization 2756
raid 5517
raid (to) 5518
~: to ~ (an area) 2172
rainbow-books 3673
raise: I ~ my glass to 3301
~: not to ~ objections to s.th. 4369
~: to ~ a legation to the rank of embassy 3071
~: to ~ a point of order 4076, 4112
~: to ~ a problem 4390
~: to ~ an embargo 5733
~: to ~ barricades 2196
~: to ~ funds 1982
~: to ~ immunity 1007
~: to ~ money 1982

raise
~: to ~ s.b. to a dignity 435
~: to ~ the blockade 5720
~: to ~ to the peerage 409
raising of a blockade 5718
raison d'état 2830
rajah 469
Rajya Sabha 1168
rake: to ~ out 2172
rally 2084
Rally of the French people 6384
ram: to ~ a bill through 1040
Rapacki Plan 6470
rapporteur 3821
rapprochement 3586
ratification 4587
~ clause 4508
ratified: the present Treaty shall be ~ 4584
ratify (to) 4585
ratifying law 4588
reach: the conference has ~ ed a deadlock 4136
~: to ~ a breakthrough 4137
~: to ~ agreement on 3728
~: to ~ unanimity 4207
reaction 2757
reactionary 2758, 2759
read (to) 4038
~: to ~ a paper 4300
~: to ~ the judgement in open court 5476
~: to ~ the names of the delegates in alphabetical order 4156
readiness to negotiate 3715
~ ~ reach a compromise 3479
reading 1037
real union 219
realignment of 2867
realm 352
realpolitik 1566
reanimate: to ~ the discussion 4002
reappoint: to be ~ed 878
re-appointment 791, 4913
rear-guard policy (politics) 3588
rearm (to) 5890
rearmament 5889

651

rearmament of Germany 6430
rearrangement of 2867
rearrest 1889
reasons (grounds) for a judgement 5477
reason: there is every ~ to believe 4364
~ of state 2830
rebel 2178, 2186
~ leader 2187
rebel: to ~ against 2179
rebellion 2163
rebellious 2185
recall 3088
recall: to ~ a diplomatic agent 3091
recaptor 5774
recapture 5773, 5775
receivable 4079
receivability 4077
receive: to ~ in solemn audience 3270
receiving State 3075, 3077
reception 3290
~: to give a ~ 3292
~ committee 4274
recess 5485
~: to be in ~ 930
recipient country 3678
~ state 3678
reciprocity 3433
~ clause 4505
~ treaty 4456
RCO 5279
recognition as insurgents 5991
~ of a government 2996
~ ~ ~ new situation 2995
~ ~ ~ rule of law 5483
~ ~ ~ state 2997
~ ~ belligerency 5565
~ ~ the German Democratic Republic under international law 6537
~ ~ ~ Oder-Neisse line 6371
recognize: I ~ Mr. ... 4023
~: to ~ formally 3000
~: to ~ s.b. 4018
recommendation: to make a ~ 4054
reconversion of armaments 5899

record vote 3154
record: to ~ in the minutes 4226
recourse: by ~ to law 1824
~: to have ~ to war 5534
recruit: to ~ staff 4901
rectification 3553
~ of boundaries 131
~ ~ the minutes 4228
rectify (to) 4229
Red Army 2812
red book 3672
Red Crescent 6020
~ Cross 6018
~ ~ flag 6019
~ Guards 6515
red-handed: to be caught ~-~ 1009
Red Sun 6021
red-tape 2378, 2433, 2434
red-tapist 2432
red teletype 6525
redistribution (of electoral districts) 791
redrafting 4548
reduction of armaments 5957
~ ~ military forces 5949
~ ~ staff 4857
re-educate (to) 2865
re-education 2866
~-~ of the Germans 6374
re-elect (to) 748
~-~: to be ~ed 878
re-election 749
re-eligibility 750
re-establish: to ~-~ diplomatic relations 3046
~-~: to ~-~ the constitutional guarantees 2067
re-establishing of friendly relations 3590
re-extradition to a third state 1877
refer: to ~ a dispute to a tribunal 5424
~: to ~ a question (to a committee) 3938
reference to the committee 3939
referred: the bill is ~ from one chamber to another 1035
~ to in article 33 4651
reform movement 2764

Reformation 6079
reformism 2764
reformist 2765
refugee 2309
~ assistance 2314
~ camp 2311
~ (granted asylum) 2323
Refugee Party 1991
refugee problem 2310
refund of travel expenses 4949
refusal of legal assistance 1855
~ ~ mutual assistance 1855
~ to extradite 1882
refuse: to ~ extradition 1881
~: to ~ to accept a note 3530
~: to ~ to extradite 1881
refute: to ~ an argument 4380
regalia 305
regency 316
~ council 317
regent 319
Régime of Vichy 6319
region 1614
regional administration unit 1611
~ agencies 5028
~ agreement 4434
~ arrangement 4434
Regional Commissions 4999
regional conference 3769
Regional Co-operation for Development 5279
regional government unit 1611
Regional Meteorological Association 5095
regional organization 4728
regionalism 2768
regionalist 2770, 2772
regionalization 2771
regionalize (to) 2769
register (to) 4601
~: to be a ~ed voter 801
~: to be ~ed as an elector 801
~: to be ~ed to vote 801
~: to ~ births, marriages and deaths 3412

~: to ~ in the minutes 4226
registrar 4846, 5112, 5405
registration 4281
~ fee 4282
~ form 4283
~ of treaties 4602
~ must be made by 4284
registry 5404
regrets: to express one's ~ about an incident 3313
regrouping of 2867
regular army 5600
regularity of nominations 3890
regularly appointed: a delegate ~ ~ 3889
regulation 1656, 1659
~ for implementation 986
Reich 6240
Reichstag fire 6267
Reichswehr 6244
reign 282
reign (to) 279
reigning dynasty 294
~ family 294
Reinsurance Treaty 6196
reject: to ~ a motion 4092
~: to ~ a note 3531
~: to ~ a request 4064
~: to ~ an ultimatum 3563
relative majority 889
relaxation of tension 3622
release 1914
~ from nationality 2357
~ of American prisoners of war 6542
release: to ~ a ship 5759
~: to ~ a territory from annexation 96
~: to ~ on parole 6041
~: to ~ prisoners 6040
~ ed: to be ~ed at 3542
reliable source: it is reported from a ~ ~ 3698
relief agency 4746
~ committee 4747
~ fund 4745
religious freedom 603
~ toleration 605
~ war 5588
relinquishment of sovereignty 1876
relocation center 6047
remain: to ~ in office 1783

remainder: for the ~ of one's term of office 4910
remark: to make a ~ 4384
~s: no ~ ? 4386
remilitarization 5900
removable 1806
removal expenses 4871
~ from office 1803, 4943
~ of troops 5880
remove: to ~ a minister from office 1432
~: to ~ s.b. from office 1801, 4942
render: to ~ homage to s.b. 3265
renegade 2774, 5612
renew: to ~ tacitly 4619
renewal 1062
~ of a treaty 4616
renewed warfare 5834
renounce: to ~ one's right to the throne 321
rental allowance 4874
renunciation 5464
~ of 3477
~ ~ atomic weapons 5904
~-~-force agreement 6521
~-~-~ treaty 6521
reoccupation of the Rhineland 6287
reopen: to ~ negotiations 3737
reorientation of policy 3503
reparations 5874, 6237
repatriate (to) 6042
repatriation 2360
~ of prisoners of war 6043
repeal: to ~ an act 1064
repeat: if the offence is ~ed 4119
~: let me ~ once again that 4329
replace: to be ~d by a colleague 3816
replication 5467
replies 5467
report 4245, 4302
report: to ~ to s.b. 4254
reporter 3821
represent: to be ~ed by a colleague 3816
~: to ~ s.b. 1781, 3100
representation allowance 4870
~s: to make ~ 3518

representative 940, 4887
~: claim to be the only legitimate ~ of the whole German people 6538
~ democracy 1271
~ going out of office 941
~ system 1272
repression of an insurrection 2165
~ ~ the slave trade 658
repressive measures 2173
reprieve 1840
reprieve (to) 1838
reprisal(s) 3653, 3656
republic 2775
republican 2776, 2777
republicanism 2778
Republicans 2026, 2047
request 3474, 4059
~: at the ~ of 4069, 4070
~ for association 4689
~ ~ extradition 1884
~ ~ investigation preliminary to prosecution 1857
~ ~ the inclusion of a question in the agenda 4074
request: to all who ~ the same 4067
~: to ~ an audience with s.b. 3267
~: to ~ that a question be referred to a committee 3940
~: to ~ one's passports 3401
~: to ~ that an error be rectified 4099
~: to ~ the speaker to keep the point 4033
requested Party 1851
requesting Party 1852
requisition 5822
requisition (to) 5821
res communis 2975
~ nullius 2976
research center 4784
resentment 3637
reservation 656
reservations: I should like to make certain ~ 4368
~: with ~ 4555
~: without ~ 4554
reshuffle (to) 1373

653

reshuffling of 2867
~ ~ the government 1372
resident 2273, 2298
~ general 1600
resign (to) 4937
~ : to ~ from office 1422
~ : to ~ in a body 4940
~ : to ~ office 1422
resignation 1423, 1426, 4936, 4945
resigning 1427
resistance group 2200
~ movement 2199
~ to search 5766
resolution 1654, 4055
resort: by ~ to armed force 2079
~ to force 2077
~ ~ regional agencies 5397
resort: to ~ to force 2076
~ : to ~ to war 5534
respect: to ~ a treaty 4528
~ : to see that the constitution is ~ed 550
responsible for coordination (centralization) of work 3936
Restoration 6159
restoration of compulsory military service 6280
restore: to ~ a ship (vessel) 5790
~ : to ~ constitutional guarantees 2067
~ : to ~ diplomatic relations 3045
~ : to ~ peace 3452
~ : to ~ peace and order 2058
Restricted Area Law 5256
restricted committee 3952
~ community 6432
~ suffrage 762
restrictions on travel to and from Berlin 6534
restrictive provisions 4524
results of the elections 866
resume: to ~ diplomatic relations 3045
~ : to ~ negotiations 3737
~ : to ~ plenary sittings 3796
~ : to ~ UN peace talks under ambassador Jarring 6528

resumption of air raids on North Vietnam 6511
~ ~ hostilities 5834
~ ~ negotiations 3738
~ ~ work 718
resurgence of a topic 3639
retaliate (to) 3657
retaliatory measures 3653
~ raid 5661
~ strike 5661
retire (to) 1810, 1811
retired: to be ~ on pension 1811
retirement 1809, 4945
~ on pension 1809
retiring deputy 941
~ from office 1798
~ members 3825
retortion 3656
retrenchment of budget 1098
retroactive law 1073
retroactivity 4609
retrocede: to ~ a territory 99
retrocession 98
retrospective law 1073
return journey: to start on the ~ ~ 3247
~ visit 3235
return: to ~ a visit 3236
~ : to ~ 15 members to Parliament 875
returning officer 832
reunification of Germany 6414
revanchist 2780, 2781
revenge-seeker 2780
reversal (of the situation) 3502
reverse 3624
review 3205
review: to ~ the guard of honour 3204
revision: complete ~ 535
~ of a treaty 4633
revisionism 2782, 2785
revisionist 2783, 2784
~ movement 2785
revival of a topic 3639
~ ~ the idea of a united Europe 6454
~ ~ the European idea 6454
revive (to) 1061
revocable 1806

revocation of the Edict of Nantes 6101
revoke (to) 3561
revolt 2180, 2182
Revolt of the Netherlands 6089
revolt: to ~ against 2179
revolution 2155
revolutionary 2114, 2158, 2159
~ committee 2156
~ council 2157
Revolutionary Council 1119
revolutionary government 1345
~ vigilance 2885
Revolutionary War 6119
revolutionist 2128
Rexists 6285
Rhodesian issue 6497
~ question 6497
rider 4510
Right 1922
right and advantages resulting from membership 4697
~ deviationism 2761
~ deviationist 2760
~ extremism 2763
~ of access 23
~ ~ amendment 1041
~ ~ angary 5793
~ ~ approach 5740
~ ~ asylum 2318
~ ~ chapel 3159
~ ~ conquest: by ~ ~ ~ 5875
~ ~ dissolution 951
~ ~ domicile 2292, 2351
~ ~ eminent domain 623
~ ~ establishment 2292
~ ~ granting reprieve 1841
~ ~ international representation 2970
~ ~ interpellation 990
~ ~ legation 3047
~ ~ neutrality 6057
~ ~ option 111
~ ~ pardon 1841
~ ~ passage 6075
~ ~ petition 653
~ ~ pre-emption 5789
~ ~ primogeniture 314

right of privacy in telecommunications 647
~ ~ proposing laws 1028
~ ~ pursuit 5767
~ ~ self-defence 2971
~ ~ self-defense 2971
~ ~ self-determination of nations 161
~ ~ self-preservation 2969
~ ~ settlement 2351
~ ~ stoppage 5743
~ ~ veto 4081
~ ~ ~ : to have ~ ~ ~ 4080
~ ~ visit and search 5750
~ ~ vocational training 634
~ ~ war prevention 3465
~ ~ withdrawal 4698
~ ~ women to vote 766
~ to a fair trial by an independent and impartial tribunal 637
~ ~ ~ nationality 625
~ ~ address the meeting 4007
~ ~ an adequate standard of living 644
~ ~ be presumed innocent until proved guilty 638
~ ~ conclude treaties 4414
~ ~ declare war 1392
~ ~ education 601, 633
~ ~ form labour unions 649
~ ~ ~ trade unions 64
~ ~ free choice of employment 627
~ ~ inherit 620
~ ~ life 624
~ ~ marry and to raise a family 632
~ ~ opt 2347
~ ~ own property 619
~ ~ pension 1812
~ ~ social security 643
~ ~ speak 4007
~ ~ stand for election 746
~ ~ strike 651
~ ~ vote 797, 4143
~ ~ ~ : without the ~ ~ ~ 800
~ ~ work 626

right to
~s accorded to a legation 3047
~s of man 583
rightist government 1330
right-wing coalition 1931
~-~ deviationist 2760
~-~ extremist 2762
~-~ government 1330
~-~ opposition 1935
~-~ parties 1922
Riksdag 1231
ringleader 2120
Rio Treaty 6398
rioter 2110, 2188
riotous 2185
riots 2107, 2131
riparian state 13
rise to power 1293
rise: to ~ in rebellion against 2179
~ up: to ~ ~ against 2179
Rising Sun 3358
Risorgimento 6156
rival candidate 795
rivalry between A and B 3636
rocket 5664
~ launching base 5969
~ ~ site 5676, 5969
~s carrying nuclear warheads 5971
Roi Soleil 6099
roll call 4155
roll-call vote 4154
Rome–Berlin Axis 6301
Rome Treaties 6468
rostrum 4010
~ : to come to the ~ 4011
rotating chairmanship 3884
rotation in precedence 3199
round of talks 3753
round-table conference 3775
~-~ discussion: to have a ~ ~ ~ 3776
roving ambassador 3113
~ strike 727
royal 351
~ honours 3201
~ house 291, 354
royalist 2786, 2887
royalty 353
rule-making competence 569
~-~ power 1657

rule of international law 2916
~ ~ the range of cannon 40
~ ~ twenty-four hours' interval 5796
~ ~ law 2914
~ ~ order 4106
~ ~ procedure 4106
~s 1659
~s committee 3971
~s concerning the languages 4677
~s on good neighbourly relations between nations 15
rule (to) 279
~ : to ~ s.b. out of order 4028
ruler 277, 278
~s 1296
ruling class 2569
~ party 1928
~ ~ : the ~ ~ and the opposition 1927
rump parliament 923
run: to ~ candidates 819
~ : to ~ for a seat in (Congress) 822
~ : to ~ for re-election 825
~ : to ~ in an election 1759
~ : to ~ into difficulties 4388
~ : to ~ the blockade 5717
run-off ballot 788
rupture of diplomatic relations 3044
rural commune 1635
~ district 1630
~ parish 1635
ruse of war 5983
Russian campaign 6334
~ satellites 6389
~ steamroller 6217
Russo–Japanese War 6205

S

Saar Agreement 6452
~ plebiscite 6284
~ question 6283
sabotage 2231
sabotage (to) 2235
saboteur 2234
SACEUR 5244

655

sack (to) 1802
sack 1804
~: to give the ~ to s.b. 1802
sacking 1804
SACLANT 5243
Sacred College of Cardinals 494
safe-conduct 5806
safeguard: our interests are adequately ~ed 3490
Saint Bartholomew's Night 6088
salami tactics 3647
salary 1694
Salic Law 315
SALT Talks 6524
salute 3214
~ at sea 3213
Salvation Army 5311
sanctity of treaties 4527
sanitary cordon 3607
satellite state 215
satrap 448
saving clause 4517
say: I should like to ~ here and now that 4339
~: to have a ~ in 3806
SC 4983
scab (to) 741
scales of pay 1808
scattered strike 727
sceptre 306
schedule 3872
schedule: to ~ a meeting for the 3848
school integration 676
Schuman Plan 6422
science of international law 2908
Scientific and Technical Committee 5144
scientific attaché 3132
scope 1747, 4603
scorched-earth policy 5593
scrap of paper: to look at s.th. as a simple ~ ~ ~ 4530
scrutineer 864, 4168
sea bed 44
~ floor 44
~ frontiers 138
~ outlet 24
~ power 256
~ shelf 37
seal 1678

sealing of the border 150
Seanad Eireann 1173
search (to) 2172
seat 932, 4676
~s to be filled 874, 934
seating arrangement 3303, 3306
SEATO 5281
secede: to ~ from 114
secession of a territory 113
secessional 2801
secessionism 115
secessionist 2372, 2800, 2801
~ territory 112
~s 6180
second ballot 787
~ chamber 914
Second Chamber 1212
~ Committee 4969
~ Empire 6171
second vote 845
second: to ~ a motion 4086
secondary power 254
~ theatre of war 5634
second-class power 254
~-rate power 254
secrecy of correspondence 646
~ ~ telecommunications 647
~ ~ the ballot 841
~ ~ ~ vote 841
secret agent 2278
~ ballot 841
~ clause 4509
~ conversations 3748
~ diplomacy 3022
~ funds 1100
~ organization 2207
~ protocol 4493
~ service 2253
Secret Service 2267
secret session 3797
~ ~: in ~ ~ 3802
~ society 2206
~ treaty 4461
Secretariat 5057, 5062
~ of the (FAO) 5047
~ of the United Nations 5026
secretary 1406, 3821, 4224
~ (of state) 1406
Secretary 3142
secretary general 4840

Secretary General 5027
~ of Agriculture 1506
secretary of an embassy 3165
Secretary of Commerce 1466
~ ~ Defense 1521
~ ~ Health, Education and Welfare 1496
~ ~ Labor 1480
Secretary of State 1440
~ ~ ~ for Air 1492
~ ~ ~ ~ Defence 1521
~ ~ ~ ~ Education and Science 1512
~ ~ ~ ~ Employment 1480
~ ~ ~ ~ External Affairs 1438
~ ~ ~ ~ Foreign and Commonwealth Affairs 1439
~ ~ ~ ~ Scotland 1532
~ ~ ~ ~ Social Services 1502
~ ~ ~ ~ the Home Department 1443
~ ~ ~ ~ ~ Colonies 1528
~ ~ ~ ~ Trade and Industry and President of the Board of Trade 1466
~ ~ ~ ~ Wales 1531
~ ~ ~ ~ War 1525
~ ~ the Interior 1443
~ ~ ~ Navy 1489
secretary of the parliamentary group 958
Secretary of the Treasury 1455
sectarianism 2797
section 968, 4821
sector boundary 6411
secularization 6155
secure: to ~ 15 seats 875
security agency 2051
~ arrangements 2052
Security Council 4983
security guarantee 3467
measures 2052
~ of the state 2049
~ officer 2053
~ pact 4445
~ police 2054

656

measures regulations 4934
seditious 2185
segregation 667
segregationist 674
seign: to ~ from the cabinet 1428
seize (to) 5788
~: to ~ power 1291
seizure 56, 5757
~ of a vessel 5787
~ ~ power 1292, 6276
Sejm 1226
select committee 970
self-administration 158
~-censorship 691
~-criticism 2798
~-defence 5982
~-determination 160
~-government 157
~-preservation 2968
seminar 4305
semiofficial 1722
semi-official source: from a ~-~ ~ 1369
~-~ organization 4711
semi-sovereign state 163
senate 916
Senate 1103, 1109, 1111, 1113, 1116, 1121, 1123, 1126, 1128, 1146, 1148, 1152, 1156, 1171, 1173, 1179, 1189, 1191, 1194, 1196, 1203, 1209, 1221, 1223, 1225, 1244, 1251, 1254, 1256, 1262
senate committee 967
Senate ratification 4586
senator 946
senatorial 915
~ committee 967
~ elections 782
senators for life 947
senatus-consultus 6139
send: to ~ a telegram of condolence to s.b. 3316
~: to ~ an open letter 3557
~: to ~ messages to Parliament 1391
sending 3051
~ State 3076
senior 4883
~ diplomat 3106
~ officials 4882
~ statesmen 1549
seniority 3197, 4929

sentence of death 1910
sentence: to ~ to death 1839
separate agreement 4433
~ peace 5868
~ treaty 4423
separation allowance 4876
~ of Church and State 555
~ ~ colonies from the mother country 198
~ ~ powers 553
separatism 2799
separatist 2800, 2801
septennate 1390
series of strikes 713
service contract 4914
~ emoluments 1694
~ of writs and records of judicial verdicts 1897
session 926, 3785, 3792
sessional expense allowance 1012
set: to ~ a ship free 5759
~ aside: to ~ ~ all treaties 4541
~ up (to) 4791
~ ~: to ~ ~ a committee 3930
~ ~: to ~ ~ an organization 4668
setback 3624
setting-up 4792
~-~ of military bases 5516
settle: to ~ a dispute 5426
settlement by compromise 5411
~ of conflicts of laws 1080
Seven Weeks War 6175
~ Years' War 6117
sever: to ~ diplomatic relations 3043
severance of diplomatic relations 3044
Seym 1226
shadow cabinet 1340
shah 444
SHAPE 5244
Shareef 459
Sharif 459
sheik 475
Sheikdom 476
sheikh 475
shelf sea 37
shelve (to) 1805
~: to ~ a bill 1032
Shereef 459

Sherif 459
Sherifian Kingdom 460
shield and sword strategy 5248
shire 390
shooting 2222
~ war 5582
short lecture 4303
~ strike 4303
~-term goal 2654
~-~ staff 4900
shortcoming of a rule of international law 2917
shorthand service 4235
shot across the bows 5748
show-of-hands vote 4151
show trial 1847
show: to ~ one's flag 3350
Shura 1102
sick leave 4924
~ man of Europe 6193
Siegfried Line 6314
sign (to) 4557
~: to ~ the register of condolences 3319
signatories 4558
signatory governments 4561
~ states 4560
signature ad referendum 4580
~ protocol 4491
signify: to ~ a desire to speak 4016
silent majority 6501
Silesian Wars 6116
simple majority 888
simplified agreement 4417
simultaneous interpretation 4212
single: in a ~ copy 4663
~ chamber 917, 918
~ list 803
~-member constituency voting system 775
~ party 1924
sink: to ~ a dispute 5427
~: to ~ a ship 5758
Sino-Soviet conflict 6516
si omnes clause 4512
sister city movement 3696
sit: to ~ in camera 3911
~ down: to ~ ~ at the negotiating table 3701
sit-down (strike) 730

657

sit-in 2106
~-~ strike 730
sitting 3792
~ accomodation for 500 persons 3836
situation is worsening 3498
Six-Days War 6527
Sixth Committee 4973
six-year plan 1579
skeleton law 1070
~ treaty 4410
skyjacker 2216
skyjacking 2215
slate 820
slave trade 655
slim majority 892
slogan 737, 2791
slow-down 725
smash: to ~ a spy ring 2259
smooth: to ~ a conflict 3604
snecking 2275
snooping 2275
Sobranje 1124
Sobranye 1124
social chauvinism 2814
Social Commission 4993
~ Committee 4989
~ Contract: Rousseau's ~ ~ 2526
~ Democracy 1985
~ Democrat 1984
~ Democratic Party 2000
~ Democrats 2027
~, Humanitarian and Cultural Committee 4970
social justice 593
~ order 558
~ policy 1573
~ security policy 1573
~ state 264
~ system 558
socialism 2815
~ of general appeal 6518
socialist camp 2809
Socialist International 5378
socialist liberal coalition government 6540
Socialist Party 1989, 2013
~ ~ of Austria 2029
socialist sympathizer 2818
Socialist Unity Party 2004
socialist(ic) 2816, 2817
socialization 2806
socialize (to) 2805

Society of Jesus 6084
sodality 4781
softening of one's attitude 3514
Soldier King 6114
Soldiers' and Workmen's Council 6228
sole jurisdiction 5460
solemn 3250
~ ceremony 3249
~ declaration 4047
solemnity 3249
solidarity 2811
solidary 2810
Soliman I 6077
solve: to ~ pending problems 3574
source: it is a ~ of great satisfaction for me to 4342
~s of international law 2944
South East Asia Treaty Organization 5281
~ Pacific Commission 5283
~ Tirol question 6392
Southerners 6180
sovereign 277, 278, 560
~ equality 153
~ right 567
~ state 152
sovereignty 561
~ of the air 52
~ ~ ~ people 565
Soviet 2802
~ Army 2812
~-China ideological conflict (dispute) 6516
~ government 1347
~ of the Nationalities 1240
~ ~ ~ Union 1241
sovietization 2804
sovietize (to) 2803
space law 2934
~ platform 5973
Spanish-American War 6199
Spanish Civil War 6289
spare: to ~ churches and hospitals 6007
Spartacist 6246, 6247
~ insurrection 6248
SPC 5283
speak: so to ~ 4356
~: the delegate ~s from his place 4012

Speaker of the House 952
special agreement 4432
~ authorization 1666, 1667
~ committee 3957
Special Council of Ministers 5120
special leave 4925
~ mission 3060
~ permit 1667
~ plane 3224
Special Political Committee 4968
special post allowance 4877
~ post office 4293
~ protocol 4496
~ representative 3061
~ train 3223
specialist in international law 2909
specialized agencies 5029
speed up: to ~ ~ negotiations 3739
sphere of application 4605
~ ~ influence 3492
~ ~ interests 3493
spirit: in a ~ of mutual understanding 3578
~: the ~ of Camp David 6476
Spirit: the ~ of Laws 2527
spiritual sovereignty 572
splinter group 1943
~ parties 1947
split 1941
split (to) 1942
splitting of one's vote 848
spoilt voting-paper 855
spokesman 1544
sponsoring committee 4812
~ member 4680
spontaneous strike 735
spread of nuclear weapons 5945
spy 2256
~ network 2258
~ ring 2258
spy (to) 2254
squirarchy 417
squire 416
stabilized warfare 5641
staff 4851
~ committee 4854
~ costs 4853
~ department 4825
~ member 4880

stabilized of a diplomatic mission 3163
~ plan 4858
~ regulations 4852
staggered strike 727
Stakhanovism 2820
Stakhanovite 2832
stalemate: the conference has reached a ~ 4136
Stalinism 2833
Stalinist 2834, 2835
stand: as it ~s 4090
~: to ~ as a candidate for 822
~ down 824
~ for: to ~ ~ election 821
~ ~: to ~ ~ re-election 825
standard clause 4501
Standing Armaments Committee 5293
standing body 4793
~ committee 3946
Standing Group 5249
standing orders 4106
~-~ committee 3971
standstill: the conference has come to a ~ 4136
~ agreement 4475
Stars and Stripes 3356
start: to ~ negotiations 3700
state: very small ~ 253
State address 1553
state capitalism 2829
~ ceremony 3251
~ control 1707
State Department 1436
state funeral 3336
~ of blockade 5709
~ ~ emergency 2060, 2069
~ ~ ~ requiring special parliamentary legislation 2068
~ ~ peace 5867
~ ~ siege 2072
State of the Union Message 1553
state of war 5542
State of Workers and Farmers 2406
state religion 576
~ secret 1777
~ servitudes 120
~ socialism 2831

state
~ under suzerainty 172
~ visit 3221
States General 1210
States-General 6122
States of the Church 6182
~ ~ ~ Eastern Bloc 6388
state: I should like to ~ expressly that 4339
~: to ~ in a report 4250
stateless 2363
~ persons 2362
statelessness 2361
statement 4014
~: to make a ~ 4046
statesman 1551
statesmanship 1552
static warfare 5641
station (to) 5819
stationary warfare 5641
stationing costs 5817
~ of troops 5818
Statistical Commission 4991
statistical division 4827
~ section 4827
~ yearbook 4273
status quo 3486
statute(s) 4673
~: to become ~ barred 2950
~ of limitations 2951
~ ~ ~: to be barred by the ~ ~ ~ 2950
Statute of Westminster 6268
statutory corporation 1704
~ order 1067, 1656
stay of belligerent warships in neutral ports 5795
Steel Helmets 6243
~ Pact 6325
steering committee 3943
stenographic service 4235
step 4864
stiffening of the attitude 3509
stipulate: to ~ expressly 4550
stir up: to ~ ~ against 2123, 2124
~ ~: to ~ ~ disorder 2108
stirring up to boycott 2128

stockpiling of atomic weapons 5926
stone (to) 2105
stop: to ~ and search 5752
~: to ~ work 717
stoppage 5742
~s 4867
stopping 5742
storm centre 3617
Storming of the Bastille 6126
Storting 1213
strains: to the ~ of the national anthem 2031
straits closed to warships 5701
strategic air force 5657
Strategic Arms Limitation 6524
stream of refugees 2312
street fighting 2194
strength of a parliamentary group 961
strengthen: to ~ peace 3441
strengthening of a régime 1276
~ ~ peace 3442
strict interpretation 4545
~ party vote 960
strike 707
~: to be on ~ 720
~ benefits 738
~ breaker 741
~ call 710
~ fund 739
~ movement 712
~ notice 708
~ order 711
~ pay 738
~ picket 741
~ threat 709
~ vote 714
strike: to ~ from the record 4232
~: to ~ the flag 3349
striker 721
strong man 1297
struggle for freedom 197
student demonstration 2112
~ riots 2111
study center 4785
~ group 3929, 4308
~ leave 4926
sub: to ~ for s.b. 1780

659

Sub-Commission on Prevention of Discrimination and Protection of Minorities 4995
sub-committee 3927
subject 2287, 2333, 2338
~ matter of a dispute 5458
~ of international law 2910
~: to be a ~ of international law 2913
~: to be a ~ of law 2912
~: to be the ~ of a discussion 3985
~ to 4551
~: to be ~ to capture 5781
~ to denunciation: the agreement is not ~ ~ ~ 4614
~ ~ local jurisdiction: not to be ~ ~ ~ ~ 3150
~ ~ ratification 4589
~ ~ ~: the present Treaty is ~ ~ ~ 4584
~ ~ reciprocity 4459
subjugation 5876
Sublime Porte 6192
submarine 5691
~ base 5683
~ warfare 5693
submit: to ~ a dispute to a tribunal 5424
~: to ~ a report 4248
~: to ~ a report to the plenary sitting for approval 4252
~: to ~ s.th. to a plebiscite 105
~: to ~ the budget 1085
~: to ~ to the secretariat 4249
subscriptions 4699
subsidiary body 4797
~ committee 3928
~ organ 4797
~ source 2957
subsidy 4703
substitute 944, 3818, 4887
~ solution 3731
substitute: to ~ for s.b. 4888
subversion 2115
subversionary 2114
subversive 2114
~ activities 2113

subversive
~ movement 2116
succession of states 272
~ states of the Austro-Hungarian Empire 6235
~ to the throne 311
successor 4885
~ state 273
~ to the throne 313
sudden strike 723
~ trip 3230
Sudeten area 6297
~-Germans 6296
Sudetenland 6297
sue: to ~ for peace 3447
Suez Canal Users Association 6460
~ Crisis 6459
suffer: to ~ losses 881
suffragette 767
sugar-cane curtain 6504
suggestion of a candidate 4175
suite 3160
Suleiman the Magnificent 6077
sultan 453
sultana 454
sultanate 455
sultaness 454
summarize: I will now briefly ~ 4331
~: to ~ the discussion 4050
summary: I will now give a brief ~ of 4331
~: to make a ~ of the discussion 4050
~ of the facts 1892
~ procedure 5472
~ record 4220
summer residence 495
summit conference 3766
~ ~ collapse 6477
~ diplomacy 3025
~ failure 6477
~ fiasco 6477
summitry 3025
summon: to ~ a conference 3842
~: to ~ to stop 5745
summoning 3843
~ to display one's colours 4747
~ ~ stop 5744
summons is served 1895

Sun King 6099
superior 4883
supernumerary seat 937
super power 249
superstate 245
supervising board 4811
supervision of local authorities 1708
supervisory board 4811
~ body 1700, 1706
~ committee 3963
supplemental agreement 4429
supplementary agreement 4429
~ clause 4510
~ protocol 4492
~ report 4260
support costs 5817
support: to ~ a motion 4086
supporter 2383
~ of civil rights 6499
~ ~ Pan-Americanism 2697
supporting documents 1904
supranational organization 4706
supremacy 3
~ of international law 2942
Supreme Allied Commander Atlantic 5243
~ ~ ~ Europe 5244
supreme command 5632
Supreme Court of Justice 1831
~ Headquarters of the Allied Powers in Europe 5244
~ Pontiff 478
~ Soviet 1238
surface vessels 5687
surface-to-air missile 5671
surface-to-surface missile 5666
surmount: to ~ the impass 4137
surprise attack 5963
surrender of the person to be extradited 1879
surrender (to) 1872, 5826
suspend: to ~ (from one's duties, from office) 1799
~: to ~ constitutional guarantees 2066

660

rospend: to ~ the diplomatic relations 3041
suspension (from office) 1800
~ of arms 5840
~ ~ atomic tests 5932, 5940
~ ~ diplomatic relations 3042
~ ~ execution 5492
suspensive effect 1756
~ veto 4082
suspensory veto 4083
suzerain 176
suzerainty 175
swastika 2536
swear: to ~ allegeance to the Constitution 1540
~: to ~ in s.b. 1775
~: to be sworn in 1541, 1774
swing: ~ to the left 895
swing-over to the right 894
Swiss Communist Party 2036
~ Guard 496
sympathetic strike 731
sympathizer 2838
sympathy strike 731
symposium 4310
synarchy 2821
syndicalism 2839
syndicalist(ic) 2840
synod 492
system of collective security 3470
~ ~ international law 2919

T

TAB 5016
table: to ~ a bill 1032
~: to ~ a motion of confidence 996
tacit consent 4620
~ renewal 4618
tactical air force 5656, 5658
~ atomic weapons 5912
~ nuclear weapons 5912
take: to ~ an oath 1541
~: to ~ an oath on the constitution 1540
~: to ~ leave of 3244
~: to ~ office 1770

take
~: on taking office 1772
~: to ~ part in a demonstration 2088
~: to ~ part in the debate 3997
~: to ~ pleasure in greeting 4314, 4316
~: to ~ the floor 4026
~: to ~ the minutes 4223
~: to ~ the oath of office 1774
~: to ~ the opportunity: I take ~ ~ to 4322
~ off: to ~ ~ an embargo 5733
~ over: to ~ ~ the office of mayor 1651
~ up: to ~ ~ a diplomatic career 3032
~ ~: to ~ ~ one's duties 1770
taking effect 1058
~ of hostages 6008
~ possession 56
talk 4304
talk: to ~ politics 2734
talking politics 2733
talks behind the scenes 3755
tap: to ~ the telephone 2269
tariff agreement 4471
~ negotiations 3706
task: the ~ before us is to 4327
tax and customs offences 1864
Tcheka 6224
teach-in 2095
teaching of the most highly qualified writers on law 2955
tear gas 2174
~ grenade 2175
technical adviser 3823
~ assistance 3682
Technical Assistance Administration 5017
~ ~ Board 5016
technical committee 3958
~ organization 4765
technocracy 2843
technocrat 2842
technocratic 2844
Teheran Conference 6339

telegram of condolence 3318
~ ~ congratulation 3281
telephone tapping 2270
teletype operator 4830
television address 3256
~ interview 3922
telex operator 4830
teller 864, 4168
temporarily: a ~ retired (suspended) civil servant 1687
temporary civil servant 1686
~ official 1686
~ staff 4899
tender: to ~ a collective resignation 4940
~: to ~ one's resignation 1424
tending toward anarchism (anarchy) 2380
tenor 4635
tense situation 3500
term of office 945, 1784
terminate (to) 4606
termination of the state of war 5866
terms and conditions of appointment 4894
terms: to come to ~ with the Nazi area 2877
~: to come to ~ with the past 2877
~: failure to come to ~ with the past 2878
terra nullius 62
territorial aggrandizement 77
~ application 4606
~ asylum 2321
~ authority 1611
~ change 76
~ claim 119
~ defence 5595
~ integrity 7
~ sea 35
~ sovereignty 3
~ waters 32
territoriality 6
territorium nullius 62
territory 1
~ of the requesting party 1859
~ subject to plebiscite 107

661

terror 2223
~ raid(s) 5660, 5663
terrorism 2225
terrorist 2227
~ action 2229
terrorist(ic) 2226
terrorize (to) 2228
testimony: in ~ whereof 4657
thaw 3625
thearchy 2845
theatre of war 5633
theocracy 2845
theocratic(al) 2846
theory of state (general) 524
thermonuclear weapons 5906
think tank 1385
Third Committee 4870
third countries 5149
Third Estate 6123
~ Reich 6269
third states 4571
Third World 6488
Thirty Year's War 6096
threat of war 5510
~ to peace 3456
~ to security: to constitute a ~ ~ ~ 3457
~ to the security of the State 2962
threaten: to ~ vital interests 3489
threatening attitude 3511
three-class system of franchise 763
~-mile belt 39
~-~ zone 39
~-party system 1951
~-power agreement 4435
~-~ conference 3759
Three-Power-Declaration 3760
three-year plan 1576
throne 303
Throne of St. Peter 482
thumb: to be under s.b.'s ~ 2516
ticket 810
tie: in the event of a ~ 4184
~-break 788
ties which bind 3572
time bomb 2242
~ limit is 4244
~ off in lieu 4921

timetable 3872
title of nobility 411
Titoism 2847
Titoist 2848
toast 3299
toast: to ~ s.b. 3300
token strike 734
Tomb of the Unknown Warrior 3212
top-level conference 3765
~-~ officials 1681
torchlight procession 3207
Tories 2006
torpedo (to) 4135
~: to ~ merchant ships 5755
torture 697
total victory 5625
~ war(fare) 5545, 5589
totalitarian 2849
~ state 620
totalitarianism 2850
town area 1649
~ council 1640
~ councillor 1641
~ hall 1642
trade agreement 4468
~ delegation 3707
~ negotiations 3705
~ union 4770
~ ~ delegate 3820
~-~ movement 4771
~ ~ representative 3820
~-unionism 2839, 4771
~-unionist 2840, 4772
Trade Unions Federation 4773
traditional enemy 5619
traditionalism 2851
traditionalist 2852, 2853
traditionalistic 2853
training center 4306, 4387
transfer 1791, 1888
~ as a disciplinary punishment 1794
~ of flag 5738
~ ~ Germans from Poland to Germany 6373
~ ~ population(s) 3693, 3695
~ ~ sovereign rights 1874
transfer (to) 1790
~: to ~ for disciplinary reasons 1793

transfer
~: to ~ s.b. from X to Y 1792
~: to ~ sovereign rights 1875
transferred population(s) 3694
transformation of merchant ships into warships 5690
transit 1873
~ camp 2313
~ visa 3406
transitional period 5129
transitory provisions 4522
translation department 4828
transmitting articles to be produced in evidence, records or documents 1896
travel agency 4291
~ on official business 4948
treacherous ruse 5984
treasurer 4843
Treasurer 1455
Treasury 1452
~ Bench 965
~ Department 1453
treat: to ~ humanely 6034
treaties in favour of a third party 4418
~ pro tertio 4418
treatment of aliens 2293
~ ~ foreigners 2293
~ ~ prisoners of war 6032
treaty 4392
Treaty: this ~ 4643
treaty-breaking state 4539
treaty collection 4416
~ commitments 4533
Treaty Establishing the European Coal and Steel Community 6423
~ ~ ~ ~ Defence Community 6426
treaty law 4415
~-making power 4413
~ not open for accession 4627
~ obligations 4533
~ of alliance 4446
~ ~ arbitration 4452
~ ~ assistance 4448
~ ~ cession 4441
~ ~ extradition 4482
~ ~ friendship 4473

treaty of independence 4444
~ ~ mutual guarantee 4457
~ ~ navigation 4477
~ ~ neutrality 4450
~ ~ option 4451
~ ~ protectorate 4443
Treaty of Rapallo 6256
~ ~ the Pyrenees 6100
~ ~ Versailles 6229
~ on the Peaceful Uses of Outer Space 5936
treaty open for accession 4625
trench warfare 5641
trial of strength 3652
tribune 2854
~ of honour 3208
tripartite agreement 4435
~ conference 3759
~ talks 3747
Triple Alliance 6185
~ Entente 6207
triumvir 1306
triumviral 1308
triumvirate 1307
troïka 1307
troop withdrawal 5880
Trotskyism 2855
Trotskyist 2856, 2857
Trotskyite 2856, 2857
troublemaker 2109
trouble spot 3616, 3617
truce 5842
~ agreement 5847
~ bearer 3710
~ commission 5844
~ delegation 5845
~ flag 5824
~ negotiations 5846
~ offer 5843
true-blue conservative 2592
Truman Doctrine 6397
trust territory 211
trust: I do ~ that 4381
trustee state 212
Trusteeshp Agreement 214
~ Committee, including Non-Self-Governing Territories 4971
~ Council 5023
trusteeship territory 211
Tsar 345
Tsardom 348
Tsarevitch 347

Tsarina 346
Tsarism 2890
tsaristic 2891
Tsaritza 346
tug-of-war 3483
turn back: to ~ ~ (at border) 2305
~ down: to ~ ~ a request 4064
~ over: to ~ ~ powers 1379
turnabout 3503
turn coat 5612
turning back at border 2304
~ over of power 1378
~-point: to mark a ~-~ 3501
twenty-four hours' rule 5796
twin-city 3697
two-chamber 921
~-party system 1950
~-state theory 6496
~-thirds majority: by a ~-~ ~ 4191
~-year plan 1575
typewriting service 4829
typing pool 4829
tyrannnical 2860
tyranny 2859
tyrant 2858

U

U-arrangement 3834
UIA 5379
ultimatum 3562
~-like 3565
ultramontane 2862
ultramontanism 2863
ultraroyalist 2864
ultras 2861
ultra vires action 1752
UN 4959
~-Conference on Trade and Development 4980, 6494
~-Industrial Development Organization 5107
unable: to be ~ to attend a meeting 3983
unanimity rule 4206
unanimously: almost ~ 4205

unanswer: to leave ~ed 3552
unattached deputy 943
~ MP 943
~ representative 943
unconcealed force 2994
unconditional capitulation 5830
~ neutrality 6065
~ surrender 5827
unconfirmable rumours 3558
unconstitutional 528
~ character 530
UNCTAD 4980, 6494
UNCURK 5012
undemocratic 2868
underdeveloped 3681
underground: to go ~ 2203
~ fighter 2204
~ movement 2201
underline: I should like to ~ that 4328
undermine (to) 2232
~: to ~ the republic 6251
underscore: I should like to ~ that 4328
undersecretary of state 1414
undersigned 4559
understanding 4399
~: good ~ between nations 3577
~: to show ~ for 3579
~ with 3580
undesirable alien 2300
undisputed fact: it is an ~ ~ that 4351
uneasiness 3619
UNEF 4982
unequal treaty 4424
UNESCO 5054
unfinished business 3870
unfit for service 1695
unfriendly act 5422
UNHCR 5021
unicameral 918
~ system 919
UNICEF 5013
UNIDROIT 5231
unilateral act 2965
~ declaration 3560
uninominal voting 773
uninterrupted membership 4696

union 4748, 4753, 4754, 4756
Union Economique Benelux 5165
~ of African States 5285
~ ~ International Associations 5379
~ ~ ~ Fairs 5339
union of states 224
Union of the American Republics 5267
~ République, Démocratique Vᵉ UD Vᵉʳ 2016
Unionists 6181
unit of account 4951
unitarian state 235
unitarism 2870
unitarist 2869
unitary state 235
united Europe: the idea of a ~ ~ 6440
United Nations 4959
~ ~ Administrative Tribunal 5025
~ ~ Children's Fund 5013
~ ~ Commissions on the Unification and Rehabilitation of Korea 5012
~ ~ Educational, Scientific and Cultural Organization 5054
~ ~ Emergency Force 4982
~ ~ Korean Reconstruction Agency 5011
~ ~ Organization 4960
~ ~ Relief and Rehabilitation Administration 5019
~ ~ Special Committee on the Balcans 5010
~ ~ ~ Fund 5018
~ ~ Staff Pension Committee 4978
~ States of Europe 6436
Universal Copyright Convention 5394
universal declaration of human and civil rights 585
~, equal, direct, and secret suffrage 761
~ disarmament 5893, 5956
~ succession 2977

universal
~ suffrage 760
Universal Postal Convention 4479, 5081
~ ~ Union 5078
~ ~ ~ Congress 5079
UNKRA 5011
unlawful 1018
unlimited: for an ~ period 4621
unneutral 6073
~ service(s) 6074
UNO 4960, 4961
unoccupied zone of France 6318
unofficial visit 3222
unpolled electors 854
unprovoked aggression 5513
~ attack 5513
unrecognized state 2999
unrest 2107
unrestricted submarine warfare 6215
UNRRA 5019
UNSCOB 5010
untouchables 682
unwanted alien 2300
up: is now ~ for discussion 4004
uphold: to ~ the dignity of the House 953
upper house 914
Upper House 1175
uprising 2163, 2180
uprooting 2317
upset: to ~ manipulations 3646
upstart 2475
up-to-date: to bring a report ~-~-~ 4251
UPU 5078
~ Congress 5079
urban district 1631
~ guerillas 2220
~ municipality 1634
use of armed force 5499
~ ~ arms: to make ~ ~ ~ 2078
~ ~ atomic energy for peaceful purposes 5947
~ ~ force 2077
use: to ~ armed force 2080
~ : to ~ force 2076

use:
~ : to ~ one's weapons 2078
~ : to ~ poisoned weapons 5995
usher 4123
~ s 4122
usucapion 68
usurp (to) 2153
usurpation 2152
usurper 2154
utilitarian 2873
utilitarianism 2874
utmost secrecy 4932

V

vacancies to be filled 874, 934
vacancy 4889
vaivode 1605
valid: the election is ~ 4190
variance: to be at ~ with the stipulations 4540
vassal 171
~ state 172
vassalage 174
veiled imperialism 2546
venal 1719
verbal note 3534
verbatim proceedings 4221
~ record 4221
~ report 4221
~ reporters 4235
verge: to be on the ~ of war 5522
verification of credentials 3886
verify: to ~ the credentials of a delegate 3887
Versailles Treaty 6229
vested: legislative power is ~ in parliament 902
~ interests 2973
~ with full powers 3098
veto power 4081
veto: to ~ s.th. 4084
vice-chancellor 1359
~-consul 3376
~-consulate 3377
~-king 1601
~-president 1382, 4835
~-~ s: the ~-~ are chosen from among the delegates 3881

664

vice-queen 1602
vicereine 1502
viceroy 1601
viceroyalty 1603
viceroyship 1603
Vichy regime 6319
victorious power 5627
Vietcong 6508
~ sanctuaries 6510
~ secret caches of weapons 6510
Viet-Nam War 6507
Vietnamization of the war 6511
view: I share the ~ of Mr. X 4376
~s: I should like to express my ~ on 4359
Viguier 1604
violate: to ~ a treaty 4535
~ : to ~ the air space 3630
~ : to ~ the blockade 5717
violation of 4536
~ ~ international law 2982
~ ~ neutrality 6059
visa 3404
~ : a ~ is required 3410
viscount 392
~ : a viscount's 395
viscountess 393
viscounty 394
visit 5746
~ and search 5752
~ of condolence 3314
visit: to ~ and search 5751
visitor 3230
visitors' book 3289
~ ~ : to sign the ~ ~ 3238
vizier 456
vizierial 457
vizir 456
voivode 1605
voivodeship 1606
voluntary contributions 4701
~ neutrality 6061
~ office 1713
~ sanctions 5494
~ staff 4898
volunteer corps 5606, 6245
vote 4138, 4139, 4143
~ : to give one's ~ to a party 847
~ : to take a ~ on 4141

vote
~ by acclamation 4157
~ ~ a show of hands 4151
~ ~ correspondence 4162
~ ~ mail 4162
~ ~ proxy 4163
~ ~ secret ballot 4161
~ ~ sitting and standing 4153
~ catching 827
~ indicator 4173
~ of censure 999
~ ~ confidence 994
~ ~ no-confidence 999
~s: by 12 ~ to 5 4179
~s: with 2 ~ against 4178
vote: to ~ an amnesty 1844
~ : to ~ for a party 847, 870
~ : to ~ on 4141
~ : to ~ on the amendment 4096
~ : to ~ right (left) 869
voteless 800
voters 805, 831, 4142
votes cast 850, 4177
~ ~ : the ~ ~ against 4176
~ ~ : the ~ ~ in favour of 4174
voting booth 836
~ list 801
~ -paper 833, 846
~ - ~ left blank 856
~ procedure 4144

W

wage: to ~ war 5553
wait-and-see policy 2411, 3506
wait: to ~ and see 3507
waive: to ~ one's right to speak 4030
waiwode 1605
walk-out 707
Wall of Shame 6479
wallposter 2886
wanted person 1891
war aims 5569
~ as an instrument of national policy 5568
~ atrocities 6013

var
~ breaks out 5537, 5539
~ cabinet 1401
~ contribution 5823
~ crime 6017
~ criminal 6016
~ damages 5872
warfare 5566
~ at sea 5680
~ on land 5638
war-fever 5531
~ for the unification of Italy 6178
~ guilt 6232
~ - ~ clause 6233
~ indemnification 5873
~ material 5615
warmongering 5508
warmongers 5506
war of aggression 5575
~ ~ attrition 5585
~ ~ conquest 5573
~ ~ extermination 5590
~ ~ independence 5574
~ ~ movement 5640
~ ~ nerves 5578
~ ~ religion 5588
War of Secession 6179
~ ~ the Austrian Succession 6113
~ ~ Spanish Succession 6111
~ Office 1524
war on two fronts 5592
~ potential 5614
~ propaganda 5570
War Resisters' International 5314
war stratagem 5983
~ -weariness 5849
~ -weary 5848
~ zone 5700
ward 792
warning 3521
~ : to give s.b. a ~ 3522
warning-shot 5748
Warsaw Pact 5287
~ Treaty Organization 5287
warship 5686
watchful waiting 2411
watchword 737
water cannon 2176
watershed 137
WAWF 5385

665

ways and means committee 3976
WCC 5389
WCF 5392
weapons of mass destruction 5907
~ race 5897
weave: to ~ a plot 2140
weight of the Nazi past 2878
Weimar Republic 6239
welcome 3895
~ : to give a hearty (cordial) ~ 3240
~ : to give an enthusiastic ~ to s.b. 3241
~ address 3894
welcome: I should ~ it if 4382
~ : to ~ s.b. 3899
welfare state 265
well-informed source: it is reported from a ~-~ ~ 3698
West-African Monetarian Union 5289
~ Wall 6314
Western European Union 5290
~ Powers 6309
WEU 5290
~ Assembly 5292
~ Council 5291
WFPA 5393
WFTU 5388
whip 1976
whip up (to) 2124
white book 3669
~ flag 5824
White House 1380
~ Russians 6223
WHO 5059
widening of a conflict 5521
wildcat strike 735
will for peace 3444
willing to compromise 3480
willingness to reach agreement 3582
win: to ~ a majority 884
~ : to ~ a war 5558
~ : to ~ an election 883
~ : to ~ independence 194
wing: right (left) ~ of a party 1940

wire service 2656
~ tapping 2270
witch hunt 6404
~ hunting 6404
withdraw: I ~ what I said 4385
~ : to ~ a concession 3726
~ : to ~ a measure 1661
~ : to ~ a motion 4091
~ : to ~ a permit 1671
~ : to ~ an invitation 3228
~ : to ~ an item from the agenda 3859
~ : to ~ from an organization 4724
~ : to ~ immunity 1007
~ : to ~ one's candidacy 824
~ : to ~ one's candidature 824, 1760
~ : to ~ restrictions 3589
~ : to ~ the exequatur 3392
~ : to ~ the right to address the meeting 4028
withdrawal from 4723
~ of a permit 1670
~ ~ exequatur 3393
~ ~ occupation forces 5820
~ ~ s.b.'s immunity 1008
~ ~ the right to address the meeting 4029
~ ~ troops behind certain lines 5835
witness: in ~ whereof 4657
WJC 5362
WMA 5383
WMO 5092
wojewodztwa 1606
women's association 4741
~ suffrage 766
wording: the ~ of article 4549
~ : the ~ of article 10 is sufficiently flexible 4655
words: I have only a few ~ to say 4336
~ : in other ~ 4347
~ of welcome 3895
Work Hero 2410
work stoppage 716
work out: to ~ ~ a draft 4240

workers' organization 4769
working agreement 3478
Working Class 2405
working language 4217
~ luncheon 4313
~ meeting 3793
~ paper 4236
~ party 3929
~ session 3793
~ to rule 724
world alliance 4730
World Alliance of Young Men's Christian Associations 5384
world assembly 4732
World Association for the Struggle against Hunger 5395
~ ~ of World Federalists 5385
world conference 3768
~ congress 4734
World Congress of Faiths 5392
world council 4733
World Council of Churches 5389
~ ~ ~ Peace 5386
world depression 6265
~ domination 3664
~ federation 4729, 4730
World Federation for the Protection of Animals 5393
~ ~ of Trade Unions 5388
world government 2887
World Health Assembly 5060
~ ~ Organization 5059
~ Jewish Congress 5362
~ Liberal Union 5368
~ Medical Association 5383
~ Meteorological Congress 5093
~ ~ Organization 5092
world movement 4731
~ order 2920
World Parliament Association 5381
world power 248
World Power Conference 5390
~ Refugee Year 6474

world revolution 2889, 3663
~ state 2888
~ trade depression 6265
~ union 4729
World Veterans Federation 5387
world war 5543
world-wide 4735
~-~ organization 4727
worsening of the situation 3499
would-be-power 252
WPA 5381
WPC 5386, 5390
wreath: to lay a ~ 3262
WRI 5314
writs: service of ~ and records of judicial ver-

written pleadings 5465
~ statements 5465
WVF 5387

X

xenophobia 2514
xenophobic 2515

Y

Yalta Conference 6352
yearbook 4272
yellow book 3666
yield (to) 3513
YMCA 5384

Young Plan 6264
~ Turks 6208
youth meeting 4312

Z

Zionism 2896
Zionist 2897
Zionis(tic) 2898
Zionite 2897
Zollverein 6162
zonal border 6382
~ boundary 6382
zone free of atomic weapons 5938
~ of occupation 5811
~ ~ operations 5635

Index Alphabétique
FRANÇAIS

A

abaissement d'échelon 1787
~ de la majorité électorale 753
abaisser l'échelon 1788
~ le pavillon 3349
abandon de souveraineté 1876
abdication 323
abdiquer 322
ablégat 3144
abolition de l'esclavage 657
~nisme 2367
~niste 2368, 2369
abonder dans le sens de 4375
abornement 129
aboutir à un accord 3728
abrogation 1065
abroger une loi 1064
absolu 2370
~tisme 2371, 6105
~ ~ despotique 6106
~ ~ éclairé 6107
~tiste 2370
abstenir: s' ~ 4160, 4182
abstention 853, 4183
~nistes 854
abus du droit international 2981
~ de pavillon 5764
~ de pouvoir 1751
~er: si je ne m'abuse 4345
Académie Diplomatique 5307
~ internationale 4782
accéder à l'indépendance 155, 194
~ au pouvoir 1293
~ à un traité 4628
accélérer les négociations 3739
acceptable pour les deux parties 4556
acceptation 4552
accès, dans des conditions d'égalité, aux fonctions publiques 614
~ : libre ~ à 46
~ : libre ~ à Berlin-Ouest 6532
~ à la mer 24
~ à la salle des séances 4130

accès
~ : avoir ~ sans entraves à 5959
accession 64
~ à 4718
~ à l'indépendance 205
~ au pouvoir 6276
~ à un traité 4629
~ au trône 309
accompagnants 3233
accompagné de 3232
accord 3724, 4396
~ administratif 4427
~ sur l'Antarctique 6473
~ d'application 4428
~ d'arbitrage 4454
~ d'association 4472
~ de bail 4442
~s de Bonn 6424
~ des cinq puissances 4438
~ de clearing 4476
~ commercial 4468
~ complémentaire 4430
~ convention 4397
~ de coopération technique 4484
~ culturel 4466
~ douanier 4471
~ sur la double imposition 4481
~ électoral 811
~s d'Evian 6483
~ d'exécution 4428
~ en forme simplifiée 4417
~ Général sur les Tarifs Douaniers et le Commerce 5100
~ entre institutions spécialisées 4483
~ intergouvernemental 4425
~ intérimaire 4431
~ international sur le blé 5358
~ ~ du sucre 5359
~ interzonal 4485
~ interzones 4485
~ sur les laissez-passer 6481
~s du Latran 6266
~s de Locarno 6261
~ monétaire 4470
~ ~ Européen 5192
~s de Munich 6300
~ naval 4463
~ ~ anglo-allemand 6282

accord
~ de navigation 4478
~ de paiements 4474
~ particulier 4433
~ partiel 4419
~ de pêche 4480
~s de Potsdam 6356
~ préliminaire 4422
~ Prêt-bail 6333
~ de principe sur 3729
~ quadriparti(te) 4436
~ régional 4434
~ sur la Sarre 6452
~ spécial 4432
~ de standstill 4475
~ supplémentaire 4429
~ triparti(te) 4435
~ de tutelle 214
~ verbal 4400
~ : à défaut d' ~ unanime 4208
~ ne peut être dénoncé 4614
~ : se mettre d' ~ sur 3728
~er une autorisation 1669
~ ~ l'exequatur 3391
~ ~ les honneurs de la guerre 5831
~ ~ l'immunité 3146
~ ~ le quitus 4253
~ ~ : s' ~ mutuellement l'aide judiciaire 1850
accréditation 3074
accrédité auprès de 3073
accrochages 2195
accroître la tension dans les relations internationales 3621
accueil: faire un bon ~ 3240
acculturation 2376
acquérir une nationalité 2349
acquisition par conquête 90
~ de la nationalité 2350
~ : susceptible d' ~ 63
acte 4659
~ d'abdication 324
~ d'agression 5511
~ d'Algésiras 6206
~ arbitraire 2205
~s du congrès 4279
~ constitutif 4672
~ final 4499
~ général 4498
~ de gouvernement 1268

669

acte de guerre 5535
~ hostile 5422
~ d'hostilité 5535
~ inamical 5422
~s législatifs et réglementaires 1068
~s licites de guerre 5981
~ de naturalisation 2355
~ de nomination 1767
~ peu amical 5422
~ s de procédure et de décisions judiciaires 1897
~ de revanche 2230
~ de sabotage 2233
~s de terrorisme 2229
~ unilatéral 2965
~ de violence 5502
action catholique 5363
~ coercitive 5497
~ perturbatrice 2132
activer les négociations 3739
activiste 2377
activités subversives 2113
addition 4234
adhérer à une organisation 4717
~ à un traité 4628
adhésion à 4718
~ au marché commun 5148
~ à un traité 4629
adjoint 4886
~ au maire 1650
abjudication 67
admettre des observateurs 4132
~ à la retraite 1810
Administrateurs 5065
administratif 1702
~ : du point de vue ~ 1702
administration 1319
~ de l'Assistance technique 5017
~ de Coopération Economique 6402
~ municipale 1652
~ des Nations Unies pour l'Organisation des Secours et de la Reconstruction 5019
~ : provisoirement placés sous l' ~ polonaise 6372

administration
~ quadripartite de Berlin 6364
administrative: en matière ~ 1702
~ : par la voie ~ 1712
admission de nouveaux membres 4719
~ à la retraite 1809
adopter un amendement 4097
~ une attitude 3505
~ le budget 1089
~ une motion 4087
~ l'ordre du jour 3856
~ le procès-verbal de la séance précédente 4230
~ qch par plébiscite 106
~ une résolution 4057
~ : faire ~ une motion 4088
adoption de l'ordre du jour 3855
adresser un appel à 3525
~ un avertissement à qn 3522
~ une demande à 4066
~ une interpellation 988
~ des invitations à 3846
~ sa lettre de démission à 4939
~ une lettre ouverte à 3557
~ un message à 3524
~ ~ ~ au Parlement 1391
~ une requête à 4066
adversaire 2520
~ de l'armement atomique 2409
~ de la guerre 2599
aéronef 5651
aéroport international 84
affaire 5421, 6198
~ du Cachemire 6399
~s concernant toute l'Allemagne 6359
~ Dreyfus 6198
~s étrangères 3031, 3057
~ de Fachoda 6200
~s pan-allemandes 6359
affectation 4917
affecter qn à un service 1789
affermissement de la paix 3442
~ d'un régime 1276
affiche électorale 817
affidavit 3415

affiliation 4720
afflux de réfugiés 2312
agence 4749, 4819, 5146
~ consulaire 3380
~ de Contrôle des Armements 5294
~ Européenne pour l'Energie Nucléaire 5179
~ d'information 2653
~ internationale de l'Energie atomique 5104
~ Juive pour Israèl 5361
~ des Nations Unies pour le relèvement de la Corée 5011
~ de presse 2656
~ de Sécurité Mutuelle 6419
~ de voyages 4291
agent 1682, 2276, 4880
~ consulaire 3379
~ diplomatique 3053
~ double 2279
~ infiltré 2255
~ de liaison 2277
~ membre du contre-espionnage 2262
~ provocateur 2281
~ secret 2278
aggravation de la situation 3497
aggraver: s' ~ 3498
agir: s' ~ de 4327
agitateur politique 2122
agitation 2121
~s estudiantines 2111
~s étudiantes 2111
agrandissement territorial 77
agreement: gentleman's ~ 4403
agresseur 5512
agression 5515
~ armée 5514
~ atomique 5917
~ non provoquée 5513
aide économique 3684
~ à l'étranger 6403
~ financière 3683
~ militaire 5549
~ aux réfugiés 2314
~ -mémoire 3545
aile droite d'un parti 1940
~ gauche d'un parti 1940
ajournement 3905

670

ajourner une conférence 3904
ajouter: s' il s' y ajoute un aspect nouveau 4340
alignement sur un bloc 3459
allégeance 1543
Allemagne de Guillaume II 6197
∼ wilhelminienne 6197
Allemands des Sudètes 6296
aller aux urnes 843
alliance 3566, 4751
∼ Balkanique 5163
∼ Coopérative Internationale 5336
∼ défensive 3569
∼ internationale des femmes 5385
∼ ∼ de Tourisme 5343
∼ mondiale 4730
∼ pour le Progrès 5155
∼ : Sainte ∼ 6152
∼ secrète 2206
∼ Universelle des Unions Chrétiennes de Jeunes Gens 5384
Alliés 6308
allocation de grève 738
alluvion 66
alternat 3199
Altesse 359
Alting 1174
ambassade 3069, 3109
ambassadeur 3108
∼ : de l' ∼ 3111
∼ itinérant 3113
ambassadorial 3111
ambassadrice 3110
amélioration des relations avec 3429
améliorer les relations avec un pays 3428
∼ : s' ∼ 3494
amendement 4098
∼ à la motion présentée 4094
amender un projet de loi 1034
amener les couleurs 3348
∼ le pavillon 3349
∼ la prise dans le port 5778
américanisme 2423
ami du pouvoir 2773
amiable compositeur 5434

amnistie 1843
∼ r 1845
amorcer la désescalade 5556
amour de la liberté 2508
amovible 1806
amputation des crédits budgétaires 1098
analogie 5482
anarchie 2081
anarchique 2082, 2382
anarchisant 2380
anarchisme 2379
anarchiste 2381, 2382
anarcho 2381
ancienneté 3197, 4929
angarie 5792
animés du désir de 4640
Année géophysique internationale 6467
∼ mondiale du réfugié 6474
annexe 4271
∼ r 95
annexion 94
∼ du reste de la Tchécoslovaquie 6298
∼ (n)isme 91
∼ niste 93
annuaire 4272
∼ statistique 4273
annuler l'annexion d'un territoire 96
∼ une décision 1672
∼ une visite 3227
annulation de l'inscription 4285
anoblir 409
Anschluss 6294
antagonisme 2521
antagoniste 2520
anticastriste 6502
antichambre: faire ∼ 3220
anticlérical 2389, 2390
∼ isme 2391
anticolonialisme 2392
anticolonialiste 2393
anticommunisme 2394
anticommuniste 2395, 2396
anticonstitutionnalité 530
anticonstitutionnel 528
antidémocratique 2868
antifascisme 2386
antifasciste 2387, 2388
antigouvernemental 1370
antigréviste 741
antimaçonnique 2513

antimilitarisme 2397
antimilitariste 2398, 2399
antimissile 5665
antiouvrier 2408
antirépublicain 2779
antiségrégationniste 675
antisémite 2400
antisémitique 2401
antisémitisme 2402
antisocial 2872
antisyndicaliste 2530
ANZUS 5156
∼ -Council 5156
apaisement 3602
apaiser 3601
∼ la foule excitée 2102
apartheid 667
apatride(s) 2362, 2363
apatridie 2361
apolitisme 2871
apparatchik 2403
appareil administratif 1699
∼ du parti 1969
∼ policier 2063
∼ de propagande 2747
apparentement de listes 849
appartenance 4720
∼ continue 4696
appartenir au Gouvernement de 4654
appel 5489
∼ de candidatures 4891
∼ en faveur de la paix 5853
∼ à la grève 710
∼ nominal 4155
∼ : faire ∼ à 3525
∼ lation 4862
∼ er aux urnes 789
∼ ∼ : en ∼ à 3525
appendice 4270
application par analogie 4526
∼ : il est fait ∼ des dispositions 4525
appliquer la procédure d'urgence 4104
∼ : s' ∼ 4525
∼ : s' ∼ mutatis mutandis 4647
apposer son sceau 4579
∼ sa signature au bas de 4577
approuver une résolution 4057
appuyer une motion 4086

arbitrable 5436
arbitrage 5437
~ obligatoire 5443
arbitral 5435
arbitre 5433
arborer le pavillon 3347, 3350
archevêché 503
archevêque 502
archiduc 380
~ hé 382
~ hesse 381
archiépiscopal 504
archives 3176
archiviste 4846
aristocrate 407, 408, 412
aristocratie 404, 413
aristocratique 414
arme 3343
~ s ABC 5996
~ s atomiques 5902
~ s classiques 5901
~ s conventionnelles 5901
~ défensive 5896
~ s de destruction massive 5907
~ s nucléaires 5905
~ s ~ tactiques 5912
~ offensive 5895
~ s téléguidées 5968
~ s thermonucléaires 5906
~ s: faire usage de ses ~ 2078
Armée européenne 6428
~ : Grande ~ 6146
~ de libération 5607
~ de mercenaires 5606
~ populaire 5631
~ régulière 5600
~ Rouge 2812
~ du Salut 5311
~ soviétique 2812
~ s de terre 5639
armement atomique 5908
~ (s) nucléaire(s) 5913
armistice 5842
armoiries 3343
arraisonnement 5742, 5744
arraisonner 5741, 5745
arrangement 4399, 5413
~ administratif 4427
arrestations massives 2167
~ : nouvelle ~ 1889
arrêt 5172
~ des bombardements 5662

arrêt
~ des essais nucléaires 5932
~ de mort 1910
~ de nomination 1767
~ de travail 716
~ s: être aux ~ 2145
~ é d'expulsion 2303
~ er la date et le lieu de la prochaine réunion 3907
~ ~ les lignes directrices de la politique 1558
~ ~ son règlement 4108
~ ~ le travail 717
arrière 2788
arrière-pays 9
arrivée du diplomate 3082
arriver dans une impasse 4136
~ à un point mort 4136
~ au pouvoir 1293
arriviste 2475
arrondissement 1620
arrosage par la propagande 2750
art de gouverner 1552
artisans de la constitution 537a
asile diplomatique 2322
~ interne 2321
~ neutre 2324
~ territorial 2321
assemblée 911, 3780, 5074, 5097
~ annuelle 3783
~ composée de 3782
~ constituante 544
~ Consultative 5174
~ fédérale 1140, 1233, 1245
~ formée de 3782
~ générale 4803, 4965
~ : Grande ~ nationale 1229, 1249
~ législative 904, 6128
~ mondiale 4732
~ ~ de la Santé 5060
~ nationale 1104, 1129, 1130, 1153, 1155, 1187, 1219, 1227, 1248, 1252, 1257
~ ~ algérienne 1106
~ ~ constituante 6124
~ ~ législative 1149
~ Parlementaire Européenne 5109

assemblée
~ du peuple 1105
~ plénière 3781, 3794
~ provinciale 1131
~ siégeant en comité 3944
~ de la Société des Nations 4955
~ de l'UEO 5292
asseoir: s' ~ à la table de négociation 3701
assermenter qn 1775
assimilation aux nationaux 2291
assistance hostile 6074
~ maritime 3009
~ technique 3682
assisté gratuitement par un avocat d'office 1903
assister à la conférence en qualité d'observateur 4133
association 4750, 4754, 4755, 4756
~ de l'Asie du sud-est 5280
~ de Droit international 5382
~ Européenne de Libre Echange 5177
~ de femmes 4741
~ Internationale pour le Développement 5066
~ ~ des Interprètes de Conférence 5345
~ ~ pour la Protection de la Propriété Industrielle 5327
~ ~ des sciences juridiques 5350
~ ~ des traducteurs de conférence 5346
~ ~ des Universités 5344
~ latino-américaine de Libre Echange 5240
~ médicale mondiale 5383
~ Météorologique Régionale 5095
~ mondiale de lutte contre la faim 5395
~ des nations de l'Asie du sud-est 5282
~ pour un Parlement Mondial 5381
~ Phonétique Internationale 5391

~ des territoires d'outre-mer 5138
~ du Transport aérien international 5338
~ des Usagers du Canal de Suez 6460
~ : être obligé de faire partie d'une ~ 613
assouplissement de l'attitude de qn 3514
assumer les fonctions de maire 1651
~ le passé pour l'effacer 2877
~ la présidence 3877
assurer l'exécution des lois 1053
~ l'interprétation consécutive de son intervention 4213
~ ~ dans une des langues de travail 4214
~ l'ordre 4114
~ la présidence d'une assemblée 3880
atmosphère cordiale 3752
atrocités 2249
~ de guerre 6013
attaché 3121
~ agricole 3127
~ de l'air 3124
~ d'ambassade 3168
~ commercial 3125
~ culturel 3129
~ économique 3126
~ financier 3131
~ militaire 3122
~ naval 3123
~ de presse 3130
~ scientifique 3132
~ social 3128
~ du travail 3128
attacher beaucoup d'importance à ce que 4341
attaque aérienne de terreur 5660
~ s aériennes terroristes 5663
~ japonaise sur Pearl Harbor 6337
~ préventive 5580
~ -surprise 5963
~ par surprise 5963
~ r sans avertissement 5756
attardé 2788
atteindre le quorum 4201

atteinte à l'honneur et à la réputation 639
attendre les évènements 3507
attentat contre un Chef d'Etat 2135
attentisme 2411, 6324
attestation 1675
attirer votre attention sur le fait que 4328
attitude 3504
~ ferme 3508
~ intransigeante 2537, 3510
~ menaçante 3511
~ rigoriste 2537
attribution(s) 1736, 1747
~ s : dans le cadre de leurs ~ respectives 1746
auditeur de nonciature 3142
audience 3266, 5470
~ de congé 3274
~ privée 3271
~ publique 3273
auditoire 4301
augmentation du traitement 4869
auspices : sous les ~ de 3808
autarcie 2416
autarcique 2415
auteur d'un attentat 2133
~ s de la constitution 537a
~ d'une motion 4071
autocensure 691
auto-conservation 2968
autocrate 2417
autocratie 2418
autocratique 2419
autocritique 2798
autodéfense 5982
autodétermination 160
autonome 159
autonomie 158
~ politique 157
autorisation 1668
~ exceptionelle 1666
~ spéciale 1667
autoriser la diffusion de 4935
~ le pillage dans 6012
~ qn à faire qch. 1735
autoritaire 2421
autoritarisme 2420
autorité 2422
~ de la chose jugée 2954

autorité
~ dont émane la demande 1853
~ : Haute ~ 5119
~ Internationale de la Ruhr 6405
~ s judiciaires 1821
~ s militaires 5597
~ s d'occupation 5805
~ de surveillance 4811
~ de tutelle 1700
autrement dit 4347
avalanche électorale 880
avancement 1786
avancer les négociations 3739
avant-projet 4239
avènement au trône 309
avenu : nul et non ~ 4608
avérer : s' ~ nécessaire 4362
avertissement 3521
avion spécial 3224
avis de concours 4891
avocat-général 5113
avulsion 65
Axe Rome-Berlin 6301
ayant-droit 275

B

bagatelliser 3559
baie fermée 30
~ historique 29
~ resserrée 30
balle dum-dum 6004
ballottage 788
banc continental 43
~ du Gouvernement 965
~ ministériel 965
~ des ministres 965
~ s de l'opposition 982
bande de Gaza 6461
banderole 2103
bandes armées 2221
bannière étoilée 3356
~ du soleil levant 3358
Banque Africaine de Développement 5150
~ Arabe de Développement 5157
~ asiatique de développement 5160
~ centro-américaine d'intégration économique 5297

673

Banque européenne d'investissements 5133
~ interaméricaine de développement 5197
~ Internationale pour la Reconstruction et le Développement 5062
~ des Règlements Internationaux 5164
banquet 3298
~ d'adieux 3242
barbouze 2278
barème des traitements 4863
baron 418
~ nage 421
~ ne 419, 422
~ ~ : jeune ~ 420
~ net 423
~ nial 422
barrage maritime 5703
barricades: élever des ~ 2196
barricader 2197
base aérienne 5655
~ de discussion 4005
~ juridique 2915
~ de lancement 5969
~ ~ ~ de fusées 5676
~ navale 5682
~ de négociation 3716
~ de radar 5967
~ sous-marine 5683
Bataille de l'Atlantique 6329
~ décisive 5624
~ de Dunkerque 6326
~ de Grande-Bretagne 6322
~ du Jutland 6214
~ des Nations 6148
~ s de rues 2194
~ de Sadowa 6176
~ de Waterloo 6151
bâtiment de guerre 5686
~ de surface 5687
battre pavillon 3351
~ en retraite 3513
bavardage politique 2733
bellicisme 5508
belliciste 5506, 5507
belligérence 5564
belligérant 5562, 5563
berne: être en ~ 3355
bey 472
~ licat 473

bey
~ lik 473
bicaméral 921
~ isme 920
bicamérisme 920
bicamériste 921
bien commun 556
~ s ennemis 5620
~ public 556
bière 3328
bilatéral 4408
bipartisme 1950
bizonal 6381
bizone 6380
Black Panthers 6500
black-out 5532
blitzkrieg 5584
bloc afro-asiatique 6447
~ oriental 6387
~ soviétique 6387
~ de Berlin 6408
~ de cabinet 5712
~ continental 6145
~ économique 3660, 5705
~ effectif 5706
~ de la faim 5708
~ fictif 5712
~ à longue distance 5703
~ naval 5704
~ pacifique 3655
~ sur le papier 5712
~ rigoureux 5719
blocage de l'immigration 2308
blocus 5702
bloquer une décision sur un projet de loi 1032
~ un projet de loi 1033
bolcheviks 6222
bolcheviques 6222
bolchevisation 2426
bolcheviser 2427
bolchevisme 2424
bolcheviste 2425, 2428
bombe atomique 5909
~ à gaz lacrymogène 2175
~ H 5910
~ H propre 5911
~ à hydrogène 5910
~ au plastic 2239
~ à retardement 2242
bonapartisme 6161
bonapartiste 6160
bonze du Parti 1960
borné 2476
Boulé 1157

bourgeois 2429
~ d'honneur 2364
~ ie 2430
~ ~ : petite ~ 2574
bourgmestre 1644
~ chef du gouvernement de Berlin 1363
~ régnant 1363
bourse d'études supérieures 4873
boycottage 2129
boycotter 2130
brain trust 1384
braintrust 1385
brancher les lignes téléphoniques sur une table d'écoute 2269
brasser un complot 2140
bref: être ~ 4337
Brigades internationales 6290
briseur de grève 741
brosser un tableau pessimiste de la situation 2796
bruits incontrôlables 3558
brûler un village 6014
budget 1082
~ extraordinaire 1097
~ fédéral 1083
~ ordinaire 1096
budgétaire 1084
bulle 490
Bulletin 1051
~ d'adhésion 4283
~ blanc 856
~ d'inscription 4283
~ nul 855
~ quotidien 4280
~ de vote 846
Bundesrat 1138, 1216
Bundestag 1134
Bundeswehr 5629
Bureau 955, 3878, 4818, 4819, 4966
~ d'assistance technique 5016
~ de change 4292
~ de délivrance des laissez-passer 6480
~ d'Education ibéro-américain 5195
~ élargi 3879
~ d'études 1385, 4813
~ hydrographique international 5230

Bureau d'Information des Partis Communistes et Ouvriers 5364
~ international 4762, 5080
~ ~ d'éducation 5229
~ ~ des expositions 5227
~ ~ des Poids et Mesures 5228
~ ~ du Travail 5031
~ internationaux réunis pour la protection de la propriété industrielle, littéraire et artistique 5286
~ de liaison 4814
~ ~ ~ avec les Nations Unies 5032
~ des objets trouvés 4294
~ permanent 4763
~ de planification 4813
~ de poste spécial 4293
~ de renseignements 4290
~ ~ ~ concernant les prisonniers de guerre 6037
~ de séance 3786
~ de Standardisation militaire 5251
~ de vote 835
bureaucrate 2432
~cratie 2378, 2433
~cratique 2434
but(s) de l'association 4675
~s de guerre 5569
~ lointain 2494
~ proche 2654
~ rapproché 2654
butin 5618
byzantinisme 2435

C

cabinet 1395
~ du Directeur général 5058
~ fédéral 1396
~ de guerre 1401
~ d'union nationale 1332
cache d'armes 2211
cachet 1678
cadres 1977
caisse de grève 739
~ du parti 1981
calendrier 3872
calicot 2103

califat 452
calife 451
camarade X 2033
camp de concentration 702
~ disciplinaire 6031
~ d'extermination 703
~ d'internement 6047
~ pénitentiaire 6031
~ de prisonniers 6027
~ de réfugiés 2311
~ socialiste 2809
~ de transit 2313
~ de travail 701
campagne d'Afrique 6328
~ d'Allemagne 6147
~ des Balkans 6327
~ électorale 806
~ de France 6317
~ de Libye 6328
~ de Norvège 6316
~ de Pologne 6312
~ présidentielle 807
~ de presse 2742
~ de Russie 6334
canal interocéanique 47
canalisation de la Moselle 6453
candidat 794, 823, 1758, 4893
~ à la chancellerie 1358
~ désigné 1762
~ opposant 795
~ opposé 795
~ à la présidence 1316
~s en tête 826
canton 1621
~al 1623
canular 2486
capacité: avoir la ~ juridique 2912
capitalisme 2563
~ d'Etat 2829
capitaliste 2564, 2565
Capitulation 4486, 5828
~ sans conditions 5830
capituler 5829
caporalisme 2643
capteur 5727
captivité 6026
capture 5757, 5780, 6023
capturer 5728, 6022
~ un navire 5779
caractère étatique 2824
~ grave de la situation 3496
~ héréditaire 1718

caractère
~ public 2824
~ sacré des traités 4527
~ solennel 3249
cardinal 499
~ Secrétaire d'Etat 3133
~at 500
~ice 500
Caritas Internationalis 5305
carlisme 6169
Carliste 6168, 6170
carrière diplomatique 3030
carriériste 2567
carte de congressiste 4286
~ d'électeur 833
~ de légitimation 4286
cartel international 4779
carton de table 3309
casier judiciaire 1867
Casque d'Acier 6243
~s bleus 6490
caste 680
castrisme 2437
casus belli 5541
~ foederis 5547
catafalque 3331
catholique de gauche 2617
Caudillo 1311
causerie 4304
cavalier: faire ~ seul 3585
cédant 74
céder 69, 3513
~ à bail 78
~ la parole à qn 4027
~ un territoire 70
célébrer une messe de requiem 3324
cellule du parti 1979
censure 689
~ préalable 692
~ volontaire 691
~r 688
Cent-Jours 6150
centralisme 2893
~ démocratique 2894
centraliste 2895
centre 4788, 4819
~ catholique 6242
~ des congrès 4289
~ démocrate 2018
~ de documentation 4786
~ d'études 4785
~ de formation 4306, 4787
~ d'information 4789
~ de perfectionnement 4787

675

centre de recherches 4784
centriste 2019
cercueil 3332
cérémonial 3191
cérémonie de clôture 3254
~ commémorative 3252
~ funèbre 3322
~ inaugurale 3897
~ d'inauguration 3897
~ officielle 3251
~ solennelle 3249
certificat 1675
césarisme 2892
Césaropapisme 2436
cessation des Etats 271
~ de l'état de guerre 5866
~ des fonctions 1798
~ des hostilités 5833
~ de service 4945
cesser d'être en vigueur 1063
~ le feu 5832
~ de produire ses effets 4607
cessez-le-feu 5841, 5842
cession 72
~ à bail d'un territoire 79
~ d'un territoire 71
~naire 73
chah 444
chair à canon 5572
Chambellan: Grand ~ 331
chambre 911, 4767
~ basse 912, 1176
~ de Commerce Internationale 5318
~ des communes 1158, 1188, 1200
~ des conseillers 1180
~ corporative 1228
~ des députés 913, 1110, 1112, 1117, 1120, 1122, 1127, 1142, 1145, 1147, 1151, 1165, 1172, 1178, 1181, 1184, 1195, 1198, 1202, 1208, 1220, 1222, 1250, 1253, 1255
~ : Deuxième ~ 1212
~ des Etats fédéraux 1192
~ à gaz 705
~ haute 914, 1103, 1175
~ des Lords 1159, 1199
~ des nationalités 1118, 1168
~ des Nations 1247

chambre
~ du peuple 1144, 1246, 1250
~ populaire 912, 1169
~ des producteurs 1185
~ des représentants 1114, 1115, 1125, 1190, 1193, 1201, 1207, 1224, 1261
~ réunie en séance plénière 964
~ unique 917
champ d'application 4603
~ ~ territoriale 4604
chancelier 3169
~ de la Confédération 1539
~ de l'Echiquier 1455
~ fédéral 1357
~ de fer 6173
~ impérial 6187
~ du Reich 6187
~ : sous le ~ X. 1362
chancellerie 3170
~ fédérale 1360
~ du Reich 6188
changement de cap 3503
~ de gouvernement 1374
~ de ligne 3503
~ territorial 76
changer: ne pas ~ de politique 1559
chanoine 498
charge d'ambassade 3109
~ de la preuve 5480
chargé d'affaires 3117
~ ~ par interim 3119
~ ~ en pied 3118
~ ~ en titre 3118
~ de former un gouvernement 1349
Charles-Quint 6081
Charte 4398
~ de l'Atlantique 6331
~ de Bogota 6400
~ de l'ONU 4962
chasse aux sorcières 6404
~ aux voix 827
chasseur d'interception 5659
chat funèbre 3226
châtiment des grands criminels de guerre 6379
chauvin 2440, 2441
~isme 2439
~ ~ social 2814
chef de bande 2120

chef
~ de cabinet 1408
~ de chancellerie 3169
~ de complot 2120
~ de (la) délégation 3812
~ de l'Etat 1309, 1310
~ de l'exécutif 1315
~ des forces armées 1388
~ du gouvernement 1351
~ ~ ~ provincial 1599
~ huissier 4124
~ -interprète 4848
~ de mission 3056
~ de l'opposition 983, 1934
~s du parti 1961
~ du Protocole 3188
~ rebelle 2187
~ des rebelles 2187
~ responsable 4883
~ de service 4883
~ du service linguistique 4847
~ ~ ~ de presse 1545
cheik 475
~at 476
Chemises brunes 6271
~ noires 2795
chérif 459
chevalerie 429
chevalier 428
chevauchement(s) avec d'autres réunions 3908
chiffrage 3182
chiffré 3179
~ : non ~ 3180
chiffrer 3181
chiffreur 3183
chrétien-démocrate 1994
~s-sociaux 2002
chute 2899
~ de Krouchtchev 6493
~ d'un régime 1298
circonscription consulaire 3372
~ électorale 792
circuler: faire ~ une liste de présence 3982
~ : faire ~ un rapport 4255
cité antique 243
~ de Dieu 2533
citer in extenso 4222
citoyen 2287, 2289, 2333, 2334, 2335, 2337
~ d'honneur 2364

citoyenneté 2336
~ ~ d'honneur 2365
civique 2826
clair: en ~ 3180
classe 4861
~s déshéritées 2790
~s économiquement faibles 2790
~ moyenne 2646
~ ouvrière 2405
~s pauvres 2790
~s possédantes 2568
~ au pouvoir 2569
~ment du personnel 4916
~r 1769
classifier 1769
clause 4500
~ d'accession 4503
~ additionnelle 4510
~ d'adhésion 4503
~ d'arbitrage 5441
~ de barrage 885
~ compromissoire 4506
~ de dénonciation 4507
~ dérogatoire 4504
~ échappatoire 4514
~ facultative 4511
~ de juridiction 5442
~ de la nation la plus favorisée 4515
~ de parité 4518
~ de participation générale 4512
~ de protection 4517
~ de ratification 4508
~ de réciprocité 4505
~ regus sic stantibus 4513
~ de responsabilité de la guerre 6233
~ de sauvegarde 4517
~ secrète 4509
~ si omnes 4512
~ de style 4501
cléricalisme 2576
clérico-fascisme 2578
~-fasciste 2577, 2579
clore une séance 3916
clos: à huis ~ 3802
clôture d'un consulat 3389
~ des débats 3999
~ des inscriptions 4284
~ d'une séance 3913
club 4760
~ atomique 6471
coalition 1334
~ de droite 1931

coalition
~ de gauche 1932
~ gouvernementale 1339, 1929
~: grande ~ 1337
~: petite ~ 1336
~ socialiste libérale 6540
cobelligérance 5561
cobelligérant 5560
cocktail 3293
~ Molotow 2237
co-contractant 4569
code 1076, 3178
~ de l'honneur 2471
~ municipal 1637
codé 3179
codification du droit international 2906
codifier 2907
cœur: avoir à ~ de 4344
coexistence pacifique 3455
cohésion 1939
coimperium 247
colbertisme 6108
collabo 5804
collaborateur 5804
~s bénévoles 4898
collaboration 5803
~niste 5804
collecter des fonds 1982
collectivisation 2582
~ forcée 2901
collectiviser 2581
collectivisme 2583
collectiviste 2580, 2584
collectivité locale 1611
~ territoriale 1611
Collège des Cardinaux 494
~ de Défense OTAN 5247
~: Sacré ~ 494
colloque 4311
colombes 2841
colonial 187
~isme 193
~iste 192
colonie 181
~ de la Couronne 182
~ française 3385
colonisation 189
coloniser 190
colonne: cinquième ~ 2209
combat pour la liberté 197
~ de rues 2194
~tant 5987
~ ~ de la liberté 196

combler une vacance 939, 4892
comité 3924
~ d'accueil 4274
~ d'action 4740
~ ad hoc 3947
~ administratif 3967
~ ~ de coordination 5014
~ d'admission de nouveaux membres 4981
~ d'aide 4747
~ de l'assistance technique 5004
~ du budget 3976
~ budgétaire 3976
~ de la Caisse des pensions du personnel de l'ONU 4978
~ Central 2035, 4761
~ ~ permanent de l'opium 5008
~ chargé des négociations avec les institutions intergouvernementales 5005
~ des chefs de délégations 3960
~ des commissaires aux comptes 4976
~ du Conseil chargé des organisations non gouvernementales 5006
~ constitutionnel 547
~ consultatif 4820, 5121
~ ~ international du coton 5221
~ ~ ~ des Radiocommunications 5091
~ ~ ~ télégraphique et téléphonique 5090
~ ~ pour les questions administratives et budgétaires 4974
~ des contributions 4975
~ de contrôle 3965
~ de coordination 3961, 4990
~ des dames 4278
~ des désignations 3959
~ du développement industriel 5007
~ directeur 1962, 3943, 4807
~ de direction 3943, 4807, 5136
~ de discipline 4947

677

comité des Doyens 954
~ économique 4988
~ ~ du Commonwealth 5170
~ ~ et social 5132, 5145
~ d'Etat-Major 4985
~ exécutif 3970, 5191
~ ~ de l'OMM 5094
~ financier 5045
~ d'honneur 4275
~ interaméricain de l'Alliance pour le Progrès 5207
~ intergouvernemental du droit d'auteur 5235
~ ~ pour les Migrations Européennes 5302
~ interministériel 1413
~ International de la Croix-Rouge 5352
~ ~ d'enregistrement des fréquences de l'UIT 5089
~ ~ du thé 5223
~ intersessionnel 3954
~ juridique 3978
~ de liaison 3962
~ militaire 5245
~ des Ministres 5175
~ monétaire 5140
~ National l'Allemagne Libre 6241
~ Olympique International 5354
~ de l'ordre du jour 3972
~ d'organisation 3964
~ de patronage 4810, 4812
~ permanent 3946
~ ~ des Armements 5293
~ du personnel 4826, 4854
~ des placements 4977
~ principal 3945
~ des problèmes agricoles 3979
~ de procédure 3969
~ du programme 5044
~ provisoire de coordination des ententes internationales relatives aux produits de base 5015
~ des quatre 3956
~ des questions constitutionnelles et juridiques 5046
~ de réception 4274
~ de rédaction 3973

comité
~ restreint 3952
~ révolutionnaire 2156
~ de Salut Public 6135
~ scientifique et technique 5144
~ de secours 4747
~ de sécurité maritime 5099
~ social 4989
~ spécial 3957
~ subsidiaire 3928
~ de surveillance 3963
~ du Transport aérien 5077
~ des trois 3955
Commandant-en-chef 1389
Commandatura Interalliée 6365
commandes off shore 6418
Commandement conjoint de la Manche 5250
~ : haut ~ 5632
~ suprême allié de l'Atlantique 5243
~ ~ des Forces Alliées en Europe 5244
commémoration 3252
commencement de la guerre 5538
commerce nouveau 5739
commettre un attentat contre qn 2134
~ un excès de pouvoir 1753
commissaire 1594
~ aux Comptes 5125
~ des forces armées 977
~ : Haut ~ des Nations Unies pour les Réfugiés 5022
~ du Peuple aux Affaires étrangères 1441
~ -vérificateur 5125
Commissariat : Haut ~ pour les Réfugiés 5021
~ au Plan 4813
commission 3924
~ administrative 3967
~ des Affaires étrangères 976
~ des affaires générales 972, 3942
~ de l'agriculture 969
~ d'arbitrage 4800
~ d'armistice 5844

commission
~ de budget 1090
~ de la CEE 5131
~ centrale 4761
~ ~ pour la Navigation du Rhin 5300
~ de la Chambre entière 971
~ du commerce international des produits de base 4998
~ compétente au fond 3925
~ de conciliation 1036, 5410
~ de la condition de la femme 4996
~ consulaire 3383
~ consultative 3949
~ ~ africaine 5037
~ ~ asiatique 5036
~ des études postales 5083
~ de contrôle 3965, 5888
~ de coopération technique en Afrique, au Sud du Sahara 5237
~ du Danube 5172
~ de la Défense nationale 974
~ de Désarmement 4986, 5955
~ des Droits de l'Homme 4994
~ de Droit international 4979
~ économique pour l'Afrique 5003
~ ~ pour l'Amérique latine 5002
~ ~ pour l'Asie et l'Extrême-Orient 5001
~ ~ pour l'Europe 5000
~ ~ et financière 4969
~ élargie 3953
~ des employés et des travailleurs intellectuels 5039
~ de l'Energie atomique 4984
~ d'enquête 970, 3966
~ de l'Euratom 5143
~ Européenne 5131
~ ~ de l'Agriculture 5049
~ ~ des forêts 5050
~ ~ de lutte contre la fièvre aphteuse 5052

678

commission d'experts pour l'application des conventions et recommandations 5035
~ des finances 3977
~ : Haute ~ Alliée 6366
~ interaméricaine d'énergie nucléaire 5199
~ ~ des Femmes 5198
~ ~ de la paix 5201
~ de l'Intérieur 975
~ intérimaire 3948
~ internationale baleinière 5220
~ ~ de l'état civil 5208
~ ~ pour l'exploration scientifique de la Mer Méditerranée 5210
~ ~ des Industries agricoles 5209, 5321
~ ~ de Juristes 5320
~ ~ des pêches pour l'Atlantique du Nord-Ouest 5212
~ ~ du Peuplier 5213
~ ~ du riz 5051, 5222
~ juridique 3978, 4973
~ médiatrice 5410
~ mixte 3951
~ ~ paritaire 1036
~ des Nations Unies pour l'Unification et le Relèvement de la Corée 5012
~ de Navigation aérienne 5076
~ océanographique gouvernementale 5303
~ de l'ordre du jour 3972
~ du Pacifique Sud 5283
~ paritaire 3950
~ ~ maritime 5040
~ parlementaire 966
~ des pétitions 978
~ politique spéciale 4968
~ de la population 4992
~ préparatoire 3941
~ des Présidents 5123
~ des privilèges et immunités 3980
~ des questions administratives et budgétaires 4972
~ ~ ~ politiques et de sécurité, y compris la réglementation des armements 4967

commission des questions
~ ~ ~ sociales 3975, 4993
~ ~ ~ ~ humanitaires et culturelles 4970
~ s régionales 4999
~ du Règlement 3971
~ rogatoire 1848
~ du sénat 967
~ séricicole internationale 5215
~ spéciale 3957, 3958
~ ~ des Nations Unies pour les Balkans 5010
~ de statistique 4991
~ des stupéfiants 4997
~ technique 3958
~ du travail dans les plantations 5038
~ de tutelle, y compris les territoires non autonomes 4971
~ de validation 973
~ de vérification des comptes 3974
~ ~ ~ des pouvoirs 973, 3968
communal 1636
communauté 4736
~ de l'Afrique orientale 5272
~ charbon-acier 5116
~ Economique Européenne 5127
~ ethnique 3688
~ Européenne du Charbon et de l'Acier 5116
~ ~ de Défense 6425
~ ~ de l'Energie Atomique 5141
~ française 6472
~ politique européenne 6438
~ restreinte 6432
commune 1633
~ autonome 1629
~ rurale 1635
~ urbaine 1628, 1634
communication 4303
~ des pièces à conviction, des dossiers ou des documents 1896
~ s du Secrétariat 3901
~ : faire une ~ à titre personnel 4048

communiqué 3539
~ commun 3541
~ final 3543
communisant 2588
communisme 2585
communiste 2586, 2587
Compagnie de Jésus 6084
compagnon de route 2588, 2838
comparution de témoins, experts et personnes poursuivies 1900
compatibilité 1724, 4832
compatible avec 1723
compétence 1728, 1736, 1738
~ : double ~ 1748
~ exclusive 5460
~ législative 1022
~ nationale 4
~ normative 569
~ : ne pas être de la ~ de 1755
compétent pour 1727
complot 2138
~ eur 2139
comportement 4931
composition d'une commission 3934
compréhension mutuelle 3578
~ : faire preuve de ~ pour 3579
comprendre 3782
compromis 5414
compter les voix 4167
compte-rendu 4218, 4223
~ - ~ analytique 4220
~ - ~ in extenso 4221
~ - ~ des séances 4279
~ - ~ sténographique 4221
comtal 391
comte 388
~ de l'Empire 387
~ palatin 396
~ : de ~ 391
comté 390, 1624, 1625
comtesse 389
concert européen 6153
concessions: faire des ~ 3725
Concile 491
~ œcuménique 493
~ de Trente 6085
conciliationnisme 2879
concitoyen 2290

679

conclave 488
conclure la paix 5860
~ un traité 4411
conclusion 5474
~ de la paix 5861
~ d'un traité 4412
concordat 4401
concurrent 796
condamnation d'une prise 5786
condamner à mort 1839
~ à la peine de mort 1839
conditions d'engagement 4894
~ de la paix 5858a
condominium 246
conduire un navire dans un port 5761
~ la politique 1555
conduite 4931
~ de la guerre 5566
~ d'une prise 5762
confection d'une loi 1027
confédéral 221
confédération 222, 4758
~ de l'Allemagne du Nord 6177
~ Européenne de l'Agriculture 5310
~ germanique 6163
~ Internationale d'Agriculture 5347
~ ~ des Anciens Prisonniers de Guerre 5332
~ ~ des Cadres 5328
~ ~ des Syndicats Chrétiens 5330
~ ~ des Syndicats libres 5333
~ à liens souples 223
~ du Rhin 6142
~ syndicale 4773
~ de syndicats 4773
Confédérés 6180
Conférence 5042
~ administrative 3722, 5086
~ agricole 3770
~ d'ambassadeurs 3036
~ appelée à traiter ces problèmes 3803
~ atomique 3773
~ de Bandoeng 6446
~ des chefs d'Etat de l'Afrique Equatoriale 5239

Conférence
~ de Crimée 6352
~ du désarmement 5954
~ diplomatique de droit maritime international 5171
~ à l'échelon le plus élevé 3765
~ des Etats africains indépendants 5238
~ Européenne des Administration des Postes et des Télécommunications 5180
~ ~ des Ministres des Transports 5183
~ générale 5033, 5055, 5105
~ de la Haye 6202
~ ~ ~ du Droit International Privé 5194
~ interaméricaine 5263
~ ~ de Sécurité sociale 5200
~ intergouvernementale 3767
~ internationale du Travail 5033
~ sur la limitation des armements stratégiques 6524
~ ministérielle 3758
~ des Ministres des Affaires étrangères 3763
~ mondiale 3768
~ ~ de l'énergie 5390
~ monétaire 3771
~ des Nations Unies sur le commerce et le développement 4980, 6494
~ des Organisations Internationales catholiques 5365
~ de paix 5859
~ de Parlementaires de l'OTAN 5366
~ des Peuples africains 5367
~ des plénipotentiaires 5085
~ de Potsdam 6355
~ préliminaire 3774
~ de presse 3919
~ quadripartite 3761
~ régionale 3769

Conférence
~ de Solidarité afro-asiatique 6446
~ au sommet 3766
~ de Téhéran 6339
~ tripartite 3759
~ de Yalta 6352
~ a lieu 3804
~ se réunit 3804
~ se tient 3804
~ siège 3804
~ tient ses assises 3804
conférencier 4299
conférer des attributions à qn 1740
~ la citoyenneté d'honneur à qn 2366
~ une décoration 3287
~ une distinction à 3288
~ à qn des pouvoirs extraordinaires 1742
~ la qualité de bourgeois d'honneur à qn 2366
Confession d'Augsbourg 6082
confier une fonction à qn 4908
confirmé à son poste 878
confirmer qn dans sa charge 748
confiscation de biens 621
~ d'un vaisseau 5787
conflit 5423
~ algérien 6463
~ armé 5567
~s de compétence 1739
~ de frontière 3628
~ idéologique entre l'URSS et la Chine 6516
~ d'intérêts 3491
~ d'interprétation 1078
~ de juridiction 1079
~ de lois 2936
~ racial 671
conformiste 2589
conformité: en ~ avec leurs règles constitutionnelles 4590
confrontation: aux fins de ~ 1902
confusion des pouvoirs 554
congé 3245
~ annuel 4920
~ de compensation des heures supplémentaires 4921

680

congé pour convenances personnelles 4925
~ d'études 4926
~ dans les foyers 4922
~ de maladie 4924
~ de nationalité 2357
~ non payé 4923
~ sans traitement 4923
~ spécial 4925
~ : prendre ~ de 3244
~ dier un ministre 1432
congrégation 4781
Congrès 1108, 1258
~ de Berlin 6194
~ constitutionnel 1132
~ Juif Mondial 5362
~ Météorologique Mondial 5093
~ mondial 4734
~ ~ des Religions 5392
~ national 1164, 1167
~ du parti 1963
~ de l'UPU 5079
~ de Vienne 6149
~ : du ~ 1259
congressiste 3779, 4276
conjuré 2139
conquête du socialisme 2808
~ : par droit de ~ 5875
Conquistadors 6078
conscience de classe 2570
~ nationale 2659
conscient 2571
conseil 2802, 4804, 4808, 4954, 5043, 5075, 5098, 5120
~ d'administration 4808, 5034, 5069, 5072, 5135
~ ~ de l'UIT 5087
~ des Anciens 954
~ de l'Asie et du Pacifique 5162
~ d'Assistance économique mutuelle 5169
~ d'Association 5122
~ de l'Atlantique Nord 5246
~ cantonal 1237
~ des Commissaires du Peuple 1394
~ communal 1205
~ des Communes d'Europe 5377
~ de comté 1626
~ constitutionnel 548

conseil
~ consultatif économique et social Benelux 5166
~ de Contrôle allié 6367
~ de coopération douanière 5278
~ ~ ~ technique en Asie du Sud et du Sud-Est, de Colombo 5168
~ de la Couronne 327
~ culturel interaméricain 5268
~ de Défense interaméricain 5202
~ de discipline 1817
~ Economique et Social 4987
~ ~ et social interaméricain 5265
~ des Etats 1234
~ de l'Europe 5173
~ exécutif 1302, 4805, 4807, 5056, 5061, 5082
~ fédéral 1186, 1216, 1404
~ des Fédérations Industrielles d'Europe 5376
~ général 1107
~ des pêches pour la Méditerranée 5154
~ des gouverneurs 4809, 5064, 5068, 5071, 5106, 5134
~ : Grand ~ 1230, 1237
~ de guerre 2075
~ indo-pacifique des pêches 5196
~ interaméricain de Jurisconsultes 5266
~ international du blé 5224
~ ~ de la hasse 5337
~ ~ de l'étain 5225
~ ~ pour l'exploration de la mer 5214
~ ~ des Femmes 5334
~ ~ sur les problèmes de l'alcoolisme 5341
~ ~ du sucre 5226
~ ~ des Unions scientifiques 5340
~ local 1627
~ des ministres 1393, 5120, 5130, 5142
~ ~ ~ des Affaires étrangères 6357

conseil
~ mondial 4733
~ ~ de la Paix 5386
~ municipal 1639, 1640
~ National 1182, 1204, 1217, 1235
~ ~ de Sécurité 1588
~ Nordique 5261
~ des notables 1183
~ de l'OCDE 5190
~ de l'OEA 5264
~ Oecuménique des Eglises 5389
~ de l'OTAN 5246
~ d'ouvriers et de soldats 6228
~ parlementaire 6412
~ permanent 4806
~ populaire 1607
~ de prises 5783
~ de régence 317
~ de la République 1154
~ de la Révolution 2157
~ révolutionnaire 1119, 2157
~ de Sécurité 4983
~ de solidarité des Pays afroasiatiques 5304
~ Spécial de Ministres 5120
~ de surveillance 4811
~ de Tutelle 5023
~ de l'UEO 5291
conseiller d'ambassade 3166
~ fédéral 1405
~ financier 4845
~ juridique 4844
~ municipal 1641
~ national 1218, 1236
~ personnel 3824
~ de politique étrangère 3422
~ technique 3823
consentement 3724
~ tacite 4620
Conservateur 2006, 2590, 2593
~ des archives 3177
conservatisme 2594
conserver une politique 1559
considérant que 4639
considérer qch comme un chiffon de papier 4530
consigner au procès-verbal 4226

681

consigner dans un rapport 4250
consolidation de la paix 3442
~ d'un régime 1276
consolider la paix 3441
consommer la violation d'un traité 4535
consortium 4777
~ international de télécommunications par satellites 5353
conspirateur 2139
conspiration 2138
~ des poudres 6093
constater que le quorum est atteint 4200
constituant 538, 540
~e 6124
constituer une commission 3930
~ le gouvernement 1350
~ une menace à la sécurité 3457
~ le quorum 4199
~ une troisième force 6433
~ : se ~ en commissions 3931
constitutionnaliste 523
constitutionnalité 527
constitutionnel 515, 526
construction du socialisme 2807
consul 3368
~ de carrière 3381
~ général 3374
~ honoraire 3382
~ marchand 3382
~aire 3363
~at 3371, 6137
~ ~ général 3373
~ ~ honoraire 3375
~ ~ de la mer 3018
consultation 4041
~ populaire 897
~ : après ~ de 4042
consulter 4043
~ le corps électoral 789
contact 2277, 3743
containment 3605
content: être ~ de pouvoir 4320
contestable 5488
contestataire 2098
contestation 5487
~ d'une élection 862

contester 5486
~ une élection 863
~ la validité de la nomination 3888
contiguïté 14
continent 22
continuisme 1295
continuité de l'Etat 151
contracter une alliance 3568
contraire aux dispositions 4540
~ au droit des gens 2980
~ ~ ~ international 2980
~ à la loi 1018
~ à la neutralité 6073
contrat 4395, 4914
~ Social de Rousseau 2526
contrebande absolue 5736
~ conditionnelle 5735
~ de guerre 5734
~ relative 5735
contre-blocus 3654
~-espionnage 2260
~-gouvernement 1340
~-manifestation 2090
~-mémoires 5466
~-projet 4241
~-proposition 3727, 4060
~-Réformation 6086
~-Réforme 6086
~-révolution 2160
~-révolutionnaire 2161, 2162
~-sabotage 2236
~seing 1663
~signer 1664
~-terrorisme 2224
contribution allemande à la défense occidentale 6431
~ de guerre 5823
~s volontaires 4701
contrôle de la constitutionnalité des lois 545
~ du désarmement 5953
~ des détroits 45
~ de l'Etat 1707
~ parlementaire 1421
~ quadripartite 6363
controverse 5423
Convention 1965, 4396
~ d'aide judiciaire 1854
~ d'arbitrage 4453
~ d'armistice 5847
~ d'association 4472
~ consulaire 3361, 4465

Convention
~ sur l'échange de prisonniers de guerre 6039
~ entre les Etats Parties au Traité de l'Atlantique Nord sur le Statut de leurs Forces 5253
~ Européenne d'Extradition 1887
~s de Genève 5980
~ intergouvernementale 4426
~s de la Haye 5979
~ internationale sur l'élimination de toutes les formes de discrimination raciale 679
~ de Montreux 6286
~ nationale 6133
~ OTAN sur le Statut des Forces 5253
~ du parti 1963
~ postale universelle 4479, 5081
~ sur le régime des Détroits 6286
~ sur les relations entre les Trois Puissances et la République fédérale d'Allemagne 6424
~ relative aux Droits et Obligations des Forces étrangères et de leurs membres sur le Territoire de la République fédérale d'Allemagne 5254
~ universelle sur le Droit d'auteur 5394
~nel 6134
conversations confidentielles 3745
~ de couloir 3755
~ exploratoires 3719
~ non officielles 3751
~ préliminaires 3722
~ quadripartites 3749
~ secrètes 3748
~ tripartites 3747
conversion des armements 5899
~ de navires marchands en navires de guerre 5690
convier qn à déjeuner 3296
convocation 3843, 3844
convoi 5694

convoquer une conférence 3842
~ une séance pour le 3848
coopération économique 3674
~ régionale de développement 5279
coopérative 4776
cooptation 4204
coopter qn 4203
coordination assurée par 3936
copie certifiée conforme 4665
co-président 1353, 1826
corbillard 3326
cordon de police 2085
~ sanitaire 3607
co-régent 320
corps consulaire 3364
~ diplomatique 3101
~ électoral 805
~ expéditionnaire 5642
~ franc 6245
~ législatif 903
~ de la Paix 6486
~ volontaire 5605
~ de volontaires 5605
correspondance 3549
corridor polonais 6234
corsaire 5725, 5726
cortège funèbre 3325
Cortès 1242
cosignataire 4562
cosmopolite 2596, 2597
cosmopolitisme 2598
coterie 2442
cotisations des membres 4699
couler un navire 5758
couleurs nationales 3342
coulisses: dans les ~ 3723
couloir aérien 51
~ de Dantzig 6234
coup d'avertissement 5748
~ de barre à gauche 895
~ d'Etat 2141
~ ~ avorté 2142
~ ~ manqué 2142
~ de force 2144
~ de main 2143
~ de semonce 5748
coupe: être sous la ~ de qn 2516
Cour 328
~ d'appel 1830

Cour
~ des Comptes 1836
~ constitutionnelle 1832
~ ~ Fédérale 1834
~ Européenne des Droits de l'Homme 5186, 5452
~ Fédérale des Comptes 1837
~ Internationale de Justice 5024, 5445, 5450
~ ~ des prises 5784
~ de Justice 5110
~ ~ ~ centre-américaine 5453
~ ~ ~ des Communautés européennes 5451
~ martiale 2075
~ Permanente d'Arbitrage 5284, 5448
~ ~ de Justice Internationale 4957, 5449
~ de prises 5783
~ suprême 1831
Couronne 295
couronne impériale 339
couronnement 298
~ d'un empereur 340
~r 296
courrier de cabinet 3172
~ diplomatique 3172
course 5729
~ aux armements 5897, 5937
~ ~ atomiques 5898
~ au poteau 3483
courtisan 334
courtoisie internationale 2959
coutume 2946
~ internationale comme preuve d'une pratique acceptée comme étant de droit 2945
création d'un poste 4855
créer qn chevalier 430
~ une organisation 4668
~ un précédent 3488
crever le cordon de police 2086
crime contre l'humanité 2986
~ contre la paix 2985
~ du droit des gens 2984
~ de droit international 2984
~ de guerre 6017

crime
~ international 2984
criminel de guerre 6016
crise de Bosnie 6209
~ de confiance 1568
~ du Congo 6478
~ congolaise 6478
~ de Cuba 6505
~ cubaine 6505
~ de direction 1386
~ de Fachoda 6200
~ gouvernementale 1371
~ ministérielle 1371
~ mondiale 6265
~ des Sudètes 6295
~ de Suez 6459
croiseur auxiliaire 5689
Croissant 5359
~ Rouge 6020
croix gammée 2536
~-Rouge 6018
~-~ Internationale 5356
csaréwitch 347
cuisine électorale 793
culpabilité collective 6354
culte de la personnalité 2726
~: libre exercice du ~ 604
cumuler plusieurs fonctions 1720
cycle d'études 4305
czar 345
~éwitch 347
~ine 346

D

Dail 1172
Dalaï-Lama 442
danger de guerre 5509
date effective d'engagement 4907
~-limite est 4244
Dauphin 361
DC 2022
de facto 5403
de jure 5401
débâcle 5623
~ du Troisième Reich 6345
débarquement 5645
~ allié 6342
débarquer 5644
débat 3986

683

débat budgétaire 1086
~ sur le fond 3987
~ général 3988
~s laborieux 3989
~s parlementaires 962
débellation 5877
débloquement 5718
déboulonner 1802
débouter qn d'une demande 5475
débrayage 716
débrayer 717
décanat 3103
décentralisation 2458
décentraliser 2457
déchéance de la nationalité 2358
déchiffrage 3187
déchiffrement 3187
déchiffrer 3186
~ un code 2272
déchoir qn de la nationalité 2359
décider à l'unanimité 4053
décision 1654
~s judiciaires 2948
~ majoritaire 4194
~ à la majorité des voix 4194
~ : par ~ de XY statuant à l'unanimité 4052
Déclaration Balfour 6225
~ de Berlin 6361
~ de blocus 5714
~ des Droits 6103
~ ~ ~ de l'Homme et du Citoyen 6127
~ de l'état d'exception 2071
~ gouvernementale 979
~ de guerre 5552
~ d'indépendance 156
~ ~ des Etats-Unis 6120
~ d'intention 4405
~ des Nations Unies 6330
~ de neutralité 6058
~ de Paris sur la guerre maritime 5730
~ quadripartite 3762, 6361
~ de réciprocité 3434
~ solennelle 4047
~ tripartite 3760
~ unilatérale 3560
~ universelle des droits de l'homme et du citoyen 585

Déclaration
~ : faire une ~ 4046
déclarer qn démissionnaire d'office 4942
~ un diplomate persona non grata 3079
~ la discussion close 3998
~ l'état d'exception 2070
~ expressément 4339
~ la grève 722
~ la guerre à un pays 5551
~ qu'il ne sera pas fait de quartier 5986
~ le scrutin clos 4164
~ ~ ~ ouvert 4149
~ la séance ouverte 3891
~ : se ~ d'accord avec 4375
~ : se ~ démissionnaire 1425
déclassifier 4935
déclin de la démocratie 2678
décoloniser 201
décolonisation 200
décoloniser 201
décompte des voix par groupes 1002
~ des votes 4166
découpage des circonscriptions électorales 793
décret 1656
~ d'application 986
~-loi 1067
décréter le blocus d'un pays 5713
~ la mobilisation générale 5529
décrypter 3186
défaite électorale 879
~ de l'Invincible Armada 6090
défaitisme 2443
défaitiste 2444, 2445
défaut 5471
défendeur 5457
défenestration de Prague 6095
défense civile 5602
~ de la constitution 2280
~ des côtes 5685
~ nationale 5594
~ passive 5653
~ territoriale 5595
déférer: ne pas ~ aux injonctions du président 4115

défi 3644
déficit budgétaire 1088
défilé 3206
~ militaire 3205
définir une politique 1557
défoliation 6002
dégagement 6487
dégel 3625
dégénérer en guerre 5533
dégradation des rapports 3427
~ de la situation 3499
dégrader: se ~ 3495
déification du parti 1973
déjeuner d'adieux 3242
~ d'affaires 4313
~ de travail 4313
déjouer les manœuvres 3646
délégation 3810
~ d'armistice 5845
~ commerciale 3707
~ économique 3815
~ permanente 3066
~ de pouvoirs 1741, 3714
~ : à la tête de la ~ 3811
délégué 3814
~ apostolique 3139
~ gouvernemental 3819
~ parlementaire à la défense 977
~ permanent 3813
~ régulièrement désigné 3889
~ syndical 3820
déléguer des pouvoirs à qn 1740
délibération 3992
~ en assemblée plénière 963
~s en commission 3937
délibérer 3993
~ à huis clos 3911
délimitation 130
délit international 2983
délivrance d'un passeport 3397
délivrer une carte d'admission 4129
~ des certificats d'origine 3413
~ un passeport 3395
~ le passeport à qn 3403
~ : se ~ du poids du passé 2877
démagogie 2447

démagogique 2448
démagogue 2446
demande 1676, 3474, 3475, 4059
~ d'adhésion 4715
~ d'admission 4715
~s en instance 4716
~ d'ajournement 4100
~ d'association 4689
~ d'enquête préliminaire à la poursuite 1857
~ d'extradition 1884
~ d'inscription à l'ordre du jour 4074
~ de rectification 4099
~ : à la ~ de 4069
~ : à la ~ expresse de 4070
~ : donner suite à une ~ 4065
~ : faire droit à une ~ 4065
~ : à toute personne qui en fait la ~ 4067
demander l'admission dans la CEE 5147
~ l'ajournement du débat 3906
~ asile 2319
~ l'assistance gratuite d'un interprète 640
~ audience à qn 3267
~ la clôture des débats 4101
~ à devenir membre d'une organisation 4714
~ instamment 4374
~ la paix 3447
~ la parole 4016
~ les passeports 3401
~ le renvoi d'une question à une commission 3940
demandeur 5456
démanteler les fortifications 5887
~ un réseau d'espionnage 2259
démarche 3515
~s auprès d'un gouvernement 3517
~ collective 3516
~ commune 3516
démembrement 101
démembrer 102
démenti 3555
démentir 3554
démettre: se ~ 4937

démettre:
~ : se ~ de ses fonctions 1422
demeure: dernière ~ 3334
demeurer dans l'expectative 3507
~ en fonctions 1783
~ en vigueur 1060
démilitarisation 5885
démilitariser 5883
démission 1423, 1426, 4936
~ d'office 1433, 4943
~naire 1427
~ner 1422, 4937
~ ~ collectivement 4940
démobilisation 5881
démobiliser 5882
Démocrate 2045, 2449, 2451
~ chrétien 1994, 2022
~ libéral 1992
~s Socialistes 2027
démocratie 2450
~ chrétienne 1993
~ directe 1269
~ parlementaire 1273
~ populaire 268
~ représentative 1271
démocratique 2451
~ : non ~ 2868
démocratisation 2453
démocratiser 2452
dénazification 6375
déneutralisation 6071
déneutraliser 6072
déni de justice 1823
dénoncer un traité 4612
dénonciation 4611
dénucléarisation 5946
département 1411, 1412, 1616
~ de l'Economie publique 1459
~ d'Etat 1436
~ Fédéral de l'Intérieur 1445
~ ~ de Justice et Police 1450
~ des Transports et Communications et de l'Energie 1486
~ des Finances 1454
~ militaire fédéral 1522
~ d'outre-mer 1619
~ Politique Fédéral 1437
~al 1618

dépasser le cadre des débats de 4366
dépêche diplomatique 3175
~ d'Ems 6183
dépens 5484
dépenses militaires 5526
~ de personnel 4853
déplacement de service 4948
~ tenant lieu de sanction 1794
déployer le pavillon 3350
déportation 699
déportés 700
déposer 4596
~ un amendement 4095
~ les armes 5837
~ le bulletin de vote dans l'urne 838
~ sa carte de visite 3219
~ une couronne 3262
~ l'instrument de ratification auprès d'un gouvernement 4595
~ une motion 4068
~ un projet de loi 1031
~ un rapport 4248
~ une requête 4063
~ au secrétariat 4249
~ sous la foi de serment 1901
~ sous serment 1901
dépositaire 4599
~ d'un secret 4933
dépôt d'armes 5524
~ ~ camouflé 2211
~ de bulletins de vote dans l'urne 4165
~ des instruments de ratification 4594
dépouille mortelle 3333
~ment du scrutin 865, 4166
~r le scrutin 4167
dépression mondiale 6265
député 940
~ : ancien ~ 942
~s peu connus 948
~ sortant 941
déracinement 2317
déréliction 89
dérogation: en ~ à 4653
~ : par ~ à 4653
~s: sauf ~ prévues au présent traité 4645

685

déroulement des conversations 3750
dérouler 3752
déroutement 5749
désaccord 5423
désamorcer un conflit 3604
désannexer un territoire 96
désannexion 97
désarmement 5838, 5951
~ atomique 5903
~ contrôlé 5952
~ général 5893, 5956
~ nucléaire 5903
désarmer 5839, 5950
désatomisation 5946
descente de police 2171
description des fonctions 4915
déségrégation 669
désengagement 6487
déserteur 5613
désescalade 5555
désignation d'un candidat 4175
~ de suppléants 3817
désigner par cooptation 4203
~ qn 1761
~ un rapporteur 3932
~ des scrutateurs 4169
~ par le sort 4171
désistement 5464
désister: se ~ 824
désordres 2107
despote 2454
despotique 2455
despotisme 2456
~ éclairé 6107
déstalinisation 2477
destiner: se ~ à la carrière diplomatique 3032
destituer qn 1801, 4942
destitution 1803
destruction des stocks de bombes atomiques et à hydrogène 5927
détection d'explosions nucléaires souterraines 5925
détente 3622
détention illégale d'armes 2210
détenus politiques 696
détérioration des relations 3427
détermination de l'agresseur 5398

déterminés à 4637
détournement d'avion(s) 2215
~ de pouvoir 1751
détourner 2217
détroits fermés aux navires de guerre 5701
détrônement 326
détrôner 325
dette nationale 1092
~ publique 1092
deuil de cour 3321
~ national 3320
~ officiel 3320
développement: en voie de ~ 3681
déviationnisme 2375
~ de droite 2761
~ de gauche 2615
déviationniste 2374
~ de droite 2760
~ de gauche 2614
devoirs civiques 598
Dewan Negara 1199
~ Ra'ayat 1200
dey 474
diadoque 361
dialectique 2459, 2460
dictateur 1281
dictatorial 1282
dictature 1283
~ militaire 1286
~ du prolétariat 2461
diète 1141, 1150, 1197, 1226
~ fédérale 1134, 1232
~ suédoise 1231
différend 5423
~ d'ordre politique 5399
difficultés: des ~ surgissent 4387
diffuser: ne pas ~ avant 3542
dignitaire 433
dignité 434
~ de baron 421
~ de baronnet 424
~ cardinalice 500
~ impériale 342
diktat 4440
~ de Versailles 6231
diligence due 1757
dîner d'adieux 3242
~ d'apparat 3298
diocèse 508
diplomate 3028

diplomate
~ ayant la plus grande ancienneté 3106
~ ayant le rang le plus élevé 3105
~ de carrière 3029
~ de rang élevé 3107
diplomatie de la canonnière 3027
~ du dollar 3026
~ ouverte 3023
~ permanente 3021
~ des rencontres 3024
~ secrète 3022
~ du sommet 3025
diplomatique: à l'échelon ~ 3025
~ : dans les milieux ~ s 3034
~ : par la voie ~ normale 3039
dire: ainsi que je l'ai déjà dit 4330
~ : pour ainsi ~ 4356
~ : soit dit entre parenthèses 4355
~ : soit dit en passant 4355
directeur adjoint 4838
~ de cabinet 1408
~ général 1417, 4836
~ adjoint 4837
~ du Secrétariat 5048
~ du scrutin 832
direction collective 1402
~ générale des Affaires Politiques 1560
~ du parti 1961
~ du personnel 4825
directives 1665, 3713
Directoire 6136
dirigeants 1296
~ du parti 1958
diriger les débats 3996
discipline de groupe 960
~ du parti 1968
~ de vote 959
discours d'adieu 3246
~ de bienvenue 3894
~ budgétaire 1087
~ de clôture 3909, 3912
~ électoral 816
~ de félicitations 3283
~ inaugural 3896
~ de Nouvel An 3259
~ d'ouverture 3896
~ à la radio 3258

discours radiodiffusé 3258
~ de table 3302
~ télévisé 3256
~ du trône 3257
discrétionnaire 1750
discrimination 2987
~ des pavillons 5765
~ raciale 664
discussion 3984
~s byzantines 3989
~ de groupe 4309
discuter autour d'une table ronde 3776
~ une question 4389
~ en troisième lecture 1039
disparu(e)s 5617
disperser 2169
~ les manifestants 2093
disponibilité 4928
disposé à chercher un compromis 3480
~ à trouver un compromis 3479
disposer du droit de veto 4080
~ de la majorité au Sénat 1000
disposition constitutionnelle 520
~s du droit interne 2939
~ à l'entente 3582
~ en fer à cheval 3834
~s finales 4523
~s générales 4521
~ en hémicycle 3833
~s légales 519
~s d'une loi 1077
~s en matière de sécurité 4934
~ des places 3306
~ ~ ~ à table 3303
~s restrictives 4524
~s d'un traité 4520
~s transitoires 4522
~s: sauf ~ contraires 4645
~s: sont convenues des ~ suivantes 4642
dissident 2462
dissolution 950
dissoudre 949
dissuasion graduelle 5919
~ nucléaire 5918
distinction: sans ~ de race, de sexe, de langue ou de religion 589

distribuer des tracts 2127
district rural 1630
~ urbain 1631
division 4821
~ des affaires administratives 4822
~ ~ ~ consulaires 3370
~ ~ ~ juridiques 4824
~ ~ ~ Politiques 1560
~ de l'Allemagne 6407
~ Bleue 6335
~ du personnel 4825
doctrine 2466
~ des auteurs les plus qualifiés 2955
~ de Brejnev 6519
~s du droit des gens 2956
~s du droit international 2956
~ Eisenhower 6466
~ Hallstein 6450
~ de Monroe 6158
~ raciste 678
~ Truman 6397
~ du voyage continu 5770
document(s) factice(s) 2261
~ de travail 4236
~s: les ~ devront parvenir au secrétariat au plus tard le 4243
dogmatique 2463, 2464
dogmatisme 2465
domaine aérien 48
~ d'application 4603
~ maritime 31
~ public international 55
~ réservé 4
~ terrestre 21
domination coloniale 185
~ étrangère 165
~ universelle 3664
dominion 234
dommages de guerre 5872
don 4702
donner son agrément 3080
~ un aperçu de 4331
~ asile à qn 2320
~ une autorisation 1669
~ un avis 4039
~ ~ ~ consultatif 5473
~ à bail 78
~ carte blanche à qn 3712
~ un cocktail 3294
~ une conférence 4300
~ ~ ~ de presse 3920
~ décharge 4253

donner
~ un déjeuner 3295
~ un démenti 3556
~ sa démission 1424, 4937
~ une interview 3923
~ le jour à une organisation 4667
~ lecture de qch. 4038
~ des marques d'approbation ou de désapprobation 4121
~ la parole à qn 4018, 4023
~ une réception 3292
~ sa voix à la droite 869
~ ~ ~ à un parti 847, 870
dosage 1375
dossier 1679
~ de candidature 1764
~ individuel 4930
~ personnel 4930
Dotation Carnegie pour la Paix Internationale 5306
doubles emplois 4107
douma 6219
doyen d'âge 3885
~ du corps diplomatique 3102
~s des hommes politiques 1549
drapeau 3345
~ blanc 5824
~ de la Croix-Rouge 6019
~ fédéral 3357
~ national 3346
dresser le procès-verbal 4223
droit d'accès 23
~s acquis 2973
~ administratif 1591
~ ~ international 2927
~ aérien 2933
~ d'aînesse 314
~ d'ambassade 3047
~ d'amendement 1041
~ d'angarie 5793
~ d'arrêt 5743
~ d'asile 2318
~ d'aubaine 2979
~ d'auto-conservation 2969
~ d'autodétermination 161
~s et avantages résultant de la qualité de membre 4697
~s de chancellerie 3171

687

droit de chapelle 3159
~s du citoyen 597
~s civiques 597
~ communautaire 5115
~ comparé 2930
~ de conclure des traités 4414
~ constitutionnel 521
~ ~ comparé 522
~ conventionnel 4415
~ coutumier 2928
~ ~ international 2929
~ de culte privé 3159
~ de déclarer la guerre 1392
~s dévolus 2973
~ diplomatique 3020
~ de direction 1733
~ disciplinaire 1814
~ de dissolution 951
~ divin 280
~ ~ des rois 281
~ à l'éducation 601
~ électoral 751
~ d'établissement 2292
~ des étrangers 2294
~ de ne pas être arrêté ou détenu arbitrairement 636
~ d'être présumé innocent ... 638
~ de ne pas être tenu en esclavage ni en servitude 635
~ d'exécution fédérale 577
~ d'expropriation de l'Etat 623
~ fluvial international 88
~s fondamentaux 581
~ de fonder des syndicats 649
~ à la formation professionelle 634
~ des gens 2903
~ de grâce 1841
~ de grève 651
~ de la guerre 2925, 5501
~ ~ ~ aérienne 5977
~ ~ ~ maritime 5976
~ ~ ~ terrestre 5975
~ d'hériter 620
~s de l'homme 583
~s inaliénables de l'individu 588
~s d'inscription 4282
~ à l'instruction 601, 633

droit
~ international 2903
~ ~ commun 2958
~ ~ positif 2904
~ ~ privé 2935
~ ~ public 2903
~ ~ ~ de la mer 3004
~ ~ du travail 2926
~ interne 2937
~ d'interpellation 990
~ intertemporel 2905
~ à un jugement équitable 637
~ de légation 3047
~ de légitime défense 2971
~ de libre choix du travail 627
~ de se marier et de fonder une famille 632
~ de la mer 3003
~ national 2937
~ à une nationalité 625
~ naturel 2932
~ de neutralité 6057
~ à un niveau de vie suffisant 644
~ d'occupation 5813
~ d'option 111, 2347
~ de la paix 2924
~ à la parole 4007
~ de passage 6075
~ pénal interlocal 1866
~ ~ international 2990
~ de pétition 653
~ des peuples à disposer d'eux-mêmes 161
~ du plus fort 2993
~ de poursuite 5767
~ de préemption 5789
~ de préférence 2974
~ préventif de la guerre 3465
~ des prises maritimes 5785
~ à la propriété 619
~ public 2941
~ de réciprocité 2967
~ des relations internationales de voisinage 15
~ de représentation internationale 2970
~ de retrait 4698
~ à la retraite 1812
~ du sang 2345
~ à la sécurité sociale 643
~ du sol 2346

droit
~ de souveraineté 567
~s souverains concurrents 568
~ spatial 2934
~ de suffrage 797
~ ~ ~ féminin 766
~ de suite 5767
~ du tabouret 3215
~ des traités 4415
~ au travail 626
~ de vérification du pavillon 5740
~ de veto 4081
~ à la vie, à la liberté et à la sécurité de la personne 624
~ de visite 5750
~ de vote 797, 4143
~ ~ ~ restreint aux hommes 765
~ : de ~ 5401
~ de vote: sans ~ 800
droite 1922
dû: être ~ au fait que 4352
dualisme 2467, 6174
duc 376
~ : de ~ 378
~ al 378
~ hé 377
~ hesse 379
duma 6219
dum-dum 6004
durcissement 3509
durée des fonctions 1784
~ du mandat 945, 1784
~ : pour une ~ illimitée 4621
durs 2789
duumvir 1303
~ al 1304
~ at 1305
dyarchie 2468
dyarchique 2470
dynaste 293
dynastie 291
dynastique 292

E

earl 400
eaux côtières 34
~ historiques 28
~ intérieures 27, 33

eaux juridictionelles 32
~ territoriales 32
~ : dans les ~ neutres 5794
ébullition 2083
écarter: s' ~ du sujet 4032
échange d'avis de condamnation 1899
~s culturels 3685
~ des instruments de ratification 4593
~ de lettres 3548
~ de notes 3532
~ de population 3691
~ de(s) prisonniers de guerre malades et blessés 6038
~ de territoires 75
~ de vues 4036
échéance: à longue ~ 4622
échec 3624
~ de la Conférence au sommet 6477
~ d'une mission 3064
échelle de rémunération 4863
échelon 4864
~ : à l' ~ des Ministres des Affaires étrangères 3764
échevin 1641
échouer 3736
éclaircissement: pour un ~ 4391
éclater: au moment où éclata ... 5539
économies budgétaires 1091
écourter les débats 4001
écoute(s) téléphonique(s) 2270
écroulement du Troisième Reich 6345
édification du socialisme 2807
Edit de Nantes 6092
éducation civique 2827
Eduskunta 1150
effacer le passé du nazisme 2877
effectif de paix 5865
effectivité du blocus 5707
effectuer un quadrillage 2172
~ un râtissage 2172
~ les travaux préparatoires 3827

effet rétroactif 4609
~ suspensif 1756
effondrement 2899
effondrer: s' ~ 2900
efforts en vue de sauvegarder la paix 3445
effusion: sans ~ de sang 2184
égal en droit 592
égalité de chances 2438
~ des droits 590
~ de l'homme et de la femme 591
~ devant l'impôt 631
~ devant la loi 594
~ des races 672
~ raciale 672
~ de sexes 591
~ souveraine 153
~ de traitement 595
~ : à ~ de droits 4712
~ : sur un pied d' ~ 4712
~ : se trouvant sur un pied d' ~ 592
égide: sous l' ~ de 3808
élaborer une constitution 537
~ l'ordre du jour 3852
~ un projet 4240
~ un rapport 4246
élargissement définitif 1915
Electeur 374, 769, 805, 831
~ du deuxième degré 769
~ : Grand ~ 6098
élection 743
~ par acclamation 4189
~ blanche 867
~s au Bundestag 781
~s cantonales 784
~s communales 785
~ complémentaire 786
~s au Congrès 1260
~s honnêtes 860
~s législatives 780
~s libres 770
~s locales 785
~s municipales 785
~ partielle 786
~ présidentielle 783
~s primaires 818
~ de remplacement 786
~s sénatoriales 782
~ est acquise 4190
électorat 375
élément civil 5260

élément
~s constitutifs de l'infraction 1869
élever des barricades 2196
~ une légation au rang d'ambassade 3071
~ quelques objections 4368
~ qn à une dignité 435
éligibilité 746
éligible 745
élimination des barrières raciales 673
éliminer par des manipulations 2413
élire pour une durée de 4 ans 873
~ qn 744
~ qn au sein d'une assemblée 4202
~ un président 3932
élite 2474
~ intellectuelle 2551
émancipation 195
~ des colonies 198
~ ~ ~ espagnoles en Amérique 6157
~ des Pays-Bas 6089
émanciper: s' ~ 194
embargo 5731
emblème national 3344
~ de souveraineté 3344
embourgeoiser: s' ~ 2876
embrasser la carrière diplomatique 3032
émetteur clandestin 2202
émettre un avis 4039
~ des passeports et titres de voyage 3396
~ des revendications territoriales 117
~ son suffrage 842
émeutes raciales 2126
émeutier 2110, 2188
émigration 2331
émigré 2330
éminence grise 1547
émir 470
~at 471
emissaire 3052
émoluments 1694
empêchement: avoir un ~ 3983
emparer: s' ~ du pouvoir 1291
empereur 335

689

~ de toutes les Russies 345
empire 343, 344, 6186
~ chérifien 460
~ colonial 188
~ : Premier ~ 6138
~ : Saint ~ Romain Germanique 6076
~ : Second ~ 6171
emploi obtenu par nomination 1691
employer des armes empoisonnées 5995
emprisonnement provisoire consécutif à une demande d'extradition 1885
encerclement 3661
~ de l'Allemagne 6210
~ capitaliste 2566
enclave 124
~ douanière 125
encontre: allant à l' ~ de ces dispositions 4648
encourager la coopération internationale 3437
encyclique 489
endiguement 3605
endoctrination 2793
endoctriner 2794
enfreindre les dispositions d'un traité 4535
engagement 3615
~ pour une durée déterminée 4906
~ pour une période d'essai 4912
engager une escalade 5554
~ des négociations 3700
~ du personnel local 4903
~ ~ ~ sur place 4902
engins téléguidés 5968
enlèvement de diplomates 2285
enlever 2284
ennemi héréditaire 5619
énoncé de l'article 4549
~ de l'article 10 est suffisamment souple 4655
enquête 5415, 5461
~ démoscopique 2639
~ de pavillon 5746
enregistrement de traités 4602
enregistrer 4601
~ les naissances, mariages et décès 3412
entendre 4043

entendu(s) 4042
~ : étant ~ que 4646
entente avec 3580
~ : la bonne ~ entre les nations 3577
~ cordiale 6204
~ régionale 4434
~ : Triple ~ 6207
enterrer un différend 5427
en-tête 3551
entêté 2591
entourage 1383
entraide judiciaire en matière pénale 1849
entraînement contre-guérilla 2219
entraves apportées à la propagande électorale de l'opposition 814
~ au trafic de Berlin 6534
entre-deux-guerres 6230
entrée en fonctions 1771
~ ~ ~ : au moment de l' ~ 1772
~ en guerre 5557
~ ~ ~ des Etats-Unis 6216
~ en vigueur 1058
entre-guerre 6230
entreprendre des sondages auprès de 3720
~ le voyage de retour 3247
entrer dans l'administration 1768
~ en contact avec 3742
~ en exercice 1770
~ en fonctions 1770
~ dans l'opposition 984
~ dans le service diplomatique 3033
~ en vigueur 1057
entretenir des relations 3425
entretiens 3744, 3746
~ au niveau des ambassadeurs 3703
~ quadripartites sur Berlin 6535
~ secrets 3748
~ : avoir des ~ avec 3754
entrevue 3744
envahir 5518
envoi 3051
envoyé extraordinaire et ministre plénipotentiaire 3114

envoyer des invitations à 3846
~ un télégramme de condoléance(s) à qn 3316
épargner les églises et les hôpitaux 6007
épiscopal 507
épiscopat 505
épouse du consul 3369
épreuve de force 3652
épuisement des recours internes 2938
épuiser l'ordre du jour 3863
épuration 2244
épurer 2243
équilibre des forces 3592
~ des puissances 3591
~ de la terreur 5920, 6420
équipage mis à bord d'un vaisseau capturé 5777
~ de prise 5760
équitable 5479
équité 2952, 5478
ère atomique 6347
~ nazie 6351
~ du nazisme 6351
ériger une légation au rang d'ambassade 3071
erreur: ce serait une ~ de croire que 4350
escalade 5540
escorte 3233
~ de police 3264
espace 50
~ aérien 48, 49
~ ~ interdit 54
~ extra-atmosphérique 50
~ interplanétaire 50
~ vital 6272
espion 2256
espionnage 2257
~ atomique 5922
~ : faire de l' ~ 2254
~ : se livrer à l' ~ 2254
espoir: avoir le ferme ~ que 4381
esprit de Camp David 6476
~ de clocher 2620
~ de Genève 6253
~ des Lois 2527
essai atomique 5939
~ nucléaire 5939
establishment 2478
estrade 3837
établi: il est clairement ~ que 4351

établir des certificats d'origine 3413
~ un cordon de police 2087
~ l'ordre du jour 3852
~ son règlement intérieur 4108
~ des relations diplomatiques avec 3040
établissement de l'ordre du jour 3853
~ public 1705
Etat 2822
~ s: les ~ 906
~ accréditaire 3075
~ accréditant 3076
~ s adhérents 4631
~ administrant 212
~ s Africains de la Charte de Casablanca 5167
~ s du bloc oriental 6388
~ de blocus 5709
~ capteur 5772
~ constitutionnel 263
~ s contractants 4566
~ corporatif 266
~ dépendant 164
~ dépositaire 4600
~ de droit 263
~ s de l'Eglise 6182
~ ennemi 5621
~ qui a envoyé le diplomate 3076
~ à ethnie homogène 236
~ d'exception 2069
~ fédéral 227
~ féodal 173
~ s-Généraux 906, 1210, 6122
~ de guerre 5542
~ indépendant 152
~ lésé 5420
~ limitrophe 10
~ local 3075
~ -major 1385
~ mammouth 250
~ s membres 232, 4691
~ minuscule 253
~ mi-souverain 163
~ mondial 2888
~ multinational 237
~ de nécessité législative 2068
~ neutre 269
~ s non contractants 4570
~ non-membre 4692

Etat
~ s non-nucléaires 5915
~ s non participants 4574
~ non reconnu 2999
~ s non signataires 4563
~ d'origine 2326, 3076
~ des ouvriers et paysans 2406
~ de paix 5867
~ à parti unique 261
~ s participants 4572
~ s particuliers 232
~ périphérique 12
~ plurinational 237
~ policier 262
~ prévisionnel 1095
~ protecteur 169
~ protégé 170
~ -providence 265
~ représenté par le diplomate 3076
~ riverain 11, 13
~ en rupture de traité 4539
~ satellite 215
~ s satellites de la Russie 6389
~ de séjour 3077
~ de siège 2072
~ s signataires 4560
~ social 264
~ souverain 152
~ successeur 273
~ s successeurs de l'Autriche-Hongrie 6235
~ -tampon 216
~ s tiers 4571
~ : tiers ~ 6123
~ totalitaire 260
~ tutélaire 212
~ s Unis d'Europe 6434
~ unitaire 235
~ universel 2888
~ d'urgence 2069
~ vassal 172
~ voisin 10
~ : de l' ~ 2825
~ : d' ~ 2825
étatique 2825
étatisation 2881
étatisme 2479
étendre le droit de vote 752
ethnarque 514
étiage 38
étiquette 3193
étouffer une rébellion 2164

étranger 2286
~ indésirable 2300
Europe des Patries 6435
~ : Petite ... 6436
~ des Six 6436
euthanasie 704
évacuation anticipée de la Rhénanie 6267
~ d'un territoire 5879
évacuer 5878
~ : faire ... la salle 4128
évêché 508
évêque 506
éviter l'effusion de sang 2250
examiner les papiers de bord 5754
~ un projet de loi en seconde lecture 1038
exarchat 512
exarque 511
excédent(s) budgétaire(s) 1093
excès 2131
~ de pouvoir 1752
ex-chancelier fédéral 1361
exception 5469
exciter 2124
exclave 123
exclu 4363
exclure 4721
~ d'un parti 1938
~ qn de la salle pour le reste de la séance 4126
exclusion de membres 4722
excuse de nécessité 2972
excuser: s' ~ 3227
~ : s' ~ auprès de qn 3312
exécuter 1913
exécutif 1264
exécution 1912
~ de la commission 1858
~ d'un jugement 5491
~ des lois 1054
~ s en masse 2248
~ d'otages 2247
exemplaire original 4661
~ : en double ~ 4664
~ : en un seul ~ 4663
exemption d'impôts 3158
exequatur 3390
exercer l'autorité suprême 552
exercer le droit de grâce 1842
~ une fonction 1778

691

exercer le pouvoir exécutif 1265
~ une pression sur 3641
~ des représailles 3657
exercice d'attributions 1737
~ du droit de suffrage 798
~ ~ ~ de vote 798
~ de ses fonctions: dans l' ~ ~ ~ ~ 1779
exil 2327
exiler: s' ~ 2328
exode 2312
expansion 2480
~nisme 2481
~iste 2482
expatriation volontaire 2332
expectative 3506
expédier les affaires courantes 3120
expédition 1680
expert 3822
~ auteur d'un rapport 3825
expiration 4624
~ du mandat 1785
expirer 4623, 4909
exploitation de l'homme par l'homme 2412
exposé 4302
~ sur un lit de parade 3330
~ des motifs 5477
~ sommaire des faits 1892
expression d'opinion 4035
exprimer son avis sur 4359
~ un avis 4377
~ ses condoléance(s) à qn 3315
~ ses félicitations à qn 3278
~ son opinion sur 4359, 4377
~ son point de vue sur 4359
~ ses regrets à propos d'un incident 3313
~ des réserves 4367
~ son sentiment sur 4359
~ : si j'ose m' ~ ainsi 4357
expropriation 694
exproprier 693
expulsé 2315
~ sur-le-champ par les huissiers 4121
expulser 2301
expulsion 3202, 3693, 3695
~ de la salle 4127

extension d'un conflit 5521
~ du droit de vote 757
extermination 2992
exterritorial 122, 3148
~ité 121, 3149
extradé 1878
extrader 1872
extradition 1871
~ des nationaux 1883
extraits du casier judiciaire 1898
extrémisme 2483
~ de gauche 2618
~ de droite 2763
extrémiste 2485
~ de droite 2762

F

fachot 2492
faction 1946
facture consulaire 3414
faire passer sa carte de visite 3219
faisceau de licteur 2613
fait à 4656
~ accompli: mettre qn devant le ~ ~ 3609
~s donnant lieu à extradition 1865
~ : de ~ 5403
famille des nations 2922
~ régnante 294
fanatique 2487, 2488
fanatiser 2123, 2489
fanatisme 2490
fanion 3352
fascisme 2491
fasciste 2492, 2493
faucille 2538
faucons 2789
faute disciplinaire 1815
~ grave 4946
fauteur(s) de guerre 5506
~ de trouble(s) 2109, 2110
favorable au gouvernement 2773
favori 333
favoriser la coopération internationale 3437
feddayine 6530
fédéral 229
~ : à l'échelon ~ 231
~isation 2497
~iser 2498

fédéral
~isme 2496
~iste 2500, 2999
fédération 225, 4754, 4758
~ d'employeurs 4768
~ Internationale des Journalistes 5319
~ ~ des Résistants 5316
~ ~ des Traducteurs 5331
~ Luthérienne Mondiale 5370
~ mondiale 4729, 4730
~ ~ des anciens combattants 5387
~ ~ pour la Protection des animaux 5393
~ Syndicale mondiale 5388
feinte 3482
félicitations 3277
féminisme 2506
féministe 2507
féodal 439
~isme 440
~ité 440
fermeté 3508
fermeture de la frontière 150
~ d'un port 3015
férule: être sous la ~ de qn 2516
fête du couronnement 297
~ nationale 3339
~s du sacre 297
Feuille fédérale 1051
fiasco au sommet 6477
fidélité à l'alliance 3567
~ à une dynastie 302
~ à la ligne du parti 1971
fief 438
figurer sur une liste noire 3659
~ à l'ordre du jour 3867
~ dans le procès-verbal 4219
filibustering 1042
fin des Etats 271
fixer la date et le lieu de la prochaine réunion 3907
~ l'ordre du jour 3852
~ une séance au 3848
fleuve frontière 135
~ international 85
foi: bonne ~ 2953
~ : de bonne ~ 4531
~ : en ~ de quoi 4657
~ : deux textes font ~ 4658

Folketing 1133
fonction(s) 1696
~ : en ~ 1782
fonction(s) du cadre permanent 1684, 4860
~ élective 1689
~ honorifique 1713
~s de maire 1643
~s de premier ministre 1354
~ présidentielle 1314
~ publique 1697, 1715
~s qui lui sont dévolues 1745
~naire 4880
~ ~ communal 1653
~ ~ consulaire 3378
~ ~ en disponibilité 1687
~ ~ élu 1690
~ ~ de l'Etat 1692
~ ~ fédéral 1693
~ ~s: hauts ~ ~ s 1681, 4882
~ ~ municipal 1653
~ ~ nommé pour une période déterminée 1686
~ ~ non titulaire 1686
~ ~s du parti 1975
~ ~ en stage probatoire 1688
~ ~ stagiaire 1688
~ ~ titulaire 1685, 4881
fond de la mer 44
fondation 4742
fonder une organisation 4668
fonds 4743
~ de développement 4744
~ ~ ~ pour les pays d'outre-mer 5137
~ européen d'orientation et de garantie agricole 5139
~ de garantie 5126
~ de grève 739
~ International pour le Secours à l'Enfance 5013
~ Monétaire International 5070
~ des Nations Unies pour l'Enfance 5013
~ de rétablissement du Conseil de l'Europe 5176
~ de secours 4745

~ secrets 1100
~ spécial des Nations Unies 5018
force(s) aérienne(s) 5652
~s ~s stratégiques 5657
~s ~s tactiques 5656, 5658
~s armées 5628
~s ~s de la RFA 5629
~s ~s de terre, de mer et de l'air 5610
~ bloquante 5711
~ : ~ brute 2994
~s de débarquement 5611, 5643
~ de dissuasion 5965
~ ~ ~ nucléaire 5918
~ de frappe nucléaire 5916
~s d'invasion 5609
~ majeure 4615
~s navales 5681
~ nucléaire atlantique 5941
~ ~ multilatérale 6485
~s d'occupation 5807
~ de police internationale 5500
~ : pure ~ 2994
~s terrestres 5639
~s ~, navales et aériennes 5610
~ d'urgence des Nations Unies 4982
~ armée: par la ~ ~ 2079
~ m'est de 4333
~ : la ~ prime le droit 2528
~ des armes: faire usage de la ~ ~ ~ 2080
~ment de blocus 5718
~r le blocus 5717
~ur de blocus 5716
Foreign Office 1435
formalités 4519
formation de blocs 3458
~ du gouvernement 1348
~ politique 2793
forme du vote 4144
former une alliance 3568
~ le gouvernement 1350
formuler une invitation 3847
~ quelques objections 4368
~ une requête 4063
~ des réserves 4367

formuler
~ des revendications territoriales 117
~ un vœu 4049
Forum atomique européen 5188
foyer de crise 3616, 3617
~ national 116
~ ~ pour le peuple juif 6226
~ de troubles 3616
fraction 956
~nalisme 2504
frais de déménagement 4871
~ d'occupation 5812
~ de stationnement 5817
France libre 6320
franchir la frontière 146
franchise d'hôtel 3155
~ de port 1011
franc-maçon 2509, 2512
~ - ~ nerie 2511
franquisme 6291
franquiste 2505, 6292
fraternisation 5809
fraterniser 5808
fraudes électorales 859
Frédéric le Grand 6115
Frères musulmans 6457
frictions 3651
Front de Libération National 2048, 6463
~ ~ ~ Palestinien 6529
~ National de Libération 2658
~ populaire 6288
frontalier 139, 141, 143
frontière 139
~ artificielle 133
~s d'Etat 126
~ intersecteur 6411
~ linguistique 3689
~s maritimes 138
~s nationales 126
~ naturelle 132
~ entre secteurs 6411
~ terrestre 134
~ zonale 6382
~ de zone 6382
fuite(s) 3485
~ en avant 2495
funérailles 3335
~ nationales 3336
fusée 5664
~ air-sol 5671
~ anti-fusée 5665

693

fusée anti-missile 5665
~ à charge multiple 5674
~s intercontinentales 5970
~ à longue portée 5670
~ ~ moyenne portée 5672
~s à ogive nucléaire 5971
~ sol-sol 5666
~ à têtes multiples indépendamment téléguidées 5673
fusiliers marins 5650
fusillade 2222
fusion avec 1945
~ de communes 1647
~ner avec 1944

G

gagner une élection 883
~ la guerre 5558
galvaniser 2124
garantie collective 3468
~s constitutionnelles 596
~ mutuelle 4458
~ de sécurité 3467
garde du corps 2136, 2137
~ de Fer 6262
~ d'honneur 3211
~ personelle 2136
~s Rouges 6515
~ des Sceaux 1449
~ suisse 496
gardien de la Constitution 549
gare frontière 140
~ internationale 83
gâter: se ~ 3495
gauche 1921
gauchisme 2619
gauchiste 2385
gaullisme 2518
gaulliste 2519
gaz lacrymogène 2174
~ toxique 5997
~er 706
Général hiver 6336
génocide 2991
génuflexion 3276
géopolitique 2523, 2524
ghetto 683
Girondins 6132
glissement à droite 894
~ vers la droite 894
Glorieuses: Trois ~ 6165
gorille 2137

Gorilles 2136
gouvernants 1278
gouvernement 1319
~s adhérents 4630
~ d'assemblée 924
~ cantonal 1622
~ central 1323
~ centre-gauche 1331
~ de coalition 1338
~ ~ ~ socialiste-libéral 6540
~ collégial 1402
~ constitutionnel 1322
~s contractants 4567
~ de droite 1330
~ de facto 1344
~ fédéral 1325
~ de front populaire 1346
~ en exil 1342
~ exilé 1342
~ de fait 1344
~ fantoche 1341
~ fantôme 1340
~ de gauche 1329
~ général de Pologne 6313
~s des Laender 1328
~ légal 1321
~ local 1608
~ majoritaire 1326
~ membre 4693
~ militaire 5815
~ minoritaire 1327
~ de minorité 1327
~ mondial 2887
~ non-membre 4695
~s non participants 4575
~s non signataires 4564
~s participants 4573
~ du peuple par le peuple 1270
~ provincial 1612
~ provisoire 1343
~ révolutionnaire 1345
~ d'un seul 1284
~s signataires 4561
~ soviétique 1347
~ travailliste 1333
~ d'union nationale 1332
~: les milieux proches du ~ 1368
~: se voir confier la mission de former un ~ 1349
~al 1320
~ aux: dans les milieux ~ 1367

gouverner 1267
gouverneur 1595, 1599
~ général 1597
~ militaire 1598, 5816
~ du Reich 6279
~: de ... 1596
~: du ... 1596
~: relatif au ... 1596
gouvernés 1278
grâce 1840
gracier 1838
grade 4861
grand-duc 383
~-ducal 385
~-duché 386
~-e-duchesse 384
~ d'Espagne 415
~ -Mogol 449
gravité de la situation 3496
greffe 5404
greffier 4224, 5112, 5405
grève 707
~ d'avertissement 734
~ de courte durée 728
~ de la faim 736
~ générale 726
~ non-politique 733
~ partielle 732
~ perlée 725
~ politique 715
~ de protestation 729
~ sauvage 735
~ de solidarité 731
~ spontanée 735
~ surprise 723
~ de sympathie 731
~ sur le tas 730
~ tournante 727
~ du zèle 724
~: être en ~ 720
~: faire la ~ 720
~: se mettre en ~ 719
gréviste 721
groupe 4764
~ de Casablanca 5167
~ consultatif pour la recherche et le développement aéronautiques 5252
~ dissident 1943
~ ethnique 3688
~ d'études 4308
~ international d'étude sur la laine 5216
~ Mixte FAO/OMS 5053
~ de Monrovia 5241

groupe parlementaire 956, 1136
~ permanent 5249
~ de pression 1003, 2552
~ de résistants 2200
~ de travail 3929
~ment 4748, 4750
guérillas urbaines 2220
guerre aérienne 5649
~ d'agression 5575
~ d'Algérie 6462
~ américaine de l'indépendance 6119
~ d'Amérique 6119
~ atomique 5921
~ austro-prussienne 6175
~ bactérienne 5999
~ bactériologique 5999
~s balkaniques 6211
~ biologique 5998
~ des Boers 6201
~ de campagne 5640
~ chaude 5582
~ chimique 6001
~ civile 2198
~ ~ américaine 6179
~ ~ espagnole 6289
~ au commerce 5729
~ de conquête 5573
~ de Corée 6421
~ de course 5729
~ de Crimée 6172
~ défensive 5576
~ sur deux fronts 5592
~ : drôle de ~ 6311
~-éclair 5584, 6310
~ économique 5577
~ d'Ethiopie 6281
~ d'extermination 5590
~ franco-allemande de 1870−1871 6184
~ franco-prussienne 6184
~ froide 6390
~ de frontière 5587
~ des gaz 6000
~ générale 5543
~ : Grande ~ nordique 6112
~ de guérillas 2218
~ hispano-américaine 6199
~ d'indépendance 5574
~ d'Italie 6178
~ italo-éthiopienne 6281
~ de la jungle 5586
~ juste 5571

guerre
~ limitée 5544
~ locale 5546
~ maritime 5680
~ sur mer 5680
~ de mouvement 5640
~s napoléoniennes 6140
~ des nerfs 5578
~ offensive 5575
~ de partisans 2218
~ de position 5641
~ presse-bouton 5591
~ préventive 5579
~ psychologique 5581
~ de religion 5588
~ russo-japonaise 6205
~ sainte 5583
~ sans merci 5985
~ de sécession 6179
~ de Sept Ans 6117
~s de Silésie 6116
~ des Six Jours 5627
~ sous-marine 5693
~ ~-~ à outrance 6215
~ de succession d'Autriche 6113
~ ~ ~ d'Espagne 6111
~ en tant qu'instrument de politique nationale 5568
~ sur terre 5638
~ terrestre 5638
~ totale 5545, 5589
~ tout court 5582
~ de tranchées 5641
~ du Transvaal 6201
~ de Trente Ans 6096
~ pour l'unité italienne 6178
~ d'usure 5585
~ du Vietnam 6507
~ vietnamienne 6507
~ : d'avant-~ 6306
~ éclate 5537
~ : être au bord de la ~ 5522
~ : faire la ~ 5553
~ : se tenir à l'écart de la ~ 6052
guidon de la mer 3017

H

haine de classes 681
~ entre les nations 685
~ raciale 677

hâter le vote d'un projet de loi 1040
haut-barrage d'Assouan 6456
~-commissaire 1592
~-commissariat 1593
hégémonie 3418
héler 5741
héréditaire 1717
héritier présomptif 360
Héros du travail 2410
heure des questions orales 985
~s supplémentaires 4919
heureux: être ~ que 4382
~ : être ~ de saluer 4317
heurts armés 2195
heurter: se ~ à des difficultés 4388
hiérarchie 1716
~ des agents diplomatiques 3104
hiérarchique: par la voie ~ 1711
hiérocratie 2539
hinterland 9
hisser le drapeau 3347
~ le pavillon 3347
histoire constitutionnelle 525
~ diplomatique 3019
~ du droit international 2931
hitlérien 6349
hitlérisme 6348
hobereau 416
hommage 301
homme de confiance 6029
~ d'Etat 1551
~ fort 1297
~ malade de l'Europe 6193
~ de paille 2837
~ sur la place 2273
~ politique 1548
~s politiques chevronnés 1549
homologue 1407
honneurs royaux 3201
honneur: avoir l' ~ de faire savoir 3550
honorifique 1714
~ : à titre ~ 1714
horaire 3872
hospitalité neutre 6066
hostile aux ouvriers 2408

695

hôte 3304
~ d'honneur 3237
~ de marque 3239
hôtel de ville 1642
hôtesse 3305
huer 2096
huguenots 6087
huissier(s) 4122, 4123
hymne national 3340
~ : aux accents de l' ~ national 2031

I

idée européenne 6440
~ s: d' ~ étroites 2476
idéologie 2543
idéologique 2544
idéologue 2542
illégal 1018
~ ité 529
illicite 1018
immigrant 2306
immigration 2307
immiscer: s' ~ dans les affaires intérieures d'un pays 3611
immixtion dans 3610
immunité 1006
~ civile 3157
~ s consulaires 3388
~ fiscale 3158
~ pénale 3156
~ personnelle 3154
impartialité du pouvoir judiciaire 1846
impasse 1088
impératrice 336
~ douairière 337
impérial 341
~ isme 2545
~ ~ camouflé 2546
~ ~ larvé 2546
~ iste 2547, 2548
importance du groupe parlementaire 961
imposer le couvre-feu 2073
impuissance 2686
inamovibilité 1431
inamovible 1807
inauguration solennelle 3897
incapable de travailler 1695
incendie du Reichstag 6277
~ de villages 6015

incertitude juridique 645
incident aérien 3631
~ de frontière 3626
incitation au boycottage 2128
~ à la guerre 5508
incitateurs à la guerre 5506
inciter à la révolte 2123
incivique 5804
incomber au Gouvernement de 4654
incompatibilité avec 1725
incompatible avec 1726
incompétence 1729
incompétent pour 1730
inconnue: la grande ~ de 896
inconstitutionnalité 530
inconstitutionnel 528
incorporation 100
incorrigible 2591
incursion 5517
~ : faire une ~ 5518
indemnité 5490
~ pour charges de famille 4879
~ de cherté de vie 4872
~ de départ 4876
~ pour enfants à charge 4879
~ de fonctions 4877
~ pour frais d'études 4873
~ de guerre 5873
~ d'habillement 4878
~ de logement 4874
~ parlementaire 1012
~ de représentation 4870
~ de résidence 4874
~ de séparation 4876
~ de vie chère 4872
indépendance 154
indépendant 943, 1925
~ s 1950
indic 2274
indicateur 2274
indigénat 2351
indiquer: vouloir ~ qch. succinctement 4335
indiscrétion calculée 3484
~ dirigée 3484
individu extradé 1878
~ qui aura été livré 1878
~ réclamé 1891
~ alisme 2549
industrie d'armement 5894
inéligibilités 747

infaillibilité pontificale 486
infant 362
~ e 363
infiltration 2282
informateur 2274
information: pour supplément d' ~ 3735
infractions à caractère politique 1861
~ fiscales 1864
~ militaires 1863
~ motivant la commission rogatoire 1860
~ au règlement 4113
ingérence dans 3610
initiative législative 1028
~ des lois 1028
~ pour la paix 5854
~ populaire 900
initier qn à ses fonctions 1773
inscription 4281
~ à l'ordre du jour 3858
~ s seront closes le 4284
inscrire qn sur la liste des orateurs 4009
~ au procès-verbal 4226
~ une question à l'ordre du jour 3857
insérer une clause 4502
insertion 4233
insigne 4287
~ s de la couronne 305
~ du parti 1983
insister sur sa demande 4373
~ sur le fait que 4328
inspection aérienne 5960
~ financière 5962
~ au sol 5961
installation de bases militaires 5516
instance d'arbitrage 5440
instaurer le couvre-feu 2073
instigateur secret 2119
instigation au boycottage 2128
instituer une commission 3930
Institut de droit international 5312
~ indianiste interaméricain 5203
~ interaméricain d'affaires indigènes 5203
~ ~ de l'enfant 5205

Institut interaméricain des Sciences agricoles 5204
~ international 4783
~ ~ des brevets 5233
~ ~ du Froid 5232
~ ~ de Philosophie 5349
~ ~ de la Presse 5355
~ ~ de Statistique 5351
~ ~ pour l'unification du Droit privé 5231
~ panaméricain de Géographie et d'Histoire 5275
institution 4790
~-clé 4794
~s de la Communauté 5117
~s communes 5108
~ financière 4778
~ internationale 4708
~ sans but lucratif 4705
~s spécialisées 5029
~nalisation 578
~naliser 579
~nel 580
instruction 1662, 5415, 5462
~ civique 2828
~ politique 2793
instrument 4659
~ d'acceptation 4553
~ d'adhésion 4632
~ d'approbation 4660
~ de dénonciation 4613
~ de notification 4598
~ de ratification 4592
~ de signature 4576
insuffisance d'une règle de droit international public 2917
insurgé 2178
insurrection 2163
~ de Boston 6125
~ hongroise 6455
~ populaire de Berlin 6445
~ spartakiste 6248
intangibilité 600
intégration économique 6437
~ européenne 6439
~ militaire de l'Europe occidentale 6427
~ scolaire 676
~niste 675
intégrité territoriale 7
intellectuels de gauche 2616

intelligentsia 2551
intention: avoir l' ~ de 4324
intercaler un article 539
intercepter 2269
~ une lettre 2271
intercepteur 5659
intercession 1677
interdépendance 3432
interdiction des armes atomiques 5928
~ de diffuser des renseignements 5532
~ des essais nucléaires 5931, 5944
~ de franchir la frontière 149
~ de fraterniser 5810
~ d'un parti 616
~ partielle des essais atomiques dans l'atmosphère, dans l'espace extérieur et sous l'eau 5933
interdire un parti 1956
intérêts suffisamment sauvegardés 3490
interguerre 6230
interim: par ~ 1782
~ : faire l' ~ de qn 1780, 4888
interlocuteur 3757
internationale 4737
~ libérale 5368
~ des Résistants à la Guerre 5314
~ socialiste 5378
internationalisation 82
internationaliser 81
internationalisme 2553
~ prolétaire 2554
internationaliste 2555, 2909
internonce 3135
interne 2288, 2940
interné 6046
~ civil 6051
~ militaire 6048
internement 6044
~ civil 6050
~ militaire 6049
interner 6045
interpellateur 991
interpellation 989
interpeller 988
interprétation 4543
~ consécutive 4215
~ extensive 4544

interprétation
~ restrictive 4545
~ simultanée 4212
~ stricte 4545
interprète de conférence 4849
~-en-chef 4848
interpréter un traité 4542
interrègne 283, 1299
interrompre l'orateur 4034
intersession: pendant l' ~ 931, 3791
intervenir dans la discussion 3997
intervention 4014, 4037
~ armée 5520
~ de l'Etat 2472
~ dans 3614
~nisme 2556
interview 3921
~ télévisée 3922
intouchables 682
intracommunautaire 5118
introducteur des ambassadeurs 3192
introduction à la Cour 3263
introduire la censure 690
~ un orateur 4022
invalidation 1673
invalider 1674
~ l'élection 857
invasion de la Baie des Cochons 6506
~ de la Norvège 6316
~ d'un pays 5519
investi des pleins pouvoirs 3098
investiture 437
invitation: sur l' ~ de 3845
invité d'honneur 3237
~ de marque 3239
inviter qn à 4348
~ qn à déjeuner 3296
inviolabilité 600, 3151
~ du domicile 618
~ de l'hôtel 3155
~ personnelle 3153
~ de la propriété 617
inviolable 599, 3152
invoquer un article 4532
irrecevabilité 4078
irrédentisme 2557
irrédentiste 2558, 2559
isolationnisme 3597
isolationniste 3598, 3599
isolement 3600

697

isoloir 836
issue d'une conférence 3918
Ivan le Terrible 6091

J

Jacobin 6129, 6130
jacobinisme 2560, 6131
jaune 741
jeter les bases d'une politique 1561
Jeunesse ouvrière chrétienne internationale 5313
joie: avoir la grande ~ de 4319
~ : il m'est une ~ de 4316
joint en annexe à 4666
jouer l'hymne national 3341
jouir de la capacité juridique 2912
~ des immunités diplomatiques 3147
jouissant des mêmes droits 592
jour 6344
~ des élections 834
~ de l'Indépendance 3253
journal mural 2886
~ Officiel 1051
~ ~ des Communautés Européennes 5114
~ ~ de la République fédérale d'Allemagne 1052
Journée des droits de l'homme 587
~s d'études 4305
~s de Juillet 6165
joyaux de la couronne 308
judiciaire: par la voie ~ 1824
juge 5111
~ national 5454
juger opportun de 4360
~ préférable de 4361
~ utile de 4360
jumelage 3741
~ de villes 3696
junker 416
junte 1287
~ militaire 1288
jurer fidélité à la Constitution 1540
juridiction 1825
~ constitutionnelle 1833

juridiction
~ consulaire 3386
~ exclusive 1827
~ obligatoire 5430
~ pénale et disciplinaire 1828
jus in bello 5501
~ sanguinis 2345
~ soli 2346
justice sociale 593
justiciable 1829
justicialisme 2561

K

kamikaze 6338
kan 462
Kennedy Round 6484
khan 462
khédival 464
khédivat 465
khédive 463
khédivial 464
khédiviat 465
Khurultai: Grand ~ 1206
Knesseth 1177
Kominform 5364
Kremlin 1381
Kronprinz 361
Kulturkampf 6190

L

Laender: à l'échelon des ~ 233
Lagting 1214
laïcisme 2602
laisser sa carte de visite 3219
~ sans réponse 3552
laissez-passer 5806
lancement de tracts subversifs par avion 3632
lances à eau 2176
lancer un avertissement à qn 3522
~ une offensive de paix 3450
~ l'ordre de grève 722
Landtag 1141
langue officielle 4216
~ de travail 4217
lapider 2105
largage de la première bombe atomique 6346

las de la guerre 5848
lassitude de la guerre 5849
lavage de cerveau 698
leader 1958
~ de l'opposition 983, 1934
~ship 3417
lecture 1037
égal 1017
légat 3141
~ apostolique 3140
~ a latere 3138
légation 3070
légende du coup de poignard dans le dos 6250
légiférer 1026
Légion étrangère 5608
législateur 1023
législatif 1024
législation 1019
~ concurrente 1021
~ interne 2939
~ nationale 2939
Législative 6128
législature 925
légitime 1017
légitimiste 2604
légitimité 2605
léninisme 2606
léniniste 2607, 2608
lettre 3546
~ d'accompagnement 3547
~ d'anoblissement 410
~ de condoléance(s) 3317
~ de convocation 3844
~s de créances 3084
~ de démission 4938
~ d'engagement 4895
~ et l'esprit du traité 4634
~ de félicitations 3282
~s de marque 5724
~ de nomination 4895
~ de rappel 3089
~s de récréance 3092
~ de remerciements 3248
levée de l'immunité 1008
~ en masse 2181, 5990
lever le blocus 5720
~ l'embargo sur 5733
~ l'immunité 1007
~ une séance 3916
~ le verre à la santé de 3301
~ : se ~ contre 2179
libellé de l'article de 4549

libéral 2609, 2610
~iser 2611
~isme 2612
Libération 6342
~ des prisonniers de guerre américains 6542
libéraux 1997, 2011, 2023
libérer 6040
~ un navire 5759
~ sur parole 6041
liberté d'action 2966
~ d'agir 2966
~ de l'air 53
~ d'association 612
~ du commerce et de l'industrie 629
~ ~ ~ et de la navigation 3011
~ de conscience 602
~ des contrats 630
~ de croyance 603
~ du culte 604
~ de l'enseignement et de la recherche 654
~ d'établissement 650
~s fondamentales 582
~ d'information 610
~ des mers 3005
~ de mouvement 628
~ de la navigation fluviale 87
~ d'opinion 606
~ d'organisation syndicale 648
~ de la parole 611
~ de la presse 609
~s: les quatre ~ 6332
~ religieuse 603
~ de réunion 615
~ syndicale 648
licenciement 4943
licencier qn 1801, 4942
lié par la discipline de vote 1001
liens étroits qui unissent 3572
lieu d'affectation 4918
~ de perpétration 1893
~ : il y a tout ~ de 4364
ligne Curzon 6236
~ de démarcation 5836
~ de frontière 128
~ Maginot 6315
~ Oder-Neisse 6369
~ de partage des eaux 137
~ du parti 1970

iigne
~ Siegfried 6314
ligue 4752
~ arabe 5158
~ des Etats Arabes 5158
~ Internationale des Droits de l'Homme 5322
~ des Sociétés de la Croix-Rouge 5369
limitation des armements 5948
limiter le temps accordé à chaque orateur 4006
~ le temps de parole 4006
limogeage 1804
limoger 1802
lire l'arrêt en séance publique 5476
~ les noms des délégués par ordre alphabétique 4156
liste des candidats 820
~ ~ ~ des partis régionaux 804
~ civile 332
~ communale 778
~ diplomatique 3083
~(s) électorale(s) 801, 802
~ nationale 777
~ noire 3658
~ des orateurs 4008
~ de présence 3981
~ unique 803
litige 5423
~ de frontière 3628
litispendance 5463
Livre blanc 3669
~ bleu 3670
~s gouvernementaux 3673
~ gris 3667
~ des hôtes 3289
~ jaune 3666
~ noir 3665
~ orange 3668
~ rouge 3672
~ vert 3671
~ des visiteurs 3289
livrer 1872
lobby 1003
~isme 1004
~iste 1005
local de vote 835
localisation d'un conflit 3633
locaux 3828

lock-out 742
loge maçonnique 4780
loi 1013
~-cadre 1070
~ concernant l'acquisition de terrains pour les besoins de la défense 5257
~s du Conseil de Contrôle Interallié 6368
~ constitutionnelle 516, 1016
~s et coutumes de la guerre 5978
~s ~ ~ ~ ~ ~ aérienne 5977
~s ~ ~ ~ ~ ~ terrestre 5975
~ sur les droits civiques 6498
~ à effet rétroactif 1073
~ électorale 758
~ ~ Fédérale 759
~s sur l'état d'urgence 2062
~ d'exception 1071
~ fédérale 1072
~ ~ sur les réquisitions 5255
~ de finances 1094
~ fondamentale 517
~s de la guerre maritime 5976
~ d'introduction 1069
~ du lynchage 642
~ martiale 2074
~ modifiant la constitution 1075
~ nationale 1015
~s non rétroactives 1074
~ ordinaire 1014
~ organique 516
~ des pleins pouvoirs 6278
~ de ratification 4588
~ relative à la circulation aérienne 5258
~ ~ à la restriction apportée à la propriété immobilière dans l'intérêt de la défense 5256
~ ~ aux zones des servitudes 5256
~ rétroactive 1073
~ salique 315
~ : faire passer une ~ à tout prix 1040

699

loin de moi l'idée de 4326
Lok Sabha 1169
lord 427
~ spirituel 1163
~ temporel 1162
Lord Chancelier 1448
~-chancelier 1161
~ Président du Conseil Privé 1364
~ du Sceau Privé 1365
Louis le Grand 6099
louvoyer 2603
loyal 2767
~iste 2766
loyauté 1543, 2621
~ envers une dynastie 302
luthéranisme 6080
lutte des classes 2573
~ contre le trafic d'esclaves 658
~ électorale 808
~ à outrance 5622
~ pour le pouvoir 2150
lynchage 642
lyncher 2193

M

machiavélique 2623
machiavélisme 2624
machinations 3645
machine: faire ~ arrière 3702
machiner un complot 2140
maçonnique 2510
Madame le Maire 1646
magistrature suprême 1314
maharajah 467
maharani 468
maintenir l'ordre 2055
~ la paix et la sécurité internationales 3436
maintien de l'ordre 2056
~ de la paix 3439
maire 1644, 1646
~-gouverneur de Berlin 6410
~sse 1645
mairie 1642
Maison Blanche 1380
~ civile 330
~ dynastique 291
~ impériale 338
~ militaire 329
~ royale 354

maître: grand ~ 2535
maîtrise des mers 5684
maîtriser une rébellion 2164
Majesté 304
Majlis 1170
majorité absolue 886
~ écrasante 893
~ : faible ~ 892
~ : forte ~ 890
~ gouvernementale 980
~ nette 891
~ qualifiée 887
~ relative 889
~ silencieuse 6501
~ simple 888
~ : être en ~ 4181
~ : à la ~ des deux tiers 4191
malaise 3619
mandarin 450, 1960
~at 1959
~isme 1959
mandat 207
~ excédentaire 937
~ : pour la durée du ~ restant à courir 4910
manifestant 2091
manifestation 2089
~ contre la guerre 2101
~ étudiante 2112
~ de protestation 2097
manifeste 2625
~ communiste 6167
manifester 2088
manipulations électorales 858
manœuvre 3645
~ dilatoire 3650
~ de diversion 3649
maquiavéliste 2622
maquis 2200
~ard 2204
marathon 3917
marchandage 3481
marche pacifiste 2092
~ de protestation 2099
~ sur Rome 6255
Marché Commun 5128
~ ~ de l'Afrique orientale 5273
~ ~ centro-américain 5299
mare clausum 3006
~ liberum 3005
margrave 397, 398
margraviat 399

margravine 398
marquer un progrès 3740
~ un retrait 3702
marquis 401
~at 403
~e 402
marteau 2538
marxisme 2628
~-léninisme 2631
marxiste 2629, 2630
mass media 2632
massage par les mass media 2750
mater une insurrection 2164
matérialisme 2633
~ dialectique 2636
~ historique 2637
matérialiste 2634, 2635
matériel: faux ~ 2261
~ de guerre 5615
~ fissile 5924
médiateur 5408
médiation 5406
médiatisation 6144
médiatiser 6143
meeting 815, 2084
~ du parti 1966
membre associé 4688
~ bienfaiteur 4680
~ du Bundestag 1139
~ du cabinet 1397
~ de la cinquième colonne 2212
~s de la commission 3926
~ du Congrès 908
~ correspondant 4683
~ d'honneur 4679
~ individuel 4681
~ de l'opposition 1937
~ originaire 4685
~s originaires des Nations Unies 4963
~ à part entière 4686
~ permanent 4684
~ de plein droit 4686
~s sortants 3826
mémoires 5465
mémorandum 3544
Mémorial 1051
menace contre la paix 3456
~ contre la sûreté de l'Etat 2962
~ de grève 709
~ de guerre 5510
~ imminente 2059

menacer des intérêts vitaux 3489
~ la paix et la sécurité internationales 3438
menchéviks 6221
menchéviques 6221
mener la campagne électorale 809
~ des négociations 3699
~ une politique 1556
meneur 2120, 2122
mention en est faite au procès-verbal 4227
mentionner en passant 4355
mer bordière 37
~ fermée 3006
~ : haute ~ 3007
~ : en haute ~ 3008
~ intérieure 26
~ libre 3007
~ marginale 37
~ territoriale 35
mercantilisme 6108
mercenaire 5601
mère-patrie 177
mésocratie 2641
message sur l'état de la Nation 1553
~ de félicitations 3279
~ de Jour de l'an 3260
~ de Nouvel An 3260
mesures de coercition 5496
~ disciplinaires 1818
~ préventives 5396
~ de répression 2173
~ répressives 2173
~ de sécurité 2052
~ de sûreté privative de liberté 1907
~ d'urgence 2064
métropole 177
métropolitain 178
mettre le bulletin de vote dans l'urne 838
~ en congé 949
~ qn au courant 1773
~ le drapeau en berne 3354
~ ~ ~ à mi-mât 3354
~ l'embargo sur qch. 5732
~ fin à 4606
~ la guerre hors la loi 3462
~ à jour un rapport 4251
~ en liberté 6040
~ un ministre en accusation 1429
~ qn en minorité 4192

mettre
~ en panne 5748a
~ sur pied une organisation 4668
~ en place 4791
~ une question à l'ordre du jour 3857
~ en relief le fait que 4328
~ qn en résidence surveillée 2146
~ à la retraite 1810
~ en vacances 949
~ en veilleuse 1805
~ le veto à 4084*
~ en vigueur 1056
~ sur la voie de garage 1805
~ aux voix 4146
mikado 466
milice 5603
milicien 5604
milieux proches du gouvernement 1368
militant 1980, 2642
militarisme 2643
militariste 2644, 2645
mine flottante 5697
miner 2232
~ la république 6251
minimiser 3559
ministère 1411
~ des Affaires Culturelles 1514
~ ~ ~, des Loisirs et des Services sociaux 1516
~ ~ ~ Economiques 1458
~ ~ ~ et de l'énergie 1457
~ ~ ~ Étrangères 1434
~ ~ ~ Sociales et de la Santé publique 1498
~ de l'Agriculture 1503
~ ~ ~ et des Forêts 1504
~ ~ ~ et de la Pêche 1505
~ ~ ~, de la Pêche et de l'Alimentation 1503
~ de l'Air 1491
~ des Armées 1520
~ du budget 1451
~ des classes moyennes 1499
~ du Commerce 1465

ministère du Commerce
~ ~ ~ Extérieur 1467
~ ~ ~ et de l'Assistance Technique 1468
~ des Communications 1483
~ de la Défense Nationale 1520
~ du Développement d'outre-mer 1530
~ de l'Economie et des Finances 1458
~ ~ ~ nationale 1458
~ de l'Education Nationale 1509
~ ~ ~ ~ et des Cultes 1509
~ ~ ~ ~ et de la Culture 1510
~ ~ ~ et des Sciences 1511
~ de l'Emploi et du Travail 1479
~ d'Etat chargé de la recherche scientifique et des questions atomiques et spatiales 1474
~ des Finances 1453
~ de la Force Armée 1520
~ de la Guerre 1524
~ de l'Industrie 1461
~ ~ ~, du Commerce et de l'Artisanat 1464
~ de l'Information 1518
~ de l'Intérieur 1444
~ ~ ~ et de la Fonction Publique 1447
~ de la Jeunesse et des Sports 1470
~ de la Justice 1446
~ du Logement et de l'Aménagement du Territoire 1476
~ ~ ~ et du Gouvernement Local 1477
~ de la Marine 1488
~ ~ ~ ~ Marchande 1463
~ des P. et T. 1493
~ des Postes et Télécommunications 1493
~ de la programmation économique 1451

ministère des Relations avec le Parlement 1533
~ de la Santé Publique 1495
~ ~ ~ ~ et de la Famille 1497
~ ~ ~ ~ et de la Population 1495
~ ~ ~ ~ et la Sécurité Sociale 1501
~ du Tourisme et des Spectacles 1517
~ des Transports 1483
~ ~ ~ et de l'Aviation civile 1487
~ ~ ~ et des ponts, des eaux et des chaussées 1485
~ du Travail 1479
~ ~ ~ et de la Prévoyance Sociale 1481
~ ~ ~, de la Sécurité Sociale et des Mines 1482
~ des Travaux publics 1470
~ du Trésor 1452, 1453
ministre 1406
~ de 3115
~ des Affaires économiques 1460
~ ~ ~ ~ étrangères 1438
~ ~ ~ ~ Sociales 1502
~ de l'Agriculture 1506
~ de l'Air 1492
~ des Anciens Combattants et Victimes de Guerre 1527
~ des Armées 1521
~ de l'Armement 1526
~ de l'Aviation 1492
~ des Colonies 1528
~ du Commerce 1466
~ ~ ~ extérieur 1469
~ de la Construction 1475
~ de la Défense 1521
~ ~ ~ Nationale 1521
~ délégué auprès du Premier Ministre, chargé du Plan et de l'Aménagement du Territoire 1535
~ des Départements et Territoires d'outre-mer 1529
~ de l'Economie et des Finances 1460

ministre
~ ~ ~ nationale 1460
~ pour l'Ecosse 1532
~ de l'Education Nationale 1513
~ ~ ~ ~ et des Sciences 1512
~ de l'Emploi 1480
~ de l'Energie 1472
~ ~ ~ Atomique 1473
~ d'Etat chargé de la Fonction Publique 1536
~ ~ ~ des Relations avec le Parlement 1534
~ de l'Exploitation forestière 1508
~ des Finances 1455
~ ~ ~ et des Affaires Economiques 1455
~ en fonctions 1418
~ des Forces Armées 1523
~ du Gouvernement et Développement local 1478
~ de la Guerre 1525
~ de l'Industrie 1462
~ de l'Information 1519
~ de l'Intérieur 1443
~ par interim 1418
~ de la Justice 1449
~ du logement et des Travaux publics 1475
~ de la Marine 1489
~ pour le Pays de Galles 1531
~ des Pêcheries 1507
~ des Postes et Télécommunications 1494
~ -président 1356
~ de la Prévoyance Sociale 1502
~ résident 3116
~ de la Santé et de la Population 1496
~ ~ ~ ~ publique 1496
~ de la Sécurité Sociale 1500
~ des Transports 1484
~ du Travail 1480
~ des Travaux publics 1471
~s: au niveau des ~ 3704
ministériel 1409
~ : au niveau ~ 3704
minorité 3687

minorité
~ : être en ~ 4180
minute ou l'expédition authentique 1905
miracle allemand 6415
mise en accusation d'un ministre 1430
~ en bière 3329
~ en congé 950
~ hors la loi de la bombe atomique 5329
~ ~ ~ ~ de la guerre 3463
~ en liberté 1914
~ au pas 1609
~ en place 4792
~ au point 3553
~ à sac 6009
~ en vacances 950
~ en vigueur 1055
~ aux voix 4139
missile 5664
~ air-sol 5671
~s antiaériens 5668
~ à charge multiple 5674
~ ~ ~ ~ indépendante 5673
~ à longue portée 5670
~ sol-air 5667
~ sol-sol 5666
mission de bonne volont 3062
~ commerciale 3068
~ diplomatique 3055
~ extraordinaire 3060
~ militaire 3067
~ de paix 3446
~ permanente 3065
~ spéciale 3060
mobilisation 5527
~ générale 5528
~ partielle 5530
mobiliser 5525
mode d'élection 828
~ de scrutin 4145
modérateur 3875
modéré 2522
modernisme 2647
modification: sans ~ 4090
modus vivendi 3478
monarchie 284
~ absolue 285
~ constitutionnelle 286
~ élective 290
~ héréditaire 289
~ de Juillet 6164

monarchique 288
monarchisme 2648
monarchiste 2649, 2650
monarque 276
~ constitutionnel 287
monde. tiers ~ 6488
mondial: à l'échelon ~ 4735
monisme 2652
Moniteur 1051, 4307
monnaie nationale 20
~ : en ~ locale 4950
monocaméralisme 919
monocratie 2651
monolithisme 2473
monopartisme 1301
monter son pavillon 3350
~ à la tribune 4011
~ sur le trône 310
moquer: se ~ de tous les traités 4541
morale internationale 2960
moratoire 4475
mot d'ordre 737
~s: n'avoir que quelques ~ à dire 4336
motion 4058
~ de censure 997
~ de confiance 993
~ d'ordre 4075
~ prioritaire 4072
~ de procédure 4105
~ tendant à ajourner l'examen d'une question 4100
~ ~ à amender la motion 4094
~ a été adoptée 4089
motivation du jugement 5477
mouchard 2274
~age 2275
mouvement 1918, 4738
~ catholique international pour la Paix 5373
~ clandestin 2201
~ Européen 5308
~ Fédéraliste Européen 5309
~ de grève 712
~ d'indépendance 204
~ international des étudiants catholiques 5375
~ ~ des Intellectuels Catholiques 5374
~ de libération 4739

mouvement
~ de masse(s) 2183
~ mondial 4731
~ National Algérien 6464
~ ouvrier 2404
~ panarabe 2700
~ de partisans 2214
~ Républicain Populaire 2017
~ de résistance 2199
~ révisionniste 2785
~ Social Italien 2025, 2673
~ subversif 2116
~ syndical 4771
~ Universel pour une Fédération Mondiale 5385
moyens de coercition 3642
~ de pression 3642
MRP 2017
mufti 461
multilatéral 4406
~isme 4407
municipal 1636
~ité 1652
mur de l'Atlantique 6343
~ de Berlin 6479
~ de la honte 6479
museler l'opposition 608
mutation 1791
~ disciplinaire 1794
muter qn 1790
~ qn par mesure disciplinaire 1793
mutin 2191
mutiner: se ~ 2190
mutinerie 2189

N

nager 2603
naissance d'un Etat 270
napalm 6003
nation 2655
~ individuelle 2923
~s Unies 4959
~al 2287, 2288, 2337, 2657, 2883, 2940
~alisation 2881
~ ~ de la Compagnie du Canal de Suez 6458
~aliser 2880
~isme 2660
~ ~ borné 2661
~ ~ bourgeois 2662

nationalisme
~ ~ étroit 2661
~aliste 2663, 2664
~alité 2336, 2343
~ ~ acquise 2340
~ ~ : double ~ 2341
~ ~ d'origine 2339
~alrat 1217
~al-socialisme 2665
~al-socialiste 2666, 2667
~al-syndicalisme 2668
~al-syndicaliste 2669
naturalisation 2353
naturaliser 2354
navicert 5791
navire de cartel 5699
~ capteur 5771
~ de guerre 5686
~-hôpital 5698
~ marchand 5721
~ parlementaire 5699
nazi 2670
~fication de l'Allemagne 6270
~sme 2671
négociateur 3710
négociations d'armistice 5846
~ commerciales 3705
~ Est-Ouest 6523
~ intergouvernementales 3709
~ Kennedy 6484
~ laborieuses 3732
~ de paix 5858
~ préliminaires 3721
~ tarifaires 3706
~ en vue de la conclusion d'un traité de commerce 3708
~ : par la voie de ~ 3718
négocier 3699
Négous 441
Négus 441
néocolonial(iste) 202
néocolonialisme 203
néo-fascisme 2672
néo-fasciste 2674, 2675
néo-nazi 2676
~ - nazisme 2677
néo-paganisme des nazis 6275
népotisme 2882
neutralisation 6068
neutraliser 6067
neutralisme 3594

703

neutraliste 3595, 3596
neutralité 6056
~ armée 6064
~ bienveillante 6062
~ inconditionnelle 6065
~ perpétuelle 6060
~ volontaire 6061
neutre 6055
nihilisme 2679
nihiliste 2680, 2681
noble 407
noblesse 404
~ campagnarde 417
~ : haute ~ 406
~ : petite ~ 405
nom: au ~ de mon gouvernement 3095
~ : en mon ~ personnel et au ~ du gouvernement de 3096
no-man's-land 5647
nombre: être en ~ 4199
nomination 1766, 3384
~ pour une durée déterminée 4906
~ pour une durée indéfinie 4904
~ à titre permanent 4905
nommer 1765
~ un agent diplomatique 3072
~ des candidats 819
~ aux emplois civils et militaires 1387
nomocratie 2682
non 852
non-belligérance 6054
nonce 3134
nonciature 3136
non-combattant 5988
non-dissémination des armes nucléaires 5935
non-engagement 6487
non-extradition 1890
non-fortification 5886
non-ingérence dans les affaires intérieures d'un Etat 3612
non-inscrit 943, 1925
non-intervention dans les affaires intérieures d'un Etat 3612
non-membre 4694
non-reconnaissance 2998
non-résident 2297
non-rétroactivité 4610

non-violence 2529
Nordistes 6181
normalisation des relations 3430
notable 769
note 3526
~ ainsi conçue 3527
~ collective 3537
~ confidentielle 3535
~ de couverture 3528
~s identiques 3533
~s de la même teneur 3533
~ de protestation 3536
~ de réponse 3538
~ en ces termes 3527
~ verbale 3534
notification 4597
notifier le blocus 5715
nouvelle: fausse ~ 2486
noyautage 2251
noyauter une organisation 2252
nullité d'une loi 1066

O

OAS 6465
obéissance absolue 2562
~ perinde ac cadaver 2562
objecter 4370
objecteur de conscience 2600
objectif à court terme 2654
~ immédiat 2654
~ lointain 2494
~ à long terme 2494
~ proche 2654
objection de conscience 2601
~s: pas d' ~ 4158
~s: il n'y a pas d' ~ 4372
~s: n'avoir pas d' ~ à qch. 4369
~s: vouloir faire quelques ~ 4368
objet du droit international 2911
~ du litige 5458
~ et le motif de la demande 1856
~ : faire l' ~ d'une discussion 3985
obligation contractuelle 4533
~ d'extrader 1886

obligation
~ : se voir dans l' ~ de 4333
obligatoire 4534
obliger: se voir obligé de 4333
obscurantisme 2683
obscurantiste 2469
obsèques 3335
~ nationales 3336
observateur 4131
observation des clauses d'un traité 4529
~ du règlement 4110
~s: pas d' ~ 4386
observer le règlement 4109
~ un traité 4528
obstruction 1042, 4134
obtenir l'agrément 3081
~ une audience 3269
~ la majorité 884
~ la parole 4025
~ 15 sièges 875
~ 15 voix 871
occupant 58, 5798
occupatio bellica 5797
occupation 57, 5800
~ des locaux 2094
~ militaire 5797
~ originaire 61
~ pacifique 60
~ de la Ruhr 6258
occuper 5799
ochlocratie 2684
ochlocratique 2685
octroi du droit de vote 754
~ de l'indépendance 206
~ de la nationalité 2344
Odelsting 1215
offensive de paix 3449
office 1696, 4819
~s: bons ~ 5418
~ central de l'Information 1518
~ ~ des Transports Internationaux par Chemins de Fer 5296
~ Commun des Consommateurs de Ferraille 5124
~ international des épizooties 5234
~ ~ de la vigne et du vin 5236
~ de Presse et d'Information du Gouvernement fédéral 1546

office: d' ~ 1703
Officiel 1051
officiel 1721
~ : à titre ~ 3093
~ le: en qualité ~ 3093
~ ~ : par la voie ~ 1709
~ ~ : ne pas passer par la voie ~ ~ 1710
officier interrogateur 6024
~ des services de sécurité 2053
officieuse: de source ~ 1369
officieux 1722
offre d'armistice 5843
~ de médiation 5407
~ de paix 5852
offrir un déjeuner 3295
~ sa démission 1424
~ qch. à qn 3286
~ une réception 3292
ogive nucléaire 5923
OIPC 1870
oligarchie 2688
oligarchique 2689
oligarque 2687
omnipotence des gouvernants 1279
ONU: de l' ~ 4961
onusien 4961
opération électorale 828
~ de nettoyage 5637
~ de police 5505
opinion divergente 4378
~ publique 2638
opportunisme 2690
opportuniste 2691, 2692
opposer un veto à 4084
opposition 981
~ de droite 1935
~ extraparlementaire 6492
~ de gauche 1936
~ : il n'y a pas d' ~ 4158
oppression 687
optant 108
opter pour 109
~ pour une nationalité 2348
optimisme de commande 2792, 2902
option 110
oraison funèbre 3337
orateur 952
~ précédent 4013
~ s: il n'y a pas d'autres ~ 4017

orbe 307
ordonnance 1067, 1656
ordre de chevalerie 431
~ constitutionnel 557
~ économique 559
~ de grève 711
~ de la Jarretière 432
~ des Jésuites 6084
~ du jour 3849
~ ~ ~ chargé 3861
~ ~ ~ de confiance 993
~ ~ ~ définitif 3854
~ ~ ~ provisoire 3851
~ ~ ~ appelle 3864
~ ~ ~ ~ la discussion du point 7 3868
~ juridique 2918
~ mondial 2920
~ Nouveau en Europe 6323
~ de préséance(s) 3198
~ social 558
~ universel 2920
~ : sur l' ~ d'un gouvernement 3094
~ : à l' ~ du jour figure 3864
ordonner la mobilisation générale 5529
organe 4790, 4819
~ administratif 4799
~ auxiliaire 4796
~ consultatif 4801
~ de contrôle 1706, 4802
~ ~ ~ des stupéfiants 5009
~ directeur 4795
~ essentiel 4794
~ exécutif 4798
~ s gouvernementaux 1537
~ permanent 4793
~ principal 4794
~ s principaux de l'ONU 4964
~ subsidiaire 4797
organisation affiliée 4707
~ afro-asiatique de coopération économique 5153
~ de l'Armée secrète 6465
~ de l'Aviation Civile Internationale 5073
~ de camouflage 2208
~ qui coiffe 4757

organisation
~ pour la collaboration des chemins de fer 5271
~ Commune Africaine et Malgache 5193
~ de Coopération Commerciale 5102
~ ~ ~ et de Développement Economique 5189
~ de couverture 2208
~ des Etats Américains 5262
~ ~ ~ de l'Amérique Centrale 5270
~ Européenne de Coopération Economique 5187
~ ~ et méditerranéenne pour la protection des plantes 5276
~ ~ pour la mise au point et le lancement d'engins spatiaux 5182
~ ~ pour la Recherche nucléaire 5181
~ ~ de recherches spatiales 5184
~ gouvernementale 4710
~ intergouvernementale consultative de la Navigation maritime 5096
~ internationale du Café 5206
~ ~ du Commerce 5103
~ ~ des Employeurs 5329
~ ~ des Journalistes 5323
~ ~ de police criminelle 1870
~ ~ pour les Réfugiés 5020
~ ~ du Travail 5030
~ Météorologique Mondiale 5092
~ mondiale 4727
~ ~ de la Santé 5059
~ s des Nations Unies 4960
~ ~ ~ pour l'Alimentation et l'Agriculture 5041

705

organisations des Nations Unies pour le développement industriel 5107
~ ~ ~ ~ pour l'Education, la Science et la Culture 5054
~ non gouvernementale 4709
~ du Pacte de Varsovie 5287
~ privée 4726
~ professionnelle 4766
~ régionale 4728
~ sanitaire panaméricaine 5274
~ secrète 2207
~ semi-officielle 4711
~ supranationale 4706
~ technique 4765
~ du Traité de l'Atlantique Nord 5242
~ ~ ~ de Bruxelles 6393
~ ~ ~ Central 5301
~ ~ ~ pour la défense collective de l'Asie du Sud-Est 5281
~ de travailleurs 4769
~ de l'Unité Africaine 5237, 5269
~ : dans le cadre de cette ~ 4671
organiser des élections 790
~ des élections libres au scrutin secret 771
~ une manifestation 2088
organisme 4819
~ administratif 1696, 1698
~ s auxiliaires 4956
~ de direction 4795
~ gouvernemental 1538
~ s régionaux 5028
~ de secours 4746
~ de sécurité 2051
original 4661
~ ou l'expédition authentique 1905
Ostpolitik 6539
otage 2245
OTASE 5281
OUA 5285
oui 851

ourdir un complot 2140
outsider 896, 2414
ouverture à l'Est 6522
~ à gauche 6491
~ des hostilités 5536, 5538
~ d'une séance 3893
~ du vote 4148
ouvrir la discussion sur qch. 3994, 4004
~ le scrutin 4149
~ une séance 3892
~ le vote 4149, 4150

P

pacha 446
~ lik 447
pacification 5503
pacifier 5504
pacifisme 2721
pacifiste 2599, 2722, 2723
pacte 4402
~ d'acier 6304, 6325
~ antikomintern 6293
~ d'assistance 4448
~ Atlantique 6416
~ de Bagdad 6451
~ Balkanique 5163
~ Briand-Kellog 6263
~ de contrahendo 4404
~ fédéral 518
~ militaire 4447
~ de non-agression 4449
~ de Paris 6263
~ de sécurité 4445
~ de la Société des Nations 4953, 6252
~ tripartite du 27 sept. 1940 6325
pactiser avec 3623
pair 425, 1160
~ ie 426
paix armée 5870
~ d'Augsbourg 6083
~ de compromis 5869
~ contractuelle 5864
~ durable 3453
~ fondée sur un traité 5864
~ imposée 4440
~ négociée 3454, 5863
~ séparée 5868
~ stable 3453
~ de Westphalie 6097

paix
~ : faire la ~ 5860
panachage 848
panafricain 2694
panafricanisme 2693
pan-allemand 6360
panaméricain 2695
panaméricanisme 2696
panaméricaniste 2697
panarabe 2699
panarabisme 2698
panasiatique 2701
panasiatisme 2702
panel 4309
paneuropéen 2704
paneuropéisme 2703
pangermanique 2707
pangermanisme 2705
pangermaniste 2706
panibérisme 2708
panislamique 2709
panislamisme 2710
panslavisme 2711
panslaviste 2712, 2713
Pantchen-Lama 443
Panthères noires 6500
papal 485
papauté 483
Pape 477
paperasserie administrative 2378
paraphage 4582
parapher 4583
parc à voitures 4297
parias 682
parking 4297
Parlement 1102, 1150
~ Européen 5109
~ aire 907, 909, 3710, 5825
~ arisme 910
~ -croupion 923
parler d'abondance 4383
~ à coeur ouvert 4346
~ franchement 4346
~ de sa place 4012
~ politique 2734
paroisse 1632
parole(s) de bienvenue 3895
~ d'introduction 3900
~ : avoir la ~ 4019, 4024
~ est à ~ 4023
~ : la ~ est accordée dans l'ordre des orateurs inscrits 4015
part: sans ~ 943
partage 103

partage: en cas de ~ 4184
~ ant les mêmes idées 2532
~ r les vues de qn 4376
parti 1916
~ allemand 1995
~ bavarois 1990
~ s du centre 1923
~ chrétien social 2002
~ ~-~-conservateur 2039
~ s de la coalition 1930
~ communiste 1986
~ ~ allemand 1999, 1999a
~ ~ autrichien 2028
~ ~ français 2020
~ du Congrès 2021
~ conservateur 2006
~ démocrate 2046
~ ~ chrétien 2001
~ s de droite 1922
~ extrémiste 1920
~ s de gauche 1921
~ gouvernemental 1926
~ ~ et l'opposition 1927
~ libéral 1988, 2012
~ ~ démocrate 1997, 2005, 2040
~ majoritaire 1953
~ minoritaire 1954
~ s minuscules 1947
~ modéré 1919
~ national-allemand 6241
~ ~-démocrate 2003
~ néo-fasciste 2025
~ s de l'opposition 1933
~ Ouvrier Populaire 2036
~ Pan-allemand 1998
~ paysan 2010, 2037
~ s politiques à l'échelon de la commune 1948
~ politique international 1917
~ populaire autrichien 2030
~ au pouvoir 1928
~ radical démocrate 2038
~ des réfugiés 1991
~ social chrétien 1987
~ ~-démocrate allemand 2000
~ ~ iste 2013
~ ~ ~ autrichien 2029
~ ~ ~ belge 1989
~ ~ ~ unifié 2004
~ travailliste 2007
~ unique 1924

parti
~ : sans ~ 1955
participant à la conférence 3779, 3807
~ s au Congrès du pré-1964
participation électorale 839
~ : faible ~ 840
~ à la guerre 5561
participer à une conférence 3805
particularisme 2714
particulariste 2715
partie(s) contractante(s) 4568
partie intégrante du présent Traité 4644
~ s ~ s à un traité 4568
~ s à un différend 5425
~ s: Hautes ~ Contractantes 4641
~ s en litige 5425
~ s non signataires 4565
~ requérante 1852
~ requise 1851
partisan 2213, 2383
~ des droits civiques 6499
~ de la guerre froide 6391
~ s de Mao-Tsé-Tung 2626
~ s d'une politique atlantique 6417
partnership 4713
parvenir à un accord unanime 4207
pas: avoir le ~ sur 3195
passage de la frontière 145
~ inoffensif 3016
passeport 3394
~ diplomatique 3400
~ de service 3399
passer à la clandestinité 2203
~ à la discussion du point 7 3868
~ à qn. l'expression 4358
~ la frontière 146
~ à l'opposition 984
~ à l'ordre du jour 3862
~ outre à une objection 4371
~ ~ à tous les traités 4541
~ ~ à un veto 4085
~ en revue le détachement d'honneur 3204
~ aux voix 4147
~ au vote 4147

patente 3383
paternalisme 2716
paternaliste 2717
patriarcat 510
patriarche 509
~ œcuménique 513
patrie 2875
~ d'adoption 2352
patriotard 2540
~ isme 2541
patriote 2718, 2719
patriotique 2719
patriotisme 2720
pavillon 3345
~ : faux ~ 5763
~ national 3346
~ parlementaire 5824
~ couvre la marchandise 5737
Pax Romana 5374, 5375
pays d'accueil 3075, 3809
~ d'asile 2325
~ qui donne asile 2329
~ ayant des ambitions de grande puissance 252
~ bénéficiaire 3678
~ donateur 3679
~ donnant l'hospitalité 3809
~ non alignés 6489
~ non engagés 6489
~ non riverain 25
~ de réfuge 2329
~ de résidence 3075
~ sans accès à la mer 25
~ ~ littoral 25
~ des Sudètes 6297
~ tiers 5149
~ en voie de développement 3677
Paysans 2010, 2037
PCF 2020
P.D.T. 2036
peine capitale 1911
~ de mort 1911
~ privative de liberté 1908
peindre les choses en noir 2796
peloton d'exécution 2170
pénétration pacifique 59
pensée de 4326
Pentagone 1589
perdre la guerre 5559
~ des suffrages 881
~ : ne pas se ~ dans les détails 4332

707

Père: Saint − ~ 479
perfidie 5984
période d'avant-guerre 6305
~ de démarrage 4669
~ d'essai 4911
~ transitoire 5129
permanent 2273
permis: il est ~ de supposer que 4365
permission 1668
permutation 1795
permuter avec qn 1796
péroniste 2724, 2725
perpétrer un attentat contre qn 2134
perquisitionner 5751
persécution(s) raciale(s) 684
persona grata 3078
personnalisation du pouvoir 1290
personnalité juridique 4674
~ morale du droit des gens 2913
Personne(s) qui accompagne(nt) le congressiste 4277
~s déplacées 700, 2316
~s disparues 5617
~s d'ethnie allemande 6299
~ extradée 1878
~ internationale 2910
~ morale 4704
~ ~ de droit public 1704
~ possédant une double nationalité 2342
~s qui suivent les forces armées 6025
personnel 4851
~ d'une mission diplomatique 3163
~ permanent 4897
~ recruté pour une période de courte durée 4900
~ de renforcement 4899
~ temporaire 4899
perte 5616
~ de la nationalité 2356
~ de voix 882
petit-bourgeois 2575
Petite-Entente 6238
pétition 992, 1676
peuple colonial 186
~s épris de (la) paix 3451
~s pacifiques 3451
~: du ~ 2883

Phalange 2042
Phalangiste 2043, 2044
philosémitisme 2727
photocopies certifiées conformes 1906
physiocratie 6109
pièces à l'appui 1904
pillage 6009
pillard 6010
piller 6011
piquet de grève 740
pirate 5722
~ de l'air 2216
~ rie 5723
piste Ho-Chi-Minh 6509
place(s) assise(s) pour 500 personnes 3836
~ d'honneur 3216
plaisir tout particulier de 4315
~: avoir le ~ et l'honneur de 4321
~: avoir le ~ de saluer 4314
plan biennal 1575
~ des cieux ouverts 6475
~ Dawes 6260
~ Eden 6444
~ Marshall 6394
~ Morgenthau 6353
~ Pleven 6429
~ quadriennal 1577
~ quinquennal 1578
~ Rapacki 6470
~ Schuman 6422
~ sexennal 1579
~ de table 3303
~ triennal 1576
~ d'urgence 2065
~ Young 6264
planton 4125
plastic 2240
~ age 2238
plastiqueur 2241
plateau continental 43
plateforme 810
~ continentale 43
plébiscite 104
~ de la Sarre 6284
plénipotentiaire 3711
ploutocrate 2730
ploutocratie 2731
ploutocratique 2732
pluralisme 2729
~ d'opinions 607
plurilatéral 4406

pogrom 2192
~ e 2192
poids du passé 2878
point chaud 3617
~ figurant à l'ordre du jour 3865
~ de passage de la frontière 147
~s: Quatorze ~ 6227
~: le premier ~ qui figure à l'ordre du jour 3866
polémique 3990, 3991
police des étrangers 2296
~ de la frontière 148
~ des ports 3014
~ secrète 2054
polis 243
Politbureau 2034
politicaillerie 2733
politicien 1548
~ de l'abandon 3576
~ de café 2836
~ de l'obstruction 1043
politiquage 2733
politique 1550, 1554
~ d'abandon 3575
~ agricole 1584
~ d'aide au développement 3680
~ d'alliance(s) 3570
~ ambiguë 1567
~ d'apaisement 3603
~ d'apartheid 668
~ d'application du Traité de Versailles 6249
~ d'armements 5891
~ d'arrière-garde 3588
~ d'atermoiement 3603
~ d'austérité 1099
~ de l'autruche 1570
~ des blocs 3460
~ budgétaire 1582
~ des camarades 1974
~ de coalition 1335
~ coloniale 191
~ du containment 3606
~ de défense 1590, 3643
~ démographique 1586
~ de développement 1572
~ dilatoire 3648
~ économique 1571
~ d'encerclement 3662
~ d'entente 3581
~ de l'équilibre des forces 3593

politique à l'est 6539
~ étrangère 3420
~ européenne 3424
~ d'expansion 3640
~ extérieure 3420
~ du fait accompli 3608
~ financière 1580
~ de force 3634
~ de la force armée 3634
~ intérieure 1564
~ internationale 3416
~ linguistique 665
~ militaire 1587
~ modérée 1563
~ monétaire 1583
~ de neutralité 6063
~ de non-ingérence 3613
~ de non-intervention 3613
~ de paix 5855
~ de partis 1562
~ de pis aller 1569
~ de la porte ouverte 6195
~ de rapprochement 3587
~ sociale 1573
~ de la terre brûlée 5593
~ : de ~ extérieure 3421
~ : de ~ intérieure 1565
~ : en matière de ~ intérieure 1565
~ : en matière de ~ extérieure 3421
politisation 2735
politiser 2734
politologue 2736
Pologne: cinq partages de la ~ 6118
polyarchie 2737
polycentrisme 2738
pont aérien de Berlin 6409
pontifical 485
pontificat 484
pool agricole 6442
~ charbon-acier 5116
~ dactylographique 4829
~ vert 6442
POP 2036
popistes 2036
populace 2168
populaire 2883
population frontalière 142
~ s transférées 3694
port d'armement 3012
~ d'attache 3013
~ de destination 5769
~ franc 18

port
~ libre de glaces 42
Porte 6192
~ Ottomane 6192
~ -avions 5688
portée de canon 40
portefeuille 1410
porte-parole 1544
porter les armes ouvertement 5994
~ un brassard 5993
~ un différend devant un tribunal 5424
~ un emblème distinctif 5992
~ des pancartes 2104
~ un toast à qn 3300
~ sur 4003, 4338
porteur d'armes atomiques 5943
~ : être ~ d'un message 3523
pose de câbles sous-marins 3676
~ de mines 5695
~ de la première pierre 3209
~ r sa candidature à 1759
~ des mines de contact automatiques non amarrées 5696
~ la première pierre de 3210
~ la question de confiance 996
~ ~ ~ préalable 4073
position-clé 3419
~ insulaire 41
~ de négociation 3717
possession 5
~ s d'outre-mer 180
poste d'ambassadeur 3112
~ budgétaire 4860
~ devient vacant 4890
~ permanent 4859
~ vacant 4889
poster 2886
potentiel de guerre 5614
pourcentage élevé d'abstentions 840
pourparlers 3744
~ de paix 5857
poursuite(s) en cours 1868
~ immédiate 5768
poursuivre une politique 1556

pourvoir à une vacance 4892
poussée vers l'Est 6274
pouvoir 1736
~ central 1324
~ compétent pour conclure des traités 4413
~ constituant 543
~ s constitués 542
~ constitutionnel 541
~ contractant 4413
~ de décision 1731
~ disciplinaire 1813
~ s discrétionnaires 1749
~ exécutif 1263
~ fédéral 230
~ fédératif 230
~ s implicites 1743, 3099
~ d'instruction 1733
~ judiciaire 1820
~ législatif 901, 902
~ de nomination 1732
~ personnel 1280
~ s: pleins ~ 3097
~ s publics 551
~ réglementaire 1657
~ : être au ~ 1294
~ : ne ~ ne pas 4343
Praesidium du Soviet suprême 1239
pragmatique 2740
~ Sanction 6110
pragmatisme 2741
pragmatiste 2739
préambule 4636
préavis de grève 708
~ de licenciement 4941
~ de retrait 4725
précédent 3487
précurseur de cette institution 4670
prédécesseur 4884
préfet 1617
préjudice: sans ~ des stipulations de 4649
préjugés raciaux 663
prélat 497
préliminaires de paix 5856
Premier Lord de l'Amirauté 1490
~ ministre 1355
~ ~ et Premier Lord du Trésor et ministre de la Fonction publique 1456
~ Secrétaire du Parti 2032

Première Chambre 1211
prendre une attitude 3505
~ congé de 3244
~ contact avec 3742
~ une décision 1655, 4051
~ fin 1797
~ ses fonctions 1770
~ le maquis 2203
~ des mesures collectives 3471
~ la parole 4020, 4026
~ part à une conférence 3805
~ le pouvoir 1291
~ la présidence 3877
~ sa retraite 1811
préopinant 4013
préparatifs de guerre 5523
prescription 2951
~ acquisitive 68
prescrire une enquête 4044
~ : se ~ 2950
préséance 3194
~ : avoir la ~ sur 3195
présence de la RFA à Berlin 6536
présentation à la Cour 3263
~ des lettres de créance 3086
présenter un amendement 4095
~ le budget 1085
~ sa candidature 821, 822, 1759
~ sa démission 1424
~ ses hommages à qn 3217
~ ses lettres de créance à qn 3085
~ une motion 4068
~ ~ ~ de censure 998
~ ~ ~ d'ordre 4076
~ une observation 4384
~ quelques objections 4368
~ un rapport 4248
~ une requête 4063
~ des réserves 4367
~ : se ~ 822
~ : se ~ de nouveau aux élections 825
présidence 1314, 3873
~ du Conseil 1352
~ du gouvernement 1352
~ par roulement 3884
~ : sous la ~ de 3876

Président 1312, 1315, 3874, 4834
~ du Bundesrat 1135
~ du Bundestag 1137
~ du bureau de vote 832
~ d'une commission 3933
~ de la Confédération 1318
~ du Conseil Fédéral 1135
~ ~ ~ des ministres 1356
~ élu 1317
~ en exercice 1313
~ fédéral 1318
~ du groupe parlementaire 957
~ d'honneur 4833
~ du parlement 952
~ du parti 1957
~ remplacé par un des vice-présidents 3882
~ de la République fédérale 1318
~ialisme 1274
présider une assemblée 3880
presser les négociations 3739
prestige 3472
prétendant 312
prête-nom 2837
prétention basée sur le droit international 2961
~ à représenter tout le peuple allemand 6538
prêter assistance 5548
~ serment 1541, 1774
prévaloir: se ~ d'un article 4532
prévenir toute attaque par surprise 5964
prévention des attaques par surprise 5966
~ de la guerre 3464
prévu à l'article 3 4652
primauté du droit international 2942
prime de cherté de la vie 4872
~ de connaissances linguistiques 4875
primogéniture 314
prince 356, 367
~-abbé 372
~ des Asturies 361
~ consort 366
~ de l'Eglise 501

prince
~-évêque 373
~ de Galles 361
~ héritier 361
~ régent 318
~ du sang 358
princesse 357, 368
princier 369
principal théoricien du parti 1972
principat 370
principauté 371
principe du chef 2517
~s généralement reconnus du droit international 2958
~s généraux de droit reconnus par les nations civilisées 2949
Printemps de Prague 6517
pris en flagrant délit 1009
prise 5776
~ de la Bastille 6126
~ de contact 3743
~ de fonctions 1771, 3087
~ d'otages 6008
~ de possession 56
~ du pouvoir 1292
~ : être de bonne ~ 5782
prisonnier de guerre 6028
~ : faire ~ 6022
privation de liberté 695
privilèges et immunités diplomatiques 3145
Prix International Charlemagne 6441
~ Nobel de la Paix 3440
problème d'actualité 2503
~ allemand 6358
~ brûlant 2503
~ du Haut Adige 6392
~ des minorités 3686
~ à l'ordre du jour 2503
~s de préséance 3196
~ de race(s) 662
~ racial 662
~ des réfugiés 2310
~ sarrois 6283
~ du Tyrol méridional 6392
procastriste 6503
procéder à des arrestations 2166
~ à la contre-épreuve 4152
~ au dépouillement du scrutin 4167

710

procéder à un deuxième tour de scrutin 4188
~ à l'élection de qn 4186
~ à une enquête 4045
~ à l'examen des papiers de bord 5754
~ à des sondages sur les possibilités de paix 5850
~ à un vote sur 4141
~ au vote 4147
procédure 4102
~ d'arbitrage 5432
~ arbitrale 5432
~ des bons offices 5419
~ des commissions d'enquête 5416
~ de conciliation 5412
~ consultative 5417
~ disciplinaire 1819
~ électorale 828, 4185
~ judiciaire 5459
~ législative 1025
~ sommaire 5472
~ de vote 4144
procès à grand spectacle 1847
~ de Nuremberg 6378
~ sensationnel 1847
~-verbal 4218
~-~ d'échange des ratifications 4497
~-verbaliste 4224
~-verbaux des séances 4279
proclamation 1049
~ de l'état d'exception 2071
~ de la république 1300
proclamer 1047
~ des élections 789
~ élu 4195
~ l'état d'exception 2070
~ ~ d'urgence 2061
~ les résultats du scrutin 868
~ le résultat du vote 4172
procommuniste 2588
profession: libre choix de la ~ 652
profiter de cette occasion pour 4322
programme d'austérité 1574, 1581
~ de la conférence 3871
~ des dames 4298
~ électoral 810

programme
~ du gouvernement 1366
~ de Reconstruction Européenne 6401
progrès: faire des ~ 3740
progressisme 2743
progressiste 2501, 2502
prohibition de lois rétroactives 641
projet 4238
~ amendé 4547
~ de budget 1095
~ de constitution 536
~ fait la navette entre les deux chambres 1035
~ de loi 1029
~ d'ordre du jour 3850
~ de résolution 4056
~ de traité 4546
prolétariat 2744
prolétarien 2745
prolétarisation 2746
prolifération d'armes nucléaires 5945
prolixe 4031
prolongation du délai de prescription des crimes nazis 6495
prolonge d'artillerie 3327
promesses faites aux électeurs 812
promotion 1786
promouvoir la coopération internationale 3437
promulgation 1048
promulguer 1046
pro-nonce 3137
prononcer une allocution 3255
~ un discours 3255
~ un toast 3300
~ : se ~ sur la proposition d'amendement 4096
pronunciamiento 2147
pro-occidental 2751
propagande d'atrocités 2534
~ électorale 813
~ de guerre 5508, 5570
propagandiste 2748, 2749
proportionelle 776
proposer un amendement 4095
~ la candidature de 1763
~ la clôture des débats 4101

proposer
~ qn 1761:
ne se ~ nullement de 4325
proposition 4061
~ alternative 4062
~ de loi 1030
~ de paix 3448
~ de résolution 4056
~ : sur ~ de 4069
propriété du Bund 1101
~ personnelle 622
prosocialiste 2818
prosoviétique 2813
protecteur 168, 169
~ du Reich 6303
protection civile 5602
~ consulaire 3365
~ diplomatique 3050
~ des minorités 3690
~ des nationaux à l'étranger 3049
~ de la population civile 6005
protectorat 167
~ de Bohême-Moravie 6302
protestation 3519
protester auprès d'un gouvernement contre qch. 3520
protocolaire 3190
protocole 4487
~ additionnel 4492
~ d'Aix-la-Chapelle 6154
~ d'amendement 4495
~ générale 4488
~ interprétatif 4490
~ d'interprétation 4490
~ de prorogation 4489
~ de rectification 4494
~ secret 4493
~ de signature 4491
~ spécial 4496
province 1610, 1613
provocation 2125
provoquer des troubles 2108
psychose de guerre 5531
public 2825
~ation au Journal Officiel 1050
~ité des discussions 4000
publier un communiqué 3540

Puissance(s) alliée(s) et associée(s) 6213
~ atomique 5914
~s de l'Axe 6307
~s centrales 6212
~ coloniale 184
~ continentale 255
~ détentrice 6035
~ de deuxième ordre 254
~s: grandes ... 251
~ mandataire 209
~ maritime 256
~ militaire 257
~ mondiale 248
~s neutres 6053
~s occidentales 6309
~ occupante 5802
~ d'occupation 5802
~ protectrice 6036
~ victorieuse 5627
puni de la peine capitale 1909
puritain 2752
puritanisme 2453
putsch 2147
~ de Hitler 6257
~ de Kapp 6254
~iste 2148

Q

quadriparti(te) 4437
Quai d'Orsay 3031
qualité d'apatride 2361
~ de membre 4678
~ ~ ~ actif 4690
~ ~ ~ individuel 4682
~ ~ ~ à part entière 4687
~ ~ ~ de plein droit 4687
quasiblocus 5703
quasi-législatif 905
~-unanimité: à la ~ 4205
querelle 5423
questeur 4843
question 987
~s affectant les intérêts des deux pays 3573
~ allemande 6358
~ de Berlin 6531
~ de Chypre 6448
~ de confiance 995
~s diverses 3869
~ de droit 5400
~ de fait 5402

question
~s qui intéressent les deux pays 3573
~ intermédiaire 4037
~s non réglées 3870
~ d'ordre 4111
~ d'Orient 6191
~ de prestige 3473
~s de procédure 4103
~ raciale 670
~ rhodésienne 4697
~ sarroise 6283
~s en suspens 3870
~ : mettre une ~ sur le tapis 4390
~naire 4237
quitter le gouvernement 1428
quorum 4198

R

race des seigneurs 6273
racial 660
racisme 661
raciste 660, 666
radical 2754
~ de droite 2762
~isation 2756
~isme 2755
~ ~ de gauche 2618
Radicaux socialistes 2014
radjah 469
rafle 2171
raid de commando 5648
~ de représailles 5661
~s de terreur 5663
~issement 3509
raison d'Etat 2830
rajah 469
rapatriement des prisonniers de guerre 6043
rapatrier 6042
rappel 3088
~ à l'ordre 4116
~ ~ ~ avec inscription au procès-verbal 4118
~ au règlement 4075
rappeler un agent diplomatique 3091
~ à l'ordre 4117
~ à la question 4033
rapport 4245, 4302
~ administratif 4268

rapport
~ annuel 4264
~ d'expert(s) 4269
~ des experts 4269
~ final 4258
~ financier 4267
~ des forces 3675
~ général 4259
~ de gestion 4261
~ intérimaire 4257
~ juridique entre le fonctionnaire et l'Etat 1683
~ de la majorité 4265
~ mensuel 4263
~ de la minorité 4266
~ officiel 4262
~ préliminaire 4256
~ supplémentaire 4260
~s: les ~ se détériorent 3426
~ : faire ~ à qn 4254
~s: les ~ se tendent 3426
~er une mesure 1661
~eur 3821
rapprochement 3586
rassemblement de jeunes 4312
Rassemblement du Peuple Français 6384
rassembler la documentation pour une séance 4242
ratification 4587
~ imparfaite 4591
~ par le Parlement 4586
~ : sous réserve de ~ 4589
ratifier 4585
rattachement à la commune 1647
rattacher 92
~ à la commune 1648
ravisseur 2283
Raya Sabha 1168
rayer du procès-verbal 4232
~ une question de l'ordre du jour 3859
réaction 2757
~naire 2758, 2759
réaliser la désescalade 5556
realpolitik 1566
réarmement 5889
~ de l'Allemagne 6430
réarmer 5890
rebelle 2185, 2186
~r: se ~ contre 2179
rebondir 3638

712

rebondissement 3639
recapteur 5774
recapture 5775
recensement: faire le ~ des voix 4167
recenser les voix 4167
recenseur 864, 4168
réception 3290
~ d'anniversaire 3280
~ du Jour de l'An 3261
~ officielle 3291
recès germanique de Ratisbonne 6141
recevabilité 4077, 5455
recevable 4079
recevoir l'agrément 3081
~ en audience privée 3272
~ ~ solennelle 3270
~ ~ ~ spéciale 3268
recherche consacrée à la paix 3443
~ polémologique 3443
récidive: en cas de ~ 4119
réciprocité législative 3435
~ : sous réserve de ~ 4459
réclamer la parole 4021
recommandation: faire une ~ 4054
reconduction expresse 4617
~ tacite 4618
~ d'un traité 4616
reconnaissance de belligérance 5565
~ de droit 3001
~ d'un Etat 2997
~ de facto 3002
~ de fait 3002
~ d'un gouvernement 2996
~ comme insurgés 5991
~ de jure 3001
~ de la ligne Oder-Neisse 6371
~ d'une règle de droit 5483
~ de la République Démocratique Allemande comme sujet du droit international 6537
~ d'une situation nouvelle 2995
reconnaissant 4638
reconnaître formellement 3000
recourir à la force 2076
~ à la guerre 5534

recours à la force 2077
~ ~ ~ ~ armée 5499
~ en inconstitutionnalité 546
~ aux organismes régionaux 5397
recruter du personnel 4901
rectification de(s) frontière(s) 131
~ du procès-verbal 4228
rectifier 4229
recueil de traités 4416
~lir un avis 4040
~ ~ la majorité des suffrages exprimés 4196
~ ~ 13 voix 871, 4197
recul 3624
récusation d'un juge 5468
rédaction de l'article 4549
~ ~ ~ 10 est suffisamment souple 4655
~ : nouvelle ~ 4548
~ du procès-verbal 4225
reddition sans conditions 5827
rédiger un rapport 4247
réduction des armements 5957
~ des forces armées 5949
~ du personnel 4857
rééducation 2866
~ des Allemands 6374
rééduquer 2865
réélection 749
rééligibilité 750
réélire 748
réextradition à un Etat tiers 1877
referendum 898
référendum 714, 898
refonte des règlements 1660
Réformation 6079
Réforme 6079
~ agraire 1585
~ constitutionnelle 533
~ électorale 779
~ foncière 1585
~ monétaire 6406
réformisme 2764
réformiste 2765
refoulement 2304
refouler 2305
refréner les excès des gouvernants 1289
réfugié 2309
~ asilé 2323

refus d'entraide judiciaire 1855
~ d'extradition 1882
~er d'accepter une note 3530
~ ~ l'extradition 1881
réfuter un argument 4380
régence 316
régent 319
régime d'Etat de droit 586
~ féodal 440
~ hitlérien 6350
~ international de Tutelle 213
~ linguistique 4677
~ des mandats 210
~ militaire 1285
~ de la nation la plus favorisée 4516
~ parlementaire 190
~ policier 1277
~ politique 1275
~ présidentiel 1274
~ représentatif 1272
~ de Vichy 6319
région 1614
~ autonome 239, 1615
~ frontière 127
~alisation 2771
~aliser 2769
~alisme 2768
~aliste 2770, 2772
registre de présence 3981
règle du droit international 2916
~ des 24 heures 5796
~s juridiques 2914
~ de la réciprocité 3433
~ de la spécialité 1894
~ de l'unanimité 4206
~ du voyage continu 5770
~ment 1656, 1659, 4106
~ ~ administratif 1081
~ ~ d'application 986
~ ~ arbitral 5429
~ ~ de(s) conflits de lois 1080
~ ~ de la Haye concernant les lois et coutumes de la guerre terrestre 5979
~ ~ judiciaire 5428
~ ~ de paix 5862
réglementaire: par (la) voie ~ 1658
réglementation 1659

713

réglementation: nouvelle ... 1660
régler un différend 5426
règne 282
~ de l'arbitraire 686
régner 279
regroupement 2867
régularité des nominations 3890
Reich 6240
~ : Troisième ~ 6269
~swehr 6244
reine 350
~ douairière 365
~ mère 364
réinstallation 3692
réintégration 2360
rejeter une motion 4092
~ une note 3531
~ un ultimatum 3563
rejoindre M. X 4376
réjouir: se ~ de pouvoir 4318
relâcher un navire 5759
relance européenne 6454
~r la discussion 4002
relation(s) de bon voisinage 3584
~s consulaires 3360
~s diplomatiques 3037, 3038
~ Est-Ouest 6520
~s interétatiques 3424
~s internationales 3424
~s ~ de voisinage 15
~s pacifiques 3451
relever de la compétence de 1734
~ qn de ses fonctions 1801, 4942
~ un agent diplomatique de ses fonctions 3090
~ de la juridiction de 1734
religion officielle 576
remaniement ministériel 1372
remanier 1373
remboursement des frais de voyage 4949
remettre ses lettres de créance à qn 3085
~ un message 3523
~ une note 3529
~ le passeport à qn 3403
~ un présent 3285
~ au secrétariat 4249

remettre
~ un ultimatum à un gouvernement 3564
~ en vigueur 1061
rémilitarisation 5900
remise d'actes de procédure et de décisions judiciaires 1897
~ ajournée 1880
~ conditionnelle 1880
~ d'une décoration 3288
~ de l'individu réclamé 1879
~ des lettres de créance 3086
~ des passeports 3402
~ en vigueur 1062
remplaçant 944, 4887
remplacer qn 1781, 4888
~ : se faire ~ par un collègue 3816
remplir sa norme de production 2728
rémunération des fonctionnaires 1694
rencontre 3784
~ de jeunes 4312
rendre compte à qn 4254
~ les derniers honneurs à qn 3338
~ un hommage à qn 3203, 3265
~ les honneurs militaires à qn 3202
~ la justice 1822
~ un territoire 99
~ un ultime hommage à qn 3338
~ sa visite à qn 3234, 3235, 3236
~ : se ~ 5826
renégat 2774
renforcement des armements 5892
~ du potentiel militaire 5892
~ ~ ~ de missiles 5679
rengagement 4913
renoncer à prendre la parole 4030
~ au trône 321
renonciation à 3477
~ aux armes atomiques 5904
renouer les relations diplomatiques 3045

renouveler tacitement 4619
renouvellement général 935
~ partiel 936
Renseignements Généraux 2280
rentrer les couleurs 3348
renversement des alliances 3571
~ électoral 880
~ d'un gouvernement 1377
renverser le gouvernement 1376
renvoi 1433, 4943
~ en commission 3939
~ à une date ultérieure 3905
renvoyer un agent diplomatique 3090
~ une conférence 3904
~ un ministre 1432
~ qn 1801, 4942
~ une question à une commission 3938
~ sans préavis 4944
réoccupation de la Rhénanie 6287
réorganisation des circonscriptions électorales 791
réparations 5874, 6237
répartition géographique équitable 4896
~ des portefeuilles 1375
répéter encore une fois 4329
répliques 5467
reposer sur un lit de parade 3330
reprendre la mission Jarring 6528
~ les négociations 3737
~ la négociation Jarring 6528
~ les relations diplomatiques 3045
~ les séances plénières 3796
représailles 3653
représentant 940
~ consulaire 3367
~ diplomatique auprès de 3053
~ dûment autorisé 3059
~ permanent 4839
~ spécial 3061

représentation consulaire 3366
~ corporative 922
~ diplomatique 3054
~ à l'étranger 3058
~ proportionnelle 776
~s: faire des ~s 3518
représenter les intérêts d'un pays 3048
~ qn 3100
~ : se ~ aux élections 825
répression d'une insurrection 2165
réprimer une insurrection 2164
reprise 5775
~ des bombardements du Nord-Vietnam 6511
~ des hostilités 5834
~ d'un navire 5773
~ des négociations 3738
~ du travail 718
Républicain 2026, 2047
~s indépendants 2015
républicain 2776, 2777
républicanisme 2778
république 2775
~ autonome 238
~ fédérale 228
~ de Platon 2823
~ populaire 267
~ Sociale Italienne 6340
~ de Weimar 6239
requête 1676, 4059
~ : ne pas donner suite à une ~ 4064
réquisition 5822
~ner 5821
res communis 2975
~ nullius 2976
rescousse 5773, 5775
réseau d'espionnage 2258
~ de missiles antiaériens 5669
~ ~ ~ antimissiles 5677
réserve 656
~s: avec ~s 4555
~s: sans ~s 4554
~s: sous ~ de l'article 4650
~s: vouloir faire des ~s 4367
~r un accueil cordial 3240
~ ~ ~ ~ enthousiaste 3241
~ ~ un chaleureux accueil 3240

résidence d'été 495
~ surveillée: être en ~ 2145
résident 2273, 2298
~ général 1600
Résistance 6321
~ passive 2118, 6259
~ à la visite 5766
résistant 2204
résolution 1654, 4055
résoudre les questions en suspens 3574
respect des droits de l'homme 584
~er le règlement 4109
~ ~ un traité 4528
responsabilité de la guerre 6232
~ internationale 2963
~ ministérielle 1419
responsable devant le Parlement 1420
ressentiments 3637
ressort 1738
~issant 2333, 2337
~ ~ d'un pays ennemi 2299
Restauration 6159
rester fidèle aux alliés 6550
~ en fonctions 1783
~ en vigueur 1060
restituer un navire 5790
restreindre des pouvoirs 1744
résultat du scrutin 866
résumé: faire un ~ de la discussion 4050
résumer la discussion 4050
rétablir les garanties constitutionnelles 2067
~ la paix 3452
~ ~ ~ et l'ordre 2058
~ les relations diplomatiques 3046
rétablissement de relations amicales 3590
~ du service militaire obligatoire 6280
retard balistique 5678
retenir comme otage 2246
~ qn à déjeuner 3296
retenues 4867
retirer une autorisation 1671
~ sa candidature 824, 1760
~ une concession 3726

retirer
~ ce que l'on dit 4385
~ le droit de vote 756
~ l'exequatur 3392
~ une invitation 3228
~ une motion 4091
~ la parole à qn 4028
~ une question de l'ordre du jour 3859
~ : se ~ d'une organisation 4724
rétorsion 3656
retournement 3502
retrait de 4723
~ d'une autorisation 1670
~ du droit de vote 755
~ de l'exequatur 3393
~ des forces d'occupation 5820
~ de la parole 4029
~ des troupes 5880
~ des troupes en deçà de certaines lignes 5835
~e aux flambeaux 3207
rétroactivité 4609
rétrocéder un territoire 99
rétrocession 98
rétrograde 2788
réunification allemande 6414
réunion 3777, 3792
~ interminable 3917
~ interministérielle 1400
~ non officielle 3800
~ plénière 3794
~ de protestation 2100
~ qui détermine la ligne de conduite du groupe parlementaire 1978
~ secrète 3797
~ d'urgence 3798
réunir une conférence 3842
~ la documentation pour une séance 4242
~ 12 voix 871
~ : se ~ en conclave 487
~ : se ~ à huis clos 3911
~ : se ~ à intervalles réguliers 3789
~ : se ~ périodiquement 3789
~ : se ~ de plein droit 3790
revanchard 2780, 2781
revanchiste 2780, 2781

715

revendication 3475
~ basée sur le droit international 2961
~ territoriale 119
revendiquer qch 3476
~ un territoire 118
révérence 3275
revêtir un document de la signature de 4578
revirement 3502, 3503
~ d'opinion 2640
réviser la constitution 532
révision constitutionnelle 534
~ intégrale 535
~ d'un traité 4633
~nisme 2782
~niste 2783, 2784
révocation 1803
~ de l'Edit de Nantes 6101
révolte 2180, 2182
~ des Boxers 6203
~r: se ~ contre 2179
révolution 2155, 6121
~ culturelle 6514
~ de février 6218
~ française 6121
~ glorieuse 6102
~ industrielle allemande 6189
~ mondiale 2889, 3663
~ d'octobre 6220
~ de palais 2151
~naire 2158, 2159
révoquer 1801, 3561
~ un agent diplomatique 3091
Rexistes 6285
rideau de bambou 6386
~ de canne à sucre 6504
~ de fer 6385
Riksdag 1231
Risorgimento 6156
risque calculé 3512
rivalité entre A et B 3636
roi 349
~ par la grâce de Dieu 355
~-citoyen 6166
~-sergent 6114
~-Soleil 6099
rompre les négociations 3733
~ les relations diplomatiques 3043
~ un traité 4537

rouleau compresseur russe 6217
routes d'accès à Berlin-Ouest 6533
royal 351
~iste 2786, 2787
royaume 352
royauté 353
R.P. 776
rupture de continuité de service 4927
~ des négociations 3734
~ de la paix 3461, 5871
~ des relations diplomatiques 3044
~ d'un traité 4538
ruse de guerre 5983
~ perfide 5984
Russes blancs 6223

S

sabotage 2231
saboter 2235, 4135
saboteur 2234
sacre 299
~r 300
Saint-Barthélemy 6088
~e-Ligue 6094
~eté: Sa ... 480
~-Père 479
~-Siège 481, 482
saisie 5757
saisir 5788
~ un tribunal d'un différend 5424
saisissable 5781
salle de commission 3831
~ des fêtes 3297
~ des pas perdus 3835
~ de projection 3838
~ des séances 3829
~ ~ plénières 3830
salut 3214
~ en mer 3213
salve 3214
sanction disciplinaire 1816
~s économiques 5498
~s militaires 5493
~s obligatoires 5495
~s volontaires 5494
sanctuaires du Viet-cong 6510
sans parti 943, 1955
saquer 1802

satellite artificiel 5972
satisfaction: être une vive ~ pour qn de 4342
satrape 448
sauf-conduit 5806
sauter: faire ~ un réseau d'espionnage 2259
sauvegarder la dignité du parlement 953
savoir: autant que je sache 4353
~ : pas que je sache 4354
sceau 1678
sceptre 306
scheik 475
science du droit international 2908
~ politique 524
scinder: se ~ 1942
scission 1941
~ idéologique 2819
scrutateur 864, 4168
scrutin 4138
~ de ballottage 788
~ de liste 774
~ majoritaire 775
~ uninominal 773
~ : premier tour de ~ 787
~ : au ~ public 4159
séance 3792
~ du cabinet 1398
~ de clôture 3910
~s des commissions 3795
~ à huis clos 3797
~ inaugurale 3898
~ de nuit 3799
~ officielle 3801
~ d'ouverture 3898
~ plénière 3794
~ secrète 3797
~ de travail 3793
~ est levée 3914
~ est ouverte 3891
~ est renvoyée à 3915
SEATO 5281
sécession d'un territoire 113
~nisme 115
~niste 2372, 2373
secouer le joug colonial 199
secours aux réfugiés 2314
secret électoral 841
~ d'Etat 1777
~ officiel 1776
~ le plus strict 4932
~ postal 646

secret des télécommunications 647
~ de vote 841
secrétaire d'ambassade 3165, 3167
~ des archives 4846
~ du Département d'Etat 1440
~ d'Etat 1414, 1415, 1440
~ ~ aux Affaires étrangères 1439
~ ~ parlementaire 1416
~ exécutif 4842, 5101
~ du Foreign Office 1439
~ général 4840, 5027
~ ~ adjoint 4841
~ du groupe parlementaire 958
~ : Premier ~ 3164
~ : Premier ~ du Parti 2032
Secrétariat 5047, 5057, 5062
~ administratif 4817
~ du congrès 4288
~ général 4815
~ ~ de l'UIT 5088
~ international de la laine 5357
~ des Nations Unies 5026
~ permanent 4816, 4958
sectarisme 2797
secteur d'application 4605
section 968
~ du chiffre 3184
~ française de l'Internationale Ouvrière 2013
~ statistique 4827
sécularisation 6155
sécurité collective 3469
~ de l'Etat 2049
~ internationale 3466
~ militaire 2268
~ nationale 2049
séditieux 2185
ségrégation raciale 667
~niste 674
séides 2384
seigneur féodal 436
Sejm 1226
séjour de navires de guerre belligérants dans un port neutre 5795
séminaire 4305
semonce 5747

sénat 916, 1103, 1109, 1111, 1113, 1116, 1121, 1123, 1126, 1128, 1146, 1148, 1251, 1252, 1156, 1166, 1171, 1173, 1179, 1189, 1191, 1194, 1196, 1203, 1209, 1221, 1223, 1225, 1244, 1254, 1256, 1262
sénateur 946
~s inamovibles 947
sénatorial 915
senatus-consulte 6139
sentence arbitrale 5444
séparation de l'Eglise et de l'Etat 555
~ des pouvoirs 553
séparatisme 2799
séparatiste 2800, 2801
séparer: se ~ de 114
septennat 1380
séquestrer 5788
série de conversations 3753
serment de fidélité 1542
service 1696, 1698, 4819
~ administratif 1697
~ du chiffre 3184
~s compétents 1701
~ de comptabilité 4832
~ consulaire 3362
~ de contre-espionnage 2263
~ de contre-espionnage des forces navales 2264
~ du courrier de cabinet 3173
~ de documentation extérieure contre-espionnage 2263, 2267
~ funèbre 3323
~ gouvernemental 1538
~ juridique 4824
~ linguistique 4828
~ militaire 5596
~ ~ obligatoire 5599
~ du personnel 4825
~ de presse 4823
~ du Protocole 3189
~ de renseignements 2267
~ ~ ~ des forces aériennes 2266
~ ~ ~ ~ navales 2265
~ ~ ~ militaire 2268
~ secret 2253
~ sténographique 4235

servir de médiateur entre 5409
servitudes en droit international public 120
~ internationales 120
session 926, 3777, 3785
~ extraordinaire 928, 3788
~ ordinaire 927, 3787
~s: entre les ~ 3791
seuil atomique 5942
~ continental 43
sévices, coups et blessures infligés aux prisonniers de guerre 6033
SFIO 2013
shah 444
Shura 1102
siècle des lumières 6104
~ des philosophes 6104
siège 932, 4676
~s à pourvoir 874, 934
~ : un ~ devient vacant 933
siffler 2096
signaler que 4328
signataires 4558
signature ad referendum 4580
~ différée 4581
~ : être ouvert à la ~ 4626
signer 4557
~ le livre de condoléance(s) 3319
~ ~ ~ d'or 3238
~ le registre de condoléance(s) 3319
signifier: ne ~ pas que 4349
sionisme 2896
Sioniste 2897, 2898
sit-in 2106
situation d'exception 2060
~ insulaire 41
~ juridique des étrangers 2295
~ tendue 3500
slogan 2791
Sobranié 1124
social-démocrate 1984
~-démocratie 1985
socialisant 2818
~isation 2806
~iser 2805
~isme 2815
~ ~ de la chaire 2831

717

~ ~ d'Etat 2831
~ ~ à visage humain 6518
~iste 2000, 2816, 2817
~ ~ de gauche 2024
société de classes 2572
~ de consommation 2595
~ Européenne pour le financement de matériel ferroviaire 5178
~ Financière Internationale 5067
~ internationale 2921, 4759
~ ~ de la Moselle 5211
~ multiraciale 659
~ des Nations 4952
~ sans classes 2525
~ secrète 2206
Soleil Rouge 6021
solennel 3250
solennité 3249
solidaire 2810
solidarité 2811
Soliman le Grand 6077
~ le Magnifique 6077
solliciter l'admission dans une organisation 4714
solution de compromis 3730
~ de rechange 3731
sommation de s'arrêter 5744
sommer de s'arrêter 5745
sondage d'opinion 2639
sonder les possibilités de paix 5851
sortie illégale de la République 6482
sortir de sa compétence 1754
~ de la compétence de 1755
~ de l'impasse 4137
~ du sujet 4032
soucieux de 4640
souhaiter la bienvenue à qn 3899
soulèvement 2163, 2180
soulever une motion de ropcédure 4112
soulever
~ une question d'ordre 4112
~ : se ~ contre 2179
souligner: j'aimerais ~ le fait que 4328

soumettre un différend à un tribunal 5424
~ une question à un plébiscite 105
~ un rapport 4248
~ ~ ~ à l'approbation de la séance plénière 4252
soumis à la juridiction de 1734
source(s) du droit international 2944
~ subsidiaire 2957
~ : de ~ bien informée 3698
~ : de bonne ~ 3698
sous-commission 3927
~ - ~ de la lutte contre les mesures discriminatoires et de la protection des minorités 4995
~ -développé 3681
~ -marin 5691
~ - ~ nucléaire 5692
~ - ~ porte-missiles 5675
~ - ~ porteur de missiles 5675
~ -secrétaire d'Etat 1414, 1415
~ signés 4559
~ trait à la juridiction locale 3150
soutenir une thèse 4379
souverain 277, 560
~ Pontife 478
~ e 278
~ eté 561
~ ~ aérienne 52
~ ~ douanière 571
~ ~ extérieure 563
~ ~ externe 563
~ ~ fiscale 574
~ ~ intérieure 564
~ ~ interne 564
~ ~ judiciaire 575
~ ~ militaire 570
~ ~ monétaire 573
~ ~ personnelle 562
~ ~ du peuple 565
souveraineté
~ ~ spirituelle 572
~ ~ territoriale 3
~ ~ : toute la ~ ~ émane du peuple 566
soviet 2802

~ des Nationalités 1240
~ suprême 1238
~ de l'union 1241
soviétisation 2804
soviétiser 2803
spartakiste 6246, 6247
spécialiste du droit international public 2909
sphère d'influence 3492
~ d'intérêts 3493
stage d'études 4305
stakhanovisme 2820
stakhanoviste 2832
stalinien 2835
stalinisme 2833
staliniste 2834
station spatiale 5973
~ nement de troupes 5818
~ ner 5819
statu quo 3486
statuer ex aequo et bono 5481
statut(s) 4673
~ des étrangers 2295
~ de fonctionnaire 1683
~ d'Occupation 6413
~ s du parti 1967
~ pécuniaire 1808
~ du personnel 4852
~ quadripartie 6362
~ de Westminster 6268
sténographe de conférence 4831
stipuler expressément 4550
stockage d'armes atomiques 5926
Storting 1213
stratégie de l'Epée et du Bouclier 5248
subdiviser: se ~ en commissions 3931
subdivision politique 5259
subjugation 5876
Sublime-Porte 6192
subordonner qch à la condition que 4551
subside 4703
substitut 3818
subvention 4703
subversif 2114
subversion 2115
succès électoral 877
succession 4885
~ sur le trône 313
~ d'Etats 272

718

succession générale 2977
~ légale 274
~ partielle 2978
~ sur le trône 311
Sudistes 6180
suffrage censitaire 764
~ à deux degrés 768
~s exprimés 850, 4177
~ indirect 768
~ restreint 762
~ universel 760
~ ~, direct, égal et secret 761
suffragette 767
suite 3160, 3233
~ officielle 3161
~ privée 3162
sujet 2338
~ du droit international 2910, 2913
sultan 453
~ at 455
~ e 454
super-Etat 245
~-puissance 249
supérieur hiérarchique 4883
suppléant 944, 3818, 4887
~s des ministres des Affaires étrangères 1442
suppléer qn 4888
~ : se faire ~ par un collègue 3816
suppression 4231
~ des barrières raciales 673
~ des bases militaires étrangères sur le territoire d'autres Etats 5958
~ de poste 4856
supprimer les restrictions 3589
suprématie aérienne 5654
~ territoriale 3
surcharger l'ordre du jour 3860
sûreté de l'Etat 2049
~ intérieure et extérieure 2050
~ publique 2057
sursis à l'exécution 5492
survol du territoire X 3629
susceptible d'acquisition 63
~ de donner lieu à extradition 1862
~ de saisie 5781
suspendre 1799

suspendre
~ les garanties constitutionnelles 2066
~ les relations diplomatiques 3041
~ une séance 3902
suspension 1800
~ d'armes 5833, 5840
~ des essais atomiques 5940
~ des expériences nucléaires 5932, 5940
~ des relations diplomatiques 3042
~ de séance 3903
suzerain 176
~ eté 175
sympathisant 2838
symposium 4310
synarchie 2821
synchronisation politique 1609
syndicalisme 2839, 4771
syndicaliste 2840, 4772
syndicat 4766, 4770
~s chrétiens 4775
~ de communes 1638
~ intercommunal 1638
~s libres 4774
~ patronal 4768
synode 492
système bicaméral 920
~ confédéral 220
~ de deux partis 1950
~ du droit international 2919
~ électoral proportionnel 776
~ fédéral 226
~ majoritaire 775
~ du parti unique 1301, 1949
~ de plusieurs partis 1952
~ de sécurité collective 3470
~ de trois partis 1951
~ unicaméral 919

T

table de conférence 3832
~ ronde 3775
tableau 4295
~ des effectifs 4858
~ des emplois 4858

tableau
~ des scrutins 4173
tâcher d'être bref 4337
tactique de grignotage 3647
talweg 136
Tcheka 6224
tea party de Boston 6125
teach in 2095
technocrate 2842
technocratie 2843
technocratique 2844
tel quel 4090
télégramme chiffré 3185
~ codé 3185
~ de condoléance(s) 3318
~ de félicitations 3281
téléphone rouge 6526
télétype rouge 6525
télexiste 4830
teneur 4635
~ de l'article 4549
tenir à ce que 4352
~ beaucoup à 4341
~ une conférence de presse 3920
~ les rênes du pouvoir 1294
~ une réunion 3778
~ une séance du Conseil des Ministres 1399
tension internationale 3618
tentative d'évasion 6030
~ de fuite 6030
~ de subversion 2117
tenue de soirée 3310
~ de ville 3311
terme: à long ~ 4622
terminer: pour ~ 4334
terreur 2223
territoire 1
~s: anciens ~s allemands de l'Est 6370
~ cédé à bail 80
~ colonial 183
~ de la commune 1649
~ dissident 112
~ douanier 16
~ fédéral 8
~ frontalier 127
~ frontière 127
~ libre 240
~ ~ de Trieste 6395
~ maritime 32
~ métropolitain 177
~ national 2
~s non autonomes 166

719

territoire nullius 62
~ occupé 5801
~s d'outre-mer 179
~ de la Partie requérante 1859
~ plébiscitaire 107
~ de plébiscite 107
~ sans maître 62
~ sécessionniste 112
~ sous mandat 208
~ sous tutelle 211
territorialité 6
terroriser 2228
terrorisme 2225
terroriste 2226, 2227
tête: être à la ... des forces armées 1388
~-à-tête 3746
texte intégral 4662
~s législatifs et réglementaires 1068
~ original 4661
théâtre de guerre 5633
~ ~ ~ secondaire 5634
~ des opérations 5633
~ d'opérations secondaire 5634
théocratie 2845
théocratique 2846
théorie de l'Etat 524
~ de l'existence de deux Etats allemands 6496
thèse du primat du droit interne 2943
Tiers-Etat 6123
~-monde 6489
tigre de papier 6513
tirage au sort 4170
tirer en l'air 2177
~ des coups de sommation 2177
~ au sort 4171
titisme 2847
titiste 2848
titre nobiliaire 411
~ de noblesse 411
titulaire d'un passeport 3398
toast 3299
tolérance religieuse 605
tollé 2531
Tombe du Soldat Inconnu 3212
tomber d'accord sur 3728
Tories 2006
torpiller 4135

torpiller
~ des navires de commerce 5755
torture 697
totaliser 100 voix 871
totalitaire 2849
totalitarisme 2850
tour d'horizon 3756
~ de scrutin 4187
tournant 3501
toute-puissance des gouvernants 1279
tracé des frontières 130
tracer les lignes d'une politique 1561
tractations 3992
traditionalisme 2851
traditionaliste 2852, 2853
traducteur de conférence 4850
traduire 3186
trafic d'esclaves 655
~ frontalier 144
train spécial 3223
Traité sur l'Allemagne 6424
~ d'alliance 4446
~ franco-britannique 6396
~ d'amitié 4473
~ d'arbitrage 4452
~ de l'Atlantique Nord 6416
~ de la CED 6426
~ de cession 4441
~ collectif 4409
~ de commerce 4467
~ consulaire 4464
~ de Dunkerque 6396
~ d'établissement 4469
~ d'Etat autrichien 6449
~ d'extradition 4482
~s en faveur d'un tiers 4418
~ fermé 4627
~ frontalier 4455
~ de frontière 4455
~ de garantie mutuelle 4457
~ général 4420
~ ~ d'intégration économique de l'Amérique Centrale 5298
~ germano-polonais 6541
~ d'indemnisation avec Israël 6443
~ d'indépendance 4444

Traité
~ inique 4424
~ injuste 4424
~ instituant la Communauté Européenne du Charbon et de l'Acier 6423
~ ~ ~ ~ ~ de Défense 6426
~ interaméricain d'assistance réciproque 6398
~ de Locarno 6261
~ de minorités 4460
~ naval 4462
~ de navigation 4477
~ de neutralité 4450
~ sur la non-prolifération des armes nucléaires 5934
~ de non-recours à la force 6521
~ normatif 4394
~ d'option 4451
~ ouvert 4625
~ de paix 4439
~ préliminaire 4421
~ : le présent ~ 4643
~ : le présent ~ sera ratifié 4584
~ de protectorat 4443
~ des Pyrénées 6100
~ de Rapallo 6256
~ de Réassurance 6196
~ de réciprocité 4456
~ de renonciation à la force 6521
~ de Rio 6398
~s de Rome 6468
~ Schuman 6423
~ secret 4461
~ séparé 4323
~ sur l'utilisation pacifique de l'espace extra-atmosphérique 5936
~ de Versailles 6229
~s de Westphalie 6097
~-cadre 4410
~-contrat 4395
~-loi 4394
traitement de base 4865
~ brut 4866
~ des étrangers 2293
~s: mauvais ~ infligés aux prisonniers de guerre 6033
~ net 4868

720

traitement des prisonniers 6032
traiter de façon discriminatoire 2988
~ avec humanité 6034
tramer un complot 2140
transaction 5411
transfèrement 1888
transférer des droits souverains 1875
~ qn de X à Y 1792
transfert 1888
~s des Allemands de Pologne 6235
~ d'attributions 1874
~ de compétences 3714
~ de droits souverains 1874
~ de pavillon 5738
~ de population 3693
~ ~ ~ par la force 3695
~ de souveraineté 1874
transfuge 5612
transit 1873
transmettre les félicitations de 3284
~ les pouvoirs à 1379
transmission de la citation 1895
~ des pouvoirs 1378
travail en commission 3935
~législatif 1020
~leur frontalier 143
~ ~s non syndiqués 2407
~lisme 2008
~liste 2009
traverser une crise 3620
trésorier 4843
trêve 5842
~ des partis politiques 2431
tribun 2854
tribunal administratif 1835, 5446
~ ~ des Nations Unies 5025
~ d'arbitrage 5438
~ arbitral 5438
~ ~ mixte 5439
~ consulaire 3387
~ de dénazification 6376
~ international 5445
~ militaire 5598
~ ~ International 6377
~ mixte 5447
~ de prises 5783

tribune 4010
~(s) 3839
~ d'honneur 3208
~ de la presse 3841
~ du public 3840
triomphalisme 2792, 2902
tripartisme 1951
tripatouillage des élections 793
Triple-Alliance 6185
Triplice 6185
tripotage 793
triumvir 1306
~al 1308
~at 1307
troïka 1307
tromper: se je ne me trompe pas 4345
trône 303
~ d'Iran 445
~ de Saint-Pierre 482
trotskiste 2856, 2857
trotskyisme 2855
trotskyste 2856
troubler la séance 4120
troubles 2107
~ raciaux 2126
troupes aéroportées 5646
~ gouvernementales 2149
~ irrégulières 5989
trublion 2110
truquage des élections 859
truquer les résultats des élections 861
Tsar de toutes les Russies 345
~évitch 347
~isme 348, 2890
~ine 346
~iste 2891
Turcs: Jeunes ~ 6208
tutelle administrative 1708
tyran 2858
~nie 2859
~nique 2860

U

ultimatum 3562
~ : à caractère d' ~ 3565
ultra 2592
~-conservateur 2591
~montain 2862
~montanisme 2863
~royaliste 2864

ultra
~s 2861
unicaméral 918
~isme 919
unicamérisme 919
unicamériste 918
uniformisation 1609
union 4753, 4754, 4756
~ africaine des Postes et Télécommunications 5151
~ allemande de la paix 1996
~ des Associations internationales 5379
~ démocratique chrétienne 2001
~ douanière 258
~ ~ allemande 6162
~ ~ et économique de l'Afrique centrale 5295
~ économique 259
~ ~ Benelux 5165
~ d'Etats 224
~ des Etats Africains 5285
~ de l'Europe Occidentale 5290
~ Européenne des Fédéralistes 5380
~ ~ des Paiements 5185
~ des Foires internationales 5339
~ française 6383
~ internationale de l'artisanat et des petites et moyennes entreprises 5317
~ ~ des Chemins de Fer 5315
~ ~ des Etudiants 5342
~ ~ de la Jeunesse socialiste 5325
~ ~ de Protection de l'Enfance 5326
~ ~ pour la Protection des œuvres littéraires et artistiques 5219
~ ~ ~ ~ de la Propriété industrielle 5218
~ ~ pour la publication des tarifs douaniers 5217
~ ~ de secours 5288
~ ~ des Télécommunications 5084

721

union internationale des Transports Publics 5348
~ ~ ~ ~ routiers 5324
~ interparlementaire 5360
~ Libérale Mondiale 5368
~ mondiale 4729
~ Monétaire de l'Ouest Africain 5289
~ Panaméricaine 5267
~ Paneuropéenne 5372
~ personnelle 218
~ postale africaine 5152
~ ~ des Amériques et de l'Espagne 5277
~ ~ arabe 5159
~ ~ de l'Asie et de l'Océanie 5161
~ ~ Universelle 5078
~ protestante et la Ligue catholique 6094
~ réelle 219
~ Ve République 2016
~ universelle 4729
unitaire 2869
unitarisme 2870
unité de compte 4951
~s paramilitaires 5630
universel 4735
UNRRA 5019
urgence est décidée 3995
urne (de scrutin) 837, 4193
usage(s) établi(s) 2947
~ gratuit des moyens de transport 1010
~s de la guerre 5978
usucapion 68
usurpateur 2154
usurpation 2152
usurper 2153
utilisation de l'énergie atomique à des fins pacifiques 5947
~ de l'espace extra-atmosphérique à des fins pacifiques 5974
utilitaire 2873
utilitarisme 2874

V

vacance 4889
~s judiciaires 5485
~s parlementaires 929

vacance
~ : en cas de ~ d'un siège 938
~s : être en ~ 930
~ : une ~ se produit 933, 4890
vague de grèves 713
vaisseau de guerre 5686
valise diplomatique 3174
valoir : faire ~ des revendications territoriales 117
vassal 171
~ité 174
vayvodat 1606
vayvode 1605
vecteur d'armes atomiques 5943
veiller au respect de la Constitution 550
vénal 1791
venir à échéance 4623
~ à expiration 4623
venue au pouvoir 1292
vérification des pouvoirs 3886
vérifier la cargaison 5753
~ les pouvoirs d'un délégué 3887
vestiaire 4296
vétérans de la politique 1549
veto suspensif 4082, 4083
~ : avoir le ~ 4080
vice-chancelier 1359
~-consul 3376
~-consulat 3377
~-président 1382, 3883, 4835
~-~s sont choisis parmi les délégués 3881
~-reine 1602
~-roi 1601
~-royaume 1603
~-royauté 1603
vicomtal 395
vicomte 392
vicomté 394
vicomtesse 393
victoire électorale 876
~ finale 5626
~ à la Pyrrhus 3635
~ totale 5625
Viet-cong 6508
vietnamisation de la guerre 6512

vigilance révolutionnaire 2885
vigueur : être en ~ 1059
viguier 1604
ville 1628
~-arrondissement 1629
~ jumelée 3697
~ libre 241, 242
~ ~ d'Empire 244
~ ~ impériale 244
~ ouverte 6006
violation 2989, 4536
~ de contrat 4538
~ de la constitution 531
~ du droit des gens 2982
~ ~ international 2982
~ de frontière 3627
~ de la neutralité 6059
~ de la paix 3461
violer le blocus 5717
~ l'espace aérien 3630
~ un traité 4535
visa 3404
~ collectif 3408
~ diplomatique 3411
~ d'entrée 3405
~ permanent 3409
~ de sortie 3407
~ de transit 3406
~ : être munis d'un ~ 3410
visé à l'article … 4651
visite 5752
~ d'adieu 3243
~ d'amitié 3226
~ d'arrivée 3218
~ de condoléance(s) 3314
~ de congé 3243
~ de courtoisie 3225
~-éclair 3229
~ inofficielle 3222
~ officielle 3221
~ de politesse 3225
~ de retour 3235
~ : faire ~ à qn 3234
~r 5751
~ur 3231
~ ~ apostolique 3143
vizir 456
~ : grand ~ 458
~al 457
~ial 457
voie arbitrale 5431
~s fluviales internationales 86
voiévode 1605
voiévodie 1606

voisin de table 3307
~ age: bon ~ 3583
~ e de table 3308
voiture de service 3353
voivodat 1606
voivodie 1606
voïvode 1605
voïvodie 1606
voix contre 4176
~ exprimées 850, 4177
~ pour 4174
~ : première ~ 844
~ : seconde ~ 845
~ : avec 2 ~ contre 4178
~ : par 12 ~ contre 5179
~ du président est prépondérante 4209
~ : avoir une avance de 20 ~ sur qn 872
~ : avoir ~ au chapitre 3806
~ : avoir ~ consultative 4211
~ : avoir ~ prépondérante 4210
Volksraad 1243
volonté de négocier 3715
~ de paix 3444
~ du peuple 2884
votants 831, 850, 4142
votation populaire 899
vote 830, 4138
~ par acclamation 4157
~ affirmatif 851
~ par appel nominal 4154
~ par assis et levé 4153
~ de censure 999

vote
~ de confiance 994
~ par correspondance 829, 4162
~ de défiance 999
~ des femmes 766
~ final 4140
~ d'une loi 1045
~ à mains levées 4151
~ négatif 852
~ obligatoire 772
~ par procuration 4163
~ au scrutin secret 4161
~ de trois classes 763
~ : ayant le droit de ~ 799
~ : jouissant du droit de ~ 799
voter à droite 869
~ une amnistie 1844
~ le budget 1089
~ une loi 1044
~ pour un parti 870
~ sur 4141
~ ~ la proposition d'amendement 4096
vouloir: ne ~ pas dire que 4349
~ : ne ~ pas manquer de 4323
voyage de bonne volonté 3063
~ -éclair 3230
~ d'information 2550
~ en mission 4948
~ r incognito 3200
voyoucratie 2684

W

whip 1976

X

xénophobe 2515
xénophobie 2514

Z

Zentrum 6242
Zollverein 6162
zone de blocus 5710
~ de combat 5636
~ contiguë 36
~ démilitarisée 5884
~ dénucléarisée 5938
~ désatomisée 5938
~ à faible densité 5930
~ franche 17
~ de Gaza 6461
~ de guerre 5700
~ interdite 5814
~ de libre échange 6469
~ monétaire 19
~ neutralisée 6070
~ neutre 6069
~ non-occupée 6318
~ d'occupation 5811
~ d'opérations 5635
~ -tampon 217
~ des trois milles 39

Indice Alfabético
ESPAÑOL

A

abandonar al pillaje 6012
~ el trabajo 717
abandonismo 3575
abandonista 3576
abandono del trabajo 716
abdicación 323
abdicar 322
ablegado 3144
abogado general 5113
~ nombrado de oficio 1903
abolición de la esclavitud 657
abolicionismo 2367
abolicionista 2368, 2369
abortar: hacer ~ una moción 4093
abrir la discusión sobre u/c 3994
~ una sesión 3892
~ la votación 4149
abierto: estar ~ a la firma 4626
absolut[o] 2370
~ismo 2371, 6105
~ ~ despótico 6106
~ ~ ilustrado 6107
~ista 2370
abstención 853, 4160, 4183
~istas 854
abstenerse 4182
abuchear 2096
aburguesar 2876
aclaración: para una ~ 4391
abuso de autoridad 1751
~ del Derecho internacional 2981
~ de pabellón 5764
Academia Diplomática 5307
~ internacional 4782
accesión 64
~ a la independencia 205
~ al trono 309
acceso a funciones públicas en condiciones de igualdad 614
~: tener ~ ilimitado a 5959
~: libre ~ a 46
~: libre ~ a Berlín-Oeste 6532
~ al mar 24
~ ~ poder 6276
~ a la sala de sesiones 4130

accidental 1782
Acción Católica 5363
~ coercitiva 5497
acelerar las negociaciones 3739
aceptable para ambas partes 4556
aceptación 4552
acercamiento 3586
acompañado de ... 3232
acompañantes 3233, 4277
acordar u/c 4051
acordonamiento 2085
acorde: entre los acordes del himno nacional 2031
acordonar 2087
acorralamiento de Alemania 6210
acortar el debate 4001
acotar 2087
ácrata 2082
acreditado: estar ~ cerca de 3073
acreditamiento 3074
acta 4218
~ de canje de ratificaciones 4497
~s del congreso 4279
~ de constitución 4672
~ ~ depósito de ratificaciones 4497
~ ~ firma 4491
~ final 4499
~ general 4498
~ de Algeciras 6206
~ sumaria 4220
~ taquigráfica 4221
actitud 3504
~ más conciliadora 3514
~ conminatoria 3511
~ expectante 3506
~ firme 3508
~ intransigente 2537, 3510
actividades de espías y confidentes 2275
~ subversivas 2113
activista 1980, 2377
acto de agresión 5511
~ de apertura 3897
~ arbitrario 2205
~ de clausura 3254
~ conmemorativo 3252
~ de gobierno 1268
~ ~ guerra 5535
~ en honor del difunto 3322

acto en honor
~ ~ ~ de un difunto 3322
~ inaugural 3897
~ oficial 3251
~s lícitos de guerra 5981
~ poco amistoso 5422
~ de sabotaje 2233
~ solemne 3249
~s de terrorismo 2229
~ unilateral 2965
~ de venganza 2230
~ ~ violencia 5502
~ ~ votar 830
actuar de mediador entre... 5409
acudir a las urnas 843
acuerdo 3724, 4396, 4397, 4614
~: de ~ con sus respectivas normas constitucionales 4590
~ adicional 4429
~ de administración fiduciaria 214
~ administrativo 4427
~ aduanero 4471
~ sobre la Antártida 6473
~ de aplicación 4428
~ ~ arbitraje 4454
~ ~ arriendo 4442
~ ~ asociación 4472
~ ~ de las cinco Potencias 4438
~ comercial 4468
~ de compensación 4476
~ complementario 4430
~ sobre cooperación técnica 4484
~ cuadripartito (cuatripartito) 4436
~ cultural 4466
~ de ejecución 4428
~ electoral 811
~ especial 4432, 4433
~s de Evian 6483
~ en forma simplificada 4417
~ ~ lo fundamental 3729
~ general sobre las Tarifas Arancelarias y el Comercio (GATT) 5100
~ sobre doble imposición 4481
~ intergubernamental 4425
~ interino 4431

72

acuerdo Internacional del Azúcar 5359
~ ~ ~ Trigo 5358
~ interzonal 4485
~ monetario 4470
~ ~ Europeo (AME) 5192
~s de Munich 6300
~ naval 4463
~ ~ anglo-alemán 6282
~ de navegación 4478
~ no puede ser denunciado 4614
~s entre organismos especializados (de la ONU) 4483
~ de pagos 4474
~ parcial 4419
~ sobre los pases 6481
~ pentapartito 4438
~ de pesca 4480
~s de Potsdam 6356
~ preliminar 4422
~ de préstamo-arriendo 6333
~ principal de la Diputación del Imperio de Ratisbona 6141
~ regional 4434
~ del Sarre 6452
~ por separado 4433
~ suplementario 4429
~ tetrapartito 4436
~ tripartito 4435
~ de tutela (ONU) 214
~ verbal 4400
aculturación 2376
adherirse a 4628
adhesión 4629
adición 4234
adjudicación 67
adjunto 4886
~s de los ministros de Asuntos Exteriores 1442
administración 1319, 1696
~ de Asistencia Técnica 5017
~ de Cooperación Económica 6402
~ cuatripartita de Berlín 6364
~ municipal 1652
administrativo 1702
administrar (la) justicia 1822

admisibilidad 4077, 5455
admisible 4079
admisión de nuevos miembros 4719
~ en... 4718
~: no ~ de extranjeros 2304
admitir observadores 4132
~: no ~ extranjeros 2305
adoctrinamiento 2793
adoctrinar 2794
adopción del orden del día 3855
adoptar una actitud 3505
~ un acuerdo 4051
~ una enmienda 4097
~ una ley 1044
~ una moción 4087
~ sin modificación 4090
~ el orden del día 3856
~ el presupuesto 1089
~ una resolución 4057
~ tal como está 4090
adquisición de la nacionalidad 2350
~ por conquista 90
adquirir una nacionalidad 2349
advenimiento al trono 309
adversario 2520
advertencia 3521
advertir a alg 3522
aeronave 5651
aeropuerto internacional 84
afianzamiento de pazla 3442
~ de un régimen 1276
afidávit 3415
afiliarse a una asociación 613
afluencia de refugiados 2312
agencia 4749, 5146
~ consular 3380
~ de Control de Armamentos 5294
~ Europea de Energía Nuclear 5179
~ Judía para Israel 5361
~ de noticias 2653, 2656
~ ~ Seguridad Mutua 6419
~ ~ viajes 4291
agente 2276
~ consular 3379
~ diplomático 3053

agente
~ doble 2279
~ infiltrado 2255
~ local 2273
~ provocador 2281
~ público 1682
~ secreto 2278
agitación 2121
~ popular 2083
agitador 2122, 2188
agotamiento de los recursos internos 2938
agotar el orden del día 3863
agravamiento de la situación 3497
agregado 3121
~ aéreo 3124
~ de agricultura 3127
~ científico 3132
~ comercial 3125
~ cultural 3129
~ económico 3126
~ de embajada 3168
~ financiero 3131
~ laboral 3128
~ militar 3122
~ naval 3123
~ de prensa 3130
agresión 5515
~ con armas atómicas 5917
~ no provocada 5513
~ nuclear 5917
agresor 5512
agrupación 4738, 4750
aguas costeras 34
~ históricas 28
~ interiores 27, 33
~ jurisdiccionales 32
~: en ~ neutrales 5794
~ territoriales 32
aislacionismo 3597
aislacionista 3598, 3599
aislamiento 3600
ajeno: es totalmente ~ a mi manera de pensar 4326
~: es totalmente ~ a mi intención... 4326
ala derecha 1940
~ izquierda 1940
alborotador 2109, 2110
alcalde 1644
~ Gobernador (Gobernante) de Berlín 1363, 6410
alcaldesa 1645, 1646
alcaldía 1643

alcance del cañón 40
alcanzar el quórum 4199, 4201
alegrarse: me alegro mucho ... 4317, 4319
Alemanes de los Sudetes 6296
Alemania 6197
Aliados 6308
alianza 3566, 4751
~ Balcánica 5163
~ Cooperativa Internacional (ACI) 5336
~ defensiva 3569
~ Internacional de Mujeres (para la Igualdad de Derechos y de Responsabilidades) 5335
~ Internacional de Turismo (AIT) 5343
~ mundial 4730
~ ~ de las Asociaciones Cristianas de Jóvenes (ACJ) 5384
~ para el Progreso (ALPRO) 5155
allegados 1383
almacenamiento de armas atómicas 5926
almuerzo de trabajo 4313
Alta Autoridad 5119
~ Comisaría 1593
~ Comisión Aliada 6366
~s Partes Contratantes 4641
alternancia 3199
alternativa: proponer una ~ 4062
Alteza 359
Alting 1174
Alto Comisario de las Naciones Unidas para los Refugiados 5022
~ Comisionado 1592
~ ~ de las Naciones Unidas para los Refugiados 5022
alto el fuego 5840, 5841, 5842
~(s) funcionario(s) 1681, 3107, 4882
~ Mando 5632
aluvión 66
alzamiento 2180
alzarse contra 2179
amenaza al Estado 2962

amenaza
~ contra la paz 3456
~ de guerra 5510
~ ~ huelga 709
~ inminente 2059
amenazar intereses vitales 3489
americanismo 2423
amigable componedor 5434
amnistía 1843
amnistiar 1845
amojonamiento 129
amor a la libertad 2508
amordazar a la oposición 608
amortiguar un conflicto 3604
amotinado 2191
amotinarse 2190
amovible 1806
analogía 5482
anarquía 2081
anárquico 2082, 2382
anarquismo 2379
anarquista 2381, 2382
anarquizante 2380
anexión 94, 6298
anexionar 95
anexionismo 91
anexionista 93
anexo 3547, 4271
~: estar unido como ~ a 4666
anfitrión 3304
anfitriona 3305
anfora 837
angaria 5792
animados del deseo de ... 4640
Anschluss 6294
antagonismo 2521
antagonista 2520
anteguerra 6305
anteproyecto 4239
antesala: hacer ~ 3220
anti-apartheid 675
anticastrista 6502
anticlerical 2389, 2390
anticlericalismo 2391
anticolonialismo 2392
anticolonialista 2393
anticomunismo 2394
anticomunista 2395, 2396
anticonstitucional 528
antidemocrático 2868
antifascismo 2386

antifascista 2387, 2388
antifidelista 6502
antigubernamental 1370
antigüedad en el servicio 3197, 4929
antiguos territorios alemanes del Este 6370
antimasón 2513
antimilitarismo 2397
antimilitarista 2398, 2399
antirrepublicano 2779
antisegregacionista 675
antisemita 2400
antisemítico 2401
antisemitismo 2402
antisindicalista 2530
antisocial 2872
anuario 4272
~ estadístico 4273
anulación de la inscripción 4285
anular una decisión 1672
~ ~ medida 1661
~ ~ visita 3227
ANZUS 5155
añadirse: a esto se añade un nuevo punto de vista 4340
Año Geofísico Internacional 6467
~ Mundial de los Refugiados 6474
apaciguamiento 3602
apaciguar 3601
~ a la muchedumbre excitada 2102
apartar del primer plano 1805
aparato administrativo 1699
~ del partido 1969
~ policíaco 2063
aparcadero 4297
apartheid 667
apátrida 2362, 2363
apedrear 2105
apelación 5489
apelar a ... 3525
apéndice 4270
apertura hacia el Este 6522
~ de hostilidades 5536, 5538
~ a la izquierda 6491
~ de una sesión 3893
~ ~ la votación 4148
aplazamiento 3905

727

aplazar una conferencia 3904
aplicación por analogía 4526
aplicar el procedimiento de urgencia 4104
apolitismo 2361, 2871
apoyar una moción 4086
apparatchik 2403
apresamiento 5780
apresar un buque 5779
apresor 5727
aprobación de una ley 1045
aprobar el acta de la sesión precedente 4230
~ la gestión 4253
~ una ley 1044
~ u/c por plebiscito 106
aprovecho gustoso esta ocasión para ... 4322
arbitrable 5436
arbitraje 5437
~ obligatorio 5443
arbitral 5435
arbitro 5433
archiconservador 2592
archiducado 382
archiduque 380
archiduquesa 381
archiepiscopal 504
archirreaccionario 2591
archivero 3177
archivos 3176
área monetaria 19
aristocracia 404, 413
aristócrata 408, 412
aristocrático 407, 414
Armada 5681
arma defensiva 5896
~ ofensiva 5895
armamento atómico 5908
~ (s) nuclear(es) 5913
armar a alg caballero 430
armas 3343
~ ABC 5996
~ atómicas 5902
~ ~ tácticas 5912
~ convencionales 5901
~ de destrucción en masa 5907
~ ~ ~ masiva 5907
~ nucleares 5905
~ teleguiadas 5968
~ termonucleares 5906
armisticio 5842
armón de artillería 3327
arquidiócesis 503

arreglar una controversia 5426
arreglo 4399, 5413
~ arbitral 5429
~ de conflictos de leyes 1080
~ judicial 5428
~ de paz 5862
arrendamiento de un territorio 79
arrendar 78
arriar [la] bandera 3348, 3349
arrivista 2475
arrondissement 1620
arte político 1552
arzobispado 503
arzobispal 504
arzobispo 502
asamblea 911, 2100, 3780, 5074, 5097
~ anual 3783
~ comprende ... 3782
~ constituida en comité 3944
~ constituyente 544, 6124
~ Consultiva 5174
~ de la S.D.N. 4955
~ ~ ~ UEO 5292
~: la ~ se compone de ... 3782
~: ~ ~ ~ divide en comisiones 3931
~: ~ ~ ~ está integrada por 3782
~ Federal 1140, 1233, 1245
~ general 4803, 4965
~: Gran ~ Nacional 1249
~ legislativa 904, 6128
~ local 1627
~ Mundial de la Salud 4732, 5060
~ Nacional 1104, 1105 1106, 1130, 1153, 1155, 1157, 1187, 1219, 1227, 1229, 1248, 1252, 1257
~ ~ Legislativa 1149
~ Parlamentaria Europea 5109
~ plenaria 3781
~ provincial 1131
ascenso 1786
asesor financiero 4845
~ jurídico 4844
~ técnico 3823

asientos 3836
asilado 2323
asilo diplomático 2322
~ interno 2321
~ neutral 2324
~ territorial 2321
asimilación a los nacionales 2291
asistencia hostil 6074
~ judicial en causas penales 1849
~ marítima 3009
~ técnica 3682
asistentes 1964
asistir 4133
asociación 4750, 4754, 4755, 4756
~ Centroamericana de Libre Comercio 5299
~ de Derecho Internacional 5382
~ Europea de Libre Intercambio (AELI) 5177
~ femenina 4741
~ Fonética Internacional 5391
~ internacional de ciencias jurídicas 5350
~ ~ de Fomento (AIF) 5066
~ ~ ~ Intérpretes de Conferencia (AIIC) 5345
~ ~ para la Protección de la Propiedad Industrial 5327
~ ~ de Traductores de conferencia (AITC) 5346
~ ~ ~ Universidades 5344
~ Latinoamericana de Libre Comercio (ALALC) 5240
~ Médica Mundial (AMM) 5383
~ Mundial de Lucha contra el Hambre 5395
~ de Naciones del Sudeste Asiático 5282
~ para un Parlamento Mundial 5381
~ de Refugiados 1991
~ del Sudeste de Asia 5280
~ de los territorios de ultramar 5138

asociacion de Transporte Aéreo Internacional 5338
~ ~ Usuarios del Canal de Suez 6460
asta: estar a media ... 3355
asunto 5421
asuntos exteriores 3031, 3057
~ no despachados 3870
~ pendientes 3870
atacar sin aviso 5756
ataque aéreo de terror 5660, 5663
~ armado 5514
~ por sorpresa 5963, 6337
~ preventivo 5580
ataúd 3332
atentado con bombas de plástico 2238
~ contra el honor y la reputación 639
~ ~ la vida de un Jefe de Estado 2135
atentismo 2411, 6324
atestación 1675
atrasado 2788
atravesar por una crisis 3620
atribución 1736, 1747
atribuir 4908
atributos típicos del delito 1869
atrocidades 2249
~ de (la) guerra 6013
audiencia 3266
~ de despedida 3274
~ privada 3271
~ pública 3273
auditor 3142
auditorio 4301
aumentar la tirantez internacional 3621
aumento del sueldo 4869
auspicios: bajo los ~ de 3808
autarquía 2416
autárquico 2415
autoconservación 2968
autocensura 691
autocracia 2418
autócrata 2417
autocrático 2419
autocrítica 2798
autodeterminación 160
autogobierno 157

autonomía 158
autónomo 159
autor de un atentado 2133
~ ~ ~ ~ con bomba de plástico 2241
~ ~ una moción 4071
autores de la constitución 537 a
autoridad 1696, 2422
~ de la cosa juzgada 2954
~ de la que emana la comisión rogatoria 1853
~ federal 230
~ Internacional del Ruhr 6405
~ es judiciales 1821
~ ~ militares 5597
~ ~ de ocupación 5805
autoritarismo 2420
autoritario 2421
autorización 1668
~ para abandonar la nacionalidad 2357
~ especial 1667
~ excepcional 1666
autorizar a alg para hacer u/c 1735
~ un buque a continuar viaje 5759
~ la difusión de (material secreto) 4935
avalancha rusa 6217
avión especial 3224
~ interceptor 5659
~ suicida 6338
aviso de cese en el servicio 4941
~ ~ huelga 708
~ ~ retirada 4725
~ ~ salida 4725
avulsión 65
ayuda económica 3684
~ al extranjero 6403
~ financiera 3683
~ militar 5549
~ a los refugiados 2314
ayuntamiento 1642, 1652
azuzador 1976
azuzar 2124

B

bahía cerrada 30
~ histórica 29
bajá 446

bajalato 447
bajas 5616
balanza de (los) poderes 3591
banca 932
Banco Arabe de Desarrollo 5157
~ Asiático de Desarrollo 5160
~ azul 965
~ Centroamericano de Integración Económica (BCIE) 5297
~ de Desarrollo Africano 5150
~ Europeo de Inversiones 5133
~ del gobierno 965
~ Interamericano de Desarrollo (BID) 5197
~ Internacional de Pagos 5164
~ ~ ~ Reconstrucción y Fomento (BIRD) 5063
~ Mundial
~s de la oposición 982
bandas armadas 2221
bandera 3345
~ blanca 5824
~ de la Cruz Roja 6019
~ estrellada 3356
~ federal 3357
~ nacional 3346
~ de paz 5824
~ del Sol naciente 3358
bandería 1946
banderín 3352
banquete 3298
~ de despedida 3242
barón 418
baronaje 421
baronato 421
baronesa 419, 420
baronet 423
baronía 421
baronial 422
barras y estrellas 3356
barrio judío 683
barricadas: levantar ~ en 2197, 2196
base aérea 5655
~ de discusión 4005
~ jurídica 2915
~ de lanzamiento 5969
~ ~ ~ de cohetes 5676

729

base naval 5682
~ de negociaciones 3716
~ ~ radar 5967
~ submarina 5683
bastidores: entre ~ 3723
Batalla del Atlántico 6329
~ decisiva 5624
~ de Dunquerque 6326
~ ~ Inglaterra 6322
~ ~ Jutlandia 6214
~ ~ las Naciones 6148
~ Sadowa 6176
~ ~ Waterloo 6151
beca de estudios 4873
beilicato 473
belicista[s] 5506, 5507
beligerancia 5564
~: no ~ 6054
beligerante 5562, 5563
beneplácito 3390
bey 472
bicameral 921
~ismo 920
bien común 556
bienes enemigos 5620
bilateral 4408
bizantinismo 2435
bizona 6380
bizonal 6381
blitz 6310
bloque afroasiático 6447
~ oriental 6387
bloquear un proyecto de ley 1033
bloqueo 5702
~ de Berlín 6408
~ continental 6145
~ a distancia 5703
~ económico 3660, 5705
~ efectivo 5706
~ no efectivo 5712
~ ficticio 5712
~ de gabinete 5712
~ del hambre 5708
~ naval 5704
~ pacífico 3655
~ riguroso 5719
boicot 2129
boicotear 2130
bolchevique 2425, 2426, 2428, 6222
bolchevismo 2424
bolchevista 2428
bolchevización 2426
bolchevizar 2427

bolsa 4873
boletín diario 4280
~ de inscripción 4283
~ Oficial de las Comunidades Europeas 5114
~ ~ del Estado 1051
~ ~ de la RFA 1052
bomba A 5909
~ atómica 5909
~ de gas lacrimógeno 2175
~ H 5910
~ de hidrógeno 5910
~ ~ ~ limpia 5911
~ ~ plástico 2239
~ ~ relojería 2242
bonapartismo 6161
bonapartista 6160
borde: estar al ~ de la guerra 5522
botín de guerra 5618
borrador 4238
brazalete: llevar ~ 5993
brazos 906
braintrust 1385
breve: voy a ser ~ 4337
Brigadas internacionales 6290
brindar por alg 3300
brindo por la salud de ... 3301
brindis 3299
bula 490
Bundesrat 1138
Bundestag 1134
buque apresor 5771
~ que burla el bloqueo 5716
~ de cartel 5699
~ forzador de bloqueo 5716
~ de guerra 5686
~ hospital 5698
~ mercante 5721
~s de superficie 5687
burgo 1628
~ de condado 1629
burgomaestre 1644
burgués 2429
burguesía 2430
burlar el bloqueo 5717
~se de todos los tratados 4541
burocracia 2433, 2378
burócrata 2432
burocrático 2434

C

caballería 429
caballero 428
cabecilla 2120
caber: no cabe duda que 4351
~: me cabe el honor y el placer de 4321
~: me cabe el placer de ... 4316
cabeza atómica 5923
cabildeo 1004
cabina electoral 836
~ de votar 836
cacique 1960
caciquismo 1959
caer bajo la competencia de 1734
~ ~ ~ jurisdicción de 1734
caída 2899
~ de Kruschef 6493
~ ~ un régimen 1298
~ del Tercer Reich 6345
caja del partido 1981
~ de resistencia 739
calidad de miembro 4678
~ ~ ~ individual 4682
~ ~ ~ de pleno derecho 4687
califa 451
califato 452
calzar la espuela a alg 430
Cámara 911, 4767
~ alta 914, 1168
~ baja 912
~ de Comercio Internacional (CCI) 5318
~ ~ los Comunes 1158, 1176, 1188
~ ~ Consejeros 1180
~ constituida en comité 971
~ Corporativa 1228
~ de diputados 913, 1110, 1112, 1117, 1120, 1122, 1127, 1142, 1145, 1147, 1151, 1165, 1170, 1172, 1178, 1184, 1193, 1195, 1198, 1202, 1208, 1222, 1243, 1250, 1253, 1255
~ de los Estados Federales 1192
~ de gas 705
~ ~ los Lores 1159, 1175

Cámara de Nacionalidades 1118
~ ~ las Naciones 1247
~ ~ Nobles 1103
~ popular 912, 1250
~ Primera 1211
~ del Pueblo 1144, 1169, 1246
~ de Representantes 913, 1114, 1115, 1125, 1150, 1181, 1190, 1200, 1201, 1207, 1220, 1224, 1261
~ Segunda 1212
~ de Senadores 1109, 1203, 1223, 1225, 1256
~ única 917
camarada X 2033
camarilla 2442
cambio de cartas 3548
~ de gobierno 1374
~ ~ notas 3532
~ ~ opinión 2640
~ ~ pabellón 5738
~ ~ política 3503
~ radical 3501, 3502
~ de rumbo 3503
~ territorial 76
camisas negras 2795
~ pardas 6271
campaña de Africa 6328
~ de los Balcanes 6327
~ electoral 806
~ de Francia 6317
~ ~ Noruega 6316
~ ~ Polonia 6312
~ ~ prensa 2742
~ presidencial 807
~ de Rusia 6334
campo de aplicación 4603, 4605
~ ~ ~ territorial 4604
~ ~ concentración 702
~ ~ disciplinario 6031
~ ~ exterminio 703
~ ~ internamiento 6047
~ ~ prisioneros 6027
~ ~ refugiados 2311
~ socialista 2809
~ de trabajo 701
~ ~ tránsito 2313
canal interoceánico 47
canalización del Mosela 6453
Canciller 1438, 3169
~ de la Confederación Helvética 1539

Canciller
~ del Exchéquer 1455
~ federal 1357
~ : Gran ~ 1161, 1448
~ de Hierro 6173
~ del Reich 6187
cancillería 1362, 1434, 3170
~ federal 1360
~ del Reich 6188
candidato 794, 823, 1758, 4893
~ a canciller 1358
~ ~ la cancillería 1358
~ desconocido 896
~ elegido inesperadamente 896
~s favoritos 826
~ a la presidencia 1316
~ propuesto 1762
~ rival 795
canje de cartas 3548
~ de los instrumentos de ratificación 4593
~ ~ notas 3532
~ ~ poblaciones 3691
~ ~ prisioneros de guerra enfermos y heridos 6038
canónigo 498
cansado de la guerra 5848
cansancio de la guerra 5849
cantón 1621
cantonal 1623
cañón de agua 2176
cañonazo de aviso 5748
capitalismo 2563
~ de Estado 2829
capitalista 2564, 2565
capitulación 4486, 5528
~ sin condiciones 5830
~ incondicional 5830
capitular 5829
capitoste 1960
capítulo de preguntas 985
captura 5757, 6023
~ de rehenes 6008
capturar 5728, 6022
carácter estatal 2824
~ hereditario 1718
~ público 2824
~ solemne 3249
~ : de ~ ultimativo 3565
cardenal 499
~ Secretario de Estado 3133
~ato 500

careo: para fines de ~ 1902
carga de la prueba 5480
cargo 1696
~ de alcalde 1643
~ : hacerse ~ de la alcaldía 1651
~ electivo 1689
~ de embajador 3109
~ honorífico 1713
~ por nombramiento 1691
~ de plantilla 4860
~ ~ Primer Ministro 1354
~ público de plantilla 1684
~ ~ 1715
~ vitalicio 1684
Caritas Internationalis 5305
Carlismo 6169
Carlista 6168, 6170
Carlos Primero [Quinto] 6081
carne de cañón 5572
carrera: que quiere hacer ~ 2567
~ de armamentos 5897, 5937
~ armamentista 5897
~ de armamentos atómicos 5898
~ diplomática 3030
carreteras de acceso al Berlín occidental 6533
carroza fúnebre 3326
carta 3546, 4398
~ de agradecimiento 3248
~ del Atlántico 6331
~ de Bogotá 6400
~ ~ condolencia 3317
~ s credenciales 3084
~ de dimisión 1426, 4938
~ ejecutora 410
~ de felicitación 3282
~ ~ llamada 3089
~ ~ naturaleza 2351, 2355
~ ~ nobleza 410
~ ~ nombramiento 1767, 4895
~ ~ la ONU 4962
~ ~ represalias 5724
cartel electoral 817
~ internacional 4779
cartera ministerial 1410
Casa Blanca 1380
~ civil 330
~ consistorial 1642

731

Casa imperial 338
~ militar 329
~ real 291, 354
Casco de Acero 6243
~s azules 6490
caseta de votar 836
casi-unanimidad: por la ~ 4205
caso de no lograr un acuerdo unánime 4208
~ Dreyfus 6198
~: no hacer ~ de las exhortaciones del presidente 4115
~: ~ ~ ~ ~ ~ una objeción 4371
casta 680
castigo de los grandes criminales de guerra 6379
~ disciplinario 1816
castrismo 2437
castrista 6503
casus belli 5541
~ foederis 5547
catafalco 3331
Cátedra pontificia 482
categoría 4861
católico de izquierda 2617
Catorce Puntos de Wilson 6227
caudillaje 2517
Caudillo 1311
causahabiente 275
cautiverio 6026
cautividad 6026
caza de brujas 6404
~ ~ votos 827
cedente 74
ceder 69, 3513
~ la palabra a alg 4027
~ un territorio 70
cédula de naturalización 2355
celador: ser el ~ de la Constitución 549
celebrar: celebraría que ... 4382
~una conferencia 3778
~ ~ ~ de prensa 3920
~ conversaciones 3752
~ elecciones libres y secretas 771
~ ~ 790
~ una entrevista con 3754
~ ~ jornada 3778
~ ~ misa de réquiem 3324

celebrar una
~ ~ reunión del Consejo de Ministros 1399
célula del partido 1979
Censor de Cuentas 5125
censura 689
~ previa 692
censurar 688
CENTO 5301
centralismo 2893
~ democrático 2894
centralista 2895
centrista 2019
centro 4788, 4819
~ de capacitación 4306
~ ~ congresos 4289
~ ~ documentación 4786
~ demócrata 2018
~ ~ estudios 4785
~ ~ formación 4306, 4787
~ ~ información 4789
~ ~ investigaciones 4784
~ ~ perfeccionamiento 4787
ceñirse a un tema 4033
cerco 3661
~ capitalista 2566
cerebro: lavado de ~ 698
ceremonia de apertura 3897
~ de la coronación 297
~ ~ inauguración 3897
~ inaugural 3897
~ oficial 3251
ceremonial 3191
cerrar una sesión 3916
certificado 1675
cesar el fuego 5832
~ en el cargo ministerial 1428
cesarismo 2892
cesaropapismo 2436
cese en el cargo 1798
~ del estado de guerra 5866
~ de hostilidades 5833
~ ~ las pruebas nucleares 5940
~ en el servicio 4945
~ en el trabajo 716, 717
cesión 72
~ de un territorio 71
cesionario 73
cetro 306
ciencia del Derecho internacional 2908
~ política 524

Cien Días 6150
cierre de un consulado 3389
~ ~ las fábricas 742
~ ~ la frontera 149, 150
~ ~ un puerto 3015
cierto: es ~ que 4351
~: en ~ modo... 4356
cifrado 3179, 3182
~: no ~ 3180
cifrador 3183
cifrar 3181
circular: hacer ~la lista de los presentes 3982
círculos allegados al gobierno... 1368
~: en ~diplómáticos 3034
~: en ~ gubernamentales 1367
circunscripción consular 3372
citar textualmente 4222
ciudad abierta 6006
~ condado 1629
~ de Dios 2533
~-Estado 242
~ gemelada 3697
~ imperial 244
~ libre 241
ciudadanía 2334, 2336
~ honoraria 2365
ciudadano 2287, 2289, 2333, 2334, 2335, 2337
~ de honor 2364
cívico 2826
clandestinidad: pasar a la ~ 2203
clase dominante 2569
~s humildes 2790
~ media 2646
~ obrera 2406
~s pobres 2790
~s pudientes 2568
clasificación del personal 4916
clasificar 1769
cláusula 4500
~ adicional 4510
~ de adhesión 4503
~ ~ arbitraje 5441
~ ~ compromiso 4506
~ ~ denuncia 4507
~ ~ derogatoria 4504
~ electoral restrictiva del acceso parlamentario 885
~ escapatoria 4514

cláusula facultativa 4511
~ de jurisdicción 5442
~ ~ la nación más favore-
   cida 4515
~ ~ paridad 4518
~ ~ participación general
   4512
~ ~ protección 4517
~ ~ ratificación 4508
~ ~ rebus sic stantibus
   4513
~ ~ reciprocidad 4505
~ sobre la responsibilidad
   de la guerra 6283
~ de salvaguardia 4517
~ secreta 4509
~ si omnes 4512
~ usual 4501
clausura del debate 3999
~ de la discusión 3999
~ ~ una sesión 3913
clausurar la discusión 3998
~ una sesión 3916
~ la votación 4164
clave 3178
clericalismo 2576
clericofascismo 2578
clericofascista 2577, 2579
club 4760
~ atómico 6471
coacción federal 577
coalición 1334,
~ de derecha(s) 1931
~ ~ izquierda(s) 1932
~ gubernamental 1339,
   1929
~: gran ~ 1337
~: pequeña ~ 1336
co-beligerancia 5561
co-beligerante 5560
coche fúnebre 3326
~ oficial 3353
cocontratante 4569
cóctel 3293
~ Molotow 2237
codificación del Derecho
   internacional 2906
codificar 2907
código 1076, 3178
~ de honor 2471
coexistencia pacífica 3455
cofirmante 4562
cohesión 1939
cohete 5664
~ aire-tierra 5671
~ de alcance medio 5672

cohete
~ antiaéreo 5668
~ antibalístico dirigido
   5665
~s intercontinentales 5970
~ de largo alcance 5670
~s nucleares 5971
~ de superficie-superficie
   5666
~ tierra-aire 5667
~ tierra-tierra 5666
coimperium 247
coincidencia con otras re-
   uniones 3908
colaboración 5803
colaboracionista 5804
colaboradores a título ho-
   norífico 4998
colección de tratados 4416
colectividad local 1611
colectivismo 2583
colectivista 2580, 2584
colectivización 2582
~ forzosa 2901
colectivizar 2581
Colegio 4767
~ de Cardenales 494
~ Cardenalicio 494
~ de Defensa de la OTAN
   5247
~ electoral 835
colocación de cables sub-
   marinos 3676
~ de minas 5695
~ de la primera piedra
   3209
colocar a alg ante el hecho
   consumado 3609
~ minas automáticas de
   contado no amarradas
   5696
~ la primera piedra de ...
   3210
colonia 181
~ de la Corona 182
~ francesa 3385
colonial 187
~ismo 193
~ista 192
colonización 189
colonizar 190
coloquio 4311
colores nacionales 3342
Comandancia Aliada de
   Berlín 6365
Comandante en Jefe 1389

combates callejeros 2194
combatiente 5987
~ por la libertad 196
~ de un movimiento clan-
   destino 2204
comercio nuevo 5739
cometer un atentado contra
   alg 2134
comienzo de la guerra
   5538
Comisario 1594
~ del Pueblo de Relacio-
   nes Exteriores 1441
comisión 3924, 5143
~ ad hoc 3947
~ administrativa 3967
~ de Administración Fi-
   duciaria 4971
~ de Admisión de Nuevos
   Miembros 4981
~ de agricultura 969
~ de arbitraje 4800
~ de armisticio 5844
~ de Asuntos Administra-
   tivos y de Presupuesto
   4972
~ ~ ~ Económicos y Fi-
   nancieros 4969
~ ~ ~ Exteriores 976
~ ~ ~ generales 972,
   3942
~ ~ ~ Jurídicos 4973
~ ~ ~ Sociales 4993
~ ~ ~ ~, Humanitarios
   y Culturales
   4970
~ aumentada 3953
~ de la CEE 5131
~ central 4761
~ ~ para la Navegación
   del Rin 5300
~ sobre Comercio de
   Artículos Básicos 4998
~ de conciliación 1036,
   5410
~ sobre la Condición So-
   cial de la Mujer 4996
~ consultiva 3949
~ ~ africana 5037
~ ~ asiática 5036
~ ~ de Asuntos Admini-
   trativos y de Presu-
   puesto 4974
~ ~ de Estudios Postales
   5083
~ de control 3965, 5888

733

Comisión de Cooperación Técnica en Africa en el Sur del Sahara 5237
~ provisional de coordinación de los convenios internacionales sobre productos básicos 5015
~ coordinadora 3961
~ del Danubio 5172
~ de Defensa nacional 974
~ de los Derechos del Hombre 4994
~ de Derecho Internacional 4979
~ de Desarme 4986, 5955
~ de dirección 3943
~ Económica para Africa 5003
~ ~ para América Latina 5002
~ ~ para Asia y Extremo Oriente 5001
~ ~ para Europa 5000
~ de empleados y trabajadores intelectuales 5039
~ de encuesta 3966
~ de Energía Atómica 4984
~ especial 3957
~ ~ de las Naciones Unidas para los Balcanes 5010
~ de Estadística 4991
~ de Estupefacientes 4997
~ Europea 5131
~ ~ de Agricultura 5049
~ ~ de Lucha contra la Fiebre Aftosa 5052
~ ~ de Silvicultura 5050
~ de expertos para la aplicación de convenios y recomendaciones 5035
~ de finanzas 3977
~ Forestal Europea 5050
~ Interamericana de Energía Nuclear 5199
~ ~ de Mujeres 5198
~ ~ de Paz 5201
~ interina 3948
~ Internacional de Agricultura 5347
~ ~ del Alamo 5213
~ ~ del Arroz 5051, 5222
~ ~ ballenera 5220
~ ~ del Chopo 5213
~ ~ del Estado Civil 5208

Comisión Internacional
~ ~ para la exploración científica del Mediterráneo 5210
~ ~ de las Industrias Agrícolas 5209, 5321
~ ~ de Juristas 5320
~ ~ de Pesquerías del Atlántico Noreste 5212
~ de Inversiones 4977
~ de Intervención de cuentas 3974
~ de investigación 3966
~ investigadora 970, 3966
~ jurídica 3978
~ de Medios y Arbitrios 1090
~ mixta 3951
~ de las Naciones Unidas para la unificación y rehabilitación de Corea 5012
~ de nombramientos 3959
~ oceanográfica intergubernamental 5303
~ del Pacífico Sur 5283
~ paritaria 3950
~ ~ marítima 5040
~ parlamentaria 966
~ permanente 972
~ de Pensiones del Personal de las Naciones Unidas 4978
~ de peticiones 978
~ de Población 4992
~ de Política especial 4968
~ de Política interior 975
~ Política y de Seguridad 4967
~ preparatoria 3941
~ de los Presidentes 5123
~ de presupuestos 1090
~ de privilegios e inmunidades 3980
~ de problemas sociales 3975
~ de redacción 3973
~s regionales 4999
~ del Reglamento 3971
~ restringida 3952
~ rogatoria 1848
~ ~ para la ejecución de comprobaciones previas a la prosecución penal 1857

Comisión
~ ~ ~ ~ de inquisiciones previas a la prosecución penal 1857
~ ~ ~ ~ de pesquisas previas a la prosecución penal 1857
~ del senado 967
~ Sericícola Internacional 5215
~ técnica 3958
~ del trabajo en plantaciones 5038
~ de verificación de credenciales 3968
~ ~ ~ poderes 973, 3968
comité 3924
~ de acción 4740
~ administrativo 3967
~ ~ de Coordinación 5014
~ de Asistencia Técnica 5004
~ de Asuntos Sociales 4989
~ de ayuda 4747
~ Central 2035, 4761
~ ~ Permanente del Opio 5008
~ Científico y Técnico 5144
~ constitucional 547
~ Consultivo 4820, 5121
~ ~ Internacional del Algodón 5221
~ ~ ~ de Radiocomunicaciones 5091
~ ~ ~ Telegráfico y Telefónico 5090
~ de control 3965
~ de coordinación 3961, 4990
~ de los cuatro 3956
~ de cuestiones constitucionales y jurídicas **5046**
~ de Cuotas 4975
~ de Desarrollo Industrial 5007
~ de dirección 1962, 3943, 4807
~ Directivo 5136
~ de disciplina 4947
~ Económico 4988

comité Económico del Commonwealth 5170
~ ~ y Social 5132, 5145
~ Ejecutivo 3970, 5191
~ ~ de la OMM 5094
~ encargado del asunto 3925
~ ~ de las Organizaciones no gubernamentales 5006
~ de enlace 3962
~ de Estado Mayor 4985
~ especial 3957
~ financiero 3977, 5045
~ de finanzas 3977
~ General 4966
~ de honor 4275
~ Interamericano de la Alianza para el Progreso 5207
~ ~ de Seguridad Social 5200
~ Intergubernamental de Derecho de Autor 5235
~ ~ para las Migraciones Europeas 5302
~ interministerial 1413
~ Internacional de la Cruz Roja 5352
~ ~ Olímpico 5354
~ ~ del Té 5223
~ intersesional 3954
~ de jefes de delegación 3960
~ jurídico 3978
~ de medios y arbitrios 3976
~ Militar 5245
~ de Ministros 5175
~ Mixto FAO/OMS 5053
~ Monetario 5140
~ Nacional «Alemania Libre» 6341
~ de Navegación Aérea 5076
~ de Negociaciones con los Organismos Intergubernamentales 5005
~ de nombramientos 3959
~ del orden del día 3972
~ de organización 3964
~ organizador 3964
~ permanente 3946
~ ~ de Armamentos 5293
~ del personal 4826, 4854
~ del presupuesto 3976

comité
~ principal 3945
~ de problemas agrícolas 3979
~ de procedimiento 3969
~ del programa 5044
~ de recepción 4274
~ revolucionario 2156
~ de Salud Pública 6135
~ de Seguridad Marítima 5099
~ de Señoras 4278
~ de socorro 4747
~ subsidiario 3928
~ de supervisión 3963
~ de Transporte Aéreo 5077
~ de los tres 3955
compañero de viaje 2588, 2838
Compañía de Jesús 6084
comparecencia de testigos, peritos e inculpados 1900
compatibilidad 1724
compatible con 1723
compensación de las horas extraordinarias trabajadas 4921
competencia 1728, 1736, 1738, 1747
~: doble ~ 1748
~ exclusiva 5460
~ para legislar 1022
~ nacional 4
~: no ser de la ~ de alg 1755
competente para 1727
complacerse en ... 4316
complot 2138
componentes de la comisión 3926
composición de una comisión 3934
comprensión: en un espíritu de mutua ~ 3578
~: mostrar ~ por 3579
comprender 3782
comprobar el cargamento 5753
~ los poderes de un delegado 3887
~ el quórum 4200
compromisario 769
compromiso 3615, 5414
~s que se derivan de los tratados 4533

comuna 1633
comunicación 4303
~es de la Secretaría 3901
comunicado 3539
~ conjunto 3541
~ final 3543
comunidad 4736
~ del Africa Oriental 5272
~ agrícola 6442
~ Defensiva Europea 6425
~ Económica Europea 5127
~ Europea del Carbón y del Acero 5116
~ ~ de Defensa 6425
~ ~ de Energía Atómica 5141
~ francesa 6472
~ de Naciones 2922
~ Política Europea 6438
~ restringida 6432
comunismo 2585
comunista 2586, 2587
concebir: una nota así concebida 3527
conceder asilo a alg 2320
~ una autorización 1669
~ la ciudadanía de honor 2366
~ la palabra a alg 4018
~ el uso de la palabra a alg 4018
~: concedo la palabra al Sr. ... 4023
concentración 2089
~ juvenil 4312
~ de masas 2084
concesiones: hacer ~ 3725
concejal 1641
concejo 1639, 1640
conciencia de clase 2570
~: con ~ 2571
~ nacional 2659
concierto de los Estados europeos 6153
conciliacionismo 2879
Concilio 491
~ ecuménico 493
~ Mundial de las Iglesias 5389
~ de Trento 6085
conciudadano 2290
cónclave 488
concluir un tratado 4411
~ la paz (con) 5860
conclusión 5474

conclusión de la paz 5861
~ de un tratado 4412
concordato 4401
concurso 4891
condado 390, 1624, 1625
condal 391
conde 388
~ del Imperio 387
~ palatino 396
condecoración: conceder una ~ 3287
~ : imponer una ~ 3287
~ : imposición de una ~ 3288
condena de una presa 5786
condenar a muerte 1839
~ a la pena de muerte 1839
condesa 389
condición de apátrida 2361
~ ininterrumpida de miembro 4696
~ de miembro 4678
~ ~ ~ activo 4690
~es de la paz 5858 a
condominio 246
conducción de una presa 5762
conducir un buque a un puerto 5761
conducta 4931
Confederación 222, 4758
~ de Alemania del Norte 6177
~ Europea de Agricultura 5310
~ germánica 6163
~ Internacional de Ex-Prisioneros de Guerra 5332
~ ~ de Organizaciones Sindicales Libres 5333
~ ~ de Sindicatos Cristianos 5330
~ ~ de Técnicos 5328
~ relajada 223
~ del Rin 6142
~ de sindicatos obreros 4773
confederados 6180
confederal 221
Conferencia 5042
~ administrativa 3772, 5086
~ agraria 3770
~ agrícola 3770

Conferencia
~ atómica 3773
~ de Bandung 6446
~ : de Crimea 6352
~ cuadripartita 3761
~ en la cumbre 3766
~ del desarme 5954
~ diplomática de Derecho marítimo internacional 5171
~ de embajadores 3036
~ de Estados Africanos Independientes 5238
~ Europea de Administraciones de Correos y Telecomunicaciones 5180
~ ~ de Ministros de Transportes 5183
~ General 5055, 5105
~ de la Haya 6202
~ ~ ~ ~ de Derecho Internacional Privado 5194
~ Interamericana 5263
~ intergubernamental 3767
~ Internacional del Trabajo 5033
~ de Jefes de Estado del Africa Ecuatorial 5239
~ sobre la limitación de las armas estratégicas 6524
~ de mesa redonda 3775
~ de ministros 3758
~ ~ de Asuntos Exteriores 3763
~ monetaria 3771
~ mundial 3768
~ ~ de (la) Energía 5390
~ de las Naciones Unidas sobre Comercio y Desarrollo 4980, 6494
~ de alto nivel 3765
~ de Organizaciones Internacionales Católicas 5365
~ de Parlamentarios de la OTAN 5366
~ de paz 5859
~ Plenipotenciaria 5085
~ de Potsdam 6355
~ preliminar 3774
~ de los Pueblos Africanos 5367
~ de prensa 3919

Conferencia
~ regional 3769
~ de Solidaridad afroasiática 6446
~ de Teherán 6339
~ tripartita 3759
~ de Yalta 6352
~ se celebra 3804
~ hacer una ... 4300
~ llamada a tratar estos problemas 3803
~ ha llegado a un punto muerto 4136
~ se reúne 3804
~ tiene lugar 3804
conferenciante 4299
conferenciar con 3754
conferencista 4299
conferir empleos civiles y militares 1387
Confesión de Augsburgo 6082
confiar en que 4381
confiar un cargo a alg 4908
confirmar: ser confirmado en su cargo 878
confiscación de bienes 621
~ de un buque 5787
confiscable: ser ~ 5781
confiscar 5788
conflicto 5423
~ argelino 6462
~ armado 5567
~ de Cachemira 6399
~s de competencia 1739
~ ideológico sino-soviético 6516
~ de intereses 3491
~ interpretativo 1078
~ de jurisdicción 1079
~ de leyes 2936
~ racial 671
conformista 2589
confrontación: para fines de ~ 1902
congenial 2532
congratulación 3277
congregación 4781
congresal 4276
congresista 4276
Congreso 1108, 1258
~ de Berlín 6194
~ Constitucional 1132
~ Judío Mundial 5362
~ Meteorológico Mundial 5093

Congreso mundial 4734
~ ~ de Religiones 5392
~ Nacional 1164, 1167
~ ~ del Pueblo 1129
~ del partido 1963
~ Postal Universal 5079
~ de la UPU 5079
~ de Viena 6149
~ : del ~ 1259
conjura 2138
conjurado 2139
conquistas del socialismo 2808
conquista: por derecho de ~ 5875
conquistadores 6078
consagración 299
consagrar 300
consejero de embajada 3166
~ federal 1405
~ financiero 4845
~ jurídico 4844
~ de legación 3167
~ nacional 1218, 1236
~ personal 3824
~ de política exterior 3422
~ técnico 3823
Consejo 2802, 4804, 4808, 4954, 5043, 5075, 5098, 5120
~ de administración 4808, 5034, 5135
~ ~ ~ Fiduciaria 5023
~ ~ ~ de la UIT 5087
~ de Ancianos 954
~ de Asia y del Pacífico 5162
~ de Asistencia Económica Mutua 5169
~ de Asociación 5122
~ del Atlántico Norte 5246
~ Cantonal 1237
~ de los Comisarios del Pueblo 1394
~ Comunal 1205
~ de Condado 1626
~ constitucional 548
~ consultivo económico y cocial del Benelux 5166
~ de control aliado 6367
~ de Cooperación Aduanera 5278
~ ~ técnica para Asia del Sur y del Sud-Este 5168

Consejo
~ de la Corona 327
~ Cultural Interamericano 5268
~ directivo 4807
~ de disciplina 1817
~ Económico y Social 4987
~ ~ ~ ~ Interamericano 5265
~ ejecutivo 1302, 4805, 4807, 5056, 5061, 5082
~ especial de Ministros 5120
~ de los Estados 1168, 1234
~ de Europa 5173
~ de Federaciones Industriales de Europa 5376
~ federal 1138, 1186, 1216, 1404
~ General de Pesquería para el Mediterráneo 5154
~ ~ de los Valles 1107
~ de gobernadores 4809, 5134
~ : Gran ~ 1230
~ de guerra 2075
~ del Indo-Pacífico para Pesquerías 5196
~ Interamericano de Defensa 5202
~ ~ de Jurisconsultos 5266
~ Internacional sobre el Alcoholismo 5341
~ ~ del Azúcar 5226
~ ~ de Caza 5337
~ ~ del Estaño 5225
~ ~ para la exploración del mar 5214
~ ~ de Mujeres 5334
~ ~ del Trigo 5224
~ ~ de Uniones Científicas 5340
~ local 1627
~ de ministros 1393, 5120, 5130, 5142
~ ~ ~ de Asuntos Exteriores 6357
~ mundial 4733
~ ~ de la Paz 5386
~ municipal 1639, 1640
~ de Municipios de Europa 5377

Consejo
~ Nacional 1182, 1204, 1217, 1235
~ Nórdico 5261
~ de Notables 1183
~ de obreros y soldados 6228
~ de la OCDE 5190
~ de la OEA 5264
~ parlamentario 6412
~ de patronato 4810
~ permanente 4806
~ de Productores 1185
~ del Pueblo 1607
~ de regencia 317
~ del Reino 327
~ de la República 1154
~ Revolucionario 1119, 2157
~ de Seguridad 4983
~ ~ ~ Nacional 1588
~ de Solidaridad de los Países Afro-asiáticos 5304
~ de Tutela 5023
~ de la UEO 5291
~ de vigilancia 4811
consentimiento 3724
~ tácito 4620
Conservador 2006, 2590, 2593
conservadurismo 2594
considerando que 4639
considerandos y resultandos 5477
considerar como papel mojado 4530
consigna 737
consignar en un informe 4250
consistorio 1639, 1640
consolidación de la paz 3442
~ de un régimen 1276
consolidar la paz 3441
consorcio 4777
~ internacional de comunicación por satélites 5353
conspiración 2138
~ de la pólvora 6093
conspirador 2139
constar en el acta 4219
~ : para que conste 4657
~ : hacer ~ en el acta 4226, 4227
constitucional 514, 526

constitucionalidad 527
constitucionalista 523
constituir una amenaza para la seguridad 3457
~ una comisión 3930
~ una tercera fuerza 6433
constituyente 538, 540
construcción del socialismo 2807
cónsul 3368
~ de carrera 3381
~ general 3374
~ honorario 3382
cónsula 3369
consulado 3371, 6137
~ general 3373
~ honorario 3375
~ del mar 3018
consulesa 3369
consulta 4041
~ popular 897
consultar 4043
contabilidad 4832
contacto 3743
contar los votos 4167
contención 3605
contener los excesos de los gobernantes 1289
contestar la validez del nombramiento 3888
~ : no ~ 3552
contestatario 2098
contienda 5423
contigüedad 14
continente 22
continuar en el cargo 1783
continuidad del Estado 151
continuismo 1295
contrabando 5734
~ absoluto 5736
~ condicional 5735
~ de guerra 5734
contrabloqueo 3654
contraer una alianza 3568
contraespía 2262
contraespionaje 2260
contrafirmar 1664
contra-gobierno 1340
contra-manifestación 2090
contra-memorias 5466
contrapropuesta 3727, 4060
contraproyecto 4241
contrario: ser ~ a las disposiciones 4540
~ a la constitución 528

contrario
~ al Derecho internacional 2980
~ a la neutralidad 6073
Contrarreforma 6086
contrarrevolución 2160
contrarrevolucionario 2161, 2162
contra-sabotaje 2236
contrasignar 1664
contra-terrorismo 2224
contraste de pareceres 607
contratación de prueba 4912
contratar personal 4901
~ personal en la localidad 4902
~ ~ local 4903
contrato 4393, 4914
~ Social de Rousseau 2526
contribución alemana a la defensa occidental 6431
~ de guerra 5823
~ es voluntarias 4701
contrincante 796
control aéreo 5960
~ de la constitucionalidad de las leyes 545
~ cuatripartito 6363
~ del desarme 5953
~ del Estado 1707
~ estatal 1707
~ de los estrechos 45
controversia 5423
Convención 4397, 6133
~ Europea sobre Extradición 1887
~ del partido 1963, 1965
~ Universal sobre Derechos de Autor 5394
Convenio 4396, 4397
~ de arbitraje 4453
~ de armisticio 5847
~ sobre asistencia judicial 1854
~ entre caballeros 4403
~ sobre el canje de prisioneros de guerra 6039
~ consular 3361, 4465
~ sobre los Derechos y Obligaciones de las Fuerzas extranjeras y sus miembros en el Territorio de la R.F.A. 5254
~ electoral 811

Convenio
~ sobre el Estatuto de las Fuerzas de la OTAN 5253
~ s de Ginebra 5980
~ intergubernamental 4426
~ internacional sobre la eliminación de toda clase de discriminación racial 679
~ postal universal 4479, 5081
~ sobre las relaciones entre las Tres Potencias y la R.F.A. 6424
conversaciones: las ~ se celebraron en un clima de cordialidad 3752
conversación de armamentos 5899
~ es confidenciales 3745
~ ~ cuadripartitas 3749
~ ~ ~ sobre Berlín 6535
~ ~ exploratorias 3719
~ ~ en el nivel de embajadores 3703
~ ~ no oficiales 3751
~ ~ de pasillo 3755
~ ~ de paz 5857
~ ~ preliminares 3722
~ ~ secretas 3748
~ ~ a solas 3746
~ ~ de sondeo 3719
~ ~ tripartitas 3747
convivencia pacífica 3455
convocación 3843
convocar una conferencia 3842
~ una reunión para el día... 3848
convocatoria 3844
~ de oposiciones 4891
convoy 5694
coopción 4204
cooperación económica 3674
~ regional de desarrollo 5279
~ ~ de fomento 5279
cooperativa 4776
coordinación 1609
~ incumbe a 3936
copia 1680
~ auténtica 4665
~ autorizada 1905

copia certificada 4665
~ legalizada 1905
copresidente 1353, 1826
cordón sanitario 3607
~ de seguridad 2085
Corona 295
~ imperial 339
coronación 298
~ del emperador 340
coronar 296
corporación de derecho público 1704
~ Financiera Internacional 5067
corredor polaco 6234
corregente 320
correo diplomático 3172
corresponde al Gobierno 4654
correspondencia 3549
corsario 5725, 5726
Cortes 906, 1242
Corte 328
~ de apelación 1830
~es constituyentes 544
~ Europea de los derechos del hombre 5452
~ Internacional de Justicia 5024, 5445, 5450
~ ~ de presas 5784
~ de Justicia Centroamericana 5453
~ ~ ~ de las Comunidades Europeas 5451
~ Permanente de Arbitraje 5284, 5448
~ ~ de Justicia Internacional 4957, 5449
~ de presas 5783
~es presupuestarios 1098
~ Suprema 1831
cortesano 334
cortesía internacional 2959
cortina de bambú 6386
~ de la caña de azúcar 6504
~ de hierro 6385
cosmopolita 2596, 2597
cosmopolitismo 2598
costas 5484
costumbre 2946
~ internacional como prueba de una práctica generalmente aceptada como derecho 2945

creación de un cargo 4855
~ de ciudades gemelas 3696
~ de un puesto 4855
crear una organización 4668
credenciales 3084
creer: creo de gran importancia afirmar que 4328
~ : creo que es de capital importancia 4341
crimen de guerra 6017
criminal de guerra 6016
crisis: pasar por una ~ 3620
~ de Bosnia 6209
~ de confianza 1568
~ del Congo 6478
~ de Cuba 6505
~ cubana 6505
~ de dirección 1386
~ económica mundial 6265
~ de Fashoda 6200
~ gubernamental 1371
~ de los Sudetes 6295
~ de Suez 6459
cristiano-demócrata 1994
crucero auxiliar 5689
cruz gamada 2536
Cruz Roja 6018
~ ~ Internacional 5356
cuadripartito (cuatripartito) 4437
cuadros 1977
cuasibloqueo 5703
cubrir una vacante 939, 4892
cuerpo consular 3364
~ deliberativo 903
~ diplomático 3101
~ electoral 805
~ expedicionario 5642
~ legislativo 903, 905
~ de la Paz 6486
~ de voluntarios 5605, 6245
cuestión 5421
~es que afectan (o: interesan, conciernen) a los dos países 3573
~ de Chipre 6448
~ chipriota 6448
~ de confianza 995
~ de derecho 5400
~es diversas 3869

cuestión
~ de hecho 5402
~ de orden 4111
~ : primera ~ que figura en el orden del día 3865, 3866
~ de Oriente 6191
~es panalemanas 6359
~ de prestigio 3473
~es de procedimiento 4103
~ racial 670
~ del Sarre 6283
~ : poner una ~ en el orden del día 3857
cuestionario 4237
cuestor 4843
cuidar de la ejecución de las leyes 1052
~ de la interpretación consecutiva 4213
~ de que se traduzca a una lengua de trabajo 4214
culpabilidad colectiva 6354
culto de la personalidad 2726
~s: libertad de ~ 604
cumplimentar a alg 3278
cumplimiento de un tratado 4529
cumplir con su cupo de producción 2728
~ un tratado 4528
cuota anual 4700
~s de miembros 4699
cursar un informe 4255
~ invitaciones a 3846
~ un telegrama de pésame a alg 3316
cursillo 4305
curso: dar ~ a una instancia 1465
~ : dar ~ a una solicitud 4065

CH

cha 444
charla 4304
chauvinismo 2439
~ social 2814
chauvinista 2440, 2441
Checa 6224
choques armados 2195
chusma 2168

739

D

Dail 1172
Dalai Lama 442
dado en ... 4656
daños de guerra 5872
dar una autorización 1669
~ la bienvenida a alg 3899
~ carta blanca a alg 3712
~ una conferencia 4300
~ curso a una instancia 1465
~ ~ a una solicitud 4065
~ disparos de aviso 2177
~ : voy a ~ una idea general sobre (acerca de)... 4331
~ una interview 3923
~ un mentis 3556
~ largas a un proyecto de ley 1032
~ lectura a u/c 4038
~ la palabra a alg 4018
~ el placet 3080
~ el pésame a alg 3315
~ poderes a alg para hacer u/c 1735
~ posesión de su cargo a alg 1773
~ una recepción 3292
~ señales: todo aquél que dé señales de aprobación o desaprobación será expulsado en el acto por los ujieres 4121
~ su voto a un partido 847, 870
de derecho 5401
de facto 5403
de hecho 5403
de jure 5401
debate 3986
~ general 3988
~ largo y difícil 3989
~ parlamentario 962
~ sobre el fondo 3987
debelación 5877
deberes cívicos 598
debido: ello es ~ a que 4352
decadencia de la democracia 2678
decanato 3103
decano del cuerpo diplomático 3102
decididos a ... 4637

decidir ex aequo et bono 5481
~ por unanimidad 4053
decir: como ya he dicho anteriormente 4330
~ : dicho de otra manera 4347
~ : como quedo dicho más arriba 4330
~ : dicho sea de paso 4355
~ : como ya anteriormente dijimos 4330
~ : dicho sea entre paréntesis 4355
~ : por así ~lo 4356
~ una misa de réquiem 3324
decisión 1654
~es judiciales 2948
~ mayoritaria 4194
~ : por ~ unánime de 4052
Declaración de Balfour 6225
~ de bloqueo 5714
~ cuadripartita de Berlín 6361
~ cuadripartita 3762
~ de Derechos 6103
~ ~ ~ del Hombre y del ciudadano 6127
~ del estado de emergencia 2071
~ gubernamental 979
~ de guerra 5552
~ de independencia 156, 6120
~ de intención 4405
~ de las Naciones Unidas 6330
~ de la neutralidad 6058
~ de París sobre la guerra marítima 5730
~ de reciprocidad 3434
~ solemne 4047
~ tripartita 3760
~ unilateral 3560
~ universal de los derechos del hombre y del ciudadano 585
~ : hacer una ~ 4046
~ : hacer una ~ de tipo personal 4048
declararse de acuerdo con 4375
declarar su dimisión 1425

declarat
~ abierta la votación 4150
~ a un diplomático persona non grata 3079
~ el estado de emergencia 2061, 2070
~ fuera de la ley la bomba atómica 5929
~ la guerra fuera de la ley 3462
~ ~ ~ a un país 5551
~ la huelga 722
~se en huelga 719
~ que no se dará cuartel 5986
~ nulo 1674
~ nula la elección 857
~ bajo juramento 1901
~ : declaro abierta la sesión 3891
~ : se declara cerrada la sesión 3914
decolonización 200
decolonizar 201
decretar el bloqueo de un país 5713
~ el embargo sobre u/c 5732
decreto-ley 1067
decreto: por ~ 1658
deducciones 4867
defendido por un abogado 1903
defenestración de Praga 6095
defensa civil 5602
~ costera 5685
~ nacional 5594
~ pasiva 5653
~ propia 5982
~ territorial 5595
déficit de cohetes 5678
~ de misiles 5678
~ presupuestario 1088
definición del cargo 4915
definir una política 1557
defoliación 6002
degenerar en guerra 5533
degradación 1787
degradar 1788
deificación del partido 1973
dejar sin respuesta 3552
~ de surtir efectos 1063, 4607
~ : no quiero ~ de 4323
delegación 3810

delegacion al frente de la
   ~ 3811
~ de armisticio 5845
~ comercial 3707
~ económica 3815
~ permanente 3066
~ de poderes 1741, 3714
delegado 3814
~ apostólico 3139
~ gubernamental 3819
~ jefe 3812
~ nombrado en debida forma 3889
~ parlamentario para las fuerzas armadas 977
~ permanente 3813
~ sindical 3820
delegar poderes a alg 1740
Delfín 361
deliberación 3992
~ en asamblea plenaria 963
deliberar 3993
delito administrativo 1815
~ contra la humanidad 2986
~ contra la paz 2985
~ de Derecho internacional 2984
~ de índole fiscal 1864
~ internacional 2983, 2984
~s militares 1863
~ ~ políticos 1861
demagogía 2447
demagógico 2448
demagogo 2446
demanda 3474, 3475
~ de extradición 1884
demandado 5457
demandante 5456
democracia 2450
~ cristiana 1993
~ directa 1269
~ parlamentaria 1273
~ popular 268
~ representativa 1271
demócrata 2045, 2449, 2451
~ cristiano 1994, 2022
~ liberal 1992
democrático 2451
~: no ~ 2868
democratización 2453
democratizar 2452
denegación de asistencia judicial 1855
~ de [la] extradición 1882
~ de justicia 1823

denegar la extradición 1881
~ una instancia 4064
~ una solicitud 4064
denominación del cargo 4862
denuncia 4611
denunciar un tratado 4612
departamental 1618
departamento 1411, 1412, 1616
~ de cifrado 3184
~ de Economía Pública 1459
~ de Estado 1436
~ Federal del Interior 1445
~ ~ de Justicia y Policía 1450
~ ~ de Transportes y Comunicaciones y de Energía 1486
~ de Hacienda 1454
~ Militar Federal 1522
~ Político Federal 1437
~ de ultramar 1619
dependencias del gobierno 1537
deponer las armas 5837
deportación 699
deportados 700
depositar 4596
~ una corona 3262
~ el instrumento de ratificación cerca de un gobierno 4595
~ la papeleta de voto en la urna 838
depositario 4599
depósito de armas 5524
~ de los instrumentos de ratificación 4594
~ de las papeletas electorales en las urnas 4165
depresión económica mundial 6265
depuración 2244
depurar 2243
derecha 1922
derecho de acceso 23
~ administrativo 1591
~ ~ internacional 2927
~s adquiridos 2973
~ aéreo 2933
~ de angaria 5793
~ de albano 2979
~ albanicio 2979
~ de asilo 2318

derecho
~ de aubano 2979
~ de autoconservación 2969
~ de autodeterminación de los pueblos 161
~s y beneficios inherentes a la condición de miembro 4697
~s de cancillería 3171
~ de capilla 3159
~ a casarse y fundar una familia 632
~s del ciudadano 597
~ ~ cívicos 597
~ comparado 2930
~ comunitario 5115
~ de concluir tratados 4414
~ de propia conservación 2969
~ a la constatación del pabellón 5740
~ constitucional 521
~ ~ comparado 522
~ consuetudinario 2928
~ ~ internacional 2929
~ a crear sindicatos 649
~ de culto privado 3159
~ de declarar la guerra 1392
~ de detención 5743
~ diplomático 3020
~ disciplinario 1814
~ de disolución 951
~ divino 280, 281
~ a la educación 601, 633
~ electoral 751
~ de embajada 3047
~ de enmienda 1041
~ espacial 2934
~ del espacio 2934
~ de establecimiento 2292
~ a no estar sometido a esclavitud ni servidumbre 635
~ de expropiación del Estado 623
~ de extranjeros 2294
~ fluvial internacional 88
~ a la formación profesional 634
~s fundamentales 581
~ de gentes 2903
~ de gracia 1841
~ de la guerra 2925, 5501

derecho de la guerra aérea 5977
~ ~ ~ ~ continental 5975
~ ~ ~ ~ marítima 5976
~ ~ ~ ~ terrestre 5975
~ a heredar 620
~s del hombre 583
~ a la huelga 651
~s individuales inalienables 588
~ de indulto 1841
~s de inscripción 4282
~ internacional 2903
~ ~ positivo 2904
~ ~ privado 2935
~ ~ público 2903
~ ~ ~ marítimo 3004
~ interno 2937
~ de interpelación 990
~ intertemporal 2905
~ a jubilación 1812
~ a ser oído públicamente y con justicia por un tribunal independiente] e imparcial 637
~ laboral internacional 2926
~ de legación 3047
~ de legítima defensa 2971
~ de libre elección del puesto de trabajo 627
~ del mar 3003
~ del más fuerte 2993
~ nacional 2937
~ a una nacionalidad 625
~ natural 2932
~ de neutralidad 6057
~ a un nivel de vida adecuado 644
~ de ocupación 5813
~ de opción 111, 2347
~ a tomar la palabra 4007
~ de paso 6075
~ de la paz 2924
~ penal interlocal 1866
~ ~ internacional 2990
~ de persecución 5767
~ de petición 653
~ de preferencia 2974, 5789
~ de presas 5785
~ de presentar proyectos de ley 1028

derecho
~ a ser presumido inocente mientras no se pruebe la culpabilidad 638
~ de prevención de la guerra 3465
~ a la propiedad 619
~ público 2941
~ de reciprocidad 2967
~ de registro 5750
~ de las relaciones internacionales de vecindad 15
~ de representación internacional 2970
~ de retirada 4698
~ de sangre 2345
~ a la seguridad social 643
~ a no ser arbitrariamente detenido 636
~ de soberanía 567
~s soberanos concurrentes 568
~ del suelo 2346
~ de sufragio 797
~ ~ ~ femenino 766
~ ~ taburete 3215
~ al trabajo 626
~ de los tratados 4415
~ de veto 4081
~ a la vida, libertad y seguridad personal 624
~ de visita 5750
~ a votar 4143
~: concesión del ~ 754
~ de voto 797, 4143
~ ~ ~ reservado a los hombres 765
~: de ~ 5401
~ de voto: con ~ 799
~ ~ ~: sin ~ 800
~s: con los mismos ~ 592
~: tener ~ a ser oído 3806
~: tener ~ a ser consultado 3806
derelicción 89
derogación 1065
~: en ~ a 4653
~: por ~ 4653
derogar una ley 1064
derrocamiento de un gobierno 1377
derrocar el gobierno 1376
derrota de la Armada Invencible 6090

derrota
~ electoral 879
derrotismo 2443
derrotista 2444, 2445
derrotar a una persona 4192
derrumbamiento del Tercer Reich 6345
derrumbarse 2900
desacuerdo 5399
desafío 3644
desalojar: hacer ~ la sala 4128
desamortización 6155
desanexión 97
desarme 5838, 5951
~ atómico 5903
~ controlado 5952
~ general 5893, 5956
~ nuclear 5903
~ universal 5893, 5956
desarmar 5839, 5950
desarraigo 2317
desarrollarse 3752
desarrollo de las conversaciones 3750
~: en vías de ~ 3681
desarticular una red de espionaje 2259
desastre 5623
desavenencia 5423
descender: no voy a ~ a detalles 4332
descentralización 2458
descentralizar 2457
descifrado 3187
descifrar 3186
~ una clave 2272
~ un código 2272
desear: desearía 4324
~: desearía igualmente 4323
~: en modo alguno desearía 4325
desegregación 669
desembarcar 5644
desembarco 5645
~ de los Aliados en Francia 6342
desempeñar un cargo 1778
~ una función 1778
~ el mando supremo de las fuerzas armadas 1388
desempeño: en el ~ de sus funciones 1779
desenganche 6487

deseo de llegar a un arreglo 3479
~ de mantener la paz 3444
desertor 5613
desescalada 5555
desescalar 5556
desestalinización 2477
desestimar una demanda 5475
desfile 3205, 3206
~ de antorchas 3207
deshielo 3625
designación de suplentes 3817
~ de sustitutos 3817
designar 1765
~ por coopción 4203
~ a los escrutadores 4169
~ por sorteo 4171
desistimiento 5464
deslizamiento a la derecha 894
~ a la izquierda 895
desmanes 2131
desmantelar fortificaciones 5887
desmembramiento 101
desmembrar 102
desmentida 3555
desmentido 3555
desmentir 3554, 3556
desmilitarización 5885
desmilitarizar 5883
desmovilización 5881
desmovilizar 5882
desnazificación 6375
desneutralización 6071
desneutralizar 6072
desnuclearización 5946
desórdenes estudiantiles 2111
despachar 1802
~ los asuntos de trámite 3120
despacho 3175
~ de Ems 6183
despedida 3245
~ de un ministro 1433
despedir a un ministro 1432
~ sin previo aviso 4944
~ sumariamente 4944
~se de 3244
despido 4943
desplazamiento de población 3695
déspota 2454

despótico 2455
despotismo 2456
~ ilustrado 6107
destinar a alg a un organismo 1789
destino 4917
destitución 1804, 4943
~ del cargo 1803
destituir a alg 1801, 4942
destronamiento 326
destronar 325
destrucción de las existencias de armas atómicas y de hidrógeno 5927
desviacionismo 2375
~ de derecha 2761
~ de izquierda 2615
desviacionista 2374
~ derechista 2760
~ izquierdista 2614
detalles 4332
detección de explosiones nucleares subterráneas 5925
detención 5742
~cs masivas 2167
~ ~ en masa 2167
~ : nueva ~ 1889
~ provisional a consecuencia de una solicitud de extradición 1885
determinación del agresor 5398
~ del pabellón 5746
deuda nacional 1092
~ pública 1092
devolución de una visita 3235
devolver una visita 3236
Dewan Negara 1199
~ Ra'ayat 1200
dey 474
día 6344
~ de los Derechos Humanos 587
~ de las elecciones 834
~ de la Independencia 3253
~s de Julio 6165
Diadoco 361
dialéctica 2459
dialéctico 2460
Diario Oficial 1051
diarquía 2468
diárquico 2470
dictador 1281

dictadura 1283
~ militar 1286
~ del proletariado 2461
dictar una conferencia 4300
~ su Reglamento 4108
dictatorial 1282
dieta 1150, 1197
~s 1012
~ Federal 1134, 1232
~ regional 1141
~ sueca 1231
diferencia 5423
dificultades: surgen ~ 4387
~ : tropezar con ~ 4388
dignatario 433
dignidad 434
~ de baronet 424
~ cardenalicia 500
~ imperial 342
~ de par 426
~ de príncipe 370
diktat de Versalles 6231
diligencia debida 1757
dimisión 1423, 1426, 4936
dimisionario 1427
dimitente 1427
dimitir 1422, 4937
~ colectivamente 4940
dinasta 293
dinastía 291
~ real 354
dinástico 292
dinastismo 302
diócesis 508
diplomacia abierta 3023
~ del cañonero 3027
~ por medio de conferencias 3024
~ en la cumbre 3025
~ del dólar 3026
~ permanente 3021
~ pública 3023
~ secreta 3022
diplomático: en el nivel ~ 3025
~ 3028, 3107
~ de más antigüedad en el servicio 3106
~ llegado a la cabeza del escalafón 3105
~ de carrera 3029
~s: en círculos diplomáticos 3034
diplomática: por la vía ~ normal 3039

743

diputado 907, 940
~s menos importantes 948
~: antiguo 942
~ independiente 943
~ saliente 941
dirección colectiva 1403
~ general de Asuntos políticos 1560
~ del partido 1961
directivas 1665, 3713
director adjunto 4838
~es Ejecutivos 5065
~ general 1417, 4836
~ ~ adjunto 4837
~ ~ del Secretariado 5048
Directorio 6136
dirigentes 1296
dirigir una carta abierta a 3557
~ su carta de dimisión a 4939
~ la discusión 3996
~ una instancia a 1466
~ un llamamiento a 3525
~ un mensaje a 3524
~ mensajes al Parlamento 1391
~ la política 1555
disciplina de grupo 960
~ del partido 1968
~ de votación 959
discrecional 1750
discriminación 2987
~ de pabellones 5765
~ racial 664
discriminar 2988
discurso de Año Nuevo 3259
~ de apertura 3896
~ de bienvenida 3894
~ de clausura 3909, 3912
~ de despedida 3246
~ electoral 816
~ de felicitación 3283
~ inaugural 3896
~ de parabién 3283
~ presupuestario 1087
~ pronunciado con motivo del Año Nuevo 3259
~ por radio 3258
~ de sobremesa 3302
~ televisado 3256
~ en la televisión 3256
~ del trono 3257
discusión 3984
discusiones bizantinas 3989

discusiones
~ en comisión 3937
~ de grupo 4309
~ del presupuesto 1086
~: estar en ~ 4004
discutir una cuestión 4389
~ en tercera lectura 1039
~ en mesa redonda 3776
disidente 2462
disminución de la tensión 3622
disolución 950
disolver 949
dispensar una acogida cordial 3240
~ un recibimiento entusiasta 3241
dispersar 2169
~ a los manifestantes 2093
disponer del derecho de veto 4080
~ una encuesta 4044
disposiciones: las ~ se aplican a 4525
disposición de asientos 3303, 3306
disposiciones
~ en hemiciclo 3833
~ en forma de herradura 3834
disposiciones ~: salvo ~ en contrario 4645
~ constitucionales 520
~ finales 4523
~ generales 4521
~ legales 519
~ de una ley 1077
~ restrictivas 4524
~ transitorias 4522
~ de un tratado 4520
~: han convenido en las siguientes... 4642
~: ser contrario a las ~ 4540
dispuesto: salvo lo ~ en el artículo 12 4650
~ a buscar un compromiso 3480
~ a hacer un compromiso 3582
distensión 3622
distinción: sin ~ de raza, sexo, lengua, religión 589
distintivo: llevar ~ 5992
distrito consular 3372

~ electoral 792
distrito
~ rural 1630
~ urbano 1631
disturbios 2107
~ raciales 2126
disuación escalonada 5919
~ nuclear 5918
división 103, 4821
~ administrativa 4822
~ de Alemania 6407
~ de asuntos administrativos 4822
~ Azul 6335
~: nueva ~ de distritos electorales a favor del partido gubernamental 793
divisoria de aguas 137
divulgar: no ~ antes de 3542
doctrina 2466
~ de los más autorizados publicistas 2955
~ de Brejnev 6519
~s de Derecho internacional 2956
~ de Eisenhower 6466
~ Hallstein 6450
~ de Monroe 6158
~ del primado del Derecho interno 2943
~ racista 678
~ de Truman 6397
~ del viaje continuo 5770
domuento de abdicación 324
~s justificativos 1904
~s: los ~ tendrán que llegar a la Secretaría lo más tarde (a más tardar) el ... 4243
~ de trabajo 4236
dogmatismo 2465
dogmático 2463, 2464
dominación colonial 185
~ extranjera 165
~ del mundo 3664
~ universal 3664
dominio 234
~ aéreo 48
~ marítimo 31
~ público internacional 55
~ terrestre 21
dominado: estar ~ por alg 2516

donación 4702
Dotación Carnegie para la Paz Internacional 5306
drôle de guerre 6311
dualismo 2467, 6174
ducado 377
ducal 378
duda: no cabe ~ que 4351
duelo nacional 3320
duma 6219
dum-dum 6004
duque 376
duquesa 379
duración del mandato 1784
duros 2789
duumviral 1304
duumvirato 1305
duumviro 1303

E

earl 400
echar a pique un buque 5758
economías presupuestarias 1091
Edicto de Nantes 6092
educación cívica 2827
Eduskunta 1150
efectividad del bloqueo 5707
efectivos militares de paz 5865
~ en tiempo de paz 5865
efecto dilatorio 1756
~ retardante 1756
~ retroactivo 4609
~s: quedar sin ~ 4607
efervescencia 2083
efusión: sin ~ de sangre 2184
Eje Roma – Berlín 6301
ejecución 1912
~ de la comisión rogatoria 1858
~ de las leyes 1054
~es en masa 2248
~ de rehenes 2247
~ de una sentencia 5491
ejecutar 1913
ejecutivo 1263, 1264
ejemplar: en uno solo ~ 4663
ejercer la autoridad suprema 552

ejercer
~ el derecho de indulto 1842
~ el poder ejecutivo 1265
ejercicio de atribuciones 1737
~: en el ~ de su cargo 1779
~: en el ~ de sus funciones 1779
~ del sufragio 798
ejercitar el poder ejecutivo 1265
Ejército europeo 6428
~ de liberación 5607
~ de mercenarios 5606
~ popular 5631
~ regular 5600
~ Rojo 2812
~ de Salvación 5311
~ soviético 2812
~: Gran ~ 6146
elaboración de una ley 1027
elaborar una constitución 537
~ un informe 4246
~ un proyecto 4240
elección 743
~ por aclamación 4189
elecciones para el Bundestag 781
~ ~ cantonales 784
elección complementaria 786
~es al Congreso 1260
~ legislativas 780
~ libres 770
~ ~ de fraude 860
elección libre ~ de la profesión 652
~: ganar una ~ 883
~ por listas 774
elecciones municipales 785
elección parcial 786
elecciones preliminares internas 818
elección presidencial 783
elecciones primarias 818
~ senatoriales 782
elección sin resultado 867
~ uninominal 773
elector 374, 831
~: Gran ~ 6098
electorado 375
elegibilidad 746
elegible 745

elegir a alg 744
~ por un mandato de cuatro años 873
~ por un período de cuatro años 873
~ a alg en el seno de una asamblea 4202
~ un presidente 3932
elegidos: los vicepresidentes son ~ entre los delegados 3881
elemento civil 5260
elevar una legación a la categoría de embajada 3071
elevado porcentaje de abstenciones 840
eliminación de las barreras raciales 673
~ de las bases militares extranjeras en territorios de otros Estados 5958
élite 2474
emanar 566
emancipación 195
~ de las colonias 198
~ ~ ~ ~ americanas 6157
~ de los Países Bajos 6089
emanciparse 194
embajada 3069, 3109
embajador 3108
~ volante 3113
embajadora 3110
embajatorio 3111
embargo 5731
emblema 4287
~ nacional 3344
~ del partido 1983
emigración 2331
emigrado 2330
eminencia gris 1547
emir 470
~ato 471
emisora clandestina 2202
emisario 3052
emitir un dictamen 4039
~ ~ ~ consultivo 5473
~ su voto 842
empate: en caso de ~ 4184
empedernido 2591
empeoramiento de la situación 3499
empeorarse 3495
emperador 335
~ de todas las Rusias 345

745

emperatriz 336
~ viuda 337
emplear armas envenenadas 5995
emprender el viaje de regreso 3247
enarbolar la bandera a media asta 3354
~ el pabellón 3350
encabezamiento 3551
encargado de negocios 3117
~ ~ ~ interino 3119
~ ~ titular 3118
encíclica 489
enclave 124
~ aduanero 125
encontrarse bajo detención domiciliaria 2145
encuentro 3784
encuesta 5461
~ demoscópica 2639
endurecimiento de la actitud 3509
enemigo de la guerra 2599
~ de los trabajadores 2408
~ tradicional 5619
enhorabuena 3277
~: dar la ~ a alg 3278
enlace 2277
enmendar un proyecto de ley 1034
enmienda 4098
enoblecer 409
enrarecimiento de las relaciones 3427
entablar negociaciones 3700
entendido: quedando bien ~ que 4646
entendimiento con 3580
Entente cordiale 6204
entidad 4819
entorpecimiento a la propaganda electoral de la oposición 814
entrada de los Estados Unidos en la guerra 6216
~ en guerra 5557
~ en vigencia 1058
~ en vigor 1058
entrar en la administración 1768
~ en contacto con 3742
~ en detalles: no voy a ~ 4332

entrar
~ en relaciones diplomáticas con 3040
~: al ~ en funciones 1772
~ en vigencia 1057
~ en vigor 1057
entrega de las cartas credenciales 3086
~ diferida o sujeta a condiciones 1880
~ del individuo requerido 1879
~ de los pasaportes 3402
~ del poder 1378
entregar 1872
~ las cartas credenciales a alg 3085
~ un mensaje 3523
~ una nota 3529
~ los pasaportes a alg 3403
~ el poder a 1379
~ al saqueo 6012
~ un ultimátum a un gobierno 3564
entreguerras 6230
entrenamiento antiguerrilla 2219
entrevista 3744, 3921
~: celebrar una ~ con 3754
~ televisada 3922
entrevistarse con 3754
envío 3051
episcopado 505
episcopal 507
época de Hitler 6351
equidad 2952, 5478
equilibrio de fuerzas 3592
~ político 3591
~ del terror 5920, 6420
equipo de trabajo 3929
equitativo 5479
equivocarse: si no me equivoco 4345
equivocado: si no estoy ~ 4345
era atómica 6347
errar: no andaría errado quien creyese 4365
erróneo: sería ~ creer que 4350
escala de sueldos 4863
escalación 5540
escalada 5540
~ armamentista 5892
~ de armamentos 5892

escalada
~ de los efectivos militares 5892
~ en materia de cohetes 5679
~ del potencial militar 5892
escalar la guerra 5554
escalón 4864
escaño 932
~s: conseguir 15 ~ 875
~s: los ~ que se han de proveer 874, 934
escindirse 1942
escisión 1941
~ ideológica 2819
esclarecimiento: para un mejor ~ 3735
escolta 5694
~ de policía 3264
escondrijo de armas 2211
escrito 3546
~ original 1905
escritura de constitución 4672
escrutador 864, 4168
escrutinio 4138, 4187
escucha de conversaciones telefónicas 2270
escuchar 2269
esfera de acción 1747
~ de influencia 3492
~ de intereses 3493
esfuerzos para salvar la paz 3445
~ para mantener la paz 3445
~ para salvaguardar la paz 3445
espacio 50
~ aéreo 49
~ extraterrestre 50
~ interplanetario 50
~ vital 6272
espartaquista 6246, 6247
especialista de ciencias políticas 2736
~ de Derecho internacional 2909
espía 2256
espionaje 2257
~ atómico 5922
~: hacer ~ 2254
espíritu de Camp David 6476
~ de Ginebra 6253

espíritu y letra del tratado 4634
~ de las Leyes 2527
esquirol 741
establecimiento 4792
~ de bases militares 5516
establecer 4791
~ la censura 690
~ una organización 4667
~ su Reglamento 4108
~ el toque de queda 2073
establishment 2478
estación de frontera 140
~ internacional 83
estacionamiento 4297
~ de armas atómicas 5926
~ de tropas 5818
estacionar 5819
estadista 1551
Estado 2822
~: del ~ 2825
~s: los ~ 906
~ ~ adherentes 4631
~ administrador 212
~ cerca de cuyo gobierno está acreditado el diplomático 3075
~s Africanos de la Carta de Casablanca 5167
~ apresor 5772
~ benefactor 265
~ de beneficencia 265
~s del bloque oriental 6388
~ de bloqueo 5709
~ contiguo 11
~s contratantes 4566
~ corporativo 266
~ dependiente 164
~ depositario 4600
~ al que va dirigida la solicitud 1851
~ de derecho 263
~ de emergencia 2069
~ de emergencia legislativa 2068
~ de emergencia nacional 2060
~ enemigo 5611
~ federal 227
~ federativo 227
~ feudal 173
~s Generales 906, 1210, 6122
~ gigante 250
~ de guerra 5542

Estado
~ independiente 152
~ que ha infringido (o: quebrantado, roto) el tratado 4539
~ limítrofe 10
~ con litoral 13
~ llano 6123
~ mamut 250
~ mandatario 212
~ miembro 4691, 232
~ minúsculo 253
~ multinacional 237
~ mundial 2888
~ neutral 269
~s no contratantes 4570
~ no miembro 4692
~s no nucleares 5915
~ ~ no participantes 4574
~ no reconocido 2999
~s no signatarios 4563
~ de origen 2326
~s del Papa 6182
~ participantes 4572
~ de partido único 261
~ de paz 5867
~ periférico 12
~ perjudicado 5420
~ policíaco 262
~s pontificios 6182
~ protector 169
~ protegido 170
~ receptor 3077
~ al que representa un diplomático 3076
~ ribereño 13
~ satélite 215
~s satélites de Rusia 6389
~ semisoberano 163
~s signatarios 4560
~ de sitio 2072
~ soberano 152
~ social 264
~ solicitante 1852
~ sucesor 273
~s sucesores de Austria-Hungría 6235
~ tapón 216
~s terceros 4571
~ totalitario 260
~ de trabajadores y campesinos 2406
~s Unidos de Europa 6434
~ uninacional 236
~ unitario 235
~ universal 2888

Estado
~ vasallo 172
~ vecino 10
estallar: cuando estalló (estalla) la guerra 5539
estalla la guerra 5537
estamentos 906
estampar su firma en ... 4537, 4578
estancia de buques de guerra beligerantes en puertos neutrales 5795
estatal 2825
estatutos 4673
~ cuadripartito 6362
~ municipal 1637
~ de Ocupación 6413
~s del partido 1967
~ del personal 4852
~ de retribuciones 1808
~ de Westminster 6268
estiaje 38
estipulaciones: siendo contrario a las ~ 4648
estipular expresamente 4550
estrado 3847
estratagema 5983
~ pérfida 5984
estrategia de la espada y del escudo 5248
estrechar las relaciones con un país 3428
estrecho de miras 2476
~s cerrados para buques de guerra 5701
estrellas y listas 3356
estructurar una política 1561
estudiantes: manifestación de ~ 2112
estudiantil: manifestación ~ 2112
etatismo 2479
etiqueta 3193
etnarca 515
Europa de las Patrias 6435
~: la Pequeña ~ 6436
europeísmo 6440
eutanasia 704
evacuación anticipada de Renania 6267
~ de un territorio 5879
evacuar 5878
evitar derramamientos de sangre 2250

747

examen de conjunto 3756
examinar un proyecto de ley en segunda lectura 1038
exarca 511
exarcado 512
ex-canciller federal 1361
exceder sus competencias 1753
excedentario: mandato ~ 937
excepción 5469
excesos 2131
~ en el ejercicio de facultades 1752
exclave 123
excluir de 4721
excluido: no queda ~ la posibilidad de que 4363
excusa del estado de necesidad 2972
~s: presentar sus ~ 3312
ex-diputado 942
exento: estar ~ de la jurisdicción local 3150
exequátur 3390
exequias 3335
~: conceder el ~ 3391
exhortaciones: no hacer caso de las ~ del presidente 4115
exhortar al orador a que se ciña al tema 4033
exigencia 3475
exilarse 2328
exilio 2327
existencia de grupos disidentes 2797
éxito electoral 877
ex oficio 1703
expansión 2480
~ hacia el Este 6274
~ territorial 77
~ del territorio 77
~,ismo 2481
~ista 2482
expatriación voluntaria 2332
expectativa: quedarse a la ~ 3507
expedición de un pasaporte 3397
expediente 1679, 1764
~ personal 4930
experto 3822, 3825
expiración 4624

expiración
~ del mandato 1785
expirar 4623
~: el mandato expira el 4909
explotación del hombre por el hombre 2412
exponer: quisiera ~ mis reparos a este propósito 4367
exposición sumaria de los hechos 1892
expresar la condolencia a alg. 3315
~ una opinión 4377
~: desearía ~ mi opinión (o: parecer, punto de vista) acerca de (sobre) 4359
~ su pesar por un incidente 3313
~ se: voy a ~me en pocas palabras 4337
~ ~: si puedo ~me este modo 4357
expresión de opinión 4035
~: permítaseme la ~ 4358
expropiación 694
expropiar 693
expuesto: estar ~ en capilla ardiente 3330
expulsados 2315
expulsar 2301
~ de 4721
~ ~ un partido 1938
~ a una persona de la sala por el resto de la reunión 4126
expulsión 2302, 3693
~ de miembros 4722
~ de la sala 4127
extender certificados de origen 3413
~ un pasaporte 3395
~ pasaportes y documentos 3396
~ el sufragio (a) 752
~ una tarjeta de admisión 4129
extensión de un conflicto 5521
~ del derecho de votar 757
~ del territorio 77
exterminio 2992

extractos del registro de antecedentes penales 1898
extradición 1871
~ de nacionales 1883
extralimitación en el ejercicio de facultades 1752
extranjería 2296
extranjero 2286
~ indeseable 2300
extrañados 700
extraterritorialidad 121, 3149
extraterritorial 122, 3148
extremismo 2483
~ de derechas 2763
~ de izquierda 2618
extremista 2484, 2485
~ de derechas 2762

F

facción 1946
facilitar un comunicado 3540
factura consular 3414
facultad para efectuar nombramientos 1732
~es implícitas 3099
faja de Gaza 6461
Falange 2042
~ Española Tradicionalista 2042
falangista 2043, 2044
falsificar el resultado de las elecciones 861
falso: sería ~ creer que 4350
falta disciplinaria 1815
~ grave 4946
familia de naciones 2922
~ reinante 294
fanático 2487, 2488
fanatismo 2490
fanatizar 2123, 2489
FAO 5041
fascismo 2491
fascista 2492, 2493
fautor de desórdenes 2109
~ de disturbios 2109
favorable al gobierno 2773
favorito 333
fe: en ~ de lo cual 4657
~: buena ~ 2953
~: de buena ~ 4531

748

fe: ambos textos hacen ~ 4658
fecha efectiva de nombramiento 4907
~ : la ~ límite será 4244
fedayin 6530
federación 225, 4754, 4758
~ Internacional de Periodistas 5319
~ ~ de Resistentes 5316
~ ~ de Traductores 5331
~ Luterana Mundial 5370
~ mundial 4729, 4730
~ ~ Protectora de Animales 5393
~ ~ de Veteranos de Guerra 5387
~ patronal 4768
~ Sindical Mundial 5388
federal 229
~ : en el nivel ~ 231
federalismo 2496
federalista 2499, 2500
federalización 2497
federalizar 2498
Federico el Grande 6115
feminismo 2506
feminista 2507
féretro 3328
F. E. T. y de las J. O. N. S. 2042
feudal 439
~ ismo 440
feudo 438
fidelidad a la alianza 3567
~ a la línea del partido 1971
fidelista 6503
fiel: quedaremos ~ es a nuestros aliados 5550
fiesta nacional 3339
figurar sobre una lista negra 3659
~ en el orden del día 3867
fijación del orden del día 3853
fijar las directrices de la política 1558
~ la fecha y el lugar de la próxima reunión 3907
~ el orden del día 3852
~ una reunión para el día 3848
filocomunista 2588
~ semitismo 2727
fin de Estados 271

finalmente 4334
fines de la asociación 4675
~ : para ~ de careo 1902
~ : para ~ de confrontación 1902
firma aplazada 4581
~ ad referendum 4580
~ : estar abierto a la ~ 4626
firmantes 4558
firmar 4557
~ el libro de condolencias 3319
~ ~ ~ ~ Oro 3238
firmeza 3508
fiscalización parlamentaria 1421
flagrante: ser sorprendido en ~ delito 1009
fisiocracia 6109
foco de crisis 3617
~ de disturbios 3616
Folketing 1133
fomentar la cooperación internacional 3437
fondo 4743
~ de desarrollo 4744
~ ~ ~ para los territorios de ultramar 5137
~ Especial de las Naciones Unidas 5018
~ Europeo de Orientación y de Garantía Agrícola 5139
~ de Garantía 5126
~ de la huelga 739
~ Internacional de Socorro a la Infancia 5013
~ del mar 44
~ Monetario Internacional 5070
~ de las Naciones Unidas para la Infancia 5013
~ de Reasentimiento del Consejo de Europa 5176
~ os del partido 1981
~ ~ secretos 1100
~ de socorro 4745
Foreign Office 1435
forma presidencial de gobierno 1274
~ de votación 4145
formación de bloques 3458
~ de[l] gobierno 1348
~ política 2793

formación
~ de grupos disidentes 2797
formalidades 4519
formar gobierno 1350
formular una invitación 3847
~ una observación 4384
~ una recomendación 4054
~ ciertas reservas 4368
Foro atómico europeo 5188
forzamiento del bloqueo 5718
forzar la aprobación de un proyecto de ley a toda prisa 1040
~ el bloqueo 5717
fotocopias autorizadas 1906
~ legalizadas 1906
fracasando: las negociaciones están ~ 3736
fracasar: hacer ~ maniobras 3646
fracaso de la Conferencia en la Cumbre 6477
~ de una misión 3064
fraccionalismo 2504
Francia libre 6320
franjas y estrellas 3356
franja de Gaza 6461
franqueza: quisiera hablar con ~ 4346
franquicia postal 1011
franquismo 6291
franquista 2505, 6292
fraternización 5809
fraternizar 5808
fraudes electorales 859
frenar los excesos de los gobernantes 1289
frente: al ... de la delegación 3811
~ de Liberación Nacional 2048, 6463
~ ~ ~ de Palestina 6529
~ Nacional de Liberación 2658
~ popular 6288
~ ~ para la Liberación de Palestina 6529
fricciones 3651
frontera 139
~ artificial 133
~ s marítimas 138
~ interzonal 6382

749

frontera lingüística 3689
~s nacionales 126
~ natural 132
~ entre sectores 6411
~ terrestre 134
~: pasar la ~ 146
~: paso de la ~ 145
fronterizo 139, 141
ruentes: de ~ bien informa-
  das
~ del Derecho internacio-
  nal 2944
fuente: de ~ digna de
  crédito 3698
~: de ~ fidedigna 3698
~: de ~ semioficial 1369
~ subsidiaria 2957
fuera: estaría ~ del marco
  de nuestra discusión 4366
~: estaría ~ ae lugar 4366
fuerza: hacer uso de la ~
  2076
~: hacer uso de la ~ ar-
  mada 2080
~: uso de la ~ 2077
~: por el uso de la ~ ar-
  mada 2079
~s aéreas 5652
~ ~ ~ estratégicas 5657
~ ~ ~ tácticas 5656
~ ~ armadas 5628
~ ~ ~ de la RFA 5629
~s de bloqueo 5711
~ brutal 2994
~ de choque nuclear 5916
~s de desembarco 5643
~ de disuación 5965
~ ~ ~ nuclear 5918
~ ~ Emergencia de las
  Naciones Unidas
  4982
~s de invasión 5609
~ mayor 4615
~s navales 5681
~ nuclear atlántica 5941
~ ~ multilateral 6485
~s de ocupación 5807
~ de policía internacional
  5500
~s terrestres 5639
~s terrestres, navales y
  aéreas 5610
fuga hacia delante 2495
función(es) 1696
~: en ~ 1782
~: una ~ acaba 1797

función(es)
~: una ~ se termina 1797
~es atribuidas a alg 1745
~ ~ confiadas a alg 1745
~ de plantilla 4860
~ario 4880
~ ~s: altos ~ 1681, 3107,
  4882
~ ~ consular 3378
~ ~ elegido 1690
~ ~ del Estado 1692
~ ~ federal 1693
~ ~ municipal 1653
~ ~ nombrado por un
  período determinado
  1686
~s del partido 1975
~ ~ de plantilla 4881
~ ~ en servicio de prueba
  1688
~ ~ en situación de dis-
  ponibilidad 1687
~ ~ en situación de exce-
  dencia 1687
~ ~ vitalicio 1685
fundación 4742
fundar una organización
  4667, 4668
funeral 3335
~ estatal 3336
fusilamientos en masa 2248
fusión con 1945
~ de municipios 1647
~ de poderes 554
fusionar con 1944

G

gabinete 1395
~ federal 1396
~ de guerra 1401
~ de oposición 1340
galería 3835
gamberro 2110
gamonalismo 1959
ganar a alg por 20 votos
  872
garantía colectiva 3468
~s constitucionales 596
~ mutua 4458
~ de seguridad 3467
gas lacrimógeno 2174
~: matar con... 706
~ tóxico 5997
gasear 706

gastos de estacionamiento
  5817
~ militares 5526
~ de mudanza 4871
~ de ocupación 5812
~ de personal 4853
~ de traslado 4871
gaullismo 2518
gaullista 2519
gavilanes 2789
gemelación de ciudades
  3696
General invierno 6336
genocidio 2991
gentleman's agreement
  4403
genuflexión 3276
geopolítica 2523
geopolítico 2524
gestiones 3515
~: hacer ~ cerca de un
  gobierno 3517
~ colectivas 3516
~ comunes 3516
ghetto 683
giro violento 880
Girondinos 6132
Gobernador 1595, 1599
~ general 1597
~ militar 1598, 5816
~ del Reich 6279
~: del ~ 1596
gobernantes y gobernados
  1278
gobernar 1267
gobierno 1319
~s adherentes 4630
~ de asamblea 924
~ cantonal 1622
~ central 1323
~ centro-izquierdista 1331
~ de coalición 1338
~ ~ ~ socialista-liberal
  6540
~ colegiado 1402
~ constitucional 1322
~: contra ~ 1340
~s contratantes 4567
~ derechista 1330
~ en el exilio 1342
~ en exilio 1342
~ de facto 1344
~ fantasma 1340
~ fantoche 1341
~ federal 1325
~ de frente popular 1346

gobierno general de Polonia 6313
~ de hecho 1344
~ izquierdista 1329
~ laborista 1333
~ de los Laender 1328
~ legal 1321
~ local 1608
~ mayoritario 1326
~ miembro 4693
~ militar 5815
~ minoritario 1327
~ mundial 2887
~ no miembro 4695
~s no participantes 4575
~ ~ no signatarios 4564
~ ~ participantes 4573
~ propio 157
~ provincial 1612
~ provisional 1343
~ del pueblo por el pueblo 1270
~ revolucionario 1345
~s signatarios 4561
~ soviético 1347
~ títere 1341
~ de unión nacional 1332
~: los círculos allegados al ~ 1368
~ unipersonal 1284
~: formación de(l) ~ 1348
~: recibir encargo de formar ~ 1349
~: formar ~ 1350
~: jefe del ~ 1351
~: Presidencia del ~ 1352
go-in 2094
golpe de Estado 2141
~ ~ ~ fracasado 2142
~ ~ ~ de Hitler 6257
~ ~ ~ de Kapp 6254
~ de fuerza 2144
~ de mano 2143
~ de represalia 5661
gorila 2137
~s 2136
gozar de inmunidad diplomática 3147
gracia 1840
Grande de España 415
Gran ducado 386
~ ducal 385
~ duque 383
~ duquesa 384
~ Hural 1206
~ Mogol 449

gravedad de la situación 3496
griterío 2531
grupo 4764
~ de Casablanca 5167
~ Consultivo sobre Investigaciones y Desarrollo aeronáuticos 5252
~ disidente 1943
~ de estudios 4308
~ étnico 3688
~ internacional de estudios sobre la lana 5216
~ mecanográfico 4829
~ de Monrovia 5241
~ parlamentario 956, 1136
~ permanente 5249
~ de presión 1003, 2552
~ de resistencia 2200
~ de trabajo 3929
guardaespaldas 2137
guardarropa 4296
Guardia de Hierro 6262
~ de honor 3211
~ personal 2136
~s Rojas 6515
~ suiza 496
gubernamental 1320
~: en (los)círculos ~ 1367
gubernativo 1320
guerra 5566
~ aérea 5649
~ de Abisinia 6281
~ de agresión 5575
~ anglo-boer 6201
~ atómica 5921
~ austroprusiana 6175
~ bacteriológica 5999
~s de los Balcanes 6211
~ ~ balcánicas 6211
~ biológica 5998
~ de los Boers 6201
~ caliente 5582
~ de captura 5729
~ civil 2198
~ ~ española 6289
~ de conquista 5573
~ de Corea 6421
~ de corso 5729
~ de Crimea 6172
~ sin cuartel 5985
~ de Cuba 6199
~ defensiva 5576
~ de desgaste 5585
~: drôle de guerre 6311
~ económica 5577

guerra
~ estabilizada 5641
~ de exterminio 5590
~ falsa 6311
~ francoprusiana 6184
~ en dos frentes 5592
~ fría 6390
~ de fronteras 5587
~ de gas 6000
~ de los gases 6000
~ general 5543
~ de guerrillas 2218
~: Gran ~ nordica 6112
~ hispano-americana 6199
~ ilimitada 5545
~ de independencia 5574
~ ~ ~ americana 6119
~ como instrumento de política nacional 5568
~ de la jungla 5586
~ justa 5571
~s de Liberación de Alemania 6147
~ limitada 5544
~ local 5546
~ marítima 5680
~ de movimientos 5640
~s napoleónicas 6140
~ naval 5680
~ de nervios 5578
~ entre Norte y Sur 6179
~ ofensiva 5575
~ de posiciones 5641
~ preventiva 5579
~ química 6001
~ relámpago 5584, 6310
~ de religión 5588
~ rusojaponesa 6205
~ santa 5583
~ de secesión 6179
~ de los Seis Días 6527
~ sicológica 5581
~ de los Siete Años 6117
~s de Silesia 6116
~ submarina 5693
~ ~ sin restricciones 6215
~ de Sucesión austríaca 6113
~ ~ ~ de España 6111
~ teledirigida 5591
~ terrestre 5638
~ total 5545, 5589
~ de los Treinta Años 6096
~ de trincheras 5641

guerra por la unidad italiana 6178
~ del Vietnam 6507
~: la ~ cuesta arriba 5540
~: estalla la ~ 5537
~: degenerar en ~ 5533
~: declarar la ~ a un país 5551
~: declaración de ~ 5552
~: escalar la ~ 5554
~: cuando estalló (estalla) la ~ 5539
~: estar al borde (o: a dos passos) de la ~ 5522
~: ganar la ~ 5558
~: hacer la ~ 5553
~: el hacer la ~ 5566
~: permanecer al margen de la guerra 6052
guerrillas urbanas 2220
guerillero 2213
guía del mar 3017
gusto: tengo el ~ de poder 4318
~: tengo el ~ de saludar 4314

H

hablar: el delegado habla desde su sitio 4012
~ con franqueza 4346
~ de política 2734
~: si puedo ~ así 4357
hacer constar en el acta 4226
~ ~ en un informe 4250
~ uso de las armas 2078
~ ~ de la fuerza 2076
~ ~ ~ ~ ~ armada 2080
~ ~ ~ ~ palabra 4026
haces (de lictores) 2613
halcones 2789
hecho: de ~ 5403
~ en... 4656
~ consumado: colocar a alg ante el ~ ~ 3609
~ ~: política del ~ ~ 3608
~ delictivo debe justificar la extradición 1862
~s ~s de índole política 1861
~ ~ ~ ~ que pueden dar lugar a la extradición 1865

hecho: delictivo
~ ~ que de lugar a la comisión rogatoria 1860
hegemonia 3418
heredero: presunto ~ 360
hereditario 1717
hermanamiento de ciudades 3696
Hermanos Musulmanes 6457
Héroe del Trabajo 2410
hierocracia 2539
hijo adoptivo de una ciudad 2364
himno nacional 3340
~: entre los acordes del ~ 2031
hinterland 9
historia constitucional 525
~ diplomática 3019
~ del Derecho internacional 2931
Hitler: de ~ 6349
hitlerismo 6348
hogar nacional 116
~ ~ para el pueblo judío 6226
hombre de confianza 6029
~ enfermo de Europa 6193
~ de Estado 1551
~ fuerte 1297
homenaje 301
~: rendir ~ a alg 3265
homenajear a alg 3203
homólogo 1407
horas extraordinarias 4919
horario 3872
honores reales 3201
honor: tengo el ~ de informarle 3550
honorífico 1714
~: a título honorífico 1714
hospitalidad neutral 6066
hostilidades: apertura de ~ 5536, 5538
hoz y el martillo 2538
huelga 707
~ de advertencia 734
~ de brazos caídos 730
~ de carácter político 715
~ corta 728
~ espontánea 735
~ general 726
~ del hambre 736
~ de impedimento 725

huelga
~ intermitente 727
~ no oficial 735
~ ~ política 733
~ de ocupación 730
~ parcial 732
~ patronal 742
~ política 715
~ de producción defectuosa 725
~ de protesta 729
~ sentada 730
~ de solidaridad 731
~ sorpresa 723
~: estar en ~ 720
~: declararse en ~ 719
huelgista 721
huésped distinguido 3239
~ de honor 3237
hugonotes 6087
hundir un buque 5758

I

idea europeísta 6440
~: tengo la ~ de 4324
~: voy a dar una ~ general sobre (acerca de) 4331
identitad en sustitución de pasaportes 3396
ideología 2543
ideológico 2544
ideólogo 2542
igualdad ante la Ley 594
~ de derechos 590
~ ~ ~ del hombre y de la mujer 591
~ en materia fiscal 631
~ de oportunidades 2438
~ racial 672
~ de razas 672
~ soberana 153
~ de trato 595
~: con ~ de derechos 4712
~: sobre un pie de ~ 4712
igualmente: desearía ~ 4323
ilegal 1018
ilegalidad 529
ilícito 1018
imparcialidad de la justicia 1846
~ del poder judicial 1846

imperial 341
~ismo 2545
~ ~ camuflado 2546
~ ~ oculto 2546
~ista 2547, 2548
imperio 343, 344
~ alemán 6186
~ colonial 188
~ jerifiano 460
~ : Primer ~ 6138
~ : Sacro ~ Romano Germánico 6076
~ : Segundo ~ 6171
imponer una condecoración 3287
~ el toque de queda 2073
importancia: creo de gran ~ afirmar que 4328
~ : juzgo de gran ~ afirmar que 4328
~ : creo que es de capital ~ 4341
~ del grupo parlamentario 961
imposible: no es ~ que 4363
impotencia 2686
improvisar una intervención 4383
impugnable 5488
impugnación 5487
~ de una elección 862
impugnar 5486
~ una elección 863
~ la validez del nombramiento 3888
inadmisibilidad 4078
inamovibilidad 1431
inamovible 1807
inauguración: ceremonia de ~ 3897
incapaz para el trabajo 1695
incendio del Reichstag 6277
incidente aéreo 3631
~ fronterizo 3626
incitar a la rebelión 2123
inclinación hacia un bloque 3459
inclusión en el orden del día 3858
incompatibilidad con 1725
incompatible con 1726
incompetencia 1729
incompetente para 1730
inconstitucional 528
inconstitucionalidad 530

inconveniente: no hay ~ 4372
incorporación 100
~ al municipio 1647
incorporar 92
~ un artículo 539
~ al municipio de 1648
incruento 2184
incumbir: no ~ a alg 1755
incumbe al Gobierno 4654
incumplimiento 4536
incursión 5517
~ : hacer una ~ 5518
indemnización 5490
~ de guerra 5873
~ por separación 4876
independencia 154
~ : concesión de la ~ 206
conseguir la ~ 155
independiente 1925
~s 1955, 2015
indicar: voy a ~ sucintamente 4335
~ : voy a ~ sumariamente 4335
indiscreciones 3485
indiscreción calculada 3484
individualismo 2549
individuo entregado 1878
~ reclamado 1891
indultar 1838
indulto 1840
industria de armamentos 5894
ineligibilidad: motivos de ~ 747
infabilidad del Papa 486
infanta 363
infante 362
infantes de marina 5650
infiltración 2251, 2282
infiltrarse en una organización 2252
informante 2274
informar a alg. 4245
informe 4254
~ administrativo 4268
~ complementario 4260
~ final 4258
~ financiero 4267
~ general 4259
~ interino 4257
~ de la mayoría 4265
~ mensual 4263
~ de la minoría 4266
~ oficial 4262

informe
~ pericial 4269
~ preliminar 4256
~ provisional 4257
~ : elaborar un ~ 4246
~ : consignar en un ~ 4250
~ : poner al día un ~ 4251
~ : cursar un ~ 4255
~ : presentar un ~ 4248
~ : someter un ~ 4248
~ : ~ ~ ~ a la aprobación de la sesión plenaria 4252
~ : redactar un ~ 4247
infracción del Reglamento 4113
ingerencia en 3610
ingresar en la carrera diplomática 3032
~ en el servicio diplomático 3033
~ en una organización 4717
ingreso en 4718
~ en el Mercado Común 5148
iniciar a alg en sus funciones 1773
iniciativa: derecho de ~ 1028
~ popular 900
~ en pro de la paz 5854
inmigración 2307
inmigrante 2306
inmiscuirse en los asuntos internos de un país 3611
inmunidad 1006
~es consulares 3388
~ de la justicia civil 3157
~ ~ ~ ~ criminal 3156
~ fiscal 3158
~ personal 3154
~ : conceder la ~ 3146
inscripción 4281
inscribir una cuestión en el orden del día 3857
~ a alg en la lista de oradores 4009
~ en una papeleta candidatos de listas diferentes 848
inscrito: estar ~ en la(s) lista(s) electoral(es) 801
inseguridad jurídica 645
inserción 4233
~ en el orden del día 3858

753

insertar una cláusula 4502
~ una cuestión en el orden del día 3857
insignia 4287
~s de la corona 305
insistir en: querría ~ 4328
~ en una petición 4373
inspección aérea 5960
~ financiera 5962
~ municipal 1708
~ terrestre 5961
inspeccionar los papeles de a bordo 5754
instalación de la capilla ardiente 3329
instalar 4791
instancia 1676, 4059
~ de apelación 1830
instauración 4792
instaurar 4791
instigación al boicot(eo) 2128
~ a la guerra 5508
instigador (oculto) 2119
instigar a la rebellión 2123
institución 1696
~ de derecho público 1705
~ financiera 4778
~ internacional 4708
~ sin fines lucrativos 4705
~ ~ ~ de lucro 4705
instituciones comunes 5108
~ de la Comunidad 5117
~ especializadas 5029
institucional 580
institucionalización 578
institucionalizar 579
instituto 4819
~ de Derecho Internacional 5312
~ Indigenista Interamericano 5203
~ Interamericano de Ciencias Agrícolas 5204
~ ~ del Niño 5205
~ internacional 4783
~ ~ de Estadística 5351
~ ~ de Filosofía 5349
~ ~ del Frío 5232
~ ~ de Patentes 5233
~ ~ de la Prensa 5355
~ ~ para la Unificación del Derecho Privado 5231
~ Panamericano de Geografía e Historia 5275

Instrucción 1662, 5462
~ cívica 2828
instructor 4307
instrumento 4659
~ de aceptación 4553
~ de adhesión 4632
~ de aprobación 4660
~ de denuncia 4613
~ de firma 4576
~ de notificación 4598
~ de ratificación 4592
insuficiencia de una norma del Derecho internacional 2917
~ de una regla del Derecho internacional 2917
insurgente 2178
insurrección 2163
~ espartaquista 6248
~: debelar una ~ 2164
insurrecto 2178
integración económica 6437
~ escolar 676
~ europea 6439
~ militar de Europa occidental 6427
integracionista 675
integridad territorial 7
intelectualidad 2551
intelectuales de izquierda(s) 2616
inteligencia 2551, 3580
intención: tener la ~ 4324
~: no tener la menor ~ de 4325
~: ser totalmente ajeno de la ~ de alg 4326
intendencia 1642
intendente municipal 1644
intento de fuga 6030
intentona de subversión 2117
intercambios culturales 3685
intercambio de informaciones sobre antecedentes penales 1899
~ de puntos de vista 4036
~ territorial 75
interceptar 2269
~ una carta 2271
intercesión 1677
interdependencia 3432
interesarse: me interesa... 4341

intereses creados 2973
~ suficientemente salvaguardados 3490
interlocutor 3757
internacional 4737
~ liberal 5368
~ de Refractarios a la Guerra 5314
~ socialista 5378
~ismo 2553
~ ~ proletario 2554
~ista 2555
internacionalización 82
internacionalizar 81
internado 6046
~ civil 6051
~ militar 6048
internamiento 6044
~ civil 6050
~ militar 6049
internar 6045
interno 2288, 2940
internuncio 3135
interpelación 989
interpelante 991
interpelar 988
interpretación 4543
~ consecutiva 4215
~ extensiva 4544
~ restrictiva 4545
~ simultánea 4212
interpretar un tratado 4542
intérprete de conferencia(s) 4849
~ jefe 4848
interregno 283, 1299
interrumpir al orador 4034
interrupción de la continuidad del servicio 4927
intervalo: durante el ~ que media entre 2 sesiones 3791
intervención 4014
~ armada 5520
~ en 3614
~ del Estado 2472
~: no ~ en los asuntos internos de un Estado 3612
~ de teléfonos 2270
~ismo 2556
intervenir en los asuntos internos de un país 3611
~ en la discusión 3997
intimación a un buque a detenerse 5744

intimación a izar el pabellón 5774
intimar a un buque a detenerse 5745
íntimos de 1383
intocables 682
intracomunitario 5118
introducir la censura 690
~ a un orador 4022
introductor de embajadores 3192
intromisión en 3610
invalidación 1673
invalidar 1674
~ una medida 1661
invadir un país 5518
invasión de los Aliados en Francia 6342
~ de la Bahía de los Cochinos 6506
~ de Noruega 6316
~ de un país 5519
inversión de alianzas 3571
investigación 5415
~ polemológica 3443
investido de plenos poderes 3098
investir a alg de una dignidad 435
investidura 437
inviolable 599, 3152
inviolabilidad 600, 3151
~ del domicilio 618
~ del edificio de la misión 3155
~ personal 3153
~ de la propiedad 617
invitación: a ~ de 3845
invitado de honor 3237
invitar a alg 4348
invocar un artículo 4532
irredentismo 2557
irredentista 2558, 2559
Iván el Terrible 6091
izar la bandera 3347
~ ~ ~ a media asta 3354
~ el pabellón 3347
izquierda 1921
~: nueva ~ 2619

J

Jacobino 6129, 6130
jacobinismo 2560, 6131
jecado 476
jedivato 465
jedive 463
jediviano 464
jefatura del partido 1961
jefe de la delegación 3812
~ de Estado 1309, 1310
~ de gabinete 1408
~ del gobierno 1351
~ ideológico 1972
~-intérprete 4848
~ de (la, una) misión 3056
~ de la oposición 983, 1934
~s del partido 1961, 1958
~ de la prensa 1545
~ de Protocolo 3188
~ rebelde 2187
~ de los rebeldes 2187
~ responsable 4883
~ del servicio lingüístico 4847
jeque 475
jerarquía 1716
~ de los agentes diplomáticos 3104
jerife 459
jingoísmo 2541, 5508
jingoísta 2540, 5507
jornada 3777
~ juvenil 4312
jornadista 3779
Jóvenes Turcos 6208
joyas de la Corona 308
jubilación 1809
jubilar a alg 1810
jubilarse 1811
judería 683
judicial: por la vía ~ 1824
juez 5111
~ nacional 5454
juicio oral 5470
~ sumarísimo 2075
junctim 3741
junker 416
junta 1287, 4819
~ de Asistencia Técnica 5016
~ de auditores 3974, 4976
~ de censores de cuentas 3974
~ central de un partido 1962
~ consultiva 4820
~ directiva 4807
~ de directores 4807, 5069, 5072

junta
~ ~ ~ Ejecutivos 5065
~ Ejecutiva 5056
~ general 4803
~ de Gobernadores 5064, 5068, 5071, 5106
~ Interamericana de Defensa 5202
~ Internacional de Registro de frecuencias 5089
~ militar 1288
jura del cargo 1542
juramentar a alg 1775
jurar la constitución 1540
jurisdicción 1736, 1738, 1747, 1825
~ constitucional 1833
~ consular 3386
~ exclusiva 1827
~ interna 4
~ obligatoria 5430
~ penal y disciplinaria 1828
jus in bello 5501
~ sanguinis 2345
~ soli 2346
justicia social 593
~ de soga 642
justiciable 1829
justicialismo 2561
Juventud Obrera Católica internacional 5313
juzgar: juzgo de gran importancia afirmar que 4328
juzgo oportuno 4360

K

Kan 462
Kennedy Round 6484
Khedive 463
Knesset 1177
Kominform 5364
Kremlín 1381
Kulturkampf 6190

L

labor legislativa 1020
laborismo 2008
laborista 2009
Laender: en el nivel de los ~ 233

755

Lagting 1214
laicismo 2602
lanzamiento de la primera bomba atómica 6346
~ de literatura subversiva desde aviones 3632
lanzar una ofensiva de paz 3450
lavado de cerebro 698
~ ~ ~ propagandístico 2750
leal 2766, 2767
lealtad 1543, 2621
lealtad a una dinastía 302
lectura 1037
~: examinar un proyecto de ley en segunda ~ 1038
~: discutir en tercera ~ 1039
leer los nombres de los delegados por orden alfabético 4156
legación 3070
legado 3141
~ apostólico 3140
~ a latere 3138
legal 1017
Legión Extranjera 5608
legislación 1019
~ concurrente 1021
~ interna 2939
~ nacional 2939
legislador 1023
legislar 1026
legislativa: Asamblea ~ 6128
legislativo 1024
legislatura 925
legitimidad 2605
legitimista 2604
legítimo 1017
lejos de mí 4326
lema 2791
lengua oficial 4216
~ de trabajo 4217
leninismo 2606
leninista 2607, 2608
letra: el espíritu y la ~ del tratado 4634
~s patentes 1767
letrero 2103
lettres de récréance 3092
levantamiento 2180
~ de la inmunidad 1008
~ en masa 2181, 5990

levantar barricadas en 2196, 2197
~ el bloqueo 5720
~se contra 2179
~ el embargo sobre 5733
~ la inmunidad 1007
~ la copa a la salud de 3301
ley 1013
~ sobre la adquisición de terrenos para las necesidades de la Defensa nacional 5257
~ básica 517, 1070
~ del Consejo de Control Interaliado 6368
~ constitucional 1016
~es y costumbres de la guerra 5978
~ ~ sobre los derechos cívicos 6498
~ electoral 758
~ ~ Federal 759
~es sobre el estado de emergencia 2062
~ de excepciones 1071
~ federal 1072
~ ~ sobre las requisas 5255
~ fundamental 516, 517
~ de introducción 1069
~ del linchamiento 642
~ marcial 2074
~ que modifica la constitución 1075
~ nacional 1015
~es no retroactivas 1074
~ ordinaria 1014
~ orgánica de municipalidades 1637
~ de plenos poderes 6278
~ de presupuestos 1094
~ de ratificación 4588
~ de Régimen local 1637
~es y reglamentos 1068
~ sobre las restricciones impuestas a la propiedad inmobiliaria en interés de la Defensa Nacional 5256
~ retroactiva 1073, 1074
~ sálica 315
~ sobre el tráfico aéreo 5258
~: tramitar un proyecto de ~ a toda prisa 1040

ley
~: forzar la aprobación de un proyecto de ~ a toda prisa 1040
leyenda de la puñalada por la espalda 6250
~ ~ ~ traición del ejército por parte de los políticos 6250
liberación de los prisioneros de guerra americanos 6542
liberal 2609, 2610
~es 2011, 2023
~ismo 2612
liberalizar 2611
libertad de acción 2966
~ de actuar 2966
~ de asociación 612
~ del comercio y de la industria 629
~ de comercio y de navegación 3011
~ de conciencia 602
~ contractual 630
~es: las cuatro ~ 6332
~ de cultos 604
~ de enseñanza y de investigación científica 654
~ del espacio aéreo 53
~ de establecimiento 650
~es fundamentales 582
~ de información 610
~ del linchamiento 642
~ de los mares 3005
~ de movimiento 628
~ de navegación fluvial 87
~ de opinión 606
~ de organización profesional 648
~ de palabra 611
~: poner en ~ 6040
~: ~ ~ ~ un buque 5759
~: ~ ~ ~ bajo palabra de honor 6041
~ de prensa 609
~ de religión 603
~ religiosa 603
~ de reunión 615
libre elección de la profesión 652
libro amarillo 3666
~ azul 3670
~ blanco 3669
~s de color 3673
~ encarnado 3672

ibro gris 3667
~ naranja 3668
~ negro 3665
~ rojo 3672
~ verde 3671
~ de visitantes 3289
líder de la oposición 983, 1934
~ es de un partido 1958
liderazgo 3417
Liga 4752
~ Árabe 5158
~ de Estados Árabes 5158
~ Internacional de los Derechos del Hombre 5322
~ de Sociedades de la Cruz Roja 5369
limitación de armamentos 5948
limitar la duración de las intervenciones 4006
linchar 2193
línea Curzon 6236
~ de demarcación 5836
~ de frontera 128
~ Maginot 6315
~ Oder-Neisse 6369
~ del partido 1970
~ Sigfrido 6314
lista de candidatos 820
~ ~ los candidatos de los partidos regionales 804
~ civil 332
~ diplomática 3083
~ (s) electoral(es) 801, 802
~ municipal 778
~ nacional 777
~ negra 3658
~ de oradores 4008
~ de presencia 3981
~ única 803
litigio 5423
~ de frontera 3628
~ fronterizo 3628
litispendencia 5463
lobby 1003
~ : sistema de ~ 1004
~ ista 1005
locales 3828
localización de un conflicto 3633
lockout 742
lógia (masónica) 4780
lograr la adopción de una moción 4088

lograr
~ la mayoría de los votos emitidos 4196
~ la unanimidad 4207
Lok Sabha 1169
Lord(lores) 427
~ Canciller 1161, 1448
~ espiritual 1163
~ Presidente del Consejo Privado 1364
~ del Sello Privado 1365
~ temporal 1162
luchas callejeras 2194
lucha de clases 2573
~ contra la trata de esclavos 658
~ electoral 808
~ por la libertad 197
~ por el poder 2150
~ a vida o muerte 5622
lugar de autos 1893
~ de la comisión del delito 1893
~ de destino 4918
~ nacional para el pueblo judío 6226
~ de la perpetración del delito 1893
~ : esto da ~ a 4364
~ : sin que haya ~ a la menor duda (o: sospecha) que 4351
luteranismo 6080
luto de la Corte 3321
~ nacional 3320
~ oficial 3320

LL

llamada 3088
~ al orden 4116
~ ~ ~ con inscripción en el acta 4118
llamar 5741
~ a un agente diplomático 3091
~ la atención sobre el hecho de (que) 4328
~ al orden 4117
~ a las urnas 789
llamamiento a la huelga 710
~ nominal 4155
~ a la paz 5853
~ : hacer un... 3525
llegada del diplomático 3082

llegar a un acuerdo sobre 3728
~ : me llega al alma 4344
~ al poder 1293
llevar las armas abiertamente 5994
~ un brazalete 5993
~ a cabo negociaciones 3699
~ ~ ~ los trabajos preparatorios 3827
~ una diferencia ante un tribunal 5424
~ distintivo 5992
~ negociaciones 3699
~ la campaña electoral 809
~ un pabellón 3351
~ al puerto un buque apresado 5778

M

madre patria 177
~ ~ : de la ~ 178
maestre: gran ~ 2535
maharajá 467
maharani 468
Majestad 304
Majlis 1170
malestar 3619
malos tratos a los prisioneros de guerra 6033
Mancha 5250
mancomunidad 4736
~ municipal 1638
~ de municipios 1638
mandarín 450
mandatario: primer ~ de la nación 1315
mandato 207, 945
~ excedentario 937
~ : el ~ expira el 4909
~ de siete años 1390
~ : por el tiempo restante del ~ 4910
mando conjunto de la Mancha 5250
~ Supremo 5632
~ ~ Aliado del Atlántico 5243
manera de hacer la guerra 5566
manifestación 2089
~ antibelicista 2101
~ contra la guerra 2101

757

manifestación de estudiantes 2112
~ estudiantil 2112
~ de masas 2084
~ de protesta 2097
manifestante 2091
manifestar 2088
~ un deseo 4049
~ : desearía ~ aquí expresamente 4339
~ una opinión 4039, 4377
manifiesto 2625
~ comunista 6167
maniobra(s) 3482, 3645
~ dilatoria 3650
~ de diversión 3649
~ de perturbación 2132
manipulaciones 3645
~ electorales 858
mantener el orden 2055
~ la paz y la seguridad internacionales 3436
~ : el presidente mantiene el orden 4114
~ una política 1559
~ relaciones 3425
mantenimiento del orden 2056
~ de la paz 3439
maoísta 2627
~ s 2626
maquiavélico 2623
maquiavelismo 2624
maquiavelista 2622
máquina de propaganda 2747
mar: alta ~ 3007
~ : en alta ~ 3008
~ cerrado 3006
~ interior 26
~ jurisdiccional 35
~ libre 3007
~ marginal 37
~ territorial 35
marajá 467
marcador de votos 4173
marcha de antorchas 3207
~ : dar ~ atrás 3702
~ de la paz 2092
~ de protesta 2099
~ sobre Roma 6255
marco: dentro del ~ de sus respectivas atribuciones 1746
~ : ~ ~ ~ de esta organización 4671

mare clausum 3006
~ liberum 3005
margrave 397
margraviato 399
margravina 398
marqués 401
marquesa 402
marquesado 403
martillo 2538
marxismo 2628
~ -leninismo 2631
marxista 2629, 2630
masón 2509, 2512
masonería 2511
masónico 2510
matar con gas 706
materia: en ~ de política exterior 3421
~ : ~ ~ ~ ~ interior 1565
material bélico 5615
~ fingido 2261
~ fisible 5924
~ fisionable 5924
~ de guerra 5615
materialismo 2633
~ dialéctico 2636
~ histórico 2637
materialista 2634, 2635
mayordomo 331
mayoría absoluta 886
~ aplastante 893
~ abrumadora 893
~ clara 891
~ : conseguir la ~ 884
~ cualificada 887
~ : escasa ~ 892
~ : estar en ~ 4181
~ : gran ~ 890
~ gubernamental 980
~ neta 891
~ relativa 889
~ : con una ~ de las dos terceras partes 4191
~ silenciosa 6501
~ simple 888
~ : tener la ~ en el Senado 1000
Media Luna 3359
~ ~ Roja 6020
mediación 5406
mediador 5408
mediar entre 5409
~ : durante el intervalo que media entre dos sesiones 3791

mediatización 6144
mediatizar 6143
medida(s) coercitiva(s) 5496
~ s disciplinarias 1818
~ s preventivas 5396
~ privativa de libertad 1907
~ s represivas 2173
~ s de represión 2173
~ restrictiva de libertad 1907
~ s de seguridad 2052
~ ~ de urgencia 2064
medio: por ~ de negociaciones 3718
~ s de comunicación de masas 2632
~ ~ ~ social 2632
~ ~ ~ presión 3642
mejora de las relaciones con 3429
mejorar las relaciones con un país 3428
membrete 3551
memorándum 3544
memoria 4261, 4264
~ s 5465
~ general 4259
mencionado en el artículo 33, 4651
Mencheviques 6221
mensaje de Año Nuevo 3260
~ sobre el estado de la Nación 1553
~ de felicitación 3279
~ : dirigir un ~ a 3524
mentís 3553, 3555
~ : dar un ~ 3556
Mercado Común 5128
~ ~ del Africa oriental 5273
~ ~ Centroamericano 5299
mercantilismo 6108
mercenario 5601
Mesa 955, 3786, 3878
~ ampliada 3879
~ de conferencias 3832
~ directiva 4807
~ general 4966
~ redonda: discutir en ~ ~ 3776
mesocracia 2641
meta a corto plazo 2654

meta a largo plazo 2495
metrópoli 177
metropolitano 178
micado 466
miembro: no ~ 4694
~ asociado 4688
~ benefactor 4680
~ del Bundestag 1139
~s de la comisión 3926
~ del Congreso 908
~ de la Convención 6134
~ correspondiente 4683
~ de la Dieta Federal 1139
~ del gabinete 1397
~ de honor 4679
~ honorario 4679
~ individual 4681
~ de la oposición 1937
~ originario 4685
~s: son ~ ~ originarios de las Naciones Unidas los Estados que 4963
~ permanente 4684
~ de pleno derecho 4686
~s salientes 3826
milagro alemán 6415
milicia 5603
miliciano 5604
militante 1980, 2642
militarismo 2643
militarista 2644, 2645
mina flotante 5697
minar 2232
~ la república 6251
minimizar 3559
ministerial 1409
ministerio 1411
~ de Agricultura y Alimentación 1503
~ ~ ~ y Bosques 1504
~ ~ ~ y Pesca 1505
~ del Aire 1491
~ de Asuntos Culturales 1514
~ ~ ~, Recreo y Servicios Sociales 1516
~ ~ ~ Exteriores 1434, 1435
~ ~ ~ Sociales y de Salud Pública 1498
~ ~ la Clase Media 1499
~ ~ Comercio 1465, 1458
~ ~ ~ Exterior 1467
~ ~ ~ ~ y de Asistencia Técnica 1468

ministerio de
~ ~ Correos y Telecomunicaciones 1493
~ ~ Defensa Nacional 1520
~ para el Desarrollo de Ultramar 1530
~ encargado de las Relaciones con el Parlamento 1533
~ de Economía 1458
~ ~ ~ y de Energía 1457
~ ~ Educación y Ciencias 1509, 1511
~ ~ ~ Nacional y de Cultura 1510
~ del Ejército 1524
~ de la Gobernación 1444
~ del Gobierno local y Desarrollo 1477
~ de la Guerra 1524
~ de Hacienda 1453
~ ~ Industria 1461
~ ~ ~ Comercio y Artesanía 1464
~ ~ Información 1518, 1519
~ ~ ~ y Turismo 1518
~ del Interior 1444
~ ~ ~ y de la Función Pública 1447
~ de Instrucción Pública 1509
~ ~ Investigaciones Científicas y de Cuestiones atómicas y espaciales 1474
~ de Justicia 1446
~ de la Juventud y de los Deportes 1515
~ de Marina 1488
~ ~ Obras Públicas 1470
~ del Presupuesto 1451
~ de Relaciones Exteriores 1434
~ ~ Salud Pública 1495
~ ~ ~ ~ y de la Familia 1497
~ ~ ~ ~ y de Seguridad Social 1501
~ ~ Sanidad 1495
~ del Tesoro 1452
~ ~ Trabajo 1479
~ ~ ~ y de la revisión Social 1481

ministerio del Trabajo
~ ~ ~, Seguridad Social y Minería 1482
~ de Transportes 1483
~ ~ ~ y Aviación Civil 1487
~ ~ ~ de Puentes, Aguas y Caminos 1485
~ ~ Turismo y de Espectáculos 1517
~ ~ la Vivienda y Ordenación del Territorio 1476
ministro 1406
~: de ~ 3115
~s: en el nivel de ministros 3704
~ de Administración Pública 1536
~ ~ Agricultura 1506
~ del Aire 1492
~ de Armamentos 1526
~ de Asuntos Exteriores 1438
~ ~ las Colonias 1528
~ ~ Comercio 1466
~ ~ ~ Exterior 1469
~ ~ Correos y Telecomunicaciones 1494
~ ~ Defensa 1521
~ encargado de los Departamentos y Territorios de Ultramar 1529
~ de Economía 1460
~ ~ ~ Forestal 1508
~ ~ Educación y Culto 1513
~ ~ ~ y Ciencias 1512, 1513
~ en ejercicio 1418
~ encargado del Plan y de la Ordenación del Territorio 1535
~ de Energía 1472
~ ~ ~ Atómica 1473
~ para Escocia 1532
~ de Excombatientes 1527
~ ~ las Fuerzas Armadas 1523
~ ~ la Gobernación 1443
~ Secretario de Gobernación 1443
~ del Gobierno Local y Desarrollo 1478
~ de la Guerra 1521, 1525

759

ministerio de Hacienda 1455
~ ~ Industria 1462
~ ~ Información y Turismo 1519
~ ~ Instrucción Pública 1513
~ interino 1418
~ del Interior 1443
~ de Justicia 1449
~ de Marina 1489
~ de la Marina Mercante 1463
~ de Obras Públicas 1471
~ para el País de Gales 1531
~ de la Pesca 1507
~s: los ~ son responsables ante el Parlamento, al que tienen que rendir cuentas 1420
~ plenipotenciario 3114
~ de Previsión Social 1502
~ de Relaciones Exteriores 1438
~ encargado de las Relaciones con el Parlamento 1534
~ residente 3116
~ de Salud Pública 1496
~ ~ Sanidad 1496
~ ~ Seguridad Social 1500
~ del Trabajo 1480
~ de Transportes 1484
~ de la Vivienda 1475
minoría 7687
~: estar en ~ 4180
miras: con ~ a 3708
~: estrecho de ~ 2476
misil 5664
~ antibalístico dirigido 5665
~ antimisil 5665
~ de largo alcance 5670
~es de alcance medio 5672
~ de cabeza múltiple 5674
~ ~ ~ ~ y reentrada independiente 5673
~ tierra-aire 5667
~es: sistema de ~ antibalísticos 5677
~ ~: red de ~ antibalísticos 5677
~ ~: déficit de ~ 5678

misión de buena voluntad 3062
~ comercial 3068
~ diplomática 3055
~ especial 3060
~ militar 3067
~ de paz 3446
~ permanente 3065
mitin electoral 815
~ del partido 1966
mito de la puñalada por la espalda 6250
moción 4058
~ de aplazamiento 4100
~ para aplazar el examen de una cuestión 4100
~: la ~ ha sido aprobada 4089
~ de censura 997
~ de confianza 993
~ de enmienda 4094
~ de orden 4075
~ que tiene prioridad 4072
~ de procedimiento 4105
moderado 2522
moderador 3875
modernismo 2647
modificación: sin ~ 4090
modo: en ~ alguno desearía 4325
~: en cierto ~ 4356
modus vivendi 3478
monarca 276
~ constitucional 287
~ de derecho divino 280
monarquía 284
~ absoluta 285
~ constitucional 286
~ electiva 290
~ hereditaria 289
~ de Julio 6164
monárquico 288, 2649, 2650, 2786, 2787
monarquismo 2648
moneda: en ~ local 4950
~ nacional 20
monismo 2652
monocracia 2651
monolitismo 2473
morada: última ~ 3334
moralidad internacional 2960
moratoria 4475
motín 2189
~ de Boston 6125

motivación de la sentencia 5477
motivos de ineligibilidad 747
motivo: hay ~ para... 4364
~: ser ~ de singular alegría para alg 4319
movilización 5527
~ general 5528
~ parcial 5530
movilizar 5525
movimiento 1918, 4738
~ clandestino 2201
~ ~: transformarse en ~ 2203
~ de concentración 6384
~ Europeo 5308
~ federal Europeo 5309
~ de guerrilleros 2214
~ huelguístico 712
~ de independencia 204
~ independista 204
~ Internacional de Estudiantes Católicos 5375
~ ~ de Intelectuales Católicos 5374
~ laborista 2008
~ de liberación 4739
~ de masas 2183
~ mundial 4731
~ Nacional 2041
~ ~ Argelino 6464
~ obrero 2404
~ panárabe 2700
~ Républicano Popular 2017
~ de resistencia 2199
~ ~ ~ francés 6321
~ revisionista 2785
~ Social Italiano 2025, 2673
~ subversivo 2116
mufti 461
mujer del alcalde 1645
multilateral 4406
multilateralismo 4407
multilátero 4406
mundo 307
municipal 1636
~idad 1652
municipio 1633, 1642
~ gemelado 3697
~ rural 1635
~ urbano 1634
Muralla del Atlántico 6343

Muralla de Berlín 6479
muro de la vergüenza 6479
«mutatis mutandis»: se aplica(rá) ~ 4647

N

nacimiento de un Estado 270
nación 2655
~ individual 2923
Naciones Unidas 4959
nacional 2287, 2288, 2337, 2657, 2825, 2883, 2940
~ idad 2336, 2343
~ ~ adquirida 2340
~ ~ : adquirir una ~ ~ 2349
~ ~ : concesión de la ~ ~ 2344
~ ~ : doble ~ ~ 2341
~ ~ de origen 2339
~ ismo 2660
~ ~ burgués 2662
~ ~ estrecho 2661
~ ista 2663, 2664
~ ización 2881
~ ~ de la Compañía del Canal de Suez 6458
~ izar 2880
~ -sindicalismo 2668
~ -sindicalista 2669
~ -socialismo 2665
~ -socialista 2666, 2667
napalm 6003
naturalización 2353
naturalizar 2354
navegar a dos aguas 2603
navicert 5791
nazi 2670
~ ficación de Alemania 6270
~ smo 2671
necesidad: me veo en la ~ de 4333
necesario: es ~ 4362
negarse a recibir una nota 3530
negociaciones: mediante ~ 3718
~ : por medio de ~ 3718
~ arancelarias 3706
~ de armisticio 5846
~ con miras a la conclusión de un tratado de comercio 3708

negociaciones:
~ económicas 3705
~ entre el Este y el Oeste 6523
~ intergubernamentales 3709
~ Kennedy 6484
~ laboriosas 3732
~ de paz 5858
~ preliminares 3721
negociador 3710
negociar 3699
negro: poner muy ~ la situación 2796
Negus 441
neocolonialismo 203
neocolonial(ista) 202
neofascismo 2672
neofascista 2674, 2675
neonazi 2676
neonazismo 2677
neopaganismo de los nazis 6275
nepotismo 2882
~ de partido 1974
neutral 6055
neutralidad 6056
~ armada 6064
~ benévola 6062
~ incondicional 6065
~ permanente 6060
~ voluntaria 6061
neutralismo 3594
neutralista 3595, 3596
neutralización 6068
neutralizar 6067
nihilismo 2679
nihilista 2680, 2681
nivel: en el ~ diplomático 3035
~ : en el ~ federal 231
~ : en el ~ de los Laender 233
~ : en el ~ de los ministros 3704
~ : en el ~ de Asuntos Exteriores 3764
no 4354
no beligerancia 6054
noble 407
nobleza 404
~ : alta ~ 406
~ : baja ~ 405
~ rural 417
Noche de San Bartolomé 6088

nocombatiente 5988
no-diseminación de armas atómicas 5935
no extradición 1890
no fortificación 5886
nombramiento 1766, 3384
~ con contrato de duración fija 4906
~ permanente 4905
~ a título de prueba 4912
~ temporal 4904
~ por tiempo indefinido 4904
nombrar 1765
~ un agente diplomático 3072
~ candidatos 819
~ de oficio 1903
~ un ponente 3932
nombre: en mi propio ~ y en el del Gobierno de 3096
~ : en ~ de mi Gobierno 3095
nómina civil 332
no intervención en los asuntos internos de un Estado 3612
no miembro 4694
no reconocimiento 2998
no residente 2297
no retroactividad 4610
no violencia 2529
nomocracia 2682
Nordistas 6181
norma de Derecho internacional 2916
~ s de derecho 2914
~ s jurídicas 2914
~ s de seguridad 4934
normalidad de los nombramientos 3890
normalización de las relaciones 3430
nota 3526
~ de cobertura 3528
~ colectiva 3537
~ así concebida 3527
~ confidencial 3535
~ s idénticas 3533
~ de protesta 3536
~ de respuesta 3538
~ verbal 3534
notar: hacer ~ 4328
noticia: falsa ~ 2486

761

notificación 4597
~ de la citación 1895
notificar el bloqueo 5715
nulidad de una ley 1066
nulo y sin valor 4608
nunciatura 3136
nuncio 3134

O

OACI 5073
OAS 6465
obediencia de cadáver 2562
obispado 508
obispal 507
obispo 506
objeción de conciencia 2601
~: alguna ~ ? 4158
~es: no tener ~ ~ contra u/c 4369
objetante de conciencia 2600
objetar 4370
objetivos de guerra 5569
objetivo inmediato 2654
~ lejano 2494
~ a largo plazo 2494
objeto del Derecho internacional 2911
~ del litigio 5458
~ y motivo de la comisión rogatoria 1856
~: constituir el ~ de una discusión 3985
objetor de conciencia 2600
obligación de fidelidad y de obediencia 1543
~ de extradición 1886
~: hay ~ de tener visados (o: visas, vistos) 3410
~ de votar 772
obligaciones que se derivan de los tratados 4533
obligado: ser ~ a afiliarse a una organización 613
~: me veo ~ a 4333
obligatorio 4534
obrar a solas 3585
obrerismo 2404
obsequiar a alg. con u/c 3286
~ ~ ~ un almuerzo 3296
obsequio: hacer un ~ 3286
observación: alguna ~ 4386

observancia del Reglamento 4110
~ de un tratado 4529
observador 4131
observar el Reglamento 4109
obstrucción 4134
~ parlamentaria 1042
obstruccionista 1043
obtención de la independencia 205
obtener una audiencia 3269
~ la mayoría de los votos emitidos 4196
~ la palabra 4025
~ el plácet 3081
~ 20 votos 871
OCAM 5193
ocasión: aprovecho gustoso esta ~ para 4322
ocaso de la democracia 2678
~ del Tercer Reich 6345
OCDE 5189
oclocracia 2684
oclocrático 2685
ocupación 57, 5800
~ bélica 5797
~ de locales 2094
~ militar 5797
~ originaria 61
~ pacífica 60
~ del Ruhr 6258
ocupante 58, 5798
ocupar 5799
~ la presidencia de una asamblea 3880
ODECA 5270
Odelsting 1215
odio de clases 681
~ entre clases 681
~ entre las naciones 685
~ racial 677
OEA 5262
OECE 5187
Ofensiva de paz 3449
~ ~ ~: lanzar una ~ 3450
oficial 1721
~: con carácter ~ 3093
~: interrogador 6024
~: por vía ~ 1709
~: prescindir de la vía ~ 1710
~ de seguridad 2053
oficina 4818, 4819
~ de cambio 4292

oficina
~ Central de Transportes Internacionales por Ferrocarril 5296
~ del Alto Comisario de las Naciones Unidas para los Refugiados 5021
~ ~ ~ Comisionado de las Naciones Unidas para los Refugiados 5021
~ Común de Consumidores de Chatarra 5124
~ de correos especial 4293
~ del Director general 5058
~ de Educación Iberoamericana 5195
~ de enlace 4814
~ ~ ~ con las Naciones Unidas 5032
~ de Estandardización 5251
~ de Estudios 4813
~ expedidora de pases 6480
~ Federal de Prensa 1546
~ de información 4290
~ de Informes relativos a los prisioneros de guerra 6037
~ internacional 4762, 5080
~ ~ de Educación 5229
~ ~ de Epizootias 5234
~ ~ de Exposiciones 5227
~ ~ Hidrográfica 5230
~ ~ de Pesos y Medidas 5228
~s ~es reunidas para la protección de la propiedad industrial, literaria y artística 5286
~ ~ del Trabajo 5031
~ ~ de la Viña y del Vino 5236
~ jurídica 4824
~ de objetos hallados 4294
~ ~ ~ perdidos 4294
~ permanente 4763
oficio: de ~ 1703
~: nombrar de ~ 1903
~s: buenos ~ ~ 5418
oficioso 1722
ofrecer un almuerzo 3295
~ a alg un almuerzo 3296

ofrecer un cóctel 3294
~ un regalo 3285
ofrecimiento de armisticio 5843
~ de mediación 5407
~ de paz 5852
oído(os, -a, -as): después de ~ 4042
OIEA 5104
OIJ 5323
OIPC 1870
OIR 5020
OIT 5030
ola de huelgas 713
~ huelguística 713
oleada de refugiados 2312
oligarca 2687
oligarquía 2688
oligárquico 2689
omnipotencia de los gobernantes 1279
ondear a media asta 3355
ONU 4959, 4960
~: de la ~ 4961
ONURC 5011
onusiano 4961
opción 110
operación de comando 5648
~ de limpieza 5637
~ de policía 5505
opinión divergente 4378
~ pública 2638
oponer un veto a 4084
oportunismo 2690
oportunista 2691, 2692
oportuno: juzgo ~ 4360
oposición 981
~ extraparlamentaria 6492
~ de derecha(s) 1935
~ de izquierda(s) 1936
opresión 687
OPS 5274
optante 108
optar por 109
~ por una nacionalidad 2348
optimismo 2792
oración fúnebre 3337
orador precedente 4013
~ es: no hay más ~ ~ inscritos 4017
orbe 307
orden de caballería 431
~ de cambiar de rumbo 5749

orden
~ de cambiar de ruta 5749
~ constitucional 557
~ del día 3849
~ del día muy cargado 3861
~ del día definitivo 3854
~ ~ ~: figura (está) en el ~ 3864
~ ~ ~: figurar en el ~ 3867
~ ~ ~: llegamos al punto 7 del ~ 3868
~ ~ ~ provisional 3851
~ económico 559
~ de expulsión 2303
~: por ~ de un gobierno 3094
~ de huelga 711
~ de la Jarretera 432
~ de los Jesuitas 6084
~ jurídico 2918
~ legal 2918
~ mundial 2920
~ de precedencia 3198
~ público 2057
~ social 558
~ de solicitudes 4015
~ de sucesión 311
~: Nuevo ~ de Europa 6323
ordenamiento jurídico 2918
ordenar la movilización general 5529
ordonanza 4123, 4125
~ mayor 4124
organismo 1696, 4819
~ administrativo 1698
~ de arbitraje 5440
~s auxiliar(es) 4796, 4956
~ de Defensa de la Constitución 2280
~ de dirección 4795
~ de enlace 4814
~s especializados 5029
~ gubernamental 1538
~ de inspección 1700
~ internacional 4708
~ permanente 4793
~s regionales 5028
~ de seguridad 2051
~ de socorro 4746
~ supervisor 1700
~ supranacional 4706
organizaciones afiliadas 4707

organización
~ Afro-Asiática de Cooperación económica 5153
~ de Aviación Civil Internacional 5073 (OAS)
~ de camuflaje 2208
~ central 4757
~ para la Colaboración de Ferrocarriles 5271
~ Común Africana y Malgache (OCAM) 5193
~ Consultiva Marítima Intergubernamental 5096
~ Consultiva Marítima Internacional 5096
~ para la Cooperación Comercial 5102
~ del Ejército Secreto 6465
~ Europea para el Desarrollo y el lanzamiento de Vehículos Espaciales 5182
~ Europea de Investigaciones Espaciales 5184
~ ~ ~ ~ nucleares 5181
~ ~ y mediterránea de protección de plantas 5276
~ gubernamental 4710
~ Internacional del Café 5206
~ ~ del Comercio 5103
~ ~ de Empleadores 5329
~ Meteorológica Mundial 5092
~ ~ Regional 5095
~ mundial 4727
~ ~ de la Salud 5059
~ de las Naciones Unidas para el Desarrollo Industrial 5107
~ no gubernamental 4709
~ del Pacto de Varsovia 5287
~ privada 4726
~ profesional 4766
~ regional 4728
~ secreta 2207
~ semioficial 4711
~ superior 4757
~ supranacional 4706
~ técnica 4765
~ de trabajadores 4769
~ del Tratado de Bruselas 6393

organizaciones del Tratadó Central 5301
organizar una manifestación 2088
órgano 4790, 4819
~ administrativo 4799
~ consultivo 4801
~ de control 1705, 4802
~ ~ ~ de Estupefacientes 5009
~ director 4795
~ ejecutivo 4798
~ esencial 4794
~ de fiscalización 1706, 4811
~s del gobierno 1537
~s principales de la ONU 4964
~ subsidiario 4797
~ de supervisión 1706
original 1905, 4661
~: en doble ~ 4664
oscurantismo 2683
oscurantista 2469
ostentar la representación de alg 1781, 3100
Ostpolitik 6539
OTAN 5242
OTASE 5281
otorgar certificados de origen 3413
~ la inmunidad 3146
~ poderes especiales a alg 1742
OUA 5237, 5238, 5241, 5269, 5285
outsider 2414

P

pabellón 3345
~ cubre la mercancía 5737
~ falso 5763
~ nacional 3346
pachá 446
pacificación 5503
pacificar 5504
pacifista 2599, 2722, 2723
~ antinuclear 2409
pacifismo 2721
pactar con 3623
~ una alianza 3568
pacto 4402
~ de Acero 6304, 6325
~ antikomintern 6293

pacto
~ de asistencia 4448
~ Atlántico 6416
~ de Bagdad 6451
~ Balcánico 5163
~ de contrahendo nt 4404
~ federal 518
~ Kellog-Briand 6263
~ militar 4447
~ de no agresión 4449
~ de renuncia a la guerra 6263
~ de seguridad 4445
~ de la Sociedad de Naciones 4953, 6252
~ tripartito 6325
padre: Santo ~ 479
país que acoge 3809
~ con ambiciones de gran potencia 252
~ anfitrión 3809
~ de asilo 2325
~ que concede el asilo 2329
~ beneficiario 3678
~ donante 3679
~ donde tiene lugar la conferencia 3809
~ huésped 3809
~es no abanderados 6489
~ ~ no alineados 6489
~ ~ no comprometidos 6489
~ satélite 215
~ sede 3809
~ sin acceso al mar 25
~ de los Sudetes 6297
~es: terceros... 5149
~ ~ en vías de desarrollo 3677
palabra: ceder la ~ 4027
~: conceder el uso de la ~ según el orden de solicitudes 4015
~s: expresarse en pocas ~ ~ 4337
~s: con otras ~ ~ 4347
~: hacer uso de la ~ 4026
~: obtener la ~ 4025
~: privación de la ~ 4029
~: renunciar al uso de la ~ 4030
~: retirar el uso de la ~ 4028
~s: retirar sus ~ ~ 4385
~: tener la ~ 4019

palabra:
~s: «solo tengo unas ~ ~ que decir» 4336
~: tiene la ~ el Sr. 4023
~: «Vd. tiene la ~» 4024
~: tomar la ~ 4026
~: «válgame la ~» 4358
~s de bienvenida 3895
~ ~ de introducción 3900
palomas 2841
panafricanismo 2693
panafricano 2694
panalemán 6360
panamericanismo 2696
panamericanista 2697
panamericano 2695
panárabe 2699
panarabismo 2698
panasiático 2701
panasiatismo 2702
pancarta 2103
~s: llevar ~ 2104
Panchen Lama 443
«panel» 4309
paneslavismo 2711
paneslavista 2712, 2713
paneuropeísmo 2703
paneuropeísta 2704
paneuropeo 2704
pangermánico 2707
pangermanismo 2705
pangermanista 2706, 2707
pangermano 2707
paniberismo 2708
panislamismo 2710
panislamita 2709
Panteras negras 6500
Papa 477
Papado 483
papal 485
papeleo 2378
papeleta en blanco 856
~ nula 855
~ de votación 846
par 425, 1160
parabién: dar el ~ de 3284
parecer: expresar su ~ 4359
~: «soy del mismo ~ que el Sr. X» 4376
~: «me parece mejor» 4361
paresa 426
parias 682
parlamentario 909, 3710, 5825

parlamentarismo 910
Parlamento 1102
~ Europeo 5109
«parlement-croupion» 923
parroquia 1632
parte integrante del presente Tratado 4644
~s contratantes 4568
~ ~ en una controversia 5425
~ ~ no signatarias 4565
participación 3615
~ electoral 839
~ en la guerra 5561
~ con exceso de abstenciones 840
participantes en la conferencia 3807
participar en una conferencia 3805
~: no poder ~ en 3983
particularismo 2714
particularista 2715
partidario 2383
~ de la corona 2786
~ de los derechos cívicos 6499
~ de la guerra fría 6391
~ de la nueva izquierda 2385
~s de una política atlántica 6417
~ del rey 2786
partidas armadas 2221
partido 1916
~ alemán 1995
~ de toda Alemania 1998
~ bávaro 1990
~ campesino 2010, 2037
~s centristas 1923
~s del centro 1923
~s de la coalición 1930
~s coaligados 1930
~ comunista 1986
~ ~ alemán 1999, 1999a
~ ~ austríaco 2028
~ ~ francés 2020
~ del Congreso 2021
~ conservador 2006
~ ~ cristiano-social 2039
~ cristiano-demócrata 2001
~ ~-social 1987
~ demócrata 2046
~ ~ Liberal 1997
~ ~ Libre 1997

partido
~s de derecha(s) 1922
~s derechistas 1922
~ de Estado 1924
~ extremista 1920
~ gubernamental 1926
~s de izquierda(s) 1921
~s izquierdistas 1921
~ laborista 2007
~ liberal 1988, 2012
~ ~-demócrata 2005, 2040
~ mayoritario 1953
~ minoritario 1954
~s minúsculos 1947
~ moderado 1919
~ nacional Alemán 6241
~ ~ demócrata 2003
~ neofascista 2026
~s de la oposición 1933
~ en el poder 1928
~ ~ ~ ~ y la oposición 1927
~ políticos de acción local 1948
~ político internacional 1917
~ popular Austríaco 2030
~ Popular Obrero 2036
~ Radical-Demócrata 2038
~ de los Refugiados 1991
~ Social-demócrata 2000
~ Socialista Alemán 2000
~ ~ Austríaco 2029
~ ~ Belga 1989
~ ~ Francés 2013
~ ~ Unificado 2004
~ único 1924
~ de Unidad Socialista 2004
partnership nt 4713
pasaporte 3394
~ diplomático 3400
~ oficial 3399
~ de servicio 3399
pasar a la clandestinidad 2203
~ la frontera 146
~se a la oposición 984
~ al orden del día 3862
~ revista a la compañía de honor 3204
~ ~ a los problemas 3756
~ a secretaría 4249
~ tarjeta 3219
pasavante 5791

pasillo aéreo 51
paso: «dicho sea de ~» 4353
~ a la derecha 894
~ de la frontera 145, 147
~s: estar a dos ~ ~ de la guerra 5522
~ inofensivo 3016
~: un ~ a la izquierda 895
pasquín 2886
patente 1767
~ consular 3383
~ de corso 5724
paternalismo 2716
paternalista 2717
patria 2875
~ de adopción 2352
patriarca 509
~ ecuménico 513
~do 510
patriota 2718
~tería 2541
~tero 2540
~tismo 2720
~ ~ local 2650
patriótico 2719
patrocinio: bajo el ~ de 3808
patronato 4812
pautas 1665
Pax Christi 5373
~ Romana 5374, 5375
paz armada 5870
~ de Augsburgo 6083
~ de compromiso 5869
~ contractual 5864
~ duradera 3454
~ impuesta 4440
~ ~ por el Tratado de Versalles 6231
~ negociada 3454, 5863
~ de los Pirineos 6100
~ separada 5868
~ de Westfalia 6097
Pearl Harbor: ataque por sorpresa 6317
pedidos «off shores» 6418
pedir el aplazamiento del debate 3906
~ asilo 2319
~ audiencia a alg 3267
~ la clausura de una discusión 4101
~ con insistencia 4374
~ la palabra 4016, 4021
~ sus pasaportes 3401

765

pedir la paz 3447
~ la remisión de una cuestión a una comisión 3940
peligro de guerra 5509
~ inminente 2059
pelotón de ejecución 2170
pena capital 1911
~ disciplinaria 1816
~ de muerte 1911
~ privativa de libertad 1908
penetración pacífica 59
pensar 4234
Pentágono 1589
pequeño-burgués 2575
pequeña-burguesía 2574
~ coalición 1336
~ Entente 6238
perder la guerra 5559
~ votos 881
pérdida de la nacionalidad 2356
~ de terreno(s) que arrastra una corriente de agua 65
~ de votos 882
perfidia 5984
período inicial 4669
~ prebélico 6305
~ de prueba 4911
~ de puesta en marcha 4669
~ de sesiones 926, 3785
~ ~ ~ extraordinario 928
~ ~ ~ ordinario 927
~ ~ ~ de transición 5129
~s: entre los ~ ~ de sesiones 931
perito 3822, 3825
perjuicio: sin ~ de las estipulaciones de 4649
permanecer en sus funciones 1783
~ al margen de la guerra 6052
permiso 1668
~ por enfermedad 4924
~ especial 4925
~ por estudios 4926
~ sin sueldo 4923
~ para visitar el país de origen 4922
permitir: «permítaseme la expresión» 4358
~ la libre retirada con honores militares 5831

permuta de cargos 1795
permutar con alg 1796
peronista 2724, 2725
persecución inmediata 5768
~ racial 684
persona grata 3078
~s que acompañan a las fuerzas armadas 6025
~ ~ desaparecidas 5617
~ ~ desplazadas 700, 2316
~ ~ étnicamente alemanas 6299
~ de doble nacionalidad 2341
~ internacional 2910
~ moral 4704
~ ~ de derecho público 1704
personal 4851
~ contratado por períodos breves 4900
~ de una misión diplomática 3163
~ de plantilla 4897
~ temporero 4899
personalidad: tener ~ ~ jurídica 2912, 4674
~: tener ~ jurídica del Derecho internacional 2913
personalismo 2726
personalización del poder 1290
pertenecer a la jurisdicción de 1734
pertenencia (a) 4720
perturbar la sesión 4120
peso del pasado 2878
petición 992
~: a ~ de 4069
~: a ~ expresa de 4070
~ de extradición 1884
~ de ingreso 4715
~ de inscripción en el orden del día 4074
pie de igualdad: sobre un ~ ~ 4712
pintar un cuadro pesimista de la situación 2796
pillaje 6012
~: abandonar al ~ 6012
pique: echar a ~ un buque 5758
piquete 740
pirata 5722
piratería 5723

pista Ho-Chi-Minh 6509
placer: tengo el ~ de saludar 4314
~: me cabe el ~ de 4316
~: ~ ~ ~ ~ y el honor de 4321
plácet: conceder el ~ 3080
plan bienal 1575
~ de «cielo abierto» 6475
~ de Colombo 5168
~ cuatrienal 1577
~ Dawes 6260
~ Eden 6444
~ de emergencia 2065
~ Marshall 6394
~ Morgenthau 6353
~ Pleven 6429
~ quinquenal 1578
~ Rapacki 6470
~ de saneamiento económico 1574
~ Schumann 6422
~ sexenal 1579
~ trienal 1576
~ de urgencia 2065
~ Young 6264
plantear la cuestión de confianza 996
~ una cuestión de orden 4112
~ la ~ prejudicial 4073
~ ~ ~ previa 4073
~ ~ ~ de previo pronunciamiento 4073
plantilla 4858
plástico 2240
plataforma 810, 1366
~ continental 43
~ espacial 5973
plazo de inscripción: el ~ ~ ~ termina el 4284
~: a corto ~
~: a largo ~ 4622
plebiscito 104, 897
~ del Sarre 6284
plenipotenciario 3711
pleno 964, 3794
~s poderes 3097
pluralismo 2729
~ de opiniones 607
pluripartidismo 1952
plus de carestía de vida 4872
~ de vida cara 4872
plutocracia 2731
plutócrata 2730
plutocrático 2732

poblaciones desplazadas 3694
población fronteriza 142
poderes 1736, 3097
poder central 1324
~ constitucional 541
~ constituyente 543
~ contratante 4413
~ de decisión 1731
~ disciplinario 1813
~ discrecional 1749
~ ejecutivo 1263
~ federal 230
~es implícitos 1743
~ judicial 1820
~ de legislar 1022
~ legislativo 901, 902
~ de nombramiento 1732
~ personal 1280
~es públicos 542, 551
~ reglamentario 1657
~es: plenos ~ ~ 3097
~: estar en el ~ 1294
~: hacerse con el ~ 1291
~: no ~ menos de 4343
~: el ~ priva sobre el Derecho 2528
pogrom 2192
polémica 3990
polémico 3991
poliarquía 2737
policentrismo 2738
policía de extranjeros 2296
~ de fronteras 148
~ popular 2964
~ de puertos 3014
~ secreta 2054
polis antigua 243
Politburó 2034
política 1554
~ de abandono 3575
~ de acercamiento 3587
~ de acorralamiento 3662
~ agraria 1584
~ de alianzas 3570
~ ambigua 1567
~ de apaciguamiento 3603
~ de apartheid 668
~ de aplicación del Tratado de Versalles 6249
~ de armamentos 5891
~ de austeridad 1099
~ del avestruz 1570
~ de ayuda al desarrollo 3680
~ de bloques 3460

política
~ de cerco 3662
~ de coalición 1335
~ colonial 191
~ de contención 3606
~ de defensa 1590, 3643
~ demográfica 1586
~ de desarrollo 1572
~ dilatoria 3648
~ económica 1571
~ de entendimiento 3581
~ de equilibrio 3593
~ europea 3423
~ de expansión hacia el Este 6274
~ de expansión 3640
~ expansionista 3640
~ exterior 3420
~ financiera 1580
~ de la fuerza 3634
~ del hecho consumado 3608
~ interior 1564
~ internacional 3416
~ lingüística 665
~ militar 1587
~ moderada 1563
~ monetaria 1583
~ de neutralidad 6063
~ de no intervención 3613
~ partidista 1562
~ de partidos 1562
~ de paz 5855
~ presupuestaria 1582
~ de puerta abierta 6195
~ de remolque 3588
~ social 1573
~ de tanteo 1569
~ de la tierra quemada 5593
~ a la zaga 3588
~: de ~ exterior 3421
~: de ~ interior 1565
~: en materia de ~ interior 1565
~: en materia de ~ exterior 3421
político 1548, 1550
~ ambicioso 2567
~ de café 2836
politiqueo 2733
politización 2735
politizar 2734
politólogo 2736
Polonia: los cinco repartos de ~ 6118

ponencia 4302
ponente 3821, 4299
~: nombrar un ~ 3932
ponerse de acuerdo sobre 3728
poner bajo la ley militar 2070
~ la bandera a media asta 3354
~ en clave 3181
~ las cosas muy negras 2796
~ una cuestión en el orden del día 3857
~ al día un informe 4251
~ fin a u/c 4606
~ en libertad 6040
~ ~ ~ un buque 5759
~ ~ ~ bajo palabra de honor 6041
~se al pairo 5748
~ en peligro la paz y la seguridad internacionales 3438
~ un problema sobre el tapete 4390
~ la situación muy negra 2796
~ en vigencia 1056
~ en vigor 1056
~ a votación 4146
pontificado 484
pontificio 485
pool carbón-acero 5116
~ verde 6442
POP 2036
popular 2883
porcentaje: elevado ~ de abstenciones 840
portador de armas atómicas 5943
portador: ser ~ de un mensaje 3523
~ de un secreto (o:de secretos) 493
portaviones 5688
portavoz 1544
posesión 5
~: tomar ~ de la presidencia 3877
posesiones de ultramar 180
~es ultramarinas 180
posibilidad: no queda excluida la ~ de que 4363
posición clave 3419

767

posición insular 41
~ negociadora 3717
postergación 1794
Potencias aliadas y asociadas 6213
Potencia atómica 5914
~s centrales 6212
~ colonial 184
~ continental 255
~ detentadora 6035
~s del Eje 6307
~s: Grandes... 251
~ mandataria 209
~ marítima 256
~ militar 257
~ mundial 248
~s neutrales 6053
~s occidentales 6309
~ de ocupación 5802
~ ocupante 5802
~ protectora 6036
~ de segundo orden 254
~ victoriosa 5627
potencial militar 5614
potestad de emanar instrucciones 1733
~ normativa 569
práctica establecida 2947
practicar detenciones 2166
Pragmática Sanción 6110
pragmático 2740
pragmatismo 2741
pragmatista 2739
preámbulo 4636
prebélico 6306
precedencia 3194
~: tener la... sobre 3195
precedente 3487
preceptos de una ley 1077
preciso: es ~ 4362
precisado: me veo ~ a 4333
precursor de esta institución 4670
predecesor 4884
prefecto 1617
pregunta 987, 4037
prejuicios raciales 663
prelado 497
preliminares de paz 5856
«premier» 1355
premierato 1354
Premio Internacional Carlomagno 6441
~ Nobel de la Paz 3340
preocuparse: me preocupo sobremanera 4344

preparativos de guerra 5523
presa 5776
~: Gran ~ de Asuán 6456
~: ser buena ~ 5782
prescribir 2950
prescripción 2951
~ adquisitiva 68
presencia de la RFA en Berlín 6536
presentación de las cartas credenciales 3086
~ en la Corte 3263
presentar a alg. como candidato 1763
~ su candidatura 821, 822, 1759
~ las cartas credenciales a alg 3085
~ su dimisión 1424, 4937
~ la dimisión colectiva 4940
~se a nuevas elecciones 825
~ una enmienda 4095
~ sus excusas a alg 3312
~ un informe 4248
~ una instancia 4063
~ una moción 4068
~ ~ ~ de censura 998
~ ~ ~ de orden 4112
~ ~ ~ de procedimiento 4076
~ el presupuesto 1085
~ un proyecto de ley 1031
~ reclamaciones 3518
~se a reelección 825
~ la renuncia 1424
~ sus respetos a alg 3217
~ una solicitud 4063
presente: estar de cuerpo ~ 3330
~: el ~ Tratado 4643
~: ~ ~ ~ será ratificado 4584
~: ~ ~ ~ está sujeto a ratificación 4584
Presidencia 1314, 3873
~: bajo la ~ del Sr X 3876
~ del gobierno 1352
~ por turno 3884
presidencialismo 1274
Presidente 1312, 1315, 3874, 4834
~: ser ~ de una asamblea 3880

Presidente
~ del Bundesrat 1135
~ del Bundestag 1137
~ del colegio electoral 832
~ de (una) comisión 3933
~ de la Confederación 1318
~ del Consejo 1356
~ ~ ~ Federal 1135
~ por edad 3885
~ electo 1317
~ federal 1318
~ en funciones 1313
~ del grupo parlamentario 957
~ honorario 4833
~ del parlamento 952
~ del partido 1957
~ de la República Federal 1318
~ sustituído por uno de los vicepresidentes 3882
Presidium del Soviet Supremo 1239
presión: hacer ~ sobre 3641
presionar sobre 3641
presos políticos 696
prestar(se) mutuamente la más amplia asistencia judicial posible 1850
~ ayuda 5548
~ juramento 1541, 1774
prestigio 3472
presunto: ~ heredero 360
presupuestario 1084
presupuesto 1082
~ extraordinario 1097
~ federal 1083
~ ordinario 1096
pretendiente 312
pretensión basada en el Derecho internacional 2961
~ de representación exclusiva (o: privativa) de toda Alemania 6538
prevención de ataques por sorpresa 5966
~ de la guerra 3464
prevenir ataques por sorpresa 5964
previsto en el artículo 3 4652
~ ~ ~ ~ 33 4651

primacia del Derecho internacional 2942
primavera de Praga 6517
Primer Lord del Almirantazgo 1490
~ ~ del Tesoro y Ministro de Administración Pública 1456
~ Ministro 1355, 1456
~ Secretario 3164
~ ~ del Partido 2032
primogenitura 314
princesa 357, 638
principado 370, 371
príncipe 356, 367
~ abad 372
~ de Asturias 361
~ consorte 366
~ de Gales 361
~ heredero 361
~ de la Iglesia 501
~ obispo 373
~ real 358
~ regente 318
~ de la sangre 358
principesco 369
principio de especialidad 1894
~s generalmente reconocidos del Derecho internacional 2958
~s generales del Derecho reconocidos por las naciones civilizadas 2949
~ de reciprocidad 3433
prisa: a toda ~ 1040
prisionero de guerra 6028
~: hacer ~ 6022
privación de libertad 695
~ de la nacionalidad 2358
~ de la palabra 4029
privar a alg de la nacionalidad 2359
privilegios e inmunidades de un diplomático 3145
~ ~ ~ diplomáticos 3145
problema de actualidad 2503
~ alemán 6358
~ de Berlín 6531
~ de minorías 3686
~s pendientes: resolver ~ 3574
~s de la precedencia protocolaria 3196
~ racial 662, 670

problema
~ de los refugiados 2310
~ de Rodesia 6497
~ del Tirol meridional 6392
~: poner un ~ sobre el tapete 4390
proceder a la elección de alg 4186
~ a una encuesta 4045
~ a un segundo escrutinio 4188
~ a la prueba en contrario 4152
~ a la votación 4147
~ a una votación sobre 4141
~ a votar 4147
procedimiento 4102
~ arbitral 5432
~ de buenos oficios 5419
~ de comisiones de investigación 5416
~ de conciliación 5412
~ consultivo 5417
~ disciplinario 1819
~ electoral 828, 4185
~ judicial 5459
~ legislativo 1025
~ penal pendiente 1868
~ sumario 5472
~ de votación 4144
procesamiento de un ministro 1430
procesar a un ministro 1429
proceso espectacular 1847
~ de Nuremberg 6378
proclamación 1049
~ del estado de emergencia 2071
~ de la república 1300
proclamar 1047
~ elecciones 789
~ electo 4195
~ elegido 4195
~ el estado de emergencia 2070
~ el resultado de las elecciones 868
~ el resultado de la votación 4172
pro-comunista 2588
procurador 940
producirse una vacancia (o: vacante) 933, 4890

profesión: libre elección de la ~ 652
programa de austeridad 1574, 1581
~ de conferencia 3871
~ electoral 810
~ de gobierno 1366
~ de Reconstrucción Europea 6401
~ para las señoras 4298
progresismo 2743
progresista 2501, 2502
progresando: las negociaciones están ~ 3740
prohibición de armas atómicas 5928
~ de fraternizar 5810
~ de inmigración 2308
~ de leyes retroactivas 641
~ parcial de las pruebas atómicas en la atmósfera, en el espacio y en los mares 5933
~ del partido 616
~ de pruebas nucleares 5931
~ de las pruebas nucleares 5944
~ de transmitir o publicar informaciones 5532
prohibir un partido 1956
proletariado 2744
proletario 2745
proletarización 2746
proliferación de armas nucleares 5945
prolijo 4031
prolongación de los plazos de prescripción de los crímenes nazis 6495
promesas (hechas) a los electores 812
promoción 1786
promulgación 1048
promulgar 1046
pronunciamiento 2147
pronunciar una alocución 3255
~ un discurso 3255
pronuncio 3137
pro-occidental 2751
propaganda de atrocidades 2534
~ bélica 5570
~ electoral 813
~ de guerra 5570

769

propagandista 2748
propagandístico 2749
propiedad del Bund 1101
~ individual 622
~ personal 622
proponente de una moción 4071
proponer a alg 1761
~ una alternativa 4062
~: me propongo 4324
~ la clausura de la discusión 4101
propósito: lejos de mi ~ está 4326
propuesta 4061
~ de un candidato 4175
~s de paz 3448
prórroga para la ejecución 5492
proscripción de la bomba atómica 5929
~ de la guerra 3463
prosocialista 2818
prosoviético 2813
protección civil 5602
~ consular 3365
~ diplomática 3050
~ de minorías 3690
~ de los nacionales en el extranjero 3049
~ de la población civil 6005
protector 168, 169
~ del Reich 6303
protectorado 167
~ alemán de Bohemia y Moravia 6302
protesta 3519
protestar cerca de un gobierno contra u/c 3520
protocolario 3190
protocolo 4487
~ adicional 4492
~ de Aquisgrán 6154
~ excepcional 4496
~ de firma 4491
~ general 4488
~ de interpretación 4490
~ de modificación 4495
~ de prórroga 4489
~ de rectificación 4494
~ secreto 4493
proveer una vacante 939
provincia 1610, 1613
provocación 2125
provocar desórdenes 2108

provocar
~ disturbios 2108
proyectiles de alcance medio 5672
~ balísticos intercontinentales 5970
~ teleguiados 5968
proyecto de constitución 536
~ enmendado 4547
~ de ley gubernamental 1029
~ de ley presentado por un diputado o grupo parlamentario 1030
~ de ley y la función de las cámaras 1035
~ de orden del día 3850
~ de presupuesto 1095
~ de resolución 4056
~ de tratado 4546
proyector 4238
prueba atómica 5939
~ de fuerza 3652
~ nuclear 5939
psicosis de guerra 5531
publicación en el Boletín Oficial 1050
publicar un comunicado 3540
~ el resultado de las elecciones 868
~ la sentencia 5476
~: para ~ el... 3542
publicidad de las discusiones 4000
público 2825
pueblo colonial 186
~s amantes de la paz 3451
~: del ~ 2883
puente aéreo de Berlín 6409
puesta en clave 3182
~ en libertad 1914
~ ~ definitiva 1915
~ ~ vigor 1055
puesto de un embajador 3112
~ de plantilla 4859
puestos provisionalmente bajo administración polaca 6372
puerta: a ~ cerrada 3802
~: la Sublime ~ 6192
~: la ~ Otomana 6192
puerto de destino 5769
~ franco 18

puerto
~ libre 18
~ ~ de hielo 42
~ de matrícula 3012, 3013
punto: desde el ~ de vista administrativo 1702
~s: catorce ~ ~ de Wilson
~ ~ por hijos 4879
purga 2244
puritanismo 2753
puritano 2752
putsch 2147
putschista 2148

Q

quebrantamiento de la paz 3461
quedar sin efectos 4607
~: no ~ excluída la posibilidad de que 4363
~ fiel a alg 5550
~se a la expectativa 3507
quema de poblaciones 6015
quemar un pueblo 6014
querer: no ~ dejar de 4323
~ hacer notar 4328
~ ~ resaltar 4328
~ insistir en 4328
~: ~ formular ciertas reservas 4368
~: esto no quiere decir que 4349
~: quiero exponer mis reparos a este propósito 4367
quinta columna 2209
~ columnista 2212
quitar de en medio por hábiles manipulaciones 2413
quórum 4198

R

racial 660
racismo 661
racista 660, 666
radical 2754
~ismo 2755
~ ~ de izquierda 2618
radicalización 2756
radicalsocialismo 2014

rajá 469
Rajya Sabha 1168
rancho aparte: hacer ~ 3585
ratificación 4587
~ imperfecta 4591
~ por el Parlamento 4586
ratificar 4585
ratificado: el presente Tratado será ~ 4584
raza superior 6273
razón: la ~ de ello es que 4352
~: si es que yo tengo ~ 4345
~ de Estado 2830
reacción 2757
reaccionario 2758, 2759
reactualización 3639
reagrupación 2867
real 351
~eza 353
realista 2787
realpolitik 1566
reanimación de la idea europeísta 6454
reanimar la discusión 4002
reanudación de los bombardeos de Vietnam del Norte 6511
~ de hostilidades 5834
~ de negociaciones 3738
~ del trabajo 718
reanudar las conversaciones Jarring 6528
~ las negociaciones 3737
~ las relaciones diplomáticas 3045
~ las sesiones plenarias 3796
rearmar 5890
rearme 5889
~ alemán 6430
reasentamiento 3692
rebelarse contra 2179
rebelde 2185, 2186
rebeldía 5471
rebelión de los Boxer 6203
recalcar: querría ~ 4328
recaptura 5773, 5775
recaptar 5774
recaudar fondos 1982
recepción 3290
~ con motivo del aniversario 3280
~ oficial 3291

recepción
~ ofrecida con motivo del Año Nuevo 3261
rechazar una moción 4092
~ una nota 3531
~ un ultimátum 3563
recibir en audiencia especial 3268
~ ~ ~ privada 3272
~ ~ ~ solemne 3270
~ encargo de formar gobierno 1349
reciprocidad legislativa 3435
reclamaciones: presentar ~ 3518
reclutar personal 4901
reconociendo ... 4638
reconocimiento de beligerancia 5565
~ de un Estado 2997
~ de facto 3002
~ de un gobierno 2996
~ de insurrectos 5991
~ de jure 3001
~ de la línea Oder-Neisse 6371
~ de una norma de derecho 5483
~ de la República Democrática Alemana como sujeto del Derecho internacional 6537
~ de una situación nueva 2995
reconocer formalmente 3000
recordatorio 3545
recorrer a fondo 2172
rectificación 3553
~ del acta 4228
~ de fronteras 131
rectificar 4229
recuento de votos 865, 4166a
recurrir a la guerra 5534
recurso de contrafuero 546
~ de organismos regionales 5397
recusación de un juez 5468
red antibalística 5677
~ de espionaje 2258
~ de misiles antibalísticos 5677
redacción: nueva ~ 4548
~ del acta 4225

redacción:
~ del artículo ... 4549
~ ~ ~ 10 es suficientemente elástica (o: flexible) 4655
redactar el acta 4223
~ un informe 4247
redada 2171
reducción de armamentos 5957
~ de la edad electoral 753
~ de las fuerzas armadas 5949
~ del personal 4857
reducciones presupuestarias 1098
reeducación de los alemanes 6374, 2866
reeducar 2865
reelección 749
reelegibilidad 750
reelegido: ser ~ 878
reelegir 748
reextradición a un tercer Estado 1877
referéndum 898, 714
Reforma 6079
~ agraria 1585
~ constitucional 533
~ electoral 779
~ monetaria 6406
reformismo 2764
reformista 2765
refrendar 1664
refrendo 1663
refugiado 2309
refutar un argumento 4380
regalo: ofrecer un ~ 3285
regateo político 3481
regencia 316
regente 319
régimen arbitrario 686
~ de Estado de derecho 586
~ feudal 440
~ de Hitler 6350
~ Internacional de Administración Fiduciaria 213
~ ~ de Tutela 213
~ lingüístico 4677
~ de mandatos 210
~ militar 1285
~ de nación más favorecida 4516
~ de partido único 1301

771

régimen policíaco 1277
~ policial 1277
~ político 1275
~ presidencial 1274
~ representativo 1272
~ de Vichy 6319
regio 351
región 1614
~ autónoma 239, 1615
regionalismo 2768
regionalista 2770, 2772
regionalización 2771
regionalizar 2769
registrar 4601, 5751
~ los nacimientos, los matrimonios y las muertes 3412
registro de antecedentes penales 1867
~ de tratados 4602
regla del alcance del cañón 40
~s de derecho 2914
~ de Derecho internacional 2916
~s jurídicas 2914
~s sobre lenguas 4677
~ de unanimidad 4206
~ de las 24 horas 5796
reglamentación 1659
~: nueva ~ 1660
reglamento 1656, 1659, 4106
~ administrativo 1081
~ ejecutivo 986
~ de la Haya sobre las leyes y costumbres de la guerra terrestre 5979
reglamentaria: por vía ~ 1658
rehén 2245
Reich 6240
Reichswehr 6244
reina 350
~ madre 364
~ viuda 365
~do 282
~r 279
reincidencia: en caso de ~ 4119
reino 352
reintegración 2360
reivindicación 3475
~ territorial 119
reivindicar u/c 3476
~ un territorio 118

relación(es) de buena vecindad 3584
~ ~: las buenas ~ ~ entre las Naciones 3577
~ ~ consulares 3360
~ ~ diplomáticas 3037, 3038
~ ~: las ~ ~ van empeorando 3426
~ ~ Este-Oeste 6520
~ de fuerzas 3675
~ ~ internacionales 3424
~ ~ ~ de vecindad 15
~ jurídica entre el funcionario y el Estado 1683
~ ~ pacíficas 3431
~ado con la política interior 1565
relajamiento de la tensión 3622
relator 3821
relegar a un segundo término 1805
relevar a alg de sus funciones 4942
relieve: poner de ~ 4328
religión oficial 576
rembolso de los gastos de viaje 4949
remilitarización 5900
remisión a la comisión 3939
remitir un problema a una comisión 3938
remuneración de funcionarios 1694
rendición incondicional 5827
rendir homenaje a alg 3265
~ honores militares a alg 3202
~ los últimos honores a alg 3338
~se 5826
renegado 2774
renovación expresa 4617
~ general 935
~ del nombramiento 4913
~ parcial 936
~ tácita 4618
~ de un tratado 4616
renovar tácitamente 4619
renuncia a 3477
~ las a armas atómicas 5904

renuncia
~ a la soberanía 1876
~ar a su cargo 1422
~ ~ al trono 321
~ ~ al uso de la palabra 4030
reocupación de Renania 6287
reorganización de los distritos electorales 791
~ del gobierno 1372
~ gubernamental 1372
reorganizar 1373
reparaciones 5874, 6237
reparos: quisiera exponer mis ~ a este propósito 4368
repartir octavillas 2127
reparto 103
~ de carteras ministeriales 1375
~ geográfico equitativo 4896
repasar 2172
repatriación de los prisioneros de guerra 6043
repatriar 6042
repetir: vuelvo a ~ 4329
~: repito una vez más ~ 4329
réplicas 5467
represaliar 3657
represalias 3653
representación consular 3366
~ corporativa 922
~ diplomática 3054
~ en el extranjero 3058
~ proporcional 776
~: ostentar la ~ de alg 3100
representante 940
~ consular 3367
~ debidamente autorizado 3059
~ diplomático cerca de 3053
~ de más edad 3885
~ especial 3061
~ permanente 4839
representar los intereses de un país 3048
represión de una insurrección 2165
república 2775
~ autónoma 238

república Democrática
  Alemana (RDA) 1143
~ federal 228
~ de Platón 2823
~ popular 267
~ Social Italiana 6340
~ de Weimar 6239
republicanismo 2778
repúblicano 2776, 2777
~s 2015, 2026, 2047
requisa 5822
requisar 5821
resaltar: querría ... 4328
res communis nt 2975
~ nullius nt 2976
resentimiento 3637
reserva 656
~: bajo ~ de ratificación 4589
~: bajo ~ de reciprocidad 4459
~s: con ~ ~ 4555
~ ~: sin ~ ~ 4554
~ ~: quisiera formular ciertas ~ ~ 4368
residencia veraniega 495
residente 2273, 2298
~ general 1600
resistencia pasiva 2118, 6259
~ al registro 5766
~ a la visita 5766
resolución 4055
resolver los problemas pendientes 3574
respeto a los derechos del hombre 584
respetar las iglesias y los hospitales 6007
responsabilidad de la guerra 6232
~ internacional 2963
~ ministerial 1419
~ de ministros 1419
responsable ante el Parlamento 1420
restablecer las garantías constitucionales 2067
~ las relaciones diplomáticas 3046
~ la paz 3452
~ ~ ~ y el orden 2058
~ ~ vigencia de una ley 1061
restablecimiento de relaciones amistosas 3590

restablecimiento
~ del servicio militar obligatorio 6280
~ de la vigencia 1062
Restauración 6159
restaurar la paz y el orden 2058
restituir un buque 5790
restos mortales 3333
restricciones del tráfico hacia y desde Berlín 6534
restringir poderes 1744
resultado de una conferencia 3918
~ de las elecciones 866
~ del escrutinio 866
resultos a 4637
resumen analítico 4220
resumir la discusión 4050
retener a alg como rehén 2246
retirada de 4723
~ del exequátur 3393
~ de las tropas de ocupación 5820
retirar su candidatura 824, 1760
~ de la circulación 1805
~ una concesión 3726
~ una cuestión del orden del día 3859
~ el derecho de votar 756
~ el exequátur 3392
~ una invitación 3228
~ una moción 4091
~ se de una organización 4724
~ sus palabras 4385
~ el uso de la palabra a alg. 4028
retiro del derecho de votar 755
~ de tropas 5880
~ ~ las tropas detrás de ciertas líneas 5835
retorsión 3656
retroactividad 4609
retroceder un territorio 99
retrocesión 98
~: hacer ~ de un territorio 99
retrógrado 2788
reunificación de Alemania 6414
reunión 3777, 3792

reunión
~ almuerzo 4313
~ del gabinete 1398
~ interminable 3917
~ interministerial 1400
~ de noche 3799
~ no oficial 3800
~ oficial 3801
~ plenaria 3794
~ política 1978
~ de protesta 2100
~ secreta 3797
~ de urgencia 3798
~: la ~ queda aplazada al 3915
reunir la documentación para una sesión 4242
~ varios cargos 1720
~ se en cónclave 487
~ ~ de pleno derecho 3790
~ ~ periódicamente 3879
~ ~ puerta a cerrada 3911
reunido: el delegado X ha reunido 5 votos 4197
revanchista 2780, 2781
reverencia 3275
revés 3624
revisar la constitución 532
revisión de la constitución 534
~ total 535
~ de un tratado 4633
~ ismo 2782
~ ista 2783, 2784
revista: pasar ~ a la compañía de honor 3204
revocación de una autorización 1670
~ del Edicto de Nantes 6101
revocar 3561
~ una autorización 1671
~ una medida 1661
Revolución 2155
~ cultural 6514
~ de Febrero 6218
~ Francesa 6121
~ gloriosa 6312
~ de Hungría 6455
~ industrial alemana 6189
~ mundial 2889, 3663
~ de Octubre 6220
revolucionario 2114, 2158, 2159
revuelta 2182

773

revuelta palaciega 2151
~ del té de Boston 6125
Rexistas 6285
rey 349
~ ciudadano 6166
~ por la gracia de Dios 355
~ Sargento 6114
~ Sol 6099
riesgo calculado 3512
Riksdag 1231
río fronterizo 135
~ internacional 85
Risorgimento 6156
rivalidad entre A y B 3636
roces 3651
rogar encarecidamente 4374
romper el cordón de seguridad 2086
~ las negociaciones 3733
~ las relaciones diplomáticas 3043
~ un tratado 4537
rubricación 4582
rubricar 4583
rueda de prensa 3919
rumores incontrolables 3558
ruptura del bloqueo 5718
~ de las negociaciones 3734
~ de la paz 5871
~ de las relaciones diplomáticas 3044
~ de un tratado 4538
Rusos blancos 6223
ruta Ho-Chi-Minh 6509

S

saber: hasta donde yo sepa 4353
~: que yo sepa 4353, 4354
sabido: se ha ~ de fuentes bien informadas 3698
~: ~ ~ ~ ~ fuente digna de crédito (o: fidedigna) 3698
sabotaje 2231
saboteador 2234
sabotear 2235, 4135

Sacro Colegio de Cardenales 494
sacudir el yugo colonial 199
sala central 4829
~ de comisiones 3831
~ de proyecciones 3838
~ de reuniones 3839
~ de sesiones 3829
salida ilegal de la RDA 6482
~ al mar 24
salir del Gobierno 1428
~ se del tema 4032
salón de actos 3297
~ de plenos 3830
saludo en el mar 3213
salva de honor 3214
salvaguardar la dignidad del parlamento 953
~: intereses suficientemente ~ 3490
salvoconducto 5806
salvo: ~ disposición en contrario 4645
~: ~ lo dispuesto en el artículo 12, 4650
San Bartolomé: Noche de ~ 6088
sanciones económicas 5498
~ es militares 5493
~ es obligatorias 5495
~ es voluntarias 5494
sanción Pragmática 6110
~ de traslado forzoso 1794
sanctuarios del Viet-cong 6510
Santa Alianza 6152
~ Sede 481
Santidad: Su ~ 480
~ de los tratados 4527
Santo Padre 479
saqueador 6010
saquear 6011
saqueo 6009
satélite terrestre 5972
satisfacción: es para mí una especial ~ 4315, 4342
sátrapa 448
SEATO 5281
sección 968
~ consular 3370
~ de estadística 4827
~ jurídica 4824
~ de personal 4825

secesión de un territorio 113
secesionismo 115
secesionista 2372, 2373
secesionistas 6180
secretaría 1411, 5062, 5404
~ administrativa 4817
~ del congreso 4288
~ general 4815
~ ~ de la UIT 5088
~ Internacional de la Lana 5357
~ de las Naciones Unidas 5026
~ permanente 4816, 4958
secretariado 4288, 5047, 5057
secretario 1406, 5405
~ de actas 4224
~ de archivos 4846
~ de Defensa 1521
~ del Departamento de Estado US 1440
~ ejecutivo 4812, 5101
~ de embajada 3165
~ de Estado 1440
~ ~ ~ parlamentario 1416
~ ~ ~ permanente 1415
~ del Foreign Office 1439
~ general 4840, 5027
~ ~ adjunto 4841
~ de Gobernación 1443
~ del grupo parlamentario 957
~ del Tesoro 1455
~ del Tribunal 5112
~: Primer ~ 3164
~: Primer ~ del Partido 2032
secreto de Estado 1777
~ más estricto 4932
~ oficial 1776
~ postal 646
~ de telecomunicaciones 647
~ de voto 841
secuestrador 2283
~ del avión 2216
secuestrar 2217, 2284, 5788
secuestro de aviones 2215
~ de un buque 5787
~ de diplomáticos 2285
secularización 6155
sede 4676
sedicioso 2185

segregación racial 667
segregación de un territorio 113
segregacionista 674
segregarse de 114
seguidor[es] 2383, 2384
seguir una política 1556
~ en vigencia 1060
~ ~ vigor 1060
~ fiel a los aliados 5550
segunda patria 2352
seguridad colectiva 3469
~ del Estado 2049
~ interior y exterior 2050
~ internacional 3466
~ nacional 2049
Sejm 1226
sellar con su sello 4579
sello 1678
seminario 4305
semioficial 1722
senado 916, 1103, 1111, 1113, 1116, 1121, 1126, 1128, 1146, 1148, 1152, 1156, 1166, 1171, 1173, 1179, 1189, 1191, 1194, 1196, 1199, 1209, 1221, 1225, 1244, 1251, 1254, 1262
consulto 6139
~ federal 1123
senador[es] 946
~ es de por vida 947
~ ~ vitalicios 947
senatorial 915
sentada 2106
sentar las bases de una política 1561
~ un precedente 3488
~ se a la mesa de negociaciones 3701
sentencia arbitral 5444
~ de muerte 1910
señor feudal 176, 436
señora de la casa 3305
separación 1803, 4943
~ de la Iglesia y el Estado 555
~ de un ministro 1433
~ de poderes 553
separar a alg 4942
~ se de 114
~ a un agente diplomático 3090
~ a alg del cargo 1801
~ a un ministro 1432

separar
~ un territorio anexionado 96
separatismo 2799
separatista 2800, 2801
sepelio nacional 3336
séquito 3160
~ oficial 3161
~ privado 3162
serie de conversaciones 3753
servicio 4819
~ de cifrado 3184
~ s competentes 1701
~ consular 3362
~ de contraespionaje 2263
~ del Correo 3173
~ fúnebre 3323
~ funeral 3323
~ gubernamental 1538
~ de información 2267
~ ~ ~ de la Armada 2265
~ ~ ~ de las fuerzas aéreas 2266
~ ~ ~ militar 2268
~ lingüístico 4828
~ militar 5596
~ ~ obligatorio 5599
~ del personal 4825
~ de prensa 4823
~ de Protocolo 3189
~ público 1697
~ secreto 2253
~ de seguridad y contraespionaje de la Armada 2264
~ taquigráfico 4235
~ de taquimecanografía 4829
servidumbres internacionales 120
sesión 3792
~: apertura de una ~ 3893
~: clausura de una ~ 3913
~ de clausura 3910
sesiones de las comisiones 3795
sesión extraordinaria 3788
~ inaugural 3898
~ maratoniana 3917
~ de noche 3799
~ ordinaria 3787
~ a puerta cerrada 3797
~ secreta 3797
~ de trabajo 3793

sesión
~: abrir una ~ 3892
~: cerrar una ~ 3916
~: clausurar una ~ 3916
~: se abre una ~ 3891
~: se clausura la ~ 3914
~: se declara cerrada la ~ 3914
~: declaro abierta la ~ 3891
sesiones: reanudar las ~ plenarias 3797
~: intervalo que media entre dos ~ 3791
sesión: suspender una ~ 3902
~: suspensión de una ~ 3903
sha 444
Shura 1102
sicosis de guerra 5531
siglo de la Ilustración 6104
~ de las luces 6104
signatarios 4558
significar: esto no significa que 4349
simpatizante 2838
simposio 4310
simposium 4310
simultaneidad con otras reuniones 3908
sin que 4351
sinarquía 2821
sincronización política 1609
sindicalismo 2839, 4771
sindicalista 2840, 4772
sindicatos cristianos 4775
~ s libres 4774
~ obrero 4770
~ patronal 4768
sínodo 492
sin partido 1955
sionismo 2896
sionista 2897, 2898
sistema bicameral 920
~ bipartidario 1950
~ de cohetes antiaéreos 5669
~ de confederación 220
~ del Derecho internacional 2919
~ federal 226
~ feudal 440
~ de «lobby» 1004
~ mayoritario 775

775

sistema de misiles antibalísticos 5677
~ parlamentario 910
~ del partido único 1301, 1949
~ de dos partidos 1950
~ de tres ~ 1951
~ pluripartidista 1952
~ de seguridad colectiva 3470
~ unicameral 919
~ unipartidario 1949
sitio de honor 3216
~: el delegado habla desde su ~ 4012
situación de disponibilidad 4928
~ de funcionario 1683
~ jurídica de los extranjeros 2295
~ tirante 3500
~: la ~ se agudiza 3498
~: la ~ está (o: va) mejorando 3494
~: la ~ va empeorando 3495
slogan 2791
soberana 278
soberanía 561
~ aduanera 571
~ aérea 52
~: toda la ~ emana del pueblo 566
~ espiritual 572
~ exterior 563
~ externa 563
~ feudal 175
~ fiscal 574
~ interior 564
~ interna 564
~ judicial 575
~ en materia de Hacienda pública 574
~ militar 570
~ monetaria 573
~ personal 562
~ del pueblo 565
~ territorial 3
soberano 277, 278, 560
Sobranye 1124
sobrecargar el orden del día 3860
sobrepasar la competencia de alguien 1754
social-democracia 1985
~-demócrata 1984, 2027

socialismo 2815
~ con cara humana 6518
~ con rostro humano 6518
~ con semblante humano 6518
~ de Estado 2831
socialista 2000 2816, 2817
~ de izquierda 2024
socialización 2806
socializar 2805
sociedad clasista 2572
~ de consumo 2595
~ Europea para la Financiación de Material Ferroviario 5178
~ internacional 2921, 4759
~ ~ del Mosela 5211
~ multirracial 659
~ de Naciones 4952
~ secreta 2206
~ sin clases 2525
socio correspondiente 4683
~ individual 4681
socorro a los refugiados 2314
sofocar una insurrección 2164
Sol Rojo 6021
solemne 3250
solemnidad 3249
solicitar el ingreso en una organización 4714
~ ~ ~ ~ la CEE 5147
~ la actuación gratuita de un intérprete 640
~ la intervención gratuita de un intérprete 640
~ la opinión[de] 4040
~: a todos aquellos que lo soliciten 4067
solicitud 1676, 4059
~: a ... de 4069
~ de admisión 4715
~ de asociación 4689
~ de ingreso 4715
~ es pendientes 4716
~ de rectificación 4099
solidaridad 2811
solidario 2810
Solimán el Magnífico 6077
sólo 4336
solución de compromiso 3730

solución
~ de recambio 3731
someter a arresto domiciliario 2146
~ una diferencia a un tribunal 5424
~ un informe 4248
~ ~ ~ a la aprobación de la sesión plenaria 4252
~ u/c a plebiscito 105
~ a votación 4146
sondear las posibilidades de paz 5851
sondeos: hacer ... acerca de 3720
~: hacer ... sobre las posibilidades de paz 5850
sorprender a alguien en flagrante delito 1009
sorteo 4170
sospecha 4351
sostener una tesis 4379
soviet 2802
~ de [las] Nacionalidades 1240
~ Supremo 1238
~ de la Unión 1241
sovietización 2804
sovietizar 2803
soy de la opinión del Sr X 4376
~ del mismo parecer que el Sr X 4376
stajanovismo 2820
stajanovista 2832
stalinismo 2833
stalinista 2834, 2835
statu quo 3486
Storting 1213
subcomisión 3927
~ de Prevención de Discriminaciones y Protección a las Minorías 4995
subdesarrollado 3681
súbdito 2333, 2337, 2338
~ de un país enemigo 2299
subdivisión política 5259
subida al trono 309
subir a la tribuna 4011
~ al trono 310
sublevación 2180
~ de Berlín 6445
sublevarse contra 2179
Sublime Puerta Otomana 6192

submarino 5691
~ atómico 5692
~ portador de cohetes 5675
subordinar u/c a la condición de que 4551
subrayar: querría ~ 4328
subsecretario 1414
~ de Estado permanente 1415
subsidio 4703
~ de alquiler 4874
~ por aumento del costo de la vida 4872
~ de educación 4873
~ por gastos de representación 4870
~ por hijos a cargo 4879
~ de huelga 738
~ por idiomas 4875
~ por puesto especial 4877
~ de vestuario 4878
su(b)stituto 944
subversión 2115
subversivo 2114
subyugación 5876
suceranía 175
sucerano 176
sucesión de Estados 272
~ general 2977
~ legal 274
~ parcial 2978
~ al trono 311
sucesor 4885
~ legal 275
~ al trono 313
sudistas 6180
sueldo base 4865
~ básico 4865
~ bruto 4866
~ neto 4868
sufragio de tres clases 763
~s emitidos 850
~ femenino 766
~ indirecto 768
~ limitado 764
~ de la mujer 766
~ restringido 762
~ universal 760
~ ~, directo, igual y secreto 761
sufragista 767
sujeto del Derecho internacional 2910
~ : el presente Tratado está ~ a ratificación 4584

sujeto
~ : estar ~ a la disciplina de voto 1001
~ : ser ~ del Derecho international 2913
~ : mixto 2342
~ a la pena capital 1909
sultán 453
sultana 454
sultanato 455
sultanía 455
sumergible 5691
Sumo Pontífice 478
supeditar u/c a la condicíon de que 4551
superar el pasado 2877
~ el punto muerto 4137
superávit presupuestario 1093
superestado 245
superpotencia 249
superior jerárquico 4883
suplente 3818
suplicio: último ~ 1911
supremacía aérea 5654
~ naval 5684
~ territorial 3
Supremo Cuartel General Europeo de las Potencias Aliadas 5244
supresión 4231
~ de un cargo 4856
~ de un puesto 4856
suprimir (las) restricciones 3589
surgir: surgen dificultades 4387
surtir efectos
susceptible de: es ~ ~ adquisición 63
suscritos 4559
suspender 1799
~ las garantías constitucionales 2066
~ las relaciones diplomáticas 3041
~ una sesión 3902
suspensión 1800
~ de los bombardeos 5662
~ del fuego 5840
~ de la inmunidad 1008
~ de las pruebas atómicas 5940
~ ~ ~ nucleares 5932
~ ~ ~ relaciones diplomáticas 3042

suspensión de
~ ~ una sesión 3903
sustituido: ser ~ por un colega 3816
sustituir a alg 1780, 4888
sustituto 944, 4887
~ de un delegado 3818
svástica 2536

T

tablón de anuncios 4295
tachar en el acta 4232
táctica dilatoria 3648
~ del salame 3647
~ del salchichón 3647
talweg 136
taquígrafo de conferencias 4831
~ parlamentario 4831
tarjeta de congresista 4286
~ electoral 833
~ de legitimación 4286
~ de mesa 3309
~ : pasar ~ 3219
teach-in 2095
teatro de la guerra 5633
~ de operaciones secundario 5634
tecnocracia 2843
tecnócrata 2842
tecnocrático 2844
teléfono rojo 6526
telegrama cifrado 3185
~ : cursar un ~ de condolencia a alg 3316
~ de felicitación 3281
~ de pésame 3318
teletipo rojo 6525
telexista 4830
telón de acero 6385
~ de bambú 6386
~ de la caña de azúcar 6504
tema: ceñirse a un ~ 4033
temario 3849
tenencia ilícita de armas 2210
tener vigencia 1059
teniente de alcalde 1650
tenor 4653
teocracia 2845
teocrático 2846
teoría de dos Estados alemanes 6496
~ del Estado 524

777

teoría del viaje continuo 5770
Tercer Mundo 6488, 6489
~ Reich 6269
terco 2591
terminar: para ~ 4334
término[s] y condicion[es] de contratación 4894
~ municipal 1649
territorialidad 6
territorio 1
~ bajo administración fiduciaria 211
~ aduanero 16
~ arrendado 80
~ colonial 183
~ del Estado solicitante 1859
~ federal 8
~ fideicometido 211
~ bajo fideicomiso 208, 211
~ libre 240
~ ~ de Trieste 6395
~ bajo mandato 208
~ metropolitano 177
~ nacional 2
~s no autónomos 166
~ nullius 62
~ ocupado 5801
~ de plebiscito 107
~ secesionista 112
~ segregado 112
~ de los Sudetes 6297
~ bajo tutela 211
~s de ultramar 179
terror 2223
~ismo 2225
~ista 2226, 2227
terrorizar 2228
tesorero 4843
testaferro 2837
testimonio: en ~ de lo cual 4657
texto integral 4662
~ original 4661
tiempo: por un ~ ilimitado 4621
~: el ~ restante del mandato 4910
tierra de nadie 5647
tigre de papel 6513
tira y afloja 3483
tiránico 2860
tiranía 2859
tirano 2858

tirantez 3500
~ internacional 3818
tirar piedras a 2105
tiroteo 2222
titismo 2847
titista 2848
titular 409
~ de un pasaporte 3398
título de la función 4862
~: a ~ honorífico 1714
~ nobiliario 411
~ de nobleza 411
~: a ~ de prueba 4912
tocar el himno nacional 3341
tolerancia religiosa 605
toma de la Bastilla 6126
~ de contacto 3743
~ del poder 1292
~ de posesión 56, 1771, 3087
tomar una actitud 3505
~ un acuerdo 1655, 4051
~ una decisión 1655, 4051
~ juramento a alg 1775
~ medidas colectivas 3471
~ la palabra 4020, 4026
~ el poder 1291
~ posesión de un cargo 1770
~ ~ de la presidencia 3877
torpedear 4135
~ buques mercantes 5755
tortura 697
totalitario 2849
totalitarismo 2850
trabajador fronterizo 143
~es no afiliados a un sindicato obrero 2407
trabajo de comisión 3935
~: doble ~ 4107
~ en comisión 3935
~ a reglamento 724
tradicionalismo 2951
tradicionalista 2852, 2853
traductor de conferencia(s) 4850
tráfico fronterizo 144
traje de calle 3311
~ de etiqueta 3310
tramar una conspiración 2140
tramitar un proyecto de ley a toda prisa 1040
transacción 5411

transferencia 1888
~ de los alemanes de Polonia 6373
~ de derechos de soberanía 1874
~ de derechos soberanos 1874
~ de habitantes 3693
~ de pabellón 5738
transferir derechos de soberanía 1875
transformación de buques mercantes en buques de guerra 5690
transformarse en movimiento clandestino 2203
tránsfuga 5612
tránsfugo 5612
transmisión de la citación 1895
~ de documentos y decisiones judiciales 1897
~ de expedientes y decisiones judiciales 1897
~ de instrumentos de prueba, expedientes y documentos 1896
tránsito de extradición 1873
traslación 1888
trasladar 1790
~ a alg de X a Y 1792
~ a alg por motivos disciplinarios 1793
traslado 1791
~ de los alemanes de Polonia 6373
~ de habitantes 3693
trata de esclavos 655
tratado 4392
~ abierto 4625
~ de amistad 4473
~ de alianza 4446
~ de arbitraje 4452
~ de Bagdad 5301
~ de cesión 4441
~ colectivo 4409
~ comercial 4467
~ consular 4464
~ contrato 4395
~ sobre la creación de la CECA 6423
~ sobre la creación de la Comunidad Europea de Defensa 6426
~ desigual 4424
~ de Dunquerque 6396

tratados en favor de un tercero 4418
~ de establecimiento 4469
~ de Estado austríaco 6449
~ de los Estrechos 6286
~ de extradición 4482
~ de frontera 4455
~ fronterizo 4455
~ de garantía mutua 4457
~ general 4420
~ ~ de Integración Económica Centroamericana 5298
~ germano-polaco 6541
~ de Indemnización de Israel 6443
~ Interamericano de Asistencia Recíproca 6398
~ de independencia 4444
~ de Letrán 6266
~-ley 4394
~ limitado 4627
~ de Locarno 6261
~-marco 4410
~ militar 4447
~ de minorías 4460
~ de Montreux 6286
~ naval 4462
~ de navegación 4477
~ de neutralidad 4450
~ de no agresión 4449
~ sobre no-proliferación de armas atómicas 5934
~ normativo 4394
~ de opción 4451
~ de paz 4439
~ de los Pirineos 6100
~ preliminar 4421
~ de protectorado 4443
~ de Rapallo 6256
~ de Reaseguro 6196
~ de reciprocidad 4356
~ de renuncia a la fuerza 6521
~ de Río 6398
~s de Roma 6468
~ secreto 4461
~ por separado 4323
~ sobre la utilización pacífica del espacio extraterrestre 5936
~ de Versalles 6229
~: el presente ~ 4643
tratamiento de los prisioneros de guerra 6032

tratar con humanidad 6034
tratarse de: se trata de ... 4327
trato dado a los extranjeros 2293
~s: malos ~ ~ a los prisioneros de guerra 6033
trazado de fronteras 130
~ fronterizo 130
tregua 5842
~ entre los partidos políticos 2431
tren especial 3223
tribuna 3839, 4010
~ de honor 3208
~ de prensa 3841
~ pública 3840
Tribunal administrativo 1835, 5446
~ Administrativo de las Naciones Unidas 5025
~ de apelación 1830
~ de arbitraje 5438
~ arbitral mixto 5439
~ consular 3387
~ de Cuentas 1836
~ de desnazificación 6376
~ Europeo de Derechos del Hombre 5186, 5452
~ Federal de Cuentas 1837
~ de garantías constitucionales 1832, 1834
~ Internacional de Justicia 5024, 5445, 5450
~ ~ de presas 5784
~ de Justicia Centroamericano 5453
~ de Justicia de las Comunidades Europeas 5110, 5451
~ militar 5598
~ ~ Internacional 6377
~ mixto 5447
~ Permanente de Arbitraje 5284
~ ~ de Justicia Internacional 4957, 5449
~ de presas 5783
~ de presas marítimas 5784
~ Supremo 1831
tribuno 2854
tributar un homenaje a alg 3203
Triple Alianza 6185
~ Entente 6207

tríplice 6185
tripulación encargada de llevar a puerto el buque apresado 5777
~ de presa 5760
triunfalismo 2792, 2902
triunviral 1308
triunvirato 1307
triunviro 1306
troika 1307
trono 303
~ del Pavo Real 445
tropas aeroportadas 5646
~ de desembarco 5611
~ gubernamentales 2149
~ irregulares 5989
~ leales 2149
tropezar con dificultades 4388
trotskismo 2855
~ista 2856, 2857
trust de cerebros 1384
Tumba del Soldado Desconocido 3212
tupamaros 2220
Turcos: Jóvenes ~ 6208

U

ujier 4123, 4122
ultimátum 3562
ultramontanismo 2863
~ montano 2862
ultrarrealista 2864
ultras 2861
umbral atómico 5942
unción 299
UNESCO 5054
ungir 300
unicameral 918
unidad de cuenta 4951
~es paramilitares 5630
unificación de listas 849
unión 4753, 4754, 4756
~ aduanera 258
~ ~ alemana 6162
~ ~ y Económica de Africa Central 5295
~ Africana de Correos y Telecomunicaciones 5151
~ Alemana de la Paz 1996
~ de Asociaciones Internacionales 5379

unión Cristiano-Demócrata 2001
~ ~-Social 2002
~ Democrática Cristiana 2001
~ ~ para la Quinta Republica 2016
~ económica 259
~ ~ Benelux 5165
~ de Estados 224
~ ~ ~ Africanos 5285
~ ~ Europa Occidental 5290
~ Europea de Pagos 5185
~ de Federalistas Europeos 5380
~ ~ ~ Mundiales 5385
~ ~ Ferias Internacionales 5339
~ francesa 6383
~ Internacional de la Artesanía y de las Pequeñas y Medianas Empresas 5317
~ Internacional de Estudiantes 5342
~ ~ de Ferrocarriles 5315
~ ~ ~ Juventudes Socialistas 5325
~ ~ ~ Protección a la Infancia 5326
~ ~ para la Protección de las Obras literarias y artísticas 5219
~ ~ ~ ~ ~ la Propiedad Industrial 5218
~ ~ ~ ~ Púplicación de los Aranceles 5217
~ ~ de Socorro 5288
~ ~ de Telecomunicaciones 5084
~ ~ de Transportes por Carretera 5324
~ ~ ~ ~ Públicos 5348
~ Interparlamentaria 5360
~ Liberal Mundial 5368
~ Monetaria del Africa Occidental 5289
~ mundial 4729
~ Panamericana 5267
~ Paneuropea 5372
~ personal 218
~ postal Africana 5152

unión postal
~ ~ de las Américas y España 5277
~ ~ árabe 5159
~ ~ de Asia y Oceanía 5161
~ ~ Universal 5078
~ protestante y la Liga católica 6094
~ real 219
~ Social-Cristiana 2002
~ universal 4729
unir: estar unido como anexo a 4666
unitario 2869
unitarismo 2870
unitarista 2869
universal 4735
UNRA 5019
urdir una conspiración 2140
urgencia: se ha decidido la ~ 3995
urna 4193
~ electoral 837
uso de la fuerza 2077
~ ~ ~ ~ armada 5499
~ : por el ... de la fuerza armada 2079
~ s establecidos 2947
~ : hacer ~ de las armas 2078
~ : ~ ~ ~ la fuerza 2076
~ : ~ ~ ~ ~ ~ armada 2080
~ : ~ ~ ~ palabra 4026
usucapión 68
usurpación 2152
usurpador 2154
usurpar 2153
utilitarismo 2874
~tarista 2873
utilización de la energía atómica para fines pacíficos 5947
~ : libre ~ de los medios de transporte 1010
~ pacífica del espacio ultraterrestre 5974

V

vacaciones anuales 4920
~ judiciales 5485
~ parlamentarias 929
~ : estar de ~ 930

vacante 4889
~ : en caso de producirse una ~ 938
vaivoda 1605
vaivodía 1606
valer: hacer ~ reivindicaciones territoriales 117
~ : válgame la palabra 4358
válida: la elección es ~4190
valija diplomática 3174
valor: sin ~ 4608
«varios» 3869
vasallaje 174
vasallo 171
vecina de mesa 3308
vecindad: buena ~ 3583
vecino de mesa 3307
vector de armas atómicas 5943
veguer 1604
velar por la ejecución de las leyes 1052
~ ~ ~ observancia de la Constitución 550
venal 1719
verificación de poderes 3886
ver: verse obligado a 4333
~ ~ en la necesidad de 4333
versar: la discusión versa sobre 4003, 4338
vestíbulo 3835
vetar u/c 4084
veteranos de la política 1549
veto implícito 4083
~ indirecto 4083
~ suspensivo 4082
~ : oponer un ~ a 4084
vía: por la ~ administrativa 1712
~ arbitral 5431
~s de acceso al Berlín Occidental 6533
~ ~ fluviales internacionales 86
~ : por la ~ diplomática normal 3039
~ : ~ ~ ~ jerárquica 1711
~ : ~ ~ ~ judicial 1824
~ : ~ ~ ~ reglamentaria 1658
~ : prescindir de la ~ oficial 1710
viajar de incógnito 3200

viaje en comisión de servicio 4948
~ de información 2550
~ relámpago 3230
~ de servicio 4948
~ ~ buena voluntad 3063
vicecanciller 1359
~ cónsul 3376
~ consulado 3377
~-director 4838
~ ministros de Asuntos Exteriores 1442
~ presidente 1382, 3883, 4835
victoria electoral 876
~ final 5626
~ pírrica 3635
~ total 5625
Viet-cong 6508
vietnamización de la guerra 6512
vigencia: tener ~ 1059
~: seguir en ~ 1060
vigilancia revolucionaria 2885
vigor: estar en ~ 1059
~: quedar (o: seguir) en ~ 1060
vínculos estrechos que unen a 3572
violación 4536
~ de 2989
~ ~ la constitución 531
~ del Derecho internacional 2982
~ de la frontera 3627
~ fronteriza 3627
~ de la neutralidad 6059
violar el bloqueo 5717
~ el espacio aéreo 3630
~ un tratado 4535
virreina 1602
virreino 1603
virrey 1601
visa 3404
~ colectiva 3408
~ diplomática 3411
~ de entrada 3405
~ permanente 3409
~ de salida 3407
~ de tránsito 3406
visado 3404
~ colectivo 3408
~ diplomático 3411
~ de entrada 3405
~ permanente 3409

visado
~ de salida 3407
~ de tránsito 3406
visión: voy a dar una ~ de conjunto sobre (o: acerca de) 4331
visir 456
~: Gran ~ 458
visiral 457
visita 5752
~: hacer una ~ a alg 3234
~ de amistad 3226
~ de condolencia 3314
~ de cortesía 3225
~ de cumplido 3225
~ de despedida 3243
~ no oficial 3222
~ oficial 3221
~ particular 3222
~: primera ~ 3218
~ de relámpago 3229
~dor apostólico 3143
visitante 3231
visitar 5751
vista de la causa 5470
visto 3404
~ bueno 1663
~ colectivo 3408
~ diplomático 3411
~ de entrada 3405
~ permanente 3409
~ de salida 3407
~ de tránsito 3406
vizcondado 394
vizcondal 395
vizconde 392
vizcondesa 393
vocero 1544
voluntad de negociar 3715
~ del pueblo 2884
volver sobre el tapete 3638
~ a poner en vigor una ley 1061
~ a repetir: vuelvo a repetir 4329
votación 4138
~: poner a ~ 4146
~ por correspondencia 4162
~ de desempate 788
~ final 4140
~ por grupos 1002
~ a mano alzada 4151
~ nominal 4154
~ por poderes 4163
~ popular 899

volver
~ secreta 4161
~: en ~ pública 4159
~ sobre 4139
votante 831, 4142
votar una amnistía 1844
~ a la derecha 869
~ la enmienda 4096
~ a la izquierda 869
~ una ley 1044
~ el presupuesto 1089
~ puestos en pie 4153
~: acto de ~ 830
voto por aclamación 4157
~ afirmativo 851
~ anulado 855
~ de censura 999
~ de confianza 994
~ en contra 852
~s: con dos ~ ~ en contra 4178
~s: por doce ~ ~ contra 5 4179
~ por correo 829
~ por correspondencia 829
~s emitidos 4177
~ ~ ~: los ~ ~ ~ en contra de 4176
~ ~ ~: los ~ ~ ~ a favor de 4174
~ negativo 852
~ nulo 855
~ obligatorio 772
~ preeminente 4209
~: primer ~ 844
~: segundo ~ 845
~: tener ~ preeminente 4210
voz: tener ~, pero sin voto 4211
~: ~ ~ consultiva 4211
~: ~ ~ 3806
vuelo(s) sobre el territorio X 3629
vuelta de escrutinio 4187
~ ~ ~: primera ~ ~ ~ 787
~ ~ ~: segunda ~ ~ ~ 787

X

xenofobia 2514
xenófobo 2515

781

Z

zanjar una controversia 5426
~ ~ disputa 5427
zar 345
zarevich 347
zarevitz 347
zarina 346
zarismo 348, 2890
zarista 2891
«Zentrum» 6242
«Zollverein» 6162

zona aérea prohibida 54
~ de bloqueo 5710
~ de combate 5636
~ contigua 36
~ de poca densidad militar 5930
~ desatomizada 5938
~ desmilitarizada 5884
~ alrededor de los edificios federales, prohibida para reuniones 5814
~ franca 17
~ fronteriza 127

zona
~ de guerra 5700
~ de libre comercio 6469
~ limítrofe 127
~ de las tres millas 39
~ monetaria 19
~ neutral 6069
~ ~izada 6070
~ no ocupada de Francia 6318
~ de ocupación 5811
~ de operaciones 5635
~ tapón 217

Fremdsprachentraining – praxisorientiert

In der Reihe „Sprachen in Wirtschaft und Technik" bringt der Max Hueber Verlag neuartige Sprachlernmittel für den Praktiker heraus. Die Adressaten dieser Kurse sind Lernende mit fortgeschrittenen Sprachkenntnissen, die sich in einen bestimmten Fachbereich einarbeiten müssen, bzw. vorhandene Kenntnisse auffrischen und erweitern möchten. Das Lernziel ist der aktive Gebrauch der Fremdsprache im Rahmen des gewählten Fachgebietes. Die wichtigsten Begriffe und Strukturen aus den jeweiligen Sachbereichen werden so vermittelt, wie sie sich in den relevanten Situationen des betreffenden Berufes darbieten. Die Förderung des Hörverständnisses und der Sprechfähigkeit stehen im Vordergrund. Deshalb wurden zu jeder fachsprachlichen Publikation Tonbänder bzw. Tonbandcassetten entwickelt, die neben den Lehrbuchtexten auch umfangreiche Übungen (meist Vier-Phasen-Drills) enthalten. Die Audio-Kurse Englisch, Französisch, Spanisch und Deutsch als Geschäfts- und Verhandlungssprache basieren auf Original-Tonbandmitschnitten und ermöglichen das Einschleifen der gebräuchlichsten Satzmuster der Berufs- und Fachsprache.

Hans W. Wolff

Let's Talk Business

10 Lerneinheiten, bestehend aus je 1 Textheft (Hueber-Nrn. 9663 bis 9672) und 1 Compact-Cassette (Hueber-Nrn. 3.9663-3.9672) bzw. 2 Tonbändern (Hueber-Nrn. 2.9663 bis 2.9672) sowie ein Handbuch für den Sprachlaborleiter (Hueber-Nr. 9662), das organisatorisch-technische und methodisch-didaktische Anleitungen und 150 Transferfragen für die gesteuerte Konversation enthält.

Hans W. Wolff

Parlons affaires

10 Lerneinheiten, bestehend aus je 1 Textheft (Hueber-Nrn. 9635 bis 9644) und 1 Compact-Cassette (Hueber-Nrn. 3.9635 bis 3.9644) bzw. 2 Tonbändern (Hueber-Nrn. 2.9635 bis 2.9644) sowie ein Handbuch für den Sprachlaborleiter (Hueber-Nr. 9634).

Hans W. Wolff

Geschäfts- und Verhandlungssprache Deutsch

in Vorbereitung (Hueber-Nrn. 9681—9690; 2./3. 9681—9690)

Hans W. Wolff/Ursula Müller

Hablemos de negocios

in Vorbereitung (Hueber-Nrn. 9200—9210; 2./3.9200—9209)

MAX HUEBER VERLAG ISMANING BEI MÜNCHEN

Neil Graham
Let's Talk Engineering
Hueber-Nrn. 9311—9320, 2./3.9311—9320

Mit Hilfe der insgesamt 10 Lerneinheiten sollen die Adressaten dieses Kurses befähigt werden, technisches Englisch verstehen und sprechen zu lernen. Jede Lerneinheit beginnt mit der Darstellung eines technischen Sachverhalts anhand einer Zeichnung im Textheft und mit der vom Tonbandlehrer gesprochenen Beschreibung in englischer Sprache. Durch Nachsprechen, Nachlesen, Fragen und Antworten sowie Wiederholungsübungen wird der Lernende in die Lage versetzt, selbst den Sachverhalt in englischer Sprache zu erläutern. Der zweite Teil enthält jeweils einen realistischen Dialog zwischen Technikern am Arbeitsplatz und in Teil 3 werden in Form von 4-Phasen-Drills grammatische Strukturen aus dem Dialog geübt, die auch für die allgemeine Sprachpraxis relevant sind. Den Abschluß einer jeden Lerneinheit bilden Lernkontrollen wie Abschluß-Erfolgstest, Ergänzungstest, Audio-Test und Diktattest.

Theo M. Herrmann
Electricity/Electronics Fundamentals
Hueber-Nr. 9301

Die fachsprachliche Grundlage für alle, die im Bereich Elektrotechnik/Elektronik mit Englisch zu tun haben. Dieser Leitfaden aktiviert anhand leichter Texte, Definitionen, praktischer Beispiele und Übungen die Grundbegriffe aus der Elektrizitätslehre und Elektrotechnik. Jeder Abschnitt enthält neben einem kurzen Text Vokabular und Übungen. Die wichtigen Text- und Übungsteile sind auf eine Compact-Cassette aufgenommen (Hueber-Nr. 3.9301).

Minimum Wordage
Hueber-Nr. 2.9301

Die ca. 5000 wichtigsten Begriffe der Elektrotechnik und Elektronik mit Verzeichnis der Abkürzungen, englisch-deutsch.

Theo M. Herrmann
Aeronautical English

Lehrbuch: Hueber-Nr. 9660; Glossary: Hueber-Nr. 2.9660; Reader: Hueber-Nr. 3.9660; Minimum Wordage: Hueber-Nr. 5.9660; Radiotelephony: 4.9660 (Compact-Cassette mit Textheft)
Ein umfassendes Lehrprogramm, das sämtliche für den Bereich der internationalen Luftfahrt wichtigen sprachlichen Fertigkeiten und Kenntnisse vermittelt.
Fordern Sie für die Reihe „Sprachen in Wirtschaft und Technik" ausführliches Informationsmaterial an!

MAX HUEBER VERLAG ISMANING BEI MÜNCHEN